Das Neue Testament

Das Neue Testament

Eingeführt, kommentiert und meditiert

von Eleonore Beck
und Gabriele Miller

Verlag Katholisches Bibelwerk
Verlag Butzon & Bercker

www. bibelwerk.de
www. butzonbercker.de

ISBN 3-460-32060-5 (Verlag Katholisches Bibelwerk)
ISBN 3-7666-0504-6 (Butzon & Bercker)

Layout und Satz: Buchherstellung Dotzauer, Stuttgart
Druck und Binden: Bercker Graphischer Betrieb, Kevelaer

Inhalt

Zur Einführung

Die Bibel ist ein Buch für alle, vor allem natürlich für alle Christen. Quer durch die Konfessionen. Unabhängig vom Alter und von der Herkunft. Ein Buch zum Lesen, allein oder gemeinsam mit anderen. Schade, dass viele sich so rasch entmutigen lassen, wenn sie nicht gleich alles verstehen.

Die einen – vor allem die »Kirchenchristen« – finden nur, was sie ohnehin schon wussten. Früher oder später erliegen sie der Langeweile.

Andere erschrecken ob der fremden Welt und der anderen Denkweise, mit der sie bei der Lektüre konfrontiert werden. Sie merken: Sie brauchen Hilfe und Auskunft. Finden sie dies nicht, bleiben sie im Gewirr von Nebensächlichem stecken.

Wieder andere – und zunehmend werden es mehr – kommen mit großen Erwartungen. Sie spüren: Hier geht es um mich. Hier finde ich Worte und Weisungen, die weit über das hinausgehen, was »Kummerkästen« in Illustrierten und »Lebenberater« im Fernsehen zur Hand haben. Bibellesen eröffnet Wege in die Tiefe. Doch wenn sie nicht wissen, wie sie sich einklinken können und ihnen niemand dabei hilft, wenden sie sich oftmals frustriert wieder von der Bibel ab.

Für sie alle haben wir diese Ausgabe des Neuen Testaments erarbeitet. Sie basiert bewusst auf einer alten Übersetzung, die wir vor rund vierzig Jahren schon einmal mit vielen Seitenblicken auf den griechischen Urtext herausgegeben haben.

Schon damals ging es um eine alternative Bibel, um ein Neues Testament für diejenigen, die nichts mitbringen als Neugier und Ausdauer. Auch die damalige Fassung hatte leicht verständliche Anmerkungen, Wort- und Sacherklärungen, gleichsam Stoppschilder, an denen der Bibelleser Fragen und Zweifel loswerden konnte.

All das haben wir für diese Ausgabe intensiv überarbeitet, weil detailliertere Grundkenntnisse nicht mehr bei jedem Bibelleser vorausgesetzt werden können. Jetzt lässt es sich besser mit dem Text und den handelnden Personen ins Gespräch kommen. Neue Kontakte nach »innen« können sich erschließen.

Aber reicht das?, so fragten wir uns. Lesen nicht vor allem die schon genannten »Kirchenchristen« allzu schnell über Texte hinweg, wenn sie diese nicht auf sich beziehen? So haben wir uns entschlossen, Stolpersteine in den Bibeltext einzubauen, zum Hängenbleiben und Innehalten: Meditationstexte, spirituelle Impulse. Sie wollen sicherstellen, dass Bibellesen nicht nur der Information dient, sondern Betroffenheit auslöst.

Wir wüssten gern, was der einstige Übersetzer, Joseph Franz von Allioli (1793–1873), zur Wiederbelebung seines Neuen Testaments und der so vermittelten Art des Bibellesens sagen würde. Seine Übersetzung – sie umfasste auch das Alte Testament – war bis zur Einführung der Einheitsübersetzung (1972) der offizielle Text unseres Messbuches.

Wir wünschen allen Lesern dieses Neuen Testaments reichen Gewinn für ihr Leben und ihren Glauben.

Eleonore Beck und Gabriele Miller

Das Evangelium nach Matthäus

Gewiss sind alle Evangelien »kirchlich«, aber das Matthäusevangelium verdient diesen Namen in besonderer Weise. Es hat mehr als die anderen drei die abendländische Christenheit geprägt. Es wurde am häufigsten als liturgischer Text verwendet und das Papsttum hat sich sehr bald auf die matthäische Fassung des Petrusbekenntnisses berufen. Nur hier wird das Wort »Kirche« gebraucht (Mt 16,18; 18,17), und kein anderes Evangelium zeigt sich so sehr an kirchlicher Organisation, Disziplin und Bußordnung interessiert. Matthäus führt uns in eine Kirche, die ihren Herrn liturgisch verehrt. Er ist in ihrer Mitte gegenwärtig (18,20; 28,20), die Gläubigen rufen zu ihm »Herr, Herr!« (7,21.22; vgl. 8,25) und beten ihn als »Gottes Sohn« an (13,33).

Die Gemeinden des Matthäus scheinen hauptsächlich aus Judenchristen bestanden zu haben. Sie kennen die Schrift genau. Man hat 130 Stellen gezählt, an denen sich Matthäus auf das Alte Testament bezieht. Er kennt auch die rabbinischen Auslegungsmethoden. Es ist kein Zufall, dass Jesus als der neue Mose dargestellt wird. Matthäus beherrscht die Kunst der Schriftgelehrten, mehrere Zitate so zu verknüpfen, dass der passende Sinn herauskommt; so z.B. erklären Sach 11,12 und Jer 18,2 zusammengenommen das Ende des Judas; oder geben Sach 9,9 und Jes 62,11 zusammen dem Einzug Jesu in Jerusalem eine messianische Deutung. Auch die Ausdrucksweise ist jüdisch. Matthäus spricht vom »Himmelreich«, weil die Juden den Namen Gottes (Reich Gottes) nicht auszusprechen pflegen. Das Evangelium liebt refrainartige Wiederholungen: Ein Abschnitt beginnt und endet mit derselben Wendung (5,3.10; 6,24-34).

Nach der nicht mehr überprüfbaren Tradition des 2. Jahrhunderts soll der Zöllner aus Kafarnaum und spätere Apostel Matthäus (Mt 9,9; 10,3) die »Jesusworte« in aramäischer Sprache (dem Hebräischen nahe verwandt – Umgangssprache zur Zeit Jesu) niedergeschrieben haben. Der Verfasser bezeichnet sich selbst als Schriftgelehrten, der »ein Jünger des Himmelreiches« geworden ist. Kurz gesagt: Wir wissen nicht, wer den uns vorliegenden Text des Evangeliums geschrieben hat. Als Abfassungszeit gelten die Jahre um 90. Als Entstehungsort kann man sich den syro-palästinischen Raum vorstellen.

Matthäus folgt dem geographischen Aufriss des Markus; doch er betont nicht so sehr den Gegensatz zwischen Galiläa und Jerusalem. Galiläa erscheint als jüdisches Gebiet, dessen Grenzen Jesus nicht überschreitet. Nach der Auferstehung wird Galiläa, wie es das in Mt 4,15-16 zitierte Jesajawort (Jes 8,23; 9,1) ankündet, zum Land, von dem ein Licht für die Heiden ausstrahlt. Dort – und nicht in Jerusalem – offenbart sich Jesus als Herrscher über Himmel und Erde, und von dort aus schickt er seine Jünger in alle Welt hinaus (Mt 28,16-20).

Das Matthäusevangelium ist ein Lehrbuch. Die Texte verlieren gegenüber Markus an Anschaulichkeit, gewinnen aber an didaktischer Klarheit. Jesus von Nazaret wird von Anfang an als Erhöhter Herr verkündet. Das Himmelreich und die Kirche sind die zentralen Themen. Dieses Evangelium hat von Anfang an das abendländische Christentum geprägt – nicht zuletzt in seiner (zugleich römischen) Vorliebe für Systematik, Ordnung und Disziplin.

Das Matthäusevangelium hat eine klare Gliederung:

Prolog:
Herkunft Jesu. Offenbarung seines Geheimnisses.

I. Hauptteil:
Jesus verkündet allen das Himmelreich und bereitet die Kirche vor (1-16)
Einleitung: Der Vater bekennt sich zu seinem Sohn, der vom Satan versucht wird (3-4).
1. Das Himmelreich ist nahe gekommen (5-9):
   - In Jesu Worten: Die Bergpredigt (5-7)
   - In Jesu Taten: 10 Wundergeschichten (8-9)
2. Jesus sendet seine Jünger zum Predigen und predigt selber (10-12):
   - Missionsrede (10)
   - Lehrtätigkeit Jesu (11-12)
3. Die Entscheidung für oder gegen das Himmelreich (13,1 – 16,13):
   - Die Gleichnisrede (13)
   - Verschiedene Jüngerbelehrungen

II. Hauptteil:
Jesus bereitet die Kirche auf ihre Rolle im Himmelreich vor (17-28)
Einleitung: Die Kirche (Petrus) bekennt sich zu ihrem Herrn (13,13 – 17,27)
4. Das Himmelreich geht vom jüdischen Volk auf die Kirche über (18-23)
   Rede über das Leben in der Gemeinde (18)
   Von Galiläa nach Jerusalem (19-23)
5. Endgültiger Anbruch des Himmelreiches in Kreuz und Auferstehung (24-28)
   - Apokalyptische Rede: Das endgültige Kommen Gottes in Jesus (24-25)
   - Tod und Auferstehung (26-28)
   - Die Kirche geht in die Welt hinaus, um zu lehren, was Jesus gelehrt hat.

✧

Stammbaum: Sohn Davids

1 Buch des Ursprungs Jesu des Messias, des Sohnes Davids, des Sohnes Abrahams: 2 Abraham zeugte den Isaak, Isaak zeugte den Jakob, Jakob zeugte den Juda und seine Brüder. 3 Juda zeugte den Perez und den Serach, aus der Tamar. Perez zeugte den Hezron, Hezron zeugte den Aram. 4 Aram zeugte den Aminadab, Aminadab zeugte den Nachschon, Nachschon zeugte den Salmon. 5 Salmon zeugte den Boas aus der Rahab. Boas zeugte Obed aus der Rut, Obed zeugte den Isai. 6 Isai zeugte David, den König. David, der König, zeugte den Salomo aus der Frau des Urija. 7 Salomo zeugte den Rehabeam, Rehabeam zeugte den Abija, Abija zeugte den Asa. 8 Asa zeugte den Joschafat, Joschafat zeugte den Joram, Joram zeugte den Usija. 9 Usija zeugte den Jotam, Jotam zeugte den Ahas, Ahas zeugte den Hiskija. 10 Hiskija zeugte den Manasse, Manasse zeugte den Amos, Amos zeugte den Joschija. 11 Joschija zeugte den Jojachin und seine Brüder zur Zeit der Wegführung nach Babylon. 12 Nach der Babylonischen Gefangenschaft zeugte Jojachin den Schealtiel, Schealtiel zeugte den Serubbabel. 13 Serubbabel zeugte den Abihud, Abihud zeugte den Eljakim, Eljakim zeugte den Azor. 14 Azor zeugte den Zadok, Zadok zeugte den Achim, Achim zeugte den Eliud. 15 Eliud zeugte den Eleasar, Eleasar zeugte den Mattan, Mattan zeugte den Jakob. 16 Jakob zeug-

---

1,1 - 2,23 »Vorgeschichte« oder auch »Kindheitsevangelium«. Berichtet wird nicht aus biographischem, sondern aus theologischem Interesse mit dem Ziel, einer judenchristlichen Gemeinde zu beweisen, dass Jesus von Nazaret der von Gott verheißene, durch Propheten angekündete, von Frommen erwartete Messias ist. **1-17** Der »Stammbaum« Jesu besteht aus drei Gruppen mit je vierzehn Namen (zum Teil aus dem Alten Testament übernommen), beginnend mit Abraham, endend mit Josef, der Jesus die Zugehörigkeit zu Davids Haus vermittelt. Im Hebräischen steht jeder Konsonant für eine Zahl: D = 4, W = 6, D = 4 ergibt vierzehn (David). **18-25** Der »Stammbaum« dient dem Nachweis, dass Jesus die vom Messias geforderte Zugehörigkeit zu Davids Haus besitzt. Im folgenden Abschnitt wird seine Zugehörigkeit zu Gott geklärt. Josef erfährt im Traum, welche Rolle

te den Josef, den Mann Marias, aus der geboren wurde Jesus, der Messias genannt wird.
17 So sind der Geschlechter von Abraham bis David vierzehn und von David bis zur Babylonischen Gefangenschaft vierzehn und von der Babylonischen Gefangenschaft bis zum Messias vierzehn Geschlechter.

Seine Geschichte beginnt mit Abraham:
der hört, steht auf, lässt zurück, geht.
Er geht seinen Weg mit Gott.

Zwei Frauen
Witwen, kinderlos, nutzlos
wagen den Aufbruch
dem Auftrag entgegen
der in Betlehem auf sie wartet:
Noomi und Rut
Stammfrauen der Wurzel Jesse.

König David, der in Liebe entbrannt,
Batseba nimmt, die Frau des Hetiters Urija.
Gott ist mit ihm, dem »Geliebten«.
Er hat seinem Samen Leben,
seinem Namen Dauer versprochen.

Wendezeit kündet sich an.
Der Zimmermann Josef
aus Davids Geschlecht,
verlobt mit Maria, der Mutter aus Gnade,
hört und tut – in Nazaret, Galiläa.

Stationen seiner Geschichte
gelebt von Menschen
geplant von ihm
der am Anfang war
und sein wird am Ende

(1,1-17)

Geburt Jesu:
Immanuel, der Verheißene

18 Mit der Geburt des Messias aber verhielt es
sich so: Als seine Mutter Maria mit Josef verlobt war, fand es sich, ehe sie zusammenkamen, dass sie empfangen hatte vom Heiligen
Geist. 19 Josef aber, ihr Mann, war gerecht und wollte sie nicht bloßstellen; er beschloss,
sie heimlich zu entlassen. 20 Als er alles überdachte, siehe, da erschien ihm ein Engel des Herrn im Traum und sprach: Josef, Sohn Davids, fürchte dich nicht, Maria, deine Frau, zu dir zu nehmen, denn was in ihr gezeugt, das
ist vom Heiligen Geist. 21 Sie wird einen Sohn gebären, und du sollst seinen Namen Jesus nennen: denn er wird sein Volk erlösen von
seinen Sünden. 22 Dies alles aber ist geschehen, damit erfüllt würde, was der Herr gesprochen hat durch den Propheten: 23 Siehe,
die Jungfrau wird empfangen und einen Sohn gebären, und man wird seinen Namen Immanuel nennen, das heißt übersetzt: Gott mit
uns. 24 Als nun Josef vom Schlaf aufstand, tat er, wie ihm der Engel des Herrn befohlen
hatte, und nahm seine Frau zu sich. 25 Und
er erkannte sie nicht, bis sie einen Sohn geboren hatte; und er nannte seinen Namen: Jesus.

Frage der Magier:
Der neugeborenen König der Juden

2 Als Jesus geboren war zu Betlehem in Judäa in den Tagen des Königs Herodes, siehe, da kamen Magier aus dem Morgenland nach
Jerusalem 2 und sprachen: Wo ist der neugeborene König der Juden? Wir haben nämlich seinen Stern im Morgenland gesehen und sind gekommen, ihm zu huldigen. 3 Als König
Herodes dies hörte, erschrak er, und ganz Jerusalem mit ihm. 4 Er versammelte alle Hohenpriester und Schriftgelehrten des Volkes

ihm zugedacht ist (vgl. Lk 1,26-38). Er muss lernen, dass nicht Gerechtigkeit nach dem Buchstaben, sondern die Liebe das Höchste ist. **18** Jesus, eine Abkürzung von Jehoschua (Josua), ein gebräuchlicher Name, bedeutet: Der Herr (Jahwe) rettet. Christus ist die griechische Übersetzung von »Messias«, der Gesalbte. Verlobt: Das jüdische Mädchen wurde zwölf- bis vierzehnjährig vom Vater einem Mann versprochen, der den Brautpreis zu zahlen hatte. Damit war die Ehe rechtsgültig, auch wenn die junge Frau noch eine Zeit im Haus des Vaters blieb.

2,1-12 Betlehem, die Heimat König Davids, liegt in Judäa, 8 km südlich von Jerusalem. Herodes der Große herrscht von 37-4 v.Chr. »Magier aus dem Osten«: Sternkundige Männer. Die Überlieferung, die sie zu Königen macht und weiß, dass sie zu dritt waren, stützt sich auf Zitate aus dem Alten Testament (Jes 49,7; Ps 73,10). Nur hier und am Kreuz wird Jesus als »König« bezeichnet

Lass deinen Stern
aufleuchten all denen
die sich ducken
unter nachtschwarzem Himmel
das Herz sehnsuchtschwer

Lass deinen Stern
voranleuchten all denen
die neugierig Ausschau halten
zum Aufbruch bereit
über die Antwort der Bücher hinaus
suchen und fragen

Lass deinen Stern
heimleuchten all denen
die unterwegs sind mit allem
was ihr Leben reich macht
und kostbar

Lass sie, die den Himmel suchen
Menschen finden
die Mutter, das Kind
und die große Freude

(2,1-12)

und erforschte von ihnen, wo der Messias ge-
boren werden sollte. 5 Sie sprachen zu ihm:
Zu Betlehem in Judäa, denn so steht geschrie-
ben durch den Propheten: 6 Und du, Betle-
hem, Land Juda, bist keineswegs die geringste
unter den Fürstenstädten von Juda, denn aus
dir wird hervorgehen ein Fürst, der mein Volk
Israel weiden soll. 7 Da rief Herodes die Ma-
gier heimlich zu sich und erfragte von ihnen
den Zeitpunkt, da ihnen der Stern erschienen
war. 8 Dann schickte er sie nach Betlehem und
sprach: Geht hin und forscht genau nach dem
Kind. Und wenn ihr es gefunden habt, meldet
es mir, damit auch ich komme, ihm zu huldi-
gen. 9 Als sie den König gehört hatten, zogen
sie weiter. Und siehe, der Stern, den sie im
Morgenland gesehen hatten, zog vor ihnen
her, bis er dorthin kam und stehen blieb, wo
das Kind war. 10 Da sie aber den Stern sahen,
freuten sie sich mit übergroßer Freude. 11 Sie
gingen in das Haus, fanden das Kind mit Ma-
ria, seiner Mutter, fielen nieder und huldigten
ihm. Sie taten auch ihre Schätze auf und
brachten ihm Gaben: Gold, Weihrauch und
Myrrhe. 12 Und im Traum angewiesen, nicht
zu Herodes zurückzukehren, zogen sie auf ei-
nem anderen Weg fort in ihr Land.

Flucht: Aus Ägypten meinen Sohn gerufen

13 Als sie weggezogen waren, siehe, da erschien
ein Engel des Herrn dem Josef im Traum und
sprach: Steh auf, nimm das Kind und seine
Mutter und flieh nach Ägypten. Dort bleibe,
bis ich es dir sage. Herodes nämlich will das
Kind suchen lassen, um es zu töten. 14 Und er
stand auf, nahm das Kind und seine Mutter in
der Nacht und zog fort nach Ägypten.
15 Und er blieb dort bis zum Tod des Herodes,
damit erfüllt würde, was der Herr durch den
Propheten gesprochen hat: Aus Ägypten ha-
be ich meinen Sohn gerufen. 16 Als Herodes
sah, dass die Magier ihn getäuscht hatten,
wurde er sehr zornig. Er schickte hin und ließ
in Betlehem und der ganzen Umgebung alle
Knaben von zwei Jahren und darunter er-
morden, entsprechend der Zeit, die er von
den Magiern erforscht hatte. 17 Da ward er-
füllt, was durch den Propheten Jeremia ge-
sagt worden ist: 18 Eine Stimme hört man in
Rama, viel Weinen und Klagen; Rahel be-
weint ihre Kinder und will sich nicht trösten
lassen, denn sie sind dahin. 19 Als aber Hero-
des gestorben war, siehe, da erschien ein En-
gel des Herrn dem Josef in Ägypten im Traum
20 und sprach: Steh auf, nimm das Kind und
seine Mutter und zieh in das Land Israel;
denn die dem Kind nach dem Leben trachte-
ten, sind gestorben. 21 Da stand er auf, nahm
das Kind und seine Mutter und zog in das

(vgl. 27,37). Fremde huldigen Jesus, das eigene Volk lehnt ihn ab. Das ist die Wirklichkeit der nachösterlichen Christengemeinden. **13-23** Gottes Sorge und der fraglose Gehorsam Josefs retten das Leben des Kindes Jesus. Mit der Erzählung vom Kindermord in Betlehem – sie ist dem Bericht von der Gewalttat des ägyptischen Pharao (Ex 1,15-22) nacherzählt – will Matthäus nicht die Bluttat eines Königs dokumentieren, er will die Erfüllung vom Prophetenwort bezeugen. Alle sollen erkennen, wen der Prophet meint, wenn er sagt: »Aus Ägypten habe ich meinen Sohn gerufen (Hos 12,1). Rahel, Jakobs Frau, Mutter von Josef und Benjamin. **20** Herodes der Große

Land Israel. 22 Doch als er hörte, dass Arche-
laus anstelle seines Vaters Herodes König sei
über Judäa, fürchtete er sich, dorthin zu zie-
hen. Im Traume angewiesen, zog er weg, in
das Land von Galiläa. 23 Dort wohnte er in ei-
ner Stadt namens Nazaret; damit erfüllt wür-
de, was durch die Propheten gesagt worden
ist: Er wird Nazoräer heißen.

Johannes der Täufer:
Bereitet den Weg des Herrn

3 In denselben Tagen trat Johannes der Täu-
fer auf, kündete in der Wüste von Judäa 2 und
sprach: Kehrt um! Denn das Reich der Him-
mel ist nahegekommen. 3 Dieser ist es, den der
Prophet Jesaja meint, wenn er sagt: Stimme
eines Rufenden in der Wüste: Bereitet den
Weg des Herrn, macht gerade seine Pfade.
4 Johannes aber trug ein Gewand aus Kamel-
haaren und einen ledernen Gurt um seine
Lenden. Seine Nahrung waren Heuschrecken
und wilder Honig. 5 Da zog Jerusalem zu ihm
hinaus und ganz Judäa und das ganze Jor-
dangebiet. 6 Und sie ließen sich von ihm tau-
fen im Jordan und bekannten dabei ihre Sün-
den. 7 Doch als er viele Pharisäer und Saddu-
zäer zur Taufe kommen sah, sprach er zu
ihnen: Ihr Schlangenbrut! Wer hat euch ge-
lehrt, ihr könntet dem künftigen Zorngericht
entfliehen? 8 Bringt also Frucht, würdig der
Umkehr! 9 Wähnt doch nicht, bei euch sagen
zu können: Wir haben Abraham zum Vater;
denn ich sage euch: Gott kann dem Abraham
aus diesen Steinen Kinder erwecken. 10 Schon
ist die Axt an die Wurzel der Bäume gesetzt.
Ein jeder Baum aber, der keine gute Frucht
bringt, wird ausgehauen und ins Feuer ge-
worfen. 11 Ich taufe euch mit Wasser zur Um-
kehr; der aber nach mir kommt, ist stärker
denn ich, und ich bin nicht wert, seine Schu-
he zu tragen; der wird euch mit Heiligem
Geist und mit Feuer taufen. 12 Er hat die Wurf-

In jener Zeit...
am Jordan ein Bote
der kam aus der Wüste
der kannte die Zeichen der Zeit
dem war die Einsicht
zur Botschaft geworden:
Gott ist nah!
Letzte Frist!
Glaubt nicht
ihr könntet entrinnen
Kehrt um
bringt Frucht
damit ihr lebt

(3,1-12)

Wir hören die Stimme:
Bereitet den Weg
damit er kommen kann
Denkt neue Gedanken
schwimmt gegen den Strom
traut dem, was euer Herz euch sagt
Ihr werdet erfahren, dass er
dem ihr den Weg bereiten wollt
euch voraus ist
Ihr werdet die Straße entdecken
eine Straße der Liebe
und ihr werdet ihn nicht verfehlen

(3,13-17)

schaufel in der Hand, und er wird seine Ten-
ne reinigen. Seinen Weizen wird er in seine
Scheune sammeln, die Spreu aber mit unaus-
löschlichem Feuer verbrennen.

Taufe Jesu: Mein geliebter Sohn

13 Da kam Jesus aus Galiläa an den Jordan zu
Johannes, um sich von ihm taufen zu lassen.
14 Der aber hielt ihn zurück und sprach: Ich

---

starb 4 v.Chr. Seine drei Söhne teilten das Land. Herodes Antipas regierte über Peräa und Galiläa (Nazaret). Nazoräer ist möglicherweise ein Hinweis auf die Bezeichnung Jesus von Nazaret, die später durch die griechische Anrede »Jesus Christus« abgelöst wurde.

3,1-12 Der Täufer Johannes, ein Bote von Gott, kommt aus der Wüste. Er kleidet sich wie die Wüstenleute und ernährt sich wie sie. Am Jordan predigt er das Kommen Gottes zum Gericht. Die Umkehrwilligen, die ihre Sünde bekennen, tauft er im Jordan. **13-17** Jesus kommt an den Jordan. Man darf annehmen, dass er die Botschaft des Täufers kennt und bejaht. Der Täufer erkennt Jesus und will ihm die Taufe verweigern. Jesus erinnert ihn an den gemeinsamen Auftrag: die Gerechtigkeit (den Willen)

habe nötig, von dir getauft zu werden, und du
kommst zu mir? 15 Jesus antwortete und
sprach zu ihm: Lass es jetzt geschehen! Denn
es ziemt sich für uns, alle Gerechtigkeit zu er-
füllen. Dann ließ er ihn zu. 16 Als Jesus getauft
war, stieg er sogleich aus dem Wasser. Und
siehe, die Himmel öffneten sich, und er sah
Gottes Geist wie eine Taube herabschweben
und auf sich kommen. 17 Und siehe, eine Stim-
me sprach vom Himmel: Dieser ist mein ge-
liebter Sohn, an dem ich Wohlgefallen habe.

Versuchung Jesu:
Gegen falsche Messiaserwartungen

4 Danach wurde Jesus vom Geist in die Wüs-
te geführt, damit er vom Teufel versucht wer-
de. 2 Und als er vierzig Tage und vierzig Näch-
te gefastet hatte, hungerte ihn. 3 Und der Ver-
sucher trat heran und sprach zu ihm: Wenn
du Gottes Sohn bist, so sprich, dass diese Stei-
ne Brot werden. 4 Er aber antwortete und
sprach: Es steht geschrieben: Nicht vom Brot
allein lebt der Mensch, sondern von jedem
Wort, das aus dem Munde Gottes kommt.
5 Da nahm ihn der Teufel mit in die Heilige
Stadt, stellte ihn auf die Zinne des Tempels
6 und sprach zu ihm: Wenn du Gottes Sohn
bist, so stürze dich hinab; denn es steht ge-
schrieben: Er hat seinen Engeln deinetwegen
befohlen, und sie werden dich auf Händen
tragen, damit du deinen Fuß nicht an einen
Stein stoßest. 7 Jesus aber sprach zu ihm: Es
steht auch geschrieben: Du sollst den Herrn,
deinen Gott, nicht versuchen. 8 Noch einmal
nahm ihn der Teufel mit auf einen sehr hohen
Berg und zeigte ihm alle Königreiche der Welt
und ihre Herrlichkeit 9 und sprach zu ihm:
Dies alles will ich dir geben, wenn du nieder-
fällst und mir huldigst. 10 Da sprach Jesus zu
ihm: Weiche Satan! Denn es steht geschrie-
ben: Dem Herrn, deinem Gott, sollst du hul-

Ehe Jesus sein öffentliche Wirken beginnt,
sein Evangelium kündet,
schenkt ihm der Vater den Geist
und die Gewissheit des Geliebt-Seins

Ehe Jesus sein öffentliches Wirken beginnt,
sein Evangelium kündet,
führt ihn der Geist in die Wüste,
das Reich des mächtigen Gegenspielers,
damit er Jesus auf die Probe stelle

Ehe Jesus sein öffentliches Wirken beginnt,
sein Evangelium kündet,
erfährt er in der Wüste,
dass das Böse mächtig ist in dieser Welt.
Und dieser Welt will er sagen:
Das Reich der Himmel wächst in dir

(4,1-11)

digen und ihm allein dienen. 11 Danach ließ
ihn der Teufel, und siehe, Engel kamen hinzu
und bedienten ihn.

Erste Predigt Jesu:
Gottes Königtum ist nahe

12 Als Jesus hörte, dass Johannes überliefert
worden war, ging er nach Galiläa. 13 Und er
verließ Nazaret und nahm Wohnung in Ka-
farnaum am See, im Gebiet von Sebulon und
Naftali. 14 Damit erfüllt würde, was durch
den Propheten Jesaja gesagt worden: 15 Land
Sebulon und Land Naftali, dem See entlang,
jenseits des Jordan, Galiläa der Heiden, –
16 das Volk, das im Finstern sitzt, schaut ein
großes Licht, und denen, die im Land und
Schatten des Todes sitzen, geht ein Licht auf.
17 Von da an begann Jesus zu künden und zu
sagen: Kehrt um! Denn das Reich der Him-
mel ist nahegekommen!

Gottes erfüllen. Nach der Taufe kommt der Geist Gottes, der am Anfang über den Wassern schwebte, über den, der der Schöpfung die neue, endgültige Ordnung einstiftet. Die »Stimme«, Gott selbst proklamiert Jesus als den einzig geliebten Sohn.

4,1-11 Der Geist führt Jesus in die Wüste. Dort, im Un-Land, wird er vom Versucher erprobt und hält stand.

2-17 Das Gebiet der Stämme Sebulon und Naftali wurde 722 v.Chr. von den Assyrern erobert. Die Bewohner wurden ausgesiedelt. Fremde Einwanderer wurden angesiedelt. Dort, bei denen, die im »Land des Todes« sitzen, wirkt Jesus. **17** Das erste Wort, das Jesus (nach Matthäus) öffentlich sagt, unterscheidet sich nicht von der Botschaft des Täufers. **18-22** Die ersten vier Jünger, Fischer vom See, sollen Jesu Wirken bezeugen. Sie spielen in der nachösterlichen Gemeinde eine führende Rolle.

Erste Jünger:
Berufen zu Menschenfischern

18 Als er am See von Galiläa entlangging, sah
er zwei Brüder: Simon, genannt Petrus, und
dessen Bruder Andreas, als sie ihr Netz in den
See auswarfen; denn sie waren Fischer. 19 Er
sprach zu ihnen: Folgt mir nach! Und ich wer-
de euch zu Menschenfischern machen. 20 Sie
aber verließen sogleich ihre Netze und folgten
ihm nach. 21 Als er von dort wegging, sah er
zwei andere Brüder: Jakobus, den Sohn des
Zebedäus, und Johannes, seinen Bruder, wie
sie im Boot mit Zebedäus, ihrem Vater, die
Netze ausbesserten. Und er rief sie. 22 Sie aber
verließen sogleich das Boot und ihren Vater
und folgten ihm nach.

Wirken in Galiläa:
Heilswort und Heilswerk

23 Jesus zog in ganz Galiläa umher, lehrte in
ihren Synagogen und verkündete die Froh-
botschaft vom Reich und heilte alle Krank-
heit und alles Gebrechen unter dem Volk.
24 Und das Gerücht von ihm ging um in ganz
Syrien. Sie brachten zu ihm alle, denen es übel
ging, die von allerlei Krankheiten und Qualen
geplagt waren, auch Besessene und Mond-
süchtige und Gelähmte. Und er heilte sie.
25 Und es folgte ihm viel Volk aus Galiläa und
der Dekapolis, aus Jerusalem und Judäa und
von jenseits des Jordan.

Seligpreisungen:
Anwärter des Heils

5 Als nun Jesus die Scharen sah, stieg er auf
den Berg, und als er sich niedergesetzt hatte,
traten seine Jünger zu ihm. 2 Er tat seinen
Mund auf und lehrte sie. Er sprach: 3 Selig die
Armen im Geist, denn ihrer ist das Reich der
Himmel. 4 Selig die Trauernden, denn sie wer-
den getröstet werden. 5 Selig die Sanftmüti-
gen, denn sie werden das Land erben. 6 Selig,
die hungern und dürsten nach der Gerechtig-

Du suchst deine Helfer nicht bei denen,
die in Palästen geboren
zu Höherem bestimmt
meinen, sie könnten die Welt bewegen

Du traust den Kleinen Großes zu
machst Geschichte mit denen
die dein Wort hören
offen und bereit – aufstehen und tun

Du wirkst deine Pläne mit denen
die frei von der Sorge um Besitz und Würde
dich groß sein lassen:
tun, was du sagst
allen zum Heil

(4,18-22)

Selig, die reich sind bei Gott
und den Menschen
sie können großmütig teilen.
Selig, die an den Schaltstellen
der Macht sitzen
sie können die Verhältnisse ändern.
Selig, die große Häuser haben
und viele Zimmer
sie können Obdachlose aufnehmen.
Selig, die sich um das tägliche Brot
nicht zu sorgen brauchen
sie können Hungernde an ihren Tisch laden.
Selig, die Getrösteten
sie können Weinende in die Arme nehmen.
Selig, die um eine Antwort nie verlegen sind,
sie können für die Verstummten sprechen.
Selig die Lachenden,
sie können bei denen sitzen,
die nichts zu lachen haben.
Selig seid ihr, ob arm ob reich
ihr könnt Hand in Hand gehen.

(5,1-11)

23-25 Sammelbericht. Jesus findet seine Hörer in dem Gebiet, in dem auch der Täufer wirkt. Dort, wo niemand den Messias Gottes erwartet.
5,1 - 7,29 Die Bergpredigt ist die erste der fünf großen Reden Jesu, in denen Matthäus Grundregeln des Christ-Seins zusammenfasst. In der Bergpredigt schildert er Jesus als neuen Mose, der Gottes Willen endgültig durchsetzt.

keit, denn sie werden gesättigt werden. 7 Selig
die Barmherzigen, denn sie werden Barmher-
zigkeit erlangen. 8 Selig, die reinen Herzens
sind, denn sie werden Gott schauen. 9 Selig,
die Frieden stiften, denn sie werden Söhne
Gottes genannt werden. 10 Selig, die verfolgt
werden um der Gerechtigkeit willen, denn ih-
rer ist das Reich der Himmel. 11 Selig seid ihr,
wenn sie euch schmähen und verfolgen und
alles Böse lügnerisch wider euch reden um
meinetwillen. 12 Freut euch und frohlockt,
denn euer Lohn ist groß in den Himmeln.
Denn ebenso haben sie die Propheten vor
euch verfolgt.
13 Ihr seid das Salz der Erde. Wenn aber das
Salz fad wird, womit soll man dann salzen?
Zu nichts ist es nütze, als dass es hinausge-
worfen und von den Leuten zertreten werde.
14 Ihr seid das Licht der Welt. Eine Stadt, die
auf einem Berge liegt, kann nicht verborgen
bleiben. 15 Auch zündet man kein Licht an
und stellt es unter den Scheffel, sondern auf
den Leuchter, damit es allen leuchte, die im
Hause sind. 16 So leuchte euer Licht vor den
Menschen, damit sie eure guten Werke sehen
und euren Vater verherrlichen, der in den
Himmeln ist.

Seid salzig, sagt er
bringt Geschmack in die Welt
Fade gibt es genug
Traut euch, bringt eure Meinung ins Spiel
Schönredner sind nicht gefragt
Seid Licht in der Welt
Die sich in Ecken und Winkeln verstecken
wirbeln höchstens Staub auf
Seid Salz für die Erde, seid Licht:
Bringt Geschmack in die Welt

(5,13-16)

Das Gesetz:
Jesus sein Vollender

17 Glaubt nicht, ich sei gekommen, das Gesetz
oder die Propheten aufzuheben. Nicht aufzu-
heben bin ich gekommen, sondern zu erfül-
len. 18 Denn wahrlich, ich sage euch: Bis Him-
mel und Erde vergehen, wird kein Jota und
kein Strichlein vom Gesetz vergehen, ehe
nicht alles geschehen ist. 19 Wer darum eines
von diesen kleinsten Geboten auflöst und die
Menschen so lehrt, der wird der Kleinste
heißen im Reich der Himmel. Wer sie aber tut
und so lehrt, der wird groß heißen im Reich
der Himmel. 20 Denn ich sage euch: Wenn eu-
re Gerechtigkeit nicht weit mehr ist als die der
Schriftgelehrten und Pharisäer, werdet ihr
nicht eingehen in das Reich der Himmel.

Sinn der Gebote:
Ich aber sage euch

21 Ihr habt gehört, dass den Alten gesagt wur-
de: Du sollst nicht töten; wer aber tötet, soll
dem Gericht verfallen. 22 Ich aber sage euch:
Wer seinem Bruder zürnt, soll dem Gericht
verfallen. Wer aber seinen Bruder schimpft:
du Dummkopf! der soll dem Hohen Rat ver-
fallen. Wer aber sagt: du Tor! der soll der Feu-
erhölle verfallen. 23 Wenn du nun deine Gabe
zum Altar bringst und dich dort erinnerst,
dass dein Bruder etwas gegen dich hat, 24 so
lass deine Gabe dort vor dem Altar, geh hin
und versöhne dich zuerst mit deinem Bruder.
Dann komm und bringe deine Gabe dar.
25 Verständige dich eilends mit deinem Wider-
sacher, solange du mit ihm auf dem Weg bist;
damit dein Widersacher dich nicht dem Rich-
ter überliefere, der Richter dem Diener, und
du ins Gefängnis geworfen wirst. 26 Wahrlich,
ich sage dir: Dort wirst du nicht herauskom-
men, ehe du den letzten Pfennig bezahlt hast.
27 Ihr habt gehört, dass gesagt wurde: Du

5,1-12 Die Seligpreisungen, acht gleichförmig gebaute Sätze, rühmen das Glück von Einzelnen und Gruppen, die jetzt schon des Heils gewiss sein können. **3** Gemeint sind Menschen, die ihre Abhängigkeit von Gott erkennen und anerkennen und deshalb alles von ihm erwarten. **5** Den radikalen Gruppen gesagt, die meinen, der Messias werde die Römer mit dem Schwert aus dem Land treiben. **13-16** Bildworte über die Funktion der Jünger Jesu für die Welt. Mit der »Stadt auf dem Berg« könnte Safed in Galiläa gemeint sein. **15** »Scheffel«, ein Gefäß, das als Hohlmaß dient, aber auch zum Löschen der Lampen benutzt wird. **17-20** Jesus setzt die Weisungen des Ersten Testaments nicht außer Kraft. Er ist ihre Auslegung. Alles Fragen nach gottgemäßem Menschsein

Wir trauen einander nichts Gutes zu
Wir tricksen einander aus
Wir freuen uns an den Fehlern der andern
Wir tun uns schwer mit der Liebe
Herr, erbarme dich

Wir neiden einander Erfolg und Glück
Wir stellen einander Fallen
Wir wollen gewinnen
auch auf Kosten der andern
Wir tun uns schwer mit der Liebe
Christus, erbarme dich

Wir urteilen über einander
Wir missbrauchen einer den andern
Wir drücken uns aneinander vorbei
Wir tun uns schwer mit der Liebe
Herr, erbarme dich

(5,21-48)

sollst nicht ehebrechen. 28 Ich aber sage euch:
Jeder, der eine Frau ansieht, um sie zu begeh-
ren, hat schon mit ihr die Ehe gebrochen in
seinem Herzen. 29 Wenn dir dein rechtes Auge
Ärgernis gibt, reiß es aus und wirf es von dir.
Denn es ist besser für dich, dass eines deiner
Glieder verloren gehe, als dass dein ganzer
Leib in die Hölle geworfen werde. 30 Und
wenn dir deine rechte Hand Ärgernis gibt,
hau sie ab und wirf sie von dir. Denn es ist bes-
ser für dich, dass eines deiner Glieder verlo-
ren gehe, als dass dein ganzer Leib zur Hölle
fahre. 31 Es ist auch gesagt worden: Wer seine
Frau entlässt, der gebe ihr einen Scheidebrief.
32 Ich aber sage euch: Jeder, der seine Frau ent-
lässt - außer im Fall der Blutschande -, macht
sie zur Ehebrecherin. Und wer eine Entlasse-
ne zur Ehe nimmt, der bricht die Ehe. 33 Wie-
derum habt ihr gehört, dass den Alten gesagt
wurde: Du sollst nicht falsch schwören, son-
dern du sollst dem Herrn halten, was du ge-
schworen hast. 34 Ich aber sage euch: Man soll
überhaupt nicht schwören! Nicht beim Him-
mel, denn er ist Gottes Thron; 35 nicht bei der
Erde, denn sie ist der Schemel seiner Füße;
nicht bei Jerusalem, denn es ist die Stadt des
großen Königs. 36 Du sollst auch nicht bei dei-
nem Haupte schwören, denn nicht ein einzi-
ges Haar kannst du weiß machen oder
schwarz. 37 Eure Rede sei: Ja, ja – nein, nein;
was darüber geht, das stammt vom Bösen.
38 Ihr habt gehört, dass gesagt wurde: Aug um
Auge, Zahn um Zahn. 39 Ich aber sage euch:
Widersetzt euch dem Bösen nicht! Sondern
wenn dich einer auf die rechte Wange schlägt,
dann halt ihm auch die andere hin. 40 Und will
dich einer vor Gericht bringen und deinen
Leibrock nehmen, lass ihm auch den Mantel.
41 Und wer dich zwingt, eine Meile mitzuge-
hen, mit dem geh zwei. 42 Wer dich bittet, dem
gib; und wer von dir borgen will, den weise
nicht ab.

**Das neue Gebot:
Liebet eure Feinde**

43 Ihr habt gehört, dass gesagt wurde: Du
sollst deinen Nächsten lieben und deinen
Feind hassen. 44 Ich aber sage euch: Liebt eure
Feinde, tut Gutes denen, die euch hassen, und
betet für die, die euch verfolgen und verleum-
den, 45 damit ihr Söhne werdet eures Vaters in
den Himmeln; denn er lässt seine Sonne auf-
gehen über Gute und Böse und regnen über
Gerechte und Ungerechte. 46 Denn wenn ihr
die liebt, die euch lieben, welchen Lohn habt
ihr? Tun dies nicht auch die Zöllner?
47 Und wenn ihr nur eure Brüder grüßt, was
tut ihr da mehr? Tun dies nicht auch die Hei-
den? 48 Ihr also sollt vollkommen sein, wie eu-
er himmlischer Vater vollkommen ist.

kann sich an ihm orientieren. **22** Das »Ich aber sage euch« betont Jesu Anspruch als Deuter und Lehrer des Willens Gottes. Der »Hohe Rat« ist das oberste jüdische Gericht. Feuerhölle: Das griechische Wort »Gehenna« meint ein Tal südlich von Jerusalem, eine Opferstätte für den Moloch, daher bei den Juden verflucht. Dorthin brachte man Tierkadaver und die Leichen Verurteilter. **26** »Heller«, wörtlich Quadrans, römische Münze (»Pfennig«). **27-32** Jesus wendet sich gegen die damals übliche Herrschaft der Männer über ihre Frauen, die auch das Recht gibt, die Frau nach Belieben zu entlassen. **32** »Blutschande«: Die Deutung der Ausnahmeregel ist umstritten. Möglicherweise ist eine Verbindung von Verwandten gemeint, die im Gesetz des Mose verboten, bei den Griechen aber erlaubt war. **38-42** Jesus hebt das Gesetz der Vergeltung auf. Vier Beispiele verdeutlichen die

In einer Zeit, da einzig Leistung zählt
die Stimme der Versager hören

In einer Zeit, da alles seinen Preis hat
an das Schenken denken

In einer Zeit des Habens und Haltens
das Glück der leeren Hände feiern

In einer Zeit des Rechnens und Wissens
Zahlen und Formeln vergessen

In einer Zeit der schlechten Nachrichten
die Gute Nachricht ins Gespräch bringen

In einer Zeit, da jeder an sich selber denkt
solidarisch leben

In einer Zeit, da keiner weiß, wohin
die Zeichen erkennen

In einer Zeit, die sich gebärdet
als brauche sie dich nicht:
Komm

(5, 43-48)

Frömmigkeit: Im Verborgenen

6 Gebt Acht, dass ihr eure Gerechtigkeit
nicht übt vor den Menschen, um euch vor ih-
nen zur Schau zu stellen, sonst habt ihr keinen
Lohn von eurem Vater in den Himmeln.
2 Wenn du Almosen gibst, sollst du es nicht
vor dir herposaunen, wie die Heuchler in den
Synagogen und Gassen tun, damit sie von den
Leuten verherrlicht werden. Wahrlich, ich sa-
ge euch: Sie haben ihren Lohn schon empfan-
gen. 3 Wenn du Almosen gibst, dann soll dei-
ne Linke nicht wissen, was deine Rechte tut,
4 damit dein Almosen im Verborgenen bleibe.
Dein Vater aber, der im Verborgenen sieht,
wird dir vergelten. 5 Und wenn ihr betet, so
seid nicht wie die Heuchler. Sie beten gern in
den Synagogen und an den Straßenecken ste-
hend, damit sie von den Menschen gesehen
werden. Wahrlich, ich sage euch: Sie haben
ihren Lohn schon empfangen. 6 Du aber,
wenn du betest, geh in deine Kammer,
schließe die Türe zu und bete zu deinem Va-
ter, der im Verborgenen ist. Dein Vater aber,
der im Verborgenen sieht, wird dir vergelten.
7 Wenn ihr betet, plappert nicht wie die Hei-
den, die meinen, sie würden erhört, wenn sie
viel Worte machen. 8 Seid also nicht wie sie;
denn euer Vater weiß, was ihr braucht, noch
ehe ihr ihn darum bittet. 9 So nun sollt ihr be-

Beten, wie die Kinder
beten aus purem Vertrauen
dass er, den ich anspreche
hört, was ich zu sagen habe
dass er mich versteht
weil ich ihm wichtig bin.

Bitten, wie die Kinder
bitten aus purem Vertrauen
dass die eigenen Wünsche
wichtig sind und dass er,
dem ich sie sage
mir zugetan ist.

Danken wie die Kinder
danken aus purem Vertrauen
dass er, dem ich singe
sich freut über jeden
glücklichen Menschen

Glauben wie die Kinder
glauben aus purem Vertrauen
dass er, an den ich mich halte
nicht loslässt, weil er
nicht sein will ohne mich

(6,1-8)

Haltung, die er fordert. **43-48** »Vollkommen sein« heißt mit der Welt und den Menschen so umgehen, wie Gott mit ihnen umgeht.
6,1-8 Über die Frömmigkeit, das Recht-Sein vor Gott. Jeder Mensch ist das, was er in den Augen Gottes ist. Gute Werke verlieren ihren Sinn, wenn sie der Selbstdarstellung dienen. **9-13** Matthäus überliefert das Vaterunser in einer längeren Textform als Lukas (11,2-4). Die Kirche

ten: Unser Vater in den Himmeln, geheiligt werde dein Name. [10] Dein Reich komme. Dein Wille geschehe, wie im Himmel, so auch auf Erden. [11] Unser Brot für den Tag gib uns heute. [12] Und vergib uns unsere Schulden, wie auch wir unseren Schuldnern vergeben haben. [13] Und führe uns nicht in Versuchung, sondern erlöse uns von dem Bösen. [14] Denn wenn ihr den Menschen ihre Verfehlungen vergebt, so wird euer himmlischer Vater euch vergeben. [15] Wenn ihr aber den Menschen nicht vergebt, wird auch euer Vater eure Verfehlungen nicht vergeben. [16] Wenn ihr aber fastet, sollt ihr nicht traurig sein wie die Heuchler; denn sie entstellen ihr Gesicht, damit die Menschen sehen, dass sie fasten. Wahrlich, ich sage euch: Sie haben ihren Lohn schon empfangen. [17] Du aber, wenn du fastest, salbe dein Haupt und wasche dein Gesicht, [18] damit die Menschen nicht merken, dass du fastest, sondern nur dein Vater, der im Verborgenen ist. Dein Vater aber, der im Verborgenen sieht, wird dir vergelten.

Wahre Schätze:
Dient nicht dem Mammon

[19] Sammelt euch keine Schätze auf Erden, wo Motte und Holzwurm sie zerstören und wo Diebe einbrechen und stehlen. [20] Sammelt euch vielmehr Schätze im Himmel, wo weder Motte noch Holzwurm sie zerstören und wo Diebe nicht einbrechen und stehlen. [21] Denn wo dein Schatz ist, da ist auch dein Herz. [22] Die Leuchte des Leibes ist das Auge. Ist nun dein Auge klar, so wird dein ganzer Leib licht sein; [23] ist aber dein Auge schlecht, so wird dein ganzer Leib finster sein. Wenn nun das Licht, das in dir ist, Finsternis ist, wie groß wird dann die Finsternis sein! [24] Niemand kann zwei Herren dienen; denn er wird entweder den einen hassen und den anderen lieben, oder dem einen anhangen und den anderen verachten. Ihr könnt nicht Gott dienen und dem Mammon.

Zwischenfragen

Eingespannt
in unsere Tage
zwischen Morgen und Abend
fragen wir: Sinn?

Festgelegt
auf die Einbahnstraße
zwischen Geburt und Tod
fragen wir: Zukunft?

Eingeschworen
auf das, was man
zeigen und berechnen kann
fragen wir: Wirklichkeit?

Festgeschrieben
auf Karriere, Konto
Erfolg und Wohlstand
fragen wir: Leben?

(6,14-32)

Ängstliche Sorge:
Sucht das Reich Gottes

[25] Darum sage ich euch: Sorgt euch nicht um euer Leben, was ihr essen, noch um euren Leib, was ihr anziehen werdet. Ist nicht das Leben mehr als die Speise und der Leib mehr als die Kleidung? [26] Schaut auf die Vögel des Himmels: Sie säen nicht, sie ernten nicht und sammeln nicht in Scheunen. Euer himmlischer Vater ernährt sie. [27] Seid ihr nicht viel mehr als sie? Wer unter euch vermag durch sein Sorgen der Länge seines Lebens auch nur eine Elle hinzuzufügen? [28] Und wozu sorgt ihr euch um Kleidung? Schaut auf die Lilien des Feldes, wie sie wachsen. Sie arbeiten nicht und spinnen nicht. [29] Ich sage euch aber: Selbst Salomo in all seiner Herrlichkeit war

---

hat den Text des Matthäus übernommen. Spätere Handschriften fügen dem Gebet einen (nach 2 Chron 29,10-11) formulierten Lobpreis hinzu. **24 Mammon:** Die ursprüngliche Bedeutung des aramäischen Wortes ist umstritten. Vielleicht: das »Gesicherte«, Geld und Besitz allgemein; die dämonische Macht des Besitzes. **25-34** Leben aus Vertrauen konkret: Vom rechten und vom falschen Sorgen, vom gelassenen Umgang mit Besitz.

nicht gekleidet wie eine von ihnen. [30] Wenn Gott das Gras des Feldes, das heute steht und morgen in den Ofen geworfen wird, so kleidet, um wie viel mehr euch, ihr Kleingläubigen! [31] So sorgt euch nicht und sagt nicht: Was sollen wir essen? Oder: Was sollen wir trinken? Oder: Was sollen wir anziehen? [32] Nach all dem trachten die Heiden. Euer himmlischer Vater weiß ja, dass ihr das alles braucht. [33] Suchet vielmehr zuerst das Reich und seine Gerechtigkeit, und alles andere wird euch dazu gegeben werden. [34] Sorgt also nicht für den morgigen Tag; denn der morgige Tag wird für sich selbst sorgen. Jeder Tag hat genug an seiner Plage.

Der Bruder: Richtet nicht

7 Richtet nicht, damit ihr nicht gerichtet werdet. [2] Denn mit dem Urteil, mit dem ihr richtet, werdet auch ihr gerichtet werden. Und mit dem Maß, mit dem ihr zumesst, wird auch euch zugemessen werden. [3] Was siehst du den Splitter im Auge deines Bruders, und den Balken im eigenen Auge gewahrst du nicht? [4] Oder wie kannst du zu deinem Bruder sagen: Lass mich den Splitter aus deinem Auge ziehen, und siehe, in deinem Auge ist ein Balken? [5] Du Heuchler! Zieh zuerst den Balken aus deinem Auge, danach sieh zu, wie du den Splitter aus dem Auge deines Bruders ziehen kannst. [6] Gebt das Heilige nicht den Hunden und werft eure Perlen nicht den Schweinen hin, damit sie nicht mit ihren Füßen sie zertreten, sich umkehren und euch zerreißen.

Inständiges Gebet: Wer bittet, empfängt

[7] Bittet, so wird euch gegeben werden. Suchet, so werdet ihr finden. Klopft an, so wird euch aufgetan werden. [8] Denn jeder, der bittet, empfängt; und wer sucht, der findet; und wer anklopft, dem wird aufgetan werden. [9] Oder gibt es einen unter euch, der seinem Sohne einen Stein gibt, wenn der ihn um Brot bittet? [10] Oder der ihm eine Schlange gibt, wenn er ihn um einen Fisch bittet? [11] Wenn nun ihr, die ihr doch böse seid, euren Kindern gute Gaben zu geben wisst, wie viel mehr wird euer Vater, der in den Himmeln ist, denen Gutes geben, die ihn bitten!

Weisungen: Tretet ein durch die enge Pforte

[12] Alles nun, was ihr wollt, dass euch die Leute tun, das sollt auch ihr ihnen tun; denn das ist das Gesetz und die Propheten. [13] Tretet ein durch die enge Pforte. Denn weit ist die Pforte und breit der Weg, der zum Verderben führt, und viele sind es, die auf ihm hineingehen. [14] Wie eng aber ist die Pforte und wie schmal der Weg, der zum Leben führt, und wenige sind es, die ihn finden. [15] Hütet euch vor den falschen Propheten! Sie kommen in

Herr Jesus Christus
du versöhnst uns mit Gott
und stiftest Frieden
Uns, die Befriedeten
machst du zu Mittlern.
Hilf, dass wir fähig werden
diesen Frieden anzunehmen
umzusetzen, zu teilen und zu mehren
Brüder und Schwestern zu werden.

Nicht gleich dreinschlagen – zuwarten
nicht gleich niederschreien – zuhören
nicht gleich schlecht machen – vertrauen
nicht nur vorwärts stürmen –
andere mitnehmen
sich nicht abkapseln – verstehen wollen
nicht verurteilen – nachsichtig sein
menschenfreundlich wie Gott.

(7,1-10)

»Vertrauen ist mehr als Haben«.
7,1-5 Die Gerechtigkeit des Reiches Gottes begründet eine neue Beziehung zum Mitmenschen. Sie fordert den Verzicht auf jedes Urteil über den anderen und vermittelt Einsicht in die Relativität aller menschlichen Wertordnungen. **6** Ein Sprichwort, das mehrere Deutungen zulässt. Das »Heilige« kann sich auf die Tora (das Gesetz), aber auch auf die Lehre Jesu beziehen. »Hunde« kann die Gegner allgemein bezeichnen. Mit den »Schweinen« sind möglicherweise die Heiden gemeint. **7-11** Vertrauendes Bitten darf auch aufdringlich sein. Gegen-Sätze zu 6,25-34. **12** Die so genannte »Goldene Regel«. Ein

Herr, lass dein Licht
aufstrahlen in uns:
dass uns die Ohren aufgehen
für dein Wort
und die Augen für das
was du wirkst unter uns
dass wir in der Spur bleiben
wenn unser Leben
auf dem Spiel steht

Lass, Herr, dein Licht
aufstrahlen in uns
dass wir erkennen
und sicher werden
dass es keinen andern gibt
auf den zu warten einen Sinn hat

(7,12-20)

Schafskleidern zu euch, inwendig aber sind
sie reißende Wölfe. [16] An ihren Früchten wer-
det ihr sie erkennen. Erntet man etwa Trau-
ben von den Dornen, oder Feigen von den
Disteln? [17] So bringt jeder gute Baum gute
Früchte, der schlechte Baum aber bringt
schlechte Früchte. [18] Es kann ein guter Baum
nicht schlechte Früchte tragen, und ein
schlechter Baum nicht gute Früchte tragen.
[19] Jeder Baum, der nicht gute Früchte bringt,
wird ausgehauen und ins Feuer geworfen.
[20] An ihren Früchten also werdet ihr sie er-
kennen.

Zugang zum Reich:
Den Willen des Vaters tun

[21] Nicht jeder, der zu mir sagt: Herr, Herr!
wird eingehen ins Reich der Himmel, sondern
wer den Willen meines Vaters tut, der in den
Himmeln ist. [22] Viele werden an jenem Tag zu
mir sagen: Herr, Herr, haben wir nicht in dei-
nem Namen geweissagt? Und in deinem Na-
men Dämonen ausgetrieben? Und in deinem
Namen viele Machttaten vollbracht? [23] Aber
dann werde ich ihnen eröffnen: Niemals habe
ich euch gekannt! Weichet von mir, ihr Mis-
setäter!

Der kluge Mann: Das Wort hören und tun

[24] Ein jeder, der diese meine Worte hört und
nach ihnen tut, gleicht einem klugen Mann,
der sein Haus auf einen Felsen baute. [25] Der
Regen strömte nieder, die Fluten kamen, und
die Stürme brausten und tobten um jenes
Haus. Doch es fiel nicht ein; denn es stand auf
den Felsen gegründet. [26] Und jeder, der diese
meine Worte hört und nicht nach ihnen tut,
gleicht einem törichten Mann, der sein Haus
auf Sand baute. [27] Der Regen strömte nieder,
die Fluten kamen, und die Stürme brausten
und tobten um jenes Haus. Da fiel es ein, und
sein Fall war groß. [28] Und es geschah, als Jesus
mit diesen Reden geendet hatte, waren die
Scharen außer sich über seine Lehre. [29] Denn
er lehrte sie wie einer, der Vollmacht hat, und
nicht wie ihre Schriftgelehrten.

Ein Aussätziger:
Ich will, sei rein

8 Als er aber vom Berge herabstieg, folgten
ihm große Scharen. [2] Und siehe, ein Aussätzi-
ger trat heran, fiel vor ihm nieder und sprach:
Herr, wenn du willst, kannst du mich rein ma-
chen. [3] Da streckte er seine Hand aus, rührte
ihn an und sprach: Ich will, sei rein! Und so-
gleich ward er vom Aussatz rein. [4] Und Jesus
sprach zu ihm: Sieh zu, dass du es niemand
sagst; sondern geh hin, zeige dich dem Pries-
ter und opfere die Gabe, die Mose vorge-
schrieben hat, ihnen zum Zeugnis.

Der Hauptmann:
Wie du geglaubt hast

[5] Als er aber nach Kafarnaum hineinging, trat
ein Hauptmann zu ihm, bat ihn [6] und sprach:
Herr, mein Knecht liegt im Hause gelähmt
und leidet große Qual. [7] Und Jesus sprach zu

Grundsatz, der für alle menschlichen Beziehungen gilt. **13-14** Die Bildworte von der Pforte und dem Weg betonen die Notwendigkeit der Entscheidung. **24-27** Die Worte hören und tun: Ein Programm für jeden Menschen, der sich entschieden hat. **28-29** Die Wirkung der Rede Jesu: Er redet wie einer, der Vollmacht hat. **8,1-34** Jesus wirkt die Machttaten, die man vom Messias erwartet. Matthäus reiht dreimal je zwei Wunderberich-

Aussatz
ist heilbar
geworden
aber noch immer
fürchten wir uns.
Noch immer sehen wir
dem Behinderten
lieber nicht
in die Augen
lassen die Süchtigen
lieber draußen
vor der Tür
und an dem,
den der Krebs frisst
drücken wir uns
mit freundlichen Worten
vorbei
trauen uns nicht
zu sagen:
»Wenn du willst« ...

(8,1-4)

Manchmal darüber nachdenken
ganz menschlich
wie Gott die Menschen sieht
die ungezählten
auf ihren eiligen Wegen
wie er sie durchschaut
bis auf den Grund
und lächelt

Manchmal darüber nachdenken
ganz menschlich
wie Gott die Menschen sieht
die ungezählten
die im Dunkel sitzen
Unrecht leiden
unter Lasten stöhnen
von Schmerz gekrümmt
Wie er sie durchschaut
bis auf den Grund
und mit ihnen leidet

(8,14-17)

ihm: Ich will kommen und ihn gesund ma-
chen. 8 Der Hauptmann antwortete ihm und
sprach: Herr, ich bin nicht wert, dass du hin-
eingehst unter mein Dach; aber sprich nur ein
Wort, so wird mein Knecht gesund. 9 Denn
auch ich bin ein Mensch, der unter Befehlsge-
walt steht, und habe Soldaten unter mir. Sage
ich zu einem: Geh! dann geht er. Und zu einem
anderen: Komm! dann kommt er. Und zu
meinem Knecht: Tu das! dann tut er es. 10 Als
Jesus das hörte, staunte er und sprach zu de-
nen, die ihm folgten: Wahrlich, ich sage euch,
solchen Glauben habe ich in Israel nicht ge-
funden. 11 Aber ich sage euch: Viele werden
von Osten und Westen kommen und im Reich
der Himmel mit Abraham, Isaak und Jakob
zu Tische liegen. 12 Die Söhne des Reiches
aber werden hinausgestoßen in die äußere
Finsternis, dort wird Heulen und Zähneknir-
schen sein. 13 Zu dem Hauptmann aber
sprach Jesus: Geh! Wie du geglaubt hast, soll
dir geschehen. Und in derselben Stunde wur-
de der Knecht gesund.

Heilungen: Krankheiten hat er weggetragen

14 Als Jesus in das Haus des Petrus kam, sah er,
dass dessen Schwiegermutter am Fieber dar-
niederlag. 15 Und er nahm sie bei der Hand,
und das Fieber verließ sie; und sie stand auf
und bediente ihn. 16 Als es aber Abend wurde,
brachten sie viele Besessene zu ihm; und er
trieb die Geister mit einem Wort aus und heil-
te alle Leidenden, 17 damit erfüllt werde, was

te aneinander. Im Vergleich zu Markus kürzt er öfter den Heilungsbericht, gelegentlich erweitert er das Glaubensgespräch der Zeugen, das wesentlich zur Heilung gehört. Zu beachten ist, dass Jesus seine Wunder nicht wirkt, um Gottes Macht über die Naturgesetze zu demonstrieren. Er wirkt sie, um zu erweisen, wie der leidende Mensch in einer Welt voll Unheil und Preisgegebensein durch die Begegnung mit ihm Hilfe, Heil und Dazugehören erfährt.

2-17 Die ersten Heilungsberichte stehen unter dem Leitwort: »Er hat unsere Krankheiten weggetragen«. Ein jüdischer Aussätziger wird rein (V. 2-4); der Knecht eines heidnischen Offiziers wird durch ein Wort Jesu geheilt (V. 5-13); die Schwiegermutter des Petrus wird gesund (V. 14-15). Aussatz. Lähmung und Fieber meinen nicht nur den medizinischen Befund, sondern auch alles, was den Juden, den Heiden und den Jüngern nicht nur am

gesagt ward durch den Propheten Jesaja, der
da spricht: Er hat unsere Gebrechen fortge-
nommen und unsere Krankheiten weggetra-
gen.

Ruf zur Entscheidung:
Folge mir nach

[18] Als Jesus große Scharen um sich her sah, be-
fahl er, an das andere Ufer zu fahren. [19] Da trat
ein Schriftgelehrter heran und sprach zu ihm:
Meister, ich will dir nachfolgen, wohin du
gehst. [20] Und Jesus sprach zu ihm: Die Füchse
haben Höhlen und die Vögel des Himmels
Nester; aber der Menschensohn hat nicht,
wohin er sein Haupt legen könnte. [21] Und ein
anderer, einer von seinen Jüngern, sprach zu
ihm: Herr, lass mich zuvor hingehen und mei-
nen Vater begraben. [22] Zu ihm sprach Jesus:
Folge mir nach, und lass die Toten ihre Toten
begraben.

Der Sturm: Er gebot dem See

[23] Und als er in das Boot stieg, folgten ihm sei-
ne Jünger nach. [24] Und siehe, es erhob sich ein
großer Sturm auf dem See, so dass das Boot
von den Wellen bedeckt wurde; er aber
schlief. [25] Seine Jünger traten zu ihm, weckten
ihn auf und sprachen: Herr, rette uns, wir ge-
hen zugrunde! [26] Und er sprach zu ihnen: Was
seid ihr so furchtsam, ihr Kleingläubigen?
Dann stand er auf, gebot den Winden und
dem See, und es ward eine große Stille. [27] Die
Leute aber staunten und sprachen: Wer ist
doch dieser, dass ihm auch die Winde und der
See gehorchen?

Zwei Besessene:
Herr über Dämonen

[28] Als er über den See in das Land der Gada-
rener gekommen war, liefen ihm zwei Beses-
sene entgegen; die kamen aus den Gräbern
und waren sehr gewalttätig, so dass keiner
auf jenem Wege vorbeigehen konnte. [29] Und
siehe, sie riefen: Was haben wir mit dir, Sohn
Gottes? Bist du hierher gekommen, uns vor
der Zeit zu quälen? [30] Es war aber nicht weit
von ihnen eine große Schweineherde auf der
Weide. [31] Und die Dämonen baten ihn und
sprachen: Wenn du uns von da austreibst, so
lass uns in die Schweineherde fahren. [32] Er
sprach zu ihnen: Fahrt hin! Da entwichen sie
und fuhren in die Schweine; und siehe, die
ganze Herde stürzte den Abhang hinunter in
den See und ertrank im Wasser. [33] Die Hirten
aber flohen, und als sie in die Stadt kamen,
berichteten sie alles, auch was mit den Beses-
senen geschehen war. [34] Und siehe, die ganze
Stadt zog hinaus, Jesus entgegen. Und als sie
ihn sahen, baten sie ihn, er möge aus ihrem
Gebiet weggehen.

Der Gelähmte:
Deine Sünden sind vergeben

9 Er stieg in das Boot, fuhr über und kam in
seine Stadt. [2] Und siehe, man brachte ihm ei-
nen Gelähmten, der auf einem Bette lag. Als
Jesus ihren Glauben sah, sprach er zu dem
Gelähmten: [3] Habe Mut, Kind, deine Sünden
sind vergeben. Und siehe, einige von den
Schriftgelehrten sprachen bei sich selber: Der
lästert Gott! [4] Jesus aber sah ihre Gedanken
und sprach: Warum denkt ihr Böses in euren
Herzen? [5] Was ist leichter zu sagen: Deine
Sünden sind vergeben, oder zu sagen: Steh auf
und geh umher? [6] Damit ihr aber wisst, dass
der Menschensohn Vollmacht hat, Sünden zu
vergeben auf Erden – sprach er zu dem
Gelähmten: Steh auf, nimm dein Bett und geh
nach Haus. [7] Und er stand auf und ging in sein
Haus. [8] Da aber die Scharen dies sahen, fürch-
teten sie sich und verherrlichten Gott, der sol-
che Macht den Menschen verliehen hat.

Menschsein, sondern auch am Vertrauen auf Jesus hindert. **16-17** Der Abschnitt schließt mit einem Sammelbericht. **18-22** Eine Hinführung zum Bericht von der Stillung des Sturms, die Matthäus als Nachfolgeerzählung verstanden wissen will: Zwei Männer, ein Schriftgelehrter und ein Jünger, erfahren, was es heißt, sich für Jesus und seine Art zu leben zu entscheiden. **8,23 - 9,8** Drei Erzählungen, die zeigen, wie Jesus sich dem Bösen entgegenstellt. **8,23-27** Matthäus betont, dass die Jünger Jesus in das Boot nachfolgen. Sie geraten mit ihm in den Sturm. Die Jünger packt Todesangst. Jesus schläft. Er tadelt die Jünger des Kleinglaubens wegen. Dann tritt er den Mächten entgegen. **28** Gadara, eine Handelsstadt, etwa 10 km vom See entfernt. **28-34** Zwei Besessene, durch ihre Krankheit aus der Gemeinschaft ausgeschlossen und aggressiv, werden von den dämonischen Kräften frei.

9,1-8 Im Judentum glaubte man an einen ursächlichen Zusammenhang zwischen Krankheit und Sünde. Doch

Der Gelähmte damals, den Freunde zu Jesus trugen, dass er ihn heile, stand auf und trug sein Bett nach Hause. Das Wunder wurde Wirklichkeit, sichtbar vor aller Augen – nicht zu bestreiten. Auch die Aussage, Jesus habe den Glauben der Freunde gesehen, bleibt im Rahmen. Das Wort von der Vergebung der Sünde freilich sprengt den Rahmen, über alles menschlich Denkbare hinaus – Jesus bringt sich selbst, die eigene Vollmacht ins Spiel. Die Gotteskenner und Schriftgelehrten erschrecken: » Wie kann er das sagen. Er lästert Gott! « In dieser Diskussion geht es nicht mehr um die Not eines behinderten Menschen. Es geht um Jesus, seine Vollmacht, seine Sendung. Das Lehrstück von einem Gelähmten und dem, was der Glaube seiner Freunde möglich machte, wird zur Bestätigung der Botschaft dessen, der von sich sagt, er sei gekommen, unsere Gebrechen auf sich zu nehmen, unsere Krankheiten wegzutragen.

(9,1-8)

Matthäus der Zöllner: Ich bin gekommen, Sünder zu berufen

9 Als Jesus von dort wegging, sah er einen
Mann am Zollhaus sitzen, Matthäus mit Namen. Und er sprach zu ihm: Folge mir nach!
Da stand er auf und folgte ihm nach. 10 Und es
begab sich, als er zu Tische lag im Haus, siehe, da kamen viele Zöllner und Sünder und
legten sich mit Jesus und seinen Jüngern zu
Tisch. 11 Als die Pharisäer dies sahen, sprachen sie zu seinen Jüngern: Warum isst euer
Meister mit den Zöllnern und Sündern? 12 Er
aber hörte es und sprach: Nicht die Gesunden bedürfen des Arztes, sondern die Kranken.
13 Geht hin und lernt, was es heißt: Barmherzigkeit will ich, nicht Opfer; denn ich bin nicht gekommen, Gerechte zu rufen, sondern Sünder.

Die Fastenfrage: Das Alte und das Neue

14 Da kamen die Jünger des Johannes zu ihm
und sprachen: Warum fasten wir und die Pharisäer, deine Jünger aber fasten nicht? 15 Jesus
aber sprach zu ihnen: Können die Freunde des Bräutigams trauern, solange der Bräutigam bei ihnen ist? Es werden aber Tage kommen, da ihnen der Bräutigam genommen ist;
dann werden sie fasten. 16 Niemand setzt einen Fleck von neuem Tuch auf ein altes Kleid; denn das Flickstück reißt noch etwas von dem Kleid mit, und der Riss wird größer.
17 Auch gießt man nicht jungen Wein in alte Schläuche, sonst zerreißen die Schläuche, und der Wein läuft aus, und die Schläuche gehen zugrunde. Sondern jungen Wein gießt man in neue Schläuche, und so wird beides erhalten.

Die Tochter des Jairus: Tote stehen auf

18 Als er dieses zu ihnen redete, siehe, da trat ein Vorsteher heran, fiel vor ihm nieder und sprach: Herr, meine Tochter ist eben gestorben; aber komm und lege deine Hand auf sie,
so wird sie leben. 19 Und Jesus stand auf und
folgte ihm mit seinen Jüngern. 20 Und siehe, eine Frau, die seit zwölf Jahren am Blutfluss litt, trat heran und berührte von hinten den
Saum seines Gewandes. 21 Sie sprach bei sich
selbst: Wenn ich nur sein Gewand berühre, so
werde ich gesund. 22 Jesus aber wandte sich
um, sah sie an und sprach: Habe Mut, Tochter! Dein Glaube hat dich geheilt. Und von jener Stunde an war die Frau gesund. 23 Als Jesus in das Haus des Vorstehers kam und die Flötenspieler und das lärmende Volk sah,

---

die Menschen, die Jesus begegnen, suchen Hilfe bei dem als wirkmächtig bekannten Wanderprediger aus Nazaret. So auch diejenigen, die einen Gelähmten samt seinem Bett zu Jesus bringen. Jesus macht die Heilung dieses Gelähmten zur Lehre für die missgünstigen Schriftgelehrten. Er vergibt dem Gelähmten die Sünde und befreit ihn von seiner Behinderung. Nicht nur die Schriftgelehrten, auch die einfachen Leute erschrecken: Hier ist Gott am Werk. **9-17** Die Berufung des Zöllners Matthäus und die Mahlgemeinschaft mit den Verachteten zeigt denen, die meinen, Gott zu kennen, wie Jesus das Prophetenwort versteht und erfüllt. **18-34** Vier Machttaten erweisen Jesus als den, der Leben gibt: Eine Frau, die seit zwölf Jahren vergeblich Heilung sucht, vertraut und wird geheilt. Ein Synagogenvorsteher, der für seine todkranke Tochter bittet, erlebt, dass Jesus das eben gestorbene Mädchen ins Leben zurückruft. Zwei Blinde sehen wieder, ein Stummer redet. **35-38** Sammelbericht über das

Bei dem sein
der Stumme zum Reden bringt
Taubgewordenen zuspricht
dass ihnen die Ohren aufgehen
Zeuge sein
wie Bedrängte aufatmen
und Gebeugte
sich aufrichten
Sehen
wie Irrende gefunden
Davongelaufene erwartet werden
mit offenen Armen und großer Freude
ihren Platz finden an seinem Tisch

Sieh uns, die Vielen
die müde sind
erschöpft und aufgerieben
nicht wissen, wohin

Hab Mitleid mit uns
die wir, von bösen Geistern umgetrieben
hoffnungs- und mutlos geworden
das Leben leid sind

Schick uns einen Boten
Sag uns ein Wort
Lass uns nicht verloren gehen

(9,18-26)

24 sprach er: Geht weg; denn das Mädchen ist nicht tot, sie schläft nur. Da verlachten sie ihn.
25 Als aber die Menge hinausgedrängt war, ging er hinein und nahm sie bei der Hand. Und das Mädchen stand auf.
26 Die Kunde davon aber drang in jene ganze Umgegend.

Zwei Blinde:
Ihre Augen wurden aufgetan

27 Als nun Jesus von dort weiterging, folgten ihm zwei Blinde nach. Sie schrien: Sohn Davids, erbarme dich unser!
28 Als er aber in das Haus trat, kamen die Blinden zu ihm, und Jesus sagte zu ihnen: Glaubt ihr, dass ich dies zu tun vermag? Sie sprachen zu ihm: Ja, Herr.
29 Da berührte er ihre Augen und sprach: Euch geschehe nach eurem Glauben!
30 Und ihre Augen wurden aufgetan. Jesus drohte ihnen: Seht euch vor, niemand soll davon erfahren.
31 Sie aber gingen hinaus und verbreiteten seinen Ruf in jener ganzen Gegend.

Ein Stummer redet:
Nie hat man solches gesehen

32 Als sie weggegangen waren, siehe, da brachten sie zu ihm einen Besessenen, der stumm war.
33 Als der Dämon ausgetrieben war, redete der Stumme. Die Scharen aber wunderten sich und sagten: Nie hat man solches in Israel gesehen.
34 Die Pharisäer aber sagten: Durch den Herrscher der Dämonen treibt er die Dämonen aus.

Reifende Ernte:
Bittet den Herrn um Arbeiter

35 Jesus zog umher durch alle Städte und Dörfer. In ihren Synagogen lehrte er und verkündete die Frohbotschaft vom Reich. Er heilte jede Krankheit und jedes Gebrechen.
36 Als er die Volksscharen sah, wurde er von Mitleid mit ihnen gedrängt, denn sie waren elend und orientierungslos wie Schafe, die keinen Hirten haben.
37 Dann sprach er zu seinen Jüngern: Die Ernte ist groß, aber der Arbeiter sind wenige.
38 Bittet daher den Herrn der Ernte, dass er Arbeiter sende zu seiner Ernte.

Die zwölf Apostel:
Geht zum Haus Israel

10 Und er rief seine zwölf Jünger zusammen und gab ihnen Vollmacht zur Austreibung der unreinen Geister und zur Heilung aller Krankheit und Schwäche.
2 Dies aber sind die Namen der zwölf Apostel: An erster Stelle Simon, genannt Petrus, und Andreas, sein Bruder; Jakobus, der Sohn des Zebedäus, und Jo-

Wirken Jesu in einem Volk, das Schafen gleicht, die keinen Hirten haben. Jesus mahnt: Bittet den Herrn, dass er Arbeiter rufe, die seine Ernte einbringen. Nicht nur die Damaligen verstehen.

10,1 - 11,1 Die zweite Rede Jesu, die »Jüngerrede«, folgt ohne Übergang auf die »gesammelten Taten«. Sie besteht aus Einzelworten, die der Evangelist aneinander reihte. **10,1-5a** Jesus reagiert auf die Not des Volkes. Er sendet

hannes, sein Bruder. 3 Philippus und Bartho-
lomäus; Thomas und Matthäus, der Zöllner;
Jakobus, der Sohn des Alphäus, und Thad-
däus; 4 Simon Kanaanäus, und Judas Iskariot,
der ihn dann überliefert hat. 5 Diese zwölf
sandte Jesus aus, gebot ihnen und sprach:
Geht nicht den Weg zu den Völkern und zieht
nicht in die Städte der Samariter, 6 geht viel-
mehr zu den verlorenen Schafen des Hauses
Israel! 7 Geht hin und verkündet: Das Reich
der Himmel ist nahegekommen! 8 Heilt Kran-
ke, weckt Tote, macht Aussätzige rein, treibt
Dämonen aus. Umsonst habt ihr empfangen,
umsonst gebt weiter. 9 Verschafft euch weder
Gold noch Silber noch Geld für eure Gürtel,
10 auch keine Tasche für unterwegs, keine
zwei Röcke, keine Schuhe, keinen Stab. Der
Arbeiter ist seines Unterhaltes wert.
11 Kommt ihr in ein Dorf oder in eine Stadt, so
fragt, wer darin würdig sei. Dort bleibt, bis
ihr weiterzieht. 12 Und wenn ihr in ein Haus
kommt, entbietet ihm den Gruß und sprecht:
Friede diesem Haus. 13 Und wenn das Haus
würdig ist, komme euer Friede auf es; wenn es
aber nicht würdig ist, soll euer Friede zu euch
zurückkehren. 14 Und wenn man euch nicht
aufnimmt und nicht auf eure Worte hört,
dann geht aus dem Haus oder der Stadt und
schüttelt den Staub von euren Füßen. 15 Wahr-
lich, ich sage euch: Dem Lande Sodom und
Gomorra wird es am Tage des Gerichts er-
träglicher gehen als jener Stadt.

**Der Jünger:
Nicht über dem Meister**

16 Siehe, ich sende euch wie Schafe mitten un-
ter Wölfe. Seid daher klug wie die Schlangen
und arglos wie die Tauben. 17 Doch nehmt
euch in Acht vor den Menschen; denn sie wer-
den euch den Gerichten überliefern und euch
in ihren Synagogen geißeln. 18 Vor Statthalter
und Könige werdet ihr um meinetwillen ge-
führt werden, zum Zeugnis für sie und die
Völker. 19 Wenn sie euch überliefern, beküm-
mert euch nicht, wie oder was ihr reden sollt;
denn es wird euch in jener Stunde gegeben
werden, was ihr reden sollt. 20 Denn nicht ihr
seid es, die da reden, sondern der Geist eures
Vaters, der durch euch redet. 21 Es wird ein
Bruder den Bruder dem Tod überliefern und
ein Vater das Kind. Und die Kinder werden
gegen ihre Eltern aufstehen und sie in den Tod
bringen. 22 Ihr werdet von allen gehasst wer-
den um meines Namens willen; wer aber bis
zum Ende aushält, der wird gerettet werden.
23 Wenn sie euch in der einen Stadt verfolgen,
so flieht in die nächste. Denn wahrlich, ich sa-
ge euch, ihr werdet mit den Städten Israels
nicht an das Ende kommen, bis der Men-
schensohn kommt. 24 Der Jünger ist nicht
über dem Meister und der Knecht nicht über
seinem Herrn. 25 Es ist genug für den Jünger,
dass er werde wie sein Meister, und der
Knecht wie sein Herr. Wenn sie den Haus-
herrn Beelzebul genannt haben, um wie viel
mehr seine Hausgenossen!

**Mahnungen:
Fürchtet euch nicht**

26 Darum fürchtet euch nicht vor ihnen; denn
nichts ist verborgen, was nicht offenbar wird,
und geheim, was nicht erkannt werden wird.
27 Was ich euch im Finstern sage, das redet im
Licht; und was ihr ins Ohr hört, verkündet
auf den Dächern. 28 Fürchtet euch nicht vor
denen, die den Leib töten, die Seele aber nicht
töten können; sondern fürchtet den, der See-
le und Leib in der Hölle zugrunde richten

zwölf Jünger, die namentlich genannt werden (entsprechend den zwölf Stämmen), und gibt ihnen Anteil an der eigenen Vollmacht. **5b-15** Regeln und Weisungen für Missionare, die in Einzelheiten wohl auf Jesus den Wanderprediger zurückgehen. Wie Jesus sind auch sie zuerst zu Israel gesandt. Ihr Auftrag: verkünden und heilen. Sie sind arm, heimatlos und gewaltlos, dem Lebensstil Jesu verpflichtet. **13** »Würdig« sein meint keine soziale oder moralische Qualifikation, sondern die Beziehung zu Jesus. **14** Den »Staub von den Füßen schütteln« - ein jüdischer Brauch, der ausdrückt, dass jede Gemeinschaft aufgehoben ist. **15** Sodom und Gomorra (vgl. Gen 19). Beispiel für das Geschick der Städte, die sich dem Angebot Gottes verschließen. **16-39** In diesen Weisungen spiegelt sich die Situation der Zeit, in der die Evangelien entstanden (2. Hälfte des 1. Jh. n.Chr.). Sie sind geprägt von der Erfahrung, dass der Jünger Jesu in der Verfolgung nicht verlassen ist. **23** Die Bedeutung des Worts ist umstritten. Man kann es auf V. 5 beziehen oder aber auf die Städte der Erde, in denen Juden leben. Dann würde es bedeuten, dass die Jesusbotschaft nicht alle erreicht, ehe der Herr wiederkommt. **24-25** Kernaussage: Die Jünger teilen

Fürchtet euch nicht vor dem
was Menschen euch antun
Fürchtet den, der euer Leben
in den Abgrund zieht

Er, der den winzigen Sperling achtet
schützt auch euch
Er, der euch die Haare zählt
kennt euch
Ihr seid ihm viel wert

Wenn ihr zu mir steht
bei den Menschen
will ich zu euch stehen
beim Vater

(10,26-33)

kann. 29 Kauft man nicht zwei Sperlinge um
einige Pfennige? Und keiner von ihnen fällt
auf die Erde ohne euren Vater. 30 Euch aber
sind alle Haare eures Hauptes gezählt. 31 Dar-
um fürchtet euch nicht! Ihr seid mehr wert als
viele Sperlinge. 32 Jeder nun, der sich vor den
Menschen zu mir bekennen wird, zu dem
werde auch ich mich bekennen vor meinem
Vater in den Himmeln. 33 Wer mich aber vor
den Menschen verleugnet, den werde auch
ich verleugnen vor meinem Vater in den Him-
meln.

Ruf zur Entscheidung: Um meinetwillen

34 Glaubt nicht, ich sei gekommen, Frieden
auf die Erde zu bringen. Ich bin nicht gekom-
men, Frieden zu bringen, sondern das
Schwert. 35 Denn ich bin gekommen, den
Menschen zu entzweien mit seinem Vater und
die Tochter mit ihrer Mutter und die Schwie-
gertochter mit ihrer Schwiegermutter – 36 und
die Feinde des Menschen werden seine Haus-
genossen sein. 37 Wer Vater oder Mutter mehr
liebt als mich, ist meiner nicht wert; und wer
Sohn oder Tochter mehr liebt als mich, ist
meiner nicht wert. 38 Und wer nicht sein Kreuz
aufnimmt und mir nachfolgt, ist meiner nicht
wert. 39 Wer sein Leben findet, der wird es ver-
lieren. Und wer sein Leben verliert um mei-
netwillen, der wird es finden. 40 Wer euch auf-
nimmt, der nimmt mich auf. Und wer mich
aufnimmt, der nimmt den auf, der mich ge-
sandt hat. 41 Wer einen Propheten aufnimmt
auf den Propheten-Namen hin, der wird eines
Propheten Lohn empfangen, und wer einen
Gerechten aufnimmt auf den Gerechten-Na-
men hin, der wird eines Gerechten Lohn emp-
fangen. 42 Und wer einem von diesen Kleinen
nur einen Becher frischen Wassers reicht auf
den Jünger-Namen hin, wahrlich, ich sage
euch, der wird seinen Lohn nicht verlieren.

Die Frage des Täufers:
Selig, wer sich an mir nicht ärgert

11 Es geschah, als Jesus die Unterweisung an
seine zwölf Jünger beendet hatte, ging er von
dort weg, um in ihren Städten zu lehren und
zu verkünden. 2 Als aber Johannes im Ge-
fängnis von den Werken des Messias hörte,
sandte er zwei von seinen Jüngern und ließ
ihm sagen: 3 Bist du es, der kommen soll, oder
sollen wir einen anderen erwarten? 4 Und Je-
sus antwortete und sprach zu ihnen: Geht
und meldet dem Johannes, was ihr gehört
und gesehen habt: 5 Blinde sehen, Lahme ge-
hen umher, Aussätzige werden gereinigt, Tau-
be hören, Tote stehen auf, Armen wird Frohe
Botschaft verkündet. 6 Und selig ist, wer sich
an mir nicht ärgert.

---

nicht nur Sendung und Vollmacht des Herrn, sondern auch sein Geschick. Beelzebul, nach pharisäischer Lehre der Oberste der Dämonen. **26-33** Ursprünglich selbständige Worte Jesu wider die Angst, aneinandergereiht, um den Jüngern Mut zu machen. Fürchtet euch nicht: Nicht vor der Verfolgung durch Menschen noch vor dem Kommen Gottes zum Gericht. **34** Jesus, der nicht den Frieden auf Erden heimisch macht, sondern Zerwürfnis stiftet, die Nächsten gegeneinander aufhetzt, Unfrieden bis in die Familien, das mag der Jesus jener unseligen Religionskriege sein, die noch heute die Menschen zu Waffen greifen lässt. Es ist nicht der Jesus, den wir glauben und verkünden. Wir, die aus eigener Erfahrung nicht wissen, wie es ist, wenn die Entscheidung für oder gegen ihn, den wir glauben, gefordert ist, sollten fragen: Was würde ich drangeben? Wie weit würde mein Glaube tragen? Uns, die wir Gottes Güte preisen, die wir in unserem Alltag so selten Wirklichkeit werden lassen. **40-42** Der Abschnitt über die Gastfreundschaft gehört zu den Regeln für Missionare (vgl. V. 5-15).

11,2-20 Ein neuer Abschnitt im Evangelium des Matthäus beginnt. Der Widerstand gegen Jesus formiert sich.

Jesus über Johannes: mehr als ein Prophet

7 Als diese aber weggingen, begann Jesus zum
Volk über Johannes zu reden: Wozu seid ihr
in die Wüste hinausgegangen? Ein Schilfrohr
zu sehen, das im Winde hin und her-
schwankt? 8 Oder wozu seid ihr hinausgegan-
gen? Einen Menschen zu sehen, in weichen
Gewändern? Siehe, die weiche Gewänder tra-
gen, wohnen in den Häusern der Könige.
9 Oder wozu seid ihr hinausgezogen? Einen
Propheten zu sehen? Ja, ich sage euch, er ist
mehr als ein Prophet. 10 Dieser ist es, von dem
geschrieben steht: Siehe, ich sende meinen
Boten vor dir her, der deinen Weg vor dir be-
reiten soll.
11 Wahrlich, ich sage euch: Unter denen, die
von einer Frau geboren sind, ist kein Größe-
rer erstanden als Johannes der Täufer. Aber
der Kleinste im Reich der Himmel ist größer
als er. 12 Und von den Tagen Johannes des
Täufers an bis jetzt bricht sich das Reich der
Himmel mit Gewalt Bahn, und Gewalttäter
reißen es an sich. 13 Denn alle Propheten und
das Gesetz haben geweissagt bis Johannes.
14 Und wenn ihr es annehmen wollt: Er ist der
Elija, der kommen soll. 15 Wer Ohren hat, der
höre.

Ich träume von einer Welt
in der Menschen menschlich
miteinander leben können
von einer Zeit, da keiner
gegen den andern ist,
weil alle in dieselbe Richtung blicken
von einer Welt, die Platz hat für alle
und Brot
von einer Zeit, in der das Teilen mehr gilt
als das Haben
von einer Welt, in der nicht mehr
besessen, ausgebeutet und zerstört wird
von einer Zeit, in der jeder seine Chance hat
weil es keinen gibt, der sie ihm neidet
von einer Welt, in der keiner allein ist,
wenn er weint
keiner im Abstellraum stirbt
Von einer Zeit, in der Zeitung
und Tagesschau
nichts mehr vom Unglück zu sagen wissen
weil das Miteinander interessanter ist
als der Konflikt
ich träume von einer Welt
ich kann sie nicht machen
aber einen Schritt, meinen Schritt
kann ich tun

(11,16-24)

Entscheidung: Wir haben geflötet

16 Womit aber soll ich dies Geschlecht verglei-
chen? Es ist Kindern gleich, die auf den
Marktplätzen sitzen und den anderen zuru-
fen: 17 Wir haben euch geflötet, und ihr habt
nicht getanzt. Wir haben Klagelieder gesun-
gen, und ihr habt nicht geweint. 18 Denn Jo-
hannes kam, er aß nicht und trank nicht. Da
sagten sie: Er hat einen Dämon. 19 Der Men-
schensohn kam, er aß und trank. Da sagten
sie: Seht, ein Fresser und Säufer, ein Freund
der Zöllner und Sünder. Und die Weisheit
wurde gerechtfertigt durch ihre Werke.
20 Dann fing er an, die Städte zu schelten, in
denen seine meisten Wunder geschehen wa-
ren, weil sie sich nicht bekehrt hatten. 21 Weh
dir, Chorazin! Weh dir, Betsaida! Wenn in Ty-
rus und Sidon die Wunder geschehen wären,
die in euch geschehen sind, sie hätten sich
längst bekehrt in Sack und Asche. 22 Ich aber
sage euch: Tyrus und Sidon wird es am Tag

2-6 Die Jünger des Täufers fragen nach der Autorität und dem Selbstverständnis Jesu. Der verweist sie auf das Augenscheinliche. Die Taten des Messias geschehen in aller Öffentlichkeit. Jeder kann seine Entscheidung treffen. **7-15** Man vermutet, dass es zwischen den Jüngern des Täufers und den Jüngern Jesu zu Diskussionen über das Verhältnis der beiden »Meister« zueinander gab. Jesus identifiziert den Täufer mit dem endzeitlich wiederkommenden Elija. Er ist der Brückenbauer zwischen den Hoffenden in Israel und dem Reich Gottes, das mit Jesus angebrochen ist. Wie Jesus leidet der Täufer Gewalt und wie Jesus stirbt er den Prophetentod. **16-19** Beide werden abgelehnt, doch die »Weisheit« (das Wirken Jesu) wird von Gott gerechtfertigt. »Dieses Geschlecht« wird mit spielenden Kindern verglichen, die sich anders verhalten als erwartet. Wir haben geflötet und sie haben nicht ge-

des Gerichts erträglicher gehen als euch.
23 Und du, Kafarnaum, willst wohl bis zum
Himmel erhoben werden? Bis in die Hölle
hinab wirst du geschleudert. Denn wären zu
Sodom die Wunder geschehen, die in dir ge-
schehen sind, es wäre geblieben bis zum heu-
tigen Tag. 24 Aber ich sage euch: Dem Land
Sodom wird es erträglicher gehen am Tag des
Gerichts als dir.

Das Geheimnis: Den Klugen verborgen

25 In jener Zeit hob Jesus an und sprach: Ich
preise dich, Vater, Herr des Himmels und der
Erde, dass du diese Dinge vor den Weisen und
Klugen verborgen, sie den Kleinen aber geof-
fenbart hast. 26 Ja, Vater, so war es wohlgefäl-
lig vor dir. 27 Alles ist mir von meinem Vater
übergeben; und niemand kennt den Sohn als
der Vater; und auch den Vater kennt niemand
als der Sohn und wem es der Sohn offenbaren
will. 28 Kommt zu mir alle, ihr Mühseligen
und Beladenen, und ich will euch erquicken.
29 Nehmt mein Joch auf euch und lernt von
mir, denn ich bin mild und demütig von Her-
zen, und ihr werdet Erquickung finden für eu-
re Seele. 30 Denn mein Joch ist sanft und mei-
ne Last ist leicht.

Die Sabbatfrage: Jesus ist der Herr

12 In jener Zeit ging Jesus am Sabbat durch
die Saaten. Seine Jünger waren hungrig und
fingen an, die Ähren abzupflücken und zu es-
sen. 2 Die Pharisäer aber sahen es und spra-
chen zu ihm: Sieh, deine Jünger tun, was am
Sabbat zu tun nicht erlaubt ist. 3 Da sprach er
zu ihnen: Habt ihr nicht gelesen, was David
tat, als er und seine Begleiter hungrig waren?
4 Wie er in das Haus Gottes ging und sie die
Schaubrote aßen, die er und seine Begleiter
nicht essen durften, sondern nur die Priester?
5 Oder habt ihr nicht im Gesetz gelesen, dass
am Sabbat die Priester im Tempel den Sabbat
entweihen und dennoch schuldlos sind? 6 Ich
sage euch aber: Hier ist mehr als der Tempel.
7 Hättet ihr doch erkannt, was es heißt:
Barmherzigkeit will ich und nicht Opfer, so
hättet ihr die Schuldlosen nicht verurteilt.
8 Denn der Menschensohn ist Herr über den
Sabbat.

Jesus lebt in einem frommen Volk
unter Menschen, bei denen Gott gilt
die sein Wort achten
seine Gebote tun
buchstabengetreu und genau,
die Frommen von den Sündern
unterscheiden

Gebote fordern Gehorsam
und mit dem nimmt man es
lieber etwas genauer
Schließlich geht es um Gott
und da ist es allemal besser
wenn man zuviel tut als zu wenig

Jesus bringt uns zum Nachdenken
Gott ist kein Automat
Er ist nicht programmiert
er funktioniert nicht.
Unberechenbar seine Zuwendung
unzählbar seine Möglichkeiten
Kein Ende seiner Überraschungen

(12,1-14)

---

tanzt. Johannes, der Asket, wird als Dämonischer abgeurteilt und Jesus wird als Säufer und Fresser beschimpft. **20-24** Die Städte, die sich Jesus verschließen, verfallen dem Gericht. Chorazin (in Galiläa) und Betsaida (am See) werden mit Tyrus und Sidon verglichen (phönizische Städte im heutigen Libanon). Für Kafarnaum, die Stadt Jesu, gilt das Gerichtswort, das der Prophet Jesaja über den Babylonier Nebukadnezzar sprach. **25-30** Das Kapitel endet mit dem Gebet dessen, der die Antwort auf die Frage des Täufers ist (11,3). Im Lobpreis (vgl. das »Wehe« V. 21) dankt Jesus dem Vater, der den Armen und Kleinen zeigt, dass man mit Jesus Reich Gottes leben kann. Er ruft alle, die unter der Last der 613 Gebote pharisäischer Gesetzesinterpretation stöhnen, auf seinen Weg. Ein »Joch tragen« meint, der Lehre eines Meisters folgen.

12,1-8 In jener (der heilsentscheidenden) Zeit verstoßen die Jünger Jesu öffentlich gegen das Sabbatgebot. Die Pharisäer fordern Rechenschaft. Jesus verteidigt sie mit einem Hinweis auf die Schrift. Barmherzigkeit gilt bei

Heilung am Sabbat: Jesus tut Gutes

9 Er ging von dort weiter und kam in ihre Synagoge. 10 Und siehe, da war ein Mann, der eine verdorrte Hand hatte. Sie fragten ihn: Ist es erlaubt, am Sabbat zu heilen? – um ihn anklagen zu können. 11 Er aber sprach zu ihnen: Wer von euch, der ein einziges Schaf hat, und wenn es am Sabbat in eine Grube fällt, wird es nicht ergreifen und herausziehen? 12 Wie viel mehr wert ist doch ein Mensch als ein Schaf! So ist es erlaubt, am Sabbat Gutes zu tun. 13 Dann sagte er zu dem Mann: Streck deine Hand aus! Und er streckte sie aus, und sie wurde gesund wie die andere. 14 Die Pharisäer gingen hinaus und fassten Beschluss gegen ihn, ihn zu töten.

Das Schweigegebot: Siehe, mein Knecht

15 Als Jesus das erfuhr, ging er von dort weg. Viele folgten ihm nach, und er heilte sie alle. 16 Und er gebot ihnen, sie sollten ihn nicht bekannt machen; 17 damit erfüllt würde, was durch den Propheten Jesaja gesagt ist, der spricht: 18 Siehe, mein Knecht, den ich erwählt, mein Geliebter, an ihm hat meine Seele Wohlgefallen. Legen will ich meinen Geist auf ihn, und er wird den Völkern das Recht verkünden. 19 Nicht streiten wird er noch lärmen, noch wird man seine Stimme auf den Straßen hören. 20 Geknicktes Rohr wird er nicht brechen und glimmenden Docht nicht löschen, bis er das Recht zum Sieg gebracht. 21 Und auf seinen Namen werden die Völker hoffen.

Macht über Dämonen: Das Reich ist schon gekommen

22 Da wurde ein Besessener zu ihm gebracht, der blind und stumm war, und er heilte ihn, so dass der Stumme redete und sah. 23 Die Volksscharen gerieten außer sich und sprachen: Ist dieser etwa der Sohn Davids? 24 Die Pharisäer aber hörten es und sprachen: Er treibt die Dämonen aus durch Beelzebul, den Herrscher der Dämonen. 25 Er aber kannte ihre Gedanken und sprach zu ihnen: Jedes Reich, das in sich selbst uneins ist, wird verwüstet, und jede Stadt oder jedes Haus, das in sich uneins ist, wird nicht bestehen. 26 Und wenn der Satan den Satan austreibt, ist er in sich uneins. Wie wird dann sein Reich bestehen? 27 Und wenn ich durch Beelzebul die Dämonen austreibe, durch wen treiben eure Söhne aus? So werden sie selbst eure Richter sein. 28 Wenn ich aber durch den Geist Gottes die Dämonen austreibe, dann ist das Reich Gottes zu euch gekommen. 29 Wie kann einer in das Haus eines Mächtigen eindringen und seine Habe rauben, wenn er nicht zuvor den Mächtigen gebunden hat? Dann erst wird er sein Haus plündern. 30 Wer nicht mit mir ist, der ist gegen mich. Und wer nicht mit mir sammelt, der zerstreut. 31 Darum sage ich euch: Jede Sünde und Lästerung wird den Menschen vergeben, aber die Lästerung des Geistes wird nicht vergeben. 32 Wenn einer ein Wort gegen den Menschensohn redet, wird ihm vergeben; wer aber ein Wort gegen den Heiligen Geist redet, dem wird nicht vergeben, nicht in dieser Weltzeit und nicht in der kommenden. 33 Entweder lasst den Baum gut sein, dann ist auch seine Frucht gut, oder lasst den Baum schlecht sein, dann ist auch seine Frucht schlecht; denn an der Frucht erkennt man den Baum. 34 Ihr Schlangenbrut, wie könnt ihr Gutes reden, da ihr böse seid? Denn der Mund redet aus der Fülle des Herzens. 35 Der gute Mensch bringt aus dem guten Schatz Gutes hervor, und der böse Mensch bringt aus dem bösen Schatz Böses hervor. 36 Ich sage euch aber, über jedes unnütze Wort, das sie reden, werden die Menschen am Tag des Ge-

---

Gott mehr als Gebotsgehorsam. **9-14** In der Synagoge zeigt Jesus, was es bedeutet: am Sabbat Gutes tun. Die Pharisäer beschließen, Jesus umzubringen. Jesus zieht sich zurück und befiehlt dem Geheilten, ihn nicht in der Öffentlichkeit bekannt zu machen. Der Gottesknecht wirkt im Verborgenen. **22-37** Die Heilung eines mehrfach geschädigten Menschen erregt Aufsehen. Zunächst erheben die Gegner den Vorwurf, Jesus sei im Bündnis mit den Dämonen. Mit diesem Vorwurf wollen sie nicht nur den Ruf Jesu untergraben. Es geht ihnen um die grundsätzliche Frage: Ist er der Messias Gottes? Kann er aus Satans Macht befreien, weil der keine Macht über ihn hat? Beelzebul wird hier mit dem Satan, dem Anführer der Unheil wirkenden Geister, gleichgesetzt. Die Be-

richts Rechenschaft geben. [37] Denn nach deinen Worten wirst du gerecht gesprochen und nach deinen Worten wirst du verdammt werden.

Das Zeichen: Hier ist mehr als Jona

[38] Da antworteten einige von den Schriftgelehrten und Pharisäern und sprachen: Meister, wir wollen ein Zeichen von dir sehen. [39] Er aber antwortete ihnen und sprach: Ein böses und ehebrecherisches Geschlecht fordert ein Zeichen! Es wird ihnen aber kein anderes Zeichen gegeben werden als das Zeichen des Propheten Jona. [40] Denn gleichwie Jona drei Tage und drei Nächte im Bauch des Ungeheuers war, so wird der Menschensohn drei Tage und drei Nächte im Schoß der Erde sein. [41] Die Männer von Ninive werden beim Gericht wider dieses Geschlecht auftreten und es verurteilen, denn sie haben sich auf die Predigt des Jona hin bekehrt; und siehe, hier ist mehr denn Jona. [42] Die Königin des Südens wird beim Gericht wider dieses Geschlecht auftreten und es verurteilen, denn sie kam von den Grenzen der Erde, um die Weisheit Salomos zu hören; und siehe, hier ist mehr denn Salomo. [43] Wenn aber der unreine Geist aus dem Menschen ausgefahren ist, streift er durch wasserlose Gegenden, sucht einen Ruheplatz und findet ihn nicht. [44] Dann spricht er: Ich will in mein Haus zurückkehren, aus dem ich fortgegangen bin. Und er kommt, findet es leer, gereinigt und geschmückt. [45] Dann geht er hin und nimmt sieben andere Geister mit sich, die schlimmer sind als er, und sie ziehen ein und wohnen dort. Und die letzten Dinge dieses Menschen werden schlimmer als die ersten. So wird es auch diesem bösen Geschlecht ergehen.

Wahre Verwandtschaft: Den Willen des Vaters tun

[46] Noch redete er zum Volk, da standen seine Mutter und seine Brüder draußen und wollten mit ihm reden. [47] Da sprach einer zu ihm: Deine Mutter und deine Brüder sind draußen und wollen mit dir reden. [48] Er aber antwortete dem, der es ihm gesagt hatte: Wer ist meine Mutter, wer sind meine Brüder? [49] Und er streckte die Hand über seine Jünger aus und sprach: Siehe, meine Mutter und meine Brüder. [50] Ein jeder, der den Willen meines Vaters in den Himmeln tut, der ist mir Bruder und Schwester und Mutter.

Lehre im Gleichnis: Vom Samen

13 An jenem Tag ging Jesus aus dem Haus und setzte sich an den See. [2] Und es versammelte sich viel Volk um ihn, so dass er in ein Boot stieg und sich setzte. Das Volk aber stand am Ufer. [3] Er redete viel zu ihnen in Gleichnissen und sprach: Siehe, ein Sämann ging aus zu säen. [4] Und als er säte, fiel einiges auf den Weg; und es kamen die Vögel und fraßen es auf. [5] Anderes fiel auf felsigen Grund, wo es nicht viel Erdreich hatte; und es ging bald auf, weil es keinen tiefen Erdgrund hatte. [6] Als aber die Sonne aufging, wurde es versengt und verdorrte, weil es keine Wurzel

---

zeichnung »Dämonen« meinte ursprünglich die in den Naturgewalten wirksamen Kräfte, denen der Mensch ausgeliefert ist. Später sprach man von Dämonen als »böse«, »unreine« Geister, die den Menschen in ihre Gewalt bringen. Vor allem psychische Krankheiten wurden auf diese Weise erklärt. **31-32** Jesus vergibt Sünde und auch in der Gemeinde des Matthäus wird Sünde vergeben. Das Wort über die Lästerung des Geistes (die endgültige, bewusst gewollte Abkehr von Gott) lässt sich nicht eindeutig klären. **38-42** Wer nicht vertraut, fordert Garantie und Beweise. Die Gegner Jesu werden auf das Zeichen des Jona verwiesen, des Propheten, der drei Tage und drei Nächte (eine symbolische Zahl: die Zeit, die vergeht, ehe Gott rettend eingreift) im Bauch des Fisches war. Diese Generation verweigert sich dem, der größer ist als der Tempel, größer als Jona und Salomo. Denn Gott hat ihn am dritten Tag vom Tod erweckt. Die »Königin des Südens«(von Saba, vgl. 1 Kön 10,1-10). **43-45** Die abschließende Warnung gilt allen, die sich Jesus halbherzig zuwenden, um dann in ungetrübter Selbstsicherheit zu leben. Das Bildwort erklärt sich vom letzten Platz (die letzen Dinge werden schlimmer): Die Drohung gilt denen, die Jesus ablehnen. **46-50** Matthäus gibt dem Bericht vom Verwandtenbesuch einen lehrhaften Akzent (vgl. Mk 3,31-35). Die Jünger (nicht die Draußenstehenden) sind Jesus verbunden wie Mutter und Brüder. »Brüder« kann sich im jüdischen Umfeld auf alle beziehen, die zum Volk gehören. In der christlichen Gemeinde auf alle, die sich zu Jesus bekennen, oder auf alle, die ihm gleich den Willen des Vaters tun. Matthäus will deutlich machen, dass Jünger sein bedeutet: »drinnen« bei Jesus sein.

Du hast uns die Erde anvertraut
dass wir sie hüten und pflegen
wie einen Garten, der dir gefällt
Lass nicht zu
dass wir unsere Macht missbrauchen
die fruchtbare Erde zur Ödnis machen
in der kein Baum gedeiht
kein Vogel singt
kein Kind sein Traumhaus baut

Steh uns bei auf den Wegen der Umkehr
damit unsre Erde
Heimat für die Lebenden bleibt
auf der dein Same gedeiht
die Frucht deiner Güte wächst

(13,1-23)

hatte. 7 Wieder anderes fiel unter die Dornen; und die Dornen wuchsen auf und erstickten es. 8 Anderes jedoch fiel auf gutes Erdreich und brachte Frucht, einiges hundertfältig, einiges sechzigfältig, einiges dreißigfältig. 9 Wer Ohren hat, der höre. 10 Und die Jünger traten herzu und sprachen zu ihm: Warum redest du zu ihnen in Gleichnissen? 11 Er antwortete ihnen und sprach: Euch ist es gegeben, die Geheimnisse des Reiches der Himmel zu verstehen, ihnen aber ist es nicht gegeben. 12 Denn wer hat, dem wird gegeben werden, und er wird im Überfluss haben; wer aber nicht hat, dem wird auch das genommen, was er hat. 13 Darum rede ich zu ihnen in Gleichnissen, weil sie sehen und doch nicht sehen, hören und doch nicht hören noch verstehen. 14 Und es wird an ihnen die Weissagung des Jesaja erfüllt, die besagt: Hören werdet ihr, hören – und nicht verstehen; sehen werdet ihr, sehen – und doch nicht schauen. 15 Verstockt nämlich ist das Herz dieses Volkes, und sie hören schwer mit den Ohren, und sie verschließen ihre Augen, damit sie nicht schauen mit den Augen und nicht hören mit den Ohren und mit dem Herzen nicht verstehen und sich bekehren, und ich sie heile. 16 Selig aber sind eure Augen, weil sie sehen, und eure Ohren, weil sie hören. 17 Denn wahrlich, ich sage euch: Viele Propheten und Gerechte begehrten zu sehen, was ihr seht, und haben es nicht geschaut, und zu hören, was ihr hört, und haben es nicht gehört. 18 So höret nun ihr das Gleichnis vom Sämann: 19 Wenn einer das Wort vom Reiche hört und versteht es nicht, so kommt der Böse und raubt, was gesät wurde in seinem Herzen. Der ist es, der auf den Weg gesät wurde. 20 Der aber auf felsigen Grund gesät wurde, ist jener, der das Wort hört und es sogleich und in Freude aufnimmt. 21 Doch er hat keine Wurzel in sich, sondern ist vom Augenblick bestimmt! Wenn um des Wortes willen Drangsale und Verfolgungen entstehen, gleich nimmt er Anstoß. 22 Der unter die Dornen gesät wurde, ist jener, der das Wort hört, doch die Sorge der Weltzeit, der Trug des Reichtums ersticken das Wort, und es bleibt unfruchtbar. 23 Der aber in gutes Erdreich gesät wurde, ist jener, der das Wort hört und versteht und Frucht bringt. Der eine hundertfältig, der andere sechzigfältig, der andere dreißigfältig.

Lehre im Gleichnis:
Unkraut und Weizen

24 Er trug ihnen ein anderes Gleichnis vor und sprach: Das Reich der Himmel lässt sich vergleichen mit einem Mann, der guten Samen auf seinen Acker säte. 25 Als aber die Leute schliefen, kam sein Feind, säte Unkraut mitten unter den Weizen und ging davon. 26 Als

13,1-53 In der dritten Rede Jesu, der »Rede über das Himmelreich«, reiht Matthäus sieben Gleichnisse aneinander. Vier davon sind nur bei Matthäus überliefert. **1-9** Von einem Bauern, der beim Säen nicht spart. Er streut den Samen und kümmert sich nicht darum, wohin die Körner fallen. Das Korn wächst und die Folgen werden offenkundig: Nur ein Viertel der Saat bringt Frucht. Doch diese Frucht ist so ergiebig, dass der großzügige Bauer keinen Verlust hat. **10-17** In den Gleichnissen spricht Jesus vom alltäglichen Leben und meint das Reich Gottes. Die Jünger fragen ihn, warum er nicht direkt spricht, sondern »Geschichten« erzählt. Jesus weist darauf hin, dass man die Wirklichkeit, um die es den Gleichnissen geht, nicht einfach übertragen kann. Die Gleichnisse, die Jesus (und andere jüdische Lehrer) erzählen, sind Annäherungen, in denen Erfahrungen aus der Welt der Menschen den Blick in die Welt Gottes ermöglichen. Denen, die Jesus hören, gehen die Augen und die Ohren auf. **18-23** In der Deutung liegt der Schwerpunkt nicht auf dem, was der Sämann tut, sondern auf

Wir bitten dich, Gott
um ein hörendes Herz
dass wir nicht nur die Worte begreifen
sondern den Sinn
damit wir uns nicht täuschen lassen
vom Vordergründigen
fähig werden
das Gute vom Bösen zu unterscheiden
fähig mit deinen Augen zu sehen
und zu lieben wie du

(13,24-30)

nun das Korn wuchs und Frucht ansetzte, da erschien auch das Unkraut. 27 Da traten die Knechte des Hausherrn herzu und sprachen zu ihm: Herr, hast du nicht guten Samen auf deinen Acker gesät? Woher hat er das Unkraut? 28 Und er sprach zu ihnen: Das hat der Feind getan. Die Knechte aber sagten zu ihm: Willst du, dass wir hingehen und es sammeln? 29 Und er sprach: Nein, damit ihr nicht etwa, wenn ihr das Unkraut sammelt, mit ihm zugleich den Weizen ausreißt. 30 Lasst beides zusammen wachsen bis zur Ernte; und zur Zeit der Ernte will ich den Schnittern sagen: Sammelt zuerst das Unkraut und bindet es in Büschel zum Verbrennen. Den Weizen aber sammelt in meine Scheune.

Jesus lehrt in Gleichnissen:
Herrliches Ende

31 Ein anderes Gleichnis legte er ihnen vor und sprach: Das Reich der Himmel gleicht einem Senfkorn, das einer nahm und auf seinen Acker säte. 32 Dies ist zwar das kleinste unter allen Samenkörnern; ist es aber ausgewachsen, so ist es größer als alle Kräuter. Ja, es wird zu einem Baum, und die Vögel des Himmels kommen und wohnen in seinen Zweigen.
33 Ein anderes Gleichnis sprach er zu ihnen: Das Reich der Himmel gleicht einem Sauerteig, den eine Frau nahm und unter drei Maß Mehl mengte, bis alles durchsäuert war. 34 All dies redete Jesus in Gleichnissen zum Volk und ohne Gleichnisse redete er nicht zu ihnen, 35 damit sich erfülle, was durch den Propheten gesprochen wurde: Ich will meinen Mund auftun in Gleichnissen und aussprechen, was seit Anbeginn verborgen war.

Jüngerlehre:
Der Acker ist die Welt

36 Danach entließ er das Volk und ging nach Hause. Und seine Jünger traten zu ihm und sprachen: Erkläre uns das Gleichnis vom Unkraut auf dem Acker. 37 Er aber antwortete und sprach: Der den guten Samen aussät, ist der Menschensohn. 38 Der Acker ist die Welt; der gute Same, das sind die Kinder des Reiches, und das Unkraut, das sind die Kinder des Bösen. 39 Der Feind aber, der es säte, ist der Widersacher. Die Ernte ist das Ende der Weltzeit, die Schnitter sind die Engel. 40 Gleich wie man das Unkraut sammelt und es im Feuer verbrennt, wird es sein am Ende der Weltzeit.
41 Der Menschensohn wird seine Engel aussenden, und sie werden aus seinem Reiche alle Ärgernisse sammeln und alle Übeltäter;
42 und sie werden sie in den Feuerofen werfen. Da wird Heulen und Zähneknirschen sein.
43 Dann werden die Gerechten leuchten wie die Sonne im Reiche ihres Vaters. Wer Ohren hat, der höre.

Lehre im Gleichnis:
Mehr als alles ist das Reich

44 Das Reich der Himmel gleicht einem Schatz, der in einem Acker verborgen war, den einer fand und verborgen hielt. Voll Freude geht er hin, verkauft alles, was er hat, und kauft jenen Acker. 45 Wiederum, das Reich der Himmel gleicht einem Kaufmann, der gute Perlen sucht. 46 Er hatte eine kostbare Perle gefunden, da ging er hin, verkaufte alles, was

---

der Reaktion der Zuhörer. **24-30** In diesem Gleichnis lässt sich das Unkraut in der Zeit des Wachsens nicht vom Weizen unterscheiden. Die Trennung des einen vom anderen ist dem Herrn der Ernte vorbehalten. **31-33** In den beiden Gleichnisworten geht es um den Kontrast zwischen dem kleinen Anfang und dem großen Ergebnis: Drei Maß Mehl, wörtlich drei Sea. Ein Sea fasst dreizehn Liter. **36-43** Im Gleichnis vom Unkraut geht es um die Gemeinde, wie sie jetzt ist: Glaubende und Zweifler, Engagierte und Mitläufer. Die (allegorische) Deutung setzt das Gleichnis in Bezug zum Letzten Gericht. **44-46** Bildworte von Menschen, denen der Zufall einen Schatz in

er hatte, und kaufte sie. [47] Wiederum, das Reich der Himmel gleicht einem Netz, das in den See geworfen wurde und mancherlei einfing. [48] Als es gefüllt war, zog man es heraus ans Ufer, setzte sich hin und sammelte das Gute in Gefäße, das Schlechte warf man weg. [49] So wird es am Ende der Weltzeit sein. Die Engel werden ausgehen und die Bösen aussondern aus der Mitte der Gerechten [50] und sie in den Feuerofen werfen. Dort wird Heulen und Zähneknirschen sein. [51] Habt ihr all das verstanden? Sie antworteten ihm: Ja. [52] Und er sprach zu ihnen: Darum ist ein jeder Schriftgelehrte, der vom Reich der Himmel unterrichtet ist, einem Hausherrn gleich, der Neues und Altes aus seinem Schatz hervorholt. [53] Und als Jesus mit diesen Gleichnissen geendet hatte, ging er von da weiter.

Jesus in Nazaret: Sie ärgerten sich an ihm

[54] Und als er in seine Vaterstadt kam, lehrte er sie in ihrer Synagoge, so dass sie sich wunderten und sprachen: Woher hat er solche Weisheit - und die Wundertaten? [55] Ist er nicht des Zimmermanns Sohn? Heißt nicht seine Mutter Maria? Und seine Brüder Jakobus, Josef, Simon und Judas? [56] Und sind nicht alle seine Schwestern bei uns? Woher also hat er das alles? [57] Und sie ärgerten sich an ihm. Jesus aber sprach zu ihnen: Ein Prophet ist nirgends weniger geachtet als in seiner Vaterstadt und in seinem Haus. [58] Und er wirkte dort nicht viele Wunder, ihres Unglaubens wegen.

Der Tod des Johannes: Um des Eides willen

14 In jener Zeit hörte Herodes, der Vierfürst, die Kunde von Jesus und sprach zu seinen Dienern: Dieser ist Johannes der Täufer. [2] Er ist von den Toten auferstanden, darum wirken die Wunderkräfte in ihm. [3] Herodes nämlich hatte Johannes ergreifen, fesseln und ins Gefängnis werfen lassen wegen der Herodias, der Frau seines Bruders Philippus. [4] Denn Johannes hatte zu ihm gesagt: Es ist dir nicht erlaubt, sie zu haben. [5] Und er wollte ihn töten, fürchtete aber das Volk, denn sie hielten ihn für einen Propheten. [6] Am Geburtstag des Herodes aber tanzte die Tochter der Herodias in der Mitte, und es gefiel dem Herodes. [7] Darum versprach er ihr mit einem Eid, zu geben, was immer sie von ihm begehre. [8] Sie aber, von ihrer Mutter angestiftet, sprach: Gib mir auf dieser Schüssel hier das Haupt Johannes des Täufers. [9] Da ward der König traurig, doch um des Eides und um derentwillen, die mit zu Tische lagen, befahl er, es zu geben. [10] Und er sandte hin und ließ den Johannes im Kerker enthaupten. [11] Sein Haupt wurde auf einer Schüssel gebracht und dem Mädchen gegeben, und sie brachte es ihrer Mutter. [12] Und seine Jünger kamen, nahmen seinen Leib und begruben ihn. Dann gingen sie hin und meldeten es Jesus.

Wunderbare Brote: Alle aßen und wurden satt

[13] Als Jesus das hörte, entwich er von dort in einem Boot an einen öden Ort, für sich allein. Und als es die Volksscharen erfuhren, folgten sie ihm zu Fuß nach aus den Städten. [14] Und er kam herbei und sah die große Menge, und von Mitleid mit ihnen bedrängt, heilte er ihre Kranken. [15] Als es Abend geworden, traten seine Jünger zu ihm und sprachen: Der Ort ist öde, und die Stunde ist fortgeschritten. Entlass die Scharen, damit sie in die Dörfer gehen und sich Nahrung kaufen. [16] Jesus aber sprach zu ihnen: Sie haben nicht nötig wegzugehen. Gebt ihr ihnen zu essen. [17] Sie sagten zu ihm: Wir haben hier nur fünf Brote und zwei Fische. [18] Und er sprach: Bringt sie mir her. [19] Nachdem er nun den Scharen befohlen

---

die Hände spielt. Sie erkennen die Chance ihres Lebens und trennen sich von ihrem ganzen Besitz, um den Schatz zu behalten. **47-50** Wie beim Gleichnis vom Unkraut (V. 24ff) geht es auch beim Gleichnis vom Fischfang um das Nebeneinander von Frommen und Sündern in der Gemeinde. Die Zugehörigkeit der einen, der Ausschluss der anderen, entscheidet sich bei Gottes Gericht.

54-58 Die Leute von Nazaret meinen Jesus genau zu kennen. Sie kennen sein Elternhaus. Sie meinen zu wissen, was von diesem Sohn des Zimmermanns zu erwarten ist. Darum lassen sie sich von seinem Wort nicht bewegen. Ihre spöttischen Fragen sind Ausdruck der Ablehnung. In der hebräisch-aramäischen und auch in der griechischen Umwelt können auch Verwandte im weiteren Sinn

Brich uns dein Brot
wenn wir aufgeben wollen
wenn wir nicht weiterwissen
wenn wir allein sind in der Wüste

Birg uns in deiner Stille
wenn der Lärm uns schreckt
wenn Mächte und Mächtige uns drohen
wenn wir uns fürchten in der Nacht

Sag uns ein Wort
damit wir deiner Stimme trauen
den Ausstieg wagen
aus dem schwankenden Boot
und auf dem Wasser gehen
Gib uns deine Hand
wenn wir sinken

(14,13-33)

hatte, sich im Gras zu lagern, nahm er die fünf
Brote und die zwei Fische, sah zum Himmel
auf, segnete sie, brach die Brote und gab sie
den Jüngern; die Jünger aber gaben sie den
Scharen. 20 Und alle aßen und wurden satt.
Und von den übrig gebliebenen Stücken sam-
melten sie zwölf Körbe voll. 21 Es waren derer,
die gegessen hatten, um fünftausend Männer,
ohne Frauen und Kinder.

Jesus kommt auf dem See: Wahrhaft Gottes Sohn

22 Und sogleich veranlasste er die Jünger, in
das Boot zu steigen und ihm an das andere
Ufer vorauszufahren, bis er die Scharen ent-
lassen habe. 23 Als er die Scharen entlassen
hatte, stieg er für sich allein auf den Berg, um
zu beten. Und als es Abend wurde, war er al-
lein dort. 24 Das Boot aber, bereits viele Stadi-
en vom Lande entfernt, wurde von den Wo-
gen hart bedrängt; sie hatten Gegenwind.
25 Um die vierte Nachtwache kam er, auf dem
See wandelnd, zu ihnen. 26 Als die Jünger ihn
auf dem See wandeln sahen, entsetzten sie
sich und sagten: Es ist ein Gespenst! Und sie
schrien vor Furcht. 27 Sogleich aber redete Je-
sus zu ihnen und sprach: Habt Mut, ich bin
es. Fürchtet euch nicht. 28 Da antwortete ihm
Petrus und sprach: Herr, wenn du es bist, so
lass mich auf dem Wasser zu dir kommen.
29 Er aber sprach: Komm! Und Petrus stieg aus
dem Boot, wandelte auf dem Wasser und ging
auf Jesus zu. 30 Als er aber den Wind sah,
fürchtete er sich, fing an zu sinken und rief:
Herr, rette mich! 31 Und sogleich streckte Je-
sus seine Hand aus, ergriff ihn und sprach zu
ihm: Du Kleingläubiger, warum hast du ge-
zweifelt? 32 Und als sie in das Boot gestiegen
waren, legte sich der Wind. 33 Die im Boot
aber fielen vor ihm nieder und sprachen: Du
bist wahrhaft Gottes Sohn. 34 Als sie hinüber-
gefahren waren, gingen sie in Gennesaret ans
Land. 35 Und die Leute jenes Orts erkannten
ihn, sie schickten in der ganzen Gegend her-
um; und man brachte alle Kranken zu ihm
36 und bat ihn, nur den Saum seines Gewandes
berühren zu dürfen. Und alle, die ihn anrühr-
ten, wurden gesund.

»Brüder« und »Schwestern« genannt werden. **14,1-12** Matthäus verknüpft das Geschick des Täufers mit dem Geschick Jesu. Herodes Antipas, ein Sohn Herodes des Großen, regierte von 4–39 n.Chr. als Vierfürst (Tetrarch) über Galiläa und Peräa. Er lebte mit der Frau seines Bruders Philippus. Der Täufer kritisierte diese Verbindung (vgl. Lev 8,16; 20,21). **13-21** Eine kerygmatische Erzählung – von Katechese und Liturgie geprägt – zeigt, wie Jesus bei den Seinen ist und wie er für sie sorgt. Wo Jesus ist, drängen sich die Menschen um ihn. Sie vergessen den Tag und die Stunde. Als es Abend wird, wollen die Jünger die Leute hungrig wegschicken. Jesus hindert sie. Wer sich an ihn hält, braucht keine andere Hilfe. Die damals bei Jesus waren, hatten Hunger. Fünf Brote und zwei Fische – ein erbärmlicher Vorrat. Jesus gibt den Jüngern und die teilen aus. Fünftausend Männer werden satt. Zwölf Körbe bleiben übrig. Wunder des geteilten Brotes. **22-33** Ein zweites Lehrstück über das Dasein und die Sorge Jesu um die Seinen: Jesus schickt die Jünger ins Boot, sie sollen ans andere Ufer fahren. Er selbst bleibt zurück. Sie sind allein, als die Nacht hereinbricht, ein Sturm treibt sein raues Spiel mit dem Boot, die Angst wird übermächtig. Da kommt Jesus auf dem Wasser. Die Jünger erkennen ihn erst, als er sie anspricht: »Ich bin es«. Petrus will den Ausstieg aus dem Boot wagen. Solange er vertraut, tragen ihn die Wasser. Als er zweifelt, sinkt er. Jesu rettende Hand hilft ihm ins Boot zurück. Ein Stadion sind rund 30 Meter. Die vierte Nachtwache dauert von drei Uhr bis sechs Uhr morgens. Jesu Dasein bei den Seinen in Not bedeutet nicht, dass keine Stürme aufkommen, es bedeutet, dass die Seinen in der Not nicht allein sind.

Pharisäer: Heuchler und blinde Führer

15 Da kamen zu Jesus von Jerusalem her
Pharisäer und Schriftgelehrte, die sprachen:
2 Warum übertreten deine Jünger die Überlie-
ferung der Alten? Denn sie waschen ihre
Hände nicht, ehe sie Brot essen. 3 Er aber ant-
wortete und sprach zu ihnen: Warum über-
tretet ihr selbst Gottes Gebot um eurer Über-
lieferung willen? 4 Denn Gott hat gesagt: Eh-
re Vater und Mutter. Und: Wer Vater oder
Mutter schmäht, der soll des Todes sterben.
5 Ihr aber sprecht: Wenn einer zu Vater oder
Mutter sagt: Opfergabe sei, was dir von mir
zukommen sollte, 6 so braucht er seinen Vater
und seine Mutter nicht zu ehren. Also habt
ihr Gottes Gebot aufgehoben um eurer Über-
lieferung willen. 7 Ihr Heuchler! Richtig hat
von euch Jesaja geweissagt, da er sprach:
8 Dies Volk ehrt mit den Lippen mich, doch
ihr Herz ist weit von mir. 9 Vergeblich ehren
sie mich, da sie Lehren vortragen, die Gebote
von Menschen sind. 10 Und er rief die Menge
herbei und sprach zu ihnen: Höret und ver-
steht es wohl: 11 Nicht was zum Mund ein-
geht, macht den Menschen unrein, sondern
was vom Munde ausgeht, macht den Men-
schen unrein.
12 Darauf traten seine Jünger herzu und spra-
chen zu ihm: Weißt du, dass die Pharisäer Är-
gernis nahmen, als sie dies Wort hörten? 13 Er
aber antwortete und sprach: Jede Pflanzung,
die nicht mein himmlischer Vater gepflanzt
hat, wird ausgerottet werden. 14 Lasst sie!
Blinde sind sie, Führer von Blinden. Wenn
aber ein Blinder einen Blinden führt, fallen
beide in die Grube. 15 Petrus aber entgegnete
und sprach zu ihm: Erkläre uns dies Gleich-
nis. 16 Er aber sprach: Seid denn auch ihr un-
verständig? 17 Wisst ihr denn nicht, dass alles,
was durch den Mund eingeht, in den Magen
kommt und in die Grube ausgeschieden
wird? 18 Was aber aus dem Munde heraus-
geht, das kommt aus dem Herzen, und dies
macht den Menschen unrein. 19 Denn aus dem
Herzen kommen böse Gedanken, Totschlag,
Ehebruch, Unzucht, Diebstahl, falsches
Zeugnis und Lästerung. 20 Das ist es, was den
Menschen unrein macht; das Essen mit unge-
waschenen Händen aber macht den Men-
schen nicht unrein.

Die Kanaanäerin: Dein Glaube ist groß

21 Und Jesus ging von da weg und kam in die
Gegend von Tyrus und Sidon. 22 Und siehe, ei-
ne kanaanäische Frau aus jener Gegend kam
und schrie: Erbarme dich meiner, Herr, Sohn
Davids! Meine Tochter wird von einem Dä-
mon arg geplagt. 23 Er aber antwortete ihr
nicht ein Wort. Und seine Jünger traten herzu
und baten ihn: Entlass sie doch, sie schreit nur
hinter uns her. 24 Da antwortete er und
sprach: Nur zu den verlorenen Schafen des
Hauses Israel bin ich gesandt. 25 Sie aber kam,
fiel nieder und sprach: Herr, hilf mir. 26 Er ant-
wortete ihr: Es ist nicht gut, den Kindern das
Brot zu nehmen und es den Hunden vorzu-
werfen. 27 Sie aber sprach: Doch, Herr, auch
die Hündlein fressen von den Brosamen, die
vom Tisch ihrer Herren fallen. 28 Da antwor-
tete Jesus und sprach zu ihr: Frau, dein Glau-
be ist groß; dir geschehe, was du willst. Und
ihre Tochter war geheilt von dieser Stunde an.

Wunderbare Brote: Mich erbarmt des Volkes

29 Und als Jesus von da wegging, kam er an
den See von Galiläa. Er stieg auf den Berg und
setzte sich dort nieder. 30 Und es kamen große
Scharen zu ihm, die hatten Lahme, Krüppel,
Blinde, Stumme und viele andere bei sich. Sie
legten sie zu seinen Füßen nieder, und er heil-

15,1-20 Die Pharisäer und Schriftgelehrten verwickeln Jesus in ein Streitgespräch, um ihn zu provozieren. Grund zum Ärgernis sind die Jünger Jesu, die die Regeln missachten, die sich im Lauf der Zeit um die Gebote Gottes rankten. Jesus hört die Anklage und fragt seinerseits. Er wirft ihnen nicht nur vor, dass sie heilige Bräuche missachten, sondern weist nach, dass sie ein Gebot Gottes um der eigenen Bequemlichkeit willen außer Kraft setzen. Jesus will das Gesetz nicht aufheben. Er setzt sich für eine sachgerechte Anwendung ein. Das Gebot der Liebe steht über allen Geboten. **20** Antwort auf die Frage nach dem Händewaschen.

21-28 Die Gemeinschaft mit den Fremden war für die Christen jüdischer Herkunft ein echtes Problem. Auch Jesus wusste sich ja zum eigenen Volk gesandt, doch der Glaube dieser Mutter überzeugt ihn.

te sie. 31 Da wunderten sich die Scharen, als sie sahen, wie Stumme redeten, Krüppel geheilt wurden, Lahme gingen, Blinde sehend wurden, und sie verherrlichten den Gott Israels. 32 Jesus aber rief seine Jünger herbei und sprach: Mich erbarmt des Volkes. Drei Tage schon harren sie bei mir aus und haben nichts zu essen. Ich will sie nicht ungespeist entlassen, sonst könnten sie auf dem Weg erliegen. 33 Da sprachen seine Jünger zu ihm: Woher nehmen wir in einer Wüste so viele Brote, damit so viel Volk satt werde? 34 Und Jesus sprach zu ihnen: Wie viele Brote habt ihr? Sie aber sagten: Sieben und einige Fischlein. 35 Und er befahl dem Volk, sich auf dem Boden zu lagern, 36 nahm die sieben Brote und die Fische, sagte Dank, brach sie und gab sie den Jüngern; und die Jünger gaben sie dem Volk. 37 Und alle aßen und wurden satt. Von den Stücken aber, die übrig geblieben waren, sammelten sie sieben Körbe voll. 38 Derer aber, die gegessen hatten, waren viertausend Männer, ohne Frauen und Kinder. 39 Und er entließ das Volk, stieg in ein Boot und kam in die Gegend von Magadan.

Das Zeichen des Jona: Kein anderes wird gegeben

16 Da kamen die Pharisäer und Sadduzäer, um ihn auf die Probe zu stellen. Sie baten ihn, er möge sie ein Machtzeichen vom Himmel sehen lassen. 2 Er aber antwortete und sprach zu ihnen: Am Abend sagt ihr: Das Wetter wird schön, denn der Himmel ist rot. 3 Und am Morgen: Heute stürmt es, denn der Himmel ist rötlich und trüb. Das Aussehen des Himmels versteht ihr zu unterscheiden, aber die Zeichen der Zeiten versteht ihr nicht. 4 Ein böses und ehebrecherisches Geschlecht fordert ein Machtzeichen, aber es wird ihm kein Zeichen gegeben als das Zeichen des Jona. Und er verließ sie und ging davon.

Jüngerlehren: Begreift ihr noch nicht?

5 Als die Jünger über den See gekommen waren, hatten sie vergessen, Brote mitzunehmen. 6 Und Jesus sprach zu ihnen: Seht zu und hütet euch vor dem Sauerteig der Pharisäer und Sadduzäer. 7 Sie aber überlegten untereinander und sagten: Wir haben kein Brot mitgenommen. 8 Jesus aber wusste davon und sprach: Ihr Kleingläubigen! Was überlegt ihr untereinander, dass ihr kein Brot habt? 9 Begreift ihr noch nicht und erinnert ihr euch nicht an die fünf Brote für die Fünftausend, und wie viele Körbe ihr aufgehoben habt? 10 Auch nicht an die sieben Brote für die Viertausend, und wie viele Körbe ihr aufgehoben habt? 11 Warum begreift ihr nicht, dass ich nicht von den Broten zu euch redete, als ich sprach: Hütet euch vor dem Sauerteig der Pharisäer und Sadduzäer? 12 Da verstanden sie, dass er nicht gesagt hatte, sie sollten sich hüten vor dem Sauerteig für die Brote, sondern vor der Lehre der Pharisäer und Sadduzäer.

Bekenntnis des Petrus: Du bist der Messias

13 Als Jesus in die Gegend von Cäsarea Philippi kam, fragte er seine Jünger: Wofür halten die Leute den Menschensohn? 14 Und sie sprachen: Einige für Johannes den Täufer, andere für Elija, andere für Jeremia oder einen der Propheten.
15 Und er sprach zu ihnen: Und ihr, wofür haltet ihr mich? 16 Da antwortete Simon Petrus und sprach: Du bist der Messias, der Sohn des lebendigen Gottes.

Verheißung Jesu: Du bist der Fels

17 Jesus aber antwortete und sprach zu ihm: Selig bist du, Simon Barjona, denn nicht

---

32-39 Wie Markus berichtet auch Matthäus ein zweites Mal von der Speisung der Vielen. Am Tisch Jesu werden alle satt, denn er gibt mehr als das Brot für den Tag. Magadan: Die genaue Lage des Orts ist unbekannt. Einer der späten Textzeugen nennt Magdala, westlich von Kafarnaum, am See.
16,1-4 Diesmal fordern die Gegner ein himmlisches Beglaubigungszeichen von Jesus. Sie haben nicht verstanden, dass Jesus keine Schauwunder wirkt, sondern Menschen ins Heil bringt. Die jetzt an ihm zweifeln, werden das Zeichen des Jona (vgl. 12,39) erleben und auch dann nicht glauben. **5-12** Tadel und Lehre für kleingläubige Jünger. **13-20** In der Gegend von Cäsarea Philippi (bei den Jordanquellen gelegen) fragt Jesus seine Jünger, was

Ich träume von einer menschlichen Kirche
in der die Frauen Frau
die Männer Mann
die Kinder Kind sein dürfen
jeder nach seiner Art

Ich träume von einer Kirche
die für die Armen eintritt
den Stummen ihre Stimme leiht
sich nicht einschüchtern lässt.

Ich träume von einer Kirche
geduldig im Hören aufeinander
langsam im Urteil übereinander
begeistert im Beten miteinander

Ich träume von einer Kirche
in der der Geist
Melodien der Freiheit spielt
von einer Kirche
die nicht nach Geld und Erfolg riecht
sondern nach Hoffnung und Liebe

(16,13-20)

Fleisch und Blut haben dir das enthüllt, son-
dern mein Vater, der in den Himmeln ist.
18 Und ich sage dir: Du bist Petrus, und auf
diesen Felsen will ich meine Kirche bauen,
und die Pforten der Unterwelt werden sie
nicht überwältigen. 19 Dir will ich geben die
Schlüssel des Reiches der Himmel. Was im-
mer du binden wirst auf Erden, das soll auch
im Himmel gebunden sein; und was immer du
lösen wirst auf Erden, das soll auch im Him-
mel gelöst sein. 20 Dann gebot er seinen Jün-
gern, niemand zu sagen, dass er der Messias
sei.

Leidensankündigung:
Wer mir nachfolgt, nehme sein Kreuz

21 Seit dieser Zeit fing Jesus an, seinen Jüngern
zu zeigen, er müsse nach Jerusalem gehen und
von den Ältesten und den Schriftgelehrten
und Hohenpriestern vieles leiden und getötet
werden; am dritten Tag aber werde er aufer-
stehen. 22 Da nahm ihn Petrus beiseite und
fing an, ihm Vorhaltungen zu machen: Das sei
fern von dir, Herr! Das soll dir nicht wider-
fahren. 23 Er aber wandte sich um und sprach
zu Petrus: Geh! Hinter mich, Satan! Du bist
mir ein Ärgernis, denn du denkst nicht, was
Gottes ist, sondern das, was der Menschen
ist. 24 Dann sprach Jesus zu seinen Jüngern:
Wer mir nachfolgen will, verleugne sich selbst
und nehme sein Kreuz auf sich und folge mir.
25 Denn wer sein Leben retten will, der wird es
verlieren. Wer aber sein Leben verliert um

Wo kämen wir hin, wenn wir
statt mit Gewinn und Verlust
anfingen, mit Menschen zu rechnen
wenn wir allen rund um die Erde
gleichen Lohn zahlten für gleiche Leistung
wenn wir Frauen, die ihren Mann stehen
nicht benachteiligten, nur weil sie Frau sind
Wo kämen wir hin, wenn
Erfolgreiche und Versager
Meister und Lehrlinge
Stellenbesitzer und Arbeitslose
miteinander redeten, teilten
Wo kämen wir hin,
wenn Gott rechnete und lohnte wie wir?

(16,24-28)

---

das Volk von ihm hält, und im Anschluss daran, ganz konkret, nach ihrer eigenen Meinung. Petrus, der Wortführer, bekennt den Messias Jesus als Sohn des lebendigen Gottes. Jesus deutet den Namen des Apostels im Blick auf sein künftiges Amt. Petrus (aramäisch *kefa*, griechisch *petra*) bedeutet Fels. Das Versprechen, das mit dem Namen verbunden ist, die Zusage des Sieges über die Mächte des Todes, gilt nicht nur dem Ersten, dem der Herr seine Kirche anvertraut. »Kirche« ist die Bezeichnung des Alten Testaments für die Versammlung des heiligen Volkes. Die Kirche versteht die Zusage Jesu als ihr Gründungsdokument. **21-28** Vom Leiden-Müssen Jesu und dem seiner Jünger bis zum endgültigen Kommen des Menschensohns. Im Widerspruch des Petrus kommt Protest und Zweifel zu Wort. Der Weg der Nachfolge führt nicht am Kreuz vorbei. **28** Die Zusage kann als Ausdruck der Naherwartung verstanden werden. Man kann den Akzent aber auch auf die Gewissheit der Wiederkunft legen.

meinetwillen, der wird es finden. 26 Denn was wird es einem Menschen nützen, wenn er die ganze Welt gewinnt, aber sein Leben einbüßt? Oder was kann der Mensch geben, um sein Leben einzutauschen? 27 Denn der Menschensohn wird kommen in der Herrlichkeit seines Vaters mit seinen Engeln und einem jeden vergelten nach seinem Tun. 28 Wahrlich, ich sage euch, es sind einige unter denen, die hier stehen, die den Tod nicht kosten werden, bis sie den Menschensohn kommen sehen mit seinem Reich.

Verwandlung:
Gottes geliebter Sohn

17 Nach sechs Tagen nahm Jesus den Petrus, Jakobus und Johannes, seinen Bruder, mit sich und führte sie abseits auf einen hohen Berg. 2 Da wurde er vor ihnen verklärt: Sein Angesicht glänzte wie die Sonne, seine Kleider wurden weiß wie das Licht. 3 Und siehe, es erschienen ihnen Mose und Elija; die redeten mit ihm. 4 Petrus aber nahm das Wort und sprach zu Jesus: Herr, hier ist gut sein für uns! Willst du, so werden wir hier drei Hütten machen, dir eine, dem Mose eine und dem Elija eine. 5 Als er noch redete, siehe, da überschattete sie eine lichte Wolke. Und siehe, eine Stimme sprach aus der Wolke: Dieser ist mein geliebter Sohn, an dem ich mein Wohlgefallen habe. Auf ihn sollt ihr hören. 6 Als die Jünger dies hörten, fielen sie auf ihr Angesicht und fürchteten sich sehr. 7 Und Jesus trat herzu, rührte sie an und sprach: Steht auf und fürchtet euch nicht! 8 Als sie aber ihre Augen erhoben, sahen sie niemand als Jesus allein. 9 Und als sie vom Berg herabstiegen, befahl ihnen Jesus: Sprecht zu niemand von dem Gesicht, bis der Menschensohn von den Toten erstanden ist. 10 Die Jünger fragten ihn: Warum sagen denn die Schriftgelehrten, Elija müsse zuvor kommen? 11 Jesus antwortete und sprach: Elija wird zwar kommen und alles wiederherstellen. 12 Ich sage euch aber: Elija ist schon gekommen; sie aber haben ihn nicht erkannt, sondern mit ihm getan, was sie wollten. Ebenso wird auch der Menschensohn von ihnen zu leiden haben. 13 Da merkten die Jünger, dass er von Johannes dem Täufer zu ihnen geredet hatte.

Heilung eines Mondsüchtigen:
Die Macht des Glaubens

14 Als sie zum Volk kamen, trat ein Mann zu ihm, fiel vor ihm auf die Knie 15 und sprach: Herr, erbarme dich meines Sohnes. Er ist nämlich mondsüchtig und es geht ihm übel; oft fällt er ins Feuer und oft ins Wasser. 16 Und ich habe ihn zu deinen Jüngern gebracht, aber sie vermochten nicht ihn zu heilen. 17 Jesus aber antwortete und sprach: Du ungläubiges und verkehrtes Geschlecht! Wie lange soll ich bei euch sein? Wie lange euch ertragen? Bringt ihn her zu mir! 18 Und Jesus drohte ihm, und der Dämon fuhr von ihm aus. Von jener Stunde an war der Knabe geheilt. 19 Dann kamen die Jünger heimlich zu Jesus und fragten: Warum vermochten wir nicht ihn auszutreiben? 20 Er aber sprach zu ihnen: Um eurer Kleingläubigkeit willen. Wahrlich, ich sage euch, wenn ihr Glauben habt wie ein Senfkorn, könnt ihr diesem Berge sagen: Geh von da dorthin - und er wird weggehen, und nichts wird euch unmöglich sein. 21 [Diese Art aber wird nicht anders ausgetrieben als durch Gebet und Fasten.]

17,1-13 Jesus nimmt drei seiner Jünger, die sich mit dem Wort vom Leiden-Müssen schwer tun, mit sich auf den Berg. Dort schauen sie ihn in seiner österlichen Gestalt. Mose und Elija, Gesetz und Propheten des Alten Bundes, sind bei Jesus, durch den Gott den Neuen Bund mit einem neuen Volk stiften wird. Petrus will Hütten bauen – die Himmlischen auf der Erde festhalten. Die Wolke, Zeichen für Gottes Gegenwart, bedeckt den Berg. Die »Stimme« proklamiert Jesus als den geliebten Sohn göttlichen Wohlgefallens und verpflichtet die Jünger auf sein Wort. Überwältigt fallen die Jünger zu Boden. **10-13** Im Volk glaubt man, Elija, der Prophet, den Gott im Feuer bei sich aufgenommen hatte, werde wiederkommen und dem Messias den Weg bereiten. Johannes, so sagt Jesus, hat diesen Auftrag übernommen und erfüllt. Elija wurde nicht erkannt und angenommen. So werden sie auch mit dem Menschensohn tun, was sie wollen. **14-21** Mondsüchtig: Nach der Beschreibung der Symptome könnte der Kranke an Epilepsie gelitten haben. Die Jünger vermochten ihn nicht zu heilen. Jesus tadelt sie ihres Kleinglaubens wegen. **22-23** Die zweite Leidensankündigung. **24-27** Jeder erwachsene Jude musste jährlich eine Dop-

Leidensankündigung: Der Menschensohn wird überliefert

22 Als sie in Galiläa umherzogen, sagte Jesus
zu ihnen: Der Menschensohn wird den Hän-
den der Menschen überliefert werden. 23 Sie
werden ihn töten. Am dritten Tag aber wird
er auferstehen. Und sie betrübten sich sehr.

Tempelsteuer: Gib ihnen – damit wir sie nicht ärgern

24 Als sie nach Kafarnaum kamen, traten die
Einnehmer der Doppeldrachme zu Petrus
und sprachen: Zahlt euer Meister die Dop-
peldrachme nicht? 25 Er sagte: Ja. Als er aber
nach Hause gekommen war, kam ihm Jesus
zuvor und fragte: Was glaubst du, Simon, von
wem nehmen die Könige der Erde Zoll oder
Kopfsteuer? Von ihren Söhnen oder von den
Fremden? 26 Und er sprach: Von den Frem-
den. Da sprach Jesus zu ihm: Also sind die
Söhne frei. 27 Damit wir ihnen aber kein Är-
gernis geben, geh an den See, wirf die Angel
aus und nimm den Fisch, der zuerst herauf-
kommt. Wenn du sein Maul öffnest, wirst du
einen Stater finden. Den nimm und gib ihnen
für mich und für dich.

Gemeindeordnung: Kindern gleich werden

18 In jener Stunde traten die Jünger zu Jesus
und fragten: Wer ist also der Größte im Reich
der Himmel? 2 Da rief er ein Kind herbei, stell-
te es in ihre Mitte 3 und sprach: Wahrlich, ich
sage euch, wenn ihr nicht umkehrt und wer-
det wie die Kinder, so werdet ihr nicht einge-
hen in das Reich der Himmel. 4 Wer sich so
klein macht wie dieses Kind, der ist der Größ-
te im Reich der Himmel.

Gemeindeordnung: Jedes Ärgernis meiden

5 Und wer ein solches Kind in meinem Namen
aufnimmt, der nimmt mich auf. 6 Wer aber ei-
nem dieser Kleinen, die an mich glauben, Är-
gernis gibt, dem wäre es besser, ein Mühlstein
würde an seinen Hals gehängt, und er würde
in die Tiefe des Meeres versenkt. 7 Wehe der
Welt um der Ärgernisse willen! Ärgernisse
müssen zwar kommen, wehe aber dem Men-
schen, durch den das Ärgernis kommt. 8 Und
wenn deine Hand oder dein Fuß dir Ärgernis
gibt, so hau sie ab und wirf sie von dir. Es ist
besser für dich, verstümmelt oder hinkend in
das Leben einzugehen, als mit zwei Händen
oder zwei Füßen in das ewige Feuer geworfen
zu werden. 9 Und wenn dein Auge dir Ärger-
nis gibt, so reiß es aus und wirf es von dir. Es
ist besser für dich, mit einem Auge in das Le-
ben einzugehen, als mit zwei Augen in die
Feuerhölle geworfen zu werden.

Gemeindeordnung: Das Verlorene suchen

10 Seht zu, dass ihr keines von diesen Kleinen
verachtet. Denn ich sage euch, ihre Engel in
den Himmeln schauen allezeit das Angesicht
meines Vaters, der in den Himmeln ist.
11 [Denn der Menschensohn ist gekommen,
das Verlorene zu retten.] 12 Was dünkt euch?
Wenn einer hundert Schafe hat und eines von
ihnen sich verirrt, lässt er nicht die neunund-
neunzig auf den Bergen und geht, das verirrte
zu suchen? 13 Und wenn es ihm gelingt, es zu
finden, wahrlich, ich sage euch: Er freut sich
mehr über dies als über die neunundneunzig,
die nicht irregegangen sind. 14 So ist es nicht
der Wille eures Vaters in den Himmeln, dass
eines von diesen Kleinen verloren gehe.

---

peldrachme für den Bedarf des Tempels entrichten. **18,1-35** Die vierte Rede: Regeln zur »Gemeindeordnung«. Einzelüberlieferungen werden in loser Form aneinandergereiht. **1-5** Eine Jüngerfrage: »Wer ist der Größte im Reich der Himmel«? Gemeint ist die Jüngergemeinschaft. Menschen, die Jesus vertrauen und Gottes Willen leben. Jesus weicht der direkten Antwort aus. Er stellt ein Kind in die Mitte und erklärt es zum Vor-Bild. Ein Kind: schwach, ohne Erfahrung, auf Weisung und Erziehung angewiesen, machtlos, abhängig. Kann ein Kind Vor-Bild sein? Eine Gemeinschaft, in der diese Ordnung gälte – wie sollte sie funktionieren? Jesus sagt, wer sich klein und abhängig macht, auf Hilfe angewiesen – der wird Karriere machen im Reich Gottes. **6-9** »Ärgernis geben«, zum Bösen verführen (wörtlich: zur Falle werden). »Hölle« (Gehenna) meint den Ort, der denen bestimmt ist, die im Gericht nicht bestehen. **10-14** Gott schützt die Kleinen. Auf diese Worte beruft sich die Leh-

Sag nicht:
Ich hab genug mit mir selber zu tun
das geht mich nichts an
der kümmert mich nicht
die soll doch sehen
wie weit sie kommt
mir hat auch niemand geholfen
nichts bekam ich geschenkt
Wenn alle so sorgten
fiele niemand dem andern zur Last
Streck deine Hand aus
sag ein Wort
teil dein Brot
misch dich ein
zerreiß alte Rechnungen
vergiss und vergib

(18,15-20)

Vergib uns unsere Schuld
wie auch wir einander vergeben
Komm uns entgegen
wie auch wir einander entgegenkommen
Nimm uns an der Hand
wie auch wir Hand in Hand gehen
Rechne uns die Fehler nicht auf
wie auch wir einander nicht aufrechnen
Hab Geduld mit uns
wie auch wir Geduld haben miteinander
Gib uns noch eine Chance
wie auch wir einander eine Chance geben
Lass uns in der Versuchung nicht fallen
wie auch wir einander nicht fallen lassen
Befreie uns vom Bösen
damit wir allesamt dich preisen

(18,21-35)

Gemeindeordnung:
Sünder gewinnen –
Verhärtete ausschließen

[15] Hat aber dein Bruder gegen dich gesündigt,
so geh hin und weise ihn zurecht zwischen dir
und ihm allein. Hört er auf dich, so hast du
deinen Bruder gewonnen. [16] Hört er aber
nicht, so nimm noch einen oder zwei mit dir,
damit auf den Mund von zwei oder drei Zeu-
gen die ganze Sache festgestellt werde. [17] Hört
er aber nicht auf sie, so sag es der Gemeinde.
Wenn er auch auf die Gemeinde nicht hört, sei
er dir wie ein Heide und ein Zöllner. [18] Wahr-
lich, ich sage euch: Alles, was ihr binden wer-
det auf Erden, wird gebunden sein auch im
Himmel. Und alles, was ihr lösen werdet auf
Erden, wird gelöst sein auch im Himmel.
[19] Wiederum sage ich euch: Wenn zwei von
euch auf Erden in irgendeiner Sache überein-
stimmen, um die sie bitten, es wird ihnen zu-
teil werden von meinem Vater, der in den
Himmeln ist. [20] Denn wo zwei oder drei ver-
sammelt sind auf meinen Namen, da bin ich
mitten unter ihnen.

Gemeindeordnung:
Stets bereit zu vergeben

[21] Dann trat Petrus zu ihm und sprach: Herr,
wie oft darf mein Bruder sündigen gegen
mich, und ich soll ihm vergeben? Bis sieben-
mal? [22] Jesus antwortete ihm: Ich sage dir,
nicht bis siebenmal, sondern bis siebenund-
siebzigmal. [23] Darum gleicht das Reich der
Himmel einem König, der Abrechnung hal-
ten wollte mit seinen Knechten. [24] Als er an-
fing abzurechnen, brachte man ihm einen,
der schuldete ihm zehntausend Talente. [25] Da
er aber nichts hatte, wovon er bezahlen konn-

re vom »Schutzengel«, den Gott jedem Menschen zugesellt. Die Parabel vom Hirten, der um des einen verlorenen Schafes willen die Herde in den Bergen zurücklässt, um das Verlorene zu suchen, zeigt, was die Kleinen der Gemeinde wert sind. Die Freude des Hirten ist übergroß. So soll die Gemeinde jeden, der in die Irre geht, suchen und mit ihm, wenn er gefunden ist, ein Freudenfest feiern. **15-20** Fünf »Wenn-Sätze« über den Umgang mit dem sündigen Bruder (der sündigen Schwester). Keiner soll verloren gehen, jeder seine Chance haben. Wenn »Heiden« und »Zöllner« als negatives Beispiel dienen, ist eine judenchristliche Gemeinde angesprochen. Der Ausschluss aus der Gemeinschaft ist die allerletzte Möglichkeit. **18** Die Vollmacht zu binden und zu lösen, die Mt 16,18 Petrus übertragen wird, wird hier der ganzen Gemeinde zugesprochen. **21-22** Petrus stellt eine Frage zum Thema »Vergebung« und provoziert die Stellungnahme Jesu. Das Angebot, das er macht, ist nicht kleinlich. Doch

te, befahl der Herr: ihn, seine Frau und seine Kinder und all seine Habe zu verkaufen, und zu bezahlen. [26] Da fiel der Knecht vor ihm nieder und bat: Habe Geduld mit mir, und ich will dir alles bezahlen. [27] Der Herr aber erbarmte sich über diesen Knecht, gab ihn frei und erließ ihm die Schuld. [28] Als aber dieser Knecht weggegangen war, fand er einen seiner Mitknechte. Der war ihm hundert Denare schuldig. Er packte ihn, würgte ihn und sprach: Bezahle, was du schuldest! [29] Da fiel sein Mitknecht vor ihm nieder und bat ihn: Habe Geduld mit mir, und ich will dir bezahlen. [30] Er aber wollte nicht, sondern ging hin, ließ ihn ins Gefängnis werfen, bis er die Schuld bezahlt hätte. [31] Als nun seine Mitknechte sahen, was geschehen war, wurden sie sehr betrübt. Sie gingen hin und meldeten ihrem Herrn alles, was sich ereignet hatte. [32] Da rief ihn sein Herr zu sich und sprach zu ihm: Du böser Knecht! Die ganze Schuld habe ich dir erlassen, weil du mich gebeten hast. [33] Hättest nicht auch du deines Mitknechts dich erbarmen sollen, gleichwie ich mich deiner erbarmt habe? [34] Und voll Zorn überlieferte ihn sein Herr den Folterknechten, bis er ihm die ganze Schuld bezahlt hätte. [35] So wird auch mein himmlischer Vater mit euch tun, wenn ihr nicht, ein jeder seinem Bruder, von Herzen verzeiht.

Ehe und Ehelosigkeit: Fasse, wer es fassen kann

19 Und als Jesus diese Reden beendet hatte, zog er weg von Galiläa und kam in das Gebiet von Judäa jenseits des Jordan. [2] Es folgten ihm viele Scharen nach, und er heilte sie dort. [3] Da traten die Pharisäer zu ihm, um ihn auf die Probe zu stellen, und fragten: Ist es einem Manne erlaubt, seine Frau aus jedwedem Grund zu entlassen? [4] Er antwortete und sprach: Habt ihr nicht gelesen, dass Er, der schuf, sie von Anfang an als Mann und Frau erschuf [5] und er sprach: Darum wird ein Mann den Vater und die Mutter verlassen und seiner Frau anhangen, und die zwei werden ein Fleisch sein. [6] So sind sie also nicht mehr zwei, sondern ein Fleisch. Was nun Gott gebunden hat, soll ein Mensch nicht trennen. [7] Sie fragten ihn: Warum hat dann Mose befohlen, einen Scheidungsbrief zu geben und sie zu entlassen? [8] Er sprach zu ihnen: Mose hat euch eurer Herzenshärte wegen erlaubt, eure Frauen zu entlassen. Von Anfang an war es nicht so. [9] Ich aber sage euch: Wer seine Frau entlässt - es sei denn im Fall der Blutschande - und eine andere heiratet, der bricht die Ehe. [Und wer eine Geschiedene zu sich nimmt, der bricht die Ehe.] [10] Da sprachen seine Jünger zu ihm: Wenn die Angelegenheit des Mannes mit der Frau so steht, ist es besser, nicht zu heiraten! [11] Er sprach zu ihnen: Nicht alle fassen dieses Wort, sondern nur die, denen es gegeben ist. [12] Es gibt ja Eheunfähige, die so vom Mutterleib an geboren sind, und es gibt Eheunfähige, die von den Menschen eheunfähig gemacht wurden, und es gibt, die sich selbst um des Himmelreichs willen eheunfähig machten. Fasse, wer es fassen kann.

---

die Antwort Jesu gehört in eine andere Dimension. Siebenundsiebzigmal soll einer dem andern vergeben. Das heißt: grenzenlos. **23-25** Von einem, der sich weigert, Vergebung zu teilen. Ein Talent (griechische Währung) entsprach sechstausend Drachmen. (Das Steueraufkommen der Provinz Galiläa-Peräa betrug im Jahr 4 n.Chr. 200 Talente.) Eine Drachme entsprach einem Denar, dem Taglohn eines Arbeiters. Der Knecht, dem die große Schuld erlassen wurde, verhält sich seinem Schuldner gegenüber, wie es unter Menschen »normal« ist. Für die Christengemeinde, Menschen, die Gottes Vergebung erfahren haben, gilt eine andere Ordnung: das Gesetz der Barmherzigkeit.

19,1-30 Grundsätzliches über die Zugehörigkeit zur Gemeinde Jesu Christi: Über Ehe und Besitz. **1-2** Vermutlich wird gesagt, dass Jesus Galiläa verließ und durch das Ostjordanland nach Judäa (Jerusalem) zog. **3-9** Pharisäer verwickeln Jesus in ein Lehrgespräch. Ihre Frage setzt eine patriarchalische Fragestellung voraus, die dem Mann gestattet, die Frau praktisch nach Belieben zu entlassen. Jesus verweist den schriftgelehrten Frager auf die ursprüngliche Ordnung. Gott selbst hat Mann und Frau füreinander bestimmt (Gen 1,27). Darum ist die Ehe unauflöslich. Die Ausnahmeregelung, die auf Mose zurückgeführt wird, ist ein durch die Hartherzigkeit der Beteiligten erzwungener Kompromiss. **10-12** Auf das Streitgespräch folgt eine Jüngerbelehrung (Sonderüberlieferung des Matthäus). Der jüdische Rabbi ist zur Ehe verpflichtet. Eheunfähige wurden vom Priesteramt ausgeschlossen (Lev 21,18-20). Der Jünger Jesu kann zum ehelosen Leben berufen sein. **13-15** Jesus steht für die Schwachen und Rechtlosen ein. Er segnet Kinder und al-

**Kindersegnung:
Ihnen gehört das Himmelreich**

13 Danach brachte man Kinder zu ihm, damit
er ihnen die Hände auflegen und über sie be-
ten möge. Die Jünger wiesen sie zurück. 14 Je-
sus aber sprach: Lasst die Kinder zu mir kom-
men und wehret es ihnen nicht, denn für sol-
che ist das Reich der Himmel. 15 Und als er
ihnen die Hände aufgelegt hatte, ging er von
da weg.

**Der reiche Jüngling:
Weg zur Vollkommenheit**

16 Und siehe, da kam einer herzu und fragte
ihn: Meister, was muss ich Gutes tun, damit
ich ewiges Leben erlange? 17 Er sprach zu ihm:
Was fragst du mich über das Gute? Einer ist
der Gute. Willst du aber zum Leben eingehen,
so halte die Gebote. 18 Er fragt ihn: Welche?
Jesus aber sprach: Du sollst nicht töten; du
sollst die Ehe nicht brechen; du sollst nicht
stehlen; du sollst kein falsches Zeugnis geben!
19 Ehre deinen Vater und deine Mutter und lie-
be deinen Nächsten wie dich selbst! 20 Der
Jüngling sprach zu ihm: Dies alles habe ich
gehalten von meiner Jugend an. Was fehlt mir
noch? 21 Jesus antwortete ihm: Willst du voll-
kommen sein, so geh hin, verkaufe, was du
hast, und gib es den Armen. So wirst du einen
Schatz in den Himmeln haben. Dann komm
und folge mir nach. 22 Als der Jüngling dies
Wort gehört hatte, ging er traurig weg; denn
er besaß viele Güter.

**Kamel und Nadelöhr:
Reichtum als Hindernis**

23 Da sprach Jesus zu seinen Jüngern: Wahr-
lich, ich sage euch, ein Reicher wird schwer
eingehen in das Reich der Himmel. 24 Ja, ich
sage es euch noch einmal: Es ist leichter, dass
ein Kamel durch ein Nadelöhr gehe, als dass
ein Reicher in das Reich Gottes eingehe. 25 Als
die Jünger das hörten, waren sie sehr betrof-
fen und fragten: Wer kann dann gerettet wer-
den? 26 Jesus aber blickte sie an und sprach:
Bei den Menschen ist das unmöglich, bei Gott
aber ist alles möglich.

**Nachfolge Jesu:
Um meines Namens willen**

27 Darauf erwiderte ihm Petrus: Siehe, wir ha-
ben alles verlassen und sind dir nachgefolgt;
was werden wir erhalten? 28 Jesus aber sprach
zu ihnen: Wahrlich, ich sage euch: Ihr, die ihr
mir nachgefolgt seid, werdet bei der Wieder-
geburt, wenn der Menschensohn auf dem
Thron seiner Herrlichkeit sitzt, selbst auf
zwölf Thronen sitzen und die zwölf Stämme
Israels richten. 29 Und wer immer Häuser oder
Brüder oder Schwestern oder Vater oder
Mutter oder Frau oder Kinder oder Äcker um
meines Namens willen verlässt, der wird
Hundertfältiges empfangen und ewiges
Leben erben. 30 Viele aber, die Erste sind, wer-
den Letzte, und die Letzte sind, werden Erste
sein.

**Arbeiter im Weinberg:
Ist dein Auge neidisch ...?**

20 Das Reich der Himmel ist gleich einem
Hausherrn, der früh am Morgen ausging, um
Arbeiter zu dingen für seinen Weinberg. 2 Er
einigte sich mit den Arbeitern auf einen De-
nar für den Tag und schickte sie in seinen
Weinberg. 3 Um die dritte Stunde ging er wie-
der aus und sah andere müßig auf dem Markt

---

le, die rechtlos sind wie sie. **16-22** In der Begegnung mit dem jungen Reichen zeigt sich, dass die Erfüllung der Gebote und das Streben nach Vollkommenheit Stückwerk bleiben, solange ein Mensch vom Besitz besessen ist. Im Jüngerkreis wird die Diskussion über Reichtum und Nachfolge fortgeführt. Jesu Wort tröstet jene Jünger, die den Verstrickungen in die Wertordnungen dieser Welt nicht entgehen können. **23-26** Die Reichen und das Himmelreich. Jesus selbst weist darauf hin, dass irdischer Reichtum den Zugang zum Reich erschwert. Das Bildwort vom Kamel und dem Nadelöhr (dem großen Tier und dem winzigen Durchschlupf) spricht für sich selbst. Am Ende bleibt dem Menschen einzig die Hoffnung auf den, dem nichts unmöglich ist. **27-30** Petrus bringt eine persönliche Frage ins Gespräch. Er fragt nach dem besonderen Lohn für die Jünger, die ja unbestreitbar größere Vorleistungen erbrachten. Nicht nur die Zwölf, sondern alle, die um Jesu willen in dieser Welt verloren haben, werden in der neuen Welt Gottes ihren Anteil erhalten.

20,1-16 Ein Gleichnis vom Recht Gottes und der Gerechtigkeit der Menschen: Der Besitzer eines Weinbergs geht im Lauf eines Vormittags viermal auf den Markt und verpflichtet Arbeiter für seinen Weinberg. Am

herumstehen. [4] Zu ihnen sagte er: Geht auch ihr in den Weinberg, ich werde euch geben, was recht ist. [5] Und sie gingen hin. Um die sechste und neunte Stunde ging er wieder aus und machte es ebenso. [6] Als er um die elfte Stunde ausging, fand er andere, die herumstanden. Er fragte sie: Warum steht ihr hier den ganzen Tag müßig? [7] Sie antworteten ihm: Es hat uns niemand gedungen. Da sprach er zu ihnen: Geht auch ihr in den Weinberg. [8] Als es nun Abend geworden, sprach der Herr des Weinbergs zu seinem Verwalter: Rufe die Arbeiter und gib ihnen den Lohn, von den Letzten angefangen bis zu den Ersten. [9] Da kamen die um die elfte Stunde Gedungenen, und jeder bekam einen Denar. [10] Als nun die Ersten kamen, glaubten sie, sie würden mehr bekommen; aber auch von ihnen bekam jeder einen Denar. [11] Und da sie ihn empfingen, murrten sie gegen den Hausherrn [12] und sprachen: Diese Letzten haben nur eine Stunde gearbeitet, und du hast sie uns gleichgestellt, die wir die Last und die Hitze des Tages ertragen haben. [13] Er aber antwortete einem von ihnen: Freund, ich tue dir kein Unrecht. Hast du dich nicht mit mir auf einen Denar geeinigt? [14] Nimm, was dein ist, und geh! Ich will aber diesem Letzten ebenso viel geben wie dir. [15] Oder ist es mir nicht erlaubt, mit dem Meinen zu tun, was ich will? Ist dein Auge neidisch, weil ich gut bin? [16] So werden die Letzten Erste sein und die Ersten Letzte. [Denn viele sind berufen, aber wenige sind auserwählt.]

Leidensankündigung: Hinauf nach Jerusalem

[17] Als Jesus nach Jerusalem hinaufzog, nahm er die Zwölf allein beiseite und sprach zu ihnen: [18] Siehe, wir ziehen hinauf nach Jerusalem. Der Menschensohn wird den Hohenpriestern und Schriftgelehrten überliefert werden, und sie werden ihn zum Tod verurteilen. [19] Sie werden ihn den Völkern ausliefern, dass sie ihn verspotten, geißeln und kreuzigen. Am dritten Tag aber wird er auferstehen.

Rangfrage: Gekommen, um zu dienen

[20] Da trat die Mutter der Söhne des Zebedäus mit ihren Söhnen zu ihm, fiel vor ihm nieder, um etwas von ihm zu erbitten. [21] Er sprach zu ihr: Was willst du? Sie sagte zu ihm: Sprich, dass diese meine zwei Söhne in deinem Reich - einer zu deiner Rechten und einer zu deiner Linken sitzen sollen. [22] Jesus aber antwortete: Ihr wisst nicht, um was ihr bittet. Könnt ihr den Becher trinken, den ich trinken werde? Sie sprachen zu ihm: Wir können es. [23] Da sprach er zu ihnen: Meinen Becher werdet ihr zwar trinken; aber das Sitzen zu meiner Rechten oder Linken kann ich nicht geben, sondern es ist für die, denen es bereitet ist von meinem Vater. [24] Als die Zehn das hörten, wurden sie unwillig über die zwei Brüder. [25] Jesus aber rief sie zu sich und sprach: Ihr wisst, dass die Herrscher der Völker über sie herrschen und die Großen sie ihre Macht erfahren lassen. [26] Nicht so soll es unter euch sein. Wer immer unter euch groß sein will, der sei euer Diener. [27] Und wer unter euch der Erste sein will, der sei euer Knecht; [28] so wie der Menschensohn nicht gekommen ist, sich bedienen zu lassen, sondern zu dienen und sein Leben zu geben als Lösepreis für viele.

Zwei Blinde: Dass unsere Augen aufgetan werden

[29] Als sie von Jericho weggingen, folgte ihm viel Volk. [30] Und siehe, zwei Blinde, die am

---

Abend beauftragt er seinen Verwalter, die Arbeiter zu entlohnen. Zuerst diejenigen, die er zuletzt verpflichtete und die nur eine Stunde in der Hitze gearbeitet hatten. Zuletzt diejenigen, die er in der Morgenfrühe in den Weinberg schickte. Jeder bekommt einen Denar. Die Arbeiter der ersten Stunde protestieren. Sie fühlen sich benachteiligt. Sie haben den ganzen Tag in der Hitze gearbeitet und mehr verdient als die, die nur eine Stunde im Weinberg waren. Ihr Protest wird abgewiesen. Gott ist nicht an das Prinzip Leistung-Lohn gebunden. Er vergilt nach einem eigenen Tarif. Die Jünger tun gut daran, ihre menschlichen Rechenspiele zu vergessen. **17-19** Die dritte Leidensankündigung. Jesus weiß, was auf ihn zukommt. Er bereitet seine Jünger vor. **20-28** Die Mutter der Apostel Jakobus und Johannes bittet Jesus um Vorzugsplätze für ihre Söhne. Sie und ihre Söhne werden darauf verwiesen, dass es für Jesu Jünger keinen anderen Weg gibt als den, den Jesus vorausgeht. Keinen anderen Vorrang als den des Dienens und keine andere Sicherheit als die des Vertrauens. **29-34** Zwei Blinde an der Straße

Weg saßen, hörten, dass Jesus vorüberziehe. Da riefen sie laut: Herr, erbarme dich unser - Sohn Davids! 31 Das Volk aber fuhr sie an, sie sollten schweigen. Da schrien sie noch lauter: Herr, erbarme dich unser - Sohn Davids! 32 Jesus blieb stehen, rief sie zu sich und sprach: Was wollt ihr, dass ich euch tun soll? 33 Sie antworteten ihm: Herr, dass unsere Augen aufgetan werden. 34 Da erbarmte sich Jesus über sie, berührte ihre Augen, und sogleich wurden sie sehend und folgten ihm nach.

Einzug in Jerusalem:
Der Prophet aus Galiläa

21 Als sie in die Nähe von Jerusalem gelangten, kamen sie nach Betfage am Ölberg. Da schickte Jesus zwei Jünger voraus 2 und sprach zu ihnen: Geht in das Dorf, das vor euch liegt, dort werdet ihr gleich eine Eselin finden und ein Füllen bei ihr angebunden; macht sie los und führt sie zu mir. 3 Und wenn euch jemand etwas fragt, dann sagt: Der Herr braucht sie, und sogleich wird er sie ziehen lassen. 4 Dies alles aber ist geschehen, damit erfüllt werde, was gesagt ist durch den Propheten: 5 Sagt der Tochter Zion: Siehe, dein König kommt zu dir, sanftmütig und reitend auf einem Esel und auf einem Füllen, dem Jungen eines Lasttiers. 6 Die Jünger gingen hin und taten, wie Jesus ihnen geboten hatte. 7 Und sie brachten die Eselin mit dem Füllen, legten ihnen ihre Kleider auf, und er setzte sich darauf. 8 Viel Volk aber breitete seine Kleider auf den Weg, andere hieben Zweige von den Bäumen und streuten sie auf den Weg. 9 Die Volksscharen aber, die vor ihm her und hinter ihm drein zogen, schrien: Hosanna dem Sohne Davids! Hochgelobt ist, der da kommt im Namen des Herrn. Hosanna in der Höhe! 10 Als er nun in Jerusalem einzog, kam die ganze Stadt in Bewegung und sprach: Wer

Er zieht mit den Vielen hinauf in die Stadt
in der Gott nah ist
Gerechtigkeit und Frieden
Aufbruch liegt in der Luft
Freiheit lockt
im Herzen wächst Hoffnung
Freu dich, Jerusalem
Juble, das Wort wird wahr

Er kommt
als hätte er nichts zu fürchten
ohne Waffen
als gälte es nichts zu verteidigen
Wer vertraut,
den können Menschen nicht schrecken

Er nimmt es hin
dass ein Freund ihn verrät
Eigene und Fremde in eins
das Urteil sprechen
Von allen verlassen
gibt er sein Leben
um allen Suchenden
Gott und das Leben
zu schenken:
Jesus, König aus Davids Haus
Prophet aus Nazaret
unser Herr

(21,1-11)

ist dieser? 11 Die Volksscharen aber sprachen: Das ist Jesus, der Prophet aus Nazaret in Galiläa.

Tempelreinigung:
Die Kinder rufen: »Hosanna«

12 Und Jesus ging in den Tempel, trieb alle hinaus, die im Tempel kauften und verkauften, stieß die Tische der Wechsler und die Stände

---

in Jericho. Sie hören, dass Jesus vorbeikommt. Sie machen auf sich aufmerksam, rufen den Sohn Davids: Hab Erbarmen. Ihr Ruf übertönt die Kritik derer, die ihnen das Wort verbieten wollen. Sie sehen und sie gehen mit Jesus.
21,1-11 Jesus zieht mit seinen Jüngern in Jerusalem ein. Betfage ist nicht eindeutig zu identifizieren. Möglicherweise am Abhang des Ölberg (etwa 1 km vor der Stadt) macht Jesus mit seinen Jüngern Rast. Er selbst bereitet seinen Einzug vor: ein König, gewaltlos, auf einem Esel reitend. Jubelndes Volk: Hosanna – so hilf doch! **12-17** Im Tempel sucht der Messias seine Gemeinde. Die Vertreibung der Geldwechsler und Händler aus dem heiligen Bezirk: ein prophetisches Zeichen. Seinetwegen hätten die Tempelwächter keinen Grund gehabt, gegen Jesus vorzugehen. Die Blinden und Lahmen dagegen, die sich

der Taubenhändler um 13 und sprach zu ihnen: Es steht geschrieben: Mein Haus soll ein Bethaus heißen; ihr aber macht es zu einer Räuberhöhle. 14 Und es kamen Blinde und Lahme im Tempel zu ihm, und er machte sie gesund. 15 Als nun die Hohenpriester und Schriftgelehrten die Wunder sahen, die er wirkte, und die Kinder, die im Tempel riefen: Hosanna dem Sohne Davids, wurden sie unwillig 16 und sprachen zu ihm: Hörst du, was diese sagen? Jesus aber sprach zu ihnen: Ja! Habt ihr denn nie gelesen: Aus dem Munde der Unmündigen und Säuglinge hast du dir Lob bereitet? 17 Und er verließ sie und ging zur Stadt hinaus nach Betanien. Dort blieb er über Nacht.

Der Feigenbaum: Nimmermehr komme Frucht von dir

18 Als er aber am Morgen wieder in die Stadt ging, hungerte ihn. 19 Und er sah einen Feigenbaum am Weg, ging hin, fand aber nichts daran außer Blättern. Da sprach er zu ihm: Nimmermehr komme Frucht von dir in Ewigkeit! Und auf der Stelle verdorrte der Feigenbaum. 20 Als dies die Jünger sahen, wunderten sie sich und sprachen: Wie konnte der Feigenbaum auf der Stelle verdorren? 21 Jesus aber antwortete ihnen: Wahrlich, ich sage euch, wenn ihr Glauben habt und nicht zweifelt, so werdet ihr nicht nur das wirken, was an dem Feigenbaum geschah, sondern auch wenn ihr zu diesem Berge sagt: Hebe dich hinweg und stürze dich in das Meer, so wird es geschehen. 22 Und alles, was ihr glaubend im Gebet erfleht, das werdet ihr erhalten.

Die Frage nach der Vollmacht: Vom Menschen oder von Gott?

23 Als er nun in den Tempel kam, traten die Hohenpriester und Schriftgelehrten zu ihm, als er lehrte, und sprachen: Mit welcher Vollmacht tust du dies? Wer hat dir diese Vollmacht gegeben? 24 Jesus antwortete und sprach zu ihnen: Auch ich will euch ein Wort fragen. Wenn ihr mir darauf antwortet, will ich euch sagen, mit welcher Vollmacht ich dies tue. 25 Die Taufe des Johannes, woher stammt sie? Vom Himmel oder von den Menschen? Da dachten sie bei sich: 26 Sagen wir: Vom Himmel, so wird er uns sagen: Warum also habt ihr ihm nicht geglaubt? Sagen wir aber: Von Menschen, so haben wir das Volk zu fürchten, denn alle halten Johannes für einen Propheten. 27 Und sie antworteten Jesus und sprachen: Wir wissen es nicht. Da sprach er zu ihnen: So sage auch ich euch nicht, mit welcher Vollmacht ich dies tue.

Zwei Söhne: Wer tut den Willen des Vaters

28 Was meint ihr? Ein Mann hatte zwei Söhne. Er ging zum ersten und sprach: Kind, geh heute arbeiten im Weinberg. 29 Der erste antwortete und sprach: Ich gehe, Herr. Und er ging nicht. 30 Da ging er zum andern und sprach ebenso. Der aber antwortete und sprach: Ich will nicht. Nachher aber besann er sich anders und ging hin. 31 Wer von den beiden hat den Willen des Vaters getan? Sie sagten: Der letztere. Da sprach Jesus zu ihnen: Wahrlich, ich sage euch: Die Zöllner und die Dirnen werden eher in das Reich Gottes kommen als ihr. 32 Johannes nämlich kam zu euch mit dem Weg der Gerechtigkeit, und ihr habt ihm nicht geglaubt. Die Zöllner und die Dirnen aber haben ihm geglaubt. Ihr habt es gesehen und euch auch danach nicht anders besonnen, dass ihr ihm geglaubt hättet.

---

um Jesus drängen, werden den Hohenpriestern und Schriftgelehrten zum Anstoß. Sie wollen nicht, dass Jesus im Tempel heilt. So kommt es, dass die Kinder, die Blinden und Lahmen den Sohn Davids preisen. **18-22** Am Morgen des zweiten Tags sieht Jesus bei der Rückkehr in die Stadt einen Feigenbaum. Der wird zum Zeichen des Gerichts für Israel und für die Jünger ein Hinweis auf ihren Glauben, der von ihnen gefordert wird. **23-27** Im Tempel verwickeln die Hohenpriester und Ältesten Jesus in ein Streitgespräch über seine Vollmacht. Jesus weicht der Antwort aus. Er stellt eine Gegenfrage nach der Vollmacht des Täufers. **28-32** Das Gleichnis ist mit dem Streitgespräch verbunden: Zwei ungleiche Söhne, beide erhalten vom Vater denselben Auftrag. Sie reagieren gegensätzlich. **33-46** Das zweite Gleichnis vom Weinberg (vgl. 20,12-16) ist nicht leicht verständlich. Handelt der Besitzer des Weinbergs nicht gegen alle menschliche Erfahrung, wenn er nicht nur das Leben seiner Knechte, aufs Spiel setzt, sondern zuletzt auch noch den Sohn schickt? Oder begegnen wir hier einer Zuwendung, die

Die Winzer:
Das Reich wird euch genommen

33 Hört ein anderes Gleichnis: Es war ein
Hausherr, der pflanzte einen Weinberg und
umgab ihn mit einem Zaun. Und er grub dar-
in eine Kelter, baute einen Turm, verpachtete
ihn an die Winzer und zog außer Landes.
34 Als aber die Zeit der Früchte gekommen
war, schickte er seine Knechte zu den Win-
zern, seine Früchte zu empfangen. 35 Doch die
Winzer ergriffen seine Knechte, den einen
schlugen sie, den anderen töteten sie, den
dritten aber steinigten sie. 36 Wiederum
schickte er andere Knechte, und zwar mehr
als zuvor, und sie taten ihnen ebenso.
37 Schließlich aber sandte er zu ihnen seinen
Sohn und sprach: Vor meinem Sohn werden
sie wohl Achtung haben. 38 Als aber die Win-
zer den Sohn sahen, sagten sie zueinander:
Das ist der Erbe! Kommt, wir wollen ihn tö-
ten, dann haben wir sein Erbteil. 39 Und sie er-
griffen ihn, warfen ihn aus dem Weinberg
hinaus und töteten ihn. 40 Wenn nun der Herr
des Weinbergs kommt, was wird er jenen
Winzern tun? 41 Sie sprachen zu ihm: Sie, die
Bösen, wird er bös zugrunde richten, den
Weinberg anderen Winzern verpachten, die
ihm die Früchte abliefern werden zu ihrer
Zeit.

Jüngerlehre:
Darum sage ich euch

42 Da sagte Jesus zu ihnen: Habt ihr niemals in
den Schriften gelesen: Der Stein, den die Bau-
leute verwarfen, ist zum Schlussstein gewor-
den. Vom Herrn ist dies geschehen, und es ist
wunderbar in unsern Augen. 43 Darum sage
ich euch: Genommen wird von euch das
Reich Gottes und einem Volk gegeben, das
seine Früchte bringt. 44 [Und wer auf diesen
Stein fällt, wird zerschmettert werden; auf

Du kennst mich Gott,
kennst meine Geschichte.
Du weißt, was du mir zumuten willst und
gewähren, was mir gelingt
und was missglückt.
Ich lebe mit der Ungewissheit:
Ich weiß nicht
was das Morgen mir bringt und weiß nicht
wie lange es währt.

Doch eines weiß ich, Gott – und auch du
sollst es wissen –
ich will mein Leben nützen.
Ich will entdecken, erfahren
mich aussetzen, Erfolg haben
und Misserfolg.
Ich will es füllen bis zum Rand.
Und wenn du mich rufst, Gott
werde ich kommen
mit all meinen Erfahrungen.
Ich werde dir zurückgeben
was aus meinem Leben geworden ist
das Gelungene und das Missglückte: Mich

(21,33-44)

wen er aber fällt, den wird er zermalmen.]
45 Als aber die Hohenpriester und die Pha-
risäer seine Gleichnisreden hörten, erkannten
sie, dass er von ihnen sprach. 46 Und sie such-
ten ihn zu ergreifen, doch sie fürchteten die
Volksscharen, weil diese ihn für einen Pro-
pheten hielten.

Das Hochzeitsmahl:
Die Geladenen waren nicht wert

22 Noch einmal sprach Jesus in Gleichnisre-
den zu ihnen: 2 Das Reich der Himmel gleicht
einem König, der Hochzeit hielt für seinen

---

die Hoffnung nicht aufgibt? Jesus kommt im Auftrag dessen, der sein Eigentum nicht aufgeben will. Er stirbt vor den Mauern von Jerusalem. Ein anderes Volk wird den Vater ehren.

22,1-14 Jesus in Jerusalem. Letzte Diskussionen mit den Pharisäern und Schriftgelehrten. Jeder, der die Ereignisse mit wachen Sinnen verfolgt, ahnt, wie es enden wird. Die Pharisäer und die Gotteskundigen haben gegen ihn entschieden. Jesus erzählt ein eigenartiges Gleichnis: Ein König bereitet seinem Sohn das Hochzeitsmahl. Er schickt seine Boten, doch die Geladenen wollen nicht kommen. Ein zweites Mal schickt er seine Boten. Sie werden abgewiesen, misshandelt und totgeschlagen. Der König wird zornig. Er schickt seine Boten auf die Straßen und Plätze. Randexistenzen sitzen am Tisch der Fülle. Heimatlose, Wohnungssuchende, Hergelaufene, Na-

Sohn. 3 Er sandte seine Knechte aus, um die
Geladenen zur Hochzeit herbeizuholen; aber
sie wollten nicht kommen. 4 Da schickte er
wieder andere Knechte aus und sprach: Sagt
den Geladenen: Siehe, mein Mahl habe ich
bereitet, meine Ochsen und das Mastvieh
sind geschlachtet, und alles ist bereit. Kommt
zur Hochzeit! 5 Sie aber achteten nicht darauf
und gingen ihrer Wege, der eine auf seinen
Acker, der andere in sein Geschäft. 6 Die übri-
gen aber ergriffen seine Knechte, misshandel-
ten und ermordeten sie. 7 Da wurde der König
zornig, sandte sein Heer hin, ließ jene Mörder
töten und ihre Stadt in Brand stecken. 8 Dann
sprach er zu seinen Knechten: Das Hochzeits-
mahl ist zwar bereitet, doch die Geladenen
waren seiner nicht wert! 9 So geht denn an die
Straßenkreuzungen, und wen immer ihr fin-
det, den ladet zur Hochzeit. 10 Und die Knech-
te gingen hinaus auf die Straßen und brachten
alle zusammen, die sie trafen: Böse und Gute.
Und der Hochzeitssaal füllte sich mit Gästen.
11 Da trat der König herein, um die Gäste an-
zusehen, und er sah dort einen, der kein
Hochzeitsgewand anhatte. 12 Und er sprach
zu ihm: Freund, wie bist du hier hereinge-
kommen, da du kein Hochzeitsgewand an-
hast? Der aber verstummte. 13 Da sprach der
König zu den Dienern: Bindet ihm Hände und
Füße und werft ihn hinaus in die Finsternis.
Dort wird Heulen sein und Zähneknirschen.
14 Denn viele sind berufen, wenige aber auser-
wählt.

Die Steuerfrage:
Gebt Gott, was Gottes ist

15 Danach gingen die Pharisäer hin und fass-
ten den Beschluss, ihn in einem Wort zu fan-
gen. 16 Sie schickten zu ihm ihre Jünger mit

Er zählt die Tränen der Verzweifelten
er öffnet den Ausgeschlossenen die Tür
er wartet auf die Entwurzelten
die ein Zuhause suchen
er nimmt die auf
die keiner haben will
er hört das Stöhnen der Kranken
in schlaflosen Nächten
er kennt die Trauer
der Zurückgebliebenen
er erbarmt sich der Hungernden
er lädt die Gescheiterten
an seinen Tisch

Seht, das ist unser Gott,
auf ihn haben wir unsere
Hoffnung gesetzt

(22,1-14)

den Herodianern und ließen fragen: Meister,
wir wissen, dass du wahrhaftig bist. Du
lehrst den Weg Gottes in Wahrheit und fragst
nach niemand. Du siehst ja nicht auf die Per-
son der Menschen. 17 Sag uns nun, was meinst
du: Ist es erlaubt, dem Kaiser Steuern zu zah-
len oder nicht? 18 Jesus aber durchschaute ih-
re Bosheit und sprach: Ihr Heuchler, was ver-
sucht ihr mich? 19 Zeigt mir die Steuermünze!
Und sie reichten ihm einen Denar. 20 Und er
fragte sie: Was für ein Bild ist hier und was für
eine Aufschrift? 21 Sie antworteten ihm: Des
Kaisers. Da sprach er zu ihnen: Gebt also dem
Kaiser, was des Kaisers ist, und Gott, was
Gottes ist. 22 Als sie das hörten, staunten sie,
ließen ihn stehen und gingen davon.

---

menlose: Gute und Böse. **11-14** Der Ausschluss des Gastes, der kein Hochzeitsgewand trägt (eine spätere Zufügung), warnt die Tischgäste vor leichtfertiger Heilssicherheit. Auch sie können ihren Platz an Gottes Tisch verlieren. **15-22** Im Jahr 6/7 n.Chr. wurde der römische Zensus, die »Kopfsteuer« in Judäa und Samaria, eingeführt. Die Herodianer sympathisieren mit der römischen Besatzungsmacht und haben kein Problem mit der Steuer wie etwa die Zeloten, für die sie einem Gottesverrat gleichkommt. Jesu Antwort auf die Frage derer, die ihm eine Falle stellen wollen, trifft den Kern: Der Kaiser kann Steuern fordern. Gott fordert den Menschen. **23-33** Die Sadduzäer glauben (im Gegensatz zu den Pharisäern) nicht an die Auferstehung der Toten. Jesus geht nicht auf die ausgeklügelte Geschichte ein, die sie ihm vortragen. Er verweist sie auf den lebendigen Gott. Der ist kein Gott der Toten. **34-40** Noch einmal treten die Pharisäer öffentlich als Diskussionsgegner Jesu auf. Ein Gesetzes-

Die Frage nach der Auferstehung: Kein Gott der Toten

23 An demselben Tag kamen Sadduzäer zu
ihm, die behaupten, es gebe keine Auferstehung. Sie fragten ihn:
24 Meister, Mose hat gesagt: Wenn einer stirbt, ohne Kinder zu hinterlassen, soll sein Bruder seine Frau zur Schwagerehe nehmen und seinem Bruder Nachkommenschaft erwecken.
25 Nun waren sieben Brüder bei uns. Der erste nahm eine Frau und starb. Und weil er keine Kinder hatte, hinterließ er seine Frau seinem Bruder.
26 Desgleichen auch der zweite und der dritte bis zum siebten.
27 Nach allen starb zuletzt auch die Frau.
28 Welchem von den sieben wird nun bei der Auferstehung diese Frau gehören? Es haben sie ja alle gehabt.
29 Jesus antwortete ihnen und sprach: Ihr irrt, denn ihr kennt weder die Schriften noch die Kraft Gottes.
30 Denn bei der Auferstehung wird weder geheiratet noch verheiratet, sie sind vielmehr wie die Engel Gottes in den Himmeln.
31 Was aber die Auferstehung der Toten betrifft, habt ihr nicht gelesen, was euch von Gott gesagt worden ist:
32 Ich bin der Gott Abrahams und der Gott Isaaks und der Gott Jakobs? Gott ist kein Gott von Toten, sondern von Lebendigen!
33 Als die Volksscharen dies hörten, staunten sie über seine Lehre.

Die Frage nach dem größten Gebot: Liebe Gott, liebe den Nächsten

34 Als nun die Pharisäer hörten, dass er die Sadduzäer zum Verstummen gebracht habe, kamen sie zusammen.
35 Und einer von ihnen, ein Gesetzeslehrer, fragte ihn, um ihn auf die Probe zu stellen:
36 Meister, welches Gebot im Gesetz ist das größte?
37 Er aber antwortete ihm: Du sollst den Herrn, deinen Gott, lieben mit deinem ganzen Herzen, mit deiner ganzen Seele und mit allen deinen Gedanken.
38 Dies ist das größte und erste Gebot.
39 Ein zweites aber ist diesem gleich: Du sollst deinen

Wie viel Liebe investierst du in uns?
Mit wie viel Sorge begleitest du uns?
Wie viel Geduld hast du mit uns?

Du gibst und wir nehmen
ohne Frage, ohne Dank
als hätten wir ein Recht
auf volle Hände

Gib es nicht auf mit uns
wende dich nicht ab
lass uns wachsen und reifen
Frucht werden, die du erkennst
am Tag deiner Ernte

(22,34-44)

Nächsten lieben wie dich selbst.
40 An diesen beiden Geboten hängt das ganze Gesetz und die Propheten.

Die Frage nach dem Messias: Wessen Sohn ist er?

41 Als nun die Pharisäer versammelt waren, fragte Jesus und sprach:
42 Was meint ihr über den Messias? Wessen Sohn ist er? Sie antworteten ihm: Davids.
43 Da sprach er zu ihnen: Wieso nennt ihn aber David im Geiste: Herr, wenn er sagt:
44 Es sprach der Herr zu meinem Herrn: Zu meiner Rechten setze dich, bis ich deine Feinde als Schemel dir vor deine Füße lege.
45 Wenn nun David ihn Herr nennt, wie kann er dann sein Sohn sein?
46 Und keiner konnte ihm ein Wort antworten. Von diesem Tag an wagte es niemand, ihn noch weiter zu befragen.

Wehe den Schriftgelehrten: Sie tun nicht, was sie lehren

23 Danach sprach Jesus zum Volk und zu seinen Jüngern:
2 Auf dem Stuhl des Mose sitzen die Schriftgelehrten und Pharisäer.
3 Darum

kundiger stellt Jesus eine Frage, die jeder Jude beantworten kann. Jesus verknüpft die Gebote der Gottes- und der Nächstenliebe zum Doppelgebot. Beide Gebote stehen gleichwertig nebeneinander. Die Liebe zu mir selbst ist der Nächstenliebe gleich geachtet. **41-46** Im anschließenden Gesprächsgang stellt Jesus den Pharisäern eine Frage, die sie nur zum Teil beantworten können. Damit hat er das letzte Wort in den »Jerusalemer Streitgesprächen«.
23,1-39 Auseinandersetzung mit denen, die für das Volk

tut und haltet alles, was sie euch sagen. Nach
ihren Werken aber handelt nicht, denn sie re-
den nur und handeln nicht. 4 Sie binden
schwere und unerträgliche Lasten und legen
sie auf die Schultern der Menschen. Sie selber
aber wollen mit keinem Finger daran rühren.
5 All ihre Werke tun sie, um von den Leuten
gesehen zu werden. Sie machen ihre Gebets-
riemen breit und ihre Quasten lang. 6 Sie neh-
men gern die ersten Plätze bei den Gast-
mählern ein und die ersten Sitze in den Syna-
gogen. 7 Sie lassen sich gern auf den
Marktplätzen grüßen und von den Leuten
Meister nennen. 8 Ihr aber sollt euch nicht
Meister nennen lassen. Einer ist euer Meister,
ihr alle aber seid Brüder. 9 Auch sollt ihr kei-
nen von euch Vater nennen auf Erden. Einer
ist euer Vater, der in den Himmeln ist. 10 Und
lasst euch nicht Lehrer nennen. Einer ist euer
Lehrer: der Messias. 11 Wer der Größte unter
euch ist, der soll euer Diener sein. 12 Wer sich
selbst erhöht, wird erniedrigt werden. Und
wer sich selbst erniedrigt, wird erhöht wer-
den.

Wehe euch, Pharisäer:
Ihr macht das Maß eurer Väter voll

13 Wehe aber euch, ihr Schriftgelehrten und
Pharisäer, ihr Heuchler! Ihr verschließt den
Menschen das Reich der Himmel. Denn ihr
selbst geht nicht ein und, die hineinwollen,
lasst ihr nicht ein. 14 [Wehe euch, ihr Schrift-
gelehrten und Pharisäer, ihr Heuchler! Ihr
verzehrt die Häuser der Witwen für die lan-
gen Gebete, die ihr zum Schein verrichtet.
Darum wird ein weit strengeres Gericht über
euch kommen.] 15 Wehe euch, ihr Schriftge-
lehrten und Pharisäer, ihr Heuchler! Ihr zieht
zu Wasser und auf dem Lande umher, um ei-
nen einzigen zum Glaubensgenossen zu ma-
chen. Und ist er es geworden, so macht ihr ihn
zum Sohn der Hölle, doppelt so arg wie ihr
selber. 16 Wehe euch, ihr blinden Führer, die
ihr sagt: Wenn einer beim Tempel schwört, so
gilt das nichts; wer aber beim Gold des Tem-
pels schwört, sei gebunden. 17 Ihr Toren und
Blinde! Was ist denn mehr, das Gold oder der
Tempel, der das Gold heiligt? 18 Und wenn ei-
ner beim Altar schwört, das gilt nichts; wer
aber bei der Gabe schwört, die darauf liegt,
sei gebunden. 19 Ihr Blinden! Was ist denn
mehr? Die Gabe oder der Altar, der die Gabe
heiligt? 20 Wer also beim Altare schwört, der
schwört bei ihm und bei allem, was darauf
liegt. 21 Und wer beim Tempel schwört, der
schwört bei ihm und bei dem, der darin
wohnt. 22 Und wer beim Himmel schwört, der
schwört beim Thron Gottes und bei dem, der
darauf sitzt. 23 Wehe euch, ihr Schriftgelehr-
ten und Pharisäer, ihr Heuchler! Ihr gebt den
Zehnten von Minze, Dill und Kümmel, doch
das Wichtigere im Gesetz vernachlässigt ihr:
das Recht und die Barmherzigkeit und die
Treue. Dies sollt ihr tun und jenes nicht las-
sen. 24 Ihr blinden Führer, ihr seiht die Mücke,
und das Kamel verschluckt ihr. 25 Wehe euch,
ihr Schriftgelehrten und Pharisäer, ihr Heuch-
ler! Ihr reinigt den Becher und die Schüssel
von außen; inwendig aber seid ihr voll Raub
und Unmäßigkeit. 26 Du blinder Pharisäer,
reinige zuerst das Innere des Bechers und der
Schüssel, damit auch ihr Äußeres rein werde.
27 Wehe euch, ihr Schriftgelehrten und Pha-
risäer, ihr Heuchler! Ihr gleicht übertünchten
Gräbern, die von außen zwar schön ausse-
hen, inwendig aber voll sind von Totengebein

verantwortlich sind. Matthäus nennt die Schriftgelehrten und Pharisäer. Doch man sollte nicht vergessen, dass es dem Evangelisten nicht um Gruppen geht, sondern um die Sache. Darum, dass die Gerechtigkeit Gottes recht gelehrt wird. Die Gemeinde wird vor Lehrern gewarnt, deren Tun nicht mit dem, was sie lehren, übereinstimmt. »Stuhl des Mose«: Gemeint ist der steinerne Ehrensitz in der Synagoge. **5** Gebetsriemen werden um den Arm oder um die Stirn gewickelt. An ihnen sind Kapseln (Phylakterien) befestigt, mit Texten aus der Bibel. **8-10** Ein Beispiel christlicher Auslegung: An ein Grundwort (V. 8) werden Anwendungen angefügt, so dass eine Reihe entsteht. Das »Wehe« ist nicht nur leere Drohung, sondern, weil in der Vollmacht Gottes gesprochen, wirkmächtiges Wort. Matthäus verknüpft die »Wehe«-Sprüche zu einer Siebener-Reihe. In ihr spiegelt sich Jesu Urteil über jene, die Gottes Willen kennen und nicht für ihn eintreten. **14** Die in späteren Handschriften bezeugte Übernahme eines Textes aus Mk 12,40. **29-31** Vorausgesetzt ist die spätjüdische Überzeugung, dass die Propheten als Mar-

und Unrat. 28 So erscheint auch ihr von außen, vor den Menschen, gerecht, inwendig aber seid ihr voll von Heuchelei und Ungerechtigkeit. 29 Wehe euch, ihr Schriftgelehrten und Pharisäer, ihr Heuchler! Ihr baut die Gräber der Propheten und ziert die Denkmäler der Gerechten und sagt: 30 Hätten wir in den Tagen unserer Väter gelebt, wir wären nicht mit ihnen schuldig geworden am Blut der Propheten. 31 So bezeugt ihr über euch selbst, dass ihr Söhne seid von Prophetenmördern; 32 ihr aber macht es voll, das Maß eurer Väter. 33 Ihr Schlangen, ihr Natterngezücht! Wie werdet ihr der Verdammnis zur Hölle entrinnen? 34 Darum seht, ich sende Propheten zu euch, Weise und Schriftgelehrte. Die einen werdet ihr töten und kreuzigen, andere werdet ihr in euren Synagogen geißeln und von Stadt zu Stadt verfolgen; 35 damit alles gerechte Blut, das auf Erden vergossen wurde, über euch komme, vom Blut des gerechten Abel bis zum Blut des Zacharias, des Barachias' Sohn, den ihr umgebracht habt zwischen Tempel und Altar. 36 Wahrlich, ich sage euch: Dies alles wird über dieses Geschlecht kommen.

Wehe über Jerusalem:
Bis ihr sagt: Hochgelobt,
der da kommt

37 Jerusalem, Jerusalem, du mordest die Propheten und steinigst die, die zu dir gesandt sind. Wie oft wollte ich dich sammeln, wie eine Henne ihre Küken unter ihren Flügeln sammelt. Du aber hast nicht gewollt. 38 Siehe, euer Haus wird euch verwüstet zurückgelassen. 39 Denn ich sage euch: Von nun an werdet ihr mich nicht mehr sehen, bis ihr sagen werdet: Hochgelobt ist, der da kommt im Namen des Herrn.

Gott hat uns zuerst geliebt:
Wenn wir versagen, lässt du uns nicht fallen
wenn wir unterliegen,
hilfst du uns wieder auf
wenn wir umkehren,
schenkst du uns neuen Anfang
wenn wir zweifeln, sagst du uns dein Wort
wenn wir das Dunkel fürchten,
bist du uns Licht
wenn wir vertrauen,
ersparst du uns das Gericht
wenn wir sterben, rufst du uns ins Leben
Darum können wir einander lieben

(23,37-39)

Rede über das Ende:
Wer ausharrt, wird gerettet

24 Als Jesus den Tempel verließ und wegging, traten seine Jünger zu ihm und zeigten ihm die Tempelbauten. 2 Er aber antwortete und sprach zu ihnen: Seht ihr dies alles? Wahrlich, ich sage euch, hier wird kein Stein auf dem anderen bleiben, der nicht zerstört wird.

3 Als er sich nun auf dem Ölberg niedersetzte und sie allein waren, traten die Jünger zu ihm und fragten: Sag uns, wann wird dies geschehen? Was ist das Zeichen für deine Ankunft und für das Ende der Weltzeit? 4 Jesus antwortete ihnen: Seht zu, dass niemand euch verführe. 5 Denn viele werden mit meinem Namen kommen und sagen: Ich bin der Messias! Und sie werden viele verführen. 6 Ihr werdet von Kriegen hören und von Kriegsgerüchten, seht zu und lasst euch nicht schrecken; all dies muss kommen, aber es ist noch nicht das Ende. 7 Denn es wird aufstehen Volk wider Volk und Reich wider Reich,

---

tyrer starben. Man pilgert zu ihren Gräbern und verehrt sie. **34-36** Angesprochen sind die Lehrer christlicher Gemeinden. **35** Abel, der erste Gerechte, der den Martertod starb (Gen 4,8-16). Zacharias (vgl. 2 Chr 24,20.22) wird als letzter erwähnt. **37-39** Ein Gerichtswort über Jerusalem. Die Stadt, die Jesus ablehnt, weist Gott zurück. Darum wird er Stadt und Tempel verlassen .
Kap. 24 Die letzte der großen Reden, in denen Matthäus die Lehre Jesu bündelt, handelt von der neuen Welt Gottes und dem endzeitlichen Geschick der Jünger. Die Wandlung des Bestehenden wird in Bildern beschrieben, die ihren Hintergrund in der damaligen Endzeithoffnung haben. Der Evangelist kümmert sich nicht um naturwissenschaftliche Fakten, sondern einzig um die Gewissheit des Kommens und des Sieges. **1-2** Jesus sieht die Bauwerke und sagt ein prophetisches Wort, das sich wenig

Hungersnöte werden kommen und Erdbeben
von Ort zu Ort. 8 Dies alles ist nur der Anfang
der Nöte. 9 Dann werden sie euch der
Drangsal überliefern und euch töten. Bei al-
len Völkern werdet ihr verhasst sein um mei-
nes Namens willen. 10 Dann werden viele zu
Fall kommen, einander überliefern, einander
hassen. 11 Viele falsche Propheten werden auf-
stehen und viele verführen. 12 Und weil die
Ungerechtigkeit überhand nimmt, wird die
Liebe vieler erkalten. 13 Wer aber ausharrt bis
zum Ende, der wird gerettet werden. 14 Und es
wird diese Frohbotschaft vom Reich verkün-
det werden in der ganzen Welt, allen Völkern
zum Zeugnis; dann wird das Ende kommen.

Die große Drangsal:
Jene Tage werden abgekürzt

15 Wenn ihr nun den Gräuel der Verwüstung
an heiliger Stätte seht, der vom Propheten
Daniel vorhergesagt ist – wer das liest, verste-
he es wohl –, 16 dann fliehe, wer in Judäa ist,
in die Berge; 17 und wer auf dem Dache ist, der
steige nicht hinab, um etwas aus seinem Haus
zu holen; 18 wer auf dem Acker ist, der kehre
nicht zurück, um seinen Mantel zu holen.
19 Wehe den Schwangeren und Stillenden in
jenen Tagen. 20 Bittet, dass eure Flucht nicht in
den Winter falle oder auf den Sabbat. 21 Dann
nämlich wird eine große Drangsal sein, wie
sie nicht gewesen ist seit Anbeginn der Welt
bis jetzt und nicht mehr sein wird. 22 Und wür-
den jene Tage nicht abgekürzt, so würde kein
Mensch gerettet. Doch um der Auserwählten
willen werden jene Tage abgekürzt.

Die große Anfechtung:
Lasst euch nicht täuschen

23 Wenn aber einer zu euch sagt: Siehe, hier ist
der Messias oder dort, so glaubt es nicht.

Wenn unsere Zeit ins Zeitlos mündet
der Mensch am Ziel seines Wissens
der Schöpfung ihr letztes Geheimnis geraubt
mit seinem Können den Erdkreis füllt

Wenn das Berechenbare steinschwer
auf den Gräbern lastet
die letzte Frage ihre Antwort fand
kein Raum für Zukunft
kein Morgen unter der Sonne

Wer wird uns die Türe auftun
zum nie Gekannten
Wer kennt den geheimen Namen
Wer preist den Geist
den grenzenlosen
Wer schmückt die Wüste mit Rosen
im Land Nirgendwo
Wer ruft uns das Wort
in die ertaubten Ohren
Wer lässt uns die Angst vergessen
Aufstehen zum Leben

(24,15-37)

24 Denn es werden falsche Messiasse und
falsche Propheten aufstehen und sie werden
so große Zeichen und Wunder wirken, dass
auch die Auserwählten – wenn es möglich
wäre – getäuscht würden. 25 Siehe, ich habe es
euch im voraus gesagt. 26 Wenn sie euch also
sagen: Siehe, er ist in der Wüste, so geht nicht
hinaus; siehe, er ist in den Kammern, so
glaubt es nicht. 27 Denn gleichwie der Blitz
vom Osten ausgeht und bis zum Westen
leuchtet, so wird es auch sein mit der Ankunft
des Menschensohns. 28 Wo immer ein Aas ist,
da versammeln sich die Geier.

---

später durch die Römer erfüllte. **3-14** Antworten Jesu auf Jüngerfragen nach dem »Wann« und »Wie« der Weltenwende und der Wiederkunft des Herrn. **15-28** Endzeitliche Bedrängnisse, wie sie im Umfeld von Judäa vorstellbar sind. Einzelworte, die vom Judentum geprägt sind, werden aufgegriffen. Der Bezug zu Jesus gibt ihnen neuen Sinn. **15** Unheilvolle Gräuel: Ein im Tempel aufgestellter Altar oder ein Standbild des griechischen Gottes Zeus. Falsche Propheten und Heilbringer und ihre Lehren. **29-31** Das Kommen des Menschensohns mit Macht und Herrlichkeit. Die Sammlung der Erwählten. **32-36** Jesus korrigiert alle Naherwartung. Einzig der Vater kennt Tag und Stunde. **37-44** Mahnungen zur Wachsamkeit. Wachsam sein meint nicht, sich abschotten hinter Schloss und Riegel, sondern bewusstes Leben in der Ungewissheit, bereit sein zu jedem Tag und jeder Stunde.

Vom Kommen des Messias: Mit großer Macht und Herrlichkeit

29 Gleich nach der Drangsal jener Tage wird
die Sonne sich verfinstern und der Mond sei-
nen Schein nicht mehr geben. Die Sterne wer-
den vom Himmel fallen und die Kräfte der
Himmel erschüttert werden. 30 Dann wird das
Zeichen des Menschensohns am Himmel er-
scheinen, und wehklagen werden alle Stäm-
me der Erde. Sie werden den Menschensohn
kommen sehen auf den Wolken des Himmels
mit großer Macht und Herrlichkeit. 31 Er wird
seine Engel mit gewaltigem Posaunenschall
aussenden, und sie werden seine Auserwähl-
ten sammeln aus den vier Winden, von einem
Ende des Himmels zum andern.

Das »Wann«: Lernt vom Feigenbaum

32 Vom Feigenbaum aber lernt das Gleichnis:
Wenn sein Zweig saftig wird und die Blätter
treiben, erkennt ihr, dass der Sommer nahe
ist. 33 Ebenso sollt ihr, wenn ihr dies alles seht,
erkennen, dass er nahe ist an den Türen.
34 Wahrlich, ich sage euch: Dieses Geschlecht
wird nicht vergehen, ehe alles geschieht.
35 Himmel und Erde werden vergehen, aber
meine Worte werden nicht vergehen. 36 Jenen
Tag und die Stunde weiß niemand, auch nicht
die Engel der Himmel, auch nicht der Sohn,
sondern nur der Vater allein.

Mahnung zur Wachsamkeit: Ihr wisst nicht, wann der Herr kommt

37 Gleichwie es in den Tagen des Noach war,
so wird es sein bei der Ankunft des Men-
schensohns. 38 Denn wie sie vor der Sintflut
aßen und tranken, zur Ehe nahmen und in die
Ehe gaben, bis zu jenem Tag, da Noach in die
Arche ging, 39 und nichts erkannten, bis die
Flut kam und alle wegnahm, so wird es auch
bei der Ankunft des Menschensohnes sein.
40 Dann werden zwei auf dem Felde sein, der
eine wird aufgenommen, der andere zurück-
gelassen werden. 41 Zwei werden mahlen an
einer Mühle, die eine wird aufgenommen, die
andere zurückgelassen werden. 42 Darum
wacht, denn ihr wisst nicht, an welchem Tag
euer Herr kommt. 43 Das aber sollt ihr wissen:
Wenn der Hausherr wüsste, zu welcher
Nachtstunde der Dieb kommt, würde er ge-
wiss wachen und in sein Haus nicht einbre-
chen lassen. 44 Darum seid auch ihr bereit,
denn der Menschensohn wird zu einer Stun-
de kommen, die ihr nicht vermutet. 45 Wer ist
wohl der treue und kluge Knecht, den sein
Herr über sein Gesinde gesetzt hat, dass er ih-
nen Speise gebe zur rechten Zeit? 46 Selig der
Knecht, den sein Herr, wenn er kommt, so
handelnd findet. 47 Wahrlich, ich sage euch, er
wird ihn über alle seine Güter setzen. 48 Wenn
aber der schlechte Knecht in seinem Herzen
spricht: Mein Herr lässt sich Zeit! 49 Und
wenn er anfängt, seine Mitknechte zu schla-
gen und mit den Prassern zu essen und zu trin-
ken, 50 so wird der Herr dieses Knechtes an ei-
nem Tag kommen, da er es nicht erwartet,
und zu einer Stunde, die er nicht weiß. 51 Er
wird ihn in Stücke schlagen und ihm seinen
Teil bei den Heuchlern geben. Dort wird Heu-
len und Zähneknirschen sein.

Zehn Jungfrauen: Dem Herrn entgegen

25 Das Reich der Himmel gleicht zehn Jung-
frauen. Sie nahmen ihre Lampen und gingen
dem Bräutigam entgegen. 2 Fünf von ihnen
waren töricht und fünf klug. 3 Die törichten
nahmen zwar ihre Lampen, aber sie nahmen
kein Öl mit. 4 Die klugen dagegen nahmen mit
ihren Lampen auch Öl in Gefäßen mit. 5 Als
sich nun der Bräutigam Zeit ließ, nickten alle
ein und schliefen. 6 Um Mitternacht aber er-
hob sich ein Geschrei: Siehe, der Bräutigam!
Auf, zieht ihm entgegen! 7 Da standen all jene
Jungfrauen auf und machten ihre Lampen zu-
recht. 8 Die törichten aber baten die klugen:
Gebt uns von eurem Öl, denn unsere Lampen
verlöschen. 9 Da antworteten die Klugen und
sprachen: Es könnte für euch und uns nicht

45-51 Ein Gleichniswort über den wachsamen Knecht.
25,1-13 Im Gleichnis erzählt Jesus von zehn jungen Frauen. Sie sind zur Hochzeit geladen und warten auf die Ankunft des Bräutigams und den Beginn des Festes. Sein Kommen verzögert sich, die Wachsamkeit der Jungfrauen erlahmt, so dass im entscheidenden Augenblick nur

Warten wie
ein Läufer auf den Startschuss
ein Wächter auf das Signal
ein junger Mensch auf das Leben
ein Schuldiger auf Vergebung
ein Trauriger auf das Fest
ein Suchender auf Gefundenwerden
ein Liebender auf Begegnung

Warten wenn die Nacht lang wird
das Licht nicht verglimmen
das Herz nicht zagen lassen:
warten auf das große Fest
warten

(25,1-13)

reichen. Geht lieber zu den Krämern und
kauft euch. 10 Während sie nun hingingen, um
zu kaufen, kam der Bräutigam. Die bereit wa-
ren, gingen mit ihm zum Hochzeitsmahl ein,
und die Türe ward verschlossen. 11 Schließlich
kamen auch die andern Jungfrauen und sag-
ten: Herr, Herr, mach uns auf! 12 Er aber
sprach: Wahrlich, ich sage euch: Ich kenne
euch nicht! 13 Wachet also, denn ihr kennt we-
der den Tag noch die Stunde.

Rechenschaft:
Jedem, der hat, wird gegeben

14 Es ist wie bei einem Mann, der in die Frem-
de zog. Er rief seine Knechte und übergab ih-
nen seine Habe. 15 Dem einen gab er fünf Ta-
lente, dem anderen zwei, und wieder einem
anderen ein Talent, jedem nach seiner Fähig-
keit. Dann reiste er ab. 16 Der, dem er fünf Ta-
lente gegeben, ging hin, arbeitete mit ihnen
und gewann fünf andere dazu. 17 Ebenso ge-
wann auch der mit den zweien zwei andere
dazu. 18 Der aber, der ein Talent bekommen
hatte, ging hin, grub ein Loch in die Erde und
versteckte das Geld seines Herrn. 19 Nach lan-
ger Zeit kam der Herr dieser Knechte und
hielt Abrechnung mit ihnen. 20 Der die fünf
Talente empfangen hatte, trat herzu, brachte
fünf andere und sprach: Herr, fünf Talente
hast du mir übergeben; hier sind fünf andere,
die ich hinzugewonnen habe. 21 Da sprach
sein Herr zu ihm: Recht so, du guter und ge-
treuer Knecht. Über weniges bist du treu ge-
wesen, ich will dich über viel setzen. Geh hin-
ein in die Freude deines Herrn. 22 Da trat der
mit den zwei Talenten herzu und sprach:
Herr, du hast mir zwei Talente übergeben.
Hier sind zwei andere, die ich hinzugewon-
nen habe. 23 Da sprach sein Herr zu ihm:
Recht so, du guter und getreuer Knecht. Über
weniges bist du getreu gewesen, ich will dich
über viel setzen. Geh ein in die Freude deines
Herrn. 24 Zuletzt trat der herzu, der ein Talent
empfangen hatte, und sprach: Herr, ich wuss-
te wohl, dass du ein harter Mann bist. Du ern-
test, wo du nicht gesät, und sammelst, wo du
nicht ausgestreut hast. 25 Ich fürchtete mich,
ging hin und vergrub dein Talent in der Erde.
Siehe, da ist, was dein ist. 26 Da antwortete
ihm sein Herr: Du böser und fauler Knecht.
Du wusstest, dass ich ernte, wo ich nicht ge-
sät, und sammle, wo ich nicht ausgestreut ha-
be. 27 Hättest du mein Geld bei den Bankhal-
tern angelegt, dann hätte ich es bei meiner
Rückkehr mit Zinsen zurückbekommen.
28 Nehmt ihm also das Talent und gebt es dem,
der die zehn Talente hat. 29 Denn jedem, der
hat, wird gegeben, und er wird in Überfülle
haben. Wer aber nicht hat, dem wird auch
das, was er hat, noch genommen. 30 Werft den

fünf der Frauen bereit sind. Die anderen haben durch ihre Nachlässigkeit ihren Platz unter den Gästen vertan. Vergeblich bitten sie an der geschlossenen Tür. Ein hartes Beispiel, das darauf aufmerksam macht, dass man seine Chance vertun kann. **14-30** Ein Gleichnis über die Wachsamkeit: Gefordert ist Einsatzbereitschaft, Phantasie und Mut zum Wagnis. Im Gleichnis mag uns die Rolle, die der »Zugewinn« für das Urteil spielt, stören. Auch das »Ich ernte, wo ich nicht säte« passt nicht zu unserem Gottesbild. Kann Gott handeln wie ein um jeden Preis auf Gewinn bedachter Händler? Hat er kein Mitleid mit dem Knecht, der aus Angst, er könnte etwas falsch machen, das »Falsche« – nämlich gar nichts – macht? Andererseits gibt es auch die vertane Chance, das Ende der »letzten Frist«. Vielleicht müssen wir diese und ähnliche Fragen dem überlassen, der Gerechtigkeit ist – und Liebe. **31-46** Das Gleichnis vom Weltgericht und dem Gesetz, an dem das Urteil sich misst, zeigt, dass Gott nicht

nichtsnutzigen Knecht hinaus in die Finsternis. Dort wird Heulen und Zähneknirschen sein.

Vom Endgericht:
Der Messias im Bruder

31 Wenn nun der Menschensohn kommt in
seiner Herrlichkeit und alle Engel mit ihm,
dann wird er sich auf dem Thron seiner Herr-
lichkeit niederlassen. 32 Und alle Völker wer-
den sich vor ihm versammeln, und er wird sie
voneinander scheiden, wie ein Hirt die Scha-
fe von den Böcken scheidet. 33 Die Schafe wird
er zu seiner Rechten stellen, die Böcke aber zu
seiner Linken. 34 Dann wird der König zu de-
nen zu seiner Rechten sagen: Kommt, ihr Ge-
segneten meines Vaters, nehmt als Besitz das
Reich, das euch bereitet ist seit der Grundle-
gung der Welt. 35 Denn ich war hungrig, und
ihr habt mich gespeist. Ich war durstig, und
ihr habt mich getränkt. Ich war ein Fremd-
ling, und ihr habt mich beherbergt. 36 Ich war
nackt, und ihr habt mich bekleidet. Ich war
krank, und ihr habt mich besucht. Ich war im
Gefängnis, und ihr seid zu mir gekommen.
37 Dann werden ihm die Gerechten antworten
und fragen: Herr, wann haben wir dich hung-
rig gesehen und dich gespeist? Oder durstig
und dich getränkt? 38 Wann haben wir dich als
Fremdling gesehen und dich beherbergt oder
nackt und dich bekleidet? 39 Und wann haben
wir dich krank oder im Gefängnis gesehen
und dich besucht? 40 Der König aber wird ih-
nen antworten: Wahrlich, ich sage euch, was
ihr einem dieser Geringsten meiner Brüder
getan habt, das habt ihr mir getan. 41 Dann
aber wird er zu denen zur Linken sprechen:
Weg von mir, ihr Verfluchten, in das ewige
Feuer, das dem Teufel und seinen Engeln be-
reitet ist. 42 Denn ich war hungrig, und ihr
habt mich nicht gespeist. Ich war durstig, und
ihr habt mich nicht getränkt. 43 Ich war ein
Fremdling, und ihr habt mich nicht beher-
bergt. Ich war nackt, und ihr habt mich nicht
bekleidet. Ich war krank und im Gefängnis,
und ihr habt mich nicht besucht. 44 Dann wer-
den auch sie antworten und fragen: Herr,
wann haben wir dich hungrig, durstig, als
Fremdling, nackt oder krank oder im Ge-
fängnis gesehen und haben dir nicht gedient?
45 Er aber wird ihnen antworten: Wahrlich,
ich sage euch, was ihr einem dieser Gerings-
ten meiner Brüder nicht getan habt, das habt
ihr auch mir nicht getan. 46 Diese werden in
die ewige Pein eingehen, die Gerechten aber
zum ewigen Leben.

Einem Armen die Hände füllen
einen Hungrigen an den Tisch bitten
einem Einsamen Freund werden
einem Liegengebliebenen aufhelfen
einem Blinden die Augen öffnen
einen Tauben zum Hören bringen
einen in sich selbst Gefangenen befreien
einem Kranken die Treue halten
einen Zweifelnden ernst nehmen
einem Sterbenden sagen: Du wirst leben
Verheißung erfüllen: heute

(25,31-46)

Die Gegner Jesu:
Sie hielten Rat

26 Nachdem Jesus mit all diesen Reden ge-
endet hatte, sprach er zu seinen Jüngern: 2 Ihr
wisst, dass in zwei Tagen Pascha ist, und der
Menschensohn wird überliefert, damit er ge-
kreuzigt werde. 3 Da versammelten sich die
Hohenpriester und die Ältesten des Volkes im
Hof des Hohenpriesters, der Kajaphas hieß.
4 Und sie hielten Rat, wie sie Jesus mit List er-
greifen und töten könnten. 5 Sie sagten: Nur
nicht am Festtag, damit nicht ein Aufruhr
entstehe unter dem Volk.

---

nach starren Paragraphen urteilt. Sein Grund-Satz ist kein geschriebenes Gesetz, sondern eine konkrete Person: Jesus. Wer ihn im Bruder nicht erkennt, schließt sich selbst aus.

26,1-5 Im Passionsbericht der Evangelien begegnen wir nicht nur Fakten und Daten, sondern auch dem deutenden Zeugnis von Menschen, die ihr je eigenes Leben, Leiden und Sterben aus der Beziehung zu Jesus verstehen. Pascha – das jüdische Osterfest als Termin spielt für Jesus wie für seine Ankläger eine Rolle. Kajaphas, der Hohepriester, der mit den Römern sympathisiert, ist von 18 bis 37 n.Chr. im Amt. **6-16** Jesus ist mit seinen Jüngern

Salbung in Betanien: Sie hat es für mein Begräbnis getan

6 Jesus war in Betanien im Hause Simons des Aussätzigen. 7 Da trat zu ihm eine Frau mit einem Gefäß aus Alabaster, voll kostbaren Salböls, und goss es über sein Haupt, als er zu Tische lag. 8 Als das die Jünger sahen, wurden sie unwillig und sprachen: Wozu diese Verschwendung? 9 Das hätte man doch teuer verkaufen und den Armen geben können. 10 Jesus wusste darum und sprach zu ihnen: Warum kränkt ihr die Frau? Ein gutes Werk hat sie an mir getan. 11 Allezeit habt ihr Arme unter euch, mich aber habt ihr nicht allezeit. 12 Als sie nämlich das Salböl über meinen Leib ausgoss, hat sie es zu meinem Begräbnis getan. 13 Wahrlich, ich sage euch, wo immer man auf der ganzen Welt diese Frohbotschaft verkünden wird, wird man ihr zum Gedächtnis sagen, was sie getan hat.

Der Verräter: Was wollt ihr mir geben?

14 Danach ging einer von den Zwölfen, mit Namen Judas Iskariot, zu den Hohenpriestern 15 und sprach: Was wollt ihr mir geben, damit ich ihn euch überliefere? Sie aber versprachen ihm dreißig Silberlinge. 16 Und von da an suchte er eine Gelegenheit, ihn zu überliefern.

Das Mahl mit den Jüngern: Meine Zeit ist nah

17 Am ersten Tag der Ungesäuerten Brote traten die Jünger zu Jesus und sprachen: Wo willst du, dass wir dir das Pascha zubereiten? 18 Er sprach: Geht in die Stadt zu dem und dem und sagt ihm: Der Meister lässt sagen, meine Zeit ist nahegekommen. Bei dir will ich Pascha halten mit meinen Jüngern. 19 Und die Jünger taten, wie ihnen Jesus befohlen hatte, und bereiteten das Pascha. 20 Als es Abend geworden, legte er sich mit den Zwölfen zu Tisch. 21 Als sie sich niedergelassen hatten, sprach er: Wahrlich, ich sage euch, einer von euch wird mich überliefern. 22 Da wurden sie sehr betrübt, und einer nach dem anderen fing an zu fragen: Bin ich es, Herr? 23 Er aber antwortete und sprach: Der die Hand mit mir in die Schüssel taucht, der wird mich überliefern. 24 Der Menschensohn geht zwar hin, wie von ihm geschrieben steht. Weh aber jenem Menschen, durch den der Menschensohn überliefert wird. Besser wäre es ihm, jener Mensch wäre nicht geboren. 25 Judas aber, der ihn überliefert hat, entgegnete und sprach: Meister, bin ich es? Und er antwortete ihm: Du sagst es.

Das Pascha Jesu: Nehmt, esst

26 Während des Mahles nahm Jesus das Brot, segnete und brach es, gab es seinen Jüngern und sprach: Nehmet, esset. Das ist mein Leib. 27 Und er nahm den Becher, sagte Dank, gab ihn ihnen und sprach: Trinket alle daraus; 28 denn das ist mein Blut des Bundes, das für viele vergossen wird zur Vergebung der Sünden. 29 Ich sage euch aber: Von nun an werde ich nicht mehr trinken von der Frucht des Weinstocks bis zu dem Tag, da ich es neu mit euch trinke im Reich meines Vaters.

Unterwegs zum Ölberg: Ihr werdet Ärgernis nehmen

30 Und nachdem sie den Lobgesang gespro-

---

zu Gast bei Simon. Eine unbekannte Frau stört die Männergesellschaft. Sie salbt Jesus, der als »König der Juden« am Kreuz hängen wird, mit kostbarem Öl. Die Jünger kritisieren ihr Tun. Jesus verteidigt die Frau. Die Rolle des Judas ist in der prophetischen Ankündigung vorgezeichnet. Dreißig Silberlinge: der Preis, den der Eigentümer zu bezahlen hat, wenn sein Rind den Sklaven oder die Sklavin eines anderen tot trampelt (Ex 21,32). **17-25** Der Tag der Ungesäuerten Brote ist der erste Tag der Festwoche, in der Pascha gefeiert wird (am 14. Nisan).Was an diesem Tag geschieht, ist in Gottes verborgenem Plan vorgezeichnet. Zu Beginn des Mahls spricht Jesus den Jünger an, der ihn ausliefern wird. Alle sind betroffen. Judas weiß sich erkannt. Als Einziger der Apostel nennt er Jesus Rabbi, die anderen gebrauchen die Anrede »Herr«. Jesus feiert das Mahl nach den heiligen Riten seines Volkes. Er hält sich an die Überlieferung, die durch seine Zufügungen neuen Sinn erhält: Nehmt das gebrochene Brot und esst – mein Leib, trinkt den Becher – mein Blut – Lebensstrom des Bundes, den ich für euch schließe. Beim Mahl stiftet Jesus den Neuen Bund in seinem Blut, Gemeinschaft, die Heil vermittelt und Vergebung der Sünde. **30-35** Auf dem Weg zum Ölberg spricht Jesus mit den Jüngern über das, was in dieser Nacht geschehen

chen hatten, gingen sie hinaus an den Ölberg.
31 Da sprach Jesus zu ihnen: In dieser Nacht
werdet ihr alle an mir Ärgernis nehmen; denn
es steht geschrieben: Ich werde den Hirten
schlagen, und die Schafe der Herde werden
zerstreut. 32 Nach meiner Auferstehung aber
werde ich euch vorangehen nach Galiläa.
33 Petrus antwortete ihm und sprach: Wenn
sich auch alle an dir ärgern, ich werde niemals
Ärgernis nehmen. 34 Jesus aber sprach zu ihm:
Wahrlich, ich sage dir, in dieser Nacht, ehe
der Hahn kräht, wirst du mich dreimal ver-
leugnen. 35 Da sprach Petrus zu ihm: Und
wenn ich mit dir sterben müsste, ich würde
dich nicht verleugnen. So sprachen auch alle
anderen Jünger.

Gebet in Getsemani:
Nicht wie ich will...

36 Danach kam Jesus mit ihnen an ein Gehöft
namens Getsemani und sprach zu den Jün-
gern: Setzet euch hier, während ich dorthin
gehe und bete. 37 Und er nahm Petrus und die
zwei Söhne des Zebedäus mit sich und be-
gann betrübt und traurig zu werden. 38 Dann
sprach er zu ihnen: Meine Seele ist betrübt bis
in den Tod. Bleibet hier und wacht mit mir.
39 Und er ging ein wenig weiter, fiel auf sein
Angesicht, betete und sprach: Mein Vater,
wenn es möglich ist, gehe dieser Becher an
mir vorüber. Doch nicht, wie ich will, son-
dern, wie du willst. 40 Als er zu seinen Jüngern
kam, fand er sie schlafend. Er sprach zu Pe-
trus: Konntet ihr nicht eine Stunde mit mir
wachen? 41 Wacht und betet, damit ihr nicht
in Versuchung fallt. Der Geist ist zwar willig,
doch das Fleisch ist schwach. 42 Er ging zum
zweiten Mal hin, betete und sprach: Mein Va-
ter, ist es nicht möglich, dass dieser Becher
vorübergehe, ohne dass ich ihn trinke, so ge-
schehe dein Wille. 43 Und er kam abermals
und fand sie schlafend, denn ihre Augen wa-
ren schwer. 44 Da ließ er sie zurück, ging wie-
der hin und betete zum dritten Mal, indem er
dieselben Worte sprach. 45 Dann kam er zu
seinen Jüngern und sprach zu ihnen: Ihr
schlaft noch und ruht? Siehe, die Stunde ist
gekommen, da der Menschensohn in die
Hände der Sünder überliefert wird. 46 Steht
auf, wir wollen gehen. Siehe, es naht sich, der
mich überliefern wird.

Gefangennahme:
Die Schrift muss erfüllt werden

47 Und während er noch redete, siehe, da kam
Judas, einer von den Zwölfen, und mit ihm ei-
ne große Schar mit Schwertern und Prügeln,
ausgeschickt von den Hohenpriestern und
den Ältesten des Volkes. 48 Der ihn überliefer-
te, hatte ihnen ein Zeichen gegeben und ge-
sagt: Den ich küssen werde, der ist's! Ihn er-
greift. 49 Und sogleich trat er zu Jesus und

Ein Gerechter leidet
ein Vertrauender wird verraten
Freunde laufen davon
Fremde sprechen das Urteil

Doch der Gerechte leidet
der Vertrauende lässt sich verraten
der Verlassene hält den Seinen die Treue
der Unschuldige nimmt das Urteil an
er nimmt den Tod in Kauf

Der Gerechte leidet für alle
der Vertrauende traut dem, der keinen verrät
der Unschuldige gibt sich hin
der Verurteilte trägt die Sünde der Welt
der Sterbende überlässt sich dem
der Leben ist
der Lebendige stiftet Gemeinschaft
ewigen Lebens

(26,47-56)

---

wird: Alle Jünger werden davonlaufen. Petrus, engagiert, verspricht Treue und muss das Wort »dreimal verleugnen« hören. **36-46** In Getsemani kommt Todesangst über Jesus. Die Jünger schlafen. Dreimal bittet er den Vater. Dann spricht er sein »Ja«. **47-56** Die Häscher nahen. Judas verrät seinen »Rabbi« mit einem Kuss. Jesus tadelt den Jünger, der ihn mit dem Schwert verteidigen will. Er widersetzt sich nicht. Die Jünger fliehen. Jesus ist in der Passion allein. Eine römische Legion besteht aus 6.000 Mann. **57-68** Das erste Verhör findet im Haus des Hohenpriesters Kajaphas statt. Wir kennen keinen Augen- oder Ohrenzeugen für diese Befragung. Falsche Zeugen

sprach: Sei gegrüßt, Meister! Und er küsste
ihn. 50 Jesus aber sprach zu ihm: Freund, wo-
zu bist du gekommen? Da traten sie herzu
und legten Hand an Jesus und ergriffen ihn.
51 Und siehe, einer von denen, die bei Jesus
waren, streckte die Hand aus, zog sein
Schwert, schlug nach dem Knecht des Ho-
henpriesters und hieb ihm ein Ohr ab. 52 Da
sprach Jesus zu ihm: Stecke dein Schwert in
die Scheide. Denn alle, die zum Schwert grei-
fen, werden durch das Schwert umkommen.
53 Oder meinst du, ich könnte meinen Vater
nicht bitten, und er würde mir nicht sogleich
mehr als zwölf Legionen Engel als Hilfe
schicken? 54 Wie würde dann aber die Schrift
erfüllt werden, dass es so geschehen müsse?
55 In derselben Stunde sprach Jesus zu den
Scharen: Wie gegen einen Räuber seid ihr
ausgezogen mit Schwertern und Knüppeln,
um mich zu fangen. Täglich saß ich im Tem-
pel und lehrte, und ihr habt mich nicht ergrif-
fen. 56 Dies alles aber ist geschehen, damit die
Schriften der Propheten erfüllt würden. Da
verließen ihn alle Jünger und flohen.

Jesus aus Nazaret – in Galiläa
einer, den Gott schenkt
einer, der Menschlichkeit lebt
einer, der für die »Kleinen« einsteht
einer, der die »Großen« nicht fürchtet
einer, den man zum Schweigen bringt

Er widersetzt sich nicht
er verteidigt sich nicht
er gibt sich hin
er gibt nicht auf

Weil er gelitten hat
hat Leid einen Sinn
Weil er vertraut hat
haben Zweifelnde Halt
Weil er gestorben ist
haben wir Hoffnung
Weil er auferstanden ist
preisen wir den Vater

(26,57-68)

Jesus vor Kajaphas: Bist du der Messias?

57 Jene aber, die Jesus ergriffen hatten, führten
ihn zu dem Hohenpriester Kajaphas, bei dem
die Schriftgelehrten und die Ältesten sich ver-
sammelt hatten. 58 Petrus folgte ihm von fern
bis in den Vorhof des Hohenpriesters, ging
hinein und setzte sich zu den Dienern, um das
Ende zu sehen. 59 Die Hohenpriester und der
ganze Rat suchten falsches Zeugnis gegen Je-
sus, damit sie ihn zum Tode verurteilen könn-
ten. 60 Und sie fanden nichts, obgleich viele
falsche Zeugen auftraten. Zuletzt traten zwei
vor und sprachen: 61 Der hat gesagt: Ich kann
den Tempel Gottes niederreißen und in drei
Tagen aufbauen. 62 Da stand der Hohepriester
auf und sprach zu ihm: Antwortest du nicht
auf das, was diese gegen dich bezeugen? 63 Je-
sus aber schwieg still. Und der Hohepriester
sprach zu ihm: Ich beschwöre dich bei dem le-
bendigen Gott, dass du uns sagst, ob du der
Messias bist, der Sohn Gottes? 64 Jesus sprach
zu ihm: Du hast es gesagt. Ich sage euch aber,
von nun an werdet ihr den Menschensohn sit-
zen sehen zur Rechten der Kraft Gottes und
kommen auf den Wolken des Himmels. 65 Da
zerriss der Hohepriester seine Kleider und
sprach: Er hat Gott gelästert. Was brauchen
wir noch Zeugen? Seht, nun habt ihr die Läs-
terung gehört. 66 Was meint ihr? Sie aber ant-
worteten und sprachen: Er ist des Todes
schuldig. 67 Dann spien sie in sein Gesicht und
schlugen ihn mit Fäusten. Andere gaben ihm
Backenstreiche und sprachen: 68 Weissage
uns, Messias, wer ist's, der dich geschlagen
hat?

---

bringen widersprüchliche Aussagen vor. Schließlich berufen sich zwei der Zeugen übereinstimmend auf das Tempelwort Jesu. Nun kann Kajaphas Anklage erheben. Als Jesus selbst sich auf das Wort vom Menschensohn zur Rechten des Vaters beruft, bezieht sich Kajaphas auf das Zeugnis aller Anwesenden und klagt Jesus wegen Gotteslästerung an. **69-75** Der Hohepriester verurteilt Jesus, weil er meint, die Ehre Gottes verteidigen zu müssen. Petrus verleugnet den Herrn aus Angst um das eigene Leben.

27,1-2 Der Vollzug der Todesstrafe ist ein Recht der römischen Besatzungsmacht. Darum bringt man Jesus vor

**Verleugnung durch Petrus:
Ich kenne den Menschen nicht**

69 Petrus aber saß draußen im Hof. Da trat eine Magd zu ihm und sprach: Auch du warst bei Jesus, dem Galiläer. 70 Er aber leugnete vor allen und sprach: Ich weiß nicht, was du sagst. 71 Als er zur Türe hinausging, sah ihn eine andere und sprach zu denen, die dort waren: Auch der war bei Jesus, dem Nazoräer. 72 Und er leugnete noch einmal mit einem Schwur: Ich kenne den Menschen nicht. 73 Nach einer Weile kamen die Umstehenden hinzu und sagten zu Petrus: Wahrhaftig, auch du bist einer von ihnen; denn an deiner Sprache kennt man dich. 74 Da fing er an zu fluchen und zu schwören: Ich kenne diesen Menschen nicht. Und sogleich krähte ein Hahn. 75 Da erinnerte sich Petrus des Wortes Jesu, das er gesagt hatte: Ehe der Hahn kräht, wirst du mich dreimal verleugnen. Und er ging hinaus und weinte bitter.

**Auslieferung an Pilatus:
Sie beschlossen...**

27 Als es Morgen geworden war, fassten alle Hohenpriester und Ältesten des Volkes Beschluss gegen Jesus, ihn zum Tod zu überliefern. 2 Und sie führten ihn gebunden weg und übergaben ihn dem Landpfleger Pilatus.

**Der Verräter erkennt:
Ich habe einen Unschuldigen ausgeliefert**

3 Als nun Judas, der ihn überliefert hatte, sah, dass er zum Tod verurteilt war, reute es ihn; und er brachte die dreißig Silberlinge den Hohenpriestern und Ältesten zurück 4 und sprach: Ich habe gesündigt, da ich unschuldiges Blut überliefert habe. Sie aber sprachen: Was geht das uns an? Sieh du zu. 5 Da warf er die Silberlinge in den Tempel, wandte sich ab, ging hin, und erhängte sich. 6 Die Hohenpriester aber nahmen die Silberlinge und sprachen: Es ist nicht erlaubt, sie in den Tempelschatz zu legen, denn es ist Blutgeld. 7 Nachdem sie Rat gehalten hatten, kauften sie damit den Acker eines Töpfers zum Begräbnis für die Fremden. 8 Darum heißt dieser Acker »Blutacker« bis zum heutigen Tag. 9 Da erfüllte sich, was durch den Propheten Jeremia gesagt wurde: Sie nahmen die dreißig Silberlinge, den Preis des Abgeschätzten, der von den Israeliten eingeschätzt worden war, 10 und gaben sie für den Acker des Töpfers, wie mir der Herr befohlen hat.

**Jesus vor Pilatus:
Wen soll ich freilassen?**

11 Als Jesus vor dem Landpfleger stand, fragte ihn der Landpfleger und sprach: Bist du der König der Juden? 12 Jesus sprach zu ihm: Du sagst es. Als er aber von den Hohenpriestern und Ältesten angeklagt wurde, antwortete er nichts. 13 Da sprach Pilatus zu ihm: Hörst du nicht, was sie alles gegen dich vorbringen? 14 Er aber antwortete ihm auf kein Wort, so dass der Landpfleger sich sehr verwunderte. 15 Zum Festtag aber war es Brauch, dass der Landpfleger dem Volk einen Gefangenen freigab, welchen sie wollten. 16 Nun hatte er damals einen berüchtigten Gefangenen, der Barabbas hieß. 17 Als sie versammelt waren, sprach Pilatus: Welchen wollt ihr, dass ich euch freigebe? Barabbas oder Jesus, der Messias genannt wird? 18 Denn er wusste wohl, dass sie ihn aus Neid überliefert hatten. 19 Als er aber auf dem Richterstuhl saß, schickte seine Frau zu ihm und ließ sagen: Habe du nichts zu schaffen mit diesem Gerechten. Ich habe nämlich heute im Traum seinetwegen viel gelitten. 20 Doch die Hohenpriester und Ältesten überredeten das Volk, dass sie Barabbas verlangen, Jesus aber töten lassen sollten.

---

das Gericht des römischen Statthalters Pontius Pilatus (26-36 n.Chr.). **3-10** Nur Matthäus nimmt die Legende vom Tod des Judas in sein Evangelium auf. Der Tod des reuigen Verräters erfüllt Prophetenwort. Er wird mit dem Kauf einer Begräbnisstätte für Fremde verbunden. **11-26** Jesus wird von den Führern des eigenen Volkes einem nichtjüdischen Gericht ausgeliefert. Der Statthalter verhängt die Todesstrafe, wenn religiöse Einrichtungen geschändet werden oder bei Hochverrat. Der Brauch der Pascha-Amnestie erlaubt es dem Pilatus, einen Gefangenen freizugeben. Pilatus will Jesus retten, doch das Volk entscheidet sich für Barabbas, einen Räuber. Der ganze Bericht des Matthäus ist geprägt von der Tendenz, die Römer zu entschuldigen und dem jüdischen Volk die Schuld am Tod des Gerechten anzulasten. Die Geißelung ist eine zusätzliche Strafe. **27-30** Die Soldaten treiben ih-

21 Und der Landpfleger entgegnete und fragte sie: Welchen von den beiden soll ich euch freigeben? Sie aber antworteten: Barabbas. 22 Pilatus sprach zu ihnen: Was soll ich dann mit Jesus tun, der Messias genannt wird? 23 Da riefen alle: Er soll gekreuzigt werden! Der Landpfleger fragte: Was hat er denn Böses getan? Sie aber schrien noch mehr: Er soll gekreuzigt werden! 24 Als nun Pilatus sah, dass er nichts ausrichtete, sondern der Lärm nur größer wurde, nahm er Wasser, wusch seine Hände vor dem Volk und sprach: Ich bin unschuldig am Blut dieses Gerechten. Seht ihr zu! 25 Da antwortete das ganze Volk und sprach: Sein Blut komme über uns und unsere Kinder! 26 Dann gab er ihnen den Barabbas frei. Jesus aber ließ er geißeln und übergab ihn zur Kreuzigung.

**Verspottet:
Sei gegrüßt, König der Juden**

27 Dann führten die Soldaten des Landpflegers Jesus mit sich in das Prätorium und versammelten um ihn die ganze Kohorte. 28 Und sie zogen ihn aus und legten ihm einen purpurnen Mantel um, 29 flochten einen Kranz aus Dornen, setzten ihn auf sein Haupt und gaben ihm ein Rohr in seine rechte Hand. Sie beugten das Knie vor ihm und verspotteten ihn: Sei gegrüßt, du König der Juden. 30 Sie spien ihn an und nahmen das Rohr und schlugen ihm damit auf das Haupt.

**Auf Golgota:
Bist du der Sohn Gottes, so steig herab**

31 Nachdem sie ihn verspottet hatten, nahmen sie ihm den Mantel ab und zogen ihm seine Kleider wieder an. Dann führten sie ihn hinaus zur Kreuzigung. 32 Während sie hinauszogen, trafen sie einen Mann aus Zyrene namens Simon; den nötigten sie, sein Kreuz zu tragen. 33 Und sie kamen an den Ort, der Golgota – das heißt Schädelstätte – genannt wird. 34 Da gaben sie ihm Wein zu trinken, der mit Galle vermischt war. Er kostete aber nur und wollte nicht trinken. 35 Nachdem sie ihn gekreuzigt hatten, verteilten sie seine Kleider, indem sie das Los warfen [damit erfüllt würde, was durch den Propheten gesagt ist: Sie haben meine Kleider unter sich geteilt und über mein Gewand das Los geworfen]. 36 Sie setzten sich und bewachten ihn dort. 37 Über seinem Haupt brachten sie eine Schrift mit seiner Schuld an: Dies ist Jesus, der König der Juden. 38 Damals wurden zwei Räuber mit ihm gekreuzigt, einer zur Rechten, ein anderer zur Linken. 39 Die vorübergingen, lästerten ihn, schüttelten ihre Köpfe 40 und sprachen: Der du den Tempel niederreißen und in drei Tagen wieder aufbauen wolltest, hilf dir selbst! Wenn du der Sohn Gottes bist, so steig herab vom Kreuz. 41 Gleicherweise verspotteten ihn auch die Hohenpriester mit den Schriftgelehrten und den Ältesten und sprachen: 42 Anderen hat er geholfen, sich selber kann er nicht helfen. Er will der König über Israel sein? So steige er jetzt herab vom Kreuz, dann wollen wir ihm glauben. 43 Er hat auf Gott vertraut, der soll ihn jetzt retten, wenn er Wohlgefallen hat an ihm. Er hat ja gesagt: Ich bin Gottes Sohn! 44 Dasselbe warfen ihm auch die Räuber vor, die mit ihm gekreuzigt wurden.

**Jesus stirbt:
Dieser war wahrhaftig Gottes Sohn**

45 Von der sechsten Stunde aber bis zur neunten trat Finsternis ein über dem ganzen Land. 46 Und um die neunte Stunde rief Jesus mit lauter Stimme: Eli, Eli, lema sabachtani! Das heißt: Mein Gott, mein Gott, warum hast du mich verlassen? 47 Etliche aber, die da standen und es hörten, sagten: Er ruft den Elija. 48 Und sogleich lief einer von ihnen, nahm einen Schwamm, füllte ihn mit Essig, steckte ihn auf ein Rohr und gab ihm zu trinken. 49 Die übrigen sprachen: Lass, wir wollen sehen, ob Elija kommt, ihn zu erretten. 50 Jesus aber rief

---

re Spielchen mit Jesus. Das Wort vom leidenden Knecht erfüllt sich. **31-44** Der Vollzug des Urteils. Die Jünger sind geflohen. Jesus ist allein.

noch einmal mit lauter Stimme und gab sei-
nen Geist auf. 51 Und siehe, der Vorhang des
Tempels zerriss von oben bis unten in zwei
Stücke. Die Erde bebte, und die Felsen spalte-
ten sich. 52 Die Gräber öffneten sich, und vie-
le Leiber der Heiligen, die entschlafen waren,
wurden auferweckt 53 und gingen nach seiner
Auferstehung aus den Gräbern, kamen in die
Heilige Stadt und erschienen vielen. 54 Als der
Hauptmann und jene, die mit ihm Jesus be-
wachten, das Erdbeben und alles, was sonst
geschah, sahen, erschraken sie sehr. Sie spra-
chen: Wahrhaft, dieser war Gottes Sohn. 55 Es
waren auch viele Frauen da, die von fernher
zusahen. Sie waren Jesus aus Galiläa nachge-
folgt, um ihm zu dienen. 56 Unter ihnen waren
Maria aus Magdala, Maria, die Mutter des
Jakobus und des Josef, und die Mutter der
Söhne des Zebedäus.

Ausgeschlossen für immer
aus der Gemeinschaft der Lebenden
hängt er zwischen Himmel und Erde
– verstummt

Wer wird uns die Worte sagen,
die ungesagten?
Ein Mensch am Kreuz
festgenagelt zwischen Himmel und Erde
er kommt nicht mehr los
Wer wird uns die Wege vorausgehen
von Golgota bis an der Erde Grenzen?

Ein Mensch am Kreuz
im Mittagslicht
ihm wird der Atem eng
er gibt sein Leben zurück
Wer wird uns halten,
wenn das große Dunkel hereinbricht?

Ein Mensch am Kreuz
er kommt nicht mehr los
festgenagelt auf seine Liebe
die überdauert den Tod

(27,45-50)

Und wir hatten gehofft...

Die großen Worte
sind uns vergangen
die Träume von Nähe
und Dazugehören
vom Wind verweht
die neuen Lieder
Melodien der Hoffnung
verhallt im Nirgendwo
vom Stolz, dies eine Mal
bei den Ersten zu sein
blieb nichts als die Scham
der Enttäuschten

Wir wähnten uns
auf der Straße der Sieger
und kamen bis Golgota
Er, der uns voranging
seines Vaters gewiss
unser Glaube und unsere Zukunft
hängt am Kreuz

... und wir hatten gehofft

(Kap. 27)

Das Grab Jesu: Mit Siegel und Wache gesichert

57 Als es nun Abend geworden war, kam ein
reicher Mann aus Arimathäa namens Josef,
der selbst ein Jünger Jesu war. 58 Er ging zu Pi-
latus und bat um den Leib Jesu. Da befahl Pi-
latus, dass man ihm den Leib ausliefere.
59 Und Josef nahm den Leib, wickelte ihn in
reines Linnen 60 und legte ihn in sein neues
Grab, das er im Felsen hatte aushauen lassen,
wälzte einen großen Stein vor den Eingang
des Grabes und ging weg. 61 Es waren dort
aber auch Maria aus Magdala und die ande-
re Maria. Sie saßen dem Grab gegenüber.
62 Am nächsten Tag, der auf den Rüsttag folgt,
versammelten sich die Hohenpriester und
Pharisäer bei Pilatus 63 und sprachen: Herr,
wir haben uns erinnert, dass jener Verführer,
als er noch lebte, gesagt hat: Nach drei Tagen
werde ich auferstehen. 64 Lass also das Grab

bewachen, sonst könnten seine Jünger kommen, ihn stehlen und dem Volk sagen: Er ist von den Toten auferstanden! Der letzte Betrug wäre dann schlimmer als der erste. 65 Pilatus sprach zu ihnen: Ihr sollt eine Wache haben. Geht hin, sichert das Grab, so gut ihr könnt. 66 Sie aber gingen hin und sicherten das Grab, nachdem sie den Stein versiegelt hatten, noch mit einer Wache.

Ostermorgen:
Er ist wahrhaft auferstanden

28 Nach dem Sabbat aber, bei Anbruch des ersten Tags nach dem Sabbat, kamen Maria aus Magdala und die andere Maria, nach dem Grab zu sehen. 2 Und siehe, es entstand ein großes Erdbeben; denn ein Engel des Herrn kam vom Himmel herab, trat hinzu, wälzte den Stein weg und setzte sich darauf. 3 Sein Anblick war wie ein Blitz und sein Gewand weiß wie Schnee. 4 Die Wächter erbebten aus Furcht vor ihm und waren wie tot. 5 Der Engel wandte sich zu den Frauen und sprach: Fürchtet euch nicht! Ich weiß, ihr sucht Jesus, den Gekreuzigten. 6 Er ist nicht hier; denn er ist auferstanden, wie er gesagt hat. Kommt, seht den Platz, wo er gelegen. 7 Geht eilends hin und sagt seinen Jüngern, dass er auferstanden ist. Und siehe, er geht euch voraus nach Galiläa. Dort werdet ihr ihn sehen. Siehe, ich habe es euch gesagt. 8 Und sie gingen eilends, voll Furcht und großer Freude, von dem Grab hinweg und liefen, seinen Jüngern die Kunde zu bringen. 9 Und siehe, Jesus kam ihnen entgegen und sprach: Seid gegrüßt! Sie aber traten hinzu, umfassten seine Füße und fielen vor ihm nieder. 10 Da sprach Jesus zu ihnen: Fürchtet euch nicht! Geht und meldet es meinen Brüdern, dass sie nach Galiläa gehen; dort werden sie mich sehen.

Bestochene Zeugen:
Sagt, sie haben ihn gestohlen

11 Während sie hingingen, siehe, da kamen einige von den Wächtern in die Stadt und meldeten den Hohenpriestern alles, was sich zugetragen hatte. 12 Diese versammelten sich mit den Ältesten und hielten Rat und gaben den Soldaten viel Geld mit der Weisung: 13 Sagt, seine Jünger sind bei Nacht gekommen und haben ihn gestohlen, während wir schliefen. 14 Und wenn der Landpfleger davon hören sollte, wollen wir ihn beruhigen und euch absichern. 15 Sie nahmen das Geld und taten, wie man sie unterwiesen hatte. Und das Gerücht verbreitete sich unter den Juden bis zum heutigen Tag.

Der große Auftrag:
Macht alle zu Jüngern

16 Die elf Jünger aber gingen nach Galiläa auf den Berg, wohin sie Jesus bestellt hatte. 17 Und als sie ihn sahen, fielen sie vor ihm nieder. Einige aber zweifelten. 18 Und Jesus trat herzu, redete zu ihnen und sprach: Mir ist alle Vollmacht gegeben im Himmel und auf Erden. 19 Darum geht hin und macht alle Völker zu Jüngern, indem ihr sie tauft auf den Namen des Vaters und des Sohnes und des Heiligen Geistes. 20 Und lehrt sie, alles zu halten, was ich euch aufgetragen habe. Und siehe, ich bin mit euch alle Tage bis ans Ende der Weltzeit.

28,1-8 Maria aus Magdala und die »andere Maria« (die Mutter des Jakobus) sind in der Morgenfrühe beim Grab. Da bebt die Erde. Großes kündet sich an: Ein Engel, leuchtend wie ein Blitz, kommt, wälzt den Stein vom Grab und setzt sich darauf. Die Wächter fürchten sich zu Tode. Der Deute-Engel spricht die Frauen an: Ihr sucht Jesus, den Gekreuzigten. Er wurde auferweckt. Kommt, seht, geht eilends, kündet... Die Frauen eilen zu den Jüngern, um ihren Auftrag auszurichten. **9-10** Auf dem Weg begegnen die Frauen dem Auferstandenen. Er bestätigt ihren Auftrag. Galiläa, die Heimat Jesu und der Jünger, ist der Treffpunkt dieser Neu-Begegnung. Aus Galiläa kommt das Heil zu den Völkern. Der Glaube an den Auferstandenen gründet nicht im leeren Grab, sondern in der Begegnung mit dem Lebendigen. **11-15** Auch die Grabwächter sind auf dem Weg in die Stadt zu ihren Auftraggebern. Sie wollen ihnen berichten. Die geben den Wächtern Geld und verpflichten sie zum Schweigen. Dann setzen sie das Gerücht in die Welt, Jesu Jünger hätten den Leichnam gestohlen.

16-20 Sonderüberlieferung: Der letzte Abschnitt des Evangeliums ist sorgfältig formuliert. Ein Schlüsseltext,

Er öffnet uns die Augen
und wir verstehen
Jetzt ist es an uns
dass wir einander
vergeben
das Wort sagen
Zeichen wirken
das Brot brechen
unseren Geist und unsere
Menschlichkeit teilen
Der Anbruch des Reichs
ist unser Auftrag
Liebe, Gerechtigkeit, Friede
und Einheit –
allesamt unsere Sache.
Wir gehen als Zeugen
bis an der Erde Grenzen
Wir

(28, 16-20)

Ich bin
wo ihr seid
auf euren Straßen
in euren Häusern
auf all euren Wegen
in all euren Träumen
in eurem Versagen
und eurem Bestehen
in euren Zweifeln und
Ausweglosigkeiten
in eurer Sehnsucht

Ich sitze mit euch am Tisch
ich gebe euch nicht preis
ich teile das Brot und den Hunger mit euch
ich gehe mit euch in die Irre
ich kehre mit euch um
Und wahr ists, ich sage es euch
ihr werdet sein, wo ich bin

(Kap. 28)

---

von dem her das ganze Evangelium zu verstehen ist. Gleichzeitig Programm für die Zukunft. Die Jünger treffen Jesus auf dem Berg. Sie huldigen ihm. Einige zweifeln. Dem Herrn ist alle Vollmacht gegeben. Er schickt sie hinaus in die Welt, dass alle Völker Jünger werden: Getauft und unterwiesen. Ein unendlicher Auftrag: Die Gerufenen können ihn annehmen, denn sie sind nicht auf sich allein gestellt: Ich bin bei euch bis ans Ende der Weltzeit.

Das Evangelium nach Markus

Das älteste und kürzeste griechisch geschriebene Evangelium ist das, welches den Namen Markus trägt. Dieser Markus hat seinem Buch – als erster der drei anderen – den Namen »Evangelium« (Frohbotschaft) gegeben. Wer hinter dem Namen Markus steht, ist nicht klar. Der Verfasser wird von der christlichen Überlieferung verknüpft mit einem gewissen Johannes Markus. Dieser stammt aus Jerusalem, ist der Sohn einer Maria, in deren Haus sich die Urgemeinde traf. Bischof Papias aus Hierapolis nennt Markus (um 130 n. Chr.) den Dolmetscher des Petrus (vgl. 1 Petr 5,13).

Wirklich Zuverlässiges über Verfasser und Entstehung des Evangeliums wissen wir nicht. Der Jude Johannes Markus war führendes Mitglied der Jerusalemer Gemeinde. Dieser Markus begleitete zunächst Paulus und Barnabas auf ihrer ersten Missionsreise (Apg 12,15; 13,5). Dass den jungen Markus schon in Perge der Mut verließ (Apg 13,13) und er nach Hause zurückkehrte, nahm ihm Paulus eine Zeit lang übel. Der Apostel wollte ihn deshalb auf seine zweite Reise nicht mehr mitnehmen (Apg 15,37). Doch nachdem Markus als Gehilfe seines Verwandten Barnabas bei dessen Missionsreise durch Zypern die Bewährungsprobe bestanden hatte, besserten sich seine Beziehungen zu Paulus (vgl. 2 Tim 4,11). Während der Gefangenschaft des Paulus in Rom weilte Markus dort bei ihm (Kol 4,10; Phlm 24). Über das Verhältnis des Markus zu Petrus (1 Petr 5,13) und seine Tätigkeit nach dem Tod der beiden Apostel (Petrus und Paulus) wissen wir keine Einzelheiten. Er soll als erster Bischof von Alexandria in Ägypten dort den Martyrertod erlitten haben – so berichtet Eusebius, Bischof von Cäsarea (gest. 339). Seine Gebeine sollen im 10. Jahrhundert nach Venedig (Markusdom!) überführt worden sein.

Nach dieser »bunten« Zusammenstellung können wir nicht genau sagen, wie es wirklich war mit diesem Evangelisten Markus; wohl aber lässt sich aus den diversen Einzelstücken herauslesen, wie sehr Markus über Jahrhunderte hinweg verehrt wurde.

Nicht alles, was in seinem Evangelium steht, hat Markus neu aufgeschrieben. Nach seiner Erinnerung hielt er alles fest – wenn auch nicht in der richtigen zeitlichen Reihenfolge –, was ihm von Jesus als Messias und Sohn Gottes überliefert worden ist. Gleichnissammlungen (4,1-46) und Wundergeschichten (5,1 – 6,56) sind wohl ältere Überlieferungen. Vormarkinisch ist wohl auch die Passionserzählung; das ganze Evangelium ist als Vorgeschichte der Passion aufgebaut (vgl. die Leidensweissagungen). An drei Stellen wird offenbar, wer dieser Jesus ist: bei der Taufe (Jesus als Messias und Sohn Gottes), bei der Verklärung (das wahre Wesen Jesu) und beim leeren Grab (Botschaft von der Auferweckung). Alles ist dem Messiasgeheimnis untergeordnet. Und wenn einer zu ahnen beginnt, wem er in diesem Jesus begegnet, dann folgt sofort von Seiten Jesu das Schweigegebot.

Der geographische Weg Jesu wird bei Markus zu einem theologischen: von Galiläa, wo er als Messias wirkt (1,14 – 5,43), Wanderung mit den Jüngern durch jüdisch-heidnisches Gebiet, wo die Jünger über Jesu weiteres Schicksal belehrt werden (6,1 – 9,50). Weg nach Jerusalem, Auseinandersetzung mit den jüdischen Führern und Tod am Kreuz (10,1 – 15,47). Das Evangelium beginnt mit dem Auftreten des Täufers (1,1-15) und endet mit der Entdeckung des leeren Grabes durch

Frauen am Ostermorgen (16,1-8). – Der Anhang (16,9-20) wurde erst im 2. Jahrhundert von einem unbekannten Schreiber angehängt. Vermutlich wurde der jähe Schluss (16,8) nicht mehr verstanden; also fasste man zusammen, was man aus den anderen Evangelien wusste.

Das Evangelium muss wohl um das Jahr 70 geschrieben worden sein (nach der Zerstörung des Tempels in Jerusalem), und zwar für Heiden und Heidenchristen. Klemens von Alexandria (um 200 n.Chr.) behauptet, Markus habe sein Evangelium in Rom geschrieben, wohl nach dem Tod des Petrus. Der Verfasser habe nicht eine umfassende Lebensbeschreibung Jesu schreiben wollen; er beabsichtigte vielmehr, nichtjüdischen Lesern durch Bericht von Worten und Machttaten Jesus als den von Dämonen erkannten, von seinem Volk aber verkannten Messias und Sohn Gottes glaubwürdig zu machen.

Für Markus steht fest, dass erst vom Kreuz und von Ostern her klar wird, wer Jesus ist; erst von Ostern her wird christlicher Glaube möglich. Was Markus schreibt, ist mehr ein Glaubenszeugnis als Wiedergabe der Geschichte Jesu.

Johannes der Täufer:
Bereitet den Weg des Herrn

1 Anfang der Frohen Botschaft von Jesus
(dem Sohne Gottes). 2 So wie geschrieben
steht beim Propheten Jesaja: Siehe da, ich sende meinen Boten vor dir her, der deinen Weg
bereiten wird. 3 Stimme eines Rufenden in der
Wüste: Bereitet den Weg des Herrn, macht
gerade seine Pfade, 4 – so geschah es, dass
Johannes in der Wüste taufte und die Taufe der Umkehr zur Vergebung der Sünden ankündete.
5 Da zog das ganze Land Judäa und alle Bewohner Jerusalems zu ihm hinaus und ließen sich von ihm im Jordanfluss taufen und bekannten dabei ihre Sünden. 6 Johannes aber
war bekleidet mit Kamelhaaren und einem ledernen Gürtel um seine Lenden; er aß Heuschrecken und wilden Honig. 7 Und er kündete dies: Es kommt nach mir einer, der stärker ist als ich; ich bin nicht würdig mich niederzubücken, die Riemen seiner Schuhe zu lösen.
8 Ich habe euch mit Wasser getauft, er aber
wird euch taufen mit Heiligem Geist.

Das Evangelium beginnt
und bringt für mich alles
kreuz und quer zusammengepackt -
wie in einem Überseekoffer.
Ich muss zuerst ordnen,
was ich da herausziehe,
was ich mit meinem Kopf herausbuchstabiere –
um es dann in mein Herz aufzunehmen.
Und dann...?

(1,1-8)

1,1-11 Der »Anfang der Frohen Botschaft« des Messias liegt nach Markus bei Gott. Deshalb beginnt er sein Evangelium nicht mit einem Datum (etwa der Geburt Jesu), sondern mit einem Prophetenwort (Jes 40,3). Es bezieht sich nur vordergründig auf den Täufer, es weist vielmehr auf den Kommenden hin. **4**: Tauchbäder (»Taufen«) gab es schon im AT (Lev 14,8). Zur Zeit Jesu benützen manche Gruppen diesen biblisch empfohlenen Brauch, um anzuzeigen, dass der Empfänger bereit ist, einen anderen Weg zu gehen. Die Wassertaufe des Johannes ist nur ein Hinweis auf die Geisttaufe des Messias. Indem er das sagt, erweist sich Johannes selber als Prophet. **10-11** Die Stimme aus den Himmel spricht zu Jesus selbst (vgl. dagegen Mt 3,17). **12-14** Der Versuchungsbericht bei Markus schlägt einen großen Bogen zurück zum ersten Menschen, dem Gott alle Tiere zuführte und der nach Gottes Plan über allen Geschöpfen ste-

Taufe Jesu: Du bist mein geliebter Sohn

9 Und es begab sich in jenen Tagen, dass Jesus
von Nazaret in Galiläa kam und sich im Jor-
dan von Johannes taufen ließ. 10 Und gerade
als er aus dem Wasser stieg, sah er die Himmel
sich spalten und den Geist wie eine Taube auf
sich herabschweben. 11 Und eine Stimme kam
aus den Himmeln: Du bist mein geliebter
Sohn, an dir habe ich Wohlgefallen.
12 Und alsbald trieb ihn der Geist hinaus in die
Wüste. 13 Und er war in der Wüste vierzig Ta-
ge und wurde dabei vom Satan versucht. Und
er war mit den Tieren, und die Engel dienten
ihm.

Der Messias tritt auf: Das Reich Gottes hat sich genaht

14 Nachdem aber Johannes überliefert war,
kam Jesus nach Galiläa und kündete die Fro-
he Botschaft Gottes 15 und sprach: Die Zeit ist
erfüllt und das Reich Gottes hat sich genaht.
Kehret um und glaubt der Frohen Botschaft.

Wenn ich doch die großen Worte
nicht so selbstverständlich an mir
verbeiziehen ließe!
Schick mir deinen Heiligen Geist,
dass er mir neu eröffne,
was Evangelium = Frohe Botschaft
was Reich Gottes bedeutet.
Ist uns diese Herrschaft Gottes
näher gekommen?
Lass mich erkennen und erfahren,
was umkehren und glauben für mich heißt
– und sei es in ganz kleinen Schritten.

(1,15)

Erste Jünger: Berufen zu Menschenfischern

16 Als er dann am See von Galiläa entlang
ging, sah er Simon und Andreas, den Bruder
des Simon, im See das Netz auswerfen; sie
waren nämlich Fischer. 17 Da sprach Jesus zu
ihnen: Kommt her, mir nach! Und ich mache,
dass ihr Menschenfischer werdet. 18 Und sie
verließen sogleich die Netze und folgten ihm.
19 Als er dann ein wenig weiterging, sah er Ja-
kobus, den Sohn des Zebedäus, und Johan-
nes, seinen Bruder, – auch sie im Schiff – wie
sie die Netze zurichteten. 20 Und er rief sie so-
gleich. Da ließen sie ihren Vater Zebedäus mit
den Taglöhnern im Schiff und gingen weg,
ihm nach.

Ihm nachfolgen –
hinter ihm her gehen.
Alles andere liegen lassen!
Wenn ich das höre,
dann möchte ich gern so leben.
Doch, wie ist es danach?
Wenn ich wieder
in meinem Alltag bin –
mit all dem, was ich liebe,
auf das ich nicht gern verzichten möchte...

(1,20)

Ein Besessener: Du bist der heilige Gottes

21 Und sie begaben sich nach Kafarnaum. Und
sofort, am Sabbat, ging er in die Synagoge

---

hen sollte, auch über den Engeln. Der Messias, der neue Mensch, widersteht der Versuchung. So kommt die neue Weltordnung wieder ins Lot. Die Engel dienen hier Jesus nicht als dem Sohn Gottes, sondern als dem neuen Adam. **14-15** Das ist der Kern der »Frohen Botschaft« (griechisch: euangelion = »Evangelium«), die Jesus zu verkünden hat. Es geht um die Herrschaft, die »Königsherrschaft« (wie das griechische Wort wörtlich übersetzt lautet) Gottes, die mit Jesus nahe gekommen ist. Und damit diese Nähe sich verwirklicht, braucht es von uns: Umkehr von unseren falschen Wegen und an die Frohe Botschaft glauben. **16-20** Die hier Genannten sind die ersten der Zwölf, die Jesus später als seine Apostel, das heißt seine Abgesandten, auswählt, um die Heilsbotschaft zu verkünden. Diese vier, deren Namen genannt werden, spielen im weiteren Verlauf der Jesusgeschichte unter den Zwölfen eine besondere Rolle. **16** Der hier erstmals Genannte erhält später von Jesus den Namen Petrus (= der Fels). **21-28** Jesus heilt einen Menschen,

und lehrte. 22 Da waren sie betroffen über seine Lehre, denn er lehrte sie wie einer, der Macht hat, und nicht wie die Schriftgelehrten. 23 Und es war gerade ein Mensch in ihrer Synagoge mit einem unreinen Geist, der schrie auf und rief: 24 Was haben wir mit dir zu schaffen, Jesus von Nazaret? Bist du gekommen, uns zugrunde zu richten? Ich weiß, wer du bist: der Heilige Gottes! 25 Da bedrohte ihn Jesus und sprach: Verstumme und fahre aus von ihm! 26 Und der unreine Geist riss ihn hin und her, schrie mit lauter Stimme und fuhr von ihm aus. 27 Da waren alle erschreckt, so dass sie einander fragten und sagten: Was ist das? Eine neue Lehre mit Macht! Auch den unreinen Geistern gebietet er, und sie gehorchen ihm. 28 Und es verbreitete sich die Kunde über ihn sogleich überallhin im ganzen Umkreis von Galiläa.

Heilungen: Sie brachten alle, denen es übel ging

29 Und sobald sie aus der Synagoge kamen, gingen sie mit Jakobus und Johannes in das Haus von Simon und Andreas. 30 Die Schwiegermutter des Simon aber lag am Fieber darnieder. Da reden sie sofort ihretwegen mit ihm. 31 Und er trat hinzu, nahm sie bei der Hand und richtete sie auf: und das Fieber verließ sie, und sie diente ihnen. 32 Als es nun Abend geworden und die Sonne untergegangen war, brachten sie zu ihm alle, denen es übel ging, und jene, die besessen waren, 33 und die ganze Stadt war vor der Tür versammelt. 34 Und er heilte viele, denen es übel ging wegen mancherlei Krankheiten, und trieb viele Dämonen aus und ließ die Dämonen nicht reden, weil sie ihn kannten.

Es kommen alle,
denen es übel geht,
alle, die besessen sind
von ihren verrückten Ideen.
Alle, die niedergedrückt sind,
richtet er auf.
Aufgerichtet werden,
sich aufrichten können,
frei werden von allem,
was mich niederdrückt.

(1,29-34)

Verkündigung: Dazu bin ich ausgezogen

35 Des Morgens aber, als es noch sehr dunkel war, stand er auf, ging hinaus und ging weg an einen einsamen Ort und betete dort. 36 Da eilte Simon ihm nach, samt denen, die mit ihm waren. 37 Und da sie ihn finden, sagen sie zu ihm: Alle suchen dich! 38 Er aber sagt zu ihnen: Lasst uns anderswohin gehen, in die benachbarten Ortschaften, damit ich auch dort künde, denn dazu bin ich ausgegangen. 39 Und er ging, um in ganz Galiläa in ihren Synagogen zu künden und die Dämonen auszutreiben.

Ein Aussätziger: Ich will, sei gereinigt

40 Da kommt ein Aussätziger zu ihm, bittet ihn, fällt auf die Knie und sagt zu ihm: Wenn du willst, kannst du mich rein machen. 41 Und er hatte Erbarmen, streckte seine Hand aus und rührte ihn an. Dann sagte er zu ihm: Ich will, sei gereinigt! 42 Und sogleich wich der Aussatz von ihm, und er war rein. 43 Er aber

---

der von einem »unreinen« (das heißt gottfeindlichen) Geist besessen ist. **24** Er wird Nazarener genannt, weil er aus Nazaret stammte. **25** Die Austreibung von Dämonen ist Zeichen für das Kommen des Reiches Gottes. Jesus gebietet den Dämonen und den Geheilten zu schweigen, denn die Leute verstanden es falsch, dass das ein Zeichen dafür ist, dass der Messias gekommen ist. Sie warteten auf einen politischen Messias. Jesus aber will nicht seine Person in den Vordergrund stellen, sondern seine Botschaft. **29-34** Die Heilung der Schwiegermutter von Simon gibt Anlass, von vielerlei anderen Kranken zu reden, die alle am Abend nach Ende der Sabbatruhe zu Jesus gebracht wurden. Solche Sammelberichte sind auch bei Matthäus (8,14-17) und Lukas (4,38-41) zu lesen. **33-39** Der Blick wird geweitet; es wird nicht nur von Jesu einsamem Gebet berichtet, sondern auch von weiteren Orten, an denen Jesus die Frohe Botschaft verkündete. **40-45** Die Priester waren auch eine Art Gesundheitsbehörde. Laut Vorschrift im Gesetz hatte ein geheilter Aussätziger sich seine Heilung von ihnen bestätigen zu lassen. Jesus respektiert also diese Autorität und Vorschrift.

fuhr ihn an und wies ihn sofort weg. [44] Dann sagt er zu ihm: Sieh zu, sage niemand etwas! Geh vielmehr, zeige dich dem Priester und gib für deine Reinigung, was Mose befohlen hat - ihnen zum Zeugnis. [45] Der aber ging weg und fing an, viel zu künden und das Wort zu verbreiten, so dass er nicht mehr offen in eine Stadt hineingehen konnte, sondern draußen war an einsamen Orten; doch von überallher kamen sie zu ihm.

Der Gelähmte: Deine Sünden sind vergeben

2 Als er nach Tagen wieder nach Kafarnaum hineinging, hörte man, dass er im Hause sei. [2] Und es kamen so viele zusammen, dass nicht einmal mehr zur Türe zu gehen war, und er sprach zu ihnen das Wort. [3] Da kommen sie und bringen zu ihm einen Gelähmten, der von vier Männern getragen wird. [4] Weil sie ihn aber der Volksmenge wegen nicht zu ihm bringen konnten, deckten sie, wo er war, das Dach ab. Und als sie es durchbrochen haben, lassen sie das Bett herab, worauf der Gelähmte lag. [5] Als nun Jesus ihren Glauben sieht, sagt er zum Gelähmten: Sohn, deine Sünden sind vergeben.

[6] Es saßen aber einige von den Schriftgelehrten dabei und dachten in ihren Herzen: [7] Was redet dieser so? Er lästert. Wer kann Sünden vergeben außer einem – Gott? [8] Da Jesus sogleich in seinem Geist erkannte, dass sie solches bei sich denken, sagt er zu ihnen: Was denkt ihr solches in euren Herzen? [9] Was ist leichter, zu dem Gelähmten zu sagen: Deine Sünden sind vergeben, oder zu sagen: Steh auf, nimm dein Bett und geh umher? [10] Damit ihr aber wisst, dass der Menschensohn Macht hat, auf Erden Sünden zu vergeben, – sagt er zum Gelähmten: [11] Ich sage dir, steh auf, nimm dein Bett und geh in dein Haus. [12] Und der stand auf und nahm sofort das Bett und ging vor aller Augen weg, so dass alle außer sich sind, Gott preisen und sagen: So etwas haben wir noch nie gesehen!

Ein phantastisches Bild für das,
was glauben heißt!
Zunächst: Vertrauen haben,
dann: Hindernisse aus dem Weg räumen
(nicht nur sitzen bleiben
und warten, ob etwas geschieht).
Alles von Gott erwarten –
und doch so handeln,
als ob alles von mir abhinge.

(2,1-12)

Levi der Zöllner: Ich bin gekommen, Sünder zu rufen

[13] Und er ging wieder hinaus an den See; und alles Volk kam zu ihm und er lehrte sie. [14] Da sah er im Vorübergehen Levi, den Sohn des Alphäus, am Zollhaus sitzen, und er sagt zu ihm: Folge mir! Und er stand auf und folgte ihm. [15] Als er dann in dessen Haus zu Tische lag, traf es sich, dass viele Zöllner und Sünder zu Tische lagen mit Jesus und seinen Jüngern - denn es waren viele, und sie folgten ihm. [16] Als aber die Schriftgelehrten der Pharisäer sahen, dass er mit den Zöllnern und Sündern isst, sagten sie zu seinen Jüngern: Dass der mit Sündern und Zöllnern isst! [17] Da Jesus es hörte, sagt er zu ihnen: Nicht die Starken bedürfen des Arztes, sondern jene, denen es übel geht. Ich bin nicht gekommen, Gerechte zu rufen, sondern Sünder.

2,1-12 Die Heilung des Gelähmten ist der Ausweis, dass Jesu Worte wirkmächtig sind. **4** Die Häuser waren niedrig, nur einstöckig. Das flache Dach war durch eine Außentreppe zu erreichen. **12** Dass die Umstehenden auf der richtigen Spur sind, zeigt ihr Verhalten. Sie loben Gott. **13-17** Die »Pharisäer« (das heißt die »Abgesonderten«) waren eine Gruppe, die sich streng auf die Einhaltung dessen stützten, was sie an Vorschriften aus den heiligen Büchern herauslasen. »Zöllner« waren die beim Volk verachteten Steuereintreiber der römischen Besatzungsmacht. Zu ihrer politischen Unbeliebtheit kam die Tatsache, dass sie oft wesentlich mehr eintrieben, als sie abliefern mussten; und kein Mensch hat das kontrolliert. **18-22** Jesus übt nicht Kritik am AT, sondern an der Art, wie Gesetze verpflichtend gemacht wurden. Die Botschaft Jesu kann nicht mit neuen Gesetzen erfasst werden; sie braucht eine neue Haltung. Deshalb wird

Ob du in mein Haus kämest,
ob du hier essen würdest
mit mir und meinen Freunden?
Dächte ich dann:
Natürlich kommt er,
ich bin ja, ach so bedeutsam!
Oder wäre mir klar,
dass er gerne mit Sündern isst
und mit denen,
die andere um das betrügen,
was eigentlich ihnen gehört?
Das ist es, was die Bibel
»betrügen« nennt!

(2,13-17)

Die Fastenfrage:
Das Alte und das Neue

18 Die Jünger des Johannes und die Pharisäer aber fasteten gerade. Da kommen sie und sagen zu ihm: Warum fasten die Jünger des Johannes und die Jünger der Pharisäer, deine Jünger aber fasten nicht? 19 Da sprach Jesus zu ihnen: Können denn die Hochzeitsleute fasten, solange der Bräutigam mit ihnen ist? Solange sie den Bräutigam mit sich haben, können sie nicht fasten. 20 Es werden aber Tage kommen, da der Bräutigam von ihnen genommen wird, und dann, an jenem Tag, werden sie fasten. 21 Niemand näht einen Fleck von neuem Tuch auf ein altes Gewand, sonst reißt das Flickstück von ihm ab, das Neue vom Alten, und der Riss wird schlimmer. 22 Und niemand gießt jungen Wein in alte Schläuche, sonst zerreißt der Wein die Schläuche, und der Wein geht zugrunde samt den Schläuchen. Vielmehr: junger Wein in neue Schläuche!

Gesetzesauslegung:
Sie tun das Unerlaubte

23 Als er am Sabbat durch die Saatfelder ging, begab es sich, dass seine Jünger anfingen, im Dahingehen die Ähren auszuraufen. 24 Und die Pharisäer sagten zu ihm: Siehe, was tun sie am Sabbat das Unerlaubte! 25 Da sagt er zu ihnen: Habt ihr niemals gelesen, was David tat, als er in Not war und ihn hungerte, samt denen, die mit ihm waren, 26 wie er unter dem Hohenpriester Abjatar in das Haus Gottes hineinging und die Schaubrote aß, die zu essen niemandem erlaubt ist außer den Priestern, und auch denen gab, die zusammen mit ihm waren? 27 Und er sprach zu ihnen: Der Sabbat ist um des Menschen willen gemacht, und nicht der Mensch um des Sabbat willen. 28 Daher ist der Menschensohn Herr auch des Sabbat.

Was ist wichtiger: Gottes Gebote
oder das Wohl des Menschen?
Was ist das »Wohl des Menschen«?
Ganz allgemein oder für den Einzelnen?
Wer kann im Konkretfall entscheiden,
was richtig ist?
Herr, gib mir die rechte Einsicht!

(2,27)

Heilung am Sabbat: Jesus tut Gutes

3 Und wiederum ging er in eine Synagoge. Dort aber war ein Mensch, der hatte eine verdorrte Hand. 2 Und sie beobachteten ihn, ob er ihn am Sabbat heile, damit sie ihn anklagen könnten. 3 Da sagt er zu dem Menschen, der

---

der Einzelvorschrift des Fastens die Grundhaltung der Hochzeitsfreude gegenübergestellt. Die neue Haltung erforderte auch ein neues Sabbatverständnis. **23-28** Im Heiligtum des Tempels (dem Ort, den nur die Priester betreten durften) waren 12 (= Zahl der Stämme Israels), so genannte »Schaubrote« aufgestellt (wörtlich übersetzt: »Brote des Angesichts«, Brote, die an Stelle der 12 Stämme vor dem Angesicht Jahwes aufgestellt sind, auf die Jahwe direkt »schauen« konnte). Die Schaubrote wurden aus ungesäuertem Teig gebacken (Erinnerung an den Wüstenzug der 12 Stämme). Sie durften am Ende jeder Woche nur von den Priestern gegessen werden.

3,1-6 Die Auseinandersetzung spitzt sich sehr schnell zu. Der anfängliche Argwohn wird zur entschiedenen Ablehnung. Jesu Gegner wollen den Unruhestifter aus der Welt schaffen. »Herodianer«, das sind die Anhänger von Herodes Antipas (4 v.Chr. bis 39 n.Chr.),

die dürre Hand hatte: Auf! In die Mitte! [4]Und zu ihnen sagt er: Ist es erlaubt, am Sabbat Gutes zu tun oder Böses zu tun – Leben zu retten oder zu töten? Sie aber schwiegen. [5]Da blickt er sie ringsum zornig an, und – voll Mitleid ob der Härte ihrer Herzen – sagt er zu dem Menschen: Streck die Hand aus! Und er streckte sie aus, und seine Hand war wiederhergestellt. [6]Da gingen die Pharisäer hinaus und hielten alsbald mit den Herodianern Rat wider ihn, wie sie ihn zugrunde richten könnten.

Das Schweigegebot:
Die unreinen Geister erkennen ihn

[7]Jesus aber entwich mit seinen Jüngern an den See, und eine große Menge aus Galiläa folgte. Auch aus Judäa [8]und aus Jerusalem und aus Idumäa und von jenseits des Jordan und aus der Gegend von Tyrus und Sidon kam eine große Menge zu ihm, da sie hörten, welch Großes er tue. [9]Und er sagte zu seinen Jüngern, man solle ihm ein Boot bereithalten der Volksmenge wegen, damit sie ihn nicht erdrückten. [10]Denn er heilte so viele, dass alle, die Leiden hatten, sich auf ihn stürzten, um ihn zu berühren. [11]Die unreinen Geister aber stürzten sich, sobald sie ihn sahen, vor ihm nieder, schrien und sagten: Du bist der Sohn Gottes. [12]Doch er bedrohte sie sehr, dass sie ihn nicht offenbar machen sollten.

Die zwölf Apostel:
Künden und Dämonen austreiben

[13]Und er stieg auf den Berg und rief zu sich, die er selbst wollte, und sie gingen weg, zu ihm hin. [14]Da ernannte er zwölf, damit sie mit ihm seien und damit er sie aussende, zu künden [15]und Macht zu haben, die Dämonen auszutreiben. [16]Und er ernannte die Zwölf – dem Simon aber legte er den Namen Petrus bei – [17]und Jakobus, den des Zebedäus, und Johannes, den Bruder des Jakobus – und er legte ihnen den Namen Boanerges bei, das ist Donnersöhne – [18]und Andreas und Philippus und Bartholomäus und Matthäus und Thomas und Jakobus, den des Alphäus, und Thaddäus und Simon Kanaanäus [19]und Judas Iskariot – der aber lieferte ihn aus.

Sogar bei den von Jesus Erwählten
war ein Verräter.
Es gab also auch hier keine hundert Prozent!

(3,19)

Entscheidung:
Verfehlung, die nicht vergeben wird

[20]Und er kam in ein Haus, und die Volksmenge kam wiederum zusammen, so dass sie nicht einmal Brot essen konnten. [21]Als aber die Seinigen es hörten, gingen sie aus, sich seiner zu bemächtigen. Denn sie sagten: Er ist außer sich! [22]Und die Schriftgelehrten, die von Jerusalem herabgekommen waren, sagten: Er hat den Beelzebul. Und: Durch den Herrscher der Dämonen treibt er die Dämonen aus. [23]Da rief er sie zu sich und sprach in Gleichnissen zu ihnen: Wie kann Satan den Satan austreiben? [24]Und: Wenn ein Reich in sich gespalten ist, kann jenes Reich nicht be-

---

einem Sohn von Herodes dem Großen (der zur Zeit der Geburt Jesu an der Macht war). Dieser war Vierfürst (von Roms Gnaden) in Galiläa und Peräa. Die Gruppen der Pharisäer und Herodianer standen sich normalerweise feindlich gegenüber. Doch ihre Abneigung (Angst) vor Jesus verbündete sie. **7-12** Jesus hielt sich zunächst in Galiläa auf, im Norden des Landes, beim See Gennesaret. Die hier genannten Gegenden sind Hinweis auf die inzwischen besetzten Gebiete der 10 Stämme im Norden des alten Israel. **11** Von »unreinen Geistern« (gottfeindlichen) zu reden ist Hinweis auf die damalige bildhafte Redeweise. Die »unreinen« Geister erkennen (als einzige), wer Jesus eigentlich ist. Da Jesus keinen politischen Aufstand will, gebietet er den »unreinen« Geistern zu schweigen. Jesus will keine Änderung der politischen Verhältnisse, er will die totale Änderung der Grundhaltung Gott und der Welt gegenüber. Seine Botschaft ist die des Reiches Gottes und nicht die irgendeines politischen Reiches. Die Leute aber glaubten, Letzteres sei Aufgabe des Messias. **13-19** Die Zwölfergruppe ist repräsentativ für ganz Israel, das heißt für alle 12 Stämme, auch die untergegangenen 10 Stämme im Norden. Die jetzt berufenen Zwölf werden der Kern

stehen bleiben. 25 Und: Wenn ein Haus in sich
gespalten ist, wird jenes Haus nicht bestehen
können. 26 Und: Wenn der Satan gegen sich
aufgestanden und gespalten ist, kann er nicht
bestehen, sondern er hat ein Ende. 27 Nie-
mand aber kann in das Haus des Starken hin-
eingehen, seine Habe zu rauben, außer er bin-
de zuvor den Starken; dann erst wird er des-
sen Haus berauben. 28 Wahrlich, ich sage
euch: Alles wird den Söhnen der Menschen
vergeben: die Verfehlungen und die Lästerun-
gen, wie viel sie auch lästern; 29 wer aber ge-
gen den Heiligen Geist lästert, hat in Ewigkeit
keine Vergebung; schuldig ist er vielmehr
ewiger Verfehlung. 30 Sie hatten nämlich ge-
sagt: Er hat einen unreinen Geist.

Gegen den Heiligen Geist lästern –
das heißt wohl: wider bessere Einsicht.
Da gibt es keine Vergebung –
ein hartes Wort!

(3,29-30)

Wahre Verwandtschaft: Den Willen Gottes tun

31 Da kommen seine Mutter und seine Brüder
und, draußen stehend, schickten sie zu ihm,
ihn zu rufen. 32 Die Volksmenge aber saß um
ihn her; da sagen sie zu ihm: Siehe da, deine
Mutter und deine Brüder und deine Schwes-
tern draußen suchen dich. 33 Er aber antwor-
tete ihnen und sagt: Wer ist meine Mutter und
meine Brüder? 34 Und indem er die im Kreise
um ihn Sitzenden ringsum anblickte, sagt er:
Seht – meine Mutter und meine Brüder!
35 Wer immer den Willen Gottes tut, der ist
mir Bruder und Schwester und Mutter.

Die leibliche Verwandtschaft zählt nicht.
Maria gehört zu Jesus,
weil sie Gottes Willen tut.
Das ist für einen Jünger Jesu
der entscheidende »Maßstab«.

(3,35)

Gleichnisreden: Der Samen ist das Wort

4 Und wieder einmal fing er an, am See zu
lehren, und es versammelte sich bei ihm eine
sehr große Volksmenge, so dass er in ein
Schiff stieg und auf dem See sich setzte. Viel
Volk aber war am See entlang auf dem Land.
2 Und er lehrte sie vieles in Gleichnissen und
sprach zu ihnen in seiner Lehre: 3 Hört zu! Sie-
he da, ein Sämann ging aus zum Säen. 4 Und
es begab sich, während er säte, fiel einiges auf
den Weg. Da kamen die Vögel und fraßen es.
5 Und einiges fiel auf den felsigen Grund, wo

---

des neuen Volkes, das Jesus gründet. Im Auftrag an die Zwölf wird entfaltet, was es heißt: »Menschenfischer« zu sein (auch hier wieder ein Bild aus dem Berufsalltag der Jünger). **20-30** Als die Ablehnung von Jesu Gegnern weiter um sich greift, fängt Jesus an, in Gleichnissen (Vergleichsgeschichten) zu erläutern, um was es ihm geht. Wer sich ihm widersetzt, greift nicht ihn, sondern Gottes Geist an. **31-35** Die Ablehnung greift um sich. Nicht nur seine Gegner versuchen Jesus unmöglich zu machen, jetzt ist auch seine Verwandtschaft um den guten Ruf der ganzen Sippe besorgt. Doch Jesus sagt klar: Die natürlichen Familienbande zählen nicht mehr. Nur wer den Willen Gottes tut, gehört zu Jesus. Für unsere Auslegung scheint wichtig, dass bei denen, die zu seiner neuen Familie gehören, Maria eigens genannt wird. Sie ist wichtig, nicht weil sie seine leibliche Mutter ist, sondern weil sie den Willen Gottes uneingeschränkt tut. »Bruder« ist in der Bibel die umfassende Bezeichnung für alle, die zu einer Gruppe gehören. Nach biblischem Verständnis muss »Schwester« nicht hinzugefügt werden.

4,1-20 Kapitel 4 ist eines der längsten Redestücke im ganzen Markus-Evangelium. **1** »See« heißt immer See Gennesaret. **2** Gleichnisse sind zur Erzählung ausgeweitete Vergleiche oder Bildreden, eine typisch rabbinische Form der Unterweisung. Sie findet sich an vielen Stellen im NT. Ziel dieser Art der Verkündigung ist es, eine schwer verständliche Wahrheit mit einem Bild zu illustrieren. Ihr rätselhafter Charakter soll dazu anregen, die Menschen wachzurütteln. Das Wort über jene, die keine Frucht bringen (die Ungläubigen) wird verständlich, wenn man annimmt, dass das Gleichnis in einer judenchristlichen Gemeinde so formuliert wurde. Die Konsequenz ist, dass auch die Glaubenden in Gefahr sind, einer von jenen zu wer-

es nicht viel Erde hatte. Es ging zwar sogleich
auf, weil es keine tiefe Erde hatte; 6 als aber die
Sonne aufstieg, wurde es verbrannt, und weil
es keine Wurzel hatte, verdorrte es. 7 Anderes
aber fiel unter die Dornen, und die Dornen
wuchsen auf und erstickten es, und es gab kei-
ne Frucht. 8 Und anderes fiel in die gute Erde
und brachte Frucht, welche aufging und
wuchs. Und es trug das eine dreißigfältig und
eines sechzigfältig und eines hundertfältig.
9 Und er sprach: Wer Ohren hat zu hören, der
höre! 10 Als er dann allein war, fragten ihn die,
welche um ihn waren samt den Zwölfen,
nach den Gleichnissen. 11 Da sprach er zu ih-
nen: Euch ist das Geheimnis des Reiches Got-
tes gegeben, jenen aber, die draußen sind,
wird alles in Gleichnissen zuteil, 12 auf dass sie
sehend sehen und doch nicht erkennen und
hörend hören und doch nicht verstehen, da-
mit sie sich nicht umwenden und ihnen ver-
geben werde. 13 Und er sagt zu ihnen: Versteht
ihr dieses Gleichnis nicht, wie werdet ihr
dann alle Gleichnisse begreifen? 14 Der Sä-
mann sät das Wort. 15 Jene aber auf dem We-
ge sind die, bei denen das Wort gesät wird.
Doch wenn sie es gehört haben, kommt als-
bald der Satan und nimmt das Wort, das in sie
gesät ist. 16 Ähnlich sind auch jene, die auf den
felsigen Grund gesät werden, die, sobald sie
das Wort gehört haben, es alsbald mit Freu-
den aufnehmen. 17 Sie haben aber keine Wur-
zel in sich, sondern sind unbeständig. Wenn
also um des Wortes willen Drangsal oder Ver-
folgung entsteht, nehmen sie alsbald Anstoß.
18 Und andere sind die unter die Dornen Ge-
säten; das sind die, welche das Wort gehört
haben, 19 doch die Sorgen der Welt und der
Trug des Reichtums und die Begierde nach
dem Übrigen dringen ein und ersticken das
Wort, und es bleibt ohne Frucht. 20 Die aber in
gute Erde Gesäten sind jene, die das Wort
hören und es aufnehmen und Frucht tragen,
eines dreißigfältig und eines sechzigfältig und
eines hundertfältig.

Auch Jesu Jünger taten sich schwer,
Bildreden, Gleichnisse zu entschlüsseln.
Das ist nicht nur unsere Schwäche.

(4,13)

Das neue Maß:
Wenn einer Ohren hat

21 Und er sprach zu ihnen: Bringt man denn
ein Licht, damit es unter den Scheffel gestellt
wird oder unter das Bett? Und nicht: damit es
auf den Leuchter gestellt wird? 22 Denn nichts
ist verborgen, es sei denn, damit es offenbar
werde. Und nichts geschieht im Geheimen,
außer damit es in die Öffentlichkeit komme.
23 Wenn einer Ohren hat zu hören, so höre er!
24 Und er sprach zu ihnen: Seht zu, was ihr
hört: Mit welchem Maß ihr messt, wird euch
gemessen und euch hinzugegeben werden.
25 Denn wer hat, dem wird gegeben. Und wer
nicht hat, dem wird auch, was er hat, genom-
men werden.

Der Same des Reiches:
Die Ernte ist da

26 Und er sprach: Das Reich Gottes ist so, wie
wenn ein Mensch Samen auf die Erde wirft,
27 und schläft und aufsteht Nacht und Tag.
Und der Same keimt und wächst, er weiß
selbst nicht wie. 28 Von selbst bringt die Erde
Frucht, zuerst den Halm, dann die Ähre,
dann den vollen Weizen in der Ähre. 29 Wenn
aber die Frucht es erlaubt, schickt er alsbald
die Sichel, denn die Ernte ist da.

Lehre im Gleichnis:
Wie ein Senfkorn

30 Und er sprach: Womit sollen wir das Reich
Gottes vergleichen oder in welchem Gleichnis
es darstellen? 31 Es ist wie ein Senfkorn, das,
wenn es auf die Erde gesät wird, kleiner ist als
alle Samenkörner auf der Erde. 32 Doch wenn

---

den, die »draußen« stehen. **21-34** Die Botschaft vom Reich Gottes muss hinausgetragen werden von den Jüngern in die Welt. Glaube ist zwar Gnade, doch Gott schließt die menschliche Beteiligung nicht aus. Rechtes Hören und rechtes Tun sind nicht nur eine einmalige Entscheidung.

35-41 Der »Tag der Wunder« zielt auf den Glauben der Jünger. Die Stillung des Sturmes wird nach dem

es gesät ist, geht es auf und wird größer als alle Kräuter und treibt große Zweige, so dass unter seinem Schatten die Vögel des Himmels wohnen können.
33 Und in vielen solchen Gleichnissen redete er zu ihnen das Wort, wie sie es hören konnten.
34 Ohne Gleichnisse aber redete er nicht zu ihnen. Abseits aber legte er seinen eigenen Jüngern alles aus.

Es wird mit Gegensätzen argumentiert;
das ist, wie wenn damit die rechte Aussage
betont und unterstrichen werden soll.

(4,30-34)

Ein relativ kleiner See -
von hohen Bergen umgeben.
Wenn da der Sturmwind hereinbricht!
Und Jesus – der schläft!
Wie hätte ich mich da verhalten?
Mit Angst und Ärger Jesus aufgeweckt?
Und was sagt der?
Vorwurfsvoll fragt er
nach dem Glauben der Jünger.
Doch der Sturm hatte sich gelegt.
Kein Wunder, dass sie fragen:
Wer ist doch dieser Jesus?

(4,35-41)

Der Sturm: Er bedrohte den Wind

35 Da sagt er zu ihnen an jenem Tag, als es Abend geworden war:
36 Lasst uns ans jenseitige Ufer fahren! Und sie entließen die Volksmenge und nahmen ihn, wie er war, in das Schiff. Und andere Schiffe waren mit ihm.
37 Und es erhob sich ein großer Windsturm, und die Wellen schlugen ins Schiff, so dass das Schiff sich schon füllte.
38 Er selbst aber schlief gerade hinten im Schiff auf einem Kissen. Da wecken sie ihn und sagen zu ihm: Meister, kümmert es dich nicht, dass wir zugrunde gehen!
39 Und als er erwacht war, bedrohte er den Wind und sprach zum See: Schweig! Verstumme! Da ließ der Wind nach, und es ward große Stille.
40 Und er sprach zu ihnen: Was seid ihr so furchtsam? Wie? Habt ihr keinen Glauben?
41 Und sie fürchteten sich in großer Furcht und sagten zueinander: Wer ist doch dieser? Dass auch der Wind und der See ihm gehorchen?

Der Besessene: Herr über Dämonen

5 Und sie kamen ans jenseitige Ufer des Sees in das Land der Gerasener.
2 Und als er aus dem Schiff trat, kam ihm aus den Gräbern sogleich ein Mensch mit einem unreinen Geist entgegen.
3 Dieser hatte seine Wohnung in den Gräbern, und niemand konnte ihn mehr binden, auch nicht mit einer Kette.
4 Denn oft war er in Fesseln und Ketten geschlagen worden, aber die Ketten waren von ihm zerrissen und die Fesseln gesprengt worden, und keiner war stark, ihn zu bändigen.
5 Und alle Nächte und Tage hindurch war er in den Gräbern und auf den Bergen, schrie und schlug sich selbst mit Steinen.
6 Und als er Jesus von ferne sah, lief er und warf sich vor ihm nieder, und mit lauter Stimme schreiend sagt er:
7 Was habe ich mit dir zu schaffen, Jesus, du Sohn Gottes, des Höchsten? Ich beschwöre dich bei Gott, quäle mich nicht!
8 Er hatte nämlich zu ihm gesagt: Fahre aus, du unreiner Geist, aus diesem Menschen.
9 Und er fragte ihn: Was ist

Schema der Dämonenaustreibung erzählt. Wind und Meer sind personifizierte widergöttliche Mächte. Der Glaube der Jünger ist immer in Gefahr; daher die Kritik Jesu: »Habt ihr keinen Glauben?« Mit dieser Frage wird auch die Frage nach der Person Jesu sehr deutlich ausgesprochen – eine Frage, die man als Überschrift über das ganze Markus-Evangelium setzen könnte – eine Frage, die von den Jüngern nicht beantwortet wird: »Wer ist doch dieser?«

5,1-20 Die Macht der unreinen Geister ist groß. Sie schlagen nicht nur Menschen, sie vermögen auch eine ganze Schweineherde ins Wasser zu werfen. Doch Jesu Macht ist größer. Er gebietet den unreinen Geistern samt ihrem Anhang. Was wiegt der Verlust der Schweine angesichts der befreienden Machttat Jesu! So wenigstens denkt der Evangelist. **9** Eine »Legion« ist eine römische Truppeneinheit mit über 6000 Mann. **18-20** Der Akzent wird auf die Aussage über

dein Name? Da sagt er zu ihm: Legion ist
mein Name, denn wir sind viele. [10] Und er bat
ihn sehr, er möge sie nicht aus dem Lande hin-
ausschicken. [11] Es war aber dort am Berge ei-
ne große Herde Schweine, die weidete. [12] Und
sie baten ihn und sagten: Schicke uns in die
Schweine, dass wir in sie hineinfahren. [13] Und
er erlaubte es ihnen. Und die unreinen Geister
fuhren aus und fuhren in die Schweine. Und
die Herde stürzte sich den Abhang hinunter
in den See, ungefähr zweitausend, und sie er-
tranken im See. [14] Ihre Hirten aber flohen und
berichteten es in der Stadt und auf dem Land.
Da kamen sie, um zu sehen, was geschehen
war. [15] Und sie kommen zu Jesus und sehen
den Besessenen, der die Legion gehabt hatte,
dasitzen, angekleidet und voll bei Sinnen, und
sie fürchteten sich. [16] Und die es gesehen hat-
ten, erzählten ihnen, wie es dem Besessenen
ergangen war, und von den Schweinen. [17] Da
fingen sie an, ihn zu bitten, er möge von ihrem
Gebiet weggehen. [18] Und als er ins Schiff stieg,
bat ihn der Besessen-Gewesene, dass er mit
ihm sein dürfe. [19] Doch er gestattete es ihm
nicht, sondern sagt zu ihm: Geh in dein Haus
zu den Deinen und berichte ihnen, was der
Herr dir Großes getan und wie er sich deiner
erbarmt hat. [20] Da ging er weg und fing an, in
ganz Dekapolis zu künden, was Jesus ihm
Großes getan, und alle wunderten sich.

Immer wieder diese bösen Geister!
»Unrein« werden sie genannt.
Menschen, die besessen sind von ihnen.
Und jetzt auch noch diese
Schweinegeschichte!
Schweine galten schon an sich als »unrein«,
nicht zum Opfer geeignet
und auch nicht zum Essen.
Die unreinen Geister passen also
zu den unreinen Tieren.
Und die werden allesamt
im Wasser ertränkt.
Symbolträchtig – mir aber doch
schwer verständlich!
Der Befreite kann seinen Mund nicht halten.
Nicht verwunderlich!

(5,1-20)

Die Tochter des Jairus:
Tote stehen auf

[21] Und als Jesus im Schiff wieder an das ande-
re Ufer gefahren war, versammelte sich viel
Volk um ihn, und er war am See. [22] Da kommt
einer der Synagogenvorsteher, mit Namen
Jairus, und wie er ihn sieht, fällt er zu seinen
Füßen nieder [23] und bittet ihn sehr und sagt:
Mein Töchterlein liegt in den letzten Zügen.
Komm und lege ihr die Hände auf, damit sie
gerettet werde und lebe. [24] Da ging er mit ihm.
Und es folgte ihm viel Volk und sie umdräng-
ten ihn. [25] Eine Frau aber, das zwölf Jahre am
Blutfluss litt [26] und durch viele Ärzte viel er-
duldet und all das Ihre aufgewendet und kei-
ne Hilfe gefunden hatte – sondern es war ihr
immer schlechter gegangen –, [27] hatte von Je-
sus gehört und kam in der Volksmenge von
hinten herzu und rührte sein Gewand an.
[28] Denn sie sagte: Wenn ich auch nur seine Ge-
wänder anrühre, werde ich gerettet. [29] Und
sofort versiegte der Quell ihres Blutes, und sie
spürte am Leib, dass sie von dem Leiden ge-
heilt war. [30] Jesus aber merkte sogleich an sich
die Kraft, die von ihm ausgegangen war,
wandte sich in der Volksmenge um und
sprach: Wer hat meine Gewänder angerührt?
[31] Und seine Jünger sagten zu ihm: Du siehst,
wie dich die Volksmenge umdrängt, und
sagst: Wer hat mich angerührt? [32] Er aber
blickte umher, jene zu sehen, die das getan
hatte. [33] Da kam die Frau, furchtsam und zit-
ternd, wohl wissend, was ihr geschehen war,
und fiel nieder vor ihm und sagte ihm die
ganze Wahrheit. [34] Er aber sprach zu ihr:
Tochter, dein Glaube hat dich gerettet. Geh in

---

die Heidenmission gesetzt. **20** Obwohl Jesus im heidnischen Gebiet des Zehn-Städte-Gebietes (der Dekapolis – ein Städtebund im Ostjordanland) nicht gepredigt hat, wird die Verkündigung der Frohen Botschaft auf ihn bzw. den Geheilten zurückgeführt. **21-43** Markus verbindet zwei Heilungen miteinander. Jairus, ein Synagogenvorsteher, einer von jener Gruppe, die sich üblicherweise mit Jesus auseinander

Frieden. Und sei geheilt von deinem Leiden. 35 Während er noch redet, kommen sie vom Synagogenvorsteher und sagen: Deine Tochter ist gestorben. Was belästigst du den Meister noch? 36 Jesus aber, der das gesprochene Wort mithörte, sagt zum Synagogenvorsteher: Fürchte dich nicht, glaube nur!
37 Und er ließ niemand mit sich gehen, außer den Petrus und Jakobus und Johannes, den Bruder des Jakobus. 38 Und sie kommen in das Haus des Synagogenvorstehers, und er nimmt den Lärm wahr und Weinende und laut Klagende. 39 Da geht er hinein und sagt zu ihnen: Was lärmt und weint ihr? Das Kind ist nicht gestorben, sondern schläft. 40 Und sie verlachten ihn. Er aber wirft alle hinaus, nimmt den Vater des Kindes und die Mutter samt jenen, die mit ihm waren, mit und geht hinein, wo das Kind war. 41 Und er ergreift die Hand des Kindes und sagt zu ihm: Talita kum! Das heißt übersetzt: Mädchen, ich sage dir, steh auf! 42 Und sogleich stand das Mädchen auf und ging umher – es war nämlich zwölf Jahre alt. Und sie waren sogleich außer sich mit großem Entsetzen. 43 Er aber befahl ihnen sehr, dass niemand davon erfahre, und sagte, man solle ihr zu essen geben.

Zwei Frauen.
Beide werden erlöst.
Die eine, trotz ihres magischen Verhaltens,
wird gesund,
die andere gar vom Tod gerettet.
Und die Umstehenden
samt den Klagefrauen?
Was hätte ich an ihrer Stelle gemacht?
Auch daran gedacht,
dass das aufgeweckte Kind
vielleicht Hunger hat?

(5,21-43)

Jesus in Nazaret:
Sie nehmen Anstoß an ihm

6 Und er ging von dort weg und kommt in seine Vaterstadt, und seine Jünger folgten ihm. 2 Und als es Sabbat war, fing er an, in der Synagoge zu lehren. Und die vielen, die ihn hörten, waren betroffen und sagten: Woher hat der das? Und was ist das für eine Weisheit, die ihm gegeben ist? Und solche Machttaten, die durch seine Hände geschehen? 3 Ist dieser nicht der Zimmermann, der Sohn der Maria und ein Bruder des Jakobus und Joses und Judas und Simon? Und sind nicht seine Schwestern hierbei uns? Und sie nahmen Anstoß an ihm. 4 Da sprach Jesus zu ihnen: Nirgends ist ein Prophet verachtet außer in seiner Vaterstadt und bei seinen Verwandten und in seinem Hause. 5 Und er konnte dort keinerlei Machttaten wirken, außer dass er einigen Kranken die Hände auflegte und sie heilte. 6 Und er verwunderte sich wegen ihres Unglaubens und zog durch die Dörfer ringsumher und lehrte.

Aussendung der Zwölf:
Er gab ihnen Macht

7 Und er ruft die Zwölf zu sich und fing an, sie je zwei und zwei auszusenden, und gab ihnen Macht über die unreinen Geister. 8 Und er gebot ihnen, sie sollten nichts auf den Weg mitnehmen, außer einem Stab, kein Brot, keine Tasche, kein Geld im Gürtel, 9 doch mit Sandalen beschuht. Und: Zieht nicht zwei Röcke an! 10 Und er sprach zu ihnen: Wo immer ihr in ein Haus hineingeht, da bleibet, bis ihr von da weggeht. 11 Wenn aber ein Ort euch nicht aufnimmt und sie euch nicht hören, so zieht von dort weiter und schüttelt den Staub von euren Füßen – ihnen zum Zeugnis. 12 Da zogen sie aus und kündeten, man solle umkehren. 13 Und sie trieben viele Dämonen aus und salbten viele Kranke mit Öl und heilten sie.

---

setzte, bittet, dass Jesus seiner Tochter hilft. Dazwischen eingeflochten ist die Geschichte von der kranken Frau. Ihr magischer Glaube macht Jesus auf sie aufmerksam. Er akzeptiert die Zuwendung der Frau und redet von ihrem Glauben. Und daraufhin ist sie geheilt. Inzwischen kommt die Botschaft, dass das Kind gestorben ist. Doch Jesu Macht lässt sich nicht von der Zeit beeinflussen. Wo Jesus ist, verliert der Tod seine Macht. 40 Das Lachen der Klageweiber »beweist« den Tod des Mädchens, den Jesus als »Schlaf« bezeichnet. Auch hier befiehlt Jesus, dass über diese Erweckung des Mädchens Stillschweigen bewahrt wird. 43 Man spricht vom »Schweigegebot« des Markus. Später wird diese Geschichte zur Unter-

Jesus gibt seinen Botschaftern viel Macht.
Hat er die heute zurückgenommen?
Warum »funktioniert« das heute nicht mehr?
Woran fehlt es uns?
Wenn ich die Frohe Botschaft verkünde,
rede ich denn über sie?
Oder wird auch hörbar,
dass sie mich ergriffen hat?

(6,7-13)

Tod des Johannes:
Seine Jünger legten ihn in ein Grab

14 Und der König Herodes hörte das – denn
sein Name kam in die Öffentlichkeit – und
man sagte: Johannes, der taufte, ist von den
Toten erweckt worden, und deshalb wirken
die Kräfte in ihm. 15 Andere aber sagten: Er ist
Elija; noch andere sagten: Er ist ein Prophet
wie einer der Propheten. 16 Als aber Herodes
es hörte, sagte er: Johannes, den ich enthaup-
tet habe, der ist auferweckt worden. 17 Dieser
Herodes hatte nämlich hingesandt und den
Johannes ergriffen und ihn im Gefängnis ge-
fesselt wegen der Herodias, der Frau seines
Bruders Philippus, weil er sie geheiratet hatte.
18 Denn Johannes hatte zu Herodes gesagt: Es
ist dir nicht erlaubt, deines Bruders Frau zu
haben. 19 Herodias aber grollte ihm und woll-
te ihn töten, doch sie vermochte es nicht.
20 Herodes fürchtete nämlich den Johannes,
weil er wusste, dass er ein gerechter und hei-
liger Mann war, und er beschützte ihn, und
wenn er ihn hörte, wurde er sehr verlegen.
Und er hörte ihn gern. 21 Als nun ein günstiger
Tag kam, da Herodes an seinem Geburtstag
seinen Großen und den Obersten und den
Vornehmsten Galiläas ein Gastmahl gab,
22 da kam ihre, der Herodias, Tochter herein
und tanzte und gefiel dem Herodes und de-
nen, die mit zu Tisch lagen. Der König aber
sprach zu dem Mädchen: Bitte mich um was
du willst, ich will es dir geben. 23 Und er
schwor ihr: Was immer du erbitten wirst, das
will ich dir geben, bis zur Hälfte meines Rei-
ches. 24 Da ging sie hinaus und sagte zu ihrer
Mutter: Was soll ich mir erbitten? Diese aber
sagte: Das Haupt des Johannes, der taufte.
25 Und sogleich ging sie eilends zum König,
bat und sprach: Ich will, dass du mir sogleich
auf einer Schüssel das Haupt Johannes des
Täufers gebest. 26 Da wurde der König sehr
betrübt, doch wegen der Schwüre und der
Tischgenossen wollte er sie nicht abweisen.
27 Und sofort schickte der König einen Leib-
wächter und befahl, sein Haupt zu bringen.
Und dieser ging weg und enthauptete ihn im
Gefängnis. 28 Und er brachte sein Haupt auf
einer Schüssel und gab es dem Mädchen, und
das Mädchen gab es ihrer Mutter. 29 Und als
seine Jünger das hörten, kamen sie und nah-
men seinen Leichnam und legten ihn in ein
Grab.

Der Herodes, dieses Großmaul!
Angeben, um sich wichtig zu machen.
Auf eine Frau, einen Mann, hereinfallen!
Eine grausige Szene –
auf einer Schüssel
den Kopf eines Menschen
und dazu auch noch eines bedeutenden!
Gibt es Situationen, die im Grundmuster
dieser hier ähnlich sind?
Auch in meinem Leben?

(6,29)

---

weisung für den Auferstehungsglauben der jungen Gemeinde verwendet.
6,1-6 Wunderbares Eingreifen Jesu begründet nicht den Glauben, sondern setzt ihn voraus. Die Leute von Nazaret meinen zu wissen, wer Jesus ist. Sie weigern sich, ihr Urteil zu korrigieren. Immer wieder wundert sich Jesus über den Unglauben seiner Mitbürger. **6,6 - 8,26** Damit fängt ein neuer Abschnitt im Wirken Jesu an. Er ist auf der Wanderung. Die Entscheidung für oder gegen ihn ist in der Schwebe. Die Jünger beginnen eine größere Rolle zu spielen. **7-13** Überlieferungen aus der Zeit Jesu sind mit nachösterlichen Missionserfahrungen verwoben. Die Jünger erhalten Eigenverantwortung. Sie werden zu Gesandten (= Aposteln). **13** Die Salbung der Kranken mit Öl ist Grundlage für das spätere Sakrament. **14-29** Der Prophet Elija sollte nach verbreiteter jüdischer Auffassung als Vorläufer des Messias in der Endzeit wieder-

Wunderbare Brote: Alle aßen und wurden satt

[30] Und es versammelten sich die Apostel bei
Jesus und berichteten ihm alles, was sie getan
und was sie gelehrt hatten. [31] Da sagt er zu ih-
nen: Kommet ihr allein abseits an einen öden
Ort und ruht ein wenig aus. Denn es waren
viele, die kamen und gingen, und sie hatten
nicht einmal Zeit zu essen. [32] Und sie fuhren
mit dem Schiff abseits an einen öden Ort.
[33] Doch man sah sie wegfahren, und viele
merkten es und liefen aus allen Städten zu
Fuß dort zusammen und kamen ihnen zuvor.
[34] Und als er ausstieg, sah er viel Volk, und er
hatte Erbarmen mit ihnen, denn sie waren
wie Schafe, die keinen Hirten haben, und er
fing an, sie vieles zu lehren. [35] Da aber schon
viel Zeit vergangen war, kamen seine Jünger
zu ihm und sagten: Der Ort ist öde und die
Zeit ist schon spät. [36] Entlasse sie, damit sie in
die umliegenden Gehöfte und Dörfer gehen
und sich etwas zu essen kaufen. [37] Er aber ant-
wortete und sprach zu ihnen: Gebt ihr ihnen
zu essen. Da sagen sie zu ihm: Sollen wir hin-
gehen und Brot für zweihundert Denare kau-
fen und ihnen zu essen geben? [38] Er aber sagt
zu ihnen: Wie viele Brote habt ihr? Geht, seht
nach! Und als sie es erfahren haben, sagen sie:
Fünf und zwei Fische. [39] Und er befahl ihnen,
dass sich alle – Mahlgemeinschaft zu Mahl-
gemeinschaft – auf dem grünen Gras lagern.
[40] Und sie setzten sich – Gruppe zu Gruppe –
zu hundert und zu fünfzig. [41] Da nahm er die
fünf Brote und die zwei Fische, blickte zum
Himmel auf, segnete und brach die Brote und
gab sie den Jüngern, damit sie ihnen vorleg-
ten, auch die zwei Fische teilte er unter alle.
[42] Und alle aßen und wurden satt. [43] Und sie
hoben an Brocken und von den Fischen zwölf
Körbe voll auf. [44] Und die die Brote gegessen
hatten, waren fünftausend Männer.

Gebt ihr ihnen zu essen.
An dem Satz bleibe ich hängen.
Wenn ich aber selber nicht viel habe?
Auch das soll ich noch teilen?
Die Geschichte hat mehrere Bilder.
Nicht nur an sich selber denken ...
Geteiltes Brot reicht für viele.
Und dazu der Hinweis
auf das Brot, das Jesus uns gibt.
Denke ich daran –
wenn ich es mir reichen lasse,
oder geh ich darüber
ganz selbstverständlich hinweg?

(6,30-44)

Jesus kommt auf dem See: Sie waren außer sich

[45] Und sogleich nötigte er seine Jünger, ins
Schiff zu steigen und ans andere Ufer nach
Betsaida hinüberzufahren, während er die
Volksmenge entlasse. [46] Und als er sich von ih-
nen getrennt hatte, ging er auf den Berg, um
zu beten. [47] Und als es Abend geworden, war
das Schiff inmitten des Sees und er selbst al-
lein auf dem Land. [48] Und wie er sie beim Ru-
dern in Not sieht – der Wind war ihnen näm-
lich entgegen –, kommt er um die vierte
Nachtwache zu ihnen, auf dem See wan-
delnd; und er wollte an ihnen vorübergehen.
[49] Als sie ihn aber auf dem See wandeln sahen,
meinten sie, er sei ein Gespenst, und schrien
auf. [50] Denn sie sahen ihn alle und erschraken.
Er aber redete sogleich mit ihnen und sprach
zu ihnen: Nur Mut, ich bin es! Fürchtet euch
nicht! [51] Und er stieg zu ihnen ins Schiff, und
der Wind ließ nach. Und sie waren ganz außer
sich – über Maßen. [52] Denn sie hatten bei den
Broten nichts begriffen, sondern ihr Herz war
hart.

---

kommen. **17** Herodias, eine Enkelin von Herodes dem Großen, heiratete in erster Ehe ihren Onkel Herodes Philippus (Sohn von Herodes dem Großen), in zweiter Ehe dessen Halbbruder Herodes Antipas. **29** Die Nachricht vom Tod des Täufers hat bei Markus keinen direkten Bezug zu Jesus (vgl. dagegen Mt 14,3-12 und Lk 3,19-20). Johannes starb den Prophetentod, nicht nur im Volk, mehr noch in seiner Jüngergemeinde wird seine Wiederkehr erwartet.

30-34 Verkündigung und Ruhe (Aktion und Gebet) abzuwechseln, das auch lehrt Jesus seine Apostel. **35-44** Die Botschaft von der Speisung der Fünftausend ist durch die Eucharistiekatechese einer judenchristlichen Gemeinde geprägt. Sie entdeckt im Tun Jesu Nachklänge der Wunder, die Israel in Ägypten erlebte. Sie versteht Jesus als den von Ezechiel (Ez 34,5) verheißenen Hirten seines Volkes. Sein Gedächtnis feiert die Gemeinde im Abendmahl.

Sie sind mal wieder in Seenot.
Vor lauter Angst
erkennen sie ihren Meister nicht.
Wer erwartet ihn in solcher Situation?
Ist er auch mir nahe,
wenn ich bis zum Hals im Wasser bin?
Herr, lass mich dann wissen,
dass du da bist.

(6,45-52)

Heilungen:
Wer ihn anrührte, wurde gerettet

53 Und als sie ans Land hinübergefahren wa-
ren, kamen sie nach Gennesaret und lande-
ten. 54 Und als sie aus dem Schiff stiegen, er-
kannten sie ihn sogleich. 55 Und sie liefen in
der ganzen Gegend umher und fingen an, je-
ne, denen es übel ging, auf den Betten herzu-
tragen, wo sie hörten, dass er sei. 56 Und wo er
in Dörfer oder Städte oder Gehöfte hinein-
ging, legten sie die Kranken auf die Plätze und
baten ihn, dass sie auch nur den Saum seines
Gewandes anrühren dürften. Und wer immer
ihn anrührte, wurde gerettet.

Pharisäer: Ihr gebt die Gebote Gottes preis

7 Da versammelten sich bei ihm die Pha-
risäer und einige von den Schriftgelehrten, die
von Jerusalem gekommen waren. 2 Und als sie
einige seiner Jünger mit unreinen, das heißt
mit ungewaschenen Händen die Brote essen
sehen 3 – die Pharisäer und alle Juden essen
nämlich nicht, ohne sich die Hände mit der
Faust gewaschen zu haben, 4 und halten die
Überlieferungen der Alten; und von den
Märkten kommend, essen sie nicht, ohne sich
gewaschen zu haben; und es gibt vieles ande-
re, das sie zu halten übernommen haben: das
Waschen von Bechern und Krügen und Kup-
fergefäßen –, 5 da fragen ihn die Pharisäer und
die Schriftgelehrten: Warum wandeln deine
Jünger nicht nach der Überlieferung der Al-
ten, sondern essen mit unreinen Händen das
Brot? 6 Da sprach er zu ihnen: Gut hat Jesaja
über euch Heuchler geweissagt, wie geschrie-
ben steht: Dieses Volk ehrt mich mit den Lip-
pen, aber ihr Herz ist weit von mir weg. 7 Ver-
geblich aber verehren sie mich, da sie Lehr-
vorschriften der Menschen lehren. 8 Ihr gebt
die Gebote Gottes preis und haltet die Über-
lieferungen der Menschen. 9 Und er sprach zu
ihnen: Gut beseitigt ihr das Gebot Gottes, um
eure Überlieferung zu bewahren! 10 Denn
Mose hat gesagt: Ehre deinen Vater und dei-
ne Mutter. Und: Wer Vater oder Mutter
schmäht, soll des Todes sterben. 11 Ihr aber
sagt: Wenn ein Mensch zu Vater oder Mutter
spricht: Korbán – das heißt Opfergabe – sei,
was du von mir Nutzen haben könntest, 12 so
lasst ihr ihn für Vater oder Mutter nichts
mehr tun 13 und macht so das Wort Gottes
durch eure Überlieferung, die ihr überliefert
habt, ungültig. Und Ähnliches wie dieses
macht ihr viel.

Kleinlich sein
und die richtigen Dinge übergehen.
Sich mit frommen Sprüchen
vor dem, was getan werden muss, drücken.
Gab es das nur zu Jesu Zeiten?

(6,6)

45-52 Jesus hatte die Jünger in eine Notsituation geschickt. Die Jünger rechnen nicht mit seiner Hilfe. Doch der Kern der Geschichte liegt im Wort Jesu: Nur Mut, ich bin es: Fürchtet euch nicht! Die Jünger sind außer sich. Sie verstanden offenbar ihren Herrn nicht, so wie sie auch bei der Speisung der Fünftausend ihn nicht verstanden hatten – ein Thema, das sich durch das ganze Markus-Evangelium zieht. **48** Die Nacht wurde in vier Nachtwachen zu je drei Stunden eingeteilt. Die vierte Nachtwache ist von 3 bis 6 Uhr morgens.

7,1-23 Um den Kern des Gesetzes freizulegen, zerschlägt Jesus die Schale buchstabenstarrer Gesetzlichkeit. Es geht nicht um Einzelvorschriften, sondern um die Grundhaltung. **11** »Korban« (hebr.) – das Gott Dargebrachte. Zum vorgebrachten Beispiel der Auslegung kann man nur den Kopf schütteln. Wenn Kinder für ihre alten Eltern nicht mehr sorgen wollen, können sie ihre Pflicht zum »Korban« erklären und statt der Fürsorge eine Gabe im Tempel abgeben. **16** Die eingeklammerten Verse fehlen in wichtigen alten Handschriften (ebenso Mk 9,44-46.49; 11,26;

Wahre Reinlichkeit:
Seid auch ihr unverständig?

[14] Und er rief wieder die Volksmenge herbei und sprach zu ihnen: Höret mich alle und begreift: [15] Nichts kommt von außen in den Menschen hinein, das ihn verunreinigen kann, sondern was aus dem Menschen herauskommt, das ist es, was den Menschen verunreinigt. [16] [Wenn einer Ohren hat zu hören, so höre er!] [17] Und als er von der Volksmenge weg in das Haus hineinging, fragten ihn seine Jünger nach dem Gleichnis. [18] Da sagt er zu ihnen: Seid auch ihr so unverständig? Erkennt ihr nicht, dass alles, was von außen in den Menschen hineinkommt, ihn nicht verunreinigen kann, [19] weil es nicht in sein Herz hineinkommt, sondern in den Bauch und wieder herauskommt an seinen Ort? So erklärte er alle Speisen für rein. [20] Und er sprach: Was aus dem Menschen herauskommt, das macht den Menschen unrein. [21] Denn von innen, aus dem Herzen der Menschen, kommen die bösen Gedanken: Hurerei, Diebstahl, Mord, Ehebruch, [22] Habsucht, Bosheit, List, Ausschweifung, böser Blick, Lästerung, Stolz, Unbesonnenheit. [23] Alles dieses Böse kommt von innen heraus und verunreinigt den Menschen.

Die Syrophönizierin:
Auch die Hunde essen vom Tisch

[24] Von dort nun brach er auf und ging in das Gebiet von Tyrus. Und er ging in ein Haus und wollte es keinen wissen lassen. Doch es konnte nicht verborgen bleiben, [25] sondern eine Frau hörte sogleich von ihm, deren Tochter einen unreinen Geist hatte, und sie kam und warf sich ihm zu Füßen nieder. [26] Die Frau aber war eine Heidin, eine Syrophönizierin. Und sie bat ihn, dass er den Dämon aus ihrer Tochter austreibe. [27] Da sprach er zu ihr: Lass zuerst die Kinder satt werden, denn es ist nicht recht, das Brot der Kinder zu nehmen und es den Hunden vorzuwerfen. [28] Sie aber antwortete und sagt zu ihm: Gewiss, Herr, auch die Hunde unter dem Tisch essen von den Brosamen der Kinder. [29] Da sprach er zu ihr: Um dieses Wortes willen geh, der Dämon ist aus deiner Tochter ausgefahren. [30] Und sie ging weg in ihr Haus, und sie fand das Kind auf dem Bette liegend und den Dämon ausgefahren.

Ein abweisendes Wort,
das Jesus zu der Frau sagt.
Doch sie geht nicht wütend weg.
Ihre kranke Tochter ist ihr wichtig,
wichtiger als ihr Stolz.
Sie antwortet klug und unerschrocken.
Solche Offenheit scheint Jesus zu schätzen.

(7,24-30)

Der Taubstumme:
Er hat alles gut gemacht

[31] Und als er aus dem Gebiet von Tyrus wieder weggegangen war, kam er durch Sidon an den See von Galiläa, mitten in das Gebiet der Dekapolis. [32] Da bringen sie einen Tauben und Stummen zu ihm und bitten ihn, dass er ihm die Hand auflege. [33] Und er nahm ihn beiseite, von der Volksmenge weg – abseits –, stieß seine Finger in seine Ohren und berührte seine Zunge mit Speichel. [34] Und er schaute zum Himmel und seufzte.
Dann sagt er zu ihm: [35] Effata, das heißt: öffne dich! Da öffneten sich seine Ohren, und sogleich wurde das Band seiner Zunge gelöst. Und er redete gut. [36] Und er befahl ihnen, dass sie es niemandem sagen sollten. Aber soviel er

---

14,68; 15,28). **24-30** »Heiden« wörtlich Griechen. – Das Heil kommt zuerst zu den Juden; die Stunde der Heidenmission ist noch nicht da. Weil die Frau jedoch die Heilsordnung anerkennt und nicht mehr fordert, als ihr zusteht, gibt Jesus ihr, der Heidin, was vielen aus Israel nicht zuteil wurde. Die Unerschrockenheit der Frau ist bewundernswert und wird von Jesus respektiert (»um dieses Wortes willen«). **31-37** Die Methode, mit der Jesus heilt, besteht nicht nur im leeren Wort, sondern auch im sichtbaren Zeichen. Zu den Heilszeichen des Messias gehört, dass er Taube hören und Stumme reden macht (Jes 35,5). – Das ständig wiederholte Schweigegebot wird mehr und mehr überschritten.

ihnen gebot, umso viel maßloser kündeten sie es. [37] Und über alle Maßen betroffen sagten sie: Er hat alles gut gemacht; denn er macht die Tauben hören und die Stummen reden.

**Wunderbare Brote:
Ich habe Erbarmen**

8 Als in jenen Tagen wieder viel Volk da war und sie nichts zu essen hatten, rief er die Jünger zu sich. Dann sagt er zu ihnen: [2] Ich habe Erbarmen mit der Volksmenge, denn schon drei Tage harren sie bei mir aus und haben nichts zu essen. [3] Und wenn ich sie nüchtern in ihre Häuser entlasse, ermatten sie auf dem Wege, und einige von ihnen sind von weit her. [4] Da antworteten ihm seine Jünger: Woher könnte jemand diese hier in der Wüste mit Brot sättigen? [5] Er aber fragte sie: Wie viele Brote habt ihr? Da sagten sie: Sieben. [6] Und er befahl der Volksmenge, sich auf die Erde zu lagern, und nahm die sieben Brote, sagte Dank, brach sie und gab sie seinen Jüngern, damit sie sie vorlegten. Und sie legten sie der Volksmenge vor. [7] Sie hatten auch einige Fischlein. Und er segnete sie und ließ auch sie vorlegen. [8] Und sie aßen und wurden satt, und sie hoben den Rest der Brocken auf, sieben Körbe. [9] Es waren aber bei viertausend, und er entließ sie. [10] Und alsbald stieg er mit seinen Jüngern ins Schiff und kam in die Gegend von Dalmanuta.

*Und noch eine Brotgeschichte.
Alle, die Jesus folgen,
werden auch satt.
Hier geht's wohl um das Vertrauen,
das rechte Vertrauen,
das sogar den Jüngern fehlte.*

(8,1-10)

**Unglaube: Diesem Geschlecht
wird kein Zeichen gegeben**

[11] Da kamen die Pharisäer heraus und fingen an, mit ihm zu streiten. Sie forderten von ihm – um ihn zu versuchen – ein Zeichen des Himmels. [12] Er aber seufzte auf in seinem Geiste. Dann sagt er: Was fordert dieses Geschlecht ein Zeichen? Wahrlich, ich sage euch: Diesem Geschlecht wird kein Zeichen gegeben. [13] Und er verließ sie, stieg wieder ein und fuhr ans andere Ufer.

Jüngerlehren: Begreift ihr nicht?

[14] Und sie hatten vergessen, Brote mitzunehmen und hatten nicht mehr als ein Brot mit sich im Schiff. [15] Und er befahl ihnen dies: Sehet zu! Hütet euch vor dem Sauerteig der Pharisäer und dem Sauerteig des Herodes. [16] Da dachten sie miteinander darüber nach, dass sie keine Brote haben. [17] Und als er dies erkennt, sagt er zu ihnen: Was denkt ihr darüber nach, dass ihr keine Brote habt? Versteht ihr noch nicht und begreift ihr nicht? Sind eure Herzen hart? [18] Augen habt ihr und seht nicht, und Ohren habt ihr und hört nicht? Und erinnert ihr euch nicht, [19] als ich die fünf Brote für die Fünftausend brach, wie viele Körbe voll Brocken ihr aufgehoben habt? Sie sagten zu ihm: Zwölf. [20] Und bei den sieben für die Viertausend, wie viele Körbe voll Brocken habt ihr aufgehoben? Da sagen sie: Sieben. [21] Und er sprach zu ihnen: Begreift ihr noch nicht?

Der Messias: Blinde sehen

[22] Und sie kommen nach Betsaida. Da bringen sie ihm einen Blinden und bitten ihn, dass er ihn anrühre. [23] Und er nahm die Hand des Blinden, führte ihn vor das Dorf hinaus und spuckte in seine Augen und legte ihm die Hände auf und fragte ihn: Erblickst du etwas? [24] Und er blickte auf und sagte: Ich er-

8,1-10 Die zweite Erzählung, wie Jesus den Menschen Brot gibt, trägt Spuren von heidenchristlicher Eucharistiekatechese: Die Jünger bekommen von Jesus den Auftrag, auszuteilen und damit auch allen zu dienen, die sich um Jesus zusammenfinden. **11-13** Jesus lehnt es ab, sich durch ein Gotteszeichen zu legitimieren. Er selber ist das Zeichen; von den Menschen ist Glaube gefragt. **14-21** Dieser Abschnitt betont mit besonderer Schärfe das Unverständnis der Jünger, die am Vordergründigen hängen bleiben und die Zeichen nicht zu deuten verstehen. **22-26** Diese Blindenheilung und eine zweite im zehnten Kapitel (10,46-52)

Es ist eine tragische Geschichte:
Eben jene, die ihm nahe sind,
scheinen blind zu sein.
Herr, öffne meine Augen
und öffne mein Herz,
damit ich begreife,
wer du für uns bist.

(8,23-26)

blicke die Menschen, denn ich sehe sie wie Bäume umhergehen. 25 Darauf legte er wieder die Hände auf seine Augen, und er blickte scharf hin und wurde wiederhergestellt und erblickte alles deutlich. 26 Da schickte er ihn ins Haus und sagte: Nicht einmal ins Dorf hinein sollst du gehen.

Bekenntnis des Petrus:
Du bist der Messias

27 Und Jesus ging mit seinen Jüngern in die Dörfer um Cäsarea Philippi. Und auf dem Weg fragte er seine Jünger und sagte zu ihnen: Für wen halten mich die Menschen? 28 Da sagten sie ihm und sprachen: Für Johannes den Täufer, und andere für Elija, noch andere für einen aus den Propheten. 29 Da fragte er sie selbst: Ihr aber, für wen haltet ihr mich? Petrus antwortete und sagte zu ihm: Du bist der Messias. 30 Und er herrschte sie an, sie sollten mit keinem über ihn reden.

Nachfolge:
Was nützt es, die Welt zu gewinnen

31 Und er fing an, sie zu lehren, der Menschensohn müsse viel leiden und verworfen werden von den Ältesten und den Hohenpriestern und den Schriftgelehrten und er werde getötet werden und nach drei Tagen auferstehen. 32 Und er sprach das Wort mit Offenheit. Da nahm ihn Petrus zu sich und fing an, ihn anzuherrschen. 33 Er aber wandte sich um und sah seine Jünger und er herrschte Petrus an. Dann sagte er: Geh! Hinter mich, du Satan! Du denkst nicht, was Gottes, sondern was der Menschen ist.

34 Und er rief die Volksmenge samt seinen Jüngern herbei und sprach zu ihnen: Wenn einer mir nachkommen will, verleugne er sich selbst und nehme sein Kreuz auf und folge mir. 35 Denn wer sein Leben retten will, wird es zugrunde richten, wer aber sein Leben zugrunde richtet um meinet- und der Frohen Botschaft willen, wird es retten. 36 Denn was nützt es dem Menschen, die ganze Welt zu gewinnen, sein Leben aber einzubüßen? 37 Was soll denn der Mensch als Lösegeld für sein Leben geben? 38 Wer sich nämlich meiner und meiner Worte in diesem ehebrecherischen und sündhaften Geschlecht schämt, dessen wird sich auch der Menschensohn schämen, wenn er in der Herrlichkeit seines Vaters mit den heiligen Engeln kommen wird.

9 Und er sprach zu ihnen: Wahrlich, ich sage euch: Es sind einige unter denen, die hier stehen, die den Tod nicht kosten, bis sie das Reich Gottes mit Macht haben kommen sehen.

Verwandlung:
Er befahl ihnen zu schweigen

2 Und sechs Tage danach nimmt Jesus den Pe-

---

rahmen den Abschnitt ein, der vom Leiden des Messias redet. Er ist nicht nur wörtlich zu verstehen, sondern auch im übertragenen Sinn, ein Hinblick auf die »blinden« Jünger. **27** Cäsarea Philippi war die Residenz von Herodes Philippus, dem Halbbruder von Herodes Antipas. **28-30** Die Weissagung des Propheten Maleachi (3,1.4) von der Wiederkunft des Propheten als Vorläufer des Messias sah man in Johannes dem Täufer erfüllt. Das auf den Messias wartende Volk sieht in Jesus einen dieser Vorläufer, da Jesus sich nicht als Messias proklamierte. **31-38** Gegen die Leidensankündigung nimmt Petrus eindeutig Stellung; auch er hatte nicht verstanden, was Jesus sagen wollte. Jesus fuhr ihn hart an mit dem Vorwurf, er habe den Weg der Nachfolge verlassen. **34** Nachfolge heißt Preisgabe der eigenen Wünsche bis zur Aufgabe des Lebens. Denn nur wer sich an Gott verliert, gewinnt das Leben. **38** »Ehebrecherisch« nicht in unserem Sinn verstanden, wird Israel vor allem vom Propheten Hosea so bezeichnet, weil es den Bund mit Gott gebrochen hat.

9,1 Das dunkle Wort vom Kommen des Reiches Got-

trus und den Jakobus und Johannes mit und führt sie abseits auf einen hohen Berg, sie allein. 3 Und er wurde vor ihnen verwandelt und seine Gewänder wurden sehr weiß glänzend, so wie kein Walker auf der Erde weiß machen kann. 4 Und es erschien ihnen Elija mit Mose, und sie redeten zusammen mit Jesus. 5 Da nahm Petrus das Wort und sagt zu Jesus: Rabbi, gut ist es für uns, hier zu sein. Wir wollen also drei Hütten machen, dir eine und Mose eine und Elija eine. 6 Denn er wusste nicht, was er antworten sollte, sie waren nämlich in Furcht geraten. 7 Und eine Wolke kam und überschattete sie, und eine Stimme kam aus der Wolke: Dieser ist mein geliebter Sohn, hört auf ihn. 8 Und plötzlich, da sie umherblickten, sahen sie niemand mehr bei sich, außer Jesus allein. 9 Und als sie vom Berg herabstiegen, befahl er ihnen, sie sollten niemandem erzählen, was sie gesehen hatten, bis der Menschensohn von den Toten auferstanden sei. 10 Sie aber hielten das Wort fest und verhandelten untereinander, was das Von-den-Toten-Auferstehen sei. 11 Und sie fragten ihn dies: Warum sagen die Schriftgelehrten, dass Elija zuerst kommen müsse? 12 Er aber sprach zu ihnen: Elija kommt zwar zuvor, um alles wiederherzustellen; doch was steht über den Menschensohn geschrieben? Er soll viel leiden und verachtet werden. 13 Aber ich sage euch: Elija ist schon gekommen, und sie machten mit ihm, was sie wollten, wie über ihn geschrieben steht.

Heilung des Epileptikers:
Hilf meinem Unglauben

14 Und als sie zu den Jüngern kamen, sahen sie viel Volk um sich und Schriftgelehrte, die mit ihnen stritten. 15 Und alles Volk war erschreckt, sobald sie ihn sahen, und sie liefen herzu, ihn zu begrüßen. 16 Da fragte er sie: Was streitet ihr mit ihnen? 17 Und einer aus der Volksmenge antwortete ihm: Meister, ich habe meinen Sohn zu dir gebracht, er hat einen stummen Geist. 18 Und wo er ihn überfällt, zerrt er ihn. Und er schäumt und knirscht mit den Zähnen und zehrt aus. Und ich sagte zu deinen Jüngern, sie sollten ihn austreiben; doch sie vermochten es nicht. 19 Da antwortete er ihnen und sagt: Du ungläubiges Geschlecht, wie lange soll ich bei euch bleiben? Wie lange soll ich euch ertragen? Bringt ihn zu mir! 20 Und sie brachten ihn zu ihm. Und gleich, als er ihn sah, riss ihn der Geist hin und her, und er fiel auf die Erde und wälzte sich schäumend. 21 Und er fragte seinen Vater: Wie lange ist es, dass ihm dies widerfahren ist? Der aber sagte: Von Kindheit an. 22 Und er hat ihn oft schon ins Feuer und ins Wasser geworfen, um ihn zugrunde zu richten. Aber wenn du etwas vermagst, hilf uns, hab Erbarmen mit uns! 23 Jesus aber sprach zu ihm: Wenn du es vermagst? Alles ist dem Glaubenden möglich. 24 Sogleich schrie der Vater des Jungen auf und sagte: Ich glaube, hilf meinem Unglauben. 25 Als nun Jesus sah, dass eine Volksmenge zusammenlief, bedrohte er den unreinen Geist und sagte zu ihm: Du stummer und tauber Geist, ich befehle dir, fahre aus von ihm und fahre nicht mehr in ihn hinein. 26 Da schrie er und riss ihn heftig hin und her und fuhr aus. Und er wurde wie tot, so dass viele sagten: Er ist gestorben. 27 Jesus aber ergriff seine Hand, weckte ihn auf, und er stand auf. 28 Und nachdem er ins Haus gegangen war, fragten ihn seine Jünger abseits: Warum konnten wir ihn nicht austreiben? 29 Und er sprach zu ihnen: Diese Art kann durch nichts ausgetrieben werden, außer durch Gebet.

---

tes »mit Kraft« könnte den Hereinbruch des Reiches Gottes mit der Kraft des Heiligen Geistes bedeuten. **2-13** In der Verklärungsgeschichte scheint etwas von der nachösterlichen Herrlichkeit Jesu auf; daher auch das Verbot, vor seiner Auferstehung mit jemand darüber zu reden. **7** Die »Wolke« ist in der Bibel Zeichen für die Anwesenheit Gottes. **9** Ein Messias, der stirbt, ist für den Juden ein schwer nachzuvollziehender Gedanke. **13** Wenn der Täufer der wiedergekommene Elija ist, dann ist Jesus der Messias. **14-29** Der Glaube – ständig vom Unglauben bedroht – ist kein einmal zu erwerbender Besitz; sein Wachsen muss ständig erbetet werden. Der Vater des Jungen hat das begriffen. Die Krankheit mag eine Art Epilepsie gewesen sein. **30-32** Markus nimmt das nachösterliche Bekenntnis hier in seinen Text auf. Indem Markus es hierher setzt, macht es die Kluft zwischen Jesus und seinen Vertrauten deutlich. **33-37** Der Streit um Amt, soziale

Mir scheint, der Vater des Jungen sagt,
was auch auf mich passt:
Glauben und Unglauben
stehen nah beieinander.
Und wenn nicht Unglauben,
dann doch Zweifel
und Gleichgültigkeit.
Herr, treib meine Zweifel,
meine Gleichgültigkeit
und meinen Unglauben aus,
wie du die bösen Geister ausgetrieben hast.

(9,24)

Leidensankündigung:
Sie werden ihn töten

30 Und sie gingen von dort weg und zogen
durch Galiläa. Und er wollte nicht, dass es jemand erfahre.
31 Er lehrte nämlich seine Jünger und sprach zu ihnen: Der Menschensohn
wird in die Hände der Menschen ausgeliefert,
und sie werden ihn töten. Wenn er aber getötet ist, wird er nach drei Tagen auferstehen.
32 Sie aber verstanden die Rede nicht, und sie
fürchteten sich, ihn zu fragen.

Rangstreit: Er sei der Letzte von allen

33 Und sie kamen nach Kafarnaum. Und als sie
im Haus waren, fragte er sie: Was habt ihr auf
dem Weg nachgedacht?
34 Sie aber schwiegen.
Denn sie hatten auf dem Weg miteinander
nachgedacht, wer der Größte sei.
35 Und er
setzte sich und rief die Zwölf; dann sagt er zu
ihnen: Wenn einer Erster sein will, so sei er
der Letzte von allen und der Diener von allen.
36 Und er nahm ein Kind und stellte es mitten
unter sie, und er schloss es in die Arme und
sprach zu ihnen:
37 Wer eines von diesen Kindern um meines Namens willen aufnimmt,
nimmt mich auf. Und wer mich aufnimmt,
nimmt nicht mich auf, sondern den, der mich
gesandt hat.

Dämonenaustreibung:
Wehret ihm nicht

38 Johannes sagte zu ihm: Meister, wir sahen
einen, der uns nicht folgt, in deinem Namen
Dämonen austreiben, und wir hinderten ihn,
weil er uns nicht gefolgt ist.
39 Jesus aber
sprach: Wehret ihm nicht; denn es ist keiner,
der Machttaten auf meinen Namen hin wirkt
und bald darauf Böses von mir sagen könnte.
40 Denn wer nicht gegen uns ist, der ist für uns.
41 Wer euch nämlich einen Becher Wasser zu
trinken gibt, in meinem Namen, weil ihr dem
Messias angehört: Wahrlich, ich sage euch:
Der wird seinen Lohn nicht zugrunde richten.

Entschiedenheit:
Denn jeder wird mit Feuer gesalzen

42 Und wer einem dieser Kleinen, die glauben,
Anstoß gibt, dem wäre es besser, wenn ihm
ein Mühlstein um den Hals gelegt und er ins
Meer geworfen würde.
43 Und wenn dir deine Hand Anstoß gibt,
haue sie ab. Es ist besser für dich, verstümmelt in das Leben einzugehen, als zwei Hände zu haben und in die Hölle zu fahren, in das
unauslöschliche Feuer, [
44 wo ihr Wurm nicht
stirbt und das Feuer nicht erlischt].
45 Und
wenn dein Fuß dir Anstoß gibt, haue ihn ab.
Es ist besser für dich, lahm in das Leben einzugehen, als zwei Füße zu haben und in die
Hölle geworfen zu werden, in das unauslöschliche Feuer, [
46 wo ihr Wurm nicht stirbt
und das Feuer nicht erlischt].
47 Und wenn
dein Auge dir Anstoß gibt, reiß es aus. Es ist
besser für dich, einäugig in das Reich Gottes
einzugehen, als zwei Augen zu haben und in
die Hölle geworfen zu werden,
48 wo ihr

Stellung, Rang und Namen begann schon früh in der Gemeinde Jesu. Jesus gibt dieser und auch jeder späteren Diskussion die verbindliche Orientierung. Seine Jünger sind nicht zum Herrschen gerufen, sondern zum Dienen. Mit der Symbolhandlung macht Jesus deutlich, was solches Dienen meint. Das Kind steht nicht nur für die Unschuldigen, sondern auch für die Rechtlosen und Abhängigen. **38-41** Dieser kurze Abschnitt weist darauf hin, dass es heilfähige Juden gab, die in ihren Gebeten den Namen Jesu benutzten. Sie stellten ihn damit Salomo oder den großen Propheten gleich. Jesus will sie gewähren lassen. Sie gehen zwar in die richtige Richtung, wenn auch noch nicht den richtigen Weg. **42-50** Markus formuliert hier ein Stück Gemeindelehre – ein deutliches Zeichen, dass er in seinem Evangelium zwar seiner Gemeinde von Je-

Wurm nicht stirbt und das Feuer nicht erlischt. 49 Denn jeder wird mit Feuer gesalzen, [und jedes Opfer wird mit Salz gesalzen werden.] 50 Das Salz ist gut, wenn aber das Salz salzlos wird, womit wollt ihr es würzen? Habt Salz in euch und haltet Frieden untereinander.

Nicht immer nur: sowohl – als auch!
Entschiedenheit!
Und das mit allen Konsequenzen.
Wenn andere nicht so handeln,
geht es mir auf die Nerven.
Und was mache ich?

(9,42-50)

Ehescheidung:
Ein solcher bricht die Ehe

10 Und er bricht von dort auf und kommt in das Gebiet von Judäa und jenseits des Jordan, und wieder laufen die Volksmengen bei ihm zusammen. Und er lehrte sie wieder, wie er gewohnt war. 2 Da traten die Pharisäer herzu und fragten ihn, um ihn zu versuchen: Ist es einem Mann erlaubt, seine Frau zu entlassen? 3 Er aber antwortete und sprach zu ihnen: Was hat euch Mose geboten? 4 Und sie sagten: Mose hat erlaubt, einen Scheidebrief zu schreiben und sie zu entlassen. 5 Da sprach Jesus zu ihnen: Wegen eurer Herzenshärte hat er euch dieses Gebot geschrieben. 6 Denn vom Anfang der Schöpfung hat Gott sie als Mann und Frau geschaffen. 7 Darum wird der Mann seinen Vater und seine Mutter verlassen, 8 und die zwei werden in einem Fleisch sein. Sie sind also nicht mehr zwei, sondern ein Fleisch. 9 Was nun Gott zusammengefügt hat, soll der Mensch nicht trennen. 10 Und im Hause fragten ihn die Jünger wiederum darüber. 11 Da sagt er zu ihnen: Wer immer seine Frau entlässt und eine andere heiratet, bricht an ihr die Ehe. 12 Und wenn sie ihren Mann entlässt und einen anderen heiratet, bricht sie die Ehe.

Kindersegnung:
Für solche ist das Gottesreich

13 Und sie brachten Kinder zu ihm, damit er sie berühre. Die Jünger aber bedrohten sie. 14 Als nun Jesus sie sah, wurde er unwillig und sprach zu ihnen: Lasset die Kinder zu mir kommen, wehret es nicht, denn für solche ist das Reich Gottes. 15 Wahrlich, ich sage euch, wer das Reich Gottes nicht aufnimmt wie ein Kind, wird dort nicht hineinkommen. 16 Und er nahm sie in die Arme, legte ihnen die Hände auf und segnete sie.

Reichtum:
Wer kann gerettet werden?

17 Und als er sich auf den Weg machte, lief einer herbei, warf sich vor ihm auf die Knie und fragte ihn: Guter Meister, was soll ich tun, damit ich das ewige Leben erbe? 18 Jesus aber sprach zu ihm: Was nennst du mich gut? Niemand ist gut als einer: Gott. 19 Du kennst die Gebote? Töte nicht, brich nicht die Ehe, stiehl nicht, gib kein falsches Zeugnis, betrüge nicht, ehre deinen Vater und deine Mutter. 20 Der aber sagte zu ihm: Meister, auf das alles habe ich geachtet seit meiner Jugend. 21 Da schaute ihn Jesus an, gewann ihn lieb und sprach zu ihm: Eines fehlt dir. Geh, verkaufe, was du hast, und gib den Armen und du wirst

---

sus und seiner Botschaft berichtet, dass er aber auch Lehrhaftes zusammenstellt, das er seiner Gemeinde nebenbei vermitteln will. **43** Hier geht es darum, die »Kleinen« in der Gemeinde nicht irre zu machen. Wer das tut, entgeht der Strafe nicht.
10,1-12 In dem Streitgespräch spiegeln sich die Fragen, die in der Gemeinde diskutiert werden. Weil die Menschen hart zueinander sein können, hat Mose die Scheidung erlaubt. Doch die Ausnahme hebt das Gesetz nicht auf. Jesus beruft sich auf Gottes Gebot in der Schöpfungsordnung – sie kennt keine Ehe auf Zeit. **13-16** Jetzt kommt dazwischen eine ideale Szene: Man bringt Kinder zu Jesus. Die Jünger wollen die Zudringlichen fernhalten. Jesus aber weist die Jünger zurecht. Die Kinder dürfen nicht abgewiesen werden, denn ihnen gehört das Reich Gottes. Das heißt: Nur wer Gott so vertraut wie ein Kind seinem Vater, kann in das Reich Gottes eingehen. **17-27** Durch Besitz will sich der Mensch sichern und unabhängig machen. Im Verhalten zum Reichtum zeigt sich, worauf wir bau-

einen Schatz im Himmel haben; dann komm, folge mir. [22] Der aber ward traurig über das Wort und ging betrübt davon, denn er hatte viele Güter. [23] Und Jesus schaute umher; dann sagte er zu seinen Jüngern: Wie schwer werden die Begüterten in das Reich Gottes eingehen! [24] Die Jünger aber waren erschreckt über seine Worte. Da antwortete Jesus abermals und sagt zu ihnen: Kinder, wie schwer ist es, in das Reich Gottes einzugehen! [25] Es ist leichter, dass ein Kamel durch ein Nadelöhr durchgeht, als dass ein Reicher in das Reich Gottes eingeht. [26] Da waren sie in hohem Maße betroffen und sagten zueinander: Wer kann dann gerettet werden? [27] Jesus blickte sie an. Dann sagte er: Bei den Menschen ist es unmöglich, aber nicht bei Gott, denn bei Gott ist alles möglich.

Im Herzen fängt alles Übel an.
Und wenn die böse Tat nicht folgt –
aus Angst vor der Umwelt,
aus Sorge um den guten Ruf?
Wie ist es dann mit dem Übel im Herzen?

(10,20-22)

Lohn der Jünger: Um meinetwillen

[28] Petrus fing an, zu ihm zu sagen: Siehe da, wir haben alles verlassen und sind dir gefolgt. [29] Jesus sprach: Wahrlich, ich sage euch: Es ist niemand, der Haus, oder Brüder oder Schwestern, oder Mutter oder Vater, oder Kinder oder Äcker um meinet- und der Frohen Botschaft willen verlassen hat, [30] der nicht Hundertfaches empfangen hat: jetzt in dieser Zeit Häuser und Brüder und Schwestern und Mütter und Kinder und Äcker – unter Verfolgungen, und in der künftigen Weltzeit ewiges Leben. [31] Viele Erste aber werden Letzte, und die Letzten werden Erste sein.

Was hätte ich getan
in der Rolle des reichen Mannes?
Es bleibt offen, was Jesus verlangt hätte,
hätte der reiche Mann »Ja« gesagt.
Doch, wer will schon verzichten
auf Hab und Gut und Geld?
Der Vergleich mit dem Kamel,
er sagt alles.
Den Jüngern ist auch nicht wohl –
wie die Reaktion des Petrus zeigt.

(10,17-31)

Leidensankündigung: Er wird auferstehen

[32] Sie waren nun auf dem Weg und stiegen nach Jerusalem hinauf, und Jesus ging ihnen voran, und sie waren erschreckt, und die Folgenden fürchteten sich. Und er nahm die Zwölf abermals mit und fing an, ihnen zu sagen, was ihm widerfahren sollte: [33] Seht, wir steigen hinauf nach Jerusalem, und der Menschensohn wird den Hohenpriestern und den Schriftgelehrten ausgeliefert werden, und sie werden ihn zum Tode verurteilen und ihn den Heiden ausliefern. [34] Und sie werden ihr Spiel mit ihm treiben und ihn geißeln und töten, doch nach drei Tagen wird er auferstehen.

Frage nach dem Thron: Könnt ihr den Kelch trinken?

[35] Da kommen Jakobus und Johannes, die Söhne des Zebedäus, zu ihm und sagen zu ihm: Meister, wir wollen, dass du uns tust, um was wir dich bitten. [36] Und er sprach zu ihnen:

---

en. Die Szene vom jungen reichen Mann ist nicht nur einfach eingeschoben. Hier steht der Reiche neben dem Kind; wer von den beiden ist besser »abgesichert«? Der Reiche erschrickt über Jesu Forderung. Wer kann die Sicherheit geben? Niemand anderer als die Gemeinde, die Heimat und Geborgenheit schenkt. **25** Das Bildwort vom Kamel und vom Nadelöhr bildet den Hintergrund für die tröstliche Zusage: Wenn der Mensch am Ende ist, dann ist Gott mächtiger. **28-31** Petrus stellt die Frage nach dem Lohn, nach den Vorteilen des Christseins. Er wird auf die Gemeinschaft der Gemeinde und auf das Leben bei Gott verwiesen. **32-34** Nun beginnen die ersten Hinweise auf Leiden und Tod, die auf Jesus in Jerusalem warten; doch am Ende steht auch der Hinweis auf die Auferstehung. Die Worte wirken im Verlauf des

Was wollt ihr, dass ich euch tun soll? 37 Da
sagten sie zu ihm: Gib uns, dass wir, einer zu
deiner Rechten und einer zur Linken, sitzen in
deiner Herrlichkeit. 38 Jesus aber sprach zu ih-
nen: Ihr wisst nicht, um was ihr bittet. Könnt
ihr den Becher trinken, den ich trinke, oder
euch mit der Taufe taufen lassen, mit der ich
getauft werde? 39 Sie aber sagten zu ihm: Wir
können es. Da sprach Jesus zu ihnen: Den Be-
cher, den ich trinke, werdet ihr trinken und
mit der Taufe, mit der ich getauft werde, wer-
det ihr getauft werden, 40 doch das Sitzen zu
meiner Rechten oder Linken zu vergeben, ist
nicht an mir, außer denen, welchen es bereitet
ist. 41 Als die Zehn das hörten, fingen sie an
über Jakobus und Johannes unwillig zu sein.
42 Da rief Jesus sie zu sich; dann sagt er zu ih-
nen: Ihr wisst, dass die, welche als Fürsten der
Völker gelten, über sie herrschen und ihre
Großen Macht über sie üben. 43 Unter euch
aber ist es nicht so, sondern wer unter euch
groß sein will, sei euer Diener, 44 und wer un-
ter euch Erster sein will, der sei der Knecht al-
ler. 45 Denn auch der Menschensohn ist nicht
gekommen, bedient zu werden, sondern zu
dienen und sein Leben zu geben als Lösegeld
für viele.

Trotz aller Leidensankündigung
denken die Jünger immer noch an sich.
Da fühlen sich die Worte Jesu
vom Dienen und Knechtsein an
wie eine kalte Dusche.

(10,35-45)

Der Blinde von Jericho:
Sohn Davids, erbarme dich

46 Und sie kommen nach Jericho. Und als er
von Jericho wegging und seine Jünger und
ziemlich viel Volk, saß der Sohn des Timäus,
– Bartimäus – ein blinder Bettler, am Weg.
47 Und als er hörte, dass es Jesus von Nazaret
sei, fing er an zu schreien und zu sagen: Sohn
Davids, Jesus, erbarme dich meiner! 48 Da be-
drohten ihn viele, er solle schweigen. Er aber
schrie noch viel mehr: Sohn Davids, erbarme
dich meiner! 49 Und Jesus blieb stehen und
sagte: Rufet ihn! Und sie rufen den Blinden
und sagen zu ihm: Habe Mut, steh auf, er ruft
dich. 50 Und er warf sein Gewand ab, sprang
auf und kam zu Jesus. 51 Da richtete Jesus das
Wort an ihn und sprach: Was willst du, dass
ich dir tun soll? Da sagte der Blinde zu ihm:
Rabbuni, dass ich wieder sehe. 52 Und Jesus
sprach zu ihm: Geh, dein Glaube hat dich ge-
rettet. Und sogleich sah er wieder und folgte
ihm auf dem Weg.

Die Menge ist wankelmütig:
erst schicken sie den Blinden weg,
dann holen sie ihn her.
Den Bartimäus aber
kann nichts zurückhalten.
Nach seiner Heilung
folgt er Jesus.
Er ist zu beneiden.

(10,46-52)

Einzug in Jerusalem:
Hochgelobt sei das kommende Reich

11 Und als sie sich Jerusalem nähern, bei Bet-
fage und Betanien am Ölberg, schickt er zwei
seiner Jünger und sagt zu ihnen: 2 Geht in das
Dorf, das vor euch liegt und gleich, wenn ihr
dort hineinkommt, werdet ihr ein Füllen an-
gebunden finden, auf dem noch kein Mensch

Textes wie Fremdkörper. Eine Art Kurzfassung der Leidensgeschichte. **35-45** Zwei aus dem Jüngerkreis trauen es sich zu, den Weg Jesu zu gehen. Darum wollen sie auch eine feste Zusage für ihre Zukunft erbitten. Doch ihre Bitte wird abgelehnt. Es ist ein schlimmes Missverständnis, die Entscheidung für Jesus von Lohnzusagen abhängig zu machen. **45** Jesus versteht seinen Weg nach Jerusalem als Dienst für alle.

46-52 Die Heilung des Bartimäus verdeutlicht, was Glaube wirkt und was er bedeutet. Der Blinde lässt sich nicht abweisen; nicht andere bringen ihn, er ist selber aktiv (vgl. dagegen 8,22-26). Der sehend Gewordene folgt Jesus nach Jerusalem. »Rabbuni« (mein Meister) ist eine ehrfurchtsvollere Anrede als das schlichte Rabbi.

11,1-11 Jesus kommt nach Jerusalem. Dort wird er

gesessen ist. Bindet es los und bringt es her.
[3] Und wenn einer zu euch sagt: Was macht ihr
da?, so sagt: Der Herr bedarf seiner und
schickt es alsbald wieder hierher. [4] Sie gingen
also weg und fanden ein Füllen an einer Türe
angebunden, außen auf der Straße; da binden
sie es los. [5] Und einer der dort Stehenden sag-
te zu ihnen: Was macht ihr, dass ihr das Fül-
len losbindet? [6] Sie aber sagten ihnen, wie Je-
sus gesagt hatte, und sie ließen sie. [7] Dann
bringen sie das Füllen zu Jesus und sie legen
ihm ihre Gewänder auf; er aber setzte sich
darauf. [8] Und viele breiteten ihre Gewänder
auf den Weg, andere aber Laubbüschel, die
sie auf den Feldern abgeschlagen hatten.
[9] Und die vorangingen und die folgten, schri-
en: Hosanna! Gepriesen sei, der da kommt im
Namen des Herrn. [10] Gepriesen sei das kom-
mende Reich unseres Vaters David. Hosanna
in den Höhen. [11] Und er ging nach Jerusalem
hinein in den Tempel, und nachdem er alles
ringsum angesehen hatte, ging er, da es schon
spät an der Zeit war, hinaus nach Betanien
mit den Zwölfen.

Nicht auf einem Pferd,
auf einem Esel kommt er.
Dennoch jubeln sie ihm zu.
Ein phantastisches Bild,
ein Gegenbild zum Karfreitag.
Hier: Hosanna!
Dort: Kreuzige ihn!
Die Volksmenge lässt sich leicht beeinflussen.
Und wie ist das bei uns?
Und wie verhalte ich mich?

(11,1-11)

Der Feigenbaum: Niemand esse Frucht von dir

[12] Und als sie am andern Tag von Betanien
weggegangen waren, hungerte ihn. [13] Und als
er von fern einen Feigenbaum sah, der Blätter
hatte, ging er hin, ob er wohl etwas daran fin-
de. Und als er zu ihm hinkam, fand er nichts
als Blätter, denn es war nicht Feigenzeit.
[14] Und er nahm das Wort und sprach zu ihm:
Auf Weltzeit nicht mehr esse jemand Frucht
von dir. Und seine Jünger hörten es.

Tempelreinigung: Und die Hohenpriester fürchteten ihn

[15] Dann kamen sie nach Jerusalem. Und als er
in den Tempel kam, fing er an, die Verkäufer
und die Käufer im Tempel hinauszutreiben,
und stieß die Tische der Wechsler und die Sit-
ze der Taubenhändler um [16] und ließ nicht zu,
dass jemand ein Gefäß durch den Tempel
trug. [17] Und er lehrte und sprach zu ihnen: Ist
nicht geschrieben: Mein Haus soll ein Haus
des Gebets genannt werden für alle Völker?
Ihr aber habt es zu einer Höhle der Räuber ge-
macht. [18] Und die Hohenpriester und die
Schriftgelehrten hörten es, und sie suchten,
wie sie ihn zugrunde richten könnten. Denn
sie fürchteten ihn. Alles Volk nämlich war be-
troffen über seine Lehre. [19] Und als es Abend
geworden war, gingen sie zur Stadt hinaus.

Der verdorrte Feigenbaum: Habt Glauben

[20] Und als sie morgens vorübergingen, sahen
sie den Feigenbaum, verdorrt von den Wur-
zeln auf. [21] Da erinnerte sich Petrus; und er
sagt zu ihm: Rabbi, sieh, der Feigenbaum,

---

nach dreitägigem Wirken verhaftet. Markus verteilt die Überlieferung vom Tun und Leiden Jesu auf sieben Tage (11,1 - 13,37). **8** Das Volk huldigt Jesus als dem, der im Namen Gottes kommt, um das Königtum Gottes zu bringen. Doch diese Herrschaft trägt für die Juden politische Züge; sie erwarten Rettung aus politischer Not. **9** »Hosanna« ist ursprünglich ein Bittruf aus Ps 118,25 (»Hilf doch«); dann aber auch ein Zuruf zu Ehren des Königs. Der Psalm, aus dem der Bitt- und Huldigungsruf stammt, gehört zu der für das Pascha vorgeschriebenen Liturgie (Psalmen 113-118). **12-14** Die Kraft, die Kranke heilt, kann auch zum Fluch werden. Wo das Heil abgelehnt wird, ist dem Unheil Tor und Türe offen. **15-19** Käufer und Verkäufer von Opfertieren treiben ihren Handel. Die Pilger können bei den Geldwechslern heidnische Münzen (mit einem römischen Herrscherbild) in die für die Tempelsteuer geforderte Währung aus Tyrins umtauschen. Jesu Tat zeigt, dass der bisherige Tempelgottesdienst seine Berechtigung verloren hat. **20-26** Der Feigenbaum ist Zeichen für Gottes Gericht. Was an ihm geschah, kann auch Zeichen für die Macht des Glaubens werden. **26** Spätere Textzeugen haben hier eingefügt: »Wenn ihr aber nicht vergebt,

den du verflucht hast, ist verdorrt. [22] Und Jesus antwortete und sagt zu ihnen: Habt Glauben an Gott! [23] Wahrlich, ich sage euch: Wer zu diesem Berge sagt: Hebe dich und wirf dich ins Meer, und nicht zweifelt in seinem Herzen, sondern glaubt, dass das, was er sagt, geschieht, dem wird es geschehen. [24] Darum sage ich euch: Alles, um was ihr betet und bittet, glaubet, dass ihr es empfangen habt, und es wird euch geschehen. [25] Und wenn ihr dasteht, um zu beten, vergebt, wenn ihr etwas gegen jemand habt, damit auch euer Vater in den Himmeln euch eure Verfehlungen vergibt. [[26] Wenn ihr aber nicht vergebt, wird auch euer Vater in den Himmeln euch eure Verfehlungen nicht vergeben.]

Die Vollmachtsfrage:
Vom Himmel oder von Menschen

[27] Und sie kommen wieder nach Jerusalem. Und wie er im Tempel umhergeht, kommen zu ihm die Hohenpriester und die Schriftgelehrten und die Ältesten. [28] Und sie sagten zu ihm: In welcher Macht tust du dies? Oder: Wer hat dir diese Macht gegeben, dass du dieses tust? [29] Jesus aber sprach zu ihnen: Ein Wort werde ich euch fragen, dann antwortet mir, und ich werde euch sagen, in welcher Macht ich dieses tue: [30] Die Taufe des Johannes, war sie vom Himmel oder von Menschen? Antwortet mir! [31] Da denken sie bei sich nach und sagen: Wenn wir sagen, vom Himmel, so wird er sagen: Warum also habt ihr ihm nicht geglaubt? [32] Werden wir also sagen: Von den Menschen? – Sie fürchteten das Volk. Denn alle glaubten, dass Johannes wahrhaft ein Prophet war. [33] Da antworten sie Jesus und sagen: Wir wissen es nicht. Und Jesus sagt zu ihnen: So sage auch ich euch nicht, in welcher Macht ich dieses tue.

Ich kann mir gut vorstellen,
dass sie ihn fürchteten.
Doch, warum haben sie nicht selber
für Ordnung gesorgt?
Räuberhöhle nennt Jesus den Tempel –
das Haus des Gebets!
Jesus lässt sich von seinen Gegnern
nicht festlegen.
Er gibt ihnen Antworten,
die sie in Rage bringen.
Doch – was sollen sie erwidern?

(11,15-33)

Die bösen Winzer:
Was wird der Herr tun?

12 Und er fing an, in Gleichnissen zu ihnen zu reden. Ein Mensch pflanzte einen Weinberg und umgab ihn mit einem Zaun und grub eine Kelter und baute einen Turm und verpachtete ihn an Winzer und verreiste.
[2] Zum Zeitpunkt aber schickte er zu den Winzern einen Knecht, um von den Winzern von den Früchten des Weinberges zu erhalten.
[3] Und sie ergriffen ihn und schlugen ihn und schickten ihn leer fort. [4] Da schickte er wieder einen anderen Knecht zu ihnen, den schlugen sie auf den Kopf und beschimpften ihn.
[5] Dann sandte er einen andern, den töteten sie; und viele andere, die einen schlugen sie, die andern töteten sie. [6] Noch einen hatte er, einen geliebten Sohn, den sandte er zuletzt zu ihnen, indem er sagte: Sie werden sich vor meinem Sohn scheuen. [7] Jene Winzer aber sagten zueinander: Dieser ist der Erbe, auf, wir wollen ihn töten, und das Erbe wird unser sein. [8] Und sie ergriffen und töteten ihn und warfen ihn zum Weinberg hinaus. [9] Was

---

dann wird euch euer Vater im Himmel eure Verfehlungen auch nicht vergeben.« **27-33** Die oberste religiöse Behörde fragt, wie es ihre Aufgabe ist, nach Jesu Vollmacht. Jesu Gegenfrage legt ihre unlautere Gesinnung bloß. Johannes der Täufer hatte so große Verehrung im Volk, dass keiner gegen ihn reden wollte.

12,1-12 Das Weinberggleichnis steht auch bei Jes 5,1-2. Dort schon ist es eine Anspielung auf das ungetreue Israel. Der Weg Gottes mit Israel endet damit, dass Jesus das Prophetenschicksal erleidet. **13-17** Die Pharisäer bezahlen seit dem Jahr 6/7 n. Chr. die von den Römern geforderte Kopfsteuer (die Zeloten – eine Gruppe jüdischer Fanatiker, die das Volk aus der Herrschaft der Römer befreien wollten – verweigern die römischen Steuern). Jesus durchschaut die für ihn aufgestellte Falle. **18-27** Im Gegensatz zu den Pharisäern setzte sich die Gruppe der Sadduzäer vor al-

wird der Herr des Weinbergs tun? Er wird kommen und die Winzer zugrunde richten und den Weinberg anderen geben. [10] Habt ihr nicht dieses Schriftwort gelesen? Der Stein, den die Bauleute verworfen haben, der ist zum Schlussstein geworden. [11] Vom Herrn ist dies geschehen, und es ist wunderbar in unsern Augen. [12] Da suchten sie ihn zu ergreifen, doch sie fürchteten die Volksmenge. Sie erkannten nämlich, dass er das Gleichnis gegen sie gesagt hatte. Und sie verließen ihn und gingen weg.

Die Steuerfrage:
Gebt Gott, was Gottes ist

[13] Und sie schicken zu ihm einige der Pharisäer und der Herodianer, um ihn mit einem Wort zu fangen. [14] Und sie kommen und sagen zu ihm: Meister, wir wissen, dass du wahrhaft bist und dich um niemanden kümmerst. Denn du siehst nicht auf die Person der Menschen, sondern du lehrst den Weg Gottes nach der Wahrheit. Ist es erlaubt, dem Kaiser Steuer zu geben oder nicht? Sollen wir sie geben oder nicht geben? [15] Er aber kannte ihre Heuchelei und sprach zu ihnen: Was versucht ihr mich? Bringt mir einen Denar, damit ich sehe. [16] Da brachten sie einen. Und er sagt zu ihnen: Wessen ist das Bild und die Aufschrift? Sie sprachen zu ihm: Des Kaisers. [17] Da sagte Jesus zu ihnen: Gebt dem Kaiser, was des Kaisers ist, und Gott, was Gottes ist. Und sie verwunderten sich über ihn.

Die Auferstehung:
Er ist nicht ein Gott der Toten

[18] Da kommen die Sadduzäer zu ihm, die sagen, es gebe keine Auferstehung. Und sie fragten ihn und sagten: [19] Meister, Mose hat uns aufgeschrieben: Wenn jemandes Bruder stirbt und eine Frau zurücklässt und kein Kind hinterlässt, so soll sein Bruder die Frau nehmen und seinem Bruder Nachkommen zeugen. [20] Da waren sieben Brüder und der erste nahm eine Frau. Und als er starb, hinterließ er keine Nachkommen. [21] Da nahm sie der zweite und starb, ohne Nachkommen zurückzulassen, und der dritte ebenso. [22] Und die sieben hinterließen keine Nachkommen. Zuletzt von allen starb auch die Frau. [23] Bei der Auferstehung – falls sie auferstehen werden – wem von diesen wird die Frau gehören? Denn die sieben hatten sie zur Frau. [24] Jesus sprach zu ihnen: Irrt ihr nicht deshalb, weil ihr die Schriften nicht kennt, noch die Kraft Gottes? [25] Denn wenn sie von den Toten auferstehen, heiraten sie nicht und werden nicht verheiratet, sondern sie sind wie Engel in den Himmeln. [26] Was aber die Toten betrifft, dass sie auferweckt werden – habt ihr nicht gelesen im Buch des Mose, beim Dornbusch, wie Gott zu ihm dies sprach: Ich bin der Gott Abrahams und der Gott Isaaks und der Gott Jakobs? [27] Er ist nicht ein Gott von Toten, sondern von Lebenden. Ihr irrt sehr.

Das größte Gebot:
Liebe Gott, liebe deinen Nächsten

[28] Und es trat einer der Schriftgelehrten hinzu, der sie miteinander streiten gehört hatte; und da er wusste, dass er ihnen gut geantwortet hatte, fragte er ihn: Welches ist das erste Gebot von allen? [29] Jesus antwortete: Das erste ist: Höre, Israel, der Herr, dein Gott, ist *ein* Herr. [30] Und du sollst den Herrn deinen Gott lieben aus deinem ganzen Herzen und aus deiner ganzen Seele und aus deinem ganzen Denken und aus deiner ganzen Kraft. [31] Das zweite ist dieses: Du sollst deinen Nächsten lieben wie dich selbst. Größer als dieses ist

---

lem aus der Oberschicht zusammen. Viele Priester gehören ihr an. Sie beherrschten vor allem den Hohen Rat. Die Sadduzäer waren weltoffen und römerfreundlich, sie lehnten die Überlieferung der schriftgelehrten Rabbinen ab und leugneten die Auferstehung der Toten. Obwohl sie also in vielen Punkten Gegner der Pharisäer und Schriftgelehrten waren, trafen sie sich mit diesen in der Ablehnung gegenüber Jesus. **26** Vgl. Ex 3,6. **28-34** Der Schriftgelehrte zeigt mit seiner Antwort, dass er den Geist des Gesetzes begriffen hat. Seine Frage wird verständlich, wenn man bedenkt, dass die Schriftgelehrten nicht weniger als 613 Einzelsatzungen im Gesetz des AT unterschieden, 248 Gebote (soviel Glieder man am menschlichen Leib zählte) und 365 Verbote (Zahl der Tage im Jahr). **28** Der Schriftgelehrte stellt Jesus eine »Katechismusfrage«, und Jesus antwortet so wie erwartet. Das Einverständnis steht zwischen den Zeilen.

kein anderes Gebot. [32] Da sagte der Schriftgelehrte zu ihm: Gut, Meister, nach der Wahrheit hast du gesprochen, denn es ist nur Einer, und es ist kein anderer außer ihm. [33] Und ihn zu lieben aus ganzem Herzen und aus ganzem Verstand und aus ganzer Kraft, und den Nächsten zu lieben wie sich selbst, ist weit mehr als alle Brandopfer und Rauchopfer. [34] Als aber Jesus sah, dass er verständig geantwortet hatte, sprach er zu ihm: Du bist nicht fern vom Reich Gottes. Und keiner wagte mehr, ihn zu fragen.

Die Frage nach dem Messias: Ist er Davids Sohn?

[35] Und Jesus nahm das Wort, da er im Tempel lehrte, und sprach: Weshalb sagen die Schriftgelehrten, dass der Messias Davids Sohn ist? [36] David selbst hat im Heiligen Geist gesprochen: Der Herr sprach zu meinem Herrn: Setze dich zu meiner Rechten, bis ich deine Feinde unter deine Füße lege. [37] David selbst nennt ihn Herr, weshalb ist er also sein Sohn? – Und das viele Volk hörte ihn gern.

Warnung: Hütet euch vor den Schriftgelehrten

[38] Und er sprach in seiner Lehre: Hütet euch vor den Schriftgelehrten, die in langen Kleidern einhergehen und die Begrüßungen auf den Märkten [39] und den Vorsitz in den Synagogen und die Ehrenplätze bei den Gastmählern wollen, [40] die der Witwen Häuser verschlingen und zum Vorwand lange beten – sie werden ein Gericht empfangen über jedes Maß.

Wahre Opfer: Die Witwe hat mehr hineingeworfen

[41] Und er setzte sich dem Opferkasten gegenüber und sah zu, wie die Volksmenge Geld in den Opferkasten warf. Und viele Reiche warfen viel hinein. [42] Und es kam eine einzige arme Witwe und warf zwei Kleinmünzen hinein, das ist ein Quadrans. [43] Da rief er seine Jünger zusammen und sprach zu ihnen: Wahrlich, ich sage euch: Diese Witwe, die arme, hat mehr hineingeworfen als alle, die in den Opferkasten hineingeworfen haben. [44] Denn alle haben aus ihrem Überfluss hineingeworfen, diese aber warf aus ihrer Armut gar alles hinein, was sie zu ihrem Leben hatte.

Probleme aller Art werden zum Thema.
Ich kann mich nur wundern
über diesen Jesus.
Da fällt es mir leicht zu beten:
Du, mein Herr und mein Gott.

(12,41f)

Das Ende des Tempels: Nicht Stein auf Stein

13 Und wie er aus dem Tempel herauskommt, sagt einer seiner Jünger: Meister, sieh, was für Steine und was für Bauten! [2] Da sprach Jesus zu ihm: Siehst du diese großen Bauten? Nicht wird Stein auf Stein gelassen werden, der nicht zerstört werden wird. [3] Und als er sich auf dem Ölberg – dem Tempel gegenüber – setzte, fragten ihn Petrus und Jakobus und Johannes und Andreas abseits: [4] Sage uns, wann wird dieses sein, und was ist das Zeichen, wann dies alles vollendet werden soll? [5] Jesus aber fing an, ihnen zu sagen: Sehet zu, dass euch keiner irreführe! [6] Viele werden unter meinem Namen kommen und sagen: Ich bin es. Und sie werden viele irreführen. [7] Wenn ihr aber von Kriegen und

---

35-37 Jesus stammt aus dem Haus Davids, doch er ist mehr als der Sohn Davids, den man erwartet; er ist der Herr. **38-40** Das Gerichtswort gegen die Schriftgelehrten kann zur Warnung für die Amts- und Würdenträger der Gemeinde werden. Es gilt das Gesetz des Dienens. **41-44** Im Vorhof der Frauen (im Tempel) standen 13 Opferkästen (12 Stämme); der letzte war für freiwillige Gaben bestimmt. »Lepton« = kleinste griechische Kupfermünze. »Quadrans« = kleinste römische Münze. Markus schreibt für römische Leser, die mit dem Quadrans umgehen.

13,1-37 Auch bei Mt und Lk findet sich ein »Lehrstück«, das Stellung nimmt zur Frage der Wiederkunft Christi und zum Schicksal der Glaubenden. Der

Kriegsgerüchten hören werdet, erschrecket
nicht! Es muss geschehen, aber es ist das En-
de noch nicht. 8 Denn erheben wird sich Volk
wider Volk und Reich wider Reich. Es werden
hier und dort Erdbeben sein, Hunger wird
sein. Dies ist der Anfang der Wehen. 9 Ihr aber
seht auf euch selbst! Sie werden euch den Ge-
richten ausliefern, und in den Synagogen wer-
det ihr geschlagen werden, und vor Statthal-
ter und Könige werdet ihr gestellt werden um
meinetwillen – ihnen zum Zeugnis. 10 Doch
bei allen Völkern muss zuerst die Frohe Bot-
schaft gekündet werden. 11 Und wenn sie euch
führen, um euch auszuliefern, sorget euch
nicht, was ihr reden sollt; sondern was euch
in jener Stunde gegeben wird, das redet! Denn
nicht ihr seid die Redenden, sondern der Hei-
lige Geist. 12 Und es wird der Bruder den Bru-
der zum Tod ausliefern, und der Vater das
Kind, und Kinder werden wider die Eltern
aufstehen und sie töten. 13 Und ihr werdet von
allen gehasst sein um meines Namens willen.
Wer aber ausharrt bis ans Ende, der wird ge-
rettet werden.

Die Tage der Drangsal: Der Herr verkürzt jene Tage

14 Wenn ihr aber den Gräuel der Verwüstung
da stehen seht, wo er nicht sollte – wer das
liest, der merke auf! – dann sollen die in Judäa
ins Gebirge fliehen: 15 Wer auf dem Dach ist,
steige nicht hinab und gehe nicht hinein, et-
was aus seinem Haus zu holen. 16 Und wer auf
dem Felde ist, kehre nicht nach rückwärts
um, sein Gewand zu holen. 17 Wehe aber den
Schwangeren und Säugenden in jenen Tagen.
18 Betet aber, dass es nicht im Winter ge-
schehe. 19 Denn jene Tage werden Drangsal
sein, wie seit Anfang der Schöpfung, die Gott
erschaffen hat, bis jetzt keine solche gewesen
ist und keine sein wird. 20 Und wenn der Herr
die Tage nicht verkürzte, würde alles Fleisch
nicht gerettet werden; aber um der Auser-
wählten willen, die er auserwählt hat, hat er
die Tage verkürzt. 21 Und wenn dann einer
euch sagt: Siehe, hier ist der Messias, siehe
dort! Glaubet nicht! 22 Denn es werden
Falschmessiasse und Falschpropheten aufste-
hen, und sie werden Zeichen und Wunder
tun, um – wenn möglich – die Auserwählten
irrezuführen. 23 Ihr aber sehet zu! Ich habe
euch alles vorhergesagt.

Reden über das Ende.
Ungemütlich zum Lesen,
zum Nachdenken.
Hier kann ich nur rufen:
Herr, mach ein Ende dieser Drangsal.

(13,11-23)

Wiederkunft: Den Tag kennt niemand

24 In jenen Tagen aber, nach jener Drangsal,
wird die Sonne verfinstert werden, und der
Mond wird seinen Schein nicht geben. 25 Und
die Sterne werden vom Himmel fallen, und
die Kräfte in den Himmeln werden erschüt-
tert werden. 26 Dann aber werden sie den
Menschensohn in Wolken kommen sehen mit
viel Kraft und Herrlichkeit. 27 Und dann wird
er aussenden die Engel und versammeln seine
Auserwählten von den vier Winden, vom En-
de der Erde bis zum Ende des Himmels.
28 Vom Feigenbaum aber lernet das Gleichnis:
Wenn sein Zweig schon saftig wird und die
Blätter herauswachsen, erkennt ihr, dass der

---

vorausgehende und der nachfolgende Text zeigen deutlich, dass dieses Kapitel erst nachträglich in das Evangelium eingefügt wurde. **7-25** Der Text zitiert viele Stellen aus dem AT: V. 7 = Dan 2,28; V. 8 = 2 Chr 15,6; Jes 19,2; V. 12 = Mi 7,6; V. 19 = Dan 12,1; V. 22 = Dtn 13,1 ff; V. 24 = Jes 13,10; V. 25 = Jes 34,4. **3-13** Die Antwort auf die Frage der vier Jünger bezieht sich deutlich auf die nachösterliche Gemeinde. In ihr sind die Bedrängnisse Wirklichkeit. **14-23** Der Abschnitt bezieht sich auf die Zerstörung Jerusalems durch die Römer. **14** Mit »Gräuel der Verwüstung« meint der Prophet Daniel (9,27) den großen Widersacher Gottes; Paulus nennt ihn: »Mensch der Gesetzlosigkeit«; die Johannesbriefe und die Offenbarung: »Antichrist«. **24-32** Diese Verse sind wie eine Kette von Bildern. **28-31** Der konkrete Vergleich mit dem Feigenbaum und seinen Früchten geht nahtlos über in eine grundsätzliche Aussage über die Unvergänglich-

Sommer nahe ist. 29 So sollt auch ihr, wenn ihr dies geschehen seht, erkennen, dass er nahe vor der Tür ist. 30 Wahrlich, ich sage euch: Nicht vergehen wird dies Geschlecht, bis dies alles geschieht. 31 Der Himmel und die Erde werden vergehen, meine Worte aber werden nicht vergehen. 32 Über jenen Tag aber und die Stunde weiß niemand, auch nicht die Engel im Himmel, auch nicht der Sohn, sondern nur der Vater.

Wachsamkeit:
Ihr wisst nicht, wann der Herr kommt

33 Sehet zu! Wachet! Denn ihr wisst nicht, wann die Zeit da ist. 34 Es ist wie bei einem Mann, der verreiste und sein Haus verließ und seinen Knechten Macht gab, jedem sein Werk, und dem Türhüter befahl, dass er wachen solle. 35 Wachet also! Denn ihr wisst nicht, wann der Herr des Hauses kommt, ob spät, oder um Mitternacht, oder beim Hahnenschrei, oder frühmorgens, 36 damit er nicht, wenn er plötzlich kommt, euch schlafend finde. 37 Was ich aber euch sage, sage ich allen: Wachet!

Seine Worte vergehen nicht,
auch nicht, wenn alles am Ende ist.
Du rufst zum Wachbleiben auf,
spät – um Mitternacht – am Morgen.
Immer nur wachen.
Und wenn ich doch einschlafe?
Herr, weck mich rechtzeitig auf!
(13,37)

Beschluss:
Sie suchten, wie sie ihn töten könnten

14 Zwei Tage danach aber war Pascha und das Fest der Ungesäuerten Brote. Und die Hohenpriester und die Schriftgelehrten suchten, wie sie ihn mit List ergreifen und töten könnten; 2 denn sie sagten: Nicht am Fest, damit nicht etwa ein Volksaufruhr entstehe!

Betanien: Sie hat meinen Leib zum Begräbnis gesalbt

3 Und als er in Betanien, im Haus Simons des Aussätzigen war, kam – während er bei Tisch lag – eine Frau mit einem Alabastergefäß echten, kostbaren Nardenöls: Sie zerbrach das Alabastergefäß und goss es über sein Haupt. 4 Einige aber konnten dies nicht bei sich ertragen: Wozu ist diese Verschwendung des Öls geschehen? 5 Man hätte doch dieses Öl für mehr als 300 Denare verkaufen und den Armen geben können! Und sie fuhren sie an. 6 Jesus aber sprach: Lasset sie! Was macht ihr ihr Beschwer? Eine gute Tat hat sie an mir getan: 7 Denn die Armen habt ihr immer bei euch. Und sooft ihr wollt, könnt ihr ihnen wohl tun; mich aber habt ihr nicht immer. 8 Was sie konnte, hat sie getan; sie hat es vorweggenommen, meinen Leib zum Begräbnis zu salben. 9 Aber wahrlich, ich sage euch: Wo immer die Frohe Botschaft gekündet wird – in der ganzen Welt –, wird auch, was diese getan hat, berichtet werden, zu ihrem Gedächtnis.

Der Verräter:
Er ging weg, um ihn zu überliefern

10 Da ging Judas Iskariot, einer von den Zwölfen, weg, hin zu den Hohenpriestern, um ihn an sie zu überliefern. 11 Diese aber freuten sich, als sie es hörten, und versprachen, ihm Geld zu geben. Und er suchte, wie er ihn zu guter Zeit überliefere.

Die Situation wird immer beängstigender,
auch bei einer so ehrfurchtsvollen Szene,
da Jesus mit Öl gesalbt wird.
Das sei Verschwendung!

---

keit von Jesu Worten. 32 Markus vertritt einerseits die zeitliche Naherwartung, andererseits steht fest, dass nur der Vater den Tag und die Stunde kennt. 33-37 Die Leidens- und Ostergeschichte ist der Zielpunkt des ganzen Evangeliums. Kap. 14 deutet vorweg das eigentliche Passionsgeschehen.

14,1-9 Das Pascha, das jüdische Osterfest, gefeiert am ersten Frühjahrsvollmond, war das Erinnerungsfest an die Verschonung der Erstgeburt Israels in Ägypten (Ex 12,13-23). Gleichzeitig wurde eine Woche lang das »Fest der Ungesäuerten Brote« gefeiert zur Erinnerung an den Auszug aus Ägypten (ur-

Jesus lässt das nicht gelten.
Die Frau habe vorweggenommen,
was zu seinem Begräbnis gehört.
Das ist für Judas so ärgerlich,
dass er beschließt, Jesus auszuliefern.
Und das macht einer seiner Freunde!

(14,3-11)

Vorbereitung:
Wo willst du das Pascha essen?

12 Und am ersten Tag der Ungesäuerten Brote,
da man das Pascha opfert, sagen seine Jünger
zu ihm: Wohin willst du, dass wir gehen und
vorbereiten, damit du das Pascha essest? 13 Da
sendet er zwei seiner Jünger und sagt zu ih-
nen: Geht in die Stadt, da wird euch ein
Mensch begegnen, der einen Krug Wasser
trägt, dem folget. 14 Und wo er hineingeht, sa-
get dem Hausherrn: Der Meister sagt: Wo ist
meine Herberge, in der ich das Pascha esse
mit meinen Jüngern? 15 Und der wird euch ein
großes Obergemach zeigen, mit Polstern be-
legt und bereit. Und dort bereitet es für uns.
16 Da gingen die Jünger weg und kamen in die
Stadt und fanden, wie er ihnen gesagt hatte,
und bereiteten das Pascha.

Ankündigung des Verrats:
Einer von den Zwölfen

17 Und als es Abend geworden ist, kommt er
mit den Zwölfen. 18 Und als sie zu Tische la-
gen und aßen, sprach Jesus: Wahrlich, ich sa-
ge euch: Einer von euch, der mit mir isst, wird
mich überliefern. 19 Sie fingen an, betrübt zu
werden und einer nach dem andern ihm zu sa-
gen: Doch nicht ich! 20 Er aber sprach zu ih-
nen: Einer von den Zwölfen, der mit mir in
die Schüssel tunkt. 21 Denn der Menschen-
sohn geht zwar hin, wie von ihm geschrieben
steht. Wehe aber jenem Menschen, durch den
der Menschensohn überliefert wird! Wohl
ihm, wenn er nicht geboren wäre, jener
Mensch!

Abendmahl: Nehmt – esst – trinkt

22 Und als sie aßen, nahm er Brot, segnete,
brach und gab es ihnen und sagte: Nehmet!
Das ist mein Leib. 23 Und er nahm den Becher,
sagte Dank und gab ihnen, und alle tranken
daraus. 24 Und er sprach zu ihnen: Das ist
mein Blut des Bundes, das vergossen wird für
viele. 25 Wahrlich, ich sage euch: Niemals
mehr trinken werde ich von der Frucht des
Weinstocks bis zu jenem Tag, da ich neu da-
von trinke im Reich Gottes.

Das letzte Mahl – ein Paschamahl.
Der Verräter wird entlarvt:
Wehe diesem Menschen!
Beim gleichen Mahl
schenkt Jesus sich seinen Jüngern.
Brot und Wein – Leib und Blut.
Und das geschieht seit damals
alle Tage – rund um die Welt.
Geheimnis des Glaubens.

(14,22-25)

Getsemani: Nicht wie ich will

26 Und als sie den Lobgesang gesprochen hat-
ten, gingen sie hinaus an den Ölberg. 27 Da

---

sprünglich war es wohl ein Erntedankfest). **10-11** Wie die Salbung (V. 8), so gehört auch das Angebot des Judas zu den Ereignissen, die das Leiden vorbereiten. **12-16** Auf überraschende Weise finden die Jünger den Saal. Die Erzählung ist mit einem bestimmten Ort in Jerusalem verknüpft (wohl das sog. »Obergemach« in Apg 1,13). **12** Das Paschalamm sollte nach mosaischem Gesetz ein männliches, fehlerloses, einjähriges Tier sein; es musste im Tempelbezirk geschlachtet und nach Sonnenuntergang von Haus- oder Pilgergemeinschaften gebraten und gegessen werden. **17-21** Ein hartes Urteil über den Verräter. **20** Zum Paschalamm wurde ein Fruchtmus serviert, dazu aß man ungesäuertes Brot (Mazzen) und Bitterkräuter. Man tauchte das Brot in die gemeinsame Schüssel. **22-25** Das Paschamahl ist das Gedächtnismahl an die Heilshandlung Gottes, der sein Volk aus der Knechtschaft der Ägypter geführt hat. Jesus gibt der Feier einen anderen Sinn. Sie soll Gedächtnismahl sein an Ostern, da er alle Menschen aus der Knechtschaft der Sünde errettet. **26-31** Jesus verlässt die Stadt noch einmal. Die Jünger, die von Anfang an

sagt Jesus zu ihnen: Ihr alle werdet Anstoß
nehmen. Denn es steht geschrieben: Schlagen
will ich den Hirten, und die Schafe werden
zerstreut. 28 Aber wenn ich auferweckt wor-
den bin, werde ich euch nach Galiläa voran-
gehen. 29 Petrus sagte zu ihm: Wenn auch alle
Anstoß nehmen, ich jedoch nicht! 30 Da
spricht Jesus zu ihm: Wahrlich, ich sage dir:
Gerade du wirst heute, in dieser Nacht, ehe
der Hahn zweimal kräht, mich dreimal ver-
leugnen. 31 Der aber redete noch maßloser:
Wenn ich mit dir sterben müsste – ich ver-
leugne dich nimmer! Desgleichen sprachen
sie alle. 32 Und sie kommen in ein Landgut mit
Namen Getsemani. Da sagt er zu seinen Jün-
gern: Setzt euch hier, bis ich gebetet habe.
33 Und er nimmt den Petrus und den Jakobus
und den Johannes mit sich. Und er fing an,
sich zu entsetzen und unruhig zu werden.
34 Und er sagt zu ihnen: Betrübt ist meine See-
le bis zum Tod. Bleibet hier und wachet!
35 Und er ging ein wenig weiter, fiel auf die Er-
de und betete, dass – wenn es möglich wäre –
die Stunde an ihm vorübergehe. 36 Und er
sprach: Abba, Vater, dir ist alles möglich. Lass
vorübergehen diesen Becher an mir! Doch
nicht, wie ich will, sondern wie du! 37 Und er
kommt und findet sie schlafend. Da sagt er zu
Petrus: Simon, du schläfst! Nicht eine Stunde
vermochtest du zu wachen? 38 Wachet und be-
tet, damit ihr nicht in Versuchung kommt.
Der Geist zwar ist willig, das Fleisch aber
schwach. 39 Und wiederum ging er weg und
betete und sprach dasselbe Wort. 40 Dann
kam er wieder und fand sie schlafend, denn
ihre Augen waren schwer, und sie wussten
nicht, was sie ihm antworten sollten. 41 Da
kommt er zum dritten Mal und sagt zu ihnen:
Schlafet weiter und ruhet! – Es ist genug. Die
Stunde ist gekommen: Siehe da, der Men-
schensohn wird überliefert – in die Hände der
Sünder. 42 Steht auf, lasst uns gehen! Seht, der
mich überliefert, ist nahe.

Der immergleiche Petrus,
erst Feuer und Flamme für seinen Meister
und dann schläft er!
Und Jesus?
Seine Ölbergangst zeigt ihn
als einen, der Angst hat
und seinen Vater bittet,
dass er verschont werde.
Dann aber: Dein Wille geschehe.
Es läuft mir kalt den Rücken hinunter:
In einer Situation auf Leben und Tod:
Es geschehe, wie du willst...

(14,26-42)

Gefangennahme:
Die Schriften mussten sich erfüllen

43 Und gerade – noch während er redet –
kommt Judas dazu, einer der Zwölf, und mit
ihm eine Volksmenge mit Schwertern und
Prügeln von den Hohenpriestern und den
Schriftgelehrten und den Ältesten. 44 Es hatte
aber, der ihn überlieferte, ihnen ein Zeichen
gegeben und gesagt: Welchen ich küssen wer-
de, der ist's; den greifet und führt ihn sicher.
45 Und wie er kommt, tritt er sogleich auf ihn
zu und sagt: Rabbi! Und er küsste ihn.
46 Sie legten die Hände auf ihn und ergriffen
ihn. 47 Einer aber von denen, die dabeistan-
den, zog das Schwert, schlug den Knecht des
Hohenpriesters und hieb sein Ohr ab. 48 Und
Jesus nahm das Wort und sprach zu ihnen:
Wie gegen einen Räuber seid ihr ausgezogen
mit Schwertern und mit Prügeln, mich zu fan-
gen. 49 Täglich war ich bei euch im Tempel

---

mit ihm waren, werden ihn verlassen. **26** Die Psalmen 113 – 118, das sog. Hallel (= Lobgesang) bilden die das Mahl begleitenden Gebete für die Hausliturgie des Paschamahles. – Markus nimmt eine im Gottesdienst geprägte Überlieferung des Abendmahls auf. **29** Petrus, wie immer schnell begeistert und dann doch schwach. **32-42** In Getsemani sagt Jesus sein Ja zum Leiden. Die Jünger aber verweigern dem Herrn das Mit-ihm-Wachen. **35** Die Todesangst und zugleich die Ergebenheit in den Willen des Vaters, das zeigt die Spannung, die die Eigenart des Menschgewordenen offen legt. **36** Wieder eines der von Markus bewahrten aramäischen Bruchstücke; die vertrauliche Anrede an den Vater. **43-52** Es handelt sich wohl um den ursprünglichen Bericht der Verhaftung; Jesus widersetzt sich nicht. **47** Einer der Jünger will Jesus

und lehrte, und ihr habt mich nicht ergriffen;
doch die Schriften mussten sich erfüllen. 50 Da
verließen sie ihn, und alle flohen. 51 Ein ge-
wisser Jüngling aber, umhüllt mit Leinwand –
auf dem nackten Leib –, folgt ihm ebenfalls.
Da ergreifen sie ihn. 52 Er aber ließ die Lein-
wand zurück und floh nackt.

Der Verräter-Kuss!
Ein schändliches Verhalten.
Und die übrigen Jünger?
Als sie verstehen, was hier geschieht,
bringen sie sich alle in Sicherheit.
Über sie zu urteilen –
das ist leicht!
Wer bliebe wohl in solcher Situation!
Auch der unbekannte Jüngling –
wer er wohl ist?
Doch auch er flieht.

(14,43-52)

Vor dem Hohen Rat: Er ist des Todes schuldig

53 Und sie führten Jesus weg zum Hohenpries-
ter. Da kommen zusammen alle Hohenpries-
ter und die Ältesten und die Schriftgelehrten.
54 Petrus aber folgte ihm von fern, bis hinein
in den Hof des Hohenpriesters; und er saß mit
den Dienern zusammen und wärmte sich am
Feuer. 55 Die Hohenpriester und der ganze
Hohe Rat suchten nun Zeugnis wider Jesus,
um ihn zu Tode zu bringen, und sie fanden
nichts. 56 Denn viele gaben falsches Zeugnis
wider ihn, aber die Zeugnisse waren nicht
gleich. 57 Da standen einige auf und gaben
falsches Zeugnis wider ihn, indem sie sagten:
58 Wir haben ihn sagen hören: Ich werde die-
sen mit Händen gemachten Tempel abbre-
chen und nach drei Tagen einen anderen auf-
bauen, der nicht mit Händen gemacht ist.
59 Doch auch so war ihr Zeugnis nicht gleich.
60 Da stand der Hohepriester auf, in der Mit-
te fragte er Jesus und sprach: Antwortest du
nichts auf das, was jene wider dich zeugen?
61 Er aber schwieg und antwortete nichts.
Wiederum fragte ihn der Hohepriester und
sagt zu ihm: Bist du der Messias, der Sohn des
Gepriesenen? 62 Und Jesus sprach: Ich bin es!
Und: Ihr werdet den Menschensohn sitzen se-
hen zur Rechten der Kraft und kommen mit
den Wolken des Himmels. 63 Da zerriss der
Hohepriester seine Kleider, dann sagt er: Was
brauchen wir noch Zeugen? 64 Ihr habt die
Lästerung gehört. Was scheint euch? Alle
aber verurteilten ihn, er sei des Todes schul-
dig. 65 Und einige fingen an, ihn anzuspeien
und ihm das Angesicht zu verhüllen und ihn
zu schlagen und ihm zu sagen: Weissage! Und
die Diener versetzten ihm Backenstreiche.

Großes Verhör, ganz nach Gepflogenheit.
Und dann die Verurteilung zum Tod,
wegen Gotteslästerung.
Und das ausgerechnet Jesus!
Und dann die primitive Verhöhnung,
nachdem alle wissen,
der, der Jesus verhöhnt,
riskiert nichts.
Jetzt sind alle mutig.
Das reinste Psychologiebuch!

(14,53-65)

---

verteidigen, so wird überliefert. **50** Doch die ganze Gruppe der Jünger kündigt dem Herrn die Nachfolge auf. **51** Man vermutet, dass der hier angeführte junge Mann der Verfasser des Evangeliums ist. Das Abendmahl wurde möglicherweise im Haus seiner Mutter abgehalten, dem späteren Versammlungsort der Jerusalemer Gemeinde (vgl. Apg 1,13). **53-65** Das Verhör findet bei Nacht bei der höchsten jüdischen Behörde statt (Hoherpriester, Mitglieder des Hohen Rates). Erst als Jesus selber spricht, machen sie einen Anklagepunkt fest. **61-62** Mit Aussagen, die im biblischen Sprachgebrauch nur Gott zukommen, proklamiert Jesus seine Messianität. Daher wird er der Gotteslästerung beschuldigt. Darauf aber stand Todesstrafe. Auch »Ich bin« ist im AT eine Aussage, die nur Gott gebührt. »Zur Rechten der Kraft« ist eine Umschreibung Gottes; da es verboten war, den Namen Gottes auszusprechen, wurde er umschrieben mit »Kraft«, »Macht«, »Allerhöchster«. **63-65** Die Reaktion des Hohepriesters und der übrigen zeigt, wie sehr der Angeklagte gegen alle Vorschriften der Art, wie Gott zu verehren ist, verstoßen hat. **66-72** Diese

Petrus:
Ich kenne diesen Menschen nicht

66 Und während Petrus unten im Hof war,
kommt eine der Mägde des Hohenpriesters.
67 Und als sie den Petrus sah, wie er sich
wärmte, blickte sie ihn an und sagt: Auch du
warst mit dem Jesus aus Nazaret. 68 Er aber
leugnete und sagte: Ich weiß nicht und verste-
he nicht, was du sagst. Und er ging hinaus in
den Vorhof, [da krähte ein Hahn.]
69 Und als die Magd ihn sah, fing sie wieder
an, zu den Umstehenden zu sagen: Der ist ei-
ner von ihnen! 70 Er aber leugnete wieder. Und
bald darauf sagten die Umstehenden wieder-
um zu Petrus: Tatsächlich, du bist einer von
ihnen! Und: Du bist ja Galiläer! 71 Er aber fing
an zu fluchen und zu schwören: Ich kenne
diesen Menschen nicht, von dem ihr redet!
72 Und sogleich krähte der Hahn zum zweiten
Mal. Da erinnerte sich Petrus der Rede, wie
Jesus ihm gesagt hatte: Ehe der Hahn zwei-
mal kräht, wirst du mich dreimal verleugnen.
Und er fing sofort an zu weinen.

Auch hier wieder könnte man sagen:
Typisch Petrus!
Er will zwar wissen, was mit Jesus geschieht,
doch nicht einmal den Mägden gegenüber
hat er Mut.
Ganz so, wie Jesus gesagt hatte.
Jetzt beim Hahnenschrei erinnert er sich.
Und er weint.

(14,66-72)

Vor Pilatus: Antwortest du nicht?

15 Und sogleich am Morgen fassten die Ho-
henpriester mit den Ältesten und Schriftge-
lehrten und der ganze Hohe Rat einen Be-
schluss; sie fesselten Jesus, führten ihn ab und
überlieferten ihn dem Pilatus. 2 Und Pilatus
fragte ihn: Bist du der König der Juden? Er
aber antwortete ihm und sagt: Du sagst das.
3 Doch die Hohenpriester beschuldigten ihn
vieler Dinge. 4 Da fragte ihn Pilatus wieder-
um: Antwortest du nichts? Sieh, wie vieler
Dinge sie dich beschuldigen. 5 Jesus aber ant-
wortete gar nichts mehr, so dass Pilatus sich
verwunderte.

Die Verurteilung:
Was hat er denn Böses getan?

6 Zum Fest aber gab er ihnen einen Gefange-
nen frei, den sie sich ausbaten. 7 Es war aber
einer – Barabbas genannt – mit den Aufrüh-
rern gefangen, weil sie beim Aufstand einen
Mord begangen hatten. 8 Und die Volksmen-
ge zog hinauf und fing an, darum zu bitten,
wie er ihnen tat. 9 Pilatus aber antwortete ih-
nen und sprach: Wollt ihr, dass ich euch den
König der Juden freilasse? 10 Denn er erkann-
te, dass ihn die Hohenpriester aus Neid über-
liefert hatten. 11 Doch die Hohenpriester wie-
gelten das Volk auf, dass er ihnen lieber den
Barabbas freilasse. 12 Pilatus aber antwortete
wiederum und sprach zu ihnen: Was soll ich
dann mit ihm tun, den ihr den König der Ju-
den nennt? 13 Sie aber schrien wiederum:
Kreuzige ihn! 14 Da sagte Pilatus zu ihnen:
Was hat er denn Böses getan? Und sie schrien
noch unmäßiger: Kreuzige ihn! 15 Da aber
Pilatus der Volksmenge Genüge tun wollte,
ließ er ihnen Barabbas frei und übergab Je-
sus nach der Geißelung, dass er gekreuzigt
werde.

Petrus-Erzählung ist sicher nicht erfunden. Sie stellt das Versagen der Jünger exemplarisch dar. **68** Dass der Hahn kräht, ist nur von späteren Textzeugen überliefert. Die Art, wie Petrus reagiert, passt sehr gut zum Bild, das Markus von ihm entwirft.
15,1-15 Zuerst vor dem Hohen Rat der Gotteslästerung angeklagt, wird Jesus hier des Strebens nach dem Königtum bezichtigt. Diese Politisierung will »auf Nummer sicher« gehen, um auf jeden Fall die Hinrichtung durch die Besatzungsmacht zu erreichen. Der römische Statthalter ist Pontius Pilatus (26-36 n. Chr.) Die Beschuldigungen gehen hin und her. Die Szene endet mit dem Staunen des Pilatus. **6** Die Paschaamnestie ist nicht schriftlich bezeugt; doch gelegentlich wurden Verbrecher begnadigt. Hier heißt die Alternative: Jesus, der Unschuldige, oder Barabbas, der Mörder. Das Volk lässt sich aufwiegeln und fordert den Tod Jesu. Pilatus gibt dem Druck der Menge nach. **13-14** erfüllt sich das Schriftwort aus Jes 53,12: Er wurde zu den Verbrechern gerechnet (viel-

Vor dem Hohen Rat ist der Fall klar.
Doch wer ist das vor Pilatus?
Die Römer sind schließlich
die oberste Instanz.
Pilatus durchschaut sie,
aber durchzusetzen, das traut er sich nicht.
Und jetzt die infame Szene:
Nicht: »Hosanna«, sondern »Kreuzige ihn«.
Ein Aufrührer wird freigelassen
und nicht der Sohn Gottes.

(15,6-15)

Dornenkrönung:
Heil dir, König der Juden!

16 Die Soldaten aber führten ihn hinein in den
Hof, nämlich das Prätorium, und riefen die
ganze Kohorte zusammen. 17 Da zogen sie
ihm ein Purpurgewand an und flochten eine
Dornenkrone und setzten sie ihm auf; 18 und
fingen an, ihn zu grüßen: Heil dir, König der
Juden! 19 Und sie schlugen sein Haupt mit ei-
nem Rohr und spien ihn an, und sie beugten
die Knie und huldigten ihm. 20 Und nachdem
sie ihr Spiel mit ihm getrieben hatten, zogen
sie ihm das Purpurgewand aus und zogen ihm
seine Gewänder an.

Jesus
– der für uns Blut geschwitzt hat;
– der für uns gegeißelt worden ist;
– der für uns mit Dornen gekrönt worden ist...

(15,16-20)

Auf Golgota:
Der Messias steige herab vom Kreuz

Und sie führten ihn hinaus, um ihn zu kreuzi-
gen. 21 Einen Vorübergehenden aber, den Si-
mon von Zyrene, der vom Felde kam – den
Vater von Alexander und Rufus – zwangen
sie, dass er sein Kreuz trage. 22 Und sie bringen
ihn an den Ort Golgota – das heißt übersetzt
Schädelort. 23 Und sie gaben ihm mit Myrrhe
gewürzten Wein, aber er nahm ihn nicht.
24 Dann kreuzigten sie ihn und verteilten seine
Gewänder, indem sie das Los darüber warfen,
was jeder nehme. 25 Es war aber die dritte
Stunde: da kreuzigten sie ihn. 26 Als Aufschrift
seiner Schuld aber war daraufgeschrieben:
Der König der Juden. 27 Und mit ihm kreuzig-
ten sie zwei Räuber, einen zur Rechten und ei-
nen zu seiner Linken. 28 [Da wurde erfüllt die
Schrift, die sagt: Er wurde zu den Übeltätern
gerechnet.]
29 Und die Vorübergehenden lästerten ihn,
schüttelten ihre Köpfe und sagten: Ha! Zer-
störer und Erbauer des Tempels in drei Ta-
gen! 30 Rette dich selbst! Steig herab vom
Kreuz! 31 Ebenso trieben auch die Hohen-
priester untereinander samt den Schriftge-
lehrten ihr Spiel und sagten: Andere hat er ge-
rettet – sich selbst kann er nicht retten. 32 Der
Messias, der König Israels, jetzt steige er vom
Kreuze herab, damit wir sehen und glauben!
Es schmähten ihn auch die mit ihm zusam-
men Gekreuzigten.

Jesus stirbt:
Dieser Mensch war Gottes Sohn!

33 Als aber die sechste Stunde gekommen war,
ward Finsternis auf der ganzen Erde bis zur

leicht ein späterer Zusatz aus Lk 22,37). **16-20** Vgl. dazu Mt 27,27-31; Lk 23,16; Joh 19,1-5. **16** »Prätorium«: ein heute nicht mehr näher bekanntes Gebäude der römischen Verwaltung in Jerusalem. »Kohorte«: römische Truppeneinheit, Unterabteilung einer Legion. **20-32** Markus rechnet den ganzen Vorgang zur Kreuzigung (vgl. auch Vers 33). **21-22** Nach jüdischem wie nach römischem Recht muss der Hinrichtungsort außerhalb der Stadt liegen. Simon wird gezwungen, den Querbalken des Kreuzes zu tragen. Die beiden hier mit Namen genannten Söhne waren wohl in der Gemeinde des Markusevangeliums bekannt. **22** Der Hinrichtungsort war ein Hügel. – Kaiser Konstantin ließ 300 Jahre später hier die Auferstehungskirche bauen. **23** Der mit Myrrhe gewürzte Wein ist ein Betäubungsmittel, das Jesus ablehnt. **25** Der Tag wurde von 6 Uhr an gerechnet; die 3. Stunde ist also 9 Uhr vormittags. Markus rechnet den ganzen Vorgang zur Kreuzigung. **29** Jesus wird dreifach gelästert: von den Vorübergehenden, den Hohenpriestern und den Mitgekreuzigten. **33-41** Der Glaube deutet, was zu Jesu Todesstunde geschah: Von Mittag bis 15 Uhr fällt die Finsternis des »Tages Gottes« über das Land. **34-35** Jesus ruft mit lauter Stimme den Ps 22: »Mein Gott, warum hast du mich verlassen.« Einige der Umstehenden haben nicht verstanden, was Jesus betete. Sie glaubten Jesus habe am Kreuz nach Elija, dem Retter, gerufen. **37-38** Als Jesus stirbt, zerreißt

neunten Stunde. 34 Und um die neunte Stunde
rief Jesus mit lauter Stimme: Eloi, Eloi, lama
sabachtani! – das heißt übersetzt: Mein Gott,
mein Gott, warum hast du mich verlassen?
35 Und als einige der Umstehenden es hörten,
sagten sie: Seht, er ruft den Elija. 36 Da lief ei-
ner, füllte einen Schwamm mit Essig, steckte
ihn an ein Rohr, gab ihm zu trinken und sag-
te: Haltet ein, wir wollen sehen, ob Elija
kommt, ihn herabzunehmen. 37 Jesus aber
schrie mit lauter Stimme und hauchte den
Geist aus. 38 Da riss der Vorhang des Tempels
entzwei, von oben bis unten. 39 Als aber der
Hauptmann, der ihm gegenüber dabeistand,
sah, wie er so den Geist ausgehaucht hatte,
sprach er: Tatsächlich! Dieser Mensch war
Sohn Gottes. 40 Es waren aber auch Frauen
da, die von ferne zuschauten, unter ihnen
auch Maria aus Magdala und Maria – die
Mutter von Jakobus dem Kleinen und von Jo-
ses – und Salome, 41 die ihm, als er in Galiläa
war, folgten und dienten, und viele andere,
die mit ihm hinauf nach Jerusalem gestiegen
waren.

Kreuzigung und Verspottung.
Mit zwei Verbrechern zusammen
wird er gekreuzigt.
Hat Gott ihn verlassen?
Mit einem lauten Schrei stirbt Jesus.
Der römische Hauptmann,
der das Todesurteil vollstreckt hat,
kommt zu tieferer Einsicht.
Was immer der Heide mit Gottes Sohn meint,
er hat die Wahrheit gesprochen.
Von den Jüngern ist keiner zu sehen;
nur die Frauen, die Jesus gefolgt waren,
hatten ihm die Treue gehalten.
Jetzt ist von ihnen die Rede!

(15,33-41)

Das Grab Jesu:
Er wälzte einen Stein davor

42 Und da es schon Abend geworden war – es
war nämlich Rüsttag, das ist der Tag vor dem
Sabbat –, 43 kam Josef von Arimathäa, ein
vornehmer Ratsherr, der ebenfalls auf das
Reich Gottes wartete, – und wagte es, zu Pi-
latus hineinzugehen und sich den Leib Jesu zu
erbitten. 44 Pilatus aber wunderte sich, dass er
schon tot sei, und rief den Hauptmann herbei
und fragte ihn, ob er schon lange tot sei.
45 Und als er es vom Hauptmann erfahren hat-
te, schenkte er den Leichnam dem Josef.
46 Der kaufte Leinwand, nahm ihn herab,
wickelte ihn in die Leinwand und legte ihn in
ein Grab, das in Felsen gehauen war, und
wälzte einen Stein vor die Tür des Grabes.
47 Maria aus Magdala aber und die Maria des
Joses schauten von fern, wohin er gelegt wor-
den war.

Ostermorgen: Er ist auferweckt!

16 Und als der Sabbat vorüber war, kauften
Maria aus Magdala und die Maria des Jako-
bus und Salome Spezereien, um hinzugehen
und ihn zu salben. 2 Und sehr früh, am ersten
Tag nach dem Sabbat, kamen sie zum Grab,
als eben die Sonne aufgegangen war. 3 Und sie
sagten zueinander: Wer wird uns den Stein
von der Tür des Grabs wegwälzen? 4 Und als
sie aufblickten, sehen sie, dass der Stein um-
gewälzt war; er war nämlich sehr groß. 5 Da
gingen sie in das Grab hinein und sahen einen

---

der Vorhang im Tempel; das heißt: die Menschen können zu Gott kommen durch Jesus. **39** Was immer dem heidnischen Hauptmann offenbar wurde – der Evangelist sieht darin ein Bekenntnis zu Christus, dem Sohn Gottes. **40-41** Die einzigen Zeugen aus dem Jüngerkreis waren nach Markus Frauen aus Galiläa (vgl. dagegen Joh 19,26-27). **42-47** Die Erinnerung weiß, dass Josef für die Beerdigung sorgte. Jesus bekam, wie es einem jüdischen Lehrer gebührt, ein neues Grab. So wurde er nicht ins Massengrab geworfen. Die dabeistehenden Frauen kannten also den Ort des Grabes. **42** Der Sabbat beginnt am Freitag Abend um 6 Uhr. So war Eile geboten.

16,1-8 Wenn wir von Ostern sprechen, denken wir an Freude. Die Frauen in der Grabkammer aber packt Schrecken. Sie stürzen davon. Sie haben eine Botschaft gehört, wie kein Mensch vor ihnen. **1** Die Frauen kauften die Spezereien am Sabbat, nachdem bei Sonnenuntergang (6 Uhr abends) die Sabbatruhe aufgehört hatte. **8** Die ältesten Handschriften schließen mit Vers 8. – Dass die Frauen mit »Zittern und Entsetzen« davonlaufen, scheint befreiend. Doch wann immer das direkte Eingreifen Gottes von einem Menschen erfahren wird, reagiert er in der Bibel so (vgl.

Jüngling, sitzend zur Rechten, angetan mit ei-
nem langen weißen Kleid, und sie waren er-
schreckt. 6 Er aber sagt zu ihnen: Erschrecket
nicht! Ihr sucht Jesus aus Nazaret, den Ge-
kreuzigten: Er ist auferweckt, er ist nicht hier!
Seht den Ort, wo sie ihn hingelegt haben!
7 Geht also, saget seinen Jüngern und dem Pe-
trus: Er geht euch voran nach Galiläa. Dort
werdet ihr ihn sehen, wie er euch gesagt hat.

Die Frauen sind es,
die ihren Herrn salben wollen!
Und siehe, es scheint kein Problem zu sein:
Der Stein ist weg.
Und dann das Erschrecken,
das Erstaunen, die Freude:
Jesus ist auferweckt worden.
Da fasst sie helles Entsetzen;
sie haben nämlich erkannt,
dass hier Gott am Werk war.
Erschrecken der Menschen, die erkennen:
Hier hat Gott selber eingegriffen.

(16,1-8)

8 Und sie gingen hinaus und flohen vom Grab,
denn Zittern und Entsetzen hatte sie erfasst.
Und sie sagten niemand etwas. Denn sie
fürchteten sich.

Zeugnis in aller Welt:
Wer glaubt, wird gerettet

9 Als er aber auferstanden war, in der Frühe
am ersten Tag der Woche, erschien er zuerst
Maria aus Magdala, aus der er sieben Dämo-
nen ausgetrieben hatte. 10 Diese ging und be-
richtete denen, die mit ihm gewesen waren
und jetzt trauerten und weinten. 11 Und als je-
ne hörten, dass er lebe und von ihr gesehen
worden sei, glaubten sie nicht. 12 Danach aber
zeigte er sich zweien von ihnen unterwegs, als
sie aufs Land gingen, in anderer Gestalt.
13 Und diese gingen und berichteten es den an-
deren. Auch jenen glaubten sie nicht. 14 Später
aber zeigte er sich den Elfen selbst, als sie zu
Tische lagen, und tadelte ihren Unglauben
und ihre Herzenshärte, weil sie denen, die
ihn, den Auferweckten, gesehen, nicht ge-
glaubt hatten. 15 Und er sprach zu ihnen: Geht
in alle Welt und kündet die Frohe Botschaft
jedem Geschöpf. 16 Wer glaubt und getauft ist,
wird gerettet, wer aber nicht glaubt, wird ver-
urteilt. 17 Als Zeichen werden den Glauben-
den diese folgen: In meinem Namen werden
sie Dämonen austreiben, mit neuen Sprachen
reden. 18 Schlangen werden sie aufheben, und
wenn sie etwas Todbringendes getrunken ha-
ben, wird es ihnen nicht schaden. Kranken
werden sie die Hände auflegen, und es wird
ihnen gut gehen. 19 Der Herr Jesus aber wur-
de nun, nachdem er zu ihnen geredet hatte, in
den Himmel hinaufgenommen und setzte
sich zur Rechten Gottes. 20 Jene aber gingen
weg und kündeten überall; der Herr wirkte
dabei mit und bekräftigte das Wort durch die
darauffolgenden Zeichen.

Jetzt wird zusammengefasst,
was alles danach passierte.
Die Jünger brauchen eine Weile,
bis sie glauben, was da geschehen ist.
Und dann werden sie ausgeschickt,
zu berichten und zu verkünden.
Waren es auch zunächst »nur« Frauen,
denen der Herr erschienen ist –
jetzt sind alle einbezogen,
alle, die glauben.
Also gehöre auch ich dazu
mit meinem kleinen Glauben,
von dem ich hoffe,
dass er mehr und mehr wächst
zu seiner Ehre.

(16,9-20)

---

auch die jeweilige Reaktion auf das Erscheinen eines Engels = Boten Gottes; zum Beispiel: Lk 1,29). **9-20** Dieser Abschnitt ist eine im 2. Jahrhundert entstandene Zusammenfassung der in den anderen Evangelien überlieferten Berichte. – In einer altlateinischen Handschrift findet sich statt dieses Abschnitts folgende Ergänzung: »Und sie berichteten alles, was ihnen aufgetragen worden war, dem Kreis um Petrus. Danach schickte auch Jesus selbst durch sie die heilige und unvergängliche Botschaft des ewigen Heils aus, vom Aufgang bis zum Niedergang.« **17** Wir suchen das Wunder als Glaubensbeweis. Doch Wunder sind kein Glaubensgrund. Die Zeichen, von denen hier die Rede ist, begegnen nur dem, der schon glaubt: »Wer an mich glaubt, wird noch größere Werke tun« (Joh 14,12).

Das Evangelium nach Lukas

Matthäus und Markus führen ohne Einleitung sofort in die »Sache« hinein; Lukas dagegen erläutert zunächst sein Vorhaben, gibt Grund und Ziel seines Schreibens an. Er widmet sein Schreiben einem gewissen Theophilus, den wir sonst nicht kennen. Lukas versteht sich offensichtlich als Schriftsteller, der nicht nur Fakten sammelt und zusammenstellt; er will historisch fundierte Informationen geben, nicht nur zusammentragen, was andere auch schon getan haben. Er nimmt für sich in Anspruch, zu den Ereignissen selber vorzudringen. Ergebnis: Sein Werk soll eine fundierte Lebensbeschreibung jenes berühmten Mannes aus Nazaret sein.

Doch trotz aller Pläne und Wünsche – sein Evangelium unterscheidet sich nicht grundlegend von Markus und Matthäus. Die historische Intention des Lukas kommt jedoch in der »Fortsetzung« des in seinem Evangelium Berichteten, in seinem zweiten Werk zum Ausdruck, in der Apostelgeschichte. Hier ist er weniger von anderen Schriften eingeengt; es gibt sie nämlich nicht. Die Zeit des historischen Jesus und der Urkirche sind für ihn Vergangenheit. So kann er sie wirklich aus der Distanz – als »Historiker« – beschreiben.

Doch nicht das historische Interesse allein charakterisiert Lukas. Die theologische Deutung der Zeit, über die er schreibt, ist bedeutsam. Für ihn ist die Zeit bis zur Wiederkunft Christi als Herr der Welt eine Zwischenzeit. Man hat nicht zu fragen: Wann endlich kommt sie? Lukas sah die »Zwischenzeit« als im Heilsplan Gottes begründet, die Zeit, in der der Geist Gottes wirksam werden kann. Wie lange das dauert, das ist nicht das Problem der Jünger; sie sollen inzwischen die Botschaft in alle Welt tragen.

Lukas sieht die Zeit Gottes mit der Welt als Heilsgeschichte. Sie beginnt mit der Erwählung Israels zum Gottesvolk und läuft hin auf die Vollendung der Welt, die Parusie. Lukas unterscheidet daher die Zeit Israels, die Zeit Jesu und die Zeit der Kirche. Die Zeit Jesu, obwohl sie nur kurz ist, ist der Angelpunkt der ganzen Heilsgeschichte.

Dieser Sicht der Dinge entspricht auch das Bild, das Lukas von Jesus und seinem Wirken zeichnet. Schon in der Kindheitsgeschichte sind seine Bestimmung und sein Wirken im Wort des greisen Simeon (2,29-31) zusammengefasst.

Die Wundererzählungen treten bei Lukas stark in den Vordergrund. Er muss erst zeigen, wer Jesus ist, ehe er Menschen zur Nachfolge aufrufen kann. Dem Leiden und Sterben Jesu misst er kein besonderes theologisches Gewicht bei, geschweige denn dessen Heilsbedeutung. Darin unterscheidet sich Lukas grundlegend von Markus und dem Urchristentum. Die Passion hat eher die Bedeutung einer Märtyrergeschichte, die Jesu innere Festigkeit im Leiden bewegend schildert. Das Kreuzesgeschehen nimmt Jesus auf sich und muss es nach Gottes Fügung auf sich nehmen, um zur göttlichen Herrlichkeit durchzudringen. Es gehört dazu, ist jedoch durch die Auferstehung und Erhöhung Jesu überstrahlt.

Daneben ist der Akzent, den Lukas auf Jesu Zuwendung zu den Entrechteten, den Armen, Verkommenen und Ausgestoßenen setzt, sehr wichtig. Bei keinem anderen Evangelisten hat dieser Zug im Wirken Jesu so großes Gewicht wie bei ihm. Die Erzählung vom Pharisäer und Zöllner, vom reichen Mann und dem armen Lazarus, von der Bekehrung des Zöllners Zachäus, die Parabeln vom verlorenen Groschen und dem verlorenen Sohn – sie alle finden sich nur im Evangelium des Lukas und markieren einen inhaltlichen Schwerpunkt seines Buches.

Bei der Beurteilung des Lukasevangeliums darf auch nicht vergessen werden, dass für den Autor mit dem letzten Vers des Evangeliums sein Bericht über Gottes Wirken in der Welt noch nicht zu Ende ist. Für ihn gibt es die Zeit der Verheißung. Sie endet erst mit der Taufe Jesu durch Johannes am Jordan. Der Stammbaum Jesu geht auf Adam zurück; es gibt keinen wesentlichen Unterschied zwischen Juden und Heiden, zwischen Abrahams- und Adamskindern.

Für Lukas ist die Zeit Jesu das große Heute seiner Geburt (2,11), seines öffentlichen Wirkens, in dem sich die Schrift erfüllt (4,21), und das Heute seines Eintritts ins Paradies (23,43). Trotz Parusie fällt doch aller Glanz und alle Herrlichkeit auf das »Heute« der Zeit Jesu.

Im öffentlichen Wirken Jesu unterscheidet Lukas drei Perioden, die mit der geographischen Einteilung zusammenfallen:

- Die Zeit in Galiläa (4,14 – 9,50): Vom Beifall zum Hass. Eingefügt ist die große Feldrede.
- Der Reisebericht (9,51 – 19,28). Wie lange diese »Reise« gedauert hat, ist dem Evangelium nicht zu entnehmen.
- In Jerusalem (19,29 – 24,53): Der Zeitablauf ist von Markus übernommen. Nur das Verhör vor dem Hohen Rat findet nicht in der Nacht, sondern am frühen Morgen statt. Und dann ist alles zusammengedrängt. Noch an diesem Abend steigt Jesus zum Himmel auf (24,33.50-52). Von 40 Tagen, in denen Jesus nach seinem Tod erscheint, ist erst Apg 1,3 die Rede.

Die Apostelgeschichte: Die Zeit der Kirche. Um die Zeit der Kirche noch enger an Jesus und die Apostel zu binden, widmet Lukas dieser Zeit ein eigenes Buch.

Was man üblicherweise als »Kindheitsgeschichte« bezeichnet (Lk 1 – 2), ist in Wahrheit ein theologischer Prolog, der in das gesamte Werk (Evangelium und Apostelgeschichte) einführt. Genau genommen klingen hier alle großen Themen des Gesamtwerkes des Lukas an. Die Entstehungszeit wird zwischen 80 und 90 n.Chr. angenommen. Der Verfasser mag ein Heidenchrist gewesen sein. Er spricht ein gutes Griechisch und lebt wohl im Umfeld von Antiochia in Syrien.

✧

Vorwort:
Die Zuverlässigkeit des Berichts

1 Nachdem es viele unternommen, Bericht zu
erstatten über die Begebenheiten, die unter
uns zur Vollendung gekommen sind, 2 wie sie
uns jene überliefert haben, die vom Anfang
an 3 Augenzeugen und Diener des Wortes waren, kam auch mir der Entschluss, der ich allem vom Anfang an genau nachgegangen bin, es für dich der Reihe nach niederzuschreiben, hochverehrter Theophilus, 4 damit du die Zuverlässigkeit der Worte, in denen du unterrichtet worden bist, erfahrest.

Ihm nachfolgen –
hinter ihm her gehen.
Alles andere liegen lassen!
Wenn ich das höre,
dann möchte ich gern so leben.
Doch, wie ist es danach?

1,1-4 Lukas sagt zu Beginn seines Evangeliums, worüber, wozu und für wen er schreibt: Er will einen uns unbekannten Theophilus (und andere in ähnlicher Lage) von der Lehre überzeugen, die er (wohl in der Taufkatechese) kennen lernte. Er beginnt seine »gesammelte Jesusüberlieferung« mit Texten über Herkunft, Geburt und Kindheit Jesu (»Kindheitsevangelium«, »Vorgeschichte«). Dazu reiht er die Überlieferungen nicht nur aneinander, sondern verknüpft sie mit den entsprechenden Texten über Herkunft und Geburt Johannes des Täufers, so dass immer neu die Überlegenheit Jesu deutlich wird.

Wenn ich wieder
in meinem Alltag bin –
mit all dem, was ich liebe,
auf das ich nicht gern verzichten möchte...

(1,1-4)

Ankündigung des Johannes: Er wird groß sein vor dem Herrn

5 Es geschah in den Tagen des Herodes, des
Königs von Judäa: Ein Priester namens Za-
charias aus der Dienstklasse des Abija, hatte
eine Frau aus den Töchtern Aarons; ihr Name
war Elisabet. 6 Gerecht waren beide vor Gott,
im Wandel nach allen Satzungen und Gebo-
ten des Herrn untadelig. 7 Sie hatten aber kein
Kind, denn Elisabet war unfruchtbar, und
beide waren hochbetagt. 8 Da geschah es: Als
er seinen Priesterdienst in der Ordnung seiner
Dienstklasse vor Gott verrichtete, 9 traf ihn
nach der Sitte des Priesteramtes das Los, das
Rauchopfer darzubringen und dazu in den
Tempel des Herrn einzutreten. 10 Und die
ganze Menge des Volkes betete draußen zur
Stunde des Rauchopfers. 11 Da erschien ihm
ein Engel des Herrn, der stand zur Rechten
des Rauchopferaltars. 12 Und Zacharias er-
schrak, als er ihn sah, und Furcht fiel über
ihn. 13 Da sprach zu ihm der Engel: Fürchte
dich nicht, Zacharias, denn erhört ist dein
Gebet. Deine Frau Elisabet wird dir einen
Sohn gebären, und du sollst ihn mit Namen
Johannes nennen. 14 Freude und Jubel wird
dir zuteil, viele werden sich freuen seiner Ge-
burt: 15 Denn er wird groß sein vor dem
Herrn; Wein und Rauschtrank wird er nicht
trinken. Voll Heiligen Geistes wird er sein,
schon im Schoß seiner Mutter. 16 Viele von
den Söhnen Israels wird er bekehren zum
Herrn, ihrem Gott. 17 Er wird ihm vorange-
hen in Geist und in Kraft des Elija, hinzuwen-
den die Herzen der Väter zu den Kindern und

Lukas beginnt sein Evangelium mit einem,
der keine glorreiche Vergangenheit
und keine Zukunft hat.
Als wäre sein Name zum Vergessen bestimmt
Zacharias, Priester im Mittleren Dienst
vom Leben enttäuscht.
Elisabet, seine Frau
betrogen um die Frucht ihres Frau-Seins
trauert mit ihm um die Ernte ihres Lebens

Lukas beginnt sein Evangelium
mit »Froher Botschaft« für Zacharias,
dem das, was er hörte,
buchstäblich die Sprache verschlug
Zukunft für ihn und Elisabet
Neues Leben und die Gewissheit
Bei ihm ist alles möglich

Ein guter Anfang für ein Buch
das Geschichte Gottes – Gottes Geschichte
erzählen will

(1,5-25)

Ungehorsame zur Gesinnung der Gerechten,
um dem Herrn ein gerüstet Volk zu schaffen.
18 Da sprach Zacharias zum Engel: Woran soll
ich das erkennen? Denn ich bin alt, und mei-
ne Frau ist vorgerückt in ihren Tagen. 19 Der
Engel antwortete und sprach zu ihm: Ich bin
Gabriel, der vor Gott steht. Ich ward gesandt,
zu dir zu reden und dir diese Frohbotschaft zu
künden. 20 Siehe, du wirst stumm sein, nicht
reden können bis zu dem Tag, an dem dies ge-
schieht, weil du nicht geglaubt hast meinen
Worten, die sich erfüllen werden zu ihrer
Zeit. 21 Das Volk aber wartete auf Zacharias,
sie wunderten sich, weil er so lang im Tempel
blieb. 22 Doch als er herauskam und nicht zu
ihnen reden konnte, erkannten sie, dass er im
Tempel ein Gesicht geschaut hatte; er winkte
ihnen zu und blieb stumm. 23 Und es geschah:
Als die Tage seines Gottesdienstes erfüllt wa-

5-25 Der Priestersohn Johannes wird später eine Rolle in der Geschichte Jesu spielen. Seine Eltern Zacharias ! »Jahwe hat sich erinnert«) und Elisabet (»Gott ist Fülle«) sind kinderlos alt geworden. Als Zacharias im Tempel das Opfer darbringt, erscheint ihm Gabriel (Kraft Gottes) und kündet die Geburt eines Sohnes an. Er soll Johannes (»Jahwe erbarmt sich«) heißen. Zacharias zweifelt und wird stumm. Er kehrt nach

ren, ging er nach Hause. [24] Nach diesen Tagen
aber empfing Elisabet, seine Frau. Sie verbarg
sich fünf Monate und sagte: [25] So hat der Herr
mir getan in den Tagen, da er hergesehen, um
wegzunehmen meine Schmach unter den
Menschen.

Ankündigung Jesu:
Gott wird ihm den Thron Davids geben

[26] Im sechsten Monat wurde der Engel Gabri-
el von Gott gesandt in eine Stadt in Galiläa
namens Nazaret [27] zu einer Jungfrau, die ver-
lobt war einem Manne namens Josef aus dem
Haus Davids; der Name der Jungfrau war
Maria. [28] Er trat bei ihr ein und sprach: Freue
dich, Begnadete, der Herr ist mit dir. [29] Sie
aber erschrak über dies Wort und überlegte,
was dieser Gruß bedeute. [30] Der Engel aber
sprach zu ihr: Fürchte dich nicht, Maria!
Denn du hast Gnade bei Gott gefunden. [31] Sie-
he, du wirst empfangen und einen Sohn ge-
bären und ihn mit Namen Jesus nennen. [32] Er
wird groß sein und Sohn des Allerhöchsten
genannt werden. Gott der Herr wird ihm den
Thron seines Vaters David geben. [33] Er wird
herrschen im Hause Jakobs in Ewigkeit, und
seines Königreiches wird kein Ende sein.
[34] Maria aber sprach zum Engel: Wie wird das
geschehen, da ich keinen Mann erkenne?

Nach so viel Bitten:
ein Engel in Nazaret
Nach so viel Hoffen:
eine Jungfrau geht schwanger
Nach so viel Warten:
in der Krippe ein Kind
Nach so viel Dunkel:
ein Stern über Betlehem
Nach so viel Kriegen:
Friede auf Erden
Nach so viel Fragen:
ein Name: Jesus
(1,26)

Es begann, so erzählt man
an jenem Tag als irgendwo
in einem Winkel der Welt
eine Türe aufging
einer eintrat, der sagte
er sei gesandt, bringe Botschaft
Botschaft von dir, der wie man weiß
selten direkt spricht, und wenn
dann nicht mit einer jungen Frau
die von Kind auf lernte
dass Väter das Sagen haben
Töchter gehorchen

Es begann, so erzählt man
an jenem Tag
als eine junge Frau
(keine Tochter aus begütertem Haus)
erschrak ob des Grußes
und der Botschaft
die Antwort fordert –
ihre Antwort – die doch nur ahnt
wovon die Rede ist
größer als alles
Sagenkönnen.

Es begann, so erzählen wir
heute noch immer
ganz einfach
mit dem Ja einer Frau
die es wagt
ihr Leben in Vertrauen
zu gründen
damals an jenem Tag
(1,26-38)

[35] Und der Engel antwortete und sprach zu
ihr: Heiliger Geist wird über dich kommen
und Kraft des Höchsten wird dich überschat-
ten. Darum wird auch das Heilige, das gebo-
ren wird, Sohn Gottes genannt werden.
[36] Sieh, Elisabet, deine Verwandte, auch sie
hat einen Sohn empfangen in ihrem Alter, und

Hause zurück, Elisabet wird schwanger. **26-38** Der Engel Gabriel kommt in das kleine Dorf Nazaret in der verachteten Provinz Galiläa. Dort lebt Maria, eine junge Frau, verlobt mit Josef, der zur Familie Davids gehört. Der Engel sagt Maria, was Gott für sie und mit ihr plant: Sein heiliger Geist wird über sie kommen. Sie wird schwanger und Mutter eines Sohnes werden. Die Ankündigung der Geburt Jesu ist der

dies ist der sechste Monat für sie, die Un-
fruchtbare heißt. 37 Denn bei Gott ist kein
Ding unmöglich. 38 Maria aber sprach: Siehe,
ich bin die Magd des Herrn. Mir geschehe
nach deinem Wort. Und der Engel ging von
ihr.

Maria bei Elisabet: Großes hat an mir getan der Mächtige

39 Maria aber brach in diesen Tagen auf und
ging eilends in das Gebirge, in eine Stadt in Ju-
däa. 40 Sie trat in das Haus des Zacharias und
grüßte Elisabet. 41 Und es geschah: Als Elisa-
bet den Gruß Marias hörte, hüpfte das Kind
in ihrem Schoß, und Elisabet ward erfüllt von
Heiligem Geist. 42 Sie rief mit lauter Stimme:
Gesegnet bist du unter den Frauen, und ge-
segnet ist die Frucht deines Schoßes. 43 Woher
geschieht mir dies, dass die Mutter meines
Herrn zu mir kommt? 44 Denn siehe, als der
Klang deines Grußes in meinen Ohren ertön-
te, da hüpfte frohlockend das Kind in meinem
Schoß. 45 Selig ist, die geglaubt hat, dass sich
erfüllen werde, was ihr vom Herrn gesagt
worden ist. 46 Und Maria sprach: Hoch preist
meine Seele den Herrn 47 und mein Geist
frohlockt in Gott, meinem Retter, 48 denn her-
niedergeschaut hat er auf die Niedrigkeit sei-
ner Magd. Ja, von nun an preisen mich selig
alle Geschlechter, 49 denn Großes hat an mir
getan der Mächtige, und Heilig ist sein Name.
50 Sein Erbarmen ist von Geschlecht zu Ge-
schlecht über denen, die ihn fürchten.
51 Mächtiges vollbringt er mit seinem Arm; er
zerstreut, die hochmütig sind in ihres Herzens
Sinnen. 52 Er stürzt Gewaltige von Thronen,
und Niedrige erhöht er. 53 Hungrige erfüllt er
mit Gütern, Reiche lässt er leer ausgehen.
54 Israels, seines Knechtes, hat er sich ange-
nommen, eingedenk seines Erbarmens, 55 wie
er gesprochen hat zu unseren Vätern, zu Ab-
raham und seinen Nachkommen auf ewig.
56 Maria blieb ungefähr drei Monate bei ihr,
dann kehrte sie in ihr Haus zurück.

Geburt des Täufers: Du wirst dem Herrn den Weg bereiten

57 Für Elisabet erfüllte sich die Zeit, da sie ge-
bären sollte, und sie gebar einen Sohn. 58 Als
ihre Nachbarn und Verwandten hörten, dass
des Herrn Erbarmen sich groß an ihr erwie-
sen hatte, freuten sie sich mit ihr. 59 Und es ge-
schah: Als sie am achten Tag kamen, um das
Kind zu beschneiden, da wollten sie es nach
dem Namen seines Vaters Zacharias nennen.
60 Seine Mutter aber entgegnete: Nein, Johan-
nes soll es heißen! 61 Da sagten sie zu ihr: Nie-
mand ist in deiner Verwandtschaft, der mit
diesem Namen genannt wird. 62 Als sie seinem
Vater winkten, wie er es benannt haben wol-
le, 63 verlangte er ein Täfelchen und schrieb
die Worte: Johannes ist sein Name. Und sie
verwunderten sich alle. 64 Und sogleich wurde
sein Mund aufgetan und seine Zunge gelöst,
er redete und lobte Gott. 65 Da fiel Furcht über
alle ihre Nachbarn, und überall im Bergland
von Judäa redete man von all diesen Dingen.
66 Alle, die davon hörten, nahmen es sich zu
Herzen und sagten: Was wird aus diesem
Kind werden? Denn die Hand des Herrn war
mit ihm. 67 Doch Zacharias, sein Vater, wurde
voll Heiligen Geistes und sprach prophetisch:
68 Gepriesen ist der Herr, der Gott Israels!
Denn er hat sein Volk heimgesucht und ihm
Erlösung bereitet. 69 Ein Horn der Rettung
hat er uns aufgerichtet im Hause Davids, sei-
nes Knechts 70 – wie er geredet hat seit Welt-
zeit durch den Mund seiner heiligen Prophe-
ten –, 71 als Rettung vor unseren Feinden und
aus der Hand all derer, die uns hassen; 72 Er-
barmen zu üben an unseren Vätern und zu ge-
denken seines heiligen Bundes, 73 des Eides,
den er zuschwor unserem Vater Abraham,
uns zu verleihen, 74 dass wir, gerettet aus un-
serer Feinde Hand, furchtlos ihm dienen 75 in
Heiligkeit und Gerechtigkeit vor ihm, alle Ta-
ge unseres Lebens. 76 Du aber, Kind, wirst
Prophet des Höchsten genannt werden, denn
du wirst vor dem Herrn einhergehen, ihm den

---

des Täufers nacherzählt. Maria ist bereit zu tun, was Gott will. **39-56** Die Begegnung der Mütter verknüpft die Geschichte des Täufers mit der Geschichte Jesu. Maria singt ihr Magnifikat (so genannt nach dem ersten Wort der lateinischen Übersetzung). Sie ist Prophetin einer neuen Weltzeit, in der die Strukturen des Unrechts zerbrochen sind. **57-58** Der Sohn Elisabets wird geboren: ein Fest für alle. Der Lobgesang des Zacharias (nach dem ersten Wort der lateinischen Übersetzung »Benedictus« genannt) gibt Antwort auf

Weg zu bereiten, 77 seinem Volk Erkenntnis
der Rettung zu geben durch Nachlass ihrer
Sünden, 78 durch das herzliche Erbarmen un-
seres Gottes, mit dem er uns heimsucht als
aufgehendes Licht aus der Höhe, 79 zu er-
scheinen denen, die in Finsternis und Todes-
schatten sitzen, und unsere Füße zu lenken
auf den Weg des Friedens. 80 Das Kind aber
wuchs und erstarkte an Geist und war in der
Wüste bis zum Tage seines Auftretens vor
Israel.

Geburt Jesu:
Heute ist euch der Messias geboren

2 Und es geschah: In jenen Tagen ging ein Er-
lass aus vom Kaiser Augustus, den ganzen
Erdkreis aufzuschreiben. 2 Die Aufschreibung
war die erste und fand unter dem Statthalter
Quirinius von Syrien statt. 3 Und alle gingen
hin, um sich aufschreiben zu lassen, jeder in
seine eigene Stadt. 4 Auch Josef ging von Ga-
liläa aus der Stadt Nazaret hinauf nach Judäa
in die Stadt Davids, die Betlehem heißt – er
stammte ja aus dem Hause und Geschlechte
Davids –, 5 sich aufschreiben zu lassen mit
Maria, der ihm verlobten Frau, die schwan-
ger war. 6 Und es geschah: Als sie dort waren,
erfüllten sich ihre Tage, da sie gebären sollte,
7 und sie gebar ihren erstgeborenen Sohn,
wickelte ihn in Windeln und legte ihn in eine
Futterkrippe, weil in der Herberge kein Platz
für sie war. 8 In derselben Gegend aber waren
Hirten auf dem Felde, die hielten Nachtwa-
che bei ihrer Herde. 9 Da trat ein Engel des
Herrn zu ihnen, die Herrlichkeit des Herrn
umleuchtete sie, und sie fürchteten sich sehr.
10 Der Engel aber sprach zu ihnen: Fürchtet
euch nicht! Siehe, ich verkünde euch große
Freude, die allem Volk zuteil werden soll:
11 Heute ist euch in der Stadt Davids der Ret-
ter geboren, er ist der Messias, der Herr.
12 Und dies sei euch zum Zeichen: Ihr werdet
ein Kind finden, gewickelt, in einer Futter-
krippe liegend. 13 Auf einmal war bei dem En-
gel eine Menge himmlischer Heerscharen, die
lobten Gott und sprachen: 14 Herrlichkeit ist
Gott in den Höhen, und auf Erden Heil den
Menschen seiner Huld. 15 Und es geschah: Als
die Engel von ihnen zum Himmel geschieden
waren, sagten die Hirten zueinander: Lasst
uns nach Betlehem gehen und das Geschehen
schauen, das der Herr uns kundgetan hat.
16 Sie gingen in Eile und fanden Maria und Jo-
sef und das Kind, das in der Krippe lag.

Wenn
der Engel käme
heute
in unsere Nacht
wenn er
Botschaft brächte
fürchtet euch nicht
heute
wird alles anders
Freude
kommt in die Welt
Friede
ist der Erde geschenkt
und Versöhnung
den Menschen
wenn
in unsere Nacht
heute
der Engel kommt
können wir
unsere Angst
vergessen an der Krippe
eines Kindes

(2,1-20)

---

die Frage: »Was soll aus diesem Kind werden?«
2,1-12 Die Notiz über die Geburt Jesu bezieht sich nicht auf die Geschichte des Täufers. Sie enthält eine eigenständige Antwort auf die Frage nach den Anfängen Jesu. Ein (historisch nicht nachweisbares) Edikt von Kaiser Augustus (31 v.Chr. – 14 n.Chr.) erklärt, wie es dazu kam, dass Jesus nicht in seiner Heimat Nazaret, sonder in der Heimat des Königs David geboren wurde. Maria und Josef folgen dem Gebot des Kaisers und sind zur rechten Zeit am rechten Ort. Die Hirten auf Betlehems Feldern erfahren das Ereignis, das das ganze Volk betrifft, von Gott. **13-14** Gottes Engel singen vom Frieden, der mit Jesus auf die Erde kommt. **15-20** Die Hirten machen sich eilends auf den Weg. Sie finden das Zeichen, das die Engel ihnen angekündet hatten: ein Kind in der Krippe. Sie be-

Hört doch, hört
Ich bringe euch
große Freude
von Gott
seinen Menschen
geschenkt

Seit heut lebt er
Gott-mit-uns
brüderlich
mit Schwestern
und Brüdern

Ihr braucht
die Zukunft
nicht zu fürchten
noch ihre Dunkelheit

Die Welt die ihm
zur Heimat wurde
kann nie mehr
gott-los sein

Seht doch, seht
Die Himmel offen
Gottes Lächeln
wärmt die Erde
wärmt auch uns
seit heut
bis immer

(2,6-20)

17 Nun, da sie es sahen, berichteten sie, was ih-
nen von diesem Kind gesagt worden war.
18 Alle, die davon hörten, staunten über das,
was die Hirten ihnen sagten. 19 Maria aber be-
wahrte alle diese Worte und bedachte sie in
ihrem Herzen. 20 Und die Hirten kehrten
zurück, priesen und lobten Gott ob all dem,
was sie gehört und gesehen hatten, so wie es
zu ihnen gesagt worden war.

Beschneidung Jesu: Er ist gesetzt zu Fall und Auferstehung vieler

21 Als acht Tage vorüber waren und das Kind
beschnitten werden sollte, gab man ihm den
Namen Jesus, wie ihn der Engel benannt hat-
te, ehe er im Mutterschoße empfangen war.
22 Und als die Tage ihrer Reinigung nach dem
Gesetz des Mose erfüllt waren, brachten sie
ihn hinauf nach Jerusalem, um ihn dem
Herrn darzustellen 23 – wie geschrieben steht
im Gesetz des Herrn: Jeder männliche Erstge-
borene soll dem Herrn geheiligt werden –,
24 und um das Opfer darzubringen, wie es im
Gesetz des Herrn geboten ist: ein Paar Turtel-
tauben oder zwei junge Tauben. 25 In Jerusa-
lem aber war ein Mann namens Simeon, und
dieser Mann war gerecht und gottesfürchtig;
er wartete auf den Trost Israels, und Heiliger
Geist war auf ihm. 26 Ihm war es enthüllt vom
Heiligen Geist, dass er den Tod nicht sehen
werde, bis er den Messias des Herrn gesehen
habe. 27 Und er kam im Geist in den Tempel.
Als die Eltern das Kind Jesus hereintrugen,
um an ihm zu tun nach dem Brauch des Ge-
setzes, 28 da nahm er es in seine Arme, lobte
Gott und sprach: 29 Nun entlässt du deinen
Diener, Herr, nach deinem Wort in Frieden;
30 denn meine Augen haben dein Heil gese-
hen, 31 das du bereitet hast vor aller Völker
Angesicht, 32 ein Licht zur Offenbarung für
die Völker und zur Herrlichkeit für dein Volk
Israel. 33 Sein Vater und seine Mutter aber
staunten über das, was von ihm gesagt wur-
de. 34 Simeon segnete sie und sprach zu Maria,
seiner Mutter: Siehe, dieser ist gesetzt zu Fall
und Auferstehung vieler in Israel und zu ei-
nem Zeichen, dem widersprochen wird;
35 deine Seele aber wird ein Schwert durch-
dringen – damit aus vielen Herzen Gedanken
offenbar werden. 36 Da war auch eine Pro-
phetin, Hanna, eine Tochter Penuels, aus dem
Stamm Ascher. Sie war vorgerückt in ihren
Tagen; sieben Jahre hatte sie nach ihrer Jung-
frauschaft mit ihrem Manne gelebt. 37 Sie war

richten, was ihnen vom Himmel her gesagt wurde, und kehren lobpreisend in ihren Alltag zurück. **21-40** Die Erzählung von der Darstellung Jesu im Tempel dient bei Lukas dem Nachweis, dass Maria und Josef alle Vorschriften der Tora befolgten. Jesus wird, wie vorgeschrieben, am achten Tag nach der Geburt beschnitten. Am vierzigsten Tag muss die Mutter, die vom Gottesdienst ausgeschlossen war, zu ihrer »Reinigung« ein Opfer darbringen. Eine Vorschrift, die die Eltern verpflichtet, das Kind im Tempel darzustel-

Witwe, vierundachtzig Jahre alt, wich nicht vom Tempel und diente Gott mit Fasten und Beten nachts und tags. [38] Sie kam zu derselben Stunde herzu, pries Gott und redete von ihm zu allen, die auf Jerusalems Erlösung warteten. [39] Als sie alles nach dem Gesetz des Herrn vollendet hatten, kehrten sie nach Galiläa zurück, in ihre Stadt Nazaret. [40] Das Kind aber wuchs und erstarkte, erfüllt von Weisheit, und Gottes Gnade war auf ihm.

Der Zwölfjährige: Ich muss in dem sein, was meines Vaters ist

[41] Seine Eltern zogen alljährlich am Osterfest nach Jerusalem. [42] Als er zwölf Jahre alt war, zogen sie nach der Sitte des Festes hinauf. [43] Doch am Ende der Festtage, bei ihrer Heimkehr, blieb der Knabe Jesus in Jerusalem. Seine Eltern aber wussten es nicht. [44] Sie meinten vielmehr, er sei unter den Weggenossen. So zogen sie eine Tagreise weit und suchten ihn unter den Verwandten und Bekannten. [45] Doch als sie ihn nicht fanden, kehrten sie nach Jerusalem zurück, um ihn zu suchen. [46] Und es geschah: Nach drei Tagen fanden sie ihn im Tempel sitzend, inmitten von Schriftgelehrten, auf sie hörend und sie befragend. [47] Alle aber, die ihn hörten, staunten über seine Einsicht und seine Antworten. [48] Und als sie ihn sahen, waren sie betroffen, und seine Mutter fragte ihn: Kind, warum hast du so an uns getan? Sieh, dein Vater und ich haben dich mit Schmerzen gesucht. [49] Er aber sprach zu ihnen: Warum habt ihr mich gesucht? Wusstet ihr nicht, dass ich in dem sein muss,

Josef, Zimmermann aus Davids Geschlecht,
ich beneide dich nicht um deine
Berufung, und wüsste gern, wie du sie gelebt
hast... wie du gelebt hast mit einem Sohn, von
dem du weißt, dass er dir nicht gegeben ist, um
deinem Namen Zukunft und Nachkommen-
schaft zu sichern ... dem du die Teller füllst,
Namen und Heimat gibst und der – gerade
zwölf Jahre alt – von sich sagt, er sei daheim in
eines andern Vaters Haus. ... diesem Sohn,
der das Handwerk von dir erlernte und von
sich sagte: Er werde den Seinen Wohnstätten
bauen – in einer anderen Welt...
Ich wüsste gern, Josef, wie du gelebt hast mit
Jesus, dem Sohn, der eigene Wege geht, um die
Botschaft von dem bekannt zu machen, der
aller Menschen Vater ist...
Josef, Zimmermann aus Davids Geschlecht,
ich wüsste gern, was die heiligen Bücher ver-
schweigen...

(2,41-52)

was meines Vaters ist? [50] Sie aber verstanden das Wort nicht, das er ihnen sagte. [51] Und er zog mit ihnen hinab, kam nach Nazaret und war ihnen untertan. Seine Mutter aber bewahrte all diese Worte in ihrem Herzen. [52] Und Jesus nahm zu an Weisheit und Wuchs und an Gade bei Gott und den Menschen.

Johannes der Täufer: Bereitet den Weg des Herrn

3 Im fünfzehnten Jahr der Regierung des Kaisers Tiberius, als Pontius Pilatus Statthalter in

---

len, lässt sich nicht nachweisen. Lukas verbindet die Reinigung der Mutter (Lev 12) mit dem Loskauf des Sohnes (Ex 15). Wie jeder erstgeborene Israelit gilt Jesus als Eigentum Gottes. Er muss um den Preis von fünf Schekeln (hebräische Münze) freigekauft werden. Lukas geht es auch darum, Jesus am Anfang seines Lebens in den Tempel zu bringen. Dort, wo er am Ende verworfen wird, wird er zu Beginn erkannt und anerkannt. Die Begegnung mit Simeon ist vom Geist gefügt. Der Lobpreis des alten Mannes (nach den ersten Worten der lateinischen Übersetzung »Nunc dimittis« genannt) ist nach dem Vorbild jüdischer Sterbelieder aus alttestamentlichen Zitaten formuliert. Sein prophetisches Wort stellt Jesus in eine Reihe mit den Gottesboten. Gleich ihnen wird er Entscheidung fordern und abgelehnt werden. Im Alten Testament werden vier Prophetinnen genannt: Mirjam (Ex 15,20), Debora (Ri 4,4), Hulda (2 Kön 22,14) und die Frau des Jesaja (Jes 8,3). Hanna (die Begnadete) erkennt Jesus im Tempel. **41-52** Die »Vorgeschichte« des Lukas endet mit einer Überlieferung aus der Jugendzeit Jesu. Mit dem dreizehnten Lebensjahr wird der Sohn jüdischer Eltern ein »Sohn des Gesetzes« (Bar Mizwa). Als Jesus dreizehn Jahre alt wurde, zog er mit seinen Eltern zum Pascha nach Jerusalem. Nach dem Ende des Festes blieb er, zunächst unbemerkt, in Jerusalem zurück. Maria und Josef suchen ihn und finden ihn nach drei Tagen im Tempel. Auf ihre Frage weist Jesus darauf hin, dass er nicht nur einer irdischen Familie zugehört.

Eine Stimme ruft:
Bereitet den Weg
damit er kommen kann
Denkt neue Gedanken
schwimmt gegen den Strom
traut dem, was das Herz euch sagt
Tragt Berggipfel ab
füllt Abgründe auf
lasst euch den Blick
nicht verstellen
Macht Krummes gerade
und Holpriges eben
Geht miteinander den Weg
den Jesus euch bahnt

(3,1-6)

Freuen können sich alle,
denen Angst den Atem nimmt:
Er schenkt Weite.
Die Schuldiggewordenen
können Loblieder singen:
Er hat das Urteil aufgehoben.
Die an sich selber zweifeln,
können aufrecht gehen:
Er freut sich über dich.
Die Verlassenen können hoffen:
Er erneuert seine Liebe zu dir.
Die Verlorenen sollen wissen:
Rettung ist da.

(3,10-18)

Judäa war und Herodes Vierfürst über Ga-
liläa, und Philippus, sein Bruder, Vierfürst
über die Landschaft Ituräa und Trachonitis,
und Lysanias Vierfürst von Abilene, 2 unter
den Hohenpriestern Hannas und Kajaphas,
da erging Gottes Wort an Johannes, den Sohn
des Zacharias, in der Wüste. 3 Er kam in die
ganze Gegend am Jordan und kündete eine
Taufe der Umkehr zur Vergebung der Sün-
den, 4 so wie geschrieben steht im Buch des
Propheten Jesaja: Stimme eines Rufenden in
der Wüste: Bereitet den Weg des Herrn,
macht gerade seine Pfade! 5 Jede Schlucht soll
ausgefüllt und jeder Berg und Hügel abgetra-
gen werden. Was krumm ist, soll gerade, was
rau, zu ebenen Wegen werden. 6 Und alles
Fleisch wird die Rettung Gottes schauen. 7 Zu
den Volksscharen aber, die hinauszogen, um
sich von ihm taufen zu lassen, sprach er: Ihr
Schlangenbrut! Wer hat euch gelehrt, ihr
könntet dem künftigen Zorngericht entflie-
hen? 8 Bringt also Frucht, würdig der Um-
kehr! Und wähnt doch nicht, bei euch sagen
zu können: Wir haben Abraham zum Vater;
denn ich sage euch: Gott kann dem Abraham
aus diesen Steinen Kinder erwecken. 9 Schon
ist die Axt an die Wurzel der Bäume gesetzt.
Ein jeder Baum aber, der keine gute Frucht
bringt, wird ausgehauen und ins Feuer ge-
worfen. 10 Da fragten ihn die Volksscharen:
Was sollen wir nun tun? 11 Er antwortete und
sagte: Wer zwei Leibröcke hat, gebe dem ei-
nen, der keinen hat; und wer zu essen hat, der
tue desgleichen. 12 Es kamen aber auch Zöll-
ner, um sich taufen zu lassen, und sie sagten
zu ihm: Meister, was sollen wir tun? 13 Zu ih-
nen sprach er: Treibt nicht mehr ein, als euch
vorgeschrieben ist. 14 Aber auch Soldaten
fragten ihn: Was sollen denn wir tun? Und er
sprach zu ihnen: Tut niemand Gewalt an, er-

3,1-2 Kaiser Tiberius regierte 14-37 n.Chr.; Pontius Pilatus war 26-36 n.Chr. Statthalter in der römischen Provinz Judäa und Peräa; Herodes Antipas 4 v.Chr. – 39 n.Chr. Tetrarch (Vierfürst) von Galiläa und Peräa; sein Halbbruder Philippus 4 v.Chr. – 34 n.Chr. Tetrarch in Nordtransjordanien; die Amtszeit von Lysanias ist nicht genau zu bestimmen; Hannas war von 6-15 n.Chr. Hoherpriester; seine fünf Söhne und sein Schwiegersohn Kajaphas (18-37 n.Chr.) folgten ihm in diesem Amt. **3-6** Im Unterschied zu Markus und Matthäus berichtet Lukas, dass der Täufer Johannes als Wanderprediger durch das Land zog. Er mahnt zur Umkehr, denn – so glaubt und kündet er – das Kommen Gottes zum Gericht steht unmittelbar bevor. **7-9** Den Segen, der Abrahams Nachkommen versprochen ist, erwirbt man nicht automatisch durch die Zugehörigkeit zum Volk Israel, sondern durch Umkehr; Gott kann dem Abraham aus Steinen Kinder wecken. **10-14** Sonderüberlieferung.- Jeder Mensch kann umkehren. Die Früchte der Umkehr reifen durch die Zuwendung zum Nächsten. Wer jetzt nicht hört, vertut seine letzte Chance. Die Volksscharen, die Soldaten und die Zöllner werden auf ihre berufsspezifischen Gefährdungen angesprochen. **15-20**

Der Täufer Johannes setzt den Leuten
Gedanken in den Kopf,
die nicht im Kopf bleiben,
die in Hände und Herz gehen,
Wirklichkeit werden wollen.

Der eine macht seine Schränke auf,
schenkt einem anderen Mantel und Kleid.
Ein anderer teilt sein Brot
und wieder einer - man kennt und fürchtet ihn -
fängt an, mit kleinen Zahlen zu rechnen,
er nutzt seine Macht nicht mehr aus.

Bald merken die Leute,
dass das Leben anders,
leichter, fröhlicher wird.
In den Häusern und Ämtern
überall, wo einer zu treffen ist,
der am Jordan war,
reifen die Früchte der Umkehr.

(3,15-20)

Du, der Geliebte
der Einzige,
durch den wir den Gott,
der Liebe ist,
erfahren in unserer Welt.

Du, der Geliebte,
der Einzige,
der sein Leben gibt
und uns freikauft vom Tod.

Du, der Geliebte,
der Einzige,
der uns Freund wird,
damit wir Freundschaft teilen.

(3,21-22)

presst nicht und seid zufrieden mit eurem
Sold. 15 Weil aber das Volk in Spannung geriet
und alle in ihrem Herzen überlegten, ob nicht
Johannes der Messias sei, 16 antwortete Jo-
hannes und sagte zu allen: Ich taufe euch mit
Wasser. Der aber nach mir kommt, ist stärker
denn ich, und ich bin nicht wert, seine Schuh-
riemen zu lösen. Er wird euch mit Heiligem
Geist und mit Feuer taufen. 17 Er hat die Wurf-
schaufel in der Hand, und er wird seine Ten-
ne reinigen. Den Weizen wird er in seine
Scheune sammeln, die Spreu aber in unaus-
löschlichem Feuer verbrennen. 18 Mit vielen
anderen Mahnungen kündete er dem Volk
die Frohe Botschaft. 19 Herodes aber, der Vier-
fürst, wurde von ihm wegen der Herodias
gerügt, seines Bruders Frau, und wegen all
der anderen Übeltaten, die Herodes getan
hatte. 20 Und er fügte allen anderen diese hin-
zu: er schloss Johannes im Gefängnis ein.

Taufe Jesu:
Du bist mein geliebter Sohn

21 Und es geschah: Als alles Volk sich taufen
ließ und als auch Jesus getauft wurde, da spal-
tete sich, als er betete, der Himmel, 22 und der
Heilige Geist kam herab in leiblicher Gestalt
einer Taube gleich, und eine Stimme kam vom
Himmel: Du bist mein geliebter Sohn, an dir
habe ich Wohlgefallen.

Stammbaum Jesu:
Sohn des Josef – Sohn Gottes

23 Und Jesus war, als er anfing, etwa dreißig
Jahre alt und war, so nahm man an, ein Sohn
des Josef, des Eli, 24 des Mattat, des Levi, des
Melchi, des Jannai, des Josef, 25 des Mattitja,
des Amos, des Nahum, des Hesli, des Naggai,
26 des Mahat, des Mattitja, des Schimi, des
Josech, des Joda, 27 des Johanan, des Resa, des
Serubbabel, des Schealtiël, des Neri, 28 des
Melchi, des Addi, des Kosam, des Elmadam,
des Er, 29 des Joschua, des Eliëser, des Jorim,
des Mattat, des Levi, 30 des Simeon, des Juda,
des Josef, des Jonam, des Eljakim, 31 des Me-

Im Volk entsteht Unruhe. Die Leute fragen nach der Autorität dieses engagierten Gerichtspredigers. Johannes kennt seinen Rang: Als Herold kündet er den Kommenden, der viel größer ist, so dass Johannes nicht wert ist, ihm den geringsten Sklavendienst zu erweisen. Er wird Spreu und Weizen trennen. Der Täufer fürchtet die Mächtigen nicht. Er kritisiert Herodes und macht sich einen Feind: Herodes schließt den Täufer Johannes ins Gefängnis ein. **21-22** Unerkannt steht Jesus unter den Taufwilligen. Seinem Gebet öffnet sich der Himmel. Ihm wird der Geist geschenkt. Er ist der geliebte Sohn. In dieser Gewissheit beginnt

lea, des Menna, des Mattata, des Natan, des
David, 32 des Isai, des Obed, des Boas, des Sal-
mon, des Nachschon, 33 des Amminadab, des
Admin, des Arni, des Hezron, des Perez, des
Juda, 34 des Jakob, des Isaak, des Abraham,
des Terach, des Nahor, 35 des Serug, des Regu,
des Peleg, des Eber, des Schelach, 36 des Ke-
nan, des Arpachschad, des Sem, des Noach,
des Lamech, 37 des Metuschelach, des He-
noch, des Jered, des Mahalalel, des Kenan,
38 des Enosch, des Set, des Adam – von Gott.

Versuchung Jesu:
Satan hat keine Macht über ihn

4 Jesus aber, voll Heiligen Geistes, kehrte
vom Jordan zurück und wurde im Geiste in
der Wüste umhergeführt, 2 vierzig Tage lang,
versucht vom Teufel. Er aß nichts in jenen Ta-
gen, doch als sie vollendet waren, hungerte
ihn. 3 Da sprach der Teufel zu ihm: Wenn du
Gottes Sohn bist, so sprich zu diesem Stein
da, dass er Brot werde. 4 Jesus aber antworte-
te ihm: Es steht geschrieben: Nicht vom Brot
allein lebt der Mensch. 5 Und er führte ihn
hinauf und zeigte ihm alle Königreiche des
Erdkreises in einem Augenblick. 6 Da sprach
der Teufel zu ihm: Dir will ich diese ganze
Macht und ihre Herrlichkeit geben; denn mir
ist sie übergeben, und wem ich will, gebe ich
sie. 7 Wenn du mir nun huldigst, wird sie ganz
dein sein. 8 Jesus aber antwortete und sprach
zu ihm: Es steht geschrieben: Huldigen sollst
du dem Herrn, deinem Gott, und ihm allein
dienen. 9 Dann führte er ihn nach Jerusalem,
stellte ihn auf die Zinne des Tempels und
sprach zu ihm: Wenn du Gottes Sohn bist, so
stürze dich von da hinab; 10 denn es steht ge-
schrieben: Er hat seinen Engeln deinetwegen
befohlen, dich zu behüten; 11 und: Sie werden
dich auf Händen tragen, damit du deinen Fuß
nicht an einen Stein stoßest. 12 Jesus aber ant-
wortete und sprach zu ihm: Es steht geschrie-
ben: Du sollst den Herrn, deinen Gott, nicht
versuchen. 13 Als nun der Teufel alle Versu-
chung vollendet hatte, ließ er ab von ihm bis
zu gegebener Zeit.

Jesus, voll heiligen Geistes –
dem Unterpfand der Nähe Gottes –
wird von diesem Geist
in die Wüste geführt
dorthin, wo Satan mächtig ist
Eine Herausforderung für Jesus
und auch für den großen Gegenspieler
Wenn er Jesus zu seinem Komplizen
machen könnte, wäre nicht nur
ein nebensächlicher Sieg errungen:
In der Wüste steht die Sache Jesu
und die Sache Gottes auf dem Spiel
auch die Sache des Menschen
Satan scheitert
dreimal

(4,1-3)

Jesus in Nazaret:
Sie trieben ihn zur Stadt hinaus

14 Jesus kehrte in der Kraft des Geistes nach
Galiläa zurück, und Kunde von ihm ging um
in der ganzen Gegend. 15 Er lehrte selber in
ihren Synagogen, von allen gepriesen. 16 Er
kam nach Nazaret, wo er erzogen worden
war, und ging, wie er es gewohnt war, am Sab-
bat in die Synagoge. Und er stand auf, um
vorzulesen. 17 Man gab ihm die Buchrolle des
Propheten Jesaja, er rollte das Buch auf und
fand die Stelle, an der geschrieben stand:
18 Geist des Herrn ist auf mir, denn er hat mich
gesalbt, Armen die Frohbotschaft zu künden.
Er hat mich gesandt, [zu heilen, die zerbro-
chenen Herzens sind], Befreiung zu künden

Jesus seine öffentliche Wirksamkeit. **23-38** Gleich Matthäus kennt auch Lukas einen Stammbaum Jesu. Lukas reiht die Namen von Vätern aneinander. Die Liste beginnt mit Josef, dem Zimmermann, und führt zurück zu Adam – und der stammt von Gott.

4,1-13 Vierzig Jahre zog das Volk durch die Wüste. Vierzig Tage ist Mose auf dem Berg. Vierzig Tage ist Jesus in der Wüste: Der Geist führt ihn, der Teufel versucht ihn. Lukas will durch seinen Bericht deutlich machen, dass Jesus der Erwartete, der Messias, ist. Der erste Adam erlag der Versuchung, der zweite widersteht. Gottes Sohn lässt sich nicht vom Gehorsam abbringen, der ihn an den Vater bindet. **14-30** Jesus beginnt sein öffentliches Wirken in Galiläa. Am Sabbat in den Synagogen liest er den Abschnitt aus den Propheten und erklärt das Gelesene. So hält er es auch

Einem Armen die Hände füllen,
mit einem, der verstummt ist, ein Lied singen
einem Einsamen Freund werden
einem Liegengebliebenen auf die Beine helfen
einem Blinden die Augen öffnen
einen Tauben zum Hören bringen
einem Kranken die Treue halten
einen Zweifelnden ernst nehmen
einem Sterbenden sagen: Du wirst leben
Verheißung erfüllen
heute

(4,14-21)

Gefangenen und Blinden Augenlicht, frei zu
entlassen Niedergebeugte, 19 auszurufen ein
Gnadenjahr des Herrn. 20 Und er rollte das
Buch zusammen, gab es dem Diener und setz-
te sich; die Augen aller in der Synagoge aber
waren gespannt auf ihn gerichtet. 21 Da fing er
an zu ihnen zu sprechen: Heute ist dieses
Schriftwort erfüllt, vor euren Ohren. 22 Und
alle stimmten ihm zu und staunten über die
huldreichen Worte, die aus seinem Mund ka-
men, und sagten: Ist dieser nicht Josefs Sohn?
23 Und er sprach zu ihnen: Gewiss werdet ihr
mir jenes Sprichwort sagen: Arzt, heile dich
selbst! Was wir hörten, dass es in Kafarnaum
geschah, das tu auch hier in deiner Vaterstadt.
24 Er aber sprach: Wahrlich, ich sage euch,
kein Prophet ist willkommen in seiner Vater-
stadt. 25 Wahrhaftig, ich sage euch: Viele Wit-
wen gab es in Israel in den Tagen des Elija, als
der Himmel drei Jahre und sechs Monate ver-
schlossen war und eine große Hungersnot
über alles Land kam. 26 Doch zu keiner von ih-
nen wurde Elija gesandt, sondern zu einer
Witwe in Sarepta in der Gegend von Sidon.
27 Und viele Aussätzige gab es in Israel zur
Zeit des Propheten Elischa. Doch keiner von
ihnen wurde rein, sondern nur Naaman, der
Syrer. 28 Da wurden alle in der Synagoge von
Zorn erfüllt, als sie das hörten. 29 Sie standen
auf und trieben ihn zur Stadt hinaus, führten
ihn bis an den Steilrand des Berges, auf dem
ihre Stadt erbaut war, um ihn hinabzustür-
zen. 30 Er aber schritt mitten durch sie hin und
ging fort.

In Kafarnaum:
Du bist der Heilige Gottes

31 Er ging hinab nach Kafarnaum, einer Stadt
in Galiläa, und lehrte sie am Sabbat. 32 Sie wa-
ren außer sich über seine Lehre, denn sein
Wort war voll Macht. 33 Da war nun in der Sy-
nagoge ein Mann, der den Geist eines unrei-
nen Dämons hatte; der schrie auf mit lauter
Stimme: 34 Ha, was haben wir miteinander zu
schaffen, Jesus von Nazaret? Du bist gekom-
men, uns zugrunde zu richten. Ich weiß, wer
du bist: Der Heilige Gottes. 35 Da bedrohte
ihn Jesus und sprach: Verstumme und fahre
aus von ihm! Darauf warf ihn der Dämon
mitten hin und fuhr von ihm aus, ohne ihm
Schaden zu tun. 36 Und Staunen kam über al-
le, sie redeten untereinander: Was ist das für
ein Wort? In Vollmacht und Kraft gebietet er
den unreinen Geistern, und sie fahren aus.
37 Sein Ruf aber verbreitete sich an allen Or-
ten in der Umgegend.

Heilungen:
Er legte jedem die Hände auf

38 Jesus stand auf und ging aus der Synagoge
in das Haus des Simon. Die Schwiegermutter
des Simon aber war von heftigem Fieber be-
fallen, und sie baten ihn für sie. 39 Er stellte
sich zu ihrem Haupt, bedrohte das Fieber,
und es verließ sie. Da stand sie auf und diente
ihnen. 40 Als die Sonne unterging, brachten al-
le, die Kranke hatten mit mancherlei Leiden,

---

in der Synagoge zu Nazaret. Gnadenjahr, das jeweils fünfzigste Jahr, in dem alle Versklavten freigelassen, die Schulden erlassen und aller Erbbesitz dem ursprünglichen Eigentümer zurückgegeben werden soll (Lev 25,8-55). Zunächst sind die Frommen in der Synagoge von Nazaret begeistert von der Lehre Jesu. Doch dann wenden sie sich gegen ihn und vertreiben ihn aus ihrer Stadt. **31-37** Kafarnaum am See (liegt rund 570 m tiefer als Nazaret) wird zum Zentrum des Wirkens Jesu. Dort befreit er an einem Sabbat einen Mann, der von einem bösen Geist besessen ist. Die dabei waren, staunen und fragen: Was ist das für eine Lehre? Wer gab diesem Jesus Vollmacht? **38-44** Über das heilende Wirken Jesu: Die Schwiegermutter des Petrus wird geheilt und dient ihm. Mit dem Sonnenuntergang endet der Sabbat und mit ihm das Verbot,

Ich danke dir für alles
was ich aus eigener Kraft
und mit deinem Segen geworden bin

Ich danke dir für die Menschen
die mir Nächste wurden
und dir
der mir Nächster bleibt

Ich danke dir
dass du da bist und bleibst
in meinem und aller Menschen Leben

(4,38-43)

Fahr hinaus, Simon
vergiss, was du
vom Fischen gelernt hast
Du brauchst die Regeln
der Alten nicht mehr
um deine Netze zu füllen

Erschrick nicht, Simon
wer mir ins Netz gegangen
entkommt nicht mehr
Vertrauen trägt

Geh mit, Simon
vergiss das Netz und das Boot
ich zeige dir neue Wege
einen Namen gebe ich dir
und einen Auftrag
Petrus, der Fels
Bei mir lernst du
Menschen fischen

(5,1-11)

diese zu ihm. Er legte einem jeden von ihnen
die Hände auf und heilte sie. 41 Es fuhren aber
von vielen auch Dämonen aus, die schrien
und riefen: Du bist der Sohn Gottes. Er aber
bedrohte sie und ließ sie nicht reden, weil sie
wussten, dass er der Messias ist. 42 Als es Tag
geworden war, ging er fort und kam an einen
einsamen Ort. Die Volksscharen suchten ihn,
kamen zu ihm, hielten ihn fest, dass er nicht
von ihnen gehe. 43 Er aber sprach zu ihnen:
Auch den anderen Städten muss ich die Frohe
Botschaft vom Reich Gottes künden; denn
dazu bin ich gesandt. 44 Und er kündete in den
Synagogen von Judäa.

Petrus und seine Gefährten:
Du wirst Menschen fangen

5 Und es geschah, als das Volk ihn umdräng-
te, um das Wort Gottes zu hören: Er stand am
See von Gennesaret 2 und sah zwei Boote am
See liegen. Die Fischer aber waren ausgestie-
gen und wuschen die Netze. 3 Da stieg er in ei-
nes der Boote, das dem Simon gehörte, und
bat ihn, ein wenig vom Land wegzufahren.
Und er setzte sich nieder und lehrte die Volks-
scharen vom Boot aus. 4 Als er aber aufgehört
hatte zu reden, sagte er zu Simon: Fahr hinaus
ins Tiefe und werft eure Netze zum Fang aus.
5 Da antwortete Simon und sagte: Meister, die
ganze Nacht haben wir uns gemüht und
nichts gefangen. Doch auf dein Wort hin will
ich die Netze auswerfen. 6 Und als sie es taten,
fingen sie eine große Menge Fische; ihre Net-
ze rissen fast. 7 Da winkten sie ihren Genossen
im anderen Boot, sie sollten kommen und ih-
nen helfen. Und die kamen, und sie füllten
beide Boote, dass sie tief einsanken. 8 Als aber
Simon Petrus das sah, fiel er zu Jesu Füßen
nieder und sprach: Herr, geh weg von mir,
denn ich bin ein sündiger Mensch. 9 Denn
Staunen hatte ihn gepackt, ihn und alle, die
mit ihm waren, über den Fischfang, den sie

am heiligen Tag eine Last zu tragen. Von überall her bringt man Kranke zu Jesus. Besonders gerühmt wird seine Macht über die Dämonen, jene die Menschen in ihrem Menschsein bedrohenden Mächte, die ihn erkennen. Die Bürger von Kafarnaum wollen den heilmächtigen Rabbi bei sich behalten. Jesus weiß, wozu er gesandt ist.

5,1-11 Jesus steigt in das Boot des Fischers Simon, dem er den Namen Petrus gab. Er lehrt die Menge, die am Ufer steht. Dann fordert er Simon auf, zum Fischfang auszufahren. Simon, ein erfahrener Fischer, wendet ein, dass er in der vergangenen Nacht mit leeren Netzen zurückkam. Schließlich wirft er »auf dein Wort hin« das Netz aus. Der Erfolg ist überwältigend. Staunen und Schrecken kommen über alle, die dabei

gemacht hatten; [10] auch Jakobus und Johannes, die Söhne des Zebedäus, die Gefährten des Simon waren. Und Jesus sprach zu Simon: Fürchte dich nicht; von nun an wirst du Menschen fangen. [11] Dann brachten sie die Boote an Land, verließen alles und folgten ihm nach.

Ein Aussätziger: Ich will, sei rein

[12] Und es geschah, als er in einer der Städte war: Da war ein Mann voll Aussatz. Als der aber Jesus sah, fiel er auf sein Angesicht, bat ihn und sprach: Herr, wenn du willst, kannst du mich rein machen. [13] Da streckte er seine Hand aus, rührte ihn an und sprach: Ich will, sei rein! Und sogleich wich der Aussatz von ihm. [14] Und er befahl ihm: Keinem etwas sagen, – sondern: Geh hin, zeige dich dem Priester und bring für deine Reinigung dar, was Mose verordnet hat – ihnen zum Zeugnis. [15] Die Rede über ihn verbreitete sich aber noch mehr, und viel Volk strömte zusammen, um zu hören und Heilung zu finden von ihren Krankheiten. [16] Er aber entwich an einsame Orte und betete.

Der Gelähmte: Deine Sünden sind vergeben

[17] Und es geschah eines Tages, als er lehrte: Da saßen auch Pharisäer und Gesetzeslehrer dabei; sie waren aus allen Dörfern in Galiläa und Judäa und aus Jerusalem gekommen. Und Kraft des Herrn war in ihm zum Heilen. [18] Siehe, da brachten Männer auf einer Bahre einen Mann herbei, der gelähmt war. Und sie versuchten, ihn hineinzutragen und vor ihm niederzustellen. [19] Doch sie fanden der Volksmenge wegen keinen Raum, ihn hineinzutragen. So stiegen sie auf das Dach und ließen ihn mitsamt der Bahre durch die Ziegel hinab, gerade vor Jesus hin. [20] Als Jesus ihren Glauben sah, sagte er: Mensch, deine Sünden sind dir vergeben. [21] Die Schriftgelehrten und Pharisäer aber fingen an untereinander zu überlegen: Wer ist dieser, der Lästerworte redet? Wer kann Sünden vergeben außer Einem – Gott? [22] Jesus aber durchschaute ihre Überlegungen, so antwortete er und sprach: Was denkt ihr in euren Herzen? [23] Was ist leichter zu sagen: Deine Sünden sind vergeben, oder zu sagen: Steh auf und geh umher? [24] Damit ihr aber wisst, dass der Menschensohn Macht hat, auf Erden Sünden zu vergeben – sprach er zu dem Gelähmten: Ich sage dir, steh auf, nimm deine Bahre und geh in dein Haus. [25] Und der stand vor ihnen auf, nahm sofort, worauf er gelegen hatte, und ging, Gott lobpreisend, in sein Haus. [26] Da kam Schaudern über alle, sie priesen Gott und wurden von Furcht erfüllt und sagten: Wunderbares haben wir heute gesehen.

Levi der Zöllner: Ich bin gekommen, Sünder zu rufen

[27] Danach ging er hinaus, sah einen Zöllner mit Namen Levi am Zollhaus sitzen und sagte zu ihm: Folge mir! [28] Und er verließ alles, stand auf und folgte ihm. [29] Levi aber bereitete ihm ein großes Gastmahl in seinem Haus. Eine große Schar Zöllner und andere Leute waren da und lagen mit ihnen zu Tisch. [30] Die Pharisäer und Schriftgelehrten aber murrten und sagten zu seinen Jüngern: Warum esst und trinkt ihr mit Zöllnern und Sündern? [31] Da antwortete Jesus und sprach zu ihnen: Nicht die Gesunden bedürfen des Arztes, son-

---

waren. Für Simon Petrus hat diese Erfahrung besondere Bedeutung, denn: »Von nun an wirst du Menschen fangen«. **12-16** Zur Zeit Jesu ist Aussatz unheilbar. Weil er auch ansteckend ist, werden die Aussätzigen aus der Familie und aus dem Gottesdienst ausgeschlossen. Viele glauben, die Krankheit sei Strafe für die Sünde. Jesus sieht den Menschen in Not, er hilft. Er heilt den Kranken, der ihn bittet, und schickt ihn zum Priester, dass der ihm, wie das Gesetz des Mose es vorschreibt, die Heilung bestätige. Dem Geheilten verbietet er, von der Heilung zu reden. Doch der hält sich nicht daran und Jesus wird bekannt. **5,17 - 6,12** Fünf Streitgespräche aneinandergereiht: Die Gegner schließen sich zusammen. In der Auseinandersetzung wird klar, wer Jesus ist. **17-26** Gott allein kann Sünde vergeben. Der Glaubenssatz bleibt unbestritten. Die Heilung eines Gelähmten ist ein nachweisbares Faktum. Vergebung dagegen kann man nicht sichtbar und greifbar nachweisen. Darum kann man sagen, die Heilung des Behinderten sei das Schwerere. **27** Ein festliches Mahl im Haus des ehemaligen Zöllners Levi (nach Mt 9,9: Matthäus) wird

dern die Kranken. [32] Ich bin nicht gekommen, Gerechte zur Umkehr zu rufen, sondern Sünder.

Die Fastenfrage: Das Alte und das Neue

[33] Da sagten sie zu ihm: Die Jünger des Johannes fasten und halten Gebetszeiten, ebenso tun die der Pharisäer, deine Jünger jedoch essen und trinken. [34] Jesus aber sprach zu ihnen: Können denn die Hochzeitsleute fasten, solange der Bräutigam mit ihnen ist? [35] Es werden aber Tage kommen, da der Bräutigam von ihnen genommen wird, und dann, in jenen Tagen, werden sie fasten. [36] Er sagte ihnen auch ein Gleichniswort: Keiner reißt einen Flicken von einem neuen Gewand ab und näht ihn auf ein altes Gewand. Tut er es doch, wird er das neue zerreißen, und zum alten passt kein Flicken vom neuen. [37] Keiner gießt jungen Wein in alte Schläuche. Tut er es doch, wird der junge Wein die Schläuche zerreißen, und der Wein geht zugrunde samt den Schläuchen. [38] Jungen Wein muss man doch in neue Schläuche gießen. [39] Und keiner, der alten Wein getrunken hat, will neuen; denn er sagt: Der alte ist besser.

Die Sabbatfrage: Jesus ist der Herr

6 Und es geschah, als Jesus am zweiten Sabbat durch die Felder ging: Seine Jünger rauften Ähren, zerrieben sie mit den Händen und aßen. [2] Da sagten einige von den Pharisäern zu ihnen: Warum tut ihr, was am Sabbat nicht erlaubt ist? [3] Jesus antwortete und sprach zu ihnen: Habt ihr nicht gelesen, was David tat, als er und seine Begleiter hungrig waren? [4] Wie er in das Haus Gottes ging, die Schaubrote nahm und sie aß und seinen Begleitern davon austeilte – da doch niemand davon essen darf außer den Priestern? [5] Und er sprach zu ihnen: Der Menschensohn ist Herr auch des Sabbats.

Stärke unsere Kirche im Vertrauen
dass sie sich dem Wandel
den unsere Zeit von ihr fordert
nicht verweigert, die gegenwärtige
Not als Chance erkennt
Im Vertrauen auf deinen heiligen Geist
loslässt, was vergangen ist
festhält, was Zukunft begründet
dass sie der eigenen Berufung traut
das Leben schützt
für die Armen einsteht
Kirche wird, wie du sie träumst
und uns zu träumen lehrst
den Weg in die Zukunft geduldig
sucht und geht

(6,1-5)

Heilung am Sabbat: Jesus tut Gutes

[6] Und es geschah an einem anderen Sabbat, als er in die Synagoge ging und lehrte: Da war ein Mann, dessen rechte Hand verdorrt war. [7] Und die Schriftgelehrten und Pharisäer gaben Acht, ob er am Sabbat heilen werde, um so eine Anklage gegen ihn zu finden.
[8] Er aber kannte ihre Gedanken und sprach trotzdem zu dem Mann, der die verdorrte Hand hatte: Steh auf und tritt in die Mitte. Und er stand auf und trat hin.
[9] Nun sprach Jesus zu ihnen: Ich frage euch: Ist es am Sabbat erlaubt, Gutes zu tun oder Böses zu tun, Leben zu retten oder zu verderben? [10] Und er blickte sie alle ringsum an und sprach zu ihm: Strecke deine Hand aus. Als er es tat, war seine Hand wiederhergestellt. [11] Sie aber wurden voll blinden Ärgers und beredeten miteinander, was sie Jesus antun könnten.

Die Zwölf: Er wählte sie aus den Jüngern

[12] Und es geschah in diesen Tagen: Da ging er hinaus auf den Berg, um zu beten, und er ver-

---

zum Anlass einer Diskussion. Jesus verteidigt seine Gemeinschaft mit öffentlichen Sündern. **33-39** Drei Bildworte verdeutlichen die neue Lehre und den neuen Lebensstil.
6,1-5 Das Sabbatgebot prägt das alltägliche Leben. Darum verbinden sich im Lauf der Zeit mehr und mehr Regelungen und Weisungen mit diesem Gebot. Dadurch wird das Gebot, das dem Menschen das Leben erleichtern sollte, zur Last. Jesus hält das Sabbatgebot. Er lebt es mit seinen Jüngern, wie es von Gott gemeint ist. **6-11** Die Gegner beobachten Jesu Sabbatpraxis mit besonderer Aufmerksamkeit. Hier

brachte die Nacht im Gebet mit Gott. [13] Als es Tag wurde, rief er seine Jünger zu sich und wählte aus ihnen zwölf, die nannte er auch Apostel: [14] Simon, den er auch Petrus nannte, und Andreas, seinen Bruder, und Jakobus und Johannes und Philippus und Bartholomäus [15] und Matthäus und Thomas und Jakobus, den Sohn des Alphäus, und Simon, der Zelot genannt wurde, [16] und Judas, den Sohn des Jakobus, und Judas Iskariot, der zum Verräter wurde.

Heilungen:
Es ging eine Kraft von ihm aus

[17] Er stieg mit ihnen herab und trat an einen ebenen Platz. Eine große Schar seiner Jünger und eine große Volksmenge aus ganz Judäa und Jerusalem und von der Küste von Tyrus und Sidon, [18] die waren gekommen, um ihn zu hören und von ihren Krankheiten geheilt zu werden. Auch die von unreinen Geistern Geplagten fanden Heilung. [19] Und die ganze Volksmenge suchte ihn anzurühren, weil eine Kraft von ihm ausging und alle heilte.

Seligpreisungen und Weherufe:
Heil oder Unheil

[20] Dann hob er seine Augen zu seinen Jüngern und sprach: Selig ihr Armen, denn euer ist das Reich Gottes. [21] Selig, die ihr jetzt hungert, denn ihr werdet gesättigt werden. Selig, die ihr jetzt weint, denn ihr werdet lachen. [22] Selig seid ihr, wenn die Menschen euch hassen und wenn sie euch ausschließen und schmähen und euren Namen als böse verrufen um des Menschensohnes willen. [23] Freut euch an jenem Tag und hüpft. Denn siehe, euer Lohn im Himmel ist groß. Geradeso haben ihre Väter den Propheten getan. [24] Aber: Wehe euch, ihr Reichen, denn ihr habt euren Trost empfangen. [25] Wehe euch, die ihr jetzt gesättigt seid, denn ihr werdet hungern. Wehe euch, die ihr jetzt lacht, denn ihr werdet trauern und weinen. [26] Wehe euch, wenn euch alle Menschen schmeicheln; denn geradeso haben ihre Väter den falschen Propheten getan.

Nicht nur die Parolen der Lauten hören
die Stimme des Herzens achten

Nicht nur die Straßen der vielen gehen
den engen Weg wagen

Nicht nur im Tempo der andern leben
dem eigenen Takt folgen

Nicht nur in Euro und Cent rechnen
lieben und sich lieben lassen

Nicht nur das eigene Leid beklagen
die Nöte der Welt wahrnehmen

Nicht nur auf Sicherheit setzen
der Hoffnung trauen

Nicht nur am Vergangenen hängen
der Zukunft Raum geben

(6,20-26)

Das neue Gebot: Liebt eure Feinde

[27] Euch aber, die ihr mich hört, euch sage ich: Liebet eure Feinde, tut Gutes denen, die euch hassen. [28] Segnet, die euch fluchen, bittet für die, die euch misshandeln. [29] Dem, der dich

muss sich, so meinen sie, zeigen, wie er es mit dem Gesetz des Mose hält. Als Jesus an einem Sabbattag einen Mann heilt, der eine geschrumpfte Hand hatte, bringt Jesus sie mit einer Frage in Verlegenheit: »Ist es erlaubt, am Sabbat Gutes zu tun«?« **21-16** Am Morgen, nach einer Nacht, die er betend auf dem Berg verbrachte, wählt Jesus aus der Schar seiner Jünger zwölf Männer, die namentlich bekannt sind. Sie sollen mit ihm gehen, Zeugen seines Redens und seines Tuns werden. Er selbst nennt sie »Apostel«, Sendboten. **17-19** Wer Jesus begegnet, spürt: Er strahlt eine Kraft aus, die alle heilt. **20-49** Die »Feldrede« des Lukas entspricht der »Bergpredigt« im Matthäusevangelium (Mt 5 - 7). Die beiden Evangelisten geben unterschiedliche Überlieferungen weiter. Die Bergpredigt umfasst 111, die Feldrede 36 Verse. **20-26** Die Einleitung bilden vier Seligpreisungen und vier Wehrufe: Heil von Gott wird den Armen, den Hungernden, Weinenden und den Verachteten zugesagt. Das Wehe gilt den Reichen, Satten, Lachenden und Umschmeichelten. **27-38** Das Hauptgebot, auf das Jesus die Seinen verpflichtet, fordert eine Liebe, die selbst die Feinde einschließt. Menschen, die einander nicht mit Misstrauen begegnen, sondern einer dem anderen

auf die Wange schlägt, halt auch die andere hin, und dem, der dein Obergewand stiehlt, verweigere auch dein Untergewand nicht. 30 Wer immer dich bittet, dem gib! Und von dem, der das Deine nimmt, fordere es nicht zurück. 31 Und wie ihr wollt, dass euch die Menschen tun, so tut ihnen. 32 Und wenn ihr die liebt, die euch lieben, welchen Dank habt ihr? Denn auch die Sünder lieben jene, von denen sie geliebt werden. 33 Und wenn ihr denen Gutes tut, die euch gut tun, welchen Dank habt ihr? Denn auch die Sünder tun dasselbe. 34 Und wenn ihr nur denen leiht, von denen ihr zu empfangen hofft, welchen Dank habt ihr? Denn auch die Sünder leihen Sündern, damit sie das Gleiche zurückerhalten. 35 Vielmehr: Liebt eure Feinde und tut Gutes, leiht, wo ihr euch nichts erhofft. Dann wird euer Dank groß sein, dann seid ihr Söhne des Höchsten; er ist ja gütig gegen die Undankbaren und Bösen.

Der Bruder: Richtet nicht

36 Seid barmherzig, wie euer Vater barmherzig ist. 37 Richtet nicht, und auch ihr werdet nicht gerichtet. Verurteilt nicht, und auch ihr werdet nicht verurteilt. Lasst frei, und auch ihr werdet freigelassen. 38 Gebt, und auch euch wird gegeben. Ein gutes, ein vollgedrücktes, ein gerütteltes, ein übervolles Maß wird man euch in euren Schoß geben. Denn mit demselben Maß, mit dem ihr zumesst, wird euch zugemessen. 39 Er sagte ihnen aber auch ein Gleichniswort: Kann ein Blinder einen Blinden führen? Werden nicht beide in den Graben fallen? 40 Der Jünger ist nicht über seinem Meister; ist er aber voll ausgebildet, dann kommt er dem Meister gleich. 41 Was siehst du den Splitter im Auge deines Bruders, und den Balken in deinem eigenen Auge gewahrst du nicht? 42 Wie kannst du zu deinem Bruder sagen: Bruder, lass mich den Splitter aus deinem Auge ziehen, da du den Balken in deinem Auge nicht gewahrst?

Zeichen der Unterscheidung: Gutes oder Schlechtes

43 Ja, es gibt keinen guten Baum, der schlechte Frucht bringt, und keinen schlechten Baum, der gute Frucht bringt. 44 Denn jeder Baum wird an seiner Frucht erkannt. Man sammelt ja nicht Feigen von Disteln, und man liest keine Trauben vom Dornbusch. 45 Der gute Mensch bringt aus dem guten Schatz seines Herzens das Gute hervor, und der Böse bringt aus dem Bösen das Böse hervor; denn aus der Überfülle des Herzens redet sein Mund. 46 Was heißt ihr mich denn: Herr, Herr! Und tut doch nicht, was ich euch sage?

Der kluge Mann: Das Wort hören und tun

47 Jeder, der zu mir kommt, meine Worte hört und sie auch tut, - ich will euch zeigen, wem er gleicht: 48 Er gleicht einem klugen Mann, der sein Haus baute, grub und ausschachtete und den Grund auf den Felsen legte. Als Hochwasser kam, brach die Flut auf jenes Haus herein, doch sie vermochte es nicht zu erschüttern, denn es war gut gebaut. 49 Wer aber hört und nicht tut, gleicht einem Mann, der sein Haus auf die Erde gebaut hat ohne Fundament. Als die Flut dagegen brandete, fiel es sogleich zusammen, und der Einsturz jenes Hauses war groß.

Der Hauptmann: Solchen Glauben fand ich nicht in Israel

7 Nachdem er all seine Reden dem Volk zu Gehör gebracht hatte, ging er nach Kafarnaum hinein. 2 Dort war eines Hauptmanns Knecht, der ihm viel wert war, krank bis auf den Tod. 3 Als er nun von Jesus hörte, sandte er Älteste der Juden zu ihm und ließ

Gutes zutrauen: segnen, beten, auf Vergeltung verzichten, sich ausnutzen lassen. Menschen, die man um solcher Haltungen willen für »töricht« hält, sind Gott nah. **39-46** Bilder und Gleichnisworte, denen gesagt, die meinen, sie seien besser als die anderen und könnten über sie urteilen. **47-49** Wie die Bergpredigt (Mt 7,24-29) endet auch die Feldrede mit einem Gleichnis von einem klugen und einem törichten Mann. Genauer: vom Heil, das der eine, der sich an die Lehre Jesu hielt, einhandelte, und vom Unheil, das dem zubestimmt ist, der sich nicht darum kümmert. **7,1-50** Beispiele, die zeigen, wie Menschen in der Begegnung mit Jesus Heil erfahren: der Knecht eines Hauptmannes aus der Besatzungsarmee (V.1-10); ei-

Glauben
wie die Väter geglaubt
im geschlossenen Kreis
Gott ehren
seine Zuwendung erwerben
ein Recht auf Hilfe haben
zu den Erwählten gehören

Glauben
von der Not bedrängt
und von der Liebe
zum andern, für den es
keine Hilfe gibt

Bitten
in blindem Vertrauen
sich an den halten,
dessen Macht gerühmt wird

Bitten
wenn man ganz unten ist,
wenn es kein Morgen gibt
gegen alle Erfahrung sagen
Herr, wenn du willst...

(7,1-10)

ihn bitten, er möge kommen und seinen Knecht retten. [4] Die aber kamen zu Jesus, baten ihn inständig und sagten: Er ist es wert, dass du ihm dies tust; [5] denn er liebt unser Volk und hat uns die Synagoge gebaut. [6] Jesus aber ging mit ihnen hin. Als er schon nicht mehr weit vom Haus entfernt war, da schickte der Hauptmann Freunde und ließ ihm sagen: Herr, be-mühe dich nicht, denn ich bin nicht würdig, dass du eingehst unter mein Dach. [7] – Darum habe ich mich auch selbst nicht für würdig gehalten, zu dir zu kommen. – Aber sprich nur ein Wort, so wird mein Knecht gesund. [8] Denn auch ich bin ein Mensch, der unter Befehlsgewalt steht, und habe Soldaten unter mir. Sage ich zu einem: Geh!, dann geht er. Und zu einem anderen: Komm!, dann kommt er. Und zu meinem Knecht: Tu das!, dann tut er es. [9] Als Jesus das hörte, staunte er und sprach zu den Scharen, die ihm folgten: Wahrlich, ich sage euch, solchen Glauben habe ich in Israel nicht gefunden. [10] Und als die Abgesandten zum Haus zurückkamen, fanden sie den Knecht gesund.

Der Jüngling von Nain:
Gott hat sein Volk heimgesucht

[11] Und es geschah: Danach wanderte er in eine Stadt namens Nain, und seine Jünger und eine große Volksschar zogen mit ihm. [12] Als er sich nun dem Stadttor näherte, siehe, da wurde ein Toter herausgetragen, der einzige Sohn seiner Mutter, und die war Witwe. Eine große Menge aus der Stadt ging mit ihr. [13] Als der Herr sie sah, wurde er vom Mitleid über sie ergriffen und sprach zu ihr: Weine nicht! [14] Dann trat er hinzu und berührte die Bahre; die Träger blieben stehen – und er sprach: Jüngling, ich sage dir, steh auf! [15] Da richtete sich der Tote auf und fing an zu reden, und er gab ihn seiner Mutter. [16] Furcht erfasste alle, und sie priesen Gott und sagten: Ein großer Prophet ist unter uns aufgestanden und: Gott hat sein Volk heimgesucht. [17] Dieser Bericht über ihn wurde in ganz Judäa und im ganzen Umkreis bekannt.

Die Frage des Täufers:
Selig, wer sich an mir nicht ärgert

[18] Dem Johannes aber berichteten seine Jünger von all dem. Da rief Johannes zwei seiner Jünger zu sich, [19] schickte sie zum Herrn und ließ ihm sagen: Bist du es, der kommen soll, oder sollen wir einen anderen erwarten? [20] Die Männer kamen zu ihm und sagten: Johannes der Täufer schickt uns zu dir und fragt: Bist du es, der kommen soll, oder sollen wir einen anderen erwarten? [21] Zu jener Stunde aber heilte er viele von Krankheiten, Plagen und bösen Geistern, und vielen Blinden schenkte er das Sehen. [22] Und er antwortete

---

ne trauernde Mutter (Sonderüberlieferung, V. 11-17). Glaubende erkennen Jesus als den neuen Elija (1 Kön 17,17-24). **18-23** In der nachösterlichen Gemeinde gehört die Frage nach dem Verhältnis zwischen Jesus und dem Täufer zu den offenen Fragen. Man kann den Täufer nur aus seiner Beziehung zu Je-

ihnen und sprach zu ihnen: Geht und meldet dem Johannes, was ihr gehört und gesehen habt: Blinde sehen, Lahme gehen umher, Aussätzige werden gereinigt, Taube hören, Tote stehen auf, Armen wird Frohe Botschaft verkündet. 23 Und selig ist, wer sich an mir nicht ärgert.

Jesus über Johannes:
Er ist mehr als ein Prophet

24 Als aber die Boten des Johannes weggegangen waren, begann Jesus zum Volk über Johannes zu reden: Wozu seid ihr in die Wüste hinausgegangen? Ein Schilfrohr zu sehen, das im Winde hin und herschwankt? 25 Oder wozu seid ihr hinausgegangen? Einen Menschen zu sehen in weichen Gewändern? Siehe, die weiche Gewänder tragen, wohnen in den Häusern der Könige. 26 Oder wozu seid ihr hinausgegangen? Einen Propheten zu sehen? Ja, ich sage euch, er ist mehr als ein Prophet. 27 Dieser ist es, von dem geschrieben steht: Siehe, ich sende meinen Boten vor dir her, der deinen Weg vor dir bereiten soll. 28 Wahrlich, ich sage euch: Unter denen, die von einer Frau geboren sind, ist kein Größerer erstanden als Johannes der Täufer. Aber der Kleinste im Reich Gottes ist größer als er. – 29 Und alles Volk hörte ihn, die Zöllner gaben Gott Recht, da sie sich taufen ließen mit der Taufe des Johannes. 30 Die Pharisäer aber und die Gesetzeslehrer vereitelten den ihnen zubestimmten Ratschluss Gottes und ließen sich nicht von ihm taufen. – 31 Wem soll ich die Menschen dieses Geschlechts vergleichen? Wem sind sie vergleichbar? 32 Sie gleichen Kindern, die auf dem Markte sitzen und einander zurufen und sagen: Wir haben euch geflötet, doch ihr habt nicht getanzt. Wir haben euch ein Trauerlied gesungen, doch ihr habt nicht geweint. 33 Denn Johannes der Täufer ist gekommen, er aß kein Brot und trank keinen Wein, und ihr sagt: Er ist besessen. 34 Der Menschensohn ist gekommen, er isst und trinkt, und ihr sagt: Seht, dieser Mensch! Ein Fresser und Weinsäufer ist er, ein Genosse der Zöllner und Sünder. 35 Der Weisheit aber ward Recht gegeben von allen ihren Kindern.

Die Sünderin:
Ihre vielen Sünden sind vergeben

36 Einer der Pharisäer bat ihn, bei ihm zu essen. Und er ging in das Haus des Pharisäers und legte sich zu Tisch. 37 Siehe, da war eine Frau in der Stadt, eine Sünderin. Sie erfuhr, dass Jesus im Haus des Pharisäers zu Tisch liege. Da brachte sie eine Alabasterflasche voll Salböl, 38 trat von hinten an seine Füße, weinte und begann mit ihren Tränen seine Füße zu netzen und trocknete sie mit den Haaren ihres Hauptes. Sie küsste seine Füße und salbte sie mit Öl. 39 Als der Pharisäer, der ihn geladen hatte, das sah, sagte er bei sich: Wenn dieser ein Prophet wäre, würde er erkennen, welcher Art die Frau ist, die ihn berührt: eine Sünderin. 40 Da hob Jesus an und sprach zu ihm: Simon, ich habe dir etwas zu sagen. Der antwortete: Rede, Meister, sprich! Er sprach: 41 Ein Geldverleiher hatte

Wir bitten um Vergebung
für alles, was wir einander vorenthalten
an Brüderlichkeit und Liebe
bitten um Erlösung
aus unserer Ohnmacht
die uns nicht tatkräftig
füreinander sorgen lässt
bitten um ein neues Herz
das sich in den Spuren Jesu Christi
verpfändet für das Glück der Menschen
(7,36 - 8,3)

sus verstehen. **24-28** Jesu Urteil über den Täufer enthält auch die Antwort auf die Frage der frühen Christengemeinde, die nicht weiß, wie sie den Täufer einordnen soll. **29-32** Über die Reaktion im Volk: Die Zöllner lassen sich von Johannes taufen. Die Pharisäer und Schriftgelehrten widersetzen sich dem Plan Gottes. Sie verpassen ihre Chance. Der Täufer wird wie Jesus eingeladen zu Tanz und Fest. Sie weigern sich zu kommen. Sie singen ihnen ein Klagelied, doch niemand vergießt eine Träne. Der Täufer lebt als Asket, Jesus wie einer, der sich an allem Guten des Lebens freut. Keinem der beiden gelingt es, die Abwehrreaktion dieser Generation zu brechen. **35** Ein in der Gemeinde gebildetes Wort. Nur die Glaubenden (»Kinder der Weisheit«) verstehen, wer Jesus ist. **36-50** Sonderüberlieferung. Die Begegnung Jesu mit

Wir begegnen Jesus
bei denen, die ihn einladen
an ihren Tisch, im Kreis der Fröhlichen
die meinen, sie hätten es geschafft
den Wohlstand und das Wohlgefallen
verdient

Wir begegnen dir
bei denen, die ihre Not
am Leib tragen wie ein Hemd
denen Schuld zum Kennzeichen
ward – mit denen »man«
keine Ehre erwirbt

Wo du bist, Jesus, geschieht
Begegnung: Die Sünder suchen
Nähe, die Ausgeschlossenen
warten auf ein Wort
Die Frommen erkennen sich selbst
und ihre verborgene Not
Denen, die alles haben
gehen die Augen auf
und sie erkennen, dass ihnen
das Eine fehlt: die Liebe

(7,36-50)

zwei Schuldner. Der eine schuldete ihm fünfhundert Denare, der andere fünfzig. 42 Doch sie hatten nichts, wovon sie bezahlen konnten, darum erließ er es beiden. Welcher nun von diesen wird ihn mehr lieben? 43 Simon antwortete: Ich denke, der, dem er mehr erlassen hat. Und er sprach zu ihm: Du hast recht geurteilt. 44 Dann wandte er sich zur Frau und sagte zu Simon: Siehst du diese Frau? Ich kam in dein Haus. Du gabst mir kein Wasser für meine Füße. Sie aber hat meine Füße mit ihren Tränen genetzt und mit ihren Haaren getrocknet. 45 Du gabst mir keinen Kuss zum Gruß. Sie aber hat, seit sie hereinkam, nicht aufgehört, meine Füße zu küssen. 46 Du hast mein Haupt nicht mit Öl gesalbt. Sie aber hat meine Füße mit Salböl gesalbt. 47 Darum sage ich dir: Ihre vielen Sünden sind ihr vergeben, weil sie viel geliebt hat. Wem wenig vergeben wird, der liebt wenig.
48 Und er sprach zu ihr: Deine Sünden sind dir vergeben. 49 Da fingen die Tischgenossen an, untereinander zu sagen: Wer ist dieser, dass er Sünden vergibt? 50 Er aber sprach zur Frau: Dein Glaube hat dich gerettet. Geh in Frieden.

Jesus wandernd unterwegs:
Frauen dienen ihm

8 Und es geschah: Jesus wanderte von Stadt zu Stadt und von Dorf zu Dorf, kündete und rief die Frohe Botschaft vom Reich Gottes aus. Die Zwölf waren bei ihm 2 und einige Frauen, die von bösen Geistern und Leiden geheilt worden waren, Maria Magdalena, aus der sieben Dämonen ausgefahren waren, 3 und Johanna, die Frau des Chuza, eines Verwalters des Herodes, Susanna und viele andere; sie dienten ihm mit ihrem Vermögen.

Gleichnisreden:
Der Same ist das Wort

4 Viel Volk kam zusammen, von Stadt zu Stadt liefen ihm Leute zu, da redete er im Gleichnis: 5 Ein Sämann ging aus, seinen Samen zu säen. Und beim Säen fiel einiges auf den Weg und wurde zertreten, und die Vögel des Himmels kamen und fraßen es. 6 Anderes fiel auf den Felsen, und als es aufwuchs, verdorrte es, weil es keine Feuchtigkeit hatte. 7 Anderes fiel mitten in die Dornen, und die Dornen wuchsen zugleich auf und erstickten es. 8 Anderes fiel in die gute Erde, es wuchs auf und brachte hun-

---

der Sünderin im Haus des Pharisäers Simon bestätigt sein Urteil über »diese Generation«. Der Gastgeber stellt Jesus eine Frage, die nur auf den ersten Blick mit dem Problem nichts zu tun hat. Jesu Frage bewirkt, dass Simon die eigene Rolle anders sieht: Der Ankläger sieht sich als den Schuldigen. Zuletzt wendet sich Jesus der Frau zu – einer Liebenden. Ihre Sünden, so viele es auch sein mögen, sind vergeben.

8,1-3 Jesus zieht als Wanderprediger von Ort zu Ort. Seine Jünger, besonders die Zwölf, sind bei ihm: Dass auch Frauen zum Jüngerkreis gehören und um seinetwillen Haus und Herd verlassen, klingt eher ungewöhnlich. Die Bemerkung, dass sie Jesus mit ihrem Vermögen unterstützten, könnte darauf hinweisen, dass sie Witwen waren. **4-8** Knapper als Markus (4,1-9) erzählt Lukas das Gleichnis vom Sämann, der nicht

In einer Zeit
da einzig Leistung zählt
die Stimme der »Versager« hören
In einer Zeit, da alles seinen Preis hat
an das Schenken denken

In einer Zeit des Habens und Haltens
das Glück der leeren Hände feiern

In einer Zeit des Rechnens und Wissens
Zahlen und Formeln vergessen

In einer Zeit der schlechten Nachrichten
die Gute Nachricht ins Gespräch bringen

In einer Zeit, da jeder an sich selber denkt
solidarisch leben

In einer Zeit, da keiner weiß wohin
die Zeichen erkennen

In einer Zeit, die sich gebärdet
als brauche sie dich nicht
dein Wort säen
auf den Weg, auf den Felsen
unter Dornen und Disteln
auf fruchtbare Erde

(8,4-15)

dertfältige Frucht. Als er das gesagt hatte, rief
er: Wer Ohren hat zu hören, der höre! 9 Seine
Jünger aber fragten ihn, was dies Gleichnis
bedeute. 10 Und er sprach: Euch ist gegeben,
die Geheimnisse des Reiches Gottes zu erken-
nen, den anderen aber in Gleichnisreden, da-
mit sie sehen und nicht einsehen, hören und
nicht verstehen. 11 Das Gleichnis bedeutet al-
so: 12 Der Same ist das Wort Gottes. Die aber
am Wege sind die, die es gehört haben. Doch
dann kommt der Teufel und nimmt das Wort
aus ihrem Herzen, so dass sie nicht glauben
und gerettet werden. 13 Die aber auf dem Fel-
sen sind die, die das Wort in Freude aufneh-
men, doch sie haben keine Wurzeln. Sie glau-
ben eine Zeitlang, doch zur Zeit der Anfech-
tung fallen sie ab. 14 Das mitten in die Dornen
Gefallene sind die, die gehört haben, doch un-
ter Sorgen und Reichtum und Lüsten des Le-
bens gehen sie dahin und bringen die Frucht
nicht zur Reife. 15 Und das in der guten Erde,
das sind die, die das Wort, das sie hörten, in
gutem Herzen bewahren und Frucht bringen
in Beharrlichkeit.

Das neue Maß:
Wenn einer Ohren hat

16 Niemand zündet ein Licht an und deckt es
mit einem Gefäß zu oder stellt es unter das
Bett. Nein, man stellt es auf den Leuchter, da-
mit die Eintretenden das Licht sehen. 17 Denn
nichts ist verborgen, das nicht offenbar wird.
Und nichts ist geheim, das nicht bekannt und
in die Öffentlichkeit kommen wird. 18 Seht
nun zu, wie ihr hört: Denn wer hat, dem wird
gegeben. Und wer nicht hat, dem wird auch,
was er zu haben meint, genommen werden.

Verwandtschaft:
Das Wort hören und tun

19 Seine Mutter und seine Brüder kamen zu
ihm, doch wegen der Volksmenge konnten sie
nicht zu ihm hinkommen. 20 Da meldete man
ihm: Deine Mutter und deine Brüder stehen
draußen und wollen dich sehen. 21 Er aber
antwortete und sprach zu ihnen: Meine Mut-
ter und meine Brüder – das sind die, welche
das Wort Gottes hören und tun.

Der Sturm: Er bedrohte den Wind

22 Und es geschah: Als er mit seinen Jüngern
an einem dieser Tage in ein Boot stieg, sagte er
zu ihnen: Wir wollen hinüber an das andere

---

darauf achtet, wohin sein Same fällt. Der kleine Teil, der auf fruchtbaren Boden fällt, keimt und fruchtet hundertfach. Jeder kann hören, was Jesus sagt, und tun, was Gott will. **9-10** Die Jüngerfrage ist verständlich, denn nur wer glaubt, versteht, was das Gleichnis meint. **11-15** In der Erklärung macht Lukas darauf aufmerksam, dass der Glaube gefährdet ist. Oberflächliches Lippenbekenntnis hält der Erprobung nicht stand. **16-18** Die Gemeinschaft, die sich um Jesus sammelt, hört das Wort und sie tut es. **19-21** Die Menge drängt sich um Jesus. Seine Mutter und seine Brüder kommen nicht durch. Als Jesus vom Besuch der Verwandten hört, macht er auf die neue Bindung aufmerksam, die im Glauben gründet. Die das Wort

Wenn Wolken den Aufblick
zum Himmel versperren
die Worte in tosenden
Winden verhallen
abgründige Wasser
Beute suchen
Wenn alles Feste schwankt
die Hand des Freundes
nicht zu halten vermag
Wenn jeder allein ist
Hoffnung schwindet
Wenn es ans Leben geht:
Steh auf
Sag Dein Wort wider die Angst
Hilf unserem Unglauben

(8,23-27)

Ufer fahren. 23 Als sie nun segelten, schlief er ein. Da fuhr ein Sturmwind über den See herein, sie nahmen viel Wasser auf und kamen in Gefahr. 24 Da traten sie zu ihm, weckten ihn auf und sagten: Meister, Meister, wir gehen unter! Er aber wachte auf, bedrohte den Wind und das Wogen des Wassers; da hörten sie auf, und es ward Stille. 25 Und er sprach zu ihnen: Wo ist euer Glaube? Sie aber fürchteten sich, staunten und sagten zueinander: Wer ist doch dieser? Denn er gebietet den Winden und dem Wasser, und sie gehorchen ihm.

Der Besessene: Herr über Dämonen

26 Und sie segelten hinüber in das Land der Gerasener, das Galiläa gegenüberliegt. 27 Als er nun an Land stieg, kam ihm von der Stadt her ein Mann entgegen, der hatte Dämonen; er hatte lange Zeit kein Kleid mehr angezogen, er blieb in keinem Hause, sondern in den Grabkammern. 28 Doch als er Jesus sah, schrie er auf, fiel vor ihm nieder und rief mit lauter Stimme: Was haben wir miteinander zu schaffen, Jesus, Sohn des höchsten Gottes? Ich bitte dich, quäle mich nicht. 29 Er hatte nämlich dem unreinen Geist geboten, aus dem Menschen auszufahren. Der hatte ihn ja schon seit langer Zeit gepackt; er war gefesselt worden, mit Handschellen und Fußketten, er war bewacht worden, doch er hatte die Fesseln zerrissen und wurde vom Dämon an einsame Orte getrieben. 30 Jesus befragte ihn: Was ist dein Name? Der aber sagte: Legion. Denn viele Dämonen sind in ihn eingezogen. 31 Und sie baten ihn, dass er ihnen nicht befehle, in den Abgrund zu fahren. 32 Es war aber dort eine große Schweineherde, die am Berg weidete. Sie baten ihn, er möge ihnen erlauben, in sie hineinzufahren. Und er erlaubte es ihnen. 33 Als aber die Dämonen von dem Menschen ausfuhren und in die Schweine hineinfuhren, stürmte die Herde den Hang hinab in den See und ertrank. 34 Die Hirten sahen, was geschehen, sie flohen und berichteten es in der Stadt und auf dem Land. 35 Und sie zogen hinaus, um zu sehen, was geschehen war. Sie kamen zu Jesus und fanden den Mann, aus dem die Dämonen ausgefahren waren, angekleidet und voll bei Sinnen zu Jesu Füßen sitzen, und sie fürchteten sich. 36 Und die es gesehen hatten, erzählten ihnen, wie der Besessene gerettet ward. 37 Da bat ihn die ganze Menge der Gerasener, er möge aus ihrem Gebiet weggehen, denn sie waren von großer Furcht gepackt. Er aber stieg in das Boot und kehrte zurück. 38 Der Mann aber, aus dem die Dämonen ausgefahren waren, bat ihn, dass er bei ihm sein dürfe. Doch er schickte ihn weg und sagte: 39 Kehr in dein Haus zurück und erzähle, was Gott dir Großes getan hat. Und er ging weg und kündete in der ganzen Stadt, was Jesus ihm Großes getan.

hören und es tun, sie sind Jesu Familie. **22-25** Glaubensprobe für die Jünger. Jesus steigt ins Boot, um mit den Jüngern über den See zu fahren. Ein plötzlicher Sturm bringt das Boot und die Menschen in Gefahr. Die Jünger, von der Angst gepackt, suchen Jesus, der bei ihnen ist und sich scheinbar nicht um sie kümmert. Ihr Hilferuf klingt wie ein Gebet. Jesus fragt die Ängstlichen nach ihrem Glauben. Die aber fragen einer dem andern nach dem Geheimnis des Menschen, der ihnen vertraut und fremd zugleich ist. **26-39** Am anderen Ufer, im nichtjüdischen Land, begegnet Jesus einem Mann, aus dem ein Dämon spricht. Er erkennt Jesus und bittet ihn um Schonung. »Legion« ist eine römische Truppeneinheit, 6000 Mann. Dieser Dä-

Die Tochter des Jairus: Tote stehen auf

40 Als Jesus zurückkam, empfing ihn die Volksmenge, denn alle warteten auf ihn. 41 Und siehe, da kam ein Mann mit Namen Jairus, er war Synagogenvorsteher. Er fiel zu Jesu Füßen nieder und bat, er möge in sein Haus kommen. 42 Er hatte nämlich eine einzige Tochter im Alter von zwölf Jahren, und die lag im Sterben. Als er nun hinging, umdrängte ihn das Volk. 43 Eine Frau aber, die zwölf Jahre am Blutfluss litt und von niemand geheilt werden konnte, 44 trat von hinten herzu und rührte den Saum seines Gewandes an, und sofort versiegte der Quell ihres Blutes. 45 Und Jesus sprach: Wer hat mich angerührt? Als nun alle leugneten, sagte Petrus: Herr, die Leute umdrängen und bedrücken dich. 46 Jesus aber sprach: Und doch hat mich jemand angerührt, denn ich habe gemerkt, dass Kraft von mir ausgegangen ist. 47 Als nun die Frau sah, dass sie sich nicht verbergen konnte, kam sie zitternd und fiel vor ihm nieder und bekannte vor allem Volk, warum sie ihn angerührt und wie sie sogleich geheilt worden sei. 48 Er aber sprach zu ihr: Tochter, dein Glaube hat dich gerettet. Geh in Frieden! 49 Während er noch redete, kommt jemand vom Synagogenvorsteher und sagt: Deine Tochter ist gestorben. Belästige den Meister nicht mehr. 50 Jesus aber, der das gesprochene Wort mithörte, antwortete ihm: Fürchte dich nicht, glaube nur, und sie wird gerettet. 51 Als er zum Haus kam, ließ er niemand mit sich gehen außer Petrus und Johannes und Jakobus und den Vater des Kindes und die Mutter. 52 Sie weinten alle um sie und klagten. Er aber sprach: Weint nicht, sie ist ja nicht gestorben, sondern schläft. 53 Und sie verlachten ihn, denn sie wussten, dass sie gestorben war. 54 Er aber nahm sie bei der Hand und rief: Mädchen, steh auf! 55 Und ihr Geist kehrte zurück, sogleich stand sie auf, und er ordnete an, man solle ihr zu essen geben. 56 Ihre Eltern aber entsetzten sich; doch er gebot ihnen, keinem von dem Geschehen zu sagen.

Aussendung der Zwölf: Er gab ihnen Macht

9 Er rief aber die Zwölf zusammen und gab ihnen Kraft und Macht über alle Dämonen und die Krankheiten zu heilen. 2 Er sandte sie aus, das Reich Gottes anzukünden und zu heilen, 3 und er sprach zu ihnen: Nehmt nichts mit auf den Weg, keinen Stab und keine Tasche, kein Brot und kein Geld, keine zwei Röcke für jeden. 4 Wenn ihr aber in ein Haus eintretet, so bleibt dort und zieht von dort aus weiter. 5 Und wenn sie euch nicht aufnehmen, so schüttelt, wenn ihr weiterzieht, den Staub von euren Füßen – zum Zeugnis gegen sie. 6 Da zogen sie aus und wanderten von Dorf zu Dorf, kündeten die Frohe Botschaft und heilten überall. 7 Herodes der Vierfürst aber hörte von allem, was geschah. Er war in Besorgnis, weil etliche sagten: Johannes der Täufer ist von den Toten auferstanden, 8 etliche: Elija ist erschienen, andere: Einer von den alten Propheten ist erstanden. 9 Herodes aber sagte: Johannes habe ich enthaupten lassen. Wer aber ist dieser, von dem ich solches höre? Und er trachtete danach, ihn zu sehen.

Wunderbare Brote: Alle aßen und wurden satt

10 Die Apostel kamen zurück und berichteten ihm, was sie gewirkt hatten. Und er nahm sie mit sich, ging mit ihnen abseits in eine Stadt

---

mon verhandelt mit Jesus und erreicht, dass der Exorzist ihn, wie von ihm selbst vorgeschlagen, in eine Schweineherde verbannt. **40-56** In einem doppelten Machtzeichen zeigt sich Jesus als Herr über Krankheit und Tod. Zwei Bedrängte kommen zu ihm und bitten: Jairus für seine sterbenskranke Tochter und eine chronisch kranke Frau, die bei den Menschen keine Hilfe findet, hängt sich in blindem Vertrauen an Jesus. Sie wird geheilt, doch in der Zwischenzeit ist die Tochter des Jairus gestorben. Jesus geht in das Trauerhaus. Er sagt zu den Klagenden: »Sie schläft«, und zu dem Mädchen: »Steh auf!«

9,1-6 Weisungen für Missionare. Jesus gibt den Zwölf, die er aussendet, dass sie das Reich Gottes ankünden, Macht über Dämonen und Krankheit. Sie sind mit leichtem Gepäck unterwegs. Wenn sie abgewiesen werden, sollen sie den »Staub von den Füßen schütteln«. Das meint: jede Gemeinschaft abbrechen. Sie sind mit leichtem Gepäck unterwegs. Sie sind mit der Kraft des Glaubens unterwegs. **7-9** Herodes Antipas, Vierfürst über Galiläa (4 v.Chr.-39 n.Chr.), weiß nicht, was er von Jesus halten soll. **10-17** Nach ihrer Rückkehr erleben die Jünger Gemeinschaft mit Jesus

Du bist das Brot
das uns nährt
du bist das Brot
das uns eint
du bist das Brot
das wir teilen
du bist das Brot
das wir feiern
du bist das Brot
unsere Hoffnung

(9,11-12)

mit Namen Betsaida. [11] Als die Menge das
merkte, folgten sie ihm. Er nahm sie auf, redete zu ihnen über das Reich Gottes, und die
der Heilung bedürftig waren, heilte er.
[12] Doch der Tag begann sich zu neigen. Da traten die Zwölf zu ihm und sagten zu ihm: Entlass die Menge, damit sie in die Dörfer und Gehöfte des Umkreises gehen und dort Obdach und Speise finden; denn wir sind hier an
einem öden Ort. [13] Er aber sprach zu ihnen:
Gebt ihr ihnen zu essen. Sie aber sagten: Wir haben nicht mehr als fünf Brote und zwei Fische, wenn wir nicht weggehen und für all
dies Volk Speise kaufen. [14] Es waren nämlich
an die fünftausend Männer. Da sprach er zu seinen Jüngern: Lasst sie in Mahlgruppen sich
lagern, jeweils fünfzig. [15] Und sie taten so und
ließen alle sich lagern. [16] Da nahm er die fünf
Brote und die zwei Fische, blickte auf zum Himmel, segnete, brach sie und gab sie den Jüngern, damit sie dem Volke vorlegten.
[17] Und alle aßen und wurden satt; was ihnen an Brocken übrig blieb, hob man auf: zwölf Körbe.

Bekenntnis des Petrus:
Du bist der Messias

[18] Und es geschah: Er betete für sich allein, und die Jünger waren bei ihm, da fragte er sie und sprach: Für wen halten mich die Menschen?
[19] Sie antworteten und sagten: Für Johannes den Täufer, andere für Elija, andere: Einer von den alten Propheten sei erstanden.
[20] Da fragte er sie selbst: Ihr aber, für wen haltet ihr mich? Petrus antwortete und sagte zu ihm: Für den Messias Gottes.

Leidensankündigung:
Der Menschensohn muss leiden

[21] Da herrschte er sie an und gebot, dies niemand zu sagen.
[22] Und er sprach: Der Menschensohn muss viel leiden und von den Ältesten, den Hohenpriestern und Schriftgelehrten verworfen und getötet werden und am dritten Tage auferstehen.

Nachfolge:
Was nützt es, die Welt zu gewinnen

[23] Zu allen aber sprach er: Wenn einer mir nachkommen will, verleugne er sich selbst und nehme täglich sein Kreuz auf sich und
folge mir. [24] Denn wer sein Leben retten will, wird es verlieren. Wer aber sein Leben verliert um meinetwillen, der wird es retten.
[25] Denn was nützt es dem Menschen, wenn er die ganze Welt gewinnt, sich selbst aber
verliert oder einbüßt? [26] Denn wer sich meiner und meiner Worte schämt, dessen wird sich der Menschensohn schämen, wenn er kommt in seiner und des Vaters und der heiligen Engel
Herrlichkeit. [27] Ich sage euch aber in Wahrheit: Unter denen, die hier stehen, sind einige, die werden den Tod nicht kosten, bis sie das Reich Gottes sehen.

Verwandlung:
Sie sahen seine Herrlichkeit

[28] Es geschah aber etwa acht Tage nach diesen Reden, da nahm er den Petrus, den Jakobus und den Johannes und stieg auf den Berg, um
zu beten. [29] Und während er betete, ward das Aussehen seines Angesichts verändert, und

als Mahlgemeinschaft. Die Erzählung vom Wunder des geteilten Brotes ist ebenso von alttestamentlichen Überlieferungen (Brot in der Wüste, Ex 16; das Mahl des Elischa 2 Kön 4, 42-44) wie von der liturgischen Praxis geprägt. **18-22** Auf seine Frage nach dem Glauben des Volkes erhält Jesus dieselbe Antwort wie Herodes (vgl. V. 7-9). Petrus bekennt Jesus als den Messias Gottes. Jesus korrigiert ihn: leiden, sterben und auferstehen – das ist das Geschick des Messias. **23-27** Grund-Sätze für alle, die mit Jesus leben wollen. **28-36** Jesus ist mit Petrus, Jakobus und Johannes auf dem Berg. Sie schauen ihn in seiner österlichen

sein Gewand wurde weiß, hellstrahlend.
30 Und siehe, zwei Männer unterredeten sich
mit ihm, das waren Mose und Elija. 31 Sie er-
schienen sichtbar in Herrlichkeit und sagten
seinen Ausgang an, den er in Jerusalem voll-
enden würde. 32 Petrus aber und seine Beglei-
ter waren schwer vom Schlaf. Als sie erwach-
ten, sahen sie seine Herrlichkeit und die zwei
Männer bei ihm stehen. 33 Und es geschah: Als
diese von ihm scheiden wollten, sprach Petrus
zu Jesus: Meister, gut ist es für uns, hier zu
sein. Wir wollen also drei Hütten bauen: dir
eine, dem Mose eine und dem Elija eine. Doch
er wusste nicht, was er sagte. 34 Während er so
redete, kam eine Wolke und überschattete sie;
Furcht fiel über sie, als jene in die Wolke hin-
eingingen.
35 Und es geschah: Aus der Wolke kam eine
Stimme und sprach: Dieser ist mein auser-
wählter Sohn, auf ihn sollt ihr hören. 36 Und
beim Erschallen der Stimme befand sich Jesus
allein. Sie aber schwiegen und berichteten in
jenen Tagen niemand von dem, was sie gese-
hen hatten.

Heilung des Epileptikers: Macht des Glaubens

37 Und es geschah: Als sie am folgenden Tag
herabstiegen, kam um ihn eine große Menge
Volks zusammen. 38 Siehe, da rief ein Mann
aus der Menge: Meister, ich bitte dich, schau
auf meinen Sohn, er ist mein einziger. 39 Siehe,
ein Geist packt ihn, dass er plötzlich schreit,
und verrenkt ihn, dass er schäumt, und lässt
nicht ab von ihm und zehrt ihn auf. 40 Ich ha-
be deine Jünger gebeten, sie sollten ihn aus-
treiben; doch sie vermochten es nicht. 41 Jesus
aber antwortete und sprach: Du ungläubiges
und verkehrtes Geschlecht, wie lange muss
ich bei euch sein und euch ertragen? Bring
deinen Sohn hierher. 42 Noch während er her-
kam, riss ihn der Dämon hin und her und ver-
renkte ihn. Jesus aber drohte dem unreinen
Geist, heilte den Knaben und gab ihn seinem
Vater.

Leidensankündigung: Der Menschensohn wird überliefert

43 Da waren alle außer sich über die Größe
Gottes. Während aber alle ob den Dingen
staunten, die er wirkte, sprach er zu seinen
Jüngern: 44 Nehmt diese Worte in eure Ohren
auf! Denn der Menschensohn wird in die
Hände von Menschen überliefert werden.
45 Sie aber verstanden dieses Wort nicht, es
war vor ihnen verhüllt, dass sie es nicht be-
griffen, und sie scheuten sich, ihn dieses Wor-
tes wegen zu befragen.

Rangstreit: Der Kleinste unter euch ist der Größte

46 Es kam ihnen der Gedanke, wer der Größte
unter ihnen sei. 47 Jesus aber durchschaute die
Erwägungen ihres Herzens, nahm ein Kind,
stellte es neben sich 48 und sprach zu ihnen:
Wer dieses Kind aufnimmt in meinem Na-
men, nimmt mich auf. Und wer mich auf-
nimmt, nimmt den auf, der mich gesandt hat.
Denn wer der Kleinste unter euch allen ist,
der ist ein Großer.

Dämonenaustreiber: Wehrt ihm nicht

49 Johannes aber antwortete und sagte: Meis-
ter, wir kennen einen, der treibt in deinem
Namen Dämonen aus, und wir wehrten es
ihm, weil er nicht mit uns nachfolgt. 50 Jesus
aber sprach zu ihnen: Wehrt ihm nicht! Denn,
wer nicht gegen euch ist, der ist für euch.

Herrlichkeit. Mose (Gesetz) und Elija (der Prophet schlechthin) sind bei ihm. Petrus will den Augenblick festhalten (Hütten bauen). Die Wolke, das Zeichen göttlicher Gegenwart, überschattet den Berg. Die Stimme (Gott selbst) proklamiert Jesus als den erwählten Sohn. Wie die Auferstehung ein Schlüssel zum Verständnis des Todes ist, so ist die Verklärung ein Schlüssel zum Verständnis seines Lebens. **37-43** Ein Vater bringt seinen Sohn zu Jesus. Einen Kranken, den die Jünger nicht heilen konnten. Die Heilung, die Jesus wirkt, ist ein Zeugnis für ihn, den Messias. Das Staunen der Menge bildet den Hintergrund für die zweite Ankündigung von Leiden, Tod und Auferstehung. **44-50** Die Jünger begreifen nicht, was Jesus meint. Er stellt ein Kind in die Mitte und weist darauf hin, dass in seiner Kirche eine eigene Rangordnung gilt. **49-50** Auf die Frage des Johannes antwortet er mit einer Mahnung zu Toleranz und

Gott, Heiliger Geist
lass uns spüren, dass du uns beistehst
wenn wir,
im Vielerlei unseres Alltags gefangen
vergessen, was zählt
bedrückt von Krankheit und Alter
düsteren Gedanken preisgegeben
die Hoffnung verlieren
wenn uns in Versagen und Niederlagen
der Mut schwindet
wenn wir, auf Abwege geraten
die Umkehr nicht wagen
bring uns in Bewegung
dass wir leben
was wir sind
geliebt und gesucht
geborgen und erlöst
Bruder und Schwester
Tochter und Sohn
hinter Jesus her auf dem Weg
zum Leben

(9,51-60)

Nach Jerusalem: Er entschloss sich hinaufzuziehen

51 Und es geschah: Als sich die Tage seiner
Hinaufnahme erfüllten, da hielt er sein Ange-
sicht fest darauf gerichtet, nach Jerusalem zu
gehen, 52 und er schickte Boten vor sich her.
Sie zogen weiter und kamen in ein Dorf der
Samariter, um ihm Herberge zu bereiten.
53 Die nahmen ihn nicht auf, weil sein Ange-
sicht darauf gerichtet war, nach Jerusalem zu
gehen. 54 Als das Jakobus und Johannes, die
Jünger, sahen, sagten sie: Herr, willst du, dass
wir sagen, es solle Feuer vom Himmel fallen
und sie verzehren, [wie auch Elija tat]? 55 Er
aber wandte sich um, schalt sie [und sprach:
Ihr wisst nicht, wessen Geistes ihr seid. 56 Der
Menschensohn ist ja nicht gekommen, zu ver-
derben, sondern zu retten.] Und sie zogen in
ein anderes Dorf.

Der Weg Jesu: Weg der Entscheidung

57 Und es geschah: Als sie auf dem Weg dahin-
zogen, sagte einer zu ihm: Ich werde dir fol-
gen, wo immer du hingehst. 58 Und Jesus
sprach zu ihm: Die Füchse haben Höhlen und
die Vögel des Himmels Nester; aber der Men-
schensohn hat nichts, wo er sein Haupt hin-
legen könnte. 59 Zu einem anderen sprach er:
Folge mir! Der aber sagte: Erlaube mir, dass
ich zuvor hingehe und meinen Vater begrabe.
60 Da sprach er zu ihm: Lass die Toten ihre To-
ten begraben; du aber geh hin und verkünde
das Reich Gottes. 61 Ein anderer sagte: Ich will
dir folgen, Herr. Doch zuerst erlaube mir, Ab-
schied zu nehmen von denen, die zu meinem
Haus gehören. 62 Jesus aber sprach zu ihm:
Keiner, der die Hand an den Pflug gelegt hat
und zurückschaut, ist tauglich für das Reich
Gottes.

Aussendung der Siebzig: Ich sende euch wie Schafe unter Wölfe

10 Danach setzte der Herr andere ein, [zwei-
und-] siebzig, und schickte sie je zu zweien
vor sich her in jede Stadt und jeden Ort, wo-
hin er kommen wollte. 2 Er sprach zu ihnen:
Die Ernte ist groß, aber der Arbeiter sind we-
nige. Bittet daher den Herrn der Ernte, dass er

Großzügigkeit. Jeder, der Gutes tut, trägt zur Ehre Gottes bei.
9,51 - 19,27 Das große Mittelstück des Lukasevangeliums wird »Reisebericht« genannt, schildert den Weg Jesu mit den Jüngern hinauf nach Jerusalem. Der Weg bildet Hintergrund und Rahmen für Ereignisse, Begegnungen und Weisungen; was Jesus auf dem Weg zum Leiden sagt und tut, hat besondere Bedeutung.
9,51-56 Die letzte Wanderung beginnt damit, dass Jesus abgewiesen wird; so wie er am Anfang seines öffentlichen Wirkens in Nazaret abgewiesen wurde. Am Ende seines Lebens steht die letzte Abweisung in Jerusalem (19,28-30). Die Samariter haben sich vom Tempel in Jerusalem gelöst. Ihr heiliger Berg ist der Garizim. Für Pilger, die durch samaritisches Gebiet nach Jerusalem zogen, war der Weg nicht ungefährlich. **57-62** Drei Beispiele, die verdeutlichen, was Jünger-Sein heißt: Einer kommt mit einem Angebot. Er erfährt, auf was er sich einlässt. Ein Zweiter ist gerufen und angenommen. Der Dritte kommt mit einem Vorbehalt und erfährt, dass Jesus anders urteilt als Elija (vgl.1 Kön 19,20).
10,1-20 Jesus sendet die Zwölf zu Israel (vgl. 9,1). Lukas berichtet über zweiundsiebzig andere aus der Jüngerschar. Diese »Vorläufer« wirken dieselben Machttaten wie die Apostel. Ihre Zahl entspricht den im er-

Arbeiter sende in seine Ernte. 3 Geht! Siehe, ich sende euch wie Schafe mitten unter Wölfe. 4 Tragt keinen Beutel, keine Tasche, keine Sandalen. Und grüßt niemand auf dem Weg. 5 Kommt ihr in ein Haus, sagt zuerst: Friede diesem Haus! 6 Und wenn dort ein Sohn des Friedens ist, wird euer Friede auf ihm ruhen, wenn aber nicht, wird er zu euch zurückkehren. 7 Bleibt in demselben Haus, esst und trinkt, was sie euch geben; der Arbeiter ist seines Unterhaltes wert. Wechselt nicht von Haus zu Haus. 8 Wenn ihr in eine Stadt kommt, und sie nehmen euch auf, so esst, was euch vorgesetzt wird. 9 Heilt die Kranken in ihr und sagt ihnen: Das Reich Gottes ist euch nahe gekommen. 10 Wenn ihr aber in eine Stadt kommt, wo sie euch nicht aufnehmen, geht hinaus auf ihre Straßen und sagt: 11 Sogar den Staub wischen wir euch ab, der sich von eurer Stadt an unsere Füße hängte. Jedoch das wisst: Nahe gekommen ist das Reich Gottes. 12 Ich sage euch aber, Sodom wird es an jenem Tage erträglicher gehen als jener Stadt. 13 Weh dir, Chorazin! Weh dir, Betsaida! Wenn in Tyrus und Sidon die Wunder geschehen wären, die in euch geschehen sind, sie hätten sich längst bekehrt, in Sack und Asche sitzend. 14 Doch Tyrus und Sidon wird es im Gericht erträglicher gehen als euch. 15 Und du, Kafarnaum, willst wohl bis zum Himmel erhoben werden? Du stürzest hinab in die Hölle. 16 Wer auf euch hört, hört auf mich. Und wer euch ablehnt, lehnt mich ab. Wer aber mich ablehnt, lehnt den ab, der mich gesandt hat.

Rückkehr der Siebzig: Ich habe euch Vollmacht gegeben

17 Als die (Zweiund)siebzig zurückkehrten, da sagten sie voll Freude: Herr, sogar die Dämonen sind uns untertan in deinem Namen. 18 Er aber sprach zu ihnen: Ich sah den Satan gleich einem Blitz aus dem Himmel stürzen. 19 Siehe, ich habe euch Vollmacht gegeben, auf Schlangen und Skorpione zu treten, und über alle Gewalt des Feindes, und nichts wird euch schaden. 20 Jedoch nicht darüber freut euch, dass die Geister euch untertan sind; freut euch darüber, dass eure Namen in den Himmeln eingeschrieben sind.

Das Geheimnis des Heils: Den Klugen verborgen

21 Zur selben Stunde jubelte er im Heiligen Geiste und sprach: Ich preise dich, Vater, Herr des Himmels und der Erde, dass du diese Dinge vor den Weisen und Klugen verborgen, sie den Kleinen aber geoffenbart hast. Ja, Vater, so war es wohlgefällig vor dir. 22 Alles ist mir von meinem Vater übergeben; und niemand erkennt, wer der Sohn ist, als der Vater, und wer der Vater ist, als der Sohn und der, dem der Sohn es offenbaren will. 23 Und zu den Jüngern gewandt, sprach er, nur zu ihnen: Selig sind die Augen, die sehen, was ihr seht. Ich sage euch nämlich: 24 Viele Propheten und Könige begehrten zu sehen, was ihr seht, und haben es nicht gesehen; und zu hören, was ihr hört, und haben es nicht gehört.

Lehre im Gleichnis: Wer ist mein Nächster?

25 Und es trat ein Schriftgelehrter hinzu und fragte, um ihn auf die Probe zu stellen: Meister, was muss ich tun, um ewiges Leben zu erben? 26 Der aber sprach zu ihm: Was ist im Gesetz geschrieben? Was liest du? 27 Jener antwortete und sprach: Du sollst den Herrn, deinen Gott, lieben aus deinem ganzen Herzen und aus deiner ganzen Seele und aus dei-

---

sten Buch der Bibel (Gen 10) genannten Völkern der Erde. Als Sendboten haben sie ein Recht auf Gastfreundschaft. Den Orten, in denen sie abgewiesen werden, droht das Geschick jener frevlerischen Städte, von denen im Alten Testament berichtet wird. **17-20** Die Rückkehr dieser Jünger ist ein Freudenfest. Begeistert berichten sie von ihren Erfolgen. Jesus erinnert sie daran, dass der Dank über die eigene Erwählung wichtiger ist als die Macht über die Dämonen. **21-24** Mit dem »messianischen Jubelruf« preist Jesus den Vater, dem er verbunden ist wie keiner sonst. Und er preist seine Jünger: Sie sehen und hören, was Propheten und Könige sehen wollten: den Anbruch der Heilszeit. **25-37** Sondergut.- Ein Schriftgelehrter fragt: »Was muss ich tun?« Jesus fragt dagegen: »Was liest du im Gesetz?« Der Schriftkundige antwortet, wie er es gelernt hat. Jesus lobt ihn. Doch der Frager will es genau wissen: »Wer ist mein Nächs-

Träumen:
Von einer Welt, in der Menschen
menschlich leben
jeder Kranke einen Arzt
jeder Einsame einen Freund
jeder Trauernde einen Tröster findet
und sich mit aller Kraft dafür einsetzen

Träumen:
Von einer Welt, in der Menschen
menschlich leben
redliche Verträge schließen
Pflüge schmieden statt Schwerter
einander beistehen in jeder Not
und sich mit aller Kraft dafür einsetzen

Träumen:
Von einer Kirche
die aller Christen Heimat ist
wo Dienen mehr gilt als Macht
Brüderlichkeit mehr als Herrschaft

(10,25-37)

Reittier, brachte ihn in eine Herberge und
sorgte für ihn. 35 Am anderen Morgen zog er
zwei Denare aus der Tasche, gab sie dem Wirt
und sagte: Sorge für ihn. Was du darüber auf-
wendest, will ich dir geben, wenn ich zurück-
kehre. 36 Wer nun von den Dreien, scheint dir,
ist dem, der unter die Räuber gefallen war,
Nächster geworden? 37 Er aber sagte: Der das
Werk der Barmherzigkeit an ihm getan. Jesus
aber sagte zu ihm: Geh hin und tu auch du
desgleichen.

Marta und Maria:
Eines ist notwendig

38 Und es geschah: Sie wanderten und kamen
in ein Dorf. Eine Frau namens Marta nahm
ihn in ihr Haus auf. 39 Sie hatte eine Schwester
mit Namen Maria; die setzte sich zu Füßen
des Herrn nieder und hörte sein Wort. 40 Mar-
ta aber war durch die viele Bewirtung ganz
beansprucht. Sie trat zu ihm und sagte: Herr,
kümmert es dich nicht, dass meine Schwester
mich allein aufwarten lässt? Sag ihr, dass sie

ner ganzen Kraft und mit deinem ganzen
Denken und deinen Nächsten wie dich selbst.
28 Und er sagte ihm: Recht hast du geantwor-
tet. Tu das, und du wirst leben!
29 Der aber wollte sich rechtfertigen und frag-
te Jesus: Wer ist mein Nächster? 30 Da ergriff
Jesus das Wort und sprach: Ein Mann zog
hinab von Jerusalem nach Jericho und fiel un-
ter die Räuber. Sie zogen ihn aus, schlugen
ihn, gingen davon und ließen ihn halbtot lie-
gen. 31 Zufällig kam ein Priester auf jenem
Weg herab, sah ihn an und ging vorüber.
32 Ebenso kam auch ein Levit an den Ort, sah
ihn an und ging vorüber. 33 Ein Samariter aber
kam des Wegs zu ihm, sah ihn an, erbarmte
sich seiner, 34 trat herzu und verband seine
Wunden, nachdem er Öl und Wein hineinge-
gossen hatte. Er setzte ihn auf sein eigenes

Aktiv die eine, voller Tatendrang
verwickelt in die kleinen Bedürfnisse
und Nöte, die unseren Alltag füllen
an großen Taten hindern

Im Hintergrund die andere, unauffällig
oft muss man sie suchen und findet sie
schließlich in einer Ecke,
hörend, ganz Ohr
ganz offen

Maria und Marta
Wer ist dir näher?
Wer ist dir lieber?
Nimmst du nicht jede,
die ganz ist vor dir?

(10,38-42)

ter?« Da erzählt ihm Jesus von dem Mann, der auf der Straße von Jerusalem nach Jericho (ca. 27 km Entfernung) von Straßenräubern überfallen, ausgeraubt und niedergeschlagen wurde. Ein Priester und ein Levit, von Beruf her »Fromme«, kommen, sehen und übersehen den Hilflosen. Ein Samariter, mit dem Juden nichts zu tun haben wollen, kommt, sieht und tut das Notwendige. Der Schriftkundige, der Jesus hatte in eine Falle locken wollen, schweigt. Er hat verstanden. **38-42** Sondergut.- Jesus ist zu Gast bei Maria und Marta, die bei Johannes (Joh 11,1) als Schwestern des Lazarus, der ein Freund Jesu war, vorgestellt

mit mir zupackt. 41 Der Herr antwortete ihr und sprach: Marta, Marta, du sorgst und kümmerst dich um vieles, 42 eines nur ist notwendig. Maria hat den guten Teil erwählt, der wird ihr nicht genommen werden.

Lehre uns beten: Vater unser

11 Und es geschah: Er war an einem Ort und betete, da sagte einer seiner Jünger, als er geendet hatte, zu ihm: Herr, lehre uns beten, wie auch Johannes seine Jünger beten lehrte. 2 Er aber sprach zu ihnen: Wenn ihr betet, so sprecht: Vater! Geheiligt werde dein Name! Es komme dein Reich! 3 Unser Brot für den Tag gib uns täglich. 4 Und vergib uns unsere Sünden; denn auch wir vergeben jedem, der unser Schuldner ist. Und führe uns nicht in Versuchung.

Lehre im Gleichnis:
Der beharrliche Freund empfängt

5 Und er sprach zu ihnen: Wer unter euch hat wohl einen Freund, kommt zu ihm um Mitternacht und sagt zu ihm: Freund, leihe mir drei Brote, 6 einer meiner Freunde ist auf dem Weg bei mir vorbeigekommen, und ich habe nichts, was ich ihm vorsetzen könnte. 7 Und jener wird von drinnen antworten: Mach mir keine Mühe. Die Türe ist schon verschlossen, meine Kinder sind mit mir zu Bett. Ich kann nicht aufstehen und dir geben. – 8 Ich sage euch: Wenn er nicht aufsteht und ihm gibt, weil er sein Freund ist, so wird er wegen seiner Zudringlichkeit aufstehen und ihm geben, was er braucht.

Inständiges Gebet: Wer bittet, empfängt

9 Auch ich sage euch: Bittet, so wird euch gegeben werden. Suchet, so werdet ihr finden.

Wer bittet, dem wird gegeben
wenn er (oder sie) nur lang genug durchhält
Wer sucht, der wird finden
wenn er (oder sie) nicht aufgibt
Wer anklopft, dem wird aufgetan
wenn er (oder sie) genug Lärm macht
Ob wir bitten, suchen oder anklopfen
mit Wirkung ist nur zu rechnen
wenn man seine Anliegen
überzeugend vertritt
mit ganzem Herzen, aufdringlich
das Recht auf Hilfe und Gehör verteidigt,
ihn, der Hilfe ist, beim Wort nimmt

(11,5-11)

10 Klopfet an, so wird euch aufgetan werden. Denn jeder, der bittet, empfängt, und wer sucht, der findet; und wer anklopft, dem wird aufgetan werden. 11 Wer aber von euch ist der Vater, der seinem Sohn, der ihn um einen Fisch bittet, eine Schlange gibt? 12 Oder, wenn er um ein Ei bittet, gibt er ihm einen Skorpion? 13 Wenn nun ihr, die ihr doch böse seid, euren Kindern gute Gaben zu geben wisst, wie viel mehr wird euer Vater vom Himmel her denen Heiligen Geist geben, die ihn bitten!

Macht über Dämonen:
Das Reich ist schon gekommen

14 Er trieb einen Dämon aus, der stumm war. Als der Dämon ausgefahren war, da redete der Stumme, und die Menge staunte. 15 Einige von ihnen aber sagten: Durch Beelzebul, den Herrscher der Dämonen, treibt er Dämonen aus. 16 Andere stellten ihn auf die Probe und ersuchten ihn um ein Zeichen vom Himmel.

---

werden. Maria sitzt als Schülerin zu Jesu Füßen und hört. Marta plagt sich mit tausend Geschäftigkeiten einer Gastgeberin. Schließlich beschwert sie sich bei Jesus über das Verhalten ihrer Schwester Maria. Jesus verteidigt Maria und wirbt um Marta. Ob sein Wort auch jenen Männern zu denken geben könnte, die (immer noch) meinen, der Platz zu Jesu Füßen sei ihr Privileg?
11,1-4 Das Vaterunser ist bei Lukas in einer eigenen, kürzeren Textform überliefert (vgl. Mt 6,8-13), von der man annehmen darf, dass sie in den lukanischen (und anderen) Gemeinden so gebetet wurde. **5-13** Sondergut.- Über das Beten, zwei Gleichnisworte und einzelne Weisungen.- Das erste Gleichnis: Bitten ist erlaubt, wenn der Anlass es fordert, auch drängend, inständig und aufdringlich, im Vertrauen darauf, dass Gott gibt. Drei Imperative: Bittet, sucht, klopft an. Zweifelt nicht daran, dass ihr erhört werdet. Ein zweites Bildwort ermutigt den, der sich nicht traut. Gott ist dem bittenden Freund, ja Vater. **11,14 - 12,12**

17 Er aber durchschaute ihre Gedanken und
sprach zu ihnen: Jedes Reich, das in sich
selbst gespalten ist, wird verwüstet, und Haus
fällt über Haus. 18 Wenn nun auch der Satan
in sich selbst gespalten ist, wie kann sein
Reich bestehen? Denn ihr sagt ja, dass ich
durch Beelzebul Dämonen austreibe. 19 Und
wenn ich durch Beelzebul Dämonen austrei-
be, durch wen treiben eure Söhne aus? So
werden sie selbst eure Richter sein. 20 Wenn
ich aber mit dem Finger Gottes die Dämonen
austreibe, dann ist das Reich Gottes zu euch
gekommen.
21 Solange der Starke bewaffnet seinen Hof
bewacht, ist sein Besitz in Frieden. 22 Wenn
aber ein Stärkerer über ihn kommt und ihn
besiegt, nimmt er ihm seine Rüstung, auf die
er sich verließ, und verteilt seine Beute. 23 Wer
nicht mit mir ist, der ist gegen mich. Und wer
nicht mit mir sammelt, der zerstreut. 24 Wenn
der unreine Geist aus dem Menschen ausge-
fahren ist, streift er durch wasserlose Gegen-
den, sucht einen Ruheplatz, und weil er ihn
nicht findet, sagt er: Ich will in mein Haus
zurückkehren, aus dem ich fortgegangen bin.
25 Und er kommt, findet es gereinigt und ge-
schmückt. 26 Dann geht er hin und nimmt sie-
ben andere Geister mit sich, die schlimmer
sind als er, und zieht ein und wohnt dort. Und
die letzten Dinge dieses Menschen werden
schlimmer als die ersten.

Preis der Mutter: Selig, die das Wort hören

27 Und es geschah: Während er redete, erhob
eine Frau aus dem Volk ihre Stimme und sag-
te zu ihm: Selig der Leib, der dich getragen,
und die Brüste, die dich genährt. 28 Er aber
sprach: Vielmehr selig, die das Wort Gottes
hören und es bewahren.

Das Zeichen: Hier ist mehr als Jona

29 Als aber die Scharen sich sammelten, fing er
an zu reden: Ein böses Geschlecht ist dies. Es
sucht ein Zeichen. Doch es wird ihnen kein
anderes Zeichen gegeben werden als das Zei-
chen des Jona. 30 Wie Jona ein Zeichen war
für die von Ninive, so wird es auch der Men-
schensohn werden für dieses Geschlecht.
31 Die Königin des Südens wird beim Gericht
wider die Männer dieses Geschlechts auftre-
ten und sie verurteilen. Denn sie kam von den
Grenzen der Erde, um die Weisheit Salomos
zu hören; und siehe, hier ist mehr denn Salo-
mo. 32 Die Männer von Ninive werden beim
Gericht wider dieses Geschlecht auftreten
und es verurteilen. Denn sie haben sich auf
die Botschaft des Jona hin bekehrt; und siehe,
hier ist mehr denn Jona.

Vom Licht: Nicht Finsternis sei in dir

33 Niemand zündet ein Licht an und stellt es
in ein Versteck oder unter den Scheffel, son-
dern auf den Leuchter, damit die Eintreten-
den das Licht sehen.
34 Die Leuchte deines Leibes ist das Auge. Ist
nun dein Auge klar, so wird dein ganzer Leib
licht sein; ist aber dein Auge schlecht, so wird
dein ganzer Leib finster sein. 35 Gib Acht, dass
das Licht in dir nicht Finsternis sei. 36 Wenn
dein ganzer Leib Licht ist und kein finsterer
Teil an ihm ist, wird er ganz und gar Licht
sein, wie wenn die Leuchte dich mit ihrem
Strahl erhellt.

Diskussionen mit den Gegnern. **11,14-26** Immer wieder ist in den Evangelien die Rede von Jesu Wirken als Exorzist. Seine Gegner erklären Jesu Macht über die menschenfeindlichen Geister durch die Annahme, er sei im Pakt mit denen, die er bekämpft. **20** Durch den Finger Gottes, das meint: durch göttliche Macht. Wenn die Herrschaft des Bösen gebrochen ist, wird Gottes Herrschaft Wirklichkeit. **27-28** Sondergut.- Eine unbekannte Frau preist Maria, die Mutter Jesu. Jesus ergänzt: Selig sind alle, die wie sie das Wort hören und es bewahren. **29-32** Jesus kennt seine Zeitgenossen. Er weiß, dass sie sich eher durch spektakuläre Ereignisse überzeugen lassen als durch das Wort. »Das Zeichen des Jona«: Wie Jona nach drei Tagen im Bauch des Fisches seinen Prophetenauftrag in Ninive erfüllte, so wird auch der Menschensohn Jesus nach drei Tagen im Grab zum Zeichen werden für die Zweifelnden. Die Königin von Saba (vgl. 1 Kön 10,1-10) und die Männer von Ninive ließen sich überzeugen; diese Generation ist eine »böse« Generation. **33-36** Bildworte aus dem Alltag über Lampe, Licht und Leuchte. Eine Rede, die sich aus verschiedenen

Wehe den Pharisäern: Ihr geht vorbei an Recht und Liebe

37 Während er redete, bat ihn ein Pharisäer,
bei ihm Frühmahl zu halten. Er trat ein und
ließ sich nieder. 38 Der Pharisäer aber sah das
und wunderte sich, dass er sich vor dem Mah-
le nicht gewaschen hatte. 39 Der Herr aber
sprach zu ihm: Nun, ihr Pharisäer reinigt den
Becher und die Schüssel von außen, euer In-
neres aber ist voll Raubgier und Bosheit. 40 Ihr
Toren, hat denn der, der das Äußere geschaf-
fen, nicht auch das Innere geschaffen? 41 Gebt
vielmehr, was darin ist, als Almosen, dann ist
euch alles rein. 42 Wehe aber euch, ihr Pha-
risäer! Ihr gebt den Zehnten für Minze, Rau-
te und jegliches Kraut, doch ihr geht vorbei
am Recht und an der Liebe Gottes. Dies sollt
ihr tun und jenes nicht lassen. 43 Weh euch, ihr
Pharisäer, denn ihr nehmt gern den ersten
Platz in den Synagogen und die Grüße auf den
Märkten. 44 Weh euch, ihr seid wie verborge-
ne Gräber, und die Menschen gehen über sie
hin, ohne es zu wissen.

Wehe den Gesetzeslehrern: Ihr tut nicht, was ihr lehrt

45 Einer von den Gesetzeslehrern antwortete
ihm und sagte: Meister, wenn du das sagst,
beleidigst du auch uns. 46 Er aber sprach: We-
he auch euch, ihr Gesetzeskenner, ihr legt den
Menschen Lasten auf, die sie nicht tragen
können; ihr selbst aber rührt mit keinem Fin-
ger an die Lasten. 47 Weh euch, ihr baut die
Gräber der Propheten, eure Väter aber haben
sie getötet. 48 Somit seid ihr Zeugen und gebt
eure Zustimmung den Werken eurer Väter;
denn jene haben zwar getötet – ihr aber baut
[deren Grabmäler]. 49 Darum hat auch die
Weisheit Gottes gesagt: Propheten und Apos-
tel werde ich zu ihnen senden, sie aber werden
die einen von ihnen töten, die anderen verfol-
gen; 50 damit aller Propheten Blut, das seit
Grundlegung der Welt vergossen ward, von
diesem Geschlecht gefordert werde, 51 vom
Blut Abels bis zum Blut des Zacharias, der
zwischen Tempel und Altar umgebracht wur-
de. Ja, ich sage euch, von diesem Geschlecht
wird es gefordert werden. 52 Weh euch, ihr
Gesetzeskenner! Ihr habt den Schlüssel zur
Erkenntnis fortgenommen, denn ihr selbst
seid nicht hineingegangen und, die hinein-
wollen, hindert ihr. 53 Als er von dort fortging,
fingen die Schriftgelehrten und Pharisäer an,
ihm hart zuzusetzen und ihn in vielem auszu-
horchen, 54 darauf lauernd, etwas aus seinem
Munde zu erjagen.

Mahnungen: Fürchtet euch nicht

12 Inzwischen drängten sich ungezählte
Volksscharen heran, so dass sie einander tra-
ten, da wandte er sich zunächst an seine Jün-
ger und sprach: Hütet euch vor dem Sauer-
teig, das ist die Heuchelei der Pharisäer.
2 Denn nichts ist verborgen, was nicht offen-
bar wird, und nichts geheim, was nicht be-
kannt wird. 3 Darum wird alles, was ihr im
Finstern sagt, im Lichte gehört werden, und
was ihr in den Kammern flüstert, wird ver-
kündet werden auf den Dächern. 4 Ich sage
euch, meinen Freunden: Fürchtet euch nicht
vor denen, die den Leib töten, aber danach
nichts mehr vermögen. 5 Ich will euch zeigen,

Elementen zusammensetzt. **37-44** Die Diskussion, in die Jesus im Haus des Pharisäers verwickelt wird, gehört in den breiteren Kontext der »Auseinandersetzung mit dem Gegner«. Jesus provoziert den Gastgeber, indem er die von der Tora vorgegebenen Regeln demonstrativ missachtet. Er ist um Argumente zu seiner Verteidigung nicht verlegen. **45-54** Drei Weherufe gegen die Pharisäer und drei Weherufe gegen die Schriftgelehrten: Die ersten drei Wehe entlarven die Scheinfrömmigkeit derer, die als Vorbild gelten. **49** Man kann den Vers auf die Gottesboten des Ersten Testaments beziehen, aber auch auf die Verfolgungen, denen die Jünger Jesu standhalten müssen.

12,1-59 Alternativen für das alltägliche Leben. **1-12** Sprüche unterschiedlicher Herkunft in loser Folge aneinandergereiht. Jesus, von einer aufdringlichen Menge umdrängt, warnt seine Jünger vor denen, die, zwiespältig im Herzen, ihr Reden und Tun nicht in eins bringen. Der Sauerteig entfaltet seine Wirkung, wenn er, in den neuen Teig gemischt, diesen aufgehen lässt.- In anderem Zusammenhang wird die Wirkung des Sauerteigs positiv beurteilt (Mt 13,33). Ein Sprichwort macht den Jüngern Mut. Christen glauben, dass ihr Leben nicht mit dem Tod endet. Sie glauben: Gott ist stärker. Am Beispiel der Sperlinge (es gibt sie massenhaft in Palästina) und der Haare wird

wen ihr fürchten sollt: Fürchtet den, der nach
dem Töten Vollmacht hat, in die Hölle zu
werfen. Ja, ich sage euch, den fürchtet! 6 Ver-
kauft man nicht fünf Sperlinge um zwei Pfen-
nige? Und nicht einer von ihnen ist vergessen
vor Gott. 7 Euch aber sind alle Haare eures
Hauptes gezählt. Fürchtet euch nicht! Ihr seid
mehr wert als viele Sperlinge. 8 Ich sage euch:
Jeder, der sich vor den Menschen zu mir be-
kennt, zu dem wird sich der Menschensohn
bekennen vor den Engeln Gottes. 9 Jeder aber,
der mich vor den Menschen verleugnet, der
wird verleugnet werden vor den Engeln Got-
tes. 10 Jedem, der ein Wort gegen den Men-
schensohn sagen wird, ihm wird vergeben.
Dem aber, der lästert wider den Heiligen
Geist, wird nicht vergeben. 11 Wenn sie euch
vor die Synagogen, die Ämter und Machtha-
ber bringen, so sorgt euch nicht, wie oder was
ihr antworten sollt. 12 Denn der Heilige Geist
wird euch in jener Stunde lehren, was ihr sa-
gen müsst.

**Lehre im Gleichnis:
Hütet euch vor Habsucht**

13 Einer aus dem Volke sagte zu ihm: Meister,
sag meinem Bruder, dass er das Erbe mit mir
teile. 14 Er aber sprach zu ihm: Mann, wer hat
mich zum Richter oder zum Erbteiler über
euch bestimmt? 15 Er aber sprach zu ihnen:
Habt Acht und hütet euch vor aller Hab-
sucht, denn auch wenn einer im Überfluss be-
sitzt, hängt doch sein Leben nicht ab von sei-
nem Besitz. 16 Und er sagte ihnen ein Gleich-
nis: Eines reichen Mannes Ackerland trug viel
Frucht. 17 Da dachte er bei sich selbst: Was soll
ich tun? Ich habe ja nichts, worein ich meine
Ernte sammeln werde. 18 Und er sagte: Das
will ich tun. Ich werde meine Scheunen ab-
brechen und größere bauen; darin will ich all
mein Korn und meine Güter lagern. 19 Dann
will ich meiner Seele sagen: Seele, du hast vie-
le Güter für viele Jahre liegen. Ruh dich aus,
iss, trink und vergnüge dich. 20 Gott aber
sprach zu ihm: Du Tor! In dieser Nacht for-
dert man dein Leben von dir zurück! Wem
wird gehören, was du bereitgelegt hast? 21 So
geht es dem, der Schätze für sich selber sam-
melt, aber nicht reich ist vor Gott.

**Ängstliche Sorge:
Suchet das Reich Gottes**

22 Und er sprach zu seinen Jüngern: Darum sa-
ge ich euch: Sorget nicht für das Leben, was
ihr essen, noch für den Leib, was ihr anziehen
werdet. 23 Denn das Leben ist mehr als die
Speise und der Leib mehr als die Kleider.
24 Schaut auf die Raben: Sie säen nicht und sie
ernten nicht, sie haben nicht Kammer, nicht
Scheune zu eigen. Und Gott ernährt sie. Wie
viel mehr seid ihr wert als die Vögel. 25 Wer
unter euch vermag durch sein Sorgen seiner
Länge auch nur eine Spanne zuzufügen?
26 Wenn ihr also nicht das Geringste vermögt,
was sorgt ihr euch dann um die anderen Din-
ge? 27 Schaut auf die Lilien, wie sie nicht spin-
nen noch weben. Doch ich sage euch: Salomo
in all seiner Herrlichkeit war nicht gekleidet
wie eine von ihnen. 28 Wenn aber Gott das
Gras, das heute auf dem Feld steht und mor-
gen in den Ofen geworfen wird, so kleidet,
um wie viel mehr euch, ihr Kleingläubigen!
29 Trachtet auch ihr nicht danach, was ihr zu
essen und zu trinken bekommt, und ängstigt
euch nicht! 30 Denn nach all dem trachten die
Völker der Welt. Euer Vater weiß ja, dass ihr
dies braucht. 31 Trachtet vielmehr nach sei-
nem Reich, und dies wird euch dazu gegeben
werden. 32 Fürchte dich nicht, du kleine Her-
de; denn es hat eurem Vater gefallen, euch das
Reich zu geben. 33 Verkauft, was ihr habt, und
gebt Almosen. Schafft euch Beutel, die nicht
veralten, einen Schatz im Himmel, der nicht
abnimmt, an den kein Dieb herankann, den

---

deutlich, wie Gott sorgt. Zum Umgang mit Besitz und Eigentum. – Ein Reicher denkt nach: Was fange ich mit der Ernte an? Er findet rasch eine Antwort: abreißen, bauen, ernten, horten. Der Reiche denkt nur an sich selbst. Die anderen kommen ihm nicht in den Sinn. Er erfährt, dass alle Güter der Welt nicht vor dem bewahren können, der durch jedes Menschenleben einen Strich machen kann. Darum ist es wichtig, sich ein »Konto im Himmel« zu schaffen. **22-34** Ein realistischer Blick auf die Wirklichkeit: Es rentiert sich nicht, sich um das Vergängliche zu sorgen. Die einzig zukunftsträchtige Sorge ist die um das Reich Gottes. Die Raben gelten als unrein. Man sagt ihnen nach, sie seien lieblos mit ihren Jungen (»Rabenmut-

keine Motte zernagt. 34 Denn wo euer Schatz
ist, dort wird auch euer Herz sein.

Mahnungen: Wachet zu jeder Zeit

35 Eure Lenden seien gegürtet und eure Lam-
pen brennend. 36 Gleicht Menschen, die dar-
auf warten, wann ihr Herr vom Hochzeits-
mahl zurückkommt, damit sie ihm, wenn er
kommt und klopft, sogleich öffnen. 37 Selig je-
ne Knechte, die der Herr wachend findet bei
seinem Kommen. Wahrlich, ich sage euch: Er
wird sich gürten, sie zu Tisch liegen lassen,
hinzutreten und ihnen aufwarten. 38 Und
wenn er in der zweiten oder dritten Nacht-
wache kommt und trifft sie so, selig sind sie!
39 Das aber versteht ihr: Wenn der Hausherr
wüsste, zu welcher Stunde der Dieb kommt,
er ließe nicht in seinem Hause einbrechen.
40 So seid auch ihr bereit, denn ihr wisst nicht,
zu welcher Stunde der Menschensohn
kommt. 41 Da sagte Petrus: Herr, sagst du dies
Gleichnis nur zu uns oder zu allen? 42 Und der
Herr sprach: Wer ist wohl der treue und klu-
ge Verwalter, den der Herr über seine Diener-
schaft setzt, damit er ihr zur rechten Zeit
die angemessene Kost zuteile? 43 Selig jener
Knecht, den der Herr bei seinem Kommen bei
solchem Tun findet. 44 Wahrlich, ich sage
euch, er wird ihn über alle seine Güter setzen.
45 Wenn aber jener Knecht in seinem Herzen
sagt: Mein Herr verzögert das Kommen – und
anfängt, die Knechte und Mägde zu schlagen,
zu essen, zu trinken und sich zu berauschen,
46 dann wird der Herr jenes Knechtes kom-
men, an einem Tag, da er es nicht erwartet,
und zu einer Stunde, die er nicht weiß. Er wird
ihn strafen und ihm seinen Teil bei den Un-
gläubigen geben. 47 Jener Knecht aber, der den
Willen seines Herrn erkannt hat, doch nicht
bereit war und nach eigenem Willen tat, wird
viele Schläge empfangen. 48 Wer ihn aber
nicht erkannt hat, und tut, was Schläge ver-
dient, wird weniger empfangen. Von jedem,
dem viel gegeben ist, wird viel gefordert wer-
den, und wem man viel anvertraut hat, um so
mehr wird man von ihm verlangen.

Ich glaube dich, Gott
nicht, weil ich es aus Büchern lernte
nicht, weil andere es mir vorsagten
nicht, weil ich in der Gemeinschaft
der Glaubenden bete und singe

Ich glaube dich, Gott
weil Menschen einander
gut sein können
über alles Rechnen hinaus

(12,35-48)

Ich bin gekommen: Entscheidet euch

49 Ich bin gekommen, Feuer auf die Erde zu
werfen, und wie wünschte ich, es würde
schon brennen. 50 Ich muss mit einer Taufe ge-
tauft werden, und wie bin ich bedrängt, bis
sie vollbracht ist. 51 Ihr glaubt, ich sei gekom-
men, der Erde Frieden zu schenken. Nein, ich
sage euch, vielmehr Entzweiung; 52 es werden
nämlich von nun an fünf in einem Haus ent-
zweit sein, drei werden sich gegen zwei ent-
zweien und zwei gegen drei. 53 Vater gegen

Gott,
unsere Hirten tragen
vielerlei Titel und Namen
Wir bitten dich:
Gib ihnen Einsicht,
damit sie über den Ehren
das Amt nicht vergessen
damit sie über der Freude
an Macht und Können
die nicht vergessen,
die ihnen vertrauen

(12,49-53)

---

ter«). Gott erbarmt sich ihrer und ernährt sie. Um wie viel mehr wird er für seine Erwählten sorgen. **35-48** Die Gemeinden und vor allem ihre Leiter müssen sich mit der Problematik der verzögerten Wiederkunft des Herrn auseinander setzen. Ihnen sind drei Gleichnisse gesagt. **49-53** Im Für und Wider der Entscheidung werden selbst die, die einander Nächste sind, sich entzweien. **58-59** Das Beispiel des Mannes, der

Sohn und Sohn gegen Vater, Mutter gegen Tochter und Tochter gegen Mutter, Schwiegermutter gegen Schwiegertochter und Schwiegertochter gegen Schwiegermutter.

Zeichen der Zeit: Erkennt die Stunde

54 Dann sprach er zu der Volksmenge: Wenn ihr vom Untergang her eine Wolke aufsteigen seht, gleich sagt ihr da: Es gibt Regen. Und ihr habt Recht. 55 Und wenn Südwind weht, sagt ihr: Es wird heiß. Und ihr habt Recht. 56 Ihr Heuchler! Das Aussehen der Erde und des Himmels vermögt ihr zu prüfen, warum prüft ihr nicht diese Zeit? 57 Warum entscheidet ihr nicht aus euch selbst, was recht ist? 58 Denn wenn du mit deinem Widersacher zum Richter gehst, gib dir noch auf dem Wege Mühe, von ihm loszukommen, damit er dich nicht vor den Richter schleppe, der Richter dich dem Gerichtsdiener übergebe, und der Gerichtsdiener dich ins Gefängnis werfe. 59 Ich sage dir: Du wirst von dort nicht herauskommen, bis du die letzte Münze erstattet hast.

Mahnungen: Kehrt um

13 Zur selben Stunde kamen einige und berichteten ihm von den Galiläern, deren Blut Pilatus mit dem Blut ihrer Opfer vermischt hatte. 2 Und er antwortete und sprach zu ihnen: Glaubt ihr etwa, diese Galiläer wären größere Sünder als alle anderen Galiläer, weil sie das erlitten haben? 3 Nein! Doch ich sage euch, wenn ihr nicht umkehrt, werdet ihr auf die gleiche Weise zugrunde gehen. 4 Oder, glaubt ihr, jene achtzehn, auf die der Turm am Schiloach fiel und sie totschlug, seien schuldiger gewesen als alle anderen Bewohner Jerusalems? 5 Nein! Doch ich sage euch: Wenn ihr nicht umkehrt, werdet ihr alle auf die gleiche Weise zugrunde gehen. 6 Und er sagte ihnen dieses Gleichnis: Da hatte einer einen Feigenbaum in seinem Weinberg gepflanzt. Er kam und suchte Frucht an ihm und fand keine. 7 Da sagte er zu dem Weingärtner: Siehe, schon drei Jahre komme ich und suche Frucht an diesem Feigenbaum und finde keine. Hau ihn heraus. Wozu soll er auch noch den Boden schwächen? 8 Der aber antwortet und sagt zu ihm: Herr, lass ihn noch dies eine Jahr. Ich will rings um ihn aufhacken und düngen. 9 Vielleicht setzt er Frucht an. Wenn aber nicht, dann magst du ihn umhauen.

Heilung am Sabbat: Er legte ihr die Hände auf

10 Am Sabbat lehrte er in einer der Synagogen. 11 Siehe, da war eine Frau, die hatte schon achtzehn Jahre einen Geist des Siechens, sie war gekrümmt und konnte sich nicht ganz aufrichten. 12 Als Jesus sie sah, rief er sie heran und sprach zu ihr: Frau, sei frei von deinem Siechtum! 13 Er legte ihr die Hände auf, und sogleich richtete sie sich auf und pries Gott. 14 Doch der Synagogenvorsteher, unwillig darüber, dass Jesus am Sabbat geheilt hatte, erwiderte und sagte zum Volk: Es gibt sechs Tage, an denen gearbeitet werden soll; an ihnen kommt und lasst euch heilen, nicht aber am Sabbattag. 15 Der Herr aber antwortete ihm und sprach: Ihr Heuchler! Bindet nicht jeder von euch seinen Ochs oder Esel am Sabbat von der Krippe los und führt ihn zur Tränke? 16 Diese aber, eine Tochter Abrahams, die der Satan achtzehn Jahre lang gebunden hatte – seht doch –, darf sie nicht am Sabbattag von ihrer Fessel gelöst werden? 17 Als er das sagte, schämten sich all seine Widersacher, al-

---

auf dem Weg zum Richter ist, kennzeichnet die Situation des Menschen auf dem Weg zu Gott. Die »Zeit auf dem Weg« ist letzte Chance. Lepton - die kleinste Münze in griechischer Währung.
13,1-5 Die Frage nach der« Gerechtigkeit« Gottes ist eine Menschheitsfrage. Diejenigen, die Jesus damals von den Galiläern berichteten, oder die achtzehn, die der stürzende Turm von Schiloach begraben hatte (von beiden Ereignissen wissen wir nur durch Lukas), kannten die Antwort, die man im jüdischen Lehrhaus vertrat: Gott ist gerecht. Also weist jede Strafe auf eine entsprechend schwere Schuld. Für Jesus gilt das Gesetz nicht, dass Schuld und Strafe wie Ursache und Wirkung aneinander bindet. **6-9** Sondergut.- Um die Umkehr geht es auch im Gleichnis vom Feigenbaum. Der Besitzer will den Baum aufgeben, der drei Jahre keine Frucht gebracht hatte. Der Winzer erwirkt eine letzte Gnadenfrist. **10-17** Durch die demonstrative Heilung einer gekrümmten Frau am Sabbat kritisiert Jesus die unmenschliche Auslegung des Sabbatge-

Sabbat in der Synagoge
Alle sind versammelt
geschmückt für das Fest

In der Menge eine Frau
die kann sich nicht sehen lassen
die wäre gerne unsichtbar
»Es« drückt sie nieder
der Kopf ist ihr schwer
Sie kann nicht aufrecht gehen
keinem andern in die Augen sehen
nicht zum Himmel aufblicken...

Jesus sieht sie, spürt ihre Not
Er ruft sie, legt ihr die Hände auf
nimmt die Last, die sie niedergedrückt
achtzehn Jahre lang

Diese Tochter Abrahams
sollte sie am Sabbat
nicht geheilt werden?

(13,10-17)

les Volk aber freute sich ob der Großtaten, die durch ihn geschahen.

Lehre im Gleichnis:
Wie Senfkorn und Sauerteig

18 Und er sprach: Wem ist das Reich Gottes
gleich, und womit soll ich es vergleichen? 19 Es
gleicht einem Senfkorn, das nahm ein Mann
und warf es in seinen Garten. Es wuchs und
wurde zum großen Baum, und die Vögel des
Himmels wohnten in seinen Zweigen. 20 Und
wieder sprach er: Womit soll ich das Reich
Gottes vergleichen? 21 Es gleicht einem Sauer-
teig, den nahm eine Frau und mengte ihn un-
ter drei Maß Mehl, bis es ganz durchsäuert
war.

Die Erwählten: Sie kommen
von Ost und West, Nord und Süd

22 Er zog durch die Städte und Dörfer, lehrte
und war auf dem Weg nach Jerusalem. 23 Da
sagte einer zu ihm: Herr, sind es wenige, die
gerettet werden? 24 Er aber sprach zu ihnen:
Müht euch, durch die enge Türe einzugehen;
denn viele – sage ich euch – werden versuchen
hineinzukommen und es nicht vermögen.
25 Wenn einmal der Hausherr sich erhoben
und die Tür verriegelt hat, ihr aber steht
draußen und fangt an, an die Tür zu klopfen
und sagt: Herr, mach uns auf! – dann ant-
wortet er euch und sagt: Ich kenne euch nicht,
woher seid ihr? 26 Dann fangt ihr an und sagt:
Wir haben vor dir gegessen und getrunken,
und auf unseren Straßen hast du gelehrt.
27 Doch er wird euch sagen: Ich weiß nicht,
woher ihr seid! Geht weg von mir, ihr Übeltä-
ter alle! 28 Dort wird Geheul sein und Zähne-
knirschen, wenn ihr Abraham, Isaak und Ja-
kob und alle Propheten im Reiche Gottes se-
hen werdet, selbst aber ausgestoßen seid.
29 Und sie werden kommen von Ost und West,
von Nord und Süd und zu Tisch sich legen im
Reiche Gottes. 30 Denn siehe: Es sind Letzte,
die Erste sein werden, und Erste, die Letzte
sein werden.

Jerusalem wird erkennen:
Hochgelobt, der kommt

31 Am selben Tag kamen einige Pharisäer her-
an und sagten zu ihm: Zieh weiter, geh weg
von hier! Denn Herodes will dich töten. 32 Da
sprach er zu ihnen: Geht und sagt diesem
Fuchs: Siehe, ich treibe Dämonen aus und

bots. »Tochter Abrahams« ist eine in der Synagoge übliche Anrede. **18-21** Die Gleichnisworte vom Senfkorn und vom Sauerteig weisen darauf hin, dass Gottes Reich am Wachsen ist. Sie bilden die Überleitung zum folgenden Abschnitt über das Jüngersein in der Welt. **22-30** Die Rabbinen lehren, Gott habe die jetzige Welt für die Vielen gemacht, die kommende Welt habe er den Wenigen vorbehalten. Andere vertreten die Ansicht: »Ganz Israel« hat Anteil an der kommenden Welt. Jesus antwortet nicht direkt. Er fordert den Fragenden auf, die eigenen Möglichkeiten zu nutzen. Die Tür ist eng, aber noch steht sie offen. Wenn die Tür verschlossen wird, wird das endgültig sein. Dann nutzt auch die Berufung auf die Zugehörigkeit zum erwählten Volk nichts. Die zu spät Gekommenen erkennen mit einem Blick auf die endzeitliche Mahlgemeinschaft, was ihnen entgangen ist. **31-35** Pharisäer warnen Jesus vor den Machenschaften des Herodes und raten ihm, Galiläa zu verlassen. Jesus weiß: Er muss nach Jerusalem und dort den Prophe-

wirke Heilungen heute und morgen. Am drit-
ten Tag aber werde ich vollendet. 33 Doch heu-
te und morgen und am dritten Tag muss ich
wandern, denn es ist nicht möglich, dass ein
Prophet außerhalb Jerusalems umkomme.
34 Jerusalem, Jerusalem, du tötest die Prophe-
ten und steinigst, die zu dir entsandt sind. Wie
oft wollte ich deine Kinder sammeln wie ein
Vogel seine Brut unter den Flügeln, doch ihr
habt nicht gewollt. 35 Seht, euer Haus wird
verlassen sein. Ich sage euch aber: Ihr werdet
mich nicht mehr sehen, bis die Zeit kommt,
da ihr sagt: Gesegnet, der da kommt im Na-
men des Herrn.

Heilung am Sabbat:
Er fasste ihn an und heilte ihn

14 Und es geschah: Als Jesus am Sabbat in
das Haus eines der Ratsherrn der Pharisäer
kam, um dort am Mahl teilzunehmen, da wa-
ren alle darauf aus, ihn zu beobachten. 2 Und
siehe, ein wassersüchtiger Mann war da, vor
ihm. 3 Jesus hob an und sprach zu den Geset-
zeslehrern und Pharisäern: Ist es erlaubt, am
Sabbat zu heilen oder nicht? 4 Sie aber schwie-
gen still. Da fasste er ihn an und heilte ihn.
5 Und zu ihnen sprach er: Wer von euch, des-
sen Sohn oder Ochs in einen Brunnen fällt,
wird ihn nicht sogleich herausziehen, auch
am Sabbattag? 6 Sie aber vermochten nicht,
ihm darauf zu antworten.

Jesus lehrt:
Wort an Gast und Gastgeber

7 Er trug den Geladenen nun ein Gleichnis
vor; weil er bemerkte, wie sie sich die ersten
Plätze wählten, sprach er zu ihnen: 8 Wenn du
von jemand zum Festmahl geladen bist, dann
lass dich nicht auf dem ersten Platz nieder, da-
mit nicht dann einer, der auch geladen ist und
in größerer Ehre steht als du, 9 kommt, und
der Gastgeber, der dich und ihn geladen hat,
zu dir sagt: Mach diesem Platz! Voll Scham
wirst du dann den letzten Platz einnehmen.
10 Vielmehr, wenn du geladen bist, dann
komm und lass dich auf dem letzten Platze
nieder. Dann wird dein Gastgeber kommen
und sagen: Freund, rücke weiter herauf! So
wird dir Ehre erwiesen vor allen, die mit dir
geladen sind. 11 Denn jeder, der sich erhöht,
wird erniedrigt, und wer sich niedrig macht,
wird erhöht. 12 Zu dem, der ihn eingeladen
hatte, sprach er: Wenn du ein Mittag- oder
Abendmahl gibst, so ruf nicht deine Freunde
noch deine Brüder, nicht deine reichen Nach-
barn, dass sie dich nicht ebenso einladen und
dir vergelten. 13 Sondern, wenn du ein Gast-
mahl gibst, lade Arme, Krüppel, Lahme, Blin-
de ein. 14 Dann bist du selig, denn sie haben
nichts, dir zu vergelten.

Lehre im Gleichnis:
Das große Mahl

15 Als einer der Tischgenossen das hörte, sag-
te er zu ihm: Selig, wer am Mahle im Reich
Gottes teilnimmt. 16 Er aber sprach zu ihm:
Ein Mann bereitete ein großes Gastmahl und
lud viele dazu ein. 17 Zur Stunde des Mahles
sandte er seinen Knecht aus, um den Gela-
denen zu sagen: Kommt, alles steht bereit!
18 Da fingen sie alle einmütig an, sich zu ent-
schuldigen. Der Erste sagte ihm: Ich habe ei-
nen Acker gekauft, ich muss hinausgehen und
ihn besichtigen. Ich bitte dich, halte mich für
entschuldigt. 19 Und ein anderer ließ sagen:
Ich habe ein Joch Zugochsen gekauft und bin
unterwegs, sie zu prüfen. Ich bitte dich, halte
mich für entschuldigt. 20 Und ein anderer ließ
sagen: Ich habe eine Frau geheiratet. Darum
kann ich nicht kommen. 21 Der Knecht kam
und meldete dies seinem Herrn. Da wurde der
Hausherr zornig und sagte zu seinem Knecht:

tentod sterben. Weil Jerusalem das Angebot ausschlägt, gibt Gott die Stadt so lange preis, bis sie dem kommenden Herrn zujubelt. Mag Betlehem ein »theologischer« Geburtsort Jesu sein - dass er in Jerusalem stirbt, ist unbezweifelt.

14,1-6 Lukas erzählt: Jesus kommt am Sabbat als Gast in das Haus eines Pharisäers. Er wird beobachtet. Die Atmosphäre ist gespannt. Ein Kranker sucht seine Nähe. Wassersucht, damals unheilbar, wurde als Strafe mit Ehebruch in Verbindung gebracht. Jesus stellt den Kritikern eine Frage, die sie trifft: »Ist es am Sabbat erlaubt ... oder verboten?« Er ergeift Partei für einen Menschen, der einzig bei ihm eine Chance hat.

7-11 Über das angemessene Verhalten eines Gasts.

12-14 Regeln für Gastgeber: Selig sind sie, wenn an ihrem Tisch nicht nur ihresgleichen sitzen. An Gottes

Wir bitten dich, Herr
steh uns bei,
dass wir Gemeinschaft werden
die lebt aus deinem Leben
um der Kinder willen
die Hungers sterben
um der Frauen willen
die geschändet werden
um der Männer willen
die Kriege führen
um der Blumen und der Bäume willen
die nicht mehr gedeihen
um der Tiere willen
die Raum zum Leben brauchen
um unserer schönen Erde willen
deiner Hände Werk
um deines großen Namens willen
bitten wir dich:
lass uns Brot werden
einer für den andern

(14,12-24)

Geh rasch hinaus auf die Straßen und Gassen
der Stadt und hole die Armen und Krüppel,
die Lahmen und Blinden herein. 22 Und der
Knecht sagte: Herr, was du aufgetragen hast
ist geschehen. Und noch ist Platz frei. 23 Der
Herr aber sagte zu seinem Knecht: Geh hin-
aus an die Wege und Zäune und nötige sie
hereinzukommen, damit mein Haus voll wer-
de. 24 Ich sage euch aber: Keiner jener Männer,
die geladen waren, wird von meinem Mahle
kosten.

Forderungen an die Jüngerschaft:
Wer Ohren hat, der höre

25 Große Scharen schlossen sich ihm an auf
dem Weg. Da wandte er sich ihnen zu und
sprach: 26 Wenn einer zu mir kommt und Va-
ter und Mutter nicht hintansetzt, die Frau
und die Kinder, die Brüder und die Schwes-
tern, dazu noch sein eigen Leben, der kann
nicht mein Jünger sein. 27 Wer nicht sein
Kreuz trägt und hinter mir hergeht, kann
nicht mein Jünger sein. 28 Wer von euch, der
einen Turm bauen will, wird sich nicht zuvor
hinsetzen und die Kosten ausrechnen, ob er
genug habe, um fertig zu bauen; 29 damit nicht
etwa, wenn er den Grund ausgehoben hat, er
nicht zu vollenden vermag, und alle, die es se-
hen, ihn verspotten und sagen: 30 Dieser
Mann hat einen Bau begonnen und vermag
nicht, ihn zu vollenden. 31 Oder welcher Kö-
nig, der auszieht, um mit einem anderen Kö-
nig zum Kampf zusammenzutreffen, wird
sich nicht zuvor hinsetzen und beraten, ob er
vermag, mit zehntausend dem zu begegnen,
der mit zwanzigtausend gegen ihn anrückt.
32 Vermag er es nicht, so schickt er, solang der
noch weit entfernt ist, eine Gesandtschaft
und bittet um Frieden. 33 Ebenso kann keiner
von euch, der sich nicht lossagt von allem,
was er besitzt, mein Jünger sein. 34 Gut ist das
Salz. Wenn aber das Salz seine Kraft verliert,

Mit dir gehen
hinter dir her
deine Spur im Sand
dein Wort im Ohr

Mit dir gehen
hinter dir her
in der Minderheit
denen zum Anstoß
die meinen, sie wüssten
was Menschsein heißt

Mit dir gehen
hinter dir her
mit Zweifeln im Herzen
und dem Traum von Freiheit
deinen Rücken vor Augen
hinauf nach Jerusalem

(14,12-24)

Tisch haben alle Platz. **15-24** Die Aussage des Gleichnisses ist klar: Gott hat sein Volk zum Mahl geladen. Die Geladenen bringen Ausreden und Entschuldigungen vor, berufen sich auf Geschäfte, die ihnen wichtiger sind. Darum sitzen andere auf ihren Plätzen: Arme, Krüppel, Lahme und Blinde. Menschen, die kein Haus, kein schützendes Dach haben, füllen den Festsaal Gottes. **25-35** Denen gesagt, die Jesu Jünger sind oder werden wollen.

womit soll man es würzen? 35 Nicht für das
Land noch für den Dung ist es geeignet; son-
dern man wirft es hinaus. Wer Ohren hat zu
hören, der höre!

Lehre im Gleichnis:
Freude an der Umkehr der Verlorenen

15 Und alle, Zöllner und Sünder, kamen zu
ihm, um ihn zu hören. 2 Die Pharisäer und
Schriftgelehrten aber murrten und sagten:
Dieser nimmt sich der Sünder an und hält
Mahl mit ihnen. 3 Er aber sagte ihnen dieses
Gleichnis: 4 Wer von euch, der hundert Scha-
fe hat, und eines davon verliert, lässt nicht die
neunundneunzig in der Wüste zurück und
geht dem verlorenen nach, bis er es findet?
5 Hat er aber gefunden, dann legt er es auf sei-
ne Schultern und freut sich. 6 Kommt er in sein
Haus, so ruft er seine Freunde und Nachbarn
zusammen und sagt zu ihnen: Freuet euch mit
mir, denn ich habe mein verlorenes Schaf wie-
dergefunden. 7 Ich sage euch, ebenso wird
Freude sein im Himmel über einen Sünder,
der umkehrt, mehr als über neunundneunzig
Gerechte, die der Umkehr nicht bedürfen.
8 Oder: Welche Frau hat zehn Drachmen und
zündet nicht, wenn sie eine Drachme verliert,
ein Licht an, fegt das Haus und sucht sorgfäl-
tig, bis sie findet? 9 Hat sie aber gefunden, ruft
sie ihre Freundinnen und Nachbarinnen zu-
sammen und sagt zu ihnen: Freut euch mit
mir, denn ich habe meine verlorene Drachme
wiedergefunden. 10 Ich sage euch, ebenso
wird Freude sein bei den Engeln Gottes über
einen einzigen Sünder, der umkehrt.

Lehre im Gleichnis:
Freude an der Umkehr des Sohnes

11 Und er sprach: Ein Mann hatte zwei Söhne.
12 Der jüngere sagte zum Vater: Vater, gib mir
den Anteil am Vermögen, der mir zusteht. Da
teilte er das Vermögen unter sie. 13 Und weni-
ge Tage darauf trug der Jüngere alles zusam-
men und zog fort in ein fernes Land. Dort ver-
schleuderte er sein Vermögen in einem heillo-
sen Leben. 14 Doch als er alles durchgebracht
hatte, kam eine große Hungersnot über jenes
Land, und er begann Mangel zu leiden. 15 Da
ging er hin, drängte sich einem Bürger jenes
Landes auf, und der schickte ihn auf seine Fel-

Du, den die Engel rühmen
mit Himmelsgesängen
lass unsere Erdenlieder
an dein Ohr dringen:

Wenn wir in dunklen Nächten
hilflos weinen
lehrst du uns das Lachen
Wenn wir stöhnen und stolpern
weil der Weg sich dehnt
zeigst du uns das Ziel
und wir tanzen
Mit denen,
die sich dem Tod entgegenfürchten
singst du Hoffnungslieder
Die Schuldigen, die dein Urteil fürchten
nimmst du in die Arme
Denen, die aus Verlorenheit kommen
bereitest du ein Fest

Du lachst mit den Kinder
Du liebst mit den Liebenden
Du jubelst mit den Fremden
Du freust dich mit den Beschenkten
Du atmest auf mit den Freigesprochenen
Du strahlst mit den Begnadeten

(15,11-32)

15,1-32 In drei Gleichnissen vom »Verlorenen« antwortet Jesus auf das Unverständnis, mit dem Pharisäer und Schriftgelehrte auf seine Zuwendung zu den Armen und den Sündern reagieren. Er spricht davon, wie Gott diesen »armen Sündern« begegnet, und von der Chance, die er ihnen gibt. **1-7** Einem Menschen, der ohne Phantasie nur vernünftig handelt, ist das Beispiel vom Hirten und seinem Schaf schwer einsichtig zu machen. Welcher Hirt würde schon neunundneunzig Tiere ohne Aufsicht in der Steppe lassen, um dem einen, verlorenen, nachzulaufen? So lange zu suchen, bis er es gefunden und auf seinen Schultern zurücktragen kann. Jesus geht es nicht um einen Vergleich menschlicher Verhaltensweisen. Es geht ihm einzig um die Freude Gottes, der diesem Einen ein Fest im Himmel bereitet. **8-10** Die zweite Beispielgeschichte handelt von einer Frau. Sie hat eine von ihren zehn Drachmen verloren. Sie leuchtet in die finsters-

der, die Schweine zu hüten. 16 Gern hätte er den Magen mit den Schoten gefüllt, welche die Schweine fraßen, doch niemand gab sie ihm. 17 Nun ging er in sich und sagte: Wie viele Taglöhner im Haus meines Vaters haben Überfluss an Brot, ich aber gehe hier vor Hunger zugrunde. 18 Ich will mich aufmachen und zu meinem Vater gehen und zu ihm sagen: Vater, ich habe gesündigt gegen den Himmel und vor dir. 19 Ich bin nicht mehr wert, dein Sohn zu heißen. Stell mich einem deiner Taglöhner gleich. 20 So machte er sich auf und kam zu seinem Vater. Als er noch weit entfernt war, sah ihn sein Vater und ward von Erbarmen bewegt. Er lief ihm entgegen, fiel ihm um den Hals und küsste ihn. 21 Der Sohn aber sagte zu ihm: Vater, ich habe gesündigt gegen den Himmel und vor dir. Ich bin nicht mehr wert, dein Sohn zu heißen. 22 Der Vater aber sagte zu seinen Knechten: Rasch, holt ihm das beste Kleid heraus und zieht es ihm an. Gebt ihm einen Ring an den Finger und Sandalen an die Füße. 23 Bringt das Mastkalb herbei und schlachtet es, dann wollen wir essen und ein Freudenfest feiern; 24 denn dieser, mein Sohn, war tot und ist wieder aufgelebt, er war verloren und ist wieder gefunden. Und sie begannen ein Freudenfest zu feiern. 25 Sein älterer Sohn aber war auf dem Feld. Er kam, näherte sich dem Haus und hörte Musik und Reigenlieder. 26 Da rief er einen der Knechte herbei und erfragte, was das bedeute. 27 Der aber antwortete ihm: Dein Bruder ist gekommen. Da hat dein Vater das Mastkalb schlachten lassen, weil er ihn gesund zurückerhalten hat. 28 Er aber ward zornig und wollte nicht hineingehen. Doch sein Vater kam heraus und bat ihn. 29 Er aber antwortete dem Vater: Sieh, so viele Jahre diene ich dir; nie habe ich dein Gebot übertreten, und du hast mir nie auch nur ein Böcklein gegeben, damit ich mit meinen Freunden ein Freudenfest feiern konnte. 30 Als aber dieser, dein Sohn, der sein Vermögen mit Dirnen verschleudert hat, kam, hast du ihm das Mastkalb schlachten lassen. 31 Er aber sagte zu ihm: Kind, du bist immer bei mir, und alles Meine ist dein; 32 doch es galt, zu feiern und sich zu freuen; denn dieser dein Bruder war tot und ist wieder aufgelebt, er war verloren und ist wieder gefunden.

Lehre im Gleichnis:
Keiner kann zwei Herren dienen

16 Er sprach zu seinen Jüngern: Da war ein reicher Mann, der hatte einen Verwalter. Den klagte man an, er würde seinen Besitz verschleudern. 2 Er ließ ihn rufen und sagte zu ihm: Was höre ich über dich? Gib Rechenschaft von deiner Verwaltung; du kannst nicht länger mein Verwalter sein. 3 Der Verwalter aber sagte bei sich selbst: Was soll ich

---

ten Winkel, sucht und findet keine Ruhe, bis sie ihre Drachme wiedergefunden hat. Dann feiert sie mit Freundinnen und Nachbarinnen: Freut euch mit mir! Eine Drachme, griechische Silbermünze, entspricht dem römischen Denar (Tageslohn eines Arbeiters).
11-31 Das Beispiel vom »verlorenen Sohn« wird nur bei Lukas überliefert. Da ist ein Vater, der mit seinen zwei Söhnen Erfahrungen macht, wie sie auch heutige Väter machen. Der eine Sohn, der ältere, angepasst und willig, macht dem Vater keinen Kummer. Der andere, unternehmungslustig, will das Leben kennen lernen, fordert sein Erbteil, zieht in die Fremde, genießt sein Leben und landet bald in Armut und Elend. Als er ganz unten ist, erinnert er sich an den Vater. Ich will mich aufmachen, sagen: Vater ich habe gesündigt. Der Vater, von dem Jesus erzählt, ist kein Rechenmeister. Er sieht den Sohn von der Ferne, läuft ihm entgegen, nimmt ihn auf mit offenen Armen, bereitet ein Fest – und leidet mit dem Älteren, der sich selbst aus der Freude ausschließt.
16,1-12 Eine Beispielgeschichte, nur bei Lukas überliefert, nicht leicht zu verstehen, den »unmoralischen Gleichnissen« zuzurechnen, mit denen es die Bibelleser und Erklärer zu aller Zeit schwer hatten. Die Hauptperson, ein Verwalter, dem ein reicher Herr seinen Besitz anvertraute, betrügt seinen Herrn. Er wird entlarvt und angeklagt. Er macht sich nichts vor. Doch er scheut sich auch nicht, seiner betrügerischen Laufbahn einen weiteren Coup zuzufügen. Auch wenn er auf Kosten seines Herrn geht. Dieser Betrüger wird gelobt, weil er »klug« gehandelt habe. Nach der Klugheit, wie sie von den »Söhnen dieser Welt« praktiziert wird. Das Ziel, unsere Aufnahme in die Gemeinschaft Gottes, ist aller Klugheit wert. – 100 Bat Öl (= 36,5 hl) im Wert von etwa 1000 Denaren. 100 Kor Weizen (= 364,4 hl, etwa 500 Zentner), Wert etwa 2 500 Denare. Da Öl teurer ist als Weizen, ist der Schaden etwa gleich groß.

tun, wenn mein Herr mir das Verwalteramt nimmt? Graben kann ich nicht und zu betteln schäme ich mich. [4] Ich habe erkannt, was ich tun will, damit sie mich in ihre Häuser aufnehmen, wenn ich als Verwalter abgesetzt bin. [5] Und er rief jeden Schuldner seines Herrn zu sich und sagte zum ersten: Wie viel bist du meinem Herrn schuldig? [6] Der sagte: Hundert Bat Öl. Und er sagte: Nimm deinen Schuldschein, setz dich und schreibe schnell: fünfzig. [7] Zu einem anderen sagte er: Und du, wie viel schuldest du? Der sagte: Hundert Kor Weizen. Zu ihm sagte er: Nimm deinen Schuldschein und schreibe: achtzig. [8] Der Herr lobte den ungerechten Verwalter, weil er klug gehandelt hatte. Die Söhne dieser Weltzeit sind nämlich klüger gegen ihresgleichen als die Söhne des Lichts. [9] Ich aber sage euch: Macht euch Freunde mit dem ungerechten Mammon, damit, wenn es zu Ende geht, sie euch aufnehmen in die ewigen Hütten. [10] Wer in Geringem treu ist, der ist auch in Großem treu, und wer im Geringsten unrechtlich ist, ist unrechtlich auch im Großen. [11] Wenn ihr nun mit dem ungerechten Mammon nicht treu werdet, wer wird euch das wahre Gut anvertrauen? [12] Und wenn ihr am fremden Gut nicht treu werdet, wer wird euch das eure geben? [13] Es kann kein Knecht zwei Herren dienen. Entweder wird er den einen hassen und den anderen lieben, oder er wird sich an den einen halten und den anderen verachten. Ihr könnt nicht Gott dienen und dem Mammon.

Wort zu den Pharisäern:
Gott kennt die Herzen

[14] Dies alles aber hörten auch die Pharisäer, sie waren geldgierig und verhöhnten ihn. [15] Da sprach er zu ihnen: Ihr seid es, die sich selbst vor den Menschen für gerecht erklären, Gott aber kennt eure Herzen. Denn was vor den Menschen als hoch gilt, ist ein Gräuel vor Gott. [16] Das Gesetz und die Propheten reichen bis Johannes. Seitdem wird das Reich Gottes verkündet. Und jeder drängt hinein. [17] Jedoch, es ist leichter, dass Himmel und Erde vergehen, als dass ein Häkchen vom Gesetz fällt. [18] Wer seine Frau entlässt und eine andere heiratet, bricht die Ehe. Wer eine vom Mann Entlassene heiratet, bricht die Ehe.

Lehre im Gleichnis:
Unglaube, auch wenn ein Toter aufersteht

[19] Er sagte aber noch ein anderes Gleichnis: Da war ein reicher Mann, der kleidete sich in Purpur und feine Leinwand und vergnügte sich prunkend, Tag um Tag. [20] Doch ein Armer namens Lazarus lag an seinem Tor, mit Geschwüren bedeckt; [21] der hätte sich gern von dem gesättigt, was vom Tisch des Reichen abfiel. Ja, sogar die Hunde kamen und leckten seine Geschwüre. [22] Und es geschah: Als der Arme starb, wurde er von den Engeln in den Schoß Abrahams getragen. Doch auch der Reiche starb und wurde begraben. [23] Als er in der Unterwelt, in Qualen, die Augen hob, sieht er Abraham von fern und Lazarus in seinem Schoß. [24] Und er rief: Vater Abraham, erbarme dich meiner und sende Lazarus, dass er die Spitze seines Fingers in Wasser tauche und meine Zunge kühle; denn ich leide Pein in dieser Flamme. [25] Doch Abraham sprach: Mein Sohn, bedenke, dass du in deinem Leben Gutes erhalten hast, und Lazarus in gleicher Weise Übles. Nun wird er hier getröstet, du aber musst leiden. [26] Und überdies ist zwischen uns und euch eine große Kluft, dass jene, die von hier zu euch hinüber wollen, es nicht vermögen und auch von dort sie nicht zu uns herüberkommen können. [27] Da sagte er: Ich bitte dich, Vater, dass du ihn in das Haus meines Vaters sendest; [28] ich habe ja noch fünf Brüder. Er möge ihnen Kunde bringen, damit nicht auch sie an diesen Ort der Qual kommen. [29] Abraham aber sagte: Sie haben Mose und die Propheten, auf die sollen sie hören. [30] Er aber antwortete: Nein, Vater Abraham! Doch wenn einer von den Toten zu

9-13 Grundsätzliches über den rechten Umgang mit Geld und Besitz. **14-15** Die Pharisäer – so bezeichnet Matthäus die Gegner Jesu – gehören im Allgemeinen nicht zu den armen Leuten. Sie lachen über Jesus, der sich der Armen annimmt. Jesus entlarvt ihre Heuchelei. Gott können sie nichts vormachen, er sieht ins Herz. **16-18** Über das Gesetz und sein Verhältnis zum Evangelium.- Über Ehe und Ehebruch. **19-31** Beispielgeschichte von einem Armen und einem reichen Mann. Beide leben nah beieinander. Der Arme leidet,

Ruf mich beim Namen
Herr
wenn ich in der Menge
der Namenlosen mitgehe
und nicht mehr frage: Wohin?

Ruf mich beim Namen
wenn ich die Hoffnung
und mich selbst
verloren habe
Lass mich beim Klang deiner Stimme
erkennen, dass dir an mir liegt

Ruf mich beim Namen
geh mir voran
wenn ich im Dämmer deine Spur suche
und die Tür zum Leben

(16,19-31)

ihnen käme, dann werden sie umkehren. 31 Er
aber sprach zu ihm: Wenn sie auf Mose und
die Propheten nicht hören, werden sie sich,
auch wenn einer von den Toten aufersteht,
nicht überzeugen lassen.

Mahnungen für die Jünger:
Glauben wie ein Senfkorn

17 Zu seinen Jüngern aber sprach er: Unab-
wendbar ist es, dass Ärgernisse kommen; we-
he aber dem, durch den sie kommen. 2 Es wä-
re ihm besser, wenn ein Mühlstein um seinen
Hals gelegt und er in das Meer geworfen wür-
de, als dass er einem von diesen Kleinen Är-
gernis gibt. Habt Acht auf euch selbst. 3 Wenn
dein Bruder sich verfehlt, so weise ihn zu-
recht, und wenn er umkehrt, vergib ihm.
4 Selbst wenn er siebenmal am Tage an dir feh-
len würde und siebenmal zu dir zurückkäme
und sagte: Ich kehre um! So vergib ihm. 5 Da
sagten die Apostel zum Herrn: Gib uns mehr
Glauben! 6 Der Herr aber antwortete: Wenn
ihr Glauben hättet wie ein Senfkorn groß, ihr
könntet diesem Maulbeerbaume sagen: Ent-
wurzle dich und pflanze dich ins Meer; er
würde euch gehorchen. 7 Wer von euch wird
seinem Knecht, der für ihn pflügt und weidet,
wenn er vom Feld hereinkommt, sagen:
Komm sogleich her und lege dich zu Tisch?
8 Wird er ihm nicht vielmehr sagen: Bereite
mir, was ich essen werde, gürte dich und die-
ne mir bei Tisch, bis ich gegessen und getrun-
ken habe; danach iss und trink auch du?
9 Sollte er etwa dem Knecht danken, dass er
das tut, was er ihm aufgetragen hat? 10 So
auch ihr: Wenn ihr alles getan habt, was euch
aufgetragen ist, dann sagt: Wir sind unnütze
Knechte; nur was wir schuldig waren, haben
wir getan.

Der dankbare Samariter:
Dein Glaube hat dich gerettet

11 Und es geschah: Auf der Wanderung nach
Jerusalem zog er mitten durch Samarien und
Galiläa. 12 Als er in ein Dorf kam, da begeg-
neten ihm zehn aussätzige Männer, die blie-
ben von fern stehen, 13 erhoben ihre Stimmen
und riefen: Jesus, Meister, erbarme dich un-
ser! 14 Als er sie sah, sprach er zu ihnen: Geht
und zeigt euch den Priestern. Und es geschah:
Während sie hingingen, wurden sie rein.
15 Doch als einer von ihnen sah, dass er geheilt
war, kehrte er um, pries Gott mit lauter Stim-
me, 16 fiel auf sein Angesicht zu seinen Füße
und sagte ihm Dank. Er aber war ein Samari-
ter. 17 Da antwortete Jesus und sprach: Sind
nicht zehn rein geworden? Wo sind die neun?
18 Hat keiner sich zur Rückkehr bereit gefun-
den, um Gott die Herrlichkeit zu geben,
außer diesem Stammesfremden? 19 Und er
sprach zu ihm: Steh auf und geh! Dein Glau-
be hat dich gerettet.

---

der Reiche übersieht ihn einfach. Nach ihrem Tod leben die beiden auch bei Gott nachbarlich nebeneinander. Der ehemals Reiche bittet den Armen. Doch der, im Schoß Abrahams geborgen, kann seinem Nachbarn nicht helfen. Die Zeit der Umkehr ist vorbei, die Chance vertan.

17,1-10 Einzelne Jüngerweisungen, lose aneinandergereiht. **1-2** Die Starken sind für die Schwachen verantwortlich. Diese »Kleinen«: Gemeint sind nicht Kinder, sondern die Armen und Machtlosen, die leicht verführbar und auf den Schutz und die Hilfe der anderen angewiesen sind. - Ein ungewöhnliches Gebot, das mich verpflichtet, dem, der mir Unrecht tut, immer wieder zu vergeben. **5-6** Glaube macht stark. **7-10** Sonderüberlieferung: Über das selbstlose Dasein füreinander. **11-19** Im Grenzgebiet ist es denkbar,

Wir glauben Gott
Er gab denen
die unter dem Gesetz litten, die Liebe
Er gab denen
die fremd waren im Land, ein Zuhause
Er gab denen
die unter die Räuber fielen
seine Hilfe

Wir glauben Jesus Christus,
Sohn Gottes, unseren Bruder und Erlöser
Er gab denen
die Hunger hatten, zu essen
Er gab denen, die im Dunkel lebten
das Licht

(17,11-19)

Der Menschensohn: Er leuchtet auf wie der Blitz

[20] Als ihn die Pharisäer fragten: Wann kommt das Reich Gottes? antwortete er ihnen: Das Reich Gottes kommt nicht so, dass man sein Kommen beobachten könnte. [21] Man kann auch nicht sagen: Siehe, hier ist es, oder: dort! Denn siehe, das Reich Gottes ist mitten unter euch. [22] Und er sprach zu seinen Jüngern: Es werden Tage kommen, da begehrt ihr einen der Tage des Menschensohns zu sehen, und ihr werdet ihn nicht sehen. [23] Und sie werden euch sagen: Sieh, dort! Sieh, hier! Dann geht nicht hin und lauft nicht hinterher. [24] Denn wie ein Blitz beim Aufblitzen aufleuchtet von einem Ende des Himmels zum andern, so wird der Menschensohn sein an seinem Tag. [25] Zuvor aber muss er viel leiden und von diesem Geschlecht verworfen werden. [26] Und wie es in den Tagen des Noach war, so wird es sein in den Tagen des Menschensohns: [27] Sie aßen und tranken, sie heirateten und wurden geheiratet bis zu dem Tag, da Noach in die Arche ging. Und die Flut kam und verdarb alle. [28] Ebenso wie es in den Tagen des Lot geschah: Sie aßen und tranken, sie kauften und verkauften, sie pflanzten und bauten, [29] bis zu dem Tag, da Lot aus Sodom zog. Da regneten Feuer und Schwefel vom Himmel, und alle verdarben. [30] Gerade so wird es sein an dem Tag, da der Menschensohn sich offenbart. [31] Wer an jenem Tag auf dem Dach ist und sein Gerät im Hause hat, der steige nicht herunter, um es zu holen. Und wer auf dem Feld ist, der wende sich nicht zurück. [32] Denkt an die Frau des Lot. [33] Wer sein Leben zu bewahren sucht, wird es verlieren; und wer es verliert, wird es erhalten. [34] Ich sage euch aber: In jener Nacht werden zwei auf einem Lager liegen; der eine wird aufgenommen, der andere zurückgelassen werden. [35] Zwei werden an der gleichen Mühle mahlen; die eine wird aufgenommen, die andere zurückgelassen werden. [36] [Zwei sind auf einem Feld; der eine wird aufgenommen, der andere zurückgelassen.] [37] Und sie antworteten und fragten ihn: Wo, Herr? Er aber antwortete ihnen: Wo der Leichnam ist, da sammeln sich die Adler.

Lehre im Gleichnis: Werdet nicht müde

18 Er sagte ihnen auch im Gleichnis, dass sie allzeit beten sollen und nicht ermüden dürfen. Er sprach: [2] In einer Stadt war ein Richter, der fürchtete Gott nicht und hatte vor keinem

---

dass Juden sich mit Samaritern (von denen sie sich sonst fernhalten) zu einer Notgemeinschaft zusammenschließen. Die zehn Aussätzigen, denen Jesus begegnet, rufen statt der vorgeschriebenen Warnung »unrein, unrein« (Lev 13,45): »Hab Erbarmen mit uns«. Jesus schickt sie zu den Priestern. Ohne zu fragen, kehren die zehn um und ihr Vertrauen bewährt sich. Sie werden rein. Ein Einziger von den zehn Geheilten kehrt um. Er fällt vor Jesus nieder und dankt. Dieser eine war ein Samariter. Die anderen meinen, weil sie zum Volk gehören, hätten sie ein Anrecht auf Heil und Hilfe. **20-21** Jesu Antwort auf die Fragen nach dem Wann und Wo des Anbruchs des Reiches: In seinem Wirken ist es da.- Es besteht kein Grund zu aufgeregter Naherwartung. Zunächst müssen die Jünger das Leiden und Verworfenwerden des Menschensohns mitleiden. **22-37** Der Hinweis auf Noach und Lot bezieht sich auf das Unerwartete des Geschehens. Der letzte Tag kommt wie der Blitz, weithin sichtbar. Mit ihm ereignet sich Trennung: Der eine geht, die andere bleibt. Das abschließende Sprichwort antwortet auf die Frage nach dem »Wo«: Überall, wo Menschen sind, wird sich Gericht ereignen. **18,1-8** Das Beispiel von einem Mann, der Macht be-

Menschen Scheu. 3 In jener Stadt war eine
Witwe, sie kam zu ihm und sagte: Schaff mir
Recht gegen meinen Widersacher. 4 Er aber
wollte eine Zeitlang nicht. Dann aber sagte er
sich: Obwohl ich Gott nicht fürchte und kei-
nen Menschen scheue, 5 will ich dieser Witwe
Recht verschaffen, weil sie mir lästig ist, da-
mit sie nicht ewig gelaufen kommt und mir zu
Leibe rückt. 6 Der Herr aber sprach: Hört,
was dieser ungerechte Richter sagt. 7 Sollte
denn Gott nicht erst recht seinen Auserwähl-
ten Recht schaffen, denen, die Tag und Nacht
zu ihm rufen? Auch wenn er es für sie verzö-
gert. 8 Ich sage euch aber: Er wird ihnen un-
versehens Recht schaffen. Aber wird der
Menschensohn, wenn er kommt, Glauben
finden auf Erden?

Zweierlei Beter:
Wer sich erniedrigt, wird erhöht

9 Zu einigen, die wegen ihrer Gerechtigkeit
auf sich selbst vertrauen und die anderen ver-
achten, sagte er dieses Gleichnis: 10 Zwei
Männer gingen hinauf zum Tempel, um an-
zubeten, der eine war Pharisäer, der andere
Zöllner. 11 Der Pharisäer stand hin und betete
so bei sich selbst: Gott, ich sage dir Dank,
dass ich nicht bin wie die übrigen Menschen,
Räuber, Ungerechte, Ehebrecher oder auch
wie dieser Zöllner. 12 Ich faste zweimal die
Woche, ich verzehnte alles, was ich erwerbe.
13 Der Zöllner aber stand weit weg und woll-
te nicht einmal seine Augen zum Himmel er-
heben, sondern klopfte an die Brust und sag-
te: Gott, sei mir Sünder gnädig! 14 Ich sage
euch: Dieser ging gerechtgesprochen hinun-
ter nach Hause, nicht jener. Denn jeder, der
sich selbst erhöht, wird erniedrigt, wer sich
aber erniedrigt, wird erhöht werden.

Sag nicht:
Ich hab genug mit mir selber zu tun
das geht mich nichts an
der kümmert mich nicht
die soll doch sehen
wie weit sie kommt
mir hat auch niemand geholfen
nichts bekam ich geschenkt
wenn alle sorgten
fiele niemand dem anderen zur Last

Streck deine Hand aus
sag ein Wort
teil dein Brot
misch dich ein
zerreiß alte Rechnungen
vergiss und vergib
werde Nächster

(18,15-17)

Kindersegnung:
Für solche ist das Gottesreich

15 Da brachten sie auch Kinder zu ihm, damit
er sie berühre. Die Jünger aber sahen es und
bedrohten sie. 16 Doch Jesus rief sie heran und
sprach: Lasset die Kinder zu mir kommen,
wehret ihnen nicht, denn für solche ist das
Reich Gottes. 17 Wahrlich, ich sage euch: Wer
das Reich Gottes nicht aufnimmt wie ein
Kind, wird dort nicht hineinkommen.

Reichtum:
Wer kann gerettet werden?

18 Ein Vorsteher fragte ihn: Guter Meister,
was soll ich tun, damit ich das ewige Leben er-
be? 19 Jesus aber sprach zu ihm: Was nennst
du mich gut? Niemand ist gut als einer: Gott.

---

sitzt, und einer Frau, die Recht fordert (nur bei Lukas aufgeschrieben) macht deutlich, wie man sich auf den Anbruch des Gottestags vorbereiten kann. Da ist ein Richter, selbstbewusst, gesetzeskundig, eingebildet, fürchtet weder Gott noch Mensch. Und da ist eine Frau, die ihren Mann verlor, sich mit eigener Kraft durchsetzen muss: beharrlich, aufdringlich, lästig bringt sie sich in Erinnerung. Sie ist sich ihres Anspruchs sicher und gibt nicht auf. Diese Frau – ein Vorbild für alle, die sich nicht trauen, für den eigenen Glauben einzustehen. **9-14** Ein weiteres Beispiel (nur bei Lukas), an dem wir ablesen können, wem der Menschensohn, wenn er kommt, Recht geben wird. Da sind zwei Männer, die beten im Tempel. Ein Pharisäer der eine, über jeden Zweifel erhaben. Niemand kann ihm sein Fromm-Sein absprechen. Ein Zöllner der andere. Einer, der zu keiner Zeit bestreitet, dass er zu den Sündern von Berufs wegen gehört. Beide beten ihre Wahrheit, beide suchen Gott. Ob wir wagen, vor Gott zu stehen wie jener Zöllner? **15-17** Ein drittes

20 Du kennst die Gebote? Brich nicht die Ehe,
töte nicht, stiehl nicht, gib kein falsches Zeug-
nis, ehre deinen Vater und deine Mutter.
21 Der aber sagte: Auf das alles habe ich ge-
achtet von Jugend an. 22 Als Jesus das hörte,
sprach er zu ihm: Eines fehlt dir. Verkaufe al-
les, was du hast, verteile den Armen, und du
wirst einen Schatz im Himmel haben; dann
komm, folge mir. 23 Als der das hörte, wurde
er traurig, denn er war sehr reich. 24 Jesus sah
ihn und sprach: Wie schwer werden die Begü-
terten in das Reich Gottes eingehen. 25 Es ist
leichter, dass ein Kamel durch ein Nadelöhr
eingeht, als dass ein Reicher in das Reich Got-
tes eingeht. 26 Doch die das hörten, sagten:
Wer kann dann gerettet werden? 27 Er aber
sprach: Was bei Menschen unmöglich ist, das
ist möglich bei Gott.

Totalverzicht:
Um des Reiches Gottes willen

28 Da sagte Petrus: Sieh, wir haben unseren
Besitz verlassen und sind dir nachgefolgt.
29 Er aber sprach zu ihnen: Wahrlich, ich sage
euch, es gibt niemanden, der Haus oder Frau
oder Brüder oder Eltern oder Kinder um des
Reiches Gottes willen verlassen hat, 30 der
nicht in dieser Zeit vielfältig empfängt und in
der kommenden Weltzeit ewiges Leben.

Leidensankündigung:
Er wird auferstehen

31 Er nahm die Zwölf zu sich und sprach zu ih-
nen: Seht, wir steigen hinauf nach Jerusalem,
und dort wird alles vollendet werden, was
durch die Propheten vom Menschensohn ge-
schrieben steht. 32 Er wird den Völkern über-
liefert werden, verspottet, misshandelt und
angespien, 33 und wenn sie ihn gegeißelt ha-
ben, werden sie ihn töten, am dritten Tag aber
wird er auferstehen. 34 Doch sie begriffen
nichts davon, und dieses Wort blieb ihnen
verhüllt, und sie erkannten das Gesagte nicht.

Der Blinde von Jericho:
Sohn Davids, erbarme dich

35 Und es geschah: Als er sich Jericho näherte,
da saß ein Blinder am Weg und bettelte.
36 Doch als er hörte, dass eine Menge Volks
vorbeizog, erfragte er, was das bedeutete.
37 Und sie meldeten ihm: Jesus, der Nazoräer,
zieht vorbei. 38 Da rief er: Jesus, Sohn Davids,
erbarme dich meiner! 39 Und die vorausgin-
gen, bedrohten ihn, damit er schweige. Er
aber schrie noch viel mehr: Sohn Davids, er-
barme dich meiner! 40 Da blieb Jesus stehen
und befahl, dass er zu ihm gebracht werde.
Als er ihm nahe gekommen war, fragte er ihn:
41 Was willst du, dass ich dir tun soll? Der aber
sagte: Herr, dass ich wieder sehe. 42 Und Jesus
sprach zu ihm: Sei sehend! Dein Glaube hat
dich gerettet. 43 Und sogleich wurde er se-
hend, folgte ihm und lobte Gott. Alles Volk
aber, das es gesehen hatte, gab Gott die Ehre.

Der Zöllner Zachäus:
Heute geschieht ihm Heil

19 Danach kam er nach Jericho hinein und
zog hindurch. 2 Und siehe, da war ein Mann
mit Namen Zachäus, er war Oberzöllner und
er war reich. 3 Gern hätte er gesehen, wer Je-
sus ist, doch vermochte er es nicht wegen all
dem Volk, denn er war klein von Gestalt. 4 Da
lief er voraus und stieg auf einen Maulbeer-

Beispiel, damit wir nicht vergessen, wem das Reich gehört. Ob wir es – Kindern gleich – annehmen, wie es uns geschenkt ist? **18-30** Anfragen und Antworten über Bedingungen der Zugehörigkeit zu Gottes Reich. Einer, der als Ratsherr oder Synagogenvorsteher zu den angesehenen Leuten gehört, fragt nach den Bedingungen, die man erfüllen muss, wenn man »das ewige Leben erben« will. An die alle verpflichtenden Regeln, die als Gottes Gebot überliefert werden, hält er sich seit seiner Kindheit. Doch der Fromme erschrickt, als er die radikale Forderung hört, mit der man sich einen »Schatz im Himmel« erwirbt. Selbst die Jünger fragen: »Wer kann da gerettet werden?« Jerusalem, das Ziel der Wanderung Jesu, ist nicht mehr fern. Noch einmal spricht Jesus vom Leiden, Sterben und Auferstehen. **35-43** Als Jesus nach Jericho kommt, hat ein blinder Bettler die Chance seines Lebens. Laut rufend bittet er den Sohn Davids um Erbarmen. Sehend geworden geht er mit Jesus.

19,1-10 Zachäus (wohl von hebräisch Sacharja: »Jahwe hat sich erinnert«), kleinwüchsig, neugierig, unbeliebt und an Jesus interessiert, gehört zu den Reichen in Jericho. Wie bei seinesgleichen üblich, sorgt der Zöllner Zachäus nicht nur für des Kaisers Kasse,

Was man von Zachäus lernen kann
dass der Tüchtige es zu etwas bringt
dass man nicht unbedingt beliebt sein muss
dass man sich vor Jesus nicht verstecken kann
dass er einen in die Mitte stellt,
der nicht gesehen werden will
dass man seinem Ruf nicht widerstehen kann
dass man Unrecht wieder gutmachen kann
dass jeder eine Chance hat
dass die Begegnung mit Jesus
ein Leben auf den Kopf stellen kann
dass auch ein Reicher
für Jesus
kein hoffnungsloser Fall ist

(19,1-10)

feigenbaum, um ihn zu sehen, wenn er an der
Stelle vorbeikommen würde. 5 Als er aber an
den Ort kam, blickte Jesus nach oben, sah ihn
und sprach: Zachäus, geschwind steig herab,
denn in deinem Hause muss ich heute blei-
ben. 6 Und er stieg geschwind herab und
nahm ihn mit Freuden auf. 7 Doch die es sa-
hen, murrten alle und sagten: Bei einem sün-
digen Mann ist er eingekehrt zum Übernach-
ten. 8 Zachäus aber trat hin und sprach zum
Herrn: Sieh, Herr, die Hälfte meines Vermö-
gens gebe ich den Armen, und wenn ich je-
mand überfordert habe, gebe ich es vierfach
zurück. 9 Jesus aber sprach zu ihm: Heute ist
diesem Hause Rettung widerfahren, weil
auch er ein Sohn Abrahams ist. 10 Denn der
Menschensohn ist gekommen, zu suchen und
zu retten das Verlorene.

Rechenschaft:
Jedem, der hat, wird gegeben

11 Da sie auf ihn hörten, fuhr er fort und sagte
ein Gleichnis. Er war nämlich nah bei Jerusa-
lem, und sie meinten, dort werde das Reich
Gottes sogleich erscheinen. 12 Er sagte nun:
Ein vornehmer Mann zog in ein fernes Land,
um sich die Königswürde zu erlangen und
dann zurückzukehren. 13 Er rief zehn seiner
Knechte und gab ihnen zehn Minen und
sprach zu ihnen: Treibt Geschäfte, bis ich
zurückkehre. 14 Seine Mitbürger aber hassten
ihn, schickten eine Gesandtschaft hinter ihm
her, die sagen sollte: Wir wollen nicht, dass
dieser Königsherrschaft über uns habe. 15 Und
es geschah: Nachdem er die Königswürde er-
langt hatte, bei seiner Rückkehr, befahl er,
dass die Knechte zu ihm gerufen würden, de-
nen er das Geld gegeben hatte, um zu erfah-
ren, was ein jeder erhandelt hätte. 16 Da kam
nun der Erste und sagte: Herr, deine Mine hat
zehn Minen eingebracht. 17 Und er sprach zu
ihm: Recht so, du guter und getreuer Knecht.
Über Weniges bist du treu gewesen, du be-
kommst die Herrschaft über zehn Städte.
18 Da kam der Zweite und sagte: Herr, deine
Mine hat fünf Minen eingebracht. 19 Und
auch zu diesem sprach er: Du wirst über fünf
Städte gesetzt. 20 Da kam ein anderer und sag-
te: Herr, da ist deine Mine, ich habe sie im
Schweißtuch aufbewahrt! 21 Ich fürchtete
dich nämlich, denn du bist ein strenger Herr.
Du nimmst, was du nicht hingelegt, und ern-
test, wo du nicht gesät hast. 22 Er sprach zu
ihm: Du böser Knecht, aus deinem Mund will
ich dir das Urteil sprechen. Du wusstest, dass
ich ein strenger Herr bin, der nimmt, was er
nicht hingelegt, und erntet, wo er nicht gesät

---

sondern auch für die eigene. Er will Jesus sehen, und als die Menge ihn nicht durchlässt, findet er einen Ausweg. Bald sitzt er geborgen im Geäst eines Baums. Von oben sieht er, ohne selbst gesehen zu werden. Jesus kommt, bleibt stehen, spricht Zachäus an: Rasch, komm vom Baum. In deinem Haus muss ich heute bleiben. Zachäus nimmt Jesus voll Freude auf. Er erkennt seine Chance und er kehrt um. Die Geschichte des Zöllners Zachäus ist nur bei Lukas überliefert.
11-27 Ein Gleichnis, denen gesagt, die meinen, mit der Ankunft Jesu in Jerusalem würde Gott und sein Reich Wirklichkeit. Erzählt wird von einem bedeutenden Mann, der in ein fernes Land zog, um sich die Königswürde zu sichern. Er verteilt sein Vermögen unter zehn seiner Diener, damit sie Geschäfte für ihn machen. 1 Mine =100 Drachmen; 1 Drachme = 1 Tagelohn. Nach seiner Rückkehr fordert er Rechenschaft. Zwei der Knechte bringen mit dem Betrag, der ihnen anvertraut war, auch ihren Gewinn. Ein Dritter, der den Herrn fürchtete, wollte kein Risiko eingehen. Er bringt die eine Mine, die ihm anvertraut war, sonst nichts. Dieser Dritte wird getadelt. Er ver-

hat. 23 Warum hast du mein Geld nicht den
Bankhaltern gegeben? Dann hätte ich es bei
meiner Rückkehr mit Zinsen abgehoben.
24 Zu den Umstehenden aber sprach er:
Nehmt ihm die Mine und gebt sie dem, der die
zehn hat. 25 Sie aber sagten zu ihm: Herr, er
hat zehn Minen! 26 Ich sage euch: Jedem, der
hat, wird gegeben. Von dem aber, der nicht
hat, wird auch das, was er hat, noch genom-
men. 27 Doch diese meine Feinde, die nicht
wollten, dass ich die Königsherrschaft über
sie erlange, die führt herbei und macht sie vor
meinen Augen nieder. – 28 Und als er dies ge-
sagt hatte, schritt er ihnen voraus, hinauf
nach Jerusalem.

Einzug in Jerusalem:
Hochgelobt der Kommende

29 Und es geschah: Als er in der Nähe von Bet-
fage und Betanien an den so genannten Öl-
berg kam, schickte er zwei seiner Jünger vor-
aus und sagte zu ihnen: 30 Geht in das Dorf,
das vor euch liegt, und gleich, wenn ihr dort
hineinkommt, werdet ihr ein Eselsfüllen an-
gebunden finden, auf dem noch kein Mensch
gesessen ist. Bindet es los und bringt es her.
31 Und wenn einer euch fragt: Warum bindet
ihr es los, dann sagt: Der Herr bedarf seiner.
32 Die Boten gingen hin und fanden es, wie er
ihnen gesagt hatte. 33 Als sie es losbanden,
sagten dessen Besitzer zu ihnen: Warum bin-
det ihr das Füllen los? 34 Sie aber sagten: Der
Herr bedarf seiner. 35 Dann führten sie es zu
Jesus, legten ihm ihre Gewänder auf und
ließen Jesus aufsitzen. 36 Als er weiterzog,
breiteten sie ihre Gewänder auf den Weg,
37 und als er nahe am Abhang des Ölbergs
war, fing die ganze Schar der Jünger an, Gott
mit lauter Stimme zu preisen wegen all der
Wundertaten, die sie gesehen hatten. 38 Sie
sprachen: Gesegnet der Kommende, der Kö-
nig, im Namen des Herrn. Im Himmel Heil
und Herrlichkeit in den Höhen! 39 Einige von
den Pharisäern aber sagten zu ihm: Meister,
wehre es deinen Jüngern. 40 Doch er antwor-
tete und sprach: Ich sage euch: Wenn diese
schweigen, dann schreien die Steine.

Klage über Jerusalem:
Wenn du doch erkennen würdest

41 Und als er näher kam und die Stadt sah,
weinte er über sie 42 und sprach: Wenn du
doch an diesem deinem Tag erkennen wür-
dest, was dir zum Heil dient. Nun aber ist es
vor deinen Augen verborgen. 43 Tage werden
über dich kommen, da werden deine Feinde
einen Wall um dich aufwerfen, sie werden
dich umzingeln und von allen Seiten her zu-
sammendrücken, 44 sie werden dich und deine
Kinder in dir zu Boden strecken und keinen
Stein in dir auf dem anderen lassen, weil du
die Zeit deiner Heimsuchung nicht erkannt
hast.

Tempelreinigung:
Mein Haus ist ein Haus des Gebets

45 Er ging in den Tempel hinein und fing an,
die Verkäufer hinauszutreiben, 46 und sagte
zu ihnen: Es steht geschrieben: Mein Haus ist
ein Haus des Gebets; ihr aber habt es zu einer
Räuberhöhle gemacht. 47 Und er lehrte täglich
im Tempel. Doch die Hohenpriester und
Schriftgelehrten und die Obersten des Volkes
suchten ihn zu vernichten. 48 Aber sie fanden
nichts, was sie tun konnten. Das ganze Volk
nämlich hing an ihm und hörte auf ihn.

---

liert seinen Anteil. Die beiden anderen werden reich belohnt. Eine eigenständige lukanische Variante zum Gleichnis Mt 25,14-30. **28-40** Der Bericht vom Einzug Jesu in Jerusalem will auf zwei Ebenen gehört und verstanden werden. Auf der einen agieren Menschen, mit- und gegeneinander führen sie ihre Pläne aus. Auf der anderen wird deutlich, dass in allem, was geschieht, Gottes Plan Wirklichkeit wird. Jesus inszeniert den Einzug. Das Eselsfüllen steht bereit. Die Jünger begrüßen Jesus, den kommenden König. Sie singen das Erfüllungslied, das in der Nacht seiner Geburt erklungen war. Einige Pharisäer raten Jesus, den Jüngern dies Lied zu verbieten. Jesus weiß: Wenn sie schweigen, singen die Steine. **41-44** Jesus sieht die Stadt Jerusalem und weint über sie, die ihn und damit ihr Heil nicht erkennt. Die Klage über Jerusalem ist nur bei Lukas überliefert. **45-48** Jesus geht in den Tempel. Durch eine Zeichenhandlung nach prophetischem Vorbild (die mit unserem Jesusbild nur schwer in Einklang zu bringen ist) weist er auf den Missbrauch und die Entehrung des heiligen Orts hin.

Vollmachtsfrage: Vom Himmel oder von Menschen

20 Und es geschah: An einem der Tage lehrte
er im Tempel und verkündete die Frohe Bot-
schaft vom Reich Gottes; da traten die Ho-
henpriester, die Schriftgelehrten und die
Ältesten heran [2] und sagten zu ihm: Sag uns,
in welcher Macht tust du dies? Oder: Wer hat
dir diese Macht gegeben? [3] Er aber erwiderte
und sprach zu ihnen: Ein Wort werde ich euch
fragen, dann antwortet mir: [4] Die Taufe des
Johannes, war sie vom Himmel oder von
Menschen? [5] Sie aber überlegten untereinan-
der: Wenn wir sagen, vom Himmel, wird er
sagen: Warum also habt ihr ihm nicht ge-
glaubt? [6] Wenn wir aber sagen: Von den Men-
schen, dann wird alles Volk uns steinigen;
denn es ist überzeugt, dass Johannes ein Pro-
phet war. [7] Und sie antworteten, sie wüssten
nicht, woher. [8] Da sprach Jesus zu ihnen: So
sage auch ich euch nicht, in welcher Macht
ich dies tue.

Die bösen Winzer: Was wird der Herr tun?

[9] Und er fing an, zum Volk im folgenden
Gleichnis zu reden: Ein Mensch pflanzte ei-
nen Weinberg und verpachtete ihn an Winzer
und zog für längere Zeit außer Landes. [10] Und
als die Zeit kam, sandte er zu den Winzern ei-
nen Knecht, damit sie ihm seinen Anteil von
der Frucht des Weinbergs gäben. Die Winzer
aber schickten ihn mit leeren Händen fort,
nachdem sie ihn misshandelt hatten. [11] Doch
er sandte noch einen anderen Knecht, auch
den misshandelten sie, beschimpften ihn und
schickten ihn mit leeren Händen zurück.
[12] Doch er sandte noch einen dritten Knecht.
Den schlugen sie wund und warfen ihn hin-
aus. [13] Der Herr des Weinbergs aber sprach:
Was soll ich tun? Ich will meinen geliebten
Sohn senden. Vielleicht werden sie sich vor
ihm scheuen. [14] Als aber die Winzer ihn sahen,
überlegten sie untereinander und sagten: Die-
ser ist der Erbe! Wir wollen ihn töten, und das
Erbe wird unser sein. [15] Und sie warfen ihn
zum Weinberg hinaus und töteten ihn. Was
wird ihnen nun der Herr des Weinbergs tun?
[16] Er wird kommen und die Winzer zugrunde
richten und den Weinberg anderen geben. –
Als sie das hörten, sagten sie: Das sei fern!
[17] Er aber blickte sie an und sprach: Was be-
deutet denn das Schriftwort: Der Stein, den
die Bauleute verworfen haben, der ist zum
Schlussstein geworden? [18] Jeder, der auf die-
sen Stein fällt, wird zerschmettert, und auf
wen er fällt, den wird er zermalmen. [19] Da ver-
suchten die Schriftgelehrten und Hohenpries-
ter noch zur selben Stunde Hand an ihn zu le-
gen, doch sie fürchteten sich vor dem Volk,
denn sie hatten erkannt, dass er dieses Gleich-
nis gegen sie gesagt hatte.

Die Steuerfrage: Gebt Gott, was Gottes ist

[20] Sie legten sich auf die Lauer und schickten
Beobachter, die sich als Gerechte ausgeben
und ihn bei einem Wort fangen sollten, um
ihn der Obrigkeit und der Gewalt des Statt-
halters auszuliefern. [21] Und sie befragten ihn:
Meister, wir wissen, dass du recht redest und
lehrst und nicht die Person achtest, sondern
den Weg Gottes nach der Wahrheit lehrst.
[22] Ist es uns erlaubt, dem Kaiser Steuer zu ge-
ben, oder nicht? [23] Er aber durchschaute ihre
Heuchelei und antwortete ihnen: [24] Zeigt mir
einen Denar. Wessen ist das Bild und die Auf-
schrift? Sie sagten: Des Kaisers. [25] Da sprach
er zu ihnen: Gebt also dem Kaiser, was des

20,1-8 Jesus lehrt im Tempel. Er ist kein Rabbi. Es ist verständlich, dass Hohepriester, Schriftgelehrte und Älteste kommen und nach seiner Vollmacht fragen. Jesus lässt sich nicht auf ihre Fangfrage ein. Er antwortet mit einer ebenso hintergründigen Gegenfrage nach der Vollmacht des Täufers. Die Diskussion endet unentschieden. **9-19** Das Gleichnis vom Besitzer eines Weinbergs und seiner Pächter ist, wenn man die Umstände bedenkt, nicht schwer zu verstehen. Die Knechte, die kommen, um den Anteil des Herrn an der Ernte einzufordern, der Sohn, der letzte Bote, der aus der Stadt getrieben wird... Hier geht es um Gottes eigene Geschichte. Die Geschichte einer unglücklichen Liebe. Am Ende steht das Geschick des letzten Boten zur Diskussion. Die Gesprächspartner Jesu verstummen. Einzig die Angst vor dem Volk hindert sie daran, spontan gegen Jesus vorzugehen. **20-26** Die Frage, ob ein Jude – einer, der einzig die Autorität Gottes anerkennt – diesen Gott lästert, wenn er dem römischen Kaiser die geforderten Steuern bezahlt,

Kaisers ist, und Gott, was Gottes ist. 26 So vermochten sie nicht, ihn vor dem Volk bei einem Wort zu fangen. Sie wunderten sich über seine Antwort und verstummten.

Die Auferstehung: Er ist nicht ein Gott der Toten

27 Dann traten einige der Sadduzäer heran, die bestreiten, dass es eine Auferstehung der Toten gibt. Die fragten ihn 28 und sagten: Meister, Mose hat uns aufgeschrieben: Wenn jemandes Bruder, der eine Ehefrau hat, stirbt, und sie ist kinderlos, so soll sein Bruder die Frau zu sich nehmen und seinem Bruder Nachkommen zeugen. 29 Da waren sieben Brüder. Der erste nahm eine Frau, und er starb kinderlos. 30 Es nahm sie nun der zweite, aber auch er starb kinderlos. 31 Und der dritte nahm sie und ebenso alle sieben, und sie starben kinderlos. 32 Schließlich starb auch die Frau. 33 Welchem von ihnen wird nun bei der Auferstehung die Frau als Ehefrau zugehören? Denn alle sieben hatten sie als Frau. 34 Jesus aber sprach zu ihnen: Die Kinder dieser Weltzeit heiraten und werden geheiratet. 35 Die aber würdig sind, jene Weltzeit und die Auferstehung von den Toten zu erlangen, heiraten nicht und werden nicht geheiratet. 36 Sie können ja auch nicht mehr sterben, denn sie sind engelgleich und Kinder Gottes als Kinder der Auferstehung. 37 Dass aber die Toten auferstehen, das hat auch Mose angedeutet im Abschnitt vom Dornbusch, wo er den Herrn nennt: den Gott Abrahams und den Gott Isaaks und den Gott Jakobs. 38 Er ist ja nicht ein Gott von Toten, sondern von Lebenden.

Wenn ich dich suche
bist du da
als hättest du einzig
auf mich gewartet

Wenn ich dich rufe
leihst du mir dein Ohr
als wäre meine Klage dir wichtig

Wenn ich verzage
in der Todschattenflucht
stehst du als Licht
an meinem Weg

Wenn du mir sagst
Die Stunde ist da
lass mich deine Stimme erkennen
und auferstehn

(20,27-40)

Denn alle leben ihm. 39 Einige von den Schriftgelehrten antworteten und sagten: Meister, recht hast du geantwortet. 40 Dann wagten sie nicht mehr, ihn um etwas zu befragen.

Die Frage nach dem Messias: Ist er Davids Sohn?

41 Er aber sprach zu ihnen: Warum sagt man, der Messias sei Davids Sohn? 42 David selbst sagt doch im Buch der Psalmen: Der Herr sprach zu meinem Herrn: Setze dich zu meiner Rechten, 43 bis ich deine Feinde als Schemel unter deine Füße lege. 44 David selbst also nennt ihn Herr: Wie ist er dann sein Sohn?

---

gehört zu den heißen Eisen. Darum können die Gegner Jesus mit der Frage, wie er für sich dieses Problem löse, in die Enge treiben. Wenn er sich an die Seite derer stellt, die einzig die Tempelsteuer als legitime Abgabe anerkennen, wendet er sich gegen das Gesetz der Besatzungsmacht. Wenn er die Kaisersteuer akzeptiert, vergeht er sich gegen die Weisung Gottes. Jesus verlagert in seiner Antwort das Problem von der politischen auf die religiöse Ebene: Jeder Mensch muss für sich selbst entscheiden, was er Gott schuldet. **27-40** Die Sadduzäer glauben – im Gegensatz zu den Pharisäern – nicht an die Auferstehung der Toten. Mit einem spitzfindig ausgedachten Beispiel wollen sie Jesus herausfordern. Die »Schwagerehe« (vgl. Dtn 25,5-10) verpflichtet den Bruder eines kinderlos verstorbenen Mannes, der Witwe einen Sohn zu zeugen, damit der Verstorbene einen Erben hat und sein Name in der Gebetsgemeinschaft genannt wird. **41-44** Jesus ergreift die Initiative im schriftgelehrten Disput. Er stellt den Pharisäern und Schriftgelehrten eine Gelehrtenfrage, die unter ihren Vertretern wie ihren Gegnern engagierte Anhänger hat. Die Frage: Muss der erwartete Messias, von dem man hofft, dass er die Römer aus dem Land treibt, notwendigerweise aus König Davids Haus stammen? Jesus verweist auf den in diesem Zusammenhang oft zitierten Psalm 110.

Warnung:
Hütet euch vor den Schriftgelehrten

45 Das ganze Volk hörte zu, da sprach er zu seinen Jüngern: 46 Hütet euch vor den Schriftgelehrten, die gern in langen Gewändern einhergehen, die Begrüßungen auf den Märkten lieben, die ersten Sitze in den Synagogen und die Ehrenplätze bei den Gastmählern; 47 die die Häuser der Witwen verschlingen und zum Vorwand lange beten – sie werden vor ein viel strengeres Gericht gestellt werden.

Wahres Opfer:
Die Witwe hat mehr hineingeworfen

21 Er blickte umher, und da sah er die Reichen, die ihre Gaben in den Opferkasten einwarfen.
2 Er sah auch eine arme Witwe, wie sie dort zwei Leptá einwarf.
3 Und er sprach: Wahrlich, ich sage euch, diese Witwe, die arme, hat mehr als alle eingeworfen.
4 Denn sie alle haben aus ihrem Überfluss zu den Opfergaben beigetragen, sie aber hat aus ihrer Not alles, was sie zum Leben hatte, eingeworfen.

Das Ende des Tempels:
Nicht Stein auf Stein

5 Und als einige vom Tempel redeten, dass er mit schönen Steinen und Weihegeschenken geschmückt sei, sagte er:
6 Was ihr da seht – es werden Tage kommen, da wird nicht Stein auf Stein gelassen, der nicht zerstört wird.
7 Und sie befragten ihn und sagten: Meister, wann wird das sein? Und was ist das Zeichen, wann dies geschehen wird?

Rede über das Ende:
Lasst euch nicht irreführen

8 Er aber sagte: Seht zu, lasst euch nicht irreführen. Denn viele werden unter meinem Namen kommen und sagen: Ich bin es! Und: Die Zeit ist nahe. – Lauft ihnen nicht nach.
9 Wenn ihr aber von Kriegen und Aufständen hört, erschrecket nicht! Denn es muss zuvor geschehen, aber es ist nicht sogleich das Ende.
10 Da sagte er ihnen: Erheben wird sich Volk wider Volk und Reich wider Reich.
11 Große Erdbeben wird es geben, Seuchen und Hungersnöte an manchen Orten, Schrecknisse und große Zeichen vom Himmel.
12 Doch vor all dem werden sie Hand an euch legen und euch verfolgen; sie werden euch an die Synagogen und Gefängnisse ausliefern, vor Könige und Statthalter werdet ihr geführt um meines Namens Willen.
13 Aber es wird euch zum Zeugnis ausgehen.
14 Nehmt euch in eurem Herzen vor, dass ihr euch nicht im voraus Sorgen macht um eure Verteidigung.
15 Denn ich werde euch Wort und Weisheit geben, der all eure Widersacher nicht zu widerstehen noch zu widersprechen vermögen.
16 Ihr werdet aber auch ausgeliefert werden von Eltern und Brüdern, von Verwandten und Freunden,

Seht den Tempel, Gottes Haus
fest gegründet, auf Dauer gebaut
Sein Prunk ist nicht nur der Stolz
der Frommen
Er ist für alle Kennzeichen
Ruhm und Rechtfertigung zugleich
Seht, wie wir Gott ehren
Seht, was er uns wert ist
Räume des Heiligen
im profanen Umfeld
Schutzburg für Verfolgte und Gejagte
Ort der Begegnung, Denkmal der Stärke
auf Dauer gebaut
Was ihr da seht
kein Stein bleibt
auf dem andern

(21,5-7)

Die Diskussion endet offen. **45-47** Allgemeine Warnung vor den Schriftgelehrten, die hier als abgegrenzte und sich abgrenzende Gruppe erscheint: ehrgeizig, unsozial, auf den eigenen Vorteil bedacht.
21,1-4 Jesus sitzt bei den Lehrern im Vorhof des Tempels. Er sieht die dreizehn Opferkästen, beobachtet die Frommen, die ihre Gaben bringen. Leptón, die kleinste griechische Kupfermünze. **5-36** Lehrrede über die Endzeit (vgl. Mt 24 - 25 und Mk 13). **8-11** Falschlehrer, Unruhen im Volk, Seuchen, Hunger und Verfolgung um des Glaubens willen sind kein Grund zum Verzweifeln. **12-15** Für die Christen zur Zeit des Lukas ist die Zeit der Bedrängnis nicht mehr Prophetie, sondern Wirklichkeit. **16-19** Die Spaltung für oder wider Jesus belastet alle Beziehungen. Gefordert ist das Durchhalten in Geduld und Treue. Für die Ge-

Mit Jesus leben
hinter ihm hergehen
sich aufrichten lassen
und andere aufrichten
gegen Mutlosigkeit anbeten
ansteckend im Reden und Tun
das Licht Hoffnung weitergeben

Für Jesus sterben
ihn preisen, der einer ungewissen Zukunft
Gesicht und Namen gibt
Gewalt nicht vergelten
Unrecht leiden
Wenn Hoffnung in Todesangst erstickt
Aufblicken und sehen
Der Himmel ist offen

(21,5-19)

und sie werden einige von euch töten. 17 Ihr werdet von allen gehasst sein um meines Namens willen. 18 Doch wird kein Haar von eurem Haupt verloren gehen, 19 durch eure Standhaftigkeit werdet ihr euer Leben gewinnen.

Gericht über Jerusalem:
Bis sich die Zeiten erfüllen

20 Wenn ihr nun Jerusalem von Heeren eingeschlossen seht, erkennt, dass seine Verwüstung nahe ist. 21 Dann fliehe, wer in Judäa ist, ins Gebirge, die in seiner Mitte wohnen, sollen auswandern, und die in der Umgegend sind, nicht hineingehen. 22 Denn das sind die Tage ihrer Bestrafung, damit sich alles erfülle, was geschrieben steht. 23 Wehe aber den Schwangeren und Säugenden in jenen Tagen. Denn es wird große Not sein auf der Erde und Zorn auf diesem Volk. 24 Sie werden durch die Schneide des Schwertes fallen und in Kriegsgefangenschaft geführt werden zu allen Völkern. Jerusalem wird von den Völkern zertreten werden, bis sich die Zeiten der Völker erfüllen.

Wiederkunft:
Mit großer Macht und Herrlichkeit

25 Es werden Zeichen geschehen an der Sonne, dem Mond und den Sternen. Auf Erden wird Angst und Beklemmung sein unter den Völkern wegen dem Tosen des Meeres und seiner Brandung. 26 Die Menschen werden verschmachten vor Furcht und Erwartung der Dinge, die auf die Welt zukommen; denn die Kräfte der Himmel werden erschüttert. 27 Dann aber werden sie den Menschensohn kommen sehen in einer Wolke mit Macht und

Ich mache mein Leben fest in dir
wenn der Alltag mir über den Kopf wächst
Geschäftigkeit mir den Atem raubt
Kleines sich groß macht, Zerstreuung lockt
wenn ich mich im Heute verliere
mein Gott, lass mich nicht fallen

Ich mache mein Leben fest in dir
wenn Verlust Vertrauen fordert
Leid zermürbt, Hoffnung nicht mehr trägt
wenn ich auf den Scherben
gescheiterter Pläne sitze
mein Gott, lass mich nicht fallen

Ich mache mein Leben fest in dir
wenn das Ende mir Angst macht
das Licht nicht mehr wärmt
Alleinsein zur Einsamkeit
Dunkel zur Bedrohung wird
wenn nichts bleibt, die leeren Hände zu füllen
mein Gott, lass mich nicht fallen

(21,25-36)

---

meinde des Lukas ist die Verfolgung Wirklichkeit. Lukas sagt seinen Christen, womit sie rechnen müssen, aber auch, worauf sie sich verlassen können. **20-24** Um das Pascha des Jahres 70 n.Chr. erobert Titus mit seinen Truppen Jerusalem nach einer harten Belagerung. Der Titusbogen, der ihm zu Ehren in Rom errichtet wurde, dokumentiert den Triumph noch heute. Lukas versteht die Zerstörung Jerusalems als ein Zeichen für Gottes Gericht. **25-28** Grenzerfahrungen als Vorstellungshilfen für die Schrecken der Endzeit. Katastrophen, die alles bisher Gewesene übertreffen. Kosmische Erschütterungen verbreiten Angst und Schrecken. Doch was den einen Angst und Schrecken einjagt, das sind für Christen Vorzeichen der Erlö-

großer Herrlichkeit, 28 Wenn aber dies zu ge-
schehen beginnt, dann richtet euch auf und
erhebt eure Häupter, denn eure Erlösung
naht!

Das »Wann« des Endes:
Lernt vom Feigenbaum

29 Und er sagte ihnen ein Gleichnis: Seht auf
den Feigenbaum und auf alle Bäume. 30 Wenn
sie schon ausschlagen, dann seht und erkennt
ihr von selbst, dass der Sommer nahe ist. 31 So
sollt auch ihr, wenn ihr dies geschehen seht,
erkennen, dass das Reich Gottes nahe ist.
32 Wahrlich, ich sage euch: Nicht vergehen
wird dies Geschlecht, bis dies alles geschieht.
33 Der Himmel und die Erde werden verge-
hen, meine Worte aber werden nicht verge-
hen.

Hütet euch:
Wacht und betet zu aller Zeit

34 Hütet euch, dass eure Herzen nicht be-
schwert werden durch Rausch und Trunken-
heit, durch Sorgen um den Lebensunterhalt,
und jener Tag unversehens über euch komme,
35 gleich einer Schlinge: Denn er wird über al-
le hereinbrechen, die auf der ganzen Erde
wohnen. 36 Darum wacht und betet zu aller
Zeit, dass ihr Kraft erlangt, all dem zu entge-
hen, was kommen wird, und zu stehen vor
dem Menschensohn. 37 Er lehrte sie tagsüber
im Tempel, in den Nächten aber ging er hin-
aus und nächtigte am so genannten Ölberg.
38 Alles Volk aber kam in der Frühe schon zu
ihm in den Tempel, um ihn zu hören.

Der Verräter:
Er ging weg, um ihn zu überliefern

22 Es nahte das Fest der Ungesäuerten Brote,
das Pascha genannt wird. 2 Und die Hohen-
priester und die Schriftgelehrten suchten eine
Gelegenheit, wie sie ihn umbringen könnten;
denn sie fürchteten das Volk. 3 Da fuhr Satan
in Judas, der auch Iskariot hieß und zur Zahl
der Zwölf gehörte. 4 Er ging weg, unterredete
sich mit den Hohenpriestern und der Tempel-
wehr, wie er ihn ihnen überliefere. 5 Sie aber
freuten sich und vereinbarten, ihm Geld zu
geben. 6 Er war einverstanden und suchte eine
günstige Gelegenheit, um ihn, abseits vom
Volk, an sie zu überliefern.

Vorbereitung:
Wo willst du das Pascha essen?

7 Es kam nun der Tag der Ungesäuerten Bro-
te, an dem man das Pascha schlachten muss-
te. 8 Da schickte er den Petrus und den Johan-
nes weg und sagte: Geht und bereitet uns das
Pascha, damit wir essen. 9 Sie aber sagten zu
ihm: Wo willst du, dass wir es bereiten?
10 Er aber sagte ihnen: Siehe, wenn ihr in die
Stadt kommt, wird euch ein Mann begegnen,
der einen Krug Wasser trägt –, folgt ihm in
das Haus, in das er hineingeht, 11 und sagt zu
dem Hausherrn: Der Meister lässt dir sagen:
Wo ist die Herberge, in der ich das Pascha es-
se mit meinen Jüngern? 12 Und jener wird euch
ein großes Obergemach zeigen, mit Polstern
belegt. Dort bereitet vor. 13 Da gingen sie, und
fanden es, wie er ihnen gesagt hatte, und be-
reiteten das Pascha.

---

sung, Grund sich aufzurichten. **29-36** Kleine Einzelüberlieferungen. Worte wider die Angst und Mutlosigkeit.

22,1-6 Die Hohenpriester und Schriftgelehrten entschließen sich, Jesus aus dem Weg zu schaffen. Judas, einer der Zwölf, nach Lukas ein Werkzeug Satans, bietet sich als Verräter an. Das Fest der Ungesäuerten Brote (Mazzot) ist eines der vier Hauptfeste, an denen jeder Jude vor dem Herrn erscheinen musste (Ex 12,25-30). Die für den Kult bestimmten Brote dürfen nicht mit Sauerteig gebacken sein. Man hielt die durch die Gärung verursachten Veränderungen für Zeichen der Fäulnis. **7-13** Jesus gibt Petrus und Johannes genaue Anweisungen für das Mahl, das er mit den Jüngern feiern will. Sie finden alles, wie er es ihnen gesagt hatte. Lukas berichtet vom Paschamahl. In diesem Rahmen berichtet er auch von Worten und Gesten Jesu, die im alttestamentlich-jüdischen Mahlritual nicht vorkommen. Das alttestamentliche Pascha wird zum Pascha der Christen. Der »Einsetzungsbericht«, wie Lukas ihn zitiert, ist kein buchstabentreues Protokoll der Worte und Gesten Jesu, sondern (gedeutete) Formel, wie sie in der Eucharistiefeier der Christengemeinde in Gebrauch ist. **14** Die

Zusammenkommen
ihm zum Gedächtnis
Mahl feiern und spüren
Gemeinschaft

Er sprach den Lobpreis
nahm das Brot
brach es und teilte
Nehmt und esst
ich werde euch Brot
damit ihr Brot werden könnt
füreinander

Er nahm den Becher
trinkt daraus
den Wein des Bundes
für den ich sterbe
damit ihr lebt
und Leben teilen könnt

Liebe, die sich
vor dem anderen bückt
wird nicht klein
Liebe die sich
dem anderen schenkt
wird nicht weniger
Liebe überdauert
den Tod

(22,14-23)

Abendmahl: Nehmt – esst – trinkt

14 Als die Stunde kam, legte er sich zu Tisch
und die Apostel mit ihm. 15 Und er sagte zu ih-
nen: Sehnlich habe ich verlangt, dies Pascha
mit euch zu essen, ehe ich leide. 16 Denn ich sa-
ge euch: Nie mehr werde ich es essen, bis es
sich erfüllt im Reich Gottes. 17 Und er nahm
einen Becher, sagte Dank und sprach: Nehmt
und teilt ihn unter euch. 18 Denn ich sage euch:
Ich werde von nun an nicht mehr von der
Frucht des Weinstocks trinken, bis das Reich
Gottes kommt. 19 Und er nahm das Brot, sag-
te Dank, brach es und gab es ihnen und
sprach: Das ist mein Leib, der für euch hinge-
geben wird. Tut dies zu meinem Gedächtnis.
20 Dann den Becher ebenso, nach dem Mahl,
und sagte: Dieser Becher ist der neue Bund in
meinem Blut, das für euch vergossen wird.
21 Doch siehe, die Hand dessen, der mich aus-
liefert, ist mit mir auf dem Tisch. 22 Denn der
Menschensohn geht hin, wie es bestimmt ist;
wehe aber jenem Menschen, durch den er
ausgeliefert wird. 23 Und sie fingen an, mitein-
ander zu streiten, wer wohl der unter ihnen
sei, der dies tun wolle.

Rangordnung: Ich bin unter euch der, der dient

24 Es kam zu einem Streit unter ihnen, wer un-
ter ihnen als der Größte gelte. 25 Er aber sagte
zu ihnen: Die Könige der Völker herrschen
über sie, und ihre Machthaber lassen sich
Wohltäter heißen. 26 Nicht so bei euch: Son-
dern der Größte bei euch soll werden wie der
Jüngste und der Gebieter wie der Diener.
27 Wer ist denn größer, der zu Tisch Liegende,
oder der bei Tisch Dienende? Ist es nicht der
zu Tisch Liegende? Ich aber bin unter euch als
der, welcher dient. 28 Ihr seid es, die ihr mit mir
ausgehalten habt in meinen Prüfungen; 29 und
ich verfüge euch, wie auch mein Vater mir
verfügt hat, Königsherrschaft; 30 dass ihr esst
und trinkt an meinem Tisch in meinem
Königreich und auf Thronen sitzt als Richter
über die zwölf Stämme Israels.

Wort an Petrus: Stärke deine Brüder

31 Simon, Simon, siehe, der Satan hat ver-
langt, euch sieben zu dürfen wie den Weizen.
32 Doch ich habe für dich gebetet, dass dein
Glaube nicht aufhöre. Du aber, wenn du um-
gekehrt bist, stärke deine Brüder. 33 Er aber
sagte ihm: Herr, ich bin bereit, mit dir auch in
das Gefängnis und in den Tod zu gehen.
34 Doch er sprach: Ich sage dir, Petrus, der

Stunde dieses Mahls wird nicht vom jüdischen Festkalender bestimmt. Sie ist von Gott bestimmt. **15-16** Jesus weiß um seinen Tod. Sein nächstes Pascha wird er im Reich Gottes feiern. **17** Beim jüdischen Pascha wird der Becher nur einmal weitergereicht. **20** Nach Lukas wird ausdrücklich vom »Neuen Bund in meinem Blut« gesprochen. **24-27** Noch einmal von der Rangordnung in der Gemeinde: Jesus ist und bleibt Norm und Vorbild. **31-34** Das Mahnwort gilt Petrus: Er, der erste Jünger, wird an Jesus irre. **35-38** Einzeln

Hahn wird heute nicht krähen, ehe du dreimal geleugnet hast, mich zu kennen.

Wort an die Jünger: Dem Ende entgegen

35 Und er sprach zu ihnen: Als ich euch aussandte ohne Beutel, ohne Tasche und Sandalen, habt ihr an etwas Mangel gehabt? 36 Sie antworteten: An nichts. Da sprach er zu ihnen: Jetzt aber soll, wer einen Beutel hat, ihn nehmen, und eine Tasche desgleichen. Wer es aber nicht hat, verkaufe sein Gewand und kaufe ein Schwert. 37 Denn ich sage euch: Dieses Schriftwort muss sich an mir erfüllen: Er wird unter die Missetäter gerechnet werden. Ja, was mir bestimmt ist, kommt an ein Ende. 38 Sie aber sagten, Herr, siehe, hier sind zwei Schwerter! Er aber sprach zu ihnen: Genug davon!

Ölberg: Nicht wie ich will ...

39 Und er ging nach seiner Gewohnheit hinaus an den Ölberg. Seine Jünger aber folgten ihm. 40 Als er an den Ort kam, sprach er zu ihnen: Betet, dass ihr nicht in Versuchung geratet. 41 Und er ging einen Steinwurf weit von ihnen, beugte seine Knie, betete 42 und sprach: Vater, wenn du willst, lass diesen Becher an mir vorübergehen. Doch nicht mein Wille, der deine soll geschehen. 43 Da erschien ihm ein Engel vom Himmel und stärkte ihn. 44 Er aber war in Todesangst und betete noch inständiger, und sein Schweiß wurde wie Blutstropfen, die auf die Erde fielen. 45 Dann stand er vom Gebet auf, kam zu den Jüngern und fand sie schlafend vor Traurigkeit. 46 Und er sprach zu ihnen: Was schlaft ihr? Steht auf, betet, dass ihr nicht in Versuchung geratet.

Gefangennahme: Das ist eure Stunde

47 Während er noch redete, siehe, da kam eine Menge, und der Judas hieß, einer der Zwölf, vor ihnen her, und nahte sich Jesus, um ihn zu küssen. 48 Jesus aber sprach zu ihm: Judas, mit einem Kuss überlieferst du den Menschensohn? 49 Als jene, die um ihn waren, sahen, was da geschehen sollte, sagten sie: Herr, sollen wir mit dem Schwert dreinschlagen? 50 Und einer von ihnen schlug auf den Knecht des Hohenpriesters ein und hieb ihm das rechte Ohr ab. 51 Jesus aber antwortete und sprach: Lass ab, nicht weiter. Und er berührte das Ohr und heilte ihn. 52 Jesus aber sprach zu den Hohenpriestern, den Offizieren der Tempelwehr und den Ältesten, die auf ihn zutraten: Wie gegen einen Räuber seid ihr ausgezogen mit Schwertern und Prügeln? 53 Täglich war ich bei euch im Tempel, und ihr habt eure Hände nicht nach mir ausgestreckt. Doch: Das ist eure Stunde und die Macht der Finsternis.

Petrus leugnet: Ich kenne ihn nicht

54 Sie ergriffen ihn und führten ihn in das Haus des Hohenpriesters. Petrus aber folgte von ferne. 55 Als sie dann mitten im Hof ein Feuer anzündeten und sich zusammensetzten, setzte sich Petrus mitten unter sie. 56 Eine Magd sah ihn am Feuer sitzen, schaute ihn genau an und sagte: Auch dieser war bei ihm. 57 Er aber leugnete und sprach: Frau, ich kenne ihn nicht! 58 Kurz danach sah ihn ein anderer und sagte: Auch du gehörst zu denen. Petrus aber antwortete: Mann, ich bin es nicht. 59 Nachdem etwa eine Stunde vorüber war, versteifte sich ein anderer in der Behauptung: Ganz sicher war auch der bei ihm, er ist ja ein Galiläer. 60 Petrus aber sagte: Mann, ich weiß nicht, wovon du redest. Und sogleich, während er noch sprach, krähte der Hahn. 61 Der Herr aber wandte sich um und schaute Petrus an, und Petrus erinnerte sich an das Wort des Herrn, das er ihm gesagt hatte: Ehe heute ein Hahn kräht, wirst du mich dreimal

---

überlieferte Worte werden aneinandergefügt. Sie machen deutlich, dass die Zeit der Kirche Zeit der Entscheidung ist. **39-46** In der Nacht auf dem Ölberg kommen Angst und Todesnot über Jesus. Im Gebet findet er Kraft. Er ist bereit, den Weg zu gehen, den der Vater ihm zubestimmt. Als Jesus zu den Jüngern zurückkehrt, findet er sie schlafend. **47-53** Unmittelbar danach wird er verhaftet. Judas, einer der Zwölf, führt die Häscher. Mit einem Kuss, dem Zeichen freundschaftlicher Vertrautheit, verrät er Jesus. Einige der Jünger wollen Jesus mit Waffen verteidigen. Er wehrt ihnen und heilt einen Verletzten. **54-62** Die Soldaten führen Jesus in den Palast des Hohenpriesters zur Vernehmung. Petrus folgt dem Trupp und

verleugnen. 62 Und er ging hinaus und weinte
bitterlich. 63 Die Männer aber, die ihn gefan-
gen hielten, trieben ihren Spott mit ihm,
schlugen ihn, 64 verhüllten ihn und fragten ihn
dann: Weissage! Wer ist es, der dich schlug?
65 Und vieles andere lästerten sie gegen ihn.

Vor dem Hohen Rat: Bist du der Messias?

66 Als es Tag wurde, kamen die Ältesten des
Volkes, die Hohenpriester und die Schriftge-
lehrten und führten ihn in ihre Ratssitzung
67 und sagten: Wenn du der Messias bist, so
sag es uns. Er aber sprach zu ihnen: Wenn ich
es euch sagen würde, so würdet ihr mir kei-
nen Glauben schenken. 68 Und wenn ich euch
fragen würde, so würdet ihr mir keine Ant-
wort geben [und mich nicht freilassen].
69 Doch von nun an wird der Menschensohn
sitzen zur Rechten der Kraft Gottes. 70 Da sag-
ten alle: Also bist du der Sohn Gottes? Er aber
sprach zu ihnen: Ihr sagt es, ich bin es. 71 Sie
aber sagten: Was brauchen wir noch ein
Zeugnis? Wir selber haben es aus seinem
Mund gehört.

Vor Pilatus: Ich finde keine Schuld an ihm

23 Die ganze Versammlung stand auf, und
sie führten ihn vor Pilatus. 2 Dort begannen
sie ihn anzuklagen, indem sie sagten: Wir ha-
ben gefunden, dass dieser unser Volk
abspenstig macht; er verwehrt, dem Kaiser
Steuern zu zahlen, und behauptet, er sei der
Messias, der König. 3 Pilatus befragte ihn und
sagte: Bist du der König der Juden? Er aber
antwortete und sprach: Du sagst es. 4 Da sag-
te Pilatus zu den Hohenpriestern und den
Volksscharen: Ich finde keine Schuld an die-
sem Menschen. 5 Sie aber behaupteten um so
stärker: Er wiegelt das Volk auf mit seinen
Lehren in ganz Judäa, von Galiläa angefan-
gen, bis hierher.

Vor Herodes: Er antwortete ihm nichts

6 Als nun Pilatus das hörte, fragte er, ob der
Mann ein Galiläer sei, 7 und als er erkannte,
dass er aus dem Regierungsbereich des Hero-
des stammte, schickte er ihn zu Herodes wei-
ter, der in jenen Tagen selbst auch in Jerusa-
lem war. 8 Als Herodes Jesus sah, freute er sich
sehr; denn seit langem wünschte er, ihn zu se-
hen. Er hatte vieles von ihm gehört und hoff-
te ein Zeichen zu sehen, das durch ihn ge-
schah. 9 Und er befragte ihn mit vielen Wor-
ten, Jesus aber antwortete ihm nichts. 10 Die
Hohenpriester und Schriftgelehrten standen
dabei und klagten ihn heftig an. 11 Herodes
aber und sein Gefolge verachteten ihn und
verspotteten ihn. Sie ließen ihm ein weißes
Gewand umlegen und schickten ihn zu Pila-
tus zurück. 12 An diesem Tag wurden Herodes
und Pilatus einander Freund; sie hatten näm-
lich zuvor in Feindschaft gegeneinander ge-
lebt.

Die Verurteilung: Was hat er Böses getan?

13 Pilatus aber rief die Hohenpriester, die

---

sitzt am Feuer im Hof des Palasts. Dreimal wird Petrus nach seiner Zugehörigkeit zu Jesus gefragt. Dreimal leugnet er, ihn auch nur zu kennen. Lukas zeichnet kein geschöntes Bild von Petrus. Petrus ist Jesus untreu geworden. Aber er ist umgekehrt und hat Vergebung empfangen. **65** Im Volk rechnet man Jesus zu den Propheten. Als gescheiterter Prophet wird er verspottet. **66-71** Nach Lukas tritt der Hohe Rat erst am Morgen zusammen, um Jesus zu verhören. Die Ankläger fordern Antwort auf die Frage nach seinem Anspruch auf den Titel Christus (Messias). Zunächst verweigert Jesus die Aussage. Er verweist auf den Platz, den Gott ihm geben wird. Daraus ziehen die Ankläger ihre Folgerungen. **69** »Kraft« ist eine Umschreibung des Gottesnamens. »Zur Rechten sitzen«: Der so Geehrte ist an der Würde und der Macht des Königs beteiligt. Sein Thron steht nicht »vor« Gott (Ps 61,8; 89,32), sondern »neben« ihm.
23,1-5 Der Hohe Rat kann kein rechtsgültiges Todesurteil fällen, darum führt man Jesus vor das Gericht des Pilatus. Die Anklagen: Volksverhetzung, Steuerverweigerung und Angriff auf Titel und Macht des Kaisers sind schwerwiegend. Pilatus muss das Verfahren eröffnen. Doch er durchschaut den Fanatismus der Ankläger. Er will Jesus freilassen. **6-12** Nur Lukas berichtet vom Zwischenverhör durch Herodes, den Vierfürsten von Galiläa. Herodes schickt Jesus als Spottkönig zu Pilatus zurück. Auch er ist überzeugt, dass Jesus keine den Staat bedrohende Macht darstellt. **13-25** Pilatus ruft die jüdischen Autoritäten

Ratsherren und das Volk zusammen 14 und sagte zu ihnen: Ihr habt mir diesen Mann hergebracht als einen, der das Volk aufstachle. Seht, ich habe ihn vor euch verhört und habe in diesen Dingen, derentwegen ihr ihn anklagt, kein Verschulden an diesem Mann gefunden. 15 Und auch Herodes nicht. Er hat ihn nämlich zu uns zurückgeschickt. Seht doch, er hat nichts Todeswürdiges begangen. 16 Ich will ihn nun züchtigen und dann freigeben. 17 [Er musste ihnen nämlich zum Fest einen freigeben.] 18 Sie aber schrien allesamt laut: Weg mit dem! Gib uns den Barabbas frei. 19 Der war wegen einer Revolte, die sich in der Stadt erhoben hatte, und wegen eines Mordes ins Gefängnis geworfen worden. 20 Noch einmal sprach Pilatus, weil er Jesus freigeben wollte, zu ihnen. 21 Sie aber schrien dagegen: Kreuzige, kreuzige ihn! 22 Und er sagte zum dritten Mal zu ihnen: Was hat er denn Böses getan? Ich habe nichts an ihm gefunden, wofür er den Tod verdient hätte. Ich will ihn nun züchtigen lassen und dann freigeben. 23 Sie aber bedrängten ihn mit Geschrei und forderten, dass er gekreuzigt werde. Und ihr Geschrei ward immer lauter. 24 Da entschied Pilatus, dass ihr Verlangen erfüllt werde. 25 Und er ließ den frei, der wegen Revolte und Mordes ins Gefängnis geworfen war, den sie freigefordert hatten. Jesus aber übergab er ihrem Willen.

Kreuzweg:
Weint über euch und eure Kinder

26 Und als sie ihn nun wegführten, griffen sie einen gewissen Simon von Zyrene auf, der vom Felde kam, und legten ihm das Kreuz auf, dass er es hinter Jesus hertrage. 27 Eine große Menge Volks folgte ihm und Frauen, die ihn beklagten und beweinten. 28 Jesus aber wandte sich zu ihnen und sprach: Töchter Jerusalems, weint nicht über mich. Weint vielmehr über euch und eure Kinder; 29 denn siehe, Tage kommen, da werden sie sagen: Selig sind die Unfruchtbaren, deren Leiber nicht geboren, und die Brüste, die nicht genährt haben. 30 Dann werden sie zu den Bergen sagen: Fallt auf uns! Und zu den Hügeln: Deckt uns zu! 31 Denn wenn sie das am grünen Holze tun, was soll erst am dürren geschehen? 32 Es wurden auch zwei Verbrecher mit ihm hinaus zur Hinrichtung geführt.

Auf Golgota:
Bist du der Messias, so hilf dir selbst

33 Und als sie an den Ort kamen, der Schädel genannt wird, kreuzigten sie ihn dort und mit

Ausgeschlossen
aus der Gemeinschaft der Lebenden
vor den Mauern der Stadt
hängt er
zwischen Himmel und Erde
am Schandpfahl
Jesus von Nazaret, der König der Juden

Ausgestoßen
von denen, die in der Stadt daheim sind
am Ort der Heimatlosen
stirbt er
seiner Kleider beraubt
Es ist vollbracht

Entblößt und geschändet
mit blutendem Herzen
wird er im Tod
Quelle des Lebens
Wir blicken auf ihn,
den wir durchbohrt haben

(23,33-49)

---

zusammen und berichtet über das Ergebnis der Verhöre. Zwei Zeugen (Herodes und er selber) finden keine Schuld an Jesus. Dreimal - es gibt keinen Zweifel - wiederholt Pilatus seine Meinung. Doch die aufgebrachte Menge fordert das Urteil. Pilatus gibt wider besseres Wissen nach. Ein Schuldiger kommt frei, ein Unschuldiger muss ans Kreuz. Das Urteil wird sofort vollzogen. **26-31** Ein Fremder, vermutlich ein aus Zypern stammender Jude, wird gezwungen, den Querbalken des Kreuzes hinter Jesus herzutragen. Dieser Simon wird zum Vorbild für alle, die ihr eigenes Kreuz tragen (vgl. 9,29; 14,27). Mit einer Klage kam Jesus in die Stadt (vgl. 19,41-44). Mit derselben Klage verlässt er sie. **31** Das Bildwort will sagen: Wenn schon die Unschuldigen so zu beklagen sind, um wie viel mehr die Bürger von Jerusalem, die Propheten um-

ihm die Verbrecher, den einen zur Rechten,
den anderen zur Linken. 34 Jesus aber sprach:
Vater, vergib ihnen, denn sie wissen nicht,
was sie tun. Sie verteilten seine Kleider und
warfen das Los. 35 Das Volk aber stand dabei
und schaute zu. Und die Ratsherrn verspotte-
ten ihn und sagten: Andere hat er gerettet!
Jetzt rette er sich selbst, wenn er der Messias
Gottes ist, der Auserwählte. 36 Doch auch die
Soldaten verspotteten ihn, indem sie hingin-
gen und ihm Essig reichten 37 und sagten: Ret-
te dich, wenn du der König der Juden bist!
38 Da war auch eine Aufschrift über ihm [in
griechischer, lateinischer und hebräischer
Schrift]: Dieser ist der König der Juden.
39 Und einer der gehenkten Verbrecher läster-
te ihn: Bist du nicht der Messias? Rette dich
und uns! 40 Doch der andere antwortete ihm
drohend: Nicht einmal du fürchtest Gott, du
stehst doch unter gleicher Strafe, 41 und wir
mit Recht, denn wir empfangen, was unseren
Taten entspricht. Dieser aber hat nichts Un-
rechtes getan. 42 Und er sagte: Jesus, gedenke
meiner, wenn du mit deinem Reiche kommst.
43 Da sprach er zu ihm: Wahrlich, ich sage dir:
Heute noch wirst du mit mir im Paradies sein.

Jesus stirbt: Vater, in deine Hände

44 Es war um die sechste Stunde, da kam eine
Finsternis über die ganze Erde bis zur neunten
Stunde, 45 die Sonne verfinsterte sich. Und der
Vorhang des Tempels riss mitten entzwei.
46 Mit lauter Stimme rief Jesus: Vater, in deine
Hände befehle ich meinen Geist. Als er das
gesprochen hatte, hauchte er den Geist aus.
47 Der Hauptmann aber sah, was hier gesch-
ah. Er verherrlichte Gott und sagte: Wahrhaf-
tig, dieser Mann war ein Gerechter. 48 Und
alle Leute, die zu diesem Schauspiel zusam-
mengekommen waren und schauten, was ge-
schah, schlugen sich an die Brust und kehrten
heim. 49 Alle ihm Bekannten aber standen von
ferne dabei und sahen dies, auch Frauen, die
ihm von Galiläa herauf gefolgt waren.

Das Grab Jesu: Er legte den Leichnam in ein neues Grab

50 Doch siehe, ein Mann namens Josef, ein
Ratsherr, der ein guter und gerechter Mann
war – 51 er hatte ihrem Beschluss und ihrem
Tun nicht zugestimmt, er stammte aus Ari-
mathäa, einer jüdischen Stadt, und gehörte zu
denen, die das Reich Gottes erwarteten –,
52 der ging nun zu Pilatus und erbat sich den
Leichnam Jesu; 53 er nahm ihn vom Kreuz,
wickelte ihn in Leinen und legte ihn in ein
Felsgrab, in dem noch niemand gelegen war.
54 Es war Rüsttag, und eben brach der Sabbat
an. 55 Die Frauen, die mit ihm zusammen von
Galiläa heraufgekommen waren, folgten
ihm, besahen sich das Grab und wie der

---

bringen. **33-42** »Schädel« (aramäisch »Gulgultha«, griechisch »Golgota«), ein kleiner Hügel vor den Mauern der Stadt. **34** Man erwartet, dass der Verurteilte vor der Vollstreckung des Urteils seine Schuld vor dem Hohenpriester bekennt. Jesus betet für die, die ihn ans Kreuz bringen. Das Hinrichtungskommando würfelt um die Kleider, den letzten Besitz des Verurteilten (vgl. 22,19). **35** Die Menge steht schweigend. Die Männer vom Hohen Rat verspotten Jesus in seiner Ohnmacht. **38** Die römische Justiz ist für den Prozess Jesu zuständig. Sie formulieren den »Schuldtitel«. **39-42** Einer der beiden Verbrecher, die mit Jesus gekreuzigt wurden, lästert ihn. Der andere bekennt die eigene Schuld. **43** »Paradies«, der Garten Eden, der »Ort«, an dem die Gerechten mit Gott leben. **44-49** Der Tod Jesu erschüttert den Kosmos. Eine Sonnenfinsternis verdunkelt von 12 bis 15 Uhr das Land. Der Vorhang des Tempels, der das Heiligtum schützt, zerreißt. Mit lauter Stimme betet Jesus aus einem Psalm des jüdischen Abendgebets (Ps 31,6). Dann gibt er sein Leben Gott zurück. Die Reaktion der Augenzeugen: Der römische Hauptmann bekennt: »Dieser Mensch war ein Gerechter.« Die Neugierigen ahnen das Unrecht, dessen Zeuge sie wurden, und erkennen ihre eigene Schuld. Die »Bekannten« sehen Jesus und werden legitime Zeugen seines Todes. Die Jüngerinnen, die mit ihm von Galiläa kamen, werden, wohl im Blick auf ihre Rolle in der Ostergeschichte, gesondert genannt. **50-56** Die Verknüpfung des Begräbnisses Jesu mit dem Namen des bis dahin unbekannten Josef aus Arimathäa, einem Mitglied des Hohen Rats, der dem Todesbeschluss gegen Jesus nicht zugestimmt hatte, stützt die Glaubwürdigkeit der Überlieferung vom Grab. Ein Jude sorgt dafür, dass der Leichnam Jesu nicht auf den Schindanger geworfen oder in einem Massengrab verscharrt wurde. Er wurde, wie es einem Lehrer Israels zusteht, in einem Grab beigesetzt, in dem vor ihm kein anderer gelegen hatte. Die Frauen sehen, was Josef tut. Sie wissen, wo das Grab liegt.

Leichnam hereingelegt wurde. 56 Dann kehr-
ten sie zurück und bereiteten Spezereien und
Salböle; am Sabbat aber hielten sie Ruhe, wie
es dem Gebot entspricht.

Ostermorgen: Er ist auferstanden

24 Am ersten Tag nach dem Sabbat aber, am
frühen Morgen, kamen sie zum Grab und
brachten, was sie an Spezereien zubereitet
hatten. 2 Da fanden sie den Stein vom Grab
umgewälzt, 3 und als sie hineingingen, fanden
sie den Leichnam des Herrn Jesus nicht. 4 Und
es geschah: Noch waren sie darüber ratlos, da
traten zwei Männer zu ihnen in strahlendem
Gewand. 5 Sie aber waren voll Furcht und
beugten das Gesicht zum Boden. Doch jene
sprachen zu ihnen: Was sucht ihr den Leben-
den bei den Toten? [Er ist nicht hier, sondern
auferweckt!] 6 Erinnert euch, wie er zu euch
sagte, als er noch in Galiläa war: 7 Der Men-
schensohn muss in die Hände der Sünder
überliefert und gekreuzigt werden; doch am
dritten Tag wird er auferstehen. 8 Da erinner-
ten sie sich der Worte. 9 Sie kehrten vom Grab
zurück und meldeten dies alles den Elfen und
allen übrigen. 10 Es waren Maria von Magda-
la und Johanna und Maria, die Mutter des Ja-
kobus. Auch die übrigen, die mit ihnen wa-
ren, sagten das zu den Aposteln. 11 Doch ih-
nen schienen diese Worte leeres Gerede, und
sie glaubten ihnen nicht. 12 [Petrus aber stand
auf, lief zum Grab, bückte sich hinein und sah
nur die Leinenbinden. Und er ging weg und
wunderte sich bei sich selbst über das Ge-
schehene.]

Emmaus:
Sie erkannten ihn am Brotbrechen

13 Und siehe, zwei von ihnen gingen an dem-
selben Tag in ein Dorf, das [hundert]sechzig
Stadien von Jerusalem entfernt ist, Emmaus
mit Namen. 14 Sie redeten miteinander über
all diese Ereignisse. 15 Da geschah es: Als sie
miteinander redeten und sich besprachen,
nahte sich Jesus und ging mit ihnen. 16 Ihre
Augen aber waren gehalten, dass sie ihn nicht
erkannten. 17 Er sprach zu ihnen: Was sind das
für Reden, die ihr auf dem Weg miteinander
führt? Da blieben sie unwillig stehen. 18 Und
einer namens Kleopas erwiderte ihm: Bist du
der einzige, der in Jerusalem wohnt und nicht

Darauf kannst du dich verlassen
Hoffnung
wächst nicht in den Himmel
Liebe
bewahrt nicht vor Leid
Vertrauen
schützt nicht vor Tod
Alle Wege führen zum Grab
Am Grab beginnen
alle Wege neu
Vertrauen
überdauert den Tod
Liebe
überwindet das Leid
Hoffnung
wächst in den Himmel
Darauf kannst du dich verlassen
Ostern

(Kap. 24)

24,1-12 Am ersten Tag nach dem Sabbat, gleich in der Morgenfrühe, gehen Frauen zum Grab Jesu. Sie haben Balsam, mit dem sie die Salbung des Leichnams Jesu nachholen wollen. Sie finden den Stein, der das Grab verschlossen hatte, weggewälzt. Sie gehen in das Grab, es ist leer. **4-7** Zwei Männer in leuchtendem Gewand, »Deuteengel«, erklären den Frauen, was sie sehen. Sie sagen den Frauen, die für das, was sie sehen, keine Worte finden, die Osterbotschaft: Ihr findet ihn nicht hier, bei den Toten. Er wurde auferweckt. Diese Formel wird zu einem Grund-Satz des Osterglaubens und der Verkündigung. Das Wort »Auferstehen«, in der Alltagssprache auf den Schlaf bezogen, erhält im Zusammenhang mit Ostern eine ganz neue Bedeutung. Einzig Gott kann einen Toten aufstehen lassen. So erfüllt sich, was Jesus seinen Jüngern in Galiläa vorhergesagt hatte. **8-9** Die Frauen erinnern sich. Sie gehen in die Stadt zurück und berichten den Aposteln. **10** Drei der Zeuginnen, man darf annehmen, dass sie der Gemeinde bekannt sind, werden namentlich genannt. **11** Die Apostel glauben nicht, was die Frauen ihnen sagen. **12** Petrus prüft und bestätigt das Zeugnis der Frauen. Er sieht das Grab und staunt. Zum Glauben kommt er nicht. Der Vers ist nicht in allen Handschriften überliefert. **13-35** Zwei enttäuschte Jünger – der eine hieß Kleo-

Am Abend vor seinem Leiden
ist er sicher: Die Stunde ist da

Die Stunde, da Liebe sich selbst gibt
ehe der Tod die Hände leert
Worte zu sagen, die nicht ungesagt
bleiben dürfen
Worte wie Brot und Wein für den
der in der Wüste hungert
Worte, die im Herzen brennen
Was du heute nicht gibst
bleibt für immer bei dir

Die Stunde ist da:
aufzustehen, sich zu bücken
Füße in die Hand zu nehmen

(Kap. 24)

en gesagt hatten. Ihn selbst aber sahen sie
nicht. 25 Da sprach er zu ihnen: O ihr Unver-
ständigen, wie langsam kommt euer Herz
zum Glauben an all das, was die Propheten
gesagt haben! 26 Musste nicht der Messias das
leiden, um in seine Herrlichkeit einzugehen?
27 Und von Mose und allen Propheten ange-
fangen, erklärte er ihnen, was in allen Schrif-
ten über ihn steht. 28 So kamen sie zu dem
Dorf, wo sie hingingen, und er stellte sich, als
wolle er weiterwandern. 29 Doch sie nötigten
ihn und sagten: Bleib bei uns, es geht auf den
Abend zu, und schon hat sich der Tag geneigt.
Und er ging hinein, um bei ihnen zu bleiben.
30 Und es geschah: Als er sich mit ihnen zu
Tisch gelegt hatte, nahm er das Brot, segnete,
brach es und teilte es unter ihnen. 31 Da wur-
den ihre Augen geöffnet, und sie erkannten

weiß, was dort in diesen Tagen geschehen ist?
19 Und er sprach zu ihnen: Was denn? Sie sag-
ten ihm: Das mit Jesus aus Nazaret. Er war
ein Prophet, mächtig in Wort und Werk vor
Gott und allem Volk; 20 ihn haben die Hohen-
priester und unsere Ratsherren zur Todes-
strafe überliefert und gekreuzigt. 21 Wir aber
hofften, dass er es sei, der Israel erlösen wird.
Doch nun ist über all dem schon der dritte
Tag heraufgekommen, seitdem all dies ge-
schehen ist. 22 Aber – da haben uns einige
Frauen aus unserem Kreis in Aufregung ver-
setzt, die waren am frühen Morgen am Grab,
23 fanden den Leichnam nicht, kamen und
sagten, sie hätten eine Erscheinung von En-
geln gesehen, die sagten: Er lebt. 24 Einige aber
von denen, die mit uns zusammen sind, gin-
gen zum Grab und fanden es so, wie die Frau-

Ich bin
wo ihr seid
auf all euren Straßen
in all euren Häusern
auf all euren Wegen
in all euren Träumen
in all eurem Versagen
in all eurem Bestehen
in euren Zweifeln und Ausweglosigkeiten
in eurer Sehnsucht und eurem Protest
Ich sitze mit euch am Tisch
ich gebe euch nicht preis
Ich teile das Brot und den Hunger mit euch
Ich gehe mit euch in die Irre
und kehre mit euch um
Und: Wahr ist's, ich sage es euch
Ihr werdet sein, wo ich bin

(24,13-35)

---

pas, begegnen dem Auferstandenen am Nachmittag des Ostertags. **13** Sie sind auf dem Weg nach Emmaus, einem Ort, der nicht sicher identifizierbar ist.- 60 Stadien = etwa 12 Kilometer; nach einigen Handschriften 160 Stadien = etwa 30 km. Für die Jünger gibt es nur ein Thema: Die Ereignisse in Jerusalem und ihre Hoffnung, die mit ihm starb. **15-16** Jesus geht mit ihnen. Sie erkennen ihn nicht. **17-21** Das Weggespräch zeigt, wie man zum Osterglauben kommt. Die Jünger bezeugen Jesu Leiden und Tod. Sie kennen die Fakten – mehr nicht. **22-24** »Schon der dritte Tag«: Ein Mensch, der drei Tage im Grab lag, kann nicht in das irdische Leben zurückkehren. **25-27** Was Auferstehung meint, versteht nur, wer die Schrift in ihrer Gesamtheit auf Jesus hin auslegt: Der Messias muss leiden, um so nicht in das vergängliche Leben zurück, sondern in seine Herrlichkeit, das unvergängliche Leben in der Fülle Gottes, zu gelangen. Mose (das Gesetz), die Propheten und die Schriften sind die drei Teile der hebräischen Bibel. **28-32** Der Fremde bleibt bei den Jüngern. Beim Mahl, an seinem Zeichen – daran erkennen sie ihn. »Brotbrechen«: In

ihn. Er aber ward ihnen unsichtbar. 32 Und sie
sagten untereinander: Brannte nicht unser
Herz in uns, als er mit uns auf dem Weg rede-
te und uns die Schrift erschloss? 33 Noch zu
derselben Stunde standen sie auf und kehrten
nach Jerusalem zurück. Dort fanden sie die
Elf und die, welche mit ihnen waren, versam-
melt, 34 die sagten: Wahrhaft, der Herr ist auf-
erstanden und dem Simon erschienen. 35 Da
erzählten auch sie, was auf dem Weg gesche-
hen war und wie sie ihn am Brotbrechen er-
kannt hatten.

Der Auferstandene: Betastet mich und seht

36 Noch während sie darüber redeten, kam
er selbst in ihre Mitte. 37 Sie aber, von Furcht
und Schreck erfüllt, meinten, einen Geist zu
sehen. 38 Und er sprach zu ihnen: Was seid ihr
erschrocken? Und warum steigen Zweifel auf
in euren Herzen? 39 Seht meine Hände und
meine Füße, ich selber bin es. Betastet mich
und seht: Ein Geist hat doch nicht Fleisch
noch Bein, wie ihr sie an mir seht. 40 [Nach-
dem er das gesagt hatte, zeigte er ihnen die
Hände und die Füße.] 41 Weil sie vor lauter
Freude nicht glauben konnten und sich ver-
wunderten, sprach er zu ihnen: Habt ihr et-
was zu essen hier? 42 Sie gaben ihm ein Stück
gebratenen Fisch [und eine Honigwabe]. 43 Er
nahm und aß vor ihren Augen.

Der Auferstandene: Ihr seid Zeugen

44 Und er sprach zu ihnen: Dies sind meine
Worte, die ich zu euch geredet habe, als ich
noch unter euch war: Alles muss erfüllt wer-
den, was über mich geschrieben steht im Ge-
setz des Mose, in den Propheten und Psal-
men. 45 Dann erschloss er ihnen den Sinn für
das Verstehen der Schriften. 46 Und er sprach
zu ihnen: So steht geschrieben, dass der Mes-
sias leiden und am dritten Tage von den Toten
auferstehen soll, 47 und in seinem Namen soll
verkündet werden Umkehr zum Sünden-
nachlass unter allen Völkern, mit Jerusalem
angefangen. 48 Dessen seid ihr Zeugen. 49 Sie-
he, ich sende die Verheißung meines Vaters
auf euch herab. Ihr sollt in der Stadt bleiben,
bis ihr angetan werdet mit Kraft aus der
Höhe. 50 Dann führte er sie hinaus, Betanien
zu, hob seine Hände auf und segnete sie.
51 Und es geschah: Während er sie segnete,
ward er ihnen entrückt [und zum Himmel
empor getragen]. 52 Sie [huldigten ihm und]
kehrten dann in großer Freude nach Jerusa-
lem zurück. 53 Und sie waren allzeit im Tem-
pel und priesen Gott.

---

der frühen Kirche und heute noch immer Bezeichnung für Eucharistie. **33-35** Die beiden Jünger kehren als Zeugen des Auferstandenen nach Jerusalem in die Jüngergemeinschaft zurück. Dort erfahren sie von Simon (Petrus), dem der Herr als Erstem lebend begegnete. Zu seinem Zeugnis fügt sich das ihre. **34** In der Urgemeinde (und heute noch immer) wird der Auferstandene mit dem Würdenamen Herr (griechisch: kyrios) angeredet.

36-43 Eine an Jerusalem gebundene Überlieferung, die weiß, dass der Herr am Abend des Ostertags lebend bei den Seinen war. **40** Die Jünger, die Jesus doch kannten, meinen, sie sähen ein Gespenst. Der Hinweis auf Hände und Füße gilt auch den Griechen, für die eine leibliche Auferstehung unvorstellbar war. **42** Das demonstrative Essen soll den Zweiflern das Glauben erleichtern. **44-49** Der Auferstandene erklärt den Seinen die Schrift und befähigt sie so zu glaubwürdigem Zeugnis. Er verspricht ihnen Gottes Heiligen Geist. Mit seinen Jüngern geht er zum Ölberg. Dort nimmt er Abschied. Am Abend des Ostertags wird der Herr entrückt. Während des Segens, der ihn als messianischen Hohenpriester kennzeichnet, wird er (wie es im Alten Testament von Henoch und Elija gesagt wird) zum Himmel entrückt. Mit dem Segen gibt er (wie Israels Väter) die Verheißung Gottes weiter. Das Evangelium des Lukas beginnt und endet in Jerusalem. Dort warten die Jünger auf den Geist, der sie zum Zeugnis vor allen Völkern ermächtigen wird.

Das Evangelium nach Johannes

So wie es uns heute überliefert ist, stammt die Endfassung des vierten Evangeliums aus der Zeitwende vom ersten zum zweiten Jahrhundert. Es wird vermutet, dass es einen längeren Entstehungsprozess durchlaufen hat. Altkirchliche Überlieferung sah im Verfasser den Apostel Johannes, den Bruder des Jakobus – Söhne des Fischers Zebedäus am See Gennesaret (Mk 1,19; 3,17). Gewährsmann der bezeugten Überlieferung ist »der Jünger, den Jesus liebte« (vgl. 13,23; 19,26; 20,2; 21,7. 20.24). Doch wer auch immer der Autor ist – er ist kein Augenzeuge. Aus der Sicht seines Glaubens entwirft er die Vergangenheit. Dass das Evangelium aber sicher um die Jahrhundertwende geschrieben wurde, beweist ein Papyrusfund von 125 n.Chr. (Bruchstück einiger Verse aus Kap. 18). Das zeigt auch, für wie bedeutsam der Text gehalten wurde; für damalige Verhältnisse eine sehr kurze Zeit für den weiten Weg bis nach Ägypten.

Johannes hat ein anderes Zeitschema als die drei anderen Evangelienschreiber, die sog. Synoptiker. Er berichtet nicht nur von einem Weg von Galiläa nach Jerusalem; Jerusalemreisen werden viermal erwähnt, drei gelten dem Osterfest (Pascha).

Der Todestag Jesu wird anders bestimmt als bei den Synoptikern (einen Tag später, also zu der Zeit, da im Tempel das Osterlamm geschlachtet wurde). Dämonenaustreibungen fehlen ganz; der Aufenthalt in Galiläa kommt sehr kurz weg. Dafür wird von einem längeren Aufenthalt in Samaria berichtet. Vier seiner Wundergeschichten (nicht »Wunder«, sondern Zeichen genannt) berichten die Synoptiker nicht (2,1-5; 5,1-18; 9,1-12; 11,1-44). Statt dem Abendmahl wird die Fußwaschung erzählt (vgl. jedoch Joh 6).

Die in Bildern denkende Art zu schreiben (metaphorische Denkweise) wirkt für uns heute befremdend. Hauptthema (fast 60 % des ganzen Textes) sind dramatische Gespräche; an ihnen wird der Lernprozess der Jünger dargestellt. Die Reden, die von Gegensätzen und Rätselreden bestimmt sind, verfolgen keinen missionarischen Zweck, sie haben vielmehr das Ziel, den Glauben einer christlichen Gemeinde zu vertiefen.

Die dauernde Rede von »den Juden« zeigt, wie groß die Angriffe einer gewissen jüdischen Gruppe waren, um eine Trennung herbeizuführen. Doch für Johannes gehören nur jene zum wahren Israel, die den göttlichen Logos als zu ihnen gehörig aufgenommen haben. Mit diesem wichtigen Stichwort »Logos« ist eine besondere Eigenart und Eigensicht des Johannes angesprochen. Scin Evangelium bringt keine Kindheitsgeschichte Jesu; statt dessen beginnt er mit einem Hymnus auf den »Logos«.

Damit sind wir bei einer griechisch-philosophischen und dann (über das Judentum) auch christlichen Denkweise, der sog. »Gnosis« (= Erkenntnis). Sie will die Welt, den Menschen und auch seine Beziehung zu Gott erklären. Die Gnosis trennt total zwischen Gut und Böse – Licht und Finsternis – Seele und Leib – Geist und Fleisch. Der Mensch ist zwar dem Irdischen verhaftet, doch er kann die göttliche Wirklichkeit erkennen. Diese Erkenntnis bewirkt Erlösung. Auf dem Hintergrund dieser Vorstellungen und ihrer Sprache ist das Johannesevangelium entstanden und zu verstehen. Jesus Christus war vom Uranfang an beim Vater. Er kommt zu den Menschen und teilt ihnen mit, wer er ist (Ich-bin-Worte). Wer ihn erkennt und an ihn glaubt, der ist der Macht dieser Welt entrissen. Symbolwort für die Welt, die sich Gottes Willen entgegenstellt, sind »die Juden«. Jesus Christus, von Gott in die Welt gekommen, kehrt zurück, um den Menschen den Geist der Wahrheit zu senden. Er wird ihnen das volle Verstehen ermöglichen. Für oder gegen Christus – in dieser Entscheidung vollzieht sich jetzt schon das Gericht.

Der Verfasser des vierten Evangeliums kennt wohl die anderen drei nicht. Er kann jedoch auf eine überlieferte Passionsgeschichte zurückgreifen. Möglicherweise hat er auch Bruchstücke von Offenbarungsreden, die ohne festen Rahmen überliefert sind. Johannes unterscheidet nicht, was Jesus einst seinen Jüngern gesagt haben mag, und dem, was er jetzt seiner Gemeinde, der »Kirche«, sagen will. Er fragt nicht: Was ist das Historische, sondern: Was ist für uns heute bedeutsam und wichtig?

Grob gesagt, kann man das vierte Evangelium in folgende Abschnitte gliedern: Kap. 1 - 4 bringt nach dem Prolog die Anfänge des Wirkens Jesu. – Der nächste Teil (Kap. 5 - 12) dient der Selbstoffenbarung Jesu vor der Welt. – Im folgenden Abschnitt, den Kap. 13-17 stehen die sog. Abschiedsreden samt dem großen Gebet zum Vater. Darauf folgt die Passion (Kap. 18-19) mit dem ausführlichen Verhör durch Pilatus. Der Bericht des Ostergeschehens ist in Kap. 20 überliefert. Das letzte Kap. 21 ist eine Zufügung der Herausgeber des Evangeliums.

Bleibt noch zu fragen, wo das Evangelium wohl zusammengeschrieben worden ist: Wahrscheinlich im Ostjordanland: Dort gab es Auseinandersetzungen mit jüdischen Gegnern der Christen.

Sucht man nach einem kurzen Gesamturteil des Johannesevangeliums, so scheint ein knapper Satz das Ganze sehr treffend zu charakterisieren: Es sei wie ein Wasser, in dem ein Kind waten und ein Elefant schwimmen könne!

Prolog: Das Wort ist Fleisch geworden

1 Im Anfang war das Wort, und das Wort
war bei Gott. Und das Wort war Gott. 2 Die-
ses war im Anfang bei Gott. 3 Alles ist durch
dasselbe geworden, und ohne dasselbe ist
nichts geworden, was geworden ist. 4 In ihm
war Leben, und das Leben war das Licht der
Menschen. 5 Und das Licht schien in der Fins-
ternis, und die Finsternis nahm es nicht an.
6 Es war ein Mensch, von Gott gesandt, der
hieß Johannes. 7 Dieser kam zum Zeugnis, da-
mit er Zeuge für das Licht sei, auf dass alle
durch ihn glauben. 8 Jener war nicht das
Licht, sondern er sollte zeugen für das Licht.
9 Da war das wahre Licht, das jeden Men-
schen erleuchtet, der in die Welt kommt. 10 Er
war in der Welt, und die Welt ist durch ihn ge-

1,1-18 Johannes beginnt sein Evangelium mit einem Hymnus, der die Grundgedanken des ganzen Evangeliums zusammenfasst. Es mag ein frühchristliches Lied gewesen sein, das dem Text zugrunde lag: Gott wirkt sein Heil von Ewigkeit her; die Welt aber ist dafür unempfänglich. Der Grundtext des Liedes mag von Christen aus jüdisch-hellenistischer Herkunft stammen; doch der Evangelist erweitert den Text. Er will klar machen, dass alles, was Jesus wirkte und in den Gemeinden wirkt, auf dem Hintergrund der Aussagen dieses Textes zu sehen ist. **1** »Wort« (griechisch Logos) ist ein Begriff aus der zeitgenössischen Philosophie und meint das Urprinzip allen Lebens und Seins. Der Hymnus und mit ihm Johannes beziehen diesen Begriff auf die göttliche Person Jesu Christi und zwar vor der Fleischwerdung; doch hier im Prolog zum Evangelium ist zugleich auch Christus als das fleischgewordene »Wort« Gottes gemeint (1,4-18). **2-4** Die Verse entfalten das in 1,1 Gesagte. **5** Der Satz kommentiert, dass seit Jesus Christus Gottes Licht in der Welt aufleuchtet; doch sein Angebot wird nicht angenommen. **6-8** Durch diesen Einschub verknüpft der Evangelist das Christuslied mit dem historischen Auftreten Jesu. Zugleich bestimmt er die Rolle des

worden, aber die Welt erkannte ihn nicht.
11 Er kam in das Seinige, und die Seinigen nah-
men ihn nicht auf. 12 Allen aber, die ihn auf-
nahmen, denen gab er Macht, Kinder Gottes
zu werden, denen, die an seinen Namen glau-
ben, 13 welche nicht aus Blut, nicht aus des
Fleisches Willen noch aus des Mannes Wil-
len, sondern aus Gott gezeugt sind. 14 Und das
Wort ist Fleisch geworden und hat unter uns
gezeltet, und wir haben seine Herrlichkeit ge-
schaut, als Herrlichkeit des Einziggezeugten
vom Vater, voll Gnade und Wahrheit. 15 Jo-
hannes zeugt für ihn, rief und sprach: Dieser
war es, von dem ich gesagt habe: Der nach
mir Kommende ist vor mir gewesen; denn er
war eher als ich. 16 Aus seiner Fülle haben wir
ja alle empfangen, Gnade über Gnade.
17 Denn das Gesetz wurde durch Mose gege-
ben; die Gnade und die Wahrheit ist durch
Jesus Christus gekommen. 18 Niemand hat
Gott je gesehen; der einziggezeugte Sohn, der
im Schoß des Vaters ist, der hat Kunde ge-
bracht.

Ein oft schon gehörter Text –
und doch so fremd!
Redet hier ein Philosoph
oder ein Theologieprofessor?
Oder ist er beides –
und noch mehr?
Hier schreibt einer
ein Glaubenszeugnis,
einen uns fremd erscheinenden Text!

(1,1-18)

Der Täufer:
Ich bin nicht der Messias

19 Und dies ist das Zeugnis des Johannes, als
die Juden aus Jerusalem Priester und Leviten
zu ihm sandten, dass sie ihn fragen sollten:
Wer bist du? 20 Da bekannte er und leugnete
nicht; und er bekannte: Ich bin nicht der Mes-
sias. 21 Und sie fragten ihn: Was dann? Bist du
Elija? Und er sagte: Ich bin es nicht. Bist du
der Prophet? Und er antwortete: Nein. 22 Da
sprachen sie zu ihm: Wer bist du? Damit wir
denen, die uns ausgeschickt haben, Antwort
geben. Was sagst du von dir selbst? 23 Er
sprach: Ich bin die Stimme eines Rufers in der
Wüste. Machet gerade den Weg des Herrn,
wie der Prophet Jesaja gesagt. 24 Die Abge-
sandten aber waren aus den Pharisäern.
25 Und sie fragten ihn und sagten zu ihm: War-
um taufst du denn, wenn du nicht der Messias
noch Elija noch der Prophet bist? 26 Johannes
antwortete ihnen und sprach: Ich taufe mit
Wasser; in eurer Mitte steht der, den ihr nicht
kennt, 27 der nach mir kommt, dessen Schuh-
riemen zu lösen ich nicht würdig bin. 28 Dies

Täufers. **9-13** Darstellung der Tragik von Jesu Wirken unter den Menschen. Doch wenn auch »die Welt« Jesus Christus ablehnt, so findet er doch auch Menschen, die ihm vertrauen. **14-18** Wenn auch im Hebräischen »Fleisch« einfach »Mensch« bedeutet, so ist an dieser Stelle der Ausdruck betont gewählt. Es soll gesagt sein, dass der Logos keinen Scheinleib, sondern die volle Menschennatur angenommen hat. **14** Im heiligen Zelt im Tempel wohnte Gott inmitten seines Volkes. Hier gab er sich in seiner Herrlichkeit zu schauen. Daran knüpfen diese Worte an. Im fleischgewordenen Logos hat Gott unter uns gewohnt, wörtlich: »sein Zelt bei den Menschen aufgeschlagen«. In ihm schauen wir Gottes Herrlichkeit. **17-18** Der Ort der Offenbarungsgeschichte wird bestimmt. Durch Mose wurde uns das Gesetz gegeben; in Jesus Christus sind Gnade und Wahrheit »gekommen«. **19-28** Der Täufer ist kein eigenständiger Endzeitprediger, sondern er ist Zeuge für Christus. Im Unterschied zu den drei anderen Evangelien berichtet Johannes von einer offiziellen Anfrage der Glaubensbehörde nach dem Anspruch des Täufers. **19** Mit den »Juden« ist wohl der Hohe Rat gemeint. Johannes spricht hier und auch an anderen Stellen abwertend über »die Juden« schlechthin. Die Bezeichnung wird für den Evangelisten zur allgemeinen Bezeichnung für alle, die Christus nicht anerkennen. **20** »Christus« ist die griechische Übersetzung des hebräischen »Messias« = Gesalbter. Dass auch bei Johannes der Titel noch nicht zum unverständlichen Namen geworden ist, wird aus dem an vielen Stellen verwendeten Artikel deutlich: »Jesus der Messias« (= »Jesus der Christus«). **21** Gemäß der jüdischen Erwartung sollte Elija (vgl. Mt 11,14; Mk 9,11) und ein nach Dtn 18,15 verheißener Prophet der messianischen Zeit vorausgehen. **23** Vgl. Jes 40,3. **26** Durch die Wassertaufe des Johannes soll der Geisttäufer offenbar werden. **27** Johannes erachtet sich nicht für wert, dem Kommenden den niedrigsten Sklavendienst zu erweisen. **28** Nicht mit dem gleichnamigen Ort bei Jerusalem zu ver-

geschah in Betanien jenseits des Jordan, wo Johannes taufte.

Merkwürdig,
was dieser Johannes gefragt wird.
Sie warten wohl wirklich auf einen.
Aber auf wen?
Er sollte wohl ganz
dem Bild entsprechen,
das sie sich gemacht hatten
von diesem Kommenden.
Und der Täufer?

(1,19-28)

Zeugnis des Täufers: Dieser ist der Sohn Gottes

29 Am andern Tage sieht er Jesus zu sich kom-
men und sagt: Siehe, das Lamm Gottes, das
hinwegnimmt die Sünde der Welt. 30 Dieser ist
es, von dem ich gesagt habe: Nach mir
kommt ein Mann, der vor mir gewesen ist;
denn er war eher als ich. 31 Auch ich kannte
ihn nicht; damit er aber Israel offenbar wür-
de, darum bin ich gekommen, mit Wasser zu
taufen. 32 Und Johannes bezeugte und sprach:
Ich schaute den Geist wie eine Taube aus dem
Himmel herabschweben; und er blieb auf
ihm. 33 Auch ich kannte ihn nicht; aber der
mich ausgeschickt hat, mit Wasser zu taufen,
der sprach zu mir: Über wem du den Geist
herabschweben und auf ihm bleiben siehst,
dieser ist es, der mit Heiligem Geist tauft.
34 Und ich habe gesehen und bezeugt, dass
dieser der Sohn Gottes ist.

Wie hätte ich wohl reagiert,
wenn ich diesen Johannes gehört hätte?
Er sieht sich von Gott berufen,
und als solcher erkennt er Jesus.

(1,29-34)

Erste Jünger: Folget mir

35 Am andern Tage stand Johannes wiederum
da und zwei von seinen Jüngern. 36 Und als er
auf Jesus blickte, wie er umherging, sagte er:
Siehe, das Lamm Gottes. 37 Und die zwei Jün-
ger hörten ihn reden und folgten Jesus. 38 Je-
sus aber wandte sich um, und als er sah, dass
sie ihm folgten, sagt er zu ihnen: Was sucht
ihr? Da sagten sie zu ihm: Rabbi – das heißt
übersetzt: Meister –, wo wohnst du? 39 Er sagt
zu ihnen: Kommt und seht! Da kamen sie und
sahen, wo er blieb, und sie blieben jenen Tag
bei ihm. Es war um die zehnte Stunde. 40 An-
dreas, der Bruder des Simon Petrus, war einer
von den beiden, die es von Johannes gehört
hatten und ihm gefolgt waren. 41 Dieser findet
zuerst seinen Bruder Simon und sagt zu ihm:
Wir haben den Messias gefunden – das ist
übersetzt: Christus. – 42 Er führte ihn zu Jesus.
Jesus blickte ihn an und sprach: Du bist Si-
mon, der Sohn des Johannes, du sollst Kephas
genannt werden – was übersetzt heißt: Petrus.
– 43 Am andern Tage wollte er nach Galiläa

---

wechseln. **29** Dies ist wohl ein Hinweis auf ein Wort des Propheten Jesaja, der den Messias als den mit unserer Schuld beladenen Knecht Gottes beschreibt (Jes 53,6f). Der Evangelist sieht in dem sich opfernden Christus das neue Pascha-Lamm (vgl. Joh 19,14.36). Es ist wesentlich, dass von der Sünde (nicht von den Sünden) geredet wird. Johannes meint nicht die einzelnen Verfehlungen der Menschen, sondern die gesamte Sündenlast. **30-33** Der Täufer bezeugt, er habe gesehen, wie Jesus den Geist empfing, und ihn daran erkannt. **34** Durch den Gottesgeist gewiss gemacht, bezeugt Johannes, dass dieser Sohn Gottes ist. Dieses Zeugnis »überzeugt«; darum schließt sich die erste Jüngerberufung an. **35-39** Der Täufer selbst verweist zwei seiner Jünger auf Jesus. Sie gehen hinter Jesus her, das heißt, sie werden seine Schüler. Rabbi ist die übliche Anrede des schriftkundigen Lehrers. **37** Der eine mag Andreas gewesen sein (der »Erstberufene«, wie ihn die Ostkirche nennt); der andere war wohl Johannes (der Evangelist selber?). **39** Die zehnte Stunde, das ist vier Uhr nachmittags; doch mit der Zahl zehn ist auch eine symbolische Aussage gemeint. Zehn ist die Zahl der Vollendung. **40-42** Namensgebung und Namensänderung haben in der Bibel immer besondere Bedeutung. Wer einen anderen mit Namen nennt, übt eine Herrschaft über ihn aus. Johannes bringt schon hier bei der Berufung des Petrus das ganze Gewicht seiner späteren Stellung. **43-48** Philip-

fortgehen, da findet er den Philippus. Und Jesus sagt zu ihm: Folge mir. 44 Es war aber Philippus von Betsaida, aus der Stadt des Andreas und Petrus. 45 Philippus findet den Natanael und sagt zu ihm: Wir haben den gefunden, von welchem Mose im Gesetz geschrieben hat und die Propheten: Jesus, den Sohn Josefs von Nazaret. 46 Und Natanael sprach zu ihm: Kann aus Nazaret etwas Gutes sein? Philippus sagt zu ihm: Komm und sieh! 47 Jesus sah den Natanael zu sich kommen und sagt über ihn: Siehe, in Wahrheit ein Israelit, in dem kein Falsch ist. 48 Natanael sagt zu ihm: Woher kennst du mich? Jesus antwortete und sprach zu ihm: Ehe Philippus dich rief, da du unter dem Feigenbaum warst, sah ich dich. 49 Natanael antwortete ihm: Rabbi, du bist der Sohn Gottes. Du bist der König von Israel. 50 Jesus antwortete und sprach zu ihm: Weil ich dir sagte, dass ich dich unter dem Feigenbaum sah, glaubst du. Größeres als dieses wirst du sehen. 51 Und er sagt zu ihm: Wahrlich, wahrlich, ich sage euch: Ihr werdet den Himmel offen und die Engel Gottes auf und nieder steigen sehen über dem Menschensohn.

Jüngerberufungen verschiedener Art.
Ohne zu zögern folgen die einen;
andere werden geschickt,
von ihrem bisherigen Lehrer.
Einige gehen sofort mit ihm,
andere fangen erst an zu diskutieren.

Man muss offenbar nicht
einfach nur blindlings glauben ...

(1,35-51)

Anfang der Zeichen: Er offenbarte seine Herrlichkeit

2 Und am dritten Tag war eine Hochzeit in Kana in Galiläa, und die Mutter Jesu war dort. 2 Doch auch Jesus und seine Jünger waren zur Hochzeit geladen. 3 Und als es an Wein fehlte, sagt die Mutter Jesu zu ihm: Sie haben keinen Wein. 4 Und Jesus sagt zu ihr: Frau, was geht das mich und dich an? Meine Stunde ist noch nicht gekommen. 5 Seine Mutter sagt zu den Dienern: Was er euch sagt, das tut! 6 Es waren aber dort sechs steinerne Wasserkrüge aufgestellt, gemäß dem Reinigungsbrauch der Juden, die je zwei bis drei Metreten fassten. 7 Jesus sagt zu ihnen: Füllet die Krüge mit Wasser. Und sie füllten sie bis oben. 8 Und er sagt zu ihnen: Schöpft nun und bringt es dem Speisemeister. Und sie brachten es. 9 Als aber der Speisemeister das Wasser kostete, das Wein geworden war, und nicht wusste, woher es war – die Diener jedoch, die das Wasser geschöpft hatten, wussten es –, ruft der Speisemeister den Bräutigam 10 und sagt zu ihm: Jedermann setzt zuerst den guten Wein vor, und wenn sie trunken sind, den geringeren. Du hast den guten Wein bis jetzt aufbewahrt. 11 Diesen Anfang der Zeichen machte Jesus in Kana in Galiläa. Und er of-

---

pus und Natanaël (»Gott hat gegeben«) werden in den Jüngerkreis berufen. Man nimmt an, dass Natanaël mit Bartolomäus identisch ist, da er bei den übrigen Evangelien bei Apostelaufzählungen immer an dieser Stelle genannt wird. **49** Der »wahre Israelit« erkennt: Dieser kann nur der Messias sein, der König Israels. Er diskutiert mit Jesus und lässt sich überzeugen. Er spricht das judenchristliche Bekenntnis zu Jesus. **50-51** Jesus weist auf sein künftiges Wirken hin. Die feierliche Doppelbekräftigung (wahrlich = Amen), die sich nur bei Johannes (25-mal) findet, weist hin auf den ständigen Wechselverkehr zwischen ihm und dem Himmel, zwischen dem Menschensohn und dem Vater.
2,1-11 Johannes nennt die Machttaten Jesu grundsätzlich »Zeichen«, das heißt: Er handelt nicht um des »Wunderbaren«, sondern um des »Zeichenhaften« willen; damit wird offenbar, dass es sich nicht um Mirakel handelt. **3** Johannes nennt Maria nie mit Namen. **4** Die ablehnende Reaktion Jesu zeigt die eigentümliche Distanz wischen Jesus und seiner Mutter. Er hat auf eine andere Stimme zu hören. Jesus spricht bei Johannes mehrfach von »seiner Stunde«. Das weist zunächst auf seinen Tod hin, letztlich aber auf seine Verherrlichung. **6** Maria gibt ihr Vertrauen in das Handeln des Sohnes nicht auf. Jeder der Krüge fasste 2-3 Metreten (zu je 38 Liter). Alle Krüge zusammen enthielten also 5-7 Hektoliter. **9** Das »Weinwunder« wird nur durch die Reaktion der Zeugen offenbar. **11** Nur für die Jünger wird das Geschehen

fenbarte seine Herrlichkeit, und seine Jünger glaubten an ihn.

Das Vertrauen der Mutter
ist unbesiegbar.
Und siehe da: Das wirkt!
Welch ein Wunder!
Doch nicht die Sache mit dem Wein,
vielmehr, dass die Jünger,
– die Männer! –
zum Glauben kommen,
weil eine Frau
unbesiegbar geglaubt hat.

(2,1-11)

Tempelreinigung:
Er sprach vom Tempel seines Leibes

12 Danach ging er hinab nach Kafarnaum, er
und seine Mutter und Brüder und seine Jün-
ger; aber sie blieben dort nicht viele Tage.
13 Und das Pascha der Juden war nahe, und Je-
sus zog hinauf nach Jerusalem. 14 Da fand er
die Verkäufer von Ochsen, Schafen und Tau-
ben und die Geldwechsler im Tempel sitzend.
15 Und er machte eine Geißel aus Stricken und
trieb alle aus dem Tempel hinaus, auch die
Schafe und die Ochsen, und verschüttete das
Geld der Wechsler und stieß die Tische um.
16 Und zu den Taubenverkäufern sagte er:
Schafft dies weg von hier, und macht das
Haus meines Vaters nicht zu einem Kaufhaus.
17 Seine Jünger erinnerten sich, dass geschrie-
ben steht: Der Eifer für dein Haus wird mich
verzehren. 18 Die Juden aber antworteten und
sprachen zu ihm: Was für ein Zeichen zeigst
du uns, dass du dies tust? 19 Jesus antwortete
und sprach zu ihnen: Brecht diesen Tempel
ab, und in drei Tagen will ich ihn wieder auf-
richten. 20 Da sprachen die Juden. Sechsund-
vierzig Jahre ist an diesem Tempel gebaut
worden, und du willst ihn in drei Tagen wie-
der aufrichten? 21 Er aber sprach vom Tempel
seines Leibes. 22 Als er dann von den Toten
auferweckt war, erinnerten sich seine Jünger,
dass er dies gesagt hatte, und sie glaubten der
Schrift und dem Wort, das Jesus gesprochen
hatte. 23 Als er aber an Pascha in Jerusalem
beim Fest war, glaubten viele an seinen Na-
men, weil sie seine Zeichen schauten, die er
wirkte. 24 Jesus selbst aber vertraute sich ih-
nen nicht an, weil er alle erkannte 25 und weil
er nicht nötig hatte, dass jemand über den
Menschen bezeuge; denn er erkannte selbst,
was im Menschen war.

Diese Tempelreinigung!
Ein starkes Stück für jeden Juden.
Und trotz aller Worte –
sie verstehen ihn nicht.
Kann man ihnen das übel nehmen?
Was Johannes da schreibt –

---

zum »ersten Zeichen«, von dem her sie Jesus besser verstehen. **12** Jetzt geht Jesus mit seiner Mutter zusammen weg (vgl. dagegen V. 1 und 2). – »Brüder«, das sind im hebräischen Sprachgebrauch ganz einfach männliche Verwandte. **13-22** Johannes stellt das Ereignis der Tempelreinigung (im Gegensatz zu den anderen drei Evangelisten) aus theologischen Gründen an den Beginn des öffentlichen Wirkens Jesu. **13** Die Gegenspieler Jesu sind bei Johannes »die Juden« schlechthin. Die Formel »das Pascha der Juden« (Erinnerung an die Befreiung aus ägyptischer Knechtschaft) kommt an mehreren Stellen wieder; ihm setzt Jesus sein Pascha gegenüber. Hier wird schon beim Beginn seines Auftretens auf das Ziel hingewiesen. **14** Die Tiere brauchte man, um sie zu opfern. Die Geldwechsler mussten die im römischen Reich üblichen Münzen mit heidnischen Symbolen in jüdische Münzen umwechseln. War solch ein Geldwechsel in der Nähe des Tempels notwendig, so sollte er doch nicht am heiligen Ort selbst stattfinden. **15-19** Das Aufsehen erregende Vorgehen lässt Jesu Sendung und Vollmacht ahnen. Die Tempelreinigung ist ein von den Propheten angekündigtes Messiaszeichen (vgl. Sach 14,21). **19** Jesus spricht indirekt von seinem Tod. **20** Herodes der Große begann im Jahr 20/18 v.Chr. mit einem gründlichen Umbau des Tempels. Nimmt man die 46 Jahre wörtlich, kommt man in die Zeit um 27/28 n. Chr. für Jesu Auftreten. **21-22** Die »Juden« haben Jesu Wort nicht verstanden (vgl. V.19). Auch die Jünger verstanden dieses Wort erst nach Jesu Auferweckung. **23-25** Ein Sammelbericht: In Jerusalem wirkt Jesus viele Zeichen; viele glauben ihm um seiner Wunder willen. Jesus aber kennt und durchschaut solchen Wunderglauben.

zusammengeschaut und aufgeschrieben
nachdem alles erfüllt war.
Kann man das verstehen
ohne den Schluss zu kennen?

(2,12-25)

Nikodemus:
Ihr müsst von oben her geboren werden

3 Es war aber ein Mensch unter den Pha-
risäern, Nikodemus mit Namen, ein Ratsherr
der Juden. 2 Dieser kam des Nachts zu ihm
und sagte zu ihm: Meister, wir wissen, dass du
ein Lehrer bist, der von Gott gekommen ist;
denn keiner kann diese Zeichen tun, die du
tust, wenn nicht Gott mit ihm ist. 3 Jesus ant-
wortete und sprach zu ihm: Wahrlich, wahr-
lich, ich sage dir: Wenn jemand nicht von
oben her geboren wird, kann er das Reich
Gottes nicht sehen. 4 Nikodemus sagt zu ihm:
Wie kann ein Mensch geboren werden, wenn
er alt ist? Kann er wohl ein zweites Mal in sei-
ner Mutter Leib eingehen und geboren wer-
den? 5 Jesus antwortete: Wahrlich, wahrlich,
ich sage dir: Wenn einer nicht geboren wird
aus Wasser und Geist, kann er in das Reich
Gottes nicht eingehen. 6 Was aus dem Fleisch
geboren ist, das ist Fleisch, und was aus dem
Geist geboren ist, das ist Geist. 7 Wundere
dich nicht, dass ich dir sagte, ihr müsst von
oben her geboren werden. 8 Der Wind weht,
wo er will, und du hörst seine Stimme, aber
du weißt nicht, woher er kommt und wohin
er geht. So ist es mit jedem, der aus dem Geist
geboren ist. 9 Nikodemus antwortete und
sprach zu ihm: Wie kann dies geschehen?
10 Jesus antwortete und sprach zu ihm: Du
bist der Lehrer Israels und verstehst das
nicht? 11 Wahrlich, wahrlich, ich sage dir: Wir
reden, was wir wissen, und wir bezeugen, was
wir gesehen haben; aber ihr nehmt unser
Zeugnis nicht an. 12 Wenn ich Irdisches zu
euch rede, und ihr nicht glaubt, wie werdet
ihr glauben, wenn ich Himmlisches zu euch
rede? 13 Und keiner ist in den Himmel hinauf-
gestiegen, als der aus dem Himmel herabge-
stiegen ist: der Menschensohn. 14 Und wie
Mose in der Wüste die Schlange erhöhte, so
muss der Menschensohn erhöht werden,
15 damit jeder, der glaubt, in ihm ewiges Leben
habe.

Der Schreiber hat Gemeindeerfahrung -
mehr als die andern drei Evangelisten.
Wem schenke ich Glauben?
Wann oder was glaube ich?
Warum glaube ich?
Glaube ich oder spreche ich nur nach?

(3,1-15)

Gericht:
Wer nicht glaubt, ist schon gerichtet

16 Denn so hat Gott die Welt geliebt, dass er
den einziggezeugten Sohn hingab, damit je-
der, der an ihn glaubt, nicht zugrunde gehe,
sondern ewiges Leben habe.

3,1-13 Hier geht es darum, dass die Synagoge und ihre Ordnung überholt ist, überholt durch den Heilsweg, den Christus brachte. Der Abschnitt ist von der christlichen Taufpredigt geprägt. **1** Nikodemus wird als Pharisäer und Mitglied des Hohen Rats vorgestellt. Die Pharisäer waren eine religiöse Gruppe, die mit den römisch/hellenistischen Einflüssen nichts zu tun haben wollte und das Gesetz genau einhielt. **8** Der Satz ist im Griechischen ein Wortspiel; denn im Griechischen steht dasselbe Wort für »Wind« und »Geist«. Im Deutschen lässt sich das nicht wiedergeben. **11** Dieser Vers ist der Schlüssel für den ganzen Abschnitt; die Rede wechselt plötzlich von der Einzahl zur Mehrzahl. Hier wird nicht mehr aus der Perspektive des irdischen Wirkens Jesu geredet, sondern aus der Sicht der urchristlichen Kirche. Die nachösterliche Gemeinde spricht und bezeugt eigene Erfahrung. **14-21** Der Evangelist gibt das, was er von Jesu Sendung begriffen hat, in einer Verkündigungsrede weiter. **14** »Erhöhung« wie auch »meine Stunde« haben einen merkwürdigen Doppelklang. Sowohl die Erhöhung am Kreuz, wie auch die Verherrlichung des Auferstandenen sind umfasst. Der Titel »Menschensohn« (vgl. Dan 7,13-14) erhält im vierten Evangelium eine eigene Bedeutung. Er ist »herabgestiegen« und wieder »hinaufgestiegen«. Er ist der Messias (der Christus), das Lebensbrot, der Richter der Endzeit. **16-21** In wenigen Sätzen wird der Kern biblischer Botschaft zusammengefasst. Glaube an Gott, Glaube an Jesus Christus ist nur möglich, weil Gott die Welt

17 Denn Gott hat den Sohn nicht in die Welt gesandt, dass er die Welt richte, sondern dass die Welt durch ihn gerettet werde. 18 Wer an ihn glaubt, wird nicht gerichtet. Wer nicht glaubt, ist schon gerichtet, weil er an den Namen des einziggezeugten Sohnes Gottes nicht geglaubt hat. 19 Das aber ist das Gericht, dass das Licht in die Welt gekommen ist, und die Menschen die Finsternis mehr liebten als das Licht, denn ihre Werke waren böse. 20 Denn jeder, der Schlechtes tut, hasst das Licht und kommt nicht zum Licht, damit seine Werke nicht aufgedeckt werden; 21 wer aber die Wahrheit tut, kommt zum Licht, damit seine Werke offenbar werden, weil sie in Gott getan sind.

Wir glauben also,
weil Gott uns liebt.
So große Sätze
sprechen wir ganz gelassen nach.
Denken wir auch etwas dabei?
Nehme ich das, was ich nachsage,
in mein Herz auf?

(3,21)

Zeugnis des Täufers: Jener muss wachsen

22 Danach kam Jesus mit seinen Jüngern in das Land Judäa, und er hielt sich mit ihnen dort auf und taufte. 23 Es taufte aber auch Johannes in Änon, nahe bei Salim; denn dort war viel Wasser. Und sie kamen dorthin und ließen sich taufen. 24 Denn Johannes war noch nicht ins Gefängnis geworfen worden. 25 Es erhob sich nun eine Streitfrage von Seiten der Jünger des Johannes mit einem Juden über die Reinigung. 26 Da kamen sie zu Johannes und sagten zu ihm: Meister, der bei dir jenseits des Jordan war, für den du bezeugt hast, siehe, der tauft, und alle kommen zu ihm. 27 Johannes antwortete und sprach: Ein Mensch kann nichts nehmen, es sei ihm denn vom Himmel gegeben. 28 Ihr selbst bezeugt für mich, dass ich gesagt habe: Ich bin nicht der Messias, sondern ich bin vor ihm hergesandt. 29 Wer die Braut hat, der ist Bräutigam. Der Freund des Bräutigams aber, der dasteht und ihn hört, freut sich sehr über die Stimme des Bräutigams. Diese meine Freude also hat sich erfüllt. 30 Jener muss wachsen, ich aber abnehmen.

Zusage: Wer dem Sohn glaubt, hat ewiges Leben

31 Wer von oben kommt, der ist über allen. Wer von der Erde ist, ist von der Erde und redet von der Erde her. Wer vom Himmel kommt, ist über allen. 32 Was er gesehen und gehört hat, das bezeugt er, aber keiner nimmt sein Zeugnis an. 33 Wer sein Zeugnis angenommen hat, der hat bestätigt, dass Gott wahrhaftig ist. 34 Denn der, den Gott gesandt hat, redet die Worte Gottes. Denn ohne Maß gibt er den Geist. 35 Der Vater liebt den Sohn und hat alles in seine Hand gegeben. 36 Wer an den Sohn glaubt, hat ewiges Leben. Wer aber dem Sohn nicht gehorcht, wird das Leben nicht sehen, sondern der Zorn Gottes bleibt auf ihm.

Wer dem Sohn glaubt,
hat ewiges Leben.
Wer nicht auf ihn hört,
der hat alles verspielt.

(3,36)

Die Samariterin: Herr, gib mir dieses Wasser

4 Als nun der Herr erfuhr, dass die Pharisäer gehört hatten, Jesus mache mehr zu Jüngern und taufe mehr als Johannes 2 – obwohl Jesus

---

liebt und sie nicht fallen lässt. **22-30** Die Verse schließen an das frühere Täuferzeugnis an. Hier wird abgegrenzt zwischen der Gruppe der Johannesjünger und den Jüngern Jesu. **31-36** Der Abschnitt gehört in den Zusammenhang der Verkündungsrede (V. 14-21) und ist wohl vor Vers 13 einzuordnen. Erst im Anschluss an das Nikodemusgespräch wird es verständlich.

4,1-42 Neben die Geburt aus Wasser und Geist stellt der Evangelist die wahre Anbetung des Vaters im

nicht selbst taufte, sondern seine Jünger –,
3 verließ er Judäa und ging wieder weg, nach
Galiläa. 4 Er musste aber durch Samarien rei-
sen. 5 Da kommt er zu einer Stadt von Sama-
rien, mit Namen Sychar, nahe bei dem Feld,
das Jakob seinem Sohn Josef gegeben hatte.
6 Dort aber war eine Quelle Jakobs. Da nun
Jesus von der Reise ermüdet war, setzte er sich
also an der Quelle nieder. Es war um die
sechste Stunde. 7 Da kommt eine Frau aus Sa-
marien, um Wasser zu schöpfen. Jesus sagt zu
ihr: Gib mir zu trinken. 8 Seine Jünger waren
nämlich in die Stadt gegangen, um Speisen zu
kaufen. 9 Und die samaritische Frau sagt zu
ihm: Wie? Begehrst du, der du ein Jude bist,
von mir zu trinken, die ich eine samaritische
Frau bin? Juden verkehren nämlich nicht mit
Samaritern. 10 Jesus antwortete und sprach zu
ihr: Wenn du die Gabe Gottes kenntest und
wer der ist, der zu dir sagt: Gib mir zu trinken,
so hättest du ihn wohl gebeten, und er hätte
dir lebendiges Wasser gegeben. 11 Sie sagt zu
ihm: Herr, du hast kein Schöpfgefäß, und der
Brunnen ist tief. Woher hast du denn das le-
bendige Wasser? 12 Bist du denn größer als un-
ser Vater Jakob, der uns den Brunnen gegeben
hat, und der selbst daraus getrunken hat und
seine Söhne und sein Vieh? 13 Jesus antworte-
te und sprach zu ihr: Jeder, der von diesem
Wasser trinkt, den dürstet wieder. 14 Wer aber
von dem Wasser trinkt, das ich ihm geben
werde, wird auf Weltzeit hin nicht dürsten,
sondern das Wasser, das ich ihm geben werde,
wird in ihm zu einer Quelle Wassers, das fort-
strömt zu ewigem Leben. 15 Die Frau sagte zu
ihm: Herr, gib mir dieses Wasser, damit ich
nicht dürste und nicht hierher kommen muss,
um zu schöpfen. 16 Er sagt zu ihr: Geh hin, ru-
fe deinen Mann und komm hierher! 17 Die
Frau antwortete und sagte: Ich habe keinen
Mann. Jesus sagt zu ihr: Mit Recht hast du ge-
sagt: Ich habe keinen Mann. 18 Denn fünf
Männer hast du gehabt, und der, den du jetzt
hast, ist nicht dein Mann. Da hast du die
Wahrheit gesagt. 19 Die Frau sagt zu ihm:
Herr, ich sehe, dass du ein Prophet bist. 20 Un-
sere Väter haben auf diesem Berg angebetet,
doch ihr sagt, dass in Jerusalem der Ort ist,
wo man anbeten muss. 21 Jesus sagt zu ihr:
Frau, glaube mir, die Stunde kommt, da ihr
weder auf diesem Berge noch in Jerusalem
den Vater anbeten werdet. 22 Ihr betet an, was
ihr nicht kennt, wir beten an, was wir kennen.
Denn die Rettung kommt aus den Juden.
23 Aber die Stunde kommt, und jetzt ist sie da,
wo die wahren Anbeter den Vater in Geist
und Wahrheit anbeten werden; denn auch der
Vater verlangt nach solchen als seinen Anbe-
tern. 24 Gott ist Geist, und die anbeten, müs-
sen in Geist und Wahrheit anbeten. 25 Die
Frau sagt zu ihm: Ich weiß, dass der Messias
kommt, der wird der Christus genannt. Wenn
dieser kommt, wird er uns alles kundmachen.
26 Jesus sagt zu ihr: Ich bin es, der ich mit dir
rede.

Glaube: Dieser ist der Retter der Welt

27 Und währenddessen kamen seine Jünger,
und sie wunderten sich, dass er mit einer Frau
redete. Doch keiner sagte: Was willst du?
oder: Was redest du mit ihr? 28 Die Frau ließ
nun ihren Wasserkrug stehen, ging weg in die
Stadt und sagte zu den Leuten: 29 Kommt, seht
einen Menschen, der mir alles gesagt hat, was
ich getan habe. Sollte dieser nicht der Messias
sein? 30 Sie gingen zur Stadt hinaus und ka-
men zu ihm. 31 Unterdessen baten ihn die Jün-

Geist und in der Wahrheit. Beide Gespräche sind an der Taufe orientiert und überhöhen so das Täuferzeugnis. Jesu Taufe ist größer als die des Johannes. Nach Vers 26 ist ein gewisser Einschnitt. **4** Jesus kehrt durch Samaria nach Galiläa zurück. Samaria war die Hauptstadt des seit 922 vom Südreich (Jerusalem) abgetrennten Nordreiches. Nach der Wegführung seiner Bewohner in die assyrische Gefangenschaft entstand hier ein Mischvolk mit eigenem Kult und Tempel auf dem Berg Garizim. Ihr heiliges Buch waren zwar die fünf Bücher des Mose; aber ihre Gottesverehrung war von heidnischen Elementen durchsetzt. Den Juden war daher die Ehe mit Samaritern verboten. **10-14** Das Wasser, das Jesus gibt, stillt den Durst für immer. **16-19** Jesus kennt die Schuld, die das Leben der Frau belastet; deshalb erkennt die Frau in Jesus den Propheten. **26** Jesus gibt sich der Frau in der Selbstoffenbarungsformel (»Ich bin es«) zu erkennen. Nach diesem Vers ist in der Darlegung ein gewisser Einschnitt. **27** Die Rabbinen vermieden es, öffentlich

ger und sagten: Meister, iss! 32 Er aber sprach zu ihnen: Ich habe eine Speise zu essen, die ihr nicht kennt. 33 Da sagten die Jünger zueinander: Es hat ihm doch niemand zu essen gebracht? 34 Jesus sagt zu ihnen: Meine Speise ist, dass ich den Willen dessen tue, der mich gesandt hat, und sein Werk vollende. 35 Sagt ihr nicht: Es sind noch vier Monate, dann kommt die Ernte? Siehe, ich sage euch: Erhebet eure Augen und betrachtet die Felder: denn sie sind weiß zur Ernte. 36 Und wer erntet, empfängt Lohn und sammelt Frucht zu ewigem Leben, damit sich zugleich freue, der sät und der erntet. 37 Denn hier ist das Wort wahr: Ein anderer ists, der sät, und ein anderer, der erntet. 38 Ich habe euch ausgesandt, zu ernten, wo ihr nicht gearbeitet habt. Andere haben gearbeitet, und ihr seid in ihre Arbeit eingetreten. 39 Aus jener Stadt aber glaubten viele von den Samaritern an ihn um des Wortes der Frau willen, das bezeugte: Er hat mir alles gesagt, was ich getan habe. 40 Als nun die Samariter zu ihm kamen, baten sie ihn, bei ihnen zu bleiben, und er blieb zwei Tage dort. 41 Und noch viel mehr glaubten um seines Wortes willen. 42 Und sie sagten zu der Frau: Wir glauben nun nicht mehr um deiner Rede willen; denn wir haben selbst gehört und wissen, dass dieser in Wahrheit der Retter der Welt ist.

Dass ein jüdischer Mann
mit einer Frau redet!
Und dann auch noch mit "so einer"!
Doch eben sie lässt sich überzeugen.
Die Frau sagt.
Sollte er nicht der Messias sein?
Und die Jünger?
Sie nennen ihn »Rabbi«, Meister,
so wie man jeden Lehrer nennt.

(4,27-42)

Zeichen der Herrlichkeit:
Er glaubte mit seinem ganzen Haus

43 Nach den zwei Tagen aber zog er von dort weg nach Galiläa. 44 Denn Jesus selbst bezeugte, dass ein Prophet in seinem eigenen Vaterland kein Ansehen hat. 45 Als er nun nach Galiläa kam, nahmen ihn die Galiläer auf, weil sie alles gesehen hatten, was er in Jerusalem am Fest getan hatte. Denn auch sie waren zum Fest gekommen. 46 So kam er wieder nach Kana in Galiläa, wo er das Wasser zu Wein gemacht hatte. Und in Kafarnaum war ein königlicher Beamter, dessen Sohn krank war. 47 Als dieser hörte, dass Jesus von Judäa nach Galiläa gekommen sei, ging er zu ihm hin und bat, dass er hinabkomme und seinen Sohn heile. Denn er war im Sterben. 48 Da sprach Jesus zu ihm: Wenn ihr nicht Zeichen und Wunder seht, werdet ihr nicht glauben. 49 Der königliche Beamte sagte zu ihm: Herr, komm hinab, ehe mein Kind stirbt. 50 Jesus sagt zu ihm: Geh, dein Sohn lebt. Der Mann glaubte dem Worte, das Jesus zu ihm gesprochen hatte, und ging. 51 Und schon als er hinabging, kamen ihm seine Knechte entgegen und sagten, dass sein Knabe lebe. 52 Da erfragte er von ihnen die Stunde, in der es mit ihm besser geworden war. Und sie sprachen zu ihm: Gestern, um die siebte Stunde verließ ihn das Fieber. 53 Da erkannte der Vater, dass es zu jener Stunde war, in der Jesus zu ihm gesagt hatte: Dein Sohn lebt. Und er glaubte mit seinem ganzen Hause. 54 Dieses war das zweite Zeichen, das Jesus wiederum wirkte, als er von Judäa nach Galiläa gekommen war.

---

mit einer Frau zu reden. **35** Das Getreidefeld bei Sychar wird erst in vier Monaten (es ist also Dezember/Januar) reif sein; Jesu »Ernte« (die Samariter) ist jetzt schon reif. Wie es für die Reife des Getreides Anzeichen gibt, so gibt es auch jetzt schon Anzeichen, dass die Samariter reif sind für die Annahme der Heilsbotschaft. **41-42** Die Samariter glauben nach einer Predigt von nur zwei Tagen. Die Juden aber lehnen Jesus trotz aller Zeichen und Wunder immer mehr ab. **43-54** Hier geht es um die Auseinandersetzung mit den Forderungen der Juden. Sie wollen Zeichen und Wunder sehen, Jesus aber will Glauben auf sein Wort hin. Der königliche Beamte (er steht im Dienst von Herodes Antipas, der von 4 v.Chr. bis 39 n.Chr. Vierfürst in Galiläa und Peräa war) glaubt ohne Zeichen und Wunder. **54** Die Leute in Galiläa kommen besser weg als die in Judäa, im Land, wo Hauptstadt und Tempel waren.

Heilung: Es war aber Sabbat

5 Danach war ein Fest der Juden, und Jesus
ging hinauf nach Jerusalem. 2 In Jerusalem
aber ist am Schaftor ein Teich, der auf He-
bräisch Betesda heißt und fünf Hallen hat. 3 In
diesen lag eine Menge von Kranken, Blinden,
Lahmen, Abgezehrten, [die auf die Bewegung
des Wassers warteten. 4 Ein Engel des Herrn
stieg nämlich zur bestimmten Zeit in den
Teich hinab und bewegte das Wasser. Wer
nun nach der Bewegung des Wassers zuerst
hinabstieg, der wurde gesund, mit welcher
Krankheit er auch behaftet war.] 5 Es war aber
dort ein Mensch, der seit achtunddreißig Jah-
ren krank war. 6 Als Jesus diesen liegen sah
und wusste, dass er schon lange Zeit so war,
sagte er zu ihm: Willst du gesund werden?
7 Der Kranke antwortete ihm: Herr, ich habe
keinen Menschen, der mich in den Teich
bringt, wenn das Wasser bewegt wird. Denn
während ich selber komme, steigt ein anderer
vor mir hinab. 8 Jesus sagt zu ihm: Steh auf,
hebe dein Bett auf und geh umher. 9 Und so-
gleich ward der Mensch gesund, hob sein Bett
auf und ging umher. 10 Es war aber Sabbat an
jenem Tage. Da sagten die Juden zu dem Ge-
heilten: Es ist Sabbat, und es ist dir nicht er-
laubt, das Bett aufzuheben. 11 Er aber ant-
wortete ihnen: Der mich gesund gemacht hat,
der sprach zu mir: Hebe dein Bett auf und geh
umher. 12 Sie fragten ihn: Wer ist der Mensch,
der zu dir gesagt hat: Hebe es auf und geh um-
her? 13 Der Geheilte aber wusste nicht, wer es
war; denn Jesus hatte sich abgewendet, da ei-
ne Volksmenge an dem Ort war. 14 Danach
findet ihn Jesus im Tempel, und er sprach zu
ihm: Siehe, du bist gesund geworden; sündige
nicht mehr, damit nicht Schlimmeres dir wi-
derfahre. 15 Der Mensch ging weg und sagte
den Juden, dass es Jesus sei, der ihn gesund ge-
macht habe. 16 Und deshalb verfolgten die Ju-
den Jesus, weil er dies am Sabbat getan hatte.

Will man jemand nicht anerkennen,
lässt man sich nicht überzeugen.
Ihn nicht anerkennen, das heißt:
Man will ihm nicht glauben.

(5,16)

Sendung vom Vater: Der Sohn kann nichts aus sich tun

17 Er aber erwiderte ihnen: Mein Vater wirkt
bis jetzt und auch ich wirke. 18 Deshalb nun
suchten die Juden noch mehr, ihn zu töten,
weil er nicht nur den Sabbat gebrochen, son-
dern auch Gott seinen Vater genannt und sich
selbst Gott gleichgemacht hatte. 19 Jesus ant-
wortete also und sprach zu ihnen: Wahrlich,
wahrlich, ich sage euch: Der Sohn kann
nichts aus sich tun, wenn er es nicht den Va-
ter tun sieht, denn was jener tut, das tut in
gleicher Weise auch der Sohn. 20 Denn der Va-
ter liebt den Sohn und zeigt ihm alles, was er
selbst tut, und er wird ihm noch größere Wer-
ke als diese zeigen, damit ihr euch verwun-
dert. 21 Denn wie der Vater die Toten erweckt
und lebendig macht, so macht auch der Sohn
lebendig, welche er will. 22 Denn der Vater
richtet keinen, sondern er hat das Gericht
ganz dem Sohn übergeben, 23 damit alle den
Sohn ehren, wie sie den Vater ehren. Wer den
Sohn nicht ehrt, der ehrt den Vater nicht, der
ihn ausgeschickt hat. 24 Wahrlich, wahrlich,
ich sage euch: Wer mein Wort hört und dem
glaubt, der mich ausgeschickt hat, hat ewiges
Leben und kommt nicht ins Gericht, sondern
ist aus dem Tod in das Leben hinübergegan-
gen. 25 Wahrlich, wahrlich, ich sage euch: Die
Stunde kommt, und jetzt ist sie da, wo die To-
ten die Stimme des Sohnes Gottes hören wer-
den, und die sie hören, werden leben. 26 Denn
wie der Vater in sich selbst Leben hat, so hat

5,1-47 Man nimmt heute an, dass die Abfolge der Kapitel durch Blattvertauschungen nicht mehr in der rechten Reihenfolge steht; auf alle Fälle sind wohl Kapitel 5 und 6 vertauscht worden. **1** Das »Fest« war wohl das Pascha oder das Pfingstfest. **2** Betesda heißt zu deutsch: Haus der Barmherzigkeit; ein Teich mit zeitweilig aufsprudelnder heilkräftiger Quelle. **8** Dem Mann wird nicht die Heilung vorgeworfen, sondern vor allem das Tragen der Bahre bricht den Sabbat (obwohl sie Jesus am Ende – Vers 16 – ebenfalls tadeln, weil er am Sabbat geheilt hatte). **17-47** Der Vorwurf, Jesus schände den Sabbat, wird Anlass zur Selbstoffenbarung. Damit beginnt auch die Verfolgung. **19-26** Jesus spricht über sein Verhältnis zum Vater,

er auch dem Sohn gegeben, Leben in sich selbst zu haben. 27 Und er hat ihm Macht gegeben, Gericht zu halten, weil er der Menschensohn ist. 28 Verwundert euch nicht darüber. Denn die Stunde kommt, in der alle, die in den Gräbern sind, seine Stimme hören werden. 29 Und die das Gute getan haben, werden hervorgehen zur Auferstehung des Lebens, die das Schlechte verübt haben, zur Auferstehung des Gerichts.

War es nicht sehr schwer,
den Anspruch Jesu einfach anzunehmen?
Wer ihn akzeptiert,
wird leben.
Wer Übles glaubt und tut,
den erwartet das Gericht.
Eine sehr einfache Alternative!

(5,17-29)

Bezeugung: Ich bin im Namen meines Vaters gekommen

30 Ich kann nichts von mir aus tun. Wie ich höre, so richte ich, und mein Gericht ist gerecht. Denn ich suche nicht meinen Willen, sondern den Willen dessen, der mich ausgeschickt hat. 31 Wenn ich über mich selbst bezeuge, ist mein Zeugnis nicht wahr. 32 Ein anderer ists, der über mich zeugt, und ich weiß, dass das Zeugnis wahr ist, das er über mich bezeugt. 33 Ihr habt zu Johannes gesandt, und er hat die Wahrheit bezeugt. 34 Ich aber nehme das Zeugnis von einem Menschen nicht an, sondern ich sage dies, damit ihr gerettet werdet. 35 Jener war die brennende und scheinende Lampe, ihr aber wolltet für eine Stunde in seinem Lichte froh sein. 36 Ich jedoch habe ein Zeugnis, das größer ist als das des Johannes. Denn die Werke, die mir der Vater gegeben, damit ich sie vollbringe, diese Werke, die ich tue, zeugen für mich: dass mich der Vater gesandt hat. 37 Und der Vater, der mich ausgeschickt hat, er hat von mir gezeugt. Weder seine Stimme habt ihr jemals gehört noch seine Gestalt gesehen. 38 Und sein Wort habt ihr nicht bleibend in euch, weil ihr dem, den jener gesandt hat, nicht glaubt. 39 Ihr forscht in den Schriften, weil ihr meint, ewiges Leben in ihnen zu haben. Auch jene sind es, die über mich zeugen. 40 Doch ihr wollt nicht zu mir kommen, um Leben zu haben. 41 Nicht von Menschen nehme ich Verherrlichung an. 42 Aber ich habe euch erkannt: ihr habt die Liebe Gottes nicht in euch. 43 Ich bin im Namen meines Vaters gekommen, und ihr nehmt mich nicht an. Wenn ein anderer in eigenem Namen kommt, den werdet ihr annehmen. 44 Wie könnt ihr glauben, da ihr Verherrlichung voneinander annehmt, doch die Verherrlichung vom einzigen Gott her sucht ihr nicht? 45 Meinet nicht, dass ich euch anklagen werde beim Vater; der euch anklagt, ist Mose, auf den ihr hofft. 46 Denn wenn ihr Mose glaubtet, würdet ihr mir glauben: über mich hat jener geschrieben. 47 Wenn ihr aber seinen Schriften nicht glaubt, wie werdet ihr meinen Worten glauben?

Ob das alles so gesprochen wurde?
So kompakt und dicht?
Es klingt eher wie ein Traktat,
eine Vorlesung in Theologie.
Vom Schreiber des Evangeliums
zusammengefasst,
was seine Gemeinde,
und mit ihnen auch wir
glauben und wissen sollen.

(5,30-47)

Speisung: Dieser ist in Wahrheit der Prophet

6 Danach ging Jesus ans jenseitige Ufer des Sees von Galiläa, das ist der von Tiberias. 2 Es

---

seine eigene Vollmacht. **30-47** Hier wird die Rechtmäßigkeit des Anspruchs diskutiert. Jesus beruft sich neben dem Zeugnis des Täufers vor allem auf seine aus dem Wirken des Vaters kommenden Zeichen.

6,1-13 Dieses Evangelium nimmt die Überlieferung der andern drei auf und erweitert sie deutend, um zu zeigen, dass alles, was Jesus wirkt, Hinweis ist auf die umfassendere Wirklichkeit, die Gott durch seinen

folgte ihm aber viel Volk, denn sie sahen die Zeichen, die er an den Kranken tat. 3 Jesus aber ging auf den Berg hinauf und setzte sich dort mit seinen Jüngern. 4 Es war aber das Pascha nahe, das Fest der Juden. 5 Als nun Jesus die Augen erhob und schaute, wie viel Volk zu ihm kommt, sagt er zu Philippus: Wo werden wir Brote kaufen, dass diese essen? 6 Das sagte er aber, um ihn auf die Probe zu stellen; denn er wusste selbst, was er tun wollte. 7 Philippus antwortete ihm: Brote für zweihundert Denare sind nicht hinreichend für sie, damit jeder ein wenig bekommt. 8 Einer von seinen Jüngern, Andreas, der Bruder des Simon Petrus, sagt zu ihm: 9 Es ist ein Knabe hier, der fünf Gerstenbrote und zwei Fischlein hat, aber was ist das für so viele? 10 Jesus sprach: Lasst die Menschen sich setzen. Denn es war viel Gras an dem Ort. Da setzten sie sich, die Männer etwa fünftausend an der Zahl. 11 Jesus aber nahm die Brote, sagte Dank und teilte sie denen aus, die sich gelagert hatten. Ebenso auch von den Fischlein, so viel sie wollten. 12 Als sie aber satt waren, sagt er zu seinen Jüngern: Sammelt die übriggebliebenen Brocken, damit nichts zugrunde geht. 13 Da sammelten sie und füllten zwölf Körbe mit Brocken von den fünf Gerstenbroten, die denen, die gegessen hatten, übriggeblieben waren. 14 Da nun die Menschen das Zeichen sahen, das er tat, sagten sie: Dieser ist in Wahrheit der Prophet, der in die Welt kommen soll. 15 Da nun Jesus erkannte, dass sie kommen und ihn wegführen wollten, um ihn zum König zu machen, ging er wieder weg auf den Berg, er allein.

Leute, die Hunger haben,
hören beim Wort »Brot«
nur eines heraus:
Hier können wir satt werden.
Der soll unser König sein!
Ein vordergründiger Wunsch
mit tiefgründigem Inhalt.

(6,1-15)

Auf dem See:
Ich bin es, fürchtet euch nicht

16 Als es nun Abend wurde, gingen seine Jünger an den See hinab. 17 Und sie stiegen in ein Schiff und fuhren an das andere Ufer des Sees nach Kafarnaum. Und es war schon finster geworden, und Jesus war noch nicht zu ihnen gekommen. 18 Der See aber erhob sich, weil ein starker Wind blies. 19 Als sie nun etwa fünfundzwanzig oder dreißig Stadien gefahren waren, sehen sie Jesus auf dem See einhergehen und nahe ans Schiff kommen. Da fürchteten sie sich. 20 Er aber sagt zu ihnen: Ich bin es. Fürchtet euch nicht. 21 Da wollten sie ihn ins Schiff nehmen; doch alsbald war das Schiff an dem Land, wohin sie fuhren.

Brotrede:
Ich bin das Brot des Lebens

22 Am andern Tag sah das Volk, das am jenseitigen Ufer des Sees stand, dass kein anderes Schiff dort gewesen war, als nur das eine, und dass Jesus nicht mit seinen Jüngern in das Schiff gestiegen war, sondern dass seine Jünger allein abgefahren waren. 23 Es kamen andere Schiffe aus Tiberias nahe an den Ort, wo sie das Brot gegessen hatten, nachdem der Herr Dank gesagt hatte.

24 Als nun das Volk sah, dass Jesus nicht da sei, noch auch seine Jünger, stiegen sie selbst in die Schiffe und kamen nach Kafarnaum und suchten Jesus. 25 Und als sie ihn jenseits des Sees fanden, sagten sie zu ihm: Meister, wann bist du hierher gekommen? 26 Jesus antwortete ihnen und sprach: Wahrlich, wahr-

---

Christus schenkt. **4** Der Hinweis auf das Pascha steckt wieder die Szenerie ab. Das Pascha ist nahe, doch nicht nur das der Juden, auch das Pascha Jesu. **7** Zweihundert Denare kann man etwa mit der Hälfte EURO umrechnen. Der Kaufkraft nach war es allerdings ungleich mehr. **11** Es ist eindeutig, dass der Evangelist bei der Formulierung an die Eucharistie denkt. Sie bildet den Hintergrund des Ganzen. **14-15** »Der Prophet«, das ist ein messianischer Titel. Ein solcher Brotgeber kann das verheißene goldene Zeitalter der jüdischen Weltherrschaft heraufführen. **16-21** Der ganze Bericht ist rückblickend von Passion und Ostern her formuliert. **19** Fünfundzwanzig oder dreißig Stadien sind etwa fünf Kilometer. **22-71** Die

lich, ich sage euch: Ihr sucht mich nicht, weil
ihr Zeichen gesehen, sondern weil ihr von den
Broten gegessen habt und satt geworden seid.
27 Müht euch nicht um Speise, die vergeht,
sondern um Speise, die ins ewige Leben
bleibt, die der Menschensohn euch geben
wird, denn diesen hat Gott, der Vater, be-
stätigt. 28 Da sagten sie zu ihm: Was sollen wir
tun, damit wir die Werke Gottes wirken? 29 Je-
sus antwortete und sprach zu ihnen: Das ist
das Werk Gottes, dass ihr an den glaubt, den
jener gesandt hat. 30 Da sagten sie zu ihm: Was
tust du denn für ein Zeichen, damit wir sehen
und dir glauben? Was wirkst du? 31 Unsere
Väter haben das Manna in der Wüste geges-
sen, wie geschrieben steht: Brot aus dem
Himmel gab er ihnen zu essen. 32 Da sprach
Jesus zu ihnen: Wahrlich, wahrlich, ich sage
euch: Nicht Mose hat euch das Brot aus dem
Himmel gegeben, sondern mein Vater gibt
euch das wahre Brot aus dem Himmel.
33 Denn das Brot Gottes ist der, welcher aus
dem Himmel herabkommt und der Welt Le-
ben gibt. 34 Da sagten sie zu ihm: Herr, gib uns
für immer dieses Brot. 35 Jesus sprach zu ih-
nen: Ich bin das Brot des Lebens. Wer zu mir
kommt, wird nicht hungern, und wer an mich
glaubt, den wird nimmermehr dürsten.
36 Aber ich habe euch gesagt, dass ihr mich ge-
sehen habt und doch nicht glaubt. 37 Alles,
was mir der Vater gibt, wird zu mir kommen.
Und wer zu mir kommt, den werde ich nicht
hinausstoßen. 38 Denn ich bin vom Himmel
herabgestiegen, nicht damit ich meinen Wil-
len tue, sondern den Willen dessen, der mich
ausgeschickt hat. 39 Das aber ist der Wille des-
sen, der mich ausgeschickt hat, dass ich von
allem, was er mir gegeben hat, nichts zugrun-
de gehen, sondern es auferstehen lasse am
letzten Tage. 40 Denn das ist der Wille meines
Vaters, dass jeder, der den Sohn schaut und an
ihn glaubt, ewiges Leben habe; und ich werde
ihn auferstehen lassen am letzten Tage.

Brotrede: Mein Fleisch ist Speise

41 Da murrten die Juden über ihn, weil er ge-
sagt hatte: Ich bin das Brot, das aus dem Him-
mel herabgestiegen ist. 42 Und sie sagten: Ist
dieser nicht Jesus, der Sohn Josefs, dessen Va-
ter und Mutter wir kennen? Wie sagt dieser
denn: Ich bin aus dem Himmel herabgestie-
gen? 43 Jesus antwortete und sprach zu ihnen:
Murret nicht untereinander! 44 Niemand
kann zu mir kommen, wenn der Vater, der
mich ausgeschickt hat, ihn nicht zieht, und
ich lasse ihn auferstehen am letzten Tage. 45 Es
steht geschrieben in den Propheten: Und sie
werden alle von Gott belehrt sein. Jeder, der
vom Vater gehört und gelernt hat, kommt zu
mir. 46 Nicht als ob den Vater einer gesehen
hätte, außer dem, welcher von Gott ist, der
hat den Vater gesehen. 47 Wahrlich, wahrlich,
ich sage euch: Wer glaubt, hat ewiges Leben.
48 Ich bin das Brot des Lebens. 49 Eure Väter
haben in der Wüste das Manna gegessen und
sind gestorben. 50 Dies aber ist das Brot, das
aus dem Himmel herabsteigt, damit, wer da-
von isst, nicht stirbt. 51 Ich bin das lebendige
Brot, das aus dem Himmel herabgestiegen ist.
Wenn einer von diesem Brote isst, wird er in
Ewigkeit leben. Das Brot aber, das ich geben
werde, ist mein Fleisch für das Leben der
Welt. 52 Die Juden stritten nun untereinander
und sagten: Wie kann uns dieser sein Fleisch
zu essen geben? 53 Jesus aber sprach zu ihnen:
Wahrlich, wahrlich, ich sage euch: Wenn ihr
nicht das Fleisch des Menschensohnes esst
und sein Blut trinkt, habt ihr kein Leben in
euch. 54 Wer mein Fleisch isst und mein Blut
trinkt, hat ewiges Leben, und ich lasse ihn
auferstehen am letzten Tage. 55 Denn mein
Fleisch ist wahre Speise, und mein Blut ist

---

große Rede zerfällt deutlich in zwei Teile: Jesus ist das Himmelsbrot, das im Glauben erkannt wird (bis V. 40); Jesus ist das eucharistische Brot, dessen Genuss ewiges Leben bringt (V. 41-59). Danach wird neu angesetzt. Für den Evangelisten schieben sich die Zeiten vor und nach Ostern ineinander. **26-31** Die Leute kommen, weil sie Brot wollen. Jesus verweist sie auf den Glauben, der allein das Leben sichern kann. **32-35** Das Manna ist ein Beispiel für die Leben erhaltende Sorge Gottes. In Christus hat diese Sorge endgültige Gestalt angenommen. **41-47** Die einen verstehen Jesus als den Galiläer; die andern erkennen ihn als Gottgesandten. **52-59** Bisher war mit »Essen« der Glaube an Jesus Christus gemeint. Nun ist die Rede

wahrer Trank. 56 Wer mein Fleisch isst und mein Blut trinkt, bleibt in mir, und ich in ihm. 57 Wie mich der lebendige Vater gesandt hat, und ich durch den Vater lebe, so wird auch jener, der mich isst, leben durch mich. 58 Dies ist das Brot, das aus dem Himmel herabgekommen ist, nicht wie die Väter es gegessen haben und gestorben sind. Wer dieses Brot isst, wird leben in Ewigkeit. 59 Dies sprach er, als er in der Synagoge in Kafarnaum lehrte.

Sein Wort ist wie Brot vom Himmel.
Wer es annimmt,
dem gibt Jesus sich selber,
sein Brot, das denen,
die es glaubend annehmen,
ewiges Leben bringt.
Nehme ich das immer voll wahr?

(6,41-59)

Brotrede: Nehmt ihr daran Anstoß?

60 Viele nun von seinen Jüngern, die es hörten, sagten: Diese Rede ist hart, wer kann sie hören? 61 Da aber Jesus bei sich selbst wusste, dass seine Jünger darüber murrten, sprach er zu ihnen: Nehmt ihr daran Anstoß? 62 Und wenn ihr den Menschensohn werdet auffahren sehen, wo er zuvor war? 63 Der Geist ist es, der lebendig macht, das Fleisch nützt nichts. Die Worte, die ich zu euch geredet habe, sind Geist und sind Leben. 64 Es sind aber einige unter euch, die nicht glauben. Denn Jesus wusste von Anfang an, welche jene waren, die nicht glauben, und wer der war, der ihn überliefern würde. 65 Und er sprach: Darum habe ich euch gesagt: Niemand kann zu mir kommen, wenn es ihm nicht von meinem Vater gegeben ist.

Bekenntnis des Petrus: Du hast Worte ewigen Lebens

66 Von da an zogen sich viele seiner Jünger zurück und gingen nicht mehr mit ihm umher. 67 Da sprach Jesus zu den Zwölfen: Wollt auch ihr weggehen? 68 Simon Petrus antwortete ihm: Herr, zu wem sollten wir gehen? Du hast Worte ewigen Lebens. 69 Und wir haben geglaubt und erkannt, dass du der Heilige Gottes bist. 70 Jesus antwortete ihnen: Habe nicht ich euch, die Zwölf, erwählt? Und einer von euch ist ein Teufel. 71 Er redete nämlich von Judas, dem des Simon Iskariot; denn dieser sollte ihn überliefern, einer von den Zwölfen.

Geheime Zweifel im Jüngerkreis
treten offen zu Tage.
Petrus zeigt sich wirklich als Fels
in der Brandung der Unsicherheit.
Die Zwölf bleiben.
Doch, was ist mit dem einen?
Das Urteil über ihn ist hart.

(6,66-71)

Entscheidung: Auch seine Brüder glaubten nicht

7 Und danach zog Jesus in Galiläa umher, denn er wollte nicht in Judäa umherziehen, weil die Juden ihn zu töten suchten. 2 Es war aber das Fest der Juden nahe, das Laubhüttenfest. 3 Und seine Brüder sprachen zu ihm: Zieh weg von hier und geh nach Judäa, damit auch deine Jünger deine Werke sehen, die du tust. 4 Denn keiner tut etwas im Verborgenen

---

vom eucharistischen Brot. **60-65** Es zeigt sich, dass auch die Jünger sich schwer tun, Jesu Worte auf- und anzunehmen. Jesus weiß jetzt schon, wer ihm treu bleiben wird. **66-71** Die Glaubensfrage führt zum Konflikt im Jüngerkreis. Viele ziehen sich zurück. Der Herr hält keinen, der sich gegen ihn entscheidet. Petrus als Sprecher der Zwölf bekennt sich zu Jesus und macht sich zum Wortführer. Wenn seine Worte auch hart sind, so weiß doch der Glaubende, dass es Worte ewigen Lebens sind.

7,1-13 In diesem Abschnitt spiegelt sich die Glaubensunsicherheit. Die »Brüder« (vgl. zu 2,12) drängen Jesus, nach Jerusalem zu ziehen und seinen Anspruch herauszufordern. Doch auch eine solche Ent-

und sucht zugleich in der Öffentlichkeit zu
stehen. Wenn du solches tust, offenbare dich
selber der Welt. 5 Denn auch seine Brüder
glaubten nicht an ihn. 6 Da sagt Jesus zu ih-
nen: Meine Zeit ist noch nicht da. Eure Zeit
aber ist immer bereit. 7 Die Welt kann euch
nicht hassen, mich aber hasst sie. Denn ich
bezeuge von ihr, dass ihre Werke böse sind.
8 Geht ihr hinauf zu dem Fest, ich aber gehe
nicht hinauf zu diesem Fest, denn meine Zeit
ist noch nicht erfüllt. 9 Da er ihnen dies gesagt
hatte, blieb er in Galiläa. 10 Als aber seine Brü-
der zu dem Fest hinaufgegangen waren, da
ging auch er hinauf, nicht öffentlich, sondern
gleichsam im Geheimen. 11 Die Juden aber
suchten ihn am Fest und sagten: Wo ist jener?
12 Und viel Gemurmel war über ihn im Volk;
denn einige sagten: Er ist gut. Andere aber
sagten: Nein, er verführt vielmehr das Volk.
13 Doch niemand redete öffentlich über ihn,
aus Furcht vor den Juden.

Unübersichtliche Abschnitte.
Immer dasselbe:
Die einen finden ihn gut;
andere, oder besser: viele
sind gegen ihn.
Der Zweifel scheint immer
sehr mächtig zu sein.

(7,1-13)

Laubhüttenfest:
Der Wahrhaftige hat mich gesandt

14 Es war aber schon in der Mitte des Festes,
da ging Jesus hinauf in den Tempel und lehr-
te. 15 Und die Juden verwunderten sich und
sprachen: Wie kennt dieser die Schriften, da
er nicht gelernt hat? 16 Da antwortete ihnen
Jesus und sprach: Meine Lehre ist nicht die
meine, sondern dessen, der mich ausgeschickt
hat. 17 Wenn einer seinen Willen tun will, wird
er erkennen, ob die Lehre aus Gott ist, oder
ob ich von mir selbst aus rede. 18 Wer aus sich
selbst redet, sucht seine eigene Verherrli-
chung, wer aber die Verherrlichung dessen
sucht, der ihn ausgeschickt hat, der ist wahr-
haftig, und Ungerechtigkeit ist nicht in ihm.
19 Hat euch nicht Mose das Gesetz gegeben?
Und keiner von euch tut das Gesetz. Was
sucht ihr mich zu töten? 20 Das Volk antwor-
tete: Du hast einen Dämon. Wer sucht dich zu
töten? 21 Jesus antwortete und sprach zu ih-
nen: Nur ein Werk habe ich getan, und ihr
wundert euch alle. 22 Und doch: Mose hat
euch die Beschneidung gegeben – nicht als ob
sie von Mose komme, sondern von den Vä-
tern –, und ihr beschneidet einen Menschen
am Sabbat. 23 Wenn ein Mensch am Sabbat
die Beschneidung empfängt, damit das Ge-
setz des Mose nicht aufgelöst wird, wollt ihr
mir zürnen, weil ich einen ganzen Menschen
am Sabbat gesund gemacht habe? 24 Richtet
nicht nach dem Schein, sondern fällt ein ge-
rechtes Gericht. 25 Da sagten einige der Jeru-
salemer: Ist das nicht der, den sie zu töten su-
chen? 26 Und siehe, er redet öffentlich, und sie
sagen ihm nichts. Haben denn die Ratsherrn
in Wahrheit erkannt, dass dieser der Messias
ist? 27 Doch von diesem wissen wir, woher er
ist. Wenn aber der Messias kommt, weiß kei-
ner, woher er ist. 28 Und Jesus, der im Tempel
lehrte, rief aus und sprach: Ihr kennt mich
wohl und wisst, woher ich bin, aber von mir
selbst bin ich nicht gekommen, sondern es ist
ein Wahrhaftiger, der mich ausgeschickt hat,
den ihr nicht kennt. 29 Ich kenne ihn, denn ich

---

scheidung kann dem Einzelnen den Glauben nicht abnehmen. **13** An vielen Stellen der folgenden Kapitel bringt Johannes die uneinheitliche Stellungnahme des Volkes. Daraus geht hervor, dass er, wenn er von den »Juden« redet, immer jene Kreise meint, die ihn ablehnen. **14-24** Der Abschnitt steht zwar im Ablauf im Zusammenhang mit dem Laubhüttenfest; er bezieht sich jedoch auf die Heilung am Sabbat (5,1-9). **15** Jesus gehört nicht zur Zunft der berufsmäßig ausgebildeten Schriftgelehrten. **21** Das »Werk« meint die Krankenheilung am Schaftor. **25-36** In der zweiten Hälfte der Festwoche (vgl. V. 4) ist Jesus in Jerusalem. Die Leute verstehen, dass Jesus von seinem Verhältnis zu Gott spricht. Es gibt Meinungsbildung und Diskussion. – Die Behörden wollen die Bewegung im Keim ersticken und Jesus festnehmen lassen. **27** Es war im Judentum verbreitete Meinung, dass der Messias vor dem Anbruch seines Reiches verborgen sei;

bin von ihm, und er ists, der mich gesandt hat. 30 Da suchten sie ihn zu ergreifen, aber keiner legte Hand an ihn; denn seine Stunde war noch nicht gekommen.

Keiner der andern drei Evangelisten gibt dieses Chaos von Meinungen, Streitreden und Verurteilungen wieder.

(7,14-30)

Widerstreit der Meinungen: Viele glaubten

31 Aus dem Volk aber glaubten viele an ihn und sagten: Wird denn der Messias, wenn er kommt, mehr Zeichen tun, als dieser getan hat? 32 Die Pharisäer hörten, dass das Volk dieses über ihn murmelte. Da sandten die Hohenpriester und die Pharisäer Diener aus, um ihn zu ergreifen. 33 Und Jesus sprach: Noch kurze Zeit bin ich bei euch, und ich gehe zu dem, der mich ausgeschickt hat. 34 Ihr werdet mich suchen und nicht finden, und wo ich bin, dahin könnt ihr nicht kommen. 35 Da sagten die Juden untereinander: Wohin will dieser gehen, dass wir ihn nicht finden werden? Will er denn in die Zerstreuung der Griechen gehen und die Griechen lehren? 36 Was ist das für ein Wort, das er gesprochen hat: Ihr werdet mich suchen und nicht finden; und: Wo ich bin, dahin könnt ihr nicht kommen? 37 Am letzten, dem großen Tag des Festes, stand Jesus da, rief aus und sprach: Wenn einer dürstet, komme er zu mir und trinke. 38 Wer an mich glaubt, aus dessen Leib werden – wie die Schrift sagt – Ströme lebendigen Wassers fließen. 39 Das sagte er über den Geist, den die empfangen sollten, die an ihn glauben; denn Geist gab es noch nicht, weil Jesus noch nicht verherrlicht war.

Spaltung im Volk: Doch niemand legte Hand an ihn

40 Wer nun aus dem Volk diese Worte gehört hatte, sagte: Dieser ist in Wahrheit der Prophet. 41 Andere sagten: Dieser ist der Messias. Einige aber sagten: Kommt denn aus Galiläa der Messias? 42 Hat nicht die Schrift gesagt: Der Messias kommt aus den Nachkommen Davids und aus Betlehem, dem Dorf, wo David war? 43 Es entstand also eine Spaltung im Volk um seinetwillen. 44 Einige aber von ihnen wollten ihn ergreifen, doch keiner legte Hand an ihn. 45 Da kamen die Diener zu den Hohenpriestern und Pharisäern, und diese sprachen zu ihnen: Warum habt ihr ihn nicht gebracht? 46 Die Diener antworteten: Nie hat ein Mensch so geredet, wie dieser Mensch redet. 47 Da antworteten ihnen die Pharisäer: Seid denn auch ihr verführt? 48 Hat denn einer von den Ratsherrn an ihn geglaubt oder von den Pharisäern? 49 Aber dieses Volk, das das Gesetz nicht kennt – verflucht sind sie! 50 Nikodemus, der früher zu ihm gekommen und der einer von ihnen war, sagte zu ihnen: 51 Richtet denn unser Gesetz den Menschen, wenn es ihn nicht zuerst gehört und erkannt hat, was er tut? 52 Sie antworteten und sprachen zu ihm: Bist denn auch du aus Galiläa? Forsche und sieh, dass aus Galiläa kein Prophet ersteht. 53 Und sie gingen jeder in sein Haus.

---

nicht einmal er selber kenne seine Sendung. **35** Die Juden in der Diaspora (= Zerstreuung) lebten mit den Griechen (bzw. den anderen Völkern) zusammen. Hier ist wohl an Kleinasien gedacht. **37-44** Jesus knüpft wohl an die Zeremonie des Wassertragens während der Festwoche an. Mit goldenen Schalen wurde aus dem Teich Schiloach Wasser geschöpft und in feierlicher Prozession zum Brandopferaltar gebracht. **38** Es ist nicht klar, welche Schriftstelle gemeint ist (vgl. Ez 47,1 und Sach 14,8). **39** Nach dem Zeugnis des Johannes (vgl. 20,22) wird der Geist am Abend des Auferstehungstages geschenkt. **40-44** Vgl. Verse 25-30. Die einen halten Jesus für »den« Propheten (vgl. Dtn 18,15-18), andere bekennen ihn als den Messias; Zweifler verweisen auf seine Herkunft. **45-52** Auch die Behörden diskutieren. Die Gerichtsdiener kommen zurück und bezeugen, dass sie einem Menschen begegnet sind, der wie kein anderer von Gott spricht. Das »gesetzesunkundige« Volk fällt auf die Reden dieses Predigers herein. **50** Nikodemus bekennt sich nicht als Glaubender, aber er will Jesus alle Rechte zugestehen. Die Schriftgelehrten argumentieren mit ihrer Schriftkenntnis. **52** Hier zeigt sich deutlich die Verachtung der Galiläer von Seiten der Jerusalemer Kreise.

Wenn man nicht wüsste,
wie die Geschichte endet,
man könnte es hier schon vermuten.
Doch der Eindruck,
den dieser Jesus hinterließ,
war groß – auf allen Seiten.

(7,40-53)

Die Ehebrecherin: Auch ich verurteile dich nicht

8 Jesus aber ging an den Ölberg. 2 Frühmorgens dann begab er sich wieder in den Tempel. [Und alles Volk kam zu ihm, und er setzte sich und lehrte sie.] 3 Da bringen die Schriftgelehrten und die Pharisäer eine Frau, die beim Ehebruch ertappt worden war, stellen sie in die Mitte 4 und sagen zu ihm: Meister, diese Frau ist auf frischer Tat beim Ehebruch ertappt worden. 5 Im Gesetz aber hat Mose geboten, solche zu steinigen. Was sagst nun du? 6 Dies sagten sie aber, um ihn zu versuchen, damit sie ihn anklagen könnten. Da bückte sich Jesus nieder und schrieb mit dem Finger auf die Erde. 7 Da sie aber fortfuhren, ihn zu fragen, richtete er sich auf und sprach: Wer unter euch ohne Sünde ist, werfe als erster einen Stein auf sie. 8 Und er bückte sich wieder und schrieb auf die Erde. 9 Da sie es gehört hatten, gingen sie einer nach dem andern, von den Ältesten angefangen, und er blieb allein zurück und die Frau, die in der Mitte stand. 10 Da richtete sich Jesus auf und sprach zu ihr: Frau, wo sind sie? Hat dich keiner verurteilt? 11 Sie aber sagte: Keiner, Herr. Da sagte Jesus: Auch ich verurteile dich nicht. Geh, sündige von nun an nicht mehr.

Die Geschichte ist faszinierend.
Diese Pharisäer –
sie sind ganz schön auf die Nase gefallen!
Ein kurzer Abschnitt;
er sagt mir,
wie sich Vergebung und Neuanfang
zueinander verhalten.

(8,1-11)

Anklage: Ihr kennt weder mich noch meinen Vater

12 Jesus redete nun wieder zu ihnen und sprach: Ich bin das Licht der Welt. Wer mir nachfolgt, wird nicht in der Finsternis umhergehen, sondern das Licht des Lebens haben. 13 Da sprachen die Pharisäer zu ihm: Du bezeugst für dich selbst. Dein Zeugnis ist nicht wahr. 14 Jesus antwortete und sprach zu ihnen: Wenn ich auch für mich selbst bezeuge, ist mein Zeugnis wahr, denn ich weiß, woher ich gekommen bin und wohin ich gehe. Ihr aber wisst nicht, woher ich komme und wohin ich gehe. 15 Ihr richtet nach dem Fleisch. Ich richte niemanden. 16 Doch auch wenn ich richte, ist mein Gericht wahr, denn ich bin nicht allein, sondern: ich und der mich ausgeschickt hat. 17 Aber auch in eurem Gesetz steht geschrieben, dass das Zeugnis zweier Menschen wahr ist. 18 Ich bin es, der für mich bezeugt, und es bezeugt für mich der Vater, der mich ausgeschickt hat. 19 Da sprachen sie zu ihm: Wo ist dein Vater? Jesus antwortete: Ihr kennt weder mich, noch meinen Vater. Wenn ihr mich kenntet, würdet ihr auch meinen Vater kennen. 20 Diese Worte redete er, als er an der Schatzkammer im Tempel lehrte. Und keiner ergriff ihn, denn seine Stunde war noch nicht gekommen.

8,1-11 Der Abschnitt fehlt in den meisten älteren Handschriften. Dennoch scheint altes Überlieferungsgut aufgenommen zu sein. **5** Nach Lev 20,10 und Dtn 22,22 mussten beide Frauen gesteinigt werden, nicht nur die treulose Ehefrau, sondern auch die verführte »Braut« (und die Männer? so kann man wohl auch fragen!). **6** Jesus misst mit anderen Maßstäben als die zu Gericht sitzenden Pharisäer. **12-20** Diese Verse gehören wieder in den Zusammenhang von Kapitel 8. Das Thema des Zeugnisses wird mit dem des Gerichts verbunden. **14** Das Selbstzeugnis Jesu ist wahr, weil sein Woher und Wohin bekannt ist. **17** Vgl. Dtn 17,6; 19,15. **21-30** Die Rede wird hier durch eine Diskussion mit den Juden unterbrochen. Der Anlass hier, wie an anderen Stellen, ist ein Missverständnis. Die Unheilszusage ist hier, wie schon in

Warnung:
Ihr werdet in euren Sünden sterben

[21] Und er sprach wiederum zu ihnen: Ich gehe, und ihr werdet mich suchen, aber ihr werdet in eurer Sünde sterben. Wohin ich gehe, dahin könnt ihr nicht kommen. [22] Da sagten die Juden: Will er sich etwa selbst töten, weil er sagt: Wohin ich gehe, dahin könnt ihr nicht kommen? [23] Und er sprach zu ihnen: Ihr seid von unten, ich bin von oben. Ihr seid aus dieser Welt, ich bin nicht aus dieser Welt. [24] Darum habe ich euch gesagt: Ihr werdet in euren Sünden sterben. Denn wenn ihr nicht glaubt, dass ich es bin, werdet ihr in euren Sünden sterben. [25] Da sprachen sie zu ihm: Wer bist du? Jesus sprach zu ihnen: Was rede ich überhaupt zu euch? [26] Vieles habe ich über euch zu sagen und zu richten, doch der mich ausgeschickt hat, ist wahrhaftig. Und was ich von ihm her gehört habe, das rede ich zur Welt. [27] Und sie erkannten nicht, dass er vom Vater zu ihnen sprach. [28] Da sagte Jesus: Wenn ihr den Menschensohn werdet erhöht haben, dann werdet ihr erkennen, dass ich es bin und von mir selbst nichts tue, sondern das rede, was mich der Vater gelehrt hat. [29] Und der mich ausgeschickt hat, ist mit mir. Er hat mich nicht allein gelassen, weil ich allzeit tue, was ihm wohlgefällt. [30] Als er dies sagte, glaubten viele an ihn.

Man sollte noch viel langsamer lesen,
auf jedes Wort achten,
sonst erscheint das Ganze
als immer gleiche Streiterei.
Dabei kann man merken,
dass die Aussagen Jesu
immer dichter werden.

(8,21-30)

Knechtschaft:
Die Wahrheit wird euch frei machen

[31] Jesus sprach also zu den Juden, die zum Glauben an ihn gekommen waren: Wenn ihr in meinem Worte bleibt, werdet ihr in Wahrheit meine Jünger sein. [32] Und ihr werdet die Wahrheit erkennen, und die Wahrheit wird euch frei machen. [33] Sie antworteten ihm: Wir sind Nachkommen Abrahams und sind nie jemands Knechte gewesen. Was sagst du: Ihr werdet frei werden? [34] Jesus antwortete ihnen: Wahrlich, wahrlich, ich sage euch: Jeder, der die Sünde tut, ist Knecht der Sünde. [35] Der Knecht aber bleibt nicht für immer im Haus, der Sohn aber bleibt für immer. [36] Wenn nun der Sohn euch frei macht, werdet ihr in Wahrheit frei sein.

Gegen Überheblichkeit:
Ihr stammt vom Teufel ab

[37] Ich weiß, dass ihr Abrahams Nachkommen seid. Aber ihr sucht mich zu töten, weil mein Wort nicht in euch gelangt. [38] Ich rede, was ich bei meinem Vater gesehen habe. Und auch ihr tut, was ihr von eurem Vater gehört habt. [39] Sie antworteten und sprachen zu ihm: Unser Vater ist Abraham. Jesus sagt zu ihnen: Wenn ihr Kinder Abrahams wäret, so tätet ihr Abrahams Werke. [40] Nun aber sucht ihr mich zu töten, einen Menschen, der euch die Wahrheit gesagt hat, die ich von Gott gehört habe. Das hat Abraham nicht getan. [41] Ihr tut die Werke eures Vaters. Sie sagten zu ihm: Wir sind nicht im Ehebruch geboren, wir haben nur einen Vater: Gott. [42] Jesus sprach zu ihnen: Wenn Gott euer Vater wäre, würdet ihr mich lieben; denn ich bin von Gott ausgegangen und gekommen, denn ich bin ja nicht von mir selbst aus gekommen, sondern jener hat

---

Vers 7,54, der Hinweis auf das Zuspät. **24** Der Inhalt des Glaubens ist so zusammengefasst: »Wenn ihr nicht glaubt, dass ich es bin.« Diese Aussage wird nur verständlich, wenn man weiß, dass im Alten Testament »Ich bin es« eine Selbstoffenbarung Gottes ist. **25** Da die Formel: »Ich bin es« keiner anderen Erklärung bedarf, erhalten die Frager auch keine direkte Antwort. Sie wird ihnen erst in V. 28 gegeben und dort auf rätselhafte Weise. **28-30** Erst wenn der Menschensohn erhöht ist, wird ihnen der Sinn dieses »Ich bin es« aufgehen. Wenn sie es aber jetzt nicht erkennen, werden sie es erkennen, wenn es zu spät ist. **31-36** Ob der Glaube, den Jesus findet, echter Glaube ist, wird sich daran zeigen, ob er den Anstoß überwindet, der Jesu Wort für die Welt bedeutet. Auf den Glauben folgt sofort die Probe: Die Verheißung der Freiheit beinhaltet auch Kritik, die von den Hörern sofort abgelehnt wird unter dem Hinweis auf ihre Abrahamskindschaft. Jesus sagt ihnen, worin die eigentliche Unfreiheit – der auch Freie verfallen – besteht. **37-43**

mich gesandt. [43] Warum versteht ihr meine Sprache nicht? Weil ihr mein Wort nicht hören könnt. [44] Ihr habt den Teufel als Vater und wollt die Gelüste eures Vaters tun. Jener war ein Menschenmörder von Anbeginn und stand nicht in der Wahrheit; denn die Wahrheit ist nicht in ihm. Wenn er die Lüge redet, so redet er aus dem Seinigen, denn er ist ein Lügner und der Vater derselben. [45] Weil ich aber die Wahrheit rede, glaubt ihr mir nicht. [46] Wer aus euch weist mir eine Sünde nach? Wenn ich die Wahrheit rede, warum glaubt ihr mir nicht? [47] Wer aus Gott ist, hört die Worte Gottes, darum hört ihr sie nicht, weil ihr nicht aus Gott seid.

Gottes Wort hören –
Herr, öffne meine Ohren
und öffne mir mein Herz,
damit ich aufnehme,
was du mir sagen willst.

(8,47)

Streitgespräch: Bist du größer als Abraham?

[48] Die Juden antworteten und sagten zu ihm: Sagen wir nicht mit Recht, dass du ein Samariter bist und einen Dämon hast? [49] Jesus antwortete: Ich habe keinen Dämon, sondern ich ehre meinen Vater, ihr aber entehrt mich. [50] Doch, ich suche meine Verherrlichung nicht; es ist einer, der sie sucht und richtet. [51] Wahrlich, wahrlich, ich sage euch: Wenn jemand mein Wort bewahrt, wird er in Ewigkeit den Tod nicht schauen. [52] Die Juden sagten zu ihm: Jetzt haben wir erkannt, dass du einen Dämon hast. Abraham ist gestorben und die Propheten, und du sagst: Wenn jemand mein Wort hält, wird er in Ewigkeit den Tod nicht kosten. [53] Bist du denn größer als unser Vater Abraham, der gestorben ist? Auch die Propheten sind gestorben. Wozu machst du dich selbst? [54] Jesus antwortete: Wenn ich mich selbst verherrliche, ist meine Herrlichkeit nichts. Mein Vater ist es, der mich verherrlicht. Er, von dem ihr sagt: Er ist unser Gott. [55] Doch ihr habt ihn nicht erkannt, ich aber kenne ihn. Und wenn ich sagte: Ich kenne ihn nicht, wäre ich gleich euch ein Lügner. Aber ich kenne ihn und halte sein Wort. [56] Abraham, euer Vater, frohlockte, dass er meinen Tag sehen werde. Und er sah ihn und freute sich. [57] Da sagten die Juden zu ihm: Du bist noch nicht fünfzig Jahre alt und hast Abraham gesehen? [58] Jesus sprach zu ihnen: Wahrlich, wahrlich, ich sage euch: Ehe Abraham ward, bin ich. [59] Da hoben sie Steine auf, um auf ihn zu werfen. Jesus aber verbarg sich und ging aus dem Tempel hinaus.

Gott kennen – ihn erkennen
als der, der er ist.
Doch wer nicht will,
der scheint Scheuklappen zu haben.
Die Szene zeigt,
dass sie einfach nicht wollen.

(8,48-59)

Der Blinde: Die Werke Gottes sollen an ihm offenbar werden

9 Und im Vorbeigehen sah er einen Menschen, der von Geburt an blind war. [2] Da fragten ihn seine Jünger: Meister, wer hat gesün-

---

Die »Nachkommen« Abrahams werden erst dann seine »Kinder«, wenn sie die Werke ihres Vaters tun. Das heißt, wenn sie so mit Gott leben wie Abraham, und das bedeutet, dass sie Jesus erkennen und anerkennen. **44-47** Der Vater derer, die sich Jesus entgegenstellen, ist der »Teufel«, das heißt: die personifizierte Gottesfeindschaft. **48-59** Die Gegner Jesu bringen zwei Anschuldigungen vor: Entweder er sei ein Samariter (= Ketzer) oder er sei besessen. Die Gegner Jesu reden von seinem konkreten Menschsein; er aber redet von seiner heilsgeschichtlichen Stellung. **59** Ein Gotteslästerer sollte nach dem Gesetz gesteinigt werden, und in den Augen seiner Gegner war Jesus ein solcher (vgl. Lev 24,11-16; 1 Kön 21,10.13).
9,1-7 Die Heilung des Blinden führt einen neuen Abschnitt ein. Die anschließende Diskussion über das Wunder (V. 8-38) leitet zum Streitgespräch (V. 39-41) über, das auf die johanneischen Begriffe Licht/Fins-

digt, dieser oder seine Eltern, dass er blind ge-
boren wurde? 3 Jesus antwortete: Weder die-
ser hat gesündigt noch seine Eltern, sondern
die Werke Gottes sollen an ihm offenbar wer-
den. 4 Wir müssen die Werke dessen wirken,
der mich ausgeschickt hat, solange es Tag ist.
Es kommt eine Nacht, da keiner wirken
kann.
5 Solange ich in der Welt bin, bin ich ein Licht
der Welt. 6 Als er dies gesagt hatte, spuckte er
auf die Erde und machte einen Teig aus dem
Speichel und legte ihm den Teig auf die Augen
7 und sprach zu ihm: Geh und wasche dich im
Teich Schiloach [was übersetzt heißt: Abge-
sandter]. Da ging er hin und wusch sich und
kam sehend. 8 Die Nachbarn aber und die ihn
zuvor als Bettler gesehen hatten, sagten: Ist
das nicht jener, der dasaß und bettelte? 9 An-
dere sagten: Dieser ist es. Noch andere sag-
ten: Nein, sondern er ist ihm ähnlich. Jener
sagte: Ich bin es. 10 Da sagten sie zu ihm: Wie
sind dir die Augen aufgetan worden? 11 Jener
antwortete: Der Mensch, der Jesus genannt
wird, machte einen Teig, bestrich mir die Au-
gen und sprach zu mir: Geh an den Schiloach
und wasche dich. Da ging ich, wusch mich
und sah. 12 Und sie sprachen zu ihm: Wo ist je-
ner? Er sagt: Ich weiß es nicht. 13 Sie führten
den, der vorher blind war, zu den Pharisäern.
14 Es war aber Sabbat an dem Tag, an dem Je-
sus den Teig machte und ihm die Augen auf-
tat. 15 Abermals fragten ihn nun auch die Pha-
risäer, wie er sehend geworden sei. Er aber
sagte zu ihnen: Er legte mir einen Teig auf die
Augen, und ich wusch mich und ich sehe.
16 Da sagten einige von den Pharisäern: Dieser
Mensch ist nicht von Gott, weil er den Sabbat
nicht bewahrt. Andere sagten: Wie kann ein
sündiger Mensch solche Zeichen tun? Und es
war eine Spaltung unter ihnen. 17 Dann sagten
sie wieder zu dem Blinden: Was sagst du über
ihn, da er dir die Augen aufgetan hat? Er aber
sprach: Er ist ein Prophet. 18 Die Juden nun
glaubten nicht von ihm, dass er blind gewesen
und sehend geworden sei, bis sie seine, des Se-
hendgewordenen, Eltern gerufen hatten.
19 Und sie fragten sie und sprachen: Ist dieser
euer Sohn, von dem ihr sagt, dass er blind ge-
boren worden ist? Wie sieht er denn jetzt?
20 Da antworteten seine Eltern und sagten:
Wir wissen, dass dieser unser Sohn ist und
dass er blind geboren wurde. 21 Wie er aber
jetzt sieht, wissen wir nicht, oder wer ihm die
Augen aufgetan hat, wissen wir nicht. Fragt
ihn selber. Er ist alt genug. Er selbst mag über
sich reden. 22 Dies sagten seine Eltern, weil sie
die Juden fürchteten. Denn die Juden waren
schon übereingekommen, wenn jemand ihn
als den Messias bekenne, werde er aus der Sy-
nagoge ausgeschlossen. 23 Deshalb sagten sei-
ne Eltern: Er ist alt genug, fragt ihn selber.

Die Geschichte ist mehrschichtig.
Ein Blinder, ein richtig Blinder,
der wird sehend.
Die mit den Augen Sehenden,
die haben blinde Herzen.
Ein hartes Bild.

(9,1-23)

Der Blinde: Herr, ich glaube

24 Sie riefen also den Menschen, der blind ge-
wesen, zum zweiten Mal und sagten zu ihm:
Gib Gott die Verherrlichung. Wir wissen,
dass dieser Mensch ein Sünder ist. 25 Da ant-
wortete jener: Ob er ein Sünder ist, weiß ich
nicht. Eines weiß ich, dass ich blind war und
jetzt sehe. 26 Da sagten sie zu ihm: Was hat er

---

ternis ausgerichtet ist. **7-12** Wie der Blinde vom Wasser des Schiloach das Augenlicht empfängt, so empfängt der Glaubende von Jesus, »dem Gesandten«, das Licht. Der Evangelist deutet von hier aus den Namen des Teichs. **8** Die Nachbarn aber können das, was geschehen ist, nicht annehmen. **13-17** Das erste Verhör des Geheilten führt wieder zu einer Spaltung, denn das Zeichen Gottes fordert Entscheidung. **18-23** Das Verhör der Eltern soll die Heilung als Betrug erweisen. Die Eltern fürchten jedoch den Ausschluss aus der Synagoge; daher lehnen sie die Auskunft ab. **24-34** Noch ein Verhör des Geheilten. Unter dem Mantel scheinbarer Objektivität verbergen die Gegner ihre Feindschaft und bemerken nicht, wie sie sich in ihrer Beweisführung widersprechen. Das Verhör endet damit, dass der Geheilte aus der Syna-

mit dir gemacht? Wie hat er dir die Augen
aufgetan? 27 Er antwortete ihnen: Ich habe es
euch schon gesagt; doch ihr habt es nicht
gehört. Was wollt ihr es noch einmal hören?
Wollt etwa auch ihr seine Jünger werden?
28 Da schmähten sie ihn und sprachen: Du bist
ein Jünger von jenem. Wir aber sind Jünger
des Mose. 29 Wir wissen, dass Gott mit Mose
geredet hat. Von diesem aber wissen wir
nicht, woher er ist. 30 Der Mensch antwortete
und sprach zu ihnen: Darin liegt doch das
Sonderbare, dass ihr nicht wisst, woher er ist,
und doch hat er mir die Augen aufgetan.
31 Wir wissen aber, dass Gott die Sünder nicht
erhört. Wenn aber einer gottesfürchtig ist und
seinen Willen tut, den erhört er. 32 Seit Welt-
zeit ist nicht gehört worden, dass jemand die
Augen eines Blindgeborenen aufgetan hat.
33 Wenn dieser nicht von Gott wäre, könnte er
nichts tun. 34 Sie antworteten und sagten zu
ihm: Du bist ganz in Sünden geboren und du
lehrst uns? Und sie stießen ihn hinaus. 35 Jesus
hörte, dass sie ihn hinausstießen, und als er
ihn traf, sprach er: Glaubst du an den Men-
schensohn? 36 Jener antwortete und sprach:
Wer ist es denn, Herr, damit ich an ihn glau-
be? 37 Jesus sprach zu ihm: Du hast ihn ja ge-
sehen, und der mit dir redet, der ist's. 38 Er
aber sprach: Herr, ich glaube! Und er warf
sich vor ihm nieder. 39 Und Jesus sprach: Zum
Gericht bin ich in diese Welt gekommen, da-
mit die Nicht-Sehenden sehen und die Sehen-
den blind werden. 40 Einige Pharisäer, die bei
ihm waren, hörten dies und sprachen zu ihm:
Sind etwa auch wir blind? 41 Jesus sprach zu
ihnen: Wenn ihr blind wäret, hättet ihr keine
Sünde. Nun sagt ihr aber: Wir sehen. So bleibt
eure Sünde.

Hirt der Schafe: Ich bin die Tür

10 Wahrlich, wahrlich, ich sage euch: Wer
nicht durch die Tür in den Schafstall hinein-
geht, sondern anderswo hineinsteigt, der ist
ein Dieb und ein Räuber. 2 Wer aber durch die
Tür hineingeht, ist Hirt der Schafe. 3 Diesem
macht der Türhüter auf, und die Schafe hören
auf seinen Ruf, und er ruft seine Schafe mit
Namen und führt sie heraus. 4 Wenn er die
Seinigen alle herausgetrieben hat, geht er vor
ihnen her, und die Schafe folgen ihm, weil sie
seinen Ruf kennen. 5 Einem Fremden aber
werden sie nicht folgen, sondern vor ihm flie-
hen, denn sie kennen den Ruf der Fremden
nicht. 6 Diese Bildrede sagte Jesus zu ihnen.
Sie aber verstanden nicht, was er zu ihnen re-
dete. 7 Da sprach Jesus wieder: Wahrlich,
wahrlich, ich sage euch: Ich bin die Türe zu
den Schafen. 8 Alle, die vor mir kamen, sind
Diebe und Räuber; aber die Schafe haben
nicht auf sie gehört. 9 Ich bin die Tür. Wenn je-
mand durch mich hineingeht, wird er gerettet
werden. Er wird hineingehen und hinausge-
hen und Weide finden. 10 Der Dieb kommt
nur, um zu stehlen und zu töten und zugrun-
de zu richten. Ich bin gekommen, damit sie
Leben haben und es in Fülle haben.

Der gute Hirt:
Ich kenne die Meinen

11 Ich bin der gute Hirt. Der gute Hirt gibt sein
Leben für die Schafe. 12 Der Mietling aber, der
nicht Hirt ist, dem die Schafe nicht eigen sind,
sieht den Wolf kommen und lässt die Schafe
und flieht, – und der Wolf raubt sie und zer-
streut sie. 13 Denn er ist Mietling, und es liegt
ihm nichts an den Schafen. 14 Ich bin der gute
Hirt und kenne die Meinen, und die Meinen
kennen mich, 15 wie mich der Vater kennt,
und ich den Vater kenne. Und ich gebe mein
Leben für die Schafe. 16 Und ich habe andere
Schafe, die nicht aus diesem Schafstall sind.
Auch jene muss ich herbeiführen, und sie
werden auf meinen Ruf hören, und es wird ei-
ne Herde, ein Hirt werden. 17 Darum liebt

---

goge ausgeschlossen wird. **35-41** Der Geheilte begegnet Jesus aufs Neue. Jesus offenbart sich dem Fragenden und der bekennt sich zu Christus, dem Heilbringer der Endzeit. **40** Im Gespräch der Pharisäer mit Jesus wird das Bild vom Sehen und Nicht-sehen direkt angesprochen.

10,1-39 Mit den zusammengestellten Bildworten wird das Verhältnis zwischen Jesus Christus und den Seinen dargestellt. Die Abfolge der Abschnitte ist möglicherweise durcheinander geraten. **1-6** Das Wesen des guten Hirten wird aus dem angesprochenen Gegensatz deutlich. **7-10** Ein neues Bild, das betont, dass man nur durch Jesus zum Vater kommen kann; er ist gleichsam die Tür zum Vater. **11-15** Die Bild-

mich der Vater, weil ich mein Leben hingebe, um es wieder zu nehmen. 18 Niemand nimmt es von mir, sondern ich gebe es von mir aus hin. Ich habe Macht, es hinzugeben, und ich habe Macht, es wieder zu nehmen. Diesen Auftrag habe ich von meinem Vater empfangen.

Manche wollen keine Schafe sein.
Doch wenn Jesus der gute Hirt ist,
gehöre ich gern zu seiner Herde.
Nur mag ich es nicht so gern, wenn jene,
die in Jesu Auftrag seine »Herde« weiden,
sich so gerne
Jesu Ehrentitel aneignen.

(10,11-18)

Spaltung: Was hört ihr auf ihn?

19 Wieder entstand um dieser Worte willen eine Spaltung unter den Juden. 20 Viele von ihnen sagten: Er hat einen Dämon und ist wahnsinnig. Was hört ihr auf ihn? 21 Andere sagten: Das sind nicht die Worte eines Dämonbesessenen. Kann denn ein Dämon die Augen der Blinden auftun?

Tempelweihefest:
Ich und der Vater sind eins

22 Es war damals in Jerusalem das Fest der Tempelweihe. Es war Winter. 23 Und Jesus ging im Tempel in der Halle Salomos umher. 24 Da umzingelten ihn die Juden und sagten zu ihm: Wie lange noch hältst du unser Leben in Spannung? Wenn du der Messias bist, sage es uns frei heraus. 25 Jesus antwortete ihnen: Ich habe es euch gesagt, doch ihr glaubt nicht. Die Werke, die ich im Namen meines Vaters tue, diese bezeugen mich. 26 Aber ihr glaubt nicht, denn ihr seid nicht aus meinen Schafen. 27 Meine Schafe hören auf meinen Ruf, und ich kenne sie, und sie folgen mir. 28 Und ich gebe ihnen ewiges Leben, und sie werden in Ewigkeit nicht zugrunde gehen, und keiner wird sie aus meiner Hand rauben. 29 Mein Vater, der sie mir gegeben hat, ist größer als alle, und keiner kann sie aus der Hand des Vaters rauben. 30 Ich und der Vater sind eins. 31 Wieder hoben die Juden Steine auf, um ihn zu steinigen.

Erneuter Streit:
Er entkam aus ihrer Hand

32 Jesus antwortete ihnen: Viele gute Werke habe ich euch vom Vater her gezeigt, um welches dieser Werke willen steinigt ihr mich? 33 Die Juden antworteten ihm: Wir steinigen dich nicht eines guten Werkes wegen, sondern wegen einer Lästerung, und zwar, weil du dich selbst zu Gott machst, da du ein Mensch bist. 34 Jesus antwortete ihnen: Steht nicht in eurem Gesetz geschrieben: Ich habe gesagt: Ihr seid Götter? 35 Wenn es jene Götter nannte, an die das Wort Gottes erging, und die Schrift nicht aufgelöst werden kann, 36 was sagt ihr zu dem, welchen der Vater geheiligt und in die Welt gesandt hat: Du lästerst, weil ich gesagt habe: Ich bin Gottes Sohn? 37 Tu ich die Werke meines Vaters nicht, so glaubt mir nicht. 38 Tu ich sie aber, so glaubt den Werken, wenn ihr mir nicht glaubt, damit ihr zur Erkenntnis kommt und erkennt, dass der Vater in mir ist und ich im Vater. 39 Da suchten sie wiederum ihn zu ergreifen. Doch er entkam aus ihrer Hand. 40 Und er ging wieder über den Jordan an den Ort, wo Johannes zuerst getauft hatte, und blieb dort. 41 Und

---

worte werden zur direkten Rede. **16-18** Im Verhältnis Jesu zum Vater gründet das Verhältnis der Glaubenden zu Jesus. Jesus selber hat nicht unter den Völkern gelehrt. Doch nach seiner Auferweckung wird sich die Gemeinde der Christen an die wenden, die nicht aus dem Judentum kommen. **19-21** In der Diskussion bilden sich Gruppen; die einen erheben Anklage, andere sind auf dem Weg zum Glauben. Sie stellen Fragen. **22-33** Die Juden verlassen sich nicht auf das Wort, sie wollen »Werke« sehen. Die Schroffheit der Formulierung soll Anstoß erregen und tut es auch. Das Tempelweihefest wird im Dezember gefeiert (vgl. 1 Makk 4,36-61). **23** »Halle Salomos« eine Säulenhalle an der Ostseite des Tempels. **34-39** Jesus zitiert (wie damals üblich) einen Satz aus Ps 82,6 aus dem Zusammenhang und überträgt ihn auf die Situation. **37-38** Jesus wirbt um den »Glauben an die Werke«, der zum Glauben an die Person führt. Auch wenn sie

viele kamen zu ihm und sagten: Johannes hat
zwar kein Zeichen getan, 42 aber alles, was Jo-
hannes über diesen gesagt hat, ist wahr gewe-
sen. 43 Und viele glaubten dort an ihn.

Wie würde ich reagieren,
wenn ich das, was ich hier lese,
noch nie gehört hätte?
Käme es mir nicht vor
wie eine Gotteslästerung?
Fasst hier Johannes
predigtartig zusammen,
was er für die Katechese brauchte?

(10,32-43)

Tod des Lazarus: Er ist eingeschlafen

11 Es war aber einer krank, Lazarus von Be-
tanien, aus dem Dorf der Maria und ihrer
Schwester Marta. 2 Maria aber war jene, die
den Herrn mit Öl gesalbt und seine Füße mit
ihren Haaren getrocknet hat; deren Bruder
Lazarus war krank. 3 Da sandten die Schwes-
tern zu ihm, um zu sagen: Herr, sieh, der, den
du lieb hast, ist krank. 4 Als Jesus das hörte,
sprach er: Diese Krankheit ist nicht zum To-
de, sondern zur Verherrlichung Gottes, damit
der Sohn Gottes durch sie verherrlicht werde.
5 Jesus aber liebte die Marta und ihre Schwes-
ter und den Lazarus. 6 Als er nun hörte, dass
er krank sei, da blieb er zwei Tage an dem
Ort, wo er war. 7 Darauf sagt er dann zu den
Jüngern: Lasst uns wieder nach Judäa gehen.
8 Die Jünger sagen zu ihm: Meister, eben such-
ten die Juden dich zu steinigen, und du gehst
wieder dorthin? 9 Jesus antwortete: Sind nicht
zwölf Stunden am Tag? Wenn einer am Tag
umhergeht, stößt er nicht an, denn er sieht
das Licht dieser Welt. 10 Wenn aber einer bei
Nacht umhergeht, stößt er an, denn das Licht
ist nicht in ihm. 11 Dieses sprach er, und da-
nach sagt er zu ihnen: Lazarus, unser Freund,
ist eingeschlafen, aber ich gehe hin, um ihn
aufzuwecken. 12 Da sprachen die Jünger zu
ihm: Herr, wenn er eingeschlafen ist, wird er
gerettet.
13 Jesus aber hatte von seinem Tod gespro-
chen, jene aber meinten, er spreche vom Ein-
schlafen zum Schlaf. 14 Darauf nun sagte ih-
nen Jesus offen: Lazarus ist gestorben, 15 und
ich freue mich um euretwillen, dass ich nicht
dort war, damit ihr glaubt. Lasst uns also zu
ihm gehen. 16 Da sprach Thomas, der Didy-
mus genannt wird, zu den Mitjüngern: Lasst
auch uns hingehen, damit wir mit ihm ster-
ben.

Erweckung des Lazarus: Vater, ich danke dir

17 Als nun Jesus ankam, fand er ihn schon vier
Tage im Grabe liegend. 18 Betanien aber war
nahe bei Jerusalem, etwa fünfzehn Stadien
entfernt. 19 Es waren also viele von den Juden
zu Marta und Maria gekommen, um sie ihres
Bruders wegen zu trösten. 20 Als nun Marta
hörte, dass Jesus komme, ging sie ihm entge-
gen, Maria aber saß zu Hause. 21 Marta sagte
nun zu Jesus: Herr, wärest du hier gewesen,

---

ihn ergreifen wollen, so haben die Gegner doch keine Gewalt über ihn. Einzig der Vater bestimmt über die »Stunde« des Sohnes. **40-43** Das öffentliche Wirken Jesu hat sein Ende erreicht. Daher geht die Erzählung zurück an den Ausgangspunkt, an den Ort, wo Johannes taufte. Vor dem Todesbeschluss, heraufbeschworen durch die Erweckung des Lazarus (nächstes Kapitel), bringt der Evangelist die Bemerkung, dass Jesu Wirken nicht schlechthin erfolglos blieb.
11,1-5 Neben der Beschreibung der Szenerie wird das Thema angegeben: »Alles, was nun geschieht, geschieht zur Verherrlichung Gottes.« **1** Der Name Lazarus bedeutet »Gott hilft.« **2** Die hier genannte Maria ist weder mit der Sünderin (Lk 7,36-50), noch mit Maria von Magdala (Lk 8,2) identisch. **6-16** Das Gespräch zwischen Jesus und den Jüngern vollzieht sich auf zwei Ebenen: Jesu Weg führt in den Tod. Sein Beschluss, Lazarus zu helfen, beschleunigt dies. Sein Zögern steht im Zusammenhang mit dem Tod des Lazarus; nur über einen, der wirklich tot ist, kann sich Jesus als der Sieger über den Tod offenbaren. **16** Didymus (griechisch) = Zwilling. **17-44** Der Erweckung des Lazarus geht das Gespräch zwischen Jesus und Marta voraus, das in Vers 27 seinen Höhe- und Schlusspunkt erfährt. In dem Gespräch kommt österliche Katechese zu Wort. **28-32** Auch Maria vertraut

mein Bruder wäre nicht gestorben. 22 Auch jetzt weiß ich: Alles, um was du Gott bittest, wird Gott dir geben. 23 Jesus sagte zu ihr: Dein Bruder wird auferstehen. 24 Marta sagte zu ihm: Ich weiß, dass er auferstehen wird bei der Auferstehung am letzten Tag. 25 Jesus sprach zu ihr: Ich bin die Auferstehung und das Leben. Wer an mich glaubt, wird leben, auch wenn er gestorben ist. 26 Und jeder, der lebt und an mich glaubt, wird in Ewigkeit nicht sterben. Glaubst du das? 27 Sie sagt zu ihm: Ja, Herr, ich habe Glauben, dass du der Messias, der Sohn Gottes bist, der in die Welt kommt. 28 Und als sie dies gesagt hatte, ging sie weg, rief heimlich ihre Schwester Maria und sagte: Der Meister ist da und ruft dich. 29 Als jene das hörte, stand sie schnell auf und ging zu ihm. 30 Jesus war aber noch nicht in das Dorf gekommen, sondern er war noch an dem Ort, wohin Marta ihm entgegengegangen war.

Diese Geschichte –
eine Herausforderung doppelter Art!
Zunächst die Nachricht
vom Tod seines Freundes.
Und Jesus? Der bleibt, wo er ist.
Dann will er doch nach Judäa zurück;
aber waren dort nicht »die Juden«,
die ihn hatten steinigen wollen?
Und dann geht er doch,
zur Freude der Schwestern.

(11,17-30)

31 Als nun die Juden, die bei ihr im Hause waren und sie trösteten, sahen, dass Maria schnell aufstand und hinausging, folgten sie ihr, da sie meinten, sie gehe zum Grab, um dort zu weinen. 32 Da nun Maria dahin kam, wo Jesus war, und ihn sah, fiel sie zu seinen Füßen und sagte zu ihm: Herr, wärest du hier gewesen, so wäre mein Bruder nicht gestorben. 33 Als aber Jesus sah, wie sie weinte, und wie die Juden, die mit ihr gekommen waren, weinten, fuhr er im Geiste auf und erregte sich 34 und sprach: Wo habt ihr ihn hingelegt? Sie sagen zu ihm: Herr, komm und sieh! 35 Und Jesus weinte. 36 Da sagten die Juden: Siehe, wie lieb er ihn hatte. 37 Einige aber von ihnen sagten: Konnte er, der die Augen des Blinden auftat, nicht machen, dass auch dieser nicht stürbe? 38 Jesus nun fuhr abermals in seinem Innern auf und kommt zum Grab. Es war aber eine Höhle, und ein Stein lag vor ihr. 39 Jesus sagt: Hebt den Stein weg. Marta, die Schwester des Verstorbenen, sagt zu ihm: Herr, er riecht schon; denn es ist schon der vierte Tag. 40 Jesus sagt zu ihr: Habe ich dir nicht gesagt, dass du, wenn du glaubst, die Herrlichkeit Gottes sehen wirst? 41 Sie hoben also den Stein weg; Jesus aber hob die Augen nach oben und sprach: Vater, ich danke dir, dass du mich erhört hast. 42 Ich wusste zwar, dass du mich allzeit erhörst, aber um des Volkes willen, das umhersteht, habe ich es gesagt, damit sie glauben, dass du mich gesandt hast. 43 Und als er dies gesagt hatte, rief er mit lauter Stimme: Lazarus, komm heraus! 44 Der Verstorbene kam heraus, an Füßen und Händen mit Binden gebunden, und sein Gesicht mit einem Schweißtuch umbunden. Jesus sagte zu ihnen: Löst ihn und lasst ihn gehen.

»Lazarus, komm heraus!«
Ein merkwürdiger Ruf zu einer Leiche,
die schon »riecht«.
Doch der Tote steht auf.
Und wie lebt er dann?

(11,43)

Todesbeschluss:
Es ist besser, ein Mensch stirbt

45 Viele von den Juden nun, die zu Maria gekommen waren und gesehen hatten, was er

---

Jesus, doch ihr Glaube reicht nicht so weit, wie der ihrer Schwester. **41-42** Jesus bittet den Vater nicht um Hilfe; er dankt ihm. **45-54** Nach dem Zeugnis des Johannes wird die Erweckung des Lazarus zum eigentlichen Anlass für den Beschluss der Behörden, Jesus zu töten. **51** Kajaphas wird zum tragischen Propheten

getan, glaubten an ihn. 46 Einige aber von ihnen gingen hin zu den Pharisäern und sagten ihnen, was Jesus getan hatte. 47 Da versammelten die Hohenpriester und die Pharisäer den Hohen Rat und sagten: Was tun wir? Denn dieser Mensch tut viele Zeichen. 48 Wenn wir ihn so lassen, werden alle an ihn glauben, und die Römer werden kommen und uns den Ort und das Volk wegnehmen. 49 Einer aber von ihnen, Kajaphas, der Hoherpriester jenes Jahres war, sprach zu ihnen: Ihr wisst nichts! 50 Und ihr bedenkt nicht, dass es besser für euch ist, wenn ein Mensch für das Volk stirbt und nicht das ganze Volk zugrunde geht. 51 Dies sagte er aber nicht von sich aus, sondern weil er Hoherpriester jenes Jahres war, redete er prophetisch, dass Jesus für das Volk sterben werde; 52 und nicht allein für das Volk, sondern damit er auch die zerstreuten Kinder Gottes in eins versammle. 53 Von jenem Tag an also beratschlagten sie, ihn zu töten. 54 Da ging Jesus nicht mehr öffentlich unter den Juden umher, sondern er ging von dort weg in die Gegend nahe der Wüste, in eine Stadt, die Efraim heißt, und blieb dort mit seinen Jüngern.

Haftbefehl:
Kommt er wohl nicht zum Fest?

55 Es war aber das Pascha der Juden nahe, und viele vom Land gingen vor dem Pascha nach Jerusalem hinauf, um sich zu heiligen. 56 Sie suchten nun Jesus und sagten, da sie miteinander im Tempel standen: Was meint ihr? Kommt er wohl nicht zum Fest? 57 Es hatten nämlich die Hohenpriester und die Pharisäer Auftrag gegeben, es anzuzeigen, wenn einer wisse, wo er sei, damit sie ihn ergreifen könnten.

Eine harte Entscheidung:
Jesus weiterhin wirken zu lassen?
Und dabei die Gefahr,
dass die Römer das Land total besetzen.
Der Hohepriester will Jesus beseitigen.
Der eine Mensch soll für das Volk sterben!
Welch ein prophetisches Wort wider Willen.

(11,55-57)

Salbung:
Mich habt ihr nicht allezeit

12 Da kam Jesus sechs Tage vor dem Pascha nach Betanien, wo Lazarus war, den er von den Toten auferweckt hatte. 2 Dort bereiteten sie ihm nun ein Mahl, und Marta diente; Lazarus aber war einer von denen, die mit ihm zu Tisch lagen. 3 Da nahm Maria ein Pfund echten kostbaren Nardenöls, salbte die Füße Jesu und wischte mit ihren Haaren seine Füße ab. Das Haus aber ward erfüllt vom Geruch des Öls. 4 Da sagt Judas der Iskariot, einer von seinen Jüngern, der ihn ausliefern sollte: 5 Warum wurde dieses Öl nicht für dreihundert Denare verkauft und den Armen gegeben? 6 Das aber sagte er nicht, weil ihm an den Armen gelegen war, sondern weil er ein Dieb war und den Beutel hatte und das Eingeworfene wegtrug. 7 Da sprach Jesus: Lasst sie, damit sie es für den Tag meines Begräbnisses bewahre. 8 Denn die Armen habt ihr allezeit bei euch, mich aber habt ihr nicht allezeit.

Gefahr:
Sie beratschlagten, Lazarus zu töten

9 Da nun das viele Volk aus den Juden erfuhr, dass er dort sei, kamen sie nicht allein um Je-

---

wider Wissen und Willen; was er sagt, wird in Erfüllung gehen. **53** Der Todesbeschluss ist inoffiziell längst beabsichtigt; jetzt wird der endgültige Beschluss gefasst. **54** Der Ort Efraim liegt etwa 20 km von Jerusalem entfernt. **55-57** Wieder wird das Pascha erwähnt, das Pascha, das diesmal Jesu Pascha werden soll. **55** »Sich heiligen« vgl. Num 9,6-13; 2 Chr 30,15-19.

12,1-8 Wie Kajaphas, der Gegner Jesu, so hat auch die Jüngerin Maria mehr getan, als sie wusste. Ihre Tat hat prophetischen Sinn; die Salbung Jesu ist Vorausnahme der Salbung seines Leichnams. **3** Ein Pfund das sind etwa 320 Gramm. **5** Judas erinnert an die Armen. Sie sind zwar wichtig, aber die Verehrung des Herrn darf nicht gering geschätzt werden. **9-11** Kommentar des Evangelisten: Die Glaubenden sammeln sich um Jesus; die Behörden beraten, wie sie nicht nur

su willen, sondern auch, um Lazarus zu sehen, den er von den Toten auferweckt hatte.
[10] Die Hohenpriester aber beratschlagten,
auch Lazarus zu töten, [11] weil viele der Juden
um seinetwillen hingingen und an Jesus
glaubten.

Je mehr Macht einer hat,
desto mehr ist er in Gefahr,
sie an der falschen Stelle
und auf fragwürdige Weise
umzusetzen.
Wo habe ich Macht?

(12,9-11)

Einzug: Gepriesen sei, der da kommt

[12] Als am folgenden Tag das viele Volk, das
zum Fest gekommen war, hörte, dass Jesus
nach Jerusalem komme, [13] nahmen sie Palmzweige, gingen hinaus, ihm entgegen, und riefen: Hosanna! Gepriesen ist, der da kommt
im Namen des Herrn! und: Der König von Israel! [14] Jesus aber fand ein Eselchen und setzte sich darauf, wie geschrieben steht: [15] Fürchte dich nicht, Tochter Zion, siehe, dein König
kommt, sitzend auf dem Füllen einer Eselin.
[16] Dies verstanden seine Jünger zuerst nicht,
als aber Jesus verherrlicht war, da erinnerten
sie sich, dass dies über ihn geschrieben war
und dass sie ihm dies getan hatten. [17] Das Volk
nun, das bei ihm war, als er den Lazarus aus
dem Grabe rief und von den Toten erweckte,
legte Zeugnis ab. [18] Darum ging ihm das Volk
auch entgegen, weil sie gehört hatten, dass er
dieses Zeichen getan habe. [19] Da sagten die
Pharisäer zueinander: Seht ihr, dass ihr nichts
ausrichtet! Siehe, die Welt ist ihm nachgelaufen.

Ist das »nur« ein Bild?
Doch – wenn auch Bild,
so zeichnet es die Situation
und das Wesen Jesu,
so wie es ist.
Einige (viele?) haben das begriffen.

(12,12-19)

Wendepunkt: Die Stunde ist gekommen

[20] Es waren aber einige Griechen unter denen,
die hinaufstiegen, um am Fest anzubeten.
[21] Diese kamen nun zu Philippus, dem von
Betsaida in Galiläa, und fragten ihn und sagten: Herr, wir möchten Jesus sehen. [22] Philippus kommt und sagt es dem Andreas, Andreas kommt mit Philippus, und sie sagen es
Jesus. [23] Jesus aber antwortet ihnen und sagt:
Gekommen ist die Stunde, dass der Menschensohn verherrlicht wird. [24] Wahrlich,
wahrlich, ich sage euch: Wenn das Weizenkorn nicht in die Erde fällt und stirbt, bleibt
es allein. Wenn es aber stirbt, trägt es viel
Frucht. [25] Wer sein Leben lieb hat, richtet es
zugrunde, und wer sein Leben in dieser Welt
hasst, wird es ins ewige Leben bewahren.
[26] Wenn einer mir dient, folge er mir, und wo
ich bin, da wird auch mein Diener sein. Wenn
einer mir dient, wird der Vater ihn ehren.
[27] Jetzt ist meine Seele erregt. Doch, was soll

---

ihn, sondern auch die Glaubenden zum Verstummen bringen. **12-19** Zum Einzug in Jerusalem vgl. Mt 21,1-9; Mk 11,1-10; Lk 19,28-38. **12-15** Das ist der Kern der Aussage: Die Festpilger grüßen Jesus als Messiaskönig. **16-19** Wie stehen die Jünger, das Volk, die Gegner zu Jesus? **20-36** Johannes deutet das letzte Auftreten Jesu als ideale Szene: Jesus selbst deutet seinen Tod und seine Erhöhung zum Vater. **20** Griechen: Gemeint sind die als »Gottesfürchtige« dem jüdischen Glauben nahe Stehenden, die sich wenigstens zum Teil dem Gesetz des Mose verpflichtet haben. **20-33** Die Bitte der Griechen bleibt unerfüllt. Jesus muss erst verherrlicht werden; dann wird er alle an sich ziehen. **21** Philippus und Andreas sind die einzigen Jünger, die nur einen griechischen Namen tragen. **27-28** Auch der vierte Evangelist weiß von der Todesangst Jesu und von seinem letzten Ja zum Willen des Vaters (auch wenn er es nicht, wie die andern, mit dem Ölberg direkt in Verbindung bringt). Er spricht von der »Stimme«, die bestätigt, dass der Tod

ich sagen? Vater, rette mich aus dieser Stunde? Deshalb bin ich ja in diese Stunde gekommen. 28 Vater, verherrliche deinen Namen. Da kam ein Ruf aus dem Himmel: Ich habe verherrlicht und werde wieder verherrlichen. 29 Das Volk nun, das dastand und es hörte, sagte, es habe gedonnert. Andere sagten: Ein Engel hat zu ihm geredet. 30 Jesus antwortete und sprach: Nicht um meinetwillen kam dieser Ruf, sondern um euretwillen. 31 Jetzt ist Gericht über diese Welt, jetzt wird der Herrscher dieser Welt hinausgestoßen. 32 Und ich, wenn ich von der Erde erhöht bin, werde alle an mich ziehen. 33 Dies sagte er aber, um anzuzeigen, welchen Todes er sterben werde.

Jeder Mensch hat Angst vor dem Tod.
Jesus war Mensch, also hat auch er Angst.
Das Geheimnis seines Wesens:
Mensch und Gott zugleich zu sein –
und beides ganz –
das ist hier angesprochen.

(12,27-33)

Aufruf: Glaubt an das Licht

34 Das Volk antwortete ihm nun: Wir haben aus dem Gesetz gehört, dass der Messias auf Weltzeit bleibt, wie sagst du denn, dass der Menschensohn erhöht werden muss? Wer ist dieser Menschensohn? 35 Da sprach Jesus zu ihnen: Noch kurze Zeit ist das Licht bei euch. Geht umher, solang ihr das Licht habt, damit euch Finsternis nicht ergreife. Denn wer in der Finsternis umhergeht, weiß nicht, wohin er geht. 36 Solang ihr das Licht habt, glaubt an das Licht, damit ihr Söhne des Lichts werdet. Dies redete Jesus und ging weg und verbarg sich vor ihnen. 37 Obwohl er aber so große Zeichen vor ihnen getan hatte, glaubten sie nicht an ihn, 38 damit das Wort des Propheten Jesaja erfüllt würde, das er gesprochen hat: Herr, wer hat unserer Verkündigung geglaubt, und der Arm des Herrn, wem wurde er enthüllt? 39 Darum konnten sie nicht glauben; denn Jesaja hat abermals gesagt: 40 Er hat ihre Augen blind gemacht und ihr Herz verhärtet, damit sie nicht mit den Augen sehen, und mit dem Herzen verstehen und umkehren und ich sie heile. 41 Dies sagte Jesaja, da er seine Herrlichkeit sah und von ihm redete. 42 Gleichwohl glaubten doch auch viele von den Ratsherrn an ihn, aber der Pharisäer wegen bekannten sie es nicht, damit sie nicht aus der Synagoge ausgeschlossen würden. 43 Denn sie liebten die Verherrlichung von Menschen mehr als die Verherrlichung Gottes. 44 Jesus aber rief aus und sprach: Wer an mich glaubt, der glaubt nicht an mich, sondern an den, der mich ausgeschickt hat. 45 Und wer mich sieht, der sieht den, der mich ausgeschickt hat. 46 Ich bin als Licht in die Welt gekommen, damit jeder, der an mich glaubt, nicht in der Finsternis bleibe. 47 Und wenn einer meine Worte hört und nicht bewahrt, richte nicht ich ihn; denn ich bin nicht gekommen, die Welt zu richten, sondern die Welt zu retten. 48 Wer mich verwirft und meine Worte nicht annimmt, hat seinen Richter. Das Wort, das ich geredet habe, das wird ihn richten am letzten Tag 49 Denn nicht aus mir selbst habe ich geredet, sondern der Vater, der mich ausgeschickt hat, er hat mir Auftrag gegeben, was ich sagen und was ich reden soll. 50 Und ich weiß, dass sein Auftrag ewiges Leben ist. Was ich also rede, rede ich so, wie mir der Vater gesagt hat.

---

am Kreuz Erhöhung und Verherrlichung bedeutet. **31** Das Gericht ist auch die Scheidung. Das Thema Spaltung zog sich durch die ganzen vorhergehenden Kapitel. Jetzt ist die Stunde da, jetzt ist die Entscheidung gefordert. Auch die widergöttliche Macht des »Herrschers dieser Welt« ist gebrochen. **37-43** Die öffentliche Wirksamkeit Jesu ist abgeschlossen. Trotz der Zeichen ist das Ergebnis: Sie glauben nicht. – Eine zusammenfassende Betrachtung über den Unglauben der Juden. Er ahnt jedoch das Geheimnis Gottes, der Menschen versteckt, um sie zum Heil zu führen. **38** Jes 53,1.4; Jes 6,9f. **44-50** Der Abschnitt bringt noch einmal den Gedanken des Gerichts: Die Offenbarung selber ist das Gericht. Die Einheit zwischen Gott und Jesus wird noch einmal und immer wieder aufs Neue betont.

Die Radikalen sind immer die Mächtigen:
ihnen gegenüber schweigen auch jene,
die es besser wissen.
Einseitige Akzente zu setzen,
das scheint leichter zu sein.
Doch abzuwägen –
sowohl – als auch gelten zu lassen –
das braucht Überlegenheit
und Standfestigkeit zugleich.

(12,34-50)

Fußwaschung:
Ein Beispiel habe ich euch gegeben

13 Vor dem Paschafest, da Jesus wusste, dass seine Stunde gekommen war, um aus dieser Welt zum Vater zu gehen, und da er die Seinigen, die in dieser Welt waren, liebte, zeigte er ihnen seine Liebe bis zum Ende. 2 Und während eines Mahles, als der Teufel schon ins Herz geschleudert hatte, dass Judas Iskariot, Simons Sohn, ihn ausliefere 3 – er aber wusste, dass ihm der Vater alles in die Hände gegeben habe, und dass er von Gott ausgegangen sei und zu Gott gehe –, 4 steht er vom Mahl auf und legt die Kleider ab, nimmt ein Leinentuch und bindet es sich um. 5 Darauf gießt er Wasser in das Becken und fing an, die Füße der Jünger zu waschen und mit dem Leinentuch, das er umgebunden hatte, abzutrocknen. 6 Da kommt er zu Simon Petrus. Der sagt zu ihm: Herr, du wäschst mir die Füße? 7 Jesus antwortete und sprach zu ihm: Was ich tue, weißt du jetzt nicht, du wirst es aber nachher erkennen. 8 Petrus sagt zu ihm: In Weltzeit nicht wirst du mir die Füße waschen. Jesus antwortete ihm: Wenn ich dich nicht wasche, hast du keinen Teil an mir. 9 Simon Petrus sagt zu ihm: Herr, nicht meine Füße allein, sondern auch die Hände und das Haupt. 10 Jesus sagt zu ihm: Wer gebadet ist, bedarf nicht mehr, gewaschen zu werden [außer die Füße], sondern er ist ganz rein. Auch ihr seid rein, aber nicht alle. 11 Denn er wusste, wer ihn überliefern würde. Darum sagte er: Ihr seid nicht alle rein.

Sich die Füße waschen zu lassen
von einem Hochgestellten –
wer käme sich in solcher Situation
nicht merkwürdig vor!
Doch Jesus hört nicht auf,
Merkwürdigkeiten zu sagen und zu tun.

(13,1-11)

12 Als er ihnen nun die Füße gewaschen und seine Kleider genommen und sich wieder niedergelassen hatte, sprach er zu ihnen: Erkennt ihr, was ich euch getan habe? 13 Ihr nennt mich Meister und Herr, und ihr sprecht recht, denn ich bin es. 14 Wenn nun ich, der Herr und der Meister, euch die Füße gewaschen habe, so müsst auch ihr einander die Füße waschen. 15 Denn ein Beispiel habe ich euch gegeben, damit auch ihr tut, wie ich euch getan habe. 16 Wahrlich, wahrlich, ich sage euch: ein Knecht ist nicht größer als sein Herr, noch ein Gesandter größer als der, der ihn ausgeschickt hat. 17 Wenn ihr dies wisst, selig seid ihr, wenn ihr es tut. 18 Ich rede nicht

13,1 - 17,26 In diesen Kapiteln wird davon gesprochen, wie die Jünger ihren Herrn verstehen, wie sie ihn erfahren und wie sie mit ihm leben. Es geht um die letzte Bindung und Lebensgemeinschaft, die man nicht diskutieren, sondern nur erleben kann. – Das alles ist vom Evangelist hier in einer Art Predigt zusammengestellt. **13,1-30** Der Abschnitt gliedert sich in zwei Teile: die Fußwaschung und die Weissagung des Verräters. Johannes berichtet nicht vom letzten Mahl; er setzt es sozusagen als selbstverständlich voraus (vgl. Kap. 6). Doch er berichtet als einziger von der Fußwaschung, ein wahrer Sklavendienst. **6** Aus Petrus redet der Mensch, der das Heil nicht in der Niedrigkeit, Gott nicht in der Knechtschaft sehen will. Doch wer Jesus nicht als Dienenden akzeptiert und selber zum Dienen bereit ist, hat keinen Anteil an seiner Herrlichkeit. **10** Wer Jesu Dienst empfangen hat, ist mit ihm zur Gemeinschaft des gleichen Schicksals verbunden; er ist also auch des Wegs zur Herrlichkeit gewiss. Wer durch Erniedrigung in das Kreuzesgeschehen hineingenommen ist, bedarf keiner Reinigung mehr. **15** Die Gemeinschaft der Jünger mit Jesus

von euch allen. Ich weiß, welche ich erwählt habe; aber damit die Schrift erfüllt werde: Der mein Brot isst, hat gegen mich seine Ferse erhoben. 19 Schon jetzt sage ich euch, ehe es geschieht, damit ihr, wenn es geschieht, glaubt, dass ich es bin. 20 Wahrlich, wahrlich, ich sage euch: Wer einen aufnimmt, wenn ich ihn ausschicke, nimmt mich auf. Wer aber mich aufnimmt, nimmt den auf, der mich ausgeschickt hat.

Der Verräter: Da fuhr der Satan in ihn

21 Als Jesus dies gesagt hatte, wurde er – im Geist – erregt und bezeugte und sprach: Wahrlich, wahrlich, ich sage euch: Einer aus euch wird mich überliefern. 22 Die Jünger sahen einander an und waren ungewiss, von wem er rede. 23 Einer von seinen Jüngern, den Jesus liebte, lag bei Tisch im Schoß Jesu. 24 Diesem winkt nun Simon Petrus und sagt zu ihm: Sag, wer es ist, von dem er redet. 25 Da lehnt sich jener an die Brust Jesu und sagt zu ihm: Herr, wer ist es? 26 Da antwortet Jesus: Der ist's, dem ich den Bissen eintauchen und geben werde. Er tunkt ein und nimmt und gibt den Bissen dem Judas Iskariot, Simons Sohn. 27 Und nach dem Bissen, da fuhr der Satan in ihn. Jesus sagt nun zu ihm: Was du tun willst, tue bald. 28 Aber keiner der zu Tische Liegenden verstand, wozu er ihm das sagte. 29 Denn einige meinten, weil Judas den Beutel hatte, sage Jesus zu ihm: Kaufe, was wir zum Fest brauchen; oder: dass er den Armen etwas gebe. 30 Als nun jener den Bissen genommen hatte, ging er sogleich hinaus. Es war aber Nacht.

Der Auftrag: Liebet einander

31 Als er nun hinausgegangen war, sagt Jesus: Nun ist der Menschensohn verherrlicht, und Gott ist verherrlicht in ihm. 32 Wenn Gott in ihm verherrlicht ist, so wird auch Gott ihn in diesem verherrlichen, ja, er wird ihn sogleich verherrlichen. 33 Kinder, ein wenig noch bin ich bei euch. Ihr werdet mich suchen; doch wie ich den Juden gesagt habe: Wohin ich gehe, dahin könnt ihr nicht kommen, so sage ich jetzt auch euch. 34 Einen neuen Auftrag gebe ich euch: Liebet einander! Wie ich euch geliebt habe, sollt auch ihr einander lieben. 35 Daran werden alle erkennen, dass ihr meine Jünger seid, wenn ihr untereinander Liebe habt.

Warnung:
Nicht krähen wird der Hahn

36 Simon Petrus sagt zu ihm: Herr, wohin gehst du? Jesus antwortete: Wohin ich gehe, kannst du mir jetzt nicht folgen, du wirst mir aber später folgen. 37 Petrus sagt zu ihm: Herr, warum kann ich dir jetzt nicht folgen? Mein Leben will ich für dich geben. 38 Jesus antwortet: Dein Leben willst du für mich geben? Wahrlich, wahrlich, ich sage dir: Nicht krähen wird der Hahn, bis du mich dreimal verleugnest.

Dass es auch unter nur einem Dutzend
immer einen gibt,
auf den man sich nicht verlassen kann!
Der einzige Unterschied zu uns:
Jesus hat den Verräter durchschaut.
Und Petrus?
Auch er wird durchschaut:
Schnell begeistert
und doch ein Angsthase.

(13,36-38)

---

ist zugleich eine Gemeinschaft der Jünger untereinander. **17** In Form der Seligpreisung wird dem Heil zugesprochen, der nach dem Gehörten und Erkannten handelt. **18** Ps 41,10. – Auch in dem, was Judas tut, muss sich die Schrift erfüllen. **21-30** Von der Gemeinschaft der Jünger Jesu (und der Gemeinde) kann nicht geredet werden, ohne dass daran gedacht wird, dass sich in ihr ein Unwürdiger befindet. – Jesus selber führt für Judas die Entscheidung herbei. Judas geht hinaus in die Nacht. **31-38** Mit dem Weggang des Verräters beginnt die Stunde Jesu, seine Verherrlichung. Dies ist die Einleitung in die Abschiedsrede. Er gibt den Jüngern den Auftrag: Liebet einander. **36** Der Vers enthält einen verhüllten Hinweis auf den Tod des Petrus.

Abschiedsreden: Ich bin der Weg

14 Nicht errege sich euer Herz: Glaubet an
Gott, und glaubet an mich. 2 Im Hause meines
Vaters sind viele Bleiben; wenn nicht – hätte
ich euch dann gesagt, dass ich gehe, euch ei-
nen Ort zu bereiten? 3 Und wenn ich gegangen
bin und euch einen Ort bereitet habe, komme
ich wieder und werde euch zu mir nehmen,
damit, wo ich bin, auch ihr seid. 4 Und wohin
ich gehe, wisst ihr den Weg. 5 Thomas sagt zu
ihm: Herr, wir wissen nicht, wohin du gehst;
wie sollen wir den Weg wissen? 6 Jesus sagt zu
ihm: Ich bin der Weg und die Wahrheit und
das Leben. Keiner kommt zum Vater außer
durch mich. 7 Wenn ihr mich erkannt hättet,
würdet ihr auch meinen Vater kennen; von
jetzt an erkennt ihr ihn und habt ihn gesehen.
8 Philippus sagt zu ihm: Herr, zeige uns den
Vater, und es genügt uns. 9 Jesus sagt zu ihm:
So lange Zeit bin ich bei euch, und du hast
mich nicht erkannt, Philippus? Wer mich ge-
sehen, hat den Vater gesehen. Was sagst du:
Zeige uns den Vater? 10 Glaubst du nicht, dass
ich im Vater und der Vater in mir ist? Die
Worte, die ich euch sage, rede ich nicht von
mir aus; der Vater, der in mir bleibt, tut seine
Werke. 11 Glaubt mir, dass ich im Vater bin
und der Vater in mir ist. Wenn nicht – glaubt
um der Werke selbst willen. 12 Wahrlich,
wahrlich, ich sage euch: Wer an mich glaubt,
der wird die Werke, die ich tue, auch tun, und
größere als diese wird er tun, denn ich gehe
zum Vater. 13 Und was immer ihr erbittet in
meinem Namen, das werde ich tun, damit der
Vater im Sohn verherrlicht wird. 14 Wenn ihr
mich in meinem Namen um etwas bittet, will
ich es tun.

Wie hätte ich reagiert,
wenn ich bei den Jüngern gewesen wäre?
Empfinde ich den Glauben
auch als Wagnis?
Wie halte ich es mit den Einzelgeboten,
und wie mit dem Gebot der Liebe?

(14,1-14)

Abschiedsreden: Der Geist wird euch lehren

15 Wenn ihr mich liebt, werdet ihr meine Auf-
träge bewahren. 16 Und ich werde den Vater
bitten, und er wird euch einen anderen Bei-
stand geben, damit er auf Weltzeit hin bei
euch sei: 17 den Geist der Wahrheit, den die
Welt nicht empfangen kann, denn sie schaut
ihn nicht und erkennt ihn nicht. Ihr erkennt
ihn, weil er bei euch bleibt und in euch sein
wird. 18 Ich werde euch nicht verwaist zurück-
lassen, ich komme zu euch. 19 Noch ein wenig,
und die Welt schaut mich nicht mehr; ihr aber
schaut mich, denn ich lebe, und auch ihr wer-
det leben. 20 An jenem Tage werdet ihr erken-
nen, dass ich in meinem Vater bin und ihr in
mir und ich in euch. 21 Wer meine Aufträge
hat und sie bewahrt, der ist's, der mich liebt.
Wer aber mich liebt, wird von meinem Vater
geliebt werden. Und ich werde ihn lieben und
mich selbst ihm offenbar machen. 22 Judas,
nicht der Iskariot, sagt zu ihm: Herr, was ist
denn geschehen, dass du dich uns offenbar
machen willst und nicht der Welt? 23 Jesus
antwortete und sprach zu ihm: Wenn einer
mich liebt, wird er mein Wort bewahren, und
mein Vater wird ihn lieben, und wir werden

14,1 - 16,33 Die sog. Abschiedsreden Jesu bilden inhaltlich eine Einheit. Sie sind die Zusammenfassung all dessen, was die Jünger als Vermächtnis Jesu bewahrten. Der Form nach lassen sich die Abschiedsreden in viele einzelne Abschnitte aufteilen. **14,1-14** Thomas und Philippus erheben Einwände gegen die Aufforderung, die an alle gestellt wird. Doch keinem ist die Entscheidung abgenommen. Im Wagnis des Glaubens erfährt der Einzelne die Gemeinschaft mit dem Vater. **1** An Jesus zu glauben wie an Gott, war für jüdische Ohren eine Zumutung. Daher der beruhigende Vordersatz: Nicht errege sich euer Herz. **6** Jesus ist der Weg, auf dem der Mensch zu Gott kommt. **15** Der Auftrag Jesu ist nicht eine Fülle von Einzelgeboten und Vorschriften. Sein Auftrag ist die Liebe. **16-17** Der Beistand (griechisch: Paraklet) ist der »zu Hilfe Gerufene«. Damit ist ein Rechtstitel, ein Fürsprecher gemeint. Dieser verheißene Fürsprecher und Tröster ist kein anderer als der Geist Gottes. **18-26** Hier ist die Rede von der nachösterlichen Gemeinschaft des Auferstandenen mit seinen Jüngern. – Hinter dem Einwand des Judas Thaddäus steht die Frage,

zu ihm kommen und eine Bleibe bei ihm machen. [24] Wer mich nicht liebt, bewahrt meine Worte nicht. Das Wort aber, das ihr hört, ist nicht mein, sondern des Vaters, der mich ausgeschickt hat. [25] Dies habe ich zu euch geredet, solange ich bei euch bleibe. [26] Der Beistand aber, der Heilige Geist, den der Vater in meinem Namen ausschicken wird, der wird euch alles lehren und euch an alles erinnern, was ich euch gesagt habe.

Wer hier nicht merkt,
dass der Text erst im Umkreis der Gemeinde
so formuliert worden ist,
wie er da steht,
der hat nicht genau
Satz für Satz gelesen.

(14,15-26)

Abschiedsreden:
Meinen Frieden gebe ich euch

[27] Frieden hinterlasse ich euch, meinen Frieden gebe ich euch. Nicht wie die Welt gibt, gebe ich euch. Euer Herz lasse sich nicht erregen und sei nicht furchtsam. [28] Ihr habt gehört, dass ich euch gesagt habe: Ich gehe und komme zu euch. Wenn ihr mich liebtet, würdet ihr euch freuen, dass ich zum Vater gehe; denn der Vater ist größer als ich. [29] Und nun habe ich es euch gesagt, ehe es geschieht, damit ihr glaubt, wenn es geschehen ist. [30] Ich werde nicht mehr vieles mit euch reden, denn es kommt der Herrscher der Welt; aber an mir hat er nichts. [31] Doch damit die Welt erkenne, dass ich den Vater liebe und so tue, wie mir der Vater aufgetragen hat. – Steht auf, lasst uns von hier weggehen.

Abschiedsreden:
Ich bin der Weinstock

15 Ich bin der wahre Weinstock, und mein Vater ist der Weingärtner. [2] Jede Rebe an mir, die nicht Frucht trägt, nimmt er weg, und jede, die Frucht trägt, reinigt er, damit sie mehr Frucht trage. [3] Ihr seid schon rein um des Wortes willen, das ich zu euch geredet habe. [4] Bleibt in mir, und ich in euch. Wie die Rebe von sich aus nicht Frucht bringen kann, wenn sie nicht am Weinstock bleibt, so auch ihr nicht, wenn ihr nicht in mir bleibt. [5] Ich bin der Weinstock, ihr seid die Reben. Wer in mir bleibt und ich in ihm, der bringt viel Frucht; denn ohne mich könnt ihr nichts tun. [6] Wenn einer nicht in mir bleibt, wird er wie eine Rebe hinausgeworfen und verdorrt; und man sammelt und wirft sie ins Feuer, und sie verbrennen. [7] Wenn ihr in mir bleibt und meine Worte in euch bleiben, so bittet, um was ihr wollt, und es wird euch geschehen. [8] Darin ist mein Vater verherrlicht, dass ihr viel Frucht bringt und meine Jünger werdet.

Es wird immer wieder
mit Kontrastaussagen argumentiert.
In ihm sein und Frucht tragen,
oder ohne ihn leben wollen
und verdorren, wie eine Rebe,
die abgerissen wird.

(15,1-8)

---

ob der Auferstandene nicht gerade der ungläubigen Welt hätte erscheinen müssen, um sie zu überzeugen. **26** Der zweite Paraklet-Spruch sagt, was der Geist wirkt. Er befähigt den Glaubenden zu tieferem Verstehen. **27** Frieden meint das Wissen um das Heil, das der Auferstandene den Seinen garantiert. Solcher Frieden trägt die ganze Existenz; ihn kann die Welt nicht geben. **28-31** Der Sohn ist Gott wie der Vater; doch als Mensch ist er dem Vater untergeordnet.
15,1 - 16,33 Die Kapitel wurden dem Evangelium später eingefügt (Joh 14,31 wird in 18,1 fortgeführt). Sie enthalten eine Sammlung von Reden, in denen die Gemeinde auf ihr eigentliches Christsein angesprochen wird. **15,1-8** Die Bildrede vom Weinstock gehört in den Zusammenhang des Abendmahles, das Johannes als bekannt voraussetzt. – Jesus ist die Quelle und der Urheber des Glaubens. **3** Dies ist ein Hinweis auf die Taufe. **5-6** Ein Hinweis auf die Gemeinschaft, die durch die Eucharistie gestiftet wird. **9-17** Die Liebe stiftet Gemeinschaft zwischen Vater und

Abschiedsreden: Ich habe euch Freunde genannt

9 Wie mich der Vater geliebt hat, habe auch ich euch geliebt. Bleibt in meiner Liebe. 10 Wenn ihr meine Aufträge bewahrt, werdet ihr in meiner Liebe bleiben, wie auch ich die Aufträge meines Vaters bewahrt habe und in seiner Liebe bleibe. 11 Dieses habe ich zu euch geredet, damit meine Freude in euch sei und eure Freude vollkommen werde. 12 Dies ist mein Auftrag, dass ihr einander liebt, wie ich euch geliebt habe. 13 Größere Liebe als diese hat keiner, als dass einer sein Leben gebe für seine Freunde. 14 Ihr seid meine Freunde, wenn ihr tut, was ich euch auftrage. 15 Ich nenne euch nicht mehr Knechte, denn der Knecht weiß nicht, was sein Herr tut, sondern ich habe euch Freunde genannt, denn alles, was ich von meinem Vater gehört habe, habe ich euch kundgetan. 16 Nicht ihr habt mich erwählt, sondern ich habe euch erwählt und euch gesetzt, dass ihr geht und Frucht bringt und eure Frucht bleibe, damit, um was ihr den Vater in meinem Namen bittet, euch gegeben werde. 17 Das trage ich euch auf, dass ihr einander liebt.

Abschiedsreden: Die Welt hasst euch

18 Wenn die Welt euch hasst, erkennet, dass sie mich eher als euch gehasst hat. 19 Wäret ihr aus der Welt, würde die Welt das Ihrige lieb haben. Weil ihr aber nicht aus der Welt seid, sondern ich euch aus der Welt erwählt habe, darum hasst euch die Welt. 20 Gedenket des Worts, das ich euch gesagt habe: Ein Knecht ist nicht größer als sein Herr. Haben sie mich verfolgt, werden sie auch euch verfolgen. Haben sie mein Wort bewahrt, werden sie auch das eure bewahren. 21 Aber das alles werden sie euch tun um meines Namens willen, denn sie kennen den nicht, der mich ausgeschickt hat. 22 Wenn ich nicht gekommen wäre und zu ihnen geredet hätte, hätten sie keine Sünde. Nun aber haben sie keinen Vorwand für ihre Sünde. 23 Wer mich hasst, hasst auch meinen Vater. 24 Wenn ich die Werke unter ihnen nicht getan hätte, die kein anderer getan hat, hätten sie keine Sünde. Nun aber haben sie gesehen und sowohl mich gehasst wie auch meinen Vater. 25 Aber damit das Wort, das in ihrem Gesetz geschrieben ist, erfüllt werde: Sie hassten mich ohne Grund. 26 Wenn der Beistand kommt, den ich euch vom Vater ausschicken werde, der Geist der Wahrheit, der vom Vater ausgeht, wird der mich bezeugen. 27 Aber auch ihr bezeugt, weil ihr von Anfang an bei mir seid.

Jünger sein hat zwei Seiten.
Von ihm geliebt und
von der Welt gehasst werden.
Doch: Was merke ich schneller?

(15,18-27)

Abschiedsreden: Sie werden euch aus der Synagoge ausschließen

16 Dies habe ich zu euch geredet, damit ihr nicht Anstoß nehmt. 2 Sie werden euch aus der Synagoge ausschließen, ja, die Stunde kommt, da jeder, der euch tötet, meint, Gott einen Dienst darzubringen. 3 Und dies werden sie tun, weil sie weder den Vater noch mich erkannt haben. 4 Aber dies habe ich zu euch geredet, damit, wenn die Stunde kommt, ihr euch daran erinnert, dass ich es euch gesagt habe. Dies habe ich euch nicht von Anfang an gesagt, weil ich ja bei euch war.

Sohn, zwischen Jesus und den Jüngern und zwischen den Glaubenden. Das eine Gebot wird zum Kennzeichen des Christlichen. **18-25** Hier wird die Situation der Gemeinschaft Jesu Christi und der Welt charakterisiert. – Die Welt hasst die Jünger wie den Meister. **22-24** Die Verse stehen im Zusammenhang mit den Streitreden mit den Juden. **25** Vgl. Ps 35,19. **26-27** Das ist der dritte Paraklet-Spruch. Auch die Jünger werden zum Zeugnis befähigt, weil sie von Anfang an bei Jesus waren.
16,1-4 Es folgen konkrete Auseinandersetzungen mit dem Judentum. Glaubende werden aus der Gemeinschaft des Gottesvolkes ausgestoßen (Ausschluss aus der Synagoge). **5-33** Eine in sich geschlossene Rede:

Abschiedsreden: Er wir euch hinführen zur vollen Wahrheit

[5] Jetzt aber gehe ich zu dem, der mich ausge-
schickt hat, und keiner von euch fragt mich:
Wo gehst du hin?, [6] sondern, weil ich dies zu
euch geredet habe, hat die Traurigkeit euer
Herz erfüllt. [7] Aber ich sage euch die Wahr-
heit: Es ist gut für euch, dass ich weggehe.
Denn wenn ich nicht weggehe, wird der Bei-
stand nicht zu euch kommen. Wenn ich aber
gehe, werde ich ihn zu euch ausschicken.
[8] Und wenn jener kommt, wird er der Welt
nachweisen, was Sünde und was Gerechtig-
keit und was Gericht ist. [9] Was Sünde ist: weil
sie nicht an mich geglaubt haben. [10] Was Ge-
rechtigkeit ist: weil ich zum Vater gehe und
ihr mich nicht mehr schaut. [11] Was Gericht ist:
weil der Herrscher dieser Welt gerichtet ist.
[12] Noch vieles habe ich euch zu sagen, aber ihr
könnt es jetzt nicht tragen. [13] Wenn aber jener
kommt, der Geist der Wahrheit, wird er euch
hinführen zur vollen Wahrheit. Denn er wird
nicht von sich aus reden, sondern was er hört,
wird er reden, und das Kommende euch ver-
künden. [14] Jener wird mich verherrlichen,
denn er wird aus dem Meinigen nehmen und
euch verkünden. [15] Alles, was der Vater hat,
ist mein; darum habe ich gesagt, dass er aus
dem Meinigen nehmen und euch verkünden
wird.

Herr, lass mich erkennen und begreifen,
was hier gesagt ist.
Es kommt mir alles so bekannt vor –
und doch ist es mir fremd.
Schick mir heiligen Geist,
der mir weiterhilft.

(16,5-15)

Abschiedsreden: Eure Traurigkeit wird zur Freude werden

[16] Noch ein wenig, und ihr werdet mich nicht
mehr schauen, und wieder ein wenig, und ihr
werdet mich sehen. [17] Da sagten einige von
seinen Jüngern zueinander: Was ist es, dass er
zu uns sagt: Noch ein wenig, und ihr werdet
mich nicht schauen, und wieder ein wenig,
und ihr werdet mich sehen; und: Ich gehe zum
Vater? [18] Sie sagten also: Was ist das, was er:
ein wenig nennt? Wir wissen nicht, was er re-
det. [19] Jesus erkannte, dass sie ihn fragen woll-
ten, und sprach zu ihnen: Darüber fragt ihr
untereinander, dass ich gesagt habe: Noch ein
wenig, und ihr werdet mich nicht schauen.
Und wieder ein wenig, und ihr werdet mich
sehen. [20] Wahrlich, wahrlich, ich sage euch:
Ihr werdet weinen und wehklagen, die Welt
aber wird sich freuen. Ihr werdet traurig sein,
doch eure Traurigkeit wird zur Freude wer-
den. [21] Wenn die Frau gebiert, hat sie Traurig-
keit, weil ihre Stunde gekommen ist, wenn sie
aber das Kind geboren hat, erinnert sie sich
nicht mehr der Bedrängnis, aus Freude, dass
ein Mensch zur Welt geboren ist. [22] Auch ihr
habt jetzt zwar Traurigkeit, aber ich werde
euch wiedersehen, und euer Herz wird sich
freuen; und eure Freude nimmt keiner von
euch.

Abschiedsreden: Ich verlasse die Welt und gehe zum Vater

[23] Und an jenem Tage werdet ihr mich nichts
mehr fragen. Wahrlich, wahrlich, ich sage
euch: Wenn ihr den Vater um etwas bitten
werdet, wird er es euch in meinem Namen ge-
ben. [24] Bis jetzt habt ihr nie etwas in meinem
Namen erbeten. Bittet und ihr werdet emp-
fangen, damit eure Freude vollkommen sei.
[25] Dies habe ich in Bildreden zu euch gespro-
chen; die Stunde kommt, da ich nicht mehr in

Zuspruch von Trost und Mut. – Der Beistand wird zeigen, dass es Sünde gibt (Beweis: der Unglaube), dass es ein Gericht gibt (Beweis: Überwindung des Satans durch Christi Tod), dass es Gerechtigkeit gibt (Beweis: der Sohn geht zum Vater). Diese »Gerechtigkeit« ist nur im biblischen Sinn zu verstehen: Gott handelt entsprechend seinen Verheißungen; er tut, was er sagt. Diese Gerechtigkeit wird also nachgewiesen dadurch, dass der Vater am Sohn handelt, wie verheißen. Er überlässt ihn nicht dem Tod, sondern verherrlicht ihn. **12-15** Das Wirken des Geistes in der Gemeinschaft der Glaubenden. **16-24** Die bildhafte Rede von Jesu Tod sagt, dass sie eine Weile trauern werden, doch die Begegnung mit dem Auferstandenen bringt neue Freude. **25-28** Die Erhöhung ändert das Verhältnis der Jünger zu Jesus und seinem Wort

Bildreden zu euch sprechen, sondern offen
vom Vater euch künden werde. 26 An jenem
Tag werdet ihr in meinem Namen bitten, und
ich sage euch nicht, dass ich den Vater für
euch bitten werde; 27 denn er selbst, der Vater,
hat euch lieb, weil ihr mich lieb gehabt und
geglaubt habt, dass ich von Gott ausgegangen
bin. 28 Ich bin vom Vater ausgegangen und in
die Welt gekommen, wieder verlasse ich die
Welt und gehe zum Vater.

**Abschiedsreden:
Ich habe die Welt besiegt**

29 Seine Jünger sagten: Siehe, nun sprichst du
in Offenheit und redest in keiner Bildrede.
30 Jetzt wissen wir, dass du alles weißt und
nicht nötig hast, dass dich einer fragt. Darum
glauben wir, dass du von Gott ausgegangen
bist. 31 Jesus antwortete ihnen: Jetzt glaubt
ihr? 32 Siehe, es kommt die Stunde, und sie ist
gekommen, dass ihr zerstreut werdet, jeder in
das Seinige, und mich allein lassen werdet.
Doch ich bin nicht allein, denn der Vater ist
mit mir. 33 Dies habe ich zu euch geredet, da-
mit ihr in mir Frieden habt. In der Welt habt
ihr Bedrängnis, aber vertraut, ich habe die
Welt besiegt.

Der das geschrieben hat,
hat wohl auch
das Auf und Ab erfahren,
das mich immer wieder überfällt.
Doch am Ende steht der Sieg.
An dieses Wort halte ich mich.

(16,29-33)

**Jesu Gebet:
Vater, verherrliche deinen Sohn**

17 Dies redete Jesus, und er erhob seine Au-
gen zum Himmel und sprach: Vater, die Stun-
de ist gekommen, verherrliche deinen Sohn,
damit der Sohn dich verherrliche. 2 Damit er,
wie du ihm Macht über alles Fleisch gegeben
hast, allen, die du ihm gegeben hast, ewiges
Leben gebe. 3 Das aber ist das ewige Leben,
dass sie dich, den allein wahren Gott, erken-
nen und den du gesandt hast, Jesus Christus.
4 Ich habe dich verherrlicht auf der Erde, ich
habe das Werk vollendet, das du mir gegeben
hast, dass ich es tue. 5 Und jetzt verherrliche
du mich, Vater, bei dir selbst mit der Herr-
lichkeit, die ich bei dir hatte, ehe die Welt war.

**Jesu Gebet:
Bewahre sie in deinem Namen**

6 Ich habe deinen Namen den Menschen geof-
fenbart, die du mir aus der Welt gegeben hast.
Sie waren dein, und du hast sie mir gegeben.
Und dein Wort haben sie bewahrt. 7 Nun ha-
ben sie erkannt, dass alles, was du mir gege-
ben hast, von dir ist. 8 Denn die Worte, die du
mir gegeben hast, habe ich ihnen gegeben,
und sie haben sie genommen und haben in
Wahrheit erkannt, dass ich von dir ausgegan-
gen bin, und haben geglaubt, dass du mich ge-
sandt hast. 9 Ich bitte für sie. Nicht für die
Welt bitte ich, sondern für die, welche du mir
gegeben hast. Denn sie sind dein. 10 Und alles
Meinige ist dein, und das Deine ist mein. Und
ich bin verherrlicht in ihnen. 11 Ich bin zwar
nicht mehr in der Welt, aber diese sind in der
Welt, und ich gehe zu dir. Heiliger Vater, be-
wahre sie in deinem Namen, den du mir ge-
geben hast, damit sie eins seien wie wir. 12 Als
ich bei ihnen war, bewahrte ich sie in deinem
Namen, den du mir gegeben hast. Und ich ha-

---

und zu Gott. **29-33** Die Jünger beteuern, dass sie »jetzt schon«, vor Ostern, glauben. Jesus zerschlägt die Selbstsicherheit solchen Glaubens. Beweis: In der Passion war Jesus allein. **25-33** Das ist der Schluss der Abschiedsreden, die ausklingen mit dem Glauben an den Sieg.

17,1-26 Das Kapitel erhielt den Namen »Hohepriesterliches Gebet«, damit ist ausgesagt: Bevor der Hohepriester sich selbst opferte, sprach er das Darbringungsgebet. – In den Kapiteln 14 - 16 wurde über das Verhältnis der Jünger zu ihrem Herrn meditiert. Jetzt im »Abschiedsgebet« wird Jesu Verhältnis zum Vater meditiert. **1-5** Das Gebet knüpft an 13,31 an. Der Sohn bittet um seine Verherrlichung, damit auch der Vater und alle Glaubenden verherrlicht werden. **6-8** Die Glaubenden sind eingebunden in das Zueinander von Vater und Sohn. **9-19** Die Glaubenden leben in einer Welt, die nicht die Welt Gottes ist. **12** Die Rede ist

be sie behütet, und keiner von ihnen ist zu-
grunde gegangen, außer dem Sohn des Unter-
gangs, damit die Schrift erfüllt würde.

Jesus denkt in seinem großen Gebet
an alle, die ihm folgen,
die zu seiner Gemeinde gehören.
Er bittet also auch für uns heute.
Darüber habe ich noch nie
so richtig nachgedacht.
Jesus, du unser Herr und Gott:
Ich danke dir.

(17,6-12)

13 Nun aber gehe ich zu dir und rede dieses in
der Welt, damit sie meine Freude vollkom-
men in sich haben. 14 Ich habe ihnen dein
Wort gegeben, und die Welt hat sie gehasst,
denn sie sind nicht aus der Welt, wie ich nicht
aus der Welt bin. 15 Ich bitte nicht, dass du sie
aus der Welt nehmest, sondern dass du sie vor
dem Bösen bewahrest. 16 Sie sind nicht aus der
Welt, wie ich nicht aus der Welt bin. 17 Heili-
ge sie in der Wahrheit. Dein Wort ist Wahr-
heit. 18 So wie du mich in die Welt gesandt
hast, habe auch ich sie in die Welt gesandt.
19 Und ich heilige mich selbst für sie, damit
auch sie in der Wahrheit geheiligt seien.

Jesu Gebet: Auf dass alle eins seien

20 Doch nicht für diese allein bitte ich, son-
dern auch für jene, die ihres Wortes wegen an
mich glauben. 21 Auf dass alle eins seien, wie
du, Vater, in mir und ich in dir, damit auch sie
in uns seien, damit die Welt glaube, dass du
mich gesandt hast.

»Dass alle eins seien«,
damit die Welt erkennen kann,
dass Jesus von Gott geliebt und gesandt ist.
Wie weit sind wir Christen
davon entfernt!

(17,20-21)

22 Und ich habe die Herrlichkeit, die du mir
gegeben hast, ihnen gegeben, damit sie eins
seien, wie wir eins sind. 23 Ich in ihnen und du
in mir, damit sie vollendet seien im Einssein,
auf dass die Welt erkenne, dass du mich ge-
sandt hast, und sie geliebt hast, wie du mich
geliebt hast. 24 Vater, ich will, dass, wo ich bin,
auch jene mit mir seien, die du mir gegeben
hast, damit sie meine Herrlichkeit schauen,
die du mir gegeben hast. Denn du hast mich
geliebt vor Grundlegung der Welt. 25 Gerech-
ter Vater, die Welt hat dich nicht erkannt, ich
aber habe dich erkannt, und diese haben er-
kannt, dass du mich gesandt hast. 26 Und ich
habe ihnen deinen Namen kundgetan und
werde ihn kundtun, damit die Liebe, mit der
du mich geliebt hast, in ihnen sei und ich in ih-
nen.

Gefangennahme: Sie griffen Jesus und banden ihn

18 Als Jesus dies gesagt hatte, ging er mit sei-
nen Jüngern hinaus, über den Bach Kidron,
wo ein Garten war, in diesen ging er mit sei-

---

von Judas Iskariot. **19** Hier kommt zum Ausdruck, was die anderen Evangelisten durch die Einsetzung des Abendmahles sagen: der Opfercharakter des Todes Jesu Christi. **20-23** In die Gemeinschaft von Vater und Sohn wachsen alle hinein, die durch das Wort der Jünger zum Glauben kommen. **24-26** Der Herr bittet nicht mehr. Er will, dass die Seinen das göttlich vollendete Leben teilen. **20-29** Alle Trennung und Spaltung widerspricht dem Grundgesetz göttlichen Lebens.

18,1 - 19,42 Der Evangelist kennt die Stationen der Leidensgeschichte, doch er will kein vordergründiges Geschehen schildern, sondern dieses Geschehen deuten. – Christus erfüllt den Willen des Vaters; am Kreuz wird er als König erhöht; im Tod besiegt er die Macht des Bösen; er vollendet seinen Auftrag, Johannes übergeht alles, was die Menschheit Jesu betont (etwa seine Todesangst). **18,1-14** Die Darstellung der Leidensgeschichte unterscheidet sich von den anderen drei Evangelisten: Johannes legt besonderes Gewicht auf Züge, in denen die Herrlichkeit des in den Tod ge-

nen Jüngern hinein. 2 Es wusste aber auch Judas, der ihn überlieferte, den Ort; denn Jesus war dort oft mit seinen Jüngern zusammengekommen. 3 Da nahm Judas die Kohorte und Diener von den Hohenpriestern und Pharisäern und kommt dorthin mit Fackeln und Lampen und Waffen. 4 Jesus nun, der alles wusste, was über ihn kommen sollte, ging hinaus und sagt zu ihnen: Wen sucht ihr? 5 Sie antworteten ihm: Jesus, den Nazoräer. Er sagt zu ihnen: Ich bin es. Es stand aber auch Judas, der ihn überlieferte, bei ihnen. 6 Als er nun zu ihnen sagte: Ich bin es, gingen sie zurück und fielen zu Boden. 7 Da fragte er sie wiederum: Wen suchet ihr? Sie aber sagten: Jesus, den Nazoräer. 8 Jesus antwortete: Ich habe euch gesagt: Ich bin es. Wenn ihr also mich sucht, lasst diese gehen. 9 Damit das Wort erfüllt werde, das er gesprochen hatte: Von denen, die du mir gegeben hast, habe ich keinen zugrunde gehen lassen. 10 Simon Petrus nun hatte ein Schwert und zog es und schlug den Knecht des Hohenpriesters und hieb ihm das rechte Ohr ab. Der Name des Knechtes aber war Malchus. 11 Da sprach Jesus zu Petrus: Stecke das Schwert in die Scheide. Den Becher, den der Vater mir gegeben hat, soll ich ihn nicht trinken? 12 Die Kohorte nun und der Hauptmann und die Diener der Juden ergriffen Jesus und banden ihn. 13 Und sie führten ihn zuerst zu Hannas, er war nämlich der Schwiegervater des Kajaphas, welcher Hoherpriester jenes Jahres war. 14 Es war aber Kajaphas, der den Juden den Rat gegeben hatte, es sei gut, dass ein Mensch für das Volk sterbe.

Verleugnung des Petrus:
Ich bin es nicht

15 Es folgten Jesus aber Simon Petrus und ein anderer Jünger. Jener Jünger aber war dem Hohenpriester bekannt, und er ging mit Jesus hinein in den Hof des Hohenpriesters. 16 Und Petrus stand draußen vor der Tür. Es ging der andere Jünger, der dem Hohenpriester bekannt war, hinaus und sprach mit der Türhüterin. Und er führte den Petrus hinein. 17 Da sagt die Magd, die Türhüterin, zu Petrus: Bist nicht auch du aus den Jüngern dieses Menschen? Jener sagt: Ich bin es nicht. 18 Die Knechte aber und die Diener hatten, weil es kalt war, ein Kohlenfeuer gemacht und standen und wärmten sich. Aber auch Petrus stand bei ihnen und wärmte sich.

Eine bizarre Szene!
Jesus, der alle Macht hat,
lässt sich von einem Haufen
grober Kerle festnehmen.
Und einer seiner »Freunde«
verrät ihn, indem er ihn in den Arm nimmt.
Das ist unsere Welt!

(18,15-18)

Vor dem Synedrium:
Ich habe offen zur Welt geredet

19 Der Hohepriester nun fragte Jesus über seine Jünger und über seine Lehre. 20 Jesus antwortete ihm: Ich habe offen zur Welt geredet. Ich habe überall in der Synagoge und im Tem-

---

henden Messias aufleuchtet (z.B. Joh 18,6). Er betont in stärkster Weise die Freiwilligkeit des Todes Jesu, allein der Wille und Auftrag des Vaters ist bindend. – Vgl. Mt 26,36-56; Mk 14,32-52; Lk 22,39-53. **1** Der Kidron ist der Bach im Taleinschnitt zwischen Tempelberg und Ölberg. **3** Es ist unwahrscheinlich, dass römische Soldaten an der Verhaftung Jesu beteiligt waren. **4-12** Jesus, der in die Hände seiner Gegner fällt, zeigt volle Überlegenheit. Jesus weiß hier alles, er tritt dem Verhaftungstrupp entgegen. Judas spielt keine Rolle. Die Häscher stürzen zu Boden; sie können ihn nur verhaften, wenn er es geschehen lässt. Nichts von Jesu Ringen um die eigene Sendung. **13** Ursprünglich war das Amt des Hohenpriesters ein lebenslängliches. Unter der Römerherrschaft wechseln jedoch die Hohenpriester mehrfach. Hannas, der frühere Amtsinhaber, hatte zwar seinem Schwiegersohn Kajaphas weichen müssen; er besaß jedoch noch großen Einfluss. **15-18** In einer Zwischenszene wird die erste Verleugnung des Petrus erzählt. Drinnen wird Jesus vom Hohenpriester verhört. **15** Man nimmt an, dass der »andere Jünger« Johannes selber ist. **19-24** Die drei anderen Evangelien berichten ausführlich über das Verhör durch Kajaphas; das durch

pel gelehrt, wo alle Juden zusammenkommen, und im Verborgenen habe ich nicht geredet. 21 Was fragst du mich? Frage jene, die gehört haben, was ich zu ihnen geredet habe. Siehe, diese wissen, was ich gesagt habe. 22 Als er aber dies gesagt hatte, gab einer der umstehenden Diener Jesus einen Backenstreich und sagte: So antwortest du dem Hohenpriester? 23 Jesus antwortete ihm: Wenn ich Unrecht habe, bezeuge, was unrecht ist. Wenn aber Recht, was schlägst du mich? 24 Da schickte ihn Hannas gebunden zu Kajaphas, dem Hohenpriester.

Verleugnung des Petrus:
Sogleich krähte der Hahn

25 Simon Petrus aber stand und wärmte sich. Da sagten sie zu ihm: Bist nicht auch du einer aus seinen Jüngern? Jener leugnete und sagte: Ich bin es nicht. 26 Einer aus den Knechten des Hohenpriesters, ein Verwandter dessen, dem Petrus das Ohr abgehauen hatte, sagt: Habe ich dich nicht im Garten mit ihm gesehen? 27 Da leugnete Petrus wiederum. Und sogleich krähte ein Hahn.

Dieser Petrus, der erste unter den Jüngern,
ausgerechnet der – verleugnet seinen Herrn.
Hatte er solche Angst?
Und doch hat sein Herr
ihn nicht abgesetzt!
Ist das ein Bild
für Menschen-Handeln
und Gottes-Handeln?

(18,25-27)

Vor Pilatus:
Bist du der König der Juden?

28 Sie führten nun Jesus von Kajaphas weg in das Prätorium. Es war aber frühmorgens. Sie selbst aber gingen nicht in das Prätorium hinein, damit sie nicht unrein würden, sondern das Pascha essen könnten. 29 Pilatus ging also zu ihnen hinaus und sagt: Welche Anklage bringt ihr gegen diesen Menschen vor? 30 Sie antworteten und sagten zu ihm: Wenn dieser nicht ein Übeltäter wäre, hätten wir ihn dir nicht überliefert. 31 Da sprach Pilatus zu ihnen: Nehmet ihr ihn und richtet ihn nach eurem Gesetz. Die Juden sagten zu ihm: Uns ist es nicht erlaubt, jemand zu töten; 32 damit das Wort Jesu erfüllt würde, das er gesagt, um anzuzeigen, welchen Todes er sterben werde. 33 Pilatus ging nun wieder in das Prätorium hinein, rief Jesus und sagte zu ihm: Bist du der König der Juden? 34 Jesus antwortete: Sagst du das von dir aus, oder haben andere es dir über mich gesagt? 35 Pilatus antwortete: Bin ich denn ein Jude? Dein Volk und die Hohenpriester haben dich mir überliefert. Was hast du getan? 36 Jesus antwortete: Mein Reich ist nicht aus dieser Welt. Wenn mein Reich aus dieser Welt wäre, würden wohl meine Diener kämpfen, damit ich den Juden nicht überliefert würde. Nun aber ist mein Reich nicht von hier. 37 Da sprach Pilatus zu ihm: Also bist du ein König? Jesus antwortete: Du sagst, dass ich ein König bin. Dazu bin ich geboren und dazu in die Welt gekommen, dass ich für die Wahrheit zeuge. Jeder, der aus der Wahrheit ist, hört meine Stimme. 38 Pilatus sagt zu ihm: Was ist Wahrheit?

Hannas übergeht Johannes. Er weiß auch nichts über ein weiteres Verhör durch jüdische Behörden. **25-27** Petrus versagt; doch in seinem Versagen erfüllt sich das Vorauswissen des Herrn (vgl. 13,36-38). **28-40** Auslieferung und erstes Verhör bei Pilatus. Weil die Juden durch das Betreten eines heidnischen Hauses für das kommende Pascha unrein würden, verhandelt Pilatus mit ihnen vor dem Haus. Das Prätorium ist ein heute nicht mehr näher bekanntes Gebäude der römischen Verwaltung in Jerusalem. Dem Hohen Rat war das Hoheitsrecht der Todesstrafe entzogen. Nach Johannes hielt Jesus das Letzte Mahl mit seinen Jüngern einen Tag früher als nach den übrigen drei Evangelisten. Wie auch immer die zeitliche Abfolge war – für Johannes spielt die Gegenüberstellung: Pascha der Juden – Pascha Jesu eine große Rolle. Deshalb legt er auch großes Gewicht auf die Gleichzeitigkeit: Während im Tempel die Paschalämmer geschlachtet werden, opfert sich Jesus, das wahre Paschalamm. **33-38** Hier geht es um die Kernfrage: Ist Jesus der »König« der Juden? Jesus selbst erklärt, von welcher Art sein Königtum ist. **37-38** Diese Verse stehen auf dem bisher ältesten überlieferten Text des Johannesevangeliums; das ist zugleich der älteste neutestamentliche Papyrus aus dem Jahr 130. **38-40** Pilatus erklärt Jesus für unschuldig und verweist auf die

Vor Pilatus: Ich finde keine Schuld an ihm

Und als er dies gesprochen hatte, ging er wieder zu den Juden hinaus und sagt zu ihnen: Ich finde keine Schuld an ihm. [39] Es ist aber Gewohnheit bei euch, dass ich euch an Pascha einen freigebe. Wollt ihr nun, dass ich euch den König der Juden freigebe? [40] Da schrien sie wieder und sagten: Nicht diesen, sondern den Barabbas. Barabbas aber war ein Räuber.

Vom Hohenpriester geohrfeigt!
Besser behandelt vom Römer Pilatus.
Doch auch der, obwohl er zögert,
überlässt Jesus aus Angst
dem Tode.

(nach 18,39-40)

Geißelung: Seht den Menschen

19 Darauf nahm Pilatus Jesus und geißelte ihn. [2] Und die Soldaten flochten aus Dornen einen Kranz, legten ihn auf sein Haupt und warfen ihm ein purpurnes Kleid um, [3] gingen zu ihm und sagten: Heil, König der Juden! Und sie gaben ihm Backenstreiche. [4] Da ging Pilatus wieder hinaus und sagt zu ihnen: Siehe, ich führe ihn euch heraus, damit ihr erkennt, dass ich keine Schuld an ihm finde. [5] Jesus kam also heraus, den Dornenkranz und das purpurne Gewand tragend. Und er sagt zu ihnen: Seht den Menschen!

Verurteilung: Hinweg, kreuzige ihn

[6] Als nun die Hohenpriester und die Diener ihn sahen, schrien sie und sagten: Kreuzige, kreuzige! Pilatus sagt zu ihnen: Nehmet ihr ihn und kreuzigt ihn! Denn ich finde keine Schuld an ihm.
[7] Die Juden antworteten ihm: Wir haben ein Gesetz, und nach dem Gesetz muss er sterben, denn er hat sich zu Gottes Sohn gemacht. [8] Als nun Pilatus dieses Wort hörte, fürchtete er sich noch mehr. [9] Und er ging wieder in das Prätorium hinein und sagt zu Jesus: Woher bist du? Jesus aber gab ihm keine Antwort.
[10] Da sagt Pilatus zu ihm: Mit mir redest du nicht? Weißt du nicht, dass ich Macht habe, dich freizulassen, und Macht habe, dich zu kreuzigen? [11] Jesus antwortete: Du hättest keine Macht über mich, wenn sie dir nicht von oben gegeben wäre. Deshalb hat der, welcher mich dir überliefert hat, größere Sünde.
[12] Daraufhin suchte Pilatus ihn freizugeben. Die Juden aber schrien und sagten: Wenn du diesen freigibst, bist du des Kaisers Freund nicht. Jeder, der sich selbst zum König macht, widersetzt sich dem Kaiser. [13] Als nun Pilatus diese Worte hörte, führte er Jesus heraus, setzte sich auf einen Richterstuhl, an einen Ort, der Lithostrotos, hebräisch aber Gabbata genannt wird. [14] Es war aber Rüsttag von Pascha; es war um die sechste Stunde. Da sagt er zu den Juden: Siehe, euer König! [15] Da schrien jene: Hinweg, hinweg, kreuzige ihn! Pilatus sagt zu ihnen: Euren König soll ich kreuzigen? Die Hohenpriester antworteten: Wir haben keinen König außer dem Kaiser. [16] Darauf überlieferte er ihn ihnen, damit er gekreuzigt werde.

Pascha-Amnestie; doch »die Juden« entscheiden sich für einen Verbrecher, den Barabbas, von dem es heißt, er sei ein Straßenräuber.
19,1-7 Die Vorführung Jesu soll auf die Ungefährlichkeit des vermeintlichen Anwärters auf Davids Thron verweisen. Doch die Hohenpriester und ihr Anhang bestehen auf Jesu Tod. **8-12** Auch in der zweiten Befragung wird deutlich, dass hier Menschenmacht gegen Gottesmacht steht. Wenn Pilatus Jesus freilassen will, drohen die Juden, ihn beim Kaiser anzuklagen. **13-16** Pilatus gibt dem äußeren Druck nach. Er war schon früher beim Kaiser verklagt worden, er verletze das religiöse Empfinden der Juden. – Lithostrotos (Steinpflaster), ein Platz innerhalb des Herodespalastes. – Gabbata bedeutet »Anhöhe«, Erhebung. **14** Die sechste Stunde errechnet sich vom Sonnenaufgang her; gemeint ist Mittag. **15** In blindem Hass bekennt sich das amtliche Judentum zur Herrschaft des heidnischen Kaisers. **17-18** Äußerst knapp werden Kreuzweg und Kreuzigung

Ob auf den einzelnen Verlass ist
oder nicht – das bleibe dahingestellt.
Wenn einzelne in der Meute auftreten,
ist nichts Gutes von ihnen zu erwarten.
Man schaue sich nur um in unserem
politischen und gesellschaftlichen Umfeld.
Hier sich heraushalten –
das kann zum Martyrium führen.

(19,6-16)

Kreuzigung: Dort kreuzigten sie ihn

[17] Sie nahmen nun Jesus. Und er trug selbst
das Kreuz und kam hinaus an einen Ort, der
Schädel genannt wird, was auf Hebräisch
Golgota heißt. [18] Dort kreuzigten sie ihn. Und
mit ihm zwei andere, da und dort, in der Mit-
te aber Jesus. [19] Pilatus aber schrieb auch eine
Aufschrift und setzte sie auf das Kreuz. Es
war aber geschrieben: Jesus, der Nazoräer,
der König der Juden. [20] Diese Aufschrift nun
lasen viele von den Juden, denn der Ort, wo
Jesus gekreuzigt wurde, war nahe der Stadt.
Und sie war auf hebräisch, auf lateinisch und
griechisch geschrieben. [21] Da sagten die Ho-
henpriester der Juden zu Pilatus: Schreibe
nicht: Der König der Juden, sondern dass je-
ner gesagt hat: Ich bin König der Juden. [22] Pi-
latus antwortete: Was ich geschrieben habe,
habe ich geschrieben. [23] Als die Soldaten nun
Jesus gekreuzigt hatten, nahmen sie seine
Kleider und machten vier Teile, jedem Solda-
ten ein Teil, und den Rock. Der Rock war
aber ohne Naht, von oben im ganzen gewo-
ben. [24] Da sagten sie zueinander: Wir wollen
ihn nicht zerschneiden, sondern darum losen,
wessen er sei; damit die Schrift erfüllt werde:
Sie haben meine Kleider unter sich geteilt und
über mein Gewand das Los geworfen. Die
Soldaten taten dies also.

Zu Johannes: Siehe, deine Mutter

[25] Es standen aber bei dem Kreuz Jesu seine
Mutter und die Schwester seiner Mutter, Ma-
ria, die des Klopas, und Maria von Magdala.
[26] Als nun Jesus die Mutter sah und daneben-
stehend den Jünger, den er liebte, sagt er zur
Mutter: Frau, siehe dein Sohn. [27] Darauf sagt
er zum Jünger: Siehe, deine Mutter. Und von
jener Stunde an nahm sie der Jünger zu sich.

Frauen und seine Mutter
und dazu der Lieblingsjünger,
sie halten beim Gekreuzigten aus.
Und wo sind all die andern?

(19,25-27)

Der Tod: Es ist vollbracht

[28] Danach, da Jesus wusste, dass nun alles
vollbracht ist, sagt er, damit die Schrift voll
erfüllt würde: Mich dürstet. [29] Ein Gefäß voll
Essig stand da. Sie steckten nun einen mit Es-
sig gefüllten Schwamm auf einen Ysopstengel
und brachten ihn an seinen Mund. [30] Als nun
Jesus den Essig genommen hatte, sprach er:
Es ist vollbracht. Und er neigte das Haupt
und übergab den Geist. [31] Weil es Rüsttag war,
damit die Leiber nicht am Sabbat auf dem
Kreuz blieben – jener Sabbat war nämlich ein
großer Tag –, baten die Juden den Pilatus, dass
jenen die Beine zerschlagen und sie herabge-
nommen würden. [32] Es kamen also die Solda-
ten und zerschlugen die Beine des ersten und
des anderen der mit ihm Gekreuzigten. [33] Als

---

beschrieben (vgl. dazu Mt 27,31-61; Mk 15,21-47; Lk 23,26-56). **19-22** Der Schuldtitel – so sagt der Text – war in den drei (z.Zt. da das Johannesevangelium aufgeschrieben wurde) in Betracht kommenden Sprachen geschrieben. **23-24** Vgl. Mt 27,35; Mk 15,24; Lk 23,34. **24** Vgl. Ps 22,19. **25-27** Johannes zeichnet eine ideale Szenerie. Frauen stehen beim Kreuz; bei ihnen der Jünger, den Jesus liebt. Ihm vertraut der Sterbende seine Mutter an. **28-30** Der Evangelist legt Nachdruck auf die Erfüllung der Schrift (Ps 69,22) und auf die volle Freiheit, mit der der Sohn Gottes sein Leben hingibt. – Geist meint hier das Lebensprinzip, die Seele. Menschen können Jesus töten; das Leben können sie ihm nicht nehmen. Er gibt es dem Vater zurück. **31-33** Nach Ex 12,16; Dtn 21,23 ist vorgeschrieben, dass Verurteilte noch am gleichen Tag begraben werden müssen. – Durch das Zerschlagen der Beine soll der Tod beschleunigt werden;

sie aber zu Jesus kamen und sie sahen, dass er
schon gestorben war, zerschlugen sie ihm die
Beine nicht, 34 sondern einer der Soldaten
stach mit einer Lanze in seine Seite, und so-
gleich kam Blut und Wasser heraus. 35 Und
der es gesehen, hat es bezeugt, und sein Zeug-
nis ist wahr, und jener weiß, dass er Wahres
sagt, damit auch ihr glaubt. 36 Denn dies ist
geschehen, damit die Schrift erfüllt werde:
Kein Bein soll ihm zerbrochen werden. 37 Und
wieder eine andere Schrift sagt: Sie werden
auf den sehen, den sie durchbohrt haben.

Das Begräbnis:
Dahin legten sie Jesus

38 Danach bat Josef von Arimathäa, der ein
Jünger Jesu war, jedoch heimlich, aus Furcht
vor den Juden, den Pilatus, dass er den Leib
Jesu abnehmen dürfe. Und Pilatus erlaubte
es. Er ging nun und nahm seinen Leib ab. 39 Es
kam aber auch Nikodemus, der das erste Mal
zu ihm bei Nacht gekommen war, und brach-
te eine Mischung von Myrrhe und Aloe, etwa
hundert Pfund. 40 Sie nahmen nun den Leib
Jesu und banden ihn mit den Spezereien in
Leinenbinden, wie es bei den Juden Begräb-
nissitte ist. 41 Es war aber an dem Ort, wo er
gekreuzigt ward, ein Garten, und in dem Gar-
ten ein neues Grab, in das noch nie einer ge-
legt worden war. 42 Dahin nun legten sie Jesus,
wegen des Rüsttags der Juden, weil das Grab
nahe war.

Nüchtern, sachlich, hart –
so werden die Szenen umrissen.
Der Herr der Welt,
das Leben schlechthin,
er wird von Menschen
in ein Grab gelegt.
Wüsste man nicht, wie es weitergeht,
es wäre unerträglich.

(19,38-42)

Das leere Grab:
Sie sieht den Stein weggenommen

20 Am ersten Tag nach dem Sabbat aber
kommt Maria von Magdala, früh, als es noch
finster war, zum Grab und sieht den Stein
vom Grab weggenommen. 2 Da läuft sie und
kommt zu Simon Petrus und zu dem andern
Jünger, den Jesus lieb hatte, und sagt zu ih-
nen: Sie haben den Herrn aus dem Grab ge-
nommen, und wir wissen nicht, wohin sie ihn
gelegt haben.
3 Da gingen Petrus und der andere Jünger hin-
aus und kamen zum Grabe. 4 Es liefen aber
beide zugleich. Doch der andere Jünger lief
voraus, schneller als Petrus, und kam zuerst
an das Grab. 5 Und wie er sich hineinbeugt,
sieht er die Leinenbinden liegen, doch hinein
ging er nicht. 6 Da kommt auch Simon Petrus,
der ihm folgte, und ging in das Grab hinein.
Und er schaut: Die Leinenbinden liegen da,
7 und das Schweißtuch, das auf seinem Haup-
te gewesen war, liegt nicht mit den Leinen-
binden, sondern gesondert, an einem Ort zu-
sammengewickelt. 8 Da nun ging auch der an-
dere Jünger hinein, der als erster zum Grab
gekommen war, und er sah und glaubte.
9 Denn sie verstanden die Schrift noch nicht,
dass er von den Toten auferstehen müsse.
10 Da gingen die Jünger wieder heim.

---

außerdem können sie aus dem Massengrab nicht weglaufen. – Jesus aber war schon tot. **34** Die spätere Gemeinde und die Kirchenväter sahen in Blut und Wasser einen Hinweis auf die beiden Sakramente: Taufe und Eucharistie. **35-37** Man nimmt an, dass der Augenzeuge der Evangelist selber ist (vgl. Vers 26). **38-42** Vgl. Mt 27,57-60; Mk 15,42-46; Lk 23,50-54. – Zwei heimliche Jünger sorgen für ein ehrenvolles Begräbnis. Nikodemus (vgl. Kap. 3) bringt Duftstoffe, die zwischen die Leinenbinden gestreut werden. **42** Die am Freitag Abend bei Sonnenuntergang beginnende Sabbatruhe nötigt zu großer Eile.

20,1-10 Johannes versteht den Tod Jesu am Kreuz als Erhöhung zum Vater. **1** Maria aus Magdala geht als erste zum Grab, die Frau, von der es ausdrücklich heißt, dass sie Jesus liebte. **2** Der »andere Jünger« ist hier, wie auch an anderen Stellen wohl Johannes selber. **8-10** Die beiden Verse passen nicht aufeinander. Vers 8 findet in der Thomasgeschichte (20,29) seine Entsprechung. Vers 9 will sagen, dass die beiden, die vorher nicht geglaubt hatten, jetzt zum Glauben kommen. Und dann? Dann gehen sie wieder heim! Der Schreiber weiß nicht recht, was er mit dem Verhalten der beiden anfangen soll. **11-18** Der Verkehr zwi-

Der Auferstandene: Rühr mich nicht an

11 Maria aber stand draußen vor dem Grab
und weinte. Wie sie nun weinte und sich ins
Grab hineinbeugte, 12 schaut sie zwei Engel in
weißen Kleidern sitzen, den einen beim
Haupt und den andern bei den Füßen, wo der
Leib Jesu gelegen hatte. 13 Und diese sagen zu
ihr: Frau, was weinst du? Sie sagt zu ihnen: Sie
haben meinen Herrn weggenommen, und ich
weiß nicht, wohin sie ihn gelegt haben. 14 Als
sie dies gesagt hatte, drehte sie sich um und
schaute Jesus, dastehend, aber sie wusste
nicht, dass es Jesus war. 15 Jesus sagt zu ihr:
Frau, was weinst du? Wen suchst du? Da jene
meinte, er sei der Gärtner, sagt sie zu ihm:
Herr, wenn du ihn weggetragen hast, sage
mir, wohin du ihn gelegt hast, und ich werde
ihn holen. 16 Jesus sagt zu ihr: Maria! Da dreh-
te sich jene um und sagt zu ihm auf He-
bräisch: Rabbuni, das heißt: Meister. 17 Jesus
sagt zu ihr: Rühr mich nicht an! Denn ich bin
noch nicht zum Vater aufgestiegen. Geh zu
meinen Brüdern und sage ihnen: Ich steige auf
zu meinem Vater und eurem Vater, und mei-
nem Gott und eurem Gott. 18 Maria von Mag-
dala geht und verkündet den Jüngern, dass sie
den Herrn gesehen, und dass er dies zu ihr ge-
sagt hat.

Typische Männerreaktion,
so möchte man feststellen.
Und die Frau? Auch typisch!
Doch diese Magdalena –
ihr Weg war ganz anders
als der der Jünger.
Die waren berufen,
um Jesu Botschaft zu verkünden.
Maria von Magdala ist Jesus nachgelaufen.
Doch, wie immer der Weg war:
Am Ende ist der Auftrag für alle gleich:
Sie sollen Jesu Botschaft weitertragen.

(20,11-18)

Der Auferstandene: Friede euch!

19 Als es nun an jenem Tage, dem ersten nach
dem Sabbat, Abend war und die Türen, wo
die Jünger waren, aus Furcht vor den Juden
verschlossen waren, kam Jesus und trat in die
Mitte und sagt zu ihnen: Friede euch! 20 Als er
dies gesagt hatte, zeigte er ihnen die Hände
und die Seite. Da freuten sich die Jünger, dass
sie den Herrn sahen. 21 Da sprach er wieder zu
ihnen: Friede euch! Wie mich der Vater ge-
sandt hat, schicke auch ich euch aus. 22 Als er
dies gesagt hatte, hauchte er und sagt zu ih-
nen: Empfanget Heiligen Geist: 23 Welchen
ihr die Sünden nachlasset, denen sind sie
nachgelassen. Welchen ihr sie behaltet, denen
sind sie behalten.

Thomas: Selig, die nicht sehen und geglaubt haben

24 Thomas aber, einer von den Zwölfen, der
Didymus genannt wird, war nicht bei ihnen,
als Jesus kam. 25 Die andern Jünger sagten
ihm nun: Wir haben den Herrn gesehen. Er
aber sagte zu ihnen: Wenn ich nicht in seinen
Händen den Schlag der Nägel sehe und mei-
nen Finger an den Ort der Nägel lege und mei-
ne Hand in seine Seite lege, werde ich nicht
glauben. 26 Und nach acht Tagen waren seine
Jünger wieder drinnen und Thomas mit ih-
nen. Jesus kommt, als die Türen verschlossen
waren, trat in die Mitte und sprach: Friede
euch! 27 Dann sagt er zu Thomas: Nimm dei-
nen Finger hierher, und sieh meine Hände,
und nimm deine Hand und lege sie in meine
Seite, und sei nicht ungläubig, sondern gläu-

---

schen dem Auferstanden und den Seinen vollzieht sich in Zukunft nur als Begegnung der Seinen mit dem, der zum Vater heimgegangen ist, also nicht in Formen welthaften Umgangs. – Dass Maria von Magdala Jesus besonders nahe stand, geht aus mehreren Berichten hervor. Und doch erkennt sie den Auferstanden nicht. Tränen können blind machen. Da wird sie von Jesus angesprochen. Jetzt wird sie – die Frau – berufen, den Jüngern – den Männern – zu verkünden, dass ihr Herr lebt! **19-23** Der Abschnitt steht in engem Zusammenhang mit den Abschiedsreden Kapitel 14 - 16. **22** Der Auferstandene verleiht den Jüngern durch Anhauchen den Geist. – Vgl. die Szene mit der Geistsendung in Apg 2 (vgl auch Mt 16,14; Lk 24,36-49). **24-29** Der Zweifel des Thomas ist repräsentativ für die durchschnittliche Haltung der Men-

big. [28]Thomas antwortete und sprach zu ihm:
Mein Herr und mein Gott. [29] Jesus sagt zu
ihm: Weil du mich gesehen hast, hast du geglaubt. Selig, die nicht sehen und doch glauben.

Mir scheint: In diesem Thomas
wird uns ein Spiegel vorgehalten.
Wie reagieren wir,
wenn Zweifel uns überfallen?
Zweifel hin oder her –
wer kann mir »beweisen«,
dass alles, was wir glauben,
nicht stimmt!
Doch »vielleicht« ist es dennoch wahr?

(20,24-29)

Viele Zeichen: Damit ihr glaubt!

[30] Noch viele und andere Zeichen hat Jesus
vor den Augen der Jünger getan, die nicht in
diesem Buche aufgeschrieben sind. [31] Diese
aber sind geschrieben, damit ihr glaubt, dass Jesus der Messias, der Sohn Gottes ist, damit ihr glaubt und Leben habt in seinem Namen.

Dritte Offenbarung: Es ist der Herr

21 Darauf offenbarte sich Jesus den Jüngern wieder am See von Tiberias. Er offenbarte
sich aber so: [2] Es waren beisammen Simon Petrus und Thomas, der Didymus genannt wird, und Natanael von Kana in Galiläa und die des Zebedäus und zwei andere von seinen
Jüngern. [3] Simon Petrus sagt zu ihnen: Ich gehe fischen. Sie sagen zu ihm: Wir kommen auch mit dir. Sie gingen hinaus und stiegen in das Schiff; aber in jener Nacht fingen sie
nichts. [4] Als es aber schon Morgen wurde, stand Jesus am Ufer, doch wussten die Jünger
nicht, dass es Jesus war. [5] Da sagt Jesus zu ihnen: Kinder, habt ihr nicht etwas zum Essen?
Sie antworteten ihm: Nein! [6] Er aber sprach
zu ihnen: Werfet das Netz auf der rechten Seite des Schiffes aus, und ihr werdet finden. Sie warfen es also aus, und sie vermochten es vor der Menge der Fische nicht mehr zu ziehen.
[7] Da sagt jener Jünger, den Jesus liebte, zu Petrus: Es ist der Herr. Als nun Simon Petrus hörte, dass es der Herr sei, gürtete er sich das Oberkleid um, denn er war nackt, und warf
sich in den See. [8] Die anderen Jünger aber kamen mit dem Schiff, denn sie waren nicht weit vom Land, sondern etwa zweihundert Ellen, und schleppten das Netz mit den Fischen.
[9] Als sie nun ans Land stiegen, sahen sie ein Kohlenfeuer angelegt und einen Fisch darauf-
liegen und Brot. [10] Jesus sagt zu ihnen: Bringet von den Fischen, die ihr jetzt gefangen habt.
[11] Simon Petrus stieg hinein und zog das Netz an das Land, gefüllt mit hundertdreiundfünfzig großen Fischen. Und obwohl es so viele
waren, zerriss das Netz nicht. [12] Jesus sagt zu
ihnen: Kommt, haltet Frühmahl! Keiner der Jünger wagte ihn zu fragen: Wer bist du? Denn sie wussten, dass es der Herr war. [13] Jesus kommt und nimmt das Brot und gibt es ihnen und ebenso den Fisch. [14] Dies war schon
das dritte Mal, dass sich Jesus den Jüngern offenbarte, nachdem er von den Toten auferweckt war.

Merkwürdig!
Diese Erscheinung des Auferstanden.
Er zeigt sich ihnen dort, wo sie leben.
Und sie erkennen ihn nicht.

schen: Sie glauben nur, was sie greifen können. **28** Mit dem Bekenntnis des Thomas schließt sich der Kreis, den Johannes mit dem Prolog seines Evangelium begonnen hat: Dieser Jesus ist Gott. **30-31** Die Verse sind ein deutlicher Schluss, in dem der Auswahlcharakter der Erzählung betont und ihr Zweck angegeben wird. Was aufgeschrieben ist, soll die Gemeinde zum Glauben bringen; sie sollen fähig werden, ihn zu verteidigen.

21,1-25 Spätere Schüler des Evangelisten haben das in diesem Kapitel Überlieferte festgehalten und an das Evangelium angehängt. **21,1-14** Man nimmt an, dass die zugrunde liegende Überlieferung mit nachösterlichen Begegnungen verwoben worden ist. **11** Die Zahl 153 hat wohl als Zahl der Fülle zeichenhafte Bedeutung. Sie verweist auf die Glaubenden aus allen Völkern, die durch die »Menschenfischer« zu Christus gebracht werden. **15-17** Petrus hat seinen Herrn drei-

Ist das ein Gespenst?
Als der Lieblingsjünger ihn erkennt
– natürlich er! –
springt der temperamentvolle Petrus
ins Wasser, seinem Herrn entgegen.
Und er – er lädt sie zum Essen ein.
Er reicht ihnen Brot und Fisch,
das macht kein Gespenst!

(21,1-14)

Hirtenamt: Simon, liebst du mich?

15 Als sie nun Frühmahl gehalten hatten, sagt Jesus zu Simon Petrus: Simon, des Johannes Sohn, liebst du mich mehr als diese? Er sagt zu ihm: Ja, Herr, du weißt, dass ich dich lieb habe. Er sagt zu ihm: Weide meine Lämmer. 16 Er sagt zu ihm wiederum, zum zweiten Male: Simon, des Johannes Sohn, liebst du mich? Er sagt zu ihm: Ja, Herr, du weißt, dass ich dich lieb habe. Er sagt zu ihm: Hüte meine Schafe. 17 Er sagt zu ihm ein drittes Mal: Simon, des Johannes Sohn, hast du mich lieb? Petrus wurde betrübt, dass er zum dritten Mal zu ihm sagte: Hast du mich lieb? und sprach zu ihm: Herr, du weißt alles, du erkennst, dass ich dich lieb habe. Jesus sagt zu ihm: Weide meine Schafe. 18 Wahrlich, wahrlich, ich sage dir: Da du jünger warst, hast du dich selbst gegürtet und bist gegangen, wohin du wolltest. Wenn du aber alt geworden bist, wirst du deine Hände ausstrecken, und ein anderer wird dich gürten und dich bringen, wohin du nicht willst. 19 Dies aber sagte er, um anzuzeigen, durch welchen Tod er Gott verherrlichen werde. Und als er dies gesprochen hatte, sagt er zu ihm: Folge mir!

Und wieder das Bild vom Hirten.
Petrus erhält den Auftrag,
die Herde seines Herrn zu hüten.
Hirte an Jesu Stelle,
das gefällt nicht jedem.

(21,15-19)

Petrus: Du folge mir!

20 Als Petrus sich umwendet, sieht er, dass der Jünger, den Jesus liebte, folgte; er, der auch beim Mahl an seiner Brust gelegen und gesagt hatte: Herr, wer ist's, der dich überliefert? 21 Als nun Petrus diesen sieht, sagt er zu Jesus: Herr, was ist mit diesem? 22 Jesus sagt zu ihm: Wenn ich will, dass dieser bleibe, bis ich komme, was geht es dich an? Du folge mir! 23 Da ging dieses Wort unter den Jüngern um, dass jener Jünger nicht sterbe. Aber Jesus hatte zu ihm nicht gesagt, dass er nicht sterbe, sondern: Wenn ich will, dass dieser bleibe, bis ich komme, was geht es dich an?

Schluss:
Wir wissen, dass sein Zeugnis wahr ist

24 Dieses ist der Jünger, der dies bezeugt und dies geschrieben hat, und wir wissen, dass sein Zeugnis wahr ist. 25 Es gibt aber noch vieles andere, was Jesus getan hat; wollte man dies eins nach dem andern aufschreiben, glaube ich, würde die Welt die Bücher nicht fassen, die zu schreiben wären.

---

mal verleugnet; nun wird er dreimal nach seiner Liebe gefragt. Der Auferstandene nimmt Petrus wieder an und übergibt ihm besondere Verantwortung. **18-19** Dies wird als Hinweis auf den Martyrertod des Petrus verstanden. **20-23** Man nimmt an, dass es in der frühen Gemeinde Rivalitäten zwischen den Petrusjüngern und den Johannesjüngern gab. In der Gemeinde des vierten Evangelisten spielte der Lieblingsjünger eine besondere Rolle. Doch Sicheres lässt sich nicht sagen. **24** Hinweis auf die Autorität der Zeugen. **25** Dieser Schlusssatz verweist (übertreibend) auf den Auswahlcharakter des ganzen Buches. Es wird auf die unerschöpfliche Fülle des Evangeliums, also der Botschaft selber hingewiesen.

Die Apostelgeschichte

Nachdem Lukas bereits als Verfasser eines Evangeliums hervorgetreten war, unternahm er es, ein zweites Werk zu schreiben, in dem er versuchte, die Ausbreitung des Evangeliums von Jerusalem bis Rom nachzuzeichnen. Dabei wird deutlich, dass er auf die geschilderte Zeit in einem gewissen Abstand zurückblickt. Lukas schreibt in diesem Buch, der Apostelgeschichte, von einem überwältigenden Erfolg. Schon in der Urgemeinde in Jerusalem scharen sich die Juden massenweise um die Apostel. Die jüdischen Oberen stellen sich dieser Entwicklung zwar entgegen, doch sie erreichen nichts. Zwar treibt diese Entwicklung einige aus der Urgemeinde, aber dadurch kommt die Mission auch andernorts in Gang. Die Kraft des Christentums – so will Lukas erkennen lassen – zeigt sich im Leben und Werk des Paulus. Nicht zuletzt ihm wollte er mit der Apostelgeschichte ein Denkmal setzen.

Lukas musste vor allem auch auf Wundergeschichten zurückgreifen, da es ihm an anderem Stoff mangelte. Doch zeigt sich ja gerade hierin das Wirken des Geistes Gottes.

Lukas schildert die Urgemeinde als festgefügte, geschwisterliche Gemeinschaft, ohne große theologische Differenzen (vgl. allerdings das Apostelkonzil). Der Gegensatz zwischen »Hebräern« und »Hellenisten« (der theologisch grundsätzlicher Natur war) wird zu einem organisatorischen Problem verharmlost. Es gibt auch keine Irrlehrer, die den Bestand der Gemeinde gefährden könnten. Man hält unbeirrbar an der Lehre der Apostel fest, vierzig Tage lang vom Auferstandenen selbst unterrichtet. Die Apostel sind die autorisierten Träger des kirchlichen Geschehens. Dabei denkt Lukas nur an die Zwölf; sie sind für ihn die maßgeblichen Autoritäten, eine Art Kirchenleitung mit umfassender Kompetenz. Mit diesem »Bild« will Lukas zeigen, was Kirche ist, wie sie sich verstehen, wie sie leben soll. Die Urgemeinde, die er schildert, hält er der Kirche seiner eigenen Zeit vor. Es ist selbstverständlich, dass die Apostel in Jerusalem sitzen, sich im Tempel versammeln und dort am Gottesdienst teilnehmen. Die heilige Stadt des alten Israel wird auch zum Mittelpunkt der Kirche.

Lukas betont mit allen Mitteln die Einheit zwischen Juden und Christen. Er will aufzeigen, dass die christliche Bewegung an Israel bruchlos anknüpft und so die heilsgeschichtliche Linie sich kontinuierlich fortsetzt. Das ist die heilsgeschichtliche Ortsbestimmung der Kirche, eine für Lukas spezifische Konzeption. Gegensätze übermalt er dann und wann; so z. B. beim Fall Stephanus. Lukas stellt das als Verurteilung wegen falscher Zeugenaussagen dar. Ähnlich ist es bei Paulus, den Lukas zum Opfer übler Gerüchte macht. Lukas sieht seine Aufgabe darin, Missverständnisse und Misstrauen abzubauen.

Das alles sagt Lukas nicht direkt. Er verpackt seine Aussagen in seinem geschichtlichen Bericht, vor allem in seinem Bericht vom Prozess gegen Paulus.

Dieser liest sich wie ein Appell an die bessere Einsicht der römischen Behörden. In diesem Sinn ist auch die Tatsache zu werten, dass Lukas die Verurteilung und Hinrichtung des Paulus am Schluss seines Buches verschweigt. Die Apostelgeschichte ist in weit höherem Maß die persönliche Leistung des Lukas als sein Evangelium. Sie konnte es sein, denn die Überlieferungen, die ihm vorgegeben waren, ergaben kein festes Bild vom Leben der Urgemeinde und der frühen Mission. Lukas war ein theologischer Schriftsteller von Rang und Namen. Das zeigt sich vor allem in den von ihm komponierten großen Reden des Petrus und Paulus. Sie sollen Höhepunkte markieren und das Geschehen theologisch durchsichtig machen. Was in diesen Reden vorgetragen wird, sind des Lukas eigene Gedanken.

Lukas hat wohl die Apostelgeschichte in den Jahre 80 bis 90 n. Chr. geschrieben, unmittelbar im Anschluss an sein Evangelium. Er scheint ein Stadtmensch in Kleinasien, Griechenland, Cäsarea oder Rom gewesen zu sein.

✧

Vorwort: Anfang einer neuen Zeit

1 Den ersten Bericht, Theophilus, habe ich verfasst über all das, was Jesus von Anfang an getan und gelehrt hat, 2 bis zu dem Tag, da er hinaufgenommen ward, nachdem er den von ihm erwählten Aposteln durch den Heiligen Geist Auftrag gegeben. 3 Ihnen hat er sich auch nach seinem Leiden durch viele Bezeugungen als lebend erwiesen, indem er ihnen während vierzig Tagen erschien und über die Dinge des Reiches Gottes sprach.

Entrückung Jesu: Er wird ebenso wiederkommen

4 Und als er mit ihnen zusammen war, gebot er ihnen: Geht nicht von Jerusalem weg, sondern wartet auf die Verheißung des Vaters, die ihr von mir gehört habt. 5 Denn Johannes hat mit Wasser getauft, ihr aber werdet mit Heiligem Geist getauft werden, kurz nach diesen Tagen. 6 Da fragten ihn, die zusammengekommen waren, und sagten: Herr, stellst du wohl in dieser Zeit das Königtum für Israel wieder her? 7 Er aber sprach zu ih-

Was wäre
wenn alles, was Jesus gesagt und angezettelt
mit ihm entschwunden wäre
in Himmelsferne?

Wenn seine Freunde, einfache Leute zumeist
sich geweigert hätten
vom Berg seines Scheidens
zurückzukehren in die Stadt
seines Scheiterns?

Wenn sie seinen Namen dem Vergessen
seine Hoffnung dem Grab überlassen hätten?

Wenn sie es nicht aufgenommen hätten
mit einer Welt, die den, dem sie vertrauten
ans Kreuz brachte?

(1,1-4)

nen: Euch steht es nicht zu, Zeiten und Fristen zu kennen, die der Vater festgesetzt hat in der ihm eigenen Macht; 8 doch ihr werdet Kraft empfangen, wenn der Heilige Geist über euch

---

1,1-3 Lukas schreibt für denselben Theophilus, dem er sein Evangelium gewidmet hatte, einen Bericht über die »Taten der Apostel« (»Apostelgeschichte«). Er sammelt Einzelüberlieferungen, die an Orte oder Personen gebunden, weiter erzählt werden. So schildert er die Entwicklung der Jesusbewegung zwischen der ersten öffentlichen Rede des Petrus (Pfingsten in Jerusalem) und der Christuspredigt des Paulus in Rom. Am Anfang stehen die Erfahrungen der Jüngerinnen und Jünger, die Jesus kannten und Zeugen des Auferstandenen werden können. Er formuliert so, dass sein Bericht zum Grundtext der dreigeteilten österlichen Feier der Kirche werden kann: Ostern, Feier der Auferstehung, Vierzig Tage (eine heilige Zahl der Gottbegegnung) die Feier der »Erhöhung des Herrn« (»Christi Himmelfahrt«). Das jüdische »Fest des fünfzigsten Tages« (Pentekostes, »Pfingsten«) wird zum Fest der Kirche. **4-11** Vierzig Tage lang begegnet der Auferstandene seinen Jüngern. Danach wird er vor ihren Augen entrückt. Die Ent-

kommt, und so werdet ihr meine Zeugen in
Jerusalem, in ganz Judäa und Samarien und
bis an das Ende der Erde. 9 Nachdem er das
gesagt, ward er vor ihren Blicken emporge-
hoben, und eine Wolke nahm ihn auf, hinweg
von ihren Augen. 10 Während sie zum Him-
mel aufschauten, wie er hinfuhr, siehe, da
standen bei ihnen zwei Männer in weißen Ge-
wändern, die sagten: 11 Ihr Männer aus Ga-
liläa, was steht ihr da und schaut zum Him-
mel auf? Dieser Jesus, der von euch weg in
den Himmel hinaufgenommen wurde, wird
ebenso wiederkommen, wie ihr ihn habt zum
Himmel hinfahren sehen. 12 Danach kehrten
sie nach Jerusalem zurück von dem Berge, der
Ölberg heißt; er liegt nahe bei Jerusalem, ei-
nen Sabbatweg weit. 13 Und als sie hineinge-
kommen waren, stiegen sie in das Oberge-
mach hinauf, wo sie sich gewöhnlich aufhiel-
ten: Petrus und Johannes, und Jakobus und
Andreas, Philippus und Thomas, Bartho-
lomäus und Matthäus, Jakobus, der Sohn des
Alphäus, und Simon der Zelot und Judas, der
Sohn des Jakobus. 14 Sie alle verharrten ein-
mütig im Gebet mit Frauen und Maria, der
Mutter Jesu, und mit seinen Brüdern.

Wie lebte es sich in unserer Welt
wenn es Kirche nicht gäbe?
Ihre Fehler und Mängel: Nie geschehen
Ihr Lob- und Preislied: Nie gesungen
Ihre Umkehrwege: Nie gegangen
Das »dennoch« ihrer Heiligen
das »erbarme dich« ihrer Sünder
nie Einsicht bewirkt hätte

Wie lebte es sich in unserer Welt
wenn jene Zwölf
damals nicht aufgebrochen wären
in blindem Vertrauen –
bis an die Enden der Erde?

(1,12-14)

Wahl des Matthias:
Mit den Elfen Zeuge der Auferstehung

15 Und in diesen Tagen stand Petrus inmitten
der Brüder auf – es war eine Schar beisam-
men, ungefähr hundertzwanzig Personen –
und sprach: 16 Brüder! Das Schriftwort muss-
te sich erfüllen, das der Heilige Geist durch
den Mund Davids vorausgesagt hat über Ju-
das, der zum Anführer der Häscher Jesu wur-
de. 17 Er wurde zu uns gerechnet und hatte den
Anteil an diesem Dienst erhalten. 18 Er hat
sich mit dem Lohn des Frevels einen Acker er-
worben, doch er stürzte vornüber, barst mit-
ten entzwei, und all seine Eingeweide quollen
heraus. 19 Und allen Bewohnern Jerusalems
ward dies bekannt, so dass jener Acker in
ihrer Sprache Hakeldamach, das heißt: Blut-
acker, genannt wurde. 20 Denn es steht
geschrieben im Buch der Psalmen: Seine
Wohnstätte werde öde, und keiner soll darin
wohnen. Und: Sein Amt erhalte ein anderer.
21 Also muss von den Männern, die mit uns
gezogen sind all die Zeit, da der Herr Jesus bei
uns ein- und ausging 22 – von der Taufe des Jo-
hannes an bis zu dem Tag, da er von uns weg
hinaufgenommen wurde –, einer von ihnen
mit uns Zeuge seiner Auferstehung werden.
23 Und sie stellten zwei auf: Josef, genannt
Barsabbas, mit dem Beinamen Justus, und
Matthias. 24 Sie beteten und sprachen: Herr,
du Kenner aller Herzen, zeige, wen von die-
sen beiden du erwählt hast, 25 den Platz dieses
Dienstes und des Apostelamtes zu empfan-
gen, von dem Judas abgetreten ist, um an sei-
nen Ort zu gehen. 26 Und sie legten für sie Lo-

rückung wird alttestamentlichen Vorbildern nacherzählt (Henoch, Elija). Zwei Deute-Engel erinnern die ratlosen Jünger an ihren Auftrag. **12** Der Ölberg gilt als der Ort, an dem der wiederkehrende Herr erwartet wird. Sabbatweg, rund 800 Meter, die Entfernung, die man am Sabbat zurücklegen darf (Ex 20,8-11). **13-14** Obergemach: Ein großer Raum, über eine Treppe zu erreichen. Zur Gemeinschaft gehören selbstverständlich auch Frauen und die Verwandten Jesu. **15-26** Petrus, Sprecher der Apostel, hält die erste der vierundzwanzig Reden der Apostelgeschichte. Seine Zuhörer: hundertzwanzig Männer. Die Gemeinde wächst. Seit dem Ausscheiden des Judas (über seinen Tod kursieren unterschiedliche Meinungen, vgl. 27,3ff) ist der Kreis der Zwölf nicht mehr vollständig. Die Lücke muss rasch geschlossen werden, denn wenn der Herr wiederkommt, muss ganz Israel vertreten sein. Bewerben kann sich jeder, der zu Jesu

se, und das Los fiel auf Matthias, und er wur-
de zu den elf Aposteln hinzugerechnet.

Pfingsten: Alle wurden mit heiligem Geist erfüllt

2 Als der Tag des Pfingstfestes sich erfüllte,
befanden sich alle gemeinsam an demselben
Ort. 2 Da entstand plötzlich vom Himmel her
ein Brausen, wie wenn ein gewaltiger Wind
daherfährt, und erfüllte das ganze Haus, wo-
rin sie saßen. 3 Und es erschienen ihnen Zun-
gen, die sich zerteilten, wie von Feuer, und das
setzte sich auf einen jeden von ihnen. 4 Und al-
le wurden von Heiligem Geist erfüllt. Sie fin-
gen an, in fremden Sprachen zu reden, wie der
Geist ihnen zu reden eingab. 5 In Jerusalem
aber wohnten Juden, gottesfürchtige Männer
aus jedem Volk unter dem Himmel. 6 Als nun
dieses Getöse erscholl, lief die ganze Menge
zusammen und war bestürzt, weil sie ein jeder
in seiner eigenen Sprache reden hörte. 7 Und
alle gerieten außer sich, verwunderten sich
und sagten: Siehe, sind nicht alle, die da re-
den, Galiläer? 8 Wie aber hören wir, ein jeder
von uns in seiner eigenen Sprache, in der wir
geboren sind: 9 Parther und Meder und Ela-
miter, und die Bewohner von Mesopotamien,
von Judäa und Kappadozien, von Pontus und
der Provinz Asien, 10 von Phrygien und Pam-
phylien, Ägypten und den Gegenden Libyens
nach Zyrene hin, auch die hier weilenden Rö-
mer. 11 Juden und Proselyten, Kreter und Ara-
ber – wir hören sie in unseren Sprachen von
den Großtaten Gottes reden. 12 Und alle ge-
rieten außer sich, waren ratlos und sagten zu-
einander: Was soll das bedeuten? 13 Andere
aber spotteten und sagten: Sie sind voll süßen
Weines.

Dies ist der Tag, da Gottes Geist
Jerusalem füllt
Ein Tag erfüllter Verheißung
Männer und Frauen, Fromme und Zweifler
Engagierte und Gleichgültige
Angepasste und Rebellen
Kinder und Alte reden prophetisch
Gott zu ehren in ihrer eigenen Sprache
öffnen die Herzen füreinander

Dies ist der Tag, da Frauen und Männer
einander verstehen, Kinder geliebt
und die Alten geachtet werden
die Fremden aufgenommen
und die Ausgeschlossenen
gleichberechtigt gelten

Dies ist der Tag, da Gottes Liebe
eins wird mit der Liebe des Menschen

Lass deinen Pfingstgeist wehen
heute in unserer Stadt
Lass unsere Herzen brennen
dass wir nie mehr vergessen
für welches Leben wir geschaffen sind

(2,1-13)

Pfingstrede: Christus der Erhöhte hat den Geist ausgegossen

14 Da trat Petrus mit den Elfen vor, erhob sei-
ne Stimme und sprach zu ihnen: Ihr Juden
und ihr alle, die ihr zu Jerusalem wohnt, dies
sei euch kund, hört auf meine Worte! 15 Diese
sind nicht betrunken, wie ihr annehmt – es ist

Jüngern gehört, mit ihm vom Jordan hinauf nach Jerusalem zog. Zwei Kandidaten erfüllen die Bedingungen: Josef, genannt Barsabbas, und Matthias. Die Gemeinde betet. Dann entscheidet das Los: Matthias wird gewählt. Die Loswahl ist ein aus dem Judentum übernommene Brauch.

2,1-13 Lukas verbindet den Anfang der Kirche mit einem Ort (Jerusalem), einem Ereignis (die Gabe Heiligen Geistes) und einem Datum (das jüdische Pfingstfest). Für die Jünger in Jerusalem wird Pfingsten zur großen Wende. Die im Haus versammelten Jünger erfahren das Kommen des Geistes sichtbar, hörbar, fühlbar – wie Feuer. Der Geist drängt sie auf die Straße. Begeistert preisen sie Gottes große Taten.. Weil ihre Sprache dafür keine Worte hat, sprechen sie mit neuen Worten, wie der Geist sie eingibt (»Glossolalie«). Die Menge, die auf der Straße zusammenströmt, hört und versteht sie jeder in seiner eigenen Sprache. Mit der Völkerliste weist Lukas darauf hin, dass Juden aus aller Welt Zeugen des Pfingstgeschehens wurden. Sie wissen nicht, um wen es geht, und geben so Anlass zur Pfingstpredigt des Petrus. Der historisch wahrscheinliche Kern dürfte im Faktum bestehen, dass Petrus an Pfingsten zum ersten Mal an

ja erst die dritte Stunde des Tages –, [16] nein, dies ist, was durch den Propheten Joel gesagt wurde: [17] Und in den letzten Tagen wird es geschehen, spricht Gott, da gieße ich aus von meinem Geist auf alles Fleisch; eure Söhne und eure Töchter werden prophetisch reden, eure Jünglinge werden Gesichte schauen und eure Alten werden Träume träumen. [18] Ja, auch auf meine Knechte und Mägde gieße ich aus von meinem Geist in jenen Tagen, und sie werden prophetisch reden. [19] Wunder wirke ich am Himmel droben und Zeichen auf der Erde unten, Blut und Feuer und Rauchschwaden. [20] Die Sonne wird sich in Finsternis wandeln und der Mond in Blut, ehe denn kommt der große und herrliche Tag des Herrn. [21] Und es wird geschehen: Ein jeder, der den Namen des Herrn anruft, wird gerettet werden. [22] Ihr Israeliten, hört diese Worte: Jesus, den Nazoräer, einen Mann, den Gott vor euch beglaubigte durch Machttaten, Wunder und Zeichen, die Gott in eurer Mitte durch ihn wirkte – wie ihr selber wisst –, [23] ihn, den durch Gottes festgesetzten Ratschluss und Vorauswissen Dahingegebenen, habt ihr durch die Hand von Gesetzlosen annageln und hinrichten lassen. [24] Ihn hat Gott auferweckt, indem er die Wehen des Todes löste; denn es war nicht möglich, dass er von ihm festgehalten würde. [25] Von ihm nämlich sagt David: Ich sehe den Herrn allzeit vor mir, denn er ist zu meiner Rechten, damit ich nicht wanke. [26] Darum freut sich mein Herz, und meine Zunge frohlockt; und auch mein Fleisch wird ruhen auf Hoffnung hin. [27] Denn du wirst meine Seele nicht im Totenreich lassen, und deinen Heiligen wirst du nicht Verwesung schauen lassen. [28] Du hast mir kundgetan die Wege des Lebens; du wirst mich mit Freude erfüllen vor deinem Angesicht. [29] Ihr Brüder! Ich darf über den Stammvater David freimütig zu euch reden: Er ist gestorben und begraben worden, und sein Grab ist unter uns bis auf den heutigen Tag. [30] Weil er nun ein Prophet war und wusste, dass Gott ihm eidlich zugeschworen hatte, einer aus der Frucht seiner Lende werde auf seinem Thron sitzen, [31] hat er vorausschauend über die Auferstehung des Christus gesprochen, dass er nämlich nicht im Totenreich gelassen werde, noch sein Fleisch die Verwesung schauen werde. [32] Diesen Jesus hat Gott auferweckt, des sind wir alle Zeugen. [33] Nachdem er nun zur Rechten Gottes erhöht ist, hat er den verheißenen Heiligen Geist vom Vater empfangen und ihn ausgegossen, den ihr seht und hört. [34] Denn nicht David ist in den Himmel aufgestiegen. Er sagt ja selber: Es sprach der Herr zu meinem Herrn: Zu meiner Rechten setze dich, [35] bis ich deine Feinde als Schemel dir vor deine Füße lege! [36] So möge nun das ganze Haus Israel sicher erkennen, dass Gott ihn zum Herrn und zum Messias gemacht hat, diesen Jesus, den ihr gekreuzigt habt.

Was sollen wir tun: Taufe auf den Namen Jesu, des Messias

[37] Als sie das hörten, schnitt es ihnen ins Herz, und sie sagten zu Petrus und den anderen Aposteln: Brüder, was sollen wir tun? [38] Petrus sprach zu ihnen: Kehrt um! Ein jeder lasse sich taufen auf den Namen Jesu Christi zur Vergebung eurer Sünden; und ihr werdet die Gabe des Heiligen Geistes empfangen. [39] Denn euch gilt die Verheißung, euren Kindern und allen in der Ferne, die der Herr, unser Gott, herbeirufen wird. [40] Mit noch vielen anderen Worten legte er Zeugnis ab und ermahnte sie: Lasst euch retten aus diesem verkehrten Geschlecht! [41] Die nun sein Wort annahmen, wurden getauft, und an jenem Tag kamen etwa dreitausend Seelen hinzu.

---

die Öffentlichkeit trat. **14-21** Die dritte Stunde: neun Uhr vormittags. Petrus deutet das Geschehen als Erfüllung vom Prophetenwort. **22-28** Die Rolle Jesu im großen Gottesplan: Er, der durch Gott beglaubigte Prophet und Messias, von den Jerusalemern ans Kreuz gebracht, lebt. **29-36** Zwei Zitate aus dem Alten Testament begründen die Christusverkündigung. Gott hat gehandelt, damit ganz Israel zum Glauben komme. **37** Die Reaktion der Hörer zeigt, dass die Predigt ankam. **38** Zulassungsbedingungen zur Gemeinde: Umkehr und Taufe, das Bekenntnis zu Jesus als dem Christus. Die Taufe wirkt Vergebung der Sünden, die Getauften empfangen den Geist. **41** Die Zahl dreitausend weist darauf hin, dass die Gemeinde eine

Die ersten Christen: Gemeinschaft des Brotbrechens

[42] Sie verharrten in der Lehre der Apostel und
in der Gemeinschaft, im Brotbrechen und in
den Gebeten. [43] Furcht aber erfüllte jede See-
le, denn es geschahen viele Wunder und Zei-
chen durch die Apostel. [44] Und alle, die gläu-
big geworden, blieben beieinander und hat-
ten alles gemeinsam; [45] sie verkauften Habe
und Güter und verteilten sie unter alle, je
nachdem, was einer brauchte. [46] Und Tag für
Tag verharrten sie einmütig im Tempel, das
Brot brachen sie abwechselnd von Haus zu
Haus und nahmen Speise in Freude und Lau-
terkeit des Herzens. [47] Sie lobten Gott und
fanden Gunst beim ganzen Volk. Der Herr
aber führte täglich solche zu, die gerettet wer-
den sollten.

Der Lahme: Im Namen Jesu, des Messias – geh umher!

3 Petrus aber und Johannes gingen zur Stun-
de des Gebets – der neunten – hinauf in den
Tempel. [2] Da wurde ein Mann herbeigetra-
gen, der vom Mutterleib an lahm war. Den
setzte man täglich an jene Tempelpforte, wel-
che die Schöne heißt, damit er von denen, die
in den Tempel gingen, Almosen erbitte. [3] Als
er Petrus und Johannes sah, wie sie gerade in
den Tempel hineinwollten, bat er, damit er ein
Almosen bekomme. [4] Petrus aber blickte ihn
mit Johannes fest an und sprach: Sieh uns an!
[5] Da wandte er seinen Blick zu ihnen und er-
wartete, etwas von ihnen zu bekommen. [6] Pe-
trus aber sagte: Silber und Gold besitze ich
nicht. Doch was ich habe, das gebe ich dir: Im
Namen Jesu Christi, des Nazoräers – geh um-
her! [7] Und er fasste ihn bei der rechten Hand
und richtete ihn auf; und sogleich wurden sei-
ne Füße und Knöchel fest. [8] Er sprang auf,
stellte sich hin und ging umher; und er trat mit
ihnen in den Tempel ein, er lief und sprang

Der Lahme am Tor
von Gott geschlagen
sitzt nicht von ungefähr
nah bei dem
der ihm dies Los
zubestimmt.

Der Lahme am Tor
stellt alle in Frage
die zum Beten kommen
kommen und gehen
auf eigenen Beinen
Warum ich und nicht du
du und nicht ich

Der Lahme am Tor
kennt die Schritte
der Frommen
unterwegs zu ihrem
Termin mit Gott

Der Lahme am Tor
träumt von einem, der kommt
sieht und begreift
lass mich, Bruder
neben dir sitzen
es ist Zeit zum Gebet

(3,1-10)

und lobte Gott. [9] Und alles Volk sah ihn um-
hergehen und Gott loben. [10] Doch sie erkann-
ten ihn als den, der wegen des Almosens an
der Schönen Pforte des Tempels gesessen hat-
te. Staunen erfüllte sie und Verwunderung
über das, was ihm geschehen war.

Petrus erklärt: Der Glaube hat ihn gesund gemacht

[11] Weil er aber nicht von Petrus und Johannes
wich, lief alles Volk voll Verwunderung um

Größe ist, mit der man rechnen muss. **42-47** Lukas, ein Christ der dritten Generation, kennt die Verhältnisse in Jerusalem nur vom Hörensagen. Er beschreibt eine »ideale Gemeinde« aus seiner Sicht. Gebetsgemeinschaft (im Tempel), Mahlgemeinschaft (in den Häusern), geschwisterliches Miteinander in praktizierter Besitzgemeinschaft.

3,1-10 Neunte Stunde = drei Uhr nachmittags. Die Zeit des jüdischen Abendgebets und des daran anschließenden Abendopfers. Ein lahm Geborener sitzt vor der Tempelpforte und bittet um Almosen. Petrus und Johannes geben ihm, was einzig sie ihm geben können: Heilung im Namen Jesu des Messias. Das Staunen der Leute wird zum Anlass für die zweite Re-

sie zusammen bei der so genannten Halle Salomos. [12] Als Petrus das sah, begann er zum Volk zu sprechen: Ihr Israeliten! Was wundert ihr euch über diesen? Was schaut ihr auf zu uns, als hätten wir aus eigener Kraft oder rechtem Gottverehren bewirkt, dass dieser umhergeht? [13] Der Gott Abrahams und der Gott Isaaks und der Gott Jakobs, der Gott unserer Väter, hat seinen Knecht Jesus verherrlicht, den ihr ausgeliefert und vor Pilatus verleugnet habt, als dieser entschied, ihn freizulassen. [14] Ihr habt den Heiligen und Gerechten verleugnet und verlangt, dass euch ein Mörder geschenkt werde. [15] Den Urheber des Lebens habt ihr getötet; doch Gott hat ihn von den Toten auferweckt, dafür sind wir Zeugen. [16] Und ob des Glaubens an seinen Namen hat den hier, den ihr seht und kennt, sein Name gekräftigt; ja, der durch ihn gewirkte Glaube hat ihm vor euer aller Augen volle Gesundheit geschenkt.

An Israel: Ihr seid Söhne der Propheten und des Bundes

[17] Und nun, ihr Brüder, ich weiß ja, dass ihr aus Unwissenheit gehandelt habt wie auch eure Vorsteher.
[18] Gott aber hat zur Erfüllung gebracht, was er durch aller Propheten Mund vorherverkündet hat, nämlich: dass sein Messias leiden müsse. [19] So kehrt denn um und ändert euch, damit eure Sünden getilgt werden, [20] damit Zeiten der Erquickung vom Angesicht des Herrn kommen und er den für euch bestimmten Messias – Jesus – sende. [21] Ihn muss der Himmel aufnehmen bis zu den Zeiten der Wiederherstellung aller Dinge, von denen Gott durch den Mund seiner heiligen Propheten von Weltzeit her gesprochen hat. [22] Denn Mose hat gesagt: Einen Propheten mir gleich wird euch der Herr, unser Gott, aus euren Brüdern erwecken, auf den sollt ihr hören in allem, was er euch sagen wird. [23] Doch es wird geschehen: Jede Seele, die auf diesen Propheten nicht hört, wird aus dem Volke ausgerottet werden. [24] Aber auch alle Propheten von Samuel an und die folgenden, so viele geredet haben, auch sie haben diese Tage angekündigt. [25] Ihr seid die Söhne der Propheten und des Bundes, den Gott mit euren Vätern geschlossen hat, indem er zu Abraham sprach: Durch deine Nachkommen sollen gesegnet werden alle Geschlechter der Erde. [26] Euch zuerst hat Gott seinen Knecht erstehen lassen und ihn gesandt, damit er euch segne und ein jeder von euch sich abwende von euren bösen Taten.

Zeugnis vor dem Hohen Rat: In keinem anderen Namen ist Heil

4 Als sie noch zum Volke redeten, kamen die Priester, der Tempelhauptmann und die Sadduzäer auf sie zu. [2] Sie waren unwillig darüber, dass sie das Volk lehrten und in Jesus die Auferstehung der Toten verkündeten. [3] Und sie legten Hand an sie und setzten sie ins Gefängnis bis zum nächsten Tag; denn es war schon Abend. [4] Viele aber von denen, die das Wort gehört hatten, kamen zum Glauben; und die Zahl der Männer stieg etwa auf fünftausend. [5] Und es geschah: Als sich am nächsten Tag ihre Vorsteher und Ältesten und Schriftgelehrten in Jerusalem versammelten, [6] dazu der Hohepriester Hannas und Kajaphas, Johannes und Alexander und alle, die aus hohepriesterlichem Geschlecht waren.

---

de des Petrus – ein Muster apostolischer Verkündigung. **15** Kern der Rede: Den Urheber des Lebens (oder: Führer zum Leben) habt ihr ums Leben gebracht. Gott aber hat ihn auferweckt. Durch die Auferstehung Jesu ist auch denen, die für seinen Tod verantwortlich sind, ein Weg zum Leben angeboten. **18** Die Juden, die aus Unwissenheit zum Tod Jesu beigetragen haben, sind in Wirklichkeit Erfüllungsgehilfen der prophetischen Botschaft vom leidenden Messias. Im Bewusstsein ihrer Schuld bleibt ihnen die Möglichkeit der Umkehr und das Angebot der Vergebung. **19-21** Mit dem Auftreten begann die Zeit endgültigen Heils. Sie vollendet sich bei seiner Wiederkunft. **22-24** Wer die Chance nicht nutzt, den Messias Jesus nicht anerkennt, schließt sich aus der Heilsgemeinschaft aus. **26** »Euch zuerst« war das Heil angeboten. Die Einladung zur Umkehr gilt.

4,1-4 Am Anfang bleiben die Jünger in der jüdischen Gebetsgemeinschaft. Petrus und Johannes gehen in den Tempel, um zu beten und zu lehren. Die jüdischen Glaubens- und Ordnungswächter beobachten die Apostel. Eines Abends verhaften sie Petrus und Jo-

7 Sie ließen sie vorführen und fragten: Durch
welche Macht oder in welchem Namen habt
ihr das getan? 8 Da sprach Petrus, erfüllt von
Heiligem Geist, zu ihnen: Ihr Vorsteher des
Volkes und Älteste! 9 Wenn wir heute verhört
werden wegen der Wohltat an einem kranken
Menschen, wodurch dieser gerettet worden
ist, 10 so sei euch allen und dem ganzen Volk
Israel kund: Durch den Namen Jesu Christi,
des Nazoräers, den ihr gekreuzigt, den aber
Gott von den Toten auferweckt hat, durch
ihn steht dieser gesund vor euch. 11 Er ist auch
der von euch, den Bauleuten, verachtete
Stein, der zum Schlussstein geworden ist.
12 Und in keinem anderen ist die Rettung;
denn kein anderer Name unter dem Himmel
ist den Menschen gegeben, durch den wir ge-
rettet werden sollen. 13 Als sie die Standhaf-
tigkeit des Petrus und des Johannes sahen und
erfuhren, dass sie ungelehrte und ungebildete
Leute seien, wunderten sie sich und erkann-
ten sie als solche, die mit Jesus gewesen wa-
ren. 14 Sie sahen den Menschen, der geheilt
worden war, bei ihnen stehen und konnten
nichts dagegen sagen. 15 Sie befahlen ihnen,
den Hohen Rat zu verlassen, und berat-
schlagten untereinander, 16 indem sie spra-
chen: Was sollen wir mit diesen Leuten tun?
Allen Bewohnern Jerusalems ist ja bekannt,
dass ein offenkundiges Wunderzeichen durch
sie geschehen ist; auch wir können es nicht
leugnen. 17 Damit es aber nicht weiter unter
dem Volk verbreitet werde, wollen wir ihnen
unter Drohung verbieten, künftig zu irgend-
einem Menschen über diesen Namen zu re-
den. 18 Sie riefen sie herein und geboten ihnen,
überhaupt nichts mehr über diesen Namen zu
reden oder zu lehren. 19 Doch Petrus und Jo-
hannes antworteten und sprachen zu ihnen:
Ob es recht ist vor Gott, mehr auf euch zu
hören als auf Gott, das entscheidet selbst.
20 Denn wir können nicht schweigen von dem,
was wir gesehen und gehört haben. 21 Sie aber
drohten ihnen noch mehr und ließen sie frei,
denn sie fanden keinen Weg, sie zu bestrafen
– wegen des Volkes, weil alle Gott verherr-
lichten um dessentwillen, was geschehen war.
22 Denn der Mann, an dem das Wunderzei-
chen der Heilung geschehen, war über vierzig
Jahre alt.

Bitte um Gottes Beistand:
Strecke deine Hand aus!

23 Nach ihrer Freilassung kamen sie zu den
Ihrigen und berichteten, was die Hohenpries-
ter und Ältesten zu ihnen gesagt hatten. 24 Als
sie das hörten, da erhoben sie einmütig ihre
Stimme zu Gott und sprachen: Herr, du bist
es, der den Himmel gemacht hat, die Erde
und das Meer und alles, was darin ist. 25 Du
hast durch Heiligen Geist durch den Mund
deines Knechtes David – unseres Vaters – ge-
sprochen: Warum toben die Völker und sin-
nen Eitles die Nationen? 26 Die Könige der Er-
de stehen auf, und die Fürsten tun sich zu-
sammen wider den Herrn und wider seinen
Gesalbten. – 27 Wahrlich, sie haben sich zu-
sammengetan in dieser Stadt wider Jesus, dei-
nen heiligen Knecht, den du gesalbt hast:
Herodes und Pontius Pilatus mit den Völkern
und den Stämmen Israels, 28 um alles zu tun,
was deine Hand und dein Ratschluss vorher-
bestimmt hat, dass es geschehe. 29 Jetzt aber,
Herr, sieh auf ihre Drohungen und gib deinen
Knechten, dass sie dein Wort mit allem Frei-
mut reden. 30 Und strecke deine Hand aus,
dass Heilungen und Zeichen und Wunder ge-
schehen durch den Namen deines heiligen

---

hannes. Eine Zwischenbilanz: Die Gemeinde wächst. Nun sind es schon fünftausend Männer. **5-7** Am Morgen versammeln sich alle, die etwas zu sagen haben. Der Hohe Rat ist oberstes Gericht und höchste Instanz in Sachen Religion. Die Pharisäer und Schriftgelehrten amtieren als theologische und juristische Berater. Hannas war von 6-15 n.Chr. Hoherpriester, Kajaphas sein Schwiegersohn und Nachfolger (18-36 n.Chr.). **8-10** Petrus, erfüllt von Heiligem Geist, verteidigt sich selbstbewusst. **11** Ps 118,22 Jesus, von den Menschen verworfen und gekreuzigt, von Gott erweckt, zum »Eckstein« oder »Schlussstein« gemacht, ist der einzige, der rettet. **13-22** Erste Erfahrung der Verfolgung für die junge Gemeinde. Die Tempelpriesterschaft reagiert gegen die messianische Bewegung, die Jesu Jünger propagieren. Doch sie müssen die Gefangenen freilassen, weil das Volk hinter ihnen steht. **23-31** Die Gemeinde betet zu Gott, dem Herrn der Geschichte. **31** Das Beben ist als Zeichen der Erhörung zu verstehen. **32-35** Zweiter Zwi-

Knechtes Jesus. [31] Und als sie gebetet hatten,
erbebte der Ort, wo sie versammelt waren,
und alle wurden vom Heiligen Geist erfüllt
und redeten das Wort Gottes mit Freimut.

Ideale Gemeinde

Geeint nicht nur
im Singen und Beten
nah beieinander im Alltag

Sie haben alles gemeinsam
keiner leidet Not
jeder bekommt, was er braucht

Gemeinschaft, in der jeder
sich selber annehmen kann
jeder dem anderen das So-Sein gönnt
ein Ende des gelben Neids
praktiziertes Vertrauen

Ideale Gemeinde fordert
ideale Christen
und die sind auch am Anfang
nicht vom Himmel gefallen

(4,32-37)

Am Anfang der Kirche
gab es keine Gründungsversammlung
keine mittel- und langfristigen Pläne
keine Wahrscheinlichkeitsrechnung
über Erfolg und Misserfolg
Verlust und Gewinn

Am Anfang der Kirche
war Gemeinschaft
die fragt nicht: Wie sollen wir leben?
Wer garantiert uns Auskommen
und ein sorgloses Alter?
Man registriert keine Überstunden
fragt nicht, ob es sich lohnt

Am Anfang der Kirche ist Gemeinschaft
im Erinnern und Feiern
Brotbrechen und Teilen
und ansteckend Loben

(4,32-37)

Gemeinschaft der Gläubigen:
Sie hatten alles gemeinsam

[32] Die Gesamtheit der Gläubigen war ein Herz
und eine Seele, und auch nicht einer nannte ir-
gendetwas von dem, was er besaß, sein eigen,
sondern sie hatten alles gemeinsam. [33] Und
mit großer Kraft gaben die Apostel Zeugnis
von der Auferstehung Jesu, des Herrn, und
große Gnade war auf ihnen allen. [34] Denn es
war kein Bedürftiger unter ihnen. Alle näm-
lich, welche im Besitz von Äckern oder Häu-
sern waren, verkauften sie und brachten den
Erlös des Verkauften [35] und legten ihn den
Aposteln zu Füßen, und man teilte jedem zu,
je nachdem einer bedürftig war. [36] Josef aber,
von den Aposteln Barnabas genannt, das
heißt übersetzt: Sohn der Tröstung – ein Le-
vit, der aus Zypern stammte – [37] verkaufte den
Acker, den er besaß, brachte das Geld und
legte es den Aposteln zu Füßen.

Hananias und Saphira:
Gott hast du belogen

5 Ein Mann namens Hananias verkaufte mit
Saphira, seiner Frau, ein Gut. [2] Mit Wissen
seiner Frau schaffte er von dem Erlös für sich
auf die Seite, brachte nur einen Teil und legte
ihn den Aposteln zu Füßen. [3] Petrus aber
sprach: Hananias, warum hat der Satan dein
Herz erfüllt, den Heiligen Geist zu belügen
und von dem Erlös deines Grundstücks etwas
für dich auf die Seite zu schaffen? [4] Blieb es
nicht auch unverkauft dein Eigen, und war es
nicht nach dem Verkauf zu deiner Verfügung?
Warum hast du in deinem Herzen diese Tat

---

schenbericht über die ideale Gemeinde (vgl. 2,42-47): Ein Herz und einen Seele sein; alles gemeinsam haben; jeder erhält, was er braucht. **36-37** Barnabas oder »das Beispiel eines vorbildlichen Christen«.

5,1-11 Die Beispielgeschichte von Hananias und Saphira steht im Kontrast zu dem, was von Barnabas gesagt wurde. Hananias versucht, mit Wissen seiner Frau, die Gemeinde zu betrügen. Die Schuld der bei-

beschlossen? Nicht Menschen hast du belo-
gen, sondern Gott. 5 Als Hananias diese Wor-
te hörte, fiel er hin und hauchte das Leben
aus. Und große Furcht kam über alle, die es
hörten. 6 Die jungen Männer aber standen
auf, hüllten ihn ein, trugen ihn hinaus und be-
gruben ihn. 7 Und es geschah: Ungefähr nach
drei Stunden kam seine Frau, ohne zu wissen,
was geschehen war. 8 Petrus sprach zu ihr: Sa-
ge mir, habt ihr das Grundstück für so viel
weggegeben? Sie sagte: Ja, für so viel. 9 Petrus
entgegnete ihr: Warum seid ihr übereinge-
kommen, den Geist des Herrn zu versuchen?
Siehe, die Füße derer, die deinen Mann be-
gruben, sind vor der Türe und sie werden dich
hinaustragen. 10 Sofort fiel sie zu seinen Füßen
nieder und hauchte das Leben aus. Die jungen
Männer kamen herein, fanden sie tot, trugen
sie hinaus und begruben sie bei ihrem Mann.
11 Und große Furcht kam über die ganze Ge-
meinde und alle, die davon hörten.

Die Apostel: Viele Zeichen und Wunder geschehen durch sie

12 Durch die Hände der Apostel aber gescha-
hen viele Zeichen und Wunder unter dem
Volke; alle waren einmütig beisammen in der
Halle Salomos. 13 Doch von den übrigen wag-
te keiner, sich ihnen anzuschließen; das Volk
aber pries sie hoch. 14 Doch noch mehr kamen
hinzu, die an den Herrn glaubten, Scharen
von Männern und Frauen; 15 ja, man trug so-
gar die Kranken auf die Straßen, man legte sie
auf Bahren und Betten, damit, wenn Petrus
vorüberkäme, auch nur sein Schatten einen
von ihnen überschatte. 16 Aber auch die Men-
ge aus den Städten um Jerusalem kam zusam-
men, und sie brachten Kranke und von unrei-
nen Geistern Geplagte, und alle wurden sie
geheilt.

Vor dem Hohen Rat: Gott mehr gehorchen als den Menschen

17 Da erhoben sich der Hohepriester und sei-
ne Anhänger – nämlich die Partei der Saddu-
zäer –, voll Eifersucht 18 legten sie Hand an die
Apostel und setzten sie in das öffentliche Ge-
fängnis. 19 Doch ein Bote des Herrn öffnete
während der Nacht die Tore des Gefängnis-
ses, führte sie hinaus und sprach: 20 Geht! Tre-
tet auf, redet zum Volk im Tempel alle Worte
dieses Lebens. 21 Als sie dies hörten, gingen sie
gegen Morgen in den Tempel und lehrten.
Der Hohepriester und seine Anhänger aber
fanden sich ein, riefen den ganzen Hohen Rat
und alle Ältesten der Söhne Israels zusammen
und schickten ins Gefängnis, um sie vor-
führen zu lassen. 22 Doch als die Diener hin-
kamen und sie nicht im Gefängnis fanden,
kehrten sie um und meldeten: 23 Wir fanden
das Gefängnis mit aller Sorgfalt verschlossen,
und die Wachen standen vor den Toren. Als
wir aber öffneten, fanden wir niemand darin.
24 Da nun der Tempelhauptmann und die Ho-
henpriester diese Worte hörten, gerieten sie
ihretwegen in Verlegenheit, was das wohl
werden möchte. 25 Da fand sich einer und mel-
dete ihnen: Siehe, die Männer, die ihr ins Ge-
fängnis gesetzt habt, stehen im Tempel und
lehren das Volk. 26 Da ging der Tempelhaupt-
mann mit den Dienern hin und führte sie, oh-
ne Gewalt, weg. Sie fürchteten nämlich, das
Volk würde sie steinigen. 27 Sie brachten sie
herbei und stellten sie vor den Hohen Rat,
und der Hohepriester befragte sie 28 und
sprach: Haben wir euch nicht streng geboten,
nicht mehr über diesen Namen zu lehren?
Und siehe, ihr habt Jerusalem mit eurer Leh-
re erfüllt und wollt das Blut dieses Menschen
über uns bringen. 29 Petrus aber und die Apos-
tel antworteten und sprachen: Man muss

---

den besteht nicht darin, dass sie einen Teil ihres Erlöses zurückbehalten – die Abgabe war freiwillig. Sie besteht darin, dass sie Lug und Trug in die Gemeinde bringen. **12-16** Dritter Zwischenbericht über die Gemeinde (21,42-47; 4,32-35), über die Wunder, die die Apostel wirken. Von Petrus sagt man, dass – wie auch von anderen Wundermächtigen berichtet wird – schon sein Schatten Heil wirke. **17-26** Die Behörden fühlen sich durch das unerschrockene Auftreten der Apostel herausgefordert. Sie lassen sie erneut einkerkern. Ein Engel öffnet ihnen die Tore und schickt sie in den Tempel, damit sie dort Jesus als den Messias verkünden. Als man die Gefangenen holen will, um sie dem Gericht vorzuführen, finden die Wächter das Gefängnis leer. In Rettungsgeschichten wie dieser spiegelt sich die Erfahrung der Macht Gottes. Darauf können sich die Gefangenen zu aller Zeit verlassen. **27-33** Schließlich bringt man die Apostel vor den

Zwischenfall im Tempel
Wie wir erst heute erfuhren, kam es gestern
zu einem Zwischenfall im Tempel,
der damit endete, dass die Ordnungstruppe
– von den Glaubenswächtern alarmiert –
einige Galiläer verhaftete und sie über
Nacht im Kerker einschloss.
Die Wache, die sie am Morgen zum Verhör
bringen wollte, fand die Tür verschlossen
und den Kerker leer.
Schließlich griff man die Ausreißer
im Tempel auf, wo sie von einem Engel
sprachen, der ihnen die Tür geöffnet,
und von ihrem Rabbi Jesus,
von dem sie sagen, er lebe,
wo doch jeder weiß, dass er
in aller Öffentlichkeit am Kreuz hing.
Wir sind gespannt, wie es mit der Sache
dieses Jesus von Nazaret weitergeht ...
(5,17-32)

Gott mehr gehorchen als Menschen. 30 Der
Gott unserer Väter hat Jesus auferweckt, ihn,
den ihr ans Holz gehängt und umgebracht
habt. 31 Ihn hat Gott durch seine Rechte als
Fürsten und Retter erhöht, um Israel Umkehr
zu schenken und Nachlass der Sünden. 32 Wir
sind Zeugen für diese Dinge wie auch der
Heilige Geist, den Gott denen gegeben, die
ihm gehorchen. 33 Als sie aber dies hörten,
wurden sie voll Wut und wollten sie umbrin-
gen. 34 Da erhob sich im Hohen Rat ein Pha-
risäer mit Namen Gamaliel, ein beim ganzen
Volk angesehener Gesetzeslehrer, der befahl,
die Männer für einen Augenblick hinauszu-
führen, 35 und sprach zu ihnen: Israeliten!
Seid auf der Hut mit eurem Vorhaben bei die-
sen Leuten! 36 Denn vor eben diesen Tagen
trat Theudas auf, mit dem Anspruch, er sei je-
mand, und ihm schloss sich eine Anzahl Män-
ner an, etwa vierhundert. Er wurde erschla-
gen, und alle, die ihm folgten, wurden zer-
streut und zunichte. 37 Nach ihm trat in den
Tagen der Aufschreibung Judas der Galiläer
auf und zog Leute hinter sich her in den Auf-
stand. Auch er ist umgekommen, und alle, die
ihm folgten, wurden versprengt. 38 Und jetzt
sage ich euch: Steht ab von diesen Leuten und
lasst sie gewähren! Denn sollte dies Wollen
oder dieses Werk von Menschen ausgehen, so
wird es zunichte werden. 39 Geht es aber von
Gott aus, so werdet ihr sie nicht zunichte ma-
chen können. Sonst werdet ihr gar noch als
Rebellen gegen Gott erfunden werden. Da
stimmten sie ihm bei. 40 Und sie riefen die
Apostel herein, ließen sie auspeitschen und
geboten ihnen, nicht über den Namen Jesu zu
reden, und ließen sie frei. 41 Sie aber gingen
vom Hohen Rat weg, voll Freude, dass sie
gewürdigt worden, für den Namen Jesu
Schmach zu leiden. 42 Und sie hörten keinen
Tag auf, im Tempel und Haus für Haus zu leh-
ren und die Frohbotschaft von Jesus, dem
Christus, zu verkünden.

Sieben Gehilfen der Apostel: Frei für den Dienst am Wort

6 In jenen Tagen aber, als die Jünger sich
mehrten, entstand ein Gemurr unter den Hel-
lenisten gegen die Hebräer, ihre Witwen wür-
den bei dem täglichen Hilfsdienst übersehen.
2 Da riefen die Zwölf die Gesamtheit der Jün-
ger zusammen und sagten: Es geht nicht an,
dass wir das Wort Gottes vernachlässigen
und Dienst tun bei den Tischen. 3 So schaut
euch denn nach Männern unter euch um,
Brüder, nach sieben aus eurer Mitte, guten
Rufs, voll Geist und Weisheit, die wir für die-
se Aufgabe bestellen wollen. 4 Wir aber wol-

Hohen Rat zum Verhör. Petrus beruft sich auf seinen Auftrag. Die Angeklagten werden zu Anklägern: Gott hat gegen das Volk entschieden und Jesus zu seiner Rechten erhöht, um Israel zur Umkehr zu bringen. **34-42** Gamaliel, der Lehrer von Paulus (vgl. 22,3), mahnt zur Mäßigung und erinnert an zwei Männer. Beide beriefen sich auf Gott, sammelten Jünger, gründeten eine Bewegung, die freilich nach ihrem Tod rasch zerfiel. **41** »Name« – gemeint ist Jesus.
6,1-7 Erste Konflikte in der Gemeinde und ihre Lösung. Die Hellenisten (Judenchristen, die griechisch sprechen) und die Hebräer (Judenchristen, die aramäisch sprechen) bilden Gruppen in der Gemeinde. Die Witwen der Hellenisten beschweren sich, weil sie bei der alltäglichen Mahlzeit benachteiligt werden. Zur selben Zeit haben die Zwölf ein Problem,

Die Kirche der Anfänge bleibt das nie mehr erreichte Vorbild für die Folgezeit.
Gemeinschaft, in der man Erfahrungen macht, ungehindert von einer angeblich verpflichtenden Vergangenheit.
Man lässt sich nicht blockieren durch das, was andere sagen.
Die Kirche der Anfänge sucht und findet das Maß für Entscheidung und Erneuerung nicht in Büchern, sie sucht und findet es in den alltäglichen Nöten.
Das Maß der Erneuerung ist die Not.
Die aber nimmt man so ernst,
dass man nicht zögert,
um der Beschwerde einiger alter Frauen willen ein neues Amt einzuführen ...
Um dieser und ähnlicher »Torheiten« willen, die, wie man sagt, für Anfänger typisch sind, hätte ich gern in der Kirche der Anfänge gelebt ...

(6,1-7)

len im Gebet und im Dienst am Wort verharren. [5] Und die Rede gefiel der ganzen Menge; und sie wählten Stephanus, einen Mann voll Glaubens und Heiligen Geistes, und Philippus, Prochorus, Nikanor, Timon, Parmenas und Nikolaus, einen Proselyten aus Antiochia. [6] Die stellten sie den Aposteln vor, welche beteten und ihnen die Hände auflegten. [7] Und das Wort Gottes breitete sich aus, und die Zahl der Jünger mehrte sich sehr in Jerusalem, auch eine große Menge der Priester ward dem Glauben gehorsam.

Anklage gegen Stephanus: Sie stellen falsche Zeugen auf

[8] Stephanus aber, voll Gnade und Kraft, wirkte große Wunder und Zeichen unter dem Volk. [9] Da erhoben sich einige aus der so genannten Synagoge der Libertiner, Zyrenäer und Alexandriner und derer von Zilizien und der Provinz Asien und stritten mit Stephanus. [10] Doch sie konnten der Weisheit und dem Geist, aus dem er redete, nicht widerstehen. [11] Da stifteten sie Männer an, die aussagen sollten: Wir haben ihn Lästerworte gegen Mose und Gott führen hören. [12] Und sie hetzten das Volk, die Ältesten und die Schriftgelehrten auf, traten zu ihm, zerrten ihn mit sich und führten ihn vor den Hohen Rat. [13] Und sie stellten falsche Zeugen auf, die aussagten: Dieser Mensch redet unaufhörlich gegen die[se] heilige Stätte und das Gesetz. [14] Denn wir haben ihn sagen hören: Dieser Jesus, der Nazoräer, wird diese Stätte zerstören und die Satzungen ändern, die uns Mose überliefert hat. [15] Alle aber, die im Hohen Rat saßen, blickten auf ihn und sahen sein Angesicht wie eines Engels Angesicht.

Rede des Stephanus: Gott sprach zu den Vätern

7 Der Hohepriester aber sprach: Verhält sich das so? [2] Er aber sprach: Brüder und Väter, hört! Der Gott der Herrlichkeit zeigte sich unserem Vater Abraham, als er noch in Mesopotamien war, ehe er in Haran siedelte. [3] Und er sprach zu ihm: Zieh fort aus deinem Land und deiner Verwandtschaft und komm in das Land, das ich dir zeigen werde. [4] Da zog er fort aus dem Land der Chaldäer und sie-

---

das zur Lösung ansteht. Die Apostel sind durch den Tischdienst überlastet, so dass sie zu wenig Zeit für den Dienst am Wort haben. Die Regelung, auf die man sich einigt, löst die Probleme: Sieben Helfer werden berufen und durch Handauflegung in ihr Amt eingeführt. Die Diakone arbeiten nicht nur als Sozialarbeiter, sondern auch als Helfer der Apostel. **5** Philippus wird in Apg 21,8 als »Evangelist« bezeichnet. Proselyt meint diejenigen, die aus dem Heidentum (den Völkern) den Weg zum Judentum (dem Volk) finden. Mit der Beschneidung verpflichten sie sich auf das Gesetz des Mose. **8-15** Stephanus wird als Wundertäter und als wortgewandter Diskussionsredner bekannt. **7** Libertiner: Nachkommen der Juden, die unter Pompejus (63 v.Chr.) als Sklaven nach Rom verbannt, später freigelassen wurden. **10** Stephanus erregt Aufsehen. In Diskussionen kann ihn niemand widerlegen. Schließlich wird er durch falsche Zeugen verleumdet und vor dem Hohen Rat angeklagt.

7,1-53 Die Rede, die Lukas dem Angeklagten in den Mund legt, bezieht sich nicht auf die aktuelle Situation. Es handelt sich um die Darlegung von Schwerpunkten aus der Glaubens- und Verweigerungsgeschichte Israels. An drei Beispielen (Abraham, Josef,

delte in Haran. Und von dort versetzte er ihn,
nach dem Tod seines Vaters, in dieses Land, in
dem ihr jetzt wohnt. [5] Doch er gab ihm kein
Erbteil darin, auch nicht einen Fußbreit, aber
er verhieß, es ihm und seinen Nachkommen
nach ihm zu geben, obschon er doch kein
Kind hatte. [6] So sprach Gott: Seine Nach-
kommen sollen Fremdlinge sein in einem
fremden Land, man wird sie knechten und
misshandeln vierhundert Jahre lang. [7] Das
Volk aber, dem sie Knechte sind, will ich rich-
ten – sprach Gott –, und danach werden sie
ausziehen und an diesem Ort mir dienen.
[8] Ihm gab er auch den Bund der Beschnei-
dung; und so zeugte er den Isaak und be-
schnitt ihn am achten Tag, und Isaak den Ja-
kob und Jakob die zwölf Stammväter. [9] Die
Stammväter aber wurden auf Josef eifersüch-
tig und verkauften ihn nach Ägypten; doch
Gott war mit ihm. [10] Er rettete ihn aus allen
seinen Drangsalen und gab ihm Gunst und
Weisheit vor Pharao, dem König von Ägyp-
ten, und der bestellte ihn zum Herrscher über
Ägypten und sein ganzes Haus. [11] Hunger
aber kam über ganz Ägypten und Kanaan
und große Drangsal, und unsere Väter fanden
keine Nahrung. [12] Als aber Jakob hörte, es ge-
be Korn in Ägypten, sandte er unsere Väter
ein erstes Mal hin. [13] Und beim zweiten Mal
gab sich Josef seinen Brüdern zu erkennen,
und so wurde dem Pharao die Herkunft Jo-
sefs bekannt. [14] Josef aber sandte hin und rief
seinen Vater Jakob zu sich samt allen Ver-
wandten, fünfundsiebzig Seelen. [15] So zog
Jakob nach Ägypten hinab. Und dort starben
er und unsere Väter. [16] Und sie wurden nach
Sichem überführt und in das Grab gelegt,
welches Abraham um eine Geldsumme
von den Söhnen Hamors in Sichem gekauft
hatte.

Rede des Stephanus:
Gott rettet sein Volk durch Mose

[17] Als aber die Zeit der Verheißung nahte, die
Gott dem Abraham feierlich zugesagt hatte,
wuchs das Volk und mehrte sich in Ägypten,
[18] bis ein anderer König über Ägypten kam,
der nichts von Josef wusste. [19] Er war voll
Tücke gegen unser Geschlecht und behandel-
te unsere Väter übel: Sie mussten ihre Säug-
linge aussetzen, damit sie nicht am Leben
blieben. [20] In der Zeit ward Mose geboren,
und er war Gott angenehm. Drei Monate
lang wurde er im Hause seines Vaters aufge-
zogen. [21] Und als er ausgesetzt war, ließ ihn die
Tochter des Pharao aufgreifen und erzog ihn
als ihren Sohn. [22] Mose aber wurde in aller
Weisheit der Ägypter unterrichtet; und er war
mächtig in seinen Worten und Taten. [23] Doch
als er vierzig Jahre alt geworden, kam es ihm
in den Sinn, nach seinen Brüdern, den Söhnen
Israels, zu sehen. [24] Und als er einen Unrecht
leiden sah, wehrte er sich und übte Rache für
den Unterdrückten, indem er den Ägypter er-
schlug. [25] Er meinte, [seine] Brüder würden
begreifen, dass Gott ihnen durch seine Hand
Rettung verschaffe, doch sie begriffen es
nicht. [26] Und am folgenden Tag erschien er bei
ihnen, als sie Streit hatten. Da wollte er sie
zum Frieden versöhnen und sagte: Männer,
ihr seid Brüder! Warum tut ihr einer dem an-
deren Unrecht? [27] Der aber, welcher seinem
Nächsten Unrecht tat, stieß ihn zurück und
sagte: Wer hat dich zum Führer und Richter
über uns gesetzt? [28] Willst du mich wohl um-
bringen, wie du gestern den Ägypter umge-
bracht hast? [29] Auf dieses Wort floh Mose,
und er wurde Fremdling im Lande Midian,
wo er zwei Söhne zeugte. [30] Und als vierzig
Jahre vorüber waren, da erschien ihm in der
Wüste des Berges Sinai ein Engel in der Flam-
me eines brennenden Dornbuschs. [31] Mose
aber sah es und staunte über die Erscheinung.
Doch als er hinzutrat, um hinzusehen, erging

Mose) wird dargelegt, wie Gott rettet und wie er um den Glauben seiner Erwählten wirbt. Halsstarrig, an Herz und Ohren unbeschnitten, wie sie sind, weisen sie ihn zurück. **8** Die Beschneidung ist Zeichen des Bundes. Abraham zeugt seinen Sohn als einen, der Gott gehört. **16** Nach Gen 33,19 hat nicht Abraham, sondern Jakob das Grab bei Sichem gekauft. **17-43** Der dritte, ausführlichste Abschnitt bezieht sich auf Mose. **35-38** Das Lob des Mose will zum Vergleich mit Jesus führen. Der eine wie der andere wurde ab-

die Stimme des Herrn: 32 Ich bin der Gott deiner Väter: der Gott Abrahams und [der Gott] Isaaks und [der Gott] Jakobs. Mose begann zu zittern und wagte nicht hinzusehen. 33 Der Herr aber sprach zu ihm: Löse die Schuhe von deinen Füßen; denn der Ort, wo du stehst, ist heiliges Land. 34 Ich habe die Misshandlung meines Volkes in Ägypten wohl gesehen und ihr Seufzen gehört und ich bin herabgestiegen, sie zu befreien. Jetzt komm, dich will ich nach Ägypten senden. 35 Diesen Mose, den sie verleugneten, indem sie sagten: Wer hat dich zum Führer und Richter bestellt? – ihn hat Gott als Führer und Befreier gesandt mit Hilfe eines Engels, der ihm im Dornbusch erschienen war. 36 Er führte sie heraus unter Wundern und Zeichen, die er im Land Ägypten tat und im Roten Meer und in der Wüste vierzig Jahre hindurch. 37 Dies ist der Mose, der zu den Söhnen Israels sprach: Einen Propheten mir gleich wird euch Gott aus euren Brüdern erstehen lassen. 38 Er ist es, der bei der Versammlung in der Wüste mit dem Engel war, der zu ihm redete auf dem Gipfel des Sinai, und mit unsern Vätern; – er empfing lebendige Worte, um sie euch zu geben. 39 Ihm wollten unsere Väter nicht gehorchen, ja, sie wiesen ihn ab und wandten sich in ihrem Herzen nach Ägypten zurück. 40 Sie sagten zu Aaron: Mach uns Götter, die vor uns herziehen sollen; denn dieser Mose, der uns aus Ägypterland geführt hat -, wir wissen nicht, was ihm geschehen ist. 41 So machten sie in jenen Tagen ein Kalb, brachten dem Götzenbild Opfer dar und freuten sich an den Werken ihrer Hände. 42 Gott aber wandte sich ab und gab sie dahin, dass sie dem Himmelsheere dienten, wie im Buch der Propheten geschrieben steht: Habt ihr mir Schlachttiere und Opfer dargebracht die vierzig Jahre in der Wüste, Haus Israel? 43 Das Zelt des Moloch habt ihr getragen und das Sternbild des Gottes Romfa, die Bilder, die ihr selbst gemacht, um ihnen zu huldigen. Ich aber werde euch aussiedeln bis über Babylon hinaus.

Rede des Stephanus:
Gott wohnt bei seinem Volk

44 Unsere Väter in der Wüste hatten das Zelt des Zeugnisses nach der Anordnung dessen, der zu Mose gesprochen hatte, es zu errichten gemäß dem Vorbild, das er geschaut hatte. 45 Dieses übernahmen unsere Väter und brachten es unter Josua hinein in das Eigentum der Völker, die Gott vor dem Angesicht unserer Väter hinaustrieb, bis zu den Tagen Davids. 46 Dieser aber fand Gnade vor Gott und bat, dass er dem Gott Jakobs eine Wohnstatt finden dürfe. 47 Salomo aber erbaute ihm ein Haus. 48 Doch der Höchste wohnt nicht in Werken von Menschenhand, wie der Prophet sagt: 49 Der Himmel ist mein Thron, die Erde der Schemel meiner Füße. Was für ein Haus wollt ihr mir bauen, spricht der Herr, oder welches ist der Ort meiner Ruhe? 50 Hat nicht meine Hand das alles gemacht?

Rede des Stephanus:
Wie eure Väter tut auch ihr

51 Ihr Halsstarrigen! Unbeschnittene an Herz und Ohren! Allzeit widerstrebt ihr dem Heiligen Geist, wie eure Väter, so auch ihr! 52 Welchen unter den Propheten haben eure Väter nicht verfolgt? Sie haben jene getötet, die das Kommen des Gerechten vorherverkündeten; seine Verräter und Mörder seid ihr jetzt geworden! 53 Ihr, die ihr das Gesetz auf Anordnung von Engeln empfangen, aber nicht gehalten habt.

Tod des Stephanus: Ich sehe
den Menschensohn zur Rechten Gottes

54 Als sie aber dies hörten, wurden sie voll Wut in ihrem Herzen und knirschten mit den Zähnen wider ihn. 55 Er aber, erfüllt von Heiligem

---

gelehnt. **42** Dem Himmelsheer dienen: Israel hat Gott verlassen, darum verlässt Gott sein Volk. **43** Moloch (vgl. Lev 20,1-3), der kanaanäische Götze, der Kinderopfer fordert. – Romfas, verballhornter Name einer Gestirnsgottheit. **51** Aus der Vergangenheit ergibt sich für die Gegenwart: Sie handeln nicht anders als ihre Väter. **53** Die Väter verfolgten die Propheten, die den Messias ankündeten. **54-60** Die Rede des Stephanus endet mit einer Anklage. Die Angeklagten reagieren entsprechend. Für Stephanus geht der Himmel

Mit Jesus leben
hinter ihm hergehen
sich aufrichten lassen
und andere aufrichten
gegen Mutlosigkeit anbeten
ansteckend im Reden und Tun
Hoffnung weitergeben

Für Jesus sterben
ihn preisen
der einer ungewissen Zukunft
Hoffnung und Namen gibt
Gewalt nicht vergelten
Unrecht leiden
wenn Hoffnung in Todesangst erstickt
aufblicken und sehen
Der Himmel ist offen

(7,54-60)

Geist, blickte zum Himmel, sah die Herrlich-
keit Gottes und Jesus zur Rechten Gottes ste-
hen. 56 Er sprach: Siehe, ich sehe die Himmel
offen und den Menschensohn stehend zur
Rechten Gottes. 57 Sie aber schrien mit lauter
Stimme, hielten sich die Ohren zu und stürz-
ten sich einmütig auf ihn, 58 trieben ihn zur
Stadt hinaus und steinigten ihn. Die Zeugen
aber legten ihre Kleider zu Füßen eines Jüng-
lings namens Saulus nieder. 59 Sie steinigten
den Stephanus, der rief aus und sprach: Herr
Jesus, nimm meinen Geist auf! 60 Und in die
Knie sinkend, schrie er mit lauter Stimme:
Herr, rechne ihnen diese Sünde nicht an!
Nachdem er dies gesagt, entschlief er.

Verfolgung in Jerusalem:
Saulus unter den Verfolgern

8 Saulus aber war mit dieser Hinrichtung ein-
verstanden. An jenem Tag brach eine große
Verfolgung aus gegen die Gemeinde zu Jeru-
salem. Alle zerstreuten sich in das Gebiet von
Judäa und Samarien, ausgenommen die
Apostel. 2 Den Stephanus aber begruben got-
tesfürchtige Männer und hielten große To-
tenklage für ihn. 3 Saulus dagegen verwüstete
die Gemeinde; er drang in die Häuser ein,
schleppte Männer und Frauen fort und liefer-
te sie ins Gefängnis ein.

Philippus in Samaria:
Er verkündete ihnen den Messias

4 Die aber, die zerstreut worden waren, zogen
umher und verkündeten die Frohbotschaft
des Wortes. 5 Philippus zog hinab in die Stadt
von Samarien und verkündete ihnen Chris-
tus. 6 Die Volksmenge achtete einmütig auf
das, was Philippus sagte, indem sie hörten
und die Zeichen sahen, die er tat. 7 Denn aus
vielen von denen, die unreine Geister hatten,
fuhren sie aus unter lautem Geschrei. Viele
Gichtbrüchige und Lahme wurden geheilt.
8 Darum entstand große Freude in jener Stadt.
9 Es war aber in der Stadt ein Mann namens
Simon, der hatte vordem Zauberei getrieben
und das Volk von Samarien zum Staunen ge-
bracht, indem er vorgab, er sei ein Großer.
10 Alle wandten sich ihm zu, klein und groß,
und sagten: Dieser ist die Kraft Gottes, die
man die Große nennt. 11 Sie hielten zu ihm,
weil er sie lange Zeit mit seinen Zaubereien
zum Staunen gebracht hatte. 12 Doch als sie
dem Philippus glaubten, der die Frohe Bot-
schaft vom Reich Gottes und vom Namen Je-
su Christi verkündete, ließen sich Männer

---

auf. Er schaut den Menschensohn in Macht. Was für ihn eine Bestätigung ist, ist für seine Ankläger unerträgliche Gotteslästerung. In wilder Wut treiben sie ihn aus der Stadt und steinigen ihn. Saulus, der noch nicht Berufene, wird zum ersten Mal erwähnt. **59-60** Die zwei letzten Worte des Stephanus entsprechen den Kreuzesworten Jesu (Lk 23,44.46). »Entschlafen« weist im Voraus auf die Erweckung hin. Das Wort wird nur für das Sterben von Christen oder alttestamentlichen Frommen verwendet.

8,1-3 Mit der Verfolgung kommt für die Jerusalemer Christen der Ernstfall des Glaubens. Die Hellenisten sind die Meistbetroffenen. Sie werden aus der Stadt vertrieben, die Apostel dürfen bleiben. Saulus, der bei der Steinigung des Stephanus Zuschauer war, ist jetzt aktiver Verfolger. **4-8** Philippus, einer der Sieben, wirkt erfolgreich als Prediger und Gemeindegründer in Samarien. **9-13** Die Konkurrenz zwischen Philippus und dem Großmagier Simon endet mit der Taufe

und Frauen taufen. 13 Auch Simon kam zum
Glauben, ließ sich taufen und schloss sich
Philippus an. Als er die Zeichen sah und die
großen Machttaten, die geschahen, geriet er
außer sich.

Petrus und Johannes in Samaria:
Sie empfingen Heiligen Geist

14 Als aber die Apostel in Jerusalem hörten,
dass Samarien das Wort Gottes angenommen
habe, schickten sie Petrus und Johannes zu ih-
nen. 15 Und diese kamen hinab und beteten
für sie, damit sie Heiligen Geist empfingen.
16 Denn er war noch auf keinen unter ihnen
gekommen; sie waren nur getauft auf den Na-
men Jesu, des Herrn. 17 Da legten sie ihnen die
Hände auf, und sie empfingen Heiligen Geist.
18 Als aber Simon sah, dass der Geist durch die
Handauflegung der Apostel verliehen wurde,
bot er ihnen Geld 19 und sagte: Gebt auch mir
diese Vollmacht, dass jeder, dem ich die Hän-
de auflege, Heiligen Geist empfange. 20 Petrus
aber sprach zu ihm: Dein Geld fahre mit dir
ins Verderben, weil du wähntest, du könntest
die Gabe Gottes mit Gold erkaufen. 21 Nicht
Anteil noch Anrecht hast du an dieser Sache;
denn dein Herz ist nicht aufrichtig vor Gott.

Die bisher mitgingen
müssen eigene Wege suchen
Die nachfolgten
müssen vorausgehen
Die Fragen stellten
müssen antworten
Die sich an Jesus hängen konnten
müssen andere führen
Die zum Himmel aufschauten
sind an die Erde gebunden
Die seiner Gegenwart sicher waren
müssen Erinnerung wach halten

(8,14-25)

22 Kehre dich also von dieser deiner Bosheit ab
und bitte den Herrn, ob er dir etwa das Sin-
nen deines Herzens vergeben wird. 23 Denn
ich sehe, dass du in bitterer Galle und in einer
Fessel von Ungerechtigkeit bist. 24 Simon aber
antwortete und sagte: Betet ihr für mich zum
Herrn, damit nichts von dem über mich kom-
me, was ihr gesagt habt. 25 Nachdem sie das
Wort des Herrn bezeugt und geredet hatten,
machten sie sich auf den Rückweg nach Jeru-
salem und kündeten vielen Dörfern der Sa-
mariter die Frohbotschaft.

Philippus und der Äthiopier:
Die Frohe Botschaft von Jesus

26 Ein Bote des Herrn aber sprach zu Philip-
pus: Steh auf und zieh nach Süden auf die
Straße, die von Jerusalem nach Gaza hinab-
führt; die ist öde. 27 Er stand auf und zog hin.
Und siehe, da war ein Äthiopier, ein Hofbe-
amter, ein Würdenträger der Kandake, der
Königin der Äthiopier, der all ihre Schätze
verwaltete. Er war nach Jerusalem gekom-
men, um anzubeten. 28 Er war auf dem Rück-
weg, saß auf seinem Wagen und las den Pro-
pheten Jesaja. 29 Der Geist aber sprach zu Phi-
lippus: Geh und schließ dich diesem Wagen
an! 30 Philippus lief hin, hörte ihn den Pro-
pheten Jesaja lesen und sprach: Verstehst du
auch, was du liest? 31 Er sagte: Wie sollte ich
es können, wenn keiner mich anleitet. Und er
bat Philippus, aufzusteigen und sich zu ihm
zu setzen. 32 Dies aber war der Schriftab-
schnitt, den er las: Wie ein Schaf ward er zur
Schlachtbank geführt, und wie das Lamm vor
seinem Scherer verstummt, so tut er seinen
Mund nicht auf. 33 In der Erniedrigung ward
sein Gericht aufgehoben. Wer wird sein Ge-
schick erzählen? Denn sein Leben wird hin-
weggenommen von der Erde. 34 Da nahm der
Hofbeamte das Wort und sagte zu Philippus:
Ich bitte dich, von wem sagt dies der Prophet?
Von sich selbst oder von einem anderen? 35 Da

---

des Simon. **14-17** Petrus und Johannes kommen nach Samarien und vermitteln den Neugetauften die Gabe Heiligen Geistes. **18-25** Simon erliegt einem folgenschweren Irrtum. Nach ihm bezeichnet man den Handel mit geistlichen Ämtern als »Simonie«. **26-40** Die Ereignisse, die zur Taufe des ersten Afrikaners führen, sind gelenkt. Ein Engel sorgt dafür, dass Philippus zur rechten Zeit am rechten Ort ist. Gaza liegt etwa 100 Kilometer südwestlich von Jerusalem. Äthiopien: Gemeint ist eine Region im heutigen Sudan. »Eunuch« ist entweder im Wortsinn zu verstehen (»Verschnittener«, »Entmannter«) oder als Ehrenname. »Kanda-

tat Philippus seinen Mund auf und begann mit jener Schriftstelle und verkündete ihm die Frohe Botschaft von Jesus. [36] Als sie des Weges weiterfuhren, kamen sie an ein Wasser. Da sagte der Hofbeamte: Sieh, Wasser! Was hindert, dass ich getauft werde? [37] [Philippus aber sprach: Wenn du aus ganzem Herzen glaubst, ist es möglich. Er antwortete: Ich glaube, dass Jesus der Sohn Gottes ist.] [38] Und er ließ den Wagen anhalten, sie stiegen beide in das Wasser hinab, Philippus und der Hofbeamte, und er taufte ihn. [39] Als sie aber aus dem Wasser heraufgestiegen waren, entrückte der Geist des Herrn den Philippus, und der Hofbeamte sah ihn nicht mehr; doch er zog freudig seines Wegs. [40] Philippus aber fand sich selbst in Aschdod, zog hindurch und verkündete die Frohe Botschaft allen Städten, bis er nach Cäsarea kam.

Wie wird man Christ?

»Was hindert, dass ich getauft werde?«
So kam der erste Afrikaner zu Christus.
Durch ihn gelangte die Frohe Botschaft
ins fremde Land.

Saulus, römischer Bürger aus Tarsus
Zeltmacher von Beruf
in der Schule des Gamaliel
ausgebildeter Rabbi
engagierter Verteidiger des Gottes der Väter
fanatischer Christenverfolger
Unterwegs nach Damaskus
um Christen vor Gericht zu bringen
In der Nähe der Stadt
trifft ihn ein Licht
geblendet stürzt er zu Boden
hört die Stimme
wird sie nie mehr vergessen
Saul, warum verfolgst du mich?

Berufung des Saulus: Wer bist du, Herr?

9 Saulus aber, der noch immer Drohung und Mord wider die Jünger des Herrn schnaubte, ging zum Hohenpriester [2] und erbat sich von ihm Briefe nach Damaskus an die Synagogen, um, wenn er einige Anhänger des Weges fände, Männer oder Frauen, er sie gefangen nach Jerusalem bringen könnte. [3] Als er dahinzog, geschah es: Als er in die Nähe von Damaskus kam, umstrahlte ihn plötzlich ein Licht vom Himmel her. [4] Er stürzte zur Erde und hörte eine Stimme, die zu ihm sprach: Saul, Saul! Warum verfolgst du mich? [5] Da sagte er: Wer bist du, Herr? Darauf jener: Ich bin Jesus, den du verfolgst. [Es ist hart für dich, wider den Stachel auszuschlagen. [6] Mit Zittern und staunend sprach er: Herr, was willst du, dass ich tun soll? Und der Herr sagte zu ihm:] Doch steh auf, geh in die Stadt, dort wird dir gesagt werden, was du tun sollst. [7] Die Männer aber, die mit ihm auf dem Weg waren, standen sprachlos; die Stimme zwar hörten sie, doch sie sahen niemand. [8] Da stand Saulus von der Erde auf; doch obgleich seine Augen offen waren, sah er nichts. Und sie nahmen ihn bei der Hand und führten ihn nach Damaskus. [9] Drei Tage lang konnte er nicht sehen, und er aß nicht und trank nicht.

Hananias und Saulus: Er ist mir ein auserwähltes Werkzeug

[10] Es war aber in Damaskus ein Jünger mit Namen Hananias. Zu dem sprach der Herr in einem Gesicht: Hananias! Er antwortete: Hier bin ich, Herr! [11] Der Herr sprach zu ihm: Steh auf und geh in die Straße, welche die Gerade heißt, und frage im Hause des Judas nach einem mit Namen Saulus aus Tarsus. Denn sieh, er betet. [12] Er schaute [in einem Gesicht] einen Mann namens Hananias, der kam herein und legte ihm die Hände auf, da-

---

ke«: ein Würdename der Königin. **37** Das Bekenntnis ist Voraussetzung für die Taufe: »Ich glaube Jesus Christus, Gottes Sohn«. **38** Täufer und Täufling stehen in fließendem Wasser. Getauft wird durch Untertauchen. **40** Aschdod, 35 Kilometer nördlich Gaza. **9,1-9** Saulus ist in offiziellem Auftrag unterwegs nach Damaskus. Dort will er Christen aufspüren und vor das Gericht des Hohen Rats bringen. Kurz vor Damaskus blendet ihn ein Licht vom Himmel. Er stürzt vom Pferd, hört die Stimme und erkennt den, der ihn beim Namen ruft. Die Begleiter führen den vom Himmelslicht Geblendeten in die Stadt. **10-18** In Damas-

mit er wieder sehend werde. 13 Hananias aber
antwortete: Herr, ich habe von vielen über
diesen Mann gehört, wieviel Übles er deinen
Heiligen in Jerusalem angetan hat. 14 Und
auch hier hat er Vollmacht von den Hohen-
priestern, alle, die deinen Namen anrufen, zu
fesseln. 15 Doch der Herr sprach zu ihm: Geh
hin! Denn ein auserwähltes Werkzeug ist mir
dieser, meinen Namen vor Völker und Köni-
ge und Israels Söhne zu tragen. 16 Ich aber
werde ihm zeigen, wieviel er leiden muss um
meines Namens willen. 17 Da ging Hananias
hin, trat in das Haus, legte ihm die Hände auf
und sprach: Bruder Saul! Der Herr hat mich
gesandt, Jesus, der dir erschienen ist auf dem
Weg, den du gekommen bist, damit du wieder
sehend werdest und von Heiligem Geist er-
füllt. 18 Und sogleich fiel es von seinen Augen
wie Schuppen, er konnte wieder sehen, stand
auf und wurde getauft.

Paulus in Damaskus: Er verkündet Jesus als Messias

19 Und er nahm Speise und erstarkte. Er blieb
einige Tage bei den Jüngern in Damaskus
20 und verkündete sogleich in den Synagogen
von Jesus: Dieser ist der Sohn Gottes. 21 Da ge-
rieten alle, die es hörten, außer sich und sag-
ten: Ist das nicht jener, der zu Jerusalem jene
vernichtet hat, die diesen Namen anrufen? Ist
er nicht dazu hierher gekommen, diese gefan-
gen zu den Hohenpriestern zu führen? 22 Sau-
lus aber erstarkte noch mehr und verwirrte
die in Damaskus wohnenden Juden durch
den Nachweis, dass dieser der Messias sei.
23 Nach einer Reihe von Tagen beschlossen
die Juden, ihn umzubringen. 24 Doch ihr Be-
schluss wurde dem Saulus kund. Nun be-
wachte man die Tore Tag und Nacht, damit
sie ihn umbringen könnten. 25 Die Jünger aber
nahmen ihn und schafften ihn nachts über die
Mauer hinab, indem sie ihn in einem Korb
hinunterließen.

Paulus in Jerusalem: Er ging bei den Aposteln ein und aus

26 Als er nun nach Jerusalem gekommen war,
suchte er sich den Jüngern anzuschließen;
doch alle fürchteten ihn, weil sie nicht glaub-
ten, dass er ein Jünger sei. 27 Barnabas aber
nahm ihn auf, führte ihn zu den Aposteln und
erzählte ihnen, wie er auf dem Weg den Herrn
gesehen, dass er zu ihm gesprochen habe und
wie er in Damaskus freimütig im Namen Jesu
geredet habe. 28 Und er ging bei ihnen in Jeru-
salem ein und aus und redete freimütig im
Namen des Herrn. 29 Er sprach und disputier-
te auch mit den Hellenisten; sie aber versuch-
ten, ihn umzubringen. 30 Als das die Brüder er-
fuhren, brachten sie ihn nach Cäsarea hinab
und schickten ihn fort nach Tarsus.

Machttaten des Petrus: Viele glaubten an den Herrn

31 Die Kirche hatte nun Frieden in ganz Judäa,
Galiläa und Samarien. Sie baute sich auf und
wandelte in der Furcht des Herrn und mehrte
sich unter dem Beistand des Heiligen Geistes.
32 Und es begab sich, dass Petrus, als er überall
umherzog, auch zu den Heiligen kam, die in
Lydda wohnten. 33 Dort fand er einen Men-
schen mit Namen Äneas, der war gelähmt
und lag seit acht Jahren auf dem Bett. 34 Und
Petrus sprach zu ihm: Äneas, dich heilt Jesus
Christus. Steh auf und mach dir selbst dein
Bett. Und er stand sogleich auf. 35 Und alle Be-

---

kus wird Paulus erwartet. Hananias, ein Christ, öffnet ihm den Zugang zur Gemeinde. »Heilige« und »die deinen Namen anrufen« sind Selbstbezeichnungen der Christen. Hananias legt Paulus die Hände auf und der Blinde sieht. Er wird getauft und damit in die Gemeinde aufgenommen. **19-25** Paulus verliert keine Zeit. Er geht in die Synagoge und predigt dort Jesus, den Sohn Gottes. Für die Juden ist der Christ Paulus ein Gotteslästerer und damit vogelfrei. Die bisher seine Freunde waren, beschließen, ihn zu töten. **26-30** Bald nach seiner Bekehrung sucht Paulus Kontakt mit den Aposteln. Er geht nach Jerusalem (anders der Bericht Gal 1,18f). In der Gemeinde wird er mit Vorbehalten aufgenommen. Als Barnabas sich für ihn verbürgt, wird er akzeptiert: Paulus verwickelt sich in Streitereien mit jüdischen Hellenisten. Sie versuchen ihn umzubringen. Paulus flieht mit Hilfe der Brüder aus Jerusalem und geht nach Cäsarea. **31** Die ideale Kirche: Die Verfolgung verebbt. Die Kirche kann sich entwickeln. Sie lebt in der Furcht des Herrn und durch den Beistand des Heiligen Geistes. **32-43** Überlieferungen vom Wirken des Petrus in Lydda und Jop-

wohner von Lydda und der Ebene Scharon
sahen ihn und bekehrten sich zum Herrn. 36 In
Joppe aber war eine Jüngerin namens Tabita,
das heißt übersetzt Dorkas. Sie war reich an
guten Werken und Almosen, die sie gab. 37 Es
begab sich nun in jenen Tagen, da wurde sie
krank und starb; man wusch sie und legte sie
in ein Obergemach. 38 Weil aber Lydda nahe
bei Joppe liegt, sandten die Jünger, die hörten,
dass Petrus dort sei, zwei Männer zu ihm und
ließen bitten: Komm ohne Verzug zu uns.
39 Petrus stand auf und ging mit ihnen. Als er
angekommen war, führten sie ihn hinauf in
das Obergemach, und alle Witwen traten her-
zu, weinten und zeigten ihm Röcke und Ge-
wänder, die Dorkas, als sie noch unter ihnen
war, für sie gemacht hatte. 40 Petrus ließ alle
hinausgehen, kniete nieder, betete und zum
Leichnam gewandt sprach er: Tabita, steh
auf! Sie öffnete ihre Augen, und als sie Petrus
sah, setzte sie sich auf. 41 Er aber reichte ihr die
Hand und richtete sie auf. Nun rief er die Hei-
ligen und die Witwen und stellte sie lebend
vor. 42 Das ward in ganz Joppe bekannt, und
viele glaubten an den Herrn. 43 Es gab sich
aber, dass er eine Reihe von Tagen in Joppe
blieb bei einem gewissen Simon, einem Ger-
ber.

Botschaft an Kornelius:
Lass Simon Petrus holen

10 In Cäsarea war ein Mann mit Namen
Kornelius, ein Hauptmann der so genannten
Italischen Kohorte, 2 Gott verehrend und
fürchtend mit seinem ganzen Haus, der dem
Volk viel Almosen gab und allzeit zu Gott be-
tete. 3 Er sah in einem Gesicht, etwa um die
neunte Stunde des Tages, deutlich, einen En-

Kornelius, Hauptmann der römischen
Besatzung, in Cäsarea stationiert.
Der erste Heide, der (durch Petrus) getauft
und in die Gemeinde aufgenommen wurde.
Die Geschichte seiner Bekehrung ist so
unglaublich, dass sie Mal um Mal
von Petrus wie von Kornelius in
allen Einzelheiten wiederholt wird.
Es darf keinen Zweifel geben:
Gott selbst gab dem Petrus den Auftrag.
Gott hat den Völkern (und auch dem
Petrus) die Umkehr zum Leben geschenkt.

(10,1-8)

gel bei sich eintreten, der zu ihm sprach: Kor-
nelius! 4 Und er blickte ihn an und fragte voll
Furcht: Was ist, Herr? Der antwortete ihm:
Deine Gebete und deine Almosen sind em-
porgestiegen zum Gedenken vor Gott. 5 Und
jetzt sende Männer nach Joppe und lass einen
gewissen Simon, mit dem Beinamen Petrus,
holen. 6 Er ist zu Gast bei einem gewissen Si-
mon, einem Gerber, der ein Haus am Meer
hat. [Er wird dir sagen, was du tun sollst.]
7 Als der Engel, der zu ihm gesprochen, weg-
gegangen war, rief er zwei von seinen Unter-
gebenen und einen Gott verehrenden Solda-
ten von denen, die um ihn waren, 8 und nach-
dem er ihnen alles erzählt hatte, sandte er sie
nach Joppe.

Botschaft an Petrus:
Steh auf und iss

9 Am folgenden Tag, als jene unterwegs waren
und sich der Stadt näherten, stieg Petrus um
die sechste Stunde auf das Dach, um zu beten.

---

pe (heute »Jaffa«). Petrus wirkt die Taten des Herrn. In Lydda heilt er den seit acht Jahren gelähmten Äneas im Namen Jesu, des Messias. **36-43** In Joppe ruft er Tabita, eine nach jüdischer wie christlicher Vorstellung vorbildlich fromme Frau, um die die Witwen ihrer Hilfsbereitschaft wegen klagen, ins Leben zurück.

10,1 - 11,18 Petrus, nicht Paulus, nimmt den ersten Heiden in die Christengemeinde auf. Die Erzählung macht deutlich, dass diese Entscheidung alles andere als selbstverständlich war. Die jüdisch dominierte Christenbewegung findet den Weg zur Weltkirche. **1-8** Kornelius wird vorgestellt. Cäsarea am Meer, Provinzhauptstadt und römische Garnison. Italische Kohorte: Ein Teil der römischen Besatzungsarmee. »Gott fürchtend«: Heiden, die sich als Unbeschnittene dem Glauben Israels öffnen, den Sabbat halten, aber nur einen Teil der Weisung des Mose. Die neunte Stunde: zur Zeit des jüdischen Nachmittagsgebets, 15 Uhr. Gott bringt das Geschehen in Gang. Kornelius hört, was der Engel ihm sagt.Er fragt nicht, sondern er tut, was ihm aufgetragen ist. **9-16** Auch Petrus

10 Da wurde er hungrig und wollte essen.
Doch während man ihm zurichtete, kam eine
Verzückung über ihn. 11 Er schaut den Him-
mel offen und ein Behältnis herabkommen,
gleich einem großen linnenen Tuch, das an
seinen vier Enden zur Erde niedergelassen
wurde. 12 In ihm waren alle vierfüßigen und
kriechenden Tiere der Erde und Vögel des
Himmels. 13 Und eine Stimme erging an ihn:
Steh auf, Petrus, schlachte und iss! 14 Petrus
aber sagte: Nicht doch, Herr! Noch nie habe
ich etwas Gemeines oder Unreines gegessen.
15 Und eine Stimme erging an ihn zum zweiten
Mal: Was Gott gereinigt, das mache du nicht
gemein! 16 So geschah es dreimal; und so-
gleich wurde das Behältnis in den Himmel
hinaufgenommen.

Boten bei Petrus:
Ich habe sie gesandt

17 Petrus aber war bei sich selber noch unge-
wiss, was das Gesicht, das er geschaut, be-
deute. Siehe, da traten die Männer, die Kor-
nelius gesandt – sie hatten das Haus Simons
erfragt –, an das Tor 18 und fragten, laut ru-
fend, ob Simon mit dem Beinamen Petrus hier
Gast sei. 19 Als Petrus über das Gesicht nach-
dachte, sprach der Geist zu ihm: Siehe, drei
Männer suchen dich! 20 Steh also auf, steig
hinab und zieh mit ihnen ohne Bedenken; ich
habe sie gesandt. 21 Petrus stieg hinab zu den
Männern und sagte: Siehe, ich bin es, den ihr
sucht. Was ist der Grund, dass ihr hier seid?
22 Sie aber sagten: Kornelius, ein Hauptmann,
ein gerechter und gottesfürchtiger Mann, an-
gesehen beim ganzen Volk der Juden, hat von
einem heiligen Engel Weisung empfangen,
dich in sein Haus holen zu lassen und zu
hören, was du ihm zu sagen hast. 23 Da rief er
sie herein und nahm sie als Gäste auf. Am fol-
genden Tag aber stand er auf und ging mit ih-
nen weg, und einige von den Brüdern aus Jop-
pe gingen mit.

Petrus in Cäsarea:
Warum habt ihr nach mir gesandt?

24 Am anderen Tag kam er nach Cäsarea. Kor-
nelius aber erwartete sie, er hatte schon seine
Verwandten und die nächsten Freunde zu-
sammengerufen. 25 Als Petrus eintrat, kam
ihm Kornelius entgegen, warf sich ihm zu
Füßen und huldigte ihm. 26 Petrus aber richte-
te ihn auf und sprach: Steh auf! Auch ich bin
nur Mensch. 27 Und mit ihm redend, trat er ein
und fand viele versammelt. 28 Er sagte zu ih-
nen: Ihr wisst wohl, dass es einem Juden nicht
ansteht, Gemeinschaft mit einem Stammes-
fremden zu haben und bei ihm einzukehren –
mir aber hat Gott gezeigt, keinen Menschen
gemein oder unrein zu heißen. 29 Darum bin
ich ohne Widerrede gekommen, als man nach
mir schickte. Ich frage nun: Aus welchem
Grund habt ihr nach mir gesandt? 30 Korneli-
us erwiderte: Vor drei Tagen, gerade um die-
se Stunde, um die neunte, betete ich in mei-
nem Haus. Und siehe, da stand ein Mann vor
mir in strahlendem Gewand 31 und sprach:
Kornelius! Dein Gebet ist erhört und deiner
Almosen wurde vor Gott gedacht. 32 Sende
nun nach Joppe und lass Simon mit dem
Beinamen Petrus holen; er ist zu Gast im Hau-
se Simons des Gerbers am Meer. 33 Sogleich
nun habe ich nach dir geschickt, du aber hast
gut getan, dass du gekommen bist. Nun sind
wir alle vor Gott versammelt, all das zu
hören, was dir vom Herrn her aufgetragen ist.

Rede des Petrus: Wir sind die von Gott
vorherbestimmten Zeugen

34 Da tat Petrus den Mund auf und sprach: In

---

wird von Gott geführt. Auch für ihn wird die Stunde des Gebets zur Stunde der Offenbarung. Er sieht, versteht die Botschaft nicht gleich. Er hört die Stimme und weigert sich, ein Gebot, das ihm zeitlebens heilig galt, zu übertreten. **17-23a** Die Boten des Kornelius kommen in das rund 50 km entfernte Joppe. Sie finden Petrus und werden aufgenommen. Petrus begreift die Botschaft, die ihm die Vision vermittelt. **23b-29** Petrus überschreitet die Schwelle des Hauses des Heiden Kornelius, gleichzeitig übertritt er das Gesetz. Er kann zu diesem Schritt stehen. Gott selbst hat ihn geführt. **30-33** Auch Kornelius, der als Nichtjude den Gottesboten nicht erkannte, rechtfertigt sein Verhalten. **34-43** Im Haus des Kornelius hält Petrus die erste Heidenpredigt, von der wir in der Apostelgeschichte erfahren. Sie hat ihre Parallele in der Predigt des Paulus in Athen (17,22-31). In wenigen Sätzen stellt er das Wirken, die Botschaft und den Weg Jesu

Wahrheit, ich begreife, dass Gott nicht auf die Person sieht, 35 sondern in jedem Volk ist ihm angenehm, wer ihn fürchtet und Gerechtigkeit wirkt. 36 Sein Wort hat er den Söhnen Israels gesandt und ließ ihnen verkünden die Frohbotschaft vom Frieden durch Jesus Christus. Er ist der Herr aller. 37 Ihr wisst von dem, was sich im ganzen Land Judäa ereignet hat, angefangen von Galiläa nach der Taufe, die Johannes verkündet hat, 38 von Jesus aus Nazaret, wie ihn Gott mit Heiligem Geist und Kraft gesalbt, wie er umherzog, Wohltat und Heilung spendend allen, über die der Teufel Gewalt hatte; denn Gott war mit ihm. 39 Wir aber sind Zeugen all dessen, was er im Land der Juden und in Jerusalem gewirkt hat; ihn haben sie ans Holz gehängt und ihn umgebracht. 40 Ihn hat Gott auferweckt am dritten Tag und hat ihn sichtbar werden lassen, 41 zwar nicht dem ganzen Volk, doch uns als Zeugen, zu denen Gott uns vorherbestimmte, die wir mit ihm gegessen und getrunken haben nach seiner Auferstehung von den Toten. 42 Und er hat uns geboten, dem Volk zu künden und zu bezeugen, dass dieser der von Gott bestimmte Richter ist, über Lebende und Tote. 43 Von ihm bezeugen alle die Propheten, dass jeder, der an ihn glaubt, Nachlass der Sünden erlangt durch seinen Namen.

Taufe des Kornelius: Gleich uns Heiligen Geist empfangen

44 Noch während Petrus diese Worte redete, kam der Heilige Geist über alle, die das Wort hörten. 45 Und die Gläubigen aus der Beschneidung, die mit Petrus gekommen waren, waren außer sich, dass die Gabe des Heiligen Geistes auch über die Völker ausgegossen wurde. 46 Sie hörten sie nämlich in Sprachengabe reden und Gott preisen. Da sprach Petrus: 47 Kann wohl jemand das Wasser verweigern, dass diese nicht getauft werden, die doch gleich uns den Heiligen Geist empfangen haben? 48 Und er gab Weisung, sie auf den Namen Jesu Christi zu taufen. Da baten sie ihn, einige Tage dazubleiben.

Petrus berichtet in Jerusalem: Gott gab ihnen dieselbe Gabe wie uns

11 Die Apostel und die Brüder in Judäa aber hörten, dass auch die Völker das Wort Gottes angenommen hatten. 2 Und als Petrus nach Jerusalem hinaufkam, stritten die aus der Beschneidung mit ihm 3 und sagten: Du bist bei unbeschnittenen Männern eingekehrt und hast mit ihnen gegessen. 4 Da begann Petrus, es ihnen der Reihe nach vorzutragen: 5 Ich war in der Stadt Joppe und betete. Da schaute ich in der Verzückung ein Gesicht: ein herabkommendes Behältnis gleich einem großen linnenen Tuch, an vier Enden herabgelassen aus dem Himmel, und es kam bis zu mir. 6 Ich schaute hin und betrachtete: Da sah ich die vierfüßigen Tiere der Erde, die wilden und die kriechenden Tiere und die Vögel des Himmels. 7 Ich hörte aber auch eine Stimme, die zu mir sprach: Steh auf, Petrus, schlachte und iss! 8 Da sagte ich: Nicht doch, Herr! Denn etwas Gemeines und Unreines ist noch nie in meinen Mund gekommen. 9 Doch eine Stimme aus dem Himmel erging zum zweiten Mal: Was Gott gereinigt, das mache du nicht gemein! 10 So geschah es dreimal; und alles wurde wieder in den Himmel hinaufgenommen. 11 Doch sieh, gleich traten drei Männer zu dem Haus, in dem wir waren; sie waren von Cäsarea zu mir gesandt. 12 Der Geist aber hieß mich mit ihnen zu gehen – ohne Bedenken. Mit mir gingen auch diese sechs Brüder, und wir kamen in das Haus des Mannes. 13 Da be-

---

dar (VV. 37-43). **41** Für das Zeugnis der Jünger ist die Tischgemeinschaft mit dem Auferstandenen als Erweis der Auferstehung besonders wichtig. **44-48** Die Rede wird vom Himmel her unterbrochen. Die Zeichen des Pfingsttags wiederholen sich. Alle, die glauben und hören, empfangen den Geist. Sie reden in Zungen (vgl. zu 1 Kor 12,10). Sie haben die »Geisttaufe« empfangen. Die Wassertaufe und die mit ihr verknüpfte Aufnahme in die Gemeinde kann ihnen nicht verweigert werden.

11,1-18 Wenn Paulus im Haus des Kornelius Weisungen und Gebote übertritt, die Jahrhunderte lang die Eigenart Israels prägten, ist das keine Nebensache. Als Petrus nach Jerusalem zurückkehrt, muss er sich rechtfertigen. Er berichtet, wie er, der doch für sein starres Festhalten am Überlieferten (als »konservativ«) bekannt ist, zur Einsicht kam, und es gelingt ihm, seine Zuhörer zu überzeugen. Die Urgemeinde

richtete er uns, wie er den Engel gesehen habe, der in seinem Hause stand und sprach: Sende nach Joppe und lass Simon mit dem Beinamen Petrus holen. [14] Er wird Worte zu dir reden, durch die du gerettet wirst samt deinem ganzen Haus. [15] Als ich zu reden begann, kam plötzlich der Heilige Geist über sie, gleich wie im Anfang auch über uns. [16] Da erinnerte ich mich des Wortes des Herrn, wie er sprach: Johannes taufte mit Wasser, ihr aber werdet getauft mit Heiligem Geist. [17] Wenn nun Gott ihnen dieselbe Gabe geschenkt wie auch uns, weil sie an den Herrn Jesus Christus glaubten, wer war denn ich, dass ich vermocht hätte, Gott zu wehren? [18] Und da sie dies hörten, beruhigten sie sich, verherrlichten Gott und sagten: Also hat Gott auch den Völkern die Umkehr zum Leben geschenkt.

Gemeinde in Antiochia:
Sie wurden »Christen« genannt

[19] Jene aber, die sich zerstreut hatten wegen der Drangsal, die um Stephanus willen entstanden war, kamen bis nach Phönizien, Zypern und Antiochia. Doch sie redeten das Wort zu niemand, nur zu den Juden. [20] Es waren aber einige unter ihnen aus Zypern und Zyrene, die redeten, als sie nach Antiochia kamen, auch zu den Griechen und kündeten die Frohbotschaft von Jesus als dem Herrn. [21] Die Hand des Herrn war mit ihnen, und eine große Zahl wurde gläubig und wandte sich dem Herrn zu. [22] Die Kunde von ihnen kam der Gemeinde in Jerusalem zu Ohren, und sie sandten Barnabas nach Antiochia. [23] Als er nun hinkam und die Gnade Gottes sah, freute er sich und ermahnte alle, mit entschlossenem Herzen beim Herrn zu bleiben; [24] er war nämlich ein guter Mann, voll Heiligen Geistes und Glaubens. Und viel Volk wurde dem Herrn zugeführt. [25] Er aber ging weiter nach Tarsus, um Saulus aufzusuchen. [26] Und als er ihn gefunden, brachte er ihn nach Antiochia. Und es fügte sich, dass sie ein volles Jahr in der Gemeinde beisammen blieben und eine große Menge belehrten; und dass in Antiochia die Jünger erstmals Christen genannt wurden. [27] In diesen Tagen aber kamen von Jerusalem Propheten nach Antiochia herab. [28] Einer von ihnen mit Namen Agabus trat auf und kündete durch den Geist eine große Hungersnot an, die über alle Welt kommen werde; sie kam dann unter Klaudius. [29] Da beschlossen die Jünger, ein jeder solle – je nach Vermögen – den Brüdern, die in Judäa wohnten, Unterstützung schicken. [30] Sie taten so und sandten es den Ältesten durch die Hand des Barnabas und Saulus.

Petrus im Gefängnis:
Die Gemeinde betete für ihn

12 In derselben Zeit aber legte König Herodes Hand an einige von der Gemeinde, um ihnen Böses anzutun. [2] So ließ er Jakobus, den Bruder des Johannes, mit dem Schwert hinrichten. [3] Als er nun sah, dass dies den Juden gefiel, ließ er auch den Petrus gefangen nehmen; es war in den Tagen der Ungesäuerten Brote. [4] Nachdem er ihn ergriffen hatte, ließ er ihn ins Gefängnis bringen und übergab ihn vier Abteilungen von je vier Soldaten zur Bewachung; nach dem Pascha wollte er ihn dem Volke vorführen. [5] So wurde Petrus im Gefängnis verwahrt, doch dauernd wurde von der Gemeinde für ihn zu Gott gebetet. [6] Als

---

in Jerusalem anerkennt die heidenchristlichen Gemeinden. **19-25** Phönizien, ein schmaler Küstenstreifen am Mittelmeer. Antiochia am Orontes, Hauptstadt der römischen Provinz Syrien, eine reiche Handelsstadt mit einer bedeutenden jüdischen Gemeinde, wird Stützpunkt der christlichen Mission, später Sitz einer berühmten Theologenschule. Zentrum christlicher Theologie. Hellenistische Judenchristen künden den Heiden die Botschaft: Herr ist Jesus (vgl. Phil 2,11). Die Gemeinde von Jerusalem schickt Barnabas nach Antiochia. **26** In Antiochia nennt man die Anhänger der messianischen Jesusbewegung »Christen«. **27-30** Agabus, ein urchristlicher Wanderprophet, sagt eine Hungersnot voraus. Sie tritt zwar nicht weltweit ein: In Palästina leiden (im Jahr 47 n.Chr.) die Menschen als Folge einer Missernte Hunger.

12,1-5 Herodes Argrippa I., ein Enkel Herodes des Großen, herrscht (41-44 n.Chr.) als König über das ehemalige Herrschaftsgebiet seines Großvaters. Der Märtyrertod des Apostels Jakobus ist der dunkle Hintergrund für die Erzählung von der Gefährdung und Rettung des Petrus. Wie Jesus wird Petrus kurz

nun Herodes ihn vorführen lassen wollte,
schlief Petrus in jener Nacht, mit zwei Ketten
gefesselt, zwischen zwei Soldaten, und Wäch-
ter vor der Tür bewachten das Gefängnis.
7 Und siehe, ein Engel des Herrn trat herzu,
und Licht erstrahlte in dem Raum. Er stieß
Petrus in die Seite, weckte ihn und sprach:
Rasch, steh auf! Da fielen ihm die Ketten von
den Händen. 8 Und der Engel sprach zu ihm:
Gürte dich und binde deine Sandalen. Er tat
so. Und jener sprach zu ihm: Häng deinen
Mantel um und folge mir. 9 Er ging hinaus und
folgte ihm, doch wusste er nicht, dass Wirk-
lichkeit war, was durch den Engel geschah,
sondern er meinte, ein Gesicht zu schauen.
10 Sie gingen nun durch die erste und zweite
Wache hindurch und kamen an das eiserne
Tor, das zur Stadt führt. Dies öffnete sich ih-
nen von selbst. Sie gingen hinaus, [stiegen die
sieben Stufen hinab,] gingen eine Gasse weit,
und sogleich schied der Engel von ihm. 11 Da
kam Petrus zu sich und sagte: Nun weiß ich in
Wahrheit, dass der Herr seinen Engel gesandt
und mich der Hand des Herodes und allem,
was das Judenvolk erwartet, entrissen hat.
12 Und als er sich besonnen hatte, ging er zum
Hause der Maria, der Mutter des Johannes
mit dem Beinamen Markus. Dort waren viele
versammelt und beteten. 13 Als er nun an die
Tür der Torhalle klopfte, kam eine Magd mit
Namen Rhode, um zu horchen. 14 Doch als sie
die Stimme des Petrus erkannte, tat sie vor
Freude die Torhalle nicht auf, sondern lief
zurück und meldete, Petrus stehe vor der Tor-
halle. 15 Sie aber sagten zu ihr: Du bist von Sin-
nen. Doch sie versicherte, es sei so. Da sagten
sie: Es ist sein Engel. 16 Petrus aber fuhr be-
harrlich fort zu klopfen. Da öffneten sie, sa-
hen ihn und gerieten außer sich. 17 Er aber ge-
bot ihnen mit der Hand zu schweigen, und er-
zählte ihnen, wie der Herr ihn aus dem Ge-
fängnis geführt. Er sagte: Meldet dies dem Ja-
kobus und den Brüdern. Dann ging er hinaus
und begab sich an einen andern Ort. 18 Nach-
dem es nun Tag geworden, entstand bei den
Soldaten keine geringe Aufregung, was aus
Petrus geworden sei. 19 Als ihn aber Herodes
holen lassen wollte und ihn nicht fand, ver-
hörte er die Wächter und befahl, sie abzu-
führen. Und er zog von Judäa hinab nach
Cäsarea und hielt sich dort auf.

**Gericht über Herodes:
Das Wort des Herrn verbreitet sich**

20 Er war voll Zorn auf die Tyrer und Sidonier.
Da kamen sie einmütig zu ihm, und nachdem
sie den Blastus, den Kammerherrn des Kö-
nigs, gewonnen hatten, baten sie um Frieden;
denn die Ernährung ihres Landes hing vom
König ab. 21 An einem festgesetzten Tag zog
Herodes sein Königsgewand an, setzte sich
auf die Rednerbühne und hielt eine feierliche
Rede an sie. 22 Das Volk rief zustimmend: Ei-
nes Gottes, nicht eines Menschen Stimme!
23 Sofort schlug ihn ein Engel des Herrn, weil
er Gott die Ehre nicht gegeben hatte; von
Würmern zerfressen, hauchte er das Leben
aus. 24 Das Wort des Herrn aber wuchs und
verbreitete sich mehr und mehr. 25 Barnabas
und Saulus kehrten von Jerusalem zurück
nach Erfüllung ihres Dienstes. Sie nahmen
Johannes mit dem Beinamen Markus mit
sich.

**Sendung zu den Völkern:
Sie legten ihnen die Hände auf**

13 In der Gemeinde zu Antiochia waren Pro-
pheten und Lehrer: Barnabas und Simeon, ge-

vor dem Paschafest verhaftet. Herodes will den Prozess erst nach dem Fest eröffnen. **6-16** Die Befreiung des schwer bewachten Gefangenen ist Gottes Tat. Petrus gehorcht dem Engel. Er begreift nicht, was ihm geschieht. **17** Gemeint ist Jakobus, der Bruder des Herrn (vgl. zu Mt 12,46-50), der die Leitung der Gemeinde in Jerusalem immer mehr übernimmt. **19-23** Gott rettet den Apostel und richtet den Verfolger, der Gott die Ehre verweigert. **24-25** Lukas nimmt die unterbrochene Paulusüberlieferung wieder auf (vgl. 11,29-30). Johannes Markus wird als neuer Mitarbeiter eingeführt.

13,1 – 28,31 Im zweiten Teil der Apostelgeschichte berichtet Lukas (ausgenommen Kap.15) vom missionarischen Wirken des Paulus. Er gliedert seinen Bericht in drei »Reisen«: **13,1 – 14,26**, Erste Reise (46-48 n.Chr.) in Begleitung von Barnabas und Johannes Markus. 15,36 - 18,22 Zweite Reise (49-52 n.Chr.). 18,23 - 21,16 Dritte Reise (53-58 n.Chr.). **13,1-3** Über die Gemeinde in Antiochia und die Aussendung

Lass uns Kirche werden
die auf Petrus hört
und auch auf Paulus
Kirche
die am Überlieferten festhält
und den Mut hat loszulassen
was alt geworden ist
Kirche
die Neues wagt
um des Evangeliums
und der Not der Menschen willen

Lass uns Kirche werden
die dir traut
auch wenn der Wind ihr ins Gesicht weht
Kirche
die deinen Engel erkennt
wenn er kommt in der Nacht
durch verschlossene Türen
die Ketten sprengt
und uns hinaus in die Freiheit vorangeht

(Kap. 12)

nannt Niger, und Luzius von Zyrene, sowie Manaën, ein Jugendgenosse des Vierfürsten Herodes, und Saulus.
2 Als sie dem Herrn heiligen Dienst hielten und fasteten, sprach der Heilige Geist: Sondert mir Barnabas und Saulus aus für das Werk, zu dem ich sie berufen habe.
3 Danach fasteten und beteten sie, legten ihnen die Hände auf und ließen sie ziehen.

Auf Zypern:
Er verlangte das Wort Gottes zu hören

4 Sie zogen nun, vom Heiligen Geiste ausgesandt, nach Seleukia hinab und fuhren von da zu Schiff nach Zypern.
5 Als sie nach Salamis kamen, verkündeten sie das Wort Gottes in den Synagogen der Juden. Sie hatten auch Johannes als Gehilfen bei sich.
6 Als sie die ganze Insel bis Paphos durchzogen hatten, fanden sie einen Zauberer, einen jüdischen Falschpropheten mit Namen Barjesus.
7 Er lebte bei Sergius Paulus, dem Statthalter, einem verständigen Mann. Dieser rief Barnabas und Saulus zu sich und verlangte, das Wort Gottes zu hören.
8 Doch der Zauberer Elymas – so lautet sein Name übersetzt – trat ihnen entgegen und suchte den Statthalter vom Glauben abzubringen.
9 Saulus aber, der auch Paulus heißt, voll Heiligen Geistes, blickte fest auf ihn
10 und sprach: O du, voll aller Hinterlist und Untat, Sohn des Teufels, Feind aller Gerechtigkeit! Hörst du nicht auf, die geraden Wege des Herrn zu verkehren?
11 Doch jetzt, sieh! Die Hand des Herrn kommt über dich: Blind wirst du sein, die Sonne nicht sehen für eine Zeit. Sogleich fiel Dunkelheit und Finsternis über ihn, er tappte umher und suchte jemand, der ihn führen könnte.
12 Da wurde der Statthalter gläubig, als er sah, was geschehen war, außer sich über die Lehre des Herrn.

In Antiochia in Pisidien:
Männer aus Israel, hört!

13 Paulus und seine Gefährten aber segelten von Paphos ab und kamen nach Perge in Pamphylien. Da trennte sich Johannes von ihnen und kehrte nach Jerusalem zurück.
14 Sie aber zogen von Perge weiter und gelangten nach Antiochia in Pisidien. Am Sabbattag gingen sie in die Synagoge und setzten sich.
15 Nach der Vorlesung aus dem Gesetz und den Propheten sandten die Vorsteher der Synagoge zu ihnen und ließen sagen: Brüder, habt ihr ein Wort des Zuspruchs für das Volk, so redet!
16 Da stand Paulus auf, gab mit der

---

von Paulus und Barnabas. Der neue Abschnitt der Mission geht auf die Initative Gottes zurück. **4-5** Seleukia, die Hafenstadt, die am nächsten bei Antiochia liegt (25 km entfernt). Die Missionare künden – hier wie an anderen Orten – das Evangelium zunächst in den Synagogen. **6-12** Eine volkstümliche Überlieferung, die weiß, wie der römische Prokonsul, dessen Amtssitz Paphos war, zum Glauben kommt. Ein jüdischer Magier namens Barjesus (Sohn Jesu) fürchtet um seinen Einfluss und seine Stellung. Er, der falsche Prophet, trifft Paulus, den wahren Propheten. Von nun an benutzt Lukas nur noch den Namen Paulus (der »Kleine«). **13** Perge, Hauptstadt der Provinz Pamphylien (Küstengebiet im Süden Kleinasiens). Warum Johannes Markus sich von den anderen trennt, bleibt unklar. **14** Antiochia in Pisidien, Gebiet im Süden von Kleinasien. **16-41** Am Beispiel der Predigt des Paulus wird deutlich, wie Lukas sich das

Wir bitten dich, Herr
wir, deine Kirche

Gib uns den heiligen Geist des Hörens
und den des Widerspruchs

Lass nicht zu
dass wir das Fragen nach dir
und das Hören auf dich drangeben
um der Bequemlichkeit willen

Gib uns den heiligen Geist des Bewahrens
und den des Fort-Schritts

Lass nicht zu
dass wir die Geduld verlieren
dein Wort und deinen Willen umrechnen
in das kleine Einmaleins des Wohlverhaltens

Gib uns den Geist der Menschlichkeit
und den der Gottesliebe

Lass nicht zu
dass wir das Gespräch
miteinander abbrechen
die Einheit, die du uns zutraust
aus den Augen verlieren
und die Liebe verraten

Wir bitten dich, Herr
wir, deine Kirche
lass nicht ab vom Werk deiner Hände

(Kap. 13)

Hand ein Zeichen und sprach: Ihr Israeliten
und ihr Gottesfürchtigen, hört! 17 Der Gott
dieses Volkes Israel erwählte unsere Väter
und erhöhte das Volk in der Fremdlingschaft
im Land Ägypten; er führte sie von dort her-
aus mit erhobenem Arm. 18 Vierzig Jahre un-
gefähr ertrug er sie in der Wüste. 19 Sieben
Völker vertilgte er im Lande Kanaan, ihr
Land gab er ihnen als Erbteil 20 für etwa vier-
hundertfünfzig Jahre. Dann gab er ihnen
Richter bis zu Samuel, dem Propheten. 21 Von
da an forderten sie einen König, und Gott gab
ihnen Saul, den Sohn des Kisch, einen Mann
aus dem Stamm Benjamin, für vierzig Jahre.
22 Nachdem er ihn abgesetzt hatte, ließ er
ihnen David als König erstehen. Ihm hat er
bezeugt: Ich habe David, den Sohn des Isai,
gefunden, einen Mann nach meinem Herzen,
der all meinen Willen tun wird.

In Antiochia in Pisidien: Wort des Heils

23 Aus seiner Nachkommenschaft hat Gott
für Israel, der Verheißung entsprechend,
einen Retter erweckt: Jesus. 24 Schon vor sei-
nem Auftreten hatte Johannes dem ganzen
Volk Israel die Taufe der Umkehr verkündet.
25 Als aber Johannes den Lauf vollendete,
sprach er: Für den ihr mich haltet, der bin ich
nicht. Doch siehe, nach mir kommt einer, des-
sen Schuh von den Füßen zu lösen ich nicht
würdig bin. 26 Brüder, Söhne aus Abrahams
Geschlecht, und die Gottesfürchtigen unter
euch! Uns ist das Wort dieses Heils gesandt.
27 Denn die Bewohner Jerusalems und ihre
Vorsteher haben ihn nicht erkannt; so erfüll-
ten sie auch durch ihr Urteil die Worte der
Propheten, die jeden Sabbat vorgelesen wer-
den. 28 Und obgleich sie keinen Grund für ein
Todesurteil fanden, forderten sie von Pilatus,
dass er hingerichtet werde. 29 Nachdem sie
aber alles vollendet hatten, was über ihn ge-
schrieben steht, nahmen sie ihn herab vom
Holz und legten ihn in ein Grab. 30 Gott aber
hat ihn von den Toten auferweckt. 31 Und
mehrere Tage erschien er denen, die mit ihm
von Galiläa nach Jerusalem hinaufgezogen
waren; sie sind [jetzt] seine Zeugen vor dem
Volk. 32 Wir aber verkünden euch die Froh-
botschaft von der an die Väter ergangenen
Verheißung. 33 Denn diese hat Gott an uns,
ihren Kindern, erfüllt, indem er Jesus aufer-
stehen ließ, wie geschrieben steht im zweiten
Psalm: Mein Sohn bist du, heute habe ich dich
gezeugt. 34 Dass er ihn aber von den Toten auf-
erstehen ließ, damit er nicht mehr zur Verwe-
sung zurückkehre, hat er so ausgesprochen:

Wirken der Apostel in den Synagogen vorstellt. Er erinnert seine Zuhörer an ihre weit zurückliegende Geschichte mit Gott. Kern der Predigt ist die Aufforderung zum Glauben an Leiden, Tod und Auferstehung

Ich will euch das zuverlässig Heilige Davids
geben. 35 Darum sagt er an einer anderen Stel-
le: Du wirst nicht zulassen, dass dein Heiliger
die Verwesung schaut. 36 Doch David ist,
nachdem er seinem Geschlecht gedient hatte,
gemäß dem Ratschluss Gottes entschlafen
und zu seinen Vätern versammelt worden; er
hat die Verwesung geschaut. 37 Den Gott aber
auferweckte, der hat keine Verwesung ge-
schaut. 38 So sei euch kund, ihr Brüder, dass
euch Vergebung der Sünden durch ihn ver-
kündet wird; und von allem, wovon ihr durch
Moses Gesetz nicht gerechtfertigt werden
konntet, 39 wird durch ihn gerechtfertigt je-
der, der glaubt. 40 Seht also zu, dass nicht
[über euch] kommt, was von den Propheten
gesagt ist: 41 Seht, ihr Verächter, staunt und
vergeht! Denn ich wirke ein Werk in euren
Tagen; ein Werk, das ihr nicht glauben wer-
det, wenn es euch jemand erzählt.

Entscheidung: Euch musste dies Wort zuerst gesagt werden

42 Als sie nun hinausgingen, baten sie, auch
am kommenden Sabbat über diese Dinge zu
ihnen zu reden.
43 Und nachdem die Versammlung sich aufge-
löst hatte, folgten viele Juden und gottes-
fürchtige Proselyten dem Paulus und dem
Barnabas; diese sprachen mit ihnen und rede-
ten ihnen zu, in der Gnade Gottes zu verhar-
ren. 44 Am folgenden Sabbat aber versammel-
te sich fast die ganze Stadt, um das Wort Got-
tes zu hören. 45 Doch als die Juden die
Volksmenge sahen, erfüllte sie Eifersucht; sie
widersprachen dem, was Paulus redete, und
lästerten. 46 Da sagten Paulus und Barnabas
freimütig: Zu euch musste das Wort Gottes
zuerst geredet werden; da ihr es aber zurück-
weist und euch des ewigen Lebens selbst nicht
für würdig achtet, siehe, darum wenden wir
uns den Völkern zu. 47 Denn so hat uns der
Herr geboten: Zum Licht der Völker habe ich
dich bestellt, damit du zur Rettung werdest
bis an das Ende der Erde. 48 Als es die aus den
Völkern hörten, freuten sie sich, verherrlich-
ten das Wort des Herrn, und es kamen zum
Glauben alle, die für das ewige Leben be-
stimmt waren. 49 Das Wort des Herrn verbrei-
tete sich über das ganze Land hin. 50 Die Juden
aber stachelten die angesehenen gottesfürch-
tigen Frauen und die ersten Männer der Stadt
auf und zettelten eine Verfolgung an gegen
Paulus und Barnabas, und sie verjagten sie
aus ihrem Gebiet. 51 Da schüttelten sie den
Staub von ihren Füßen wider sie und zogen
nach Ikonion. 52 Die Jünger aber wurden von
Freude und Heiligem Geist erfüllt.

In Ikonion: Ein Zwiespalt entstand im Volk

14 In Ikonion geschah es, dass sie ebenso in
die Synagoge der Juden gingen und so rede-
ten, und eine große Zahl von Juden und Grie-
chen wurde gläubig. 2 Die ablehnend geblie-
benen Juden aber verhetzten und erbitterten
die Gemüter derer aus den Völkern gegen die
Brüder. 3 Trotzdem blieben sie eine geraume
Zeit und redeten freimütig im Vertrauen auf
den Herrn, der Zeugnis gab für das Wort sei-
ner Gnade durch Zeichen und Wunder, die er
durch ihre Hände geschehen ließ. 4 Doch es
entstand eine Spaltung unter der Volksmenge
der Stadt, die einen hielten es mit den Juden,
die anderen mit den Aposteln. 5 Als aber bei
denen aus den Völkern wie bei den Juden mit
ihren Vorstehern der Drang erwachte, sie zu
misshandeln und zu steinigen, 6 merkten sie es
und entwichen in die Städte Lykaoniens:
Lystra und Derbe und in die umliegende
Gegend. 7 Dort verkündeten sie die Frohe
Botschaft.

In Lystra: Wendet euch zum lebendigen Gott

8 In Lystra saß ein Mann ohne Kraft in den
Beinen, gelähmt vom Mutterschoß an; nie

Jesu. **42-52** Nicht nur die Predigt des Paulus, auch die Reaktion seiner Hörer ist typisch. Nach anfänglicher Zustimmung regt sich Zweifel und Widerstand. Die Leiter der Synagoge nutzen den Einfluss vornehmer Frauen und einflussreicher Beamten. Sie erreichen die Ausweisung der unerwünschten Glaubensboten. **14,1-7** Ikonion (heute Konia), eine Handelsstadt in Lykaonien (im Hochland der heutigen Türkei). Auch von dort werden die Missionare bald vertrieben Sie kommen nach Lystra und Perge. **8-18** In Lystra heilt

Der Lahme in Lystra sitzt
an die Erde gebunden
gelähmt seit Lebenszeit
kann nicht gehen
doch er kann hören
und glauben
Was er bei seiner Begegnung
mit Paulus erlebt
ist kein Beglaubigungswunder
zur Ehre eines Gottesmanns (Missionars)
Doch es ist ein Wunder
des Glauben-Könnens,
des Hörens, Aufrechtstehens,
Gehen-Könnens
zum Peis der rettenden Kraft
unseres Gottes

(14,8-11)

hatte er zu gehen vermocht. 9 Der hörte Paulus reden; und als der ihn fest anblickte und sah, dass er Glauben hatte, um gerettet zu werden, 10 rief er mit lauter Stimme: Steh auf, gerade auf deine Füße! Und er sprang auf und ging umher. 11 Als aber die Volksmenge sah, was Paulus gewirkt hatte, erhoben sie ihre Stimme und sagten auf lykaonisch: Die Götter sind in Menschengestalt zu uns herabgestiegen! 12 Und sie nannten den Barnabas Zeus, den Paulus aber Hermes, weil er der Wortführer war. 13 Und der Priester des Zeus vor der Stadt draußen brachte Stiere und Kränze an die Tore und wollte mit der Menge opfern. 14 Als die Apostel Barnabas und Paulus das hörten, zerrissen sie ihre Kleider, sprangen unter das Volk und riefen: 15 Ihr Männer, was macht ihr da? Auch wir sind Menschen gleicher Art mit euch. Wir künden euch die Frohe Botschaft, dass ihr euch von diesen Nichtsen abwendet und dem lebendigen Gott zuwendet, der den Himmel und die Erde gemacht, das Meer und alles, was in ihnen ist. 16 Er ließ in den vergangenen Geschlechtern alle die Völker ihre Wege ziehen. 17 Und dennoch hat er sich nicht unbezeugt gelassen: Wohltaten hat er gespendet, da er euch vom Himmel her Regen und fruchtbare Zeiten gab, eure Herzen mit Nahrung und Freude erfüllte. 18 Auf diese Worte hin konnten sie die Menge mit Mühe davon abhalten, ihnen zu opfern. 19 Doch aus Antiochia und Ikonion kamen Juden herbei, die brachten das Volk auf ihre Seite, steinigten den Paulus und schleiften ihn vor die Stadt hinaus in der Meinung, er sei tot. 20 Doch als ihn die Jünger umringten, stand er auf und ging in die Stadt. Und am anderen Tag zog er mit Barnabas nach Derbe weiter.

Wieder in Antiochia:
Sie wählen jeder Gemeinde Älteste

21 Und als sie dieser Stadt die Frohe Botschaft verkündet und viele zu Jüngern gemacht hatten, kehrten sie nach Lystra, nach Ikonion und nach Antiochia zurück. 22 Sie stärkten die Seelen der Jünger und ermahnten sie, im Glauben treu zu bleiben, und dass wir durch viele Drangsale in das Reich Gottes eingehen müssen. 23 Sie bestellten ihnen für jede Gemeinde Älteste, empfahlen sie unter Gebet und Fasten dem Herrn, an den sie gläubig geworden waren. 24 Und sie zogen durch Pisidien und kamen nach Pamphylien. 25 Nachdem sie das Wort in Perge geredet hatten, zogen sie hinab nach Attalia. 26 Von dort schifften sie sich ein nach Antiochia, von wo aus sie der Gnade Gottes empfohlen worden waren für das Werk, das sie vollbracht hatten. 27 Als sie aber angekommen waren und die Gemeinde versammelt hatten, taten sie alles kund, was Gott mit ihnen gewirkt hatte, und dass er den Völkern eine Tür des Glaubens aufgetan.

Paulus einen Lahmen, der am Weg sitzt. Die Bewohner der heidnischen Stadt verehren Paulus und Barnabas – des Wunders wegen – wie menschgewordene Götter. Barnabas wird mit Zeus, Paulus mit Hermes identifiziert. Sie aber verkünden den einen Gott, der Himmel und Erde erschaffen hat. **19-28** Auf dem Rückweg besuchen die Missionare die neu gegründeten Gemeinden. Wenn Lukas berichtet, in den Gemeinden des Paulus seien durch Handauflegung Älteste eingesetzt worden, überträgt er die Verhältnisse seiner Zeit in die Vergangenheit. Die Reise endet mit der Rückkehr nach Antiochia. Die Missionare be-

28 Sie verbrachten dann eine längere Zeit bei
den Jüngern.

**Streit um die Beschneidung:
Sie fragen in Jerusalem**

15 Es kamen aber einige von Judäa herab
und lehrten die Brüder: Wenn ihr euch nicht
beschneiden lasst nach der Sitte des Mose,
könnt ihr nicht gerettet werden. 2 Als aber
Paulus und Barnabas in großen Zwist und
Streit mit ihnen gerieten, verfügte man, Pau-
lus und Barnabas sollten mit einigen anderen
von ihnen dieser Streitfrage wegen zu den
Aposteln und Ältesten nach Jerusalem hin-
aufziehen. 3 Von der Gemeinde verabschie-
det, zogen sie durch Phönizien und Samarien,
wo sie von der Bekehrung der Heidenvölker
berichteten und allen Brüdern große Freude
bereiteten. 4 Und in Jerusalem angekommen,
wurden sie von der Gemeinde, den Aposteln
und den Ältesten empfangen; und sie berich-
teten, was alles Gott mit ihnen gewirkt hatte.
5 Von der Partei der Pharisäer aber standen ei-
nige von denen auf, die den Glauben ange-
nommen hatten, und sagten: Man muss sie
beschneiden und ihnen gebieten, das Gesetz
des Mose zu halten.

**Das Apostelkonzil:
Gott macht keinen Unterschied**

6 Da versammelten sich die Apostel und die
Ältesten, um nach dieser Angelegenheit zu se-
hen. 7 Als sich viel Streit erhob, stand Petrus
auf und sprach zu ihnen: Brüder, ihr wisst,
seit alten Tagen hat Gott unter euch die Wahl
getroffen, dass durch meinen Mund die Völ-
ker das Wort der Frohbotschaft hören und
gläubig werden sollten. 8 Gott aber, der die
Herzen kennt, zeugte für sie, indem er ihnen
den Heiligen Geist gab gleich uns. 9 Er mach-
te keinen Unterschied zwischen uns und ih-
nen, nachdem er durch den Glauben ihre
Herzen gereinigt. 10 Nun also, was versucht
ihr Gott dadurch, dass ihr ein Joch auf den
Nacken der Jünger legen wollt, das weder
unsre Väter noch wir zu tragen vermochten?
11 Sondern wir glauben, dass wir durch die
Gnade des Herrn Jesus gerettet werden, ge-
nau so wie jene. 12 Da schwieg die ganze Men-
ge, und sie hörten auf Barnabas und Paulus,
die berichteten, welche Zeichen und Wunder
Gott unter den Völkern gewirkt durch sie.
13 Als sie zu sprechen aufgehört hatten, be-
gann Jakobus und sprach: Brüder, hört auf
mich! 14 Simon hat berichtet, wie Gott selbst
zuerst darauf zielte, aus den Völkern ein Volk
zu gewinnen für seinen Namen. 15 Und damit

Die Entscheidung des Apostelkonzils bedeutet: Die Beschneidung, das heiligste und verbindlichste Sakrament des Bundes, gibt es nicht mehr. Das Kenn-Zeichen der Zugehörigkeit, um dessentwillen Gott weiß wie viele verfolgt, gefoltert, gefangen genommen und umgebracht wurden, verschwindet. Wem sind die Namen ins Gedächtnis geschrieben? Der Vorrang auf Erwählung, für den Jesus, der Beschnittene, starb, ist überholt.

(Kap. 15)

richten der Gemeinde, die sie ausgesandt hat.
15,1-15 Das »Apostelkonzil« (48/49 n.Chr.) bildet die Mitte der Apostelgeschichte. Gal 2,1-10 wird aus der Sicht des Paulus noch einmal davon berichtet. Der Konflikt, der zu lösen ist, entscheidet über die Zukunft der Kirche. Auf der einen Seite stehen die streng konservativen Judenchristen (Jerusalem), die die jüdische Vergangenheit in die christliche Zukunft mitnehmen wollen. Auf der anderen Seite stehen Paulus und die Heidenchristen, deren Programm »christliche Freiheit« ist. Sie wollen Brücken bauen für die »aus den Völkern«. **1-5** Besucher aus Judäa (d.h. Jerusalem) stiften Unruhe in der Gemeinde von Antiochia. Sie vertreten die Meinung, die Beschneidung, das Bundeszeichen des Alten Bundes, sei für alle Christen verbindlich. Eine Abordnung der Gemeinde von Antiochia zieht nach Jerusalem, um das Problem den Aposteln zur Entscheidung vorzulegen. **6-21** In Jerusalem diskutieren Vertreter der streng judenchristlichen Fraktion mit denen, die für eine freiheitliche Lösung eintreten. Das Wort des Petrus, hier spricht er zum letzten Mal in der Apostelgeschichte, hat entscheidendes Gewicht. Petrus ergreift Partei für Paulus und Barnabas: Die Beschneidung ist keine bindende Voraussetzung für die Aufnahme in die Kirche. Man einigt sich auf einen Minimalkonsens: Verboten ist Götzenopferfleisch, Blutschande (die bei den Griechen erlaubte Verbindung von Verwandten), das

stimmen die Worte der Propheten überein,
wie geschrieben steht: 16 Danach werde ich
mich wieder zuwenden und wieder erbauen
Davids zerfallenes Zelt, seine Trümmer er-
baue ich wieder, ich errichte es neu, 17 auf dass
der Rest der Menschen den Herrn suche, und
alle Völker, über die mein Name ausgerufen
ist – 18 spricht der Herr, der dies tut; es ist ihm
kund seit Ewigkeit. 19 Darum entscheide ich:
Man soll denen, die sich aus den Völkern zu
Gott bekehren, keine Last aufladen, 20 son-
dern ihnen vorschreiben: sich zu enthalten
von der Befleckung durch Götzen, von Blut-
schande, von Ersticktem und vom Blut.
21 Denn Mose hat von alten Zeiten her in je-
der Stadt seine Verkünder, da er in den Syna-
gogen an jedem Sabbat vorgelesen wird.

Das Konzilsdekret:
An die Brüder unter den Völkern

22 Darauf beschlossen die Apostel und Ältes-
ten samt der ganzen Gemeinde, Männer aus
ihrer Mitte zu wählen und sie mit Paulus und
Barnabas nach Antiochia zu senden, den Ju-
das mit dem Beinamen Barsabbas und Si-
las, führende Männer unter den Brüdern.
23 Durch sie sandte man folgendes Schreiben:
Die Apostel und Ältesten grüßen als Brüder
die Brüder aus den Völkern in Antiochia, Sy-
rien und Zilizien. 24 Da wir gehört haben, dass
einige von uns, denen wir keinen Auftrag ge-
geben, euch verwirrt und durch Reden eure
Gemüter verstört hätten, 25 haben wir ein-
mütig beschlossen, auserwählte Männer zu
euch zu senden mit unseren geliebten Barna-
bas und Paulus, 26 Männer, die ihr Leben ein-
gesetzt haben für den Namen unseres Herrn
Jesus Christus. 27 Wir senden also Judas und
Silas, die euch auch mündlich dasselbe kund-
tun sollen: 28 Denn es hat dem Heiligen Geist
und uns gefallen, euch keine weitere Last auf-
zulegen, außer diesen notwendigen Dingen:
29 Ihr sollt euch enthalten von Götzen-
opferfleisch, von Blut, von Ersticktem, von
Blutschande. Wenn ihr euch davor bewahrt,
handelt ihr richtig. Lebt wohl! 30 Sie aber ka-
men, nachdem sie entlassen worden waren,
nach Antiochia hinab. Und nachdem sie die
Menge versammelt hatten, übergaben sie den
Brief. 31 Man las ihn und freute sich der Er-
mutigung. 32 Judas aber und Silas, die selber
Propheten waren, ermutigten die Brüder mit
vielen Worten und stärkten sie. 33 Nachdem
sie sich eine Zeitlang dort aufgehalten hatten,
wurden sie mit Friedensgruß von den Brü-
dern zu denen entlassen, die sie gesandt hat-
ten. 34 [Silas aber entschloss sich, dort zu blei-
ben. Nur Judas reiste nach Jerusalem.] 35 Pau-
lus und Barnabas aber weilten in Antiochia
und lehrten und verkündeten mit vielen an-
deren das Wort des Herrn.

Aufbruch zur zweiten Reise:
Paulus stärkt die Gemeinden

36 Nach einigen Tagen sagte Paulus zu Barna-
bas: Lass uns wieder ausziehen und in allen
Städten, wo wir das Wort des Herrn verkün-
det haben, nach den Brüdern sehen, wie es um
sie steht. 37 Barnabas wollte aber auch den Jo-
hannes mit dem Beinamen Markus mitneh-
men. 38 Paulus jedoch bestand darauf, den
nicht mehr mitzunehmen, der sich in Pam-
phylien von ihnen getrennt hatte und nicht
mit ihnen an das Werk gegangen war. 39 Es
kam zu einer Verbitterung, so dass sie sich
voneinander trennten; Barnabas nahm den
Markus mit sich und fuhr nach Zypern.
40 Paulus aber wählte den Silas und zog aus,
von den Brüdern der Gnade des Herrn emp-
fohlen. 41 Er zog durch Syrien und Zilizien
und stärkte die Gemeinden.

Durch Kleinasien:
Komm herüber nach Mazedonien

16 Er kam aber auch nach Derbe und Lystra.
Und siehe, dort war ein Jünger mit Namen Ti-

Fleisch von Tieren, die nicht rituell geschlachtet (»geschächtet«) wurden. **22-29** Eine Delegation soll den Beschluss, der für alle Heidenchristen gilt, in Antiochia bekannt machen. Die Antiochener stimmen freudig zu. **34** Der Vers ist nicht in allen Handschriften überliefert. **36-41** Die zweite Missionsreise des Paulus beginnt mit einem Zwist. Paulus trennt sich von Barnabas und wählt Silas, einen Judenchristen aus der Jerusalemer Gemeinde, als Begleiter (vgl. V. 22). **16,1-5** Paulus gewinnt den Halbjuden Timotheus als

motheus, Sohn einer gläubigen Jüdin und ei-
nes griechischen Vaters. 2 Ihm wurde von den
Brüdern in Lystra und Ikonion ein gutes
Zeugnis gegeben. 3 Paulus wünschte, dass er
mit ihm ziehe. Er nahm ihn und beschnitt ihn
der Juden wegen, die an jenen Orten waren;
denn alle wussten, dass sein Vater Grieche
war. 4 Als sie nun durch die Städte zogen,
übergaben sie ihnen zur Beobachtung die
durch den Entscheid der Apostel und Ältesten
zu Jerusalem geltenden Verordnungen. 5 Die
Gemeinden aber erstarkten im Glauben und
nahmen zu an Zahl von Tag zu Tag. 6 Sie zo-
gen nun durch Phrygien und die Gegend von
Galatien, denn es war ihnen vom Heiligen
Geist verwehrt worden, das Wort in der Pro-
vinz Asien zu künden. 7 Als sie aber gegen My-
sien hin kamen, versuchten sie nach Bithyni-
en zu ziehen; doch der Geist Jesu ließ sie nicht.
8 Da gingen sie an Mysien vorbei und zogen
hinab nach Troas. 9 Dort erschien dem Paulus
in der Nacht ein Gesicht. Da stand ein Maze-
donier, bat ihn und sprach: Komm herüber
nach Mazedonien und hilf uns! 10 Als er das
Gesicht geschaut hatte, suchten wir sogleich
nach Mazedonien aufzubrechen; denn wir
schlossen daraus, Gott habe uns hingerufen,
ihnen die Frohe Botschaft zu verkünden.

In Philippi: Sie sind Diener des höchsten Gottes

11 Da segelten wir von Troas weg und kamen
in direkter Fahrt nach Samothrake, am fol-
genden Tag nach Neapolis, 12 und von dort
nach Philippi, der angesehensten Stadt jenes
Teils von Mazedonien, einer Kolonie. In die-
ser Stadt verbrachten wir einige Tage. 13 Und
am Sabbattag gingen wir zum Tor hinaus an
einen Fluss, wo wir einen Gebetsort vermute-
ten. Wir setzten uns und redeten zu den Frau-
en, die da versammelt waren. 14 Und eine Frau
mit Namen Lydia, eine Purpurhändlerin aus
der Stadt Thyatira, hörte zu; sie war eine
Gottesfürchtige, und der Herr öffnete ihr das
Herz, dass sie auf das achtete, was Paulus re-
dete. 15 Als sie sich aber samt ihrem Hause
hatte taufen lassen, bat sie: Wenn ihr zur
Überzeugung gekommen seid, dass ich an den
Herrn glaube, so kommt in mein Haus und
bleibt. Und sie drängte uns. 16 Und es geschah:
Als wir zum Gebetsort gingen, begegnete uns
eine Magd, die hatte einen Wahrsagegeist
und brachte durch Wahrsagen ihrer Herr-
schaft großen Gewinn ein. 17 Sie folgte Paulus
und uns und schrie: Diese Leute sind Diener
des höchsten Gottes, die euch den Weg der
Rettung verkünden. 18 Dies tat sie viele Tage
lang, bis Paulus unwillig wurde, sich um-
wandte und zu dem Geist sprach: Ich befehle
dir im Namen Jesu Christi, von ihr auszufah-
ren. Und zu derselben Stunde fuhr er aus.
19 Als nun ihre Herrschaft sah, dass die Hoff-
nung auf ihren Gewinn geschwunden war, er-
griffen sie den Paulus und den Silas, schlepp-
ten sie auf den Marktplatz vor die Oberen,
20 führten sie zu den Befehlshabern und sag-
ten: Diese Männer bringen unsere Stadt in
Verwirrung, sie sind Juden. 21 Sie verkünden
Bräuche, die anzunehmen oder auszu-
üben uns, die wir Römer sind, nicht erlaubt
ist.

In Philippi: Befreiung aus dem Gefängnis

22 Da erhob sich auch das Volk wider sie, die
Befehlshaber ließen ihnen die Kleider ab-

Mitarbeiter (vgl. 1 Thess 1,1). Um in jüdischen Kreisen kein Aufsehen zu erregen, lässt er ihn beschneiden (vgl. 1 Kor 9,20). **6-10** Durch Paulus, den Missionar, der das Evangelium nach Europa brachte, wächst die Jesusbewegung zur Weltreligion. Lukas weiß, dass Paulus den Ruf nach Europa im Schlaf erfuhr. **11-40** Christuspredigt in Philippi. Ein Beispiel für das Wirken der Missionare in Europa. Philippi, seit 31 v.Chr. römische Kolonie, vor allem von entlassenen Soldaten und Beamten besiedelt. **14** Die Purpurhändlerin Lydia wird die erste europäische Christin. Sie gehört zu den »Gottesfürchtigen« (vgl. Apg 10,5) und ist offen für das Wort des Paulus. Die wohlhabende Kauffrau lässt sich mit ihrer ganzen Familie taufen. Sie lädt Paulus und seine Begleiter in ihr Haus. **16-21** Eine Magd, die mit einem Geist des Wahrsagens begabt ist und ihrer Herrschaft viel Geld einbringt, erkennt Paulus und macht ihn als »Diener des höchsten Gottes« bekannt. Paulus, dem diese Werbung lästig ist, verbietet der Frau das Reden und treibt den Ungeist aus. Die Besitzer sehen sich um ihren Verdienst gebracht. Sie ergreifen Paulus und Silas, bringen sie ins

Manchmal
inne halten, Umschau halten
die Menschen sehen, die auf all ihren Wegen
Gott suchen in ihren Tagen
ihn bitten in ihren Nöten

Das Gegeneinander lassen
ob dem Suchen nach ihm
Manchmal das Gelernte vergessen
den Zweifel abtun
das Herz weit werden lassen
fragen nach dem,
was man nicht wissen kann
sich dem Vertrauen hingeben
das man nicht erklären kann
auf die Phantasie der Hoffnung setzen
die sich von ihm nicht abbringen lässt
einschwingen ins Unsagbare
sprechen, stammeln, singen, schreien
ihn suchen – um bei ihm zu sein

(Kap. 16 und 17)

reißen und befahlen, sie auszupeitschen.
23 Nachdem sie ihnen viele Schläge hatten ge-
ben lassen, warf man sie in den Kerker und
befahl dem Kerkermeister, sie sicher zu ver-
wahren. 24 Auf diesen Befehl hin warf er sie in
den innersten Kerker und sicherte ihre Füße
im Block. 25 Um Mitternacht aber beteten
Paulus und Silas und lobsangen Gott; und die
Gefangenen hörten ihnen zu. 26 Da plötzlich
entstand ein starkes Erdbeben, dass die
Grundfesten des Kerkers erschüttert wurden;
da öffneten sich sogleich alle Türen, und die
Fesseln aller lösten sich. 27 Als nun der Ker-
kermeister aus dem Schlaf erwachte und die
Türen des Kerkers offen sah, zog er das
Schwert und wollte sich das Leben nehmen,
denn er meinte, die Gefangenen seien entflo-
hen.

In Philippi:
Taufe des Kerkermeisters

28 Paulus aber rief mit lauter Stimme: Tu dir
kein Leid an, wir sind ja alle hier! 29 Da ver-
langte er Lichter, lief hinein und fiel zitternd
vor Paulus und Silas nieder. 30 Und er führte
sie hinaus und sprach: Ihr Herren, was muss
ich tun, um gerettet zu werden? 31 Sie erwi-
derten: Glaube an Jesus, den Herrn, so wirst
du gerettet werden, du und dein Haus. 32 Sie
kündeten nun ihm und allen, die in seinem
Hause waren, das Wort des Herrn. 33 Er aber
nahm sie in jener Stunde der Nacht, wusch ih-
nen die Wunden von den Schlägen; und so-
gleich ließ er sich taufen mit all den Seinen.
34 Dann führte er sie in das Haus hinauf, ließ
ihnen ein Mahl bereiten und frohlockte mit
seinem ganzen Haus, dass er zum Glauben an
Gott gekommen war. 35 Als es Tag geworden,
schickten die Befehlshaber die Gerichtsdiener
hin mit dem Auftrag: Lass jene Menschen
frei! 36 Der Kerkermeister berichtete diese
Worte dem Paulus: Die Befehlshaber haben
hergeschickt, damit ihr freigelassen werdet!
Geht also hinaus und zieht in Frieden! 37 Doch
Paulus sagte zu ihnen: Uns, die wir Römer
sind, haben sie ohne Gerichtsurteil öffentlich
peitschen und in den Kerker werfen lassen,
und jetzt wollen sie uns heimlich weg-
schicken? Niemals! Sondern sie sollen kom-
men und uns selber hinausführen! 38 Die Ge-
richtsdiener meldeten diese Worte den Be-
fehlshabern. Als diese hörten, dass es Römer
seien, gerieten sie in Furcht. 39 Sie kamen,
redeten ihnen zu, führten sie hinaus und
baten sie, aus der Stadt zu gehen. 40 Da ver-
ließen sie den Kerker und gingen zu Lydia, sa-
hen und ermutigten die Brüder und zogen
weiter.

Gefängnis und klagen sie an wegen Verführung des Volks. **22-27** Der Justizapparat kommt in Gang. Paulus und seine Begleiter werden ausgepeitscht und im Gefängnis sicher verwahrt. Um Mitternacht öffnen sich die Türen, die Fesseln lösen sich. Die Erde bebt. **28-34** Paulus und Silas nutzen die Gelegenheit zur Flucht nicht. Der Kerkermeister erkennt, dass Gott rettet. Er kommt mit seiner Familie zum Glauben und wird getauft. **35-40** Am Morgen wollen die städtischen Behörden ihr voreiliges Urteil revidieren und den Vorfall stillschweigend unter den Teppich kehren. Doch Paulus lässt sich das nicht gefallen. Er bringt sein römisches Bürgerrecht ins Spiel und erreicht, dass eine Delegation sie aus der Stadt geleitet.

In Thessalonich: Er zeigte ihnen, dass Jesus der Messias ist

17 Nachdem sie durch Amphipolis und Apollonia gezogen waren, kamen sie nach Thessalonich; dort war eine Synagoge der Juden.
2 Nach seiner Gewohnheit ging Paulus zu ihnen hinein und sprach an drei Sabbaten zu ihnen, ausgehend von den Schriften.
3 Er erschloss und legte ihnen dar: Der Messias musste leiden und von den Toten auferstehen – und: Er, der Messias, ist der Jesus, den ich euch verkünde.
4 Einige von ihnen ließen sich überzeugen und schlössen sich Paulus und Silas an, dazu eine große Zahl gottesfürchtiger Griechen und nicht wenige vornehme Frauen.
5 Da wurden die Juden eifersüchtig, holten einige schlechte Männer von denen, die auf dem Markt herumstehen, rotteten sich zusammen und brachten die Stadt in Aufruhr; sie kamen vor das Haus des Jason und suchten sie zum Volk herauszubringen.
6 Doch als sie sie nicht fanden, schleiften sie Jason und etliche Brüder vor die Stadtobersten und schrien: Die den ganzen Erdkreis aufgewiegelt haben, sind auch hierher gekommen!
7 Jason hat sie aufgenommen. Sie alle handeln gegen die Verordnungen des Kaisers, denn sie sagen, ein anderer sei König: Jesus.
8 Damit brachten sie das Volk und die Stadtobersten, die das hörten, in Erregung.
9 Nachdem sie aber von Jason und den übrigen Bürgschaft erhalten hatten, ließ man sie frei.

In Beröa: Sie nahmen das Wort auf

10 Die Brüder aber schickten sogleich, noch während der Nacht, Paulus und Silas weg nach Beröa. Und als sie angekommen waren, gingen sie in die Synagoge der Juden.
11 Die aber waren vornehmer gesinnt als jene zu Thessalonich, sie nahmen das Wort voll Bereitwilligkeit auf und durchforschten täglich die Schriften, ob es sich so verhalte.
12 So wurden denn viele von ihnen gläubig, auch von den angesehenen griechischen Frauen und Männern nicht wenige.
13 Als aber die Juden von Thessalonich erfuhren, dass auch in Beröa das Wort Gottes von Paulus verkündet werde, kamen auch sie hin und brachten das Volk ins Schwanken und in Erregung.
14 Da sandten die Brüder Paulus gleich weiter, damit er ans Meer ginge; Silas und Timotheus aber blieben dort zurück.
15 Die nun, welche den Paulus geleiteten, brachten ihn bis Athen; sie reisten ab mit dem Auftrag an Silas und Timotheus, sie sollten, so rasch sie könnten, zu ihm kommen.

Der heilige Geist hat seine eigene Taktik
Er macht sich die Umstände zunutze
und fügt, was als Hindernis geplant
zum Fortschritt
Das Wanderleben ist für Paulus
und alle die andern kein Kinderspiel
doch es zwingt auf die Straßen
und wohin immer sie kommen
sie bringen Gute Nachricht

(17,1-15)

In Athen: Er kündete Jesus und die Auferstehung

16 Während Paulus sie in Athen erwartete, ergrimmte sein Geist in ihm, da er sah, wie die Stadt ganz voll von Götterbildern war.
17 Er sprach in der Synagoge zu den Juden und den Gottesfürchtigen und auf dem Marktplatz alle Tage zu denen, die gerade dort waren.
18 Auch einige der epikureischen und stoischen Philosophen ließen sich mit ihm ein; einige sagten: Was will denn dieser Schwätzer? Andere aber: Er scheint ein Verkünder fremder Götter zu sein - weil er Jesus und die Auferstehung verkündete.
19 Sie nahmen ihn mit, führten ihn auf den Areopag und sagten:

17,1-9 Thessalonich (Hauptstadt der Provinz Mazedonien). In der Synagoge predigt Paulus Jesus den Messias. Eifersüchtige Juden zetteln den Widerstand an. Einige Christen werden vorübergehend verhaftet. **10-15** In Beröa finden Paulus und Silas offene Ohren. Die Juden aus Thesssalonich schicken Störtrupps. Paulus lässt seine Begleiter zurück und geht allein nach Athen. **16-34** In Athen begegnet die Christusbotschaft griechischer Kultur und Lebensdeutung. Epikureer: Anhänger des Philosophen Epikur (341-270 v.Chr.). Er lehrte, Welt und Leben seien von göttlicher Vernunft (»Vorsehung«) durchdrungen. Glück

Paulus in Athen, Korinth und Ephesus
Die Botschaft von Christus Jesus
im Land von Artemis und Athene
der vielfältigen Dynastie der Götter
und ihrem streitsüchtigen Gefolge
Paulus nimmt es auf
mit den wunderfreudigen Göttern
der Griechen
Glaube lebt vom Weitersagen
wird stark vom Teilen
überzeugend durch das Zeugnis
gelitten, gestorben, begraben
auferweckt

(17,16-34)

Können wir erfahren, was das für eine neue Lehre ist, von der du redest? 20 Denn befremdliche Dinge bringst du vor unsre Ohren; wir wollen also erfahren, was das sein mag. 21 Alle Athener und die dort wohnenden Fremden hatten für nichts anderes Zeit, als etwas Neues zu sagen oder zu hören. 22 Da trat Paulus in die Mitte des Areopags und sprach: Ihr Männer von Athen! Ich sehe, ihr seid in jeder Hinsicht voll Ehrfurcht vor den Göttern. 23 Denn als ich umherging und eure Heiligtümer betrachtete, fand ich auch einen Altar, auf dem geschrieben steht: Einem unbekannten Gott. Was ihr nun, ohne es zu kennen, verehrt, das verkünde ich euch. 24 Der Gott, der die Welt gemacht und alles, was in ihr ist, er, der Herr des Himmels und der Erde, wohnt nicht in Tempeln, von Menschenhand gemacht, 25 noch lässt er sich von Menschenhänden Dienst erweisen, als ob der etwas bedürfte, der selbst allem Leben, Atem und alles gibt. 26 Aus einem einzigen ließ er das ganze Geschlecht der Menschen erstehen, dass sie wohnen auf dem ganzen Erdenrund; er hat festgesetzte Zeiten bestimmt und Grenzen ihrem Wohnen, 27 damit sie Gott suchen, ob sie ihn wohl erfühlen und finden; denn er ist ja keinem von uns fern. 28 Denn in ihm leben wir, bewegen wir uns und sind wir - wie auch einige von euren Dichtern gesagt haben: Seines Geschlechtes sind wir sogar. 29 Da wir also Gottes Geschlecht sind, dürfen wir nicht meinen, die Gottheit sei gleich Gold oder Silber oder Stein, einem Gebilde menschlicher Kunst und Überlegung. 30 Wohl hat Gott über die Zeiten der Unwissenheit weggesehen; doch nun verkündet Gott den Menschen, dass sie alle überall umkehren sollen; 31 denn er hat einen Tag bestimmt, da er den Erdkreis richten wird in Gerechtigkeit durch einen Mann, den er bestellte. Ihn hat er beglaubigt für alle dadurch, dass er ihn auferstehen ließ von den Toten. 32 Als sie nun von Auferstehung der Toten hörten, spotteten die einen, und die andern sagten: Hierüber wollen wir dich ein andermal hören. 33 So ging Paulus aus ihrer Mitte weg. 34 Einige Männer aber schlossen sich ihm an und wurden gläubig, unter ihnen auch der Areopagit Dionysius, eine Frau mit Namen Damaris und andere mit ihnen.

In Korinth: Er suchte Juden und Griechen zu überzeugen

18 Hierauf schied Paulus von Athen und kam nach Korinth. 2 Dort fand er einen aus Pontus gebürtigen Juden namens Aquila, der kurz vorher aus Italien gekommen war, und seine Frau Priszilla. Auf Befehl des Klaudius hatten nämlich alle Juden Rom verlassen müssen. Ihnen schloss er sich an. 3 Und weil er vom gleichen Handwerk war, blieb er bei ih-

und Vollendung finde der Mensch, der sich fraglos fügt. **22-31** Die Rede auf dem Areopag (Hügel des Kriegsgottes Ares) ist ein Musterstück paulinischer Heidenpredigt (vgl. 13,16-41). Anders als in den Synagogen beginnt Paulus mit der Verkündigung des Gottes, der sich erkennen lässt. Ihm dienen die Athener, wenn sie neben ihren vielen »bekannten« Göttern den »unbekannten« Gott ehren. Ihn verkündet Paulus als den Lebendigen, den Schöpfer, der durch den Auferstandenen die Welt richten wird. Zitat des griechischen Dichters Aratus (3. Jh. v.Chr.). **32-34** In Athen konnte Paulus keine Gemeinde gründen. Der Ratsherr Dionysius wurde nach der Überlieferung der erste Bischof von Athen.

18,1-2 Korinth, Hauptstadt der römischen Provinz Achaia; eine Stadt, die keinen guten Ruf hat. **3** Zeltmacher: Zelte wurden zumeist aus Leder gefertigt (Sattler). Für den Rabbinenschüler gilt die Vorschrift,

nen und arbeitete; sie waren nämlich von Be-
ruf Zeltmacher. 4 An jedem Sabbat aber rede-
te er in der Synagoge und suchte Juden und
Griechen zu überzeugen. 5 Als nun Silas und
Timotheus aus Mazedonien ankamen, wid-
mete sich Paulus ganz dem Wort und bezeug-
te den Juden: Jesus ist der Messias. 6 Als sie je-
doch widersprachen und lästerten, schüttelte
er seine Kleider aus und sprach zu ihnen: Eu-
er Blut komme über euer Haupt! Ich bin
schuldlos und werde von jetzt an zu den Völ-
kern gehen. 7 Und er ging von dort weg in das
Haus eines gewissen Titius Justus, eines Got-
tesfürchtigen, dessen Haus an die Synagoge
grenzte. 8 Der Synagogenvorsteher Krispus
wurde mit seinem ganzen Haus an den Herrn
gläubig, und viele von den Korinthern, die
zuhörten, glaubten und ließen sich taufen.
9 Der Herr aber sprach in der Nacht in einem
Gesicht zu Paulus: Fürchte dich nicht, son-
dern rede; schweige nicht! 10 Denn ich bin mit
dir, und niemand wird dich angreifen, dir Bö-
ses zu tun; denn viel Volk habe ich in dieser
Stadt. 11 So ließ er sich für ein Jahr und sechs
Monate nieder und lehrte bei ihnen das Wort
Gottes.

Vor dem Statthalter:
Er verführt die Leute

12 Als aber Gallio Statthalter von Achaia war,
traten die Juden einmütig gegen Paulus auf,
führten ihn vor den Richterstuhl und sagten:
13 Der verführt die Leute, Gott auf gesetzwi-
drige Weise zu verehren. 14 Als nun Paulus den
Mund auftun wollte, sagte Gallio zu den Ju-
den: Wenn es sich um ein Verbrechen handel-
te oder um eine schlimme Untat, ihr Juden, so
würde ich eure Klage rechtens annehmen.
15 Da es sich aber um Streitfragen über Worte
und Namen und euer Gesetz handelt, mögt
ihr selbst zusehen; über solches will ich nicht
Richter sein. 16 Und er wies sie vom Richter-
stuhl weg. 17 Da ergriffen alle den Synagogen-
vorsteher Sosthenes und schlugen ihn vor
dem Richterstuhl; Gallio aber kümmerte sich
um all das nicht.

Rückkehr nach Antiochia:
Ich werde zu euch zurückkehren

18 Paulus blieb noch mehrere Tage dort. Dann
nahm er Abschied von den Brüdern und
schiffte sich ein nach Syrien, und mit ihm zu-
sammen Priszilla und Aquila, nachdem er
sich in Kenchreä hatte das Haupt scheren las-
sen, denn er hatte ein Gelübde. 19 Sie gelang-
ten nun nach Ephesus, und er ließ jene dort
zurück. Er selbst aber ging in die Synagoge
und sprach zu den Juden. 20 Doch als sie ihn
baten, er möge längere Zeit bleiben, willigte
er nicht ein, 21 sondern nahm Abschied und
sagte: Ich werde, so Gott will, zu euch
zurückkehren; und er segelte von Ephesus ab.
22 In Cäsarea ging er an Land, zog hinauf, be-
grüßte die Gemeinde, dann zog er hinab nach
Antiochia.

Aufbruch zur dritten Reise:
Apollos in Ephesus

23 Nachdem er sich einige Zeit dort aufgehal-
ten hatte, brach er wieder auf und reiste nach-
einander durch das galatische Land und
Phrygien und stärkte alle Jünger. 24 Nach
Ephesus aber kam ein aus Alexandria gebür-
tiger Jude namens Apollos, ein redegeübter

dass er ein Handwerk lernen muss. **4-6** Auch in Korinth wendet sich Paulus zuerst an die Juden. Wenn er von Jesus, dem Messias, spricht, weigern sie sich zuzuhören. Paulus entschließt sich: Von nun an werde ich zu den Völkern gehen. Er predigt nicht mehr in der Synagoge, sondern in einem Privathaus. **8** Krispus vgl. 1 Kor 1,14. **9-10** Im nächtlichen Gesicht wird Paulus seines Auftrags sicher. Er wirkt eineinhalb Jahre in Korinth. **12-17** Gallio, der älteste Bruder des Philosophen Seneca, war im Jahr 51/52 (oder 52/53) Prokonsul (Inschrift von Delphi). Die Anklage, die in Korinth gegen Paulus vorgebracht wird, betrifft nicht die politischen Verhältnisse. Darum wird sie von Gallio abgewiesen, Sosthenes, der Anführer der Delegation, wird von der verhetzten Menge verprügelt. Ob Gallio mit Paulus sympathisiert? **18-22** Syrien = Antiochien; Kenchreä, der östliche Hafen von Korinth. Gelübde: möglicherweise das Nasiräat: das Versprechen, nichts Gegorenes zu trinken, die rituelle Unreinheit zu meiden und die Haare nicht schneiden zu lassen. Lukas will Paulus als frommen Juden schildern, der vor Antritt der Reise Gottes Schutz erbittet. **23** Von Antiochia bricht Paulus zur dritten Missionsreise auf. **24-28** Apollos ist ein eigenständig wirkender

Mann, in den Schriften wohl bewandert. [25] Er
war im Wege des Herrn unterwiesen worden;
feurigen Geistes redete und lehrte er genau
über Jesus, obgleich er nur die Taufe des Jo-
hannes kannte. [26] Der nun begann, freimütig
in der Synagoge aufzutreten. Als ihn Priszilla
und Aquila hörten, nahmen sie ihn zu sich
und erklärten ihm genauer den Weg des
Herrn. [27] Als er nun nach Achaia reisen woll-
te, ermutigten ihn die Brüder und schrieben
den Jüngern, sie sollten ihn aufnehmen. Nach
seiner Ankunft wurde er denen, die gläubig
geworden, durch die Gnade eine große Hilfe;
[28] denn nachdrücklich widerlegte er öffentlich
die Juden, indem er aus den Schriften nach-
wies: Jesus ist der Messias.

In Ephesus: Sie ließen sich taufen auf den Namen des Herrn Jesus

19 Und es geschah: Während Apollos in Ko-
rinth war, zog Paulus durch das Hochland
und kam nach Ephesus. Dort traf er einige
Jünger. [2] Und er sprach zu ihnen: Habt ihr, als
ihr gläubig wurdet, Heiligen Geist empfan-
gen? Die erwiderten ihm: Nicht einmal
gehört haben wir, dass es einen Heiligen Geist
gibt. [3] Und er fragte: Auf was hin seid ihr denn
getauft? Sie sagten: Auf die Taufe des Johan-
nes hin. [4] Da sprach Paulus: Johannes taufte –
es war eine Taufe zur Umkehr; dabei sagte er
dem Volk, sie sollten an den glauben, der
nach ihm kommen werde, das ist Jesus. [5] Als
sie das hörten, ließen sie sich taufen auf den
Namen Jesu, des Herrn. [6] Und als Paulus ih-
nen die Hände auflegte, kam der Heilige
Geist über sie; sie redeten in Sprachengaben
und redeten prophetisch. [7] Es waren insge-
samt etwa zwölf Männer. [8] Und er ging in die
Synagoge und trat freimütig drei Monate hin-
durch auf, indem er vom Reich Gottes sprach
und zu überzeugen suchte. [9] Als sich jedoch ei-
nige verhärteten, den Glauben verweigerten
und den Weg vor der Menge schmähten,
trennte er sich von ihnen und hielt die Jünger
gesondert und sprach täglich im Saal des Ty-
rannus. [10] Dies geschah zwei Jahre lang, so
dass alle Bewohner der Provinz Asien, Juden
wie Griechen, das Wort des Herrn hörten.

Machttaten durch Paulus: Im Namen des Herrn Jesus

[11] Gott aber wirkte ungewöhnliche Machtta-
ten durch die Hände des Paulus, [12] so dass
man sogar von seiner Haut weg Schweiß-
tücher oder Lendentücher den Kranken
brachte, und die Krankheiten wichen, und die
bösen Geister fuhren von ihnen aus. [13] Doch
einige von den umherziehenden jüdischen Be-
schwörern versuchten auch, über denen, die
böse Geister hatten, den Namen Jesu des
Herrn zu nennen mit den Worten: Ich be-
schwöre euch bei dem Jesus, den Paulus ver-
kündet. [14] Es waren nämlich sieben Söhne ei-
nes gewissen Skeuas, eines jüdischen Hohen-
priesters, die das taten. [15] Der böse Geist aber
antwortete und sagte zu ihnen: Jesus kenne
ich, und von Paulus weiß ich, wer aber seid
ihr? [16] Und der Mensch, in dem der böse Geist
war, stürzte sich auf sie, überwältigte zwei
und bekam Übermacht über sie, so dass sie
nackt und verwundet aus jenem Haus fliehen
mussten. [17] Dies wurde allen bekannt, die in
Ephesus wohnten, Juden und Griechen. Da
kam Furcht über sie alle, und der Name Jesu,
des Herrn, wurde gepriesen. [18] Viele aber von
denen, die gläubig geworden, kamen und be-
kannten und offenbarten ihre Zaubertaten.
[19] Und viele von denen, die Zauberei getrie-
ben hatten, trugen die Bücher zusammen und
verbrannten sie vor allen; man rechnete ihren

---

gelehrter christlicher Wanderprediger, der unabhängig von der Jesus-Messias-Bewegung arbeitet. Möglicherweise kam es zu Spannungen zwischen Paulus und Apollos (1 Kor 1,12.17; 2,1ff).
19,1-10 Paulus in Ephesus: Paulus hilft den Täuferjüngern zu vollem Glauben. Er hilft der Jesusgemeinde zur Unabhängigkeit von der Synagoge (V. 8-10). Er heilt (V. 11-12). Er entlarvt die Magier, die sich auf Jesus berufen (V. 13-20). Demetrius organisiert den Widerstand gegen Paulus (V. 21-40). **2** Paulus trifft einige Jünger, die sich auf Jesus berufen, doch nur die Johannestaufe empfangen haben. Sie werden auf den Namen Jesu getauft. Paulus legt ihnen die Hände auf und sie empfangen heiligen Geist. **8-10** Nachdem es zum Streit mit den Juden kommt, verlässt Paulus die Synagoge und lehrt täglich von 11-16 Uhr (die Zeit der Mittagsruhe) im Lehrsaal des Tyrannos. Paulus wirkt drei Jahre in Ephesus (vgl. 20,31). **11-22** Ein

Wert aus und kam auf fünfzigtausend Silber-
drachmen. [20] So verbreitete sich das Wort des
Herrn mit Macht und erstarkte. [21] Nach die-
sen Geschehnissen nahm sich Paulus im Geis-
te vor, durch Mazedonien und Achaia zu zie-
hen und nach Jerusalem zu gehen. Und er
sprach: Wenn ich dort gewesen bin, muss ich
auch Rom sehen. [22] Und er sandte zwei seiner
Gehilfen, Timotheus und Erastus, nach Ma-
zedonien, er selber hielt sich eine Zeitlang in
der Provinz Asien auf.

Aufstand der Silberschmiede:
Die Stadt geriet in Aufruhr

[23] Um jene Zeit entstand ein nicht geringer
Aufruhr wegen des Wegs. [24] Denn einer na-
mens Demetrius, ein Silberschmied, der sil-
berne Artemistempelchen anfertigte und den
Handwerkern damit nicht geringen Verdienst
verschaffte, [25] rief diese und die mit ähnlichen
Arbeiten Beschäftigten zusammen und sagte:
Ihr Männer! Ihr wisst, von diesem Gewerbe
kommt unser Wohlstand. [26] Doch ihr seht und
hört, dass dieser Paulus nicht nur in Ephesus,
sondern in der ganzen Provinz Asien viel Volk
überredet und abspenstig gemacht hat, weil
er behauptet: Das sind keine Götter, die mit
Händen gemacht werden. [27] So droht uns
nicht nur die Gefahr, dass unser Geschäft in
Verruf komme, sondern auch dem Tempel
der großen Göttin Artemis droht, dass er für
nichts geachtet werde und in Zukunft sogar
ihrer Hoheit Abbruch getan werde, die ja die
ganze Provinz Asien und der Erdkreis ver-
ehrt. [28] Als sie das hörten, wurden sie voll
Zorn und schrien: Groß ist die Artemis der
Epheser! [29] Und die Stadt geriet völlig in Ver-
wirrung, und sie stürmten einmütig in das
Theater, die Mazedonier Gaius und Aris-
tarch, Reisegefährten des Paulus, mit sich
schleppend. [30] Als nun Paulus unter das Volk
gehen wollte, ließen es die Jünger nicht zu.
[31] Auch einige hohe Beamte der Provinz Asi-
en, die ihm wohlgesinnt waren, sandten zu
ihm und baten, sich nicht in das Theater zu
begeben. [32] Die einen nun schrien dies, die an-
deren das; die ganze Versammlung nämlich
war in Verwirrung, und die meisten wussten
nicht, warum man zusammengekommen
war. [33] Aus der Volksmenge ließ man Alexan-
der vortreten, den die Juden vorschickten.
Alexander gab ein Zeichen mit der Hand und
wollte dem Volk eine Verteidigungsrede hal-
ten. [34] Doch als sie merkten, dass er ein Jude
war, da kam es von allen wie ein einziges Ru-
fen, fast zwei Stunden lang schrien sie: Groß
ist die Artemis der Epheser! [35] Da brachte der
Stadtschreiber die Volksmenge zur Ruhe, in-
dem er sagte: Ihr Männer von Ephesus! Wo
gäbe es einen Menschen, der nicht wüsste,
dass die Stadt der Epheser die Tempelhüterin
der großen Artemis ist und ihres vom Himmel
gefallenen Bildes? [36] Da dies unbestreitbar ist,
ziemt es euch, ruhig zu sein und nichts Unbe-
sonnenes zu tun. [37] Denn ihr habt diese Män-
ner hergeführt, die weder Tempelräuber sind
noch unsere Göttin lästern. [38] Haben nun De-
metrius und die Handwerker mit ihm gegen
jemand eine Klage, so werden dafür Ge-
richtstage gehalten und sind Statthalter da;
mögen sie einander verklagen. [39] Wenn ihr
aber darüber hinaus etwas verlangt, kann es
in der gesetzlichen Volksversammlung ent-
schieden werden. [40] Denn wir laufen Gefahr,
des Aufruhrs angeklagt zu werden wegen des
heutigen Tages. Es ist ja kein Grund vorhan-
den, durch den wir uns dieses Aufruhrs we-
gen rechtfertigen könnten. Nach diesen Wor-
ten löste er die Versammlung auf.

---

hellenistisch gefärbter Bericht über die Wunder, die Paulus wirkt. Sein Beispiel lockt Nachahmer. Unter ihnen einige jüdische Exorzisten, die den Namen Jesu missbrauchen. Unter ihnen die sieben Söhne des Skeuas. Die Überlegenheit des Paulus ist nicht zu leugnen. **21** Paulus beschließt, nach Jerusalem zu gehen. **23-32** Demetrius, ein Silberschmied, lädt seine Kollegen zu einer Protestversammlung ein. Sein Hinweis auf die Folgen der neuen Lehre für das eigene Geschäft (Handel mit Figürchen der Stadtgöttin Artemis) weckt Aufruhr. Die ganze Stadt strömt in das Theater (das 25 000 Menschen fasst). Der Tempel der Stadtgöttin Artemis wird zu den sieben Weltwundern gezählt. **32-40** Im Theater von Ephesus bricht das Chaos aus. Der Jude Alexander wird niedergeschrien. Dem Stadtschreiber gelingt es, die Versammelten durch den Hinweis auf die römische Obrigkeit zur Vernunft zu bringen und die Versammlung aufzulösen.

In Mazedonien und Griechenland: Er ermahnte die Jünger

20 Nachdem sich der Aufruhr gelegt hatte,
ließ Paulus die Jünger kommen, ermahnte sie,
nahm Abschied und machte sich auf den Weg
nach Mazedonien. 2 Als er durch jene Gebiete
gezogen war und sie mit vielen Worten er-
mahnt hatte, kam er nach Griechenland.
3 Dort hielt er sich drei Monate auf. Als er sich
nach Syrien einschiffen wollte, wurde von
den Juden ein Anschlag gegen ihn geplant; so
entschloss er sich, durch Mazedonien zurück-
zukehren. 4 Es begleiteten ihn: Sopater, der
Sohn des Pyrrhus aus Beröa, von Thessalo-
nich: Aristarch und Sekundus, weiter: Gaius
aus Derbe und Timotheus, aus der Provinz
Asien: Tychikus und Trophimus. 5 Sie reisten
voraus und erwarteten uns in Troas. 6 Wir
aber segelten nach den Tagen der Ungesäuer-
ten Brote von Philippi ab und kamen nach
fünf Tagen zu ihnen nach Troas; dort ver-
brachten wir sieben Tage.

Wunderzeichen in Troas: Sie wurden nicht wenig getröstet

7 Als wir am ersten Tag der Woche zusam-
mengekommen waren, um das Brot zu bre-
chen, sprach Paulus zu ihnen, weil er am fol-
genden Tag weiterreisen wollte, und dehnte
die Rede bis Mitternacht aus. 8 Es waren viele
Lampen im Obergemach, wo wir versammelt
waren. 9 Und ein Jüngling mit Namen Euty-
chus, der in der Fensteröffnung saß, versank
in tiefen Schlaf; da Paulus immer weiter
sprach, fiel er, vom Schlaf überwältigt, vom
dritten Stockwerk hinab und wurde als Toter
aufgehoben. 10 Da ging Paulus hinab, warf
sich über ihn, umfasste ihn und sagte: Macht
keinen Lärm, denn sein Leben ist in ihm.
11 Danach ging er hinauf, brach das Brot und
aß; und er sprach noch lange, bis zum An-
bruch des Tages; dann zog er weiter. 12 Sie
aber führten den Jüngling lebend weg und
wurden nicht wenig getröstet. 13 Dann gingen
wir zum Schiff und fuhren nach Assos, um
dort Paulus an Bord zu nehmen; er selbst hat-
te es so angeordnet, weil er selbst zu Fuß ge-
hen wollte. 14 Als er uns in Assos traf, nahmen
wir ihn an Bord und fuhren nach Mitylene.
15 Von dort segelten wir ab und kamen am Tag
darauf auf die Höhe von Chios, am anderen
Tag fuhren wir nach Samos hinüber, und am
Tag danach kamen wir nach Milet. 16 Paulus
hatte beschlossen, an Ephesus vorbeizufah-
ren, damit er nicht viel Zeit in der Provinz
Asien verbringen müsse; er eilte nämlich, um
– wenn irgend möglich – zum Pfingstfest in
Jerusalem zu sein.

Abschiedsrede in Milet: Ich habe Zeugnis abgelegt

17 Von Milet aber sandte er nach Ephesus und
ließ die Ältesten der Gemeinde herüberrufen.
18 Als sie bei ihm angekommen waren, sprach
er zu ihnen: Ihr wisst, wie ich mich unter euch
verhalten habe die ganze Zeit vom ersten Tag
an, da ich die Provinz Asien betrat. 19 Ich dien-
te dem Herrn mit aller Demut und unter Trä-
nen und Anfechtungen, die mir durch die An-

Lukas kennt Paulus. Er weiß, wie das Wirken des Völkerapostels endet. Dieses Wissen verleiht seinem Bericht vom Abschied in Milet Glaubwürdigkeit. In Milet öffnet Paulus sein Herz, er zieht Bilanz, verschweigt das, was er als Niederlage empfindet, nicht: Es ist ihm nicht gelungen, »die Juden« zu gewinnen. Sie, denen er Freund ist, wurden ihm Feind. Als Zeuge guter Nachricht kam er zu ihnen.

(20,17-38)

20,1-6 Paulus verlässt Ephesus nicht als Flüchtling. Sieben Männer, namentlich bekannt, geben ihm ein ehrenvolles Geleit. **6-7** Das Fest der Ungesäuerten Brote war mit dem Pascha verschmolzen. Der einzige Hinweis im Neuen Testament auf den Sonntagsgottesdienst (Predigt, Eucharistie, »Brotbrechen«). **8-11** Der Fenstersturz des Eutychus wird knapp notiert. Paulus ruft den Jungen, der als Toter geborgen wurde, ins Leben zurück. **13-16** Reisenotizen von einem, der dabei war (»Wir-Bericht«). **17-38** In Milet, 50 Kilometer von Ephesus entfernt, verabschiedet sich Paulus von den Ältesten, die aus Ephesus gekommen waren. Sie hören die Bilanz seines Lebens. Was Paulus über sich selbst sagt, zeigt ihn als idealen Apostel

schläge der Juden widerfahren sind, [20] dass ich nichts von dem, was heilsam ist, zurückgehalten habe, so dass ich es euch nicht verkündet und öffentlich oder von Haus zu Haus gelehrt hätte. [21] Dabei habe ich Zeugnis abgelegt vor Juden und Griechen für die Umkehr zu Gott und für den Glauben an Jesus, unseren Herrn. [22] Und siehe, jetzt ziehe ich, gebunden durch den Geist, nach Jerusalem, ohne zu wissen, was mir dort begegnen wird. [23] Nur das bezeugt mir der Heilige Geist von Stadt zu Stadt, dass Fesseln und Bedrängnisse meiner warten. [24] Doch ich achte mein Leben für mich für unwert, wenn ich nur meinen Lauf und den Dienst vollende, den ich von Jesus, dem Herrn, empfangen habe: Zeugnis zu geben für die Frohe Botschaft von der Gnade Gottes. [25] Und siehe, jetzt weiß ich, dass ihr alle, unter denen ich umhergezogen bin und das Reich verkündet habe, mein Angesicht nicht mehr sehen werdet. [26] Darum bezeuge ich euch am heutigen Tage, dass ich rein bin vom Blute aller. [27] Denn ohne Rückhalt habe ich euch offen den ganzen Ratschluss Gottes verkündet. [28] Habt Acht auf euch selbst und auf die ganze Herde, über die euch der Heilige Geist als Hüter gesetzt hat, die Gemeinde Gottes zu weiden, die er sich durch sein eigenes Blut erworben hat.

Abschiedsrede in Milet: Ich empfehle euch Gott

[29] Ich weiß ja, dass nach meinem Weggang reißende Wölfe zu euch kommen und die Herde nicht schonen werden. [30] Sogar aus eurer eigenen Mitte werden Männer auftreten, die Verkehrtes reden, um die Jünger an sich zu ziehen. [31] Darum seid wachsam und eingedenk, dass ich drei Jahre lang Tag und Nacht nicht aufgehört habe, einen jeden von euch unter Tränen zu ermahnen. [32] Nun empfehle ich euch dem Herrn und dem Wort seiner Gnade, das mächtig ist, aufzubauen und das Erbteil unter allen Geheiligten zu geben vermag. [33] Silber, Gold oder Kleider habe ich von niemand begehrt; [34] ihr selber wisst, dass für meine Bedürfnisse und die meiner Begleiter diese Hände gesorgt haben. [35] In allem habe ich euch gezeigt, dass man so arbeiten und sich der Schwachen annehmen muss und der Worte Jesu, des Herrn, gedenken, der ja selber gesagt hat: Geben ist seliger denn Nehmen. [36] Und nach diesen Worten kniete er mit ihnen allen nieder und betete. [37] Sie alle brachen in lautes Weinen aus, fielen Paulus um den Hals und küssten ihn, [38] am schmerzlichsten betroffen von dem Wort, das er gesagt hatte, dass sie sein Angesicht nicht mehr sehen würden. Dann geleiteten sie ihn zum Schiff.

In Cäsarea: Ich bin bereit, zu sterben für den Herrn

21 Nachdem wir uns von ihnen getrennt hatten und abgefahren waren, kamen wir geradewegs nach Kos, am Tag darauf nach Rhodos und von dort nach Patara. [2] Und als wir ein Schiff fanden, das direkt nach Phönizien fuhr, stiegen wir zu und fuhren ab. [3] Als wir Zypern in Sicht bekamen, ließen wir es links liegen, fuhren weiter nach Syrien und kamen nach Tyrus. Dort sollte das Schiff Fracht entladen. [4] Und als wir dort Jünger fanden, blieben wir sieben Tage. Und sie sagten dem Paulus kraft des Geistes, er solle nicht hinaufgehen nach Jerusalem. [5] Als wir die Tage verbracht hatten, brachen wir auf und machten uns auf den Weg; alle gaben uns mit Frauen und Kindern das Geleit bis vor die Stadt hinaus. Und wir knieten am Ufer nieder und beteten. [6] Nachdem wir voneinander Abschied genommen, stiegen wir in das Schiff, jene aber kehrten nach Hause zurück. [7] Wir gelangten nun, das Ende der Seefahrt erreichend, von Tyrus nach Ptolemais; dort begrüßten wir die Brüder und verbrachten einen

---

und Missionar. Der Rede – Rückblick, Rechenschaftsbericht und Mahnung zugleich – merkt man an, dass Paulus um die bevorstehende Gefangenschaft weiß. 35 Das Jesuswort, auf das hier angespielt wird, ist im Neuen Testament nicht bezeugt. Herrenworte, die »neben« den Evangelien überliefert werden, nennt man »Agrapha« (Ungeschriebene).

21,1-6 Reisenotizen, geschrieben von einem, der dabei war (»Wir-Bericht«). In Tyrus macht Paulus Zwischenstation. Dort warnt man ihn vor der Weiterrei-

Tag bei ihnen. [8] Am ändern Tag reisten wir ab
und kamen nach Cäsarea. Dort gingen wir in
das Haus des Evangelisten Philippus, der ei-
ner aus den Sieben war, und blieben bei ihm.
[9] Dieser hatte vier Töchter, Jungfrauen, die
prophetisch redeten. [10] Als wir einige Tage
dort verbrachten, kam ein Prophet aus Judäa
herab mit Namen Agabus. [11] Der kam zu uns,
nahm den Gürtel des Paulus, band sich Füße
und Hände und sprach: So spricht der Heili-
ge Geist: Den Mann, dem dieser Gürtel
gehört, ihn werden in Jerusalem die Juden so
binden und in die Hände der Völker auslie-
fern. [12] Als wir dies hörten, baten wir ihn mit
den Einheimischen, er möge nicht nach Jeru-
salem hinaufziehen. [13] Paulus aber antworte-
te: Warum weint ihr und macht mir das Herz
schwer? Ich bin ja nicht nur bereit, mich fes-
seln zu lassen, sondern auch zu sterben in Je-
rusalem für den Namen Jesu, des Herrn. [14] Da
er sich nicht überreden ließ, beruhigten wir
uns und sagten: Der Wille des Herrn ge-
schehe.

Ankunft in Jerusalem:
Die Brüder nahmen ihn mit Freuden auf

[15] Nach diesen Tagen machten wir uns fertig
und zogen hinauf nach Jerusalem. [16] Auch ei-
nige Jünger aus Cäsarea zogen mit uns und
führten uns zu einem gewissen Mnason aus
Zypern, einem alten Jünger, bei dem wir ein-
kehren sollten. [17] Als wir nach Jerusalem ka-
men, nahmen uns die Brüder mit Freuden auf.
[18] Am folgenden Tag ging Paulus mit uns zu
Jakobus, und alle Ältesten kamen hin. [19] Und
nachdem er sie begrüßt hatte, berichtete er al-
les im einzelnen, was Gott unter den Völkern
durch seinen Dienst gewirkt hatte. [20] Als sie es
aber hörten, verherrlichten sie Gott und sag-
ten zu ihm: Du siehst, Bruder, wie viele Tau-
sende von Gläubiggewordenen es unter den
Juden gibt, und alle sind Eiferer für das Ge-
setz. [21] Man hat sie aber über dich unterrich-
tet, du lehrest alle Juden, die unter den Völ-
kern leben, den Abfall von Mose, indem du
sagst, sie sollten ihre Kinder nicht beschnei-
den und nicht nach den Gebräuchen leben.
[22] Was also tun? Sie werden jedenfalls hören,
dass du gekommen bist. [23] Darum tue nun,
was wir dir sagen. Wir haben vier Männer bei
uns, die ein Gelübde auf sich genommen ha-
ben. [24] Nimm sie mit dir, heilige dich mit ihnen
und trage die Kosten für sie, damit sie sich die
Häupter scheren lassen können. Dann wer-
den alle erkennen, dass das, wovon sie über
dich unterrichtet wurden, nicht stimmt, dass
du vielmehr selber genau so wie sie lebst und
das Gesetz hältst. [25] Was aber die Gläubigge-
wordenen aus den Völkern angeht, haben wir
ja schriftlich angeordnet: sie sollen sich ent-
halten von Götzenopferfleisch, von Blut und
Ersticktem und von Blutschande. [26] Da nahm
Paulus die Männer mit sich, heiligte sich mit
ihnen am folgenden Tag, ging in den Tempel
und zeigte das Ende der Weihetage an, bis für
jeden von ihnen das Opfer dargebracht ward.

Gefangennahme:
Wer bist du? Was hast du getan?

[27] Als die sieben Tage ihrem Ende zugingen,
sahen ihn die Juden aus der Provinz Asien im
Tempel, wiegelten das ganze Volk auf, legten
Hand an ihn und schrien: [28] Israeliten! Kommt
zu Hilfe! Das ist der Mensch, der alle und

---

se nach Jerusalem. Doch er sucht die Entscheidung. Wie in Milet verabschiedet sich Paulus auch von den Christen in Tyrus. **7-17** Die nächste Etappe der Reise führt nach Cäsarea. Dort lebt Paulus für die Dauer seines Aufenthalts im Haus des Evangelisten Philippus. Der Prophet Agabus kommt nach Cäsarea. Auch er warnt Paulus vor dem, was in Jerussalem auf ihn wartet. »So spricht der Heilige Geist« ist eine Abwandlung der alttestamentlichen Botenformel. Paulus lässt sich nicht von seinem Plan abbringen Er ist bereit, auch für den Herrn zu sterben. Paulus lässt sich nicht von seinem Plan abbringen. Zunächst wird Paulus von der Gemeinde in Jerusalem freudig aufgenommen. Doch bald wird klar, dass seine Theologie und seine Christusverkündigung nicht unumstritten sind. Die gesetzestreuen Judenchristen halten an der Tora fest. Jakobus und die Ältesten lassen die Bestimmungen des Apostelkonzils (vgl. zu Kap.15) nur für Heidenchristen gelten. **24** Paulus, der aus dem Ausland kommt, gilt als levitisch unrein. Darum soll er sich mit vier anderen »heiligen«, das heißt: das in der Tora geforderte Reinigungsopfer darbringen. So rät ihm Jakobus. Der Tempel gilt als Heiligtum; Fremden ist der Zutritt unter Todesstrafe verboten. Paulus

Wenn ihr in einer Zeit lebt
da Menschen um ihres Glaubens willen
Opfer der Mächtigen werden
nach Lust und Laune eingeschlossen
mundtot gemacht
gefesselt an Händen und Füßen
fürchtet euch nicht
denn ihr lebt eine Zeit
da Boten der Freiheit
vom Himmel kommen
stärker als Schlösser und Riegel
Befreite sind unterwegs
durch die Nacht
Träumenden gleich
suchen das Haus
und Gemeinschaft
mit Schwestern und Brüdern
Seid stark
Ihr glaubt nicht ins Leere

(21,27-40)

überall lehrt wider das Volk, das Gesetz und diese Stätte! Darüber hinaus hat er Griechen in den Tempel geführt und diese heilige Stätte entweiht. [29] Sie hatten nämlich zuvor Trophimus aus Ephesus mit ihm in der Stadt gesehen und meinten, Paulus habe ihn in den Tempel geführt. [30] Da kam die ganze Stadt in Bewegung, das Volk strömte zusammen; sie ergriffen Paulus, schleppten ihn aus dem Tempel, und alsbald wurde das Tor geschlossen. [31] Sie suchten ihn zu töten; da kam die Meldung zum Oberst der Kohorte, ganz Jerusalem sei in Aufruhr. [32] Sogleich nahm dieser Soldaten und Hauptleute mit sich und eilte hinab, um ihnen entgegenzutreten. Als sie den Oberst und die Soldaten sahen, hörten sie auf, den Paulus zu schlagen. [33] Da trat der Oberst herzu, nahm ihn fest und befahl, ihn mit zwei Ketten zu fesseln, und fragte: Wer er sei und was er getan habe. [34] Im Volk nun riefen die einen dies und die anderen jenes. Wegen des Getümmels konnte er nichts Sicheres erfahren; so befahl er, ihn in die Kaserne zu bringen. [35] Als er dann auf die Treppe kam, geschah es, dass er von den Soldaten getragen werden musste, des Gedränges unter dem Volk wegen. [36] Denn die Volksmenge drängte hinterher und schrie: Hinweg mit ihm! [37] Doch als Paulus in die Kaserne hineingeführt werden sollte, sagte er zu dem Oberst: Darf ich dir etwas sagen? Er aber fragte: Du kannst Griechisch? [38] Also bist du nicht der Ägypter, der vor diesen Tagen die viertausend Mann der Sikarier aufgewiegelt und in die Wüste geführt hat? [39] Da sagte Paulus: Ich bin ein Jude aus Tarsus in Zilizien, Bürger einer nicht unbedeutenden Stadt. Ich bitte dich, erlaube, dass ich zum Volke rede. [40] Als er es erlaubt hatte, gab Paulus, auf der Treppe stehend, dem Volke ein Zeichen mit der Hand. Da trat große Stille ein; er aber redete sie in hebräischer Sprache an und sagte:

Verteidigung vor dem Volk:
Zum Zeugen für alle Menschen bestellt

22 Ihr Brüder und Väter! Hört meine Verteidigung, die ich jetzt an euch richte! [2] Und als sie hörten, dass er sie in hebräischer Sprache anredete, wurden sie noch stiller. [3] Und er sprach: Ich bin ein Jude, geboren zu Tarsus in Zilizien, erzogen aber in dieser Stadt, unterrichtet zu Füßen Gamaliels nach der Strenge des Gesetzes der Väter. Ich war ein Eiferer für Gott, wie ihr alle es heute seid. [4] Und ich verfolgte diesen Weg bis zum Tod, ich fesselte Männer und Frauen und lieferte sie in Gefängnisse ein; [5] das bezeugt mir der Hohepriester und der ganze Rat der Ältesten. Nachdem ich von ihnen zusätzlich Briefe an die Brüder erhalten hatte, zog ich nach Da-

wird als Tempelschänder angeklagt, weil er angeblich einen Fremden mit in den Tempel nahm. **30** Man zerrt Paulus aus dem heiligen Bereich, um ihn zu lynchen. Die Schließung der Tore deutet darauf hin, dass es sich um eine geplante Aktion handelt. **31-40** Die Anklage lautet: Verrat am Judentum. Ein römischer Offizier nimmt Paulus in Schutzhaft. Eine Kohorte, etwa 6000 Mann. Sikarier, d.h. »Dolchmänner«, eine Gruppe jüdischer Freiheitskämpfer. Sie erwarten das Kommen des Messias in der Wüste und gehen mit allen Mitteln gegen die Römer vor. **40** Hebräisch: gemeint ist Aramäisch, die damalige Umgangssprache. **22,1-21** Paulus, der Gefangene, hält nicht die erwartete Rede zur Verteidigung der eigenen Sache. Was er

maskus, um auch jene, die dort waren, gefes-
selt zur Bestrafung nach Jerusalem zu führen.
6 Und es geschah: Als ich hinzog, in der Nähe
von Damaskus, da umstrahlte mich zur Mit-
tagszeit plötzlich ein helles Licht vom Him-
mel her. 7 Da stürzte ich zur Erde und hörte ei-
ne Stimme, die zu mir sprach: Saul, Saul, war-
um verfolgst du mich? 8 Ich antwortete: Wer
bist du, Herr? Er sprach zu mir: Ich bin Jesus,
der Nazoräer, den du verfolgst. 9 Die mich be-
gleiteten, sahen zwar das Licht, doch die
Stimme dessen, der zu mir redete, hörten sie
nicht. 10 Und ich sagte: Was soll ich tun, Herr?
Da sprach der Herr zu mir: Steh auf, geh nach
Damaskus. Dort wird man dir alles sagen,
was dir zu tun aufgetragen ist. 11 Als ich vor
dem Glanz jenes Lichtes nicht sehen konnte,
ging ich, von meinen Gefährten bei der Hand
geführt, nach Damaskus hinein. 12 Ein gewis-
ser Hananias aber, ein frommer Mann gemäß
dem Gesetz, der bei allen dort wohnenden Ju-
den in Ansehen stand, 13 kam zu mir, trat ein
und sagte: Bruder Saul, sei wieder sehend!
Und zu derselben Stunde konnte ich ihn se-
hen. 14 Er aber sprach: Der Gott unserer Väter
hat dich dazu bestimmt, seinen Willen zu er-
kennen, den Gerechten zu schauen und einen
Ruf aus seinem Munde zu vernehmen.
15 Denn du sollst für ihn Zeuge sein vor allen
Menschen für das, was du gesehen und
gehört hast. 16 Und nun, was zögerst du? Steh
auf, lass dich taufen und deine Sünden abwa-
schen, indem du seinen Namen anrufst.
17 Und es geschah: Als ich nach Jerusalem
zurückgekehrt war und im Tempel betete, ge-
riet ich in Verzückung. 18 Da schaute ich, wie
er zu mir redete: Eile, geschwind geh aus Je-
rusalem; denn sie werden von dir ein Zeugnis
über mich nicht annehmen. 19 Und ich sagte:
Herr, sie wissen selbst, dass ich die an dich
Glaubenden von Synagoge zu Synagoge ge-
fangennehmen und schlagen ließ; 20 und als
das Blut deines Zeugen Stephanus vergossen
ward, stand ich dabei mit Wohlgefallen und
hielt Wache bei den Kleidern derer, die ihn tö-
teten. 21 Er aber sprach zu mir: Geh! In die
Ferne, unter die Völker will ich dich senden.

In der Kaserne: Bist du römischer Bürger?

22 Sie aber hörten ihn an bis zu diesem Wort.
Dann erhoben sie ihre Stimmen und spra-
chen: Weg von der Erde mit diesem da! Er
darf nicht leben! 23 Sie schrien, schleuderten
ihre Kleider von sich und warfen Staub in die
Luft; 24 da befahl der Oberst, ihn in die Kaser-
ne zu bringen, und gebot, ihn mit einer Geiße-
lung zu verhören, um zu erfahren, aus wel-
chem Grund sie so ein Geschrei wider ihn er-
hoben. 25 Als sie ihn schon in die Riemen
gespannt hatten, sagte Paulus zu dem Haupt-
mann, der dabeistand: Ist es euch etwa er-
laubt, einen Römer zu geißeln - und das ohne
Gerichtsurteil? 26 Als der Hauptmann das
hörte, ging er zum Oberst, meldete es und
sagte: Was tust du da? Dieser Mann ist ja Rö-
mer! 27 Da kam der Oberst herzu und fragte
ihn: Sage mir, bist du ein Römer? Er antwor-
tete: Ja. 28 Da erwiderte der Oberst: Ich habe
dieses Bürgerrecht um viel Geld erworben.
Und Paulus sprach: Ich bin sogar darin gebo-
ren. 29 Und sogleich ließen jene, die ihn unter
Geißelhieben verhören wollten, von ihm ab.
Den Oberst aber überkam Furcht, weil er er-
fahren hatte, dass er ein Römer sei, und er ihn
hatte fesseln lassen.

Vor dem Hohen Rat: Du sollst in Rom Zeugnis geben

30 Am folgenden Tag wollte er sicher erfahren,
aus welchem Grund er von den Juden ange-
klagt werde. Darum ließ er ihm die Fesseln
abnehmen und befahl, die Hohenpriester und
der ganze Hohe Rat solle sich versammeln.

---

zu sagen hat, gleicht eher einem gerafften Überblick über die christliche Mission, die eigene Berufung und das, was er in einer Vision als seine Rolle und seinen Auftrag erkannte. **22-29** Als Paulus über seine Sendung zu den Völkern spricht, wird er niedergeschrien. Paulus will nicht Proselyten (Anwärter für die jüdische Glaubensgemeinschaft) gewinnen. Er bestreitet die Verbindlichkeit von Beschneidung und Tora für die Taufbewerber. Der römische Offizier will ein »verschärftes Verhör« ansetzen. Doch ein römischer Bürger darf weder gefoltert noch gegeißelt werden (vgl. 16,30-31). Darum soll die Streitfrage durch eine Gegenüberstellung mit dem Hohen Rat geklärt werden.

Dann ließ er Paulus hinabführen und vor sie stellen.

23 Paulus sah festen Blickes auf den Hohen Rat und sprach: Ihr Brüder! In jeder Hinsicht guten Gewissens bin ich vor Gott gewandelt bis auf diesen Tag. 2 Der Hohepriester Hananias aber gebot denen, die bei ihm standen, ihn auf den Mund zu schlagen. 3 Da sagte Paulus zu ihm: Dich wird Gott schlagen, du weißgetünchte Wand. Du sitzest da, mich nach dem Gesetz zu richten, und wider das Gesetz lässt du mich schlagen! 4 Da riefen die Umstehenden: Du schmähst den Hohenpriester Gottes? 5 Darauf sagte Paulus: Brüder, ich wusste nicht, dass er Hoherpriester ist. Es steht ja geschrieben: Einem Fürsten deines Volkes sollst du nicht fluchen. 6 Weil Paulus aber wusste, dass der eine Teil zu den Sadduzäern gehörte, der andere zu den Pharisäern, rief er im Hohen Rat: Ihr Brüder! Pharisäer bin ich, Sohn von Pharisäern! Und wegen der Hoffnung auf die Auferstehung der Toten stehe ich vor Gericht. 7 Und als er so redete, entstand ein Zwiespalt zwischen den Pharisäern und den Sadduzäern, und die Menge spaltete sich. 8 Die Sadduzäer sagen ja, es gebe keine Auferstehung, keine Engel oder Geistwesen, die Pharisäer aber bekennen sich zu beidem. 9 Da erhob sich ein großes Geschrei, einige der Schriftgelehrten von der Pharisäergruppe standen auf, stritten und sagten: An diesem Menschen finden wir nichts Böses. Ob nicht ein Geist mit ihm geredet hat oder ein Engel? 10 Weil nun ein großer Zwiespalt entstand, fürchtete der Oberst, Paulus könnte von ihnen zerrissen werden. Darum ließ er eine Truppe herabkommen, ihn aus ihrer Mitte reißen und in die Kaserne führen. 11 Doch in der folgenden Nacht kam der Herr zu ihm und sprach: Sei getrost! Denn gleich wie du für mich gezeugt hast in Jerusalem, so sollst du Zeugnis geben auch in Rom.

Verschwörung gegen Paulus: Wir sind bereit, ihn zu töten

12 Als es Tag wurde, rotteten sich die Juden zusammen, verschworen sich mit einem Fluch wider sich selbst, nicht zu essen noch zu trinken, bis sie Paulus getötet hätten. 13 Es waren aber mehr als vierzig, die dieser Verschwörung angehörten. 14 Sie gingen zu den Hohenpriestern und Ältesten und sagten: Wir haben uns verschworen – mit einem Fluch wider uns selbst –, nichts zu genießen, bis wir Paulus getötet haben. 15 Werdet also ihr zusammen mit dem Hohen Rat beim Oberst vorstellig, er möge ihn zu euch herabführen, damit ihr seine Sache genauer untersuchen könnt. Wir aber sind bereit, ihn zu töten, bevor er herankommt. 16 Doch der Schwestersohn des Paulus hörte von dem Anschlag, kam und ging in die Kaserne und meldete es dem Paulus. 17 Paulus aber ließ einen der Hauptleute zu sich rufen und sagte: Bring diesen Jüngling zum Oberst, denn er hat ihm etwas zu melden. 18 Der nahm ihn mit sich, führte ihn zum Oberst und sagte: Der Gefangene Paulus ließ mich rufen und bat mich, diesen Jüngling zu dir zu bringen; er habe dir etwas zu sagen. 19 Da nahm ihn der Oberst an der Hand abseits und fragte ihn: Was ists, das du mir zu melden hast? 20 Er antwortete: Die Juden haben vereinbart, dich morgen zu bitten, du mögest Paulus zum Hohen Rat herabführen, damit sie angeblich Genaueres untersuchen könnten. 21 Lass du dich nicht von ihnen überreden, denn mehr als vierzig Männer von ihnen lauern ihm auf; sie haben sich mit einem Fluch wider sich selbst verschworen, nicht zu essen noch zu trinken, bis sie ihn getötet hätten. Nun sind sie bereit und warten auf deine Zusage. 22 Da entließ der Oberst den Jüngling und gebot ihm: Verrate niemand, dass du mir dies angezeigt hast.

23,1-11 Der zu Christus bekehrte jüdische Theologe Paulus diskutiert mit den Autoritäten seines Volks. Selbstbewusst klagt er sie an. Hananias war **47-59** n.Chr. Hoherpriester. Im Traum wird Paulus sicher, dass er – wie in Jerusalem, so auch in Rom – Zeugnis für Christus ablegen soll. **12-35** Eine radikale jüdische Gruppe will Paulus zur Ehre Gottes und um des eigenen Volkes willen ermorden. Die Römer schützen ihren Gefangenen und bringen ihn zur Verhandlung nach Cäsarea. Felix war bis 59/60 Statthalter von Ju-

Überführung nach Cäsarea: Er verdient nicht Tod noch Gefängnis

23 Und er rief zwei seiner Hauptleute und sagte: Haltet zweihundert Soldaten bereit, von der dritten Stunde der Nacht an, und siebzig Reiter und zweihundert Schützen, damit sie nach Cäsarea ziehen. 24 Sie sollen Tiere bereit halten, damit man Paulus darauf setze und ihn sicher zum Statthalter Felix bringe. 25 Und er schrieb einen Brief folgenden Inhalts: 26 Klaudius Lysias wünscht dem hochangesehenen Statthalter Felix Heil. 27 Dieser Mann ist von den Juden ergriffen und beinahe getötet worden; ich kam mit der Truppe herbei und holte ihn heraus, denn ich erfuhr, dass er ein Römer ist. 28 Weil ich aber den Grund erfahren wollte, weswegen sie ihn anschuldigen, ließ ich ihn hinabführen in ihren Hohen Rat. 29 Ich fand aber, dass er angeschuldigt wurde wegen Streitfragen ihres Gesetzes, doch lag keine Anschuldigung gegen ihn vor, die Tod oder Gefängnis verdiente. 30 Nun, da mir angezeigt worden ist, dass ein Anschlag gegen den Mann geplant ist, sende ich ihn sogleich zu dir. Auch die Ankläger habe ich angewiesen, die Klage vor dir vorzubringen. [Lebe wohl!] 31 Die Soldaten nun nahmen den Paulus, wie ihnen befohlen war, und führten ihn mit sich während der Nacht nach Antipatris. 32 Am nächsten Tag ließen sie die Reiter mit ihm weiterziehen; sie selber kehrten in die Kaserne zurück. 33 Als jene nach Cäsarea kamen, übergaben sie dem Statthalter den Brief und brachten Paulus vor ihn. 34 Er las und fragte, aus welcher Provinz er sei, und erfuhr, dass er aus Zilizien war. 35 Da sagte er: Ich will dich verhören, wenn auch deine Ankläger angekommen sind. Und er befahl, ihn im Palast des Herodes zu bewachen.

Vor Felix: Ich glaube an Gesetz und Propheten

24 Nach fünf Tagen aber zog der Hohepriester Hananas mit einigen Ältesten und einem gewissen Tertullus, einem Anwalt, hinab und erhoben beim Statthalter Anklage wider Paulus. 2 Als dieser gerufen war, begann Tertullus mit der Anklage und sagte: Durch dich haben wir vollen Frieden gewonnen, und diesem Volk sind durch deine Fürsorge Verbesserungen in jeder Hinsicht und überall zuteil geworden. 3 Dies anerkennen wir, hochgeehrter Felix, in aller Dankbarkeit. 4 Um dich aber nicht länger hinzuhalten, bitte ich dich, uns in deiner Güte kurz anzuhören. 5 Wir haben diesen Mann als eine Pest, als Anstifter von Unruhen für alle Juden auf dem Erdkreis und als Vorkämpfer der Irrlehre der Nazoräer befunden. 6 Als er versuchte, den Tempel zu entheiligen, haben wir ihn festgenommen [und nach unserem Gesetz richten wollen. 7 Doch der Oberst Lysias kam dazu, ließ ihn mit Gewalt unseren Händen entreißen 8 und befahl seinen Anklägern, vor dich zu kommen]. Wenn du ihn verhörst, kannst du von ihm selber all diese Dinge erfahren, derentwegen wir ihn anklagen. 9 Und auch die Juden stimmten zu und sagten, dass es sich so verhalte. 10 Doch als ihm der Statthalter winkte, er solle reden, antwortete Paulus: Weil ich weiß, dass du seit vielen Jahren dieses Volkes Richter bist, verteidige ich meine Sache guten Mutes. 11 Du kannst ja erfahren, dass nicht mehr als zwölf Tage vergangen sind, seit ich hinaufzog, um in Jerusalem anzubeten. 12 Sie haben mich aber weder im Tempel dabei getroffen, dass ich mit jemand geredet oder einen Volksauflauf erregt hätte, noch in den Synagogen noch in der Stadt. 13 Sie können dir keinen Beweis bringen für die Anklage, die sie wider mich erheben. 14 Dies aber bekenne ich dir: dass ich

---

däa. Der Brief ist der einzige profane Brief im Neuen Testament. **31** Antipatris ist etwa 50 km von Jerusalem entfernt.

24,1-9 Die Ankläger verpflichten einen redegewandten Juristen. **5** »Vorkämpfer der Irrlehre der Nazoräer«: Die Jesus-Messias-Bewegung wird als Sekte (Irrlehre) charakterisiert. Jesus wird gelegentlich »Nazoräer« genannt (vgl. Mt 2,23). Die Christen werden nur hier so bezeichnet. **6** Einige Textzeugen fügen ein »und nach unserem Gesetz richten wollen«. **7** Aber der Oberst Lydias kam herzu und entriss ihn mit Gewalt ihren Händen. **10-21** Paulus weist die Anklage zurück. Er versteht sich als Jude, der dem Gott der Väter auf dem »neuen Weg« dient. Für ihn gibt es

nach dem Weg, den sie eine Irrlehre heißen,
dem Gott meiner Väter diene und alles glau-
be, was dem Gesetz entspricht, und das, was
bei den Propheten geschrieben steht. 15 Dabei
habe ich die Hoffnung zu Gott – die ja auch
sie selber haben –, dass es eine Auferstehung
der Gerechten wie der Ungerechten geben
wird. 16 Darum übe ich mich auch selbst alle-
zeit, um ein unverletztes Gewissen vor Gott
und den Menschen zu haben. 17 Nach mehre-
ren Jahren bin ich gekommen, meinem Volke
Almosen zu bringen und zu opfern. 18 Dabei
trafen sie mich, als ich mich im Tempel heilig-
te, doch weder mit Volksaufruhr noch mit
Tumult. 19 Einige Juden aus der Provinz Asi-
en, die sollten hier zugegen sein und vor dir
Klage erheben, wenn sie etwas gegen mich
haben sollten. 20 Oder sollen doch diese selbst
hier aussagen, welches Verbrechen sie fest-
stellten, als ich vor dem Hohen Rat stand.
21 Es wäre denn wegen dieses einzigen Wortes,
das ich ausrief, als ich unter ihnen stand: We-
gen der Auferstehung der Toten werde ich
von euch gerichtet.

In Untersuchungshaft:
Ich werde dich wieder rufen lassen

22 Felix aber verschob ihre Sache, da er wohl
um diesen Weg wusste, und sagte: Wenn der
Oberst Lysias herabkommt, werde ich eure
Sache entscheiden. 23 Und er befahl dem
Hauptmann, ihn in Haft zu halten und ihm
Erleichterung zu gewähren; er solle keinem
der Seinen wehren, ihm Dienste zu leisten.
24 Nach einigen Tagen kam Felix mit Drusilla,
seiner jüdischen Frau, ließ Paulus rufen und
hörte ihn über den Glauben an Christus Jesus.
25 Doch als er über Gerechtigkeit, Enthalt-
samkeit und das kommende Gericht redete,
geriet Felix in Furcht und sagte: Für diesmal
magst du gehen; ich werde dich wieder rufen
lassen zu gelegener Zeit. 26 Zugleich hoffte er
auch, Paulus würde ihm Geld geben; darum
ließ er ihn mehrmals kommen und sprach mit
ihm. 27 Doch als zwei Jahre vergangen waren,
kam Porzius Festus als Nachfolger des Felix;
und weil er den Juden gefällig sein wollte, ließ
Felix den Paulus als Gefangenen zurück.

Vor Festus:
Zum Kaiser sollst du gehen

25 Als nun Festus in der Provinz angekom-
men war, zog er nach drei Tagen von Cäsarea
hinauf nach Jerusalem. 2 Da brachten die Ho-
henpriester und die Vornehmsten der Juden
die Anklage gegen Paulus bei ihm vor und ba-
ten ihn, 3 sich eine Gunst gegen ihn erbittend:
er möge ihn nach Jerusalem überführen las-
sen; sie planten nämlich einen Hinterhalt und
wollten ihn unterwegs umbringen. 4 Festus
aber antwortete: Paulus werde in Cäsarea
festgehalten, und er selber werde baldig dort-
hin abreisen. 5 Dann mögen die Bevollmäch-
tigten unter euch – sagte er – mit hinabkom-
men und, wenn an dem Mann etwa Unrech-
tes ist, Klage erheben gegen ihn. 6 Nachdem er
sich unter ihnen nicht länger als acht oder
zehn Tage aufgehalten hatte, zog er nach Cä-
sarea hinab. Am nächsten Tag aber setzte er
sich auf den Richterstuhl und befahl, Paulus
vorzuführen. 7 Als er erschien, umringten ihn
die Juden, die aus Jerusalem herabgekommen
waren, brachten viele und schwere Anschul-
digungen vor, die sie nicht beweisen konnten.
8 Paulus aber verteidigte sich: Ich habe nichts
verbrochen, weder gegen das Gesetz der Ju-
den noch gegen den Tempel noch gegen den
Kaiser. 9 Festus aber, der sich den Juden gefäl-
lig erweisen wollte, antwortete dem Paulus
und sagte: Willst du nach Jerusalem hinauf-
gehen und dich dort dieser Dinge wegen von
mir richten lassen? 10 Paulus aber sprach: Ich
stehe vor dem Richterstuhl des Kaisers, da
muss ich gerichtet werden. Den Juden habe

---

keinen Bruch zwischen Juden und Christen. **22-26** Felix verschleppt den Prozess. Er will die Juden nicht verärgern, aber er interessiert sich auch für die Lehre, die Paulus verbreitet. Daneben hofft er auch auf Bestechungsgelder. **27** Porzius Festus war 59/60 n.Chr. Statthalter über Judäa.
25,1-12 Die jüdischen Gegner des Paulus machen den neuen Statthalter auf das schwebende Verfahren gegen Paulus aufmerksam. Gleich nach seiner Ankunft in Cäsarea nimmt Festus den Prozess auf. Er will sich die Gunst seiner jüdischen Untertanen sichern und verlegt den Prozess nach Jerusalem. Paulus aber fürchtet, in Jerusalem einem jüdischen Gericht ausgeliefert zu sein. Darum macht er von seinem Recht Ge-

ich kein Unrecht getan, wie du wohl weißt.
[11] Bin ich im Unrecht und habe ich etwas Todeswürdiges begangen, so weigere ich mich nicht zu sterben. Ist aber nichts an dem, dessen diese mich beschuldigen, so vermag mich keiner ihnen auszuliefern. Ich lege Berufung an den Kaiser ein.
[12] Da besprach sich Festus mit seinem Rat und antwortete: An den Kaiser hast du Berufung eingelegt. Zum Kaiser sollst du gehen.

Festus berichtet Agrippa: Es geht um Jesus

[13] Als einige Tage vergangen waren, kamen König Agrippa und Berenike nach Cäsarea, um Festus zu begrüßen.
[14] Und da sie sich mehrere Tage dort aufhielten, legte Festus dem König die Angelegenheit des Paulus vor und sagte: Von Felix ist ein Mann gefangen zurückgelassen worden.
[15] Seinetwegen erhoben, als ich in Jerusalem war, die Hohenpriester und die Ältesten der Juden Klage und forderten seine Verurteilung.
[16] Ich gab ihnen Antwort, es sei bei den Römern nicht Brauch, irgendeinen Menschen auszuliefern, ehe der Angeklagte den Anklägern persönlich gegenüberstand und Gelegenheit bekommt, sich gegen die Anschuldigung zu verteidigen.
[17] Als sie nun hier zusammengekommen waren, setzte ich mich ohne Verzug am nächsten Tag auf den Richterstuhl und ließ den Mann vorführen.
[18] Als aber die Kläger auftraten, brachten sie keine Beschuldigung vor wegen Übeltaten, wie ich sie vermutete,
[19] sondern sie hatten gegen ihn gewisse Streitfragen wegen ihrer Religion und eines gewissen verstorbenen Jesus, von dem Paulus behauptet, er lebe.
[20] Da ich nun bei der Untersuchung darüber nicht entscheiden konnte, sagte ich, ob er nach Jerusalem hinaufgehen und sich dort darüber richten lassen wolle.
[21] Da sich Paulus darauf berief, für die Entscheidung seiner kaiserlichen Majestät zurückgestellt zu werden, befahl ich, ihn in Haft zu halten, bis ich ihn zum Kaiser schicken würde.
[22] Agrippa sprach zu Festus: Ich selber möchte diesen Menschen auch hören. Morgen, sagte er, sollst du ihn hören.

Vor König Agrippa: Ich habe nichts Todeswürdiges gefunden

[23] Am folgenden Tag kamen Agrippa und Berenike mit großem Gepränge und betraten mit den Obersten und den vornehmsten Männern der Stadt den Saal. Auf Befehl des Festus wurde nun Paulus vorgeführt.
[24] Und Festus sprach: König Agrippa und ihr Männer alle, die ihr mit uns zugegen seid, hier seht ihr den, dessentwegen mich die ganze Menge der Juden in Jerusalem und auch hier bestürmte, indem sie riefen, er dürfe nicht mehr leben.
[25] Doch ich stellte fest, dass er nichts Todeswürdiges begangen hat; weil er aber selber Berufung an seine Majestät eingelegt hat, beschloss ich, ihn hinzuschicken.
[26] Was ich meinem Herrn Zuverlässiges über ihn schreiben soll, weiß ich nicht. Darum habe ich ihn euch und vor allem dir, König Agrippa, vorgeführt, damit ich nach abgeschlossenem Verhör weiß, was ich schreiben soll.
[27] Denn es scheint mir sinnlos, einen Gefangenen zu schicken, ohne die Anschuldigungen zu nennen, die gegen ihn vorliegen.

Vor König Agrippa: Ich sage, was die Propheten und Mose sagten

26 Agrippa sagte zu Paulus: Es ist dir gestattet, in eigener Sache zu reden. Da streckte Paulus die Hand aus und begann mit seiner Verteidigung:
[2] Ich schätze mich glücklich, König Agrippa, dass ich mich heute vor dir über alles, dessen ich von den Juden beschuldigt werde, verteidigen kann.
[3] Du bist ja ein vorzüglicher Kenner aller jüdischen Bräuche und Streitfragen; darum bitte ich dich, mich geduldig anzuhören.
[4] Alle Juden kennen meinen Lebenswandel von Jugend auf, den ich von Anfang an inmitten meines Volkes und in

---

brauch, das jedem römischen Bürger zusteht. Er appelliert an den Kaiser und fordert die Verlegung seines Prozesses nach Rom. **13-23** Der Tetrarch Herodes Agrippa II trägt seit 53 n.Chr. den Titel »König«. Berenike ist seine Schwester. **23-26** Festus veranstaltet ein Scheinverhör zur Unterhaltung der Gäste.

26,1-22 Auch in dieser (seiner letzten) Rede setzt sich Paulus nicht mit den Argumenten seiner Ankläger

Jerusalem geführt habe. [5] Sie kennen mich seit
jeher – wenn sie Zeugnis geben wollen –, dass
ich nämlich nach der strengsten Lehre unse-
rer Religion als Pharisäer lebte. [6] Und jetzt ste-
he ich vor Gericht wegen der Hoffnung auf
die von Gott an unsere Väter ergangene Ver-
heißung, [7] zu der unser Volk der zwölf Stäm-
me, Gott Tag und Nacht dienend, zu gelangen
hofft. Dieser Hoffnung wegen, o König, bin
ich von den Juden angeklagt. [8] Warum gilt es
bei euch für unglaublich, dass Gott Tote er-
weckt? [9] Ich meinte zwar bei mir selbst, ich
müsse gegen den Namen Jesu, des: Na-
zoräers, viel Feindseliges verüben. [10] Und das
tat ich denn auch zu Jerusalem; viele der Hei-
ligen ließ ich in Gefängnisse schließen, nach-
dem ich von den Hohenpriestern Vollmacht
erlangt hatte, und wenn sie getötet werden
sollten, stimmte ich zu. [11] In allen Synagogen
zwang ich sie oftmals durch Strafe zu lästern
dadurch, dass ich über die Maßen gegen sie
wütete und sie bis in die auswärtigen Städte
verfolgte. [12] Doch als ich dabei mit Vollmacht
und Auftrag des Hohenpriesters nach Da-
maskus reiste, [13] sah ich mitten am Tag auf
dem Weg, o König, ein Licht, das heller als der
Sonne Glanz vom Himmel her mich und mei-
ne Begleiter umstrahlte. [14] Da stürzten wir al-
le zur Erde, und ich hörte eine Stimme in he-
bräischer Sprache zu mir sagen: Saul, Saul!
Warum verfolgst du mich? Es ist hart für dich,
wider den Stachel auszuschlagen. [15] Ich aber
fragte: Wer bist du, Herr? Da sprach der
Herr: Ich bin Jesus, den du verfolgst. [16] Steh
auf! Stell dich auf deine Füße; denn dazu bin
ich dir erschienen, dich zum Diener zu bestel-
len und zum Zeugen dessen, wie ich mich dir
zeigen werde, und dessen, was dir gezeigt
werden wird. [17] Ich werde dich bewahren vor
dem Volk und vor den Völkern, zu denen ich
dich sende, [18] ihnen zu öffnen die Augen, da-
mit sie umkehren aus Finsternis zum Licht
und aus der Gewalt Satans zu Gott, auf dass
sie Sündennachlass erlangen und ein Erbteil
unter den Heiligen durch den Glauben an
mich. [19] Deshalb, König Agrippa, habe ich der
himmlischen Erscheinung den Gehorsam
nicht versagt, [20] sondern ich kündete erst de-
nen in Damaskus und in Jerusalem und denen
in der Landschaft Judäa und unter den Völ-
kern, sie sollten umkehren und zurückkehren
zu Gott und Werke tun, die der Umkehr wür-
dig sind. [21] Darum ergriffen mich die Juden im
Tempel und versuchten, mich zu töten.
[22] Aber durch Gottes Hilfe, die ich erfahren
habe, stehe ich bis zum heutigen Tag und lege
Zeugnis ab vor klein und groß und sage
nichts anderes als das, was die Propheten und
Mose geredet haben, dass es geschehen wer-
de: [23] Zum Leiden bestimmt sei der Messias;
als Erster aus der Auferstehung der Toten ver-
künde er Licht dem Volk und den Völkern.
[24] Doch als er dies zu seiner Verteidigung vor-
brachte, sagte Festus mit lauter Stimme: Pau-
lus, du bist von Sinnen! Das viele Forschen in
der Schrift bringt dich von Sinnen. [25] Paulus
aber sagte: Ich bin nicht von Sinnen, hochge-
ehrter Festus, sondern Worte der Wahrheit
und der Besonnenheit rede ich. [26] Der König,
zu dem ich freimütig rede, weiß ja von diesen
Dingen. Ich kann nicht glauben, dass ihm et-
was davon verborgen ist – sie sind ja nicht in
einem Winkel geschehen. [27] König Agrippa,
glaubst du den Propheten? Ich weiß, dass du
glaubst. [28] Agrippa aber sagte zu Paulus: In
Kürze überredest du mich noch, ein Christ zu
werden. [29] Paulus sagte: Ich möchte zu Gott
beten, dass, sei es in kurzem, sei es nach lan-

auseinander. Mit wenigen Worten sagt er, wie er wurde, was er jetzt ist: Christusprediger. **7-8** Das jüdische Volk glaubt die Auferstehung. Doch Paulus geht es um die christliche Ausprägung dieses Glaubens: das Bekenntnis zu Jesus von Nazaret, dem Auferstandenen. **12-18** Die knappste Schilderung der Berufung (vgl. 9,1-9; 22,4-16). **19-23** Paulus wirbt um das Verständnis des Juden Agrippa. Er ruft Juden und Heiden zur Umkehr, stellt die Heiden den Juden gleich. Das Evangelium gilt ja Juden wie Heiden gleichermaßen. Paulus, der Christ, kann die Heilige Schrift seines Volkes nur von Jesus her und auf ihn hin verstehen. **24** Der Heide Festus unterbricht die Rede. Er versteht nicht, wie Paulus argumentiert. **26** Ein verbreiteter Vorwurf behauptet, das Christentum habe in einem Winkel begonnen. **28-32** Der Dialog endet fast freundschaftlich. Die Vertreter der Juden stellen wie die Römer vor ihnen die Unschuld des Angeklagten fest.

ger Zeit, nicht allein du, sondern auch alle, die mich heute hören, solche würden, wie ich bin, ausgenommen diese Fesseln. 30 Da standen der König, der Statthalter, Berenike und die bei ihnen saßen auf. 31 Und als sie sich zurückgezogen hatten, redeten sie miteinander und sagten: Dieser Mann tut nichts, was Tod oder Fesseln verdient. 32 Agrippa sagte zu Festus: Diesen Menschen hätte man freilassen können, wenn er nicht Berufung an den Kaiser eingelegt hätte.

Seereise nach Rom:
Von Cäsarea nach Kreta

27 Als nun beschlossen war, dass wir nach Italien abfahren sollten, übergab man Paulus samt den anderen Gefangenen einem Hauptmann einer kaiserlichen Kohorte namens Julius. 2 Wir bestiegen ein Schiff aus Adramyttium, das nach den Orten an der Küste von Kleinasien fahren sollte, und lichteten die Anker. Aristarch, ein Mazedonier aus Thessalonich, begleitete uns. 3 Am folgenden Tag gelangten wir nach Sidon. Julius verhielt sich freundlich zu Paulus und gestattete ihm, zu seinen Freunden zu gehen und sich versorgen zu lassen. 4 Von dort fuhren wir ab und segelten, da wir Gegenwind hatten, an Zypern vorüber. 5 Nachdem wir das Meer längs Zilizien und Pamphylien durchquert hatten, kamen wir nach Myra in Lyzien. 6 Dort traf der Hauptmann ein Schiff aus Alexandria, das nach Italien fuhr, und brachte uns dorthin an Bord. 7 Eine Reihe von Tagen kamen wir nur langsam vorwärts und mit Mühe auf die Höhe von Knidos, denn der Wind stand uns entgegen; darum umsegelten wir Kreta bei Salmone 8 und erreichten in mühsamer Fahrt der Küste entlang einen Ort namens Kaloi Limenes in der Nähe der Stadt Lasäa.

Im Seesturm:
Gott hat dir alle geschenkt,
die mit dir fahren

9 Da aber geraume Zeit vergangen und die Schifffahrt schon gefährlich war – die Zeit der Fasten war schon vorüber –, redete ihnen Paulus zu 10 und sagte: Ihr Männer, ich sehe, dass die Weiterfahrt mit Gefahr und großem Verlust nicht nur für die Ladung und das Schiff, sondern auch für unser Leben verbunden ist. 11 Der Hauptmann jedoch glaubte dem Steuermann und dem Schiffsherrn mehr als dem, was Paulus sagte. 12 Und weil der Hafen zum Überwintern nicht geeignet war, fasste die Mehrheit den Beschluss, von dort wegzufahren, um wenn möglich nach Phönix, einem nach Süden und Nordwesten offenen Hafen von Kreta, zu gelangen und zu überwintern. 13 Als ein leichter Südwind aufkam, glaubten sie, ihr Vorhaben sicher ausführen zu können, lichteten die Anker und fuhren an Kretas Küste entlang. 14 Doch nicht lange danach brach von ihr her ein Wirbelsturm aus, der so genannte Eurakylon. 15 Weil das Schiff mitgerissen wurde und nicht gegen den Wind standhalten konnte, gaben wir es preis und ließen uns treiben. 16 Und als wir auf der Fahrt in den Schutz einer kleinen Insel namens Klauda gelangten, konnten wir uns nur mit Mühe des Beibootes bemächtigen. 17 Sie zogen es herauf, brachten Schutzmittel an, indem sie das Schiff umgürteten. Weil sie fürchteten, in die Syrte zu geraten, zogen sie die Segel ein und ließen sich treiben. 18 Da wir aber schwer unter dem Sturm litten, warfen sie tags darauf einen Teil der Fracht über Bord, 19 und am dritten Tag warfen sie mit eigenen Händen das Gerät des Schiffs über Bord. 20 Als aber mehrere Tage lang weder Sonne noch Sterne schienen und ein heftiger Sturm

---

27,1 Im Bericht von der Seereise nach Rom werden viele seemännische Fachausdrücke gebraucht. Zum größeren Teil ist der Report im »Wir-Stil« abgefasst. Das weist auf einen Augenzeugen als Verfasser hin. **1-8** Der Gefangene Paulus wird einem Gruppentransport zugeteilt. Doch Paulus hat von Anfang an einen Sonderstatus. **8** Kaloi Limenes – wörtlich: Schöner Hafen. Eine Bucht an der felsigen Küste bei der Stadt Lasäa, die nach Osten hin offen ist. Von Anfang an wird die Reise von widrigen Winden bestimmt. **9-13** Paulus ist bei der Festlegung der Reiseroute mitbeteiligt. Zeit der Fasten: Fünf Tage nach dem Großen Versöhnungstag. Je nach Jahr: Ende September bis Anfang Oktober. Im November wurde die Seefahrt eingestellt. **14-26** Als der Nordwind »Eurakylon« das Schiff überfällt, ergreift die Mannschaft alle möglichen Notmaßnahmen. Erst als alles versagt und die Lage aussichtslos scheint, greift Paulus ein. Er weiß,

uns bedrängte, schwand alle Hoffnung, dass wir gerettet würden. 21 Da trat Paulus mitten unter sie, und weil man lange ohne Nahrung geblieben, sagte er: Ihr Männer, man hätte zwar auf mich hören, nicht von Kreta abfahren und sich diese Gefahr und den Verlust sparen sollen. 22 Nun aber rate ich euch: Seid guten Mutes; keiner von euch wird das Leben verlieren - nur das Schiff. 23 In dieser Nacht trat nämlich ein Engel des Gottes, dem ich gehöre und dem ich diene, zu mir 24 und sprach: Fürchte dich nicht, Paulus! Vor den Kaiser musst du treten; und siehe, Gott hat dir alle geschenkt, die mit dir fahren. 25 Darum seid guten Muts, ihr Männer! Denn ich vertraue Gott, dass es so geschehen wird, wie mir gesagt wurde. 26 Wir müssen auf irgendeine Insel stoßen.

Schiffbruch vor Malta:
Er nahm Brot und dankte Gott

27 Als dann die vierzehnte Nacht anbrach, seitdem wir auf der Adria umhergetrieben wurden, vermuteten die Schiffsleute um Mitternacht, dass sich irgendein Land nähere. 28 Sie warfen nun das Senkblei und fanden zwanzig Faden; nach einer kurzen Strecke warfen sie es noch einmal und fanden fünfzehn Faden. 29 Weil sie nun fürchteten, wir könnten irgendwo auf Klippen stoßen, warfen sie vom Heck des Schiffes vier Anker aus und wünschten den Anbruch des Tages herbei. 30 Als aber die Schiffsleute vom Schiff weg zu fliehen suchten und das Beiboot zu Wasser ließen unter dem Vorwand, sie wollten auch vom Vorderschiff den Anker auswerfen, 31 sagte Paulus zum Hauptmann und den Soldaten: Wenn sie nicht im Schiff bleiben, könnt ihr nicht gerettet werden. 32 Da hieben die Soldaten die Taue des Bootes ab und ließen es treiben. 33 Als es anfing, Tag zu werden, ermahnte Paulus alle, Nahrung zu nehmen, und sagte: Heute ist schon der vierzehnte Tag, dass ihr wartet, nüchtern bleibt und keine Nahrung genommen habt. 34 Darum ermahne ich euch, Speise zu euch zu nehmen, denn das dient zu eurer Rettung; keinem von euch wird ein Haar vom Haupt verloren gehen. 35 Nach diesen Worten nahm er Brot, sagte Gott Dank vor aller Augen, brach es und fing an zu essen. 36 Da wurden alle zuversichtlicher und begannen zu essen. 37 Es waren unser auf dem Schiff insgesamt zweihundertsechsundsiebzig Seelen. 38 Nachdem sie sich nun satt gegessen, erleichterten sie das Schiff und warfen das Getreide ins Meer. 39 Als es dann Tag wurde, erkannten sie zwar das Land nicht, doch sie gewahrten eine Bucht mit einem flachen Strand; sie beschlossen, wenn möglich das Schiff dort auflaufen zu lassen. 40 Sie schnitten nun die Anker ab und ließen sie im Meer, gleichzeitig lösten sie die festgebundenen Steuerruder. Nachdem sie das Vordersegel aufgezogen hatten, hielten sie mit dem Wind auf das Ufer zu. 41 Doch sie gerieten auf eine Sandbank und strandeten mit dem Schiff; das Vorderteil blieb, da es feststeckte, unbeweglich, das Heck aber drohte unter der Gewalt des Meeres zu zerbrechen. 42 Da fassten die Soldaten den Beschluss, die Gefangenen zu töten, damit keiner schwimmend entkomme. 43 Der Hauptmann aber wollte Paulus retten; so hinderte er sie an ihrem Vorhaben und befahl, diejenigen, die schwimmen könnten, sollten sich ins Meer werfen und zuerst an Land gehen, 44 dann die übrigen teils mit Planken, teils auf irgendeinem Stück vom Schiff. Und so kam es, dass alle ans Land gerettet wurden.

Winter auf Malta:
Es kamen alle Kranken und wurden geheilt

28 Nach unserer Rettung erfuhren wir, dass die Insel Malta heiße. 2 Die Eingeborenen er-

---

wer über diese Reise wacht. **17** Die Matrosen spannen Gurte um das Schiff, um es vor dem Auseinanderbrechen zu schützen. **27** Adria: Gemeint ist das Mittelmeer zwischen Kreta und Sizilien. **28** Ein Faden = ein Klafter = 1,85 Meter. **34** Paulus ist der eigentliche Kapitän dieses Schiffes. **35-38** In dieser Nacht der äußersten Gefahr isst Paulus Brot und demonstriert damit, dass kein Grund zur Angst besteht. **39-41** Das Schiff strandet. Die Besatzung und alle, die auf dem Schiff sind, können sich retten.

28,1-10 Die Überlieferung verknüpft zwei Wundergeschichten mit dem Aufenthalt des Paulus auf Mal-

Paulus aus Tarsus,
einer, der gerufen wurde
und sich rufen ließ
einer, der sich den Terminplan
diktieren ließ
sich zur Verfügung stellte
bis zur letzten Konsequenz
einer, der das Evangelium
in Rom verkündete
dem Herz der damaligen Welt
einer, dessen Spur sich verliert
Seine Botschaft freilich
stiftet immer noch Glauben
weltweit

(Kap. 28)

wiesen uns eine ungewöhnliche Menschenfreundlichkeit. Sie zündeten nämlich ein Feuer an und holten uns alle herbei wegen des einsetzenden Regens und der Kälte.
[3] Als Paulus ein Bündel Reisig zusammenraffte und auf das Feuer legte, fuhr wegen der Hitze eine Natter heraus und hing sich an seine Hand.
[4] Wie aber die Eingeborenen das Tier an seiner Hand hängen sahen, sagten sie zueinander: Dieser Mensch ist gewiss ein Mörder, den die Rachegöttin nicht leben lässt, obgleich er dem Meer entkommen ist.
[5] Er aber schleuderte das Tier weg ins Feuer, und es geschah ihm kein Übel.
[6] Jene aber erwarteten, dass er anschwellen oder plötzlich tot umfallen werde. Als sie aber lange warteten und sahen, dass ihm kein Übel widerfuhr, änderten sie ihre Meinung und sagten, er sei ein Gott.
[7] In jener Gegend aber hatte der vornehmste Beamte der Insel, namens Publius, Güter. Er nahm uns auf und beherbergte uns drei Tage lang freundlich.
[8] Es traf sich aber, dass der Vater des Publius an Fieber und Ruhr schwer darniederlag. Paulus ging zu ihm hinein, betete und heilte ihn, indem er ihm die Hände auflegte.
[9] Nachdem dies geschehen war, kamen auch die übrigen Kranken der Insel herbei und wurden geheilt.
[10] Sie erzeigten uns viele Ehren, und als wir abfuhren, luden sie uns auf, was wir nötig hatten.

Von Malta nach Rom: Die Brüder kamen uns entgegen

[11] Nach drei Monaten aber fuhren wir auf einem alexandrinischen Schiff, das auf der Insel überwintert hatte, weiter. Es hatte die Dioskuren als Wahrzeichen.
[12] Wir kamen nach Syrakus und blieben dort drei Tage.
[13] Von dort fuhren wir hinüber und kamen nach Regium; und als am andern Tag der Südwind aufkam, gelangten wir in zwei Tagen nach Puteoli.
[14] Hier fanden wir Brüder und wurden gebeten, sieben Tage bei ihnen zu bleiben. Und so kamen wir nach Rom.
[15] Von dort zogen uns die Brüder entgegen, da sie Nachricht über uns erhalten hatten, bis Forum Appii und Tres Tabernae. Als Paulus sie sah, dankte er Gott und fasste Mut.
[16] Als wir aber nach Rom hineingekommen waren, wurde dem Paulus gestattet, für sich zu bleiben mit dem Soldaten, der ihn bewachte.

In Rom: Um der Hoffnung Israels willen trage ich diese Ketten

[17] Nach drei Tagen war es, da ließ Paulus die Vornehmsten der Juden zusammenrufen. Als sie zusammengekommen waren, sprach er zu ihnen: Brüder! Obwohl ich nichts wider das Volk oder die Sitten der Väter getan habe, wurde ich gefangen von Jerusalem den Händen der Römer ausgeliefert.
[18] Die aber wollten mich, nachdem sie mich verhört hatten, freilassen, weil keine todeswürdige Schuld bei mir vorlag.
[19] Weil jedoch die Juden widersprachen, war ich genötigt, Berufung an

---

ta: Paulus selbst übersteht den Biss einer Giftschlange und heilt den Vater des Publius. **2** Die Eingeborenen, wörtlich: »Barbaren«. So bezeichnen die Griechen alle, die nicht Griechisch sprechen. **7** Der Erste der Insel: Inschriften bestätigen diese Bezeichnung als offiziellen Titel. **11-15** Der letzte Abschnitt der Reise. **13** Rhegium = Reggio di Calabria; Puteoli = Puzzuoli, damals bedeutender Südhafen Roms. **15** Tres Tabernae, etwa 5 km vor Rom. **16** Paulus hat mit der Ankunft in Rom sein Ziel erreicht. Damit endet der »Wir-Bericht« der Apostelgeschichte. **17-22** Auch in Rom sucht Paulus zunächst Kontakte zu Juden.

den Kaiser einzulegen – doch nicht, als ob ich
wider mein Volk eine Anklage hätte. 20 Aus
diesem Grund habe ich gebeten, euch zu se-
hen und zu euch zu reden; denn um der Hoff-
nung Israels willen trage ich diese Kette.
21 Darauf sagten sie zu ihm: Wir haben weder
Briefe deinetwegen aus Judäa erhalten, noch
ist einer von den Brüdern gekommen und hat
etwas Böses von dir berichtet oder geredet.
22 Doch wir möchten von dir hören, welcher
Meinung du bist; denn von dieser Irrlehre ist
uns bekannt, dass ihr allenthalben wider-
sprochen wird. 23 Sie bestimmten ihm einen
Tag und kamen in noch größerer Zahl in die
Herberge zu ihm. Und er erklärte und be-
zeugte ihnen das Reich Gottes vom Morgen
bis zum Abend und suchte sie, ausgehend
vom Gesetz des Mose und den Propheten, für
Jesus zu gewinnen. 24 Und die einen ließen
sich von dem überzeugen, was er sagte, die
anderen blieben ungläubig. 25 Untereinander
uneinig, brachen sie auf, nachdem Paulus das
eine Wort gesagt hatte: Treffend hat der Hei-
lige Geist durch den Propheten Jesaja zu eu-
ren Vätern gesprochen: 26 Geh zu diesem Volk
und sprich: Mit Ohren werdet ihr hören, und
doch nicht verstehen; mit Augen werdet ihr
sehen, und doch nicht erkennen; 27 denn ver-
stockt ist das Herz dieses Volkes; mit ihren
Ohren hören sie schwer, und ihre Augen ha-
ben sie geschlossen, damit sie nicht sehen mit
ihren Augen und hören mit ihren Ohren noch
mit dem Herzen verstehen und umkehren
und ich sie heile. 28 So sei euch denn kundge-
tan: Den Völkern wurde dieses Heil Gottes
gesandt, und sie werden darauf hören. 29 [Und
als er dies gesagt hatte, gingen die Juden weg
und stritten heftig untereinander.] 30 Er aber
blieb zwei ganze Jahre in seiner eigenen Miet-
wohnung und nahm alle auf, die zu ihm ka-
men. 31 Er verkündete das Reich Gottes und
belehrte sie über Jesus, den Messias, mit al-
lem Freimut, ungehindert.

Wir bitten dich für alle, die in Jesu Namen
die Kirche führen und leiten:
Befreie sie von aller Angst,
vor allem von der um die eigene Würde.
Gib ihnen Mut,
dass sie dem Leben trauen und dir.
Treibe sie, heiliger Geist,
hinaus auf die Straßen und Plätze,
in Regierungspaläste und Notunterkünfte,
Altenheime und Discos,
Schulen, Kaufhäuser, Fabriken und Gefäng-
nisse, Flüchtlingslager und Kasernen –
dorthin, wo Menschen sind.
Begeistere sie, gib ihnen neue Gedanken,
neue Sprachen, dass alle hören und
verstehen:
Die Frauen und Männer, die Jungen und
Alten, die Verliebten und Geschiedenen,
die Minister und Müllmänner,
die Arbeitslosen und Arbeitgeber,
die Heimatlosen und Ehrenbürger,
die Bettler und Millionäre,
die Schüler und ihre Lehrer:
Komm, heiliger Geist, entzünde das Feuer
deiner Liebe.

23-28 Die einzige Nachricht über das Wirken des Paulus in Rom. Paulus kann einige für den Glauben gewinnen. Die Mehrzahl lässt sich nicht überzeugen.
30-31 Die Apostelgeschichte endet mit einem Hinweis auf den Aufenthalt und das Wirken des Paulus in Rom. Die Überlieferung gibt eine Nachricht weiter, nach der er im Jahr 64 oder 67 n.Chr. in Rom enthauptet wurde.

Die Paulinischen Briefe

Im Gegensatz zu den Evangelien und der Apostelgeschichte sind die Paulusbriefe authentische Zeugnisse von Leben und Denken eines engagierten Jesus-Anhängers. Dass Lukas ihn dennoch nicht kannte, zeigt, wie langsam sich damals geschriebene Zeugnisse ausbreiteten.
Paulus stammte aus Tarsus im Osten von Zilizien; dort hatten Juden bestimmte Privilegien. Wie sein Vater hatte auch Paulus sowohl die tarsische als auch römische Staatsbürgerschaft. Die Familie berief sich darauf, zum Stamm Benjamin zu gehören; daher bekam der Sohn den Namen Saul, des ersten Königs, der zu diesem Stamm gehörte. Öffentlich trat er allerdings mit dem Namen Paulus auf (die »Namensänderung« hatte also keinen Zusammenhang mit seiner Bekehrung). Der junge Paulus hat sich dem pharisäischen Tora-Studium gewidmet, wohl in Jerusalem. Da er das Zeltmacherhandwerk lernte, erwarb er sich eine gewisse wirtschaftliche Unabhängigkeit.
Entgegen den Angaben in der Apostelgeschichte hat Paulus die Jerusalemer Urgemeinde noch nicht verfolgt. Ob er bei der Steinigung des Stephanus dabei war, ist sehr fraglich. Die Apostelgeschichte ist auch unzuverlässig mit der Behauptung, Paulus sei im Auftrag des Hohen Rats nach Damaskus gereist. Dort hatte nämlich dieses in Jerusalem bedeutsame Gremium nichts zu sagen.
Im 1. Korintherbrief schreibt Paulus, der Auferstandene sei als Letztem auch ihm erschienen. Ob seine »Bekehrung« eine plötzliche Erfahrung oder ein langsamer Reifungsprozess war, ist nicht klar. Wir wissen wenig über die Erfahrungen nach seiner Berufung. Erst nach drei Jahren reiste er nach Jerusalem, um Petrus zu treffen. Mit den übrigen Aposteln suchte er keinen Kontakt. Bis zum sog. »Apostelkonzil« dauerte es weitere 14 Jahre. In Jerusalem suchte Paulus offensichtlich auch keinen Kontakt mit der dortigen christlichen Gemeinde.
In der Folgezeit wirkte Paulus als Wanderprediger. Er lebt in seiner Heimatstadt Tarsus, bis Barnabas ihn zur Mitarbeit nach Antiochien holte. Er spricht und schreibt spontan und lebendig; daher sind manche seiner Gedanken nicht ausgewogen und nicht widerspruchsfrei. Die »echten« Briefe (das heißt jene, die zu Recht seinen Namen tragen) gehen an Gemeinden mit städtischem Kern.
Paulus suchte immer wieder neue Menschen für das Evangelium zu gewinnen. Sobald er eine kleine Gruppe überzeugt hatte, führte er sie einer der bereits bestehenden Hauskirchen zu. Das, was man bei uns Supervision nennt, war Paulus unbekannt; es lag auch nicht in seinem Interesse.
Auch nach dem Apostelkonzil gab es Auseinandersetzungen mit judenchristlichen Anhängern. Im Umgang mit seinen Gegnern war Paulus nicht zimperlich. Die Judenchristen sahen den Weg zu Jesus Christus an die Eingliederung ins auserwählte jüdische Volk gebunden. Paulus musste mit dem Vorwurf leben, es sei eine Anmaßung, sich als Apostel auszugeben. Doch Paulus berief sich darauf, dass er unmittelbar von Jesus Christus legitimiert worden sei; er brauchte keine apostolische Vermittlung. Schließlich handelte er ein Abkommen mit den Jerusalemern aus: Die unbeschnittenen Heidenchristen sollten anerkannt werden; als »Gegengabe« sagte er den Armen in Jerusalem finanzielle Unterstützung zu (»Gleichstellungstheologie«, vgl. Gal 3,28).

Auch mit den Korinthern gab es scharfe Auseinandersetzungen (vgl. vor allem 2 Kor). Titus suchte durch einen Brief zu vermitteln; Passagen daraus stehen in 2 Kor (1,1 - 2,14 und 7,1-15).
Seine Berufung war für Paulus eine göttliche Offenbarung. Dabei glaubt er, alle Schwierigkeiten bestehen zu können, weil er sich auf Tod und Auferstehung Jesu Christi beruft. 1 Kor 15,1-11 gilt als das älteste uns überlieferte Zeugnis der Auferweckung Jesu; doch es gab wohl auch noch ältere kürzere Formeln.
Verschiedentlich redet Paulus von seiner Krankheit; worin diese bestand, wissen wir nicht.
Durch Luthers Umakzentuierung hat der Begriff »Gesetz« im kirchlichen Bereich eine negative Wertung bekommen, so dass es zum Gegenbegriff für Evangelium wurde. Das führte zu einer fatalen antijüdischen Wirkungsgeschichte. Das erste Zeugnis einer bewusst diffamierenden Polemik. Paulus argumentierte ja eben im Römerbrief, dass die Kirche nicht an die Stelle Israels getreten ist; sie ist vielmehr nur Mitinhaberin an der Wurzel.

Insgesamt sind es 14 dem Paulus zugeschriebene Briefe; sieben sind in ihrer Echtheit unbestritten. In der geschichtlichen Reihenfolge sind das: 1 Thessalonicher, Galater, die beiden an die Korinther, der Römerbrief, der an Philemon und der Philipperbrief. Die restlichen sieben sind späteren Datums. Während der Kolosser und der Epheser noch einem unmittelbaren Paulusschüler zugeschrieben werden (der schrieb unter dem Namen seines Mentors Paulus, »pseudepigraphisch« nennt man solche Schriften) stehen 2 Thessalonicher und die Pastoralbriefe in weitaus größerem Abstand von dem, dessen Namen sie tragen.
Die Pastoralbriefe sind Anweisungen an Gemeindeleiter. Die Kirche wird unter das Leitbild des antiken Hauses gestellt; sie untersteht dem Hausherrn, der alle zugehörigen Mitglieder unter seiner Weisungsgewalt hat. Man kann also schon damals – seit dem Ursprung – von keiner spannungsfreien und gleichförmigen Entwicklung reden. Die Folge sind wechselseitige Feindprojektionen, das heißt die Kirche braucht kritische, mitdenkende und verantwortungsbewusste Gemeindemitglieder.

Der Brief an die Römer

Wohl kein Buch des Neuen Testaments hat im Laufe der Geschichte der Kirche so sehr die Gemeinden bewegt und Gruppen voneinander geschieden wie der Römerbrief des Apostels Paulus. Seine großen schwerwiegenden theologischen Themen: Israel und die Völker, Altes und Neues Bundesvolk, Verlorenheit und Erlösung sind bis heute so zentral wie zu Zeiten des Paulus. Die Auseinandersetzung zwischen Gesetz oder Geist, Bindung oder Freiheit, Verdienst oder Gnade, Leistung oder Glaube sind auch für uns Fragestellungen geblieben, die leicht zu einer, wenn auch bestechenden, so doch einseitigen Beantwortung verleiten. Ohne eingehende Beschäftigung mit diesem Brief und einem unermüdlichen, gläubigen Hinhören bleibt uns der Zugang zu den theologischen Erwägungen des Paulus verschlossen.

Kein Wunder, dass dieser Brief – sein Thema auf eine kurze Entscheidung gebracht: verdiente Gesetzesleistung oder geschenkte Gnade – die ganze westliche Kirche vor 500 Jahren gespalten hat!

Das Zentralthema des ganzen Briefes ist die Frage nach der »Gerechtigkeit« Gottes und der »Rechtfertigung« des Menschen. Nach (einseitig verstandener) Auffassung der jüdischen Gesetzeslehrer wird der Mensch vor Gott »gerecht«, wenn er die Werke verrichtet, wie sie das mosaische Gesetz vorschreibt. Dadurch erlangt er das Heil als verdienten Lohn. Gegen dieses Verständnis von der »Gesetzesgerechtigkeit« des Menschen stellt Paulus die Frohe Botschaft von der »Heilsgerechtigkeit«, die von Gott kommt. Von sich aus kann der Mensch keine Gerechtigkeit vor Gott erreichen, alle sind Sünder, Heiden wie Juden. In der neuen Heilsordnung aber schenkt Gott die »Gerechtigkeit« um der Heilstat Christi willen jedem, der die Frohe Botschaft im Glauben annimmt. Diese »Gerechtigkeit« ist eine neue Heilswirklichkeit, ein neues Leben in Christus. Dieses neue Leben, dieses »Sein in Christus« befähigt den Christen, das »Gesetz« vollkommen zu erfüllen, das heißt: dem Willen Gottes entsprechend zu leben.

Nicht die Werke des Gesetzes, sondern der Glaube macht also den Menschen »gerecht« vor Gott. Wer diese »Gerechtigkeit« erlangt hat, verrichtet gute Werke nicht deshalb, weil sie das Gesetz vorschreibt, sondern weil er dazu durch den Geist der Gotteskindschaft getrieben wird. Diese Heilsbotschaft verurteilt jede menschliche Selbstgerechtigkeit. Deshalb verwahrt sich Paulus gegen alle Zugeständnisse nach der einen oder anderen Seite, gegen alle »Inkonsequenz« und verdammt jeden, der die Grenze zwischen alter und neuer Heilsordnung verwischt (Kap. 1 - 8).

Und doch bleibt Paulus seinem Volk verbunden, ja gerade wegen seiner Zugehörigkeit zum Volk Israel treibt er die Fragen mit solcher Anteilnahme voran, bis sie in den Kapiteln 9 - 11 ihre Zuspitzung erfahren: Wenn die Kirche das Neue Israel ist, wenn die »Gerechtigkeit aus dem Glauben« dem Menschen das neue Leben bringt – was ist dann mit Israel »dem Fleische nach«, was ist das Los des auserwählten Volkes? Und Paulus kommt zum Schluss: Die Verstockung Israels wird nur so lange dauern, bis die volle Zahl der Völker durch Glauben Zugang zur Kirche gefunden hat. So will es der Heilsplan Gottes. Dabei ist zu beachten, dass das entsprechende griechische Wort für »Völker« später ganz einfach mit »Heiden« gleichgesetzt wurde.

Da also der Glaube der Getauften fruchtbar werden muss im Werk der Nachfolge des Herrn, bringt der Apostel in den letzten Kapiteln 12 - 15 Ermahnungen an die christliche

Gemeinde in Rom. Man merkt den Abschnitten an, dass der Verfasser die römische Gemeinde nur vom Hören-Sagen kennt, der einzige Brief dieser Art. Die übrigen Briefe sind alle geschrieben an Gemeinden, die Paulus kennt, teilweise selber aufgebaut hat. Doch Rom ist schließlich die große berühmte Weltstadt, Hauptstadt des römischen Reiches; da gilt es, die Christen zu ermahnen, sich politisch klug zu verhalten. Außerdem liegt Rom auf dem in Aussicht genommenen Weg des Paulus nach Spanien, um auch dort die Frohe Botschaft zu verkünden. Dabei erhofft er sich wohl Unterstützung durch die Gemeinde in Rom. Ob Paulus tatsächlich nach Spanien gekommen ist, entzieht sich der Überlieferung und damit unserer Kenntnis. Nach dem Gesagten scheint es sehr verwunderlich, dass das Schlusskapitel (16) nichts anderes ist als eine lange Liste und Aufzählung von Namen, Frauen und Männer, die er, irgendwann irgendwo kennen gelernt hat. Bei einigen ist Ort und Anlass genau angegeben. Neben anderem ist daraus zu schließen, dass auch damals schon die Leute sehr gerne gereist sind! Der Römerbrief ist eine Zusammenfassung der Verkündigung und Theologie des Apostels. Man hat ihn daher das »Testament des Paulus« genannt. Obwohl es der letzte der von Paulus geschriebenen Briefe ist, hat man ihn später wegen seines Umfangs an den Anfang der Sammlung paulinischer Briefe gestellt. Paulus schrieb diesen Brief kurz bevor er das für die Armen in Jerusalem bei heidenchristlichen Gemeinden gesammelte Geld nach Jerusalem bringen konnte. Er trat diese Reise zwischen 56 und 58 an. Vermutlich ist der Römerbrief während seines dreimonatigen Winteraufenthalts in Korinth zu Anfang des Jahres 57 geschrieben worden; daher die größere Ruhe und Ausgeglichenheit seines Hauptthemas: Gesetz und Gnade (verglichen zum Beispiel mit dem früher verfassten Brief an die Galater).

✧

An die Römer:
Gnade euch und Friede

1 Paulus, Knecht Christi Jesu, berufener
Apostel, ausgesondert für die Frohe Bot-
schaft Gottes, [2] die er vorausverkündet hat
durch seine Propheten in Heiligen Schriften,
[3] über seinen Sohn, geworden als Davids
Nachkomme dem Fleische nach, [4] bestimmt
als Sohn Gottes in Macht – dem Geiste der
Heiligkeit nach – durch die Auferstehung von
den Toten: Jesus Christus, unsern Herrn;
[5] durch ihn haben wir empfangen Gnade und
Apostelamt zum Gehorsam des Glaubens für
seinen Namen unter allen Völkern; [6] unter
diesen seid auch ihr, Berufene Jesu Christi:
[7] An alle Geliebten Gottes, berufenen Heili-
gen, die in Rom sind. Gnade euch und Friede
von Gott, unserm Vater, und dem Herrn Jesus
Christus.

Dieses theologische Schwergewicht
von einem Brief!
Die reinste Vorlesung.
Kein Wunder, dass sich
Generationen von Theologen
über diesen Brief
fast die Köpfe einschlugen.

(1,1-7)

1,1-5 In der Frohen Botschaft (= Evangelium) von Jesus, dem Messias (= Christus) haben sich Gottes Zusagen im Alten Testament erfüllt. Jesus stammt als Mensch aus Davids Geschlecht, doch er ist von Ewigkeit her der Sohn Gottes. Durch seinen Tod und seine Auferstehung ist er unser Herr geworden. **1** Paulus stellt sich als »Knecht« (genau gesagt »Sklave«) Jesu Christi vor. **3-4** Theologen reden hier von einer »Zweistufen-Christologie«. **6-7** Die Verse knüpfen an Vers 1 an; der Absender wendet sich an die Adres-

Wunsch des Paulus: Ich sehne mich, euch zu sehen

8 Zuerst nun danke ich meinem Gott durch Je-
sus Christus für euch alle, weil euer Glaube in
der ganzen Welt verkündet wird. 9 Denn mein
Zeuge ist Gott, dem ich in meinem Geiste
durch die Frohe Botschaft seines Sohnes die-
ne, wie ich unablässig euer eingedenk bin,
10 allzeit in meinen Gebeten bittend: Ich möge
doch endlich einmal das Glück haben, nach
dem Willen Gottes zu euch zu kommen.
11 Denn ich sehne mich, euch zu sehen, damit
ich etwas an geistiger Gnadengabe euch mit-
teile, dass ihr gestärkt werdet; 12 das heißt
aber, dass ich mit getröstet werde bei euch
durch den beiderseitigen Glauben, euren so-
wohl wie meinen. 13 Ich will aber nicht, dass
ihr nicht wisst, Brüder, dass ich mir oft vorge-
nommen, zu euch zu kommen – doch ich
wurde bis jetzt gehindert –, um auch bei euch
einige Frucht zu haben wie bei den übrigen
Völkern. 14 Griechen wie Ausländern, Weisen
wie Unverständigen bin ich Schuldner. 15 So
bin ich, was an mir liegt, bereit, auch euch,
denen in Rom, die Frohe Botschaft zu kün-
den.

Briefthema: Der aus Glauben Gerechte wird leben

16 Ich schäme mich nämlich der Frohen Bot-
schaft nicht. Denn Macht Gottes ist sie, zur
Rettung jedem Glaubenden, dem Juden zu-
erst und auch dem Griechen. 17 Denn Gerech-
tigkeit Gottes wird in ihr enthüllt aus Glau-
ben zum Glauben, wie geschrieben ist: Der
aus Glauben Gerechte aber wird leben.

Nach feierlicher Anrede
wird der Inhalt, das Hauptthema,
zusammengefasst:
Nicht Gesetzeswerk, sondern:
Heilshandeln Gottes.

(1,17)

Die Schuld der Heiden: Sie vertauschten Gott

18 Denn enthüllt wird Gottes Zorn vom Him-
mel her über alles falsche Gottverehren und
alle Ungerechtigkeit der Menschen, die die
Wahrheit in Ungerechtigkeit niederhalten,
19 obwohl das Erkennbare an Gott bei ihnen
offenbar ist; denn Gott hat es ihnen geoffen-
bart. 20 Das Unsichtbare an ihm wird ja seit
Schöpfung der Welt an den Geschöpfen mit
der Vernunft geschaut: nämlich seine ewige
Macht und Gottheit, so dass sie unentschuld-
bar sind. 21 Denn obwohl sie Gott kannten,
haben sie ihn nicht als Gott verherrlicht, noch
ihm gedankt, sondern sie wurden in ihren Ge-
danken betört und ihr unverständiges Herz
wurde verfinstert. 22 Sie behaupteten, weise
zu sein, und wurden Toren. 23 Und sie ver-
tauschten die Herrlichkeit des unvergängli-
chen Gottes mit dem Abbild der Gestalt eines
vergänglichen Menschen, und von Vögeln
und Vierfüßlern und Gewürm.

Erkennen und anerkennen –
dazwischen liegen Welten!

(1,23)

---

saten – in Vers 6 allgemein – in Vers 7 konkret an die Gemeinde in Rom. **8-17** Dieser Abschnitt folgt einem geprägten Schema. **8** Dank. **9-10** Fürbitte und Gebet. **11-15** Angabe über den Zweck des gewünschten Besuchs. **16-17** Der Verkünder des Evangeliums braucht sich auch in einer Welthauptstadt seiner Botschaft nicht zu schämen, denn er verkündet nicht als Ohnmächtiger, sondern in der Kraft Gottes zum Heil für jeden, der glaubt. – Mit einem Wort des Propheten Habakuk ist das Thema des Briefes zusammengefasst. Nicht das Gesetzeswerk des selbstgerechten Juden, sondern das rechtfertigende Heilshandeln Gottes gibt dem Glaubenden das Leben. **18-23** Will der Mensch Gott erkennen, reicht es nicht, dass er zugibt, dass es einen Gott gibt. Wenn Gott ist, dann schulden wir ihm Ehre und Dank. Das Erkennen muss in Anerkennen übergehen. Die Heiden wenden sich nichtigen Dingen zu, obwohl sich Gott ihnen zu erkennen gegeben hat. **18** Zorn Gottes ist für Paulus die Kehrseite der Gerechtigkeit Gottes. Wie Gott dem Glaubenden seine Gerechtigkeit zuwendet, so reagiert er auf den schuldhaften Ungehorsam, auf die Missachtung seiner Güte mit der Preisgabe des Menschen. **1,18 - 3,20** Im ersten Abschnitt wird die Situation charakteri-

24 Daher hat Gott sie in den Begierden ihrer
Herzen der Unreinheit übergeben, so dass ih-
re Leiber von ihnen selbst geschändet wur-
den, 25 sie, welche die Wahrheit Gottes mit der
Lüge vertauschten und die Schöpfung verehr-
ten und ihr dienten anstelle des Schöpfers, der
gepriesen ist in Ewigkeit. Amen. 26 Darum hat
Gott sie den Leidenschaften der Schande
übergeben. Denn ihre Frauen vertauschten
den natürlichen Verkehr mit dem wider die
Natur. 27 Und ebenso verließen auch die Män-
ner den natürlichen Verkehr mit der Frau und
entbrannten in ihrer Gier gegeneinander:
Männer trieben mit Männern das Schamlose
und empfingen die Vergeltung, die ihrer Ver-
irrung gebührt, an sich selbst. 28 Und gleich
wie sie es nicht für wert erachteten, Gott in
Erkenntnis zu haben, so übergab sie Gott
dem wertlosen Denken, das Unziemliche zu
tun. 29 Sie wurden erfüllt von jeglicher Unge-
rechtigkeit, Schlechtigkeit, Habsucht, Bos-
heit, voll Neid, Mord, Streit, Trug, Arglist.
30 Sie sind Ohrenbläser, Verleumder, Gottes-
hasser, Hochmütige, Hoffärtige, Prahler, Er-
finder im Bösen, den Eltern ungehorsam,
31 unverständig, unbeständig, lieblos, erbar-
mungslos. 32 Obwohl sie die Rechtsforderung
Gottes kennen, da die, die solches treiben,
des Todes würdig sind, tun sie es nicht nur,
sondern pflichten auch denen bei, die es so
treiben.

Wer sich von Gott abwendet,
den überlässt er der Grundsünde.
Herr, zeig mir den Weg,
der herausführt.

(1,24-32)

Das Gericht Gottes:
Nicht die Hörer des Gesetzes sind gerecht

2 Daher bist du unentschuldbar, o Mensch –
jeder, der richtet; denn indem du den andern
richtest, verurteilst du dich selbst. Denn du
treibst dasselbe, du, der du richtest. 2 Wir wis-
sen aber, dass der Richtspruch Gottes der
Wahrheit gemäß ist über die, welche solches
treiben. 3 Rechnest du damit, o Mensch, der
du, die solches treiben, richtest, und der du
dasselbe tust, dass du entfliehest dem Richt-
spruch Gottes? 4 Oder denkst du gering vom
Reichtum seiner Gütigkeit und Geduld und
Langmut, weil du nicht erkennst, dass die
Güte Gottes dich zur Umkehr führt? 5 Auf-
grund deiner Verhärtung und des umkehrun-
willigen Herzens sammelst du Zorn auf dich,
am Tag des Zorns und der Enthüllung des
Richtspruchs Gottes, 6 der jedem vergelten
wird nach seinen Werken, 7 denen, die durch
Ausharren in gutem Werk Herrlichkeit und
Ehre und Unvergänglichkeit suchen: mit ewi-
gem Leben, – 8 denen aber, die – aus Streit-
sucht und Ungehorsam gegen die Wahrheit –
der Ungerechtigkeit gehorchen, mit Zorn und
Grimm. 9 Bedrängnis und Beengung über ei-
nes jeden Menschen Leben, der das Böse
wirkt, des Juden zuerst und des Griechen;
10 Herrlichkeit aber und Ehre und Frieden je-
dem, der das Gute wirkt, dem Juden zuerst
und dem Griechen. 11 Denn bei Gott ist kein
Ansehen der Person. 12 Denn alle, die ohne
Gesetz sündigten, werden auch ohne Gesetz
zugrunde gehen. Und alle, die unter dem Ge-
setz sündigten, werden durch das Gesetz ge-
richtet. 13 Denn nicht die Hörer des Gesetzes
sind gerecht vor Gott, sondern die Täter des
Gesetzes werden gerecht gemacht. 14 Wenn
nämlich Völker, die das Gesetz nicht haben,

---

siert, in der alle Menschen vor Gott leben: Sie sind »Ungerechte«, das heißt Sünder. Alle Einzelsünden sind die Folge dieser »Grundsünde«, aus der sich der Mensch nicht aus eigener Kraft lösen kann. **24-32** Gott hat die Heiden der Unreinheit preisgegeben, weil sie die geschuldete Ehrerbietung verweigern. Nicht weil sie ein schlechtes Leben führen, können sie Gott nicht erkennen, sondern weil sie sich von Gott bewusst abgewandt haben, hat Gott sie der Sünde ausgeliefert. Am schlimmsten aber steht es mit jenen, die das Böse nicht nur tun, sondern sogar gutheißen. **2,1-11** Paulus spricht »den Menschen« allgemein und direkt an. Er spricht im Blick auf die Juden, die sich auf ihre Vorrangstellung berufen und über die Heiden urteilen. Für alle gilt: Gott bewertet das Tun des Menschen; das heißt der Mensch selbst wirkt mit am endgültigen Urteil Gottes. **1-8** Das vorausgehende Urteil über die Heiden hätte jeder rechtgläubige Jude unterschrieben; doch auch die Juden stehen unter der Sünde. **12-16** Auf welcher Grundlage kann Gott

von Natur aus tun, was des Gesetzes ist, so sind sie, die ein Gesetz nicht haben, sich selbst Gesetz. [15] Sie zeigen, dass das Werk des Gesetzes in ihre Herzen geschrieben ist, wofür ihr Gewissen zeugt und auch die Gedanken, die sich untereinander anklagen oder verteidigen –

Es ist gar nicht so neu,
sich auf das Gewissen
zu berufen!
Gewissen: das ins Herz
geschriebene Gesetz!

(2,15-16)

[16] an dem Tage, da Gott das Verborgene der Menschen richtet gemäß meiner Frohen Botschaft durch Christus Jesus.

Die Schuld der Juden:
Sie verlassen sich auf das Gesetz

[17] Wenn du dich nun Jude nennst und dich auf das Gesetz verlässt und dich in Gott rühmst, [18] den Willen kennst und – aus dem Gesetz unterrichtet – das, was entscheidend ist, wertschätzest, [19] wenn du überzeugt bist, ein Führer von Blinden zu sein, ein Licht derer in der Finsternis, [20] ein Erzieher von Unbesonnenen, ein Lehrer von Unmündigen, da du im Gesetz die Verkörperung der Erkenntnis und der Wahrheit hast, [21] – der du also den anderen belehrst, dich selber belehrst du nicht? Der du verkündest: Nicht stehlen, du stiehlst? [22] Der du sagst: Nicht ehebrechen, du brichst die Ehe? Der du die Götzenbilder verabscheust, du beraubst Tempel? [23] Der du dich im Gesetze rühmst, du entehrst Gott durch Übertretung des Gesetzes? [24] Der Name Gottes wird nämlich um euretwillen unter den Völkern gelästert, wie geschrieben ist. [25] Denn die Beschneidung nützt zwar, wenn du das Gesetz vollbringst; wenn du aber Übertreter des Gesetzes bist, ist deine Beschneidung Unbeschnittenheit geworden. [26] Wenn nun die Unbeschnittenheit die Rechtsforderungen des Gesetzes beachtet, wird nicht dessen Unbeschnittenheit zur Beschneidung angerechnet? [27] Und die Unbeschnittenheit von Natur aus, die das Gesetz erfüllt, wird dich, den Übertreter des Gesetzes – trotz Schrift und Beschneidung – richten. [28] Denn nicht der, der es offenbar ist, ist Jude, und nicht die offenbar am Fleisch ist, ist Beschneidung,

Harte Auseinandersetzung
bahnt sich an: Der Jude Paulus
gegen die »Familie«,
aus der er stammt.
Es muss hart zugegangen sein
damals!

(2,17-29)

[29] sondern der es im Verborgenen ist, ist Jude; und Beschneidung ist die des Herzens, im Geiste, nicht dem Buchstaben nach. Eines solchen Lob ist nicht von Menschen, sondern von Gott.

Vorzug der Juden: Ihnen wurden
die Aussprüche Gottes anvertraut

3 Was ist nun der Vorzug des Juden, oder was der Nutzen der Beschneidung? [2] Viel in jeder Hinsicht! Erstens nämlich: Ihnen wurden die Aussprüche Gottes anvertraut. [3] Wie denn? Wenn einige untreu geworden sind, wird wohl ihre Untreue die Treue Gottes unwirksam machen? [4] – Auf keinen Fall! Vielmehr

---

die Heiden, die seinen Willen nicht kennen, »nach ihren Werken« richten? Paulus argumentiert: Für die einen gilt das »geschriebene Gesetz« als Maß; für die anderen das »ungeschriebene Gesetz« ihres Gewissens. **17-24** Die Juden werden direkt angesprochen. In fünf Sätzen zählt Paulus die Argumente auf, mit denen sie ihren Vorrang bei Gott begründen. **24** Je klarer der Mensch den Willen Gottes erkennt, desto größer ist seine Verpflichtung, desto größer seine Schuld, desto größer die Vielfalt der Heuchelei. **25-29** Die Beschneidung als Bundeszeichen nützt dem Gesetzesübertreter nichts. Wer nicht gemäß seiner Berufung lebt, dem wird sie zum Fallstrick und Unheil. **29** Geist und Buchstabe: vgl. 7,6; 2 Kor 3,6.
3,1-8 Wer kann der Berufung gerecht werden, ist sie nicht nur eine Last? Doch eine Hoffnung bleibt in der

gilt: Gott ist wahr, jeder Mensch aber Lügner,
wie geschrieben ist: Damit du in deinen Wor-
ten als gerecht erfunden werdest und siegst,
wenn du gerichtet wirst. 5 Wenn aber unsere
Ungerechtigkeit Gottes Gerechtigkeit her-
ausstellt? Was werden wir sagen? Ist Gott
nicht ungerecht, wenn er den Zorn darauf
wirft – ich rede nach menschlicher Weise?
6 – Auf keinen Fall: Wie wird sonst Gott die
Welt richten? 7 Wenn aber die Wahrheit Got-
tes durch meine Lüge überströmte zu seiner
Herrlichkeit, was werde ich dann noch als
Sünder gerichtet?

Herr, unser Gott.
Nach deinen Maßstäben
richtest du alle,
auch wenn wir es nicht verstehen.
Du bist gerecht, das heißt auch:
Du bist treu. »Herr, ich danke dir.«

(3,1-8)

8 Und sollen wir nicht – wie wir verlästert wer-
den und wie einige behaupten, dass wir sagen
– das Böse tun, damit das Gute komme? Der
Richtspruch an sie ist gerecht.

Sünder allzumal:
Da ist kein Gerechter, auch nicht einer

9 Was also? Haben wir etwas voraus? Ganz
und gar nicht! Wir haben ja Klage erhoben,
dass Juden wie Griechen alle unter der Sünde
sind, 10 wie geschrieben ist: Da ist kein Ge-
rechter, auch nicht einer. 11 Da ist keiner, der
einsichtig ist; da ist keiner, der Gott sucht.
12 Alle sind abgewichen, allesamt unnütz ge-
worden. Da ist keiner, der das Gute tut, da ist
auch nicht einer. 13 Ein offenes Grab ist ihr
Schlund, mit ihren Zungen haben sie betro-
gen. Natterngift ist unter ihren Lippen. 14 Ihr
Mund ist voll von Fluch und Bitterkeit.
15 Schnell sind ihre Füße, Blut zu vergießen.
16 Verwüstung und Not sind auf ihren Wegen.
17 Und den Weg des Friedens kennen sie nicht.
18 Furcht Gottes ist nicht vor ihren Augen.
19 Wir wissen aber: alles, was das Gesetz sagt,
spricht es für die, welche unter dem Gesetz
sind, damit jeder Mund gestopft und alle
Welt vor Gott schuldig werde.

Ein bisschen malt dieser Paulus
schwarz/weiß; – entweder/oder!
Doch, liegt die Wahrheit
nicht oft in der Mitte?

(3,1-8)

20 Denn aus Werken des Gesetzes wird kein
Fleisch vor ihm gerechtgemacht. Durch das
Gesetz kommt nämlich Erkenntnis der
Sünde.

Gerechtigkeit aus Glauben:
Ohne Werke des Gesetzes

21 Jetzt aber ist ohne Gesetz Gerechtigkeit
Gottes geoffenbart worden, bezeugt vom Ge-
setz und den Propheten: 22 Gerechtigkeit Got-
tes aber durch Glauben an Jesus Christus, für
alle, die glauben. Denn es ist kein Unter-

Ausweglosigkeit: Gott ist trotz der Sünde »gerecht«, das heißt getreu. Er steht zu seinem berufenden Wort. **1** Paulus setzt sich mit den möglichen Einwänden gegen das bisher Gesagte auseinander. Obwohl er mit »erstens« anfängt, setzt er die Aufzählung weiterer Vorzüge erst 9,2-25 fort. **9-20** Juden wie Heiden sind schuldig geworden und deshalb dem Zorn Gottes ausgeliefert. Durch das Gesetz haben auch die Juden nur die Möglichkeit, die Sünde zu erkennen, nicht aber die Kraft, sie zu überwinden. **19-20** Die Zitate stammen aus der Heiligen Schrift der Juden (Jes 59,7; Ps 36,2; Ps 143,2) und erweisen, dass sie ebenso wie die Heiden der Sünde verhaftet sind. Das bedeutet, dass der jüdische Glaubenssatz: »Wer die Werke des Gesetzes tut (= die Gebote erfüllt), ist gerecht«, so nicht gelten kann. Der Mensch kann die Sünde, die ihn von Gott trennt, nicht durch Gebotserfüllung aufheben; solch frommes Tun führt höchstens dazu, dass der Mensch sich als Sünder erkennt.

3,21 - 8,39 Im zweiten Argumentationsgang setzt Paulus die Begründung (1,18 - 3,20) voraus und zeigt, was das Christusereignis für alle Menschen bedeutet und bewirkt. **3,21-26** Gott wurde seiner Verheißung gerecht. In seinem Sohn schenkte er der heillosen Welt das, was sie durch Werke nie erlangen kann: das Heil, das ist seine Gerechtigkeit. **22** Hier und im ganzen

schied, [23] alle haben ja gesündigt und ermangeln der Herrlichkeit Gottes. [24] Geschenkt sind sie gerechtgemacht durch seine Gnade aufgrund der Erlösung in Christus Jesus. [25] Ihn hat Gott durch den Glauben hingestellt als Sühnopfer in seinem Blut, als Erweis seiner Gerechtigkeit, um in der Geduld Gottes die vorher geschehenen Sünden zu übergehen, [26] zum Erweis seiner Gerechtigkeit in der jetzigen Zeit, damit er selbst gerecht sei und gerecht mache den, der aus Glauben an Jesus ist. [27] Wo ist also das Rühmen? Es ist ausgeschlossen! Durch welches Gesetz? Durch das der Werke? Nein! Sondern durch das Gesetz des Glaubens. [28] Denn wir rechnen damit, dass der Mensch gerechtgemacht wird durch Glauben ohne Werke des Gesetzes. [29] Oder ist Gott allein der Juden Gott? Nicht auch der Völker? Ja, auch der Völker Gott, [30] wenn Gott Einer ist, der gerecht machen wird die Beschneidung aufgrund von Glauben und die Unbeschnittenheit durch den Glauben. [31] Machen wir also das Gesetz durch den Glauben unwirksam? – Auf keinen Fall! Sondern wir halten das Gesetz aufrecht.

Gott vertrauen und deshalb:
sich ihm anvertrauen,
das heißt: »glauben«.
Glaube ich wirklich?

(3,21-31)

Schriftbeweis:
Abraham aber glaubte Gott

4 Was werden wir nun sagen, dass Abraham, unser Vorvater dem Fleische nach, gefunden hat? [2] Denn wenn Abraham aus Werken gerechtgemacht wurde, hat er Ruhm, aber nicht vor Gott. [3] Denn was sagt die Schrift? Abraham aber glaubte Gott, und das wurde ihm zur Gerechtigkeit gerechnet. [4] Dem nämlich, der Werke tut, wird der Lohn nicht nach Gnade, sondern nach Schuldigkeit angerechnet. [5] Dem aber, der keine Werke tut, doch an den glaubt, der den Gottverächter gerecht macht, wird sein Glaube zur Gerechtigkeit zugerechnet. [6] Wie auch David die Seligpreisung des Menschen ausspricht, dem Gott Gerechtigkeit zugerechnet ohne Werke: [7] Selig, denen die Gesetzlosigkeit vergeben und denen die Sünden bedeckt sind. [8] Selig der Mann, dessen Sünde der Herr nicht zurechnet.

Gerechtigkeit ohne Beschneidung:
Vater aller Glaubenden

[9] Gilt nun diese Seligpreisung der Beschneidung oder auch der Unbeschnittenheit? Wir sagen ja: Zugerechnet wurde Abraham der Glaube zur Gerechtigkeit. [10] Wie nun wurde er zugerechnet? Als er in der Beschneidung oder in der Unbeschnittenheit war? Nicht in der Beschneidung, sondern in der Unbeschnittenheit. [11] Und er empfing das Zeichen der Beschneidung als Siegel der Gerechtigkeit des Glaubens in der Unbeschnittenheit, um Vater zu sein aller in Unbeschnittenheit Glaubenden, damit ihnen Gerechtigkeit zugerech-

---

folgenden Abschnitt kann eine deutsche Übersetzung dem griechischen Text in seiner Aussage nicht gerecht werden. Das griechische Wort, das wir üblicherweise mit »glauben« wiedergeben, heißt in seiner Grundbedeutung »trauen«, »vertrauen«. Es ist also vom »Trauen Jesu Christi« die Rede, von seinem »Sich-uns-Anvertrauen«, bzw. vom Sich-Anvertrauen Gottes in Jesus Christus uns gegenüber. Die Antwort des Menschen ist das Vertrauen und der aus Vertrauen wachsende Glaube. **25** Paulus zitiert einen urchristlichen Bekenntnissatz: Gott selbst bestimmt Jesus Christus als den, der mit seinem Blut die der Sünde verfallene Welt entsühnt (vgl. Lev 16,12-15). Diese Sühne geschieht stellvertretend und damit ist sie für alle heilsentscheidend. **27-31** Durch Glauben in Jesus Christus, nicht durch das Gesetz wird dem Menschen Heil zuteil. Durch das Werk Gottes, nicht durch die Werke der Menschen wird der Glaubende gerechtfertigt. Jetzt erst hat das Gesetz seinen ursprünglich positiven Sinn: Es ist für den Glaubenden Richtschnur zur Verherrlichung Gottes.

4,1-8 Dem Glaubenden wird die Rechtfertigung durch Gnade – nicht nach Schuldigkeit mitgeteilt. Dies beweist Abraham durch seine Existenz und David belegt es durch sein Wort. **1** Die Juden berufen sich auf Abraham und dessen Beschneidung. Paulus weist darauf hin, dass Abrahams Glaube das Entscheidende war; die Beschneidung kam erst nachträglich dazu. **9-12** Abraham ist Vater der Glaubenden, denn er wurde gerechtfertigt aufgrund seines Glau-

net werde, [12] und Vater der Beschneidung zu sein denen, die nicht nur aus der Beschneidung sind, sondern auch den Fußspuren des Glaubens nachgehen, den unser Vater Abraham in Unbeschnittenheit hatte.

Abraham, der Vater aller,
die glauben.
Sein Glaube war das Entscheidende.

(4,9-12)

Gerechtigkeit ohne Gesetz:
Denn das Gesetz bewirkt Zorn

[13] Denn nicht durch das Gesetz kam die Verheißung an Abraham oder seine Nachkommenschaft, dass er der Erbe der Welt sein werde, sondern durch Gerechtigkeit des Glaubens. [14] Wenn nämlich die aus dem Gesetz Erben sind, ist der Glaube entleert und die Verheißung unwirksam gemacht. [15] Denn das Gesetz bewirkt Zorn. Wo aber kein Gesetz ist, ist auch keine Übertretung. [16] Darum: aus Glauben, damit: gemäß der Gnade, auf dass die Verheißung sicher sei aller Nachkommenschaft, nicht nur der aus dem Gesetz, sondern auch der aus dem Glauben Abrahams, der unser aller Vater ist, [17] wie geschrieben steht: Zum Vater vieler Völker habe ich dich gesetzt, vor Gott, dem er geglaubt hat, der die Toten lebendig macht und das Nichtseiende wie Seiendes ruft.

Geschichte Abrahams:
Er hat auf Hoffnung hin geglaubt

[18] Er hat gegen alle Hoffnung auf Hoffnung hin geglaubt, dass er Vater vieler Völker werde, gemäß dem Gesagten: So wird deine Nachkommenschaft sein. [19] Und ohne im Glauben schwach zu werden, bedachte er seinen erstorbenen Leib – da er schon fast hundertjährig war – und das Erstorbensein des Schoßes der Sara. [20] An der Verheißung Gottes aber wurde er nicht urteilsschwankend durch Unglauben, sondern, stark durch Glauben, gab er Gott die Herrlichkeit, [21] und war voll überzeugt, dass der mächtig ist, was er verheißen, auch zu tun. [22] Daher wurde es ihm zur Gerechtigkeit zugerechnet. [23] Aber es ist nicht nur seinetwegen geschrieben, dass es ihm zugerechnet wurde, [24] sondern auch unsertwegen, denen es zugerechnet werden soll, die wir glauben an den, der Jesus, unsern Herrn, von den Toten auferweckt hat, [25] der unserer Verfehlungen wegen überliefert wurde und unserer Gerechtmachung wegen auferweckt wurde.

Wir sind Erben
von Abrahams Glauben.
Sich Gott anvertrauen,
das macht uns gerecht.
Abrahams Vertrauen –
das ist Vorbild für uns.

(4,18-25)

Neue Gerechtigkeit:
Die Liebe Gottes ist ausgegossen

5 Da wir nun aus Glauben gerechtgemacht sind, haben wir Frieden mit Gott durch unsern Herrn Jesus Christus, [2] durch den wir auch [durch den Glauben] Zugang bekommen haben zu dieser Gnade, in der wir stehen, und uns rühmen in der Hoffnung auf die Herrlichkeit Gottes. [3] Aber nicht nur das, sondern wir rühmen uns auch in den Be-

bens, nicht aufgrund der Beschneidung. Seine Kinder sind daher alle, die glauben, Beschnittene und Unbeschnittene. **13-25** Auch wir sind zu Kindern Abrahams berufen, sind Erben der an ihn ergangenen Verheißung. Deshalb gilt für uns: Wenn wir uns im Glauben an den halten, der Jesus Christus von den Toten erweckt hat, wird auch uns der Glaube zur Gerechtigkeit angerechnet. Denn Abrahams Glaube ist Vorbild des rechtfertigenden Glaubens in Christus. **17** Vgl. Gen 17,5. **18** Vgl. Gen 15,5. **22** Vgl. Gen 15,6. **25** Hier zitiert Paulus einen urchristlichen Bekenntnissatz (vgl. 53,4).

5,1-6 Das Kreuz ist der Wendepunkt in der Geschichte Gottes mit den Menschen. Der Glaubende ist der Heil- und Hoffnungslosigkeit entrissen und durch Jesus Christus mit dem Vater versöhnt. So sind wir Trä-

drängnissen, da wir wissen, dass die Be-
drängnis Ausharren bewirkt, 4 das Ausharren
aber Wertbefund, der Wertbefund aber Hoff-
nung. 5 Die Hoffnung aber lässt nicht zu-
schanden werden, denn die Liebe Gottes ist
ausgegossen in unseren Herzen durch den uns
gegebenen Heiligen Geist. 6 Denn Christus
ist, als wir noch schwach waren – gemäß der
Zeit –, für Gottverächter gestorben. 7 Denn
kaum wird einer für einen Gerechten sterben,
doch vielleicht wagt einer, auch für den Guten
zu sterben. 8 Gott jedoch stellt seine Liebe zu
uns dar: dass Christus, als wir noch Sünder
waren, für uns starb. 9 Um wie viel mehr also
werden wir, da wir in seinem Blut jetzt ge-
rechtgemacht sind, durch ihn vom Zorn ge-
rettet werden. 10 Denn wenn wir, als wir Fein-
de waren, mit Gott versöhnt wurden durch
den Tod seines Sohnes, wie viel mehr werden
wir als Versöhnte gerettet werden in seinem
Leben.

»Deinen Tod, o Herr, verkünden wir,
und deine Auferstehung preisen wir –
bis du kommst in Herrlichkeit.«

(5,1-11)

11 Und nicht nur dies: Sondern wir rühmen
uns auch in Gott durch unsern Herrn Jesus
Christus, durch den wir jetzt die Versöhnung
empfangen haben.

Der neue Adam:
Gerechtigkeit durch Jesus Christus

12 Daher: Wie durch einen Menschen die Sün-
de in die Welt kam und durch die Sünde der
Tod, so ging der Tod auch auf alle Menschen
über, auf den hin alle gesündigt haben.
13 Denn bis zum Gesetz war Sünde in der Welt.
Sünde aber wird nicht zugerechnet, wenn
kein Gesetz da ist. 14 Doch der Tod herrschte
von Adam bis Mose auch über die, die nicht
aufgrund des Vorbilds der Übertretung
Adams sündigten, der ein Vorherbild des
Künftigen ist. 15 Doch nicht wie mit der Ver-
fehlung ist es [auch] mit der Gnadengabe.
Denn wenn durch die Verfehlung des Einen
die Vielen starben, um wie viel mehr ist die
Gnade Gottes und das Geschenk in der Gna-
de des einen Menschen Jesus Christus den
Vielen überreichlich geworden. 16 Denn nicht
wie mit dem einen, der gesündigt hat, ist es
mit dem Geschenk: Denn der Richtspruch
ging von dem einen zur Verurteilung, die
Gnadengabe aber von den vielen Verfehlun-
gen zur Gerechtmachung. 17 Denn wenn
durch des einen Verfehlung der Tod durch
den einen herrschte, um wie viel mehr werden
die, welche den Überfluss der Gnade und des
Geschenks der Gerechtigkeit empfangen, im
Leben herrschen durch den einen: Jesus
Christus. 18 Wie es nun also durch des einen
Verfehlung für alle Menschen zur Verurtei-
lung kam, so auch durch des einen gerechte
Tat für alle Menschen zur Gerechtmachung
für das Leben. 19 Denn wie durch den Unge-
horsam des einen Menschen die Vielen als
Sünder hingestellt wurden, so werden auch
durch den Gehorsam des einen die Vielen als
Gerechte hingestellt werden. 20 Das Gesetz
aber ist daneben hinzugekommen, damit die
Verfehlung noch größer werde, wo aber die
Sünde größer wurde, ist die Gnade noch
überströmender geworden.

---

ger der Hoffnung auf die künftige Herrlichkeit. **7-11** Für den Guten sich zu opfern ist höchste Leistung dieser Welt. Gott aber opferte seinen Sohn für jene, die es nicht »verdienten«. Nachdem Gott uns so vom Abgrund errettet hat, brauchen wir uns nicht mehr zu fürchten. Seine Liebe und seine Treue sind uns Garantie, begründen unser neues Dasein. **12-21** Wie durch den Ungehorsam Adams die vielen Sünder wurden, so werden sie durch die Gehorsamstat Jesu Christi gerechtfertigt. Wie durch das Gesetz die Sünde gemehrt wurde, so brachte das Kreuz die Fülle der Gnade. Wie durch die Sünde der Tod, so kommt durch Christus das Leben. Diese sieghafte Aussicht bringt uns Hoffnung, so dass wir, die Gerechtfertigten, uns zu Recht rühmen können. **12** Mit »Tod« ist im Gegensatz zu »Leben« die Verwerfung, das Unheil überhaupt gemeint; dessen symbolhaftes Zeichen das Sterben des Leibes ist. **15** Paulus stellt in den folgenden Versen mehrfach dem »Einen« die »Vielen« gegenüber. Dabei sind nach einer semitischen Sprachei-

Gesetze machen uns zu Sündern;
Jesu Tat hat uns gerettet,
hat uns »gerecht gemacht«:
Tod oder Leben!

(5,12-21)

21 Damit, wie die Sünde im Tod herrschte, so
auch die Gnade herrsche durch Gerechtigkeit
zu ewigem Leben durch Jesus Christus, un-
sern Herrn.

Das neue Leben:
Der Sünde tot, lebt ihr in Jesus Christus

6 Was werden wir nun sagen? Sollen wir in
der Sünde verbleiben, damit die Gnade
größer werde? – 2 Auf keinen Fall! Die wir der
Sünde gestorben sind, wie sollen wir noch in
ihr leben? 3 Oder wisst ihr nicht, dass wir alle,
die wir in Christus Jesus hineingetauft sind, in
seinen Tod hineingetauft sind? 4 Wir sind also
durch die Taufe mit ihm in den Tod begraben,
damit, wie Christus durch die Herrlichkeit
des Vaters von den Toten erweckt wurde, so
auch wir im Neusein des Lebens einhergehen.
5 Denn wenn wir zusammengewachsen sind
im Abbild seines Todes, so werden wir es
auch in dem der Auferstehung. 6 Das wissen
wir ja, dass unser alter Mensch mitgekreuzigt
wurde, damit der Leib der Sünde unwirksam
werde, so dass wir nicht mehr der Sünde ver-
knechtet sind. 7 Denn wer gestorben ist, ist
von der Sünde weg gerechtgemacht. 8 Wenn
wir aber mit Christus gestorben sind, so glau-
ben wir, dass wir auch mit ihm leben werden.
9 Und wir wissen, dass Christus, von den To-
ten erweckt, nicht mehr stirbt. Der Tod ist
nicht mehr Herr über ihn. 10 Denn da er ge-
storben ist, ist er der Sünde ein für allemal ge-
storben. Und da er lebt, lebt er für Gott. 11 So
sollt auch ihr euch zu denen rechnen, die zwar
der Sünde tot sind, für Gott aber leben in
Christus Jesus. 12 Darum soll die Sünde nicht
in eurem sterblichen Leibe herrschen, so dass
ihr seinen Begierden gehorcht, 13 noch stellt
eure Glieder der Sünde als Waffen der Unge-
rechtigkeit bereit, sondern stellt euch Gott
bereit als solche, die von den Toten lebendig-
geworden sind, und eure Glieder als Waffen
der Gerechtigkeit für Gott.

Über diese und alle
ähnlichen Aussagen
haben nicht nur damals
Juden und Christen gestritten.
Auch mehr als tausend Jahre später
haben die Christen
sich deswegen zerstritten.
»Herr, sieh dein Volk an«!

(6,14)

14 Denn die Sünde wird nicht über euch Herr
sein. Ihr seid ja nicht unter dem Gesetz, son-
dern unter der Gnade.

Knechtschaft und Freiheit:
Der Sold der Sünde ist Tod

15 Was nun? Sollen wir sündigen, weil wir
nicht unter dem Gesetz sind, sondern unter
der Gnade? – Auf keinen Fall! 16 Wisst ihr
nicht, dass ihr dessen Knechte seid, dem ihr
euch als Knechte zum Gehorsam bereitstellt,
ihm zu gehorchen: entweder der Sünde zum
Tod oder dem Gehorsam zur Gerechtigkeit.
17 Dank aber sei Gott! Ihr wäret Knechte der
Sünde, wurdet aber gehorsam von Herzen
der Regel der Lehre, der ihr übergeben wur-
det. 18 Befreit aber von der Sünde, seid ihr

---

gentümlichkeit mit »die Vielen« »alle« gemeint.
6,1-14 In diesem Abschnitt sagt Paulus, was die Taufe bedeutet und bewirkt. Im Glauben werden wir durch die Taufe Jesu teilhaftig. Wir werden »hineingetauft« in seinen Tod, in dem die Macht der Sünde starb. Mit seiner Auferstehung wurde neues Leben in uns erweckt. Wir, die Getauften, sind tot für die Sünde, um Gott in Christus zu leben. Das Geschenk der Taufe fordert Konsequenzen. **6** Nach jüdischem Recht bedeutet der Todesfall die Aufhebung der Rechtsverhältnisse und der Schuldansprüche. Für den Toten hat somit auch das Gesetz seine Bedeutung verloren. **15-23** Wieder weist Paulus einen Einwand zurück. Der Christ kann der Zugehörigkeit zu Gott sicher sein. Weil wir unter der Gnade leben, weil wir gerechtfertigt worden sind, können wir den Willen

Knechte der Gerechtigkeit geworden. 19 Ich rede menschlich um der Schwachheit eures Fleisches willen. Denn wie ihr eure Glieder, verknechtet der Unreinheit und Gesetzlosigkeit, bereitgestellt habt zur Gesetzlosigkeit, so stellt nun eure Glieder bereit als Knechte der Gerechtigkeit zur Heiligung. 20 Denn als ihr Knechte der Sünde wart, wart ihr Freie gegenüber der Gerechtigkeit. 21 Welche Frucht nun hattet ihr damals? Auf sie hin schämt ihr euch nun. Denn ihr Ende ist Tod. 22 Jetzt aber, von der Sünde befreit, seid ihr Knechte Gottes geworden. Ihr habt eure Frucht zur Heiligung, als das Ende aber ewiges Leben.

Ob die Gemeinde von heute
den Paulus verstehen würde?
Ob sie ihn ernst nähme?
Nehme ich ernst, was er sagt –
oder nur zur Kenntnis?

(6,23)

23 Denn der Sold der Sünde ist Tod, die Gnadengabe Gottes aber ewiges Leben in Christus Jesus, unserm Herrn.

Frei vom Gesetz:
Ihr seid für das Gesetz tot geworden

7 Oder wisst ihr nicht, Brüder – ich rede ja zu denen, die das Gesetz kennen –, dass das Gesetz Herr ist über den Menschen, solange er lebt? 2 Denn die unter dem Mann stehende Frau ist durch Gesetz gebunden, solange der Mann lebt. Wenn der Mann aber stirbt, ist sie vom Gesetz des Mannes entbunden worden. 3 Darum wird sie, solange der Mann lebt, Ehebrecherin genannt, wenn sie einem anderen Mann gehört. Wenn aber der Mann stirbt, ist sie frei vom Gesetz, so dass sie nicht Ehebrecherin ist, wenn sie einem andern Mann gehört. 4 So seid auch ihr, meine Brüder, für das Gesetz tot geworden durch den Leib des Christus, um einem andern zu gehören, dem von den Toten Auferweckten, damit wir Gott Frucht bringen. 5 Denn als wir im Fleisch waren, waren die Leidenschaften der Sünden durch das Gesetz in unsern Gliedern wirksam, so dass wir dem Tod Frucht brachten. 6 Jetzt aber sind wir vom Gesetz entbunden, da wir dem gestorben sind, was uns niederhielt, so dass wir Knechte sind im Neusein des Geistes und nicht im Altsein des Buchstabens.

Der Vergleich ist ärgerlich!
Gut, dass der Text in der Liturgie
nicht verlesen wird!
Im übrigen: Wir sind alle
– mit und ohne Paulus –
von Gesetzen abhängig
trotz der Gnade Gottes.

(7,1-6)

Ruf nach dem Befreier:
Wer entreißt mich dem Leib
dieses Todes?

7 Was werden wir nun sagen? Ist das Gesetz Sünde? – Auf keinen Fall! Doch ich hätte die Sünde nicht erkannt, außer durch das Gesetz.

Gottes erfüllen. Aus der Sklaverei der Sünde entlassen, hat der Tod keine Macht mehr über uns. Wir sind frei für das Leben in Gerechtigkeit. **23** Der Tod ist der selbsterworbene, verdiente »Lohn« für die Sünde; das ewige Leben ist Gabe, Geschenk, auf das niemand von sich allein ein Anrecht erwerben kann.
7,1-6 Ging es vorher um das Verhältnis des Christen zur Sünde, so geht es jetzt darum, wie der Christ zum Gesetz steht. Ist der Getaufte mit Christus gestorben, so ist er durch diesen Tod frei geworden. Er kann Gott, vom Geist bestimmt, dienen. **4** Der Getaufte ist losgekommen vom Gesetz. Sein Lebensgrund ist der Auferweckte, der Herr. **5** Mit »Mensch im Fleisch« ist der Mensch gemeint, wie er konkret geboren wird. Eigenmächtig will er sein Leben erbauen. Das ist also der dem Tod und der Sünde unterworfene Mensch, der nur durch das erlösende Wirken Jesu Christi befreit werden kann. **7-13** Das Gesetz sollte ursprünglich Helfer und Wegweiser zum Leben sein. Doch durch die Bosheit der Menschen wurde das Gesetz zum unfreiwilligen Helfer zur Sünde. Durch seine Verbote stachelt es den egoistischen Menschen an

Denn ich hätte nichts von der Begierde gewusst, wenn das Gesetz nicht sagte: Begehre nicht! 8 Die Sünde aber nahm Anlass durch das Gebot und bewirkte in mir jede Begierde. Denn ohne Gesetz ist die Sünde tot. 9 Ich lebte nämlich einst ohne Gesetz. Als aber das Gebot kam, lebte die Sünde auf. 10 Ich aber starb, und es fand sich, dass eben das Gebot, das zum Leben war, mir zum Tode wurde. 11 Denn die Sünde nahm Anlass durch das Gebot und betrog mich und tötete mich durch dieses. 12 Daher ist das Gesetz heilig und das Gebot heilig und gerecht und gut.

Egoismus!
Konflikt mit Gottes Willen.
Ich will ihn ja respektieren –
aber: zwischen Wollen
und Vollbringen –
wie groß ist der Abstand!

(7,7-24)

13 Das Gute ist mir also zum Tod geworden? – Auf keinen Fall! Sondern die Sünde! Damit sie als Sünde offenbar werde, hat sie durch das Gute mir den Tod bewirkt, damit die Sünde durch das Gebot im Übermaß sündig werde. 14 Wir wissen nämlich, dass das Gesetz geistig ist, ich aber bin fleischlich, verkauft unter die Sünde. 15 Denn was ich vollbringe, verstehe ich nicht. Denn nicht, was ich will, das treibe ich, sondern was ich hasse, das tue ich. 16 Wenn ich aber das tue, was ich nicht will, stimme ich dem Gesetz bei, dass es gut ist. 17 Jetzt aber bewirke nicht mehr ich es, sondern die in mir wohnende Sünde. 18 Ich weiß ja, dass in mir – das ist in meinem Fleisch – nicht Gutes wohnt. Denn das Wollen liegt bei mir bereit, das Bewirken des Rechten aber nicht. 19 Denn ich tue nicht das Gute, das ich will, sondern das Böse, das ich nicht will, treibe ich. 20 Wenn ich nun aber das tue, was ich nicht will, so bewirke nicht ich das, sondern die in mir wohnende Sünde. 21 Ich finde also das Gesetz: Da ich das Rechte tun will, liegt das Böse bei mir bereit. 22 Denn dem inneren Menschen nach freue ich mich am Gesetz Gottes; 23 ich erblicke aber ein anderes Gesetz in meinen Gliedern, das gegen das Gesetz meines Denkens ankämpft und mich im Gesetz der Sünde gefangen hält, das in meinen Gliedern ist. 24 Ich unglückseliger Mensch! Wer entreißt mich dem Leib dieses Todes?

Wiedergeboren durch die Taufe.
Darüber kann ich ein Referat halten.
Und dann?
Was sagt mir mein Gewissen –
und was davon realisiere ich?

(7,14-25)

25 Dank sei Gott durch Jesus Christus, unsern Herrn. So bin ich nun Knecht: mit dem Denken dem Gesetz Gottes, mit dem Fleisch aber dem Gesetz der Sünde.

Geist und Leben:
Der Sinn des Geistes ist Leben und Frieden

8 So gilt jetzt keine Verurteilung für die, die in Christus Jesus sind. 2 Denn das Gesetz des Geistes des Lebens in Christus Jesus hat dich frei gemacht vom Gesetz der Sünde und des Todes. 3 Was nämlich unmöglich war für das Gesetz, worin es schwach war durch das Fleisch, verurteilte Gott, indem er seinen Sohn ausschickte, in der Ähnlichkeit des Sün-

---

und bringt ihn so in Konflikt mit dem Willen Gottes; so schafft das Gesetz einen offenen Abstand zu Gott. Die Sünde treibt also durch das Gesetz den Menschen ins Verderben. **14-25** Vom unerlösten Menschen vor seiner Wiedergeburt durch die Taufe ist die Rede. Unter dem Joch des Gesetzes stehend, hat die Sünde von ihm so weit Besitz ergriffen, dass er gespalten, zerrissen ist. Er tut das Böse, obwohl er das Gute erkennt. Obwohl ihm sein Gewissen sagt, was recht ist, treibt es ihn zu sündigen. Die »Sünde« wird hier wie eine personifizierte Macht gesehen. **25** Der zweite Satz dieses Verses fasst V. 14-23 zusammen. Es wäre sinnvoll, ihn vor V. 24 zu lesen.

8,1-11 Paulus greift auf 7,1-6 zurück. Die Getauften sind durch die Einwohnung des Geistes der todbringenden Herrschaft der Sünde entzogen und haben das

denfleisches und um der Sünde willen: näm-
lich die Sünde im Fleisch, 4 damit die Rechts-
forderung des Gesetzes erfüllt werde in uns,
die wir nicht nach dem Fleisch, sondern nach
dem Geist einhergehen. 5 Denn die nach dem
Fleisch sind, sinnen, was des Fleisches ist; die
aber nach dem Geist, was des Geistes ist.
6 Doch das Sinnen des Fleisches ist Tod. Das
Sinnen des Geistes Leben und Frieden. 7 Da-
her ist das Sinnen des Fleisches Feindschaft
gegen Gott. Denn es unterwirft sich nicht
dem Gesetz Gottes und kann es auch nicht.
8 Die aber im Fleisch sind, können Gott nicht
gefallen. 9 Ihr aber seid nicht im Fleisch, son-
dern im Geist, wenn wirklich Gottes Geist in
euch wohnt. Wenn aber einer Christi Geist
nicht hat, gehört er ihm nicht. 10 Wenn aber
Christus in euch ist, ist der Leib zwar tot um
der Sünde willen, der Geist aber ist Leben um
der Gerechtigkeit willen.

Gesetz oder Geist Gottes?
Der Brief ist die reinste
Gewissenserforschung:
Wenn sie nur nicht immer
so negativ ausfiele!

(8,11)

11 Wenn aber der Geist dessen, der Jesus von
den Toten erweckt hat, in euch wohnt, wird
der, der Christus Jesus von den Toten erweckt
hat, auch eure sterblichen Leiber lebendig
machen durch seinen in euch wohnenden
Geist.

Geist und Kindschaft: Ihr habt den Geist der Sohnschaft empfangen

12 Daher, Brüder, sind wir also Schuldner,
nicht des Fleisches, um nach dem Fleisch zu
leben. 13 Denn wenn ihr nach dem Fleische
lebt, müsst ihr sterben. Wenn ihr aber durch
den Geist das Treiben des Leibes tötet, werdet
ihr leben. 14 Denn alle, die vom Geist Gottes
getrieben werden, sind Söhne Gottes. 15 Denn
ihr habt nicht einen Geist der Knechtschaft
empfangen wiederum zur Furcht, sondern ihr
habt den Geist der Sohnschaft empfangen, in
dem wir ausrufen: Abba, Vater! 16 Der Geist
selbst bezeugt unserm Geist, dass wir Kinder
Gottes sind.

Gott nimmt uns an wie seine Kinder.
Wir dürfen »Abba« sagen, lieber Vater.
Doch: Kinder Gottes, das heißt auch:
Mit Christus leiden …

(8,12-17)

17 Wenn aber Kinder, dann Erben, und zwar
Erben Gottes und Miterben Christi, wenn wir
wirklich mitleiden, damit wir auch mitver-
herrlicht werden.

Gewissheit der Vollendung: Die jetzigen Leiden wiegen nichts

18 Denn ich rechne, dass die Leiden der jetzi-
gen Zeit nichts wiegen gegenüber der kom-
menden Herrlichkeit, die auf uns hin enthüllt
wird. 19 Denn das Harren der Schöpfung er-
wartet die Enthüllung der Söhne Gottes.
20 Denn der Nichtigkeit wurde die Schöpfung
unterworfen, nicht freiwillig, sondern durch
den, der sie unterwarf auf Hoffnung hin.
21 Deshalb wird auch die Schöpfung selbst be-
freit von der Knechtschaft der Vergänglich-
keit zur Freiheit der Herrlichkeit der Kinder
Gottes. 22 Denn wir wissen, dass die ganze

Leben. Ihre Zerrissenheit ist letztlich geheilt. Indem Gott seinen Sohn in der Gestalt des sündigen Fleisches sandte, hat er Gericht gehalten über die irdische Wirklichkeit, soweit sie der Sünde verfallen war. Wir können aus dem Geist und im Geist leben. Der Heilige Geist ist an Stelle des Gesetzes das neue Lebensprinzip. **12-17** Das Geschick des Sohnes ist auch das Los der Kinder. Wer sich vom Geist führen lässt, denkt Gedanken Gottes und lässt sich durch Gottes Willen bestimmen. Die auf den Geist hören, sind Söhne und Kinder Gottes und dürfen »Abba« (Vater) sagen. Die Söhne Gottes, die aus dem Geist leben, müssen jetzt mit Christus leiden, um dann mit ihm die Herrlichkeit zu erben. **18-27** Wir müssen die Leiden des Fleisches ertragen bis zur Erlösung des Leibes, das heißt bis zur Auferstehung des Fleisches. Als Unter-

Schöpfung zusammen seufzt und zusammen
in Wehen liegt bis jetzt. 23 Und nicht nur sie,
sondern auch wir selbst, die wir die Erstlings-
gabe des Geistes haben, auch wir seufzen in
uns selbst und erwarten die Sohnschaft, die
Erlösung unseres Leibes. 24 Denn durch Hoff-
nung sind wir gerettet. Eine Hoffnung aber,
die man sieht, ist keine Hoffnung. Denn was
einer sieht, was hofft er noch? 25 Wenn wir
aber erhoffen, was wir nicht sehen, so warten
wir durch Ausharren. 26 Ebenso kommt auch
der Geist unserer Schwachheit zu Hilfe, denn
was wir beten sollen, wie es sein muss, wissen
wir nicht. Doch der Geist selbst tritt für uns
ein mit unausgesprochenen Seufzern.

Bis zu unserer endgültigen Erlösung
müssen wir die Leiden ertragen.
Dabei stärkt uns Gottes Geist.
Darauf hoffen wir.
Und mit uns hofft die ganze Schöpfung.
Welch große Worte!

(8,18-27)

27 Er aber, der die Herzen erforscht, weiß, was
das Sinnen des Geistes ist; denn er tritt Gott
gemäß ein für die Heiligen.

Erwählung: Wer wir uns trennen von der Liebe des Christus?

28 Wir wissen aber, dass denen, die Gott lie-
ben, alles zum Guten zusammenwirkt, denen,
die nach Beschluss Berufene sind. 29 Denn die
er vorauserkannte, hat er auch vorherbe-
stimmt, gleichgestaltet zu sein dem Bilde sei-
nes Sohnes, auf dass er sei: Erstgeborener un-
ter vielen Brüdern. 30 Die er aber vorherbe-
stimmt hat, die hat er auch berufen. Und die
er berufen hat, die hat er auch gerechtge-
macht. Und die er gerechtgemacht hat, die
hat er auch verherrlicht. 31 Was werden wir
nun dazu sagen? Wenn Gott für uns ist, wer
ist dann wider uns? 32 Der doch den eigenen
Sohn nicht geschont hat, sondern ihn für uns
alle hingegeben hat, wie wird er nicht auch al-
les mit ihm uns schenken? 33 Wer wird klagen
gegen die Erwählten Gottes? Gott ist es, der
gerecht macht, wer wird verurteilen? 34 Chris-
tus Jesus, der starb, vielmehr der auferweckt
wurde, der zur Rechten Gottes ist, er ist es,
der auch für uns eintritt. 35 Wer wird uns tren-
nen von der Liebe des Christus? Bedrängnis
oder Beengung? Oder Verfolgung oder Hun-
ger? Oder Blöße oder Gefahr oder Schwert?
36 Wie geschrieben ist: Um deinetwillen wer-
den wir getötet, den ganzen Tag. Wir wurden
gerechnet wie Schlachtschafe. 37 Aber in die-
sem allem siegen wir weit durch den, der uns
geliebt hat. 38 Denn ich bin überzeugt, dass
weder Tod noch Leben, weder Engel noch
Herrschaften, weder Gegenwärtiges noch
Kommendes noch Mächte,

Glaube und Vertrauen
des Paulus sind unangreifbar.
Aus dieser Sicherheit heraus
kann er bekennen:
Nichts kann uns trennen
von der Liebe Gottes!

(8,28-39)

39 weder Höhe noch Tiefe noch irgendwelche
andere Schöpfung uns scheiden kann von der
Liebe Gottes, die ist in Christus Jesus, unserm
Herrn.

---

pfand dieser Erlösung haben wir den Geist empfangen. Mit uns hofft die ganze Schöpfung. **23-26** Auch die Kinder Gottes erfahren ihr Gebrochen- und Unvollendetsein. Sie wissen, wonach sie sich sehnen. **28-30** Wir leiden unter der Not des Unvollendetseins; doch in ihr dürfen wir wissen, dass Gott selber das Ziel derer garantiert, die ihn lieben. **29** Mit dem Begriff »Bild« ist auf die neue, verklärte Leiblichkeit des auferstandenen Christus Bezug genommen. An ihr erhalten die Glaubenden Anteil durch den Geist (erneuerte Gottebenbildlichkeit). **31-39** Paulus stellt Fragen; er gibt Antworten aus erfahrener und erlebter Glaubenssicherheit. Nichts kann uns trennen von der Liebe Gottes.

Klage um Israel: Ich wünschte, selbst verbannt zu sein

9 Wahrheit sage ich in Christus, ich lüge
nicht. Mein Gewissen bezeugt es mir in Heili-
gem Geist, 2 dass ich große Trauer habe und
beständigen Schmerz in meinem Herzen.
3 Denn ich wünschte, selbst verflucht zu sein,
von Christus weg, für meine Brüder, meine
Stammesgenossen dem Fleische nach. 4 Sie
sind Israeliten, denen die Sohnschaft und die
Herrlichkeit und die Bundesschlüsse und die
Gesetzgebung und der Gottesdienst und die
Verheißungen gehören, 5 denen die Väter
gehören und aus ihnen der Christus dem Flei-
sche nach. Er, der über allem ist, Gott, geprie-
sen in Ewigkeit. Amen.

Paulus setzt neu an:
Ein Thema, das nach allem Gesagten
in der Luft liegt:
Welche Bedeutung hat Israel
für die Christen?

(9,6)

Erwählung und Verwerfung: Nicht alle aus Israel sind Israel

6 Doch es ist nicht, als ob das Wort Gottes hin-
fällig geworden wäre. Denn nicht alle aus Is-
rael sind Israel. 7 Und nicht, weil sie Nach-
kommenschaft Abrahams sind, sind sie alle
Kinder, sondern: In Isaak wird dir Nachkom-
menschaft berufen. 8 Das heißt: Nicht die
Kinder des Fleisches sind auch Kinder Gottes,
sondern die Kinder der Verheißung werden
als Nachkommenschaft gerechnet. 9 Denn ei-
ne Verheißung ist dieses Wort: Um diese Zeit
werde ich kommen, und Sara wird einen
Sohn haben. 10 Aber nicht nur sie, sondern
auch Rebekka, die von einem einzigen
schwanger war, von Isaak, unserm Vater.
11 Denn als sie noch nicht geboren waren und
weder etwas Gutes noch Schlechtes getrieben
hatten, wurde – damit der Beschluss Gottes
gemäß der Erwählung bleibe: 12 nicht auf-
grund von Werken, sondern aufgrund des
Berufenden – ihr gesagt: Der Ältere wird
des Jüngeren Knecht. 13 Wie geschrieben ist:
Den Jakob habe ich geliebt, den Esau aber ge-
hasst.

Eine gewagte Interpretation
der Erwählung Israels.
Doch nicht zu Heil oder Unheil,
sondern zu einer bestimmten Aufgabe.
Zeichen Gottes unter den Völkern –
das ist jetzt Aufgabe der Kirche.
Nimmt man das ernst,
kann die Last uns niederdrücken!

(9,6-13)

9,1 - 11,36 In diesen Kapiteln versucht der Jude Paulus als Christ die Bedeutung des Volkes Israel in der Erwählungs- und Offenbarungsgeschichte – in die nun auch die Heiden hineingewachsen sind – näher zu bestimmen. **9,1-5** Paulus beklagt die Lage des auserwählten Volkes, des ursprünglichen Trägers der besonderen Gnadenerweise Gottes. Dieses Volk, dem solche Auszeichnungen geschenkt waren, hat sich schuldhaft gegen den gesperrt, auf den das ganze Handeln mit seinem Volk hinführte. **6-13** Auch im Alten Bund hat Gott die Erwählung nicht an die Bande des Blutes geknüpft. Nur die von Gott Erwählten sind das wahre Israel. Also ist Gott niemals seinem Wort an Israel untreu geworden. Wie das alte Israel aus den Völkern durch die Gnadenwahl Gottes zu seinem Volk berufen worden war, so jetzt die Kirche, das neue Volk Gottes aus Juden und Heiden. **7** Vgl. Gen 21,12. **9** Siehe Gen 18,10. – Vgl. die weitere Ausdeutung der Geschichte der beiden Söhne Abrahams Gal 4,21-31: Ismael ist das Urbild der Juden (die Juden bleiben), da auch sie nur »dem Fleische nach« von Abraham abstammen; Isaak aber ist das Urbild der Christen (aus Juden und Heiden), da sie wie dieser Gottes Kinder aus Wahl und Gnade sind. **12** Vgl. Gen 25,23. **13** Die Erwählung ist ein unverdientes und unverdienbares Geschenk Gottes. Jakob wurde zum Erben des Segens nicht aufgrund seiner Werke. Es gilt zu beachten, dass hier nicht die Rede ist von der Erwählung zu Heil oder Unheil, sondern zu einer bestimmten Aufgabe im Heilsplan Gottes. Zu solch einer Aufgabe war Jakob erwählt (als Stammvater Träger der Verheißung zu sein). So war es die Aufgabe Israels: Zeichen Gottes unter den Völkern zu sein. – Dies ist nun die Aufgabe der Kirche.

Freiheit und Erwählung: Wessen er will, erbarmt er sich

14 Was werden wir nun sagen? Ist etwa Ungerechtigkeit bei Gott? – Auf keinen Fall! 15 Denn dem Mose sagt er: Ich werde mich erbarmen, wessen ich mich erbarme, und ich werde bemitleiden, wen ich bemitleide. 16 Also liegt es nicht am Wollenden und nicht am Laufenden, sondern am sich erbarmenden Gott. 17 Denn die Schrift sagt zu Pharao: Eben dazu habe ich dich erweckt, damit ich an dir meine Macht erzeige und damit mein Name verkündet werde auf der ganzen Erde. 18 Also nun: Wessen er will, erbarmt er sich, wen er aber will, verhärtet er. 19 Du wirst mir nun sagen: Was tadelt er noch? Denn wer hat seinem Wollen widerstanden? 20 O Mensch, wer bist du denn, der du mit Gott rechtest? Sagt etwa das Gebild zum Bildner: Warum hast du mich so gemacht?

21 Oder hat nicht der Töpfer Gewalt über den Ton, aus derselben Masse das eine Gefäß zu Ehre, das andere zu Unehre zu machen?

Israel wird nicht endgültig verstoßen.
Ganz wichtig für Paulus!

(9,22-29)

22 Wenn nun Gott, da er den Zorn zeigen und sein Mächtigsein kundtun wollte, zum Untergang hergestellte Gefäße des Zorns in großer Langmut ertrug, 23 damit er auch den Reichtum seiner Herrlichkeit an Gefäßen des Erbarmens kundtue, die er vorausbereitet hat zur Herrlichkeit? 24 Als diese hat er auch uns berufen, nicht nur aus Juden, sondern auch aus den Völkern, 25 wie er auch bei Hosea sagt: Ich werde, was Nicht–mein–Volk ist, als Mein–Volk rufen und die Nicht–Geliebte als Geliebte. 26 Und es wird geschehen: An dem Ort, wo zu ihnen gesagt wurde: Nicht-mein–Volk seid ihr, werden sie Söhne des lebendigen Gottes gerufen werden. 27 Jesaja aber ruft aus über Israel: Wenn die Zahl der Israeliten wie der Sand des Meeres wäre, wird nur der Rest gerettet werden. 28 Denn das Wort wird der Herr tun auf der Erde, es vollendend und verkürzend. 29 Und wie Jesaja vorhergesagt hat: Wenn der Herr der Scharen uns nicht Nachkommenschaft übriggelassen hätte, wären wir wie Sodom geworden und würden Gomorra gleichen.

Der Stein des Anstoßes: Wer an ihn glaubt, wird nicht zuschanden

30 Was werden wir also sagen? Völker, die Gerechtigkeit nicht verfolgten, haben Gerechtigkeit erlangt, Gerechtigkeit nämlich aus Glauben. 31 Israel aber, welches das Gesetz der Gerechtigkeit verfolgte, ist nicht zum Gesetz gelangt. 32 Warum? Weil es nicht aus Glauben, sondern gleichsam aus Werken danach strebte. Sie stießen an den Stein des Anstoßes, wie geschrieben ist:

Laufen wir nicht auch
der Gesetzesgerechtigkeit nach?

(9,30-33)

33 Siehe, ich setze in Zion einen Stein des Anstoßes und einen Fels des Ärgernisses, und wer an ihn glaubt, wird nicht zuschanden.

14-18 An Beispielen aus dem Alten Testament diskutiert Paulus die schwierige Frage vom Ineinander der freien Entscheidung des Menschen und der freien Gnadenwahl Gottes. **19-21** Paulus spielt auf das im Alten Testament bezeugte »Töpfergleichnis« an (Jer 18,1-6; Jes 29,16). **22-29** Gott schuf sich ein neues Volk aus gläubig gewordenen Juden und Heiden. Wegen des zur Kirche gehörenden »Restes« aus Blut-Israel werden die übrigen Kinder Israels nicht verstoßen. **22** Die Gefäße des Zorns sind die Juden und Heiden außerhalb des Glaubens; die Gefäße des Erbarmens sind die aus Juden und Heiden zur Kirche Berufenen. **25-26** Vgl. Hos 2,24 und Hos 2,1. **28** Das Wort aus Jesaja (10,22) will sagen, dass Gott, indem er sein Wort in Erfüllung bringt, dessen »Laufzeit« verkürzt. **30-33** Gott hat die Heiden gerechtfertigt wegen ihres Glaubens – die Juden aber trotz ihrer Werke nicht; denn sie jagten der Gesetzesgerechtigkeit nach und fanden nicht die wahre Gerechtigkeit; daher nahmen sie Anstoß an Jesus Christus. **33** Vgl. Jes 8,14 und 28,16.

Israels Schuld: Haben sie nicht gehört, haben sie nicht verstanden?

10 Brüder, der Wunsch meines Herzens und die Bitte zu Gott für sie sei ihnen zur Rettung. 2 Denn ich bezeuge ihnen: Eifer für Gott haben sie, aber nicht der Erkenntnis gemäß. 3 Denn da sie die Gerechtigkeit Gottes nicht erkannten und die eigene aufzustellen suchten, haben sie sich der Gerechtigkeit Gottes nicht untergeordnet. 4 Denn Ende des Gesetzes ist Christus zur Gerechtigkeit für jeden, der glaubt.

Die Zeit des Gesetzes ist zu Ende.
Jetzt gilt nur noch:
Gerecht gesprochen werden
aufgrund des Glaubens.
Und wir?
Welchen Gesetzen laufen wir nach?

(10,1-4)

5 Denn Mose schreibt von der Gerechtigkeit aus dem Gesetz: Nur der Mensch, der sie tut, wird leben durch sie. 6 Die Gerechtigkeit aus dem Glauben aber sagt so: Sprich nicht in deinem Herzen: Wer wird zum Himmel hinaufsteigen? – das heißt: um Christus herabzuholen – 7 oder Wer wird zum Abgrund hinabsteigen? – das heißt: um Christus von den Toten heraufzuholen. 8 Sondern, was sagt sie: Nahe ist dir das Wort in deinem Munde und in deinem Herzen – das heißt: das Wort des Glaubens, das wir verkünden. 9 Denn wenn du mit deinem Mund Jesus als den Herrn bekennst und mit deinem Herzen glaubst, dass Gott ihn von den Toten auferweckt hat, wirst du gerettet. 10 Mit dem Herzen nämlich glaubt man zur Gerechtigkeit, mit dem Mund aber bekennt man zur Rettung. 11 Sagt doch die Schrift: Jeder, der an ihn glaubt, wird nicht zuschanden. 12 Denn es ist kein Unterschied zwischen Juden und Griechen: denn derselbe ist Herr aller, reich für alle, die ihn anrufen.

Seine Bibel, die kannte er,
dieser Paulus:
zitiert am laufenden Band –
und alles passt!

(10,14-21)

13 Denn jeder, der den Namen des Herrn anruft, wird gerettet. 14 Wie nun werden sie den anrufen, an den sie nicht geglaubt haben? Wie aber sollen sie an einen glauben, von dem sie nicht gehört haben? Wie aber sollen sie hören, ohne einen, der verkündet?
15 Wie aber werden sie verkünden, wenn sie nicht gesandt werden? Wie geschrieben ist: Wie lieblich sind die Füße derer, die Frohe Botschaft künden von Gutem. 16 Doch nicht alle haben der Frohen Botschaft gehorcht. Denn Jesaja sagt: Herr, wer glaubte unserer Verkündigung? 17 Also kommt der Glaube von der Verkündigung, die Verkündigung aber aus dem Wort Christi. 18 Aber, sage ich:

10,1-4 Paulus wendet sich wieder direkt an die Gemeinde. Sie sollen verstehen, dass mit Christus die Zeit des Gesetzes endet und die neue Glaubensgerechtigkeit beginnt. Sie wird dem Glaubenden von Gott geschenkt. Daher betet Paulus für seine noch verstockten Stammesgenossen, auf dass sie vom Ziel des Gesetzes zu Christus, dem Heil, kommen. **5-13** Gott hat Israel schon seit langem den Weg gewiesen. Die durch menschliche Werkgerechtigkeit unerfüllbare Gesetzesgerechtigkeit wurde erfüllt durch die Tat Christi, der uns dadurch die Glaubensgerechtigkeit erschloss. In ihm hat sich die alttestamentliche Verheißung erfüllt. Auch für die Juden gibt es nur einen Weg: durch Glauben und Bekenntnis zu Gerechtigkeit und Heil. – Der ganze Abschnitt setzt sich aus alttestamentlichen Zitaten zusammen. **5** Lev 18,5. **6** Dtn 30,12. **7** Ps 107,26. **8** Dtn 30,14. **11** Jes 28,16. **13** Joel 3,5. **14-21** Auch Israel wurde die Frohe Botschaft durch Beauftragte verkündet. Bluts-Israel hörte, doch es verstand nicht. Gottes Liebe zu seinem störrischen, widerspenstigen Volk geht so weit, dass er sich denen offenbarte, die nicht sein Volk waren, um sein Volk eifersüchtig zu machen und zur Umkehr anzustacheln. – Und wieder sind die Aussagen mit vielen alttestamentlichen Zitaten vorwoben. **15** Jes 52,7. **16** Jes 53,1. **18** Ps 10,8. **19** Dtn 32,21. **20** Jes 65,1. **21** Jes 65,2.

Haben sie etwa nicht gehört? Gewiss doch!
Über die ganze Erde ging aus ihr Schall und zu
den Grenzen des Erdkreises ihre Worte.
19 Aber, sage ich: Hat Israel nicht verstanden?
Als erster sagt Mose: Ich werde euch aufei-
fern gegen ein Nicht–Volk, gegen ein unver-
ständiges Volk werde ich euch erzürnen. 20 Je-
saja aber erkühnt sich und sagt: Ich wurde ge-
funden von den mich nicht Suchenden und
wurde offenbar den nicht nach mir Fragen-
den.

Das störrische Israel
sollte eifersüchtig werden.
Deshalb berief Gott jene,
die nicht zu seinem Volk gehörten.
Eine sehr menschliche Argumentation!

(10,18-21)

21 Zu Israel aber sagt er: Den ganzen Tag brei-
tete ich meine Hände aus zu einem Volk, das
ungehorsam ist und widerspricht.

Der heilige Rest: Es gibt einen Rest nach Erwählung der Gnade

11 Ich sage nun: Hat Gott etwa sein Volk ver-
stoßen? Auf keinen Fall! Denn auch ich bin
Israelit, aus der Nachkommenschaft Abra-
hams, dem Stamm Benjamin. 2 Gott hat sein
Volk, das er voraus erkannt, nicht verstoßen.
Oder wisst ihr nicht, was die Schrift bei Elija
sagt, als er sich bei Gott gegen Israel beklagt?
3 Herr, deine Propheten haben sie getötet, dei-
ne Altäre niedergerissen, und ich bin allein
übriggeblieben, und sie trachten nach mei-
nem Leben. 4 Aber was sagt ihm der Gottes-
spruch? Ich habe mir siebentausend Männer
übriggelassen, die vor Baal das Knie nicht
beugten. 5 So gibt es nun auch in der jetzigen
Zeit einen Rest nach der Erwählung der Gna-
de. 6 Wenn aber durch Gnade, dann nicht aus
Werken, da sonst Gnade nicht mehr Gnade
ist. 7 Wie nun? Was Israel erstrebt, das er-
reichte es nicht, aber die Erwählten erreichten
es, die übrigen wurden verstockt, wie ge-
schrieben ist: 8 Es gab ihnen Gott einen Geist
der Betäubung, Augen, dass sie nicht sehen,
und Ohren, dass sie nicht hören, bis auf den
heutigen Tag. 9 Und David sagt: Ihr Tisch soll
ihnen zur Schlinge werden und zum Netz und
zum Ärgernis und zur Vergeltung für sie.

Israel ist und bleibt erwählt.
Gott nimmt seine Verheißung
nicht zurück!
Gott lässt sich nicht bestechen,
er nimmt nicht zurück,
was er versprochen hat.
So bekennt sich der Christ Paulus
zu seiner jüdischen Abstammung.

(11,1-10)

10 Es sollen verfinstert werden ihre Augen,
dass sie nicht sehen, und ihren Rücken sollst
du beugen für immer.

Gnade in der Verwerfung: Die Wurzel trägt dich

11 Ich sage also: Haben sie sich gestoßen, da-
mit sie fallen? – Auf keinen Fall! Sondern
durch ihre Verfehlung kam die Rettung den
Völkern, um sie aufzueifern. 12 Wenn aber ih-
re Verfehlung Reichtum der Welt ist und ihr
Ausfall Reichtum der Völker, wie viel mehr
ihre Fülle! 13 Euch, den Völkern aber sage ich:
Insofern ich also Apostel der Völker bin, ver-

11,1-10 Gott hat ein widerspenstiges Volk erwählt, doch er lässt es nicht fallen. Von Mal zu Mal setzt er durch einen »Rest« die Erwählungsgeschichte fort. Daraus ergibt sich: Auch jetzt dient das Versagen Israels dem Gottesplan. Weil Israel versagte, kamen die Heiden zum Glauben. Die Heiden ihrerseits haben eine Funktion: Durch sie soll Israel zur Fülle des Heils kommen. **2** Vgl. Ps 94,14. **3** 1 Kön 19,10.14. **4** 1 Kön 19,18. **6** Wenn Gott sein Volk sich auch bewahren will, so lässt er sich doch vom Gesetzeseifer der Juden nicht bestechen. **7** Um ihres Unglaubens willen hat Gott den Großteil von Bluts-Israel verstockt. **8** Vgl. Jes 29,10. **11-12** Die Verstockung hat einen doppelten Sinn im Heilsplan: Von den Juden abgewiesen, wird die Botschaft den Heiden verkündet. Der Glaube der Heiden, wie des gläubigen »Rest«-Israel, soll

herrliche ich meinen Dienst, 14 ob ich viel-
leicht mein Fleisch aufeifere und einige aus ih-
nen retten werde. 15 Denn wenn ihre Zurück-
weisung Versöhnung der Welt ist, was ist ihre
Annahme anders als Leben aus Toten?
16 Wenn aber das Erstlingsbrot heilig ist, dann
auch der Teig. Und wenn die Wurzel heilig ist,
dann auch die Zweige. 17 Wenn aber einige
der Zweige ausgebrochen wurden, du aber,
der du vom wilden Ölbaum bist, unter sie ein-
gepfropft wurdest und mit teilhaft der Wur-
zel, der Fettigkeit des Ölbaumes wurdest, so
rühme dich nicht gegen die Zweige. 18 Wenn
du dich aber rühmst – nicht du trägst die Wur-
zel, sondern die Wurzel dich. 19 Du wirst nun
sagen: Zweige wurden ausgebrochen, damit
ich eingepfropft werde. 20 Gut! Durch den
Unglauben wurden sie ausgebrochen, du aber
stehst durch den Glauben. Sinne nicht nach
Hochmütigem, sondern fürchte. 21 Denn
wenn Gott die naturgemäßen Zweige nicht
geschont hat, wird er auch dich nicht ver-
schonen. 22 Sieh also Gottes Güte und Stren-
ge! Für die Gefallenen: Strenge, für dich aber:
Güte Gottes, wenn du bei der Güte verbleibst;
sonst wirst auch du ausgehauen. 23 Jene aber
werden, wenn sie nicht im Unglauben ver-
bleiben, auch eingepfropft. Denn Gott ist
mächtig, sie wieder einzupfropfen.

Wir, die Christen, werden
von den Juden getragen.
Sie sind unsere Wurzel.
Wir sind – nur –
die eingepfropften Zweige
am Stamm des erwählten Volkes.

(11,11-23)

24 Denn wenn du aus dem seiner Natur nach
wilden Ölbaum ausgehauen wurdest und wi-
der die Natur in den edlen Ölbaum einge-
pfropft wurdest, wieviel mehr werden die der
Natur gemäßen ihrem eigenen Ölbaum ein-
gepfropft werden!

Erfüllung der Verheißung:
Sie sind Geliebte um der Väter willen

25 Denn, Brüder, ich will nicht, dass ihr dies
Geheimnis nicht kennt, damit ihr nicht euch
selbst klug dünkt: Verstockung zum Teil ist
über Israel gekommen, bis die Fülle der Völ-
ker eingegangen ist. 26 Und so wird ganz Isra-
el gerettet werden, wie geschrieben ist: Aus
Zion wird kommen, der da entreißt und ab-
wendet das falsche Gottverehren von Jakob.
27 Und dies ist meinerseits der Bund für sie,
wenn ich wegnehmen werde ihre Sünden.
28 Gemäß der Frohen Botschaft sind sie zwar
Feinde um euretwillen, gemäß der Erwäh-
lung, aber Geliebte um der Väter willen.
29 Unwiderruflich sind die Gnadengaben und
die Berufung Gottes. 30 Denn wie ihr einst
Gott nicht gehorchtet, jetzt aber Erbarmen
gefunden habt wegen deren Ungehorsam,
31 so gehorchen auch diese jetzt nicht wegen
des Erbarmens für euch, damit auch sie jetzt
Erbarmen finden.

Grundüberzeugung des Paulus:
Ganz Israel wird gerettet!
Und das schreibt er trotz allem,
was er gegen Israel sagt.

(11,25-32)

32 Denn Gott hat sie alle zusammengeschlos-
sen in Ungehorsam, um sich ihrer aller zu er-

---

die Bekehrung der übrigen herbeiführen. **13-15** Die Heidenchristen der Gemeinde werden direkt angesprochen. Sie sollen wissen, dass es dem »Heidenapostel« Paulus im Grunde um den Glauben der Juden geht; er dient der Vollendung des ganzen Heilsplans Gottes. **16-24** Ohne Schuld und Schicksal der Juden zu verharmlosen, unterstreicht Paulus für die Kirche die Bedeutung des Alten Bundes und Israels als Bundesvolk. Wir sind nur eingepfropfte Zweige; doch das ist zugleich unser Ehrentitel. Wenn aber das eingepfropfte Reis keine Frucht trägt, wird es ihm nicht besser gehen als den gewachsenen Zweigen. **25-32** Hier erst nennt Paulus die Grundüberzeugung, für die er eintritt: Ganz Israel wird gerettet werden. Das Geheimnis dieser Rettung begründet Paulus aus der Schrift und aus dem Glauben. **26-27** Vgl. Jes 59,20-

barmen. [33] O Tiefe des Reichtums und der
Weisheit und der Erkenntnis Gottes! Wie un-
erforschlich sind seine Richtsprüche und un-
ergründlich seine Wege. [34] Denn wer hat des
Herrn Denken erkannt? Oder wer wurde sein
Ratgeber? [35] Oder wer hat ihm zuvor gege-
ben, dass ihm zurückzugeben wäre?

Gott bringt seine Pläne zum Ziel.
Diese Überzeugung lässt Paulus
in Jubel ausbrechen.

(11,33-36)

[36] Denn aus ihm und durch ihn und auf ihn hin
ist alles. Ihm die Herrlichkeit in die Ewigkei-
ten. Amen.

Der neue Gottesdienst:
Macht euch dieser Weltzeit nicht gleich

12 Ich ermahne euch nun, Brüder, um der Er-
barmung Gottes willen, eure Leiber darzu-
stellen als lebendiges, heiliges, Gott wohlge-
fälliges Opfer – das sei euer dem Wort
gemäßer Gottesdienst. [2] Und macht euch
nicht dieser Weltzeit gleich, sondern gestaltet
euch um durch die Erneuerung des Denkens,
damit ihr prüfet, was der Wille Gottes ist: das
Gute und Wohlgefällige und Vollkommene.

Verschiedene Gnadengaben:
Nicht alle haben dieselbe Tätigkeit

[3] Denn, aufgrund der mir gegebenen Gnade,
sage ich jedem, der unter euch ist, nicht höher
zu sinnen, als man sinnen darf, sondern dar-
auf zu sinnen, besonnen zu sein, so wie Gott
einem jeden das Maß des Glaubens zugemes-
sen hat. [4] Denn so wie wir in einem Leib viele
Glieder haben, die Glieder aber nicht alle die-
selbe Tätigkeit haben, [5] so sind wir – die Vie-
len – ein Leib in Christus, einzeln aber unter-
einander Glieder. [6] Wir haben aber Gnaden-
gaben je verschieden nach der uns gegebenen
Gnade: Wenn etwa Prophetengabe – dann in
Übereinstimmung mit dem Glauben; [7] wenn
Bruderdienst – dann in Bruderdienst; wenn
einer lehrt – dann in der Belehrung;

All meine Begabungen
habe ich nicht nur für mich selber,
sondern vor allem für die Gemeinde.
Kann ich mein Tun auch
am Willen Gottes messen?

(12,3-8)

[8] wenn einer ermahnt – dann in der Ermah-
nung; wer gibt – in Einfalt; wer Vorsteher ist
– in Eifer; wer sich erbarmt - mit Fröhlichkeit.

Ermahnung zur Liebe:
Besiege durch das Gute das Böse

[9] Die Liebe sei ungeheuchelt. Verabscheut das
Böse. Hängt dem Guten an. [10] In der Bruder-
liebe liebet einander herzlich. In der Ehre stel-
let einander voran. [11] Im Eifer seid nicht zö-
gernd, brennend im Geist, seid Knechte des
Herrn. [12] In der Hoffnung freuet euch, harret
aus in der Bedrängnis, im Gebet haltet durch.
[13] An den Bedürfnissen der Heiligen nehmet
Anteil, die Gastfreundschaft verfolgt. [14] Seg-
net die Verfolgenden, segnet und flucht nicht!
[15] Freut euch mit den sich Freuenden, weint
mit den Weinenden. [16] Auf dasselbe sinnt un-
tereinander. Sinnt nicht nach den hohen Din-
gen, sondern lasst euch von den niedrigen ein-

21; Ps 14,7; Jer 31,31-34. **33-36** Der zweite Teil des Römerbriefes endet mit Jubelrufen, die Paulus aneinander reiht. Sie preisen Gott, der seine Pläne auf geheimnisvollen Wegen zum Ziel bringt. **34** Vgl. Jes 40,13. **35** Vgl. Ijob 11,7-8; 15,8.
12,1 - 15,13 Im dritten Teil des Briefes zieht Paulus die Konsequenzen: Menschen, die durch ihren Glauben in ein neues Verhältnis zu Gott gekommen sind, dienen Gott durch ihr Leben und ihr Tun. **12,1-2** Einleitung: Wahrer Gottesdienst bedeutet, sich von Gott her zu verstehen und das eigene Tun an seinem Willen zu messen. **3-8** Die Gemeinde ist als Gemeinschaft angesprochen. Jeder soll verstehen, dass er die eigene Begabung und das eigene Können nicht nur für sich selber, sondern auch für andere hat (vgl. 1 Kor 12,12-27). **9-21** In bunter Folge gibt der Apostel eine Reihe guter Mahnungen, die trotz ihrer scheinbar zufälligen Reihenfolge immer wieder um das Gebot der Nächs-

nehmen. Dünkt euch nicht selbst klug! 17 Kei-
nem vergeltet Böses mit Bösem. Denkt Gutes
gegenüber allen Menschen. 18 Wenn möglich,
was an euch ist, haltet Frieden mit allen Men-
schen. 19 Rächt euch nicht selbst, Geliebte,
sondern gebt Raum dem Zorn. Denn es ist
geschrieben: Mein ist die Rache – ich werde
vergelten, spricht der Herr. 20 Wenn also
dein Feind hungert, speise ihn; wenn
er dürstet, tränke ihn. Denn wenn du dies
tust, wirst du Feuerkohlen auf sein Haupt
häufen.

Ein ganzer Strauß
von guten Ermahnungen!
Doch alle haben das gleiche Ziel:
Nächstenliebe!

(12,9-21)

21 Lass dich nicht vom Bösen besiegen, son-
dern besiege das Böse durch das Gute.

Gehorsam gegen den Staat:
Es gibt keine Gewalt außer von Gott

13 Jedes Leben sei den übergeordneten Ge-
walten unterworfen. Denn es gibt keine Ge-
walt, außer von Gott, die bestehenden aber
sind von Gott eingesetzt. 2 Wer sich daher der
Gewalt widersetzt, stellt sich der Anordnung
Gottes entgegen. Die sich entgegenstellen,
werden selbst einen Richtspruch auf sich neh-
men. 3 Denn die Führenden sind nicht zur
Furcht dem guten Werk, sondern dem bösen.
Willst du aber die Gewalt nicht fürchten? Tue
das Gute, und du wirst Lob von ihr haben.
4 Denn sie ist Dienerin Gottes, dir zum Guten.
Wenn du aber das Böse tust, so fürchte dich!
Denn sie trägt nicht umsonst das Schwert, ist
sie doch Dienerin Gottes, Rächerin zum Zorn
für den, der das Böse treibt. 5 Daher ist es not-
wendig, sich zu unterwerfen, nicht nur um
des Zorns, sondern auch um des Gewissens
willen. 6 Deshalb zahlt ihr ja auch Steuern,
denn sie sind Amtsdiener Gottes, eben dazu
beständig tätig.

Wer Christ sein will,
muss sich auch gegenüber
der Welt verpflichten,
also auch gegenüber dem Staat.
Was hat das als Konsequenzen?

(13,7)

7 Gebt allen zurück, was ihr schuldig seid,
wem die Steuer – die Steuer; wem den Zoll –
den Zoll; wem die Furcht – die Furcht; wem
die Ehre – die Ehre.

Das Hauptgebot:
Fülle des Gesetzes ist die Liebe

8 Schuldet keinem etwas, außer das Einander-
Lieben. Denn wer den andern liebt, hat das
Gesetz erfüllt. 9 Denn das: Brich nicht die Ehe,
töte nicht, stiehl nicht, begehre nicht, und je-
des andere Gebot gipfelt in diesem Wort:
Liebe deinen Nächsten wie dich selbst. 10 Die
Liebe tut dem Nächsten nichts Böses. Fülle
des Gesetzes also ist die Liebe.

Der Tag des Herrn:
Die Nacht ist vorgerückt

11 Und dies, weil ihr die Zeit kennt. Denn die
Stunde ist da für euch, vom Schlaf aufzuwa-
chen. Denn jetzt ist unsere Rettung näher als
damals, da wir glaubend wurden. 12 Die
Nacht ist vorgerückt und der Tag nahege-

---

tenliebe kreisen: Die Liebe ist lebendiger, angewandter Glaube. **16** Vgl. Spr 3,7. **17** Spr 3,4. **19** Dtn 32,35. **20** Spr 25,21-23.

13,1-7 Ein in sich geschlossener Abschnitt. Der Christ ist der Welt verpflichtet, auch wenn sie nicht unbedingt seinen Vorstellungen entspricht. Aus religiös fundierter Loyalität fordert Paulus Gehorsam dem Staat gegenüber. Damit schließt er sich einer von jüdischen Weisheitslehrern vertretenen Richtung an, die vor bewaffnetem Widerstand warnen. Diese Mahnungen werden vom Gesamt der neutestamentlichen Botschaft korrigiert (vgl. 12,2; Apg 5,29; Offb 13). **8-10** Fortsetzung von 12,21: Wer den Nächsten liebt (vgl. Lev 19,18), hat das Gesetz erfüllt. **9** Vgl. Ex 20,13; Dtn 5,17; Lev 19,18. **11-14** Paulus rechnet mit einer baldigen Wiederkunft des Herrn.

kommen. Lasst uns nun ablegen die Werke der Finsternis und anziehen die Waffen des
Lichts. [13] Wie am Tag lasst uns ehrbar einhergehen, nicht in Schlemmereien und Trinkgelagen, nicht in Wollust und Unzucht, nicht in Streit und Eifer,

Den Nächsten zu lieben,
das fasst das ganze Gesetz zusammen.
Das klingt recht gut –
doch halte ich mich daran?

(13,9)

[14] sondern zieht an den Herrn Jesus Christus. Und die Sorge für das Fleisch macht nicht zu Begierden.

Der gleiche Herr:
Keiner lebt für sich selbst

14 Den Schwachen im Glauben aber nehmt auf, ohne das schwankende Urteil der Gedanken. [2] Der eine glaubt und isst alles; der
Schwache aber isst Gemüse. [3] Der Esser soll den Nichtesser nicht für nichts halten. Der Nichtesser aber richte den Esser nicht, denn
Gott hat ihn angenommen. [4] Wer bist du, der du einen fremden Hausgenossen richtest? Dem eigenen Herrn steht oder fällt er. Er wird aber stehen bleiben, denn der Herr ist mächtig, ihn aufrecht zu halten. [5] Der eine richtet den einen Tag mehr als den andern, der andere aber richtet jeden Tag gleich. Jeder sei in
seinem eigenen Denken voll überzeugt. [6] Wer auf den Tag sinnt, sinnt für den Herrn, und wer isst, isst für den Herrn, denn er sagt Gott Dank. Und wer nicht isst, isst für den Herrn
nicht, auch er sagt Gott Dank. [7] Denn keiner von uns lebt sich selbst und keiner stirbt sich
selbst. [8] Denn wenn wir leben, leben wir dem Herrn, und wenn wir sterben, sterben wir dem Herrn. Wenn wir nun leben und wenn
wir sterben, sind wir des Herrn. [9] Denn dazu ist Christus gestorben und lebendig geworden, dass er wie über Tote so über Lebende
Herr sei. [10] Du aber, was richtest du deinen Bruder? Oder auch du, was hältst du für nichts deinen Bruder? Denn wir werden alle herantreten an den Richterstuhl Gottes.
[11] Denn es ist geschrieben: Da ich lebe, spricht der Herr, wird sich mir beugen jedes Knie,
und jede Zunge wird Gott preisen. [12] Also wird jeder von uns über sich selbst Gott Rechenschaft geben.

Wer auch immer die Starken sind –
wenn sie das sind,
dann müssen sie auch
Rücksicht nehmen auf die Schwachen.
Spezielle Übungen dürfen
die Gemeinschaft nicht stören.
Schön wärs!

(14,1-12)

Verzicht für den Bruder:
Das Reich Gottes ist Gerechtigkeit

[13] Wir wollen also nicht mehr einander richten. Richtet euch vielmehr danach: keinen Anstoß zu geben dem Bruder und kein Ärgernis.
[14] Ich weiß und ich bin überzeugt im Herrn Jesus, dass nichts an sich unrein ist. Nur dem, der etwas für unrein hält, dem ist es
unrein. [15] Denn wenn wegen einer Speise dein Bruder betrübt ist, gehst du nicht mehr der

---

Darum sein dringender Appell an die Christen. **13** Der Vers bezieht sich auf das lockere Leben vornehmer Römer. Der Kirchenlehrer Augustinus wurde durch diese Worte erschüttert und zur Umkehr gebracht.
14,1-12 Paulus nimmt zu einer speziellen Frage der römischen Gemeinde Stellung. **1** Wer jene »Schwachen« sind, denen Fleisch und Wein unrein sind, ist nicht mehr genau zu ermitteln. Wahrscheinlich handelt es sich um asketische Judenchristen. **3** Bei asketischen Sonderübungen geht es nicht um die Entscheidung über Gut oder Böse. Daher mahnt der Apostel, dass derartige Übungen die geschwisterliche Gemeinschaft nicht sprengen dürfen. **10** Wenn auch jeder eine andere Funktion in der Welt hat, so sind wir doch vor Gott alle gleich. **11** Vgl. Jes 45,23. **13-16** Paulus

Liebe gemäß einher. Richte nicht durch deine
Speise jenen zugrunde, für den Christus ge-
storben ist. [16] Euer Gut soll also nicht verläs-
tert werden. [17] Denn das Reich Gottes ist nicht
Speise und Trank, sondern Gerechtigkeit und
Friede und Freude in Heiligem Geist. [18] Denn
wer darin des Christus Knecht ist, wohlgefäl-
lig ist er Gott und den Menschen wertvoll.
[19] Also lasst uns denn verfolgen, was des Frie-
dens und der gegenseitigen Erbauung ist.
[20] Zerstöre nicht einer Speise wegen das Werk
Gottes. Alles ist zwar rein, doch böse ist es
dem Menschen, der es mit Anstoß isst.
[21] Gut ist es, kein Fleisch zu essen und keinen
Wein zu trinken noch etwas, woran dein Bru-
der sich stößt. [22] Du habe den Glauben, den
du hast, für dich selbst vor Gott. Selig, wer
nicht sich selbst richtet in dem, was er für
wert achtet. [23] Wer aber schwankt im Urteil,
wenn er isst, wird verurteilt, weil es nicht aus
Glauben geschieht. Alles aber, was nicht aus
Glauben geschieht, ist Sünde.

Ich glaube, das muss ich mir
hinter den Spiegel stecken
und jeden Morgen aufmerksam lesen.

(14,23)

Das Vorbild Christi:
Er war nicht sich selbst zu Gefallen

15 Wir aber, die Fähigen, müssen die
Schwächen der Unfähigen tragen und dürfen
nicht uns selbst gefallen. [2] Jeder von uns sei
dem Nächsten zu Gefallen, zum Guten, für
die Erbauung. [3] Denn auch Christus war nicht
sich selbst zu Gefallen, sondern wie geschrie-
ben ist: Die Schmähungen der dich
Schmähenden sind auf mich gefallen. [4] Denn
alles, was zuvor geschrieben wurde, ist zu un-
serer Belehrung geschrieben, damit wir durch
das Ausharren und durch den Trost der
Schriften die Hoffnung haben. [5] Der Gott des
Ausharrens und des Trostes aber gebe euch
untereinander dasselbe zu sinnen, gemäß
Christus Jesus, [6] damit ihr einmütig mit einem
Mund den Gott und Vater unseres Herrn Je-
sus Christus verherrlicht. [7] Darum nehmt ein-
ander an, wie auch Christus euch angenom-
men hat zur Herrlichkeit Gottes. [8] Denn ich
sage: Christus ist ein Diener der Beschnei-
dung geworden für die Wahrheit Gottes, um
die Verheißungen der Väter zu bekräftigen,
[9] damit die Völker Gott für das Erbarmen ver-
herrlichen, wie geschrieben ist: Darum werde
ich dich preisen unter den Völkern und dei-
nem Namen lobsingen. [10] Und wiederum ist
gesagt: Erfreut euch, Völker, mit seinem
Volk. [11] Und wiederum: Lobet den Herrn, all
ihr Völker, preisen werden ihn all ihr Völker-
stämme. [12] Und wiederum sagt Jesaja: Es wird
dasein die Wurzel Isais, und er, der auftritt, zu
herrschen über die Völker, auf ihn werden die
Völker hoffen.

Die Schwächen der andern mittragen,
nicht nur an ihnen vorbeileben!
So, wie Jesus ein Diener war
der Juden wie auch der Heiden.

(15,1-12)

spricht die »Starken« an. Er sagt ihnen eindeutig, dass die »Schwachen« das Maß ihrer Freiheit sind. **17-23** Jeder hat das Recht, seiner Eigenart gemäß zu leben, soweit er dem andern kein Ärgernis gibt. Jeder hat aber auch das Anderssein des anderen zu respektieren, ohne Anstoß zu nehmen. Bei allen ist das gläubige Gewissen letzte Instanz. Auch das falsch urteilende Gewissen verpflichtet. Die Überzeugung des Christen soll von seinem Glaubensbekenntnis geprägt sein.
15,1-13 Grundsätzliche Überlegungen über das Miteinander von »Starken« (zu denen Paulus auch sich selber zählt) und Schwachen in der Gemeinde Jesu Christi. **1-6** Die Starken dürfen nicht an den Schwachen vorbeileben; sie dürfen sie nicht beiseite schieben. Sie sollen die Schwäche der andern tragen, nicht nur ertragen. **7-13** Die Antwort auf die Frage nach dem Verhältnis von Judenchristen und Heidenchristen ist Jesus selber. Er ist der Diener der Beschnittenen und der Heiden zugleich. **9** Vgl. Ps 18,50. **10** Dtn 32,43. **11** Ps 117,1. **12** Jes 11,10; Jesse ist die griechische Schreibung des hebräischen Isai; so hieß der Vater Davids. **15,14 - 16,27** Im Schlussteil des Briefes kommen die persönlichen Beziehungen des Paulus

13 Der Gott der Hoffnung aber erfülle euch
mit aller Freude und Frieden im Glauben, auf
dass ihr überströmt an Hoffnung durch die
Kraft Heiligen Geistes.

Rechtfertigung des Briefes:
Ich schrieb, um euch zu erinnern

14 Ich aber bin überzeugt, meine Brüder, auch
von mir selbst aus, was euch betrifft, dass ihr
voll Güte seid, erfüllt von aller Erkenntnis,
fähig auch, einander zu ermahnen. 15 Sehr
kühn zwar schrieb ich euch zum Teil, um euch
wieder zu erinnern aufgrund der Gnade, die
mir von Gott gegeben ist, 16 um Amtsdiener
Christi Jesu für die Völker zu sein als Priester
an der Frohen Botschaft Gottes, damit die
Völker wohlgefällige Opfergabe werden, ge-
heiligt in Heiligem Geist. 17 Ich habe also den
Ruhm vor Gott in Christus Jesus. 18 Denn ich
werde nicht wagen, etwas zu reden, was nicht
Christus durch mich gewirkt hat zum Gehor-
sam der Völker durch Wort und Werk, 19 in
der Macht von Zeichen und Wundern, in der
Macht des Geistes. So habe ich von Jerusalem
aus und im Bogen bis nach Illyrien die Frohe
Botschaft von Christus erfüllt. 20 Dabei setze
ich meine Ehre darein, die Frohe Botschaft
nicht zu künden, wo Christus schon genannt
wurde, damit ich nicht auf fremden Grund-
stein baue, 21 sondern wie geschrieben ist: Se-
hen werden die, denen nicht von ihm verkün-
det wurde, und die nicht gehört haben, sollen
verstehen.

Reisepläne: Ich habe Sehnsucht,
zu euch zu kommen

22 Deshalb wurde ich auch vielmals gehindert,
zu euch zu kommen. 23 Jetzt aber, da ich kei-
nen Raum mehr habe in diesen Gegenden,
seit etlichen Jahren aber Sehnsucht habe, zu
euch zu kommen, 24 um nach Spanien zu rei-
sen, hoffe ich also auf der Durchreise euch zu
sehen und von euch dorthin weitergeleitet zu
werden, wenn ich euch zuerst einigermaßen
genossen habe. 25 Jetzt aber reise ich nach Je-
rusalem im Dienst der Heiligen. 26 Denn Ma-
zedonien und Achaia fanden für gut, dass ein
gewisses Gemeinschaftswerk gemacht werde
für die Armen der Heiligen in Jerusalem. 27 Sie
fanden das also für gut, und sie sind auch de-
ren Schuldner. Denn wenn die Völker Ge-
meinschaft haben an deren geistigen Gütern,
schulden sie, auch ihnen mit fleischlichen ei-
nen Dienst zu leisten. 28 Wenn ich dies nun
vollendet und ihnen diese Frucht bestätigt ha-
be, werde ich bei euch durch nach Spanien
weggehen. 29 Ich weiß aber, dass ich, wenn ich
zu euch komme, in der Fülle des Segens Chris-
ti kommen werde. 30 Ich ermahne euch aber,
[Brüder,] bei unserem Herrn Jesus Christus
und bei der Liebe des Geistes, zu ringen mit
mir in den Gebeten für mich vor Gott, 31 dass
ich entrissen werde den Ungehorsamen in Ju-
däa und mein Dienst hin nach Jerusalem
wohlgefällig werde den Heiligen, 32 damit
ich in Freude nach dem Willen Gottes zu
euch komme und zusammen mit euch mich
ausruhe.

Auf der Durchreise nach Spanien
fährt Paulus in die Weltstadt.
Er verkündet dort,
wie in anderen Orten, die Frohe Botschaft.
Er sammelt für die Judenchristen
– ohne großen Erfolg.

(15,22-33)

33 Der Gott des Friedens sei mit euch allen.
Amen.

zur römischen Gemeinde zur Sprache. **15,14-16** Paulus sagt, weswegen er den Brief überhaupt geschrieben hat. **17-21** Der Heidenapostel erklärt, wie er seinen Dienst verstanden hat. Er will das Christentum dort hinbringen, wo kein anderer es verkündet. Er weiß, wie weit sein Einfluss reicht. **21** Vgl. Jes 52,15. **22-24** Da es in Rom schon eine christliche Gemeinde gibt, will Paulus nur auf der Durchreise nach Spanien in die Weltstadt. Ob er in Spanien war, ist nicht bekannt; möglich ist es. **25-33** Paulus fürchtet, die Absonderung der Judenchristen nicht beseitigen zu können, nicht einmal mit Hilfe heidenchristlicher Hilfsgelder. Daraus kann man ermessen, wie groß der Konflikt war, der die Urkirche bedrohte.

Grußliste:
Es grüßen euch alle Gemeinden

16 Ich empfehle euch aber Phöbe, unsere
Schwester, die im Dienst der Gemeinde in
Kenchreä ist, 2 damit ihr sie – würdig der Hei-
ligen – im Herrn aufnehmt und ihr beisteht, in
welcher Sache auch immer sie euer bedarf.
Denn auch sie war ein Beistand vieler und
auch meiner selbst. 3 Grüßt Priska und Aqui-
la, die mit mir wirkten in Christus Jesus,
4 – die für mein Leben ihren Hals hingehalten
haben, denen nicht nur ich danke, sondern
auch alle Gemeinden der Völker –, 5 und die
Gemeinde in ihrem Haus. Grüßt meinen ge-
liebten Epänetus, der die Erstlingsgabe der
Provinz Asien für Christus ist. 6 Grüßt Maria,
die sich viel für euch abgemüht hat. 7 Grüßt
Andronikus und Junia, meine Stammesge-
nossen und Mitgefangenen, die ausgezeich-
net sind unter den Aposteln, die auch vor mir
in Christus gewesen sind. 8 Grüßt meinen im
Herrn geliebten Ampliatus. 9 Grüßt Urbanus,
der mit uns in Christus gewirkt, und meinen
geliebten Stachys. 10 Grüßt Apelles, den in
Christus für wert Befundenen. Grüßt die von
den Leuten des Aristobul. 11 Grüßt meinen
Stammesgenossen Herodion. Grüßt die von
den Leuten des Narzissus, die im Herrn sind.
12 Grüßt Tryphäna und Tryphosa, die sich im
Herrn abmühten. Grüßt die geliebte Persis,
die sich viel im Herrn gemüht hat. 13 Grüßt
Rufus, den Erwählten im Herrn, und seine
und meine Mutter. 14 Grüßt Asynkritus, Phle-
gon, Hermes, Patrobas, Hermas und die Brü-
der bei ihnen. 15 Grüßt Philologus und Julia,
Nereus und seine Schwester und Olympas
und alle Heiligen bei ihnen.

Eine lange Liste von Namen.
Kennt er sie alle?
Persönlich – oder nur
vom Hören-Sagen?

(16,1-16)

16 Grüßt einander mit heiligem Kuss. Es
grüßen euch alle Gemeinden Christi.

Ermahnungen:
Haltet euch fern von ihnen!

17 Ich ermahne euch aber, Brüder, Acht zu ha-
ben auf jene, die Parteiungen machen und Är-
gernisse gegen die Lehre, die ihr gelernt habt;
und haltet euch fern von ihnen. 18 Denn solche
sind nicht Knechte von Christus, unserm
Herrn, sondern ihres eigenen Bauches und
täuschen durch Schön- und Frommrederei
die Herzen der Arglosen. 19 Euer Gehorsam
ist ja zu allen gelangt, an euch nun freue ich
mich. Ich will aber, dass ihr weise seid zum
Guten, arglos aber gegenüber dem Bösen.
20 Der Gott des Friedens aber wird den Satan
unter euren Füßen zermalmen in Bälde. Die
Gnade unseres Herrn Jesus ist mit euch.

Grüße von Mitarbeitern:
Ich grüße euch, der ich den Brief schrieb

21 Es grüßt euch Timotheus, der mit mir wirkt,
und Lucius und Jason und Sosipater, meine
Stammesgenossen. 22 Ich grüße euch, ich Ter-
tius, der ich den Brief schrieb, im Herrn. 23 Es
grüßt euch Gaius, mein und der ganzen
Gemeinde Gastgeber. Es grüßt euch Erastus,
der Verwalter der Stadt, und Quartus, der
Bruder.

16,1-16 Paulus schließt eine überraschend lange Reihe von Namen römischer Christen an. Offensichtlich sind sie ihm persönlich bekannt. Mit diesen Grüßen schlägt er die Brücke von »allen Gemeinden« – von der Gesamtkirche – zur Kirche in Rom. **1-2** »Dienerin« der Gemeinde (= Diakonin), vgl. 1 Tim 3,11. **5** Epänetus ist der Erste, der sich in der römischen Provinz Asiens zu Christus bekehrt hat. **17-20** Wir wissen nicht, auf welche Irrlehrer diese scharfe Mahnung zielt. **21-24** In einer zweiten Grußliste werden die Mitarbeiter des Paulus genannt, darunter auch Tertius, der als Schreiber des Paulus fungierte. **25-27** Mit einem kunstvollen Hymnus auf Gott, der alles nach seinem weisen Plan lenkt und so die Frohe Botschaft auch zu den Heiden bringen ließ, schließt der Brief.

Die Liste der Paulus-Mitarbeiter
ist auch recht respektabel.
Offensichtlich hat er
eine Art Sekretär,
nämlich den Schreiber Tertius.
Es musste ja alles von Hand
geschrieben werden.
Welch eine andere Situation!

(16,21-23)

24 Die Gnade unseres Herrn Jesus Christus ist mit euch allen.

Lobpreis: Ihm ist die Herrlichkeit in die Ewigkeit der Ewigkeiten

25 Ihm aber, der die Macht hat, euch zu stärken, gemäß meiner Frohen Botschaft und der Verkündigung von Jesus Christus, gemäß der Enthüllung eines seit ewigen Zeiten verschwiegenen Geheimnisses, 26 das jetzt aber geoffenbart ist durch prophetische Schriften, gemäß dem Auftrag des ewigen Gottes kundgemacht ist an alle Völker zum Gehorsam des Glaubens, 27 ihm, dem allein weisen Gott, durch Jesus Christus, ihm ist die Herrlichkeit in die Ewigkeit der Ewigkeiten. Amen.

Das braucht wahrhaftig
einen langen Lobpreis –
dieser große und schwer gewichtige Brief!
Alles ein Satz!
Ihm sei Herrlichkeit und Ehre
für alle Ewigkeit! Amen.

(16,25-27)

Der erste Brief an die Korinther

Paulus hatte durch eine Gesandtschaft erfahren, dass die Gemeinde in Korinth in rivalisierende Parteien zerstritten war. Der Apostel hatte auf seiner zweiten Missionsreise in der quirligen Stadt mit ihrer langen römischen Geschichte für eineinhalb Jahre Station gemacht und dort eine ansehnliche Gemeinde gegründet. Er hatte bei einem judenchristlichen Ehepaar Aquila und Priszilla gewohnt, Kaufleute, die dann später ihr Geschäft nach Ephesus verlegten. Sie waren im Jahre 49 nach Korinth gekommen, weil Kaiser Klaudius alle Juden aus Rom ausgewiesen hatte. Dies und einige andere darauf folgende Episoden aus den römischen Provinzen ermöglichen eine Datierung des Aufenthalts des Paulus in Korinth, nämlich in den Jahren 50/51.
Die Gemeinde war zahlenmäßig überschaubar; sie wird etwa 100 Mitglieder gezählt haben. Und wenn es mehr waren, dann sicher nicht mehr als 200. Jede der verschiedenen Parteien berief sich auf einen Apostel, wenn nicht Paulus, dann auf Petrus und manche gar auf Christus selber.
Paulus kann sich nicht damit begnügen, die Korinther zur Eintracht zu ermahnen. Die Streitigkeiten waren – wie Paulus durchschaute – die Folge eines falschen Glaubensverständnisses. Aus dem Evangelium wurde eine mystische Weisheitslehre, die Kenntnis gab von der verborgenen Welt Gottes. Daraus entstand ein Selbstwertgefühl; über das Irdische war man hinaus. Sie galten als weisheitserfüllte Führer auf dem Himmelsweg. Da nicht alle die gleiche tiefe Einsicht in die Weisheit hatten, war es auch wichtig, an wen man sich hielt. So stritt man sich über ihre Qualität und machte ihre Namen zu Parteiparolen.
Diese Situation nötigte Paulus, auf die Grundlagen des christlichen Glaubens zurückzugehen und die ganzen Fragestellungen in einem weitgespannten Gedankengang aufzugreifen. Gegen das hochfliegende Selbstverständnis der Korinther bringt Paulus das Evangelium zur Geltung. Das Merkmal christlicher Existenz ist für Paulus: Kampf und Leben, Preisgegebensein an die Welt.
Die ersten Kapitel sind durch schwer durchschaubare Erörterungen geprägt. Die sachliche Mitte dieser Texte ist die Bestimmung des Evangeliums als »Wort vom Kreuz«. Hier werden jedoch nicht Leiden und Sterben Jesu anschaulich geschildert, sondern die Verkündigung des Jesus in seiner Bedeutung als der Christus. Bei Paulus findet sich in seinen Briefen eine Fülle von Beispielen, in denen er diese Verkündigung ausführt. Durch Jesu Kreuz hat Gott den Menschen gerechtgesprochen, die feindliche Welt mit sich versöhnt, von der Macht der Sünde und des Todes befreit, in ein neues Leben hineingestellt. Überall ist das Kreuz ein Geschehen, das die Menschen existentiell betrifft, ihre Einstellung zu sich selbst verändert und die Frage nach dem Sinn des Lebens und aller Geschichte neu beantwortet.
Die einseitige Ausrichtung auf das Kreuz scheint dem auch für Paulus grundlegenden Bekenntnis zu widersprechen, dass Jesus gestorben und auferstanden ist. Es ist tatsächlich in dem »Wort vom Kreuz« von der Auferstehung Jesu nicht ausdrücklich die Rede. Sie ist jedoch auch in diesem Brief im Blick. Nach paulinischem Verständnis ist mit der Auferstehung das Kreuz nicht aufgehoben oder rückgängig gemacht. Sie ist vielmehr das Ereignis, das das Kreuz in Kraft setzt und das »Wort vom Kreuz« als Heilsbotschaft begründet. Und das alles spielt sich in Korinth

ab oder ist auf die Christen in Korinth bezogen.
Korinth verdankt der Lage der Stadt seine Bedeutung und seinen Reichtum. Es sind nur sechs Kilometer, die den Golf von Korinth vom Saronischen Golf trennen. Die beiden Hafenstädte waren durch eine Rollbahn miteinander verbunden, auf der man kleinere Schiffe transportieren konnte; größere Schiffe mussten umgeladen werden. Durch diese Lage war Korinth ein Hauptumschlagplatz zwischen Ost und West.
Die römische Geschichte hatte schon hundert Jahre vor Paulus mit der Zerstörung der alten Stadt begonnen. Inzwischen hatte sich Korinth zu einer vitalen, bunt gemischten Stadt entwickelt, besiedelt mit Römern und Griechen, Juden und Orientalen. Entsprechend vielfältig war auch ihre weltanschauliche und religiöse Prägung. So verwundert es nicht, dass es auch in der von Paulus in dieser Stadt gegründeten christlichen Gemeinde eine Vielfalt von Meinungen und Prägungen, von Positionen und Überlieferungen gab. Angesichts dieser geographischen, historischen, ethnischen und weltanschaulichen Vielfalt ist es nicht verwunderlich, dass Paulus und seine Mitarbeiter wesentlich größere Probleme hatten als andernorts. Auf diesem Hintergrund muss man den ersten Korintherbrief lesen und verstehen.

✧

An die Korinther: Geheiligte in Christus Jesus, berufene Heilige

1 Paulus, berufen zum Apostel Christi Jesu durch den Willen Gottes, und der Bruder Sosthenes 2 an die Gemeinde Gottes in Korinth – Geheiligte in Christus Jesus, berufene Heilige – samt allen, die den Namen unseres Herrn Jesus Christus anrufen, an allen Orten, bei ihnen wie bei uns. 3 Gnade euch und Friede von Gott unserem Vater und dem Herrn Jesus Christus.

Dank und Lob: Durch Gott berufen zur Gemeinschaft mit Jesus

4 Ich danke Gott allezeit um euretwillen für die Gnade Gottes, die euch gegeben wurde in Christus Jesus; 5 denn in ihm seid ihr an allem reich geworden, in aller Rede und aller Erkenntnis, 6 wie denn auch das Zeugnis über Christus in euch kraftvoll wurde. 7 So habt ihr an keiner Heilsgabe Mangel bei eurem Warten auf das Offenbarwerden unseres Herrn Jesus Christus, 8 der euch auch Kraft geben wird bis ans Ende, dass ihr untadelig seid am Tag unseres Herrn Jesus [Christus]. 9 Treu ist Gott, durch den ihr berufen seid zur Gemeinschaft mit seinem Sohn Jesus Christus, unserem Herrn.

Spaltung in der Gemeinde: Seid einmütig

10 Ich mahne euch aber, Brüder, beim Namen unseres Herrn Jesus Christus: Seid alle einmütig im Reden und lasst keine Spaltungen unter euch sein, seid vielmehr festgegründet in einem Sinn und einer Überzeugung. 11 Denn es ist mir über euch, meine Brüder, durch die Leute der Chloe kund geworden, dass Streitigkeiten unter euch sind. 12 Was ich nun meine, ist, dass jeder von euch sagt: Ich gehöre zu Paulus, ich aber zu Apollos, ich

---

1,1-3 Paulus nennt seinen Namen und seine Kompetenz: Apostel Jesu Christi. Das weist darauf hin, dass zu jener Zeit der Titel »Apostel« nicht mehr nur den Zwölf vorbehalten war. Sosthenes, ein Mitarbeiter des Paulus, möglicherweise Synagogenvorsteher in Korinth (vgl. Apg 18,12-17). **4-9** Paulus, ein geschickter Taktiker, lobt die Gemeinde, ehe er Kritik und Tadel anbringt. Genau genommen lobt er Gott, der den Korinthern Glauben schenkt. **10-17** Tatsache ist, dass es um den Glauben der Korinther nicht gut bestellt ist. Um einzelne Lehrer haben sich Gruppen gebildet, die gegeneinander konkurrieren. Die Einheit ist in Gefahr. Paulus erinnert an die allen gemeinsame Taufe auf den Namen Jesu Christi, den Gekreu-

Was habe ich für einen Glauben?
Habe ich überhaupt Glauben?
Glaube ich alles, was andere sagen?
Übernehme ich, was jedermann glaubt?
Braucht der Menschen Glauben?
Was tue ich für meinen Glauben?
Wann und wo erlebe ich Glauben?

aber zu Kephas, ich aber zu Christus. 13 Ist
denn der Christus geteilt? Ist denn Paulus für
euch gekreuzigt worden? Oder seid ihr auf
den Namen des Paulus getauft worden? 14 Ich
danke Gott, dass ich keinen von euch getauft
habe, außer Krispus und Gaius, 15 so dass kei-
ner sagen kann, ihr wäret auf meinen Namen
getauft. 16 Doch, auch des Stephanas Hausge-
meinschaft habe ich getauft; im übrigen wüss-
te ich nicht, dass ich noch jemand getauft hät-
te. 17 Denn Christus hat mich nicht gesandt zu
taufen, sondern die Frohbotschaft zu kün-
den; nicht in Weisheit des Redens, damit das
Kreuz Christi nicht entleert werde.

Unsere Weisheit: Christus, der Gekreuzigte

18 Denn das Wort vom Kreuz ist denen, die
verloren gehen, Torheit; uns aber, die wir ge-
rettet werden, ist es Gotteskraft. 19 Es steht ja
geschrieben: Vernichten will ich die Weisheit
der Weisen, und die Einsicht der Einsichtigen
will ich verwerfen. 20 Wo ist ein Weiser? Wo
ein Schriftgelehrter? Wo ein Wortführer die-
ser Weltzeit? Hat nicht Gott die Weisheit der
Welt zur Torheit gemacht? 21 Denn weil die
Welt in ihrer Weisheit Gott in seiner Weisheit
nicht erkannte, gefiel es Gott, durch die Tor-
heit der Verkündigung jene zu retten, die
glauben. 22 Die Juden nämlich fordern Zei-

Kirche
Gemeinschaft von Gleichgesinnten
Gemeinschaft, die mit mir auf dem Weg ist
Gemeinschaft, mit der ich rede
Gemeinschaft, von der ich Antwort erwarte
Gemeinschaft, die mir Ziele vorgibt
und mir sagt, wie ich sie erreiche
Gemeinschaft, die nicht Ehre und Reichtum
verspricht
Gemeinschaft, die mir das Suchen
nicht abnimmt
Gemeinschaft, die mich fordert
Gemeinschaft, deren Zeichen das Kreuz ist

chen und die Griechen suchen Weisheit, 23 wir
aber verkünden Christus den Gekreuzigten,
für Juden ein Ärgernis, den Völkern eine Tor-
heit, 24 doch für sie, die Berufenen – Juden wie
Griechen –, Christus als Gottes Kraft und
Gottes Weisheit. 25 Denn die Torheit Gottes
ist weiser als die Menschen, und die
Schwäche Gottes ist stärker als die Men-
schen. 26 Seht doch eure Berufung, Brüder!
Dem Fleische nach: Nicht viele Weise, nicht
viele Mächtige, nicht viele Hochgeborene.
27 Nein, das Törichte der Welt hat Gott er-
wählt, damit die Weisen beschämt seien; und
das Schwache der Welt hat Gott erwählt, da-
mit die Starken beschämt seien; 28 und das
Niedriggeborene der Welt und das Verachte-
te hat Gott erwählt – das, was nichts ist, um
das zunichte zu machen, was etwas ist –, 29 da-
mit kein Fleisch vor Gott sich rühme. 30 Von
ihm her seid ihr in Christus Jesus, der für uns
von Gott her Weisheit wurde, Gerechtigkeit,
Heiligung und Erlösung, 31 damit, wie ge-
schrieben steht: Wer sich rühmt, im Herrn
sich rühme.

zigten. **12** Apollos (vgl. 3,4-9; Apg 18,24-29). **14** Krispus (vgl. Apg 18,8); Gajus (vgl. Röm 18,24); Stephanas (vgl. 16,15-17). **18-31** Weder im Judentum noch bei den Griechen kann man sich einen Retter vorstellen, der am Kreuz stirbt. In der Gemeinde von Korinth versucht man, das Ärgernis zu umgehen. Man vertritt die Ansicht, die Erhöhung Jesu habe seinen schmählichen Tod überholt, darum könne sich der Christ am Kreuz vorbei an den Erhöhten halten. **21-25** Die »Welt« entwickelt ihre eigene Weisheit. Sie erkennt Gott nicht. Darum beschließt er, durch die törichte Botschaft vom Kreuz Rettung anzubieten. Doch Juden wie Griechen fordern einen Beweis für die Wahrheit dieser Botschaft, deren einziger Beweis Christus selbst ist. **26-31** Die Botschaft widerspricht den Erwartungen und auch die Gemeinde, die für sie eintritt, widerspricht ihnen. Die Aufzählung (das Törichte, Schwache, Niedrige, Verachtete) erinnert an die Bergpredigt (vgl. Mt 5,3-11). Der Gott der Bibel hat eigene Maßstäbe.

Der geistige Mensch: Damit euer Glaube auf Gottes Kraft ruhe

2 Und als ich zu euch kam, Brüder, kam ich
nicht mit überlegener Rede oder Weisheit, um
euch das Zeugnis Gottes zu verkünden.
2 Denn ich beschloss, nichts unter euch zu
wissen als Jesus Christus, und diesen als
Gekreuzigten. 3 In Schwachheit, in großer
Furcht und Bangen kam ich zu euch, 4 und
meine Rede und mein Verkünden bestand
nicht in überredenden Worten der Weisheit,
sondern im Erweis von Geist und Kraft, 5 da-
mit euer Glaube nicht auf Menschenweisheit
ruhe, sondern auf Gotteskraft. 6 Weisheit je-
doch reden wir unter den Vollkommenen; al-
lein nicht Weisheit dieser Weltzeit oder der
Führer dieser Weltzeit, die zunichte werden.
7 Sondern wir reden Gottes Weisheit im Ge-
heimnis, die verborgene, die Gott vorherbe-
stimmt hat von Ewigkeit her zu unserer Herr-
lichkeit. 8 Keiner von den Führern dieser
Weltzeit hat sie erkannt; denn wenn sie er-
kannt hätten, so hätten sie den Herrn der
Herrlichkeit nicht gekreuzigt. 9 Sondern wie
geschrieben steht: Was kein Auge gesehen
und kein Ohr gehört und in keines Menschen
Herz aufgestiegen ist, das hat Gott denen be-
reitet, die ihn lieben. 10 Uns aber hat Gott es
enthüllt durch den Geist; denn der Geist er-
forscht alles, auch die Tiefen Gottes. 11 Denn
wer von den Menschen weiß, was im Men-
schen ist, außer dem Geist des Menschen, der
in ihm ist? Ebenso hat keiner erkannt, was in
Gott ist, außer dem Geist Gottes. 12 Wir aber
haben nicht den Geist der Welt empfangen,
sondern den Geist, der aus Gott ist, damit wir
wissen, was uns von Gott geschenkt worden
ist. 13 Und wir reden davon nicht in Worten,
wie menschliche Weisheit lehrt, sondern wie
der Geist lehrt, indem wir Geistiges für
Geisterfüllte deuten. 14 Ein natürlicher
Mensch aber fasst nicht, was des Geistes Got-
tes ist; denn Torheit ist es ihm, und er kann es

In einer Welt voll Bedrohung und Waffen
suchen wir nach dem Frieden
In einer Welt voll Krankheit und Not
sehnen wir uns nach Ganzsein und Heil
In einer Welt voller Ängste
fragen wir, was wir zu hoffen haben
Komm uns zu Hilfe
erbarme dich

Wir glauben Gottes Heiligem Geist
Wir glauben,
dass er die Antworten kennt
die wir suchen
die Bedrohungen entschärfen kann
vor denen wir zittern
den Frieden sichern kann
um den wir bangen

Wir glauben Gottes Heiligem Geist
der sich durchsetzen wird gegen alles
was Menschengeist sich ausdenken mag

Wir glauben
dass er in der Kirche lebendig wird
sie führt und hält auf Gottes Weg
in uns lebendig werden will
damit wir Christen nicht nur heißen
Christen werden

2,1-5 Die Botschaft vom Gekreuzigten und die Gemeinde, die ihn bekennt, sind aufeinander bezogen. Nach der Wertskala, die in dieser Welt gilt, gehören sie zum »Törichten«. Wer für diese Botschaft einsteht, muss ihr entsprechen. Paulus kann auf sich selbst verweisen. Sein Auftreten und seine Botschaft messen sich am Gekreuzigten. **6-9** Paulus verzichtet auf die Weisheit dieser Welt. Er kennt einzig die Botschaft vom Gekreuzigten, das Geheimnis (»Mysterium«) Gottes. Der Gekreuzigte ist Maß und Mitte seiner Predigt. **9** Das Zitat stammt aus einer nicht in den Kanon der alttestamentlichen Bücher aufgenommenen (»apokryphen«) Schrift. Die Führer dieser Weltzeit kannten Gottes Plan nicht, sonst hätten sie Christus nicht gekreuzigt. »Herr der Herrlichkeit«, eine jüdische Gottesbezeichnung wird auf den Gekreuzigten übertragen. **10-16** In diesem Abschnitt ist nicht von der »Weisheit«, sondern vom »Geist« die Rede. Der Geist kennt Gott. Er vermittelt denen, die ihn in der Taufe empfangen, Erkenntnis (»Gnosis«). Der Geisterfüllte« (»Pneumatiker«) erkennt, wie Gott ist und handelt. Der »natürliche« (»psychische«) Mensch ist nicht offen für den Geist, er erkennt Gott nicht.

nicht verstehen, weil es geistig beurteilt werden muss. 15 Der Geistige dagegen beurteilt zwar alles, doch selber wird er von niemand beurteilt. 16 Denn wer hat den Sinn des Herrn erkannt, dass er ihn unterwiese? Wir aber haben den Geist Christi.

Wir sind Mitarbeiter Gottes:
Ihr seid Gottes Ackerfeld

3 Und ich, Brüder, konnte nicht zu euch reden wie zu Geistigen, sondern wie zu Fleischlichen, wie zu Unmündigen in Christus. 2 Milch gab ich euch zu trinken, nicht feste Speise, denn die ertrugt ihr noch nicht. Ja, ihr ertragt sie auch jetzt noch nicht; 3 denn noch seid ihr fleischlich. Wo nämlich unter euch Eifersucht und Streit herrschen, seid ihr da nicht fleischlich und wandelt nach Menschenart? 4 Denn wenn einer sagt: Ich gehöre zu Paulus, ein anderer aber: Ich zu Apollos – seid ihr da nicht Menschen? 5 Wer ist denn Apollos? Wer ist denn Paulus? Diener, durch die ihr zum Glauben gekommen seid, und zwar so, wie es der Herr jedem gegeben hat. 6 Ich habe gepflanzt, Apollos hat begossen, Gott aber hat das Gedeihen gegeben. 7 Darum ist weder der etwas, welcher pflanzt, noch der, welcher begießt, sondern der das Gedeihen gibt: Gott. 8 Der aber pflanzt und der begießt, sind eins; doch wird jeder seinen eigenen Lohn empfangen, entsprechend seiner eigenen Mühe. 9 Denn Gottes Mitarbeiter sind wir; Gottes Ackerfeld, Gottes Bauwerk seid ihr.

Jeder baue weiter:
Jesus Christus ist der Grund

10 Gemäß der Gnade Gottes, die mir gegeben ist, habe ich als weiser Baumeister den Grund gelegt; ein anderer aber baut darauf weiter. Doch jeder sehe zu, wie er darauf weiterbaut. 11 Denn einen anderen Grund kann niemand legen als den, der gelegt ist, das ist Jesus Christus. 12 Wenn aber einer auf diesem Grund weiterbaut: Gold, Silber, edle Steine, Holz, Heu, Stroh – 13 eines jeden Werk wird offenkundig werden. Denn der Tag wird es kundmachen, er offenbart sich ja in Feuer; und wie eines jeden Werk beschaffen ist, wird das Feuer erproben. 14 Wenn jemands Werk, das er aufgebaut hat, bleibt, so wird er Lohn empfangen. 15 Wenn jemands Werk aber niederbrennt, so wird er Schaden leiden; er selber wird zwar gerettet werden, doch gleichwie durch Feuer hindurch.

Lass mich
auf dem Weg zu mir selber
den Mut nicht verlieren
das Gute, das in mir ist
lass aufleuchten
dass ich mich meiner freuen kann
dir danken, dass du mich
so wunderbar vielfältig
und liebenswert
geschaffen hast

Ich möchte
Liebe wecken
Güte und Hoffnung in denen
die mir Nächste werden
mit ihnen singen
die Melodie meines Lebens
Lob, Preis und Dank

(3,10-15)

Alles ist euer:
Ihr aber seid Christi

16 Wisst ihr nicht, dass ihr Tempel Gottes seid und dass der Geist Gottes in euch wohnt? 17 Wenn jemand den Tempel Gottes zugrunde richtet, den wird Gott zugrunde richten; denn der Tempel Gottes ist heilig, und der seid ihr. 18 Niemand täusche sich selbst! Wenn einer

---

3,1-4 Kritik an den Korinthern: Sie gehören nicht zu den »Geisterfüllten«. Der eifersüchtige Streit der Gruppen gegeneinander beweist, dass sie praktisch mit den Ungetauften auf einer Stufe stehen. **6-8** Ein Bildwort vom Acker soll die Bedeutung der Gemeindeleiter klären. **10-15** Auch die Bildworte vom Bau und vom Tempel tragen zur Klärung der Frage nach der Funktion der Lehrer in der Gemeinde bei. Wer die Gemeinde zerstört, den zerstört Gott. Diese Feststellung weist darauf hin, wie ernst Paulus die Situation der Gemeinde Jesu Christi in Korinth einschätzt. Grundsätzlich: Wer bei Gott in Dienst steht, soll wis-

unter euch meint, weise zu sein in dieser Welt-
zeit, der werde ein Tor, damit er weise werde.
19 Denn die Weisheit dieser Welt ist Torheit bei
Gott. Es steht ja geschrieben: Der die Weisen
fängt in ihrer Schlauheit. 20 Und wiederum:
Der Herr kennt die Gedanken der Weisen,
dass sie nichtig sind. 21 Darum rühme sich kei-
ner mit Menschen. 22 Denn alles ist euer, sei es
Paulus oder Apollos oder Kephas oder Welt
oder Leben oder Tod oder Gegenwart oder
Zukünftiges: Alles ist euer. 23 Ihr aber seid
Christi, Christus aber Gottes.

Gehilfen Christi:
Gott hat uns zu Letzten gemacht

4 So halte uns jedermann für Gehilfen Chris-
ti und Verwalter von Geheimnissen Gottes.
2 Im übrigen wird von den Verwaltern gefor-
dert, dass einer treu befunden werde. 3 Mir
aber ist es etwas Geringes, dass ich von euch
beurteilt werde oder von einem menschlichen
Tag; ja, auch selbst beurteile ich mich nicht. -
4 Ich bin mir nichts bewusst, doch bin ich dar-
um nicht gerechtgesprochen; – der Herr aber
ist es, der mich beurteilt. 5 Darum richtet nicht
vor der Zeit, ehe der Herr kommt; er wird
auch das Verborgene der Finsternis ans Licht
bringen, und offenkundig werden die Regun-
gen der Herzen; dann wird einem jeden das
Lob zuteil von Gott. 6 Dies aber, Brüder, habe
ich um euretwillen auf mich und Apollos be-
zogen, damit ihr an uns lernt: Nicht über das
hinaus, was geschrieben steht, damit nicht ei-
ner von euch sich aufblähe für den einen, ge-
gen den anderen. 7 Denn wer beurteilt dich?
Was hast du aber, das du nicht empfangen
hättest? Hast du aber empfangen, was
rühmst du dich, als hättest du nicht empfan-
gen? 8 Schon seid ihr satt; schon seid ihr reich!
Ohne uns seid ihr zum Herrschen gekom-
men! Ja, wäret ihr doch zum Herrschen ge-
kommen, damit auch wir mit euch zum Herr-
schen kämen! 9 Denn ich meine, Gott hat uns,
die Apostel, zu Letzten gemacht, gleich sol-
chen, die zum Tod bestimmt sind; denn ein
Schauspiel sind wir der Welt geworden und
Engeln und Menschen. 10 Toren sind wir um
Christi willen, ihr aber seid klug in Christus.
Wir sind schwach, ihr aber seid stark. Ihr seid
geehrt, wir aber verachtet. 11 Bis zur jetzigen
Stunde leiden wir Hunger und Durst und
Blöße und werden misshandelt und haben
keine bleibende Stätte. 12 Wir mühen uns und
werken mit unseren Händen. Als Geschmäh-
te segnen wir, als Verfolgte halten wir stand,

Wir
Gemeinschaft der Getauften
der Berufenen, die Erlösten
die aus Hoffnung leben
aus Erbarmen und Vergebung

Wir
mit denen du teilst
nicht nur das Brot, auch das Leben

Wir
denen du dich anvertraust
dein Wort, deine Liebe, dich selbst
wir verkünden deinen Tod
wir preisen deine Auferstehung
wir warten auf dein Kommen

(4,1-13)

---

sen, dass er darauf angewiesen ist, dass Gott seinen Samen reifen lässt. **18-23** In diesen knappen Sätzen sammelt sich Lebensweisung für Christen: Alles ist dem Menschen übergeben. Doch über sich selbst kann er nicht verfügen: »Ihr aber seid Christi«. Der Messias kam, um den Willen Gottes auf der Erde zu erfüllen. Er thront zur Rechten Gottes. Mit ihm ist alles Geschaffene bei dem geborgen, von dem es ausging.

4,1-5 Paulus entfaltet das »Ihr aber gehört Christus« am Beispiel seiner eigenen Person und dem eigenen Dienst. Einzig Christus kann ihn zur Rechenschaft ziehen. **6-13** Was für die Missionare gilt, gilt auch für die Gemeinde. Die Korinther, die die Lehrer gegeneinander ausspielen und sich großtun, vergessen, dass sie alles, was sie sind und erkennen, Gott verdanken. Sie vergessen, dass die Vollendung noch kommt. Über der Gegenwart steht das Kreuz. Der Apostel lebt diese Gegenwart durch sein Dasein. **6** Paulus zitiert einen Grundsatz der Auslegung, den die Korinther kennen. **8a** Die Aussage ist ironisch gemeint. **16** Wie ein Kind sein Leben dem Vater verdankt, so verdanken die

[13] als Verlästerte trösten wir, wie ein Auswurf der Welt sind wir geworden, wie ein Abschaum von allem, bis jetzt.

Werdet meine Nachahmer: Ihr habt nicht viele Väter

[14] Nicht um euch zu beschämen, schreibe ich dies, sondern als meine geliebten Kinder ermahne ich euch. [15] Denn wenn ihr gleich zehntausend Lehrmeister in Christus hättet, so doch nicht viele Väter; denn in Christus Jesus habe ich euch durch die Frohbotschaft gezeugt. [16] Daher ermahne ich euch: Werdet meine Nachahmer! [17] Darum habe ich den Timotheus zu euch geschickt, der mein geliebtes und treues Kind im Herrn ist. Er wird euch an meine Wege in Christus erinnern, so wie ich überall in jeder Gemeinde lehre. [18] Als ob ich nicht zu euch käme, so blähen sich einige auf. [19] Doch ich werde bald zu euch kommen, wenn der Herr will, und nicht die Reden der Aufgeblasenen will ich dann kennen lernen, sondern ihre Kraft. [20] Denn nicht in Rede, in Kraft ist das Königtum Gottes. [21] Was wollt ihr? Soll ich mit dem Stock zu euch kommen oder mit Liebe und im Geist der Milde?

Paulus aus Tarsus
Sohn jüdischer Eltern
bestens gerüstet für die Zukunft
Sohn jüdischer Eltern
mit dem römischen Bürgerrecht ausgestattet
von Beruf Zeltmacher
Schüler des Rabbi Gamaliel
Christenverfolger aus Überzeugung
von Gott erwählt
dass er ein Großer werde
in der Kirche des Sohnes
Seit ihn vor Damaskus die Stimme einholte
wird er zum Christusprediger
und Gemeindegründer
er bringt das Evangelium nach Europa
übersetzt die Sprache und die Denkweise
die Hoffnungen und die Todesängste
der jüdischen Erwartung in die Sprache
und die Bildwelt der Götter
im großrömischen Reich
Sein Engagement verhindert
das Versanden
der Jesusbewegung unter den Sekten
der spätjüdischen Zeit
Paulus von Tarsus – ein Einzelner
schafft die Voraussetzung für die Zukunft
der Kirche

(4,14-21)

Lasst uns feiern: Christus ist unser Pascha

5 Allgemein hört man von Unzucht bei euch, und zwar von solcher Unzucht, wie sie bei den Völkern nicht ist, dass nämlich einer die Frau seines Vaters hat. [2] Und ihr seid noch aufgeblasen, statt besser zu trauern, damit aus eurer Mitte ausgeschlossen werde, der diese Tat beging? [3] Ich nämlich - wenngleich abwesend dem Leibe nach, dem Geiste nach aber anwesend - habe schon, als wäre ich anwesend, über den, der solches verübt hat, das Urteil gesprochen: [4] Im Namen des Herrn Jesus sollt ihr und mein Geist euch versammeln und mit der Kraft unseres Herrn Jesus [5] und den Betreffenden dem Satan übergeben, zum Verderben des Fleisches, damit der Geist gerettet werde an dem Tag des Herrn. [6] Euer Rühmen ist nicht gut. Wisst ihr nicht, dass wenig Sauerteig den ganzen Teig durchsäu-

---

Glaubenden ihr Leben dem »Geistlichen Vater«. **17** Timotheus wird als Kind des Paulus bezeichnet. Gemeint ist, dass er ihm den »Glauben« verdankt. Timotheus hat den Auftrag, die Gemeinde wieder an die Botschaft zu erinnern, die Paulus ihnen gebracht hatte.

5,1 - 6,20 Über Missstände in der Gemeinde: Christ sein bedeutet nicht nur das Bekenntnis derselben Glaubenssätze, sondern auch das Leben nach denselben ethischen Regeln. Die Einzelfälle, mit denen Paulus sich auseinander setzt, betreffen nicht nur den Einzelnen, sondern die Gemeinde als Gemeinschaft der Heiligen. **5,1-5** Ein Mann lebt in ehelicher Gemeinschaft (»wilde Ehe«, Inzest) mit seiner Stiefmutter (der »Frau seines Vaters«). Eine solche Verbindung ist auch im Alten Testament verboten (vgl. Lev 18,8). Nach Paulus besteht der Skandal nicht nur im Frevel des Übeltäters, sondern darin, dass die Gemeinde nichts unternimmt. Paulus tritt auf als einer, der Vollmacht hat, auszuschließen und aufzunehmen, zu bin-

Wo einer zum anderen »Bruder« sagt
eine zur anderen »Schwester«
die Hand reicht, das Brot teilt
zuhört, nicht urteilt
gelten lässt
sich selbst vergisst
Ermunterung und Hoffnung schenkt
gibt, was der andere braucht
Wo die Güte und die Liebe ist
da ist der Herr

(5,1-8)

ert? 7 Fegt den alten Sauerteig aus, damit ihr neuer Teig seid; ihr seid ja ungesäuert. Denn unser Paschalamm wurde geschlachtet: Christus. 8 Darum lasst uns nicht feiern mit altem Sauerteig, auch nicht mit Sauerteig der Bosheit und Schlechtigkeit, sondern mit dem Ungesäuerten der Lauterkeit und Wahrheit.

Achtet auf euch selber:
Die draußen richtet Gott

9 Ich habe euch im Brief geschrieben, ihr sollt mit Unzüchtigen nicht Gemeinschaft haben. 10 Nicht allgemein mit den Unzüchtigen dieser Welt oder den Habsüchtigen und Räubern oder Götzendienern; denn sonst müsstet ihr aus der Welt hinausgehen. 11 Nun aber schreibe ich euch: Habt keine Gemeinschaft mit einem, der sich Bruder nennen lässt, doch ein Unzüchtiger oder Habsüchtiger oder Götzendiener oder Lästerer oder Säufer oder Räuber ist; mit einem solchen sollt ihr nicht einmal essen. 12 Denn was geht es mich an, die draußen zu richten? Richtet ihr nicht die drinnen bei euch? 13 Denn die draußen wird Gott richten. Schafft den Bösen weg aus eurer Mitte.

Rechtsstreit:
Warum ertragt ihr das Unrecht nicht?

6 Wagt es jemand von euch, der einen Rechtsstreit mit einem anderen hat, sich von den Ungerechten richten zu lassen statt von den Heiligen? 2 Oder wisst ihr nicht, dass die Heiligen die Welt richten werden? Und wenn durch euch die Welt gerichtet wird, seid ihr dann untauglich für Rechtsentscheidungen in Belanglosigkeiten? 3 Wisst ihr nicht, dass wir Engel richten werden? Um wie viel mehr das Alltägliche. 4 Wenn ihr nun Rechtsentscheidungen in Alltäglichem habt, setzt ihr dann gerade die ein, die in der Gemeinde verachtet sind? 5 Zur Beschämung sage ich es euch: Gibt es denn nicht einen einzigen Weisen unter

Ich träume von einer Kirche
weit offen für alle
die heimat- und ortlos
Halt und Hilfe suchen

Ich träume von einer Kirche
die nicht auf Ämter setzt
und auf Sicherheit
sondern auf Liebe und Vertrauen

Ich träume von einer Kirche
in der das Wort ihres Herrn
mehr gilt als die
Erfolgsrezepte der Welt

Ich träume von einer Kirche,
die ganz irdisch die Erde hütet
und alles, was lebt, mitnimmt
auf dem Weg in den Himmel

(Kap. 6)

---

den und zu lösen. Das strenge Urteil, das er aus der Ferne fällt, erklärt sich aus seiner Sorge um die Gemeinde. Er will, dass sie sich versammeln und die Fluchformel über den Übeltäter sprechen (»Bann«). Das kann auch den zeitweisen oder unbegrenzten Ausschluss aus der Gemeinde bedeuten. **6-8** Beim jüdischen Pascha (Paulus war Jude) wird heute noch alles gesäuerte Brot aus dem Haus geschafft. Ein wenig Sauerteig hat viel Wirkung: Die Sünde eines Einzelnen betrifft die ganze Gemeinde. Gottes neues Volk, die Gemeinschaft seines Sohnes ist neuer Teig. Sie feiert ein neues Pascha, Christus ist ihr Lamm. Klärung eines Missverständnisses. Paulus fügt Tugenden und Laster in Listen aneinander (Tugend- oder Lasterkataloge). Er übernimmt damit einen Brauch aus der griechisch-römischen Umwelt, in der solche Listen (zum Auswendiglernen) üblich waren. **6,1-11** Wieder greift Paulus einen bestimmten Fall auf. Christen streiten und erbitten die Entscheidung durch ein weltliches Gericht. In der Frage (V. 5) zeich-

euch, der Recht zu sprechen vermöchte unter
Brüdern? 6 Nein, Bruder rechtet mit Bruder,
und das vor Ungläubigen! 7 Schon das ist ein
Versagen für euch, dass ihr miteinander Ge-
richtsaffären habt. Warum ertragt ihr nicht
lieber das Unrecht? Warum lasst ihr euch
nicht lieber übervorteilen? 8 So aber tut ihr
selber unrecht und übervorteilt, und das an
Brüdern. 9 Wisst ihr nicht, dass Ungerechte
das Reich Gottes nicht erben werden?
Täuscht euch nicht. Weder Unzüchtige, noch
Götzendiener, noch Ehebrecher, noch Lüst-
linge, noch Knabenschänder, 10 noch Diebe,
noch Habgierige, nicht Säufer, nicht Lästerer,
nicht Raffgierige werden das Reich Gottes er-
ben. 11 Und das waren einige von euch. Doch
ihr seid abgewaschen, ja ihr seid geheiligt, ja
ihr seid gerechtgesprochen im Namen des
Herrn Jesus Christus und im Geist unseres
Gottes.

Ist alles erlaubt: Verherrlicht Gott in eurem Leib

12 Alles ist mir erlaubt; doch nicht alles för-
dert. Alles ist mir erlaubt; doch von nichts
will ich mich beherrschen lassen. 13 Die Spei-
sen sind für den Bauch und der Bauch für die
Speisen; Gott aber wird jenen wie diese zu-
nichte machen. Der Leib aber ist nicht für die
Unzucht, sondern für den Herrn, und der
Herr für den Leib. 14 Gott aber hat den Herrn
auferweckt und wird auch uns auferwecken
durch seine Kraft. 15 Wisst ihr nicht, dass eure
Leiber Glieder Christi sind? Soll ich nun die
Glieder des Christus nehmen und zu Gliedern
einer Dirne machen? Auf keinen Fall! 16 Oder
wisst ihr etwa nicht, dass, wer an einer Dirne
hängt, eines Leibes ist? Es werden nämlich,
heißt es, die beiden zu einem Fleisch. 17 Wer
aber an dem Herrn hängt, ist eines Geistes.
18 Flieht die Unzucht! Jedwede Sünde, die ein
Mensch begeht, ist außerhalb des Leibes, der
Unzüchtige aber sündigt gegen seinen eigenen
Leib. 19 Oder wisst ihr nicht, dass euer Leib
ein Tempel des Heiligen Geistes in euch ist,
den ihr von Gott habt, und dass ihr nicht euch
selber gehört? 20 Denn um einen Preis seid ihr
erkauft: verherrlicht Gott in eurem Leib.

Eheordnung: Ein jeder hat seine eigene Heilsgabe

7 Zu dem, wovon ihr geschrieben habt: Es ist
dem Manne gut, eine Frau nicht anzurühren:
2 Der Unzucht wegen habe jeder die eigene
Frau, und jede den eigenen Mann. 3 Der
Mann gebe der Frau das Geschuldete und
ebenso die Frau dem Mann. 4 Die Frau hat
keine Macht über den eigenen Leib, sondern
der Mann; ebenso wie auch der Mann keine
Macht hat über den eigenen Leib, sondern die
Frau. 5 Beraubt einander nicht, es sei denn in
Übereinstimmung auf Zeit, um euch dem Ge-
bet zu widmen und dann wieder zusammen-
zusein, damit euch der Satan nicht versuche
wegen [eurer] Unbeherrschtheit. 6 Dies sage
ich aber als Zugeständnis, nicht als Gebot.
7 Ich wollte, alle Menschen wären so wie ich.
Doch jeder hat seine eigene Gnadengabe von

---

net sich die Notwendigkeit der Entwicklung einer kirchlichen Schiedsstelle ab. **1** Die Christen werden als »Heilige« bezeichnet, die Nichtchristen verallgemeinernd als »Ungerechte«. **2** Paulus vertritt die Meinung, dass die Christen am endzeitlichen Richteramt Christi teilhaben (vgl. 6,15; 12,27). **3** Gemeint sind die »gefallenen Engel« (vgl. 2 Petr 2,4; Jud 6). **4** Die im Urteil der Gemeinde nichts gelten: die Nichtchristen. **11** Ihr seid abgewaschen: ein Hinweis auf die Taufe (Eph 5,26; Tit 3,3-7). **12-20** In diesem Abschnitt diskutiert Paulus das Problem der sexuellen Freiheit vom christlichen Standpunkt aus. Er spricht zu Korinthern, die in einem gefährlichen Missverständnis befangen sind. Sie greifen das Schlagwort: »Alles ist mir erlaubt« unter Berufung auf die paulinische Freiheitsbotschaft auf. Paulus lässt das Schlagwort gelten. Doch er schränkt es ein, indem er zeigt, was unter dem »alles gehört euch« (vgl. 3,21) zu verstehen ist. **15-20** Christen können keine Verbindung eingehen, die dem Einssein mit Christus widerspricht. Das Problem der schon von den Propheten immer wieder gebrandmarkten kultischen Prostitution (vgl. Hos 1,2) erhält einen neuen Akzent. Man schätzt, dass es in Korinth damals mehr als tausend Tempeldirnen gab. **20** Gegen Lösegeld konnten Sklaven freigekauft werden. Paulus versteht den Tod Jesu als den Kaufpreis, durch den die Christen aus der Knechtschaft der Sünde freigekauft wurden (vgl. 7,23; Gal 3,13; 1 Petr 1,18-19).

7,1-40 Über Ehe und Ehelosigkeit. **1-7** Grundlegendes: Paulus schreibt keinen theologischen Traktat über die christliche Ehe. Er greift Fragen auf, die in

Wir bitten dich, Herr
für die jungen Menschen
die den Glauben der Eltern
nicht fraglos übernehmen wollen
Wir bitten dich
für die Mütter und Väter, die leiden
weil ihre Kinder eigene Wege gehen
Wir bitten dich
für die Familien
in denen einer dem andern
nichts mehr zu sagen hat
Hab Geduld mit uns
schenk uns Geduld miteinander
sei uns Halt
damit wir einander halten können
lass uns deine Liebe erfahren
damit wir einander lieben können

Gott; der eine so, der andere so. [8] Den Unver-
heirateten und den Witwen aber sage ich: Es
ist gut für sie, wenn sie bleiben wie ich. [9] Doch
wenn sie sich nicht enthalten können, sollen
sie heiraten. Besser ist es, zu heiraten als zu
brennen. [10] Den Verheirateten aber gebiete
ich – nicht ich, sondern der Herr –: Die Frau
soll sich nicht trennen vom Mann. [11] Ist sie
aber getrennt, bleibe sie unverheiratet oder
versöhne sich mit dem Mann. Und der Mann
soll die Frau nicht entlassen. [12] Den übrigen
aber sage ich – nicht der Herr: Wenn ein Bru-
der eine ungläubige Frau hat, und sie willigt
ein, mit ihm zusammen zu wohnen, soll er sie
nicht entlassen. [13] Und wenn eine Frau einen
ungläubigen Mann hat, und dieser willigt ein,
mit ihr zusammen zu wohnen, soll sie den
Mann nicht entlassen. [14] Denn der ungläubi-
ge Mann ist geheiligt durch die Frau, und die
ungläubige Frau ist geheiligt durch den Bru-
der. Sonst wären ja eure Kinder unrein, nun
aber sind sie heilig. [15] Will aber der Ungläubi-
ge sich trennen, soll er sich trennen. Nicht ge-
bunden ist in diesen Fällen der Bruder oder
die Schwester. Denn zum Frieden hat uns
Gott berufen. [16] Weißt du denn, Frau, ob du
den Mann rettest? Oder weißt du denn,
Mann, ob du die Frau rettest?

Standesordnung:
Jeder bleibe, worin er berufen wurde

[17] Wie der Herr es jedem zuteilt, wie Gott je-
den beruft, so wandelt. Und dies ordne ich in
allen Gemeinden an: [18] Ist einer als Beschnit-
tener berufen, lasse er sich nicht die Haut dar-
über ziehen. Ist einer als Unbeschnittener be-
rufen, lasse er sich nicht beschneiden. [19] Die
Beschneidung ist nichts und das Unbeschnit-
tensein ist nichts, sondern die Erfüllung der
Gebote Gottes. [20] Jeder bleibe in dem Stand,

Wer wird
aus der Finsternis
aufschauen zum Stern
der am Himmel leuchtet
Wer wird
aufbrechen, zurücklassen
dem trauen, der vorausgeht
Wer wird
die Wissenden in Frage stellen
Unruhe stiften bei den Mächtigen
Wer wird
die vergängliche Lichtspur
Schritt für Schritt
der Erde einprägen
Wege bahnen
Von überall her
zu einem Kind

Korinth diskutiert werden, und bezieht Stellung. Er verschweigt nicht, dass er den Status des ehelosen Lebens bevorzugt. **1** Eine Frau nicht anrühren: keine Geschlechtsgemeinschaft mit ihr haben. Diese Meinung ist das Motto der Asketen in Korinth. **3-5** Die Ehe wird nicht mit der Zeugung von Kindern begründet, sondern mit der Leiblichkeit der Menschen und seiner Bindung an den Partner. Enthaltsames Leben in der Ehe für einen begrenzten Zeitraum ist möglich, wenn beide Partner zustimmen. Ehelosigkeit ist ein Charisma. **8-14** Mahnungen für einzelne Gruppen und Stände: Unverheiratete, Verheiratete, in Mischehe Lebende. **17-24** Über die besondere Berufung des Einzelnen: Jeder hat seine Gabe und soll sie in der beschränkten Zeit bis zur Wiederkunft des Herrn nicht ändern. Beispiele: Beschnitten oder unbeschnitten sein, Sklave oder Freier. Ein Wechsel würde an der Berufung nichts ändern. Vor Gott sind alle Berufenen

in dem er berufen wurde. 21 Bist du als Sklave
berufen, so liege dir nichts daran. Selbst wenn
du frei werden könntest, bleibe lieber dabei.
22 Denn der im Herrn berufene Sklave ist ein
Freigelassener des Herrn, ebenso, wie der als
Freier Berufene ein Sklave Christi ist. 23 Um ei-
nen Preis seid ihr erkauft. Werdet nicht Skla-
ven von Menschen. 24 Worin jeder berufen
ward, Brüder, darin bleibe er vor Gott.

Jungfrauenordnung: Ich gebe euch meine Ansicht

25 Über die Jungfrauen aber habe ich kein Ge-
bot des Herrn. Doch gebe ich eine Ansicht als
einer, dem das Erbarmen des Herrn geschenkt
hat, treu zu sein. 26 Ich meine nun, um der ge-
genwärtigen Not willen sei es gut für einen
Menschen, so zu sein. 27 Bist du an eine Frau
gebunden? Suche dich nicht zu lösen. Bist du
gelöst von einer Frau? Suche nicht nach einer
Frau. 28 Wenn du heiratest, sündigst du nicht;
und wenn die Jungfrau heiratet, sündigt sie
nicht. Doch diese werden Bedrängnis vom
Fleisch haben; ich möchte euch verschont se-
hen. 29 Dies aber sage ich, Brüder: Die Zeit ist
beschränkt. Für den Rest seien jene, die Frau-
en haben, als hätten sie keine, 30 und die Wei-
nenden, als weinten sie nicht; und die Freudi-
gen, als freuten sie sich nicht; und die Erwer-
benden, als besäßen sie nicht; 31 und die mit
der Welt verkehren, als verkehrten sie nicht
mit ihr. Denn die Ordnung dieser Welt geht
vorüber. 32 Ich will aber, dass ihr ohne Sorgen
seid. Der Unverheiratete sorgt sich um das,
was des Herrn ist, wie er dem Herrn gefalle.
33 Der Verheiratete aber sorgt sich um das,
was der Welt ist, wie er der Frau gefalle, und
ist geteilt. 34 Und die unverheiratete Frau und
die Jungfrau sorgen sich um das, was des
Herrn ist, damit sie heilig seien an Leib und
Geist. Doch die Verheiratete sorgt sich um
das, was der Welt ist, wie sie dem Mann ge-
falle. 35 Ich sage dies, euch zu fördern, nicht
um euch eine Schlinge überzuwerfen, son-
dern wegen der Annehmlichkeit und dem be-
harrlichen Ausgerichtetsein auf den Herrn.
36 Wenn aber einer meint, dass seine Jungfrau
unansehnlich werde, wenn sie überreif ist,
und dies muss so geschehen, tue er, was er
will, er sündigt nicht; sie sollen heiraten.
37 Wer aber feststeht in seinem Herzen, be-
ständig, keine Not hat, Macht hat über seinen
Willen, und dies in seinem eigenen Herzen
beschließt, seine eigene Jungfrau zu bewah-
ren, der tut gut. 38 Also tut sowohl jener gut,
der seine eigene Jungfrau heiratet, wie auch
jener, der sie nicht heiratet, besser tut. 39 Eine
Frau ist gebunden für die Zeit, da ihr Mann
lebt. Wenn aber der Mann entschlafen ist, ist
sie frei zu heiraten, wen sie will, nur geschehe
es im Herrn. 40 Seliger aber ist sie nach meiner
Ansicht, wenn sie so bleibt. Und ich meine,
dass auch ich Gottes Geist habe.

Starke und Schwache: Eure Freiheit werde nicht zum Anstoß

8 Nun über das Opferfleisch: Wir wissen,
dass wir alle Erkenntnis haben. Die Erkennt-
nis bläht auf, die Liebe aber baut auf. 2 Wenn
einer meint, er habe etwas erkannt, so hat er
noch nicht erkannt, wie man erkennen muss.
3 Wenn einer Gott liebt, der ist von ihm er-

---

frei. **25-28** Ein Wort an Unverheiratete (Verlobte) für junge Frauen: ein Votum für die Ehelosigkeit. Paulus vertritt nicht theologische Lehrsätze. Er denkt an die Nöte der Endzeit. **29-35** Mahnungen für die in der Endzeit Lebenden. Es geht um die rechte Beziehung des Christen zur Welt. Weil Welt und Geschichte an ihr Ende kommen, soll man sich nicht an das Vergängliche klammern. Der eigentliche Grund der Freiheit ist nicht die vergehende Welt, sondern der kommende Herr. Für seine Ankunft soll der Christ frei sein. **36-38** Es geht um Verlobte, die aus Liebe zu Christus auf die Ehe verzichten und zum Schutz gegen Zudringlichkeiten bei einem ebenfalls unverheirateten Christen leben. **39-40** Am Ende der Mahnungen an die einzelnen Stände steht ein Rat für christliche Witwen. Dabei vertritt Paulus nur seine private Meinung, doch die gründet in Gottes Geist.

8,1-6 Die Christen in Korinth fragen Paulus, ob es erlaubt ist, Fleisch, das irgendwie in Kontakt mit Götzenopfern kam, zu essen oder am kultischen Mahl teilzunehmen. Ein für die Korinther alltägliches Problem, denn es ist anzunehmen, dass ein Großteil des Fleisches, das auf dem Markt gehandelt wurde, auf die eine oder andere Weise mit Opfer und Kult in Berührung kam. Für die Christen jüdischer Herkunft, die »Starken«, ist die Entscheidung nicht schwer: Wer

Verlass dich auf ihn
Eines Tages
wirst du deine Ängste vergessen
und den Frieden erfahren
den er schenkt

Vertrau seinem Wort
Eines Tages
wirst du deine Vorurteile los
die jetzt auf dir lasten

Verlass dich auf ihn
Eines Tages
wirst du von deinen Zweifeln befreit
der Hoffnung gewiss
die nicht trügt

kannt. 4 Über das Essen von Opferfleisch: Wir wissen, es gibt keine Götter in der Welt, und es gibt keinen Gott außer dem Einen. 5 Mag es auch so genannte Götter – sei es im Himmel oder auf Erden – geben, wie es auch viele Götter und viele Herren gibt: 6 Doch für uns ist nur Einer Gott, der Vater, aus dem alles ist und für den wir sind, und Einer Herr, Jesus Christus, durch den alles ist und durch den wir sind. 7 Aber nicht alle haben die Erkenntnis: Einige essen nach ihrem bisherigen Gewissen Götzen gebührendes Opferfleisch, und ihr Gewissen wird, da es schwach ist, befleckt. 8 Essen ist es nicht, was uns zu Gott hinbringt. Denn wenn wir nicht essen, verlieren wir nichts, noch gewinnen wir etwas, wenn wir essen. 9 Seht zu, dass euer Anrecht den Schwachen nicht zum Anstoß werde. 10 Wenn nämlich einer dich sieht – der du Erkenntnis hast – im Götzenhaus zu Tische liegen, wird nicht sein Gewissen – da er schwach ist – dahin erbaut werden, dass er das Opferfleisch isst. 11 Und so kommt der Schwache ins Verderben durch deine Erkenntnis –, der Bruder, für den Christus gestorben ist. 12 Wenn ihr euch aber versündigt gegen die Brüder und ihr schwaches Gewissen verletzt, so versündigt ihr euch gegen Christus. 13 Darum: Wenn Essen meinem Bruder Anstoß gibt, will ich kein Fleisch essen in Weltzeit, um meinem Bruder keinen Anstoß zu geben.

Apostelrechte: Wie die übrigen Apostel

9 Bin ich nicht frei? Bin ich nicht Apostel? Habe ich nicht Jesus, unseren Herrn, gesehen? Seid ihr nicht mein Werk im Herrn? 2 Wenn ich anderen nicht Apostel bin, so bin ich es doch euch. Denn ihr seid mir das Siegel des Apostelamts im Herrn. 3 Dies ist meine Verteidigung vor denen, die mich beurteilen: 4 Haben wir nicht ein Anrecht auf Essen und Trinken? 5 Haben wir nicht ein Anrecht darauf, eine Schwester als Frau mitzuführen wie auch die übrigen Apostel und die Brüder des Herrn und Kephas? 6 Haben einzig ich und Barnabas nicht das Anrecht, nicht zu arbeiten? 7 Wer tut je Kriegsdienst auf eigenen Sold? Wer pflanzt einen Weinberg und isst nicht von seiner Frucht? Oder wer hütet eine Herde und isst nicht von der Milch der Herde? 8 Rede ich dies nach Menschenweise oder sagt dies nicht auch das Gesetz? 9 Im Gesetz des Mose steht ja geschrieben: Du sollst einem dreschenden Ochsen das Maul nicht verbinden. Kümmert sich Gott etwa um den Ochsen? 10 Oder sagt er es nicht gerade um unseretwillen? Um unseretwillen steht ja geschrieben, dass der Pflüger auf Hoffnung hin pflügen soll, und der Drescher auf Hoffnung hin, dass er Anteil erhalte. 11 Wenn wir euch das Geistige gesät haben, ist es da etwas Großes, wenn wir das Fleischliche als Lohn

---

Gott, den Einen und Einzigen, erkannt hat und liebt (das heißt, ihn als den einen Herrn anerkennt), ist in seinem Gewissen frei von den Regeln, die in der Vergangenheit galten. **7-13** Die Gewissensfreiheit der einen hat ihre Grenze am Zweifel und der Unsicherheit der anderen, die sich in ihrem Gewissen an die früher allgemein anerkannten Regeln gebunden fühlen.

9,1-11 Paulus erklärt, wie er selbst christliche Freiheit versteht und wie er sie lebt. Er zählt die Rechte auf, die er auf Grund seiner Berufung (vgl. Apg 9,3-6) in Anspruch nehmen könnte. **5** Wörtlich: Haben wir nicht das Recht, eine Schwester als Frau mitzunehmen? (vgl. Mt 12,46-50). **12-18** Paulus nennt die Gründe für seinen Verzicht auf das Anrecht auf Lebensunterhalt durch die Gemeinde. Wenn die Korinther diesen

warten wie
ein Läufer auf den Startschuss
ein Wächter auf das Signal
ein junger Mensch auf das Leben
ein Schuldiger auf Vergebung
ein Trauriger auf den Morgen
ein Einsamer auf das Gefundenwerden
ein Liebender auf die Begegnung

Und wenn das Dunkel dauert
das Licht nicht verglimmen
das Herz nicht zagen lassen
warten auf das große Fest
warten

empfangen? 12 Wenn andere ein Anrecht haben, einen Anteil von euch zu erhalten, um wieviel mehr wir? Doch wir haben dieses Anrecht nicht gebraucht; sondern wir ertragen alles, damit wir nicht irgendwie Hindernis werden für die Frohbotschaft des Christus.
13 Wisst ihr nicht, dass die, welche für das Heiligtum wirken, von dem Heiligtum auch essen, dass die, welche am Altar walten, vom Altar einen Anteil haben? 14 So hat auch der Herr angeordnet, dass die Verkünder der Frohbotschaft von der Frohbotschaft leben.

Paulus der Verkünder:
Ich habe mich zum Knecht aller gemacht

15 Ich aber habe nichts von alldem gebraucht. Ich schreibe dies nicht, dass es so mit mir gehalten werde. Denn es wäre gut für mich zu sterben, als dass mein Ruhm von jemand entleert würde. 16 Wenn ich nämlich die Frohbotschaft verkünde, so habe ich keinen Ruhm; denn ein Zwang liegt auf mir. Denn: Weh mir, wenn ich die Frohbotschaft nicht verkünde. 17 Tue ich das nun freiwillig, so habe ich Lohn; tue ich es unfreiwillig, so bin ich mit dem Verwalteramt betraut. 18 Was also ist mein Lohn? Dass ich die Frohbotschaft umsonst verkünde und mein Anrecht an die Frohbotschaft nicht gebrauche. 19 Denn obgleich ich allen gegenüber frei bin, habe ich mich zum Knecht aller gemacht, damit ich die meisten gewinne. 20 Und den Juden bin ich wie ein Jude geworden, damit ich Juden gewinne; denen unter dem Gesetz wie einer unter dem Gesetz [obgleich ich selber nicht unter dem Gesetz bin], damit ich die unter dem Gesetz gewinne. 21 Den Gesetzlosen wie ein Gesetzloser – obgleich ich nicht vom-Gesetz Gottes los, sondern im-Gesetz Christi bin –, damit ich die Gesetzlosen gewinne. 22 Den Schwachen bin ich ein Schwacher geworden, damit ich die Schwachen gewinne. Allen bin ich alles geworden, damit ich auf alle Art einige rette. 23 Alles aber tue ich um der Frohbotschaft willen, damit ich teilhabe an ihr.

Der Kampf:
Um einen unvergänglichen Kranz

24 Wisst ihr nicht, dass die Läufer in der Rennbahn zwar alle laufen, nur einer aber erlangt den Siegespreis? Lauft so, dass ihr ihn erlangt.
25 Jeder Wettkämpfer aber ist in allem enthaltsam, jene, um einen vergänglichen Kranz zu erlangen, wir aber einen unvergänglichen.
26 So laufe ich denn, nicht wie einer, der ins Ziellose läuft; ich kämpfe, nicht so wie einer, der in die Luft schlägt, sondern ich schlage meinen Leib und versklave ihn, damit ich nicht etwa, nachdem ich anderen Herold war, selber unbewährt sei.

Beispiele der Väter:
Seht zu, dass ihr nicht fallt

10 Denn ich will euch nicht in Unkenntnis lassen, Brüder, dass alle unsere Väter unter der Wolke waren und alle das Meer durchschritten, 2 und alle wurden auf Mose getauft

---

Verzicht als Mangel an apostolischer Vollmacht verstehen, sind sie im Unrecht. Paulus geht es einzig um die Freiheit des ungeteilten Dienstes. **19-23** Solange Paulus seinen Unterhalt selbst verdient, ist er von keiner Gruppierung abhängig. Er kann für alle da sein. **24-26** Die Rennbahn ist ein Bildwort für das christliche Leben. Die Wettspiele begannen mit dem Lauf, sie endeten mit dem Faustkampf. Gerüstet sein muss man von Anfang bis Ende.
10,1-13 Gegen den Irrtum jener Selbst- und Heilssicheren in der Gemeinde, die sagen, die Taufe und die Teilnahme am Mahl des Herrn schütze automatisch gegen die Gefahren, die mit der Teilnahme an Opfermahlen verknüpft sind. Die Erfahrung Israels in der

Du erkennst deine Kirche
an denen, die dich loben
füreinander einstehen
sich selbst vergessen
an dir festhalten
sich hingeben
über die Welt hinaus hoffen
deine Wahrheit nicht verfälschen
um die Einheit ringen
sich hüten und bewahren lassen
um selbst zu hüten und zu bewahren
Du erkennst deine Kirche
an den Liebenden

in der Wolke und im Meer, 3 und alle aßen die-
selbe geistige Speise, 4 und alle tranken den-
selben geistigen Trank – sie tranken ja aus
dem geistigen Felsen, der ihnen folgte, der
Felsen aber war der Christus. 5 Doch an den
meisten von ihnen hatte Gott kein Wohlgefal-
len, denn sie wurden dahingerafft in der
Wüste. 6 Dies geschah uns zum Vorbild, damit
wir nicht nach dem Bösen begehren, so wie je-
ne begehrten. 7 Auch werdet nicht Götzendie-
ner, wie einige von ihnen, wie geschrieben
steht: Das Volk setzte sich, zu essen und zu
trinken, und sie standen auf, um zu tanzen.
8 Auch Unzucht wollen wir nicht treiben, wie
einige von ihnen Unzucht trieben: und an ei-
nem Tag fielen dreiundzwanzigtausend.
9 Auch wollen wir den Herrn nicht versuchen,
wie einige von ihnen versuchten: und sie ka-
men um durch Schlangen. 10 Auch wollen wir
nicht murren, wie einige von ihnen murrten:
und sie kamen um durch den Würgengel.
11 Dies ist jenen vorbildhaft widerfahren, ge-
schrieben aber wurde es zur Warnung für uns,
auf die das Ende der Weltzeit gekommen ist.
12 Wer also meint, er stehe, der sehe zu, dass er
nicht falle. 13 Euch hat noch keine Versuchung
getroffen, nur die menschliche. Gott aber ist
treu. Er lässt nicht zu, dass ihr versucht wer-
det über Vermögen; sondern er wird mit der
Versuchung auch den Ausgang schaffen, dass
ihr bestehen könnt.

Wir sind Gemeinschaft:
Wir haben Anteil an einem Brot

14 Darum, meine Geliebten, flieht vor dem
Götzendienst. 15 Als Verständige rede ich
euch an, urteilt selbst über das, was ich sage.
16 Der Becher des Segens, den wir segnen, ist
er nicht Gemeinschaft am Blute des Christus?
Das Brot, das wir brechen, ist es nicht Ge-
meinschaft am Leib des Christus? 17 Weil ein
Brot, sind wir, die Vielen, ein Leib, denn wir
alle haben Anteil an dem einen Brot. 18 Seht
auf das Israel dem Fleische nach! Sind nicht
die, die Opfer essen, Gemeinschaft am Op-
feraltar? 19 Was sage ich damit? Dass Götzen-
opfer etwas sei? Oder dass ein Götze etwas
sei? 20 Nein, vielmehr dass sie das, was sie op-
fern, Dämonen opfern und nicht Gott. Ich
will aber nicht, dass ihr in Gemeinschaft der
Dämonen kommt. 21 Ihr könnt nicht den Be-
cher des Herrn trinken und den Becher der
Dämonen. Ihr könnt nicht Anteil haben am
Tisch des Herrn und am Tisch der Dämonen.
22 Oder wollen wir den Herrn herausfordern?
Sind wir etwa stärker als er?

Werdet nicht zum Anstoß:
Nicht alles fördert

23 Alles ist erlaubt, aber nicht alles fördert. Al-
les ist erlaubt, aber nicht alles erbaut. 24 Kei-
ner suche das Eigene, sondern das des ande-
ren. 25 Alles, was auf dem Fleischmarkt ver-
kauft wird, esst, ohne um des Gewissens
willen etwas zu beurteilen. 26 Des Herrn näm-
lich ist die Erde und ihre Fülle. 27 Wenn nun ei-

Wüste ist warnendes Beispiel. Trotz aller Gnadengaben sündigt Israel (goldenes Kalb, Unzucht mit den Moabiterinnen, Gott auf die Probe stellen, Murren). Weder die Taufe noch die Teilnahme am Herrenmahl bewahren vor Gottes Gericht. **14-22** Wer getauft ist und am Mahl des Herrn teilnimmt, kann nicht am Götzendienst teilnehmen. Die Gemeinschaft, die das Mahl Jesu stiftet, verbindet den Einzelnen mit Jesus und den Mitfeiernden. Sie ist exklusiv. Anders als beim Essen von Götzenopferfleisch ist Christen die Teilnahme an Kultmahlen grundsätzlich untersagt.

10,23 - 11,1 Abschließend nimmt Paulus den Grundsatz »alles ist erlaubt« (vgl. 6,12) als Grund-Satz für Regeln, die in einzelnen Situationen gelten. Es gilt: Christliche Freiheit hat ihre Grenze am Bruder.

ner von den Ungläubigen euch einlädt und ihr
gehen wollt, so esst alles, was man euch vor-
setzt, ohne irgendetwas zu beurteilen um des
Gewissens willen. 28 Wenn einer zu euch sagt:
Opferfleisch ist dies! dann esst nicht, dessent-
wegen, der daran erinnert und des Gewissens
wegen. 29 Doch meine ich nicht das eigene Ge-
wissen, sondern das des andern. Warum soll
ich meine Freiheit von eines anderen Gewis-
sen richten lassen? 30 Wenn ich unter Danksa-
gung Anteil habe, warum soll ich mich
schmähen lassen für das, wofür ich Dank sa-
ge? 31 Ob ihr nun esst oder trinkt oder irgend-
etwas tut, tut alles zur Verherrlichung Gottes.
32 Werdet nicht zum Anstoß, weder Juden
noch Griechen noch der Gemeinde Gottes,
33 wie auch ich allen in allem zu Gefallen bin,
indem ich nicht meinen Nutzen suche, son-
dern den der Vielen, auf dass sie gerettet wer-
den.

Vor Gott: Weder Mann ohne Frau, noch Frau ohne Mann

11 Ahmt mein Beispiel nach, wie auch ich
Christi Nachahmer bin. 2 Ich lobe euch, dass
ihr in allem meiner gedenkt und die Überlie-
ferung so bewahrt, wie ich sie euch überliefert
habe. 3 Ich will aber, dass ihr wisst, dass jeden
Mannes Haupt Christus ist, das Haupt der
Frau der Mann, das Haupt des Christus aber
Gott. 4 Jeder Mann, der bedeckten Hauptes
betet oder prophetisch redet, schändet sein
Haupt. 5 Jede Frau aber, die mit unverhülltem
Haupte betet oder prophetisch redet, schän-
det ihr Haupt, denn es ist eins mit der Ge-
schorenen. 6 Wenn eine Frau sich nicht be-
deckt, soll sie sich scheren lassen. Wenn es
nämlich schändlich ist für die Frau, sich kahl
scheren und schneiden zu lassen, bedecke sie
sich. 7 Der Mann braucht ja sein Haupt nicht

Jesus
Du, Brot, das vom Himmel gekommen
Du, lebendiges Brot
Einziger, der den Vater gesehen
Du, Leben stiftendes Brot
ewigen Lebens Unterpfand
Du weckst uns auf am Letzten Tag
Mittler ewigen Lebens
Du gibst dich
Brot für das Leben der Welt
Jesus

zu verhüllen, weil er Abbild und Herrlichkeit
Gottes ist, die Frau aber ist des Mannes Herr-
lichkeit. 8 Der Mann ist ja nicht aus der Frau,
sondern die Frau aus dem Mann; 9 der Mann
ist ja auch nicht der Frau wegen, sondern die
Frau des Mannes wegen geschaffen. 10 Darum
soll die Frau Vollmacht auf ihrem Haupte tra-
gen, der Engel wegen. 11 Doch ist weder Mann
ohne Frau noch Frau ohne Mann im Herrn;
12 gleichwie die Frau aus dem Manne ist, so ist
der Mann durch die Frau; alles aber ist aus
Gott. 13 Urteilt ihr selber: Ist es geziemend,
dass eine Frau unverhüllt zu Gott betet?
14 Lehrt euch nicht die Natur selber: Wenn ein
Mann lange Haare trägt, ist es ihm zur Uneh-
re, 15 doch wenn die Frau langes Haar hat, ist
es ihr zur Herrlichkeit? Denn das lange Haar
ist ihr als Schleier gegeben. 16 Wenn jedoch ei-
ner meint, streiten zu müssen – wir haben ei-
ne solche Gewohnheit nicht, auch nicht die
Gemeinden Gottes.

Das Herrenmahl: Tut dies zu meinem Gedächtnis

17 Das Folgende anmahnend – ich kann es
nicht loben, dass ihr nicht zum Besseren, son-
dern zum Schlimmeren zusammenkommt.

11,2-16 Wir wissen nicht, warum das Thema »Kopftuchpflicht« und Frisur der Frauen im Gottesdienst zum theologisch relevanten Problem wurde, das man Paulus zur Entscheidung vorlegte. Wichtiger ist (auch für heutige Frauen) der Hinweis, dass Frauen im Gottesdienst selbstverständlich (vor) beten oder prophetisch reden. Ob sie dies mit oder ohne Kopftuch, mit lose fallendem oder hochgestecktem Haar tun, scheint zweitrangig. **7-10** In einer zweiten Begründung greift Paulus auf den biblischen Schöpfungsbericht zurück. Er folgt dabei einer Auslegung, der zufolge einzig der Mann nach dem Abbild des Schöpfers geschaffen wurde. Die Frau wird zum Abbild des Mannes degradiert. Allein der Mann ist es auch, der den Lichtglanz Gottes (»Herrlichkeit«) widerstrahlt. **17-34** In Korinth kam es zu Missständen bei der Feier des Herrenmahls. Paulus nimmt Stellung und schreibt in diesem Zusammenhang den ältesten der

[18] Erstens nämlich höre ich, dass unter euch Spaltungen sind, wenn ihr euch in der Gemeinde versammelt, und ich glaube es zum Teil. [19] Es muss ja Parteien unter euch geben, damit die Erprobten unter euch offenkundig werden. [20] Wenn ihr nun an einem Ort zusammenkommt, so ist das nicht ein Essen des Herrenmahls, [21] ein jeder nimmt ja beim Essen das eigene Mahl vorweg, und der eine hungert, der andere ist betrunken. [22] Habt ihr denn nicht Häuser zum Essen und Trinken? Oder verachtet ihr die Gemeinde Gottes und stellt jene bloß, die nichts haben? Was soll ich euch sagen? Soll ich euch loben? Darin lobe ich euch nicht. [23] Ich habe ja vom Herrn empfangen das, was ich euch weitergegeben habe: Dass der Herr Jesus in der Nacht, da er ausgeliefert ward, Brot nahm, [24] und er sagte Dank, er brach und sprach: Dies ist mein Leib für euch. Dies tut zu meinem Gedächtnis! [25] Ebenso auch den Becher nach dem Mahle und sagte: Dieser Becher ist der neue Bund in meinem Blut. Tut dies, sooft ihr trinkt, zu meinem Gedächtnis. [26] Sooft ihr nämlich dieses Brot esst und den Becher trinkt, verkündet ihr den Tod des Herrn, bis er kommt. [27] Wer daher unwürdig das Brot isst oder den Becher des Herrn trinkt: schuldig wird er am Leib und am Blut des Herrn. [28] Es erprobe sich ein Mensch selber, und so esse er von dem Brot und trinke aus dem Becher. [29] Denn wer nur isst und trinkt, der isst und trinkt sich das Gerichtsurteil, da er den Leib [des Herrn] nicht recht beurteilt. [30] Darum sind unter euch viele Schwache und Kraftlose und genug Entschlafene. [31] Wenn wir aber uns selbst recht beurteilen, so würden wir nicht verurteilt. [32] Beurteilt aber vom Herrn, werden wir gezüchtigt, damit wir nicht mit der Welt verurteilt werden. [33] Darum, meine Brüder, wenn ihr zum Essen zusammenkommt, so wartet aufeinander. [34] Wenn einer hungert, esse er zu Hause, damit ihr nicht zum Gerichtsurteil zusammenkommt. Das übrige aber werde ich anordnen, wenn ich komme.

Ein Geist:
Er teilt jedem das Seine zu

12 Nun über die Geistesgaben: Brüder, ich will euch nicht in Unkenntnis lassen. [2] Ihr wisst, als ihr noch bei den Völkern wäret, ließt ihr euch blindlings zu den stummen Götzen hintreiben. [3] Darum tue ich euch kund: Keiner, der im Geist Gottes redet, sagt: Verflucht ist Jesus! Und keiner kann sprechen: Herr ist Jesus! außer in Heiligem Geist. [4] Es gibt nun Zuteilungen von Gnadengaben, doch vom selben Geist. [5] Und es gibt Zuteilungen von Ämtern, doch vom selben Herrn. [6] Und es gibt Zuteilungen von Wirkmächtigkeiten, doch derselbe Gott ist es, der alles in allen bewirkt. [7] Jedem aber wird die Offenbarung des Geis-

---

uns überlieferten Berichte vom Gottesdienst der Gemeinde und der Stiftung der Eucharistie (vgl. Mt 26, 26-28; Mk 14,22-24; Lk 22,19-20). Paulus zitiert Überlieferung. Er geht davon aus, dass sich die ganze Gemeinde zur Feier des Herrenmahls trifft. Zu Beginn wird ein gemeinsames Mahl gefeiert, zu dem jeder seinen Anteil mitbringt. Doch in Korinth wird nicht brüderlich geteilt. Jeder isst und trinkt, was er mitbrachte. Paulus schlägt der Gemeinde vor, zu Hause zu essen und zu trinken. Sein Vorschlag beseitigt das eigentliche Übel, den Mangel an Bruderliebe, nicht. **23-25** Paulus zitiert Überlieferung. Den Wortlaut übernimmt er von der feiernden Gemeinde. Ihren Sinn garantiert der Herr. Er gibt Brot und Wein – sich selbst. Mit dem »Tut dies zu meinem Gedächtnis« beauftragt er die Gemeinde. Das Herrenmahl ist Vergegenwärtigung des Todes Christi. Es stiftet Gemeinschaft. **24** Manche Textzeugen haben dem späteren liturgischen Brauch entsprechend eine erweiterte Fassung: »Das ist mein Leib, der für euch hingegeben (»gebrochen«) wird«. **26-34** Der Kommentar des Paulus: In der Eucharistie feiert die Kirche ihre Gemeinschaft mit dem Herrn bis zu seiner Wiederkunft. Wer das Herrenmahl nicht in diesem Zusammenhang versteht, verschuldet das eigene Gericht.
12,1-3 Auch im Kapitel über die Gaben des Geistes und das christliche Leben antwortet Paulus auf Anfragen aus der Gemeinde. In Korinth gibt es – wie in anderen heidenchristlichen Gemeinden – Menschen mit besonderen Gaben ("Enthusiasten«). Sie dienen auf je eigene Weise dem einen Gott, dem einen Herrn, dem einen Geist, der alles wirkt. **2** »Völker«: Alle, die nicht zum Israel des Alten Bundes gehören. Nicht die äußere Form, der Inhalt entscheidet darüber, ob der Ekstatiker aus Gottes Geist spricht. **4-7** Mögen die Gnadengaben verschieden sein, sie sind vom einen Geist (V. 4), vom einen Herrn (V. 5) vom einen Gott (V. 6). Sie haben ihren Sinn nicht in sich selbst, son-

tes gegeben zur Förderung. 8 Dem einen näm-
lich wird durch den Geist Weisheitsrede gege-
ben, einem weiteren aber Erkenntnisrede
gemäß demselben Geist, 9 einem ändern
Glaube in demselben Geist, einem ändern
Gnadengabe zum Heilen in dem einen Geist,
10 einem anderen aber machtvolle Wirkmäch-
tigkeiten, einem anderen [aber] Prophetenga-
be, einem anderen rechte Beurteilung der Gei-
ster, einem weiteren verschiedene Sprachen-
gaben, einem anderen aber Auslegung der
Sprachengaben. 11 Dies alles nun bewirkt ein
und derselbe Geist, der einem jeden das Seine
zuteilt, wie er es will.

Bildrede vom Leib:
Wir alle sind zu einem Leib getauft

12 Denn wie der Leib einer ist und viele Glie-
der hat, doch trotz aller Glieder des Leibes, so
viel ihrer sind: eins ist der Leib – so auch der
Christus. 13 In einem Geist nämlich sind wir
alle zu einem Leib getauft, ob Juden, ob Grie-
chen, ob Sklaven, ob Freie, und alle sind wir
mit einem Geist getränkt. 14 Auch der Leib be-
steht ja nicht aus einem Glied, sondern aus
vielen. 15 Wenn der Fuß sagt: Weil ich nicht
Hand bin, gehöre ich nicht zum Leib – er
gehört deswegen doch zum Leib. 16 Wenn das
Ohr sagt: Weil ich nicht Auge bin, gehöre ich
nicht zum Leib – es gehört deswegen doch
zum Leib. 17 Wenn der ganze Leib Auge wäre
– wo bliebe das Gehör? Wäre er ganz Gehör
– wo der Geruch? 18 Nun aber hat Gott die
Glieder eingesetzt, ein jedes einzelne von ih-
nen am Leib, wie er es wollte. 19 Wäre das
Ganze ein einziges Glied, wo bliebe der Leib?
20 Jetzt sind zwar viele Glieder, doch ein Leib.
21 Das Auge aber kann nicht zur Hand sagen:
Ich brauche dich nicht! Oder auch der Kopf
zu den Füßen: Ich brauche euch nicht!
22 Nein, gerade die schwächer erscheinenden
Glieder des Leibes sind notwendig, 23 und was
uns am Leib geringerer Ehre wert erscheint,
das umkleiden wir mit um so größerer Ehre,
und das Unansehnliche an uns erhält größere
Ansehnlichkeit; 24 das Ansehnliche an uns be-
darf dessen nicht. Gott hat ja den Leib so zu-
sammengefügt, dass er dem Geringeren um
so größere Ehre schenkte, 25 damit keine Spal-
tung sei im Leib, sondern die Glieder ein-
trächtig füreinander sorgen. 26 Denn: wenn
ein Glied leidet, leiden alle Glieder mit; wenn
ein Glied verherrlicht wird, freuen sich alle
Glieder mit. 27 Ihr aber seid Christi Leib und
Glieder zu eurem Teil. 28 Die einen hat Gott
eingesetzt in der Gemeinde: erstens zu Apos-
teln, zweitens zu Propheten, drittens zu Leh-
rern, dann zu Machttaten, dann als Gnaden-
gabe zum Heilen, zu Hilfsdiensten, zu Füh-
rungsdiensten, zuverschiedenen Sprachenga-
ben. 29 Sind etwa alle Apostel? Sind etwa alle
Propheten? Sind etwa alle Lehrer? Sind etwa
alle Wirkmächtige? 30 Haben etwa alle Heils-
gaben zum Heilen? Reden etwa alle in Spra-
chen? Sind etwa alle Ausleger? 31 Strebt nach
den höheren Gnadengaben! Und auch darü-
ber hinaus will einen Weg ich euch zeigen.

Die größte Gabe:
Ohne Liebe bin ich nichts

13 Wenn ich in Sprachen von Menschen und
von Engeln rede, doch Liebe habe ich nicht –
ich bin hohltönend Erz oder klirrende Zim-
bel. 2 Und wenn ich Prophetengabe habe und

---

dern im Glauben der Gemeinde. **10** Im prophetischen Reden wird die Christusbotschaft aktualisiert, eine jeweilige Situation wird von Gott hergedeutet. Sie ist allen verständlich. Sprachengabe meint Reden in Ekstase, im Zustand der Verzückung, scheinbar ohne Beteiligung des Verstands. »Zungenreden« (Glossolalie) meint die ekstatisch gestammelte Rede. Sie ist unverständlich. Um sie zu deuten, braucht man eine eigene Gnadengabe (Charisma). **12-31** Die Bildrede vom Leib führt fort, was Paulus von den unterschiedlichen Gnadengaben sagte (vgl. V. 1-11). Im Vers 27 wird die Bildrede gedeutet: Die Gemeinde ist in einen Leib hineingetauft. Sie ist Leib Jesu Christi. Jeder Einzelne ist Glied an diesem Leib. **23-25** Das Bild zielt auf die Gemeinde: Die Unbedeutenden sollen nicht als minderwertig gelten, sondern in der Gemeinschaft aufgewertet werden. **28-31** Folgerungen für den Aufbau der Gemeinde: Gott gibt seine Gaben Einzelnen. Doch die Einzelnen dienen mit je ihren Gaben der Gemeinschaft.

13,1-13 Das »Hohe Lied der Liebe«, ein in rhythmischer Prosa formulierter Text, steht nur scheinbar wie ein Fremdkörper zwischen den Kapiteln über die Gaben des Geistes (12,1 - 14,40). Das Lied rühmt den

Wir haben gelernt
die Liebe sei das Wichtigste
von allem – wichtiger
als das A-B-C
und das kleine Einmaleins

Wir wurden gewarnt
Setz nicht auf Liebe
Liebe macht weich
und wer weich ist
ist verloren in unserer
auf Härte getrimmten Welt

Wir haben gelernt
die Liebe sei das Kostbarste
von allem – kostbarer als
viel Geld auf der Bank
und ein großes Auto

Wir wurden gewarnt
Setz nicht auf Liebe
Liebe bindet dich
an den anderen
Du wirst sehend und kommst
nicht an dem vorbei
der dich braucht

Wir haben gelernt
die Liebe sei es
die den Menschen
einmalig macht und unbesiegbar

Wir wurden gewarnt
Setz nicht auf Liebe
sonst bist du verloren
sie will dich ganz
und lässt dich nie mehr los

Er sagt
Setz auf die Liebe
und du brauchst dich
nie mehr zu fürchten
Sie bleibt und rettet dich
selbst im Tod

kenne die Geheimnisse alle und alle Erkennt-
nis, und wenn ich allen Glauben habe, so,
dass ich Berge versetze, doch Liebe habe ich
nicht – nichts bin ich. 3 Und wenn ich all mei-
ne Habe Stück für Stück verteile, und wenn
ich meinen Leib zum Verbrennen ausliefere,
doch Liebe habe ich nicht – es nützt mir
nichts. 4 Die Liebe ist großmütig; gütig ist die
Liebe. Sie eifert nicht. Die Liebe prahlt nicht,
sie überhebt sich nicht, 5 sie ist nicht unan-
sehnlich, sie sucht nicht das Ihre, sie lässt sich
nicht aufreizen, sie rechnet das Böse nicht an.
6 Sie freut sich nicht über das Unrecht, sie
freut sich vielmehr mit der Wahrheit. 7 Alles
erträgt sie, alles glaubt sie, alles hofft sie, al-
lem hält sie stand. 8 Die Liebe fällt nie aus.
Doch: Seien es Prophetengaben – sie werden
schwinden. Seien es Sprachengaben – sie wer-
den aufhören. Sei es Erkenntnis – sie wird
schwinden. 9 Denn teilweise erkennen wir
und teilweise reden wir prophetisch, 10 wenn
aber das Endgültige kommt, wird das Teil-
weise schwinden. 11 Als ich ein Kind war, re-
dete ich wie ein Kind, dachte wie ein Kind, ur-
teilte wie ein Kind. 12 Da ich aber ein Mann
geworden, schwindet mir das Kindliche.
Noch sehen wir wie durch einen Spiegel – rät-
selhaft, dann aber von Angesicht zu Ange-
sicht. Noch erkenne ich teilweise, dann aber
werde ich erkennen, gleichwie auch ich er-
kannt bin. 13 Nun aber bleiben Glaube, Hoff-
nung, Liebe: diese drei. Doch am größten von
diesen ist die Liebe.

Menschen und seine Fähigkeiten. Paulus spricht von der Liebe, die ohne verzweckenden Bezug auf den Nächsten oder Gott alle anderen Wege übersteigt. Als Liebender verwirklicht sich der Mensch selbst, besonders seine Gottebenbildlichkeit. **1-3** Die Überlegenheit der Liebe über die Gaben des Geistes, die von vielen als höchste der Gottesgaben geschätzt wird. **4-7** Entfaltet die Wirkungen der Liebe im alltäglichen Leben der Korinther wie in jeder anderen Gemeinschaft. Die Liebe signalisiert den Anbruch einer neuen Welt. **8-13** Die Gnadengaben sind vorläufig und Stückwerk im Vergleich zur Liebe. Als Liebender lebt der Mensch ganz. Als Liebender stiftet er dem Vergänglichen Bleibendes ein.

Gaben des Geistes: Zur Erbauung der andern

14 Trachtet nach der Liebe. Doch strebt auch eifernd nach den Geistesgaben, mehr aber danach, prophetisch zu reden. 2 Denn wer in Sprachengabe redet, nicht zu Menschen, vielmehr zu Gott spricht der. Es versteht ihn ja keiner, denn im Geist redet er Geheimes. 3 Wer aber prophetisch redet, der spricht den Menschen Erbauung, Ermahnung und Tröstung zu. 4 Wer in Sprachengabe redet, erbaut sich selber. 5 Ich will, dass ihr alle in Sprachengaben redet, mehr aber, dass ihr prophetisch redet. Wer prophetisch redet, steht über dem, der in Sprachengabe redet; es sei denn, dass er es auslegt zur Erbauung der Gemeinde. 6 Nun aber, Brüder, wenn ich zu euch komme und in Sprachengabe rede, was nützt es euch, wenn ich nicht zu euch redete in Offenbarung oder in Erkenntnis oder in Prophetenrede oder in Lehrrede? 7 Wie soll man bei leblosen Instrumenten, die Töne hergeben, sei es Flöte oder Zither, ohne Unterscheidung der Töne das Geblasene oder Gespielte erkennen? 8 Und wenn eine Trompete ein unklares Signal gibt, wer wird zur Schlacht antreten? 9 So ist es auch bei euch: Wenn eure Sprachengabe nicht in deutlicher Rede ergeht, wie soll man das Gesprochene verstehen? Ihr werdet in den Wind reden. 10 Es gibt wer weiß wie viele Sprachen auf der Welt, und keine ist ohne deutlichen Laut. 11 Wenn ich nun die Macht des Lautes nicht kenne, so bin ich für den Redenden ein Barbar, und auch der Redende ist für mich ein Barbar. 12 So ist es auch bei euch. Da ihr eifernd nach Geistesgaben strebt, sucht sie zur Erbauung der Gemeinde, damit ihr reicher werdet. 13 Wer darum in Sprachengabe redet, der bete um die Gabe der Auslegung. 14 Wenn ich nämlich in Sprachengabe bete, betet mein Geist, doch mein Verstand ist ohne Frucht. 15 Was folgt daraus? Beten will ich mit dem Geist, beten aber auch mit Verstehen; lobsingen mit dem Geist, lobsingen aber auch mit Verstehen. 16 Wenn du mit dem Geist den Lobpreis sprichst, wie soll da einer, der als Unkundiger dabei ist, das Amen sprechen zu deinem Dankgebet? Er versteht ja nicht, was du sagst. 17 Du zwar magst den Dank gut beten, der andere aber wird nicht erbaut. 18 Ich danke Gott, dass ich mehr als ihr alle in Sprachengaben rede. 19 Doch in der Gemeinde will ich lieber fünf Worte mit meinem Verstand reden und so andere unterweisen als zehntausend Worte in Sprachengabe. 20 Brüder, werdet nicht kindlich in Einsichten, vielmehr im Bösen seid kindlich, in den Einsichten aber werdet vollendet. 21 Im Gesetz steht geschrieben: Durch Fremdsprechende und durch Fremder Lippen werde ich zu diesem Volke reden, und auch so werden sie nicht auf mich hören, spricht der Herr. 22 So sind also die Sprachengaben nicht zum Zeichen für die Glaubenden, sondern für die Ungläubigen, die Prophetengaben aber nicht für die Ungläubigen, sondern für die Glaubenden.

Gaben in der Gemeinde: Nicht Unordnung, sondern Frieden

23 Wenn nun die ganze Gemeinde als solche zusammenkommt und alle reden in Sprachengaben, werden dann die Unkundigen oder Ungläubigen, die eintreten, nicht sagen: Ihr seid von Sinnen? 24 Wenn aber alle prophetisch reden, und es tritt ein Ungläubiger oder Unkundiger ein, so wird er von allen geprüft, von allen beurteilt. 25 Das Verborgene seines Herzens wird offenkundig, und so wird er niederfallen auf sein Angesicht, Gott huldigen und bekennen: Gott ist wirklich in euch. 26 Was gilt also, Brüder? Wenn ihr zusammenkommt, hat ein jeder etwas: Lobgesang, Lehre, Offenbarung, Sprachengabe,

---

14,1-40 Über den Gottesdienst in der frühen Kirche. **1-5** In der Gemeinde von Korinth gilt die ekstatische Rede mehr als die prophetische. Paulus korrigiert: Wer prophetisch redet, nützt der Gemeinde. **6-9** Glossolalie, nicht gedeutet, ist ein Spektakel, kein Gebet. **10-19** Jede Verkündigung soll dem Aufbau der Gemeinde dienen. Glaube wächst nicht nur aus der Begeisterung eines Augenblicks. Er muss dem Zweifel, den Fragen und den Prüfungen im eigenen Leben standhalten. **20-25** Grundsätzliches: Die Zungenrede ist und bleibt ein »Zeichen«, das von Natur aus missverstanden werden kann. Die prophetische Rede dagegen bringt den Menschen zum Glauben. **26** Allgemein gültige Anordnung. **27-28** Glossolalie ist im ge-

Auslegung, alles diene zur Erbauung. [27] Wenn einer in Sprachengabe redet, nur zwei, höchstens drei sollen es tun, und je zu ihrem Teil, und einer soll auslegen. [28] Doch ist kein Ausleger da, schweige er in der Gemeinde, für sich selber mag er reden und für Gott. [29] In Prophetenrede sollen zwei oder drei sprechen, und die anderen sollen recht beurteilen. [30] Wird aber einem anderen, während er dasitzt, eine Offenbarung, soll der erste schweigen. [31] Ihr könnt nämlich alle, einer nach dem anderen, prophetisch reden, auf dass alle lernen und alle ermahnt werden. [32] Die Geistesgaben der Prophetenrede sind ja den Propheten unterstellt. [33] Denn so ist Gott: nicht der Unordnung, sondern des Friedens. Wie in allen Gemeinden der Heiligen, [34] sollen die Frauen schweigen in den Gemeinden. Es ist ihnen nämlich nicht gestattet zu reden, sondern sie sollen sich unterordnen, wie auch das Gesetz sagt. [35] Wollen sie aber etwas lernen, sollen sie zu Hause ihre eigenen Männer befragen. Denn es ist schändlich für eine Frau, in der Gemeinde zu reden. [36] Ist etwa das Wort Gottes von euch ausgegangen oder einzig zu euch gelangt? [37] So einer meint, Prophet zu sein oder Geistbegabter, der möge anerkennen, dass das, was ich euch schreibe, Gebot des Herrn ist. [38] Wer es missachtet, wird selbst missachtet. [39] Darum, meine Brüder, strebt eifernd nach prophetischem Reden, doch hindert das Reden in Sprachengabe nicht. [40] Doch alles geschehe in Ansehnlichkeit, der Ordnung gemäß.

Glaubensgrund: Gestorben, begraben, auferweckt, erschienen

15 Brüder, ich erkläre euch die Frohbotschaft, die ich euch verkündet habe; ihr habt sie auch angenommen, in ihr steht ihr fest. [2] Durch sie werdet ihr auch gerettet, wenn ihr das Wort behaltet, wie ich es euch verkündet habe; sonst wäret ihr ohne Endziel zum Glauben gekommen. [3] Als Erstes habe ich euch ja überliefert, was auch ich empfangen habe: Christus ist gestorben für unsere Sünden, gemäß der Schrift; [4] er wurde begraben und er wurde auferweckt am dritten Tag, gemäß der Schrift. [5] Er ist dem Kephas erschienen und dann den Zwölfen. [6] Und danach erschien er mehr als fünfhundert Brüdern auf einmal. Die meisten von ihnen leben bis jetzt, einige aber entschliefen. [7] Danach erschien er dem Jakobus, dann allen Aposteln. [8] Als letztem von allen – gleichsam als der Fehlgeburt – erschien er auch mir. [9] Ich bin ja der geringste unter den Aposteln, ja, ich bin nicht wert, Apostel zu heißen, weil ich die Gemeinde Gottes verfolgt habe. [10] Doch durch die Gnade Gottes bin ich, was ich bin; und seine Gnade ging durch mich nicht ins Leere, denn mehr als die anderen mühte ich mich – nicht ich, vielmehr die Gnade Gottes mit mir. [11] Ob nun ich es bin oder jene: So künden wir, und so seid ihr gläubig geworden.

Der Grund der Verkündigung: Christus wurde auferweckt

[12] Wenn nun gekündet wird: Christus ist von den Toten auferweckt worden, wie können

---

meinsamen Gottesdienst nur sinnvoll, wenn einer verfügbar ist, der übersetzt und deutet. **29-33** Auch für die prophetische Rede gibt es Regeln, die zu beachten sind. Die Gemeinschaft der Glaubenden ist fähig, prophetisches Wort zu beurteilen. **32** Wörtlich: Die Geister der Propheten sind den Propheten unterworfen. Gemeint ist vermutlich, dass die Begeisterung den Propheten nicht einfach mitreißt. **33-36** Man muss sich fragen, wie das radikale Redeverbot für Frauen, das hier vertreten wird, mit der Regelung von 11,5 in Einklang zu bringen ist, wo den Frauen selbstverständlich liturgische Funktionen zugesprochen werden. Es handelt sich hier vermutlich um einen späteren Einschub, der einen Brauch aus seiner Zeit (vgl. 1 Tim 2,8-15) vordatieren will. **37-40** Zusammenfassender Abschluss.

15,1-58 Die Auferweckung Christi und die der Christen. **1-11** Die Auferweckung Jesu als Argument in der Diskussion über die Auferstehung der Toten: Für die Auferweckung Jesu gibt es namhafte und glaubwürdige Zeugen. Kephas (Petrus) war der erste, dem er erschien. Dann den Aposteln (hier nicht in der Bedeutung die »Zwölf«, sondern als Titel für ein Amt). Paulus nennt sich selbst zuletzt. **5** »Am dritten Tag«, nicht im wörtlichen Sinn zu verstehen, sondern aus der Deutung von Mt 12,39 im Blick auf Jona. Die Rabbinen erwarten die Auferstehung der Toten drei Tage nach dem Ende der Welt. So glauben die Jünger Jesu

Du, Mensch für Menschen
bist uns voran gestorben
damit wir dem Leben trauen
Deinen Tod, o Herr, verkünden wir

Du, Gottes Sohn
ins Grab gelegt
damit wir ohne Angst
der Hoffnung sicher werden
Deine Auferstehung preisen wir

Du, Menschensohn
thronend zur Rechten des Vaters
stehst für uns ein
damit wir im Warten
den Mut nicht verlieren
Bis du kommst in Herrlichkeit

dann etliche unter euch sagen: Es gibt keine
Auferstehung der Toten? 13 Wenn es keine
Auferstehung der Toten gibt, ist ja auch
Christus nicht auferweckt worden. 14 Wenn
aber Christus nicht auferweckt worden ist,
leer ist dann unsere Heilsbotschaft, leer auch
euer Glaube. 15 Auch wir sind als Trugzeugen
Gottes erwiesen, denn wir haben gegen Gott
bezeugt, er habe den Christus auferweckt,
den er ja nicht auferweckt haben kann, wenn
Tote gar nicht auferweckt werden. 16 Wenn
nämlich Tote nicht auferweckt werden, wur-
de auch Christus nicht auferweckt. 17 Wurde
aber Christus nicht auferweckt, ist nichtig eu-
er Glaube, und ihr seid noch in euren Sünden.
18 Also sind auch die in Christus Entschlafe-
nen verloren. 19 Wenn wir aber nur in diesem
Leben auf Christus hoffen, sind wir erbar-
mungswürdiger als alle Menschen.

Der Grund des Lebens:
In Christus werden alle lebendig

20 Nun aber wurde Christus auferweckt von
den Toten, als Erstling der Entschlafenen.
21 Wie nämlich durch einen Menschen Tod
kam, so auch durch einen Menschen Aufer-
stehung der Toten. 22 Denn wie in Adam alle
sterben, so werden in Christus alle lebendig
gemacht werden. 23 Jeder aber in der ihm
eigenen Ordnung: als Erstling Christus, da-
nach die dem Christus zugehören bei seiner
Wiederkunft, 24 dann das Ende, da er das
Reich übergibt dem Gott und Vater, da er ver-
nichtet hat jede Herrschaft und jede Macht
und Kraft. 25 Er selber muss ja als König herr-
schen, bis er alle Feinde unter seine Füße ge-
legt hat. 26 Als letzter Feind wird vernichtet
der Tod. 27 Alles nämlich hat er seinen Füßen
unterworfen. Wenn ich sage, dass er ihm alles
unterworfen hat, so ist offenbar jener ausge-
nommen, der ihm das All unterworfen hat.
28 Wenn ihm aber das All unterworfen ist,
dann wird auch er selber, der Sohn, sich dem
unterwerfen, der ihm das All unterworfen
hat, damit Gott sei alles in allem.

Grundlose Hoffnung:
Wenn die Toten nicht erweckt werden

29 Was tun denn jene, die sich taufen lassen für
die Toten? Wenn von den Toten niemand auf-
erweckt wird, warum lassen sie sich noch tau-
fen für sie? 30 Was setzen auch wir uns Gefah-
ren aus, allstündlich? 31 Tag für Tag sterbe ich,
Brüder, so wahr ihr mein Ruhm seid, den ich
habe in Christus Jesus, unserem Herrn.
32 Kämpfte ich nur nach Menschenart in
Ephesus mit wilden Tieren, was nützt es mir?
Wenn die Toten nicht erweckt werden, dann
lasst uns essen und trinken, denn morgen sind
wir gestorben. 33 Lasst euch nicht täuschen!
Schlechte Reden verderben gute Sitten!

---

an das Eingreifen Gottes zum Heil am dritten Tag. **12-19** Die Auferstehung Jesu als Voraussetzung für den Glauben an die Auferstehung der Toten. Der am Kreuz starb, ist derselbe, der auferstand. Die Zeugen erkennen ihn. **20-28** Die Auferweckung Jesu und ihre Bedeutung in der endzeitlichen Verwandlung, die dazu führt, dass Gottes Herrschaft »alles und alle« umgreift. Am Ende ist der letzte Feind bezwungen. Gottes Herrschaft umfasst »alles und alle«. **29-34** Praktische Konsequenzen für das Glauben- oder Nicht-glauben-Können an die Auferstehung. Die »Taufe für die Toten«: Gemeint ist wohl der Brauch, nach dem sich Lebende stellvertretend für ihre ungetauft verstorbenen Toten taufen lassen, um ihnen ihren Anteil am Heil zu sichern. **35-48** Diskutiert wird nicht das »ob« und »dass«, sondern das »wie«

34 Werdet nüchtern, Gerechte, und sündigt
nicht. Denn einige erkennen Gott nicht an –
euch zur Beschämung sage ich dies.

Der Grund des Todes:
Nichts wird lebendig, wenn es nicht starb

35 Aber, wird einer fragen: Wie werden die To-
ten auferweckt? In welchem Leib werden sie
kommen? 36 Du Tor! Was du säst, wird nicht
lebendig gemacht, wenn es nicht starb. 37 Und
was du säst – du säst nicht den Leib, der wer-
den soll, sondern das nackte Samenkorn, et-
wa vom Weizen oder von etwas anderem.
38 Gott aber gibt ihm einen Leib, so wie er will,
und jedem der Samen einen eigenen Leib.
39 Nicht alles Fleisch ist dasselbe Fleisch, viel-
mehr: ein anderes ist das von Menschen, an-
ders auch das Fleisch der Haustiere, anders
auch das Fleisch der Vögel, anders das der Fi-
sche. 40 Es gibt himmlische Leiber und irdi-
sche Leiber; anders ist die Herrlichkeit der
himmlischen als die der irdischen. 41 Anders
ist die Herrlichkeit der Sonne und anders die
Herrlichkeit des Mondes und anders die
Herrlichkeit der Sterne; ja, Stern unterschei-
det sich von Stern nach Herrlichkeit. 42 So ist
auch die Auferstehung der Toten: Gesät in
Vergänglichkeit, auferweckt in Unvergäng-
lichkeit. 43 Gesät in Verachtung, auferweckt
in Herrlichkeit, gesät in Schwachheit, aufer-
weckt in Macht. 44 Gesät ein natürlicher Leib,
auferweckt ein geistiger Leib. Gibt es einen
natürlichen Leib, dann auch einen geistigen.
45 Dies steht auch geschrieben: Der erste
Adam wurde zum lebendigen Wesen, der letz-
te Adam zum lebendigmachenden Geist.
46 Doch zuerst ist nicht das Geistige, sondern
das Natürliche, danach das Geistige. 47 Der
erste Mensch von Erde ist irdisch, der zweite
Mensch vom Himmel: 48 Wie der Irdische
– ihm gleich sind die Irdischen, wie der
Himmlische – ihm gleich sind die Himmli-
schen. 49 Und wie wir das Bild des Irdischen
getragen haben, werden wir auch das Bild des
Himmlischen tragen.

Geheimes sage ich euch:
Alle werden umgewandelt

50 Dies aber sage ich, Brüder: Fleisch und Blut
können das Reich Gottes nicht erben, noch
kann Vergänglichkeit die Unvergänglichkeit
erben. 51 Siehe, Geheimes sage ich euch: Nicht
alle werden wir entschlafen, doch alle werden
wir umgewandelt werden. 52 Im Nu, in einem
Augenblick, bei der letzten Posaune; denn sie
wird posaunen, und die Toten werden unver-
gänglich auferweckt, und wir werden umge-
wandelt. 53 Es muss ja dies Vergängliche Un-
vergänglichkeit anziehen und dies Sterbliche
Unsterblichkeit. 54 Wenn aber dies Vergängli-
che anziehen wird Unvergänglichkeit und
dies Sterbliche Unsterblichkeit, dann ereignet
sich das Wort, das geschrieben steht: Ver-
schlungen ist der Tod im Sieg.
55 Wo ist, Tod, dein Sieg? Wo ist, Tod, dein
Stachel? 56 Der Stachel des Todes aber ist die
Sünde, doch die Macht der Sünde ist das Ge-
setz. 57 Gott aber ist Dank, der uns den Sieg
gibt durch unseren Herrn Jesus Christus.
58 Darum, meine geliebten Brüder, seid be-
ständig, unerschütterlich, überreich allezeit
im Werk des Herrn und wisst, dass euer
Mühen nicht leer ist im Herrn.

---

der Auferstehung. Pauls antwortet durch einen Vergleich. Der Tod ist keine vernichtende Katastrophe. Er ist notwendig. Denn: Nichts wird lebendig, wenn es nicht durch den Tod hindurchging. **42-44** Folgerung: Der »Auferstehungsleib« (geistlicher Leib) gehört nicht mehr zur irdischen, sondern zur »himmlischen« Wirklichkeit. **45-49** Durch Schriftbeweise versucht Paulus die Existenz des Menschen zwischen dem Ersten Adam und dem Letzten Adam zu bestimmen. **45** Wörtlich: Adam, der Erste Mensch wurde ein lebendiges Wesen (vgl. Gen 2,7; 3,19). **48** Wörtlich: Wie der Irdische so auch die Irdischen, und wie der Himmlische so auch die Himmlischen. **51-58** Paulus will ein Geheimnis enthüllen – seine eigene Hoffnung: Er glaubt an die Wiederkunft des Herrn noch zu seiner Lebenszeit (vgl. 1 Thess 4,13-18). Doch er weiß auch, dass alle, die Lebenden und die Toten, »verwandelt« werden. Die »Sterblichen« werden die »Unsterblichkeit« anziehen.

Sammlung für Jerusalem: Jeder lege zurück, was er vermag

16 Nun über die Geldsammlung für die Heiligen: Macht es ebenso, wie ich für die Gemeinden in Galatien angeordnet habe. 2 Je am ersten Wochentag lege jeder zurück und bewahre auf, was immer er vermag, damit nicht erst, wenn ich komme, gesammelt werden muss. 3 Wenn ich angelangt sein werde, will ich jene, die ihr für erprobt haltet, mit Briefen nach Jerusalem senden, damit sie eure Gabe überbringen. 4 Wenn es aber angebracht ist, dass auch ich reise, sollen jene mit mir reisen.

Reisepläne: Wenn der Herr es gewährt

5 Ich werde zu euch kommen, nachdem ich durch Mazedonien gezogen bin; denn durch Mazedonien werde ich durchreisen, 6 bei euch aber möchte ich, wenn möglich, bleiben, auch über Winter, damit ihr mir das Geleit gebt, wohin ich auch ziehen werde. 7 Ich will euch ja nicht nur im Vorüberziehen sehen, ich hoffe, einige Zeit bei euch zu bleiben, wenn der Herr es gewährt. 8 In Ephesus aber werde ich bis Pfingsten bleiben. 9 Denn eine Türe hat sich mir aufgetan, groß und wirksam, doch Widersacher sind viele. 10 Wenn Timotheus kommt, dann seht zu, dass er furchtlos bei euch sein kann; denn am Werk des Herrn werkt er, wie auch ich. 11 Keiner soll ihn also gering schätzen; geleitet ihn in Frieden, damit er zu mir komme; ich warte nämlich auf ihn mit den Brüdern. 12 Was nun den Bruder Apollos anlangt, so habe ich ihn oftmals ermahnt, er solle mit den Brüdern zu euch kommen. Doch es lag überhaupt nicht im Willen, dass er jetzt käme, er wird zur gelegenen Zeit kommen.

Mahnungen und Grüße: Meine Liebe ist mit euch allen

13 Seid wachsam, steht fest im Glauben, seid mannhaft, seid stark. 14 Alles geschehe bei euch in Liebe. 15 Ich mahne euch aber, Brüder; ihr kennt das Haus des Stephanas, es ist die Erstlingsfrucht von Achaia, und sie haben sich dem Dienst der Heiligen zur Verfügung gestellt: 16 auch ihr sollt diesen untertan sein und allen, die mit am Werk sind und sich mühen. 17 Ich freue mich über die Wiederkunft des Stephanas, des Fortunatus und Achaikus, denn diese haben mir eure Abwesenheit ersetzt. 18 Sie haben meinen und euren Geist erquickt. Achtet darum auf solche. 19 Es grüßen euch die Gemeinden in der Provinz Asien. Es grüßen euch vielmals im Herrn Aquila und Priska mit der Gemeinde ihres Hauses. 20 Es grüßen euch alle Brüder. Grüßt einander mit heiligem Kuss.

21 Der Gruß von meiner eigenen Hand: Paulus.

22 Wenn einer den Herrn nicht liebt, sei er verflucht. Maranatha. 23 Die Gnade des Herrn Jesus ist mit euch. 24 Meine Liebe ist mit euch allen in Christus Jesus.

16,1-4 Paulus hat der Gemeinde in Jerusalem versprochen, in seinem Missionsgebiet eine Sammlung zugunsten der armen Christen in der Gemeinde abzuhalten. Er will ein Zeichen der Solidarität setzen (vgl. Röm 15,25-28; 2 Kor 8 - 9; Gal 2,10). **5-9** Die Reisepläne des Apostels (vgl. 2 Kor 1,15-16). **10-12** Empfehlung für Timotheus, der unterwegs nach Korinth ist. **15** Stephanas und sein Haus sind die Erstbekehrten der Provinz Achaia (mit der Hauptstadt Korinth). **17** Die Genannten sind vermutlich die Überbringer des 7,1 erwähnten Briefs der Korinther an Paulus. **19** Aquila und Priska: vgl. Röm 16,3-4; Apg 18,2-3. **21** Der eigenhändige Gruß gilt als Echtheitszeichen. **22** Das aramäische Wort Marana tha ist Wunsch und Gebet zugleich (vgl. Offb 22,2).

Der zweite Brief an die Korinther

Der Zusammenhang des Gesamtbriefes ist nicht leicht zu durchschauen: Das Ganze scheint nicht logisch aufgebaut zu sein, nicht nur der Inhalt, sondern auch Stil und Stimmung wechseln immer wieder, und zwar ohne Übergang von einem Vers zum nächsten. Versucht man, die Hintergründe und die mögliche Abfolge der Ereignisse zu erschließen, ergibt sich etwa folgendes Bild:
In der von Paulus gegründeten Gemeinde in Korinth sind Lehrer aufgetreten, die Apostelamt und Recht des Paulus bestreiten. Die Gemeindemitglieder sind verunsichert und viele schließen sich den neuen Lehrern an. Timotheus, von Korinth nach Ephesus kommend, wo Paulus sich aufhielt, berichtet dem Paulus von dieser Entwicklung. Paulus schickt den Titus nach Korinth, damit er für ihn eintrete und die begonnene Kollekte für Jerusalem zum Abschluss bringe. Titus bringt den Korinthern ein Schreiben des Paulus, in dem er Rechenschaft gibt, wie er sein Apostelamt versteht (vgl. 2,14-16; 7,2-4; Kap. 9). Doch Titus gelingt es nicht, die Autorität des Apostels in Korinth wiederherzustellen. Er reist nach Ephesus zurück und erstattet Bericht.
Daraufhin beschließt Paulus, einen »Zwischenbesuch« in Korinth zu machen. Dort kommt es zu langen Auseinandersetzungen. Man streitet dem Paulus das Recht ab, als selbständiger Missionar aufzutreten; man stellt seine Lauterkeit in Bezug auf die Kollekte in Frage und kritisiert sein persönliches Auftreten. Das geht so weit, dass einer aus der Gemeinde Paulus öffentlich beleidigt.
Darauf verlässt Paulus Korinth, doch er bricht die Beziehungen zu seiner Gemeinde nicht ab. Er schreibt den so genannten »Tränenbrief« (vgl. 2,3-4; 7,8-12 und 10,1 – 13,10), den wieder Titus als Bote überbringen soll. In diesem Schreiben setzt sich Paulus energisch mit seinen Gegnern auseinander. Ungeduldig wartet er auf Nachricht von Titus, mit dem er sich in Troas verabredet hatte. Er reist schließlich dem Titus entgegen und die beiden treffen sich in Mazedonien. Jetzt erfährt Paulus, dass es diesmal gelungen ist, den Streit beizulegen.
Paulus schreibt daraufhin noch einen Brief (den »Versöhnungsbrief«; vgl. 1,1 – 2,13; 7,15-16; Kap. 8), den Titus abermals nach Korinth bringt. Hier bittet Paulus für den, der ihn beleidigt hatte (2,6-8.10), und versucht, die letzten Missverständnisse auszuräumen. Bei diesem Besuch soll Titus die ins Stocken geratene Sammlung für Jerusalem zum Abschluss bringen.
So etwa könnte der Konflikt und die Versöhnung in einer christlichen Gemeinde zwischen ihr und ihrem Gründer ausgesehen haben. Dem Redakteur, der die Zeugnisse des Konflikts in Korinth sammelte, kam es darauf an, Schrifttum und Lehre des Völkerapostels festzuhalten; sie hatten ja auch über die Gemeinde von Korinth hinaus Geltung. Der Sammler nahm die Briefe und Überlieferungsstücke aus dem je aktuellen historischen Zusammenhang und gliederte das Ganze eher sachlich. Paulus setzt sich mit seinen Gegnern auseinander und verteidigt sein Apostelamt (Kap. 1 – 7). Er ruft auf zu einer Sammlung für die Gemeinde in Jerusalem (Kap. 8 – 9). In der Auseinandersetzung mit Gegnern zieht Paulus eine persönliche Bilanz über sein leben im Dienst Christi (Kap. 10 – 13).
Die Unebenheiten und Spannungen im zweiten Korintherbrief werden wohl Zeichen dafür sein, dass der Brief eine Zusammenfügung mehrerer Fragmente darstellt, wohl

zwischen 54-56 von Paulus an die Korinther geschrieben.
Wohl erst Ende des 1. Jahrhunderts wurden die Bruchstücke zu einem einzigen Brief verbunden. Doch die Frage ist berechtigt, warum und wo so verschiedenartige Brieffragmente zu einem Ganzen zusammengefügt wurden. Auch die ältesten Handschriften von 2 Kor und die Verweise darauf setzen eine einheitliche Fassung voraus. Merkwürdig! Doch an dieser Tatsache ist nicht zu rütteln.

An die Korinther: Gnade euch und Friede von Gott

1 Paulus, Apostel Christi Jesu durch den Willen Gottes, und Timotheus, der Bruder, an die Gemeinde Gottes in Korinth samt allen Heiligen in ganz Achaia. 2 Gnade euch und Friede von Gott, unserem Vater, und dem Herrn Jesus Christus.

In Bedrängnissen: Gemeinschaft der Leidenden und Getrösteten

3 Gepriesen ist der Gott und Vater unseres Herrn Jesus Christus, der Vater der Erbarmungen und Gott allen Trostes, 4 der uns tröstet in all unserer Bedrängnis, damit auch wir jene zu trösten vermögen, die in irgendeiner Drangsal sind, mit dem Trost, mit dem wir selbst von Gott getröstet werden. 5 Denn gleichwie die Leiden Christi auf uns überströmen, so strömt auch durch Christus der Trost auf uns über. 6 Ob wir in Bedrängnis kommen, für euch zu Trost und Rettung; ob wir getröstet werden, für euch zu Trost, wirkkräftig im Ausharren unter denselben Leiden, die auch wir leiden. 7 Und unsere Hoffnung für euch erstarkt, denn wir wissen, dass ihr gleichermaßen Anteil habt an den Leiden wie auch am Trost. 8 Wir wollen euch, Brüder, nicht in Unkenntnis lassen über unsere Bedrängnis, die uns in der Provinz Asien traf: im Übermaß, über die Kräfte hinaus, bedrängend, dass wir am Weiterleben zweifelten. 9 Ja, wir haben bei uns selbst das Todesurteil gesprochen, so dass wir uns nicht auf uns selber stützen, sondern auf Gott, der die Toten erweckt. 10 Der uns vor schrecklichem Tod bewahrt hat, er wird uns bewahren, auf ihn hoffen wir, dass er uns ferner bewahren werde. 11 Auch ihr tragt hilfreich bei durch euer Gebet für uns, damit von vielen für unsere Gnadengabe vielmals gedankt werde für uns.

Wir haben einen Gott, der tröstet. Einen Gott, der erlöst. Hat Paulus, vom Lobpreis hingerissen, die Wirklichkeit aus den Augen verloren? Verlässt er sich auf einen theologischen Lehrsatz, der seine Wahrheit nicht beweisen muss? Oder sagt er die Wahrheit auf ungewohnte Weise, um seine glaubenslahmen Christen in Korinth daran zu erinnern, dass ihnen Trost und Erlösung nicht nur um ihretwillen geschenkt wurden? Die Botschaft ist ihnen auch nicht nur gegeben zum Studieren und zum Diskutieren, sondern zum Tun und zum Weitersagen. Wie anders soll die Kunde von ihm, dem Tröster und Erlöser, unter die Leute kommen?

(1,1-14)

1,1-2 Absender: Paulus und sein Mitarbeiter Timotheus. Adressaten: Die Kirche (endzeitliche) Gemeinschaft der Christen (»Heiligen«) in der römischen Provinz Achaia (Griechenland). **3-7** Von Gottes Trost in der Bedrängnis. Paulus beginnt seinen Brief mit einem Lobpreis. Er dankt Gott und er hat Grund: Gott lässt die Seinen in der Not nicht allein, er schenkt ihnen so viel Trost und Heil, dass sie mit anderen teilen können. **8-11** Auch Paulus hat Trost und Hilfe erfahren. V. 8 bezieht sich vermutlich auf eine Gefangen-

Missverständnisse: In Christus Jesus ist das Ja gekommen

12 Denn unser Ruhm ist dies: das Zeugnis un-
seres Gewissens, dass wir in Heiligkeit und
Lauterkeit vor Gott, nicht in fleischlicher
Weisheit, sondern in Gottes Gnade in der
Welt gewandelt sind, besonders aber bei
euch. 13 Wir schreiben euch ja nichts anderes,
als was ihr lesen und verstehen könnt; ich
hoffe, dass ihr es endgültig verstehen werdet,
14 wie ihr zum Teil ja auch verstanden habt,
dass wir euer Ruhm sind, geradeso, wie ihr
der unsrige seid am Tag unseres Herrn Jesus.
15 Und in dieser Zuversicht wollte ich früher
zu euch kommen, damit ihr ein zweites Mal
Gnade empfinget. 16 Von euch wollte ich nach
Mazedonien weiterziehen und von Mazedo-
nien aus wieder zu euch zurückkehren, um
mir von euch das Geleit nach Judäa geben zu
lassen. 17 Habe ich nun, indem ich dies wollte,
etwa leichtfertig gehandelt? Oder war mein
Wollen ein Wollen dem Fleisch gemäß, so
dass bei mir Ja-Ja zugleich Nein-Nein hieße?
18 Doch treu ist Gott, dafür, dass unser Wort
an euch nicht zugleich Ja und Nein ist. 19 Der
Sohn Gottes nämlich, Christus Jesus, den wir
unter euch verkündet haben, ich selber und
Silvanus und Timotheus, er kam nicht als Ja
und Nein zugleich, sondern: in ihm ist das Ja
gekommen. 20 Denn so viele Verheißungen
Gottes es gibt: in ihm sind sie zum Ja gewor-
den, daher durch ihn auch das Amen zur Ver-
herrlichung Gottes durch uns. 21 Gott aber,
der uns mit euch stark macht in Christus, der
uns auch salbte, 22 er hat uns versiegelt und
uns das Angeld des Geistes in unsere Herzen
gegeben. 23 Ich aber rufe Gott zum Zeugen an
bei meinem Leben, dass ich aus Schonung für
euch nicht mehr nach Korinth kam. 24 Wir
wollen ja nicht Herren sein über euren Glau-
ben, sondern wir sind Mitarbeiter an eurer
Freude, denn im Glauben steht ihr ja fest.

Paulus ist ein Rabbi. Er hat die Kunst theologischer Lehre gelernt. Und manchmal macht es ihm Spaß, seinen Zeitgenossen zu zeigen, was er kann. Man merkt es seinen Briefen an. An solchen Stellen wären wir froh, wenn er sich auch darin geübt hätte, für »Laien« verständlich zu schreiben. Von uns, die wir zweitausend Jahre danach leben, gar nicht zu reden. Hab Geduld mit uns, wenn unser »Ja« und »Amen« manchmal mit Verspätung kommt.

(1,19-24)

Entscheidet euch zur Liebe: Wem ihr vergebt, dem auch ich

2 Ich habe aber bei mir selbst beschlossen,
nicht wieder in Trauer zu euch zu kommen.
2 Denn wenn ich euch traurig mache, wer ist
dann da, der mich fröhlich machen könnte,
außer dem, den ich traurig mache? 3 Und eben
dies habe ich geschrieben, damit ich nicht,
wenn ich komme, von denen Trauer habe,
von denen ich Freude haben sollte. Ich traue
ja euch allen zu, dass meine Freude euer aller
ist. 4 Denn aus vielen Bedrängnissen und Her-
zensängsten habe ich euch geschrieben, unter
vielen Tränen, nicht damit ihr traurig werdet,
sondern damit ihr die Liebe erkennet, die ich
zu euch habe in überströmendem Maße. 5 Hat
aber einer Trauer verursacht, nicht mich hat
er traurig gemacht, sondern wenigstens teil-
weise – damit ich nicht übertreibe – euch al-

---

schaft in Ephesus (vgl. 1 Kor 15,3.21; Apg 19,23-40; 2 Kor 11,23-33). In jedem Fall hat er Grund zu danken und zu loben. **12-14** Paulus ist seiner Integrität sicher. Er antwortet auf die Verdächtigungen und Missverständnisse wie etwa den Vorwurf, er rühme sich selbst. Paulus verteidigt sich: Er redet und handelt ohne Hintergedanken und ohne Berechnung. **15-24** Missverständnisse im Vorfeld über Änderung der Reisepläne des Paulus. Ihm liegt daran, die Konflikte mit der Gemeinde vor seinem Kommen zu klären.

2,1-4 Der Konflikt mit der Gemeinde in Korinth und ein Versuch, ihn beizulegen. Die Vorgeschichte des Zwistes lässt sich nur teilweise klären. Paulus spielt auf einen »Zwischenbesuch« an, der zu keinem erfreulichen Ergebnis führte, und auf einen (für uns verlorenen) »Zwischenbrief«. Nun fordert Paulus, dass die Korinther den Konflikt nicht einfrieren, sondern lösen, indem sie verzeihen. **5-11** Offensichtlich wurde Paulus durch ein Mitglied der Gemeinde von Korinth beleidigt. Der Großteil der Gemeinde unter-

le. [6] Es genüge für einen solchen die Strafe, die von der Mehrheit verhängt ist. [7] Ihr aber solltet im Gegenteil lieber vergeben und Trost zusprechen, damit ein solcher nicht von überströmender Trauer verschlungen wird. [8] Darum ermahne ich euch, entscheidet euch zur Liebe ihm gegenüber; [9] deshalb habe ich euch ja auch geschrieben, damit ich eure Erprobtheit erfahre, ob ihr in allem gehorsam seid. [10] Wem ihr aber etwas vergebt, dem vergebe auch ich; denn auch ich habe vergeben – wenn ich zu vergeben hatte – um euretwillen im Angesicht Christi, [11] damit wir nicht vom Satan überlistet werden, denn seine Gedanken kennen wir wohl.

Die Apostel:
Wir sind Christi Wohlgeruch vor Gott

[12] Als ich nach Troas kam, um die Frohbotschaft des Christus zu künden, wurde mir eine Türe im Herrn aufgetan. Doch ich hatte keine Ruhe in meinem Geist, [13] weil ich Titus, meinen Bruder, nicht fand. Darum nahm ich Abschied von ihnen und zog weiter nach Mazedonien. [14] Gott aber ist Dank, der uns allezeit in Christus triumphieren lässt und den Wohlgeruch seiner Erkenntnis durch uns offenkundig werden lässt an allen Orten. [15] Denn wir sind Christi Wohlgeruch für Gott unter denen, die gerettet werden, und unter denen, die verloren gehen. [16] Den einen Wohlgeruch aus Tod zum Tod, den anderen aber Wohlgeruch aus Leben zum Leben. Und wer ist dazu fähig? [17] Denn wir verschachern das Wort Gottes nicht wie die vielen, sondern aus Lauterkeit, wie von Gott her, reden wir in Christus vor Gott.

Du hast uns mit Gott versöhnt
Den Frieden hast du uns eingestiftet
Uns, die Unbefriedeten
machst du zu Mittlern
Wandle uns, damit wir fähig werden
deinen Frieden anzunehmen
umzusetzen in Leben und Glück

(2,12-17)

Empfehlungen:
Ihr seid ein Brief Christi

3 Fangen wir wieder an, uns selbst zu empfehlen? Oder benötigen wir etwa, wie einige, empfehlende Briefe an euch oder von euch? [2] Unser Brief seid ihr, eingeschrieben in unsere Herzen, erkannt und gelesen von allen Menschen. [3] An euch wird offenkundig, dass ihr ein Brief Christi seid durch unsern Dienst, geschrieben nicht mit Tinte, sondern mit dem Geist des lebendigen Gottes, nicht auf steinerne Tafeln, sondern auf Herzenstafeln aus Fleisch.

Alter und neuer Bund:
Von Herrlichkeit zu Herrlichkeit

[4] Ein solches Vertrauen haben wir durch Christus zu Gott: [5] Nicht als ob wir aus uns selbst geeignet wären, etwas zu planen aus uns selbst heraus, sondern unsere Eignung stammt aus Gott, [6] der uns auch geeignet gemacht hat als Diener des Neuen Bundes, nicht des Buchstabens, sondern des Geistes. Der Buchstabe nämlich tötet, der Geist aber macht lebendig. [7] Wenn aber der Dienst des

---

stützt Paulus und »bestraft« (tadelt bzw. verurteilt) den Schuldigen. Paulus fordert, dass die Gemeinde sich im Verzeihen bewähre. **12-13** In einer Zwischenbemerkung (sie wird 7,5 wieder aufgenommen) erfahren wir, dass der Konflikt mit Korinth Paulus so belastet, dass er seine Tätigkeit in Troas abbricht, um Titus entgegenzugehen, den er mit neuen Nachrichten von Korinth erwartet. **14-17** Der Lobpreis rühmt das Wirken des Apostels als Teilnahme am Siegeszug Christi. »Wohlgeruch seiner Erkenntnis«: eine Anspielung auf die Sitte, den Sieger mit Weihrauch zu begrüßen.

3,1-3 Auch im folgenden Abschnitt lassen sich die Fakten nur teilweise erschließen. In der Gemeinde von Korinth scheint ein Fremder aufgetaucht zu sein, der sich durch Empfehlungsschreiben (von wem?) legitimierte. Andere erbitten solche Schreiben von der Gemeinde. Paulus hält nichts von diesem schwarz auf weiß fixierten Lob. Seine Empfehlung ist der Glaube der Gemeinde. Zu den Bildworten vgl. Ex 24,12; 34,1; Ez 11,19; Jes 31,33. **4-11** Paulus präzisiert sein Verständnis des Apostelamtes (»Diener des Neuen Bundes«). Er interpretiert Ex 34,29-35 auf eigene Weise. Als Mose mit den Tafeln vom Berg kam,

Paulus hat uns viel zu sagen
Das Hinhören lohnt sich
Denn damals und heute noch immer gilt
dass seine Briefe für alle geschrieben sind
die vom Wort getroffen
den Weg mit Jesus gehen
Auch wir sind berufen
Auch uns ist der Glaube geschenkt
Sein Wort ist auch Programm unseres Lebens
Sein Name ist in unser Herz geschrieben
Nicht zu löschen. Botschaft vom Heil
Frohe Botschaft für alle

(Kap. 3)

Todes, mit Buchstaben in Steine geritzt, von
solcher Herrlichkeit war, dass die Söhne Isra-
els nicht in das Angesicht des Mose schauen
konnten wegen der Herrlichkeit seines Ange-
sichts, die vergänglich war, 8 um wie viel mehr
wird der Dienst des Geistes in Herrlichkeit
sein? 9 War schon der Dienst, der zur Verur-
teilung führte, Herrlichkeit, dann: noch rei-
cher, überströmende Herrlichkeit ist der
Dienst der Gerechtigkeit. 10 Und das Verherr-
lichte gilt in dieser Hinsicht als Unverherr-
lichtes, dieser überwältigenden Herrlichkeit
wegen. 11 Wenn schon das Vergängliche in
Herrlichkeit ist, um wie viel mehr ist das Blei-
bende in Herrlichkeit. 12 Weil wir solche Hoff-
nung haben, treten wir mit viel Freimut auf.
13 Nicht so wie Mose, der eine Hülle auf sein
Angesicht legte, damit die Israeliten das End-
gültige am Vergänglichen nicht schauen soll-
ten. 14 Doch verhärtet war ihr Sinnen. Denn
bis zum heutigen Tag bleibt dieselbe Hülle
über dem Vorlesen des Alten Bundes; sie wird
nicht weggenommen, weil sie in Christus ver-
geht. 15 Ja bis zum heutigen Tag, wann immer
Mose vorgelesen wird, liegt eine Hülle auf
ihren Herzen. 16 Sobald sie sich jedoch zum
Herrn wenden, wird die Hülle weggenom-
men. 17 Der Herr aber ist der Geist; wo der
Geist des Herrn, da ist Freiheit. 18 Wir alle
aber, die wir unverhüllten Angesichts die
Herrlichkeit des Herrn widerspiegeln, wir
werden umgestaltet in dasselbe Bild, von
Herrlichkeit zu Herrlichkeit, wie vom Geist
des Herrn aus.

Dienst der Frohbotschaft:
Wir künden Christus Jesus, den Herrn

4 Weil wir diesen Dienst haben, dem Erbar-
men entsprechend, das wir erfahren haben,
verzagen wir nicht, 2 sondern wir haben uns
losgesagt von verborgenen Schändlichkeiten.
Wir wandeln nicht in Heimtücke, und wir
verfälschen das Wort Gottes nicht, sondern
wir empfehlen uns dadurch, dass wir die
Wahrheit offenkundig machen für jedes
menschliche Gewissen vor Gott. 3 Und ist
auch unsere Frohbotschaft verhüllt: denen,
die verloren gehen, ist sie verhüllt; 4 in ihnen
hat der Gott dieser Weltzeit das Sinnen der
Ungläubigen blind gemacht, so kann ihnen
nicht erstrahlen das Licht der Frohbotschaft
von der Herrlichkeit des Messias, der Abbild
Gottes ist. 5 Denn wir verkünden nicht uns
selber, sondern Christus Jesus, den Herrn,
uns aber als eure Knechte um Jesu willen.
6 Denn Gott, der sprach: Aus Finsternis leuch-
te Licht, er ist aufgeleuchtet in unseren Her-

---

strahlte sein Gesicht vom Widerschein der Begegnung mit Gott. Paulus versteht diesen Glanz als Zeichen der Würde, die dem Amt des Alten Bundes zukommt. Die Herrlichkeit des Neuen Bundes ist größer. **12-18** Der Vergleich von jüdischeer und christlicher Glaubensweise wird durch die Stichworte »Freimut« (das Recht der öffentlichen Stellungnahme) und »Hülle« angedeutet. Mose verhüllt sein Gesicht. Er will verbergen, dass der Abglanz der Herrlichkeit wieder verblasst. Die jüdische Gemeinde verhält sich ebenso. Sie hält die Hülle fest, weil sie nicht will, dass offenkundig wird, dass der Alte Bund auf den Neuen weist. Doch wenn sich ein Mensch Christus zuwendet (vgl. Röm 14,25ff), zerbricht die Hülle. Das unverhüllte Gesicht strahlt vom Abglanz der Gottesnähe.

4,1-6 Paulus, einer unter vielen, die ihren Auftrag und ihren Lebenssinn in der Bekanntmachung des Evangeliums finden, macht die Erfahrung, dass weder die Botschaft noch die Boten automatisch bei allen ankommen. Jeder muss mit Ablehnung und Verweigerung rechnen. Paulus erkennt das Wirken des »Gottes dieser Weltzeit« (des »Teufels«). Der Apostel kann, unabhängig von Erfolg oder Misserfolg seiner

zen, dass in uns Licht werde die Erkenntnis
der Herrlichkeit Gottes im Antlitz Christi.

Der Schatz:
Wir tragen das Sterben Jesu am Leib

7 Doch wir haben diesen Schatz in irdenen Ge-
fäßen, damit das Übermaß der Kraft Gott an-
gehöre und nicht aus uns sei. – 8 In allem sind
wir bedrängt, doch nicht zu Boden gedrückt;
ratlos, doch nicht verzweifelt; 9 verfolgt, doch
nicht verlassen; niedergeworfen, doch nicht
vernichtet. 10 Allezeit tragen wir das Sterben
Jesu am Leibe herum, damit auch das Leben
Jesu an unserem Leibe offenkundig werde.
11 Denn immer werden wir, die Lebenden,
dem Tod überliefert um Jesu willen, damit
auch das Leben Jesu offenkundig werde in
unserem sterblichen Fleisch. 12 So wirkt der
Tod in uns, das Leben aber in euch.

Die gegenwärtige Bedrängnis:
Fülle ewiger Herrlichkeit

13 Weil wir aber denselben Geist des Glaubens
haben, wie geschrieben steht: Ich habe ge-
glaubt, darum habe ich geredet –, so glauben
auch wir, und darum reden wir auch. 14 Wir
wissen ja, dass er, der den Herrn Jesus aufer-
weckt hat, auch uns mit Jesus erwecken und
zusammen mit euch darstellen wird. 15 Alles
nämlich geschieht um euretwillen, damit die
sich mehrende Gnade durch die sich mehren-
den Danksagungen überfließe zur Verherrli-
chung Gottes. 16 Darum verzagen wir nicht.
Ja, mag auch unser äußerer Mensch aufgerie-
ben werden, unser innerer erneuert sich Tag
für Tag. 17 Denn die augenblickliche leichte
Bedrängnis erwirkt uns über alles Maß hin-
aus ein Übermaß ewiger Fülle der Herrlich-
keit. 18 Wir schauen nicht auf das Sichtbare,
sondern auf das Unsichtbare. Das Sichtbare
nämlich ist vergänglich, das Unsichtbare aber
ewig.

Zwischen zwei Welten:
Wir haben eine Wohnstatt bei Gott

5 Wir wissen ja, wenn unsere irdische Zelt-
wohnung abgebrochen wird, haben wir eine
Wohnstatt aus Gott, eine nicht mit Händen
gemachte, ewige Wohnstatt in den Himmeln.
2 Und darum seufzen wir, weil wir ersehnen,
mit unserer Behausung aus dem Himmel
überkleidet zu werden. 3 Denn wenn wir so
bekleidet sind, werden wir nicht nackt befun-
den werden. 4 Doch solange wir in dem Zelt
sind, seufzen wir beklommen, weil wir nicht
entkleidet, sondern überkleidet werden wol-
len, damit das Sterbliche vom Leben ver-
schlungen werde. 5 Gott, der uns dazu berei-
tet hat, er ist es auch, der uns den Geist als An-
geld gegeben. 6 Wir sind daher allzeit guten
Mutes und wissen, dass, wenn wir im Leib
daheim sind, wir nicht daheim – fern vom
Herrn sind: 7 Denn im Glauben wandeln wir,
nicht im Schauen. 8 Doch wir haben guten
Mut und wollen lieber nicht daheim sein im
Leib, aber daheim sein beim Herrn. 9 Darum
setzen wir auch unsere Ehre darein, sei es,
dass wir daheim sind, sei es, dass wir nicht da-
heim sind, ihm wohlzugefallen. 10 Wir alle
müssen ja vor dem Richterstuhl des Christus
offenkundig werden, damit ein jeder empfan-
ge gemäß dem, was er im Leibe tat, sei es Gu-
tes, sei es Übles.

Sache sicher sein. Er vertritt ja nicht sich selbst, sondern Jesus Christus, den Herrn. **7-8** Paulus bedenkt die eigene Erfahrung als Christusbote: Als Künder tritt er öffentlich auf. Sein eigener Glaube wird zum Argument in der werbenden Rede. Er findet Zustimmung und wird abgelehnt. Er kommt zur Einsicht: Der Glaube (der eigene wie der seiner Hörer) gründet nicht in äußeren Umständen. Er gründet in der Hoffnung, die Jesus garantiert. Solcher Glaube trägt.

5,1-10 Paulus versucht, die »Hoffnung«, die das gegenwärtige Leben mit dem künftigen verbindet, durch eine Bildrede näher zu bestimmen: Im vergänglichen Leib wohnt der Mensch wie in einem Zelt, das jederzeit abgebrochen werden kann. Darum seufzen wir und erbitten die Wiederkunft des Herrn, damit wir nicht durch den Tod »entkleidet«, sondern durch die Wiederkunft des Herrn »überkleidet« werden. Wenn der Tod den Menschen vor der Wiederkunft Christi überrascht, ist die Seele eine Zeit »nackt«, des Leibes entkleidet. Jetzt schon hat Gott uns mit dem Geist einen ersten Anteil am endgültigen Leben geschenkt. Dieses Angeld befähigt den Christen, im Wissen um die eigentliche Heimat in der Welt zu leben.

Die Erde ist unsere Heimat
Vergänglichkeit ihr Siegel
Werden und Vergehen
im Takt des Endlichen
auf Abruf
In unseren Herzen
die Sehnsucht nach Dauer
nach Unvergänglichkeit
ewigem Du
Wir tragen das Angeld
ein Leben lang
von einer vergänglichen Heimat
zur andern
Doch unsere Hoffnung
hat einen Namen
Der ist verlässlich

(Kap. 5)

Leben und Tod: Die Liebe des Christus schließt uns zusammen

11 Im Wissen um die Furcht des Herrn gewin-
nen wir Menschen; vor Gott aber sind wir of-
fenkundig. Ich hoffe, dass wir auch in euren
Gewissen offenkundig geworden sind. 12 Wie-
derum empfehlen wir uns nicht selber bei
euch, sondern wir geben euch Anlass zum
Ruhm um unsretwillen, damit ihr etwas habt
denen entgegen, die sich rühmen ihres Ange-
sichts, doch nicht ihres Herzens. 13 Geraten
wir außer uns: so für Gott; sind wir bei Sin-
nen: so für euch. 14 Denn die Liebe des Chris-
tus schließt uns zusammen, wenn wir dies ab-
wägen: Einer ist für alle gestorben, darum
sind alle gestorben. 15 Und: für alle ist er ge-
storben, damit die Lebenden nicht mehr sich
selbst leben, sondern für den, der für sie ge-
storben und auferweckt ist.

Das neue Sein: In Christus mit Gott versöhnt

16 So kennen wir von nun an niemand dem
Fleisch nach, und wenn wir auch Christus
dem Fleisch nach kannten, jetzt aber kennen
wir ihn nicht mehr so. 17 Ist also einer in Chris-
tus: neue Schöpfung ist er. Denn das Frühere
ist vergangen; siehe, Neues ist geworden.
18 Alles aber ist aus Gott, der uns mit sich
selber durch Christus versöhnt und uns
den Dienst der Versöhnung gegeben hat.
19 Gleichwie auch Gott es war, der in Christus
die Welt mit sich versöhnte, indem er ihnen
ihre Übertretungen nicht anrechnete und in
uns das Wort der Versöhnung legte. 20 Wir
nun sind Gesandte für Christus, wie wenn
Gott durch uns ermahnte. Für Christus bitten
wir: Lasst euch versöhnen mit Gott. 21 Ihn, der
Sünde nicht kannte, hat er für uns zur Sünde
gemacht, damit wir würden Gerechtigkeit
Gottes in ihm.

Im Dienst des Herrn: Jetzt ist der Tag der Rettung

6 Als Mitarbeiter Gottes aber ermahnen wir
euch, dass ihr die Gnade Gottes nicht ins Lee-
re annehmt. 2 Denn es heißt: Zur genehmen
Zeit habe ich dich erhört und am Tage der
Rettung dir geholfen. – Siehe, jetzt ist recht
angenehme Zeit, siehe, jetzt ist Tag der Ret-
tung. 3 Und dabei geben wir in keiner Weise ir-
gendeinen Anstoß, damit der Dienst nicht
verspottet werde, 4 sondern in allem erweisen
wir uns als Diener Gottes: in vielem Aushar-
ren, in Bedrängnissen, in Nöten, in Beengun-

11-21 Über den Dienst des Apostels: Paulus nimmt das Hauptthema wieder auf. **11-13** Um seiner Erfolge willen wurde er verdächtigt und angegriffen. Er kann zu seiner Rechtfertigung einen einzigen Grund anführen: Die Liebe Christi schließt uns zusammen. **14-15** Paulus zitiert Wissen, das aus dem Glauben stammt: Einer ist stellvertretend für alle gestorben. Darum lebt keiner mehr nur auf eigene Rechnung. Jeder lebt von dem und für den, der für alle starb und für alle auferweckt wurde. **17-19** Wer »in Christus« ist, gehört zur neuen Schöpfung. Sie geht von Gott aus und geschieht durch Christus: Er hat die Welt mit Gott versöhnt. **21** Gemeint ist: Um unsertwillen behandelt Gott Jesus Christus, den Gerechten, wie einen Sünder. Und er behandelt uns, die Sünder, um seinetwillen wie Gerechte.

6,1-10 Über die Position und die Funktion des Apostels: Als Mitarbeiter Gottes verkündet er das Evangelium. Er ruft die Menschen seiner Zeit in die Entscheidung. Nicht mit theoretischen Argumenten. Er bringt sich selbst ins Spiel. Mit seiner Person, seinem Lebensstil, seiner Frömmigkeit, durch die Art, wie er

Paulus kennt Gott - und er kennt die Menschen - beide sensibel, auf die eigne Ehre bedacht. In Korinth geht es ihm darum, gestörte Beziehung wiederherzustellen. Er schreibt an Menschen, die mit sich selbst nicht einverstanden, im Unfrieden leben mit Gott und sich selbst. Darum die Dringlichkeit seiner Forderung: Denkt gut von euch selbst und von eurem Gott. Lasst euch versöhnen, nehmt sein Angebot an. Er hat Jesus, den Unschuldigen, »für uns zur Sünde gemacht«. Der lud unsere Schuld auf sich – wir können mit Gott und uns selbst versöhnte Menschen werden. Weil er uns als versöhnender Gott begegnet, können wir mit uns selbst versöhnte Menschen werden.
Welch ein Angebot!

(5,16-21)

Gottes erwähltes Volk:
Ich werde euch Vater sein

11 Unser Mund hat sich aufgetan für euch, Ko-
rinther, unser Herz ist weit geworden. 12 Ihr
seid in uns nicht beengt, beengt jedoch seid
ihr in eurem Innersten. 13 Als Gegengabe
dafür aber – ich spreche wie zu Kindern – sollt
auch ihr weit werden. 14 Zieht nicht im frem-
den Joch mit Ungläubigen, denn welche Teil-
haberschaft besteht zwischen Gerechtigkeit
und Gesetzlosigkeit, welche Gemeinschaft
hat Licht mit Finsternis? 15 Welchen Zusam-
menklang hat Christus mit Beliar? Oder wel-
chen Teil hat ein Glaubender mit einem Un-
gläubigen gemein? 16 Welche Übereinstim-
mung hat der Tempel Gottes mit den Götzen?
Wir aber sind ein Tempel des lebendigen Got-
tes, wie Gott gesagt hat: Ich will unter ihnen
wohnen und umherwandeln. Und ich werde

gen, 5 in Schlägen, in Gefangenschaften, in
Aufruhr, in Mühen, in Nachtwachen, in Fas-
ten, 6 in Lauterkeit, in Erkenntnis, in
Großmut, in Güte, in Heiligem Geist, in un-
geheuchelter Liebe, 7 im Wort der Wahrheit,
in Gottes Kraft, durch die Waffen der Ge-
rechtigkeit in der Rechten und Linken, 8 bei
Ehre und Schande, bei übler Nachrede und
guter Nachrede; als Betrüger und doch wahr-
haftig, 9 als Unbekannte und doch Wohlbe-
kannte; als Sterbende, doch siehe, wir leben;
als Gezüchtigte und doch nicht getötet; 10 als
Trauernde, doch immer freudig; als Arme, die
doch viele reich machen; als solche, die nichts
haben und doch alles habend.

Solidarität – ein Schlagwort, das mit dem polnischen Freiheitskampf bei uns heimisch wurde und dann bald wieder außer Gebrauch kam, durch andere, attraktivere Schlagworte verdrängt, im Hintergrund verschwand. Nicht etwa weil die Forderung »Solidarität« alltägliche Wirklichkeit geworden wäre, eher schon als Zeichen dafür, dass die früher gültige Ordnung »einer gegen den andern, jeder für sich« wieder zur Geltung kam. Freiwillig, aus reinem Mitgefühl teilen: Reiche mit Armen, Besitzer mit Darbenden, Begünstigte mit Pechvögeln. Solidarität ist keine angeborene Tugend, sie geht uns gegen den Strich.

(Kap. 6)

Bedrängnisse, Nöte und Ängste durchsteht, wie er seinen Gegnern begegnet, vertritt er die Glaubwürdigkeit der Botschaft. Paulus spricht von sich selbst. Er wie jeder Glaubende kann damit rechnen, dass Gott den Armen und Bedrängten nah ist (vgl. die Bergpredigt, Mt 5,3-11). **11-13** Paulus wirbt um das Vertrauen der Korinther. **14-18** Der Abschnitt unterbricht den Zusammenhang (späterer Einschub?). Die Mahnrede klärt den Unterschied zwischen den Glaubenden und den Ungläubigen. **14** Zwei ungleiche Zugtiere dürfen nicht unter demselben Joch gehen (vgl. Dtn 22,10). **15** »Beliar« ist eine im damaligen Judentum gebräuchliche Bezeichnung für den Widersacher, den Teufel. Der Name wird im Neuen Testament nur an dieser Stelle gebraucht, in den Schriften von Qumran dagegen ist er gebräuchlich. Man kann vermuten, dass es sich hier um einen in qumranischen Kreisen vorformulierten Text handelt. **16** Vgl. Lev 23,20. – Die Formel des Bundes, den Gott für sein Volk schloss. Sie zieht sich seit Abrahams Zeit durch

ihr Gott sein und sie mein Volk. 17 Darum:
Geht fort aus ihrer Mitte, sondert euch ab,
spricht der Herr, Unreines rührt nicht an, und
ich werde euch aufnehmen. 18 Ich werde euch
Vater sein, und ihr sollt mir sein Söhne und
Töchter – spricht der Herr, der Allherrscher.

Trost von der Gemeinde: Ich freue mich trotz aller Bedrängnis

7 Da wir diese Verheißungen haben, Gelieb-
te, wollen wir uns reinigen von aller Be-
fleckung des Fleisches und des Geistes, in
Furcht Gottes die Heiligung vollenden. 2 Gebt
uns Raum! Keinem haben wir Unrecht getan,
keinen geschädigt, keinen übervorteilt.
3 Nicht um zu verurteilen, sage ich das; ich ha-
be ja vorher gesagt, dass ihr in unseren Her-
zen seid zum Mitsterben und Mitleben. 4 Viel
Zuversicht habe ich zu euch, viel ist meines
Rühmens euretwegen. Von Trost bin ich er-
füllt, ich fließe über vor Freude trotz all unse-
rer Bedrängnis. 5 Auch als wir nach Mazedo-
nien kamen, hatte unser Fleisch keine Ruhe,
sondern in allem wurden wir bedrängt: von
außen Kämpfe, von innen Ängste. 6 Doch der
Tröster der Gedemütigten, Gott, tröstete uns
durch die Wiederkunft des Titus. 7 Nicht nur
durch seine Wiederkunft allein, sondern auch
durch den Trost, mit dem er bei euch getröstet
ward. Er berichtete uns eure Sehnsucht, euer
Wehklagen, euren Eifer für mich, so dass ich
mich noch mehr freute. 8 Und wenn ich euch
auch traurig gemacht habe durch den Brief,
so bereue ich es nicht. Und sollte es mich reu-
en, weil ich sehe, dass jener Brief euch für ei-
ne Stunde traurig machte, 9 jetzt freue ich
mich, nicht weil ihr traurig wäret, vielmehr,
weil ihr traurig wäret zur Umkehr. Denn Gott
gemäß war eure Trauer, damit ihr in keiner
Weise Schaden leidet durch uns. 10 Denn gott-
gemäße Trauer wirkt Umkehr zu unwiderruf-
licher Rettung. Die Trauer der Welt aber be-
wirkt Tod. 11 Denn siehe, diese gottgemäße
Trauer, wie viel Strebsamkeit bewirkt sie in
euch, ja Verteidigung, ja Bedauern, ja Furcht,
ja Sehnsucht, ja Eifer, ja Bestrafung! In allem
habt ihr erwiesen, dass ihr in jener Angele-
genheit schuldlos seid. 12 Wenn ich euch also
schrieb, so nicht wegen dem, der Unrecht tat,
noch wegen dem, der Unrecht litt, sondern
damit eure Strebsamkeit unseretwegen bei
euch offenkundig werde vor Gott. 13 Darum
sind wir getröstet worden. Bei unserem Trost
erfüllte uns eine noch größere Freude über die
Freude des Titus, dass sein Geist durch euch
alle erquickt worden ist. 14 Denn wenn ich
mich euer vor ihm gerühmt habe, so wurde
ich nicht enttäuscht, vielmehr, wie wir alles in

Vergeben
ist lästig, braucht Zeit
und den Mut
erlittenes Unrecht
nicht klein zu machen
und wegzustecken

Standhalten dem
der mir Böses getan
und mir selbst
der Wut, dem Zorn
dem Heimzahlen-Wollen

Vergeben
um der Wahrheit willen
um der Freiheit und der Zukunft willen
um meinet- und um deinetwillen

(Kap. 7)

---

die Geschichte Gottes mit Welt und Mensch. **17** Vgl. Jes 52,11. **18** Vgl. Zef 3,20; Jer 31,9; Jes 43,6; Am 3,13.- Die Verheißung voller Gemeinschaft zwischen Gott und Mensch, wie sie im Paradies angelegt war, gehört zu den Grundverheißungen des Ersten Bundes. – **7,1** »Geist« meint hier nicht Gottes Geist wie sonst bei Paulus, sondern den Geist des Menschen. **3-4** Vgl. 6,11-13. **5-16** Der Abschnitt schließt an 2,13 an. **6-7** Titus bringt ermutigende Nachrichten aus Korinth. **8-13** Um die Ordnung wiederherzustellen, schrieb Paulus der Gemeinde einen (für uns verlorenen) Zwischenbrief, den so genannten »Tränenbrief«. Nun freut er sich über das positive Echo auf diesen Brief (vgl. zu 10,1 - 13,10). Damit ist der Konflikt zwischen Paulus und der Gemeinde in Korinth beigelegt.

Wahrheit zu euch geredet haben, so ist auch
unser Rühmen bei Titus Wahrheit geworden.
15 Und sein Inneres ist euch noch mehr zuge-
wandt, wenn er des Gehorsams von euch al-
len gedenkt, wie ihr ihn mit Furcht und Zit-
tern aufgenommen habt. 16 Ich freue mich,
dass ich in allem euretwegen zuversichtlich
sein kann.

Sammlung für Jerusalem:
Er wurde arm, damit ihr reich würdet

8 Wir setzen euch in Kenntnis, Brüder, von
der Gnade Gottes, die den Gemeinden in Ma-
zedonien gegeben wurde. 2 Denn in vielen Er-
probungen durch Bedrängnisse strömt ihre
Freude über, und die Tiefe ihrer Armut strömt
über in den Reichtum ihrer Freigebigkeit.
3 Denn nach Vermögen, ich bezeuge es, ja
über Vermögen hinaus, haben sie freiwillig
4 unter vielem Zureden uns um die Gnade und
die Gemeinschaft im Dienst für die Heiligen
gebeten. 5 Und nicht so, wie wir erhofft hat-
ten, sondern sich selbst haben sie hingegeben,
zuerst dem Herrn, dann uns nach dem Willen
Gottes; 6 darum haben wir Titus ermahnt, er
möge so, wie er zuvor begonnen hatte, bei
euch auch diese Gnadentat vollenden. 7 Wie
ihr in allem überströmt, in Glaube und Wort
und Erkenntnis und aller Strebsamkeit und in
der Liebe, die aus und in euch ist, so sollt ihr
auch überströmen in dieser Gnadentat.
8 Nicht als Befehl sage ich es, sondern um
durch die Bestrebungen anderer auch die
Echtheit eurer Liebe zu erproben. 9 Ihr kennt
ja die Gnade unseres Herrn Jesus [Christus]:
Um euretwillen ward er arm, er, der reich war,
damit ihr durch seine Armut reich würdet.
10 Auch eine Ansicht gebe ich dazu: Es ist euch
förderlich, ihr habt ja nicht nur das Tun, son-
dern auch das Wollen früher, seit dem ver-
gangenen Jahr, begonnen. 11 Nun aber vollen-
det auch das Tun, damit, wie die Bereitschaft
zum Wollen, so auch das Vollenden je nach
dem Haben geschehe. 12 Wenn nämlich die
Bereitschaft vorhanden ist, so ist sie ange-
nehm nach dem, was einer hat, nicht nach
dem, was einer nicht hat. 13 Nicht damit an-
dere Erleichterung haben, ihr aber Bedräng-
nis, sondern zum Ausgleich 14 soll in der jetzi-
gen Weltzeit euer Überfluss dem Mangel je-
ner zukommen, damit auch der Überfluss
jener unserem Mangel zukomme und Aus-
gleich werde, 15 wie geschrieben steht: Der mit
dem Vielen hatte keinen Überfluss und der
mit dem Wenigen keinen Mangel.

Das Geheimnis der Liebe Gottes
nachdenken, nachfühlen, bedenken
Die Vor-Gaben bedenken, die er riskiert
uns zu gewinnen
Die Schritte zählen
die er uns entgegen kommt
um uns zurückzutragen
auf den Weg seines Heils
Hineingenommen werden
in den heiligen Austausch
der um unsertwillen Geschichte wurde
Er, der Sohn, wurde Mensch
damit der Vater uns nah sei

Er wurde klein
damit wir das Angebot ergreifen
er wurde arm, damit wir reich würden
er gab sich selbst, damit wir ihn finden

Die Worte hören, die er sagt
seine Zeichen erkennen an unserem Weg

(8,1-15)

8,1 - 9,15 In diesen beiden Kapiteln sind zwei ursprünglich selbständige Überlieferungsstücke zu demselben Thema aneinandergereiht. Es geht um die Kollekte für die armen Christen in Jerusalem (vgl. Röm 15,22-28), denen Paulus beim Apostelkonzil Hilfe versprochen hatte (vgl. Gal 2,10). Anweisungen über die Durchführung finden sich 1 Kor 16,1-3. Offensichtlich ist die Aktion, bei der es nicht nur um die soziale Frage geht, sondern auch um die Anerkennung der heidenchristlichen Gemeinden durch die Muttergemeinde in Jerusalem, ins Stocken geraten. Nun bringt Paulus sie wieder ins Gespräch. Das Geben für die Heiligen (V. 4) wird als Gnadentat (V. 6) bezeichnet. Es ist Gnade, dass die Gemeinden geben und teilen können. Die Gottes Gnade empfangen haben, erweisen sich ihren Brüdern »gnädig«. **6-15** Die Gabe ist freiwillig; sie soll sich an dem messen, was Jesus Christus in seiner Liebe für uns getan hat. **9** Vgl.

Die Vertrauensmänner: Sie sind Gesandte der Gemeinden

16 Dank aber sei Gott, der dieses Streben für
euch dem Titus ins Herz gegeben hat; 17 denn
er empfing zwar die Mahnung, doch weil er
noch strebsamer ist, reiste er freiwillig zu
euch ab. 18 Mit ihm zusammen senden wir den
Bruder, dessen Lob der Frohbotschaft wegen
durch alle Gemeinden geht. 19 Doch nicht al-
lein dies, er ist auch von den Gemeinden zu
unserem Reisegefährten gewählt worden für
diese Gnadengabe, für die wir dienen zu sei-
ner, des Herrn, Verherrlichung und zum Er-
weis unserer Bereitwilligkeit. 20 Doch wollen
wir vermeiden, dass einer uns verspottet we-
gen dieser reichen Spende, für die wir dienen.
21 Auf das Gute nämlich sind wir bedacht,
nicht nur vor dem Herrn, sondern auch vor
Menschen. 22 Wir senden nun mit ihnen unse-
ren Bruder, den wir vielfach und in vielerlei
als strebsam erprobt haben, jetzt aber ist er
noch strebsamer im großen Vertrauen zu
euch. 23 Sei es Titus – er ist mein Gefährte, und
was euch betrifft, mein Mitarbeiter –, seien es
unsere Brüder: sie sind Gesandte der Gemein-
den, Herrlichkeit Christi. 24 Bringt also ihnen
gegenüber den Erweis eurer Liebe und unse-
res Rühmens über euch im Angesicht der Ge-
meinden.

Seid freigebig: Wer kärglich sät, wird kärglich ernten

9 Denn es ist überflüssig für mich, euch über
den Dienst für die Heiligen zu schreiben. 2 Ich
kenne ja eure Bereitwilligkeit, die ich auch
den Mazedoniern gegenüber rühme, dass
nämlich Achaia gerüstet ist seit dem vorigen
Jahr, und euer Eifer hat die Mehrzahl unter
ihnen angespornt. 3 Doch ich sandte die Brü-
der, dass unser Rühmen über euch nicht leer
sei in diesem Stück, damit ihr, wie ich gesagt
habe, gerüstet seid; 4 damit nicht etwa, wenn

Es fällt uns nicht schwer, Herr
dich um Frieden zu bitten
für alle Völker der Erde
um Regen für trockenes Land
um Reis und Brot für alle
Es fällt uns nicht schwer
für Freiheit einzustehen, gegen Gewalt
für das Recht
auf Heimat und Menschenwürde...

Es fällt uns schwer, Herr
in Frieden zu leben mit unseren Nachbarn
das erste Wort zu sagen nach langem Streit
die Wohnung oder das Haus zu teilen
mit einem Heimatlosen
dem Bittenden zu leihen
zum zweiten und zum dritten Mal
Schuld zu erlassen
Beleidigung zu vergessen...

Sei uns barmherzig, Herr, und gnädig
langmütig und reich an Güte
Handle nicht nach unseren Sünden
vergilt uns nicht nach unserer Schuld

(Kap. 9)

Mazedonier mit mir kommen und euch un-
gerüstet finden, wir – um nicht zu sagen ihr –
beschämt würden in dieser Zuversicht. 5 Ich
hielt es nun für notwendig, die Brüder aufzu-
fordern, zu euch vorauszureisen und eure im
voraus angekündigte Segensgabe zu richten,
damit sie bereitliege als eine Gabe des Segens
und nicht des Geizes. 6 Doch bedenkt: Wer
kärglich sät, wird kärglich ernten, und wer in
Segensfülle sät, wird auch in Segensfülle ern-
ten. 7 Jeder gebe, wie er sich vorgenommen
hat im Herzen, nicht aus Trauer, nicht aus
Zwang; denn einen fröhlichen Geber hat

das Christuslied Phil 2,5ff. **16-24** Die Durchführungsbestimmungen lassen erkennen, dass Paulus darauf bedacht ist, sich vor möglichen Verdächtigungen zu schützen. Wir wissen nicht, wer die in V. 18 und V. 22 genannten »Brüder« sind.
9,1-5 Ein Aufruf zur Sammlung für Jerusalem, der davon ausgeht, dass auch in Mazedonien die Sammlung erst beginnt (vgl. zu 8,1-5); er dürfte also vor Kap. 8 zu datieren sein. **5** »Segen«: Gemeint ist eine großzügige Spende. **6-10** Wer vertraut, kann reichlich geben. Mit vorsichtigen Formulierungen weist Paulus die Korinther darauf hin, dass sie durch ihre Gabe dazu beitragen können, dass in der Jerusalemer Muttergemeinde Vorurteile gegen die heiden-

Gott lieb. [8] Gott aber ist mächtig, jede Gnade auf euch überströmen zu lassen, damit ihr allezeit in allem Genüge habt und überströmt zu jedem guten Werk, [9] wie geschrieben steht: Er hat ausgeteilt, den Bedürftigen gegeben, seine Gerechtigkeit bleibt in Ewigkeit. [10] Der aber Samen dem Sämann und Brot zum Essen gibt, der wird geben und mehren euer Saatgut und heranreifen lassen die Früchte eurer Gerechtigkeit. [11] So werdet ihr in allem reich zu aller Freigebigkeit, die dann durch uns Danksagung bewirkt vor Gott. [12] Denn das Dienen in diesem Gemeinschaftsdienst ist nicht nur ausreichend, dem Mangel der Heiligen abzuhelfen, sondern wird auch überreich durch viele Danksagungen an Gott. [13] Denn durch die Erprobung dieses Dienstes preisen sie Gott für den Gehorsam in eurem Bekenntnis zur Frohbotschaft von Christus und für die Lauterkeit der Gemeinschaft mit ihnen und mit allen. [14] Dabei sehnen auch sie sich in ihrem Gebet nach euch wegen der überreichen Gnade Gottes zu euch. [15] Dank sei Gott wegen seiner unbeschreiblichen Gabe.

Auseinandersetzung:
Erprobt ist, wen der Herr empfiehlt

10 Ich selbst aber, Paulus, ermahne euch, um der Milde und Güte des Christus willen, der ich euch ins Angesicht sanftmütig, doch von ferne mutig bin gegen euch. [2] Ich bitte euch nun, dass ich nicht bei meiner Ankunft mutig sein muss in der Zuversicht, in der ich es gegen etliche Leute zu wagen gedenke, die von uns meinen, wir wandelten nach dem Fleisch. [3] Zwar wandeln wir im Fleisch, doch wir kämpfen nicht nach Art des Fleisches; [4] denn die Waffen unseres Kampfes sind nicht fleischlich, sondern mächtig vor Gott zum Niederreißen von Bollwerken: [5] wir reißen Denkgebilde ein und alles Erhöhte, das sich erhebt gegen die Erkenntnis Gottes. Wir fangen jeden Gedanken ein in den Gehorsam gegenüber Christus. [6] Wir sind bereit, jeden Ungehorsam zu strafen, sobald euer Gehorsam vollendet ist. [7] Seht, was vor dem Angesicht liegt! Wenn einer vertraut, er gehöre zu Christus, soll er wiederum bei sich bedenken: Wie er, so gehören auch wir Christus. [8] Wenn ich mich darüber hinaus rühmen werde unserer Vollmacht wegen, die der Herr gegeben euch zur Erbauung und nicht zum Niederreißen, werde ich nicht zuschanden. [9] Doch es soll nicht scheinen, als wollte ich euch durch Briefe einschüchtern. [10] Denn die Briefe, so sagt man, sind gewichtig und kräftig, das leibhaftige Auftreten aber ist schwach und das Wort wirkungslos. [11] Ein solcher möge dies bedenken: Was wir abwesend im Wort durch Briefe sind, das sind wir auch anwesend im Werk. [12] Wir wagen nämlich nicht, uns zu gewissen Leuten zu rechnen oder mit ihnen zu vergleichen, die sich selbst empfehlen, vielmehr wenn sie sich an sich selbst messen und sich mit sich selbst vergleichen, sind sie nicht bei Sinnen. [13] Wir aber wollen uns nicht ins Maßlose rühmen, sondern gemäß der Richtschnur, deren Maß uns Gott zugemessen hat, dass wir nämlich bis zu euch gelangen sollten. [14] Wir strecken uns ja nicht zu weit, als wären wir nicht zu euch gelangt; wir sind ja bis zu euch gelangt mit der Frohbotschaft des Christus. [15] Doch nicht ins Maßlose rühmen wir uns mit den Mühen anderer, wir haben viel-

---

christlichen Gemeinden verhindert oder abgebaut werden.
10,1 - 13,10 Diese Kapitel des Briefes bilden eine von den vorhergehenden zu unterscheidende Größe. In ihnen wird berichtet, wie sich Paulus in scharfem Ton mit seinen Widersachern auseinander setzt, die in der Gemeinde von Korinth Unruhe stiften. Er verteidigt sich selbst, gibt Einblicke in sein Leben und erklärt, wie er selbst Amt und Auftrag eines Apostels versteht. Man kann annehmen, dass diese Kapitel ursprünglich zu einem anderen Paulusbrief (»Tränenbrief«) gehörten. **10,1-6** Paulus stellt sich den Anklägern und führt seine eigenen Argumente ins Feld. Die Gegner werfen ihm vor, ihm fehle die Autorität des Lehrers. Aus der Ferne tritt er mutig auf, doch wenn er da ist, wirkt er schwach und unsicher. Paulus erinnert sie daran, dass die Güte, deretwegen sie ihn tadeln, ein Kennzeichen Jesu ist. Er hält sich an sein Vorbild. **7-11** Paulus beruft sich auf seine ganz besondere Beziehung zu Christus. Darin liegt seine Autorität. Von ihm hat er seine Leitungskompetenz. Er will mit allem, was er tut, zum Aufbau der Gemeinde beitragen. Auch der autoritäre Ton seiner Briefe, den seine Gegner ihm vorhalten, erklärt sich aus seinem Auftrag.

mehr Hoffnung, dass, wenn euer Glaube sich
mehrt, wir bei euch noch größer werden, bis
über unsere Richtschnur hinaus, 16 und über
euch hinaus die Frohbotschaft zu künden,
nicht nach fremder Richtschnur uns zu rüh-
men über das Fertige. 17 Wer sich rühmt, im
Herrn rühme er sich. 18 Denn nicht der ist er-
probt, der sich selbst empfiehlt, sondern der,
den der Herr empfiehlt.

Du sagst mir, wer ich bin
geliebt und gesucht
geborgen und versöhnt
befreit und erlöst
Bruder und Schwester
Tochter und Sohn
hinter dir her auf dem Weg
zum Leben

(Kap. 11)

Der Apostel: Um euch eifere ich mit dem Eifer Gottes

11 Möchtet ihr doch ein wenig Torheit von
mir ertragen; doch ihr ertragt mich ja. 2 Um
euch nämlich eifere ich mit dem Eifer Gottes;
denn ich habe euch einem Mann angelobt,
um euch als reine Jungfrau dem Christus zu-
zuführen. 3 Doch ich fürchte, wie die Schlan-
ge Eva betörte in ihrer List, so möchte euer
Sinnen von der Einfalt [und der Reinheit] ge-
gen Christus verdorben werden. 4 Denn wenn
der, welcher zu euch kommt, einen anderen
Jesus verkündet, den wir nicht verkündet ha-
ben, oder ihr einen anderen Geist empfangt,
den ihr nicht empfangen habt, oder eine an-
dere Frohbotschaft, die ihr nicht bekommen
habt, so ertragt ihr es gut. 5 Ich denke doch,
den Überaposteln in nichts nachzustehen.
6 Wenn ich auch ein im Worte Unkundiger
bin, so doch nicht in der Erkenntnis; wir ha-
ben sie doch überall in allem euch offenkun-
dig gemacht. 7 Oder habe ich Sünde getan, als
ich mich selbst erniedrigte, damit ihr erhöht
würdet, dass ich euch die Frohbotschaft Got-
tes unentgeltlich verkündet habe? 8 Andere
Gemeinden habe ich beraubt, indem ich von
ihnen Sold nahm zum Dienst für euch. 9 Und
als ich bei euch war und Not hatte, bin ich
niemandem zur Last gefallen. Meiner Not ha-
ben nämlich die Brüder abgeholfen, die aus
Mazedonien kamen; in allem habe ich mich
gehütet, euch zu belasten, und ich werde mich
hüten. 10 Es ist Wahrheit Christi in mir, dass
dieser Ruhm mir nicht geschmälert werde in
den Gebieten von Achaia. 11 Warum? Etwa
weil ich euch nicht liebe? Gott weiß es! 12 Was
ich aber tue, werde ich fürderhin tun, um de-
nen den Anlass zu nehmen, die einen Anlass
suchen, um in dem, worin sie sich rühmen,
ebenso befunden zu werden wie auch wir.
13 Denn die sind falsche Apostel, betrügeri-
sche Arbeiter, die sich als Apostel Christi ver-
kleiden. 14 Und das ist kein Wunder, denn der
Satan selbst verkleidet sich als Bote des
Lichts. 15 So ist es nichts Besonderes, wenn
auch seine Diener sich verkleiden als Diener
der Gerechtigkeit. Ihr Ende wird ihren Wer-
ken gemäß sein.

Selbstruhm: Meiner Schwachheiten will ich mich rühmen

16 Wiederum sage ich: Niemand soll mich für
einen Toren halten. Wenn aber doch, so
nehmt mich an, wenn auch nur wie einen To-

Die Korinther werden erleben, dass Paulus durchaus fähig ist, sich durchzusetzen. **12-18** Paulus kann den Vergleich mit den Missionaren, die sich selbst rühmen, aufnehmen.

11,1 - 12,13 Paulus kann sich nicht anders verteidigen als durch den Beweis der eigenen Vorzüge. Er wählt die Form der so genannten »Narrenrede« (11,16). **1-6** Paulus bestimmt die eigene Rolle und bezeichnet sich als Brautwerber für Christus. Die Gegner, die ein »anderes Evangelium« verkünden (vgl. Gal 1,6-9) und sich ihrer besonderen Beziehungen zum »Kreis der Zwölf« rühmen, werden nur andeutend charakterisiert. **6** Die Gegner rühmen sich ihrer Erkenntnis (»Gnosis«). Paulus kann es mit ihnen aufnehmen. **7-15** Vgl. zu 1 Kor 9,12-18. – Paulus erinnert daran, dass er von den mazedonischen Gemeinden Unterstützung annahm, um in Korinth frei und unabhängig wirken zu können. Er fordert die Gemeinde auf, zwischen »wahren« und »falschen« Aposteln zu unterscheiden. **16-33** In einer langen Liste zählt Paulus seine Verdienste auf. Ein solcher Eigenruhm steht zwar quer zu seiner Überzeugung,

ren, damit auch ich mich ein wenig rühmen
kann. 17 Was ich rede, rede ich nicht dem
Herrn gemäß, sondern gleichwie in Torheit,
in dieser Zuversicht des Rühmens. 18 Weil vie-
le sich dem Fleische nach rühmen, will auch
ich mich rühmen. 19 Gern ertragt ihr ja die To-
ren, da ihr klug seid. 20 Denn ihr ertragt es,
wenn einer euch versklavt, wenn einer aus-
beutet, wenn einer abfordert, wenn einer sich
erhebt, wenn einer euch ins Gesicht schlägt.
21 Zu meiner Beschämung sage ich es: Darin
waren wir schwach. Worauf es aber einer
wagt – ich rede in Torheit -, darauf wage ich
es auch. 22 Hebräer sind sie? Ich auch. Israeli-
ten sind sie? Ich auch. Same Abrahams sind
sie? Ich auch. 23 Diener Christi sind sie? Wider
Vernunft rede ich: Ich noch mehr: In Mühen
viel mehr, in Gefängnissen viel mehr, in Schlä-
gen über Maßen, in Todesnot oftmals; 24 von
Juden empfing ich fünfmal vierzig weniger ei-
nen, 25 dreimal ausgepeitscht, einmal gestei-
nigt, dreimal Schiffbruch erlitten, einen Tag
und eine Nacht über dem Abgrund des Mee-
res getrieben; 26 oftmals auf Reisen, gefährdet
durch Flüsse, gefährdet durch Räuber, ge-
fährdet durch das eigene Volk, gefährdet
durch die Völker, gefährdet in Städten, ge-
fährdet in Einöde, gefährdet auf dem Meer,
gefährdet durch falsche Brüder, 27 in Mühe
und Beschwer, oftmals in Nachtwachen, in
Hunger und Durst, in Fasten oftmals, in Käl-
te und Blöße; 28 abgesehen von dem übrigen,
dem Andrang zu mir alltäglich, die Sorge um
alle Gemeinden ... 29 Wer wird schwach – und
ich werde nicht schwach? Wer erfährt Ärger-
nis – und ich brenne nicht? 30 Wenn gerühmt
werden muss – meiner Schwachheiten will ich
mich rühmen. 31 Der Gott und Vater des
Herrn Jesus weiß – er sei gepriesen in Ewig-
keit –, dass ich nicht lüge. 32 In Damaskus ließ
der Statthalter des Königs Aretas die Stadt
der Damaszener bewachen, um mich zu fan-
gen, 33 und ich wurde durch ein Fenster in ei-
nem Korb durch die Stadtmauer hinabgelas-
sen und entfloh seinen Händen.

Die Kraft des Apostels:
Dir genügt meine Huld

12 Gerühmt muss sein: Es trägt zwar nichts
bei, doch ich will nun zu den Gesichten und
Offenbarungen des Herrn kommen. 2 Ich
weiß einen Menschen in Christus, vor vier-
zehn Jahren – ob im Leibe, ich weiß es nicht;
oder außer dem Leibe, ich weiß es nicht, Gott
weiß es –, dieser wurde in den dritten Himmel
hineingerissen. 3 Und ich weiß von demselben
Menschen – ob im Leibe oder ohne den Leib,
[ich weiß es nicht,] Gott weiß es –, 4 dass er in
das Paradies hineingerissen wurde und Un-
sagbares sagen hörte, dem Menschen ist es
nicht erlaubt, es auszusprechen. 5 Über den-
selben will ich mich rühmen, doch über mich
selber will ich mich nicht rühmen – es sei denn
in den Schwachheiten. 6 Denn wenn ich mich
rühmen wollte, wäre ich kein Tor, Wahrheit
nämlich würde ich reden. Doch ich halte
mich zurück, damit keiner mehr von mir hal-
te, als was er an mir sieht oder über mich hört.
7 Und damit ich mich ob des Übermaßes der
Offenbarungen nicht überhebe, wurde mir
ein Dorn gegeben für das Fleisch, ein Bote Sa-
tans, dass er mich mit Fäusten schlage, damit
ich mich nicht überhebe. 8 Um dessentwillen
habe ich den Herrn dreimal gebeten, dass er

---

dass er nur »im Herrn« etwas vermag. Doch nun kommt es darauf an, die Gegner mit ihren eigenen Waffen zu schlagen. **16-21a** Eine Gemeinde, die sich gängeln, ausnützen, reglementieren lässt und nicht erkennt, dass sie manipuliert wird, ist zu bedauern. **21b-33** Aus diesem »Lebenslauf«, der Geschichte der Großtaten des Paulus, erfährt man, was es (menschlich gesehen) bedeutet, »Apostel« zu sein, für Christus und mit ihm zu leiden. **22** Hebräer: Meint die aus Palästina stammenden Juden. **24** Nach Dtn 25,3 waren vierzig Schläge das Höchstmaß der Züchtigung. Damit diese Zahl nicht überschritten wurde, einigte man sich auf neununddreißig Schläge. **25** Paulus unterscheidet die bei den Römern übliche Strafe der Auspeitschung (die über römische Bürger eigentlich nicht verhängt werden durfte) von den »vierzig Schlägen«. **32-33** Vgl. Apg 9,24-25.
12,1-10 In diesem zweiten »Eigenlob« spricht Paulus von den Gnadengaben, die ihm geschenkt wurden. Von seinen ekstatischen Erfahrungen redet er zurückhaltend und eher indirekt. In den Bildworten von der Entrückung in den dritten Himmel (V. 2) oder »in das Paradies« (V. 4) übernimmt er damals gängige Jenseitsvorstellungen. Nach rabbinischer Lehre glaubte

abstehe von mir. 9 Doch er sagte mir: Es
genügt dir meine Gnade. Die Kraft nämlich
wird in Schwachheit vollendet. – Viel lieber
will ich mich nun noch mehr in den Schwach-
heiten rühmen, damit die Kraft des Christus
bei mir Wohnung nehme. 10 Darum habe ich
Wohlgefallen an Schwachheiten, an Miss-
handlungen, an Nöten, an Verfolgungen und
Beengungen um Christi willen; denn wenn
ich schwach bin, dann bin ich stark.

**Ziel des Apostels:
Ich suche nicht das Eurige, sondern euch**

11 Zum Toren bin ich geworden – ihr habt
mich dazu genötigt. Ich hätte ja von euch
empfohlen werden sollen; denn in nichts ste-
he ich den Überaposteln nach - wenn ich auch
nichts bin. 12 Doch die Zeichen des Apostels
sind unter euch gewirkt worden in allem Aus-
harren durch Zeichen und Wundertaten und
Machterweise. 13 Was ist es denn, worin ihr
den übrigen Gemeinden gegenüber zurückge-
setzt wurdet, außer darin, dass ich selber euch
nicht zur Last fiel? Vergebt mir dieses Un-
recht! 14 Siehe, zum dritten Mal bin ich bereit,
zu euch zu kommen, und ich werde nicht zur
Last fallen. Ich suche ja nicht das Eurige, son-
dern euch. Denn es müssen ja nicht die Kinder
Schätze sammeln für die Eltern, sondern die
Eltern für die Kinder. 15 Ich aber will mich
gern hingeben und ganz hingeben für euer Le-
ben. Wenn ich euch über Maßen liebe, soll ich
weniger geliebt werden? 16 Doch sei es: Ich bin
euch nicht zur Last gefallen – doch ich bin
ein Schlauer und habe euch mit List gefangen.
17 Habe ich euch etwa durch einen von denen,
die ich zu euch sandte, ausgebeutet? 18 Ich ha-
be Titus gebeten und den Bruder mitgesandt;
hat etwa Titus euch ausgebeutet? Sind wir
nicht im selben Geist gewandelt? Nicht in
denselben Fußspuren?

**Nicht Selbstverteidigung:
Alles um eurer Erbauung willen**

19 Lange schon meint ihr, wir verteidigen uns
vor euch. Vor Gott, in Christus, reden wir. All
das aber, Geliebte, um eurer Erbauung willen.
20 Denn ich fürchte, ich könnte dann, wenn
ich komme, euch nicht so finden, wie ich will
– und auch ich könnte von euch so erfunden
werden, wie ihr nicht wollt: es könnte Streit
sein, Eifersucht, Zornausbrüche, Geltungs-
sucht, Verleumdungen, Gezischel, Aufgebla-
senheit, Verwirrungen; 21 es könnte, wenn ich
wieder komme, Gott mich vor euch erniedri-
gen, und ich würde über viele von denen trau-
ern, die vorher gesündigt haben und nicht
umgekehrt sind von der Unlauterkeit und Un-
zucht und Ausschweifung, die sie getrieben
haben.

Es ist kein Geheimnis: Männer und Frauen, die mitten im Leben stehen, tun sich schwer mit ihrem Christsein. Manch einer fragt: Was würde sich ändern an meiner Lebensart, an meinen Entscheidungen ohne Kirche, ohne Jesus? Viele Probleme der jungen Erwachsenen hängen mit der Art ihrer Einführung in den Glauben zusammen: Ungefragt als Kind getauft durch die Eltern, in der Schule von Gott gehört, Gebete gelernt, fromme Bräuche mitgemacht, Sakramente empfangen und schließlich mit vielen andern »Sonntagschrist« geworden. Was können wir tun, um unserem Christsein auf die Spur zu kommen? Nichts anderes als sich an Jesus orientieren. Entdecken, dass er keine Theorie lehrt, sondern Praxis lebt. Für ihn zählt »getane Lehre«.

(Kap. 12)

---

man, es gebe sieben Himmel. Im dritten ortete man das Paradies. **7** Paulus spricht von einer Krankheit, die ihn schwächte und sein Wirken beeinträchtigte (vgl. Gal 4,13-14). Näheres wissen wir darüber nicht. **12** »Die Zeichen des Apostels«, gemeint ist das, woran man den Apostel erkennt. **14-18** Paulus kündigt seinen dritten Besuch in Korinth an. Er verteidigt sich gegen den Vorwurf, er habe, wenn auch nicht direkt, so doch indirekt (gedacht ist wohl an die Kollekte für Jerusalem), auf Kosten der Korinther gelebt. Paulus fürchtet, die Gemeinde könnte seine Selbstverteidigung missverstehen. So präzisiert er: Nicht die Gemeinde, nur Gott kann über ihn urteilen. Er fürchtet die bevorstehenden Auseinandersetzungen nicht.

Wir rufen zu dir
im Namen unseres Herrn Jesus Christus
Er hat uns deinen Namen offenbart
dein Wort weitergegeben
Wir haben ihn angenommen
ihm vertrauen wir
Er hat uns Leben
von deinem Leben versprochen
Gemeinschaft, die den Tod überdauert
Seitdem rufen wir zu dir
im Namen unseres Herrn Jesus Christus

(Kap. 13)

Vollmacht des Apostels: Zum Aufbauen, nicht zum Niederreißen

13 Zum dritten Mal komme ich diesmal zu
euch. Auf zweier oder dreier Zeugen Mund
soll jede Rede stehen. 2 Ich habe im voraus ge-
redet, und ich sage vorher, wie bei meiner
zweiten Anwesenheit, so auch jetzt abwe-
send, denen, die vorher gesündigt haben, und
allen übrigen: Wenn ich wiederum komme,
werde ich keine Schonung üben. 3 Da ihr ei-
nen Erweis sucht, dass Christus in mir redet,
er, der nicht schwach ist euch gegenüber, son-
dern kraftvoll unter euch. 4 Zwar wurde er ge-
kreuzigt in Schwachheit, doch er lebt aus
Gottes Kraft. Denn auch wir sind schwach in
ihm, aber wir werden mit ihm leben aus Got-
tes Kraft für euch. 5 Prüft euch selber, ob ihr
im Glauben seid, erprobt euch selber. Oder
erkennt ihr euch selber nicht, dass Jesus
Christus in euch ist? Wenn nicht, so seid ihr
nicht Erprobte. 6 Ich hoffe aber, ihr werdet er-
kennen, dass wir nicht zu den Nichterprobten
gehören. 7 Wir beten zu Gott, ihr möget nichts
Böses tun, nicht damit wir erprobt erschei-
nen, sondern damit ihr das Gute tut, wenn
wir auch wie unerprobt dastehen. 8 Denn wir
vermögen nichts gegen die Wahrheit, sondern
für die Wahrheit. 9 Wir freuen uns ja, wenn
wir schwach sind, ihr aber kraftvoll seid. Das
erbitten wir auch: eure Festigung. 10 Darum
schreibe ich dies abwesend, damit ich anwe-
send nicht Strenge gebrauchen muss, gemäß
der Vollmacht, die mir der Herr gegeben zum
Aufbauen und nicht zum Niederreißen.

Wunsch: Gnade des Herrn, Liebe Gottes, Gemeinschaft des Geistes

11 Im Übrigen, Brüder, freuet euch, lasst euch
festigen, lasst euch mahnen, seid gleichge-
sinnt, friedfertig, und der Gott der Liebe und
des Friedens wird mit euch sein. 12 Grüßt ein-
ander mit heiligem Kuss! Es grüßen euch die
Heiligen alle. 13 Die Gnade des Herrn Jesus
Christus und die Liebe Gottes und die Ge-
meinschaft des Heiligen Geistes mit euch al-
len.

Verlass dich auf ihn
Eines Tages wirst du deine Ängste vergessen
und den Frieden kosten, den er schenkt

Vertrau seinem Wort
Eines Tages wirst du deine Vorurteile vergessen
und die Freiheit erleben
in die er führt

Verlass dich auf ihn
Eines Tages wirst du deine Zweifel vergessen
und Hoffnung erfahren
Mein Herr und Mein Gott

(Kap.13)

13,1-4 Bei seinem dritten Besuch wird Paulus nicht anders auftreten als die beiden Male zuvor. Er wird seine Ansichten eindeutig vertreten und so den geforderten Beweis dafür liefern, dass er im Auftrag Christi kommt. **5-10** Die Korinther werden aufgefordert, sich selbst zu prüfen. Wenn sie erkennen, dass sie Christen sind, ist die Integrität und die Autorität des Apostels, der sie zum Glauben brachte, erwiesen. **11-13** Paulus schließt den Brief nicht wie sonst üblich mit einem kurzen Wunsch, sondern mit einer dreigliedrigen Segensformel, wie er sie sonst nie verwendet. Diese liturgisch geprägte Formel könnte darauf hinweisen, dass der Brief im Gottesdienst vorgelesen wurde.

Der Brief an die Galater

Galatien ist eine Gegend im Innern Kleinasiens (also der heutigen Türkei), wo heute Ankara liegt. Der Name sagt etwas über die Siedlungsgeschichte: Es waren keltische Stämme, die »Gallier«, als Vorboten der Völkerwanderung dort heimisch geworden. Inzwischen waren sie längst von der griechischsprachigen Umwelt kultiviert und akklimatisiert.
Paulus war mindestens zweimal längere Zeit in dieser Gegend. Er hat in den Dörfern der Heiden das Evangelium gepredigt und Gemeinden gegründet.
Während der 2. Missionsreise – eigentlich gegen seine Planung – war Paulus zum ersten Mal dort. In der Apostelgeschichte (16,6) lesen wir von den erzwungenen Umwegen. Paulus verstand sie später als Führung des Geistes. Eine schwierige Krankheit (ein Augenleiden?) zwang Paulus zu einem längeren Aufenthalt (Gal 4,13). Dabei scheint die Hilfsbedürftigkeit des Paulus und die Bereitschaft zur Hilfe von Seiten der zur Frohen Botschaft Berufenen eine enge Verbindung geschaffen zu haben. Ein zweites Mal besuchte Paulus die Gemeinden Galatiens im Zuge seiner 3. Missionsreise (Apg 18,23).
Bald darauf tauchten in Galatien judenchristliche Missionare auf, die den bekehrten Heiden vermittelten, der von Paulus ihnen verkündete Glaube sei nur der Anfang gewesen. Vollkommen werde er erst, wenn sie sich, wie die Angehörigen des Volkes Israel, beschneiden lassen, um so in den Bund mit Gott einzutreten, so wie er seit Abraham gelte (Gal 3,1-18). Das alttestamentliche Gesetz müsste auch von Christen, die vorher Heiden waren, angenommen werden.
Paulus hat davon wohl während seines Aufenthalts in Ephesus (ca. 53-55) erfahren. Er kann nicht verstehen, wie »seine« Gemeinden auf solche Irrlehrer hereinfallen konnten und sich neue Fesseln haben anlegen lassen.
Aus dieser Sorge heraus schreibt Paulus den deutlichen und heftigen Brief. Dass dieses Schreiben von den Empfängern nicht vernichtet, sondern weitergegeben wurde, zeigt, dass des Paulus Appell an die Galater nicht fruchtlos geblieben ist. Die judenchristlichen Eiferer hatten die Autorität des Paulus untergraben, indem sie die Rechtmäßigkeit seines Apostelamtes anzweifelten. Daher verteidigt sich Paulus und betont seine Berufung zum Apostel. Durch Christus sind wir vom Gesetz befreit; er zeigt auf, dass diese Freiheit in Christus nicht Willkür eines selbstsüchtigen Ich bedeutet.
Der Galaterbrief ist ein Zeugnis für das Ringen der Urchristenheit um die Einbeziehung der Heiden in das Evangelium. Die »Rechtfertigungslehre« des Paulus ist in dieser Auseinandersetzung gewachsen. In der Reformationszeit hat Martin Luther eben an diesem Brief (und dem Römerbrief) seine Einsichten über Gottes barmherzige Annahme des Menschen allein durch den Glauben gewonnen. Der Galaterbrief bleibt bis heute ein Ruf, die Freiheit der Kinder Gottes mit Leben zu füllen.

An die Galater: Gnade euch und Friede von Gott, unserem Vater

1 Paulus, Apostel – nicht von Menschen noch durch einen Menschen, sondern durch Jesus Christus und Gott den Vater, der ihn von den Toten erweckt hat –, 2 und die Brüder alle, die mit mir sind: an die Gemeinden Galatiens. 3 Gnade euch und Friede von Gott unserm Vater und dem Herrn Jesus Christus, 4 der sich selbst für unsere Sünden gab, damit er uns herausreiße aus der gegenwärtigen bösen Weltzeit nach dem Willen Gottes und unseres Vaters. 5 Ihm ist die Herrlichkeit in die Ewigkeit der Ewigkeiten. Amen.

Die Lage in Galatien: Gewisse Leute verdrehen die Botschaft

6 Mich wundert, dass ihr euch so schnell absetzt von dem, der euch berufen hat in der Gnade des Christus, hin zu einer anderen Frohen Botschaft. 7 Das ist nichts anderes, als dass gewisse Leute da sind, die euch verwirren und die Frohe Botschaft des Christus verdrehen wollen. 8 Doch wenn auch wir oder ein Bote aus dem Himmel euch Frohe Botschaft künden würde, anders als wir euch Frohe Botschaft verkündet haben – verflucht sei er! 9 Wie wir schon gesagt haben, sage ich auch jetzt wieder: Wenn einer euch die Frohe Botschaft verkündet, anders als ihr empfangen habt – verflucht sei er! 10 Will ich denn jetzt Menschen überreden oder Gott? Oder suche ich Menschen zu gefallen? Wenn ich noch Menschen zu Gefallen wäre, wäre ich nicht Knecht des Christus.

Dieser Paulus –
er gibt sich sehr demütig.
Ob er wohl weiß, wie sehr er von sich überzeugt ist?
Oder ist das alles die Wirkung seiner Berufung?
Seine Briefe alle –
sie zeugen von großem Engagement.
Daher sein Kampf gegen die Irrlehrer.

(1,1-10)

Berufung des Paulus: Der uns verfolgt, verkündet jetzt

11 Ich tue euch also kund, Brüder: Die Frohe Botschaft, die von mir verkündet wurde, ist nicht nach Menschenart. 12 Denn ich habe sie auch nicht von einem Menschen empfangen noch erlernt, sondern durch Enthüllung von Jesus dem Messias. 13 Ihr habt ja von meinem Verhalten einstmals im Judentum gehört, dass ich bis zum Übermaß die Gemeinde Gottes verfolgte und sie zerstörte. 14 Und ich war vorgerückt im Judentum über viele Altersgenossen in meinem Geschlecht, war über alle Maßen ein Eiferer für meine väterlichen Überlieferungen. 15 Als es aber dem gefiel, der mich von meiner Mutter Leib an ausgeson-

---

1,1-5 Nach Absenderangabe: Anschrift und Gruß. Paulus hat sein Apostelamt nicht von Menschen, sondern er ist der bevollmächtigte Abgesandte Jesu Christi. Er erhebt unausgesprochen den gleichen Anspruch, den die »Zwölf« erheben können. **2** Mit »Galatien« ist nicht die gleichnamige römische Provinz (vgl. Apg 13,14 - 14,25) gemeint, sondern die Landschaft im Innern Kleinasiens. Nur die Bewohner der von Kelten besiedelten Gegend können mit »Galater« angesprochen werden. **6-10** Missionare einer streng judenchristlichen Richtung predigen in Galatien und wollen den Christen das Joch des jüdischen Gesetzes aufladen. Diese Irrlehrer konnten nur deshalb Erfolg haben, weil sie ihre Lehre als Evangelium ausgaben. **1,11 - 2,21** Hier beginnt der erste Hauptteil des Briefes. Paulus setzt sich mit den judenchristlichen Eiferern auseinander. Die Unruhe, die sie stiften, macht ihm große Sorgen, deshalb argumentiert er mit Feuereifer. **1,11-12** Die Gegner betonen, dass Paulus nicht zu den Uraposteln gehört. Dagegen verteidigt er sich, er sei auf besondere Weise berufen worden. **13-24** Die ausführliche Darstellung seiner Berufung dient der Gegenargumentation (vgl. dazu Apg 3,1-22; 22,3-16; 26,4-18). Er verdanke sein Evangelium nicht Menschen. Die Berufung durch Christus war für ihn entscheidend, nicht die Anerkennung in Jerusalem. **14** Paulus übertraf einst seine Glaubensgenossen an Eifer. Als echtem Pharisäer galten ihm die Gesetzesauslegungen der jüdischen Schriftgelehrten soviel wie das mosaische Gesetz. **15-16** In einem Nebensatz re-

dert und durch seine Gnade berufen hat,
16 seinen Sohn an mir zu enthüllen, damit ich
ihn als Frohe Botschaft unter den Völkern
verkünde – da wandte ich mich nicht sogleich
an Fleisch und Blut, 17 ging auch nicht nach Je-
rusalem zu denen, die vor mir Apostel waren,
sondern ging weg nach Arabien und kehrte
wieder nach Damaskus zurück. 18 Darauf,
nach drei Jahren, ging ich nach Jerusalem, um
Kephas aufzusuchen, und blieb bei ihm fünf-
zehn Tage. 19 Einen anderen der Apostel aber
sah ich nicht, sondern nur Jakobus, den Bru-
der des Herrn. 20 Was ich euch aber schreibe,
– siehe, vor Gott, ich lüge nicht. 21 Darauf ging
ich in die Gegenden von Syrien und Zilizien.
22 Ich war aber den Gemeinden in Christus
von Judäa von Angesicht ein Unbekannter.
23 Sie hörten nur: Der uns einst verfolgte, ver-
kündet jetzt die Frohe Botschaft des Glau-
bens, den er einst zerstörte. 24 Und sie ver-
herrlichten Gott um meinetwillen.

Eine ganze Biographie
mit allen wichtigen Stellen
in seinem Leben.
Berufen werden aufgrund göttlicher Gnade –
sich zurückziehen und klein anfangen –
sich an den Autoritäten orientieren –
die Frohe Botschaft verkünden.

(1,11-24)

Apostelkonzil: Sie gaben uns die Hand der Gemeinschaft

2 Darauf, nach vierzehn Jahren, ging ich wie-
der nach Jerusalem mit Barnabas und nahm
auch Titus mit. 2 Ich ging aber aufgrund einer
Enthüllung, und ich legte ihnen die Frohe
Botschaft vor, die ich den Völkern künde, und
zwar besonders den Geachteten, damit ich
nicht ins Leere laufe oder gelaufen sei. 3 Doch
auch Titus, der mit mir war und Grieche ist,
wurde nicht gezwungen, sich beschneiden zu
lassen, 4 wegen der eingeschlichenen Falsch-
brüder nämlich, die eingedrungen waren, um
unsere Freiheit, die wir in Christus Jesus ha-
ben, zu belauern, damit sie uns verknechteten
– 5 ihnen wichen wir auch nicht eine Stunde
durch Unterwerfung, damit die Wahrheit der
Frohen Botschaft bei euch verbleibe. 6 Von
Seiten derer, die geachtet sind, etwas zu sein –
was immer sie vorher waren, ist mir nicht
wichtig: bei Gott gilt kein Ansehen der Per-
son –; mir also haben die Geachteten nichts
hinzugefügt, 7 sondern im Gegenteil, sie sa-
hen, dass mir die Frohe Botschaft für die Un-

Wenn Streit entsteht,
Auseinandersetzung mit verteilten Rollen.
Das ist das Fazit aus dem so genannten
Apostelkonzil.

(2,1-10)

---

det Paulus nun von dem entscheidenden Ereignis, in dem Gott ihm seinen Sohn offenbarte. **17** »Arabien« ist eine Bezeichnung für das damalige Nabatäerreich, zu dem zeitweise auch Damaskus gehörte. Dort hat Paulus wohl in seiner ersten Zeit missioniert, bevor er nach Jerusalem ging. **17-19** Jakobus, der »Bruder des Herrn«, verdankt sein Ansehen in der Urgemeinde seiner Verwandtschaft mit Jesus. Dieses Verwandtschaftsverhältnis ist jedoch nicht mehr genau zu bestimmen. »Bruder« war die übliche Bezeichnung für männliche Verwandte. Vielleicht war Jakobus ein Vetter Jesu. **21** Nach Apg 9,30 wirkte Paulus zunächst im Umkreis seiner Heimatstadt Tarsus in Zilizien (vgl. Apg 22,3). Später holte ihn Barnabas nach Antiochia am Orontes; dort war das Missionszentrum der »Hellenisten« (vgl. Apg 6,1 - 8,3).
2,1 Paulus betont noch einmal, dass seine Verkündigung selbstständig blieb. Barnabas stammt aus Zypern; also kommt er wie Paulus aus der jüdischen Diaspora. Er begleitete Paulus auf seiner ersten Missionsreise. Titus war, wie wir aus 2,3 erfahren, »Grieche«, also von Haus aus Heide. **2** Paulus betont, dass die Initiative zu diesem Besuch nicht von Menschen ausging (vgl. dagegen Apg 15,2). Er legt sein Evangelium den »Angesehenen« (wohl Jakobus, Petrus, Johannes) vor; nicht weil er selber im Zweifel war oder der Bestätigung bedurft hätte, sondern um die Spaltung in eine judenchristliche und eine heidenchristliche Richtung zu vermeiden. **3-5** Offensichtlich forderten Vertreter der judenchristlichen Richtung die Beschneidung von Titus. Das Ergebnis der Aussprache war, dass Titus nicht beschnitten werden musste. **6-10** Die Verse bilden im Grunde einen einzigen Satz, der die Entscheidung von Jerusalem nach der negati-

beschnittenheit anvertraut ist, wie dem Petrus die für die Beschneidung. [8] Denn der bei Petrus wirksam war zum Apostelamt für die Beschneidung, war auch bei mir wirksam für die Völker. [9] Und da sie die mir gegebene Gnade erkannten, gaben Jakobus und Kephas und Johannes, die als Säulen geachtet werden, mir und Barnabas die Hand zur Gemeinschaft, dass wir für die Völker, sie aber für die Beschneidung seien. [10] Nur der Armen sollten wir gedenken. Und eben dies war ich auch beflissen zu tun.

Der höchsten Autorität
ins Angesicht widerstehen –
und ihr dennoch nicht
den Rücken zukehren:
Das auf alle Fälle
sollten wir von Paulus lernen.

(2,1-10)

Man muss das Apostelkonzil
aus der Apostelgeschichte kennen,
dann versteht man,
was hier zusammengefasst ist.

(2,1-10)

Verteidigung des Petrus:
Ich widerstand ihm ins Angesicht

[11] Als aber Kephas nach Antiochien kam, widerstand ich ihm ins Angesicht, weil er zu verurteilen war. [12] Denn bevor einige von Jakobus her kamen, aß er zusammen mit denen aus den Völkern, als aber jene kamen, zog er sich zurück und sonderte sich ab, in Furcht vor denen aus der Beschneidung. [13] Auch die übrigen Juden heuchelten mit ihm, so dass auch Barnabas in ihre Heuchelei mit hineingezogen wurde. [14] Als ich aber sah, dass sie nicht den rechten Weg nach der Wahrheit der Frohbotschaft gingen, sagte ich zu Kephas in Gegenwart aller: Wenn du als Jude nach Art der Völker und nicht der Juden lebst, was zwingst du die Völker, nach Art der Juden zu leben? [15] Wir sind der Natur nach Juden und nicht Sünder aus den Völkern. [16] Doch da wir wissen, dass der Mensch nicht gerechtgemacht wird aus Werken des Gesetzes, sondern durch Glauben an Christus Jesus, haben auch wir an Christus Jesus geglaubt, damit wir gerechtgemacht werden aus Glauben an Christus und nicht aus Werken des Gesetzes; denn aus Werken des Gesetzes wird kein Fleisch gerechtgemacht. [17] Wenn wir aber suchen, in Christus gerechtgemacht zu werden, und selbst auch als Sünder befunden werden, ist Christus dann nicht ein Diener der Sünde? – Auf keinen Fall! [18] Wenn ich aber das, was ich auflöse, wieder aufbaue, stelle ich mich selbst als Übertreter hin. [19] Denn durch das Gesetz starb ich dem Gesetz, damit ich für Gott lebe. Mit Christus bin ich gekreuzigt

---

ven wie der positiven Seite zusammenfasst. **7** Vgl. Apg 15,7-9: Apostelkonzil. **9** Jakobus gilt als Exponent der Judenchristen. Deshalb betrachten ihn die Eiferer für das Gesetz als ihren Kronzeugen. **11-14** Nachdem Paulus die Wahrheit seines Evangeliums bei der Auseinandersetzung in Jerusalem durchgesetzt hatte, ergab sich noch einmal eine Situation, an der Paulus den Galatern aufzeigen konnte, dass seine Verkündigung von Petrus anerkannt wurde. **11** Hier geht es nicht um eine Herabsetzung des Petrus, sondern im Gegenteil um dessen Bedeutung. Paulus hat ihn von seinem falschen Verhalten überzeugt; jetzt ist die Frage grundsätzlich entschieden. **12** Die Frage der Mahlgemeinschaft zwischen Judenchristen und Heidenchristen wurde zur Grundsatzfrage bei der Feier der Eucharistie. Man traf sich in den Häusern der Gemeindemitglieder und »brach mit ihnen das Brot«. **13** Israel hatte nur bei klarer Grenzziehung seine religiöse Eigenart behalten können. Daher war es Juden streng verboten, sich mit Heiden an einen Tisch zu setzen. **15-21** Der Abschnitt ist eine Kurzfassung dessen, was Paulus im Römerbrief breit ausführt: Wir sind vor Gott nicht gerecht breit durch die genaue Beobachtung der einzelnen Vorschriften des Gesetzes, sondern allein durch den Glauben an Jesus, den Messias, den Christus. **19-20** In der Taufe hat der Mensch das Todesschicksal Christi miterlitten; er wurde mit dem Herrn zusammen gekreuzigt. Seitdem ist er für die Macht des Gesetzes nicht mehr verfügbar. Das Gesetz kann ihn also auch nicht mehr schuldig sprechen

worden. [20] Ich lebe, doch nicht mehr ich, son-
dern Christus lebt in mir. Was ich nämlich
jetzt im Fleisch lebe, lebe ich im Glauben an
den Sohn Gottes, der mich geliebt und sich
für mich hingegeben hat. [21] Ich hebe die Gna-
de Gottes nicht auf; denn wenn Gerechtigkeit
wäre durch Gesetz, wäre Christus ja umsonst
gestorben.

Sachliche Begründungen
und nicht nur Anklage
und Widerspruch!
Ein ernst zu nehmender Grundsatz
für jede Auseinandersetzung.

(2,16-21)

Gerechtigkeit aus Glauben: Nicht aus Werken des Gesetzes

3 Ihr unverständigen Galater, wer hat euch
verzaubert? Euch, denen Jesus Christus vor
Augen gezeichnet wurde als Gekreuzigter!
[2] Dies nur will ich von euch erfahren: Habt ihr
den Geist aus Werken des Gesetzes empfan-
gen oder aus der Verkündigung des Glau-
bens? [3] Seid ihr so unverständig? Ihr habt an-
gefangen im Geist und vollendet es jetzt im
Fleisch? [4] Habt ihr vergeblich so viel erlitten?
Wenn es wirklich vergeblich ist! [5] Der euch al-
so den Geist gewährt und in euch Machtzei-
chen wirkt – wirkt er es aus Werken des Ge-
setzes oder aus der Verkündigung des Glau-
bens?

Abrahams Kinder: Die aus dem Glauben

[6] Ebenso war es: Abraham glaubte Gott, und
es wurde ihm zur Gerechtigkeit gerechnet.
[7] Erkennt also: Die aus dem Glauben, die sind
Kinder Abrahams. [8] Da aber die Schrift vor-
aussah, dass Gott die Völker aufgrund von
Glauben gerechtmache, kündete sie Abra-
ham im voraus die Frohe Botschaft: In dir
werden gesegnet sein alle Völker. [9] So werden
die aus Glauben mit dem glaubenden Abra-
ham gesegnet. [10] Denn alle, die aus Werken
des Gesetzes sind, sind unter dem Fluch; denn
es ist geschrieben: Verflucht ist jeder, der nicht
bleibt in allem, was im Buch des Gesetzes ge-
schrieben ist, um es zu tun. [11] Dass aber durch
Gesetz keiner gerechtgemacht wird bei Gott,
ist offenbar, denn: Der aus Glauben Gerechte
wird leben. [12] Das Gesetz aber ist nicht aus
Glauben; sondern wer es getan hat, wird da-
durch leben. [13] Christus hat uns vom Fluch
des Gesetzes losgekauft, indem er für uns zum
Fluch wurde, denn es ist geschrieben: Ver-
flucht ist jeder, der am Holz hängt. [14] So soll-
te an den Völkern der Segen Abrahams
geschehen in Jesus Christus, damit wir die
Verheißung des Geistes empfangen durch den
Glauben.

Gesetzesleistung –
leiden wir nicht auch daran?
Hauptsache: Man tut alles,
was vorgeschrieben ist.
Aber: Glaubensgehorsam –
was ist das eigentlich?

(2,16-21)

---

wegen nicht eingehaltener Vorschriften. Er lebt jetzt nicht mehr unter dem Gesetz, sondern in Christus. **21** Paulus schließt seinen ersten Briefteil mit der Feststellung: Wenn durch das Gesetz die Gerechtigkeit möglich gewesen wäre, hätte Christus nicht zu sterben brauchen.
3,1 - 4,31 In diesem zweiten Hauptteil des Briefes legt Paulus ausführlich dar, warum der Glaube an Christus entscheidend ist. **3,1-5** Die Galater werden direkt angesprochen. Paulus macht ihnen klar, dass sie unvernünftig handeln, wenn sie die Ordnung der Freiheit verlassen, um »Gerechtigkeit nach dem Gesetz« zu suchen. **6-14** Paulus führt in diesem Abschnitt den Schriftbeweis für sein Evangelium von der Glaubensgerechtigkeit. **6** Vgl. Gen 15,6. **8** Ein weiteres Schriftwort (Gen 12,3) bestätigt, was Paulus behauptet hat. **10** Paulus zitiert auch für die Fluchandrohung ein Schriftwort (Dtn 27,26); Gottes Fluch trifft jeden, der das Gesetz nicht erfüllt. Also steht jeder, der unter dem Gesetz lebt, unter dem Fluch, denn keiner kann das Gesetz ganz erfüllen. **11** Glaubensgehorsam und Gesetzesleistung gehören verschiedenen Welten an. Paulus belegt seine Aussage wieder mit einer Schriftstelle, und zwar aus dem Propheten Habakuk (2,4). Vgl. dazu Röm 1,17. **12** Vgl. Lev 18,5. **13-14** In Christus ist der Segen Abrahams zu den Glaubenden gekommen. War die bisherige Zeit des Gesetzes von Sünde und Tod gekennzeichnet, so ist das Kennzei-

Sinn des Gesetzes:
Unser Zuchtmeister auf Christus hin

15 Brüder, ich rede nach Menschenart: Schon
eines Menschen rechtsgültiges Vermächtnis
hebt keiner auf oder fügt etwas bei. 16 Dem
Abraham nun wurden die Verheißungen zu-
gesagt und seinem Nachkommen. Es ist nicht
gesagt: Und den Nachkommen, als von vie-
len, sondern als von einem: und deinem
Nachkommen. Das ist Christus. 17 Ich sage
aber dies: Den von Gott schon vorher rechts-
gültig gemachten Bund macht das vierhun-
dertdreißig Jahre später ergangene Gesetz
nicht ungültig, so dass die Verheißung un-
wirksam wäre. 18 Denn wenn das Erbe aus
dem Gesetz ist, ist es nicht aus der Ver-
heißung. Den Abraham aber hat Gott durch
die Verheißung begnadet. 19 Was ist also das
Gesetz? Der Übertretungen wegen wurde es
dazugesetzt, bis der Nachkomme käme, auf
den hin verheißen wurde – angeordnet durch
Engel, durch die Hand eines Mittlers. 20 Der
Mittler aber ist nicht der eines einzigen, Gott
aber ist Einer. 21 Ist also das Gesetz der Ver-
heißung Gottes entsprechend? – auf keinen
Fall! Denn wenn ein Gesetz gegeben wäre,
mächtig, lebendig zu machen, so wäre die Ge-
rechtigkeit tatsächlich aus dem Gesetz. 22 Die
Schrift aber hat alles unter der Sünde zusam-
mengeschlossen, damit die Verheißung aus
Glauben an Jesus Christus den Glaubenden
gegeben sei. 23 Aber bevor der Glaube kam,
wurden wir unter dem Gesetz verwahrt, zu-
sammengeschlossen auf den kommenden
Glauben hin, der enthüllt werden sollte. 24 So-
mit ist das Gesetz unser Zuchtmeister auf
Christus hin geworden, damit wir aufgrund
von Glauben gerechtgemacht werden.

In der Geschichte Gottes mit den Menschen
ging die Verheißung
dem Gesetz voraus.
Also: keine Konkurrenz
zur Verheißung –
im Gegenteil:
Das Gesetz ist nur der Zuchtmeister
auf Christus hin.

(3,15-24)

25 Da aber der Glaube gekommen ist, sind wir
nicht mehr unter dem Zuchtmeister. 26 Denn
ihr alle seid Söhne Gottes, durch den Glau-
ben, in Christus Jesus. 27 Denn ihr alle, die ihr
auf Christus getauft seid, habt Christus ange-
zogen. 28 Da ist nicht mehr Jude noch Grieche,
nicht Knecht noch Freier, nicht Mann noch
Frau, denn ihr alle seid einer in Christus Je-
sus. 29 Wenn ihr aber Christi seid, seid ihr folg-
lich auch Nachkommen Abrahams, Erben,
gemäß der Verheißung.

Ende des Gesetzes:
Als die Fülle der Zeit kam

4 Ich sage nun: Während der Zeit, da der Er-
be unmündig ist, unterscheidet er sich in
nichts vom Knecht, obwohl er Herr ist von al-

chen der neuen messianischen Zeit der Geist Christi. **15-18** Das Gesetz kann die Verheißung nicht ungültig machen. Denn schon Rechtsaussagen von Menschen haben ihre Gültigkeit, wie viel mehr das Wort Gottes. Die Verheißung aber erging vor dem Gesetz (Abraham vor Mose). **19** Die Übertretungen sollten durch das Gesetz geradezu hervorgerufen werden, um dem Menschen die Ausweglosigkeit seiner Lage klar zu machen. Paulus geht von der Auffassung des Spätjudentums aus, dass das Gesetz des Alten Bundes durch Boten Gottes (= Engel) verkündet worden ist. – Vgl. Hebr 2,2. **20** Paulus argumentiert nach der Art der jüdischen Schriftgelehrten: Ein Unterhändler kann nur auftreten, wenn eine Mehrheit (also nicht nur einer) sich an eine andere Gruppe wendet. Gott aber ist anerkanntermaßen nur Einer. Das Gesetz kann daher nicht seine direkte Verfügung sein. **21-22** Das Gesetz kann mit den Verheißungen gar nicht in Konkurrenz treten; es ist ja auf »Umwegen« – durch Engel – vermittelt. Die Verheißungen aber sind die Verheißungen Gottes. **23-25** Die Rolle des Gesetzes wird nun auch positiv beschrieben: Es ist unser Aufseher (= Erzieher) auf Christus hin geworden. **26-28** Durch den Glauben sind wir als »Söhne Gottes« frei vom Gesetz. Wir haben in der Taufe Christus angezogen und sind so »einer« in Christus und damit Erben der Verheißung (vgl. 3,16).

4,1-5 Nachdem Paulus die Verheißung mit einem Testament (3,15-18) und das Gesetz mit einem Aufseher (Erzieher) verglichen hat (3,19-25), wählt er nur das

lem, [2] vielmehr ist er unter Vormündern und Hausverwaltern bis zu der vom Vater bestimmten Zeit. [3] So auch wir: Als wir unmündig waren, waren wir unter die Elemente der Welt verknechtet. [4] Als aber die Fülle der Zeit kam, sandte Gott seinen Sohn aus, geworden aus der Frau, geworden unter dem Gesetz, [5] damit er die unter dem Gesetz loskaufe, damit wir die Sohnschaft annähmen. [6] Da ihr aber Söhne seid, sandte Gott den Geist seines Sohnes aus in unsere Herzen, der da ausruft: Abba, Vater. [7] Also bist du nicht mehr Knecht, sondern Sohn, wenn aber Sohn, dann auch Erbe durch Gott.

Durch die Verheißung sind wir unmündige Erben Gottes. Durch dessen Gnade: mündig geworden, daher Söhne, die »Vater« rufen.

(4,1-7)

Mahnwort: Bin ich euer Feind?

[8] Aber damals, als ihr von Gott nichts wusstet, wart ihr Knechte derer, die ihrer Natur nach nicht Götter sind. [9] Nun aber, da ihr Gott erkannt habt, vielmehr von Gott erkannt wurdet, was wendet ihr euch wieder den schwachen und armseligen Elementen zu, denen ihr wieder von neuem Knecht sein wollt? [10] Tage beobachtet ihr und Monate und Zeiten und Jahre. [11] Ich fürchte für euch, dass ich mich vergebens für euch gemüht habe. [12] Werdet wie ich, denn auch ich bin wie ihr. Brüder, ich bitte euch! Ihr habt mir nie Unrecht getan. [13] Ihr wisst ja, dass ich euch das erste Mal in der Schwachheit des Fleisches die Frohe Botschaft kündete, [14] und eure Versuchung durch mein Fleisch habt ihr nicht für nichts erachtet, auch habt ihr nicht ausgespien, sondern wie einen Boten Gottes nahmt ihr mich auf, wie Christus Jesus. [15] Wo ist nun eure Seligpreisung? Denn ich bezeuge euch, dass ihr, wenn möglich, eure Augen herausgerissen und mir gegeben hättet. [16] Bin ich denn euer Feind geworden, da ich euch die Wahrheit gesagt habe? [17] Sie eifern um euch nicht auf gute Weise, sondern sie wollen euch ausschließen, damit ihr um sie eifert. [18] Doch wäre es gut, im Guten allzeit umeifert zu werden, und nicht nur, wenn ich bei euch gegenwärtig bin, [19] meine Kinder, um die ich wieder in Geburtswehen liege, bis Christus in euch gestaltet sei. [20] Ich wollte jetzt bei euch sein und meine Stimme ändern, denn ich bin ratlos um euch.

Entfremdung zwischen Paulus und den Galatern! Jüdisch geprägte »Missionare« haben Einfluss gewonnen. Paulus hat große Sorgen.

(4,8-20)

Hagar und Sara: Nicht Kinder der Magd, sondern der Freien

[21] Sagt mir, die ihr unter dem Gesetz sein wollt, hört ihr das Gesetz nicht? [22] Denn es ist

---

Bild vom unmündigen Erben: Der Erbe ist, ehe er mündig geworden, dem Sklaven gleich. Aber die Zeit der Mündigkeit kommt gewiss. **6-7** Diese Mündigkeit empfangen wir durch einen gnädigen Willensakt Gottes. Wir verdanken die Sohnesstellung einzig der Gnade. **8-11** Die Galater sind in Gefahr, in heidnische und jüdische Gebräuche zurückzufallen; das ist Rückfall in die Sklaverei. **12-16** Paulus erinnert die Galater an die Anfänge seines Wirkens bei ihnen (vgl. Apg 16,6). Sie haben ihn, obwohl er krank und behindert war, also nicht glänzend auftreten konnte, aufgenommen wie Christus. **13** Für heidnische Ohren steht und fällt eine Botschaft mit der Kraft, mit der sie vorgetragen wird. Die Galater aber, sagt Paulus, sind der Versuchung nicht erlegen, die »sein Fleisch« für sie bedeutete. **17-20** Die Gegner (sie werden nicht eindeutig charakterisiert) sind für die nun eingetretene Entfremdung zwischen Paulus und seinen Gemeinden verantwortlich. Sie wollen die Heidenchristen auf das jüdische Gesetz und die Beschneidung verpflichten (vgl. 2,1-21 und 5,2-12), und auch die in V. 8-11 erwähnte Art der Frömmigkeit scheint von ihnen vertreten worden zu sein. **21-31** Paulus argumentiert wieder vom Wort Gottes her: Neues Nachden-

geschrieben: Abraham hatte zwei Söhne, ei-
nen von der Magd und einen von der Freien.
[23] Der von der Magd aber war dem Fleisch
nach geboren, der von der Freien aber gemäß
der Verheißung. [24] Das ist bildlich gespro-
chen: Denn dies sind die zwei Bünde, der eine
nämlich vom Berg Sinai, der in die Knecht-
schaft gebiert, das ist Hagar. [25] Hagar nämlich
meint den Berg Sinai in Arabien und ent-
spricht dem jetzigen Jerusalem, das ja samt
seinen Kindern verknechtet ist. [26] Das Jerusa-
lem droben aber ist frei; das ist unsere Mutter.
[27] Denn es ist geschrieben: Freu dich, Un-
fruchtbare, die du nicht gebierst, brich in Ju-
bel aus und rufe laut, die du nicht in Wehen
liegst, denn viele Kinder hat die Einsame,
mehr als jene, die den Mann hat. [28] Ihr aber,
Brüder, seid wie Isaak Kinder der Ver-
heißung. [29] Aber wie damals der nach dem
Fleisch Geborene den nach dem Geist Gebo-
renen verfolgte, so auch jetzt. [30] Doch, was
sagt die Schrift: Wirf die Magd und ihren
Sohn hinaus, denn nicht soll der Sohn der
Magd erben mit dem Sohn der Freien. [31] Da-
her, Brüder, sind wir nicht Kinder der Magd,
sondern der Freien.

Knechtschaft des Gesetzes
Freiheit in Christus.
Christen sind nicht Kinder der Magd,
sie sind Kinder der Freien.
Wann wird uns solches bewusst?

(4,21-31)

Christliche Freiheit:
Kein Joch der Knechtschaft

5 Zur Freiheit hat uns Christus befreit. Steht
also und lasst euch nicht wieder durch das
Joch der Knechtschaft festhalten. [2] Siehe, ich
Paulus, sage euch: Wenn ihr euch beschnei-
den lasst, wird Christus euch nichts nützen.
[3] Und ich bezeuge abermals jedem Menschen,
der sich beschneiden lässt, dass er schuldig
ist, das ganze Gesetz zu tun. [4] Ihr seid un-
wirksam, weg von Christus, die ihr durch das
Gesetz gerechtgemacht werden wollt, heraus-
gefallen aus der Gnade. [5] Denn wir erwarten
im Geist aus Glauben heraus Hoffnung der
Gerechtigkeit. [6] In Christus Jesus vermag
nämlich weder die Beschneidung noch die
Unbeschnittenheit etwas, sondern der durch
Liebe sich auswirkende Glaube. [7] Ihr lieft gut;
wer hat euch aufgehalten, der Wahrheit nicht
zu gehorchen? [8] Die Überredung kommt nicht
von dem, der euch beruft. [9] Ein wenig Sauer-
teig durchsäuert den ganzen Teig. [10] Ich bin,
was euch betrifft, im Herrn überzeugt, dass
ihr auf nichts anderes sinnt. Der euch aber

Freisein von allem –
wer möchte das nicht!
Doch auch die Freiheit in Christus
hat ihre Grenzen:
Wer keine Liebt übt,
der weiß nicht, was sie ist,
diese Freiheit in Christus.

(5,1-12)

---

ken hat ihn einen ergänzenden Beweis finden lassen: Die beiden Söhne Abrahams sind ihm ein Bild für die Freiheit der Christen und die Knechtschaft des Gesetzes. **27** Vgl. Jes 54,1. – Das Prophetenwort, das zunächst auf das wiedererstehende Jerusalem nach dem Exil bezogen war, erinnert zugleich an das Schicksal Saras, die Kinder entbehren musste. Jetzt ist in Erfüllung gegangen, dass Sara bzw. (das obere) Jerusalem (= die Kirche) mit zahlreichen Kindern gesegnet wird. **29** Die Verfolgung zwischen beiden Brüdern wird auf den gegenwärtigen Zustand bezogen: Das Judentum verfolgt die Kirche; in Wirklichkeit aber erweist diese Verfolgung, dass die freien Söhne die Erben der Verheißung sind. **30** Vgl. Gen 21,10.
5,1-5 Christus hat uns in den Stand der Freiheit versetzt. Wir sind frei vom Gesetz, wie wir frei von der Sünde und frei vom Tod sind. Der Heidenchrist aber, der sich beschneiden lässt, ist verpflichtet, das ganze Gesetz zu tun. **1** Hier beginnt der dritte Hauptteil des Briefes (bis 6,10). Die Freiheit in Christus bedeutet nicht Willkür des selbstsüchtigen Ich. Denn die Liebe ist Ziel und auch Grenze der Freiheit. **6** In Christus zählt einzig der Glaube; doch auch für diesen Glauben gibt es ein Maß: seine Wirksamkeit in der Liebe.
7-12 Das Kreuz ist jedem Gesetzeseiferer ein Ärgernis, denn die Botschaft vom Heil im Kreuz (und nicht im Gesetz) macht alle Gesetzesgerechtigkeit zunichte. Der Abschnitt schließt mit einem sarkastischen Wunsch, die Aufwiegler möchten sich doch gleich kastrieren lassen!

verwirrt, wird den Richtspruch tragen, wer er auch sei. 11 Ich aber, Brüder, wenn ich noch Beschneidung verkünde, was werde ich noch verfolgt? Also ist das Ärgernis des Kreuzes unwirksam. 12 Möchten doch die euch Aufwiegelnden sich auch noch verschneiden lassen!

Der Wandel im Geist: Seid einander Knechte durch die Liebe

13 Denn ihr seid auf Freiheit hin berufen, Brüder! Nur sei die Freiheit kein Anlass für das Fleisch, sondern seid einander Knechte durch die Liebe. 14 Denn das ganze Gesetz ist in dem einen Wort erfüllt: Liebe deinen Nächsten wie dich selbst. 15 Wenn ihr aber einander beißt und fresst, seht zu, dass ihr nicht voneinander verschlungen werdet. 16 Ich sage aber: Geht einher im Geist, und ihr werdet die Begierde des Fleisches nicht vollbringen. 17 Denn das Fleisch begehrt wider den Geist und der Geist wider das Fleisch, denn beide sind einander entgegengesetzt, so dass ihr nicht das tut, was ihr wollt. 18 Wenn ihr aber vom Geist getrieben werdet, seid ihr nicht unter dem Gesetz. 19 Offenkundig sind die Werke des Fleisches. Es sind: Unzucht, Unreinheit, Zügellosigkeit, 20 Götzendienst, Zauberei, Feindschaften, Streit, Eifersucht, Wutausbrüche, Streitigkeiten, Entzweiungen, Sektiererei, 21 Neid, Trunksucht, Schwelgerei, und was dergleichen ist, davon sage ich euch voraus, wie ich euch schon früher sagte: Die solches treiben, werden das Reich Gottes nicht erben. 22 Die Frucht des Geistes aber ist Liebe, Freude, Friede, Langmut, Gütigkeit, Gutsein, Treue, 23 Sanftmut, Enthaltsamkeit; gegen solches ist kein Gesetz. 24 Die aber des Christus Jesus sind, haben das Fleisch gekreuzigt mit den Leidenschaften und Begierden. 25 Wenn wir im Geiste leben, lasst uns auch im Geiste wandeln. 26 Lasst uns nicht voll eitler Herrlichkeit sein, indem wir einander herausfordern, einander beneiden.

Wer diese Liste durchgeht:
eine Untat nach der andern,
der darf nicht gleich auf andere zeigen.
Wie sieht es aus,
wenn ich mit mir selber
in ein ehrliches Gericht gehe?

(5,13-26)

Brüderlicher Sinn: Was der Mensch sät, das wird er auch ernten

6 Brüder, wenn ein Mensch bei irgendeiner Verfehlung ertappt wird, so bringt ihr als Geistige einen solchen im Geist der Sanftmut wieder zurecht; und achte auf dich selbst, dass nicht auch du versucht werdest. 2 Tragt einander die Lasten, und so werdet ihr das Gesetz des Christus erfüllen. 3 Und wenn einer meint, etwas zu sein, da er nichts ist, betrügt er sich selbst. 4 Sein eigenes Werk aber erachte jeder für wertvoll, und dann wird er nur Ruhm haben im Hinblick auf sich selbst und nicht auf den andern. 5 Denn jeder wird seine eigene Bürde tragen. 6 Wer aber im Wort unterrichtet wird, soll mit dem, der ihn unterrichtet, in allen Gütern Gemeinschaft haben. 7 Täuscht euch nicht! Gott lässt seiner nicht spotten. Denn was der Mensch sät, das

---

13-15 Wo immer Freiheit gepredigt wird, steht sie in Gefahr, in Willkür umgemünzt zu werden. Solche Freiheit wäre Sklavendienst am Fleisch. Der einzige Sklavendienst der Christen ist der Dienst am Bruder. **14** Vgl. Lev 19,18. **16-21** Fleisch und Geist werden hier wie zwei sich bekämpfende Mächte vorgestellt. Das Gesetz war nicht fähig, die Werke des Menschen zu vergeistigen; sie bleiben Werke des Fleisches. Im Geist Gottes wird der Mensch frei vom Gesetz und damit auch von jenen Werken, die vom Reich Gottes ausschließen. **22-26** Den chaotischen Werken des Fleisches stellt Paulus die Frucht des Geistes gegenüber. Denn wenn wir Christus angehören, wird auch unser Leben von seinem Geist durchdrungen sein und Frucht bringen, was das Gesetz nicht vermochte.
6,1-5 Das Gesetz Christi ist nicht Buchstabe, sondern Geist der Liebe. **6-10** Gegen die jüdischen Eiferer hat Paulus immer wieder betont, dass der Glaube ein Geschenk Gottes ist. Doch auch hier verwahrt er sich nachdrücklich gegen das Missverständnis, dass der Getaufte jetzt nur noch die Hände in den Schoß legen dürfe, um auf die Verherrlichung zu warten.

wird er auch ernten. [8] Wer auf sein Fleisch sät, wird aus dem Fleisch Verderben ernten, wer aber auf den Geist sät, wird aus dem Geist ewiges Leben ernten. [9] Im Gutestun lasst uns nicht müde werden. Denn zu seiner Zeit werden wir ernten, wenn wir nicht ermatten. [10] Lasst uns denn, solange wir Zeit haben, das Gute wirken an allen, am meisten aber an den Hausgenossen des Glaubens.

Offensichtlich braucht es vieler Worte,
um die Galater-Gemeinde zu überzeugen.
Doch ist das verwunderlich?
Paulus kann nicht alle Tage
ein Fax schicken.
Daher wurden seine Worte
ernster genommen
als bei uns heute.
Wie wäre es, jeden Tag einen Abschnitt
zu lesen – nachzudenken –
nochmals zu lesen?

(6,1-10)

Schlusswort: Die Gnade unseres Herrn sei mit eurem Geist

[11] Seht, mit welch großen Buchstaben ich euch geschrieben habe, mit eigener Hand. [12] Die gutes Ansehen haben wollen im Fleisch, die nötigen euch, euch beschneiden zu lassen, nur damit sie nicht um des Kreuzes des Christus [Jesus] willen verfolgt werden. [13] Denn auch die Beschnittenen selbst halten das Gesetz nicht, sie wollen aber, dass ihr euch beschneiden lasst, damit sie sich eures Fleisches rühmen könnten. [14] Ich aber will mich auf keinen Fall rühmen, außer im Kreuz unseres Herrn Jesus Christus, durch den mir die Welt gekreuzigt ist und ich der Welt. [15] Denn weder Beschneidung ist etwas noch Unbeschnittenheit, sondern neue Schöpfung. [16] Und welche nach dieser Richtschnur wandeln, Friede über sie und Erbarmen und über das Israel Gottes. [17] Im Übrigen bereite mir keiner Beschwer, denn ich trage die Male des Jesus an meinem Leibe. [18] Die Gnade unseres Herrn Jesus Christus sei mit eurem Geist, Brüder. Amen.

Narben davon tragen
von unserem Einsatz als Christen?
Wenn Ja – warum?
Wenn Nein – warum nicht?
Ehrlichkeit ist gefragt!

(6,11-18)

---

8 Wer auf sein selbstsüchtiges und eigenmächtiges Leben sich verlässt, wird Verderben ernten. Er ist der Sünde und dem Tod unterworfen. Wer sich aber auf den Geist, der der Geist Christi ist, verlässt, der wird das Leben ernten. **11-18** Der alte Mensch rühmt sich seiner eigenen Werke, die er in Erfüllung des Gesetzes vollbringt. Der Christ aber rühmt sich des Kreuzes, durch welches das Gesetz und seine Ordnung überwunden ist. **16** Paulus sagt seinen Gegnern ins Gesicht: Die Kirche ist das neue Israel; sie ist nicht eine jüdische Sekte. Das Judentum war zwar im Römerreich als Minderheitsreligion anerkannt. Würde sich die Christusgemeinde hier eingliedern, wäre sie zwar vor Verfolgung geschützt, doch der einzige Ruhm des Christen ist und bleibt das Kreuz Christi. **17** Paulus hat als Apostel im Dienst des Herrn Narben davongetragen (griechisch: stigmata = Narben). Diese »Zeichen Jesu« versteht der Apostel als seinen Anteil am Leiden des Herrn (vgl. Röm 6,3; 2 Kor 4,10). Mit dieser Aussage »besiegelt« der Apostel seinen Brief.

Der Brief an die Epheser

Das Schreiben ist zwar wie ein Brief gestaltet. Nach Stil und Inhalt ist es eher eine feierliche Predigt. Sie mag als Rundbrief verwendet worden sein, denn die Erwähnung »Ephesus« fehlt in zahlreichen Handschriften. Empfänger sind wohl die Christen Kleinasiens (heutige Türkei).

Lob Gottes und Fürbitte kennzeichnen den ersten Teil, der mit einem liturgischen Lobpreis endet (3,21); möglicherweise sind es Teile aus Bekehrungs- und Taufkatechesen. Es ist anzunehmen, dass das Schreiben von einem Paulusschüler verfasst worden ist; er beruft sich darauf, im Namen des Apostels geschrieben zu haben.

Ein bestimmter Anlass für die Entstehung des Briefes ist nicht erkennbar. Sein zentrales Thema ist die Kirche und zwar die weltweite Kirche, deren Haupt Christus ist. Der Brief enthält überhaupt die bedeutendsten theologischen Aussagen des Neuen Testaments über die Kirche.

Inhaltlich wird das Thema »Christus das Haupt der weltweiten Kirche« in den Kapiteln 1 - 3 entfaltet. Durch die Taufe sind die Gläubigen der Macht der Finsternis entrissen und mit Christus verbunden worden (2,1-10). In der Kirche ist ein neues Menschengeschlecht entstanden, in dem die alte Feindschaft zwischen Juden und Heiden überwunden wurde, weil Christus Frieden gestiftet hat (2,11-22). Werkzeug Gottes für den Bau der Völkerkirche war der Apostel Paulus (Kap. 3).

Im zweiten Teil des Briefes werden sittliche Folgerungen gezogen. Vor allem gilt es, die Einheit zu wahren und alle Dienste in der Kirche zu aktivieren (4,1-16). Als Getaufte haben die Christen den alten, der Sünde verfallenen Menschen zu überwinden und ein neues Leben zu verwirklichen, das durch Christus erleuchtet ist (4,17 - 5,20). Das neue Leben hat sich vor allem in Ehe und Familie auszuwirken (5,21 - 6,9). Das Bild vom Streiter Christi schließt die Mahnung ab (6,10-20).

Wer den Epheserbrief aufmerksam liest, der wird merken, dass der Stil des Briefes ein anderer ist als der des Paulus. Die Sätze sind noch länger und der Satzbau noch komplizierter. Zudem ist der Epheserbrief mit dem Kolosserbrief verwandt und setzt ihn voraus. Schon aus dieser Beobachtung merkt man, dass den Brief nicht Paulus selbst, sondern einer seiner Schüler geschrieben hat.

An die Epheser: Gnade euch und Friede

1 Paulus, Apostel Christi Jesu durch Gottes
Willen, an die Heiligen, die in Ephesus sind,
und die Glaubenden in Christus Jesus. 2 Gna-
de euch und Friede von Gott, unserm Vater,
und dem Herrn Jesus Christus.

Lobpreis: In ihm haben wir die Erlösung durch sein Blut

3 Gepriesen ist der Gott und Vater unseres
Herrn Jesus Christus, der uns gesegnet hat
mit allem geistigen Segen in den Himmeln, in
Christus. 4 Er hat uns auserwählt in ihm vor
Grundlegung der Welt, dass wir heilig seien
und untadelig vor seinem Angesicht, 5 in Lie-
be hat er uns vorherbestimmt zur Sohnschaft
durch Jesus Christus auf ihn hin, nach der
Huld seines Willens 6 zum Lob der Herrlich-
keit seiner Gnade, mit der er uns begnadet hat
in dem Geliebten. 7 In ihm haben wir die Er-
lösung durch sein Blut, den Nachlass der Ver-
fehlungen gemäß dem Reichtum seiner Gna-
de, 8 die er überströmen ließ auf uns, in aller
Weisheit und Einsicht. 9 Er tat uns kund das
Geheimnis seines Willens, gemäß seiner
Huld, die er in ihm gesetzt hatte, 10 zum Heils-
plan der Fülle der Zeiten, damit alles in Chris-
tus als Haupt zusammengefasst werde, was in
den Himmeln und was auf der Erde ist.
11 In ihm haben auch wir unser Los empfan-
gen, vorherbestimmt nach dem Beschluss des
alles Wirkenden, gemäß dem Wollen seines
Willens, 12 damit wir seien zum Lobe seiner
Herrlichkeit, die wir schon vorher auf Chris-
tus gehofft hatten. 13 In ihm seid auch ihr, die
ihr das Wort der Wahrheit, die Frohe Bot-
schaft eurer Rettung gehört habt, in ihm seid
auch ihr, da ihr geglaubt habt, besiegelt wor-
den mit dem Heiligen Geist der Verheißung.
14 Er ist ein Angeld unseres Erbes zur Erlösung
des Eigentums – zum Lob seiner Herrlichkeit.

Christus – das Haupt des Weltalls
das Haupt der Kirche,
das Haupt seiner Gemeinde.
Wann je singen wir ihm zu Ehren
ein solches Loblied?
Und wenn wir es täten –
wie klänge das dann?

(1,3-14)

Dank und Bitte: Gott gebe euch Geist der Weisheit

15 Darum höre ich auch nicht auf, nachdem
ich von eurem Glauben in Jesus, dem Herrn,
und der Liebe zu allen Heiligen gehört habe,
16 euretwegen zu danken, indem ich in meinen
Gebeten daran denke: 17 Der Gott unseres
Herrn Jesus Christus, der Vater der Herrlich-
keit, gebe euch den Geist der Weisheit und der
Enthüllung in seiner Erkenntnis. 18 Die Augen

1,1-2 Ein Schüler des Apostel Paulus gibt im Hauptteil dieses Briefes eine predigtartige Darlegung wieder und nimmt als Autorennamen den seines verehrten, bekannten Lehrers (ein damals nicht unübliches Verfahren). – Die Ortsangabe fehlt bei vielen Textzeugen. Das könnte ein Hinweis darauf sein, dass der als »theologische Meditation« entstandene Text später als Gemeindebrief an mehrere Gemeinden weitergegeben worden ist. **3-14** Zwischen Gruß und eigentlichem Briefanfang ist ein Lob- und Dankhymnus eingeschoben, der in feierlicher, gleichsam liturgischer Sprache das Heilswerk Gottes preist. **10** Zum griechischen Verb klingt die Vorstellung vom Haupt an (wie in unserem Fremdwort rekapituliert), die für den Epheserbrief bezeichnend ist. Christus ist Mitte und Ziel des göttlichen Heilsplans. Er ist das Haupt des Alls, zu dem alles hinstrebt, in dem alles gipfelt. **6-7** Gott hat die Kirche beschenkt: Durch das Blut Christi wurden wir aus der Sündenverfallenheit losgekauft: Christus erwirkte uns Vergebung. **8-10** Durch das Geschenk von Weisheit und Einsicht können die Glaubenden das Geheimnis von Gottes Plan erkennen. **14** Zwei Begriffe aus der damaligen Rechtssprache sollen Jesu Heilstat veranschaulichen: »Angeld«, das ist die Teilzahlung, die als Sicherung für einen später zu zahlenden vollen Betrag hinterlegt wird; »Erlösung«, das heißt: Loskauf (zum Beispiel eines Gefangenen). – Die »Erlösung des Eigentums« ist die endzeitliche Vollendung des Eigentumsvolkes Gottes (vgl. Ex 19,5). **15-16** Der eigentliche Brief beginnt mit dem für Paulus-Briefe so bezeichnenden Dank. **17-19** Bitte um die Erleuchtung der Augen des Herzens. Dies

[eures] Herzens seien erleuchtet, damit ihr wisst, was die Hoffnung seiner Berufung ist, was der Reichtum der Herrlichkeit seines Erbes ist unter den Heiligen, [19] und was die überwältigende Größe seiner Macht an uns ist, die wir glauben, entsprechend der Wirksamkeit seiner kraftvollen Stärke. [20] Diese ließ er wirken in Christus, da er ihn von den Toten erweckte und zu seiner Rechten in den Himmeln setzte, [21] hoch über jede Herrschaft und Gewalt und Macht und Hoheit und jeden Namen, der genannt wird, nicht nur in dieser Weltzeit, sondern auch in der kommenden. [22] Und alles hat er seinen Füßen unterworfen und ihn der Kirche als Haupt über alles gegeben, [23] ihr, die sein Leib ist, die Fülle dessen, der alles in allem erfüllt.

Sind die Augen unseres Herzens blind?
Ist uns klar, wozu wir berufen sind?
Erkennen wir die Einzigartigkeit
unseres Herrn?
Herr, schick uns deinen heiligen Geist!

(1,15-23)

Vom Tod zum Leben:
Gott hat auch uns lebendig gemacht

2 Auch ihr wäret tot durch eure Verfehlungen und Sünden, [2] in denen ihr einst dahingingt gemäß der Weltzeit dieser Welt, gemäß dem Beherrscher, der Gewalt hat in der Luft, des Geistes, der jetzt wirksam ist in den Söhnen des Ungehorsams. [3] Bei ihnen führten auch wir alle einst unsern Wandel in den Begierden unseres Fleisches, indem wir dem Fleisch und den Gedanken den Willen taten, und wir waren von Natur Kinder des Zorns wie die übrigen auch. [4] Gott aber, der reich ist an Erbarmen, hat um seiner vielen Liebe willen, mit der er uns liebte, [5] auch uns, die wir durch die Verfehlungen tot waren, mit Christus lebendig gemacht – durch Gnade seid ihr Gerettete – [6] und mitauferweckt und mitversetzt in die Himmel in Christus Jesus, [7] damit in den kommenden Weltzeiten der überwältigende Reichtum seiner Gnade erwiesen werde durch Gütigkeit gegen uns in Christus Jesus. [8] Denn durch die Gnade seid ihr Gerettete aufgrund von Glauben, und dies nicht aus euch – Gottes Geschenk ist es –, [9] nicht aus Werken, damit keiner sich rühme. [10] Denn sein Gebilde sind wir, geschaffen in Christus Jesus zu guten Werken, zu denen uns Gott vorbereitet hat, damit wir in ihnen einhergehen.

Der Römerbrief kurzgefasst,
man müsste den wieder lesen!
Dem Paulus war das Thema wichtig
– immer wieder kommt er darauf zurück.

(2,1-10)

Das neue Israel:
In Christus wächst der ganze Bau

[11] Bedenket daher, dass vordem ihr – die dem Fleisch nach aus den Völkern sind – Unbeschnittenheit genannt wurdet von der so ge-

---

erst befähigt den Menschen zu erkennen, wozu er berufen und was ihm geschenkt ist. **20-23** Die einzigartige Macht – und Vorrangstellung Christi, der nichts Geschaffenes nahe zu treten vermag (auch nicht die bei den Brief-Empfängern so verehrten Engel und Geistermächte), soll herausgestellt werden. Christus ist das Haupt nicht nur des Alls (V. 10), sondern der Kirche im besonderen. Sie erst macht Christus zu dem, was er ist: Sie ist seine »Fülle«. **22** Vgl. Ps 8,7. **2,1-10** Diesen Abschnitt könnte man einen »kleinen Römerbrief« nennen, denn er bringt das dort Gesagte in Kurzfassung: 1. Sündenmacht über der ganzen Menschheit, das heißt: über Juden und Heiden; 2. Heil kommt den Verlorenen allein aus der Gnade Gottes; 3. und zwar durch Christi Tod und Auferstehung; 4. dies ist anzueignen durch den Glauben; 5. auf dass die ganze Ehre Gott allein zukomme. **2** Nach den damaligen Vorstellungen sind die Dämonen in der Luft (= in den »unteren Himmel«) zu Hause. »Söhne des Ungehorsams« sind alle, die das Evangelium nicht annehmen. **3** »Fleisch« meint in den Paulus-Briefen immer den ganzen unerlösten Menschen. **8-9** Hier wird vom Christwerden durch Glaube und Taufe gesprochen; das ist nicht von Verdiensten des Menschen abhängig. Hier kann der Mensch sich nicht seines Werkes rühmen. **10** Ist auch die Rettung

nannten Beschneidung, die am Fleisch mit Händen gemacht ist, [12] dass ihr in jener Zeit fern wart von Christus, ausgeschlossen von der Bürgerschaft Israels und Fremdlinge für die Bünde der Verheißung, keine Hoffnung habend, und Gottlose in der Welt. [13] Jetzt aber, in Christus Jesus, seid ihr, die ihr einst fern wart, nahe gebracht im Blute des Christus. [14] Denn er ist unser Friede, der die beiden zu einem gemacht und die Scheidewand des Zaunes – die Feindschaft – aufgelöst hat, da er in seinem Fleisch [15] das Gesetz der in Satzungen bestehenden Gebote unwirksam machte, um – Frieden stiftend – die beiden in sich zu einem neuen Menschen zu schaffen [16] und die beiden in Einem Leib mit Gott zu versöhnen durch das Kreuz, da er an ihm die Feindschaft tötete. [17] Und er kam und verkündete als Frohbotschaft Frieden euch, den Fernen, und Frieden den Nahen. [18] Denn durch ihn haben wir beide in dem einen Geist den Zugang zum Vater. [19] So seid ihr nun nicht mehr Fremde und Beisassen, sondern ihr seid Mitbürger der Heiligen und Hausgenossen Gottes, [20] auferbaut auf dem Grund der Apostel und Propheten, wobei dessen Schlussstein Christus Jesus ist. [21] In ihm zusammengefügt, wächst der ganze Bau zu einem Tempel: Heilig dem Herrn –, [22] in den auch ihr miteingebaut werdet zu einer Wohnung Gottes im Geist.

Christus ist unser Friede –
mit Gott versöhnt durch das Kreuz.
Merkwürdige Worte für den,
der nicht weiß,
was alles damit gesagt ist.
Weiß ich es?

(2,11-22)

Des Paulus Apostelamt:
Den Völkern Christus verkünden

3 Deswegen bin ich, Paulus, der Gefangene des Christus Jesus für euch, die Völker. [2] Ihr habt ja gehört vom Heilsplan der Gnade Gottes, die mir für euch gegeben wurde: [3] dass mir durch Enthüllung das Geheimnis kundgemacht wurde, wie ich vorher kurz geschrieben habe. [4] Daran vermögt ihr, wenn ihr lest, meine Einsicht zu erkennen in das Geheimnis des Christus, [5] das in anderen Generationen den Menschensöhnen nicht kundgemacht wurde, wie es jetzt seinen heiligen Aposteln und Propheten im Geist enthüllt wurde: [6] Die Völker sind in Christus Jesus Miterben und Miteinverleibte und Mitteilhaber der Verheißung durch die Frohe Botschaft. [7] Ihr Diener bin ich geworden durch die Gabe der Gnade Gottes, die mir gegeben wurde gemäß der Wirksamkeit seiner Macht. [8] Mir, dem Geringsten unter allen Heiligen, wurde diese Gnade gegeben, den Völkern als Frohe Botschaft den unergründlichen Reichtum des Christus zu verkünden [9] und ans Licht zu bringen, welches der Heilsplan des Geheimnisses ist, das von Ewigkeit her verborgen war in Gott, der alles erschaffen hat, [10] damit nun den Herrschaften und Gewalten in den Himmeln durch die Kirche die mannigfaltige Weisheit Gottes kundgemacht werde, [11] ge-

---

des Menschen nicht sein Werk, so bewährt sich der Gerettete doch in seinen Werken. **11-22** Den Heidenchristen soll zum Bewusstsein gebracht werden, aus welchem religiösen Nichts heraus sie – vorbei an allen Gnadenvorzügen des auserwählten Volkes – berufen worden sind. Sie gehen voll gleichberechtigt ein in die neue Einheit, in den »einen neuen Menschen«: Christus. **14** »Scheidewand des Zauns«, gemeint ist das die Juden von den Heiden trennende Gesetz. **17** Vgl. Jes 57,19. **21** »Heilig dem Herrn«, so lautet die Aufschrift auf dem Stirnblatt des Hohenpriesters. Die Kirche tritt die Nachfolge des Tempels an.

3,1-13 Die eine Kirche aus Juden und Heiden, das war das Thema des letzten Abschnitts. Jetzt liegt es dem Schreiber daran, von der Stellung des Paulus im Plan Gottes zu sprechen: Er ist der Diener der Frohbotschaft für die Heiden. **3-6** Von Gott her wurde dem Paulus das bis dahin verborgene »Geheimnis« geoffenbart: Nicht nur Israel, sondern alle Völker sollen gerettet werden. **10** Nicht nur den Vertretern des Gesetzes, auch den Geistmächten (Paulus denkt hier an die Vorstellungen seiner Zeit) wird durch die Frohbotschaft, die die Kirche verkündet, der Plan Gottes offenbar.

mäß dem Beschluss für Weltzeiten, den er in Christus Jesus unserm Herrn verwirklicht hat. [12] In ihm haben wir die Zuversicht und den Zugang im Vertrauen durch den Glauben an ihn. [13] Deshalb bitte ich, nicht zu verzagen in meinen Bedrängnissen um euretwillen, sie sind Herrlichkeit für euch.

Herr, öffne mir Ohren und Herz,
um deine Botschaft aufzunehmen,
Sie übersteigt alles,
was man sich vorstellen kann.
Schenk mir die Gaben deines Geistes,
damit mir immer mehr aufgeht,
was du von mir willst.

(3,1-13)

Fürbitte:
Damit ihr zur Fülle Gottes erfüllt werdet

[14] Deswegen beuge ich meine Knie vor dem Vater, [15] aus dem alle Vaterschaft im Himmel und auf Erden den Namen hat, [16] dass er nach dem Reichtum seiner Herrlichkeit euch gebe, mit Macht gestärkt zu werden durch seinen Geist im inneren Menschen, [17] dass der Christus in euren Herzen wohne durch den Glauben, die ihr in Liebe eingewurzelt und gegründet seid, [18] damit ihr mit allen Heiligen zu erfassen die Kraft habt, was die Breite und Länge und Höhe und Tiefe sei, [19] und zu erkennen die Liebe des Christus, die die Erkenntnis übersteigt, damit ihr zur ganzen Fülle Gottes erfüllt werdet. [20] Ihm aber, der mächtig ist, über alle Maßen mehr zu tun als alles, was wir bitten oder denken – gemäß der Macht, die in uns wirkt –, [21] ihm ist die Herrlichkeit in der Kirche und in Christus Jesus in alle Geschlechter der Ewigkeit der Ewigkeiten. Amen.

Ein Hymnus »wie er im Buch steht« –
und das nicht im wörtlichen Sinn!
Die Folge der Bilder: Atem beraubend –
immer wieder neu ansetzend.
Warum beten wir diesen Hymnus nicht
in unseren Gemeinden?

(3,14-21)

Mahnung:
Die Einheit des Geistes bewahren

4 Ich ermahne euch also, ich, der Gefangene im Herrn, der Berufung wert einherzugehen, mit der ihr gerufen seid, [2] in aller Demut und Sanftmut, mit Langmut einander in Liebe ertragend, [3] beflissen, die Einheit des Geistes zu bewahren durch das Band des Friedens. [4] Ein Leib und ein Geist, wie ihr auch gerufen seid zu der einen Hoffnung eurer Berufung, [5] ein Herr, ein Glaube, eine Taufe, [6] ein Gott und Vater aller, der da ist über allen und durch alle und in allen.

Die Gaben Christi:
Wir wollen in allem in Liebe wachsen

[7] Einem jeden unter uns aber ist die Gnade gegeben nach dem Maß der Gabe des Christus.

14-21 Dieser zweite Hymnus in liturgischem Stil (vgl. Eph 1,3-14) ist die typische Gebetsform des Paulus, die Lobpreis und Bitte zugleich enthält. **14** Der Israelit betet gewöhnlich stehend. **15** »Vaterschaft« meint hier Sippe, Stamm, Volk. Auch hier begegnet uns wieder die merkwürdige Vorstellung von Engelmächten; gegen diese Vorstellung ist der Brief geschrieben. Wer sich an Gott hält, hat von Geistmächten jeder Art nichts zu fürchten. **18-19** Es wird nicht ausdrücklich gesagt, was mit dieser Erkenntnis (»Gnosis«) erfasst werden soll. Paulus meint auch hier das Geheimnis der Weltkirche aus Juden und Heiden, nämlich die »Vaterschaft« Gottes (vgl. V. 15). Er spricht also von dem einen Leib Christi, der die Kirche ist.
4,1-6 Mit Kapitel 4 wird begonnen, die Folgerungen des Paulus für das christliche Leben zu ziehen. Der Heilige Geist bewirkt die Einheit der Kirche. Darum sollen die Christen diese geistgewirkte Einheit bewahren. **2-3** Die Gemeinschaft erhaltenden Tugenden werden nicht als Selbstzweck genannt, sondern sie dienen der Liebe und der Einheit des Geistes. **4-5** Der geprägte Satz wurde in der Gemeindeüberlieferung festgehalten. Er wurde als Selbstdefinition formuliert und macht deutlich, wie Kirche sich versteht, was sie

8 Darum sagt man: Er stieg hinauf zur Höhe
und führte gefangen die Gefangenen und gab
Gaben den Menschen. 9 Dieses: er stieg hin-
auf, was ist das anderes, als dass er auch hin-
abstieg zu den unteren Teilen der Erde? 10 Der
hinabstieg, ist derselbe, der auch hinaufstieg
hoch über alle Himmel, damit er alles erfülle.
11 Und er selbst gab: die einen als Apostel, die
ändern als Propheten, andere als Künder der
Frohbotschaft, andere als Hirten und Lehrer
12 für die Zurüstung der Heiligen zum Werk
des Dienstes, zum Aufbau des Leibes des

Fragen wir in der Gemeinde
nach den besonderen Gaben
der einzelnen Mitglieder?
Behandeln wir nicht alle zusammen
wie einen anonymen Haufen?
Sind wir wohl deshalb
so ohne jede Frucht?

(4,1-16)

Christus, 13 bis wir alle zur Einheit des Glau-
bens und der Erkenntnis des Sohnes Gottes
gelangen, zur vollkommenen Mannesreife,
zum Maß des Alters, in dem die Fülle des
Christus ist, 14 damit wir nicht mehr Unmün-
dige seien, umhergeworfen und umhergetrie-
ben von jedem Wind der Lehre durch das
Trugspiel der Menschen, durch Verschlagen-
heit, die zum Kunstkniff des Irrtums führt,
15 sondern, in der Wahrheit stehend, wollen
wir in Liebe wachsen in allem auf ihn zu, der
das Haupt ist: Christus. 16 Von ihm aus wird
der ganze Leib zusammengefügt und zusam-
mengehalten durch jedes Band der Dienstleis-
tung, und wird das Wachstum des Leibes be-
wirkt – nach der einem jeden Glied zugemes-
senen Wirksamkeit – zu seinem Aufbau in
Liebe.

Grundzug christlichen Lebens: Dass ihr ablegt den alten Menschen

17 Dies nun sage ich und bezeuge ich im Herrn,
dass ihr nicht mehr einhergehen sollt, wie
auch die Völker einhergehen in der Eitelkeit
ihres Denkens, 18 da sie in ihren Gedanken
verfinstert sind, entfremdet dem Leben Got-
tes wegen der in ihnen anwesenden Unkennt-
nis, wegen der Verhärtung ihres Herzens.
19 Stumpf geworden, übergaben sie sich der
Ausschweifung zur Auswirkung jeder Un-
reinheit in Habgier. 20 Ihr aber habt den
Christus nicht so gelernt – 21 wenn ihr ihn
überhaupt gehört habt und in ihm belehrt
wurdet, wie es Wahrheit ist in Jesus –, 22 dass
ihr ablegt den, eurem früheren Wandel ent-
sprechenden, alten Menschen, der verdirbt in
den Begierden des Betrugs, 23 dass ihr dagegen
euch erneuert im Geist eures Denkens, 24 um
anzuziehen den neuen Menschen, der nach
Gott geschaffen ist in Gerechtigkeit und Hei-
ligkeit der Wahrheit.

Bewährung der Liebe: Seid also Nachahmer Gottes

25 Darum legt die Lüge ab und redet Wahrheit,
jeder mit seinem Nächsten, denn wir sind ein-
ander Glieder. 26 Zürnt ihr, so sündigt nicht.

---

ist. **7-16** Jedes Glied am Leib Christi soll die Einheit fördern mit der ihm verliehenen besonderen Gnade. **8** Mit diesem Einschub soll gesagt sein, dass wirklich der in den Himmeln erhöhte Christus der Spender aller Gaben ist. – Vgl. Ps 68,19. **11-12** Die Verschiedenheit der Gaben wird am Beispiel der Amtsträger entfaltet: Die Apostel garantieren die Anfänge der Überlieferung; die Propheten vertreten das charismatische Element in der Gemeinde; die Künder der Frohbotschaft wirken als Missionare; die Hirten leiten die Gemeinde; die Lehrer bewahren die Überlieferung und erklären sie. **16** Christ sein heißt »mitbauen am Leib Christi«. **17-24** Gegenüberstellung von heidnischem und christlichem Leben. **20** Gegenstand christlicher Unterweisung ist Christus selbst. »Christus lernen« heißt: seine Lebensführung lernen. **21** Im Hören erfährt der Einzelne Wahrheiten »von« oder »über« Jesus; im eigentlichen wird er unterrichtet in der Wahrheit, die Jesus selbst, der menschgewordene Gottessohn, ist. **22-24** Das »Anziehen des neuen Menschen« ist eine Anspielung auf die Taufe. Vgl. Gal 3,26-29. **25-32** Die Einzelermahnungen über das neue Leben in der Liebe lassen deutlich werden, was es »anzulegen« und was es »abzulegen« gilt. **25** Vgl. Sach 8,16.

Die Sonne gehe nicht unter über euerm Zorn. [27] Gebet nicht Raum dem Teufel. [28] Der Stehler stehle nicht mehr, er soll vielmehr sich mühen und mit seinen eigenen Händen Gut erwirken, damit er etwas habe, um dem Bedürftigen davon zu geben. [29] Kein hässliches Wort komme aus eurem Mund, sondern irgendein gutes zum Aufbau, wenn Bedarf ist, damit es Gnade gebe den Hörenden. [30] Und betrübt nicht den Heiligen Geist Gottes, mit dem ihr besiegelt seid für den Tag der Erlösung. [31] Alle Bitterkeit und Grimm und Zorn und Lärm und Lästerung sei von euch abgetan samt aller Bosheit. [32] Seid vielmehr gütig gegeneinander, barmherzig, und begnadigt einander, wie auch Gott in Christus euch begnadigt hat.

Getauft werden heißt:
das Alte »ablegen« und Neues »anlegen«,
verglichen mit einem Gewand.
Das heißt: alle Bosheiten aufgeben,
dafür aber Güte, Barmherzigkeit, Gnade
gegeneinander üben –
nach Gottes Vorbild.

(4,25-32)

5 Seid also Nachahmer Gottes als geliebte Kinder [2] und geht einher in Liebe, wie auch der Christus euch geliebt hat und sich für euch hingegeben hat als Gabe und Opfer, Gott zu köstlichem Wohlruch.

Bewährung des Lichts:
Jetzt seid ihr Licht

[3] Unzucht aber und jede Unreinheit oder Habgier soll bei euch nicht einmal mit Namen genannt werden, wie es Heiligen geziemt, [4] auch nicht Schändlichkeit und Übelgeschwätz oder Possenrede, was sich nicht gehört, sondern vielmehr Danksagung. [5] Denn das wisst und erkennt: kein Unzüchtiger oder Unreiner oder Habgieriger – das ist: Götzendiener – hat ein Erbteil im Reich des Christus und Gottes. [6] Keiner täusche euch mit leeren Worten. Denn deswegen kommt der Zorn Gottes über die Söhne des Ungehorsams. [7] Werdet also nicht ihre Mitteilhaber. [8] Denn ihr wäret einst Finsternis, jetzt aber seid ihr Licht im Herrn. [9] Gehet einher wie Kinder des Lichts – denn die Frucht des Lichts ist in jeder Gütigkeit und Gerechtigkeit und Wahrheit. [10] Haltet für wert, was dem Herrn wohlgefällig ist, [11] und habt nicht teil an den unfruchtbaren Werken der Finsternis, sondern deckt sie vielmehr sogar auf. [12] Denn was im Verborgenen von ihnen geschieht, ist schändlich auch nur zu sagen. [13] Alles aber, was aufgedeckt wird, ist durch das Licht offenbar. [14] Denn alles, was offenbar gemacht wird, ist Licht. Daher sagt man: Wach auf, der du schläfst, und steh auf von den Toten, und aufstrahlen wird dir der Christus.

Versuchen, ein paar Verse
ganz einfach umzuschreiben.
Mit eigenen Worten sagen,
was Paulus hier sagen will.

(5,3-14)

Der neue Wandel:
Versteht, was der Wille des Herrn ist

[15] Seht also genau zu, wie ihr einhergeht, nicht wie Unweise, sondern wie Weise, [16] indem ihr

---

32 »begnadigt«. Auch das griechische Wort sagt genau das Gleiche wie das deutsche: jemanden vergeben, in dem man ihm Gnade schenkt.
5,1-12 Vgl. dazu Kol 3,12 und Lk 6,36. – Die Getauften sollen Gott nachahmen (ein Ideal der Griechen) – als seine Kinder. Sie sollen einander lieben – als Geliebte. **3-7** Die akzentuierte Rede gegen die Werke der Finsternis lässt uns ahnen, wie Paulus von den Christen als dem Heiligtum Gottes auf Erden denkt. **8-14** Die Kinder des Lichts sollen auch die andern aus dem Dunkel ans Licht führen. **14** Das kleine Lied stammt vermutlich aus der Taufliturgie. Aus dem »Todesschlaf« soll der Täufling mit Christus zu einem neuen Leben auferstehen. **15-17** Christliche Weisheit kauft die Zeit aus, nützt alle Möglichkeiten; denn es sind Kräfte am Werk, die das Licht verdun-

die Zeit auskauft, denn die Tage sind böse.
[17] Werdet daher nicht unverständig, sondern
versteht, was der Wille des Herrn ist. [18] Und
macht euch nicht trunken mit Wein, darin ist
Liederlichkeit, werdet vielmehr des Geistes
voll [19] und redet zueinander in Psalmen und
Hymnen und geistlichen Liedern und singet
und spielt in euerm Herzen dem Herrn. [20] Und
sagt Dank dem Gott und Vater allezeit für al-
les im Namen unseres Herrn Jesus Christus.

Gute Ratschläge
– nicht alle durchführbar.
Doch eine Empfehlung,
die ist ein geflügeltes Wort:
»Die Zeit auskaufen«,
sie nicht vertrödeln.
Wer weiß schon,
dass das von Paulus stammt!

(5,15-20)

Christliche Hausordnung: Dass die Kirche heilig sei und makellos

[21] Seid einander untertan in der Furcht Chris-
ti: [22] Die Frauen ihren eigenen Männern wie
dem Herrn. [23] Denn der Mann ist Haupt der
Frau, wie auch der Christus Haupt der Kirche
ist, er der Retter des Leibes. [24] Wie aber die
Kirche dem Christus Untertan ist, so auch die
Frauen den Männern in allem. [25] Ihr Männer,
liebt die Frauen, wie auch der Christus die
Kirche geliebt hat und sich für sie hingegeben
hat, [26] um sie zu heiligen, nachdem er sie ge-
reinigt hat durch das Bad des Wassers im
Wort, [27] um selbst für sich die Kirche herrlich
darzustellen als eine, die nicht Flecken noch
Runzel noch dergleichen hat, sondern dass sie
heilig sei und makellos. [28] So müssen auch die
Männer ihre Frauen lieben wie ihre Leiber.
Wer seine Frau liebt, liebt sich selbst. [29] Denn
keiner hat je sein eigenes Fleisch gehasst, son-
dern er nährt und hegt es, wie auch der Chris-
tus die Kirche, [30] denn wir sind Glieder seines
Leibes. [31] Darum wird ein Mensch Vater und
Mutter verlassen und seiner Frau anhangen,
und die zwei werden zu einem Fleisch. [32] Die-
ses Geheimnis ist groß, ich sage es aber auf
Christus und die Kirche hin. [33] So sollt also
auch ihr, jeder Einzelne seine Frau so lieben
wie sich selbst, die Frau aber soll den Mann
fürchten.

Hausordnungen –
gibt's das auch bei uns?
Nicht in öffentlichen Häusern,
nein, ganz privat in der Familie?
Texte wie dieser hier
sind sehr umstritten,
von Frauen natürlich!
Nicht von Männern –
die haben sie ja auch verfasst!

(5,21-33)

Christliche Hausordnung: Wer etwas Gutes tut

6 Ihr Kinder, gehorcht euren Eltern [im
Herrn], denn das ist recht. [2] Ehre deinen Vater
und die Mutter, das ist das erste Gebot mit ei-
ner Verheißung: [3] Damit dir wohl geschehe
und du langlebend seiest auf der Erde. [4] Und
ihr Väter, macht eure Kinder nicht zornig,
sondern zieht sie auf in Zucht und Ermah-

keln. **18-20** Der Wein mag dem Menschen Ekstase vortäuschen, der Geist dagegen bringt ihm die Nähe Gottes ein. Die Gemeinde soll ihr Gotteslob in der Trunkenheit des Geistes darbringen. **5,21 - 6,9** Vgl. Kol 3,18 - 4,1. – Die neutestamentlichen »Haustafeln« haben ihre griechischen Vorbilder. Es war üblich, die Pflichten des Einzelnen gegen Familie, Staat und Gesellschaft in kurzen Merksätzen zu formulieren. **5,21-33** Hier also die »Haustafel« des Epheserbriefes: Die Frau soll sich dem Mann unterordnen und dabei wissen, dass sie sich im Grunde Christus unterordnet. Im Ehe gründenden Schöpfungswort Gottes glaubt Paulus das »große Geheimnis« des Einsseins Christi mit seiner Kirche als letztlich gemeint zu erkennen. **25-27** Die Mahnung an die Adresse der Männer wird ausdrücklich von Christus her begründet. **31** Vgl. Gen 2,24.

6,1-4 Wie auch im vorhergehenden Abschnitt wendet

nung des Herrn. 5 Ihr Knechte, gehorcht denen, die Herren sind dem Fleische nach, mit Furcht und Zittern in eures Herzens Einfalt wie dem Christus, 6 nicht in Augenknechtschaft, um menschengefällig zu sein, sondern wie Knechte Christi, die aus der Seele heraus den Willen Gottes tun 7 und gutwillig Knecht sind, als sei es dem Herrn und nicht Menschen. 8 Ihr wisst, dass jeder, wenn er etwas Gutes tut, dies zurückbekommt vom Herrn, sei er Knecht oder Freier. 9 Und ihr Herren, tut gegen sie dasselbe; gebt die Drohung auf. Ihr wisst ja, dass für sie und für euch in den Himmeln der Herr ist – und bei ihm ist kein Ansehen der Person.

Herren und Sklaven.
Gesellschaftliche Strukturen
werden nicht in Frage gestellt.
Doch alle werden ermahnt,
daran zu denken und zu leben,
dass es nur einen gibt, der Herr ist:
Jesus Christus.
Passt dieser Abschnitt auch
auf unsere Situation?

(6,1-9)

Die Rüstung des Christen: Macht euch stark im Herrn

10 Fürs weitere: Werdet mächtig im Herrn und in seiner kraftvollen Stärke. 11 Zieht an die Rüstung Gottes, damit ihr zu stehen vermögt gegen die Schliche des Teufels. 12 Denn für uns gilt der Kampf nicht gegen Blut und Fleisch, sondern gegen die Herrschaften, gegen die Gewalten, gegen die Weltbeherrscher dieser Finsternis, gegen die Geister der Bosheit in den Himmelsregionen. 13 Daher ergreift die Rüstung Gottes, damit ihr zu widerstehen vermögt am bösen Tag, um alles überwindend standzuhalten. 14 Steht also, eure Lende umgürtet mit Wahrheit, und angezogen den Panzer der Gerechtigkeit, 15 die Füße umbunden mit Bereitschaft für die Frohbotschaft des Friedens. 16 Zu allem ergreift den Schild des Glaubens, mit dem ihr alle feurigen Geschosse des Bösen zu löschen vermögt. 17 Und nehmt den Helm der Rettung und das Schwert des Geistes – das ist: das Wort Gottes. 18 Mit allem Gebet und Bitten betet zu jeder Zeit im Geist, und wacht dazu in aller Ausdauer und Bitte für alle Heiligen 19 und für mich, damit mir das Wort gegeben werde beim Öffnen meines Mundes, um mit Freimut kundzutun das Geheimnis der Frohbotschaft, 20 für das ich Gesandter bin in Ketten, damit ich dabei freimütig sei, zu reden, wie ich muss.

Briefschluss: Friede den Brüdern

21 Damit aber auch ihr wisst, was mich betrifft und was ich treibe, wird euch Tychikus alles kundtun, der geliebte Bruder und treue Diener im Herrn. 22 Eben dazu habe ich ihn zu euch geschickt, damit ihr erfahrt, was uns betrifft, und er eure Herzen tröste. 23 Friede den Brüdern und Liebe mit Glauben von Gott Vater und vom Herrn Jesus Christus. 24 Die Gnade mit allen, die unsern Herrn Jesus Christus lieben zur Unvergänglichkeit.

---

sich Paulus erst an den schwächeren Teil (vgl. auch die folgenden Verse); doch der Forderung des Gehorsams folgt die Warnung vor Launenhaftigkeit und Ungerechtigkeit bei Vorgesetzten. **9** Vgl. Ex 20,12. **5-9** Nicht Lösung sozialer Unterschiede und Probleme ist das erste Ziel der Verkündigung, sondern die weltüberwindende Kraft des Evangeliums soll gelebt werden in der jeweiligen Umwelt. Daran werden die Sklaven und ihre Herren erinnert. **10-13** Der Text nimmt den damaligen Dämonenglauben auf und macht klar, wie sehr die »Herrschaften und Gewalten« gottfeindliche Mächte sind, die im Dienst Satans stehen. Hier kann nur die »Waffenrüstung« Gottes helfen. **14-17** Die Ausrüstungsstücke des Streiters Christi werden aufgezählt. **18-20** Das Gebet gehört auch zur Waffenrüstung Gottes, obwohl jetzt die Bildsprache fallen gelassen wird. Wenn Paulus für sich um Gebetshilfe bittet, denkt er nur an seine Sendung (ob auch an körperliche Leiden gedacht ist?). **21-22** Auch für einen Paulus gibt es – unabhängig vom großen Anliegen der Kirche – einen »menschlichen« Bereich. **23-24** Alles, was Paulus den Seinen zu wünschen hat, fasst er zusammen als »Gnade«, als die erbarmende, rettende Huld und Liebe Gottes, die uns in Christus zuteil wurde.

Der Brief an die Philipper

Der Brief des Paulus an seine Gemeinde in Philippi ist aus einem Gefängnis geschrieben. Philippi am Ost-Strand von Mazedonien (Griechenland) ist die erste europäische Stadt, in der Paulus missioniert; kleine Judengemeinde, die nicht einmal eine Synagoge besaß, sondern nur ein »Gebetshaus«.

Um welche Gefangenschaft es sich handelt, kann man nur ahnen. Von »römischer Gefangenschaft« schreibt die Apostelgeschichte nur an zwei Stellen: in Cäsarea (Apg 23,33 - 26,32) und dann in Rom (Apg 28,14-31). Doch auf beide Situationen passen die konkreten Angaben im Philipperbrief nicht. Wir wissen aber von Paulus (2 Kor 11,23; 6,5), dass er mehrfach in Gefangenschaft war. Daher käme als näher gelegener Ort zum Beispiel Ephesus in Frage, wo Paulus mehrfach Schweres mitgemacht hat (vgl. 1 Kor 15,32); nach 2 Kor 1,8-9 ist er dort einem Todesurteil gerade noch mit knapper Not entkommen. Und »römische« Gefangenschaft war damals die allgemeine Bezeichnung für Gefängnisse, die der kaiserlichen Behörde unterstanden.

Als Gefangener war Paulus nicht total von der Außenwelt abgeschlossen; er kann Besucher empfangen, die Briefe hin und her beförderten (z.B. eben das Schreiben, das den Namen Philipperbrief trägt). Timotheus und andere Mitarbeiter haben offenbar ständigen Zutritt bei ihm. Paulus kann sogar Geldgaben empfangen. Die Philipper sind die Einzigen, von denen Paulus das annahm; an allen anderen Orten lehnte er solche Unterstützung ab. Daraus schon lässt sich ablesen, wie eng und freundschaftlich die Beziehungen mit dieser Gemeinde waren.

Geschrieben wurde der Brief in zeitlicher Nähe zum 2. Korintherbrief und zu dem an die Galater. Das bestärkt die Annahme, dass er in Ephesus geschrieben worden ist; das heißt im Sommer oder Herbst des Jahres 54 oder 55.

Inhaltlich steht der Brief dem 2. Korintherbrief und vor allem dem Galaterbrief nahe, vor allem wegen der scharfen Warnungen vor judenchristlichen Missionaren. Diese wollten offensichtlich gegenüber den heidenchristlichen Philippern ihr jüdisches Vorrecht herausstreichen. Daher wollten sie alle Getauften zur Beschneidung überreden, genau so wie jene in Galatien, die Paulus in seinem Brief an die dortigen Gemeinden bekämpft hatte.

Doch das scheint nicht der erste und einzige Anlass des Philipperbriefes gewesen zu sein. Paulus beginnt, ohne jeden Bezug auf die Gegner, mit einem Bericht über seine eigene Lage (1,12-26), mahnt die Philipper zur Eintracht (1,27 - 2,18) und kündigt den Besuch des Timotheus an sowie den des Epaphroditus (2,19-30).

Nachdem Paulus – wie es scheint – in 3,1 zum Briefschluss ansetzt, schlägt der Ton des Schreibens jäh um; er warnt ganz unvermittelt vor den Gegnern der Gemeinde und der Frohen Botschaft. Entweder hat Paulus während des Briefschreibens neue Nachrichten bekommen, oder der Text ab 3,2 gehört zu einem anderen Brief des Paulus an die Philipper. Diese letztere Erklärung ist kein Kurzschluss. Es gibt im Verlauf des Briefes einige Unstimmigkeiten, die die Vermutung, der Brief sei aus mehreren Briefteilen zusammengesetzt, zu bestätigen scheinen. Man kann sich zum Beispiel fragen, warum Paulus zu Beginn des Briefes die Geldspende nur erwähnt, wo man doch auch einen Dank erwartet hätte! Doch der fehlt nicht; er steht nur statt am Anfang erst am Ende des Briefes. Aus diesem Grund und anderen ähnlichen Unstimmigkeiten sehen manche Fachleute den heute vorliegenden Philipperbrief (wie auch den 2. Korintherbrief) als Zusammenstellung verschiedener Briefe des Paulus an die Gemeinde in Philippi. Man kann es sich etwa so vorstellen:

A) 4,10-20 Dankschreiben, unmittelbar nachdem Paulus das Geld erhalten hat.
B) 1,1 - 3,1; 4,4-9 Ein späterer Brief mit Nachrichten und Meldungen.
C) 3,2 - 4,3 Ein Warnschreiben gegen das Treiben von judenchristlichen Gegnern in Philippi.

✧

An die Philipper:
Gnade euch und Friede

1 Paulus und Timotheus, Knechte Christi Jesu, an alle die Heiligen in Christus Jesus, die in Philippi sind, samt Bischöfen und Diakonen. 2 Gnade euch und Friede von Gott, unserem Vater, und dem Herrn Jesus Christus.

Dank und Fürbitte:
Dass eure Liebe überströme

3 Ich danke meinem Gott, sooft ich euer gedenke, 4 jedes Mal bete ich in all meinen Gebeten voll Freude für euch alle 5 wegen eures Anteils an der Frohen Botschaft vom ersten Tag an bis jetzt. 6 Dabei vertraue ich darauf, dass der, welcher in euch ein gutes Werk begonnen hat, es vollenden wird bis zum Tag Christi Jesu. 7 Ja, es ist recht für mich, dies von euch allen zu denken, weil ich euch im Herzen trage, die ihr in meinen Fesseln und in der Verteidigung und Festigung der Frohbotschaft Teilhaber meiner Gnade seid, ihr alle. 8 Denn mein Zeuge ist Gott, wie sehr ich mich nach euch allen sehne in der Liebe Christi Jesu. 9 Und um dies bete ich: Dass eure Liebe mehr und mehr überströme in Erkenntnis und allem Verstehen, 10 damit ihr zu unterscheiden vermögt, was wesentlich ist, so dass ihr lauter und untadelig seid am Tag Christi, 11 erfüllt mit Frucht der Gerechtigkeit durch Jesus Christus zu Herrlichkeit und Lob Gottes.

Hier ist einer, der für seine Gemeinde betet,
der seinen Herrn bestürmt,
dass er vollenden möge,
was an Gutem schon angefangen ist.
Wer von uns betet so intensiv
für seine Mitchristen?

(1,3-11)

Die Frohbotschaft in Rom:
Ich trage meine Fesseln in Christus

12 Ich will aber, dass ihr erfahrt, Brüder, dass meine Lage weiter zur Förderung der Frohbotschaft geführt hat. 13 Dass ich meine Fes-

1,1-2 Für diesen Brief zeichnen Paulus und Timotheus gemeinsam, darum wird auch ein Titel gewählt, der ihnen beiden gleichermaßen zusteht: Knechte Christi. – Die Christen in Philippi (Ostmazedonien) werden als »Heilige« (Getaufte, als endzeitlich Erwählte) angesprochen. – Paulus erwähnt verschiedene Ämter in der Gemeinde, hier zum ersten Mal Bischöfe. Es gibt deren mehrere in Philippi. Sie führen als Vorsteher die Gemeinde im Auftrag des Apostels. Die Diakone sind Helfer in praktischen Fragen, auch Prediger. Eine genaue Abgrenzung des Bischofsamtes von dem der Ältesten (Presbyter = Priester) gab es noch nicht. **3-11** Paulus beginnt die meisten seiner Briefe mit einem Dankgebet (vgl. zum Beispiel 1 Kor 1,4-9). In diesem Gebet spiegeln sich die herzlichen Beziehungen zwischen Paulus und den Philippern. **4** Das Wort von der Freude kehrt im Philipperbrief so oft wieder, dass er auch »Freudenbrief« genannt wird. **6** Der Tag Christi ist der Tag seiner Wiederkunft zu Gericht und Vollendung des Reiches Gottes (vgl. auch V. 10). **8** Gott ist mein Zeuge, so lautet eine jüdische Schwurformel. **12-18a** Paulus berichtet von

seln in Christus trage, ist dem ganzen Prätorium und allen übrigen bekannt geworden. [14] Und die Mehrzahl der Brüder vertraut im Herrn auf meine Fesseln und wagt um so mehr, furchtlos das Wort Gottes zu sagen. [15] Einige zwar künden den Christus aus Neid und Streit, andere aber auch aus gutem Willen. [16] Die einen aus Liebe, denn sie wissen, dass ich zur Verteidigung der Frohbotschaft bestimmt bin; [17] die anderen künden den Christus aus Streitsucht, nicht lauteren Sinns, denn sie meinen damit, mir in meinen Fesseln Bedrängnis zu bereiten. [18] Was tut es? Es wird ja doch auf alle Weise Christus verkündet, sei es als Vorwand, sei es in Wahrheit. Darüber freue ich mich.

Hauptsache: Christus wird verkündet
– aus welchen Beweggründen?
Dem Briefschreiber spielt das keine Rolle.
Verkündigt als Vorwand –
verkündigt in Wahrheit –
Hauptsache: Man redet von ihm.

(1,12-18)

Zuversicht: Das Leben Christus und das Sterben Gewinn

Und ich werde mich auch freuen; [19] denn ich weiß ja, dass dies zu meiner Rettung führen wird durch euer Gebet und den Beistand des Geistes Jesu Christi. [20] So entspricht es meinem Harren und Hoffen, dass ich in nichts zuschanden werde, dass vielmehr in aller Offenheit – wie bisher, so auch jetzt – Christus verherrlicht werde an meinem Leibe, sei es durch Leben, sei es durch Tod. [21] Denn für mich ist das Leben: Christus, und das Sterben: Gewinn. [22] Wenn aber das Leben im Fleisch mir die Frucht des Werkes bringt, so weiß ich nicht, was ich wählen soll. [23] Ich werde ja bedrängt von beidem: von der Sehnsucht, aufzubrechen und mit Christus zu sein; denn das ist das weitaus Bessere; [24] das Verweilen im Fleisch aber ist notwendiger um euretwillen. [25] Und im Vertrauen darauf weiß ich, dass ich bleiben werde; ja, bei euch allen werde ich ausharren, euch zu Nutzen und Glaubensfreude; [26] damit euer Rühmen in Christus Jesus um meinetwillen überströme durch meine Wiederkunft zu euch.

Mahnung: Kämpft für den Glauben an die Frohbotschaft

[27] Dies nur: Wandelt würdig der Frohbotschaft des Christus, damit ich – ob ich nun komme und euch sehe oder fern bin – von euch höre, dass ihr feststeht im einen Geist und eines Sinnes gemeinsam kämpft für den Glauben an die Frohbotschaft [28] und euch in gar nichts von den Gegnern einschüchtern lasst: dies ist für sie ein Zeichen des Untergangs, für euch aber der Rettung, und zwar von Gott. [29] Denn euch wurde geschenkt das Für-Christus, nicht nur das An-ihn-Glauben, sondern auch das Für-ihn-Leiden, [30] indem ihr teilhabt an demselben Kampf, den ihr an mir gesehen und jetzt von mir hört.

Nicht nur an ihn glauben –
auch für ihn leiden,
meint der Apostel.
Könnte ich das auch unterschreiben?

(1,27-30)

---

seiner gegenwärtigen Lage. Er berührt seine äußeren Umstände, nennt jedoch nicht den Ort seiner Gefangenschaft (vielleicht Ephesus?). Entscheidend ist für ihn nur, dass sie zur Förderung der Frohen Botschaft dient. **13** Prätorium meint wohl die kaiserliche Garde, die für die Bewachung des Gefangenen zu sorgen hat. **18b-26** Paulus weiß nicht, wie seine Richter über ihn entscheiden. Freispruch bedeutete die Wiederaufnahme seines Dienstes. Das Todesurteil würde den »Aufbruch« in eine engere Christusgemeinschaft bedeuten. **21** Die Frage nach Leben oder Tod hat für Paulus ihre Schärfe verloren. Vom Leben »in Christus« brächte der Tod das ewige Leben »mit Christus«. **27-30** Die Philipper sollen einmütig für den Glauben kämpfen und sich nicht einschüchtern lassen. Sie sollen Christus bezeugen und für ihn leiden wie Paulus.

Mahnung: Seid gesinnt wie Christus Jesus

2 Wenn es nun um irgendeinen Trost in
Christus geht, um eine Ermunterung in Liebe,
um Gemeinschaft des Geistes, um Herzlich-
keit und Erbarmen, 2 so macht meine Freude
dadurch vollkommen, dass ihr eines Sinnes
seid, die gleiche Liebe hegt, einmütig auf das
eine bedacht seid, 3 nicht aus Streitsucht,
nicht aus Ehrgeiz, sondern in Demut achte ei-
ner den anderen höher als sich selbst. 4 Keiner
achte nur auf das Seine, sondern auch auf das
der andern. 5 Habt jene Gesinnung in euch,
die auch in Christus Jesus war! 6 Er war in
Gottesgestalt und hielt nicht gewaltsam dar-
an fest, Gott gleich zu sein. 7 Sondern er ent-
äußerte sich selbst, nahm Knechtsgestalt an
und ward den Menschen gleich. Im Äußeren
als Mensch erfunden, 8 erniedrigte er sich
selbst und ward gehorsam bis zum Tod – dem
Tod am Kreuz. 9 Darum hat Gott ihn über-
hoch erhöht und ihm den Namen geschenkt,
der über alle Namen ist, 10 auf dass im Namen
Jesu sich beuge jedes Knie, derer im Himmel,
auf Erden und in der Unterwelt, 11 und jede
Zunge bekenne zur Herrlichkeit Gottes, des
Vaters: Herr ist Jesus Christus!

Der berühmte Philipper-Hymnus,
viel zitiert, viel kommentiert!
Warum eigentlich wird er nicht gebetet?
Auch nicht von mir?

(2,1-11)

Mahnung: Mit Furcht und Zittern bewirkt eure Rettung

12 Also, meine Lieben, gehorsam, wie ihr alle-
zeit wäret, nicht nur in meiner Anwesenheit,
sondern jetzt noch mehr in meiner Abwesen-
heit: Mit Furcht und Zittern erwirkt eure Ret-
tung; 13 denn Gott ist es, der in euch nicht nur
das Wollen bewirkt, sondern auch das Wir-
ken entsprechend seiner Huld. 14 Tut alles oh-
ne Murren und Misstrauen, 15 damit ihr ohne
Tadel und Makel seid, lautere Kinder Gottes
inmitten eines bösen und verkehrten Ge-
schlechts, in dem ihr aufstrahlt gleich Sternen
im Weltall. 16 Haltet das Wort des Lebens fest,
mir zum Ruhm am Tage Christi, damit ich
nicht ins Leere lief noch mich ins Leere müh-
te. 17 Nein, wenn ich gleich als Trankopfer
ausgegossen werde beim Opfer und heiligen
Dienst eures Glaubens, so freue ich mich, ja,
ich freue mich mit euch allen. 18 So sollt auch
ihr euch freuen, ja, euch freuen mit mir.

Sorge für die Gemeinde: Timotheus und Epaphroditus

19 Doch ich hoffe im Herrn Jesus, Timotheus
bald zu euch zu senden, damit auch ich froh
werde, wenn ich etwas über euch erfahre.
20 Ich habe ja keinen Gleichgesinnten, der sich
so selbstlos um das Eure kümmerte. 21 Alle
nämlich suchen das Ihre, nicht das, was Chris-
ti Jesu ist. 22 Ihr aber wisst von seiner Be-
währung, dass er, gleichwie ein Kind dem Va-
ter, mit mir gedient hat für die Frohbotschaft.
23 Ihn also hoffe ich zu senden, sobald ich mei-
ne Sache überblicken kann. 24 Ich habe aber
im Herrn die Zuversicht, dass ich auch selbst
bald kommen werde. 25 Doch hielt ich es für

2,1-5 Nicht nur im Kampf gegen die Widersacher (vgl. Phil 1,27-30), sondern auch untereinander soll die Gemeinde einig sein. **6-11** Ein vorpaulinisches, wohl in der palästinischen Urgemeinde entstandenes Christuslied. Durch Erniedrigung und Erhöhung des Messias ist eine neue Weltsituation angebrochen; sie erfordert eine neue Lebensweise. Jetzt schon huldigt die Kirche mit den himmlischen Heerscharen dem in die Herrlichkeit Erhöhten. Am Ende wird jedes Knie sich beugen und jede Zunge einstimmen in den Lobgesang. – Fachleute reden hier von einer »dreistufigen Christologie: Präexistenz (er war in der »Gestalt Gottes«) – Erniedrigung – Erhöhung. **11** Vgl. Jes 45,23. **12-18** Wenn sich die Gemeinde die Grundhaltung Jesu Christi (vgl. V. 5) zu eigen macht, wird sie fähig, ihr Heil im geheimnisvollen Ineinander menschlicher Entscheidung und göttlicher Hilfe zu wirken. **17** Paulus gebraucht hier das Bild vom Trankopfer: Über die Opfergabe wurde als Trankspende Wein ausgegossen. Das Blut des Paulus ist die Trankspende, die über die Opfergabe ausgegossen wird: nämlich den Glauben der Philipper. **19-24** Paulus will den Timotheus, einen Mitarbeiter, dem er vertraut und von dessen Uneigennützigkeit er überzeugt ist, nach Philippi sen-

notwendig, Epaphroditus, meinen Bruder,
Mitarbeiter und Mitstreiter, euren Abgesand-
ten und Diener für meinen Bedarf, zu euch zu
senden, 26 denn er sehnte sich nach euch allen
und war bekümmert, weil ihr gehört habt,
dass er krank war. 27 Er war auch wirklich
krank bis nah an den Tod. Doch Gott hat sich
seiner erbarmt, und nicht nur seiner, sondern
auch meiner, damit ich nicht Betrübnis über
Betrübnis erfahre. 28 Um so eiliger also sende
ich ihn, damit ihr ihn seht und euch wieder
freut und auch ich weniger Betrübnis habe.
29 So nehmt ihn auf im Herrn in aller Freude
und haltet solche Männer in Ehren! 30 Denn
um des Werkes Christi willen kam er dem To-
de nah, da er sein Leben aufs Spiel setzte, um
das zu ergänzen, was eurem Dienst für mich
ermangelte.

Nicht nur theologische Fragen,
auch menschliche Beziehungen
sind dem Apostel wichtig.
Er ist nicht nur ein Theoretiker,
er gibt uns auch Einblick
in seine menschliche Seite.

(2,19-30)

Um Christi willen:
Einst gewinn – jetzt Verlust

3 Im Übrigen, meine Brüder, freut euch im
Herrn! Euch dasselbe zu schreiben macht mir
keine Last, euch gibt es Sicherheit. 2 Gebt
Acht auf die Hunde, gebt Acht auf die
schlechten Arbeiter, gebt Acht auf die Zer-
schneidung. 3 Denn wir sind die Beschnei-
dung, wir, die wir im Geist Gottes dienen, uns
rühmen in Christus Jesus und nicht auf
Fleisch vertrauen, 4 wenngleich auch ich auf
Fleisch vertrauen kann. Sollte irgendeiner
meinen, auf Fleisch vertrauen zu können – ich
noch mehr: 5 Beschnitten am achten Tag, aus
dem Geschlecht Israel, aus dem Stamm Ben-
jamin, ein Hebräer von Hebräern, dem Ge-
setz nach Pharisäer, 6 dem Eifer nach ein Ver-
folger der Kirche, der Gesetzesgerechtigkeit
nach ohne jeden Tadel. 7 Doch was mir Ge-
winn war, das habe ich für Verlust erachtet
um Christi willen. 8 Ja noch mehr, ich halte al-
les für Verlust, wegen des Übermaßes der Er-
kenntnis Christi Jesu, meines Herrn. Seinet-
wegen habe ich dies alles verloren – ja ich be-
trachte es als Unrat –, damit ich Christus
gewinne 9 und in ihm erfunden werde, nicht
mehr im Besitz meiner eigenen Gerechtigkeit,
der aus dem Gesetz, sondern mit jener, durch
Glauben an Christus – der Gerechtigkeit aus
Gott aufgrund des Glaubens –, 10 um ihn zu
erkennen und die Kraft seiner Auferstehung
und die Gemeinschaft mit seinen Leiden, in-
dem ich seinem Tod gleichgestaltet werde,
11 damit ich so zur Auferstehung von den To-
ten gelange. 12 Nicht als hätte ich es schon er-
griffen oder als wäre ich schon am Ziele; ich
jage ihm aber nach, um es zu ergreifen, da ja
auch ich ergriffen wurde von Christus Jesus.
13 Brüder, ich glaube von mir selber noch
nicht, dass ich es ergriffen habe; doch eines
tue ich: Was hinten ist, vergesse ich, und nach
dem, was vor mir ist, strecke ich mich. 14 Ich
jage zielwärts nach dem Siegespreis der
himmlischen Berufung Gottes in Christus
Jesus.

---

den. **25-30** Paulus hat den Epaphroditus, einen aus Philippi stammenden Mitarbeiter (sonst unbekannt), zurückgeschickt. Paulus will den Epaphroditus vor Verdächtigungen schützen; deshalb nennt er die Gründe, die ihn dazu veranlasst haben.
3,1-20 Dieser Abschnitt unterscheidet sich in Sprache und Problemstellung vom vorausgehenden Text. Möglicherweise stammt der Abschnitt aus einem anderen Brief und wurde erst später hier eingefügt. **2-6** Mit scharfen Worten warnt Paulus vor Irrlehrern. »Zerschneidung« (= Kastrierung!) ist eine ironische Anspielung auf die Beschneidung (vgl. Gal 5,12). Gemeint sind wohl Judenchristen, die auf Beschneidung und Erwählung pochen. **5-6** Paulus betont, dass er es mit allen, die sich auf ihre Zugehörigkeit zum jüdischen Volk berufen, aufnehmen kann. **7-11** Ein persönlich geprägtes Glaubensbekenntnis des Apostels. Alles Frühere ist durch die Begegnung mit Christus überholt. **12-20** Seit Paulus von Christus ergriffen wurde, gleicht sein Leben und das eines jeden Chris-

Des Paulus ganze Biographie,
wenn auch durch eine gewisse Brille.
Merkwürdig: sein Verlust
war sein Gewinn, sagt er.
Wie eigentlich sähe sie aus:
meine christliche Biographie?

(3,1-14)

Das Ziel:
Unser Bürgerrecht ist im Himmel

15 Wir, die wir vollkommen sind, wollen so ge-
sinnt sein. Und wenn ihr in etwas anderen
Sinnes seid, wird euch Gott auch dieses of-
fenbaren. 16 Nur, was wir erreichten, daran
wollen wir festhalten. 17 Seid meine Nachah-
mer, Brüder, und achtet auf jene, die so wan-
deln, wie ihr uns zum Vorbild habt. 18 Denn
viele wandeln, von denen ich euch oft geredet
habe – jetzt aber unter Tränen rede –, als Fein-
de des Kreuzes Christi. 19 Ihr Ende ist Verder-
ben, ihr Gott der Bauch, und ihre Herrlich-
keit ist in ihrer Schande, sie sind auf das Irdi-
sche bedacht. 20 Unser Bürgerrecht aber ist im
Himmel, von dort erwarten wir auch den
Retter, den Herrn Jesus Christus. 21 Umwan-
deln wird er den Leib unserer Niedrigkeit und
gleichgestalten dem Leib seiner Herrlichkeit,
durch seine Kraft, in der er vermag, sich das
All zu unterwerfen.

Steht fest:
Der Gott des Friedens wird mit euch sein

4 Darum, meine geliebten und ersehnten
Brüder, meine Freude und mein Kranz, steht
fest im Herrn, ihr Geliebten! 2 Evodia mahne
ich und Syntyche mahne ich, eines Sinnes zu
sein im Herrn. 3 Auch dich bitte ich, treuer
Mitarbeiter, nimm dich ihrer an, sie haben ja
für die Frohbotschaft zusammen mit mir
gekämpft, zugleich mit Klemens und meinen
übrigen Mitarbeitern, deren Namen im Buch
des Lebens stehen. 4 Freuet euch allezeit im
Herrn! Noch einmal sage ich: Freuet euch!
5 Eure Güte werde allen Menschen kund. Der
Herr ist nahe! 6 Sorgt euch um nichts, sondern
in allem lasst in Gebet und Flehen mit Dank-
sagung eure Anliegen kundwerden vor Gott.
7 Und der Friede Gottes, der ja alles Denken
übersteigt, wird eure Herzen und eure Ge-
danken bewahren in Christus Jesus. 8 Im
Übrigen, Brüder, alles was wahr ist, was ehr-
bar, was gerecht, was lauter, was liebenswert,
was ansprechend, was es an Tugend und Lo-
benswertem gibt, das habt im Sinn.

Eine Rundum-Ermahnung!
Das alles ernst nehmen –
die Luft bleibt einem weg.
Doch: Was von all dem
müsste ich wirklich ernst nehmen?
Für mich!

(4,1-8)

9 Was ihr gelernt und empfangen, gehört und
gesehen habt an mir, das tut. Und der Gott des
Friedens wird mit euch sein.

Dank: Ich suche die Frucht, die sich mehrt

10 Ich habe mich sehr gefreut im Herrn, dass
ihr wieder einmal stark genug wäret, für mich
zu sorgen: ihr dachtet wohl daran, doch fehl-

---

ten einem Wettlauf. Er schaut nur nach vorn auf den Kampfpreis: die Berufung zur himmlischen Herrlichkeit. **20-21** Der verherrlichte Herr hat uns eine Heimat, ein Bürgerrecht in seinem Reich erworben. Auf Erden sind wir Fremdlinge, am Ziel sind wir erst, wenn er unseren Leib gleichgestaltet hat dem Leib seiner Herrlichkeit.

4,1 Die abschließende Mahnung bezieht sich auf Kap. 3. **2-3** Zwei (sonst unbekannte) Frauen aus der Gemeinde werden mahnend angesprochen. – Nach einer alten Überlieferung ist der hier Genannte der spätere Bischof Clemens von Rom, der dritte Nachfolger des Apostels Petrus. **4-9** Die ganze Gemeinde ist angesprochen. Paulus ruft sie auf, die Grundhaltung christlicher Freude zu leben und zu teilen. **8** Paulus nennt hier Tugenden, die den Idealen des hellenistischen Bürgertums entsprechen. **10-20** Paulus hat es grundsätzlich abgelehnt, sich von den Gemeinden verhalten zu lassen. Er wollte seine Verkündigung von jedem Verdacht der Eigennützigkeit schützen.

te euch die Gelegenheit. [11] Nicht dass ich aus
Bedürftigkeit redete! Ich habe ja gelernt, in je-
der Lage, in der ich bin, auszukommen. [12] Ich
weiß zu fasten, ich weiß aber auch Überfluss
zu haben. Mit allem und jedem bin ich ver-
traut: satt zu sein und zu hungern, Überfluss
zu haben und Mangel. [13] Alles vermag ich in
dem, der mich stärkt. [14] Doch ihr habt recht
getan, dass ihr Anteil nahmt an meiner Be-
drängnis. [15] Ihr wisst ja selbst, ihr Philipper,
dass im Anfang der Frohbotschaft, als ich von
Mazedonien weiterreiste, keine Gemeinde
mit mir Gemeinschaft hatte in bezug auf Ge-
ben und Nehmen als ihr allein.

Überfluss und Mangel –
satt sein und hungern,
das alles kennt der Apostel.
Er erträgt es in dem,
der ihn stärkt.
Herr, schenk mir auch nur ein wenig
von dieser Ausdauer
um deinetwillen!

(4,9-15)

[16] Auch nach Thessalonich sandtet ihr mir
nicht einmal, nein, zweimal für meinen Be-
darf. [17] Nicht als suchte ich die Gabe, nein, ich
suche die Frucht, die sich mehrt zu euren
Gunsten. [18] Ich habe alles erhalten und habe
Überfluss; ich habe in Fülle, seitdem ich von
Epaphroditus eure Gabe erhalten habe als
lieblichen Wohlgeruch, ein angenehmes Op-
fer, wohlgefällig vor Gott. [19] Mein Gott aber
wird all euer Bedürfen erfüllen nach seinem
Reichtum durch Herrlichkeit in Christus Je-
sus. [20] Gott aber, unserem Vater, sei Herrlich-
keit von Ewigkeit zu Ewigkeit. Amen.

Gruß und Segen:
Die Gnade des Herrn Jesus Christus

[21] Grüßt einen jeden Heiligen in Christus Je-
sus. [22] Es grüßen euch die Brüder, die bei mir
sind. Es grüßen euch alle Heiligen, vorzüglich
die aus dem Hause des Kaisers. [23] Die Gnade
des Herrn Jesus Christus ist mit eurem Geiste.

Nur den Philosophen erlaubt er, in die Gemeinschaft »des Gebens und Nehmens« einzutreten. Alle anderen in den Gemeinden waren nur Nehmende. – Paulus bedankt sich für eine Spende, die Epaphroditus (vgl. 2,25-30) ihm im Auftrag der Philipper überbrachte. **21-23** Im abschließenden Gruß beruft sich Paulus auf die Gemeinschaft mit den Brüdern, die bei ihm sind (vgl. 2,20-21). – Zum »Haus des Kaisers« zählten im weiteren Sinn die Beamten und das Heer. Es ist nicht klar, auf wen Paulus hier anspielt. – Zur Segensformel vgl. Gal 6,18 und Phlm 25.

Der Brief an die Kolosser

Der Kolosserbrief gehört zu den vier sog. Gefangenschaftsbriefen (Philipper-, Kolosser-, Epheser- und Philemonbrief), in denen der Autor sich selber als Gefangener bezeichnet. Die fast gleichzeitige Abfassung von Kolosser und Epheser verrät sich an den zahlreichen Übereinstimmungen. Der Epheserbrief zeigt sich als der spätere durch den ruhigeren Ton und die größere Breite, die ausführt, was der Kolosserbrief nur andeutet. Die Gefangenschaft, aus der Paulus schreibt, wird wohl die gleiche sein wie jene, während der auch der Epheserbrief geschrieben wurde; Ephesus, die Zentrale Kleinasiens.

Die Gemeinden in Kolossä, Laodizea und Hierapolis sind, wie dem Text selber zu entnehmen ist (1,7; 4,12-13), vom Missionar Epaphras gegründet worden. Paulus selbst hat sie nach 2,1 nicht persönlich kennen gelernt. Mit diesem Epaphras und einigen anderen Mitarbeitern zusammen ist Paulus in Haft (4,10.12; 4,3.18). Seine Lage ist also ähnlich wie die im Philemonbrief. Der Schluss des Briefes mit Namen in der Grußliste (4,9-10) deuten darauf hin, dass dieser Schluss sicher von Paulus selber stammt; daraus gleich zu folgern, dass der ganze Brief, so wie er da steht, vom Apostel stammt, ist wohl zu voreilig gedacht. Besonders im Stil unterscheidet sich der Kolosserbreif von den echten Paulusbriefen. Im Eingang ist die Sprache der Liturgie vorherrschend; im Schlussteil ist es eher die Art der sittlichen Gemeindeunterweisung. Beides sind damals übliche Sprachformen. In all dem gleicht der Kolosser dem Epheserbrief. Daher nimmt man an, dass beide Briefe von Paulusschülern stammen, die die Autorität des Apostels für ihre Texte in Anspruch genommen haben.

Der Kolosserbrief verfolgt ein besonderes Ziel. Er bekämpft eine Irrlehre, die in der Gemeinde Eingang gefunden hat. Ihnen geht es vor allem darum, dass auch die Christen den dämonischen Mächten, die die Wirklichkeit der Welt beherrschen, ihre Reverenz erweisen müssen. Dagegen setzt der Kolosserbrief die Aussage, die die Gemeinde aus ihrer christlichen Unterweisung kennen muss: Christus ist der eine Herr der Welt. Seine Herrschaft durchdringt und umgreift das gesamt All. Die Kirche ist nicht eine Sekte, die außer ihrem Herrn noch allen möglichen anderen Herren Anerkennung zu zollen hätte, um in der Welt bestehen zu können. Sie ist vielmehr der Leib Christi, der Herrschaftsbereich des einen Weltenherrschers, dessen Horizont und Sicht im All universal ist. Hier gilt, auf Christus übertragen, das erste Gebot: »Du sollst keine anderen Götter haben neben mir.«

Paulus sieht in dieser Irrlehre eine Gefahr für die volle Anerkennung Christi als des einzigen Mittlers zwischen Gott und Mensch. Von da her ist die starke Hervorhebung nicht nur der Erlöser-, sondern auch der Schöpfermittlerschaft Christi zu verstehen: »Alles ist durch ihn und auf ihn hin geschaffen.«

An die Kolosser: Gnade euch und Friede

1 Paulus, Apostel Christi Jesu durch Gottes Willen, und der Bruder Timotheus [2] an die heiligen und gläubigen Brüder in Christus zu Kolossä. Gnade euch und Friede von Gott, unserm Vater.

Dank an Gott: Wir haben von eurem Glauben gehört

[3] Wir sagen Dank Gott, dem Vater unseres Herrn Jesus [Christus], indem wir allezeit für euch beten [4] da wir von eurem Glauben an Jesus Christus gehört haben und von der Liebe, die ihr habt zu allen Heiligen –, [5] um der Hoffnung willen, die euch in den Himmeln hinterlegt ist. Von ihr habt ihr schon gehört im Wort der Wahrheit der Frohbotschaft, [6] die zu euch gekommen ist, so wie sie auch in aller Welt ist, fruchtbringend und wachsend wie auch in euch, seit dem Tag, da ihr gehört und in Wahrheit erkannt habt die Gnade Gottes. [7] So habt ihr von Epaphras, unserm geliebten Mitknecht, gelernt, der ein treuer Diener des Christus für euch ist. [8] Er hat uns auch kundgetan eure Liebe im Geist.

Was auch immer dieser Paulus schreibt,
er beginnt mit einem Dank an Gott.
Machen wir das auch?
Steht uns das Jammern nicht viel näher?
Für was alles sollte ich Gott danken?

(1,1-8)

Bitte für die Gemeinde: Dass ihr des Herrn würdig einhergeht

[9] Daher hören auch wir nicht auf, seit dem Tag, da wir es gehört haben, für euch zu beten und zu bitten, dass ihr erfüllt werdet mit der Erkenntnis seines Willens, in aller Weisheit und geistlichen Einsicht, [10] auf dass ihr des Herrn würdig einhergeht zu allem Wohlgefallen, fruchtbringend in jedem guten Werk, wachsend in der Erkenntnis Gottes, [11] in aller Macht mächtig, gemäß der Kraft seiner Herrlichkeit, zu allem Ausharren und aller Langmut, mit Freuden [12] Dank sagend dem Vater, der euch befähigt hat, Anteil zu haben am Erbe der Heiligen im Licht.

Die Stellung Christi: Alles ist durch ihn und auf ihn hin erschaffen

[13] Er hat uns entrissen der Gewalt der Finsternis und uns versetzt in das Reich seines geliebten Sohnes. [14] In ihm haben wir die Erlösung, die Vergebung der Sünden. [15] Er ist Bild Gottes, des Unsichtbaren, Erstgeborener der ganzen Schöpfung. [16] Denn in ihm wurde alles erschaffen in den Himmeln und auf der Erde, das Sichtbare und das Unsichtbare, seien es Throne oder Hoheiten, seien es Herrschaften oder Gewalten. Alles ist durch ihn und auf ihn zu erschaffen. [17] Und er ist vor allem, und alles hat in ihm Bestand. [18] Und er ist das Haupt des Leibes: der Kirche. Er ist der Anfang, Erstgeborener von den Toten, damit er in allem der Erste sei.

1,1-2 Der Brief soll im Gottesdienst vorgelesen werden; darum ist der Adresse ein Segenswunsch beigefügt. **2** Das »in Christus« gehört zu allen drei Bezeichnungen: Heilige in Christus, Gläubige in Christus, Brüder in Christus. **3-8** Der Apostel dankt für den Glauben der Gemeinde. Die Dreiergruppe von Glaube, Hoffnung, Liebe findet sich schon im ersten Paulusbrief (1 Thess 1,3; 5,8); sie dürfte schon vorpaulinisch und damit ältestes christliches Überlieferungsgut sein. **9-11** Vom Dank zum fürbittenden Wunsch: Die Glaubenden sollen den Willen des Herrn immer mehr erkennen, in Geduld und Ausdauer. **9** Durch die Ankunft des Epaphras ist Paulus aufs Neue zum Gebet für die Gemeinde aufgerufen. **10-11** Sie sollen nicht nut in der Erkenntnis Gottes wachsen, sondern auch im Leiden sich bewähren. **1-14** Die Getauften haben Anteil am Erbteil der »Heiligen« (Erlöste oder Engel); sie sind aus der Macht der Finsternis (den Mächten, die die Welt beherrschen) befreit und jetzt schon aufgenommen in das Reich des Sohnes. **15-20** Dem Abschnitt liegt wohl ein vorgeformter (liturgischer) Hymnus zugrunde. **15-17** Christus ist nicht nur der Mittler der Erlösung, er ist auch der Mittler der Schöpfung. Er ist vor und darum über allem. Alle Mächte und Gewalten dienen letztlich nur ihrem Schöpfer, Erhalter und Herrn. **18-20** Christus ist An-

Er ist das Haupt der Kirche,
er ist der Anfang von allem,
er ist der Erstgeborenen von den Toten...
Wie könnte diese Litanei weitergehen?

(1,13-18)

[19] Denn es gefiel, dass die ganze Fülle in ihm
wohne, [20] und durch ihn alles auf ihn hin zu
versöhnen, Frieden stiftend durch das Blut
seines Kreuzes, durch ihn, sei es was auf der
Erde oder was in den Himmeln ist. [21] Und
euch, die ihr einst Entfremdete wart und
Feinde durch das Denken in den bösen Wer-
ken, [22] hat er jetzt aber versöhnt im Leib sei-
nes Fleisches durch den Tod, um euch darzu-
stellen als Heilige und Makellose und Unbe-
scholtene vor seinem Angesicht, [23] wenn ihr
nur im Glauben festgegründet und beständig
verbleibt und euch nicht wegbewegen lasst
von der Hoffnung der Frohbotschaft, die ihr
gehört habt, die verkündet ward in aller
Schöpfung unter dem Himmel, deren Diener
ich, Paulus, geworden bin.

Der Auftrag des Paulus:
Dafür mühe ich mich und kämpfe

[24] Nun freue ich mich für euch in den Leiden
und ergänze meinerseits an meinem Fleische
das, was an den Bedrängnissen des Christus
für seinen Leib – der die Kirche ist – fehlt.
[25] Ihr Diener bin ich geworden, gemäß dem
Heilsauftrag Gottes, den er mir für euch ge-
geben hat, um das Wort Gottes zu erfüllen,
[26] das Geheimnis, das verborgen war von
Weltzeiten her und von Geschlechtern – jetzt
aber offenbar gemacht ist seinen Heiligen.
[27] Ihnen wollte Gott kundmachen, was der
Reichtum der Herrlichkeit dieses Geheimnis-
ses unter den Völkern ist, nämlich: Christus
in euch, die Hoffnung auf Herrlichkeit. [28] Ihn
verkünden wir, indem wir jeden Menschen
ermahnen und jeden Menschen lehren in aller
Weisheit, damit wir jeden Menschen voll-
kommen in Christus darstellen. [29] Dafür
mühe ich mich auch und kämpfe entspre-
chend seiner Wirkmacht, die in mir wirkkräf-
tig ist mit Macht.

Wer mag schon Gott danken
für alle Leiden, die er erträgt?
Wofür danke ich ihm?
Komme ich überhaupt auf die Idee,
ihm zu danken?
Der letzte Rest davon ist der Ausruf:
Gott sei Dank!
Ohne Überlegen gesagt.

(1,24-29)

Der Glaube der Gemeinde:
Verwurzelt und auferbaut in ihm

2 Denn ich will, dass ihr wisst, welch einen
großen Kampf ich habe für euch und für die
in Laodizea und alle, die mein Angesicht im
Fleisch nicht gesehen haben, [2] damit ihre Her-
zen Beistand haben, zusammengehalten in
Liebe und zum ganzen Reichtum der Gewiss-
heit der Einsicht, zur Erkenntnis des Geheim-
nisses Gottes, nämlich: des Christus. [3] In ihm
sind alle Schätze der Weisheit und Erkenntnis
verborgen. [4] Dies sage ich, damit keiner euch

---

fang der Schöpfung und Haupt der Kirche. Als erster durchbrach er die Macht des Todes. Er überwand durch sein Kreuz die durch die Sünde entstandene Kluft. **21-23** Die Erlösertat Christi fordert die Glaubenstat der Erlösten, sein Ausharren und sein Hoffen auf das verheißene Erbe, Wort und Leben des Apostels sind ein Beispiel dafür, wie Christus in der Welt wirksam werden will. **24-29** Christus und die Christen bilden eine geheimnisvolle Lebensgemeinschaft. Der Christ trägt Bedrängnisse, die seinem Herrn zugedacht sind. Damit leidet er für Christus und die in ihm gründende Kirche. **27** Dass auch den Heiden »in Christus« die Hoffnung auf die Herrlichkeit gegeben ist, ist das Geheimnis, das jetzt erst enthüllt wird. **25-28** Das Amt verpflichtet die Verkünder, der Gemeinde zu dienen und ihr das Geheimnis, das verborgen war, zu offenbaren: Jesus Christus. Das ist auch gegen die so genannten Gnostiker (griech. gnosis = Erkenntnis) gesagt, die Wissen und Erkenntnis den Eingeweihten vorbehalten wollen.

2,1-5 Betende Sorge um die gefährdeten Briefempfänger: Die Wahrheit und Erkenntnis findet in Chris-

betrüge mit überredenden Worten. [5] Denn wenn ich auch dem Fleische nach abwesend bin, so bin ich doch dem Geiste nach mit euch und freue mich und sehe eure Ordnung und die Festigkeit eures Glaubens an Christus. [6] Wie ihr nun den Christus Jesus, den Herrn, angenommen habt, so geht einher in ihm, [7] verwurzelt und auferbaut in ihm und gefestigt im Glauben, wie ihr gelehrt wurdet, überströmend in Danksagung.

Philosophie oder Kreuz:
Keiner verführe euch

[8] Sehet zu, dass euch keiner verführe durch Weltweisheit und leeren Betrug nach der Überlieferung der Menschen, nach den Elementen der Welt und nicht nach Christus. [9] Denn in ihm wohnt die ganze Fülle der Gottheit leibhaftig, und ihr seid erfüllt in ihm, [10] der das Haupt ist jeder Herrschaft und Gewalt. [11] In ihm seid ihr auch beschnitten mit einer nicht von Händen gemachten Beschneidung, durch die Ablegung des Fleischesleibes in der Christusbeschneidung: [12] Begraben mit ihm in der Taufe, in der ihr auch mitauferweckt seid durch den Glauben an die Wirkmacht Gottes, der ihn auferweckt hat von den Toten. [13] Auch euch, die ihr tot wart in den Verfehlungen und in der Unbeschnittenheit eures Fleisches, euch hat er mit ihm zusammen lebendig gemacht, da er uns gnädig erließ alle Verfehlungen. [14] Er hat den Schuldschein gegen uns weggewischt, der in Satzungen uns entgegengesetzt war, und ihn weggenommen aus der Mitte und ihn ans Kreuz genagelt. [15] Er hat die Herrschaften und die Gewalten entwaffnet und sie öffentlich zur Schau gestellt und in ihm über sie triumphiert.

Große Warnung,
sich nicht verführen zu lassen,
auch nicht von aller Weisheit,
die alle Welt bietet.
Ist solche Warnung
auch heute noch angemessen?

(2,8-15)

Freiheit vom Gesetz:
Was lasst ihr euch Satzungen auferlegen

[16] Es soll also keiner euch richten in Speise und in Trank oder in Sachen eines Festes, sei es Neumond oder Sabbattag. [17] Dies ist nur das Schattenhafte des Kommenden – das Leibhafte aber ist des Christus. [18] Keiner soll euch aburteilen, der sich in Demut und Verehrung der Engel gefällt, sich versteift auf das, was er gesehen hat, grundlos aufgeblasen im Denken seines Fleisches, [19] und sich nicht hält an das Haupt, von dem aus der ganze Leib, durch Gelenke und Bänder getragen und zusammengehalten, im Wachstum Gottes wächst. [20] Wenn ihr mit Christus gestorben seid, weg von den Elementen der Welt, was lasst ihr euch, als lebtet ihr in der Welt, Satzungen auferlegen. [21] Fasse nicht an! Koste

---

tus ihre Erfüllung. In Kolossä und anderen Städten waren gnostische Irrlehrer am Werk. **6-7** Für Paulus liegen die beiden Bilder vom Baum und vom Bau nahe beisammen (vgl. auch Eph 3,17). Er drückt auch hier den Gedanken des Wachstums als ein dauerndes Auferbautwerden in Christus aus. **8-15** Wer Christus hat, besitzt alles. Seine Botschaft und Erlösungstat sind die einzige Rettung. Was die Sektierer in Kolossä als Erlösungslehre und als Geisterkult anbieten, hat neben Christus keinen Platz; denn er ist die Fülle. **11** Die Unruhestifter scheinen aus jüdischen Kreisen zu stammen. Der alten Beschneidung setzt Paulus die »neue« entgegen. **12** In der Taufe als dem geheimnisvollen Einbezogenwerden in Christi Tod, Begräbnis und Auferstehung ist die alte Welt und ihre Ordnung versunken. **14** Vgl. dazu 2 Kor 5,21; Gal 3,13. Mit dem »Schuldschein« ist wohl das Gesetz des Alten Bundes gemeint. Da es nach jüdischer Auffassung von Engeln einst vermittelt worden war, waren die Mächte die Ankläger gegen uns. Jetzt sind sie entwaffnet; denn die Schuld ist beglichen. **16** Jüdische Speise- und Kalendervorschriften vertragen sich nicht mit christlicher Freiheit. **17** Alle alttestamentlichen Vorschriften sind nur ein »Schatten(bild) der künftigen Dinge«, die in Christus »leibhafte« Wirklichkeit geworden sind. **18-19** Christen brauchen keine Selbstkasteiung und keinen Engelkult. Hier wird auf Lehren der Gegner und auf Schlagworte ihrer Sprache angespielt; manches ist uns heute dunkel und schwer deutbar. **20-23** Ihr seid mit Christus gestor-

nicht! Berühre nicht! [22] Das alles ist durch den Verbrauch vergänglich, entsprechend den Geboten und Lehren der Menschen; [23] zwar steht es im Ruf der Weisheit durch Sondergottesdienst und Demut und Härte gegen den Leib, aber es hat keinen Wert – es dient zur Sättigung des Fleisches.

Einen ganzen Beichtspiegel
könnte man zusammenstellen
aus all den Bosheiten,
die Paulus hier aufzählt!

(3,5-11)

Leben in Christus: Verborgen mit dem Christus in Gott

3 Wenn ihr nun mit dem Christus auferweckt seid, sucht, was droben ist, wo der Christus ist, sitzend zur Rechten Gottes. [2] Was droben ist, sinnt, nicht was auf der Erde. [3] Denn ihr seid gestorben, und euer Leben ist verborgen mit dem Christus in Gott. [4] Wenn der Christus, unser Leben, offenbar wird, dann werdet auch ihr mit ihm offenbar werden in Herrlichkeit.

Sünde und Laster: Lasst tot sein die Glieder von der Erde

[5] Darum lasst tot sein die Glieder, die von der Erde sind: Unzucht, Unreinheit, Leidenschaft, böse Begierde und die Habsucht, die Götzendienst ist, [6] derentwegen der Zorn Gottes kommt. [7] In ihnen gingt auch ihr einst dahin, als ihr darin lebtet. [8] Jetzt aber legt auch ihr das alles ab: Zorn, Grimm, Bosheit, Lästerung, Schandrede aus eurem Mund. [9] Belügt einander nicht, die ihr den alten Menschen samt seinem Treiben ausgezogen habt [10] und angezogen habt den neuen, der erneuert wird zur Erkenntnis nach dem Bild dessen, der ihn erschaffen hat. [11] Da gilt nicht mehr Grieche und Jude, Beschneidung und Unbeschnittenheit, Barbar, Skythe, Knecht, Freier, sondern alles und in allen Christus.

Leben des Christen: Tut alles im Namen des Herrn Jesus

[12] Zieht also an als Gottes erwählte Heilige und Geliebte ein Herz des Erbarmens, Gütigkeit, Demut, Milde, Langmut. [13] Ertragt einander und begnadigt euch, wenn einer gegen jemand eine Klage hat; wie auch der Herr euch begnadigt hat, so auch ihr. [14] Über all dem aber ist die Liebe, die ein Band der Vollkommenheit ist, [15] und der Friede des Christus herrsche in euren Herzen, zu dem ihr auch berufen seid in dem einen Leib, und werdet Danksagende. [16] Das Wort des Christus wohne reichlich in euch, in aller Weisheit lehrt und ermahnt einander mit Psalmen, Hymnen und geistlichen Liedern, in Dankbarkeit singt Gott in euren Herzen. [17] Und alles, was ihr nur immer tut in Wort und in Werk, tut alles im Namen des Herrn Jesus, indem ihr Gott, dem Vater, durch ihn Dank sagt.

Christliche Hausordnung: Ihr habt einen Herrn im Himmel

[18] Ihr Frauen, seid Untertan den Männern, wie es sich im Herrn geziemt. [19] Ihr Männer, liebt die Frauen und seid nicht bitter gegen sie. [20] Ihr Kinder, gehorcht den Eltern in allem, denn das ist wohlgefällig im Herrn. [21] Ihr Väter, reizt nicht eure Kinder, damit sie nicht unmutig werden. [22] Ihr Knechte, gehorcht in al-

---

ben, also richtet euch danach. Sondergottesdienst, Selbsterniedrigung und Kasteiungen machen zwar Eindruck, aber das alles ist nur Selbstgenügen des Fleisches. **22** Vgl. Jes 29,13.
3,1-4 Über Sein und Ziel christlicher Existenz: Jetzt schon lebt der Getaufte aus der Auferstehung. Doch das ist noch verborgen; offenbar wird es erst mit dem Kommen des Herrn. **5-11** Der Christ soll alles »töten«, was der Sündenverfallenheit entspricht. Die beiden Lasterkataloge (V. 5 und 8) halten sich an jüdische Vorbilder. **10-11** Dem »töten« entspricht das »neu geworden sein«. Die individuellen Unterschiede sind in der Gemeinschaft aufgehoben: eine Taufe, der eine Herr. **12-17** Dem negativen »Lasst tot sein« stellt Paulus jetzt die positive Forderung gegenüber: Zieht den neuen Menschen an; er ist »heilig« durch Gottes Erwählung, so soll er auch heilig werden durch sein Leben. **18-21** Vgl. dazu Eph 5,21 – 6,9. Frauen und

lem denen, die dem Fleische nach Herren
sind, nicht in Augensklaverei, wie um men-
schengefällig zu sein, sondern in Einfalt des
Herzens, den Herrn fürchtend. 23 Was immer
ihr tut, wirkt es aus der Seele heraus, wie dem
Herrn und nicht Menschen, 24 da ihr wisst,
dass ihr vom Herrn als Gegengabe das Erbe
empfangen werdet. Seid Sklaven Christus,
dem Herrn; 25 denn der Ungerechte wird
zurückerhalten, was er Unrecht tat; denn es
gibt kein Ansehen der Person.

Diese Haustafeln!
In einer wie der andern
sind die Frauen die,
die gehorchen sollen.
Sie stehen gleich vor den Sklaven.
Was Wunder,
dass Frauen sich ärgern!

(3,18-25)

Ermahnungen:
Im Gebet harret aus

4 Ihr Herren, gewährt den Sklaven, was
Recht ist und Gleichheit, da ihr wisst, dass
auch ihr einen Herrn im Himmel habt.
2 Im Gebet harrt aus, seid wachsam in ihm in
Danksagung. 3 Betet zugleich auch für uns,
damit uns Gott eine Türe des Wortes öffne,
vom Geheimnis des Christus zu reden, um
dessentwillen ich auch gefesselt bin, 4 damit
ich es offenbar mache, so wie ich davon reden
muss. 5 In Weisheit geht einher gegenüber de-
nen, die draußen sind, indem ihr die Zeit aus-
kauft. 6 Euer Wort sei allezeit voll Gnade, mit
Salz gewürzt, damit ihr wisst, wie ihr jedem
Einzelnen antworten müsst.

Persönliche Mitteilungen:
Damit ihr erfahrt, wie es um uns steht

7 Was mich betrifft, wird euch Tychikus, der
geliebte Bruder und treue Diener und Mit-
knecht im Herrn, alles kundtun. 8 Ich habe
ihn eben dazu zu euch geschickt, damit ihr er-
fahrt, wie es um uns steht, und er euren Her-
zen beistehe, 9 zusammen mit Onesimus, dem
treuen und geliebten Bruder, der von euch ist.
Alles werden sie euch kundtun, was hier ge-
schieht.

Dankgebet und Fürbitte
stehen nahe beieinander.
Und keine Zeit mit sonst was vertrödeln.
Auch wenn Paulus hier hart redet,
so spricht er doch liebevoll
von seinen Mitarbeitern.
Das eine schließt das andere nicht aus.

(4,1-9)

Grüße: Der Gruß mit meiner,
des Paulus, Hand

10 Es grüßt euch Aristarch, mein Mitgefange-
ner, und Markus, der Vetter des Barnabas –
über den ihr Aufträge empfingt; wenn er zu
euch kommt, nehmt ihn auf –, 11 und Jesus,
der Justus genannt wird. Sie sind aus der Be-
schneidung die alleinigen Mitwirkenden für
das Reich Gottes, und sie sind mir ein Trost
geworden. 12 Es grüßt euch Epaphras, der von
euch ist, ein Knecht Christi Jesu, der allezeit

Männer, Kinder und Väter, Sklaven und Herren werden ermahnt, sich den damals geltenden gesellschaftlichen Strukturen einzufügen. **22-25** Die Mahnung an die Sklaven ist am ausführlichsten. Eine einzige Absicht soll ihr ganzes Leben bestimmen. Mit dem Sklavendienst sollen sie Christus, dem Herrn, dienen. **4,1** Der Vers gehört inhaltlich noch zum letzten Abschnitt. Die Mahnung an die Herren fällt merklich kurz aus. Ob dies ein Hinweis darauf ist, dass es zahlenmäßig nur ein kleiner Kreis ist, an den er sich wenden kann? **2-6** Einzelne Mahnungen werden in lockerer Form aneinandergereiht. Fazit: Wachet und betet und versucht Außenstehende zu gewinnen. **7-9** Der Besuch von Tychikus (vgl. Eph 6,21-22) und Onesimus (vgl. Phlm 10-12) wird angekündigt. **10-11** Drei judenchristliche Mitarbeiter des Paulus werden namentlich genannt. **12-14** Nach den judenchristlichen Mitarbeitern des Paulus werden drei heidenchristliche genannt. Epaphras: vgl. 1,7. Er hat offenbar in Laodizea und Hierapolis (eine phrygische Stadt nörd-

für euch in den Gebeten kämpft, damit ihr dasteht als Vollkommene und Ganz-Erfüllte in allem Willen Gottes.
13 Denn ich bezeuge ihm, dass er viel Mühe hat für euch und die in Laodizea und die in Hierapolis.
14 Es grüßt euch Lukas, der Arzt, der geliebte, und Demas.
15 Grüßt die Brüder in Laodizea und Nympha und die Gemeinde in ihrem Hause.
16 Und wenn der Brief bei euch gelesen ist, macht, dass er auch in der Gemeinde der Laodizener gelesen werde und dass auch ihr den von Laodizea lest.
17 Und sagt dem Archippus: Sieh auf den Dienst, den du im Herrn übernahmst, damit du ihn erfüllst.
18 Der Gruß mit meiner, des Paulus, Hand. Gedenkt meiner Fesseln. Die Gnade mit euch!

---

lich von Kolossä) besonders gewirkt. Lukas wird als zweiter genannt (vgl. 2 Tim 4,11; Phlm 24); schließlich nennt der Text den Demas (vgl. Phlm 24). **15-17** Der Hinweis auf den Austausch apostolischer Schreiben zwischen den Gemeinden bezeugt die hohe Geltung dieser Schriften. – Der Brief an die Gemeinde von Laodizea ist nicht erhalten. – Weshalb der Archippus durch die Gemeinde zu gewissenhafter Arbeit ermahnt werden soll, ist nicht bekannt. **18** Es war üblich, die diktierten Briefe mit einem eigenhändig geschriebenen Grußwort zu versehen; dadurch wird der Brief als authentisch anerkannt (»Unterschrift«).

Der erste Brief an die Thessalonicher

Thessalonich war zu neutestamentlicher Zeit die Hauptstadt der römischen Provinz Mazedonien. Ihre Bewohner waren zum größten Teil Griechen. Doch fand sich dort auch eine jüdische Gemeinde (Apg 17,1).
Paulus kam mit Silas und Timotheus auf seiner zweiten Missionsreise in die Stadt, verkündete die Frohe Botschaft und gründete eine Gemeinde, die wohl zum Großteil aus gottesfürchtigen Nichtjuden bestand.
Judaistische Verfolgungen vertreiben Paulus aus der Stadt; er setzt seine Reise fort und schickt von Athen aus Timotheus als Boten zurück. Dieser stößt in Korinth wieder zu ihm und bringt Nachricht von der jungen Gemeinde. Ihr schreibt Paulus seinen ersten Brief (etwa im Jahr 51). Der Thessalonicherbrief ist damit der älteste der Paulusbriefe, vielleicht sogar die älteste Schrift des ganzen Neuen Testaments.
In ihm lassen sich zwei Teile unterscheiden. Zunächst blickt Paulus zurück auf seinen Dienst in Thessalonich (1,2 – 3,8). Daran schließen sich Belehrungen und Weisungen für die Gemeinde (3,9 – 5,24): Die Juden, die Paulus aus der Stadt verdrängen, verfolgen nun auch die Gemeinde. Ein brennendes Problem entsteht in der Frage nach dem Geschick der Verstorbenen und ihrem Anteil am kommenden Tag des Herrn. Paulus antwortet ihnen und sagt uns: Wer einmal von Christus ergriffen wurde, sich von ihm ergreifen ließ, den lässt er nicht wieder los. Lebende und Tote wird er zusammenführen in sein Reich.

✧

Paulus an die Thessalonicher

1 Paulus, Silvanus und Timotheus an die Gemeinde der Thessalonicher in Gott dem Vater und dem Herrn Jesus Christus: Gnade euch und Friede!

Lob und Dank:
Im Dienste des lebendigen Gottes

2 Wir sagen Gott allezeit Dank für euch alle,
wenn wir bei unseren Gebeten euer gedenken.
3 Unablässig denken wir vor unserem
Gott und Vater an euer Wirken im Glauben
und eure Arbeit in der Liebe und eure Ausdauer in der Hoffnung auf unseren Herrn Jesus Christus.
4 Wir kennen eure Erwählung,
von Gott geliebte Brüder.
5 Denn unsere Frohbotschaft erging an euch ja nicht im Wort allein, sondern auch in Kraft und in Heiligem Geist und in voller Gewissheit. Ihr wisst ja, auf welche Weise wir um euretwillen bei euch
aufgetreten sind.
6 Ihr aber wurdet unsere
Nachahmer und die des Herrn, da ihr das

1,1 Die Absender des Briefes: Paulus und seine Mitarbeiter Silvanus (Silas; vgl. Apg 15,40) und Timotheus (vgl. Apg 16,1-3). Empfänger ist die Gemeinde in Thessalonich, der Hauptstadt der Provinz Mazedonien. **2-10** Paulus schreibt einer Gemeinde, die ihn kennt. In Thessalonich hat er erfolgreich gewirkt. Nun dankt er Gott dafür, dass diejenigen, denen er das Evangelium brachte, so glauben, hoffen und lieben, dass andere angesteckt werden. **4** Angeredet werden, dem damaligen Brauch entsprechend, nur die »Brüder«. Die Schwestern sind allenfalls mitgemeint. **6** »Große Bedrängnis«: Anspielung auf die durch die »Juden« angezettelte Verfolgung. **9-10** Der Weg zum Glauben: Abkehr von Götzen, Bindung an

Wort in großer Bedrängnis mit Freude Heiligen Geistes angenommen habt. 7 So seid ihr allen Gläubigen in Mazedonien und Achaia ein Vorbild geworden. 8 Denn von euch her erklang das Wort des Herrn nicht nur in Mazedonien und Achaia, sondern überallhin ist euer Glaube an Gott gedrungen, so dass wir gar nicht nötig haben, etwas zu sagen: 9 Sie selbst berichten von uns, welche Aufnahme wir bei euch gefunden und wie ihr euch Gott zugewandt habt, weg von den Götzen, um dem lebendigen und wahrhaften Gott zu dienen 10 und zu erwarten seinen Sohn aus den Himmeln – den er auferweckte von den Toten –, Jesus, der uns rettet aus dem kommenden Zorngericht.

Wir künden die Frohbotschaft:
Gott ruft euch in sein Reich

2 Ihr selbst wisst, Brüder, dass unser Kommen zu euch nicht vergeblich war. 2 Sondern, obgleich wir vorher gelitten haben und misshandelt wurden in Philippi – wie ihr wisst –, gewannen wir in unserem Gott den Mut, euch die Frohbotschaft Gottes zu sagen, unter hartem Kampf. 3 Denn unser Zuspruch kommt nicht aus Irrtum, noch aus Unlauterkeit, noch in List, 4 sondern, wie wir von Gott für tauglich gehalten wurden, mit der Frohbotschaft betraut zu werden, so reden wir, nicht um Menschen zu gefallen, sondern Gott, der unsere Herzen prüft. 5 Denn weder sind wir je mit Schmeichelrede aufgetreten, ihr wisst es, noch unter dem Vorwand der Habsucht, Gott ist Zeuge, 6 noch haben wir Verherrlichung von Menschen gesucht, weder von euch, noch von anderen. 7 Als Apostel Christi hätten wir gewichtig auftreten können, doch waren wir mild in eurer Mitte, gleich einer Mutter, die ihre eigenen Kinder hegt. 8 In dieser Zuneigung zu euch wollten wir euch nicht nur an der Frohbotschaft Gottes Anteil geben, sondern auch an unserem eigenen Leben, weil ihr uns so lieb geworden seid. 9 Ihr erinnert euch ja, Brüder, unserer Mühe und Arbeit: Nacht und Tag arbeitend, um keinem von euch zur Last zu fallen, verkündeten wir unter euch die Frohbotschaft Gottes. 10 Ihr seid Zeugen und Gott, wie heilig und gerecht und untadelig wir uns zu euch, den Gläubigen, verhalten haben. 11 Ihr wisst es auch, wie wir einen jeden unter euch – gleichwie ein Vater seine Kinder – 12 mahnten und ermunterten und beschworen, würdig des Gottes zu wandeln, der euch ruft in sein Reich und seine Herrlichkeit.

Damals in jener Zeit gab es Frauen
und Männer
alte und junge – es waren nicht wenige –
die hatten ihr Ohr am Puls der Zeit
die spürten den Kommenden.
Die glaubten mit ihrem ganzen Herzen
und all ihrer Sehnsucht an die große
Wende. Sie liegt in der Luft.
Man kann Erfüllung schmecken ...

Gott kommt, der Tag bricht an
Sein Name wird groß geachtet
Sein Reich stürzt die Herrschaft
der Mächtigen

Sein Wille gilt, ohne Widerspruch
Träume über Jahrtausende geträumt
Quelle der Hoffnung, Visionen der Frühe
Aufschein des kommenden Tags

Gott kommt. Sein Tag bricht an
Hoffnung für die Lebenden und die Toten
Kein Leben ist zum Nichts
Kein Mensch für immer dahin

---

den einen Gott; leben aus der Hoffnung auf die Wiederkunft des Herrn.
2,1-12 Paulus erklärt und verteidigt die Motive für sein Wirken in Thessalonich. Man kann vermuten, dass in der Gemeinde Kritik an Paulus geübt und die Selbstlosigkeit seines Wirkens angezweifelt wurde.
9 Paulus hatte als Rabbi und Pharisäer das Handwerk des Zeltmachers gelernt (vgl. Apg 18,3). Er arbeitet in seinem Beruf, obwohl er ein Recht auf Unterhalt durch die Gemeinde gehabt hätte.

Kein Name vergessen
Wenn er kommt, wird er sammeln
Keiner, den die Nacht für immer geraubt

Freut euch und jubelt
ihr seid Kinder des Tags
zur Rettung bestimmt, nicht zum Gericht

Ihr Glaubenden, dankt Gott:
Das Wort ist wirksam in euch

[13] Darum sagen wir Gott ohne Unterlass
Dank, dass ihr das von uns verkündete Wort
Gottes angehört und aufgenommen habt,
nicht als Wort von Menschen, sondern als
das, was es wahrhaft ist: Gottes Wort, das
wirksam ist in euch, den Glaubenden. [14] Denn
ihr, Brüder, wurdet Nachahmer der Gemein-
den Gottes in Christus Jesus, die in Judäa
sind; denn auch ihr habt Gleiches erlitten von
euren eigenen Landsleuten wie jene von den
Juden, [15] die auch den Herrn getötet haben,
Jesus, und die Propheten, und uns verfolgt
haben, und Gott missfallen, und allen Men-
schen feind sind, [16] und uns hindern, zu den
Völkern zu reden, auf dass sie gerettet werden
und so allezeit das Maß ihrer Sünden vollma-
chen. Doch schon ist der Zorn über sie ge-
kommen, bis zum Ende.

Verlangen nach einer Begegnung:
Ihr seid uns Ruhm und Freude

[17] Wir aber, Brüder, verwaist, weg von euch
bis zur Stunde – dem Angesichte, nicht dem
Herzen nach –, mühten uns um so dringlicher,
euch von Angesicht zu sehen, mit großem
Verlangen. [18] Darum wollten wir zu euch
kommen, ich selbst, Paulus, einmal und ein
zweites Mal, doch der Satan hinderte uns dar-
an. [19] Denn wer ist uns Hoffnung oder Freude
oder Ruhmeskranz – wenn nicht gerade ihr –
vor unserem Herrn Jesus bei seiner Wieder-
kunft. [20] Ja ihr seid unsere Herrlichkeit und
Freude.

Botschaft durch Timotheus:
Wir wurden durch euch getröstet

3 Deshalb fanden wir, als wir es nicht länger
ertragen konnten, für gut, allein in Athen zu
bleiben, [2] und sandten Timotheus, unseren
Bruder und Mitarbeiter Gottes in der Froh-
botschaft des Christus, dass er euch stärke
und befestige in eurem Glauben, [3] dass keiner
wankend werde in diesen Bedrängnissen. Ihr
wisst ja, dass wir dafür bestimmt sind. [4] Als
wir noch bei euch waren, haben wir euch im
voraus gesagt, dass wir bedrängt werden
müssten, gerade wie es geschehen ist, ihr
wisst es. [5] Daher konnte ich es nicht mehr er-
tragen und schickte hin, um euren Glauben
zu erfahren, ob nicht etwa der Versucher euch
versucht habe und unsere Mühe ins Leere ge-
he. [6] Jetzt aber, da Timotheus von euch zu uns
gekommen ist und uns frohe Botschaft brach-
te von eurem Glauben und eurer Liebe, und
dass ihr uns allezeit in gutem Gedenken habt
und euch danach sehnt, uns zu sehen, so wie
auch wir nach euch, [7] da wurden wir durch
euch getröstet, Brüder – bei all unserer Not
und Bedrängnis –, durch euren Glauben.
[8] Denn jetzt leben wir, wenn ihr feststeht im
Herrn. [9] Doch welchen Dank könnten wir
Gott darbringen für euch um all der Freude
willen, mit der wir uns freuen vor Gott um eu-
retwillen? [10] Nacht und Tag bitten wir aufs
eindringlichste, euch von Angesicht sehen
und den Mängeln eures Glaubens abhelfen zu
können. [11] Er aber, unser Gott und Vater, und
unser Herr Jesus lenke unseren Weg zu euch.

13-16 Harte Anklagen gegen die »Juden«: Sie haben Jesus und die Propheten getötet, Paulus verfolgt; sie blockieren die Verbreitung des Evangeliums. Das »Maß ihrer Sünden« wächst. Sie werden Gottes »Zorn«, d.h. seinem Gericht nicht entrinnen. **17-20** Die Bedeutung der Gemeinde jetzt und bei Jesu Wiederkunft.

3,1-5 Paulus begründet den Entschluss, Timotheus nach Thessalonich zu schicken: Die paulinischen Gemeinden leben aus der Beziehung zum Apostel. Briefe und der Besuch eines Mitarbeiters stärken die Autorität. Dazu kommt, dass Paulus fürchtet, der Glaube der Gemeinde könnte wanken, wenn sie ihn in Bedrängnis sehen. **6-10** Timotheus kommt mit guter Nachricht zurück. Unruhe und Zweifel weichen, Paulus ist voll Freude und erbittet den Segen Gottes.

Gebet:
Er mache euch reich an Liebe

12 Euch aber mache der Herr reich, ja über-
strömend an Liebe zueinander und zu allen
anderen, wie auch wir sie zu euch haben,
13 um eure Herzen zu stärken, dass sie unta-
delig seien in Heiligkeit vor unserem Gott
und Vater bei der Wiederkunft unseres Herrn
Jesus mit all seinen Heiligen.

Dies ist der Wille Gottes: Eure Heiligung

4 Und nun, Brüder, bitten und mahnen wir
euch im Herrn Jesus: So, wie ihr es von uns
übernommen habt, dass ihr wandeln sollt
und Gott wohlgefallen – so wie ihr jetzt schon
wandelt, sollt ihr weiter fortschreiten. 2 Ihr
wisst ja, welche Weisungen wir euch gegeben
haben durch den Herrn Jesus. 3 Dies nämlich
ist der Wille Gottes: eure Heiligung. Ihr sollt
euch der Unzucht enthalten, 4 ein jeder von
euch wisse seinen Leib in Heiligkeit und Ehr-
barkeit zu besitzen. 5 Nicht in leidenschaftli-
cher Begierde, wie die Völker, die Gott nicht
kennen. 6 Keiner wage Übergriffe und über-
vorteile seinen Bruder im Geschäft, denn der
Herr ist Rächer für all dies, wie wir es euch
schon vorhersagten und bezeugten.
7 Gott hat uns ja nicht zur Unlauterkeit beru-
fen, sondern zur Heiligung. 8 Darum gilt: Wer
dies verwirft, verwirft nicht einen Menschen,
sondern den Gott, der in euch legt seinen
Geist, den Heiligen.

Bruderliebe: Verströmt euch

9 Was die Bruderliebe anlangt, so habt ihr
nicht nötig, dass man euch schreibt. Ihr selbst
seid ja von Gott belehrt, einander zu lieben.
10 Und ihr tut das ja auch allen Brüdern ge-
genüber in ganz Mazedonien. Doch wir mah-
nen euch, Brüder, euch darin zu verströmen
11 und eure Ehre darein zu setzen, in Ruhe zu
leben, eure eigenen Angelegenheiten zu be-
sorgen und mit euren eigenen Händen zu ar-
beiten, wie wir es euch geboten haben, 12 da-
mit ihr ansehnlich wandelt vor denen, die
draußen sind, und keinen braucht.

Die Toten:
Wir werden mit ihnen beim Herrn sein

13 Wir wollen aber nicht, Brüder, dass ihr in
Unkenntnis seid über die Entschlafenen, da-
mit ihr nicht trauert wie die übrigen, die kei-
ne Hoffnung haben. 14 Wenn wir aber glau-
ben, dass Jesus starb und auferstand, dann
wird Gott auch die Entschlafenen durch Jesus
mit ihm zusammen herbeiführen. 15 Denn das
sagen wir euch mit einem Wort des Herrn:
Wir, die wir leben und übrigbleiben bis zur
Wiederkunft des Herrn, werden denen, die
entschliefen, keineswegs voraus sein. 16 Denn
er selber, der Herr, wird mit einem Befehls-
wort, mit einem Ruf des Erzengels und dem
Schall der Posaune Gottes herniedersteigen
vom Himmel, und die Toten in Christus wer-
den zuerst auferstehen. 17 Dann werden wir,
die Lebenden, die Übriggelassenen, zugleich
mit ihnen entrückt werden in Wolken dem
Herrn entgegen, in die Lüfte. Und so werden
wir allzeit beim Herrn sein. 18 Also tröstet ein-
ander mit diesen Worten.

4,1-12 Gottes Ziel – unsere Heiligung – erreicht, wer sich an seinen Geboten orientiert, Glauben lebt. **4** Das griechische Wort meint »Gefäß«. Im übertragenen Sinn kann es den Leib des Menschen bezeichnen oder, vor allem bei den Rabbinen, auch die »Ehefrau«. **13-18** Das Kernstück des Briefs: Die Christen in Thessalonich, auch Paulus, glauben, dass die Wiederkunft des Herrn (Parusie) unmittelbar bevorsteht. Nun sind einige Christen gestorben und die Thessalonicher diskutieren über ihr Geschick. Paulus formuliert seine Erwartung für die Endzeit in raum-zeitlichen Bildworten, die von apokalyptischen Vorstellungen geprägt sind. Er meint: Diejenigen, die vor der Parusie (dem Kommen des Herrn) sterben, verlieren ihren Anteil an dem durch Jesus vermittelten Leben bei Gott nicht. Wenn er kommt, wird er zuerst die Verstorbenen rufen. Zusammen mit den Lebenden werden sie das ewige Sein bei Gott haben: ewige Gemeinschaft der Lebenden und der Toten. **15** Das »Herrenwort« ist in den Evangelien nicht bezeugt. Es könnte sich auch auf einen christlichen Propheten beziehen, der einen Auftrag mit der Botenformel (»so spricht der Herr«) einleitete. **16-18** Der Herr wird kommen, die Toten und die Lebenden rufen. Alle werden für immer bei ihm sein.

Seid wachsam: Gott hat uns zur Rettung bestimmt

5 Über die Zeiten aber und die Fristen, Brü-
der, braucht man euch nicht zu schreiben.
2 Ihr selber wisst ja genau, dass der Tag des
Herrn so kommt wie ein Dieb in der Nacht.
3 Und wenn sie sagen: Friede und Sicherheit,
dann kommt plötzliches Verderben über sie
gleich den Wehen über die Schwangere, und
sie werden nicht entrinnen können. 4 Ihr aber,
Brüder, seid nicht in Finsternis, damit der Tag
euch wie ein Dieb überrasche. 5 Alle seid ihr ja
Söhne des Lichts und Söhne des Tags. Nicht
der Nacht gehören wir an, noch der Finster-
nis. 6 Wir wollen also nicht schlafen wie die
übrigen, sondern wachsam und nüchtern
sein. 7 Denn die da schlafen: Des Nachts
schlafen sie. Und die trunken sind: Des
Nachts sind sie trunken. 8 Wir aber, die dem
Tag gehören, wollen nüchtern sein, angetan
mit einem Panzer aus Glaube und Liebe, mit
einem Helm von Hoffnung auf Rettung.
9 Denn Gott hat uns ja nicht zum Zorngericht
bestimmt, sondern dazu, dass wir Rettung er-
langen durch unseren Herrn Jesus Christus.
10 Er starb für uns, damit wir, ob wir wachen
oder schlafen, mit ihm vereint leben. 11 Dar-
um mahnt einander und einer erbaue den an-
deren, wie ihr es schon tut.

Lebendige Gemeinschaft: Das ist Gottes Wille für euch

12 Wir bitten euch aber, Brüder, anerkennt je-
ne, die sich unter euch mühen, die euch vor-
stehen im Herrn und euch zurechtweisen.
13 Achtet sie in besonderer Liebe um ihres
Werks willen! Haltet Frieden untereinander!
14 Wir mahnen euch aber, Brüder, weist die
Ungeordneten zurecht, sprecht den Klein-
mütigen zu, nehmt euch der Schwachen an,
seid langmütig gegen alle! 15 Gebt Acht, dass
keiner dem andern Böses mit Bösem vergelte,
vielmehr seid stets auf das Gute bedacht, ge-
geneinander und gegen alle. 16 Freut euch al-
lezeit! 17 Betet ohne Unterlass! 18 Sagt Dank
bei allem. Denn dies ist der Wille Gottes in
Christus Jesus für euch. 19 Löscht den Geist
nicht aus! 20 Verachtet die Prophetengabe
nicht! 21 Prüft alles, das Gute behaltet! 22 Von
jeglicher Art des Bösen haltet euch fern.

Wünsche und Grüße: Treu ist, der euch ruft

23 Er aber, der Gott des Friedens, heilige euch
durch und durch. Und euer Geist und euer Le-
ben und euer Leib mögen unversehrt bewahrt
werden, untadelig für die Wiederkunft unse-
res Herrn Jesus Christus. 24 Treu ist, der euch
ruft, er wird es auch wirken. 25 Brüder, betet
auch für uns. 26 Grüßt alle Brüder mit heili-
gem Kusse. 27 Ich beschwöre euch beim
Herrn: Vorgelesen werde der Brief allen den
Brüdern. 28 Die Gnade unseres Herrn Jesus
Christus mit euch.

5,1-11 Über Zeiten und Fristen. Es kommt darauf an, wachsam zu leben und bereit zu sein, denn der Tag des Herrn kommt unerwartet (vgl. Mt 24,36-44). **10** »Wachen« und »schlafen« meint hier (im Gegensatz zu V. 6) »leben« und »gestorben sein«. Darum ist nicht Sicherheit, sondern Wachsamkeit das Gebot der Stunde. **12-22** Eine frühkirchliche Gemeindeordnung. **12-13** Mahnung, die Gemeindeleiter und Verantwortlichen zu achten. **14-15** Das brüderliche Miteinander als Grundlage der Gemeinschaft. **16-22** Programmatische Forderungen, die, stichwortartig aneinandergereiht, sagen, worauf es für den Christen ankommt. Grundlagen sind Freude, Gebet und Dank. **23-28** Dem Segenswunsch und dem abschließenden Gruß ist zu entnehmen, dass der Brief beim Gottesdienst der Gemeinde vorgelesen wurde.

Der zweite Brief an die Thessalonicher

Der Brief wendet sich an die gleichen Adressaten wie der erste. Er nimmt, wenn auch unter veränderten Voraussetzungen, zum selben Problem Stellung wie der erste. Die Gemeinde erwartet die unmittelbare Wiederkunft des Herrn, doch der »letzte Tag« lässt auf sich warten. Dann entsteht eine neue Situation, die Entwicklung spitzt sich zu. Es bilden sich Gruppen, die eine Bewegung entfachen, in der man Verfolgung und Bedrängnis (vgl. 1,4) als Zeichen der Endzeit versteht. Irrlehrer vertreten die Meinung, der Tag des Herrn sei bereits angebrochen. Die Gemeinde wird unruhig und unsicher: Einige legen die Arbeit nieder, sie warten und lassen sich in der Zwischenzeit von anderen versorgen; die Ordnung droht zu zerbrechen. In diese Situation treffen Weisungen und Mahnungen des Briefes.

Es sprechen manche Gründe dafür, dass nicht Paulus selbst (um 52 n.Chr. von Korinth aus) den Brief schrieb, sondern ein späterer Paulusschüler. Ihm ging es um den Glauben der von Paulus gegründeten Gemeinde und auch darum, die Verkündigung des Paulus vor Missverständnissen und falscher Auslegung zu schützen. Darum schreibt er in seinem Namen und in seiner Autorität.

Paulus an die Thessalonicher: Gnade euch und Friede

1 Paulus und Silvanus und Timotheus an die
Gemeinde der Thessalonicher in Gott, unserem Vater, und dem Herrn Jesus Christus:
2 Gnade euch und Friede von Gott dem Vater
und dem Herrn Jesus Christus.

Dank und Fürbitte: Werdet würdig des Reiches Gottes

3 Dank schulden wir Gott allzeit für euch,
Brüder, wie es sich gebührt, da euer Glaube kraftvoll wächst und die Liebe jedes Einzelnen unter euch gegen die anderen sich mehrt,
4 so dass wir selbst uns euer rühmen in den Gemeinden Gottes, wegen eures Ausharrens und Glaubens in all euren Verfolgungen und Bedrängnissen, die ihr erduldet,
5 ein Anzeichen des gerechten Gerichtes Gottes: ihr sollt würdig werden des Reiches Gottes, für das ihr ja auch leidet.
6 Es ist ja gerecht vor Gott zu vergelten: euren Bedrängern mit Bedrängnis,
7 euch aber, den Bedrängten, samt uns mit Erquickung bei der Offenbarung des Herrn Jesus vom Himmel her mit Engeln seiner Macht,
8 in Feuerflammen, wenn er die Rache vollstreckt an denen, die Gott nicht kennen und nicht hören auf die Frohe Botschaft unseres Herrn Jesus.
9 Sie werden Strafe erleiden, ewiges Verderben, fern vom Angesicht des Herrn und der Herrlichkeit seiner Kraft,
10 wenn er kommt, an jenem Tage: verherr-

1,1-2 Vgl. zu 1 Thess 1,1. **3-10** Dank für den Glauben der Gemeinde. Klärende Weisung zur Erwartung der Wiederkehr des Herrn. Trost und Zuspruch, geschrieben von einem Schüler des Apostels Paulus, der in der Autorität des Apostels einer bedrängten Gemeinde Mut macht. Christen leiden um des Reiches Gottes willen. Sie können durchhalten, denn sie wissen, dass sie durch das Gericht hindurch gerettet wer-

licht zu werden in seinen Heiligen und be-
wundert zu werden in allen, die zum Glauben
kamen – denn Glauben fand unser Zeugnis
bei euch. 11 Und darum beten wir auch allezeit
für euch, dass unser Gott euch der Berufung
würdig mache; und er führe in Kraft zur Voll-
endung allen rechten Willen zum Guten und
das Werk des Glaubens, 12 damit verherrlicht
werde in euch der Name unseres Herrn Jesus
und ihr in ihm nach der Gnade unseres Got-
tes und Herrn Jesus Christus.

Die Wiederkunft des Herrn: Lasst euch nicht täuschen

2 Wir bitten euch aber, Brüder, wegen der
Wiederkunft unseres Herrn Jesus Christus
und unserer Vereinigung mit ihm: 2 Lasst euch
nicht so rasch in eurem Sinn erschüttern,
noch erschrecken, nicht durch Geistoffenba-
rung, noch durch Wort oder Brief, der angeb-
lich von uns stammt, als sei der Tag des Herrn
gekommen. 3 Lasst euch von keinem täu-
schen, auf keinerlei Weise: Denn zuvor muss
der Abfall kommen und offenbar werden der
Mensch der Gesetzlosigkeit, der Sohn des
Verderbens, 4 der sich widersetzt und über al-
les erhebt, das Gott heißt oder Heiligtum, so
dass er sich in den Tempel Gottes setzt und
von sich selber sagt, er sei Gott. 5 Erinnert ihr
euch nicht, dass ich euch diese Dinge sagte,
als ich noch bei euch war? 6 Doch jetzt wisst
ihr, was ihn aufhält, damit er offenbar werde
zu seiner Zeit. 7 Denn das Geheimnis der Ge-
setzlosigkeit wirkt jetzt schon; nur muss der,
welcher jetzt aufhält, aus dem Weg geräumt
werden. 8 Und dann wird der Gesetzlose of-
fenbar werden – den der Herr Jesus vernich-
ten wird mit dem Hauch seines Mundes und
vernichten wird mit dem Aufscheinen seiner
Wiederkunft –, 9 ihn, dessen Wiederkunft ge-
schieht gemäß der Wirksamkeit Satans in jeg-
licher Machttat, trügerischen Zeichen und
Wundern, 10 und mit allem Trug der Unge-
rechtigkeit für die Verlorengehenden zur Ver-
geltung dafür, dass sie die Liebe der Wahrheit
nicht angenommen, damit sie gerettet wür-
den. 11 Darum schickt ihnen Gott die Wirk-
samkeit des Irrtums, damit sie der Lüge glau-
ben, 12 auf dass gerichtet werden alle, die der
Wahrheit nicht glauben, denen vielmehr die
Ungerechtigkeit wohlgefällt.

Man kann den Glauben lehren und lernen
man kann ihn bekennen und sagen
doch man hat ihn nicht ein für alle Mal

Glaube funktioniert nicht automatisch
er hat keine vorgefertigten Antworten
ist kein Lückenbüßer für den Fall der Fälle
kein Allheilmittel gegen Zweifel
und Unsicherheit
bewahrt nicht vor Krisen und Versagen

Glaube ist ein Geschenk
wie ein Licht in der Dunkelheit
wie ein Stern am nächtlichen Himmel
umsonst gegeben, unverdienbar
ein Angebot, das ich hören
und überhören kann
das Beispiel der Bewährten achten
die Antwort, die sie mir vorsagen, erwägen
Mein Wort, meine Antwort
kann kein anderer sagen

---

den. **3-12** Im Griechischen ein einziger Satz. **11** Die Gemeinde ist in Gefahr. Sie könnte ihr Ziel, Gott selbst, verfehlen. Der Apostel bittet für sie.

2,1-30 Das Problem der Gemeinde in Thessalonich besteht darin, dass sich die einen auf prophetische Worte berufen, andere auf Paulus, und sagen, der Tag des Herr sei schon angebrochen. Es lässt sich nicht klären, ob auf einen gefälschten Brief angespielt wird oder ob der Verfasser nur mit dieser Möglichkeit rechnet. **3-12** Die drängende Endzeiterwartung der Christen in Thessalonich wird im Blick auf die jüdische Endzeiterwartung korrigiert. Sie weiß von großen Bedrängnissen, vom Abfall vom Glauben und vom Auftreten eines »Menschen der Gesetzlosigkeit«, der sich selbst als Gott ausgibt und den Menschen Verderben bringt. Dieser geheimnisvolle Widersacher Gottes wird auch »Antichrist« (»Gegenchristus«) genannt. **4** »Sich in den Tempel Gottes setzen«: Gott verdrängen, seinen Platz einnehmen. **6-7** Was ihn aufhält: Gemeint ist entweder das Zeugnis derer, die an Christus glauben, oder die staatliche Ordnung im Römerreich. **7** Das Geheimnis der Ge-

Gott hat euch erwählt: Steht fest!

13 Wir aber schulden Gott allezeit Dank um
euretwillen, vom Herrn geliebte Brüder, dass
euch Gott von Anfang an zur Rettung er-
wählte durch Heiligung des Geistes und
Glauben an die Wahrheit. 14 Dazu hat er euch
berufen durch unsere Frohbotschaft: zum Er-
langen der Herrlichkeit unseres Herrn Jesus
Christus. 15 Steht also, Brüder! Steht fest in
den Überlieferungen, die euch gelehrt worden
sind, sei es durch ein Wort, sei es durch einen
Brief von uns. 16 Er aber, unser Herr Jesus
Christus, und Gott, unser Vater, der uns ge-
liebt und uns ewigen Trost gegeben hat und
gute Hoffnung in Gnade, 17 er tröste eure Her-
zen und stärke sie in jedem guten Werk und
Wort.

Betet für uns: Damit das Wort des Herrn laufe

3 Und dann, Brüder, betet für uns, damit das
Wort des Herrn laufe und verherrlicht werde,
so wie auch bei euch. 2 Und dass wir entrissen
werden den verkehrten und bösen Menschen;
denn nicht alle haben Treue. 3 Treu aber ist
der Herr, der euch stärken wird und wahren
vor dem Bösen. 4 Wir vertrauen auf euch im
Herrn, dass ihr, was wir gebieten, tut und tun
werdet. 5 Der Herr aber lenke eure Herzen zu
der Liebe Gottes und zum Ausharren des
Christus.

Ahmt uns nach: Bei Nacht und Tag haben wir gearbeitet

6 Wir gebieten euch aber, Brüder, im Namen
des Herrn Jesus Christus, jeden Bruder zu
meiden, der ungeordnet lebt und nicht gemäß
der Überlieferung, die sie von uns empfangen
haben. 7 Denn ihr selbst wisst, wie ihr uns
nachahmen sollt, weil wir nicht ungeordnet
lebten unter euch. 8 Wir aßen auch nicht um-
sonst jemandes Brot, vielmehr in Last und
Mühe bei Nacht und Tag haben wir gearbei-
tet, um keinem von euch zur Last zu fallen.
9 Nicht, weil wir keine Vollmacht hätten, son-
dern um euch an uns ein Beispiel zu geben, da-
mit ihr uns nachahmt. 10 Denn auch als wir bei
euch waren, haben wir euch dies geboten:
Wenn einer nicht arbeiten will, soll er auch
nicht essen. 11 Wir hören aber, dass einige bei
euch ungeordnet leben, nichts arbeiten, son-
dern Unnützes treiben. 12 Diesen gebieten wir
und mahnen im Herrn Jesus Christus, sie mö-
gen in Ruhe arbeiten und ihr eigenes Brot es-
sen. 13 Ihr aber, Brüder, werdet nicht müde,
Rechtes zu tun. 14 Wenn aber einer nicht
horcht auf unser Wort in dem Brief, den
merkt euch und meidet ihn, auf dass er be-
schämt werde. 15 Doch nicht wie einen Feind
betrachtet ihn, sondern weist ihn zurecht wie
einen Bruder.

Gruß: Mit meiner eigenen Hand

16 Er selbst aber, der Herr des Friedens, gebe
euch den Frieden allezeit, auf alle Weise. Der
Herr ist mit euch allen! 17 Der Gruß mit mei-
ner Hand: Paulus. Das ist mein Zeichen in je-
dem Brief: so schreibe ich. 18 Die Gnade unse-
res Herrn Jesus Christus mit euch allen!

---

setzlosigkeit, gemeint ist der Satan. **13-15** Die Glaubenden sind erwählt und berufen. Dieses Wissen, für das die von Paulus vermittelten Überlieferungen zeugen, stärkt die Ausdauer.
3,2-3 Im griechischen Text ein Wortspiel: Nicht alle Menschen haben Glauben, doch Gott ist treu. **6-12** Vgl. 1 Thess 5,14. – Die Mahnung trifft besonders jene Enthusiasten, die ihre Arbeit aufgegeben haben, um für das Kommen des Herrn bereit zu sein. Sie fallen den anderen zur Last. Die Gemeinde wird auf das Beispiel des Paulus verwiesen. Er warnt die Brüder vor den Schwärmern. Und er erinnert sie daran, auch im Feind den Bruder zu sehen. **16-18** Der Brief endet mit dem Segenswunsch. Der Hinweis auf die eigenhändige Unterschrift (vgl. 2,2) könnte auf Paulus als den Verfasser hinweisen. Wahrscheinlicher ist, dass hier ein Schüler in der Autorität seines Lehrers spricht.

Die Pastoralbriefe

Unter dem Namen »Pastoralbriefe« fasst man die beiden Timotheusbriefe und den Titusbrief zusammen. Sie sind als pseudonyme Schriften anzusehen. Bei den fingierten Adressaten handelt es sich um öfter genannte Mitarbeiter des Paulus. Die Briefe wollen als Schreiben gelten, in denen der Apostel seinen Schülern Anweisungen und Ratschläge für die Amtsführung gibt. Sie werden als Männer angesprochen, die für den Weg, die Lehre und das Leben der Gemeinde verantwortlich sind. Es handelt sich bei den Adressaten nicht um Gemeinden des paulinischen Missionsgebietes, sondern um Schüler und Mitarbeiter des Apostels. Sie sind sich des immer größer werdenden Abstandes zur Generation des Anfangs bewusst, doch die Schreiber wissen sich als Schüler mit Paulus verbunden. Die Pastoralbriefe verstehen sich also selber als Schreiben an die »dritte« christliche Generation.

Obwohl die Briefe in paulinischer Tradition stehen, spielen die entscheidenden Begriffe paulinischer Theologie (Gerechtigkeit Gottes, Glaube, Gesetz, Sünde) keine Rolle. An die Stelle vom »Wort vom Kreuz« ist die »gesunde Lehre« getreten; aus dem Glauben an Gott, der auch den Gottlosen rechtfertigt, ist christliche Frömmigkeit geworden; aus der Wahrheit des Evangeliums wurde die rechte apostolische Lehre. Daher hat man den Gehalt der Pastoralbriefe mit dem Begriff »bürgerliches Christentum« zusammengefasst.

Dennoch: Paulus ist nicht vergessen. Im Hinblick auf die drohende Verfolgung gilt Paulus als Vorbild im Leiden. Die christliche Enderwartung besteht nicht in der Auflösung einer Spannung, sondern in der Verklärung des gegenwärtigen Lebens in ein ewiges Leben.

Die Aufgabe der Gemeinden war die Auseinandersetzung mit gnostischen Irrlehrern (»Gnosis« = Erkenntnis). Es gab keine theologische Auseinandersetzung; man beschränkte sich auf die apostolische Tradition; offizielle kirchliche Amtsträger sollten als Kontrollorgane wirken. Fragen der Gemeindeordnung und Organisation schieben sich in den Vordergrund. Man hatte eine klare Vorstellung davon, wie ein Christ sich verhält. Das bringt vor allem der erste Timotheusbrief zum Ausdruck. Der Titusbrief ist diesem Interesse sehr verbunden, während der zweite Timotheusbrief seine Akzente in anderer Weise setzt.

Der erste Brief an Timotheus

Der Brief setzt voraus, dass Paulus – von Ephesus kommend – sich in Mazedonien befindet, während Timotheus in Ephesus geblieben ist. Paulus kündigt seine Rückkehr an, gibt aber dennoch Anordnungen, wie Timotheus während seiner Abwesenheit die Kirche zu ordnen habe. Es fällt auf, dass es sich dabei nicht um bestimmte Anweisungen für konkrete Probleme in Ephesus – etwa die Bekämpfung von Gegnern – handelt. 1 Tim enthält vielmehr eine regelrechte Kirchenordnung, die grundsätzlich in allen Gemeinden gelten soll. Der Traditionsgedanke ist dabei von wesentlicher Bedeutung – zwar nicht in dem Sinne, dass bereits eine apostolische Sukzession im Blick wäre, aber doch so, dass die Anerkennung der überkommenen Lehre zugleich als Garantie der kirchlichen Rechtgläubigkeit gilt (1,15f). Innerhalb der Kirche besteht eine feste Ämterordnung: An der Spitze stehen Bischof und Presbyter, darunter die Diakone (1 Tim 3); es gibt auch feste Formen der Ordination (1 Tim 4,14; 5,22; 6,12). Ein monarchischer Episkopat (= der Bischof allein ist der Oberste) ist offenbar nicht vorhanden. Der Bischof ist wohl nur primus inter pares (der Erste unter Gleichgestellten). Die das Verhalten der Christen betreffenden Hinweise spiegeln eine konservative Bürgerlichkeit. Der Brief geht davon aus, dass das Verhältnis der Christen zur Welt nicht mehr im ursprünglich paulinischen Sinn eschatologisch bestimmt ist, sondern dass sie sich in der Welt einzurichten haben. 1 Tim kämpft auch gegen Irrlehrer, doch deren Position wird nicht erkennbar. Die Theologie der Gegner wird pauschal verworfen unter Berufung auf die überlieferte Lehre (6,20).

✧

Paulus an Timotheus:
Friede von Gott dem Vater

1 Paulus, Apostel Christi Jesu, gemäß einem
Auftrag Gottes, unseres Retters, und Christi
Jesu, unserer Hoffnung, 2 an Timotheus, sein
wahres Kind im Glauben: Gnade, Erbarmen,
Friede von Gott, dem Vater, und Christus Jesus, unserem Herrn.

Vom rechten Leben:
Das Ziel ist Liebe aus lauterem Herzen

3 Ich habe dir ja bei meiner Abreise nach Mazedonien Mahnung gegeben, in Ephesus zu bleiben und gewisse Leute anzuweisen, sie
sollten nicht Fremdes lehren, 4 noch sich mit
Fabeleien und endlosen Geschlechtsregistern
abgeben, die nur Streitgesprächen, nicht Gottes Heilsplan im Glauben dienen. 5 Denn das
Ziel der Weisung ist Liebe aus lauterem Herzen und gutem Gewissen und ungeheucheltem Glauben. 6 Davon sind gewisse Leute abgeirrt und haben sich zu leerem Geschwätz
abgewandt. 7 Sie wollen Gesetzeslehrer sein
und verstehen weder was sie reden, noch was

1,1-2 Der Absender: Paulus, Apostel Jesu Christi, schreibt an sein »wahres Kind«, den Gemeindeleiter Timotheus, der durch ihn zum Glauben kam (vgl. 1 Kor 4,17). Die Bezeichnung »wahres Kind« erinnert daran, dass es auch »falsche Kinder« gab. Etwa jene Irrlehrer, mit denen Timotheus zu kämpfen hat.
3-11 Allgemein gültige Regeln: Die »Irrlehrer«, gelehrte Judenchristen, deuten biblische Überlieferun-

sie behaupten. 8 Wir wissen aber, dass das Gesetz gut ist, wenn einer es gesetzesgerecht anwendet 9 und sich bewusst ist, dass das Gesetz nicht dem Gerechten gegeben ist, sondern für Gesetzlose und Ungeordnete, Gottverächter und Sünder, Unheilige und Gemeine, Vatermörder und Muttermörder, Menschenmörder, 10 Unzüchtige, Knabenschänder, Menschenhändler, Lügner, Meineidige, und was sonst der gesunden Lehre entgegensteht, 11 gemäß der Frohbotschaft von der Herrlichkeit des seligen Gottes, die mir anvertraut wurde.

Dank des Apostels:
Übermächtig kam das Heil

12 Dank sage ich dem, der mich stark gemacht hat, Christus Jesus, unserem Herrn, dass er mich für treu befunden und in Dienst genommen hat. 13 Mich, der ich vordem ein Lästerer, Verfolger und Frevler war. Doch ich fand Erbarmen, weil ich unwissend, im Unglauben handelte. 14 Übermächtig aber kam die Gnade unseres Herrn mit Glaube und Liebe in Christus Jesus. 15 Treu ist das Wort und aller Annahme wert: Christus Jesus kam in die Welt, um Sünder zu retten – der erste unter ihnen bin ich –; 16 darum aber habe ich Erbarmen gefunden, damit an mir als erstem Jesus Christus die ganze Großmut zeige, als Vorbild jenen, die künftig an ihn glauben zum ewigen Leben. 17 Dem König aber der Ewigkeiten, dem unvergänglichen, unsichtbaren, einzigen Gott sei Ehre und Herrlichkeit in die Ewigkeit der Ewigkeiten! Amen.

Gib uns nicht auf, Herr
wenn wir meinen
die heiligen Schriften verstanden zu haben
Gottes Plan und Tun zu kennen
ihn festschreiben auf Sätze und Lehren
und selber erstarren in ihrem Gefüge
in dem kein Raum ist für den Lebendigen

Gehe mit uns, Herr
wenn wir uns dem Heute nicht stellen
den Weg deiner Zukunft nicht wagen
zurückwollen zu dem, was hinter uns liegt

(1,12-16)

Weisung an Timotheus:
Kämpfe den guten Kampf

18 Diese Weisung gebe ich dir, Timotheus, mein Kind, gemäß den Weissagungen, die vordem über dich ergangen sind, dass du in ihnen den guten Kampf kämpfst, 19 Glauben und ein gutes Gewissen wahrst; das haben etliche verworfen und im Glauben Schiffbruch erlitten. 20 Zu ihnen gehören Hymenäus und Alexander, die ich dem Satan übergab, damit sie, in Zucht genommen, nicht mehr lästern.

Betet für alle:
Gott will, dass alle gerecht werden

2 Ich mahne nun zu allererst, Bitten, Gebete, Fürbitten und Danksagungen darzubringen für alle Menschen: 2 Für Könige und alle Obrigkeiten, auf dass wir ein stilles und ruhiges Leben führen in allem rechten Gottverehren

---

gen aus der Ur- und Patriarchengeschichte mit Fabeleien, verlieren sich in Streitgespräche und behaupten, sie könnten auf diese Weise Erkenntnisse (Gnosis) der jenseitigen Welt erwerben. **8-11** Der Grundsatz »Das Gesetz ist gut« stammt von Paulus (Röm 7,12-16) und wird von den Irrlehrern auf eigene Weise ausgelegt. Für Christen dagegen ist es nicht verpflichtend, denn wer den Nächsten liebt, hat das Gesetz erfüllt (Lev 19,18). Der Lasterkatalog lehnt sich an heidnische Vorlagen an. **12-17** Paulus ist ein überzeugendes Beispiel für die Wandlung vom Sünder zum Bekehrten. An ihm wird deutlich, was es heißt: Jesus Christus kam in die Welt, um Sünder zu retten«. **15** »Das Wort ist treu« (»zuverlässig«): eine Formel, die anerkannte Wahrheiten unterstreicht. **18-20** Timotheus wird an seine Einführung in das Amt erinnert, bei der ihm »Weissagungen« (prophetisch-charismatische Worte) zugesprochen wurden, die ihn im Glauben stark machen. Hymenäus und Alexander dagegen haben mit ihrem Glauben Schiffbruch erlitten. Der Apostel selbst hat sie aus der Kirche ausgeschlossen.

2,1-6 Eine Gemeindeordnung aus der jungen Kirche. Geklärt werden Fragen zum Gottesdienst, Aufbau und Leitung der Gemeinde, die einzelnen Stände, Weisungen für das christliche Leben. **1-4** Aufforderung zum Gebet für die Mächtigen, die über Völker entscheiden. Bitten, Gebete, Fürbitten und Danksa-

und in Ehrbarkeit. 3 Das ist gut und ange-
nehm vor Gott, unserem Retter, 4 der will,
dass alle Menschen gerettet werden und zur
Erkenntnis der Wahrheit kommen. 5 Denn Ei-
ner ist Gott und Einer Mittler zwischen Gott
und Menschen, der Mensch Christus Jesus,
6 der sich selber hingegeben als Lösepreis für
alle, das Zeugnis zur rechten Zeit. 7 Dazu bin
ich bestellt als Herold und Apostel – ich sage
die Wahrheit, ich lüge nicht –, als Lehrer der
Völker in Glaube und Wahrheit.

Männer und Frauen: Sie sollen beten

8 Ich will also, dass die Männer beten, an al-
len Orten sollen sie heilige Hände aufheben,
ohne Zorn und Streitsucht. 9 Ebenso sollen
Frauen in würdiger Haltung mit Ehrgefühl
und Besonnenheit sich schmücken, nicht mit
Haargeflecht, Gold, Perlen oder kostbarem
Gewand, 10 vielmehr, wie es Frauen ansteht,
sich zur Gottesfurcht bekennen mit guten
Werken. 11 Eine Frau soll in Stille lernen, in al-
ler Unterordnung. 12 Zu lehren aber erlaube
ich einer Frau nicht; auch nicht, dass sie sich
erhebe über den Mann, vielmehr sie verhalte
sich still. 13 Adam ward ja zuerst gebildet, da-
nach Eva. 14 Und Adam ließ sich nicht betrü-
gen, die Frau aber ließ sich ganz betrügen und
kam zu Fall. 15 Doch sie wird gerettet durch
Kindergebären, wenn sie bleibt in Glaube
und Liebe und Heiligung mit Besonnenheit.

Bischof und Diakon: Sie sollen das Geheimnis des Glaubens wahren

3 Treu ist das Wort: Wenn einer nach dem Bi-
schofsamt strebt, begehrt er ein gutes Werk.
2 Also muss der Bischof untadelig sein, Mann
einer einzigen Frau, nüchtern, besonnen,
maßvoll, gastfreundlich, lehrbefähigt, 3 nicht
trunksüchtig, nicht gewalttätig, sondern gü-
tig, nicht zanksüchtig, nicht geldgierig, 4 dem
eigenen Hause ein guter Vorsteher, der seine
Kinder in Zucht hält in aller Würde. [5 Wer
aber dem eigenen Hause nicht vorzustehen
weiß, wie soll der für die Gemeinde Gottes
sorgen?] – 6 Kein Neugetaufter, damit er nicht
überheblich werde und dem Strafgericht des
Teufels verfalle. 7 Er muss aber auch ein gutes
Zeugnis haben von denen, die draußen sind,
damit er nicht in üblen Ruf und Teufels
Schlinge gerate. 8 Diakone sollen ebenso ehr-
bar sein, nicht doppelzüngig, nicht vielem
Wein ergeben, nicht schändlichen Gewinn su-
chend. 9 Das Geheimnis des Glaubens sollen
sie in reinem Gewissen wahren. 10 Auch sollen
sie zuerst erprobt werden, dann mögen sie,
wenn sie ohne Tadel sind, als Diakone dienen.
11 Gleichermaßen sollen die Frauen würdig
sein, nicht verleumderisch, nüchtern, treu in
allem. 12 Die Diakone seien einer einzigen
Frau Mann, gute Vorsteher den Kindern und
dem eigenen Hause. 13 Die nämlich in rechter
Weise ihren Dienst versehen, erwerben sich
eine hohe Stellung und viel Zuversicht im
Glauben an Christus Jesus.

---

gungen, stellvertretend für alle anderen, sind Voraussetzung für ein friedliches Miteinander und auch dafür, dass alle Menschen »zur Erkenntnis der Wahrheit« kommen. **5-7** Diese rechte Erkenntnis wird zusammengefasst in Sätzen, die aus einem Glaubensbekenntnis stammen können: ein Gott, ein Mittler zwischen Gott und Mensch, der das Lösegeld ein für alle Mal bezahlt hat. **8** In der Antike betete man mit hoch erhobenen Armen und offenen Händen. **9-15** Mit den Weisungen für Frauen sind möglicherweise begüterte Gastgeberinnen angesprochen, in deren Haus der Gottesdienst stattfand. Wie in den Synagogen ist in der Gemeinde die Frau von der Leitung des Gottesdienstes ausgeschlossen. Aus dem »Lehrverbot« kann man vermuten, dass es Frauen gab, die das Evangelium verkündeten und lehrten. **13-15** Ein Beispiel jüdischer Auslegung von Gen 2 - 3: Zur Debatte stand nicht der Vorrang des Mannes, sondern das Heil der Frau.

3,1-7 Bedingungen, die der Bewerber um das Bischofsamt erfüllen muss – zitiert aus einer fest formulierten Vorlage. **2** »Mann einer einzigen Frau« meint wohl: »nur einmal verheiratet«. **8-13** An die Diakone (»Gemeindehelfer«) werden ähnliche Anforderungen gestellt wie an die Bischöfe. Auch von ihnen wird erwartet, dass sie in geordneten Verhältnissen leben. **11** »Frauen«: Gemeint sind wohl die Ehefrauen der Diakone, die in der Gemeindeleitung mitarbeiten. Die Ansicht, die Frauen seien den Männern untergeordnet, war in der Antike allgemein anerkannt. **12-13** Verurteilt wird die Lehre der Gnostiker, die meinen, heiraten und Kinder kriegen sei vom Satan. **14-15** Wer das eigene Haus nicht in Ordnung halten kann, ist unfähig, das Hauswesen Gottes zu

Geheimnis des Gottverehrens: Er, offenbar geworden im Fleisch

14 Dies schreibe ich dir in der Hoffnung, bald zu dir zu kommen. 15 Sollte ich aber säumen, sollst du wissen, wie man sich im Hause Gottes, das ist ja die Gemeinde des lebendigen Gottes, verhalten soll, Säule und Grundfeste der Wahrheit. 16 Und wahrlich, groß ist das Geheimnis des rechten Gottverehrens: Er, offenbar geworden im Fleisch, gerechtgesprochen durch Geist, geschaut von Engeln, verkündet den Völkern, geglaubt in der Welt, hinaufgenommen in Herrlichkeit.

Irrlehrer: Sie reden heuchlerische Trugreden

4 Der Geist aber sagt ausdrücklich, dass in späteren Zeiten einige vom Glauben abfallen, sich irreführenden Geistern und Lehren von Dämonen zuwenden werden, 2 die durch heuchlerische Trugreden in ihrem eigenen Gewissen gebrandmarkt sind. 3 Sie verbieten zu heiraten und den Genuss von Speisen, die Gott geschaffen hat, dass sie mit Danksagung genossen werden von denen, die glauben und die Wahrheit erkannt haben. 4 Denn alles, was Gott geschaffen hat, ist gut und nichts ist verwerflich, wenn es unter Danksagung genommen wird. 5 Es wird ja geheiligt durch Gottes Wort und Gebet.

Anweisung für Timotheus: Vernachlässige die Heilsgabe nicht

6 Wenn du dies den Brüdern darlegst, wirst du ein guter Diener Christi Jesu sein, genährt aus Worten des Glaubens und der guten Lehre, der du gefolgt bist. 7 Die unheiligen Altweiberfabeln weise ab. Übe dich zu rechtem Gottverehren ein. 8 Die körperliche Übung ist ja zu wenig nütze, doch das rechte Gottverehren nützt zu allem, es hat die Verheißung des Lebens, des jetzigen und des künftigen. 9 Treu ist das Wort und aller Annahme wert. 10 Denn dafür arbeiten und kämpfen wir, haben wir doch unsere Hoffnung auf den lebendigen Gott gesetzt, der aller Menschen Retter ist, vor allem der Glaubenden. 11 Dies verkünde und lehre. 12 Keiner verachte dich deiner Jugend wegen. Sei vielmehr Vorbild für die Glaubenden im Wort, im Wandel, in Liebe, in Glaube, in Reinheit. 13 Bis ich komme, widme dich dem Vorlesen, der Ermahnung, dem Lehren. 14 Vernachlässige die Gnadengabe in dir nicht, die dir verliehen ward durch Prophetenwort, unter der Handauflegung der Ältesten. 15 Dies sei deine Sorge, darin lebe, damit dein Fortschreiten jedermann offenkundig sei. 16 Hab Acht auf dich selbst und auf die Lehre, daran halte fest. Wenn du das tust, wirst du dich selber retten und die auf dich hören.

Die Witwen: Ehre sie!

5 Einen älteren Mann fahre nicht schroff an, sondern ermahne ihn wie einen Vater, jüngere wie Brüder, 2 ältere Frauen wie Mütter, jüngere wie Schwestern in aller Sittsamkeit. 3 Witwen ehre, wenn sie wirklich Witwen sind. 4 Doch hat eine Witwe Kinder oder Enkel, so sollen sie zuerst lernen, das eigene Haus in Ehrfurcht zu versorgen und an ihren Eltern Vergeltung zu üben; denn so ist es wohlgefällig vor Gott. 5 Die wirkliche Witwe aber, die Vereinsamte, hat ihre Hoffnung auf Gott gesetzt, sie verharrt nachts und tags in Gebet und Flehen. 6 Doch die ausschweifend lebende ist lebendig tot. 7 Dies halte ihnen vor Augen, damit sie unbescholten seien. 8 Wenn

---

leiten. In der Kirche Jesu Christi dienen alle Ämter dem einen, den die Gemeinde im Hymnus preist.

4,1-5 In diesem Abschnitt werden die Irrlehrer und einige ihrer Lehren geschildert. Für Christen gilt: Alles, was Gott geschaffen hat, ist gut. **6-11** Praktische Anweisungen für die Verantwortlichen der Kirche in der Endzeit. Die Gemeindeleiter sind verpflichtet, Stellung zu beziehen zum Zeugnis und zur Stärkung der anderen. Die Zeit der Entscheidung hat begonnen. Der Abfall hat seinen Grund in der Wirksamkeit der Irrlehrer, die unter dem Einfluss Satans gegen die Sache Gottes wirken.

5,1-16 Die Witwen in der Gemeinde. Regeln und Rechte: Die Witwen, meist arm und rechtlos, unfähig, die ihnen zustehende Versorgung bei Kindern und Enkeln einzuklagen, bilden, wie in der jüdischen so auch in der christlichen Gemeinde, eine besondere Gruppe. **9-16** In der Urgemeinde bildet sich aus der Gruppe der Witwen eine eigene Vereinigung (die älteste christliche Frauengemeinschaft). Aus einer ca-

aber jemand für die Seinigen, besonders für die Hausgenossen, nicht sorgt, hat er den Glauben verleugnet und ist schlimmer als ein Ungläubiger. 9 Als Witwe soll nur gerechnet werden, wer nicht unter sechzig Jahren ist, eines einzigen Mannes Frau war, 10 die das Zeugnis guter Werke hat, Kinder großgezogen, Fremde beherbergt, Heiligen die Füße gewaschen, Bedrängten beigestanden, und jedem guten Werke nachgekommen ist. 11 Jüngere Witwen weise zurück, denn wenn sie, Christus zuwider, wollüstig werden, wollen sie heiraten, 12 und verfallen dem Strafgericht, weil sie die erste Treue gebrochen haben. 13 Zugleich gewöhnen sie sich an, müßig in den Häusern herumzugehen, und nicht nur müßig, sondern auch geschwätzig und vorwitzig, Ungehöriges redend. 14 Ich will nun, dass jüngere heiraten, Kinder gebären, den Haushalt führen, dem Widersacher keinen Anlass geben zu schmähen. 15 Denn jetzt schon haben sich einige abgewandt, dem Satan nachfolgend. 16 Wenn eine Gläubige Witwen bei sich hat, so soll sie ihnen helfen; die Gemeinde soll nicht belastet werden, damit sie den wirklichen Witwen helfen kann.

Die Ältesten:
Sie sind doppelter Ehre wert

17 Die Ältesten, die gute Vorsteher sind, halte man doppelter Ehre wert, besonders solche, die sich mühen in Wort und Lehre. 18 Denn es sagt die Schrift: Du sollst einem dreschenden Ochsen das Maul nicht verbinden. Und: Der Arbeiter ist seines Lohnes wert. 19 Gegen einen Ältesten nimm keine Beschuldigung an, außer mit zwei oder drei Zeugen. 20 Die Fehlenden weise in Gegenwart aller zurecht, damit auch die übrigen Furcht bekommen. 21 Ich beschwöre dich vor Gott und Christus Jesus und den auserwählten Engeln: Halte es so, ohne Vorurteil, tue nichts aus Zuneigung. 22 Lege keinem voreilig die Hände auf und werde nicht mitschuldig an fremden Sünden; halte dich rein. 23 Trink nicht länger Wasser, sondern nimm etwas Wein um deines Magens und deiner häufigen Krankheit willen! 24 Etlicher Menschen Sünden sind offenkundig, sie eilen zum Gericht voraus, bei einigen aber folgen sie nach. 25 Ebenso sind auch die guten Werke schon offenkundig; und die, bei denen es anders ist, können nicht verborgen bleiben.

Die Sklaven:
Sie sollen ihre Herren achten

6 Alle, die als Sklaven unter dem Joch sind, sollen ihre Herren aller Ehren wert achten, damit der Name Gottes und die Lehre nicht geschmäht werden. 2 Die aber gläubige Herren haben, sollen sie nicht gering achten, weil sie Brüder sind, sondern ihnen lieber dienen, weil sie Gläubige sind und Geliebte und als solche sich des Wohltuns befleißigen. Das lehre, dazu ermahne.

Gefahren: Wir können nichts
aus der Welt hinausnehmen

3 Wenn jemand Fremdes lehrt und sich nicht richtet nach den gesunden Worten unseres Herrn Jesus Christus und nach der Lehre des rechten Gottverehrens, 4 der ist aufgeblasen und versteht nichts; er krankt vielmehr an Streitfragen und Wortfechtereien; daraus kommen Neid und Streit, Lästerungen, böse Verdächtigungen, 5 andauernde Streitereien zwischen Menschen, denen der Sinn verwirrt ist und die der Wahrheit beraubt sind; die meinen, rechtes Gottverehren sei ein Geschäft. 6 Ja, rechtes Gottverehren ist ein großes Geschäft, jedoch im Verein mit Genügsamkeit. 7 Denn wir haben nichts in die Welt hereingebracht; darum können wir auch nichts mit hinausnehmen. 8 Wenn wir aber Nahrung und Kleidung haben, sollen wir da-

---

ritativen Versorgungs- und Dienstgemeinschaft wird eine religiöse Lebensgemeinschaft. **19-22** Weisungen über Amt und Ehre, Rechte und Pflichten der Ältesten.

6,1-2a Ein Wort, das die Sklaven um der Ehre ihrer Herren willen mahnt, ihren Stand zu akzeptieren: Der Vorwurf, die Christen würden die gültige Gesellschaftsordnung demontieren, soll vermieden werden. **2b-10** Warnung vor Irrlehre und Habsucht. Der Glaube gibt dem Leben Sicherheit und schafft Brüderlichkeit. **11-16** Timotheus wird mit Worten, die aus einer Einführung in das Mt stammen mögen, an

Ich glaube an Jesus
der mit seinen Jüngern
unterwegs ist zum Fest
Ich glaube an Jesus
der allen Menschen Mitmensch wurde
Ich glaube an Jesus
der den Kleinen die Angst nimmt
Ich glaube an Jesus
der die Großen spüren lässt
dass Barmherzigkeit mehr ist als Macht
Ich glaube an Jesus
dem Männer und Frauen gleich viel gelten
Ich glaube an Jesus
der die Sünder aufrichtet
Ich glaube an Jesus
der sich den Tod nicht erspart
Ich glaube an Jesus
der überall ist
wo zwei oder drei in seinem Namen
zusammen sind
Ich glaube an Jesus
der kommen wird, um mit allen Lebenden
zu feiern das große Fest Gottes

mit zufrieden sein. [9] Die nämlich reich werden wollen, geraten in Versuchung und Fallstricke und vielerlei unnütze und schädliche Begierden, welche die Menschen in Untergang stürzen und in Verderben. [10] Die Wurzel aller Übel nämlich ist die Geldgier. Einige, die danach strebten, sind vom Glauben abgeirrt und haben sich selbst mit vielen Schmerzen durchbohrt. [11] Du aber, Mann Gottes, fliehe davor! Jage vielmehr nach Gerechtigkeit, rechtem Gottverehren, Glaube, Liebe, Geduld, Langmut. [12] Kämpfe den guten Kampf des Glaubens, erstreite das ewige Leben, zu dem du gerufen bist. Dazu hast du dich bekannt durch das gute Bekenntnis vor vielen Zeugen. [13] Ich gebiete dir vor dem Angesicht Gottes, der alles lebendig macht, und vor Christus Jesus, der durch das gute Bekenntnis Zeugnis abgelegt hat vor Pontius Pilatus, [14] bewahre das Gebot unbefleckt, untadelig bis zur Erscheinung unseres Herrn Jesus Christus, [15] die zu seiner Zeit zeigen wird der selige und alleinige Herrscher, der König der Könige und Herr der Herren. [16] Er, der allein Unsterblichkeit besitzt und wohnt in unzugänglichem Licht, den keiner von den Menschen je gesehen hat, noch zu sehen vermag, ihm ist Ehre und ewige Macht. Amen. [17] Den Reichen in dieser jetzigen Weltzeit gebiete, nicht hochmütig zu sein und ihre Hoffnung nicht auf den trügerischen Reichtum zu setzen, sondern auf Gott, der uns alles reichlich gewährt zum Genuss, [18] Gutes zu tun, reich sein an guten Werken, freigebig sein, Anteil zu geben [19] und so einen Schatz sich zu sammeln auf die Zukunft hin, damit sie das wahre Leben erlangen.

Schluss:
Bewahre das anvertraute Gut!

[20] Timotheus, bewahre das anvertraute Gut. Halte dich fern von unheiligem, leerem Geschwätz und den Streitsätzen der trügerisch so genannten Erkenntnis, [21] zu der sich gewisse Leute bekennen und vom Glauben abgeirrt sind. Die Gnade mit euch.

---

seine Berufung erinnert. **12** Das »gute Bekenntnis«: Gemeint ist das Bekenntnis, das der Gemeindeleiter bei der Übernahme des Amtes vor Zeugen ablegt.

17-19 Am Anfang bestand die Gemeinde vor allem aus Armen. Nun werden die Reichen erinnert, dass ihr Reichtum vor allem im Teilen-Können besteht.

Der zweite Brief an Timotheus

Ganz anders als im Ersten Timotheusbrief (und auch in dem an Titus) ist die Lage, die im Zweiten Timotheusbrief vorausgesetzt wird. Paulus befindet sich Gefangenschaft und zwar offensichtlich in Rom (1,17). Er hat auch schon vor Gericht gestanden. Alle Mitarbeiter, mit Ausnahme des Lukas, haben sich von ihm abgewandt; einer hat ihm sogar erheblichen Schaden zugefügt (4,14). Tychikus ist von Paulus nach Ephesus geschickt worden (4,12), Trophimus bleibt krank in Milet zurück (4,20). Beide sind als Mitarbeiter des Paulus in der Apostelgeschichte erwähnt. Jetzt bittet Paulus in diesem Schreiben den Timotheus, so rasch wie möglich nach Rom zu kommen und dabei die liegen gebliebenen Bücher und einen Mantel des Paulus mitzubringen. Paulus rechnet mit seinem baldigen Tod (4,6-8) und mahnt deshalb zu großer Eile.

Der eigentliche Inhalt des Zweiten Timotheusbriefes entspricht den beiden anderen Pastoralbriefen, allerdings ist er persönlicher gehalten als jene. Literarisch gesehen ist der Zweite Timotheusbrief als »Testament« gestaltet. Für die Nachwelt soll durch den Brief nicht nur die Lehre, sondern auch das Bild des (leidenden) Apostels geprägt werden. Das ist kein Sonderfall; für die Mitte des 2. Jahrhunderts ist solches Schrifttum kennzeichnend.

✧

Paulus, Apostel Christi Jesu:
An Timotheus, sein liebes Kind

1 Paulus, Apostel Christi Jesu durch den Wil-
len Gottes, gemäß der Verheißung des Lebens
in Christus Jesus. 2 An Timotheus, sein liebes
Kind: Gnade, Erbarmen, Friede von Gott,
dem Vater, und Christus Jesus, unserem
Herrn.

Apostelamt: Gott hat uns gerufen

3 Ich danke Gott, dem ich von den Voreltern
her mit reinem Gewissen diene, wie ich unab-
lässig deiner gedenke in meinen Gebeten,
Nacht und Tag. 4 Ich sehne mich, dich zu se-
hen, eingedenk deiner Tränen, damit ich mit
Freude erfüllt werde. 5 Dabei erinnere ich
mich des ungeheuchelten Glaubens, der in dir
ist, wie er zuvor in deiner Großmutter Lois
und deiner Mutter Eunike wohnte, nach mei-
ner Überzeugung aber auch in dir. 6 Aus die-
sem Grunde mahne ich dich: Entfache von
neuem die Gnadengabe Gottes, die in dir ist
durch die Auflegung meiner Hände. 7 Gott
hat uns ja nicht einen Geist des Zagens gege-
ben, sondern der Stärke und Liebe und Be-
sonnenheit. 8 Schäme dich also nicht des
Zeugnisses für unseren Herrn, noch meiner,
der ich sein Gefangener bin, sondern leide mit

1,1-2 Paulus, berufen zum Apostel Jesu Christi – wie Gott es will – an Timotheus, der ihm verbunden ist als »liebes Kind«. **3-5** Im fürbittenden Gebet dankt Paulus Gott für den Glauben, den Timotheus von seiner Großmutter Lois und seiner Mutter Eunike kennen lernte. **6-14** Paulus, der Gefangene, macht Timotheus Mut. Er erinnert ihn an seine Einsetzung in das Amt, die ihn als seinen legitimen Nachfolger bestätigt.

für die Frohbotschaft in der Kraft Gottes. 9 Er
hat uns errettet und gerufen mit heiliger Be-
rufung, nicht nach unseren Werken, sondern
nach seinem Ratschluss und der Gnade, die
uns verliehen wurde in Christus Jesus vor
ewigen Zeiten, 10 jetzt aber aufschien durch
das Erscheinen unseres Retters Christus Je-
sus, der den Tod vernichtet, Leben aber ans
Licht gebracht und Unsterblichkeit durch die
Frohe Botschaft, 11 für die ich bestellt bin als
Herold und Apostel und Lehrer. 12 Dies ist
auch der Grund, warum ich dies leide. Aber
ich schäme mich nicht, weiß ich doch, wem
ich vertraut habe, und ich bin überzeugt, er ist
mächtig, mein anvertrautes Gut zu hüten bis
zu jenem Tag. 13 Halte dich an das Vorbild der
gesunden Lehre, die du von mir gehört hast in
Glaube und Liebe, die in Christus Jesus sind.
14 Hüte das anvertraute kostbare Gut durch
Heiligen Geist, der in uns wohnt.

Lob des Onesiphorus:
Er hat sich meiner nicht geschämt

15 Du weißt, dass alle in der Provinz Asien sich
von mir abgewendet haben, darunter auch
Phygelus und Hermogenes. 16 Erbarmen
schenke der Herr dem Haus des Onesi-
phorus; denn oft hat er mich erquickt und
sich meiner Ketten nicht geschämt, 17 viel-
mehr als er nach Rom kam, suchte er eifrig
nach mir und fand mich. 18 Ihm verleihe der
Herr, dass er Erbarmen finde beim Herrn an
jenem Tage! Und welche Dienste er in Ephe-
sus leistete, weißt du gar wohl.

Treu in Kampf und Leiden:
Gottes Wort liegt nicht in Fesseln

2 Du nun, mein Kind, sei stark in der Gnade,
die in Christus Jesus ist, 2 und was du von mir
vor vielen Zeugen gehört hast, das trage zu-
verlässigen Menschen vor, die geeignet sein
werden, auch andere zu lehren. 3 Leide mit
uns als guter Krieger Christi Jesu. 4 Keiner, der
Kriegsdienst tut, verwickelt sich in die Ge-
schäfte des Alltags, damit er dem gefalle, der
ihn angeworben hat. 5 Und keiner erhält im
Wettkampf den Kranz, wenn er nicht nach
der Regel gekämpft hat. 6 Der Bauer, der sich
müht, soll zuerst von den Früchten erhalten.
7 Bedenke, was ich sage, denn der Herr wird
dir Einsicht geben in allem. 8 Denke an Jesus
Christus: auferweckt von den Toten, aus Da-
vids Nachkommenschaft, nach meiner Froh-
botschaft. 9 Dafür leide ich, bis zu Fesseln, wie
ein Verbrecher, doch Gottes Wort liegt nicht
in Fesseln. 10 Darum ertrage ich alles um der
Auserwählten willen, damit auch sie Rettung
erlangen in Christus Jesus, mit ewiger Herr-
lichkeit. 11 Treu ist das Wort: Wenn wir mit

Gott, wir bitten dich
gib uns einen neuen Anfang
wenn wir ins Abseits geraten
unsere Chancen vertan und verspielt haben

Hab Geduld mit uns
wenn wir wieder einmal
nicht begreifen, was du für uns willst

Warte auf uns
wenn uns die selbst gewählten Wege
in die Irre führen

Gib uns Zeit
lass uns den Rückweg finden
Am Ende lass uns ankommen
daheim sein, in deinen Armen

(2,1-13)

9-10 Möglicherweise wird hier ein Taufbekenntnis zitiert: Wir sind gerufen und gerettet. **12-14** Paulus gab die anvertraute Botschaft als »gesunde Lehre« weiter. Timotheus und all seine Nachfolger können sich an sie halten. **15-18** Paulus zu seiner eigenen Situation: »Alle« – gemeint sind wohl die Gemeindeleiter in der Provinz Asia – haben ihn verlassen. Auch Phygelus und Hermogenes, die uns bekannt blieben. Das Beispiel des Onesiphorus ist in diesem Zusammenhang besonders lobenswert.
2,1-13 Timotheus (die kirchlichen Amtsträger insgesamt) soll motiviert werden, für Christus einzustehen, auch wenn ihr Engagement mit Nachteilen verbunden ist. **8-10** Ein in der Überlieferung geprägtes Christusbekenntnis: Der Mensch Jesus Christus gelangte durch Leiden und Sterben zur Auferstehung

ihm gestorben sind, werden wir auch mitle-
ben; 12 wenn wir ausharren, werden wir auch
mitherrschen; wenn wir verleugnen, so wird
auch er uns verleugnen; 13 wenn wir untreu
sind, bleibt er treu; denn er kann sich nicht
selber verleugnen.

Gegen Irrlehrer:
Der feste Grund hält Stand

14 Daran erinnere und beschwöre sie vor Gott,
sich nicht in Wortgezänk einzulassen, das
bringt keinen Nutzen, nur Unheil für die
Zuhörer. 15 Sei eifrig bedacht, dich selbst als
Bewährten zu erweisen vor Gott, als Arbeiter,
der sich nicht scheut, der das Wort der Wahr-
heit richtig verwaltet. 16 Unheiligem, leerem
Geschwätz weiche aus; denn sie werden im-
mer tiefer in falsches Gottverehren hinein-
treiben, 17 und ihr Wort frisst um sich wie
Krebs; zu ihnen gehören Hymenäus und Phi-
letus, 18 die von der Wahrheit abgeirrt sind,
wenn sie sagen, die Auferstehung sei schon
geschehen, und bei etlichen den Glauben zer-
stören. 19 Doch der feste Grund Gottes hält
Stand, er trägt das Siegel: Der Herr kennt die
Seinen. Und: Abstehen soll jeder von Unge-
rechtigkeit, der den Namen des Herrn nennt.
20 In einem großen Haus aber gibt es nicht nur
goldene und silberne Gefäße, sondern auch
hölzerne und irdene, und die einen zu Ehre,
die andern zu Unehre. 21 Wenn nun jemand
sich von diesen rein hält, wird er ein Gefäß
zur Ehre sein, geheiligt und brauchbar für den
Hausherrn, zu jedem guten Werk bereit.
22 Fliehe die Begierden der Jugend! Dagegen:
Jage der Gerechtigkeit nach, dem Glauben,
der Liebe, dem Frieden in Gemeinschaft mit
denen, die den Herrn anrufen aus reinem
Herzen. 23 Die törichten und ungezügelten
Streitfragen weise ab, weil du weißt, dass sie
zu Streitereien führen. 24 Ein Knecht des
Herrn aber soll nicht streiten, sondern lieb-
reich sein zu jedem, lehrbefähigt, verträglich.
25 Mit Sanftmut soll er die Widersacher zu-
rechtweisen, vielleicht, dass Gott ihnen Um-
kehr schenkt zur Erkenntnis der Wahrheit
26 und sie zur Besinnung kommen, weg von
der Schlinge des Teufels, von dem sie gefan-
gen wurden für seinen Willen.

Verderbnis der Sitten: Ihre Torheit
wird allen offenkundig werden

3 Dies aber erkenne, dass in den letzten Ta-
gen schlimme Zeiten kommen werden.
2 Denn die Menschen werden selbstsüchtig
sein, geldgierig, prahlerisch, hochmütig,
schmähsüchtig, den Eltern ungehorsam, un-
dankbar, gottlos, 3 lieblos, unversöhnlich,
verleumderisch, unbeherrscht, zuchtlos, dem
Guten feind, 4 verräterisch, verwegen, einge-
bildet, mehr auf Genuss bedacht als auf Gott.
5 Sie wahren den Schein rechten Gottvereh-
rens, doch sie verleugnen dessen Kraft. Und
diese meide! 6 Denn zu ihnen gehören jene, die
sich in die Häuser einschleichen, leichtes
Frauenvolk einfangen, die, mit Sünden bela-
den, von mancherlei Begierden getrieben
werden. 7 Immerfort lernen sie und können
doch nie zur Erkenntnis der Wahrheit kom-
men. 8 Wie Jannes und Jambres dem Mose wi-
derstanden, so widerstehen auch diese der
Wahrheit; Menschen mit verdorbenem Sinn,
im Glauben unbewährt. 9 Allein, sie werden
nicht weiter fortschreiten, denn ihre Torheit
wird allen offenkundig werden, wie es auch
bei jenen geschah.

---

und Erhöhung. Wer Christus treu bleibt, dem hält er die Treue über den Tod hinaus. **14-18** Zur Auseinandersetzung mit den Irrlehrern: Sie verachten den Leib und sind an der Auferstehung nicht interessiert. Eines ihrer Argumente lautet: In den Sakramenten und der Gabe des Geistes ist die Auferstehung schon Wirklichkeit. Wer die Gabe der Erkenntnis (»Gnosis«) hat, ist auferstanden. Diese Lehren verwirren und lähmen die Glaubenden. **20-21** Bildworte über die Kirche und die unterschiedlichen Menschen, die sich in ihr treffen. **22-26** Weisungen über den Umgang mit Gemeindegliedern, die der Irrlehre verfallen sind.
3,1-9 Die endzeitliche Gottferne lässt sich jetzt schon am Verhalten des Menschen beobachten. Ein Lasterkatalog (vgl. Röm 1,28-32) charakterisiert die Verführer und die Verführten. Am Beispiel der fragwürdigen Hausmission, die die Irrlehrer betreiben, wird das deutlich. **8** Jannes und Jambres: nach jüdischer Überlieferung die Namen der ägyptischen Zauberer, die es Mose und Aaron mit ihrer Zauberkunst gleichtun konnten (vgl. Ex 7,8-12).

Du kennst uns, Herr, siehst uns ins Herz
und weißt, dass wir es ehrlich meinen
wenn wir dich preisen
Retter, Heiland, Gottes Sohn
Du kennst uns, siehst uns ins Herz
weißt, dass wir das Leiden fürchten
und alles Menschenmögliche tun
um das Glück des vergänglichen Lebens
zu retten
Hab Geduld mit jeder und jedem
die sich schwer tun mit dem eigenen Kreuz
Lass all denen
die in der großen Trauer versinken
dein Licht aufgehen
Stütze die Gebeugten
richte die Gefallenen auf
lass uns spüren
dass du der Weg bist und das Ziel

(3,1-9)

Standfestigkeit:
Alle werden verfolgt werden

10 Du aber bist mir nachgefolgt in der Lehre,
in der Lebensführung, im Streben, in Glau-
ben, in Langmut, in Liebe, in Geduld, 11 in
Verfolgungen, in Leiden, wie sie mir in Antio-
chia, in Ikonion und Lystra begegneten. Die-
se Verfolgungen habe ich ertragen, und aus
allen hat mich der Herr errettet. 12 Doch auch
alle, die in rechtem Gottverehren leben wol-
len in Christus Jesus, werden verfolgt wer-
den. 13 Böse Menschen dagegen und Betrüger
werden immer schlimmer werden, als Betrü-
ger und Betrogene. 14 Du aber bleibe bei dem,
was du gelernt hast und als zuverlässig er-
kanntest. Du weißt ja, von wem du gelernt
hast. 15 Und du kennst von Kindheit an die
Heiligen Schriften, sie vermögen dich weise
zu machen zur Rettung durch den Glauben in
Christus Jesus. 16 Jede von Gott eingegebene
Schrift ist auch nützlich zur Belehrung, zur
Zurechtweisung, zur Besserung, zur Erzie-
hung in Gerechtigkeit, 17 damit der Mann
Gottes gerüstet sei, ausgerüstet zu jedem gu-
ten Werk.

Auftrag des Boten:
Verkünde das Wort

4 Ich beschwöre dich vor Gott und Christus
Jesus, der richten wird Lebende und Tote, bei
seinem Erscheinen und bei seinem Königtum:
2 Verkünde das Wort, sei zur Stelle, ob gelegen
oder ungelegen, widerlege, tadle, mahne in
aller Langmut und Belehrung! 3 Denn es wird
eine Zeit kommen, da wird man die gesunde
Lehre nicht ertragen, sondern nach eigenem
Gutdünken sich Lehrer zusammensuchen,
um die Ohren zu reizen. 4 Von der Wahrheit
werden sie das Ohr abwenden und den Fa-
beln sich zuwenden. 5 Du aber sei nüchtern in
allem, ertrage Ungemach, tu das Werk eines
Boten der Frohbotschaft, erfülle deinen
Dienst ganz. 6 Denn schon werde ich als
Trankopfer ausgegossen, und die Zeit meiner
Auflösung ist nahe. 7 Den guten Kampf habe
ich gekämpft, den Lauf vollendet, den Glau-
ben bewahrt. 8 Nun liegt mir bereit der Kranz
der Gerechtigkeit, den mir der Herr verleihen
wird, an jenem Tag, der gerechte Richter,
doch nicht allein mir, sondern allen, die sein
Erscheinen liebend erharren.

Persönliches:
Der Herr stärkte mich

9 Beeile dich, rasch zu mir zu kommen. 10 De-
mas hat mich nämlich verlassen aus Liebe zur
jetzigen Weltzeit und ist nach Thessalonich
gegangen, Kreszenz nach Galatien, Titus
nach Dalmatien. 11 Lukas als einziger ist bei

10-17 Christ sein bedeutet auch: Leid ertragen. Das gilt für Paulus, Timotheus und alle. Darum sollen sich die Christen an die echten Zeugen halten.

4,1-8 Paulus macht deutlich, dass dieser Brief durchaus als »Abschiedsbrief« (Testament) verstanden werden soll (vgl. Apg 20,29-35). Das Leben des Apostels rundet sich. Gelassen sieht Paulus dem Tod entgegen. Für Timotheus dagegen nehmen die Schwierigkeiten zu. Auf diesem Hintergrund erhalten diese letzten Weisungen besondere Dringlichkeit. **10-15** Eine Reihe von Personen wird erwähnt. Teilweise kennen wir ihre Namen aus anderem Zusammenhang. Die nicht näher bezeichneten Bücher waren wohl auf Papyrus geschrieben, bei den Pergamenten kann es

Herr, lass uns deine Stimme erkennen
unverwechselbar im Chor der vielen
die unser Ohr füllen

Ruf jede und jeden beim eigenen Namen
damit wir uns nicht selbst verlieren
in der Menge der Namenlosen

Geh uns voraus, zeig uns die Spur
damit wir dir folgen
bewahre uns vor Verführern und Verderbern
sei uns Tür zum Leben

(Kap. 4)

mir. Nimm Markus und bring ihn mit dir,
denn ich kann ihn im Dienst gebrauchen.
12 Tychikus aber habe ich nach Ephesus ge-
sandt. 13 Den Mantel, den ich in Troas bei
Karpus zurückgelassen habe, bring mit dir,
wenn du kommst, auch die Bücher, vor allem
die Pergamente. 14 Alexander, der Schmied,
hat mir viel Böses zugefügt; der Herr wird
ihm vergelten nach seinen Werken. 15 Und
auch du hüte dich vor ihm! Er hat ja unseren
Worten heftig widerstanden. 16 Bei meiner
ersten Verteidigung hat mir keiner Beistand
geleistet, alle haben mich verlassen. Möge es
ihnen nicht angerechnet werden. 17 Der Herr
aber stand mir bei und stärkte mich, damit
durch mich die Verkündigung vollendet wür-
de und alle Völker sie hören, und ich wurde
dem Rachen der Löwen entrissen. 18 Ent-
reißen wird mich der Herr jedem bösen Werk
und mich retten in sein himmlisches König-
tum. Er, dem Herrlichkeit ist in die Ewigkeit
der Ewigkeiten. Amen.

Schluss:
Der Herr ist mit deinem Geiste

19 Grüße Priska und Aquila und das Haus des
Onesiphorus! 20 Erastus blieb in Korinth,
Trophimus ließ ich krank in Milet. 21 Beeile
dich, vor dem Winter zu kommen! Es grüßen
dich Eubulus, Pudens, Linus, Klaudia und al-
le Brüder. 22 Der Herr ist mit deinem Geiste.
Die Gnade mit euch.

sich um Schriftrollen mit Texten aus dem Alten Testament handeln. **6-18** Es ist nicht sicher, ob mit »erste Verteidigung« auf eine frühere Gefangenschaft oder auf frühere Verhöre hingewiesen werden soll. Von allen Freunden verlassen, ist Paulus nicht allein. Der Herr wird ihn retten.

Der Brief an Titus

Ganz ähnlich wie beim Ersten Brief an Timotheus ist die äußere Situation beim Titusbrief. Paulus hat zusammen mit Titus auf der Insel Kreta missioniert; inzwischen aber hat er die Insel wieder verlassen; Titus ist dort geblieben. Von Nikopolis aus (vermutlich in Epirus gelegen) bittet Paulus seinen Mitarbeiter, zu ihm zu kommen (3,12). Wie im Ersten Brief an Timotheus gibt er dabei auch Anweisungen für die innere und äußere Ordnung der Gemeinde. Dabei steht im Vordergrund die Betonung der traditionellen Lehre. Auch sonst gibt es keine großen Unterschiede zum Ersten Brief an Timotheus. Titus ist uns aus der Apostelgeschichte bekannt; er begleitet Paulus zum »Apostel-Konzil« nach Jerusalem (Gal 2,1).

Ein besonderer Akzent liegt im ganzen Titusbrief auf der »gesunden und sicheren Lehre«. Die Gemeinde soll zum christlichen Leben ermahnt werden, gegen alle Irrlehrer.

Paulus an Titus: Im Auftrag Gottes unseres Retters

1 Paulus –, Knecht Gottes, Apostel Jesu
Christi, um des Glaubens der Auserwählten
Gottes willen und der Erkenntnis der Wahr-
heit, wie sie rechtem Gottverehren entspricht,
2 in der Hoffnung auf ewiges Leben, das ver-
heißen hat der untrügliche Gott vor ewigen
Zeiten; 3 doch offenbar gemacht hat er sein
Wort zu seiner Zeit durch die Verkündigung,
mit der ich betraut ward im Auftrag Gottes,
unseres Retters. 4 An Titus, sein wahres Kind
im gemeinsamen Glauben: Gnade und Friede
von Gott Vater und von Christus Jesus, unse-
rem Retter.

Die Vorsteher: Sie sind Hauswalter Gottes

5 Dazu ließ ich dich auf Kreta zurück, dass du
das Fehlende ordnest und von Stadt zu Stadt
Älteste einsetzest, wie ich dir aufgetragen ha-
be: 6 Ein solcher sei unbescholten, einer einzi-
gen Frau Mann, er habe gläubige Kinder, die
nicht im Ruf der Ausschweifung stehen oder
unbotmäßig sind. 7 Denn der Bischof muss als
Hauswalter Gottes sein: untadelig, nicht an-
maßend, nicht jähzornig, nicht trunksüchtig,
nicht rauflustig, nicht auf unlauteren Gewinn
bedacht, 8 vielmehr gastfreundlich, gütig, be-
sonnen, gerecht, ehrbar, enthaltsam. 9 Er hal-
te fest am zuverlässigen Wort, wie es der Leh-

1,1-4 Der Brief an Titus gleicht, was Stil und Thematik betrifft, dem ersten Timotheusbrief. Beide Briefe gehen davon aus, dass Paulus als freier Mann das Evangelium verkündet. Hier wie dort geht es um die rechte Ordnung der Gemeinde, um die Abwehr (gnostischer) Irrlehrer und um die Grundregeln christlichen Lebens. Titus, ein Heidenchrist, begleitet Paulus zum Apostelkonzil nach Jerusalem (Gal 2,1). Paulus lässt ihn auf Kreta zurück, wo sich die Gemeinde um die Grundregeln christlichen Lebens müht und den eigenen Weg sucht. Der Brief will Titus mit Rat und Weisung zur Seite stehen, damit er den Irrlehrern standhält. **4** Die Anrede besteht aus einer mehrgliedrigen Beschreibung des Amtes, zu dem der Apostel berufen ist. **5-9** Die Ältesten wirken als Gemeindeleiter. In der jungen Kirche beziehen sich die Titel Bischof und Presbyter auf dasselbe Amt. **6** »Nur einmal verheiratet« (vgl. zu 1 Tim 3,2). **10-16** Vgl. zu

re entspricht, damit er fähig sei, sowohl auf-
grund der gesunden Lehre zu ermahnen, als
auch die Widersprechenden zu überführen.

Gegen Irrlehrer: Alles ist rein für die Reinen

10 Denn es gibt viele Widerspenstige, Schwät-
zer und Verführer, besonders die aus der Be-
schneidung; 11 und ihnen muss man den
Mund stopfen, da sie ja ganze Häuser durch-
einander bringen, indem sie lehren, was sich
nicht ziemt, um leeren Gewinnes willen. 12 Ei-
ner aus ihnen, ihr eigener Prophet, hat gesagt:
Kreter sind immer verlogen, üble Tiere, faule
Bäuche. 13 Dieses Zeugnis ist wahr. Aus die-
sem Grund weise sie streng zurecht, damit sie
gesund werden im Glauben 14 und nicht auf
jüdische Fabeln und Gebote von Menschen
achten, die sich von der Wahrheit abwenden.
15 Alles ist rein für die Reinen; den Schmutzi-
gen aber und Ungläubigen ist nichts rein,
sondern beschmutzt ist ihr Denken und Ge-
wissen. 16 Gott zu kennen behaupten sie, in
den Werken aber verleugnen sie ihn; denn sie
sind ein Gräuel und ungehorsam und untaug-
lich zu jedem guten Werk.

Standesunterweisungen: Sei Vorbild in allem

2 Du aber rede, was der gesunden Lehre
gemäß ist: 2 Die Alten sollen nüchtern sein,
ehrbar, besonnen, gesund im Glauben, in der
Liebe, in der Geduld. 3 Alte Frauen desglei-
chen: in der Haltung dem Heiligen gemäß,
nicht verleumderisch, nicht vielem Wein erge-
ben, Gutes lehrend, 4 damit sie die jungen
Frauen verständig anleiten, zu ihren Män-
nern und Kindern liebevoll zu sein, 5 beson-
nen, ehrbar, hausfraulich, gütig, den eigenen
Männern Untertan, damit das Wort Gottes
nicht geschmäht werde. 6 Ebenso ermahne die
jungen Männer, besonnen zu sein in allem.

Wir bitten dich, Herr, für deine Kirche
das ganze Volk Gottes
Stärke sie in dieser Zeit der Aufbrüche
und der Unsicherheiten
dass sie geduldig und entschlossen
den Weg zur Einheit geht
Erinnere sie, dass der Glaube
nicht nur zu verteidigen ist
sondern zu bezeugen und zu leben
dass alle, die kein Mitmensch liebt
erfahren, dass sie bejaht und geliebt sind
dass die Unglücklichen nicht verzweifeln
und die Gescheiterten erkennen
dass sie einen Namen haben
und eine Zukunft
Herr, unser Gott
lass deinen heiligen Geist
lebendig wehen in uns
und unserer Kirche
Den Geist, der uns frei macht
dich zu bitten, dir zu vertrauen
einander zu bitten, einander zu trauen
Gib uns den Geist, der uns Freiheit gibt
und ermutigt, die eigenen Gaben
nicht gering zu schätzen
den Geist, in dem wir aufatmen können
Hoffnung schöpfen und Zuversicht
Stärke unsere Kirche in dem Vertrauen
dass sie sich dem Wandel, den unsere Zeit
von ihr fordert, nicht verweigert
die gegenwärtige Not als Chance erkennt
im Vertrauen auf deinen heiligen Geist
loslässt, was vergangen ist
festhält, was Zukunft begründet
dass ihr das Heil der Menschen
wichtiger ist als das Festhalten
überlebter Strukturen
dass sie der eigenen Berufung traut
das Leben schützt
für die Armen einsteht
Kirche wird, wie du sie träumst
und uns zu träumen lehrst

---

1 Tim 3,20. **11-15** Die Irrlehrer werden in allem als das Gegenteil des frommen Christen dargestellt. Für den Umgang mit ihnen gilt: sie zurechtweisen. **12** Das Wort, das als von einem Propheten stammend zitiert wird, ist ein Hexameter, der dem Philosophen Epimenides (6. Jh. v.Chr.) zugeschrieben wird. **15** Die Gesinnung entscheidet über »rein und unrein«.

2,1-10 Vgl. 1 Tim 2,1 - 3,13; 5,1 - 6,2. Die Grundhaltungen, die das praktizierte Christentum prägen sollen, werden am Beispiel einzelner Stände dargelegt. Sie entsprechen damaligen gesellschaftlichen Vorstellungen. **11-15** Mögen die Tugenden christlichen Lebens mit den Idealen der Griechen übereinstimmen, ihre Begründung ist entscheidend: Gottes

dass sie den Weg in die Zukunft
geduldig sucht
und sich nicht abbringen lässt
Wir, das Volk des Herrn
bitten für unsere Kirche

7 Zeige dich selbst als Vorbild guter Werke, in
der Lehre, Lauterkeit, Würde; 8 im Wort ge-
sund, unangreifbar, damit der Gegner be-
schämt werde, wenn er nichts Schlechtes über
uns zu sagen weiß. 9 Sklaven sollen in allem
ihrem eigenen Herrn untertan sein, sollen ge-
fällig sein, nicht widersprechen, 10 nichts ver-
untreuen, sondern volle, echte Treue erwei-
sen, damit sie der Lehre Gottes, unseres Ret-
ters, Zierde sind in allem.

Der Grund unseres Glaubens:
Erschienen ist die Gnade Gottes

11 Erschienen ist ja die Gnade Gottes zur Ret-
tung für alle Menschen. 12 Sie leitet uns an,
dass wir absagen dem falschen Gottverehren
und den weltlichen Begierden und besonnen,
gerecht und gottesfürchtig leben in der jetzi-
gen Weltzeit. 13 Wir, die wir harren auf die se-
lige Hoffnung und das Erscheinen der Herr-
lichkeit des großen Gottes und unseres Ret-
ters Christus Jesus. 14 Er hat sich für uns
hingegeben, um uns loszukaufen von aller
Gesetzlosigkeit und sich zu reinigen zum Ei-
gentumsvolk, das voll Eifer ist in guten Wer-
ken. 15 So rede und mahne und weise zurecht
mit aller Entschiedenheit! Keiner soll dich
verachten.

Von der Taufe: Er rettet uns
durch das Bad der Wiedergeburt

3 Ermahne sie, den Obrigkeiten, den Gewal-
ten untertan und gehorsam zu sein, zu jedem
guten Werk bereit zu sein, 2 niemand zu läs-
tern, nicht streitsüchtig zu sein, freundlich al-
le Sanftmut allen Menschen erweisend.
3 Denn auch wir waren ehemals unverständig,
ungehorsam, verirrt, verknechtet mancherlei
Begierden und Lüsten, lebten in Bosheit und
Neid dahin, abscheulich, voll Hass gegenein-
ander. 4 Als aber die Güte und die Menschen-
freundlichkeit Gottes, unseres Retters, er-
schien, 5 hat er uns gerettet nicht aufgrund
von Werken der Gerechtigkeit, die wir voll-
bracht hätten, sondern nach seiner Barmher-
zigkeit durch das Bad der Wiedergeburt und
durch Erneuerung Heiligen Geistes, 6 den er
reichlich über uns ausgegossen hat durch Je-
sus Christus, unseren Retter, 7 damit wir, ge-
rechtgemacht durch seine Gnade, Erben wür-
den gemäß der Hoffnung auf ewiges Leben.
8 Treu ist das Wort, und ich will, dass du dich
kräftig dafür einsetzest, damit diejenigen sich
guter Werke befleißen, die zum Glauben an
Gott gekommen sind. Dies ist den Menschen
gut und nützlich. 9 Doch von törichten Streit-
fragen und Geschlechtsregistern, von Streit-
gesprächen und Kämpfen um das Gesetz hal-
te dich fern: denn sie sind unnütz und nichtig.
10 Einen ketzerischen Menschen weise ab,
nachdem du ihn einmal oder zweimal zu-
rechtgewiesen hast. 11 Denn du weißt ja, ein
solcher ist verkehrt und sündigt und richtet
sich selbst.

Aufträge und Grüße:
An alle, die uns im Glauben lieben

12 Wenn ich Artemas zu dir senden werde oder
Tychikus, so beeile dich, zu mir nach Niko-
polis zu kommen; denn ich habe beschlossen,
dort den Winter zu verbringen. 13 Zenas, den
Gesetzeskundigen, und Apollos rüste sorgfäl-
tig für die Weiterreise aus, damit ihnen nichts
mangle. 14 Aber auch die Unseren sollen ler-
nen, fortzuschreiten in guten Werken für die
nötigen Bedürfnisse, damit sie nicht ohne
Frucht bleiben. 15 Es grüßen dich alle, die bei
mir sind. Grüße die, welche uns im Glauben
lieben! Die Gnade mit euch allen.

Heil ist erschienen, um alle Menschen zu retten. Die Christen leben als Gerettete, als Hoffende. Als Menschen, die ein Ziel haben, das jenseits des Alltags liegt. **3,1-7** Die Getauften kann man daran erkennen, wie sie mit anderen, auch mit den Irrlehrern umgehen. Denn durch ihr Verhalten antworten sie auf die Güte Gottes, die ihnen selbst zuteil wurde. Mahnungen wie diese haben ihren Ort in der Taufkatechese. **9-11** Der Umgang mit dem, der dem Irrtum verfallen ist, wird verbindlich geregelt: Nach zweimaliger Mahnung durch den Gemeindeleiter soll die Beziehung zu ihm abgebrochen werden. **12-15** Artemas und Zenas sind unbekannt, zu Apollos vgl. Apg 18,24. Der Abschiedsgruß gilt der ganzen Gemeinde.

Der Brief an Philemon

In diesem Brief geht es nicht um theoretische Fragen der christlichen Theologie und Verkündigung, sondern um ihre praktische Verwirklichung. Ein heidnischer Sklave mit Namen Onesimus ist seinem Besitzer davongelaufen; möglicherweise nachdem er ihn bestohlen hatte. Er begegnet, vermutlich in Ephesus, dem gefangenen Paulus und wird aufgrund dieser Begegnung Christ. Paulus schreibt dem Flüchtling einen Schutzbrief und schickt ihn (vermutlich im Jahr 55 n.Chr.) zu seinem christlichen Herrn, dem Philemon, (nach Kolossä?) zurück.

Aus heutiger Sicht kann man sich fragen, warum Paulus, der Apostel christlicher Freiheit, diese Entscheidung getroffen hat und seinem Mitchristen das Sklavendasein zugemutet hat. Die Entscheidung des Paulus basiert auf anderen Voraussetzungen. Er schickt Onesimus nicht als Sklaven, sondern als Bruder an Philemon zurück, der – wie er selbst – das baldige Kommen des Herrn erwartet. Der Brief selbst sagt uns nichts über die Reaktion des Philemon; doch wenn man dem Kolosserbrief glauben kann (vgl. Kol 4,9), findet sich Onesimus später in der Umgebung des Paulus. Die Überlieferung nennt ihn als Bischof von Ephesus.

✧

Paulus an Philemon: Freund, Mitarbeiter und Kampfgefährte

1 Paulus, Gefangener Christi Jesu, und Ti-
motheus, der Bruder, dem geliebten Phile-
mon, unserem Mitarbeiter, 2 und der Schwes-
ter Aphia und Archippus, unserem Mitstrei-
ter, und der Gemeinde in deinem Hause:
3 Gnade euch und Friede von Gott, unserem
Vater, und dem Herrn Jesus Christus.

Lob und Dank: Möge dein Glaube wirksam werden

4 Ich sage meinem Gott allezeit Dank, wenn
ich in meinen Gebeten deiner gedenke, 5 da
ich von deiner Liebe höre und von dem Glau-
ben, den du zum Herrn Jesus hast und zu al-
len Heiligen. 6 Möge die Gemeinschaft deines
Glaubens wirksam werden in Erkenntnis al-
les Guten, das in uns ist, auf Christus Jesus
hin. 7 Ich hatte ja viel Freude und Trost an dei-
ner Liebe, weil die Herzen der Gläubigen
durch dich, Bruder, erquickt worden sind!

Beginn des Briefes: ganz normal.
Vielleicht etwas konkreter
als in feierlichen Großbriefen.
Doch Einleitung und Dankgebet
sind fast so lang
wie das eigentliche Schreiben.

(1-7)

1-2 Der Brief richtet sich nicht nur an Philemon, sondern an die Gemeinde, die sich in seinem Haus versammelt. Der Fall Onesimus soll in der Haus-Gemeinde besprochen werden.

4-7 Auch dieser eher private Brief (der einzige, den wir von Paulus haben) beginnt mit einem Dank für den Glauben, der die Verbindung schafft zwischen dem Absender und den Empfängern des Briefes.

Bitte für Onesimus: Nimm ihn auf wie mich

[8] Darum – wenngleich ich in Christus den Mut hätte, dir aufzutragen, was sich gebührt –, [9] bitte ich vielmehr um der Liebe willen, so wie ich bin: Paulus, ein alter Mann, jetzt aber auch ein Gefangener Christi Jesu. [10] Ich bitte dich für mein Kind, das ich in den Fesseln gezeugt habe, Onesimus, [11] der dir früher unnütz war, jetzt aber dir und mir nützlich ist. [12] Und ich sende ihn dir zurück, ihn, das heißt, mein eigenes Herz. [13] Ich wollte ihn bei mir behalten, damit er mir an deiner Stelle diente in meinen Fesseln für die Frohe Botschaft. [14] Aber ohne deine Einwilligung wollte ich nichts tun, damit deine Wohltat nicht wie aus Zwang geschähe, sondern aus freiem Willen. [15] Denn vielleicht ist er deswegen auf eine Stunde von dir getrennt gewesen, damit du ihn ewig wieder hättest: [16] Nicht mehr als Sklaven, sondern über den Sklaven hinaus als geliebten Bruder, ganz besonders mir, um wie viel mehr dann dir, sowohl im Fleische als auch im Herrn! [17] Wenn du mich als Teilhaber betrachtest, nimm ihn auf wie mich. [18] Hat er dir irgendeinen Schaden zugefügt oder schuldet er dir etwas, so setze es mir auf die Rechnung. [19] Ich, Paulus, schreibe es mit eigener Hand: Ich werde zahlen – um dir nicht zu sagen, dass du dich auch selbst mir schuldest. [20] Ja, Bruder, lass mich von dir Nutzen haben im Herrn! Erquicke mein Herz in Christus! [21] Im Vertrauen auf deinen Gehorsam schreibe ich dir, weil ich weiß, du wirst mehr tun, als ich sage. [22] Zugleich bereite mir auch eine Herberge; denn ich hoffe, dass ich euch durch euer Beten wiedergeschenkt werde.

Grüße: Die Gnade des Herrn Jesus Christus mit euch!

[23] Es grüßen dich Epaphras, mein Mitgefangener in Christus Jesus, [24] Markus, Aristarch, Demas, Lukas, meine Mitarbeiter. [25] Die Gnade des Herrn Jesus Christus mit eurem Geist.

Kaum zu fassen,
wie sehr der große Theologe
sich für Einzelschicksale
interessiert und engagiert!
Das macht diesen Paulus
richtig sympathisch
– mehr als lange
predigtartige Ausführungen.

(8-22)

---

7 »Die Heiligen«, damit sind alle gemeint, die durch die Taufe »geheiligt« sind. **11** Onesimus bedeutet »der Nützliche«. Mit dieser Deutung »spielt« der Apostel.
12-17 Paulus überlässt es dem Philemon, darüber zu entscheiden, ob er Onesimus bei sich behält oder dem Paulus zur Verfügung stellen will. In jedem Fall bittet er für seinen Bruder. **16** Als Mensch und auch vor dem Herrn; wörtlich: »im Fleisch und im Herrn«. **18-19** Paulus erklärt sich bereit, den Schaden, der durch die Flucht, vielleicht auch durch eine Veruntreuung des Onesimus, entstanden ist, zu übernehmen. Er erinnert Philemon daran, dass Onesimus ihm den Glauben und damit das Leben verdankt. **20** Vermutlich wieder ein Wortspiel mit dem Namen »Onesimus«; vgl. dazu Vers 11. **23** Die hier Genannten begegnen uns auch in Kol 4,7-14.

Der Brief an die Hebräer

Wer den Brief zu lesen beginnt, merkt die Unterschiede zu den anderen neutestamentlichen Briefen schon beim ersten Satz: Es fehlt die Anrede, ebenso der Absender. Erst der (nachträglich) angefügte Schluss (13,18-25) rechtfertigt die Einordnung dieser Schrift in die Reihe der biblischen Briefe.

Der »Brief an die Hebräer« ist seinem Wesen nach ein gesprochener oder geschriebener theologischer Traktat. Ein schriftgelehrter Judenchrist, später Paulusschüler, wendet sich (etwa 85-95 n.Chr.) an Christen jüdischer Herkunft: Damit ist der nachträgliche Titel »an die Hebräer« gerechtfertigt.

Der Mann, dessen Wort wir hören, denkt und argumentiert von jüdischer Theologie und Frömmigkeit her. Er legt das Alte Testament nach damaligen jüdischen Methoden aus. Darum ist er für uns oft schwer verständlich. Im Grunde will er seinen Hörern und Lesern sagen, was der erhöhte Herr für ihn und unser Christsein bedeutet. Er knüpft bei den Erfahrungen und Bräuchen des Alten Bundes an. Das Volk Israel weiß sich im Bund mit Gott. Als Mittler dieses Bundes gilt Mose. Man glaubt und erfährt Gottes Dasein in und mit seinem Volk. Im Zelt und später im Tempel feiert man Gott, bringt ihm Opfer dar. Die Priesterschaft dient ihm, allen voran der Hohepriester. Er wurde (in den Jahrhunderten vor der Zeitenwende) immer mehr zum Mittler zwischen Gott und dem Volk: Er brachte am jährlichen Versöhnungsfest das Opfer für die eigenen Sünden und das Opfer für die Sünden des ganzen Volkes dar und stellte so die Gemeinschaft zwischen Gott und dem Volk wieder her. In einer Zeit, da die Stadt Jerusalem und ihr Tempel zerstört sind (70 n.Chr.), in der es keinen Hohenpriester mehr gibt, der das Opfer darbringen, die Menschen mit Gott versöhnen könnte, bleibt die Sehnsucht nach Jerusalem, nach Vermittlung und Versöhnung: Es bleibt auch den Judenchristen die Erinnerung an die Pracht des Tempels, an Opferdienst und Priesterschaft.

Der Verfasser des Briefes an die Hebräer nimmt solche Überlieferungen und Erfahrungen jüdischer Frömmigkeit auf. Vom irdischen Gottesdienst, von irdischer Mittler- und Priesterschaft her – wie sie das Alte Testament bezeugt und wie sie in der jüdischen Gemeinde gelebt wird – zeichnet er die Vollendung in den Himmeln, der Welt Gottes, wirkt er die Versöhnung für die, die auf der Erde leben. Da wird im Hebräerbrief der Tod Jesu vom jüdischen Sühnopfer her gedeutet: Er hat sich selbst geopfert, Sühne für alle erwirkt, ein für allemal.

Das neue Volk Gottes, die Kirche, die Christus sich erworben hat, ist auf dem Weg zur Welt Gottes. Glauben heißt: in der Gemeinschaft der Wandernden mitgehen. Jedes Zurückbleiben, jedes Versagen ist Sünde und Abfall. Darum gilt es, gegen Ermüdungserscheinungen anzukämpfen, sich gegenseitig in der Hoffnung zu stärken, das Ziel nicht aus den Augen zu verlieren. Und dieses Ziel ist nicht eine irdische, sondern eine himmlische Stadt: der Anteil an der Sabbatruhe Gottes.

Endzeit des Heils:
Gott spricht zu uns durch den Sohn

1 Vielfach und auf mancherlei Weise hat Gott
einst durch die Propheten zu den Vätern ge-
sprochen. 2 Jetzt aber, am letzten der Tage, hat
er zu uns gesprochen durch den Sohn. Ihn hat
er zum Erben des Alls eingesetzt, durch ihn
hat er auch die Welten geschaffen.
3 Er ist der Abglanz seiner Herrlichkeit, das
Abbild seines Wesens. Er trägt das All durch
sein gewaltiges Wort; er hat Reinigung von
den Sünden gewirkt und sitzt zur Rechten der
Majestät in den Höhen.

Jesus, Sohn Josefs aus Nazaret
über den mehr gedacht
geredet und geschrieben wurde
als über irgendeinen, der seine Rolle spielte
in der glücklich-unglücklichen Geschichte
mit Gott ...
Jesus, von dem keiner der Menschenkenner
und Gotteskenner
anderes zu sagen wusste als dass du »mehr«
bist und »anders«
keiner kam über dies »mehr« und »anders«
hinaus ...
Jesus, Gottes Sohn und »letztes« Wort
du, nach dem die Weisen fragen
den die Frommen suchen
von dem die Sünder träumen
an den sich die Sterbenden halten ...

(1,1-3)

Gottes Sohn:
Er steht über den Engeln

4 Er ist soviel erhabener geworden als die En-
gel, wie der Name, den er ererbt hat, sie über-
ragt. 5 Sprach er denn je zu einem von den En-
geln: Mein Sohn bist du, ich habe heute dich
gezeugt? Und wiederum: Ich werde ihm Vater
sein, und er wird mir Sohn sein? 6 Wiederum
spricht er, da er den Erstgeborenen in die Welt
einführt: Und ihn sollen anbeten alle Engel
Gottes. 7 Von den Engeln zwar sagt er: Der
seine Engel zu Winden macht und seine Die-
ner zu Feuerflammen –, 8 vom Sohn aber:
Dein Thron, o Gott, besteht in die Ewigkeit
der Ewigkeit – und: Das Zepter der Geradheit
ist das Zepter seiner Königsherrschaft. 9 Ge-
rechtigkeit hast du geliebt und Gesetzlosig-
keit gehasst; darum hat dich, o Gott, dein
Gott gesalbt mit Freudenöl und vor deinen
Gefährten. 10 Und: Du, Herr, hast im Anfang
die Erde gegründet, und deiner Hände Werke
sind die Himmel. 11 Sie werden vergehen, du
aber bleibst; und alle werden veralten gleich
einem Kleid, 12 und gleich einem Mantel wirst
du sie zusammenrollen, gleich einem Kleid,
und sie werden gewandelt; du aber bist der-
selbe, und deine Jahre enden nicht.
13 Sprach er denn je zu einem von den Engeln:
Zu meiner Rechten setze dich, bis dass ich
deine Feinde als Schemel dir vor deine Füße
lege? 14 Sind sie nicht alle dienstbare Geister,
zum Dienste ausgesandt um deretwillen, die
erben sollen das Heil?

Größere Verantwortung:
Wir müssen auf das Gehörte achten

2 Darum müssen wir um so mehr auf das
Gehörte achten, damit wir nicht etwa am Ziel
vorbeitreiben. 2 Wenn schon das durch die
Engel verkündete Wort bestätigt wurde und
jede Übertretung, jeder Ungehorsam gerech-
te Vergeltung empfing, 3 wie sollten wir ent-
rinnen, wenn wir uns nicht kümmern um ein
so hohes Heil? Es nahm seinen Anfang, als es

1,1-4 Briefe beginnen (auch in der Bibel) mit dem Namen des Adressaten. Der »Brief« an die Hebräer ist von besonderer Art. Er beginnt mit einer Proklamation der Einzigkeit des Sohnes und seiner unüberbietbaren Funktion für die Menschenwelt. Mit ihm bricht endgültige Zeit (»Endzeit«) an. Er wurde Mensch, um für alle Menschen Versöhnung zu erwirken. Als der Erhöhte thront er zur Rechten Gottes.
5-14 Sieben Texte aus dem Alten Testament (als Gottesrede formuliert) erweisen die Überlegenheit des Sohnes über die Engel.
2,2-4 Mahnung für alle, die gefährdet sind. – In spätjüdischer Zeit glaubte man, Mose habe die Gebote nicht direkt aus Gottes Hand, sondern durch die Vermittlung von Engeln erhalten. Gebote, die vielfältig missachtet und übertreten wurden. Doch Gott straft jede Übertretung. Wenn nun jede Missachtung geahndet und bestraft wurde, um wie viel härter werden

verkündet wurde durch den Herrn; es wurde von denen, die es hörten, bei uns bestätigt, 4 mitbezeugt von Gott durch Zeichen und Wunder, durch vielerlei Machterweise und Zuwendungen des Heiligen Geistes nach seinem Willen.

Jesus, Urheber des Heils: Erhöht aus der Erniedrigung

5 Denn nicht Engeln hat er die künftige Welt, von der wir reden, unterworfen. 6 Bezeugt doch irgendwo einer so: Was ist der Mensch, dass du seiner gedenkst, oder des Menschen Sohn, dass du dich seiner annimmst? 7 Erniedrigt hast du ihn ein wenig unter die Engel, mit Herrlichkeit und Ehre hast du ihn gekrönt, [ihn gesetzt über die Werke deiner Hände,] 8 alles hast du seinen Füßen unterworfen. – Denn da er ihm alles unterworfen hat, ließ er nichts übrig, was ihm nicht unterworfen wäre. Zwar sehen wir jetzt noch nicht, dass ihm alles unterworfen wäre; 9 den aber, der eine kurze Frist unter die Engel erniedrigt war, Jesus, sehen wir um seines Todesleidens willen mit Herrlichkeit gekrönt und mit Ehre; er sollte ja durch Gottes Gnade für alle den Tod verkosten. 10 Denn es ziemte sich für ihn, um dessentwillen alles und durch den alles ist, da er viele Söhne zur Herrlichkeit führte, den Urheber ihres Heils durch Leiden hindurch zur Vollendung zu bringen.

Weg und Werk des Christus: Er ist in allem unser Bruder

11 Denn der, der heiligt, wie jene, die geheiligt werden, stammen alle von einem. Aus diesem Grunde schämt er sich nicht, sie Brüder zu nennen, 12 indem er sagt: Deinen Namen will ich meinen Brüdern verkünden, inmitten der Gemeinde will ich dich preisen. 13 Und wiederum: Mein Vertrauen will ich auf ihn setzen. Und wiederum: Siehe, ich und die Kinder, die mir Gott gegeben hat. 14 Da nun die Kinder Anteil an Fleisch und Blut erhalten haben, nahm auch er in gleicher Weise am Gleichen teil, damit er durch den Tod den vernichte, der Macht hat über den Tod, das heißt: den Teufel; 15 damit er die erlöse, die durch Todesfurcht ihr ganzes Leben lang dem Sklavenlos verfallen waren. 16 Denn er nimmt sich ja nicht der Engel an, nein, der Nachkommen Abrahams nimmt er sich an. 17 Darum musste er in allem den Brüdern gleich werden, damit er barmherzig werde und ein treuer Hoherpriester in der Beziehung zu Gott, um die Sünden des Volkes zu sühnen. 18 Denn weil er selbst gelitten hat und versucht wurde, vermag er denen beizustehen, die versucht werden.

Christus, Heiland der Welt
aus des Vaters Schoß
steigst du rettend hernieder
wirst unser Bruder
teilst unsere Armut
trägst unser Leiden
heilst unsere Sünde
hebst uns empor
Erster des neuen Geschlechts
das du erlöst und geheiligt

(2,11-18)

Schaut auf den Gesandten Gottes: Er steht über Mose

3 Darum, heilige Brüder, Teilhaber himmlischer Berufung, schaut auf den Gesandten und Hohenpriester unseres Bekenntnisses: Jesus. 2 Treu ist er dem, der ihn gemacht hat, wie auch Mose in seinem [ganzen] Hause.

---

jene bestraft, die das Gebot des Sohnes missachten? **5-10** Christus, der zu Gott Erhöhte, ist Herr der künftigen Welt. Noch ist seine Macht nicht offenbar. Doch er ist verherrlicht um seines Lebens und seines Todes willen. **11-13** Er wird Bruder der ins Unheil geratenen Menschheit. **14-18** Der Engel wegen brauchte er den Himmel nicht zu verlassen. Um der Nachkommen Abrahams willen wird er Mensch. Er führt seine Brüder, die sich ein Leben lang vor dem Tod fürchten, zu Gott zurück. Durch seinen Tod hat er die Macht des Todes gebrochen. Er hat die Versuchung bestanden, darum kann er den Versuchten helfen.
3,1-6 Jesus, der aller Menschen Bruder wurde, macht sie zu seinen »heiligen Brüdern«. Er ist Gesandter

3 Denn um so viel größerer Herrlichkeit als Mose ist er gewürdigt worden, als der an Würde über dem Haus steht, der es erbaut hat. 4 Denn jedes Haus wird von jemand erbaut; der aber das All erbaut, ist Gott. 5 Mose zwar war treu in seinem ganzen Hause – als Diener, zum Zeugnis für das, was künftig verkündet werden sollte; 6 Christus jedoch steht als Sohn über seinem eigenen Haus. Sein Haus sind wir, wenn wir die Zuversicht und das Rühmen der Hoffnung [bis zum Ende sicher] festhalten.

Warnendes Beispiel der Väter: Verhärtet eure Herzen nicht

7 Darum, wie der Heilige Geist sagt: Heute, wenn ihr seine Stimme hört, 8 verhärtet eure Herzen nicht, wie bei der Erbitterung am Tage der Versuchung in der Wüste, 9 da eure Väter mich versuchten, mich erprobten, wenngleich sie meine Werke sahen, 10 vierzig Jahre lang. Darum zürnte ich diesem Geschlecht und sprach: Immerdar gehen sie irre im Herzen, meine Wege haben sie nicht erkannt. 11 Darum hab ich geschworen in meinem Zorn: Sie sollen nicht eingehen in meine Ruhe.

Gefahr des Unglaubens: Ermahnt einander

12 Brüder, seht zu, dass nicht einer von euch ein schlechtes, ungläubiges Herz habe zum Abfall vom lebendigen Gott; 13 sondern: ermahnt einander jeden Tag, solange das Heute dauert, damit keiner von euch verhärtet werde durch den Trug der Sünde. 14 Denn wir sind Christi Teilhaber geworden, wenn wir nur festhalten die anfängliche Zuversicht bis zum Ende. 15 Wenn es heißt: Heute, wenn ihr seine Stimme hört, verhärtet eure Herzen nicht wie bei der Erbitterung –, 16 wer waren jene, die hörten und ihn erbitterten? Waren es nicht all jene, die unter Mose aus Ägypten ausgezogen waren? 17 Welchen aber hat er vierzig Jahre lang gezürnt? Nicht jenen, die gesündigt hatten, deren Leiber verfielen in der Wüste? 18 Wem hat er geschworen, dass sie nicht eingehen sollten in seine Ruhe – waren es nicht die Ungehorsamen? 19 Wir aber sehen, dass sie nicht eingehen konnten des Unglaubens wegen.

Beweggrund mit Ziel: Die ewige Sabbatruhe Gottes

4 Wir müssen also befürchten, dass nicht etwa einer von euch als zurückgeblieben erscheint, da doch die Verheißung, in seine Ruhe einzugehen, noch aussteht. 2 Denn auch wir erhielten die Frohe Botschaft gleichwie jene. Ihnen zwar brachte das Wort der Verkündigung keinen Nutzen, weil es sich nicht durch den Glauben mit den Hörern vereinte. 3 Wir nämlich gehen in die Ruhe ein, weil wir gläubig geworden sind, wie er gesagt hat: Darum habe ich geschworen in meinem Zorn: Sie sollen nicht eingehen in meine Ruhe, obschon die Werke fertig waren seit Grundlegung der Welt. 4 Denn an irgendeiner Stelle heißt es vom siebten Tag: Und Gott ruhte am siebten Tag von allen seinen Werken. 5 An dieser Stelle dagegen: Sie sollen nicht eingehen in meine Ruhe. 6 Da es nun dabei bleibt, dass etliche in sie eingehen sollten, und jene, welche die Frohe Botschaft früher empfangen haben, ihres Ungehorsams wegen nicht eingegangen sind, 7 setzt er von neuem einen Tag fest: Heute - wenn er nach einer so langen Zeit durch David spricht, wie früher gesagt: Heu-

---

(Apostel) und Hoherpriester. Größer als Mose, dem das Haus Gottes (das Volk Israel) anvertraut war. **7** Im Abschnitt 3,7 – 4,13 ist eine in sich geschlossene Predigt über die 3,7ff zitierten Verse aus Ps 95 eingefügt. Heute ist die Gemeinde zum Hören gerufen. Wer sein Herz verhärtet – wie etwa die Väter, die in der Wüste starben (vgl. Num 14,29) –, wird aus dem Land der »Ruhe« ausgeschlossen. – Der Tempel ist Ort der Ruhe Gottes; Israel lebt in »Ruhe« vor seinen Feinden, das Gebot des siebten Tags sichert dem Menschen Anteil an der Ruhe Gottes zu (Geborgensein, Sicherheit). **12-19** Die Christen, an die sich der Hebräerbrief wendet, sollen erkennen, dass die Entscheidung über ihren Anteil an der Ruhe Gottes heute fällt. **12-14** Wer die Chance des Heute verpasst, wird ausgeschlossen.
4,1-3 In der Gemeinde ist einer für den anderen verantwortlich. Die Verheißung »heute« gilt der solidarischen Gemeinschaft. **4-11** Gott hat dem Volk »Anteil an seiner Ruhe« versprochen. Für Israels Wüsten-

te, wenn ihr seine Stimme hört, verhärtet eure Herzen nicht. 8 Wenn nämlich Josua sie zur Ruhe geführt hätte, spräche er danach nicht von einem anderen Tag. 9 Also steht dem Gottesvolk noch eine Sabbatruhe aus. 10 Denn wer in seine Ruhe eingegangen ist, der ruht auch selber aus von seinen Werken – gleichwie Gott von den Seinigen. 11 Darum wollen wir uns eifrig mühen, einzugehen in diese Ruhe, damit keiner zu Fall komme nach demselben Beispiel des Ungehorsams.

Gottes Wort: Es ist lebendig und voll Kraft

12 Lebendig ist das Wort Gottes und voll Kraft, schärfer denn je ein zweischneidig Schwert und durchdringend bis zur Fuge von Seele und Geist, von Gelenk und Mark, und ein Richter über Regungen und Gedanken des Herzens. 13 Kein Geschaffenes ist verborgen vor ihm, alles liegt ja nackt und bloß vor seinem Blick; ihm sind wir Rechenschaft schuldig.

Unser Hoherpriester: Jesus, der Sohn Gottes

14 Wir haben also einen erhabenen Hohenpriester, der die Himmel durchschritt: Jesus, den Sohn Gottes; lasst uns an dem Bekenntnis festhalten. 15 Wir haben ja nicht einen Hohenpriester, der nicht mitfühlen könnte mit unseren Schwächen; er ward vielmehr in allem gleicherweise versucht – nur ohne Sünde. 16 Lasst uns also mit Zuversicht zum Thron der Gnade treten, damit wir Erbarmen erlangen und Gnade finden: Hilfe zur rechten Zeit!

Sohn Gottes: Hoherpriester nach der Ordnung des Melchisedek

5 Denn jeder aus Menschen genommene Hohepriester ist für Menschen bestellt für ihre Beziehung zu Gott: damit er darbringe Gaben und Opfer für die Sünden. 2 Als einer, der mitzufühlen vermag mit den Unwissenden und Irrenden, da er auch selber mit Schwachheit beladen ist. 3 Und ihretwegen muss er, wie für das Volk, so auch für sich selbst opfern für die Sünden. 4 Und keiner nimmt sich selbst die Ehre, sondern er wird von Gott gerufen gleichwie Aaron. 5 So hat auch Christus nicht sich selber verherrlicht, dass er Hoherpriester wurde, sondern der zu ihm sprach: Mein Sohn bist du, ich habe heute dich gezeugt. 6 Und ähnlich sagt er an einer anderen Stelle: Du bist Priester auf ewig nach der Ordnung des Melchisedek. 7 Er hat in den Tagen seines Fleisches Bitten und Flehen vor den, der mächtig ist, ihn aus dem Tode zu erretten, unter lautem Schreien und unter Tränen dargebracht, und er fand Erhörung der Gottesfurcht wegen. 8 Obgleich er Sohn war, hat er gelernt aus seinen Leiden, Gehorsam zu üben, 9 und nachdem er zur Vollendung gekommen, ward er allen, die ihm gehorsam sind, Urheber ewigen Heils, 10 von Gott bezeichnet als Hoherpriester nach der Ordnung des Melchisedek.

Dreifache Mahnung: Ihr seid träge im Hören

11 Darüber haben wir viel zu sagen, doch es ist schwer zu erklären; ihr seid ja träge geworden im Hören. 12 Denn ihr, die ihr der Zeit nach

---

generation erfüllt sich dies Versprechen mit der Ankunft im Land. Doch die »Ruhe Gottes« meint eine größere Wirklichkeit. Heute haben wir unsere Chance. **12-13** Jesus hat »die Himmel« durchschritten. Er hat unser begrenztes Leben mit uns geteilt. Er kennt unsere Versuchungen. Wo wir versagen, blieb er treu. So hat er Gott zu den Menschen und die Menschen zu Gott gebracht. Wir brauchen die endgültige Begegnung mit Gott nicht zu fürchten. Wir können sicher sein, dass wir Erbarmen finden und Gnade.

5,1-10 Der Hohepriester ist der von Gott bestellte Sprecher für die Schuldigen. Auch der Hohepriester Christus wurde von Gott berufen. Doch das Amt, das der Vater dem Sohn überträgt, kann sich nicht durch das Erbrecht der Familie Aaron erklären (Ex 28). Aarons Amt wurde vom Vater dem Sohn vererbt. Das Amt des Hohenpriesters Christus gleicht dem Priestertum des Melchisedek (vgl. Gen 14). Er wurde als Einzelner berufen, sein Amt ist einmalig. Jesus Christus hat seine Berufung erlebt und erlitten. Er ist der Erhöhte. Für alle, die sich an ihn halten, ist er Urheber ewigen Heils geworden. **11-14** Dreifache Mahnung: Die angesprochenen Christen sind schwerhörig geworden. Sie, die »Lehrer« sein müssten, brauchen Unterricht wie Anfänger, sie, die Erwachsenen, brauchen Babynahrung, damit sie verstehen.

Lehrer sein müsstet, habt von neuem nötig,
dass man euch die Anfangsgründe der Got-
tesworte lehre. Solche seid ihr geworden, de-
nen Milch, nicht feste Speise nottut. 13 Ein je-
der aber, der Milch bekommt, ist unkundig
des Wortes der Gerechtigkeit; er ist ja un-
mündig. 14 Den Vollgereiften aber steht feste
Speise zu. Sie, die durch Gewöhnung geübte
Sinne haben zur Unterscheidung zwischen
Gut und Böse.

Warnung vor Rückfall:
Ihr habt das gute Wort Gottes gekostet

6 Darum wollen wir die Anfänge der Lehre
von Christus beiseite lassen und uns der Voll-
endung zuwenden, damit wir nicht wieder
Grundlegendes erörtern: Abkehr von den to-
ten Werken und Glaube an Gott, 2 Lehre über
Taufen, Handauflegung, Auferstehung der
Toten und ewiges Gericht. 3 Ja, dies wollen
wir tun, so Gott es gewährt. 4 Denn es ist un-
möglich, Menschen, die einmal erleuchtet
wurden, die himmlische Gabe kosteten, Hei-
ligen Geistes teilhaftig wurden, 5 die das gute
Wort Gottes kosteten und die Kräfte der
künftigen Welt 6 und trotzdem abgefallen
sind, noch einmal zu einer neuen Umkehr zu
bringen; sie kreuzigen ja für sich aufs neue
den Sohn Gottes und geben ihn dem Hohn
preis. 7 Ein Land nämlich, das den reichlich
auf es herabströmenden Regen getrunken hat
und denen nützliches Gewächs treibt, für die
es bebaut wird, empfängt Segen von Gott.
8 Doch wenn es Dornen und Disteln hervor-
bringt, ist es wertlos und dem Fluch nah, am
Ende geht es in Feuer auf.

Sichere Verheißung:
Gott hat sich mit einem Eid verbürgt

9 Bei euch aber, Geliebte, sind wir überzeugt
vom Besseren und von dem, was zum Heile
führt –, auch wenn wir so reden. 10 Denn Gott
ist nicht ungerecht, dass er eures Werkes ver-
gäße und der Liebe, die ihr seinem Namen er-
wiesen habt, da ihr den Heiligen dientet und
noch dient. 11 Wir wünschen aber, dass jeder
von euch den gleichen Eifer zeige, zur vollen
Entfaltung der Hoffnung bis zum Ende, 12 da-
mit ihr nicht träge werdet, sondern Nachah-
mer jener, die durch Glauben und Beharrlich-
keit die Verheißungen erben. 13 Denn als Gott
dem Abraham Verheißungen gab, schwor er
bei sich selbst – da er bei keinem Höheren
schwören konnte – 14 und sprach: Segnen, ja
segnen will ich dich; und: mehren, ja mehren
will ich dich. 15 Und so erlangte er in Beharr-
lichkeit die Verheißungen. 16 Menschen näm-
lich schwören bei dem Höheren, der Eid ist
ihnen Bekräftigung und macht jedem Ein-
wand ein Ende. 17 Gott aber hat, als er den Er-
ben der Verheißung die Unwandelbarkeit sei-
nes Ratschlusses noch deutlicher dartun
wollte, sich mit einem Eid verbürgt, 18 damit
wir durch zwei unveränderliche Dinge, in de-
nen Gott nicht trügen kann, einen kräftigen
Anspruch hätten; wir, die wir Zuflucht su-
chend die vor uns liegende Hoffnung ergrei-
fen. 19 Die haben wir als sicheren und verläss-
lichen Anker der Seele, der hineinreicht in das
Innere, jenseits des Vorhangs. 20 Dorthin ist
als Vorläufer Jesus für uns eingetreten, der
nach der Ordnung des Melchisedek Hoher-
priester geworden in Ewigkeit.

Melchisedek, Vorbild des Christus:
Priester in Ewigkeit

7 Denn dieser Melchisedek, König von Sa-
lem, Priester des höchsten Gottes, der dem
Abraham, als er von der Niederwerfung der
Könige zurückkehrte, entgegenging und ihn

6,1-6 Mahnungen, die Christen gesagt sind, deren Glaube in Gefahr ist. Nun gilt es zu handeln. Der Lehrer, den wir hier hörten, hält nichts davon, Christen, die die Geheimnisse der Gemeinschaft mit dem Herrn erfahren haben und abgefallen sind, noch einmal zu belehren. Ja, er hält es für unmöglich, dass sie ein zweites Mal umkehren. **7-8** Der Vergleich mit dem Ackerland und der Frucht zielt auf den Menschen. **9-12** Die Begeisterung eines Einzelnen kann erlahmen. Gott ist nicht ungerecht, er ist treu. Damit wird die Schärfe der vorausgegangenen Warnung vor den Folgen des Glaubensverlusts gemildert. Gottes Liebe vergisst nicht. **13-20** Als Gott dem Abraham Nachkommen und Segen versprach, hat er sich selbst verpflichtet. Er schwor bei sich selbst und Abraham vertraute. Wie er können auch wir vertrauen. Seeleuten gleich können wir das Schiff unseres Lebens im Ziel verankern. Das »Innere jenseits des Vorhangs« meint

Zeiten ändern sich
Leben ändert sich
Menschen ändern sich
Was gestern neu war
kann heute Gewohnheit
morgen Ballast sein

Wir haben das Leben
nicht um es festzuschreiben
in Ordnungen und Geboten
ein für alle Mal

Wir leben Tag um Tag aus Gottes Geist
der macht uns sensibel
lässt uns die Augen aufgehen
dass wir im Fremden dich erkennen
wie einst Melchisedek
der nicht zu Israels Priestern gehört
und dennoch Priester ist
nach deinem Bild

(7,1-19)

segnete – 2 dem Abraham seinerseits den
Zehnten von allem gab –, er heißt zunächst:
König der Gerechtigkeit, dann aber auch Kö-
nig von Salem, das ist: König des Friedens.
3 Vaterlos, mutterlos, ahnenlos, ohne Anfang,
ohne Ende seines Lebens, ähnlich dem Sohne
Gottes, bleibt er Priester für immer. 4 Seht
doch, wie groß jener ist, dem sogar Abraham
den Zehnten von der Beute gab, er, der Erz-
vater. 5 Zwar haben auch die Nachkommen
Levis, die das Priestertum übernehmen, ein
Gebot, vom Volk dem Gesetz gemäß Zehnten
zu nehmen – von ihren Brüdern nämlich –,
wenngleich auch sie aus der Lende Abrahams
hervorgegangen sind. 6 Der aber, dessen Ge-
schlecht nicht zu ihnen zählt, hat von Abra-
ham Zehnten genommen und jenen gesegnet,
der die Verheißungen hatte. 7 Ohne alle Wi-
derrede wird das Geringere vom Besseren ge-
segnet. 8 Und hier empfangen sterbliche Men-
schen den Zehnten, dort ist es einer, von dem
bezeugt wird, dass er lebt. 9 Ja, in Abraham
hat sozusagen auch Levi, der sonst den Zehn-
ten empfängt, den Zehnten entrichtet, 10 denn
er war noch in der Lende des Vaters, als Mel-
chisedek diesem entgegenging. 11 Wenn es
nun eine Vollendung durch das levitische
Priestertum gäbe – das Volk hat ja im Gesetz
darüber Bestimmungen empfangen –, warum
müsste dann ein anderer zum Priester bestellt
werden nach der Ordnung des Melchisedek,
der nicht nach der Ordnung des Aaron be-
nannt wurde? 12 Denn wenn das Priestertum
verändert wird, so wird notwendig auch das
Gesetz verändert. 13 Der nämlich, von dem
das gesagt ist, gehört einem anderen Stamm
an, aus dem keiner je Zutritt zum Altar hatte.
14 Es ist ja bekannt, dass unser Herr aus Juda
hervorgegangen ist – doch von Priestern aus
diesem Stamm hat Mose nichts geredet.
15 Noch weit offenkundiger ist dies, wenn
nach dem Gleichbild des Melchisedek ein an-
derer Priester bestellt wird, 16 der es nicht
nach dem Gesetz eines am Fleisch hängenden
Gebotes wurde, sondern nach der Kraft un-
zerstörbaren Lebens. 17 Über ihn wird ja be-
zeugt: Du bist Priester in Ewigkeit nach der

---

das Allerheiligste im Tempel, aber auch den »Himmel«. Dorthin, wo Gott ist, ging Jesus.
7,1 – 8,13 Das Hohepriestertum Christi als Vollendung des alttestamentlichen Priestertums. **7,21-25** Eine erbauliche Auslegung (Midrasch) zu Ps 110 und Gen 14,17-20. **1-3** Der Name Melchisedek bedeutet »König der Gerechtigkeit«; er wird »König von Salem« (Friede) genannt. Er braucht seine Herkunft nicht nachzuweisen, wie dies von der levitischen Priesterschaft gefordert ist (Num 3,6-10). Melchisedeks Legitimation besteht darin, dass Abraham ihm den Zehnten gab. **4-7** Abraham anerkennt den Fremden als Priester, dessen Priestertum dem der Leviten überlegen ist. Das Priestertum der Leviten wird von Menschen vertreten. **2-10** Melchisedek gehört (nach jüdischen Überlieferungen, die vor allem in außerbiblischen, »apokryphen« Schriften bezeugt sind) zu denen, die am Tod vorbei in das Leben Gottes aufgenommen werden. **11-24** In Israel ist das Priestertum an Aaron und an den Stamm Levi gebunden (vgl. Ex 28; Num 18). Das Priestertum Melchisedeks entspricht diesen Vorbedingungen ebenso wenig wie das Priestertum Jesu, der zum Stamm Juda gehört. Mit ihm beginnt eine neue, endgültige Ordnung. Er ist Bürge eines besseren Bundes, Priester auf ewig. **25-28** Zusammenfassender Lobpreis: Christus, unser Ho-

Ordnung des Melchisedek. 18 So wird ein
früheres Gebot abgetan, seiner Kraftlosigkeit
und Nutzlosigkeit wegen. 19 Das Gesetz hat ja
nichts zur Vollendung gebracht – doch her-
aufgeführt wird eine bessere Hoffnung,
durch die wir Gott nahe kommen.

Christus, unser Hoherpriester:
Bestellt durch Gottes Schwur

20 Und wie es nicht ohne Eidschwur geschah –
jene anderen sind ja ohne Eidschwur Priester
geworden, 21 er aber durch den Eidschwur
dessen, der zu ihm sprach: Geschworen hat
der Herr, und es wird ihn nicht reuen: Du bist
Priester in Ewigkeit –, 22 so ward Bürge eines
besseren Bundes: Jesus. 23 Bei jenen aber sind
viele, die Priester wurden, denn durch den
Tod wurden sie gehindert zu bleiben: 24 Er
aber hat, weil er in Ewigkeit bleibt, das Pries-
tertum unvergänglich zu eigen. 25 Darum ver-
mag er jene, die durch ihn vor Gott treten, in
vollendeter Weise zu retten: er lebt ja immer-
fort, um für sie einzutreten. 26 Denn ein sol-
cher Hoherpriester ziemt sich für uns: heilig,
unschuldig, unbefleckt, gesondert von den
Sündern und über die Himmel erhaben.
27 Er hat nicht nötig, wie die Hohenpriester
Tag für Tag zuerst für die eigenen Sünden Op-
fer darzubringen, dann für die des Volkes:
Dies tat er ein für allemal, als er sich selber
darbrachte. 28 Das Gesetz nämlich bestellt
Menschen zu Hohenpriestern, mit Schwach-
heit behaftet; das Wort des Eidschwurs aber,
das später erging als das Gesetz, den in Ewig-
keit vollendeten Sohn.

Neuer priesterlicher Dienst:
Eines besseren Bundes Mittler

8 Hauptsache des hier Gesagten aber ist: Wir
haben einen solchen Hohenpriester, der sich
gesetzt hat zur Rechten des Thrones der
Majestät in den Himmeln 2 als Diener am Hei-
ligtum und am wahren Zelt, das der Herr er-
richtet hat, nicht ein Mensch. 3 Jeder Hohe-
priester wird ja bestellt, um Gaben darzu-
bringen und Opfer; darum ist es notwendig,
dass auch dieser etwas hat, was er darbringen
kann. 4 Wenn er nun freilich auf Erden wäre,
wäre er nicht einmal Priester, weil die schon
da sind und Gaben darbringen nach dem Ge-
setz, 5 sie, die nur einem Abbild und Schatten
des Himmlischen dienen –, wie dem Mose, als
er das Zelt errichten sollte, gesagt wurde: Sieh
zu, dass du alles nach dem Bild machst, das
dir auf dem Berg gezeigt worden ist. – 6 Jetzt
aber hat er einen umso überragenderen
Dienst erhalten, als er auch eines besseren
Bundes Mittler ist, der auf bessere Ver-
heißungen hin festgesetzt wurde.

Der Neue Bund:
Ich werde ihr Gott sein

7 Denn wenn jener erste untadelig wäre, hätte
man nicht Raum für einen zweiten gesucht.
8 Doch voll Tadel sagt er über sie: Siehe, Tage
kommen, – spricht der Herr, da richte ich ei-
nen neuen Bund auf mit Haus Israel und
Haus Juda. 9 Nicht wie den Bund, den ich
ihren Vätern stiftete an dem Tag, da ich bei
der Hand sie nahm, um sie herauszuführen
aus Ägypten. Doch sie blieben nicht bei mei-
nem Bund, und ich achtete ihrer nicht mehr, –
spricht der Herr. 10 Denn dies ist der Bund,
den ich stiften will mit dem Haus Israel nach
jenen Tagen, – spricht der Herr: Meine Sat-
zungen lege ich in ihr Inneres, ich will sie ein-
schreiben in ihre Herzen: Und ich werde ihr
Gott sein, sie werden mein Volk sein. 11 Und
keiner wird seinen Genossen belehren noch
einer seinen Bruder und sagen: Erkenne den
Herrn! Denn allesamt werden sie mich erken-
nen, vom Kleinsten bis zum Größten unter ih-

---

herpriester, hat sich selbst dargebracht. Er kann Versöhnung erwirken.

8,1-13 Der alte und der neue Kult. Der Kult des Alten Bundes war Abbild des Vergänglichen. Mose errichtete in der Wüste das Zelt der Begegnung (vgl. Ex 25 – 27). Salomo ließ in Jerusalem den Tempel errichten (vgl. 1 Kön 6). Dort brachten der Hohepriester und die Priester Opfer dar. Christus, unser Hoherpriester, thront zur Rechten Gottes. Durch Mose schloss Gott den Sinaibund, durch Christus schließt er den neuen Bund. Der Hohepriester konnte für die Sünde des Volkes bitten. Christus erwirkt Vergebung. Der Bund, den er schließt, ist endgültig. In ihm erfüllt sich das Wort des Propheten Jeremia.

nen. [12] Ich aber werde mich erbarmen ihrer
Ungerechtigkeiten und ihrer Sünden nicht
mehr gedenken. [13] Wenn er nun sagt: Einen
Neuen, dann hat er den Ersten für alt erklärt.
Was aber alt ist und grau geworden, ist dem
Vergehen nah.

Der frühere Bund: Sein Heiligtum vergeht

9 Nun hatte zwar auch der erste Bund Sat-
zungen für den Gottesdienst und das irdische
Heiligtum. [2] Man richtete das vordere Zelt
ein, darin war der Leuchter und der Tisch mit
den Schaubroten; man nennt es: das Heilige.
[3] Hinter dem zweiten Vorhang aber war ein
Zelt, das nennt man: das Allerheiligste.
[4] Darin war der goldene Räucheraltar und die
Bundeslade, die rundum mit Gold belegt war.
In ihr waren der goldene Krug, der das Man-
na enthielt, der grünende Stab Aarons und die
Bundestafeln. [5] Darüber aber die Kerubim der
Herrlichkeit, die den Sühnedeckel überschat-
ten. Doch davon ist jetzt nicht im einzelnen zu
reden. [6] Bei dieser Art Einrichtung gehen die
Priester, die den heiligen Dienst verrichten,
zwar jederzeit in das vordere Zelt, [7] doch in
das zweite geht einzig der Hohepriester, ein-
mal im Jahr, nicht ohne Blut, das er darbringt
für sich selbst und für des Volkes Vergehen.
[8] Damit deutet der Heilige Geist dies an: Der
Zugang zum Heiligtum ist noch nicht aufge-
tan worden, solange das erste Zelt besteht.
[9] Doch es ist ein Sinnbild für diese gegenwär-
tige Zeit; demgemäß werden auch Gaben und
Opfer dargebracht, ohne dass der, welcher
Gott damit dient, im Gewissen vollendet
würde. [10] Sie sind Satzungen des Fleisches, die
sich auf Speisen und Getränke und allerlei
Waschungen beziehen, auferlegt bis zum
Zeitpunkt der endgültigen Ordnung.

Christus, der Hohepriester: Sein Blut hat ewige Erlösung erlangt

[11] Christus aber trat als Hoherpriester der
künftigen Güter durch das größere und voll-
kommenere Zelt, das nicht mit Händen ge-
macht, das heißt, nicht von dieser Schöpfung
ist. [12] Und nicht durch Blut von Böcken und
Kälbern, sondern durch sein eigenes Blut ist
er ein für allemal in das Heiligtum eingetreten
und hat ewige Erlösung erlangt. [13] Wenn
schon das Blut von Böcken und Stieren und
die Asche einer Kuh durch Besprengung die
Befleckten heiligt zur Reinheit des Fleisches,
[14] um wie viel mehr wird das Blut des Messias,
der durch ewigen Geist sich selbst als makel-
loses Opfer Gott darbrachte, unser Gewissen
reinigen von toten Werken zum heiligen
Dienst für den lebendigen Gott.

Mittler des Neuen Bundes: In seinem Blut

[15] Und darum ist er eines Neuen Bundes Mitt-
ler, nach dem Tod zur Erlösung von den unter
dem ersten Bund erfolgten Übertretungen,
damit die Berufenen die Verheißung des ewi-
gen Erbes empfangen. [16] Denn wo ein Testa-
ment besteht, muss der Tod dessen erwiesen
werden, der es errichtet hat: [17] Ein Testament
wird ja rechtsgültig durch den Tod; es hat kei-
ne Kraft, solange der lebt, der es gemacht hat.
[18] Darum ist auch der erste nicht ohne Blut
eingeweiht worden. [19] Denn als Mose alle Ge-
setzesvorschriften dem ganzen Volk mitge-
teilt hatte, nahm er das Blut der Kälber und
Böcke mit Wasser, Purpurwolle und Hysop
und besprengte das Buch selbst und das ganze
Volk. [20] Dabei sprach er: Dies ist das Blut des
Bundes, den Gott euch verfügt hat. [21] Und
auch das Zelt und alle Geräte des Got-

9,1-28 Opfer im Alten und im Neuen Bund. **1-5** Beschreibung und Ausstattung des heiligen Zelts (vgl. Ex 25 – 27). **4** Nach Ex 30,6 stand der Rauchopferaltar im Heiligtum, nicht im Allerheiligsten. **7** Einmal im Jahr, am großen Versöhnungstag betritt der Hohepriester das Allerheiligste. Er versprengt vom Blut eines Opfertiers auf den Altar zur Sühne für die eigenen Sünden. Dann bringt er Opfer zur Sühne für die Sünden des Volks dar (vgl. Lev 16). **6-10** Das Hohepriestertum Christi ist anderer Art. **11-14** Christus, der Hohepriester, bringt andere Opfer dar. Er ist an seinem Versöhnungstag (dem Tag seines Todes) für immer in die Lebensgemeinschaft aufgenommen. – Zum Reinigungsritual mit der Asche der Kuh vgl. Num 19,9. **15-28** Ein und dasselbe griechische Wort (*diatheke*) kann »Bund« und Testament bedeuten. Durch seinen Tod hat Christus den Neuen Bund gestiftet. Durch sein Blut hat er uns mit Gott versöhnt. Sein Opfer gilt bis zum Tag seiner Wiederkunft. Er ist einmal gestorben für die Sünde der vielen.

Wir preisen dich, verborgener Gott
und danken dir für Jesus
dein Sohn wurde Mensch
Er gab sein Leben
für das unsere
Er trug die Sünden der vielen
Er wirkte Versöhnung am Kreuz

(9,15-22)

tesdienstes besprengte er auf dieselbe Weise mit Blut. 22 Dem Gesetz entsprechend wird ja fast alles mit Blut gereinigt – und ohne Blutvergießen gibt es keine Sündenvergebung.

Das Opfer Christi:
Er wurde einmal geopfert

23 Notwendig also ist, dass zwar die Abbilder des Himmlischen dadurch gereinigt werden, das Himmlische selbst jedoch durch höhere Opfer als diese. 24 Denn Christus ist nicht in ein mit Händen gemachtes Heiligtum eingegangen, in ein Abbild des wahren, sondern in den Himmel selbst, um nunmehr vor dem Angesicht Gottes einzutreten für uns. 25 Auch braucht er sich nicht oftmals darzubringen wie der Hohepriester, der alljährlich mit fremdem Blut in das Heiligtum tritt. 26 Denn dann hätte er oftmals leiden müssen seit der Grundlegung der Welt. Jetzt aber ist er einmal erschienen, am Ende der Zeiten, damit er die Sünde aufhebe durch sein Opfer. 27 Und wie den Menschen bestimmt ist, einmal zu sterben – danach aber das Gericht –, 28 so wurde der Christus einmal geopfert, um die Sünden der Vielen wegzutragen; zum zweiten Mal wird er ohne Bezug auf die Sünde erscheinen, denen zur Rettung, die auf ihn warten.

Christus, unser Hoherpriester:
Er brachte ein einziges Opfer dar

10 Weil nämlich das Gesetz den Schatten der künftigen Güter enthält, nicht das Erscheinungsbild der Dinge selbst, kann es durch die gleichen alljährlichen Opfer, die man immerfort darbringt, den Hinzutretenden niemals vollenden. 2 Würde man sonst nicht aufhören mit den Darbringungen, weil die Opfernden, einmal gereinigt, kein Sündenbewusstsein mehr hätten? 3 Doch gerade durch sie wird in ihnen die Erinnerung an die Sünden wachgerufen von Jahr zu Jahr. 4 Denn es ist unmöglich, dass Blut von Rindern und Böcken Sünden wegnehme. 5 Darum sagt, der da eintritt in die Welt: Opfer und Gabe wolltest du nicht, aber einen Leib hast du mir bereitet. 6 An Brand- und Sündopfern hast du kein Gefallen, 7 da sprach ich: Siehe, ich komme – in der Buchrolle steht von mir geschrieben –,

Wir preisen dich, verborgener Gott
und danken dir für Jesus
deinen Sohn, der Mensch ward
unser Bruder

In ihm, den du liebst
ist Liebe leibhaftig geworden
deine Herrlichkeit strahlt im Dunkel

Unvergängliches mischt sich für immer
in das dem Tod Verfallene
Er, den du hältst, wird zum Halt für alle
die allein sind auf dem Weg
in das große Dunkel

Er hat auf der Erde ein Licht angezündet
das allen heimleuchtet

(10,1-18)

10,1-4 Die vielen Opfer bestätigen die Sünde, sie beseitigen sie nicht. Das Gesetz erfasst nur den Schatten der himmlischen Wirklichkeit. Die Wiederholung der Opfer bewirkt, dass die Sünden sich dem Gedächtnis einprägen. **5-10** Gott wollte keine Opfer: Ps 40,7-9 (das Gebet eines Einzelnen) wird Jesus in den Mund gelegt und von ihm her neu gedeutet: Tieropfer vermögen den Menschen nicht zu ändern. Das Opfer Christi schafft neue Menschen. Sein Opfer ist endgültig. **11-14** Der alte Kult kennt und praktiziert viele Opfer, um die gebrochene Gemeinschaft mit Gott wiederherzustellen. Christus, für immer beim Vater erhöht, stiftet Versöhnung und Vergebung. **15-18** Bestätigung der These: Durch sein Opfer hat er Heil ge-

deinen Willen, Gott, zu tun. 8 Zuerst sagte er:
Opfer und Gaben, Brand- und Sündopfer
hast du nicht gewollt und hast kein Gefallen
an ihnen – die doch dem Gesetz gemäß dar-
gebracht werden –, 9 danach sagt er: Siehe, ich
komme, deinen Willen zu tun. Das Erste also
hebt er auf, um das Zweite aufzurichten. 10 In
diesem Willen sind wir geheiligt worden, ein
für allemal, durch das Opfer des Leibes Jesu
Christi. 11 Und jeder Priester steht täglich da,
verrichtet seinen Priesterdienst und bringt die
gleichen Opfer oftmals dar, die doch die Sün-
den niemals tilgen können. 12 Dieser aber
brachte ein einziges Opfer für die Sünden dar
und setzte sich für immer zur Rechten Gottes,
13 und wartet fortan, bis seine Feinde als Sche-
mel vor seine Füße gelegt sind. 14 Denn durch
ein einziges Opfer hat er die, welche geheiligt
werden, für immer zur Vollendung geführt.
15 Doch auch der Heilige Geist zeugt für uns.
Denn nachdem er gesagt hat: 16 Dies ist der
Bund, den ich ihnen stiften werde nach jenen
Tagen – spricht der Herr: Meine Satzungen le-
ge ich in ihre Herzen, und ich will sie ein-
schreiben in ihr Inneres, 17 und ihrer Sünden
und Vergehen will ich nicht mehr gedenken.
18 Wo diese aber vergeben sind, da gibt es kein
Opfer mehr für die Sünden.

Mahnung zur Glaubenstreue: Der Herr wird sein Volk richten

19 Da wir nun, Brüder, zuversichtliche Hoff-
nung haben, in das Heiligtum einzutreten
durch das Blut Jesu, 20 auf einem Weg, den er
uns neu und lebendig eröffnet hat durch den
Vorhang hindurch – das ist sein Fleisch –,
21 und da wir einen erhabenen Priester haben
über dem Hause Gottes, 22 so lasst uns hinzu-
treten mit wahrhaftigem Herzen in der Fülle
des Glaubens, geläutert im Herzen vom bö-
sen Gewissen, und am Leibe gewaschen mit
lauterem Wasser. 23 Lasst uns festhalten im
Bekenntnis der Hoffnung ohne Wanken –
getreu ist ja, der die Verheißung gab – 24 und
lasst uns aufeinander achten, als Ansporn zu
Liebe und guten Werken, 25 unsere Versamm-
lungen nicht verlassen, wie es bei einigen Sit-
te ist, vielmehr uns ermuntern, und das um so
mehr, als ihr seht, dass der Tag sich naht.
26 Denn wenn wir vorsätzlich sündigen, nach-
dem wir die Erkenntnis der Wahrheit erlangt
haben, gibt es kein Opfer mehr für die Sün-
den, 27 wohl aber eine furchtbare Erwartung
des Gerichts und ein wütendes Feuer, das die
Widerspenstigen verschlingen wird. 28 Hat ei-
ner das Gesetz des Mose gebrochen, erbar-
mungslos stirbt der auf zwei oder drei Zeugen
hin. 29 Wieviel schlimmere Strafe – meint ihr –
verdient jener, der den Sohn Gottes mit Füßen
getreten und das Blut des Bundes, in dem er
geheiligt ward, für gemein erachtet und den
Geist der Gnade geschmäht hat? 30 Denn wir
kennen den, der gesagt hat: Mein ist die Ra-
che, ich werde vergelten – und wiederum:
Der Herr wird sein Volk richten. 31 Schreck-
lich ist es, in die Hände des lebendigen Gottes
zu fallen.

Nicht zagen, sondern glauben: Um Leben zu gewinnen

32 Erinnert euch doch der früheren Tage, in
denen ihr, nachdem ihr erleuchtet worden
seid, viel Kampf und Leiden erduldet habt:
33 Bald wart ihr bloßgestellt in Schmach und
Drangsal, bald habt ihr Anteil genommen am
Geschick derer, denen es so erging. 34 Ihr habt
mit den Gefangenen gelitten und mit Freuden
den Raub eurer Güter ertragen, in der Er-
kenntnis, dass ihr ein besseres und bleibendes
Gut besitzt. 35 Gebt also eure Zuversicht nicht
auf, sie bringt reichen Lohn. 36 Denn ihr habt
Ausdauer nötig, damit ihr den Willen Gottes
tun und so die Verheißung erlangen mögt.
37 Denn eine kleine, kleine Frist noch, dann

---

wirkt. Er hat die Sünden weggeschafft, damit die Berufenen zu Gott gelangen. Der Bund, den er begründet, stiftet Versöhnung und Vergebung. **19-25** Der Glaube an Christus ist nicht eine Lehre, die man lernt, sondern ein Weg, den man Schritt für Schritt gehen muss. Ausdauer ist die erforderliche Grundhaltung. **26-31** Wer sich von Christus abwendet, findet keinen anderen Weg zum Heil. Bildworte, von jüdisch-apokalyptischen Vorstellungen geprägt, drohen mit der Strafe Gottes. **32-39** Zu keiner Zeit werden den Christen Prüfungen und Verfolgungen erspart. »Ausdauer« ist die Tugend der Stunde.

wird kommen, der da kommen soll, und nicht
zögern. 38 Doch mein aus Glauben Gerechter
wird leben, und wenn er zurückweicht, hat
meine Seele kein Gefallen an ihm. 39 Wir aber
sind nicht solche, die zurückweichen und
darum zugrunde gehen, sondern solche, die
glauben und darum Leben gewinnen.

Der Glaube der Väter: Abel, Henoch, Noach

11 Glaube aber ist Zuversicht auf das, was
man erhofft, Überzeugung von dem, was man
nicht sieht. 2 In ihm ist den Alten Zeugnis ge-
geben worden. 3 Im Glauben erkennen wir:
Die Welten sind durch Gottes Wort gefügt, es
ist nicht so, als ob aus wahrnehmbaren Din-
gen das Sichtbare entstanden wäre. 4 Im Glau-
ben brachte Abel ein volleres Opfer dar denn
Kain, und durch ihn empfing er das Zeugnis,
dass er gerecht sei, als Gott über seine Gaben
Zeugnis gab. Und durch ihn redet er noch,
wenngleich er gestorben ist. 5 Im Glauben
ward Henoch entrückt, so dass er den Tod
nicht schaute. Und er ward nicht mehr gefun-
den, weil Gott ihn entrückt hatte. Vor der
Entrückung aber ward ihm das Zeugnis gege-
ben: Er hat Gott Wohlgefallen. 6 Ohne Glau-
ben ist es ja nicht möglich, ihm zu gefallen.
Wer Gott nahen will, muss glauben, dass er
da ist und den ihn Suchenden vergelten wird.
7 Im Glauben – er hatte Weisung empfangen
über das, was man noch nicht sah – erbaute
Noach voll Gottesfurcht die Arche zur Ret-
tung seines Hauses; durch ihn verurteilte er
die Welt und ward zum Erben der auf Glau-
ben gründenden Gerechtigkeit.

Der Glaube der Väter: Abraham

8 Im Glauben gehorchte Abraham der Beru-
fung, auszuziehen an einen Ort, den er als
Erbteil empfangen sollte. Und er zog aus und
wusste nicht, wohin er kommen würde. 9 Im
Glauben ließ er sich im Land der Verheißung
nieder wie in der Fremde, in Zelten wohnend,
mit Isaak und Jakob, den Miterben derselben
Verheißung. 10 Denn er wartete ja auf die
Stadt, die festgegründete, deren Bildner und
Erbauer Gott ist. 11 Im Glauben erlangte er zu-
sammen mit Sara Kraft, trotz ihres Alters zu
zeugen, weil er den für glaubwürdig hielt, der
die Verheißung gab. 12 Und so gingen von ei-
nem Einzigen – ja, von einem Erstorbenen –
hervor, zahlreich wie die Sterne des Himmels,
unzählbar wie der Sand am Ufer des Meers.
13 Im Glauben starben sie alle, ohne die Ver-
heißungen erlangt zu haben; doch sie schau-
ten sie von fern, grüßten sie und bekannten:
Fremdlinge sind wir und Gäste auf Erden.
14 Die solches sagen, lassen ja erkennen, dass
sie eine Heimat suchen. 15 Hätten sie aber je-
ner gedacht, aus der sie ausgezogen sind, hät-
ten sie Zeit gehabt, zurückzukehren, 16 jetzt
aber ersehnen sie eine bessere, das heißt:
himmlische. Darum schämt Gott sich ihrer
nicht, ihr Gott zu heißen; ihnen hat er ja eine
Stadt bereitet.

Der Glaube der Väter: Isaak, Jakob, Josef

17 Im Glauben hat Abraham, da er geprüft
wurde, den Isaak dargebracht; den Einzigge-
zeugten brachte er dar, der doch die Ver-
heißung empfangen hatte, 18 zu dem gesagt
worden war: In Isaak sollst du Nachkommen
haben. 19 Er bedachte, dass Gott mächtig ist,
auch von den Toten zu erwecken, und darum
erhielt er ihn auch – als Gleichnis – zurück.
20 Im Glauben – auf Künftiges hin –, segnete
Isaak den Jakob und den Esau. 21 Im Glauben
segnete Jakob sterbend jeden der Söhne Jo-

11,1 – 12,3 Ein Lehrstück über den Glauben der Väter, in das teilweise vorformulierte Texte aus der Überlieferung aufgenommen wurden. Nachgewiesen wird, dass die Kette der Glaubenszeugen von Abel bis in die Gegenwart reicht. Sie alle beweisen: Gelingendes Leben hängt vom Glauben ab. **1-7** Beispiele von Glaubenshelden unter den Vätern. **4** Nach dieser Version ist Gen 4,4 zu verstehen: Abel glaubte, darum hat Gott sein Opfer angenommen. **5** Von Henoch wird bezeugt, dass er seinen Weg »mit Gott« ging und darum weggenommen wurde (Gen 5,16-24). **7** Noach vgl. Gen 6 – 9. **8-19** Abraham wird als »Vater der Glaubenden« gerühmt (vgl. Gen 12 – 25). Er hat sich an entscheidenden Stationen seines Lebens als Glaubender bewährt. **20-22** Auch Jakob und Josef gründeten ihre Entscheidungen im Glauben. **23-28** Der

sefs und neigte sich tief über die Spitze seines
Pilgerstabs. 22 Im Glauben gedachte Josef
sterbend des Auszuges der Kinder Israels und
gab Anordnungen wegen seiner Gebeine.

Der Glaube der Väter: Mose

23 Im Glauben wurde Mose nach der Geburt
drei Monate lang von seinen Eltern verborgen, weil sie sahen, dass das Kind überaus
schön war. Sie fürchteten den Befehl des Königs nicht.
24 Im Glauben weigerte sich Mose
als Erwachsener, als Sohn der Tochter des
Pharao zu gelten.
25 Lieber wollte er mit dem
Volke Gottes misshandelt werden, als zeitweiligen Genuss aus der Sünde zu haben.
26 Er
hielt die Schmach des Messias für größeren
Reichtum als die Schätze Ägyptens: er schaute ja auf die Vergeltung hin.
27 Im Glauben
verließ er Ägypten, ohne Furcht vor dem
Zorn des Königs; er hielt ja fest an dem Unsichtbaren, als ob er ihn sehe.
28 Im Glauben
hat er Pascha gehalten und die Besprengung
mit Blut, damit der Würger der Erstgeborenen sie nicht anrühre.
29 Im Glauben zogen sie
durch das Rote Meer wie über trockenes
Land; doch die Ägypter wurden verschlungen, als sie es versuchten.
30 Im Glauben stürzten die Mauern von Jericho, als sie sieben Tage umkreist worden waren.
31 Im Glauben
kam die Dirne Rahab nicht um mit den Widerspenstigen, weil sie die Kundschafter im
Frieden aufgenommen hatte.

Propheten und Blutzeugen: Sie sollten nicht ohne uns zur Vollendung gelangen

32 Und was soll ich noch sagen? Die Zeit würde mir mangeln, wollte ich berichten von Gideon, Barak, Simson, Jiftach, von David, Samuel und den Propheten.
33 Sie haben durch
Glauben Königreiche niedergekämpft, Gerechtigkeit erwirkt, Verheißungen erlangt,
Löwenrachen verschlossen,
34 des Feuers Gewalt gelöscht, sind des Schwertes Schärfe entronnen, aus Schwachheit wurden sie stark,
Helden im Kampf, Heere Fremder brachten
sie zum Wanken.
35 Frauen erhielten durch
Auferstehung ihre Toten zurück. Andere
ließen sich foltern und nahmen die Freilassung nicht an, damit sie eine bessere Auferstehung erhielten.
36 Andere erleiden Spott
und Schläge, Fesseln und Kerker.
37 Sie wurden gesteinigt, verbrannt, zersägt, mit dem
Schwert erschlagen, zogen umher in Schafpelzen und Ziegenfellen, darbend, bedrängt,
misshandelt.
38 Sie, derer die Welt nicht wert
war, irrten in Einöden und Bergen, in Höhlen
und Erdklüften umher.
39 Und doch haben sie
alle, wenngleich sie durch den Glauben ein
gutes Zeugnis hatten, die Verheißung nicht
erlangt.
40 Gott hatte ja für uns Besseres vorhergeplant: Sie sollten nicht ohne uns zur
Vollendung gelangen.

Trost und Stärke: Im Aufblick zu Jesus

12 Darum wollen auch wir – die wir eine
solche Wolke von Zeugen um uns haben, alles Hemmende und die leicht bestrickende
Sünde abwerfen und mit Ausdauer laufen in
dem Wettkampf, der uns zubestimmt ist,
2 im
Aufblick auf des Glaubens Urheber und Vollender: Jesus. Er hat um der ihm zubestimmten Freude willen das Kreuz erduldet, ohne
der Schmach zu achten, und sich zur Rechten
des Thrones Gottes gesetzt.
3 Ja, betrachtet
ihn, der solchen Widerspruch von den Sündern gegen sich erduldet hat, damit ihr nicht
ermattet und nicht verzagt in eurem Leben.

Glaube im Leben des Mose. **29** Der Zug durch das Meer vgl. Ex 13,17 – 14,31. Jericho wurde nicht mit den Waffen der Militärs, sondern durch das vertrauende Volk erobert. **31** Die Liste der frühen Glaubenszeugen schließt mit der Dirne Rahab (vgl. Jos 2,6.22-25). Mag ihr Entschluss, den Glauben der Sieger zu übernehmen, ursprünglich pragmatische Gründe gehabt haben, letztlich zählt, dass sie in die Glaubensgemeinschaft Israels aufgenommen wurde. **32-34** Eine Liste weiterer Glaubenszeugen. **35** Zum Katalog der Sieger durch Glauben zählen auch die namenlosen Mütter, denen Elija und Elischa ihre toten Kinder zurückgaben. **36-38** Ein Märtyrerkatalog zum Gedächtnis der vielen, die um ihres Glaubens willen starben (vgl. die makkabäischen Märtyrer).

12,1-3 Der Glaube der Früheren ermutigt die angefochtenen Christen. **4-11** Mahnungen und Überlegungen: Gott ist unser Vater und Erzieher. Erziehen

**Verzagt nicht:
Wen der Herr liebt, den züchtigt er**

4 Noch habt ihr nicht bis aufs Blut widerstanden im Kampfe wider die Sünde. 5 Und ihr habt die Mahnung vergessen, die euch als Söhnen zuredet: Mein Sohn, achte nicht gering die Züchtigung des Herrn und verzage nicht, wenn er dich straft. 6 Denn: Wen der Herr liebhat, den züchtigt er. Er geißelt jeden Sohn, den er annimmt. 7 Wenn ihr Züchtigung ertragt, begegnet Gott euch als Söhnen; denn wo ist ein Sohn, den der Vater nicht züchtigt? 8 Seid ihr aber ohne die Züchtigung – an der alle teilgenommen haben –, dann seid ihr Bastarde und keine Söhne. 9 Ferner: An unseren leiblichen Vätern hatten wir Zuchtmeister, vor denen wir Ehrfurcht hatten; sollten wir uns da nicht um so mehr dem Vater der Geister unterwerfen, damit wir leben? 10 Jene züchtigen uns nur für kurze Zeit nach ihrem Gutdünken, er aber zu unserem Besten, damit wir Anteil erhalten an seiner Heiligkeit. 11 Jede Züchtigung aber dünkt uns für den Augenblick nicht Freude, sondern Kummer; später aber schenkt sie den durch sie Geübten als Frucht des Friedens die Gerechtigkeit.

**Stärkung der Schwachen:
Dass keiner die Gnade Gottes versäume**

12 Darum richtet die erschlafften Hände und die ermüdeten Knie wieder auf, 13 gerade Bahnen schafft für eure Füße, damit nicht, was gelähmt ist, sich verrenke, sondern geheilt werde. 14 Trachtet nach Frieden mit allen und nach der Heiligung, ohne die keiner den Herrn schauen kann. 15 Seht zu, dass keiner die Gnade Gottes versäume, dass keine bittere Wurzel aufschieße, zur Plage werde und die

Hilf uns, Herr
dass wir glaubwürdig glauben
hilf uns
dass wir ansteckend hoffen
hilf uns
dass wir selbstlos lieben
Lass uns Liebe erfahren

(12,12-17)

Vielen verderbe, 16 dass keiner zuchtlos sei oder gemein wie Esau, der um eine einzige Mahlzeit seine Erstgeburt verkaufte. 17 Ihr wisst ja, dass er nachher, als er den Segen als Erbe erlangen wollte, verworfen wurde; zur Umkehr fand er keinen Raum, wenngleich er sie mit Tränen suchte.

**Erwählte des Neuen Bundes:
Ein unerschütterliches Reich**

18 Ihr seid ja nicht zu einem Berg hingetreten, den man betasten kann, nicht zu loderndem Feuer, zu Wolkendunkel, Finsternis und Sturm, 19 zum Schall der Posaune und dröhnender Rede, bei der die Hörenden es sich verbaten, dass weiterhin das Wort an sie ergehe – 20 denn sie ertrugen nicht, was angeordnet wurde: Selbst wenn ein Tier den Berg berührt, soll es gesteinigt werden. 21 Und: So furchtbar war die Erscheinung, dass Mose sprach: Ich bin voll Furcht und Zittern. 22 Ihr hingegen seid zum Berge Zion hingetreten, zur Stadt des lebendigen Gottes, zum himmlischen Jerusalem und zu Tausenden von Engeln, zur Festversammlung 23 und zur Gemeinde der Erstgeborenen, die in den Himmeln aufgeschrieben sind, zu Gott, dem

---

meint: das Kind wegziehen von den Irrwegen, es hinziehen zur eigenen Mitte. Der Text urteilt nicht über Erziehungsmethoden. Er nimmt die Meinung alttestamentlicher Weisheitslehrer auf, um den Christen zu zeigen, wie sie Leid und Not verstehen können. **12-13** Die Glaubenden gehen die Wege Gottes als Gemeinschaft. Sie wissen, wem sie folgen, und kennen das Ziel. **14-15** Keiner glaubt für sich allein, alle sind füreinander verantwortlich. **16-17** Esau hat sein Erstgeburtsrecht an Jakob verkauft (Gen 25,27-34), damit hat er das Anrecht auf den Segen verloren (Gen 27,1-40). In der jüdischen Überlieferung gilt er als Stammvater der Edomiter, der Feinde Israels schlechthin. **18-24** Der Bund, der Israel eint, wurde durch die Vermittlung des Mose geschlossen. Der neue Bund, der die Christen eint, wurde durch die Vermittlung Jesu Christi geschlossen. **27** »Blut der Besprengung«: Dem alttestamentlichen Opferblut

Richter aller, und zu den Geistern der vollen-
deten Gerechten; 24 und zu Jesus, dem Mittler
des Neuen Bundes, und zum Blute der Be-
sprengung, das mächtiger redet als das Abels.
25 Seht zu, dass ihr den nicht zurückweist, der
redet! Denn wenn jene nicht entronnen sind,
als sie den zurückwiesen, der auf Erden sich
kundgab, um so weniger wir, wenn wir uns
abwenden von dem, der zu uns spricht von
den Himmeln her. 26 Seine Stimme erschütter-
te damals die Erde, jetzt aber gilt die Ver-
heißung: Noch einmal will ich erschüttern,
nicht nur die Erde, nein, auch den Himmel.
27 Dieses: Noch einmal deutet hin auf die Um-
wandlung dessen, was erschüttert wird: der
geschaffenen Dinge, damit dann bleibe, was
nicht erschüttert werden kann. 28 Darum
lasst uns, die wir ein unerschütterliches Reich
empfangen, voll des Dankes sein und darin
Gott wohlgefällig dienen in Gottesfurcht und
Zittern. 29 Denn unser Gott ist verzehrendes
Feuer.

Heiligung unseres Lebens:
Der Herr ist mein Helfer

13 Die Bruderliebe soll bleiben! 2 Die Gast-
freundschaft vergesst nie! Durch sie nämlich
haben einige Engel beherbergt, ohne es zu
wissen. 3 Gedenkt der Gefangenen, als wäret
ihr Mitgefangene, der Misshandelten als sol-
che, die selbst noch im Leibe leben. 4 Ehrbar
sei die Ehe in allem und das Ehebett unbe-
fleckt, denn Unzüchtige und Ehebrecher wird
Gott richten. 5 Ohne Geldgier sei euer Wan-
del; lasst euch genügen an dem, was da ist. Er
selber hat ja gesagt: Nimmer will ich dich las-
sen, verlassen dich nimmermehr. 6 So sagen
wir getrost: Der Herr ist mein Helfer, ich
fürchte nichts! Was kann ein Mensch mir an-
tun?

Leben der Nachfolge:
Lasst uns seine Schmach tragen

7 Gedenkt eurer Vorsteher, die zu euch das
Wort Gottes geredet haben; schaut auf den
Ausgang ihres Wandels, ahmt ihren Glauben
nach! 8 Jesus Christus ist gestern und heute
derselbe und in Ewigkeit. 9 Von mancherlei
und fremden Lehren lasst euch nicht ver-
führen. Denn es ist gut, das Herz durch Gna-
de zu stärken, nicht durch Speisen, die denen
nichts nützten, die sich danach ausrichteten.
10 Wir haben einen Altar, von dem zu essen je-
ne kein Recht haben, die dem Zelt dienen.
11 Denn die Leiber der Tiere, deren Blut um
der Sünde willen vom Hohenpriester in das
Heiligtum hineingetragen wird, verbrennt
man außerhalb des Lagers. 12 Darum hat auch
Jesus, um durch sein Blut das Volk zu heili-
gen, außerhalb des Tores gelitten. 13 So lasst
uns hinausgehen zu ihm außerhalb des La-
gers, um seine Schmach zu tragen. 14 Denn wir
haben hier ja keine bleibende Stadt; doch
nach der künftigen suchen wir. 15 Durch ihn
also lasst uns immerdar Gott ein Lobopfer
darbringen – das heißt: Frucht der Lippen, die
seinen Namen preisen. 16 Vergesst nicht, wohl
zu tun und mitzuteilen, denn an solchen Op-
fern hat Gott Wohlgefallen. 17 Gehorcht euren
Vorstehern und ordnet euch unter. Sie wa-
chen nämlich über euer Leben als solche, die
Rechenschaft ablegen müssen. Mögen sie
dies in Freude tun, nicht in Seufzen, denn das
wäre euch zum Schaden.

(vgl. Ex 24,8; Hebr 9,15-22) entspricht im neuen Bund das Blut Christi. **25-29** Gott sprach am Sinai, jetzt spricht er vom Himmel her. Damals bebte die Erde. Am Ende wird der ganze Kosmos beben. Gottes Reich, das unerschütterliche, bricht an.

13,1-2 Anhang: Mahnungen, Bitten, Wünsche, und Mitteilungen, die den »theologischen« Kapiteln 1 – 12 beigefügt wurden, um den ganzen Text als »Brief« auszuweisen. **1-6** Mahnungen zu den Grundhaltungen, in denen sich christliches Leben verwirklicht. Bruderliebe, Gastfreundschaft, Solidarität mit den Gefangenen und Misshandelten, die Ehe und die Ausschließlichkeit der ehelichen Partnerschaft, das rechte Verhältnis zu Geld und Gut. **7-8** »Vorsteher« meint hier den Leiter der Gemeinde. Sie mögen wechseln; der Herr, den sie verkünden, bleibt. **9** Warnung vor fremden Lehren. **10** Bildhaft zu verstehen: Wir vertrauen dem versöhnenden Opfer, das Jesus am Kreuz darbrachte. Wer sich ihm nicht anvertraut, hat keinen Anteil an der Gemeinschaft, die er stiftet. **11-14** Das Blut der Opfer des Versöhnungstages wurde auf die heilige Lade gesprengt. Am Fleisch der Tiere hatten

Du hast uns als Menschen erschaffen
hast uns die Erde anvertraut
eine schöne Erde, randvoll Leben
Heimat zum Bäume pflanzen
Häuser bauen
Quelle der Lust am Leben
Lass die Sehnsucht nicht sterben
in unserm Herzinnersten
Lass uns Träume träumen
von der neuen Erde
von der anderen Stadt
die du für uns baust
Stadt zum Bleiben

(12,7-17)

Bitte und Segenswunsch:
Gott vollende euch in allem Guten

18 Betet für uns! Wir meinen zwar ein gutes
Gewissen zu haben, da wir in allem gut zu
wandeln uns mühen. 19 Umso dringlicher bit-
te ich euch, dies zu tun, damit ich euch eher
zurückgegeben werde. 20 Der Gott des Frie-
dens aber, der den Großen Hirten der Schafe
von den Toten heraufgeführt hat im Blute des
ewigen Bundes – Jesus, unseren Herrn –,
21 mache euch tüchtig zu allem Guten, zum
Tun seines Willens. Er wirke in uns, was ihm
wohlgefällig ist durch Jesus Christus, dem die
Herrlichkeit zu eigen ist in die Ewigkeit der
Ewigkeiten. Amen. 22 Ich mahne euch, Brü-
der, nehmt dieses Wort der Mahnung willig
an. Ich habe euch ja nur kurz geschrieben.
23 Wisst, dass unser Bruder Timotheus wieder
frei ist. Mit ihm will ich, wenn er recht bald
kommt, euch sehen. 24 Grüßt all eure Vorste-
her und alle Heiligen. Es grüßen euch die aus
Italien. 25 Die Gnade ist mit euch allen!

---

die Priester keinen Anteil. Es wurde vor dem »Lager« verbrannt. Auch Jesu Opfer endete vor den Mauern von Jerusalem (vgl. Joh 19,17). Christen, die geschmäht und aus der jüdischen oder heidnischen Gemeinschaft ausgeschlossen werden, teilen die Schmach ihres Herrn im Vertrauen auf die endgültige Stadt. **15-17** Das Verhalten jedes Einzelnen prägt die Gemeinschaft. **18-19** Die Christen sind nicht nur Gemeinschaft der miteinander Feiernden, sie sind auch Gemeinschaft der füreinander Betenden. Der Schreiber erbittet das Gebet der Gemeinde. Er spricht ihr seinen Segenswunsch zu. **23** Der Hinweis auf Timotheus lässt vermuten, dass der Verfasser dem Kreis der Paulusschüler nahe stand. **24** »Heilige« ist eine Selbstbezeichnung der Christen. Aus der Erwähnung der »Brüder aus Italien« lässt sich nicht eindeutig erschließen, ob der »Brief« in Italien (d.h. in Rom) verfasst oder von außerhalb Italiens an christliche Gemeinden in Italien geschrieben wurde.

Der Brief des Jakobus

Der sog. »Jakobusbrief« ist eher ein Lehrschreiben als ein Brief. Ein fortlaufender Gedankengang fehlt; die einzelnen Abschnitte stehen recht unverbunden nebeneinander; auch in sich zeigen sie keinen strengen Gedankengang. Einzelne Spruchgruppen sind unter einem übergreifenden Thema zusammengestellt. Es lässt sich auch keine bestimmte geschichtliche Situation erkennen, weder auf Seiten des Verfassers noch der Adressaten. Diese sind keine bestimmte Gemeinde, sondern die Christenheit als Ganze. Der Verfasser greift aus dem Bestand überlieferter Gemeindelehre ein paar ihm wichtig erscheinende Themen heraus. Dieser »Brief« steht den ermahnenden Abschnitten der Paulusbriefe – und besonders dem 1. Petrusbrief – sehr nahe. Die ganze urchristliche Palette von Ermahnungen ist gespeist aus der breiten entsprechenden Tradition des Diasporajudentums, mit ihren Anleihen bei den Überlieferungen des spätgriechisch-philosophischen (= hellenistischen) Bildungsgutes.

Auf diesem Hintergrund erklärt sich, dass man im Jakobusbrief die großen Themen christlicher Verkündigung, besonders Aussagen über Heil durch Christi Tod und Auferstehung nicht findet. Das hat ihm Martin Luthers Urteil eingebracht, er sei eine »strohерne Epistel«. Doch Christusverkündigung findet man im urchristlichen Schrifttum auch sonst nicht im Rahmen einfacher ethischer Mahnungen, auch nicht bei Paulus. Dass Jakobus sie nicht gekannt oder für unwichtig gehalten habe oder dass der Jakobusbrief eine von den Christen übernommene jüdische Lehrschrift sei, wird man aus solchen Gründen nicht sagen dürfen. Der Verfasser setzt die grundlegenden Aussagen des christlichen Heilsglaubens ebenso voraus wie Paulus und der Schreiber des 1. Petrusbriefes. Der Bereich, für den er geschrieben hat, ist das alltägliche Miteinanderleben. Da geht es um Redlichkeit, Friedfertigkeit und Nächstenliebe; und dazu sagt der Brief sehr Christliches. Der Verfasser des Briefes soll Jakobus sein. Damit ist nicht der Bruder des Johannes (vgl. Mk 1,19; 3,17; Apg 12,2), sondern der Bruder Jesu und spätere Führer (»Bischof«) der Jerusalemer Gemeinde gemeint. Es kann aber kein Zweifel bestehen, dass der Brief nicht von diesem, sondern von einem späteren christlichen Lehrer geschrieben ist (vgl. 3,1-2), der seinen Brief unter die anerkannte Autorität des Herrenbruders gestellt hat. Das zeigt unter anderem die Art und Weise, wie er sich 2,14ff mit einer verzerrten Überlieferung der Rechtfertigungslehre des Paulus auseinandersetzt. Das bedeutet zugleich, dass man die Abfassungszeit des Briefes nicht vor dem Ende des 1. Jahrhunderts ansetzen darf. Außerdem ist es fraglich, ob ein in Palästina geborener und aufgewachsener Jude einen Text in derart flüssigem Griechisch zu schreiben imstande gewesen wäre.

Mit sechs anderen neutestamentlichen Briefen zusammen wird der Jakobusbrief, der – wie die anderen – nicht mit dem Namen Paulus verbunden ist (1-2 Petr, 1-3 Joh, Jud) zu den sog. »katholischen« Briefen gerechnet. Sie alle sieben richten sich nicht an eine bestimmte Gemeinde, sondern an eine breite kirchliche Öffentlichkeit. Sie alle enthalten Aufrufe und Mahnungen, Stellungnahmen zu Lebens- und Glaubensfragen, Warnungen vor Irrlehren und Urteile über sie.

Jakobus, Gottes und des Herrn Knecht: Täuscht euch nicht

Er geht ziemlich hart vor:
entweder / oder!
Zwar – aber
Sowohl-als auch
das gibt es nicht
Seine bilderreiche Sprache
scheint mir darauf hinzuweisen
dass er ein echter Kenner
der Heiligen Schrift ist
dieser Jakobus – wer auch immer
er gewesen sein mag
(1,1-18)

1 Jakobus, Gottes und des Herrn Jesus Christus Knecht, an die zwölf Stämme in der Zerstreuung: Freudengruß! [2] Für lauter Freude erachtet es, meine Brüder, wenn ihr in mancherlei Anfechtungen geratet. [3] Ihr wisst ja, dass die Erprobung eures Glaubens Ausharren erwirkt, [4] das Ausharren aber soll das Werk vollenden, damit ihr vollendet und fehllos seid und es euch an gar nichts mangelt. [5] Wenn es nun einem von euch an Weisheit mangelt, erbitte er sie von Gott, der allen gibt, vorbehaltlos und ohne zu schelten, und sie wird ihm gegeben werden. [6] Doch er bitte in Glauben, ohne irgendwie zu zweifeln. Der Zweifler nämlich gleicht der Welle des Meeres, vom Sturm gepeitscht und hin- und hergetrieben. [7] Jener Mensch wähne doch nicht, er werde etwas empfangen vom Herrn, [8] ein zwiespältiger Mann, unbeständig in allen seinen Wegen. [9] Es rühme sich aber der niedrige Bruder in seiner Hoheit, [10] der reiche aber in seiner Niedrigkeit; denn wie die Blume des Grases wird er vergehen. [11] Die Sonne nämlich steigt auf mit dem Gluthauch und macht das Gras verdorren, und seine Blüte fällt ab, und die Schönheit ihres Angesichts ist vergangen. So wird auch der Reiche auf seinen Wegen verwelken. [12] Heil dem Mann, der ausharrt in Versuchung; denn als Erprobter wird er den Kranz des Lebens erhalten, den er verheißen hat denen, die ihn lieben. [13] Keiner, der versucht wird, sage: Von Gott werde ich versucht. Gott nämlich kann zu Bösem nicht versucht werden, er versucht auch selber niemand. [14] Jeder aber wird versucht, von seiner eigenen Begierde angelockt und geködert. [15] Wenn die Begierde empfangen hat, gebiert sie Sünde, die Sünde aber, wenn sie vollendet ist, gebiert Tod. [16] Täuscht euch nicht, meine geliebten Brüder. [17] Jede gute Gabe und jedes vollendete Geschenk kommt von oben herab, vom Vater der Lichter, bei dem kein Wechsel ist noch ein Schatten der Veränderung. [18] Nach seinem Willen hat er uns durch das Wort der Wahrheit geboren, damit wir gleichsam Erstlinge seiner Geschöpfe seien.

Vom Hören und Tun: Seid Täter, nicht nur Hörer

[19] Wisst, meine geliebten Brüder: Jeder Mensch soll rasch sein zum Hören, langsam zum Reden, langsam zum Zorn. [20] Denn der

---

1,1 Der Absender identifiziert sich nicht (ausdrücklich) mit einem der beiden Apostel, die denselben Namen tragen (vgl. Mk 9,17-18), sondern (als »Gottes und des Herrn Jesus Knecht«) mit Jakobus, dem »Bruder des Herrn« (vgl. Mk 6,3 und Mt 12,46-50). Dieser Jakobus hat später die Gemeinde von Jerusalem geleitet (vgl. Apg 15,13; Gal 2,9). Das Schreiben ist an Gemeinden des Neuen Israel (daher »zwölf Stämme«) gerichtet, die gleich dem Israel des Alten Bundes in der Zerstreuung (Diaspora) leben, aus der Hoffnung, dass der wiederkommende Herr sie sammle und sein Volk zusammenführe. **2-4** Bedrängte Christen werden zur Freude aufgerufen, auch wenn sie erprobt werden. Gott steht auf ihrer Seite. In der Prüfung wächst der Glaube; er gelangt zu vollem Leben. **5-8** »Weisheit« ist als Kraft zu verstehen, die befähigt, Prüfung und Versuchung zu bestehen. Diese Kraft schenkt Gott dem, der sie mit ungeteiltem Herzen erbittet. **9-11** Arme und Reiche können sich rühmen; die einen, weil Gott sie in ihrer Armut liebt; die andern, weil sie wissen, dass Reichtum vergänglich ist. Auch der Mächtigste ist vor Gott gering. **10-11** Vgl. Jes 40,6-7. **12-18** Der Schreiber fordert zum Durchhalten in Versuchungen auf; er warnt gleichzeitig vor einem Missverständnis: Gott will das Gute; die Versuchung kommt aus dem menschlichen Herzen. Der Versuchung nachgeben, heißt in den Tod laufen. **17** Gott ist der Schöpfer der Gestirne. **18** Gottes Wort bewirkt in den Glaubenden Leben und Heil. **19-27** Es geht um die Beziehung von Glauben (Gnade) und

Zorn eines Mannes erwirkt nicht Gottes Ge-
rechtigkeit. 21 Darum legt ab alles Gemeine
und die Fülle des Bösen. In Sanftmut ergreift
das eingepflanzte Wort, das Macht hat, eure
Seelen zu retten. 22 Seid aber Täter des Wortes
und nicht nur Hörer, euch selbst betrügend.
23 Denn: wenn einer Hörer des Wortes ist und
nicht Täter, der gleicht einem Mann, der sein
angeborenes Gesicht im Spiegel betrachtet:
24 Er hat sich betrachtet, ging weg und vergaß
gleich, wie es war. 25 Wer sich aber in das voll-
kommene Gesetz der Freiheit hineinversenkt
hat und darin bleibt – nicht als vergesslicher
Hörer, sondern als Täter des Werkes –, der
wird selig sein in seinem Tun. 26 Wenn einer
meint, fromm zu sein, doch seine Zunge nicht
zügelt, sondern sein Herz betrügt, nichtig ist
seine Frömmigkeit! 27 Lautere und unbefleck-
te Frömmigkeit vor dem Gott und Vater ist
so: Waisen und Witwen aufsuchen in ihrer
Bedrängnis, sich selbst unbefleckt bewahren
von der Welt.

»Knecht Gottes und des Herrn«
nennt er sich.
Was er zusammenschreibt
und immer wieder
mit anderen Worten und Bildern
auf andere Weise sagt –
das ist der reinste Gewissensspiegel.
Deshalb sind wohl solche Texte
nicht sehr beliebt!

(1,19-27)

Vom Ansehen der Person:
Liebe deinen Nächsten

2 Meine Brüder! Haltet den Glauben an Jesus
Christus, unseren Herrn der Herrlichkeit,
nicht so, dass ihr die Person anseht. 2 Wenn et-
wa in eure Versammlung ein Mann käme mit
goldenen Ringen und in prächtigem Gewand,
es käme aber auch ein Armer in schmutzigem
Gewand, 3 ihr aber würdet auf den schauen,
der das prächtige Kleid trägt, und sagen: Du,
setz dich bequem hierhin. Und zu dem Armen
sagt ihr: Du, stell dich dorthin oder setz dich
unten an meinen Fußschemel. 4 Hättet ihr
nicht bei euch selbst unterschieden und wäret
Richter mit bösen Gedanken geworden?
5 Hört, meine geliebten Brüder! Hat nicht
Gott die, die vor der Welt arm sind, zu Rei-
chen im Glauben gewählt und zu Erben des
Reiches, das er denen verheißen hat, die ihn
lieben? 6 Ihr aber habt den Armen entehrt.
Sind es nicht die Reichen, die Gewalt üben
über euch, und ziehen nicht sie euch vor Ge-
richt? 7 Lästern nicht sie den guten Namen,
der über euch angerufen worden ist? 8 Wenn
ihr jedoch das königliche Gesetz erfüllt,
gemäß der Schrift: Liebe deinen Nächsten wie
dich selbst! – tut ihr gut. 9 Wenn ihr aber die
Person anseht, wirkt ihr Sünde und werdet
vom Gesetz als Übertreter überführt.

Der eine ist sympatisch, der andere nicht.
Doch hier ist gesagt:
Sympathie darf keine Rolle spielen!
Wer bringt das fertig!
Ich kann nur sagen: »Herr, steh mir bei!«

(2,1-9)

10 Denn wer das ganze Gesetz hält, in einem
einzigen aber sich verfehlt, der ist am Ganzen
schuldig geworden. 11 Denn der gesagt hat:
Brich nicht die Ehe!, sagt auch: Morde nicht!
Wenn du nun die Ehe nicht brichst, aber mor-
dest, bist du ein Übertreter des Gesetzes ge-
worden. 12 Redet als solche und handelt als
solche, die durch das Gesetz der Freiheit ge-
richtet werden sollen. 13 Ohne Erbarmen

Tun. Glaube ist nicht nur eine innere Haltung; er muss sich im Tun verwirklichen. Glauben heißt, das (in der Taufe) eingepflanzte Wort Gottes hören und vertrauen, dass dieses Wort retten kann. Der wahre Gottesdienst ist der Einsatz für die Rechtlosen und Armen.

2,1-13 Die Diskussion über die Reichen hat einen logischen Aufbau: Thema, Beispiele, Auseinandersetzung mit Einsprüchen, Schriftbeweis. **8-13** Das königliche Gesetz der Bruderliebe überragt die Vielzahl der Gebote. Vgl. Lev 19,18. **11** Vgl. Ex 20,13f; Dtn

nämlich wird das Gericht über den sein, der
nicht Erbarmen geübt hat. Erbarmen ist er-
haben über das Gericht.

Glaube und Werke:
Der Glaube ohne Werke ist tot

14 Was nützt es, meine Brüder, wenn einer
sagt, er habe den Glauben, aber keine Werke
hat? Kann etwa der Glaube ihn retten?
15 Wenn ein Bruder oder eine Schwester da
sind – nackt und der täglichen Nahrung man-
gelnd, 16 und jemand von euch sagt zu ihnen:
Geht in Frieden, wärmt euch und esst euch
satt –, und ihr würdet ihnen nicht geben, wes-
sen der Leib bedarf, was nützte es? 17 So auch
der Glaube: Wenn er keine Werke hat, ist er
tot in sich selbst. 18 Doch es wird einer sagen:
Du hast Glauben, und ich habe Werke. Zeige
mir deinen Glauben ohne die Werke, und ich
werde dir aus meinen Werken den Glauben
zeigen. 19 Du glaubst: Einer nur ist Gott? Du
tust gut. Doch auch die Dämonen glauben
und zittern. 20 Willst du einsehen, o leerer
Mensch, dass der Glaube ohne die Werke
nichtig ist? 21 Abraham, unser Vater – ward er
nicht aus Werken gerechtgesprochen, da er
Isaak, seinen Sohn, auf den Opferaltar legte?
22 Du siehst, dass der Glaube mit seinen Wer-
ken zusammenwirkte und aus den Werken
der Glaube vollendet wurde. 23 Und so erfüll-
te sich die Schrift, die sagt: Abraham aber
glaubte Gott, und es wurde ihm zur Gerech-
tigkeit angerechnet, und er wurde Freund
Gottes genannt. 24 Ihr seht, dass ein Mensch
aus Werken gerechtgesprochen wird und
nicht aus Glauben allein. 25 Wurde nicht eben-
so auch Rahab, die Dirne, aus Werken ge-
rechtgesprochen, weil sie die Boten aufnahm
und auf einem anderen Weg hinausließ?
26 Wie nämlich der Leib ohne Geist tot ist, so
ist auch der Glaube ohne Werke tot.

Gegenüberstellung von Glaube und Werken –
hier fängt es schon an!
Nur schreibt dieser Jakobus
ein bisschen hart.
Ganz anders Paulus!
Im Römerbrief bringt er ja
das gleiche Thema.
Diesen Text hier –
den kann man ganz leicht
einseitig auslegen:
Siehe den Streit, der zur Reformation führte!

(2,14-26)

Von der Zunge:
Mit ihr lobpreisen, mit ihr fluchen wir

3 Werdet nicht in großer Zahl Lehrer, meine
Brüder; ihr wisst ja, dass wir ein strengeres
Gericht erfahren werden. 2 Denn vielfältig
fehlen wir allesamt. Wenn einer im Wort
nicht fehlt, der ist ein vollkommener Mann,
fähig auch, den ganzen Leib im Zaum zu hal-
ten. 3 Wenn wir den Pferden die Zäume ins
Maul legen, damit sie uns gehorchen, so len-
ken wir auch ihren ganzen Leib. 4 Siehe, auch
die Schiffe, die groß sind und von heftigen
Winden getrieben werden, von einem ganz
kleinen Steuer werden sie gelenkt, wohin der
Druck des Steuermanns es will. 5 So ist auch
die Zunge ein kleines Glied und rühmt sich
großer Dinge. Siehe, ein kleines Feuer – welch
großen Wald setzt es in Brand. 6 Auch die
Zunge ist Feuer. Als eine Welt der Ungerech-
tigkeit steht sie da unter unseren Gliedern;
sie, die den ganzen Leib befleckt und das Rad
des Werdens in Brand setzt, selbst ist sie in
Brand gesetzt von der Hölle. 7 Denn jegliche
Gattung von Landtieren und Vögeln, von
Kriechtieren und Wassertieren wird gebän-

5,17f. **14-26** Das viel diskutierte Thema zwischen Protestanten und Katholiken. Paulus sagt (Röm 3,28): Der Mensch wird gerecht durch den Glauben allein. Bei Jakobus heißt es: Der Glaube für sich allein ist tot, wenn er nicht in Werken sich ausdrückt. Doch Paulus nimmt Stellung gegen die Auffassung, die Werke des Gesetzes könnten den Menschen vor Gott gerecht machen; Jakobus aber bezieht Stellung gegen das Missverständnis, Glaube sei nur innere Einstellung. Es geht also um das richtige Verständnis dessen, was Glaube ist. **19** Vgl. Dtn 6,4. **21** Vgl. Gen 22,9. **25** Das Beispiel der Dirne Rahab (Jos 2,1-15) zeigt noch deutlicher, dass es dem Verfasser auf den Wert des Tuns ankommt.

3,1-12 Im Wort des Menschen wird laut, was in ihm lebt: Nur der Mensch kann mit der Zunge sprechen.

digt und ist gebändigt von der Gattung Mensch; [8] die Zunge aber vermag kein Mensch zu bändigen, sie ist ein ruheloses Übel voll todbringenden Gifts. [9] Mit ihr lobpreisen wir den Herrn und Vater, und mit ihr verfluchen wir die Menschen, die nach dem Gleichbild Gottes geschaffen sind. [10] Aus demselben Munde geht hervor: Lobpreis und Fluch. Es ist nicht nötig, meine Brüder, dass dies so geschieht. [11] Sprudelt etwa die Quelle aus derselben Öffnung das Süße und Bittere zugleich hervor? [12] Kann etwa, meine Brüder, ein Feigenbaum Oliven hervorbringen oder ein Weinstock Feigen? So kann auch eine Salzquelle nicht süßes Wasser hervorbringen.

Deine Rede verrät dich –
das kann man hier auch sagen
und vorgehalten bekommen.
Man könnte unentwegt fragen:
Meint er vielleicht mich?

(3,1-12)

Wahre und falsche Weisheit: Lauter, friedliebend, gütig

[13] Wer ist weise und verständig unter euch? Aus seinem guten Wandel zeige er seine Werke in Sanftmut der Weisheit. [14] Wenn ihr aber bittere Eifersucht und Hader in eurem Herzen habt, so rühmt euch nicht und lügt nicht gegen die Wahrheit. [15] Das ist nicht die von oben kommende Weisheit, sondern eine erdbestimmte, sinnenbestimmte, dämonische. [16] Wo nämlich Eifer sucht und Hader, da ist Unbeständigkeit und alles schlechte Treiben. [17] Doch die Weisheit, die von oben kommt, ist als erstes lauter, dann friedliebend, gütig, fügsam, voll Erbarmen und guter Früchte, unparteiisch, ohne Heuchelei. [18] Die Frucht der Gerechtigkeit aber wird in Frieden gesät von denen, die Frieden stiften.

Ruf zur Entscheidung: Gott widersteht dem Stolzen

4 Woher kommen Kriege und woher Kämpfe unter euch? Nicht daher: aus euren Begierden, die in euren Gliedern streiten? [2] Ihr begehrt und habt doch nicht; ihr tötet und eifert und könnt nichts erlangen; ihr kämpft und kriegt und habt doch nicht, weil ihr nicht bittet; [3] ihr bittet – empfangt aber nicht, weil ihr schlecht bittet, um es für eure Lüste aufzuwenden. [4] Ehebrecherisch Gesinnte, wisst ihr nicht, dass die Freundschaft mit der Welt Feindschaft gegen Gott ist? Wer also ein Freund der Welt sein will, steht als Feind Gottes da. [5] Oder meint ihr, die Schrift sage ins Leere: Eifernd verlangt er nach dem Geist, den er in uns wohnen ließ? [6] Umso größere Gnade aber gibt er, deswegen sagt sie: Gott widersteht dem Stolzen, doch dem Niedrigen gibt er Gnade. [7] Unterwerft euch also Gott, doch dem Teufel widersteht, und er wird vor euch fliehen. [8] Naht euch Gott, und er wird euch nahe sein! Reinigt die Hände, ihr Sünder, und heiligt die Herzen, ihr Zwiespältigen. [9] Wehklagt, trauert und weint! Euer Lachen wandle sich in Trauer, die Freude in Niedergeschlagenheit. [10] Erniedrigt euch vor dem Herrn, dann wird er euch erhöhen.

Du unser Gott, bist du so hart?
Ich kann dich nur bitten:
Habe Nachsicht mit mir.

(4,1-10)

Wider Selbstsicherheit: Wenn Gott will

[11] Verleumdet einander nicht, Brüder. Wer den Bruder verleumdet oder seinen Bruder

---

Das Wort im Dienste Gottes und der Brüder recht zu gebrauchen, ist Aufgabe eines jeden. Die Lehrer in der Gemeinde sollen ihre Macht und ihren Einfluss nicht missbrauchen. **11** »Bitterwasser«, das sind Quellen am Ufer des Toten Meeres. **13-18** Die Gelassene, dem Frieden dienende Liebe ist die wahre Weisheit.

4,1-12 Die Ursachen von Feindschaft und friedlosem Leben liegen im zwiespältigen Leben des Menschen, der nicht rückhaltlos dem Wort Gottes vertraut. **5** Das Wort findet sich nicht im Alten Testament. Unser Brief entstand zu einer Zeit, als noch nicht genau abgegrenzt war, was zu den Heiligen Schriften gehört.

richtet, der verleumdet und richtet das Ge-
setz. Wenn du aber das Gesetz richtest, bist du
kein Täter des Gesetzes, sondern ein Richter.
12 Einer ist Gesetzgeber und Richter: Der
mächtig ist, zu retten und zu verderben. Wer
aber bist du, dass du den Nächsten richtest?
13 Wohlan nun, die ihr sagt: Heute oder mor-
gen wollen wir in diese oder jene Stadt reisen,
dort ein Jahr verbringen, Handel treiben und
Gewinn machen –, 14 ihr, die ihr nicht wisst,
was das Morgen bringt: Was ist euer Leben?
Rauch seid ihr, der kurz nur sichtbar wird
und vergeht. 15 Dagegen sollt ihr sagen: Wenn
der Herr will und wir leben, wollen wir dies
oder jenes tun. 16 Nun aber rühmt ihr euch in
euren Prahlereien. All dieses Rühmen ist bö-
se. 17 Wer nun weiß, recht zu tun – und es nicht
tut –, Sünde ist es ihm.

Warnung: Ihr habt Schätze gesammelt in den letzten Tagen

5 Wohlan nun, ihr Reichen, weint und jam-
mert über die Nöte, die über euch kommen
werden. 2 Euer Reichtum ist verfault, und eu-
re Kleider sind von Motten zerfressen. 3 Euer
Gold und das Silber sind verrostet, und ihr
Rost wird zum Zeugnis wider euch und euer
Fleisch verzehren wie Feuer. Ihr habt Schätze
gesammelt in den letzten Tagen. 4 Siehe, der
Lohn der Arbeiter, die eure Felder abgeerntet
haben, der von euch vorenthalten wurde,
schreit; und die Schreie der Schnitter sind an
die Ohren des Herrn Zebaot gelangt. 5 Ge-
schwelgt habt ihr auf Erden und geprasst, ge-
sättigt habt ihr eure Herzen am Tage des
Schlachtens. 6 Verurteilt, gemordet habt ihr
den Gerechten. Er widersteht euch nicht.

Schätze sammeln -
wer tut das nicht gern.
Doch es kommt darauf an,
was man als »Schatz« einschätzt.

(5,1-6)

Vom Ausharren: Die Wiederkunft des Herrn ist nahe

7 Darum harrt aus, Brüder, bis zur Wieder-
kunft des Herrn. Siehe, der Bauer wartet auf
die kostbare Frucht der Erde, er harrt auf sie,
bis sie den Früh- und Spätregen empfängt.
8 Harrt auch ihr aus, festigt eure Herzen, denn
die Wiederkunft des Herrn ist nahe herange-
kommen. 9 Murrt nicht wider einander, Brü-
der, damit ihr nicht gerichtet werdet! Siehe,
der Richter steht vor der Türe. 10 Zum Vor-
bild, Brüder, im Leiden und im Ausharren
nehmt die Propheten, die im Namen des
Herrn geredet haben. 11 Siehe, selig preisen
wir die Standhaften. Ihr habt gehört von dem
Ausharren des Ijob und gesehen das Ende,
das vom Herrn kam, denn der Herr ist voll
Mitleid und barmherzig.

Mahnungen: Betet füreinander

12 Vor allem aber, meine Brüder, schwört
nicht: nicht beim Himmel, nicht bei der Erde
noch irgend einen Schwur. Euer Ja sei ein Ja

---

6 Vgl. Spr 3,34. **7** In der Unterwerfung unter Gott erweist sich die Echtheit des Glaubens; dem Ja zu Gott muss das Nein zum Bösen entsprechen. **11-12** Alles Richten untereinander zerstört die brüderliche Gemeinschaft. **13-17** Die Verse richten sich gegen die rechnerische Selbstsicherheit der im Diesseits planenden Kaufleute. Die so genannte »Jakobusformel« (V. 15) steht über dem Leben jedes Glaubenden – ein Motto gläubigen Lebens.

5,1-6 Gegen die Hartherzigkeit der Reichen: Gottes Gericht schafft den Armen Gerechtigkeit und entlarvt die Reichen. **4** »Herr der Heerscharen«, das ist ein alttestamentlicher Gottesname: Gott, dem alles Geschaffene im Himmel und auf Erden dient. Vgl. Jes 5,9. **5** Vgl. Jer 12,3. Tag des Schlachtens, das ist der Tag des Gerichts. Seit der Erhöhung des Herrn zur Rechten des Vaters ist die letzte Zeit angebrochen. Bei seiner Wiederkunft wird das Urteil offenkundig. **7-9** Vgl. Jer 5,24. Früh- und Spätregen weisen darauf hin, dass der Brief in Palästina geschrieben wurde. Aufgabe eines jeden ist es, sich für die Ankunft des Herrn zu bereiten. **10-11** Wir sind die Nachfolger der von Gott berufenen Zeugen des Alten Bundes und stehen in direktem Zusammenhang mit ihnen. **11** Vgl. die Psalmen 103,8 und 111,4. **12** Das Schwurverbot ist radikaler formuliert als Mt 5,33-37. Doch sollte die Stelle nicht so missverstanden werden, als sei dem Christen jeder Eid verboten. Der Nachdruck liegt auf

und euer Nein ein Nein, damit ihr nicht dem
Gericht verfallt.

Dieses Ja soll ein Ja sein,
und Nein soll ein Nein sein.
Wer sich da immer daran hielte,
der könnte ganz sicher
kein Politiker werden.
So ist unsere Welt –
und so sind wir.

(5,12)

13 Hat einer von euch zu leiden? Er bete. Ist ei-
ner frohen Mutes? Er lobsinge. 14 Ist einer
krank unter euch? Er rufe die Ältesten der Ge-
meinde, und sie sollen beten über ihn und ihn
mit Öl salben im Namen des Herrn. 15 Und
das Gebet des Glaubens wird den Kranken
retten, und der Herr wird ihn aufrichten; und
wenn er Sünde getan hat, wird ihm vergeben.
16 Bekennt also einander die Sünden und betet
füreinander, damit ihr geheilt werdet. Viel
vermag das wirkmächtige Bitten des Gerech-
ten. 17 Elija war Mensch, uns gleichgeartet; er
betete inständig, es möge nicht regnen, und es
regnete nicht auf Erden drei Jahre und sechs
Monate. 18 Er betete wiederum, und der Him-
mel gab Regen, und die Erde ließ ihre Frucht
sprossen. 19 Meine Brüder, wenn einer von
euch abgeirrt ist von der Wahrheit und einer
bringt ihn zur Umkehr, 20 so wisst: wer einen
Sünder von seinem irrigen Weg zur Umkehr
bringt, der rettet sein Leben aus dem Tod und
deckt eine Menge Sünden zu.

Der letzte Abschnitt hat es in sich.
Von der Krankensalbung
bis zum Fürbitt-Gebet.
Vor allem: das »Gebet«;
das »wirkmächtige« Gebet des Gerechten.
Das kann Anlass sein,
um lange nachzudenken:
Bete ich so? In jeder Lebenslage?
Herr, steh mir bei
mit allen Gaben des Heiligen Geistes.

(5,13-20)

der Mahnung zur Wahrhaftigkeit im Reden. Wenn das Ja ein Ja ist, wird der Eid überflüssig. **13-15** Jakobus spricht von den Kranken in der Gemeinde und dem Gebet mit ihnen. Als einziger neutestamentlicher Schreiber bezeugt er dies und dazu die Salbung. Von diesem Text her begründet die Kirche das Sakrament der Krankensalbung. **16-18** Die Wirkmächtigkeit des fürbittenden Gebets wird am Beispiel des Propheten Elija verdeutlicht. Vgl. 1 Kön 17,1 und 18,1. **19-20** Jeder Christ ist für den anderen verantwortlich: Wer einen gefährdeten oder irrenden Menschen zu Gott zurückbringt, der rettet ihm das Leben, er rettet aber auch das eigene Leben (»deckt viele Sünden zu«; vgl. Spr 10,12).

Der erste Brief des Petrus

Dieser Brief ist für das »Verständnis der jungen urchristlichen Missionsgemeinden sehr wichtig. Denn sein Verfasser ist kein so eigenwilliger Denker wie Paulus oder der Verfasser des Hebräerbriefes. Dieser Erste Petrusbrief spiegelt daher viel einfältiger die Gedanken und Vorstellungen wider, die im urchristlichen Durchschnittschristentum gängig waren. Ganzen Abschnitten liegen wörtlich geprägte Überlieferungen, gottesdienstliche Bekenntnisstücke und Lieder zugrunde (vgl. z.B. 1,3-5.18-21; 2,21-25; 3,18-19.22). Durchweg sind Sprache, Vorstellungen und Gedanken des Briefes gemeinchristlich.

Dass der erste Teil (1,1 - 2,10) direkt zu den Briefempfängern spricht, als seien sie eben erst getauft, zeigt, wie bestimmend die Christen damals ihr ganzes Leben von der Erfahrung der Taufe her verstanden haben.

Im zweiten Teil (2,10 - 3,12) sind Mahnungen für das alltägliche Verhalten zusammengestellt, die offensichtlich zu festen Regeln der Unterweisung geworden waren.

Daraus hebt der Verfasser (3,19 - 4,11) besonders hervor, dass Christen, die in ihrer Umwelt in Verruf geraten, sich vom Vorbild des leidenden Christus bestimmen lassen sollen.

Der Schlussabschnitt (4,12 - 5,14) ist deutlich später angefügt, sei es als Nachtrag, sei es als späterer Brief, der in der Gemeindeüberlieferung mit dem Vorhergehenden zu einem Schreiben zusammengebunden worden ist. Die Lage hier hat sich verschärft: Aus Verleumdungen sind handgreifliche Verfolgungen und – entsprechend aus der Nachahmung des leidenden Christus – das drohende Martyrium geworden.

Es ist sehr zweifelhaft, ob Petrus, der führende Jünger Jesu, der Verfasser dieses Briefes ist. Wahrscheinlich hat ein unbekannter Christ aus der Gemeinde in Rom (5,13) die Autorität des Apostels und Martyrers (5,1) für sein Schreiben in Anspruch genommen. Adressaten sind die christlichen Gemeinden im Innern Kleinasiens (1,2). Die 4,12 genannten Verfolgungen passen auf die entsprechenden Verhältnisse in Kleinasien zur Zeit der Kaiser Domitian (81-86 n. Chr.) und Trajan (98-117 n. Chr.). Die Situation ist allerdings mit der etwa gleichzeitig geschriebenen Offenbarung des Johannes nicht identisch. Dort ist die christliche Gemeinde Verfolgungen von Seiten römischer Behörden ausgesetzt. Im 1. Petrusbrief dagegen sieht sie sich dem Hass der Bevölkerung ihrer Umwelt gegenüber. Das könnte der altkirchlichen Überlieferung, die vom Tod des Petrus (64 oder 67 n. Chr.) unter Kaiser Nero zu berichten weiß, entsprechen. Doch viele Gründe entsprechen dieser Datierung nicht. Für sie spricht am ehesten noch das Argument von der Gegnerschaft der Umwelt. Sollte die frühe Datierung zutreffen, ist anzunehmen, dass Silvanus (5,12-13) nicht nur sein Schreiber war, dem Petrus diktierte, sondern viel eher dessen guter »Sekretär«, der mit gewisser Selbständigkeit im Auftrag des Apostels schrieb.

Petrus, Apostel Jesu Christi: Gnade euch und Friede in Fülle

1 Petrus, Apostel Jesu Christi, an die Fremdlinge in der Zerstreuung von Pontus, Galatien, Kappadozien, in der Provinz Asien und Bithynien, die auserwählt sind 2 nach dem Vorherwissen Gottes des Vaters in Heiligung des Geistes zu Gehorsam und Besprengung mit dem Blute Jesu Christi: Gnade euch und Friede in Fülle!

Ob nun Petrus der Schreiber ist,
ob ein anderer dem Schreiben Gewicht gibt,
durch den Namen des Ersten der Apostel?
Was solls!
Was hier zu lesen ist,
scheint mir sehr wichtig.

(1,1-2)

Wiedergeburt zur Hoffnung: Ihr erlangt das Ziel eures Glaubens

3 Gepriesen sei der Gott und Vater unseres Herrn Jesus Christus, der uns, seinem großen Erbarmen gemäß, wiedergeboren hat zu lebendiger Hoffnung durch Jesu Christi Auferstehung von den Toten, 4 zu einem unvergänglichen, unbefleckten und unverwelklichen Erbe, das für euch in den Himmeln aufbewahrt ist, 5 die ihr in Gottes Kraft durch den Glauben behütet seid zur Rettung, die bereit ist, damit sie in der letzten Zeit offenbar werde. 6 Darüber werdet ihr frohlocken, wenngleich ihr jetzt für kurze Zeit – wenn es sein muss – in vielerlei Versuchungen betrübt werdet, 7 damit die Erprobung eures Glaubens kostbarer als vergängliches Gold, das im Feuer erprobt wird, sich erweise zu Lob und Herrlichkeit und Ehre bei der Offenbarung Jesu Christi. 8 Ihn liebt ihr, ohne ihn gesehen zu haben; an ihn glaubt ihr, ohne ihn jetzt zu schauen; ihr werdet frohlocken in unsagbarer und verklärter Freude, 9 da ihr das Ziel eures Glaubens erlangt: Rettung der Seelen. 10 Nach dieser Rettung suchten und forschten Propheten, die von der euch bestimmten Gnade prophetisch redeten. 11 Sie forschten, auf welche oder was für eine Zeit der Geist Christi in ihnen hinweise, da er die dem Christus zubestimmten Leiden und die darauffolgenden Herrlichkeiten im voraus bezeugte. 12 Ihnen wurde enthüllt, dass sie nicht sich selber, sondern euch dienen sollten in dem, was euch jetzt angekündigt wurde durch jene, welche euch die Frohbotschaft verkünden in dem vom Himmel her gesandten Heiligen Geist; davor, schauend, sich zu beugen, sehnen sich Engel.

Dafür danken, dass ich getauft bin.
Bin ich je schon einmal
auf diesen Gedanken gekommen?
Zur Gemeinde Jesu Christi,
ja, zu der will ich gehören.
Herr, du bist mir entgegengekommen,
hast mich angenommen –
ich danke dir dafür.

(1,3-12)

Leben aus der Wiedergeburt: Seid heilig, weil ich heilig bin

13 Darum umgürtet die Lenden eures Sinnens, seid nüchtern, hofft völlig auf die Gnade, die euch gebracht wird bei der Offenbarung Jesu Christi. 14 Als Kinder des Gehorsams richtet euch nicht aus nach den Begierden, die ihr früher in eurer Unwissenheit hattet. 15 Son-

---

1,1-2 Absender: Petrus als bevollmächtigter Bote Jesu Christi. Adressaten: Auserwählte, die, durch den Geist geheiligt (Taufe), befähigt sind, als Fremde in der Zerstreuung (Diaspora) den von Jesus durch sein Blut geschlossenen Bund zu leben. – Die genannten Provinzen sind der Hauptteil Kleinasiens. **1,3 - 2,3** Die Taufe als Gabe und Aufgabe des Berufenen. Der Abschnitt hatte seinen Ort vielleicht in einer frühen Taufliturgie. **1,3-12** In die liturgisch geprägte Sprache mischen sich Ermahnung und Ermutigung. Die Christen danken Gott für das Heil, das ihnen (in der Taufe) geschenkt ist als einmalige Gabe. **13-25** Christen ist Heil und Hoffnung geschenkt, deshalb können sie als Hörende und Vertrauende leben. **14** Kinder des

dern, gemäß dem Heiligen, der euch berufen hat, sollt auch ihr heilig werden in all eurem Wandel. [16] Denn es steht geschrieben: Heilig sollt ihr sein, weil ich heilig bin. [17] Und wenn ihr den als Vater anruft, der ohne Ansehen der Person jeden richtet nach seinem Werk, so wandelt in Furcht in der Zeit eurer Fremdlingschaft. [18] Ihr wisst ja: Nicht mit Vergänglichem, mit Silber oder Gold, seid ihr freigekauft aus eurem früheren, von den Vätern überlieferten nichtigen Wandel, [19] sondern mit dem kostbaren Blut Christi, gleichsam eines fehlerlosen und makellosen Lammes. [20] Ausersehen ward er vor Grundlegung der Welt, offenbart aber am Ende der Zeiten um euretwillen, [21] die ihr durch ihn an Gott glaubt, der ihn von den Toten erweckt und ihm Herrlichkeit gegeben hat, so dass euer Glaube und eure Hoffnung auf Gott hin sind. [22] Da ihr eure Seelen geheiligt habt im Gehorsam gegen die Wahrheit zu ungeheuchelter Bruderliebe, so liebt einander innig von Herzen. [23] Ihr seid ja wiedergeboren nicht aus vergänglichem Samen, sondern aus unvergänglichem durch das lebendige und bleibende Wort Gottes. [24] Denn: Alles Fleisch ist wie Gras und all seine Herrlichkeit wie die Blume des Grases. Es verdorrt das Gras, und die Blume fällt ab, [25] aber das Wort des Herrn bleibt in die Ewigkeit. Dies ist das Wort, das euch als Frohbotschaft verkündet worden ist.

Tausend Dinge halten mich gefangen.
Ich höre auf dies und das!
Doch das wichtigste ist Gottes Wort.
Ein »Kind des Hörens« soll ich werden.

(1,13-25)

Christus, der lebendige Stein:
Wer glaubt, wird nicht zuschanden

2 Legt nun ab alles Böse und alle List, Heuchelei, Neid und alle Verleumdung [2] und verlangt, wie neugeborene Kinder, nach der vernünftigen, truglosen Milch, damit ihr durch sie heranwachst zur Rettung, [3] wenn ihr verkostet habt, dass der Herr gut ist. [4] Zu ihm tretet herzu, dem lebendigen Stein, von Menschen zwar verworfen, bei Gott aber auserlesen kostbar. [5] So sollt auch ihr selber, als lebendige Steine, euch erbauen lassen, ein geistliches Haus, zur heiligen Priesterschaft, um geistliche Opfer darzubringen, die Gott angenehm sind durch Jesus Christus. [6] Darum steht in der Schrift: Siehe, ich lege in Zion einen Eckstein, auserlesen, kostbar; und wer an ihn glaubt, wird nicht zuschanden werden.

»Lebendige Steine« –
ein merkwürdiges Bild!
Lebendig gemacht durch unsern Herrn.
Und – lese ich hier richtig?
Wir alle sind auserwählt,
um Gottes große Taten zu verkünden,
berufen zu königlichem Priestertum.
Jawohl, wir alle Getauften.

(2,1-10)

[7] Euch also, die ihr glaubt, gilt die Ehre. Den Ungläubigen aber ist der Stein, den die Bauleute verworfen haben, der zum Schlussstein geworden ist, [8] ein Stein des Anstoßes und ein Fels des Ärgernisses. Sie stoßen sich daran, weil sie dem Wort nicht gehorsam sind, wozu sie auch bestimmt sind. [9] Ihr aber seid: ein

---

Gehorsams, eigentlich: Kinder des Hörens; das Hören auf Gottes Wort ist das Entscheidende. **16** Vgl. Lev 11,44; 19,2. **20-21** Der Petrusbrief enthält drei Christuslieder (vgl. 2,21-25; 3,18-22). **25** Vgl. Jes 40,6-8.

2,1-10 In einer Reihe von Mahnungen wird den Christen gesagt, was der Glaube ihnen schenkt und von ihnen fordert. **2** Milch galt in den Mysterienkulten als heiliger Trank, von dem man glaubte, dass er den Eingeweihten Unsterblichkeit verleihe und Anteil an der Gottheit. **3** Vgl. Ps 34,9. **4** Vgl. Jes 28,16. **5** Nur in Gemeinschaft mit Christus und durch ihn sind die Christen lebendige Steine; durch ihn sind sie vom Tod befreit (Hinweis auf den Auferstandenen). **6** Vgl. Jes 28,16. **7** Vgl. Ps 118,22. **8** Vgl. Jes 8,14. **9** Die grundlegende neutestamentliche Stelle über das Priestertum aller Gläubigen (vgl. Jes 43,20f und Ex 19,6). **10** Der Vers deutet darauf hin, dass der Brief an Christen aus dem Heidentum adressiert war (vgl. Hos 1,6.9; 2,3.25).

auserwähltes Geschlecht, eine königliche
Priesterschaft, ein heiliger Stamm, ein Volk zu
eigen erworben, damit ihr verkündet die
mächtigen Taten dessen, der euch aus Fins-
ternis gerufen hat in sein wunderbares Licht.
[10] Die einst Nicht-Volk waren, sind jetzt Volk
Gottes, die ohne Erbarmen waren, haben
jetzt aber Erbarmen erlangt.

Unterordnung im Staat:
Ehret alle, fürchtet Gott

[11] Geliebte, ich mahne euch: als Fremdlinge
und Gäste enthaltet euch der fleischlichen
Gelüste, die gegen die Seele streiten. [12] Führt
einen guten Wandel unter den Völkern, damit
sie, während sie euch als Übeltäter verleum-
den, durch eure guten Werke zur Einsicht ge-
kommen, Gott verherrlichen am Tag der
Heimsuchung. [13] Seid untertan jeder mensch-
lichen Ordnung um des Herrn willen: sei es
dem Kaiser als dem Oberherrn, [14] sei es den
Statthaltern als jenen, die von ihm gesandt
sind zur Bestrafung der Übeltäter, zum Lob
derer, die Gutes tun. [15] Denn das ist der Wille
Gottes, dass jene, die Gutes tun, die Un-
kenntnis der unverständigen Menschen zum
Schweigen bringen. [16] Als Freie und nicht als
solche, die die Freiheit zum Mantel der Bos-
heit nehmen, vielmehr als Gottes Knechte.
[17] Ehret alle, liebet die Bruderschaft, fürchtet
Gott, ehrt den Kaiser.

Als Christ zu leben –
das ist manchmal recht schwer.
Andere sehen in uns
die Außenseiter.
Und das muss ertragen werden.

(2,11-17)

Unterordnung der Sklaven:
Seid dem Herrn untertan

[18] Ihr Sklaven, seid in aller Furcht den Herren
untertan, nicht nur den guten und nachsichti-
gen, sondern auch den verkehrten! [19] Denn
das ist wohlgefällig, wenn einer wegen des
Gewissens vor Gott Trübsale erträgt, unge-
recht leidend. [20] Denn was für ein Ruhm ist
das, wenn ihr euch verfehlt und dann in Stra-
fe ausharrt? Aber wenn ihr Gutes tut und lei-
det und ausharrt, das ist wohlgefällig bei
Gott. [21] Dazu seid ihr ja berufen. Denn auch
Christus hat für euch gelitten, hat euch ein
Vorbild hinterlassen, damit ihr seinen Fuß-
stapfen nachfolgt. [22] Er hat keine Sünde ge-
tan, und keine List fand sich in seinem Mun-
de. [23] Da er geschmäht wurde, schmähte er
nicht; da er litt, drohte er nicht; er überließ es

Jesus Christus, du unser Herr,
du bist zugleich unser Hirte und Hüter.
Du hast dich um uns gesorgt,
damit wir loskommen
von den Ketten der Sünde.
Dafür hast du das Kreuz auf dich genommen.
Herr, dir sei Dank!

(2,18-25)

2,11 - 4,11 In diesem Teil stehen Mahnungen, die dem Christen sagen, wie er seine je konkrete Lebenssituation bestehen kann. **2,11-17** Die Glieder der Gemeinde leben als »Fremdlinge«, als »Gäste« in dieser Welt; doch die Gemeinde hat einen Auftrag: Gottes Ehre zu künden und zu leben. **11** Vgl. Ps 39,1. **12** Andeutung, dass die Christen schon als Übeltäter verleumdet und von Verfolgung bedroht werden (vgl. Jes 10,3). **2,13 - 3,12** Eine »Haustafel« oder »Ständeordnung« (vgl. Eph 5,21 - 6,9), wie sie auch in der Umgebung des Neuen Testaments bekannt waren. Es sind Weisungen an einzelne Gruppen, wie sie sich in Familie, Umwelt, Gesellschaft, Staat verhalten sollen. **2,13-17** Vgl. Röm 13,1-7. Die Christen sollen sich den staatlichen Behörden unterordnen. Dadurch können sie Verleumdungen widerlegen. **18-20** Die Sklaven, die als freie Kinder Gottes in ihrem unfreien Zustand verblieben, waren für die Gemeinde ein großes Problem. **21** Christ sein bedeutet Nachfolge in den Fußstapfen des Herrn. **22-25** Dieses zweite Christuslied ist in Anlehnung an Jes 52,13 - 53,12 formuliert. **25** Christus wird als Hirt und Bischof bezeichnet. Das Wort für »Bischof« (griech. episkopos = Hüter, Aufseher) ist früh schon zum Amtstitel geworden (vgl.

dem, der gerecht richtet. 24 Er selber hat unsere Sünden an seinem Leib auf das Holz hinaufgetragen, damit wir, von der Sünde losgekommen, der Gerechtigkeit leben: Durch seine Striemen wurdet ihr geheilt. 25 Ihr wäret ja wie irrende Schafe, jetzt aber habt ihr euch hingewandt zum Hirten und Hüter eurer Seelen.

Unterordnung der Frau:
Seid den eigenen Männern untertan

3 Gleicherweise sollt ihr Frauen den eigenen Männern untertan sein, damit, wenn etliche dem Wort nicht gehorchen, sie durch die Lebensart der Frauen ohne Wort gewonnen werden, 2 wenn sie eure lautere, ehrfürchtige Lebensart sehen. 3 Euer Schmuck sei nicht das Äußere, Haargeflecht, Goldgeschmeide oder Kleiderpracht, 4 sondern der verborgene Mensch des Herzens mit dem Unvergänglichen eines milden und ruhigen Geistes, der ist vor Gott kostbar. 5 Denn so schmückten sich einst auch die heiligen Frauen, die auf Gott ihre Hoffnung setzten, und waren ihren eigenen Männern untertan. 6 So gehorchte Sara dem Abraham, da sie ihn Herr nannte. Ihre Kinder seid ihr geworden, wenn ihr gut tut und keinerlei Schrecken fürchtet. 7 Ebenso die Männer: Wohnt einsichtig mit dem weiblichen Geschlecht als dem schwächeren zusammen. Erweist ihnen Ehre, denn auch sie sind Miterben der Gnade des Lebens, so werden eure Gebete nicht gehindert.

Gemeinschaftsordnung:
Ihr seid berufen, Segen zu erben

8 Endlich aber seid alle eines Sinnes, mitfühlend, brüderlich, barmherzig, bescheiden. 9 Vergeltet nicht Böses mit Bösem, nicht Schmähung mit Schmähung, segnet einander vielmehr, denn dazu seid ihr berufen, dass ihr Segen ererbt. 10 Denn wer das Leben lieben und gute Tage sehen will, lasse seine Zunge ruhen vom Bösen und seine Lippen nicht Trug reden. 11 Er lasse ab vom Bösen und tue Gutes; er suche Frieden und strebe ihm nach. 12 Denn die Augen des Herrn sind Gerechten zugewandt und seine Ohren ihrem Flehen. Doch das Angesicht des Herrn kehrt sich gegen jene, die Böses tun. 13 Wer könnte euch Böses tun, wenn ihr Eiferer für das Gute werdet? 14 Ja, selbst wenn ihr leiden müsst um der Gerechtigkeit willen, selig seid ihr! Fürchtet euch nicht vor dem, was sie fürchten, lasst euch nicht erschrecken. 15 Christus, den Herrn, heiligt in euren Herzen; allzeit bereit zur Antwort einem jeden gegenüber, der Rechenschaft von euch verlangt über die Hoffnung in euch. 16 Doch tut dies in Sanftmut und Furcht, habt ein gutes Gewissen, damit ihr, wenn ihr geschmäht werdet, jene beschämt, die eure gute Lebensart in Christus verleumden. 17 Denn es ist besser, Gutes tuend zu leiden, wenn Gottes Wille es fügt, als Böses tuend.

Antwort geben einem jeden,
der wissen will,
auf was wir denn hoffen.
Es heißt nicht:
Ruft eure Hoffnung hinaus
in alle Welt.
Doch, wenn einer fragen soll,
dann muss er zuerst etwas sehen.
Was aber sieht er bei uns
(nicht: wovon reden wir!)?

(3,8-17)

---

1 Tim 3,1-7). – **3,1-6** In der Gemeinde sind Frauen (anders als im öffentlichen Leben) dem Mann gleichgestellt. Wenn dennoch von »untertan sein« die Rede ist, so bedeutet das keine Abwertung, sondern sie sollen den Mann beeinflussen mit dem, was vor Gott gilt. **6** Vgl. Gen 18,12 und Spr 3,25. **7** Die Männer werden zur Einsicht gerufen. Das gemeinsame Gebet ist Ausdruck ihrer Verbundenheit. **8-12** Vgl. Röm 12,10-17. – Die Ständetafel schließt mit dem Aufruf zu sozialem Verhalten, zu dem alle Gemeindemitglieder verpflichtet sind. **3,14 - 4,11** – Im folgenden Abschnitt geht es darum, wie Christen sich verhalten sollen, wenn sie verachtet und verleumdet werden. **3,13-17** Ein Christ kann Auskunft geben über seine

Durch Erniedrigung zur Erhöhung: Damit er euch Gott zuführe

[18] Denn auch Christus ist einmal um der Sünden willen gestorben, ein Gerechter für Ungerechte, damit er euch Gott zuführe; getötet dem Fleisch nach, doch lebendig gemacht nach dem Geist. [19] So ging er auch hin und kündete den Geistern im Gefängnis, [20] die einst ungehorsam waren, als die Langmut Gottes zuwartete in den Tagen des Noach, da die Arche gebaut wurde und nur wenige, nämlich acht Seelen, durch Wasser hindurch gerettet wurden. [21] Euch aber rettet jetzt das Gegenbild, die Taufe. Sie ist nicht ein Abtun von leiblichem Schmutz, sondern eine Bitte an Gott um ein gutes Gewissen, durch die Auferstehung Jesu Christi, [22] der, in den Himmel gegangen, zur Rechten Gottes ist: Ihm wurden Engel und Mächte und Gewalten unterworfen.

Das Beispiel Christi: Lebt nicht nach Menschengelüsten

4 Da also Christus am Fleisch gelitten hat, sollt auch ihr euch mit derselben Gesinnung rüsten, denn wer am Fleisch gelitten hat, hat mit der Sünde aufgehört, [2] damit er nicht mehr nach Menschengelüsten, sondern nach Gottes Willen die übrige Zeit im Fleische lebe. [3] Denn es ist genug, dass ihr in der vergangenen Zeit den Willen der Völker vollbracht habt, als ihr in Ausschweifungen, Lüsten, Trinkgelagen, Schmausereien, Zechereien und frevelhaftem Götzendienst dahinlebtet. [4] Das befremdet sie, dass ihr nicht mitlauft zu demselben ausgelassenen Treiben, und darum lästern sie euch. [5] Doch sie werden Rechenschaft geben müssen vor dem, der bereit ist, zu richten Lebende und Tote. [6] Denn dazu wurde auch Toten die Frohbotschaft verkündet, dass sie, obgleich als Menschen dem Fleisch nach gerichtet, doch lebendig seien Gott gemäß, im Geist.

Gefahr zeichnet sich ab.
Die Verfolgung steht vor der Tür.
Ihr Herr ist der Christen Vorbild.
Mit ihm vereint werden sie es ertragen.
Christenverfolgung gibt es auch heute!

(4,1-6)

Lebensordnung der Endzeit: Damit Gott verherrlicht werde

[7] Das Ende aller Dinge ist nahe gekommen. Seid also verständig und nüchtern zum Gebet. [8] Vor allem habt beharrliche Liebe zueinander, denn Liebe deckt eine Menge Sünden zu. [9] Seid gastfreundlich zueinander ohne Murren. [10] Dient einander, jeder mit der Gnadengabe, die er empfangen hat, als gute Verwalter der vielfältigen Gnade Gottes. [11] Wenn einer redet, so Worte Gottes; wenn einer dient, so aus der Kraft, die Gott gewährt; damit in allem Gott verherrlicht werde durch Jesus Christus. Ihm ist die Herrlichkeit und die Herrschaft in die Ewigkeit der Ewigkeiten. Amen.

Freut euch: Da ihr an den Leiden Christi Anteil habt

[12] Geliebte! Seid nicht befremdet über die Feuersglut, die zur Prüfung über euch gekommen ist, als komme etwas Befremdliches über euch. [13] Sondern freut euch in dem Maße, als

---

Hoffnung; er kann auch für sie leiden. **18-22** Das dritte Christuslied (vgl. 1,19-21 und 2,22-25). Hier ist wohl eine alte Bekenntnisformel aus der Liturgie überliefert. **19-20** Was hier gemeint ist, ist nicht ganz klar. Möglicherweise der Abstieg Christi ins Totenreich. Dass er dort wirkte, um alle zu retten, ist im Neuen Testament nur hier überliefert.

4,1-6 Dem Vorbild des leidenden Christus folgen die verfolgten Christen. In dieser Verbindung können sie ertragen, dass man über sie spottet. Gott, dem dieser Spott eigentlich gilt, ist auch der Richter. **6** Die Toten haben zwar das Gericht des Todes, das alle erleiden, schon erduldet; doch das Evangelium bewirkt in den Toten das Leben mit Gott. **7-11** Ein neuer Abschnitt beginnt. Der Brief erinnert an das nahe bevorstehende Ende und verbindet damit eine neue Ermahnung. Das Ziel ist die Verherrlichung Gottes. **8** Vgl. Spr 10,12. **12-19** Erneute Mahnung: in der drohenden Verfolgung den Weg des Herrn nachzugehen.

ihr an den Leiden des Christus Anteil habt,
damit ihr auch bei der Offenbarung seiner
Herrlichkeit euch freut und frohlockt.
14 Wenn ihr geschmäht werdet um des Na-
mens Christi willen, selig seid ihr! Denn der
Geist der Herrlichkeit und Gottes ruht auf
euch. 15 Doch keiner unter euch leide als Mör-
der oder Dieb oder Übeltäter oder als einer,
der sich in fremde Angelegenheiten mischt.
16 Leidet er dagegen als Christ, so schäme er
sich nicht und verherrliche Gott in diesem
Namen. 17 Denn die Zeit ist da, dass das Ge-
richt mit dem Hause Gottes anfängt. Wenn es
bei uns beginnt, was wird das Ende derer sein,
die der Frohbotschaft Gottes nicht gehor-
chen? 18 Und wenn der Gerechte kaum geret-
tet wird, wo soll der Gottlose und Sünder er-
scheinen? 19 Darum sollen jene, die dem Wil-
len Gottes gemäß leiden, dem treuen
Schöpfer ihre Seelen anheim geben und Gutes
tun.

Nicht etwa Jesuaner –
Christen werden sie genannt;
das erste Mal in Antiochien,
wie die Apostelgeschichte sagt.
Nicht der Name,
sondern der Titel des Herrn
ist maßgebend.

(4,12-19)

An die Ältesten:
Weidet die Herde Gottes

5 Die Ältesten unter euch mahne ich als Mit-
ältester und Zeuge der Leiden des Christus,
zugleich als Mitgenosse der Herrlichkeit, die
offenbar werden soll: 2 Weidet die Herde Got-
tes bei euch [und achtet auf sie], nicht ge-
zwungen, sondern freiwillig, wie Gott will,
nicht aus Gewinnsucht, sondern aus Hinga-
be. 3 Auch nicht, als wäret ihr Beherrscher des
Erbes, sondern als Vorbilder der Herde. 4 Und
wenn der Hohe Hirte erscheint, werdet ihr
den unverwelklichen Kranz der Herrlichkeit
davontragen.

An alle:
Demütigt euch unter der Hand Gottes

5 Desgleichen ihr Jüngeren; seid den Ältesten
untertan! Alle aber umgürtet euch mit
demütiger Gesinnung gegeneinander; denn
Gott widersteht Stolzen, Demütigen aber gibt
er Gnade. 6 Demütigt euch also unter die ge-
waltige Hand Gottes, damit er euch erhöhe
zur rechten Zeit. 7 All eure Sorge werft auf
ihn, denn ihm liegt an euch. 8 Seid nüchtern,
wachet! Denn euer Widersacher, der Teufel,
geht umher wie ein brüllender Löwe, su-
chend, wen er verschlinge. 9 Ihm widersteht,
fest durch Glauben. Wisst, dass dieselben Lei-
den in der ganzen Welt eurer Bruderschaft
auferlegt sind. 10 Der Gott aller Gnade aber,
der euch berufen hat zu seiner ewigen Herr-
lichkeit in Christus, er wird euch, die ihr kur-
ze Zeit leidet, selber aufrichten, festigen, stär-
ken, begründen. 11 Sein ist die Herrscher-
macht in die Ewigkeit der Ewigkeiten. Amen.

Gemeindestrukturen zeichnen sich ab.
Doch alle werden ermahnt,
die Ältesten und die Jüngeren.
Einheit in der Gemeinde!
Nur so können sie standhalten
in allen Bedrängnissen.
So können sie auch – trotz allem
Gott loben.

(5,5-11)

---

16 Die Bezeichnung »Christ« kommt im Neuen Testament sonst nur noch in Apg 11,16 und 26,28 vor. **17** Vgl. Ez 9,6. **18** Vgl. Spr 11,31.
5,1-5 Eine Amtsbeschreibung für die »Ältesten«. Die jüngere Generation wird ermahnt, auf die Gemeindeleiter zu hören. **5** Vgl. Spr 3,34. **6-11** Gott kümmert sich um die Seinen; darum können Glaubende die Bedrängnis annehmen. **11** Der Lobpreis schließt den ei-

Grüße: Friede euch allen

12 Ich habe euch durch Silvanus, den treuen
Bruder, wie ich ihn erachte, in Kürze geschrieben, euch zu ermahnen und zu bezeugen, dass dies wahrhaft Gottes Gnade ist, in
der ihr steht. 13 Es grüßt euch die Miterwählte [Gemeinde] in Babylon und Markus, mein
Sohn. 14 Grüßt einander mit dem Kuss der Liebe! Friede euch allen, die ihr in Christus seid.

Ein schmaler Blick hinter die Kulissen. Wer ist der Schreiber? Nicht Petrus, aber Silvanus – oder noch ein anderer?

(5,12-14)

Der zweite Brief des Petrus

Dieses Schreiben gibt sich als zweiter Brief des Apostels Petrus, von ihm kurz vor seinem Tod geschrieben. Der Verfasser will die rechtgläubigen Christen der nachfolgenden Zeiten vor jeglicher Verführung zum Abfall von der apostolischen Lehre warnen, und damit auch vor dem dieser Richtung entsprechenden Lebenswandel. Er sagt voraus, dass Irrlehrer auftreten werden, die ein zügelloses Leben führen, da ja die endzeitliche Wiederkunft Christi ausgeblieben ist. Mit großer Überredungskunst suchen sie auch andere dazu zu verleiten. Diesen Leuten sollen die Christen widerstehen und an der Wahrheit der apostolischen Überlieferung festhalten.

Der Brief ist als eine Art »apostolisches Testament« des Petrus gestaltet, ähnlich wie die Rede Apg 20,19ff, die als ein Testament des Paulus gilt. Hier wie dort sind es die Führer der nachapostolischen Zeit, die mit dem Gewicht der Autorität der heiligen Apostel, der Augenzeugen Christi, eingreifen. Sie wollen das von ihnen vertretene Erbe in den christlichen Gemeinden den Gegnern gegenüber durchsetzen.

Der zweite Petrusbrief stammt also aus späterer Zeit. »Die Väter« sind längst gestorben. Um die Briefe des Paulus streiten sich bereits verschiedene, einander widersprechende Ausleger (3,15-16). Auch die Sprache ist gegenüber der des urchristlichen Schrifttums eine andere geworden. Dass zum Bespiel der Glaube an Gottes »Natur« Teil gibt (1,4), ist ein Gedanke, der sich sonst im Neuen Testament nicht findet, der aber in der hellenistischen (spätgriechisch-philosophischen) Umwelt verbreitet war. Für die späte Entstehung des Briefes spricht auch die Beobachtung, dass ihm weithin der Judasbrief als Vorlage zugrunde liegt (vgl. besonders 2 Petr 2,1-22, dem Mittelstück des Judasbriefes).

Der Brief ist also eindeutig nicht von Petrus geschrieben und stammt auch nicht aus urchristlicher Zeit. Weder Verfasser noch Ort der Entstehung sind bekannt. Da der erste Petrusbrief bereits als autoritativ-apostolisches Schreiben vorausgesetzt und der Judasbrief benutzt ist, wird seine Entstehungszeit wohl erst in der ersten Hälfte (Mitte?) des zweiten Jahrhunderts anzusetzen sein.

gentlichen Brief ab. **12** Silvanus = Silas, der Begleiter des Paulus auf der zweiten Missionsreise (vgl. Apg 15,22-34 und 15,40 - 18,5). **13** Babylon ist ein damals geläufiger Symbolname für Rom. Die Stadt am Eufrat mit ihrer Gottfeindlichkeit wird als Vorbild für Rom betrachtet. Man erwartet, dass sich an Rom das Gottesgericht über Babylon wiederhole. – Markus, das ist der in Apg 12,12 genannte Johannes Markus.

Göttliche Gaben und menschliche Tugenden: Eifert danach

1 Simon Petrus, Knecht und Apostel Jesu
Christi: an jene, die durch die Gerechtigkeit
unseres Gottes und Retters Jesus Christus den
gleichen kostbaren Glauben mit uns empfan-
gen haben. 2 Gnade euch und Friede in Fülle
in Erkenntnis Gottes und Jesu, unseres
Herrn. 3 Für Leben und rechtes Gottverehren
hat uns seine göttliche Macht alles geschenkt
durch die Erkenntnis dessen, der uns berufen
hat in seiner eigenen Herrlichkeit und Kraft.
4 Durch sie hat er uns die kostbaren und größ-
ten Verheißungen geschenkt, damit ihr durch
sie teilhaftig würdet göttlicher Natur, nach-
dem ihr dem in der Welt durch die Begierde
herrschenden Verderben entflohen seid. 5 So
bietet denn allen Eifer auf und lasst in eurem
Glauben wirksam werden die Tugend, und in
der Tugend die Erkenntnis, 6 in der Erkennt-
nis die Enthaltsamkeit, in der Enthaltsamkeit
die Ausdauer, in der Ausdauer das rechte
Gottverehren, 7 im rechten Gottverehren die
Bruderliebe, in der Bruderliebe die Liebe
überhaupt. 8 Denn wenn diese bei euch vor-
handen sind und immer mehr wachsen, stel-
len sie euch weder träge noch furchtlos hin
für die Erkenntnis unseres Herrn Jesus Chris-
tus. 9 Wer nämlich diese Dinge nicht hat, der
ist blind, kurzsichtig, da er die Reinigung von
seinen früheren Sünden vergessen hat. 10 Um
so mehr, Brüder, eifert danach, eure Berufung
und Erwählung zu festigen; wenn ihr das tut,
werdet ihr niemals zu Fall kommen. 11 Denn
so wird euch der Zutritt in reicher Fülle ge-
boten werden in das ewige Reich unseres
Herrn und Retters Jesus Christus.

Er ist nicht einseitig
– dieser Schreiber:
Gott hat uns vieles geschenkt.
Jetzt ist es an uns zu sorgen,
dass Gottes Gaben wirksam werden.

(1,1-7)

Glaube an die Wiederkunft: Wir waren Augenzeugen

12 Daher werde ich immer darauf bedacht
sein, euch an diese Dinge zu erinnern, obwohl
ihr darum wisst und in der jetzt erschienenen
Wahrheit festgegründet seid. 13 Ich halte es
aber für recht, solange ich in diesem Zelt wei-
le, euch durch Erinnerung wach zu halten.
14 Ich weiß ja, der Abbruch meines Zeltes ist
nahe, wie auch unser Herr Jesus Christus mir
kund getan hat. 15 Mit Eifer will ich mich dar-
um mühen, dass ihr nach meinem Hingang
immer imstande seid, euch dieser Dinge zu er-
innern. 16 Denn nicht ausgeklügelten Fabeln
folgten wir, als wir euch kundtaten die Macht
und die Wiederkunft unseres Herrn Jesus
Christus, sondern wir waren ja Augenzeugen
seiner Größe. 17 Denn von Gott Vater empfing
er Ehre und Herrlichkeit, als aus der erhabe-
nen Herrlichkeit diese Stimme an ihn erging:
Dieser ist mein geliebter Sohn, an dem ich
Wohlgefallen habe. 18 Und diese Stimme hör-
ten wir aus dem Himmel kommen, als wir mit
ihm auf dem heiligen Berg waren. 19 Um so ge-
testeter ist nun das prophetische Wort, das
wir besitzen. Und ihr tut gut, darauf zu ach-
ten als auf ein Licht, das an einem dunklen

1,1 Symeon ist die hebräische Form des Namens Simon. Vermutlich wurde diese Form des Namens gewählt, um Würde und Ansehen des Apostels Petrus zu betonen. In den Mund des geachtetsten der Apostel legt der spätere Schreiber seine Mahnungen. **2** Der Wunsch ist 1 Petr 1,2 nachgebildet. **3-4** Gottes »Macht«, das heißt er selbst, hat den Christen alles geschenkt, was sie brauchen, um ihr Leben menschlich und gottgemäß verwirklichen zu können. Es ist Gottes Geschenk, dass die Menschen Jesus als den Retter erkennen, seinem Wort vertrauen und so die größte Verheißung, die sich bei der Wiederkunft des Herrn erfüllt, zu erlangen. **5-11** Aufruf zu einem Leben, das in allem den von Gott gesetzten Voraussetzungen entspricht (Geschenk und Verdienst). **12-15** Das Schreiben soll als Testament des Apostels verstanden werden. Die christliche Endzeiterwartung über den Tod hinaus soll bezeugt werden. **16-21** Die Verklärung auf dem Berg (vgl. Mk 9,2-10) wird hier als Vorausbild der Wiederkunft des Herrn verstanden; darum ist das Wort der damaligen Zeugen auch für die Endereignisse gültig. **19-21** Die Zeugen haben die alttestamentlichen Vorhersagen neu verstanden. Es kommt jedoch darauf an, Schrift und Prophetie im

Ort aufscheint, bis der Tag anbricht und der
Morgenstern aufgeht in eurem Herzen.
20 Wisst vor allem, dass keine Prophetie der
Schrift eigene Deutung zulässt. 21 Denn nie-
mals ist eine Prophetie aus menschlichem
Willen gekommen, sondern durch den Heili-
gen Geist getrieben haben Menschen von
Gott her geredet.

Von Gott reden kann man nicht
durch menschliche Einsicht.
Wir müssen geschehen lassen,
dass Gottes Geist uns führt.
Es gilt, was die Jünger erfahren haben
bei der Verklärung Jesu.
(1,12-21)

Die Irrlehrer: Sie werden sich selbst raschen Untergang bereiten

2 Es waren aber auch Trugpropheten im
Volke, wie es auch unter euch Truglehrer ge-
ben wird, die verderbliche Spaltungen ein-
führen werden, indem sie sogar den Herrn,
der sie erkauft hat, verleugnen. So werden sie
sich selbst rasches Verderben bereiten. 2 Und
viele werden ihren Ausschweifungen folgen.
Um ihretwillen wird der Weg der Wahrheit
gelästert werden. 3 Und aus Habsucht werden
sie euch mit ausgeklügelten Worten ausbeu-
ten. Seit jeher ist das Gericht über sie nicht
müßig, und ihr Verderben schläft nicht. 4 Gott
hat nämlich Engel, die gesündigt haben, nicht
verschont, sondern sie in finstere Höhlen der
Unterwelt hinabgestoßen und sie wohlver-
wahrt dem Gericht überliefert. 5 Und er hat
die alte Welt nicht verschont, sondern nur
Noach, den Künder der Gerechtigkeit, zu
acht, bewahrt, da er die Flut über die Welt der
Gottlosen brachte. 6 Und er hat die Städte So-
dom und Gomorra eingeäschert und zur Zer-
störung verurteilt und zu einem Beispiel für
künftige Gottlose hingestellt. 7 Den gerechten
Lot jedoch, der durch den ausschweifenden
Lebenswandel der Gesetzlosen gequält wur-
de, ihn hat er herausgerissen. 8 – Durch Sehen
und Hören nämlich musste der Gerechte, da
er unter ihnen wohnte, Tag für Tag seine ge-
rechte Seele durch ihre gesetzwidrigen Werke
quälen lassen. – 9 Der Herr aber weiß Gottes-
fürchtige der Versuchung zu entreißen, Unge-
rechte aber für den Tag des Gerichts zur Be-
strafung zu verwahren. 10 Vor allem jene, die
dem Fleisch nachstreben in befleckter Begier-
de und die Herrschaft verachten. Die Verwe-
genen und Anmaßenden zittern nicht davor,
Herrlichkeiten zu lästern, 11 wo Engel, größer
an Macht und Kraft, kein Lästerurteil wider
sie vor den Herrn tragen.

Wie leicht geht man denen auf den Leim,
die frech reden und lockere Moral rühmen.
Doch Vorsicht ist geboten:
Gott rettet nicht nur,
er ist auch einer, der straft.
(2,1-11)

Die Irrlehrer: Freiheit verheißen sie, die selbst Sklaven sind

12 Diese aber gleichen vernunftlosen Tieren,
die von Natur aus dazu bestimmt sind, gefan-
gen zu sein und getötet zu werden. Sie lästern,
was sie nicht verstehen, und werden in ihrem

Hören auf den Geist in der Gemeinschaft recht auszulegen.
2,1-3 Die Irrlehrer sind nicht nur zukünftig; sie sind schon am Werk. Sie verleugnen Christus; durch ihre lockere Moral finden sie Anhänger – so kommt der »Weg der Wahrheit« (die Kirche) in Verruf. Sie werben mit Lügen und werden dem Gericht Gottes nicht entgehen. **4-10** Drei Beispiele aus dem Alten Testament sollen beweisen, wie Gott straft und rettet. Die Überlieferung von der Sünde der Engel (vgl. Gen 6,1-4) und von ihrer Strafe am Ort der Toten bezeugt das äthiopische Henochbuch (eine jüdische Schrift, die nicht in die Liste der Heiligen Schriften aufgenommen wurde). Die Sintflut (vgl. Gen 6 - 8) vernichtete die frühere Welt; nur Noach wurde gerettet. Sodom und Gomorra verbrannten, nur Lot wurde gerettet (vgl. Gen 19). **10b-22** Die Irrlehrer sind nicht erst künftig eine Gefahr, sondern schon jetzt. **10b** »Herrlichkei-

Verderben selbst verderben. 13 Sie werden ge-
straft werden mit dem Lohn der Ungerechtig-
keit. Sie haben ihre Lust an der Schwelgerei
am Tag, Schmutz und Schande sind sie, wenn
sie in ihren Betrügereien schwelgen und dabei
mit euch zusammen schmausen. 14 Augen ha-
ben sie, angefüllt von Ehebrecherinnen und
ruhelos von Sünden; ungefestigte Seelen
locken sie an, mit Herzen in Habsucht geübt,
sind sie Kinder des Fluches. 15 Sie haben den
geraden Weg verlassen und sind in die Irre ge-
gangen. Sie folgten dem Weg des Bileam, des
Sohnes Bosors, der den Lohn der Ungerech-
tigkeit liebte 16 und Zurechtweisung empfing
für die eigene Gesetzlosigkeit: Ein stummes
Lasttier redete mit menschlicher Stimme und
wehrte dem Unverstand des Propheten.

Manchmal ist ein Esel klüger
als ein machtbesessener Mensch,
der andere vernichten will.
Gott nimmt alle Geschöpfe in seinen Dienst.

(2,12-16)

17 Wasserlose Quellen sind sie und Nebelwol-
ken, die vom Sturmwind vorbeigetrieben
werden; ihnen ist das Dunkel der Finsternis
vorbehalten. 18 Mit aufgeblasenen, eitlen
Worten locken sie durch ausschweifende Flei-
scheslüste jene an, die denen knapp entkom-
men sind, die im Irrtum leben. 19 Freiheit ver-
heißen sie ihnen, sie, die doch selber Sklaven
des Verderbens sind. Wem nämlich einer un-
terlegen ist, dem ist er versklavt. 20 Wenn sie
nämlich, den Befleckungen der Welt entflo-
hen durch die Erkenntnis des Herrn und Ret-
ters Jesus Christus, sich wieder in diesen ver-
stricken und unterliegen, dann sind für sie die
letzten Dinge schlimmer als die ersten.
21 Denn es wäre ihnen besser, sie hätten den
Weg der Gerechtigkeit nicht erkannt, als ihn
erkannt zu haben und sich abzukehren von
dem ihnen überlieferten heiligen Gebot. 22 Für
sie trifft zu, was das wahre Sprichwort sagt:
Ein Hund kehrt zu seinem Gespei zurück,
und: Ein Schwein badet, um sich wieder im
Schlamm zu wälzen.

Verzögerung der Wiederkunft:
Ein Tag ist wie tausend Jahre

3 Dies ist schon der zweite Brief, Geliebte,
den ich euch schreibe. In ihnen will ich durch
Erinnerung eure lautere Gesinnung wach hal-
ten. 2 Damit ihr euch erinnert der Worte, die
von den heiligen Propheten vorhergesagt,
und des von euren Aposteln übergebenen Ge-
botes des Herrn und Retters. 3 Dies vor allem
sollt ihr wissen: In den letzten Tagen werden
spottende Spötter kommen, die nach ihren ei-
genen Lüsten wandeln 4 und sagen: Wo ist die
Verheißung seiner Wiederkunft? Seit die Vä-
ter entschlafen sind, bleibt alles wie seit An-
beginn der Schöpfung. 5 Denen, die das be-
haupten, ist nämlich verborgen, dass Himmel
und Erde voreinst aus Wasser und durch Was-
ser fortbestanden kraft des Wortes Gottes.
6 Durch dies ging die damalige Welt, vom
Wasser überflutet, zugrunde. 7 Die jetzigen
Himmel aber und die Erde sind durch dassel-
be Wort dem Feuer vorbehalten, bewahrt bis
zum Tag des Gerichts und des Verderbens der
gottlosen Menschen. 8 Dies eine aber bleibe
euch nicht verborgen, Geliebte: Ein Tag ist

ten«, damit sind überirdische Mächte gemeint. **15-16** Bileam (vgl. Num 22 - 24) sollte Israel im Auftrag des Moabiterkönigs verfluchen. Doch – durch Fügung Gottes – wurde der Prophet zur Einsicht gebracht. So wird es auch den Irrlehrern ergehen. **17** Vgl. Jud 12-13. **20-22** Die Christen sind angesprochen, sich nicht verführen zu lassen. **22** Erstes Sprichwort: vgl. Spr 26,11. – Zweites Sprichwort: Herkunft unbekannt. **3,1-16** Begründung der christlichen Erwartung der Wiederkunft des Herrn. **3,1** Anspielung auf den 1. Petrusbrief. **2** Garanten für den Endzeitglauben sind die Propheten und das von den Aposteln verbürgte Wort des Herrn. **3-4** Argument der Irrlehrer. Die erste Generation der Christen ist gestorben und nichts ist geschehen. **5-7** Erstes Gegenargument: Es ist nicht alles beim Alten geblieben. Bei der großen Flut (vgl. Gen 7) ist die Welt schon einmal versunken (so argumentiert das äthiopische Henochbuch). Die jetzige Welt wird im Feuer untergehen (so die Vorstellung im Alten Orient und im Judentum). **8-13** Zweites Gegenargument: Gott hat seine eigenen Zeiten. Doch die Glaubenden können durch gottgemäßes Leben den Tag

beim Herrn wie tausend Jahre und tausend
Jahre wie ein Tag. [9] Der Herr verzögert die
Verheißung nicht, wie einige es für Verzögerung halten; doch langmütig ist er gegen euch, er will nicht, dass einige zugrunde gehen, sondern dass alle zur Umkehr gelangen.

Merkwürdige Vorstellungen,
wie die Welt »untergeht«!
Doch – wie auch immer –
der Schreiber ist überzeugt,
das Ende »dieser Welt« kommt.
Je eher – desto lieber.
Dann gibt es eine neue Erde:
Gottes Gerechtigkeit wohnt in ihr.

(3,1-9)

[10] Kommen wird der Tag des Herrn wie ein Dieb, an ihm werden die Himmel mit Zischen vergehen, die Elemente werden sich auflösen in der Hitze, und [nicht] mehr wird zu finden
sein die Erde und die Werke auf ihr. [11] Wenn
nun alles sich so auflöst, was für ein Leben müsst [ihr] da führen in heiligem Wandel und
rechtem Gottverehren, [12] die ihr erharren und
beschleunigen wollt die Ankunft des Tages Gottes, um dessentwillen die Himmel sich flammend auflösen und die Elemente
glühend zerschmelzen. [13] Neue Himmel und
neue Erde, in denen Gerechtigkeit wohnt, erwarten wir, seiner Verheißung gemäß.

Nützt die Frist: Wachset in der Gnade

[14] Darum, Geliebte, da ihr dies erharret, eifert danach, fehllos und makellos im Frieden vor
ihm befunden zu werden. [15] Die Langmut unseres Herrn betrachtet als Rettung, wie auch unser geliebter Bruder Paulus, der ihm verliehenen Weisheit gemäß, euch geschrieben hat,
[16] wie in allen Briefen, da er davon spricht. In ihnen findet sich einiges, das schwer verständlich ist; das verdrehen die Unwissenden und Ungefestigten, wie auch die übrigen Schriften, zu ihrem eigenen Verderben.
[17] Ihr aber, Geliebte, die ihr es im Voraus wisst, hütet euch, dass ihr nicht, durch den Irrtum der Gesetzlosen fortgerissen, euren
festen Stand verliert. [18] Wachset vielmehr in
der Gnade und Erkenntnis unseres Herrn und Retters Jesus Christus. Ihm ist die Herrlichkeit jetzt und am Tag der Ewigkeit.

Hüten wir uns vor falschen Propheten?
Was tun wir, um festen Stand zu haben?
Ist unsere Gleichgültigkeit größer
als unser Vertrauen?
Du, unser Herr und Retter –
lass uns in dir geborgen sein.

(3,10-18)

Gottes näher bringen. **14-16** Wer Gottes neue Welt erwartet, muss sich ändern. Der Verfasser weiß sich einig mit Paulus, dessen Briefe damals schon anerkannte Lehrschreiben waren. **17-18** Das Mahnschreiben endet nicht mit Grüßen und Unterschrift, sondern mit einem Lobpreis.

Der erste Brief des Johannes

Dieser Text ist kein Brief (ohne Verfasser und ohne Adressaten), sondern ein theologisch-paränetischer (das heißt ermahnend-tröstender) Traktat. Wortschatz, Stil und Inhalt lassen nicht unbedingt darauf schließen, dass der Verfasser mit dem des vierten Evangeliums identisch ist; wohl aber stammt er aus dem Umfeld des so genannten »johanneischen Kreises«.
Das Schreiben setzt sich hauptsächlich mit Irrlehrern auseinander, die sich von der christlichen Gemeinde abgespalten haben (2,19); sie treiben Propaganda unter den Gläubigen (2,25; 3,7).
Die Gegnerschaft stammt inzwischen nicht mehr aus den judenchristlichen Kreisen; es sind vielmehr Gegner aus »gnostischen« (spätgriechisch-philosophischen) Gruppen, genau genommen sind es sog. Doketisten; das heißt: Sie glauben nicht an die Fleischwerdung Gottes in Jesus. Jesus habe nur einen »Scheinleib« gehabt (vom griechischen Wort *dokein* = scheinen).
Diesen Irrlehrern wird vorgeworfen, dass sie sich rühmen, Gott erkannt zu haben; dennoch halten sie sich nicht an die Gebote. Jesus habe nur einen Scheinleib gehabt; seine wahre Existenz ist die des Logos (vgl. Joh 1,1-18). Damit wird die Einheit von Gott und Mensch geleugnet. Die Gegner berufen sich auf angebliche Geistoffenbarungen; sie behaupten, keine Sünden zu haben.
Diese Falschlehrer werden zurückgewiesen mit der Formel: »Wenn einer sagt ... der lügt.« Die frühen Konzilien der Kirche haben hierauf ihre Bann-Androhungen aufgebaut. Die Abweichler werden in unserem Text mit einer Serie von negativen Bewertungen bezeichnet, von »Lügner« (2,4.22) bis »Kinder des Teufels« (3,10.12).
Der erste Johannesbrief ist wohl erst 100 n.Chr. verfasst worden. Vielleicht ist das Schreiben in Kleinasien (Ephesus?) entstanden.
Hinter dem »Wir« steht eine johanneische Gemeinde, die gegen alle Abspaltungen kämpft und ein entschiedenes Christentum vertritt. Die Irrlehrer sind offensichtlich von selbst gegangen. Es ist noch keine Rede von einem Ausschluss aus der Gemeinde (2,19). Erst im zweiten und dritten Johannesbrief wird der Ausschluss erwogen.
Das Schreiben richtet sich nicht an eine Einzelgemeinde, sondern an einen Kreis johanneischer Gemeinden der zweiten Generation, die bereits ein gewisses Traditionsbewusstsein, feste Taufbekenntnisse und katechetische Formeln haben.

Schau und Zeugnis: Das Wort des Lebens wurde offenbar

1 Was von Anfang war, was wir gehört, was
wir gesehen haben mit unseren Augen, was
wir geschaut und mit unseren Händen betas-
tet haben, über das Wort des Lebens – 2 und
das Leben wurde offenbar, und wir haben ge-
sehen und bezeugen und künden euch das Le-
ben, das ewige, es war beim Vater und wurde
uns offenbar –, 3 was wir gesehen und gehört
haben, das künden wir auch euch, damit auch
ihr Gemeinschaft habt mit uns. Unsere Ge-
meinschaft aber ist mit dem Vater und mit sei-
nem Sohn Jesus Christus. 4 Und dies schreiben
wir, damit unsere Freude voll werde.

Dies ist die Botschaft: Gott ist Licht

5 Und dies ist die Botschaft, die wir von ihm
gehört haben und euch verkünden: Gott ist
Licht, und keine Finsternis ist in ihm – keine.
6 Wenn wir sagen: Wir haben Gemeinschaft
mit ihm, und in der Finsternis wandeln, lügen
wir und tun die Wahrheit nicht. 7 Wenn wir
aber im Lichte wandeln, wie er im Licht ist,
haben wir Gemeinschaft miteinander, und
das Blut Jesu, seines Sohnes, reinigt uns von
aller Sünde. 8 Wenn wir sagen: Wir haben kei-
ne Sünde, täuschen wir uns selbst, und die
Wahrheit ist nicht in uns. 9 Doch wenn wir un-
sere Sünden bekennen, ist er treu und gerecht,
so dass er uns die Sünden nachlässt und uns
reinigt von allem Unrecht. 10 Wenn wir sagen:
Wir haben nicht gesündigt, machen wir ihn
zum Lügner, und sein Wort ist nicht in uns.

Dieser Johannesbrief
spricht eine eindeutige Sprache:
Wir sind Sünder.
Doch Gott reinigt uns
von aller Sünde,
wenn wir unsere Verfehlungen
offen bekennen.
Herr, lass uns zu dem stehen,
was wir getan haben.
Steh uns bei und reinige uns
von allem Unrecht.

(1,5-21)

Gott erkennen: Den Bruder lieben

2 Meine Kinder, dies schreibe ich euch, da-
mit ihr nicht sündigt. Und wenn einer sün-
digt, haben wir einen Fürsprecher beim Va-
ter: Jesus Christus, den Gerechten. 2 Und er ist
die Sühne für unsere Sünden, doch nicht für
die unseren allein, sondern für die der ganzen
Welt. 3 Und daran erkennen wir, dass wir ihn
erkannt haben: wenn wir seine Gebote hal-
ten. 4 Wer sagt: Ich habe ihn erkannt, und sei-
ne Gebote nicht hält, der ist ein Lügner, und
in ihm ist die Wahrheit nicht. 5 Wer aber sein
Wort hält, wahrhaft: in dem ist die Liebe Got-
tes vollendet. Daran erkennen wir, dass wir in
ihm sind. 6 Wer sagt, er bleibe in ihm, der
muss so, wie jener gewandelt ist, auch selber
wandeln. 7 Geliebte! Nicht ein neues Gebot
schreibe ich euch, sondern ein altes Gebot,

1,1-4 Schon in der Vorrede wird deutlich, dass der Brief das vierte Evangelium voraussetzt. Was von Anfang an verkündet wurde, soll bestätigt und bekräftigt werden. Berufene Zeugen geben die Frohbotschaft weiter. So wächst durch die Verkündigung die Gemeinschaft derer, die zu Gott und seinem Sohn Jesus Christus gehören. Einzig im offenbar gewordenen »Wort«, in Jesus, dem Messias, haben die Menschen das Leben. **1,5 - 2,7** Dieser Abschnitt entfaltet das Wesen der Gottesgemeinschaft, was sie bedeutet und was sie fordert. **1,5-6** Die Aussage über Gott ist durch die Bildworte »Licht« und »Finsternis« bestimmt; also lässt sich die Zugehörigkeit zu ihm daran messen, ob man »im Licht« der Botschaft oder in der »Finsternis« der Irrlehre lebt. – Mit der Formulierung »wenn wir sagen« wird jeweils ein Argument der Gegner aufgenommen und widerlegt. **8-9** Obwohl wir erlöst sind, können wir sündigen. Wir sind und bleiben Sünder; doch wir erfahren Gott als Vergebenden. **1,10 - 2,2** Wer sagt, der Mensch sei ohne Sünde, frevelt gegen Gott. Die Christen glauben, dass sie als Sünder Gott als Beistand haben. Hier wird auch von Jesus Christus als »Beistand« gesprochen. Im Johannesevangelium bezeichnet das gleiche griechische Wort (parákletos) den Geist, den der Herr seiner Kirche schenkt.

2,3-6 Gott »erkennen«, das ist nach Auffassung der gnostischen Irrlehre (Gnosis = Erkenntnis) das höchste Ziel des Menschen. Die Gnostiker erheben den Anspruch, Gott auf besondere Weise zu kennen. – »Er-

Herr, lass uns dich erkennen
und zwar so,
dass wir vertraut werden mit dir,
und uns so unsere Sünden vergeben werden.

(2,1-11)

das ihr von Anfang an hattet; das alte Gebot,
das ist das Wort, das ihr gehört habt. [8] Wie-
derum schreibe ich euch ein neues Gebot; und
das ist wahrhaft in ihm und in euch, denn die
Finsternis vergeht, und das Licht, das wahr-
haftige, leuchtet schon auf. [9] Wer sagt, er sei
im Licht, und seinen Bruder hasst, in der Fins-
ternis ist er bislang. [10] Wer seinen Bruder liebt,
bleibt in dem Licht, und es ist kein Anstoß
in ihm. [11] Wer aber seinen Bruder hasst, in
der Finsternis ist er, und in der Finsternis
wandelt er und weiß nicht, wohin er geht,
denn die Finsternis hat seine Augen blind ge-
macht.

Liebt nicht die Welt:
Wer Gottes Willen tut, bleibt

[12] Ich schreibe euch, Kinder: Euch sind die
Sünden nachgelassen um seines Namens wil-
len. [13] Ich schreibe euch, Väter: Ihr habt den
erkannt, der von Anfang ist. Ich schreibe
euch, Jungmänner: Ihr habt besiegt den Bö-
sen. [14] Euch, Kinder, habe ich geschrieben,
weil ihr den Vater erkannt habt. Euch, Väter,
habe ich geschrieben, weil ihr den erkannt
habt, der von Anfang ist. Euch, Jungmänner,
habe ich geschrieben, weil ihr stark seid und
das Wort Gottes in euch bleibt und ihr besiegt
habt den Bösen. [15] Liebt nicht die Welt und
nicht das, was in der Welt ist. Wenn einer die
Welt liebt, so ist die Liebe des Vaters nicht in
ihm. [16] Denn alles, was in der Welt ist – die
Lust des Fleisches und die Lust der Augen und
das Prahlen des Lebens –, nicht aus dem Va-
ter, sondern aus der Welt ist es. [17] Doch die
Welt vergeht und ihre Lust. Wer aber den Wil-
len Gottes tut, bleibt in die Ewigkeit.

Es ist letzte Stunde: Bleibt in ihm

[18] Kinder, es ist letzte Stunde, und wie ihr
gehört habt, dass ein Antimessias kommt, so
sind auch jetzt viele Antimessiasse erstanden:
Daran erkennen wir, dass letzte Stunde ist.
[19] Aus uns sind sie ausgegangen, doch sie wa-
ren nicht aus uns: wenn sie nämlich aus uns
wären, sie wären bei uns geblieben. Doch es
sollte offenkundig werden, dass nicht alle aus
uns sind. [20] Ihr aber habt Salbung von dem
Heiligen und seid Wissende, ihr alle. [21] Euch
habe ich nicht geschrieben, weil ihr die Wahr-
heit nicht wisst, sondern, weil ihr sie wisst,
und weil jede Lüge nicht aus der Wahrheit ist.
[22] Wer ist der Lügner, wenn nicht jener, der
leugnet, dass Jesus der Messias ist? Das ist der
Antichrist, der den Vater leugnet und den
Sohn.

Gott treu sein –
das heißt: seinen Willen tun.
Ob einer Gemeinschaft hat mit Gott,
das zeigt sich, wie er mit seinem Bruder
umgeht.

(2,18-22)

[23] Jeder, der den Sohn leugnet, hat auch den
Vater nicht; wer den Sohn bekennt, hat auch

kennen« ist in der Bibel ein Wort, das der ehelichen Intimsphäre zugehört. Es meint also weniger den intellektuellen Vorgang, als ein Vertrautwerden. **7-11** Leben wie Jesus lebte, das heißt: Das eine Gebot zu halten, das die Christen von Anfang an verbindet. Ob die Gegner Gemeinschaft mit Gott haben, erweist sich an ihrer Haltung zum Bruder. **12-17** Durch welchen Ritus der Sündennachlass geschah, wird nicht gesagt. – Die Gemeinde wird (zum ersten Mal) direkt angesprochen. Die Mitglieder werden in ihrem Glauben bestärkt. Die Welt ist für Christen nicht das Endgültige. **2,18 - 3,24** Hier wird dargelegt, wie sich der Glaube in der Abwehr verführerischer Irrlehre und in der Praxis der Bruderliebe bewährt. **2,18-27** Die jüdische Endzeiterwartung beschäftigte sich auch mit dem Gedanken, dass am Ende der Zeit ein großer Gegenspieler Gottes auftreten werde. Diese Vorstellung wird hier aufgenommen, um die Irrlehrer zu kennzeichnen. Sie kommen aus der christlichen Gemeinde und bestreiten, dass Jesus von Nazaret der Messias,

den Vater. 24 Was ihr von Anfang gehört habt, das bleibe in euch. Wenn in euch bleibt, was ihr von Anfang gehört, werdet auch ihr im Sohn und [in] dem Vater bleiben. 25 Und das ist die Ankündigung, die er uns angekündet: das Leben, das ewige. 26 Dies habe ich euch geschrieben über jene, die euch täuschen. 27 Ihr aber – in euch bleibt die Salbung, die ihr von ihm empfangen habt, und ihr habt nicht nötig, dass einer euch belehre. Sondern wie seine Salbung euch über alles belehrt – sie ist wahr und ist nicht Lüge – und wie sie euch belehrt hat, so bleibt ihr in ihm. 28 Und jetzt, Kinder, bleibt in ihm, damit wir, wenn er offenbar wird, Zuversicht haben und nicht zuschanden werden vor ihm bei seiner Wiederkunft. 29 Wenn ihr wisst, dass er gerecht ist, erkennt ihr auch, dass jeder, der die Gerechtigkeit tut, aus ihm gezeugt ist.

Kinder Gottes: Bleibt in ihm

3 Seht, welche Liebe uns der Vater gegeben, dass wir Kinder Gottes heißen - und wir sind es. Darum erkennt die Welt uns nicht, weil sie ihn nicht erkannt hat. 2 Geliebte! Jetzt sind wir Kinder Gottes, und noch ist nicht offenbar, was wir sein werden. Wir wissen: Wenn er offenbar wird, werden wir ihm gleichgestaltet, werden ihn schauen, wie er ist. 3 Und jeder, der diese Hoffnung auf ihn hat, heiligt sich selbst, gleichwie jener heilig ist. 4 Jeder, der die Sünde tut, auch die Gesetzlosigkeit tut er, denn die Sünde ist die Gesetzlosigkeit. 5 Ihr wisst aber, dass jener offenbar wurde, damit er die Sünden wegnehme – und Sünde ist nicht in ihm. 6 Jeder, der in ihm bleibt, sündigt nicht. Jeder, der sündigt, hat ihn nicht gesehen, ihn nicht erkannt. 7 Kinder, niemand soll euch täuschen. Wer die Gerechtigkeit tut, gerecht ist er, gleichwie jener gerecht ist. 8 Wer die Sünde tut, aus dem Teufel ist er, denn seit Anfang sündigt der Teufel. Dazu ist der Gottessohn offenbar geworden, dass er auflöse die Werke des Teufels. 9 Jeder, der gezeugt ist aus Gott, Sünde tut der nicht; denn sein Same bleibt in ihm. Und er vermag nicht zu sündigen, weil er aus Gott gezeugt ist. 10 Darin sind offenbar die Kinder Gottes und die Kinder des Teufels: Jeder, der Gerechtigkeit nicht tut, und wer seinen Bruder nicht liebt – aus Gott ist er nicht.

Das Wesen der in der Taufe Wiedergeborenen
wird offenbar, wenn der Herr wiederkommt.
Wer Gerechtigkeit tut
und seinem Bruder sich zuwendet,
der ist als einer zu erkennen,
der zu Christus gehört.

(3,1-10)

Das Gebot: Dem Namen seines Sohnes glauben, einander lieben

11 Denn dies ist die Botschaft, die ihr von Anfang gehört: dass wir einander lieben. 12 Nicht wie Kain aus dem Bösen war und seinen Bruder erschlug. Und warum hat er ihn erschlagen? Weil seine Werke böse waren, die seines Bruders aber gerecht. 13 Wundert euch nicht, Brüder, wenn die Welt euch hasst. 14 Wir wissen, dass wir hinübergeschritten sind aus dem Tod in das Leben – weil wir die Brüder lieben. Wer nicht liebt, bleibt in dem Tod. 15 Jeder, der seinen Bruder hasst, ein Menschenmörder ist er. Und ihr wisst, kein Menschen-

---

Gottes Sohn ist. **20** Mit der »Salbung« ist der Heilige Geist gemeint; möglicherweise auch das Wort Gottes (vgl. 2,27). **28-29** Treu sein, das heißt in Gott bleiben und seinen Willen tun.

3,1-24 Möglicherweise basiert die Aussage auf einer Mahnrede an Taufbewerber. **1** Das Wesen unserer Gotteskindschaft wird erst bei der Wiederkunft des Herrn ganz offenkundig. **1-10** Die Christen sind in der Taufe wiedergeboren aus dem Geist Gottes (vgl. Joh 3,6-8). Was Christ sein eigentlich bedeutet, wird erst mit der Wiederkunft des Herrn deutlich. Doch am Handeln des Menschen ist zu erkennen, ob er zu Christus gehört oder zu seinem Gegenspieler. Die böse Macht wird hier personifiziert dargestellt (Teufel). Sie will den Menschen von Gott abbringen. **9** »Gottes Same«, das ist der Heilige Geist als göttliches Prinzip (vgl. Joh 3,6). **11-18** Der Brudermörder Kain (vgl. Gen 4,1-16) ist das Gegenbild brüderlicher Liebe. Diese Liebe hat ihr Maß an dem, der sein Leben für die Menschen hingab.

mörder hat ewiges Leben bleibend in sich. 16 Darin haben wir die Liebe erkannt, dass jener für uns sein Leben hingab. Auch wir müssen für die Brüder das Leben hingeben. 17 Wer aber die Güter der Welt hat und sieht, dass sein Bruder Mangel hat, und verschließt sein Innerstes vor ihm, wie kann die Liebe Gottes in ihm bleiben? 18 Kinder, nicht mit dem Wort wollen wir lieben, nicht mit der Zunge, vielmehr in Werk und Wahrheit. 19 Darin werden wir erkennen, dass wir aus der Wahrheit sind, und vor ihm werden wir unser Herz zur Ruhe bringen; 20 denn, wenn uns das Herz verurteilt: Gott ist größer als unser Herz, er weiß alles. 21 Geliebte, wenn das Herz uns nicht verurteilt, haben wir Zuversicht zu Gott. 22 Was wir erbitten, empfangen wir von ihm, weil wir seine Gebote halten und das tun, was wohlgefällig ist vor ihm. 23 Und dies ist sein Gebot: dass wir glauben dem Namen seines Sohnes Jesus Christus und einander lieben, so wie er uns als Gebot gegeben. 24 Wer aber seine Gebote hält, der bleibt in ihm und er in ihm; und daran erkennen wir, dass er in uns bleibt: an dem Geist, den er uns gegeben.

In immer neuen Worten
kreist der Brief um die Aussage:
Wer von der Liebe nicht nur redet,
sondern sie auch tut,
der erfährt die Nähe Gottes.

(3,11-24)

Scheidung der Geister:
Der Messias ist im Fleisch gekommen

4 Geliebte! Glaubt nicht jedem Geist, sondern erprobt die Geister, ob sie aus Gott sind; denn viele Trugpropheten sind in die Welt hinausgezogen. 2 Daran erkennt ihr den Geist Gottes: Jeder Geist, der bekennt, dass Jesus der Messias im Fleisch gekommen ist, ist aus Gott. 3 Und jeder Geist, der Jesus nicht bekennt, ist nicht aus Gott; ja, es ist der des Antichrist, von dem ihr gehört habt, dass er komme; und jetzt schon ist er in der Welt. 4 Ihr seid aus Gott, Kinder, und habt jene besiegt, denn der in euch ist größer als der in der Welt. 5 Sie sind aus der Welt; darum reden sie aus der Welt, und die Welt hört auf sie. 6 Wir sind aus Gott. Wer Gott erkennt, hört auf uns. Wer nicht aus Gott ist, hört nicht auf uns. Daran erkennen wir den Geist der Wahrheit und den Geist der Täuschung.

Gott und Mensch: Er hat uns zuerst geliebt

7 Geliebte, lasst uns einander lieben, denn die Liebe ist aus Gott, und jeder, der liebt, ist aus Gott gezeugt und erkennt Gott. 8 Wer nicht liebt, hat Gott nicht erkannt: denn Gott ist Liebe. 9 Darin wurde die Liebe Gottes zu uns offenbar, dass Gott seinen Sohn, seinen einziggezeugten, in die Welt sandte, damit wir leben durch ihn. 10 Das ist die Liebe, dass nicht wir Gott geliebt haben, vielmehr dass er uns geliebt und seinen Sohn gesandt hat als Sühne für unsere Sünden. 11 Geliebte, wenn Gott uns solcherweise geliebt hat, müssen auch wir einander lieben. 12 Niemand hat Gott jemals gesehen; wenn wir einander lieben, bleibt Gott in uns, und seine Liebe ist in uns vollendet. 13 Daran erkennen wir, dass wir in ihm bleiben und er in uns, dass er uns von seinem Geist gegeben hat. 14 Und wir haben gesehen und bezeugen, dass der Vater seinen Sohn gesandt hat als Retter der Welt.

Liebe, die sich nicht ganz verschenkt
ist Gott nicht nahe.

(4,7-14)

4,1 - 5,12 Im letzten Abschnitt wird dargelegt, dass der rechte Glaube Voraussetzung für das rechte Tun, das wahre Leben ist. **4,1-6** Wahre oder irrige Geisteshaltung entscheidet sich an dem einen Satz: Jesus, der Messias, ist im Fleisch gekommen. Die Irrlehrer behaupten, er habe nur einen Scheinleib angenommen. **2** »Im Fleisch« = in einem menschlichen Leib. **7-16** Die schenkende Liebe ist das Kennzeichen Gottes; sie ist auch das Erkennungszeichen der Christen. **14** »Retter der Welt« = eine Anrede des römischen Kaisers. **17-21** Die Furcht vor Gottes Gericht ist menschlich; der Liebende aber braucht diese Furcht nicht zu haben. Weil er sich von Gott geliebt erfährt, kann er den anderen lieben. Die Bruderliebe kann zum Prüfstein der Gottesliebe werden.

[15] Wer bekennt: Jesus ist der Sohn Gottes, in dem bleibt Gott und er in Gott. [16] Wir aber haben erkannt und geglaubt die Liebe, die Gott zu uns hat: Gott ist Liebe, und wer in der Liebe bleibt, in Gott bleibt er, und Gott bleibt ihn ihm. [17] Darin ist die Liebe bei uns vollendet, dass wir Zuversicht haben an dem Tag des Gerichts; denn gleichwie jener ist, sind auch wir in dieser Welt. Furcht ist nicht in der Liebe, [18] sondern die vollendete Liebe wirft die Furcht hinaus, denn die Furcht hat Pein; der Fürchtende aber ist nicht vollendet in der Liebe. [19] Wir lieben, denn er hat uns zuerst geliebt! [20] Wenn einer sagt, dass er Gott liebe, und seinen Bruder hasst, ein Lügner ist er. Wer nämlich seinen Bruder nicht liebt, den er gesehen hat, der kann Gott nicht lieben, den er nicht gesehen hat. [21] Und dies Gebot haben wir von ihm: Wer Gott liebt, soll lieben auch seinen Bruder.

Unser Leben aus dem Glauben: Jesus ist der Sohn Gottes

5 Jeder, der glaubt, dass Jesus der Messias ist, aus Gott ist er gezeugt. Und jeder, der den liebt, der gezeugt hat, liebt auch den aus ihm Gezeugten. [2] Daran erkennen wir, dass wir die Kinder Gottes lieben, wenn wir Gott lieben und seine Gebote tun. [3] Dies nämlich ist die Liebe Gottes, dass wir seine Gebote halten, und seine Gebote sind nicht schwer. [4] Denn alles, was aus Gott gezeugt ist, besiegt die Welt. Dies aber ist der Sieg, der die Welt besiegt: unser Glaube. [5] Wer ist Sieger über die Welt, wenn nicht der, welcher glaubt, dass Jesus der Sohn Gottes ist?

Die Liebe zu Gott
umfasst alles.
Sie besiegt auch alles,
was sich ihr in den Weg stellt.

(5,1-5)

[6] Er ist es, der gekommen ist durch Wasser und Blut, Jesus Christus; nicht im Wasser allein, sondern im Wasser und im Blut. Und der Geist ist es, der Zeugnis ablegt, denn der Geist ist die Wahrheit. [7] Drei aber sind es, die Zeugnis ablegen: [8] der Geist und das Wasser und das Blut – und die drei sind zum einen hin. [9] Wenn wir das Zeugnis der Menschen annehmen, größer ist das Zeugnis Gottes. Dies aber ist das Zeugnis Gottes: er hat bezeugt für seinen Sohn. [10] Wer an den Sohn Gottes glaubt, hat das Zeugnis in sich. Wer Gott nicht glaubt, hat ihn zum Lügner gemacht, weil er nicht auf das Zeugnis hin glaubt, mit dem Gott für seinen Sohn zeugt. [11] Und dies ist das Zeugnis: Gott hat uns ewiges Leben gegeben, und dieses Leben ist in seinem Sohn. [12] Wer den Sohn hat, der hat das Leben. Wer den Sohn Gottes nicht hat, der hat das Leben nicht.

Ewiges Leben aus dem Glauben: Wir sind aus Gott

[13] Euch habe ich dies geschrieben, damit ihr wisst, dass ihr ewiges Leben habt, ihr, die ihr auf den Namen des Sohnes Gottes hin glaubt. [14] Und dies ist die Zuversicht, die wir zu ihm haben, dass er uns hört, wenn wir seinem Wil-

---

5,1-5 Der Glaube, dass Jesus der Messias (= der Christus) ist, dazu die Nächstenliebe und das Halten der Gebote – das alles verbindet sich in der Liebe zu Gott.
6-7 Jesus, der Sohn Gottes, ist durch Wasser (Jordantaufe) und Blut (Tod am Kreuz) gekommen. Am Jordan gab der Geist Zeugnis für ihn (vgl. Joh 1,31), am Kreuz gab Jesus sein Leben für das Leben der Welt (vgl. Joh 6,51). Die Aussage richtet sich gegen Irrlehrer, die sagen, das Kreuz Christi bedeute nichts für das Leben der Welt. Einzig der Geist entscheide darüber, ob er Gottes Sohn sei. **7-8** Zwischen Vers 7 und 8 ist in einigen Textzeugen das so genannte Comma Johanneum (= Satz des Johannes) eingefügt: (... die Zeugnis ablegen) »im Himmel: der Vater, das Wort und der Heilige Geist, und diese drei sind eins. Diese drei sind es, die Zeugnis geben auf Erden.« – Die drei Elemente (Geist, Wasser, Blut) sind drei Zeugen, die zeichenhaft hinweisen auf die Sakramente der Taufe und der Eucharistie und auf den Geist als in ihnen wirksame Kraft. **9-12** Gott selbst gibt Zeugnis für den Sohn. Dieses Zeugnis Gottes hat die Christen überzeugt, den Glauben in ihnen geweckt, ihnen Hoffnung und die Gewissheit der Rettung geschenkt. **13-21** Einzelaussagen des Briefes werden zusammengefasst. **16-17** Sünde zum Tod meint zunächst ein

len gemäß um irgendetwas bitten. [15] Und wenn wir wissen, dass er uns hört in dem, was wir erbitten, wissen wir auch, dass wir das Erbetene haben, das wir erbeten haben von ihm. [16] Wenn einer sieht, wie sein Bruder sündigt – nicht zum Tod –, soll er bitten, und er wird ihm Leben geben, denen, die nicht zum Tode sündigen. Es gibt Sünde zum Tod, nicht von jener sage ich, dass er fragen soll. [17] Alles Unrecht ist Sünde, es gibt aber Sünde nicht zum Tod. [18] Wir wissen, dass jeder aus Gott Gezeugte nicht sündigt, sondern die Zeugung aus Gott hält ihn, und der Böse rührt ihn nicht an. [19] Wir wissen, dass wir aus Gott sind und die Welt ganz im Bösen liegt. [20] Wir wissen aber, dass der Sohn Gottes gekommen ist und uns Einsicht gab, damit wir den Wahren erkennen. Wir aber sind in dem Wahren, in seinem Sohn Jesus Christus. Dieser ist der wahre Gott und ewiges Leben. [21] Kinder, hütet euch vor den Götzen.

Er scheint es schwer zu haben,
der Schreiber dieses Briefes.
Doch das Zeugnis
für den Sohn Gottes –
es überwindet alles.
Gott spricht das letzte Wort.

(5,13-21)

Der zweite Brief des Johannes

Der Verfasser stellt sich vor, doch nicht mit Namen, sondern als »der Älteste« (oder einfach: »der Alte«). Später wurde dieses Wort (griech. *presbyteros*) zum Namen eines kirchlichen Amtes. Selbst der deutschen Bezeichnung »Priester« kann man seine Herkunft noch ablesen.
Der Briefschreiber hier ist unter der Benennung »der Älteste« offenbar nicht nur in seiner Gemeinde, in deren Namen er schreibt, bekannt. Er schließt sich mit ihr zusammen und schreibt im Wir-Stil. Der Schreiber scheint als Autorität bekannt zu sein, über seinen Bereich hinaus. Vielleicht war er Missionar und hat mehrere umliegende Gemeinden gegründet. Er beruft sich auf die »Erkenntnis der Wahrheit« als Band, das die verschiedenen Ortsgemeinden miteinander verbindet.
Direkt angesprochen ist eine benachbarte Ortsgemeinde. Er warnt sie vor der Irrlehre der Gnosis (= Erkenntnis; sie wird oftmals an Stelle von Glauben gesetzt). Sie lehnen das überlieferte Christusbekenntnis ab und fühlen sich als »fortschrittlich«, eine ähnliche Situation wie im ersten Johannesbrief. Dem steht der zweite Brief sehr nahe; daher ist seine Abfassung wohl in derselben Zeit anzusetzen.

Vergehen, das nach alttestamentlichem Gesetz die Todesstrafe nach sich zieht, ein Vergehen, das die Gottesgemeinschaft bricht. **18-21** »Der Böse« hat Macht über die Welt; doch das letzte Wort spricht Gott. **18** Der »aus Gott Gezeugte« ist Jesus Christus (Joh 1,13.18).

Der Älteste und die auserwählte Herrin: Gnade, Erbarmen, Friede

1 Der Älteste an die auserwählte Herrin und
ihre Kinder, die ich in Wahrheit liebe, und
nicht nur ich, sondern auch alle, die die Wahr-
heit erkannt haben. 2 Um der Wahrheit willen,
der in uns bleibenden, die mit uns sein wird in
Ewigkeit. 3 Mit uns wird sein: Gnade, Erbar-
men, Friede von Gott dem Vater und von Je-
sus Christus, dem Sohn des Vaters, in Wahr-
heit und Liebe.

Mahnung: Seinen Geboten gemäß wandeln

4 Ich habe mich sehr gefreut, unter deinen
Kindern solche gefunden zu haben, die in
Wahrheit wandeln, wie wir als Gebot emp-
fangen haben vom Vater. 5 Doch jetzt bitte ich
dich, Herrin, nicht als schriebe ich dir ein
neues Gebot, sondern das, welches wir von
Anfang gehabt haben: dass wir einander lie-
ben. 6 Doch dies ist die Liebe: dass wir seinen
Geboten gemäß wandeln. Dies ist das Gebot,
wie ihr es von Anfang gehört habt, damit ihr
darin wandelt.

Bruderliebe als Kennzeichen
einer christlichen Gemeinde.
Kann man das auch
für unsere Gemeinde sagen?
Wer kennt schon die andern
mit ihren Sorgen und Nöten?

(1-6)

Seht: Wer in der Liebe bleibt, hat den Vater und den Sohn

7 Denn viele Betrüger sind in die Welt ausge-
zogen, die Jesus Christus als den im Fleisch
Gekommenen nicht bekennen. Das ist der Be-
trüger und der Antichrist. 8 Seht auf euch
selbst, damit ihr nicht verliert, was ihr er-
wirkt habt, sondern vollen Lohn empfangt.
9 Jeder, der zu weit geht und nicht in der Leh-
re des Christus bleibt, hat Gott nicht. Wer in
der Lehre bleibt, der hat den Vater und den
Sohn. 10 Wenn einer zu euch kommt und die-
se Lehre nicht bringt, nehmt ihn nicht in das
Haus auf und sagt ihm den Gruß nicht. 11 Wer
ihm nämlich den Gruß sagt, hat Gemein-
schaft an seinen Werken, den bösen.

Die Abgrenzung ist hart.
»Irrlehrer« – das gibt es bei uns auch.
Nicht einmal mit ihnen reden?
Geht das heute überhaupt?
Wo ist die Grenze eines Gesprächs?

(7-11)

Schluss: Damit eure Freude vollkommen sei

12 Noch vieles hätte ich euch zu schreiben,
doch ich wollte es nicht durch Papier und Tin-
te tun, sondern ich hoffe, zu euch zu kommen
und von Mund zu Mund zu reden, damit un-
sere Freude vollkommen sei. 13 Es grüßen dich
die Kinder deiner Schwester, der erwählten.

1-3 Der »Älteste« (Presbyter) ist ein Ehrentitel. Die angesprochene Gemeinde kennt wohl seinen Namen. Die Anrede meint wohl nicht eine Einzelperson, sondern die Gemeinde, die dem Herrn verbunden ist. Dieser Gemeinde wird zugesichert, dass sie in die kirchliche Liebesgemeinschaft eingebunden ist. – Der Segenswunsch spricht die Hoffnung aller Christen aus.

4-6 Das eine Gebet bildet den Anfang jeder christlichen Unterweisung. Bruderliebe ist das Kennzeichen jeder christlichen Gemeinde.

7-11 Die Irrlehrer leugnen, dass Jesus Christus wahrhaft Mensch geworden ist. Das macht sie zu Gegnern Jesu Christi. Die wahre Lehre trennt die Glaubenden von den Abtrünnigen. Mit ihnen soll nicht einmal geredet werden.

12-13 Ankündigung des Besuchs; möglicherweise Anlass des Briefes. – Grüße von der Gemeinde des Absenders; vielleicht Ephesus.

Der dritte Brief des Johannes

Dieser dritte Brief des Johannes hat zweifellos denselben Verfasser wie der zweite, doch der Adressat ist nicht eine Gemeinde, sondern ein gewisser Gaius. Der »Älteste« nimmt Stellung gegen die Feindseligkeit des Leiters einer nicht mit Namen genannten Ortsgemeinde. Dieser Gemeindeleiter heißt Diotrephes. Grund des Streits sind gewisse Gruppen innerhalb der Gemeinde. Gaius ist Sprecher aller, die sich auf den »Ältesten« berufen. Deshalb hat Diotrephes den Gaius ausgeschlossen.

Der Grund des ganzen Streits ist offen. Hat sich Gaius, ebenso wie der »Älteste«, darauf berufen, dass Wanderprediger, die das Evangelium verkünden, von der Gemeinde Gastfreundschaft erfahren und Unterstützung bekommen? Gewinn ziehen sollen sie aus ihrer Missionstätigkeit nicht, das heißt vor allem: nicht von den Heiden. War das der Grund, der für Diotrephes ausreichte, um zu streiten? Gemeindeleiter war schließlich er!

Der Brief vermittelt uns erste Einblicke in die Autoritätsstrukturen einer urchristlichen Gemeinde und lässt uns erahnen, wie sich derartige Tendenzen weiterentwickeln werden. Gegen eine überregionale Persönlichkeit, die Einfluss hat, will der Ortsbischof (mit monarchischen Tendenzen) seine Gemeinde abschotten.

Über die Abfassungszeit des dritten Johannesbriefes lässt sich nichts Sicheres ausmachen. Er ist wohl später als der zweite Brief entstanden.

1 Der Älteste an Gaius, den Geliebten, den ich
in Wahrheit liebhabe. 2 Geliebter, in allem
wünsche ich, daß es dir wohlergehe und du
gesund seiest, gleich wie es deiner Seele wohl-
ergeht. 3 Ich habe mich nämlich sehr gefreut,
als Brüder kamen und deine Wahrheit be-
zeugten, gleichwie du in Wahrheit wandelst.
4 Ich habe keine größere Freude, als wenn ich
von meinen Kindern höre, dass sie in der
Wahrheit wandeln. 5 Geliebter! Treu handelst
du, wenn du so wirkst für die Brüder, und dies
für fremde, 6 die dir deine Liebe vor der Ge-
meinde bezeugten. Du tust gut, wenn du ih-
nen das Geleit gibst, wie es sich vor Gott ge-
ziemt. 7 Um des Namens willen nämlich sind
sie ausgezogen, ohne von den Völkern etwas
anzunehmen. 8 Wir also müssen jene aufneh-
men, damit wir Mitarbeiter für die Wahrheit
werden.

Gastfreundschaft –
immer wieder ist davon die Rede.
Die Anfrage an uns
sollten wir nicht überhören.

(1-8)

1 »Der Älteste« (vgl. 2 Joh 1) ist ein Titel, der die Autorität des Absenders betont. Gaius, ein sonst unbekanntes Glied der Gemeinde. **2-4** Zwischen den Briefpartnern besteht wohl ein freundschaftlicher Kontakt. **5-8** Obwohl die Gemeinden schon ihre eigenen Ältesten hatten und sich feste Strukturen herausbildeten, gab es wandernde Missionare, die den Kontakt zwischen den Gemeinden aufrecht hielten. Solchen

[9] Ich habe der Gemeinde etwas geschrieben,
doch der gern Erster unter ihnen wäre, Dio-
trephes, nimmt uns nicht an. [10] Darum werde
ich, wenn ich komme, an seine Werke erin-
nern, die er tut, indem er mit bösen Worten
über uns redet. Und damit nicht genug, er
nimmt weder selber die Brüder auf, noch
lässt er es denen zu, die wollen, und schließt
sie aus der Gemeinde aus. [11] Geliebter! Nicht
das Böse ahme nach, sondern das Gute! Der
Gutes tut, ist aus Gott. Der Böses tut, hat Gott
nicht geschaut. [12] Dem Demetrius wird von
allen und von der Wahrheit selber ein Zeug-
nis gegeben; aber auch wir geben Zeugnis,
und du weißt, dass unser Zeugnis wahr ist.
[13] Noch vieles hätte ich dir zu schreiben, doch
ich will dir nicht mit Tinte und Feder schrei-
ben. [14] Ich hoffe aber, dich bald zu sehen, da-
mit wir von Mund zu Mund reden. [15] Friede
ist dir! Es grüßen dich die Freunde. Grüße die
Freunde mit Namen.

Vielleicht verlassen wir uns
zu sehr auf das geschriebene Wort?
Wir sollten mehr miteinander reden –
vor allem, wenn es Differenzen gibt.

(9-15)

Der Brief des Judas

Dieses Schreiben kämpft leidenschaftlich gegen eine um sich greifende Bewegung merkwürdiger religiöser Begeisterung. Unter der Wirkung einiger Irrlehrer werden die Christen aufgefordert, aus dem überlieferten strengen ethischen Lebenswandel in Nächstenliebe und Selbstbeherrschung auszubrechen zu einem wilden Sichtreiben und -gehenlassen.
Der Verfasser stellt sich als Judas vor, Bruder des Herrenbruders Jakobus, der Leiter der Jerusalemer Urgemeinde. Dieser ist auch für die Gemeinden, an die der Verfasser schreibt, eine anerkannte Autorität. Er sucht unter den bekannten Namen Jakobus, als dessen »Bruder«, indirekt seinen Brief zu stellen. Es ist jedoch sehr zweifelhaft, ob dieses Schreiben tatsächlich aus urchristlicher Zeit stammt. Seine Sprache und seine Anschauungen verweisen ihn in eine spätere Situation. Darauf weist auch seine Mahnung hin, sich an die vorgegebene Lehre der Apostel zu halten (V. 17).
Der Verfasser des zweiten Petrusbriefes hat den Judasbrief später als Vorlage benutzt.

✧

Brüdern zu helfen ist christliche Pflicht. **9-10** Der Name des Gemeindeleiters Diotrephes ist nur aus diesem Brief bekannt. Er hatte sich offenbar geweigert, die Missionare, die der Älteste empfohlen hatte, aufzunehmen; auch niemand aus der Gemeinde gewährte ihnen Gastfreundschaft. **11-12** Gaius wird aufgefordert, das Rechte zu tun. Der Brief ist wohl als Empfehlungsschreiben für den sonst unbekannten Demetrius entstanden. **13-15** Der baldige Besuch wird angekündigt.

Judas, Knecht Jesu, des Messias:
Über unser gemeinsames Heil

1 Judas, Knecht Jesu Christi, Bruder des Jako-
bus, an die Berufenen, die in Gott Vater ge-
liebt und für Jesus Christus bewahrt sind:
2 Erbarmen euch und Friede und Liebe in Fül-
le. 3 Geliebte! Mit allem Eifer mache ich mich
daran, euch über unser gemeinsames Heil zu
schreiben. Es drängt mich, euch zu schreiben,
euch zu ermahnen, die ihr für den Glauben
kämpft, der den Heiligen ein für allemal über-
liefert worden ist. 4 Es haben sich nämlich ge-
wisse Menschen eingeschlichen, die längst
vorher aufgezeichnet sind für dieses Gericht:
Gottlose, die die Gnade unseres Gottes ver-
kehren in Ausschweifung und unseren einzi-
gen Herrscher und Herrn, Jesus Christus, ver-
leugnen. 5 Ich will euch aber, auch wenn ihr
ein für allemal alles wisst, daran erinnern:
dass der Herr, als er das Volk aus Ägypten er-
rettet hatte, das zweite Mal jene, die nicht
glaubten, vernichtete. 6 Die Engel, die ihre
Herrschaft nicht bewahrten, sondern ihre ei-
gene Wohnstatt verließen, hält er mit ewigen
Banden für das Gericht des Großen Tages in
Finsternis verwahrt. 7 So stehen auch Sodom
und Gomorra und die sie umgebenden Städ-
te, die auf gleiche Weise Unzucht begingen
und andersgeartetem Fleisch nachgingen, als
Beispiel da: sie müssen die Strafe ewigen Feu-
ers leiden. 8 Auf gleiche Weise beflecken auch
diese Träumer das Fleisch, missachten die
Herrschergewalten, die Herrlichkeiten läs-
tern sie. 9 Und doch wagte Michael, der Erz-
engel, als er mit dem Teufel Streit und Wort-
wechsel um den Leib des Mose hatte, nicht,
ein lästerndes Urteil über ihn auszusprechen,
sondern er sagte: Der Herr soll dich strafen.

Ein merkwürdiger Brief!
Die Angst vor Irrlehrern
scheint groß gewesen zu sein.
Gibt es diese Situation auch bei uns?
Vor welchen Irrlehrern und Verführern
müssten wir uns fürchten?

(1-9)

Gericht über Gottlose:
Er kommt mit seinen heiligen Zehntausend

10 Diese aber lästern, was sie nicht kennen;
und was sie von Natur aus wie die vernunft-
losen Tiere verstehen, darin gehen sie zugrun-
de. 11 Weh ihnen! Auf dem Weg des Kain sind
sie gegangen, und dem Trug des Bileam haben
sie sich preisgegeben um Lohn, und in Ko-
rachs Widerspruch sind sie verdorben. 12 Sie
sind die Schandflecken bei euren Liebesmah-
len, sie schmausen mit, ohne Scham sich sel-
ber weidend, wasserlose Wolken, die von
Winden vorbeigetrieben werden, herbstliche
Bäume ohne Frucht, zweimal gestorben, ent-
wurzelt, 13 wilde Meereswogen, die ihre eige-
nen Schändlichkeiten ausschäumen, Irrster-
ne, denen das Dunkel der Finsternis in Ewig-
keit zubestimmt ist. 14 Eben diesen hat
Henoch, der Siebte nach Adam, vorherge-
sagt, als er sprach: Sieh, es kommt der Herr
mit seinen heiligen Zehntausenden, 15 Gericht
zu halten über alle und alle Gottlosen zu stra-

1-2 Der Verfasser weist sich aus als »Knecht Jesu Christi« (vgl. Jak 1,1; 2 Petr 1,1) und durch die Berufung auf Jakobus, wohl auf den gleichnamigen »Bruder des Herrn« (vgl. Mt 12,46-50 und Mk 6,3). – Die Adressaten werden als Berufene, als Geliebte, als für Christus Bewahrte bezeichnet. **3-4** Irrlehrer verbreiten die Auffassung, der Mensch sei grundsätzlich gerettet und könne nun leben, wie es ihm behagt. Dagegen gilt es zu kämpfen im Bewusstsein, dass die Christen als die Heiligen für die unverfälschte Weitergabe des Glaubens verantwortlich sind. **5-7** Obwohl die Christen alles für das Heil Notwendige wissen, werden sie durch Beispiele aus dem Alten Testament (und auch aus jüdischer Überlieferung) daran erinnert, wie Gott verratenen Glauben bestraft. **5** Vgl. Num 14,29. **6** Auch die Engel werden bestraft (vgl. Gen 6,1-4 und das jüdische Henochbuch). **7** Vgl. Gen 19,1-29. **8-9** Vorwürfe gegen Irrlehrer: Berufung auf Traumoffenbarungen – Missachtung der Autorität des Herrn – Lästerung der überirdischen Mächte. – Die Legende vom Kampf Michaels um den Leichnam des Mose ist in der apokryphen Schrift »Himmelfahrt des Mose« überliefert. **10-11** Kain: vgl. Gen 4,1-6; Bileam: vgl. Num 31,16 und Num 22 - 24; Korach: vgl. Num 16. **12-13** Die Irrlehrer nehmen am Liebesmahl (Agape) der Gemeinde teil; nicht an der Eucharistie. **14** Henoch: vgl. 5,1-21; der Verfasser benützt auch das apokryphe Henochbuch. **15-16** An den Irrlehrern wird

fen all ihrer gottlosen Werke wegen, die sie gottlos verübt, und wegen all der Lästerungen, die gottlose Sünder gegen ihn geredet haben.
16 Sie sind Hadernde, Unzufriedene, nach ihren Lüsten wandeln sie, und ihr Mund redet Maßloses; sie schmeicheln ins Gesicht, des Vorteils wegen.

Wer kennt schon
diese apokryphen Schriften?
Für diesen Judas
spielten sie eine große Rolle.
Gibt es so etwas auch heute?

(10-16)

Mahnung:
Wartet auf das Erbarmen unseres Herrn

17 Ihr aber, Geliebte, erinnert euch der Worte,
die vorausgesagt wurden von den Aposteln
unseres Herrn Jesus Christus, 18 da sie euch
sagten: In der letzten Zeit werden Spötter da
sein, die nach ihren, der Gottlosen, Begierden
wandeln. 19 Die sind es, die Spaltungen ma-
chen, irdisch Gesinnte, ohne Geist. 20 Ihr aber,
Geliebte, baut euch auf in eurem hochheiligen Glauben! Im Heiligen Geist betet! 21 Be-
wahrt euch in Gottes Liebe, wartet auf das
Erbarmen unseres Herrn Jesus Christus zu
ewigem Leben. 22 Erbarmt euch der einen, die
noch schwanken, 23 rettet, entreißt sie dem
Feuer; der anderen erbarmt euch in Furcht,
verabscheut sogar das Gewand, das vom
Fleisch befleckt ist. 24 Ihm aber, der mächtig
ist, euch zu bewahren ohne Anstoß und euch
makellos in Jubel vor das Antlitz seiner Herr-
lichkeit hinzustellen, 25 dem einzigen Gott,
unserem Retter durch Jesus Christus, unseren
Herrn, ist Herrlichkeit, Hoheit, Kraft und
Gewalt vor aller Weltzeit und jetzt und in alle Ewigkeit. Amen.

Der Schlusslobpreis
gefällt mir am besten.
In ihn stimme ich ein:
Du, unser Gott,
du bist unsere Rettung.

(17-25)

kein gutes Haar gelassen. **17-23** Die Gemeinde braucht sich durch die Irrlehrer nicht entmutigen zu lassen. Es kommt nur darauf an, sich auf die Regeln des christlichen Lebens zu besinnen. **24-25** Das Schreiben endet mit keinem Gruß, sondern mit einem Lobpreis.

Die Offenbarung des Johannes

Die Offenbarung des Johannes, oft auch »Geheime Offenbarung« genannt (von griech. *apokalypsis* = Enthüllung) ist in Eingang und Schluss als Gemeindebrief gestaltet. Sie entspricht darin der Form, die sich für den schriftlichen Verkehr in den urchristlichen Missionsgemeinden herausgebildet hat. Ihr Inhalt dagegen besteht aus Visionen der nahen Endzeit, von denen der Verfasser sagt, sie seien ihm vor kurzem vom Himmel her zu teil geworden, damit er sie den Gemeinden auf Erden mitteile.

Das Buch wird unter anderem als die dunkelste und schwierigste Schrift des Neuen Testaments, ja der Bibel überhaupt bezeichnet.

Auch wenn das stimmt, so lohnt es sich – vielleicht gerade deshalb – sich dem Buch und seinen Aussagen zu nähern. Allerdings: Man muss sich Zeit nehmen.

Das Buch wurde in einer Zeit der Verfolgung geschrieben, wohl gegen Ende der Herrschaft des römischen Kaisers Domitian (81-96). Dieser ließ sich selbstherrlich als Gottkönig anreden (»Herr und Gott«, lateinisch: Dominus et Deus). Der übersteigerte Kaiserkult wurde vor allem in der römischen Provinz Asia (= heutiges Kleinasien, Türkei) besonders eifrig betrieben.

Der Verfasser nennt sich selbst Johannes. Die Adressaten kennen ihn offensichtlich; er braucht sich nicht weiter vorzustellen. Er ist wohl judenchristlicher Herkunft und verstand sich als Prophet (22,9). Auf der Insel Patmos, einer römischen Sträflingskolonie, hatte er die Leidenszeit am eigenen Leib erfahren und wusste, wovon er schrieb (1,9).

Die traditionelle Bezeichnung »geheime« Offenbarung hat sich weithin verbreitet, obwohl die Schrift das eben nicht ist. Im Gegenteil, diese Schrift ist für die Gemeindeversammlung bestimmt (1,3). Und anders als bei früheren Apokalypsen (vgl. etwa Dan 12,4 und andere außerbiblische Schreiben dieser Art) soll sie gerade nicht »versiegelt« werden. »Versiegle dieses Buch mit seinen prophetischen Worten nicht!« (22,10).

Auch die Bezeichnung »Offenbarung des Johannes« ist missverständlich. Es geht um die »Offenbarung Jesu Christi« (1,1). Er ist es, der Johannes die Geheimnisse enthüllt.

Eine Wort-für-Wort-Auslegung ist nicht angebracht. Es geht vielmehr darum, sich in eine uns weithin fremde Bilderwelt und -sprache einzulassen.

Die Apokalypse ist nicht zeitlos. Sie muss aus ihrer Zeit heraus erklärt werden. Für den Verfasser der Schrift ist die Endzeit schon da. Deswegen schreibt er für die Kirche seiner Zeit ein Trostbuch. Vor allem die Christengemeinden in Kleinasien, die durch den geforderten Kaiserkult bedrängt und bedroht sind, werden in ihrer Situation ermutigt.

Zu lesen, die Apokalypse sei ein prophetisches Buch, nützt uns wenig. Die apokalyptische Sprachform macht uns Schwierigkeiten: Es begegnen uns Visionen und Auditionen (himmlische Botschaften), Himmelsreisen, Farben- und Zahlensymbole. Schreckensbilder mit wilden Tieren stehen neben Heilsbildern, vor allem das vom »Neuen Jerusalem«.

Die entscheidende Aussage dieser Schrift ist einfach und trostreich: Gott hat die Macht – er sitzt auf dem Thron. Dieses Bild beherrscht die ganze Schrift und ist der Schlüssel gegen alle irdischen Machthaber und teuflischen Gegenspieler. Tod, Ungerechtigkeit und Hoffnungslosigkeit haben nicht das letzte Wort. Der Thron Gottes im neuen Jerusalem ist die Quelle neuen Lebens. Vor diesem Thron findet das Gericht statt (20,11ff). Über

allem wölbt sich ein Regenbogen, das Versöhnungszeichen aus der Noach-Geschichte. Er kennzeichnet den Bund Gottes mit den Menschen aller Zeiten.
Das alles ist nicht Vergangenheit; Endzeit ist gleichsam immer. In gewisser Weise ist das, was die Apokalypse aussagt, lebendige, zeitnahe Wirklichkeit. Sie vermittelt nicht nur zeitlose Einsichten; sie kann sich auch als inneres Seelendrama jeden Tag neu in jedem Einzelnen vollziehen.
Auffallend ist im ganzen Text die sprachliche Grundstruktur; Gegensätze bestimmen die Bilder: schwarz/weiß – Licht und Finsternis – Gut und Böse – Gerechte und Gottlose – Engel und Dämonen – ewiges Leben und immerwährende Verdammnis. Der Gerichtstag Gottes beendet diesen »Dualismus« (Gegensätzlichkeit); das heißt: Er ist zeitlich begrenzt und kann Gottes Größe nichts anhaben.
Ein weiterer wichtiger Gesichtspunkt des apokalyptischen Textes ist seine pessimistische Weltsicht. Die ganze Weltgeschichte zeigt eine stetige Bewegung zum Bösen hin. Das steigert die Sehnsucht nach einem besseren Jenseits. Wenn das Maß der Frevel voll ist, dann wird Gott seine neue Welt aufrichten. Deshalb wird das Weltende nicht als Katastrophe gesehen, sondern als trostvolle Botschaft, dass das Leiden nicht ewig weitergeht. Gottes Zeit (griech. *kairos*) ist nahe (1,1-3). Dann wird die alte Zeit (griech. *chronos*) nicht mehr sein (10,6). Die Seelen aller Martyrer rufen deshalb laut und eindringlich: »Wie lange noch zögerst du, Herr... Gericht zu halten« (6,9-10).
Dieses: »Wie lange noch?« ist eine Art Schlüssel, zum Verständnis des ganzen Buches. Es mahnt zu Geduld und Hoffnung auf den richtenden Gott. Das soll die Verfolgten und die Opfer trösten. Doch die Berechnung des Endes steht nicht im Mittelpunkt; es geht nicht um einen Fahrplan für den Ablauf der künftigen Ereignisse.
Die Schrift ist nicht linear-logisch gegliedert, wie wir das gewohnt sind. Daher sind die Auslegungen Vorschläge, wie die Gesamtstruktur der Apokalypse zu sehen ist. Wir begegnen Vorwegnahmen, Verschachtelungen, Einschüben. Am ehesten kann man diese Schrift zyklisch sehen, das heißt wie eine Spirale, deren Inhalt von der Gegenwart bis zu den endzeitlichen Ereignissen immer wieder die gleichen Themen wiederholt.
Am besten orientiert man sich am 7-er Schema, das der Verfasser bewusst als Orientierungselement einsetzt. Sieben ist die Zahl der Fülle als Summe aus vier und drei: Vier ist die Zahl der Welt (4 Elemente, 4 Jahreszeiten, 4 Himmelrichtungen); drei ist die Zahl Gottes (Trinität: Vater, Sohn, Heiliger Geist). In unserem Text zeigt die Zahl sieben, dass das von Gott gesetzte Maß voll ist.
Schlüsselfigur ist »das Lamm, das geschlachtet ist« – der Gekreuzigte Christus. Er führt die Geschichte der Menschen ans Ziel. Durch das Gericht zwingt er den Sieg Gottes herbei. Dazu muss das Böse überwunden und »gerichtet« werden. Johannes sagt dies in sehr eindringlichen, kriegerischen Bildern, die stark auf den damaligen Hörer gewirkt haben; aber sie treffen auch den heutigen Leser.
Man kann die Apokalypse – grob – etwa folgendermaßen gliedern:
– Vorwort, Briefanfang, Berufungsvision (1,1-20)
– Die Sendschreiben an die sieben Gemeinden (2,1 - 3,22)
– Theologische Mitte des Buches: Kap 4 und 5. Auf diese Aussagen beziehen sich immer wieder spätere Abschnitte: Im himmlischen Thronsaal zeigt das Lamm in seiner Schwachheit (= der inthronisierte Christus), dass der Tod nicht das Ende, sondern den endgültigen Sieg bedeutet. So können auch die verfolgten Christen in ihrer Schwachheit und Erniedrigung mit IHM den Sieg erringen.
– Die Kapitel 6 - 22 bilden den Hauptteil des Buches. Das Ganze ist gegliedert in drei 7-er Reihen von Plagen und jeweils eingeleitet durch eine Berufungsvision.
6,1 - 8,5: Das Lamm öffnet das versiegelte Buch: Sieben »Wesen« wie Pferde zogen aus und es zeichneten sich alle Plagen dieser Welt ab. Vor dem siebten Siegel ist von der Kennzeichnung der Knechte Gottes die Rede. Es ist die Eigenart aller dreimal sieben Plagen, dass

vor der letzten jeweils ein wichtiger Einschub kommt. – Die zweite Plagenreihe wird von sieben Engeln mit je einer Posaune angesagt (8,6 - 14,5). Es geht um den Kampf Satans gegen die Herrschaft Gottes. Dazwischen ist vom Ende aller gottwidrigen Geschöpfe die Rede. Bevor die dritte Plagenserie aufgezeigt wird, ahnt man das bevorstehende Gericht (samt Kampf zwischen Drache und Lamm 14,6-20). – Bei der siebten Plagenreihe kommen sieben Engel mit je einer Schale; sie enthalten alle den Zorn Gottes über die abtrünnige Welt (15,1 - 16,20). – Dann folgt das Gericht über Rom, die große Hure Babylon. Und dann erst wird das endgültige allgemeine Gericht beschrieben (17,1 - 20,15).

– Der neue Himmel und die neue Erde wird erst in den beiden letzten Kapiteln des Buches zum Thema (21,1 - 22,5). So schlimm und schreckenerregend die ganzen vorausgehenden, langen Abschnitte waren – jetzt werden die Bilder mit ganz anderen Farben gemalt. Kaum vorstellbare Einheit zwischen neuem Himmel und neuer Erde, Zusammengehörigkeit zwischen Gott und Mensch. Das neue Jerusalem ist so vollkommen, wie es nicht auszumalen ist. Die Schreckensengel der letzten sieben Plagen sind jetzt die Boten von Freude und Frieden geworden. – Auffallend bei den dreimal sieben Plagen ebenso wie jetzt, wenn die Rede ist vom neuen Himmel, sind die immer wiederkehrenden Bilder. Bei den Plagen bis zu den Schrecken der Schrecken – wird mit sozusagen umgekehrten Vorzeichen argumentiert. Auch diese Schreckensbilder sind von nicht zu überbietender Faszination.

Das Buch endet mit einem abschließenden Zeugnis und einer Mahnung (22,6-21).

Eines ist sicher: Schreiber und Empfänger der Apokalypse leben in kaum zu überbietender Angst. Das alles ist nur auszuhalten, weil auch das Vertrauen auf Gottes Liebe nicht zu überbieten ist.

Ursprung des Buches: Selig, die hören die Worte der Prophetie

1 Offenbarung Jesu Christi, die Gott ihm
gab, um seinen Knechten zu zeigen, was geschehen muss in Bälde. Und er gab durch Sendung seines Engels Zeichen seinem Knecht
Johannes, 2 der das Wort Gottes bezeugte und
das Zeugnis Jesu Christi, alles, was er gesehen
hat. 3 Selig, wer liest und hört die Worte der
Prophetie und bewahrt, was in ihr geschrieben ist: Denn die Zeit ist nahe.

Diese Inhaltsvorgabe!
Das kann ja heiter werden.
Doch, wenn man mit dem Schreiber
an den »Rand der Zeit« treten soll,
dann kann man sich schon vorstellen,
was einen da erwartet!

(1,1-4)

Anschrift: Gnade euch von ihm, der ist und war und kommt

4 Johannes an die sieben Gemeinden in der Provinz Asien. Gnade euch und Friede von dem, der ist und der war und der kommt, und von den sieben Geistern, die vor seinem Throne sind,
5 und von Jesus Christus, dem treuen Zeugen, dem Erstgeborenen von den Toten und dem Fürsten der Könige der Erde. Ihm,

1,1-2 Die Überschrift fasst den Inhalt des ganzen Buches zusammen: Offenbarung (Apokalypse, ein festgeprägter Begriff) meint die Enthüllung des Endgeschehens. Gott hat Jesus Christus beauftragt, seinen Knechten (ein Ehrentitel) das Kommende mitzuteilen. Ein Deute-Engel, den Gott zu Johannes sendet, führt den Auftrag aus. Johannes ist Zeuge für das Wort Gottes, das sich auf Tod und Auferstehung bezieht. Hier gründet alle christliche Auferstehungshoffnung. **3** Wer auf den verklärten Herrn blickt, tritt

der uns liebt und uns erlöst hat aus unsern
Sünden in seinem Blut, [6] und uns zu einer Kö-
nigsherrschaft gemacht hat, zu Priestern für
seinen Gott und Vater. Ihm die Herrlichkeit
und die Herrschaft in die Ewigkeit der Ewig-
keiten. Amen.

Die Gewissheit: Er kommt mit den Wolken

[7] Siehe, er kommt mit den Wolken. Und
schauen wird ihn jedes Auge und jene, die ihn
durchbohrt haben, und wehklagen werden
um ihn alle Stämme der Erde. Ja. Amen. [8] Ich
bin das Alpha und das Omega, spricht der
Herr, Gott, der ist und der war und der
kommt, der Allherrscher.

Berufung: Ich ward vom Geist ergriffen

[9] Ich, Johannes, euer Bruder und Mitteilhaber
in der Bedrängnis und der Königsherrschaft
und im Ausharren in Jesus, war auf der Insel,
die genannt wird Patmos, um des Wortes
Gottes und um des Zeugnisses Jesu willen.
[10] Und ich wurde am Herrentag vom Geist er-
griffen und hörte hinter mir eine mächtige
Stimme wie eine Posaune, [11] die sprach: Was
du siehst, schreibe in ein Buch und schicke es
den sieben Gemeinden: nach Ephesus und
nach Smyrna und nach Pergamon und nach
Thyatira und nach Sardes und nach Philadel-
phia und nach Laodizea.

Dem Verfasser scheint wichtig,
seine Bedeutsamkeit zu belegen.
Es lohnt sich, die sieben Gemeinden,
die gleich angeschrieben werden,
mit der unsrigen zu vergleichen.

(1,9-11)

Der Menschensohn:
Wie die Sonne in ihrer Macht

[12] Und ich wandte mich um, nach der Stimme
zu sehen, die mit mir redete. Und als ich mich
umwandte, sah ich sieben goldene Leuchter
[13] und inmitten der Leuchter einen gleich ei-
nem Menschensohn, angetan mit fußlangem
Gewand und umgürtet an der Brust mit gol-
denem Gürtel; [14] sein Haupt und die Haare
weiß wie schneeweiße Wolle und seine Augen
wie eine Feuerflamme [15] und seine Füße dem
Golderz gleich, wie im Ofen durchglüht, und
seine Stimme wie die Stimme vieler Wasser.
[16] Und er hat in seiner rechten Hand sieben
Sterne, und aus seinem Mund hervor kommt
ein Schwert, zweischneidig scharf, und sein
Antlitz ist wie die Sonne, wenn sie scheint in
ihrer Macht.

Die Berufung: Schreibe also, was du sahst

[17] Und als ich ihn sah, fiel ich zu seinen Füßen
nieder wie tot, und er legte seine Rechte auf
mich und sprach: Fürchte dich nicht! Ich bin
es, der Erste und der Letzte und der Lebendi-
ge. [18] Und ich war tot, und siehe, ich bin le-
bend in die Ewigkeit der Ewigkeiten, und ich
habe die Schlüssel zum Tod und zum Toten-
reich. [19] Schreibe also, was du sahst und was
ist und was danach geschehen wird. [20] Das
Geheimnis der sieben Sterne, die du auf mei-
ner Rechten sahst, und die sieben goldenen
Leuchter: Die sieben Sterne sind Engel der sie-
ben Gemeinden, und die sieben Leuchter sind
sieben Gemeinden.

---

mit Johannes an den Rand der Zeit. »Nah« und »fern« sind heilsgeschichtliche Aussagen. **4** Die Widmung an die sieben kleinasiatischen Gemeinden gilt der ganzen Christenheit. Sieben ist eine Zahl der Ganzheit (spielt im ganzen Buch eine Rolle). **6** Vgl. Ex 19,6 und 1 Petr 2,5. **8** Alpha und Omega sind der Anfangs- und Endbuchstabe des Griechischen Alphabets (vgl. Jes 41,4). **9-20** Berufungsvision. Johannes wird berufen wie ein Prophet. **9** Der Verfasser stammt wohl aus dem Schülerkreis des Apostels Johannes. – Patmos, eine kleine Felseninsel bei Ephesus. **11** Diese sieben Gemeinden gehörten zu den bedeutendsten Städten Kleinasiens. **13** Zurückweisend auf den Propheten Daniel (7,13) nannte sich Jesus »Menschensohn«. Jetzt erscheint der Herrscher und Richter in göttlicher Herrlichkeit. **16** Mit Schwert ist das Wort Gottes gemeint. **19** Dieser Vers gliedert das ganze Buch. »Was du sahst« bezieht sich auf die Eingangsvision (1,9-20); »Was ist« meint den damaligen Zustand der Gemeinden (2,1 - 3,22); »Was hernach geschehen muss« enthüllt das Zukünftige (4,1 - 22,5).

An Ephesus:
Du hast deine erste Liebe verlassen

2 Dem Engel der Gemeinde in Ephesus
schreibe: Dies sagt, der die sieben Sterne in
seiner Rechten hält, der einhergeht inmitten
der sieben goldenen Leuchter: 2 Ich weiß um
deine Werke und dein Mühen und Ausharren, und dass du Schlechte nicht ertragen
kannst, und dass du geprüft, die sich Apostel
nennen – und es nicht sind –, und sie als Lügner gefunden hast. 3 Und du hast ausgeharrt
und ertragen um meines Namens willen und
bist nicht müde geworden. 4 Aber ich habe gegen dich, dass du deine erste Liebe verlassen
hast. 5 Bedenke also, von wo du gefallen bist,
und kehre um und tue deine ersten Werke.
Wenn aber nicht, komme ich dir und werde
deinen Leuchter von seinem Ort bewegen,
wenn du nicht umkehrst. 6 Doch hast du dies:
Du hassest die Werke der Nikolaiten, die
auch ich hasse. 7 Wer ein Ohr hat, höre, was
der Geist den Gemeinden sagt: Wer siegt, dem
werde ich zu essen geben vom Baum des Lebens, der im Paradiese Gottes ist.

An Smyrna:
Fürchte nicht, was du leiden wirst

8 Und dem Engel der Gemeinde in Smyrna
schreibe: So spricht der Erste und der Letzte,
der tot war und auflebte: 9 Ich weiß um deine
Bedrängnis und Armut – doch du bist reich –,
und um die Lästerung derer, die sich Juden
nennen – und es nicht sind –, sondern Satans
Synagoge. 10 Fürchte nicht, was du leiden
wirst. Siehe, der Teufel wird einige von euch
ins Gefängnis werfen, damit ihr geprüft werdet. Und ihr werdet Bedrängnis haben für
zehn Tage. Sei treu bis zum Tod, und ich werde dir geben den Kranz des Lebens. 11 Wer ein
Ohr hat, höre, was der Geist den Gemeinden
sagt. Der Sieger wird nicht Schaden erleiden
vom zweiten Tod.

Smyrna kommt besser weg
als Ephesus.
Auch die Epheser bekämpfen die Irrlehrer;
doch ihr erste Liebe ist abgekühlt.

(2,1-11)

An Pergamon:
Ich habe einiges gegen dich

12 Und dem Engel der Gemeinde in Pergamon
schreibe: Dies sagt, der das Schwert hat, das
zweischneidige, scharfe: 13 Ich weiß, wo du
wohnst: Wo der Thron Satans ist. Doch du
hältst meinen Namen und hast den Glauben
an mich auch in den Tagen des Antipas, meines Zeugen, meines Getreuen, nicht geleugnet, der bei euch, wo der Satan wohnt, getötet wurde. 14 Doch ich habe einiges gegen
dich: Dass du dort solche hast, die sich an die
Lehre Bileams halten, der Balak lehrte, Ärgernis zu geben vor den Israeliten: Götzenopferfleisch zu essen und zu huren. 15 So hast
auch du solche, die sich gleicherweise an die
Lehre der Nikolaiten halten. 16 Kehre also
um! Wenn aber nicht, komme ich dir bald
und werde mit ihnen kämpfen mit dem
Schwert meines Mundes. 17 Wer ein Ohr hat,
höre, was der Geist den Gemeinden sagt. Wer

2,1 - 3,22 Die sieben dem Propheten diktierten Briefe sollen die Gemeinden in Kleinasien auf das Kommende vorbereiten. **1** Der Engel der Gemeinde ist nach einigen Auslegern der Bischof der betreffenden Stadt. Andere sehen in diesen Engeln Schutzgeister der Gemeinden. – Ephesus ist die Hauptstadt der Provinz; durch seinen Artemis-Tempel war es in der heidnischen Welt berühmt (vgl. Apg 19,8-10.23-40). **6** Die Gemeinde verabscheut das Treiben einer lasterhaften Gruppe, benannt nach einem gewissen Nikolaus. **8** Smyrna, 120 km nördlich von Ephesus. Kein Mensch weiß, auf welchem Wege dorthin Christen gekommen sind. **9** Juden, die zur Verfolgung der Christen beitragen, haben den Namen »Juden« als Ehrentitel der Glieder des Gottesvolkes verwirkt. **10** Vgl. Mt 16,28 und 2 Tim 4,8. **11** Der zweite Tod, vor dem der Sieger bewahrt wird, ist die ewige Verdammnis. **12** Pergamon, eine vielbesuchte Bade- und Luxusstadt, war Mittelpunkt des Kaiserkultes. Daher wird von der Gemeinde klare Entscheidung gefordert. Zum Bild vom zweischneidigen Schwert vgl. Jes 49,2. **14** Die Gemeinde duldete Mitglieder, die mit dem heidnischen Leben Kompromisse eingingen. Über den moabitischen Seher berichtet Num 22 - 24;

siegt, dem werde ich vom Manna, dem verborgenen, geben, und ich werde ihm einen weißen Stein geben und auf dem Stein geschrieben einen neuen Namen, den keiner weiß, als der ihn empfängt.

In Pergamon kann man auch heute
die imposanten Säulen eines Tempels
bewundern.
Eine Weltstadt, damals.
Die Gemeinde war entsprechend:
Sie trug Wasser auf zwei Schultern.
Daher die Warnung
vor Gottes zweischneidigem Schwert!

(2,12-17)

An Thyatira: Deine letzten Worte sind größer als deine ersten

18 Und dem Engel der Gemeinde in Thyatira
schreibe: Dies sagt der Sohn Gottes, der Au-
gen hat wie eine Feuerflamme, und seine Füße
sind dem Golderz gleich: 19 Ich weiß um deine
Werke und deine Liebe und deinen Glauben
und dein Dienen und dein Ausharren, und
deine letzten Werke sind größer als deine ers-
ten. 20 Aber ich habe gegen dich, dass du Ise-
bel lässt, die Frau, die sich Prophetin nennt
und lehrt und meine Knechte verführt, zu hu-
ren und Götzenopferfleisch zu essen. 21 Und
ich gab ihr Zeit, dass sie umkehre; doch sie
will nicht umkehren von ihrer Hurerei. 22 Sie-
he, ich werfe sie aufs Bett und jene, die mit ihr
ehebrechen, in große Bedrängnis, wenn sie
nicht umkehren von deren Werken. 23 Und ih-
re Kinder werde ich töten, ja, töten. Und er-
kennen werden alle Gemeinden, dass ich es
bin, der Nieren und Herzen erforscht, und ich
werde einem jeden von euch geben nach eu-
ren Werken. 24 Euch aber sage ich, den übri-
gen in Thyatira, die diese Lehre nicht haben,
die nicht erkannt haben die Tiefen des Satans
– wie sie es nennen –: Ich werfe auf euch kei-
ne andere Last, 25 nur, was ihr habt, behaltet,
bis dass ich kommen werde. 26 Und wer siegt,
und wer bis zum Ende meine Werke wahrt,
dem werde ich Gewalt über die Völker geben
– 27 und er wird sie weiden mit eisernem Stab,
so wie tönernes Gefäß zerschlagen wird –,
28 wie auch ich empfangen habe von meinem
Vater, und ich werde ihm den Morgenstern
geben. 29 Wer ein Ohr hat, höre, was der Geist
den Gemeinden sagt.

»Auf Herz und Nieren prüfen« –
noch so ein Bibelvers,
der zum geflügelten Wort wurde.
Und sonst?
Die Gemeinde in Thyatira
schneidet schlecht ab.

(2,18-29)

An Sardes:
Ich werde kommen wie ein Dieb

3 Und dem Engel der Gemeinde in Sardes
schreibe: Dies sagt, der die sieben Geister
Gottes hat und die sieben Sterne: Ich weiß um
deine Werke; du hast den Namen, dass du
lebst, doch du bist tot. 2 Werde wach und stär-
ke das übrige, das am Sterben ist. Denn ich
fand deine Werke nicht vollendet vor meinem
Gott. 3 Bedenke also, wie du empfangen und
gehört hast, und bewahre es und kehre um.
Denn wenn du nicht aufwachst, werde ich
kommen wie ein Dieb, und nimmer wirst du
erkennen, zu welcher Stunde ich über dich
kommen werde. 4 Doch du hast in Sardes ei-
nige Personen, die ihre Gewänder nicht be-
fleckt haben, und die werden mit mir einher-
gehen, weiß gekleidet, weil sie würdig sind.
5 Wer siegt, wird so in weiße Gewänder

---

vgl. auch Num 31,16. **18** Thyatira, eine Stadt im Lykos-Tal. **23** Mit Tod ist wohl die Pest gemeint. – Mit den Zeiten Isebels, der heidnischen Frau König Ahabs (vgl. 1 Kön 16,29-34; 18,13.19), wird das Treiben hier verglichen. – Vgl. Ps 7,10 und Jer 17,10. **28:** Der Morgenstern ist das Sinnbild der Herrschaft.
3,1 Das einst berühmte Sardes lebte nur noch aus seiner Vergangenheit. Auch die christliche Gemeinde war innerlich hohl. **3** Vgl. 1 Thess 5,2. **5** Der Siegerspruch enthält drei Verheißungen: weiße Gewänder –

gehüllt werden, und seinen Namen werde ich niemals aus dem Buch des Lebens wischen, und ich werde seinen Namen bekennen vor meinem Vater und vor seinen Engeln. 6 Wer ein Ohr hat, höre, was der Geist den Gemeinden sagt.

Auch Sardes kommt nicht gut weg.
Wie wäre das bei uns?
Und wenn wir das Gesamturteil
auf den Einzelnen anwenden?
Vielleicht auf mich...

(3,1-6)

An Philadelphia: Du hast mein Wort bewahrt

7 Und dem Engel der Gemeinde in Philadelphia schreibe: Dies sagt der Heilige, der Wahrhafte, der den Schlüssel Davids hat, der öffnet, und keiner wird schließen, der schließt, und keiner öffnet. 8 Ich weiß um deine Werke. Siehe, ich habe es gegeben, dass vor dir eine Tür geöffnet ist, die keiner schließen kann. Denn du hast nur kleine Macht, doch du hast mein Wort bewahrt und meinen Namen nicht verleugnet. 9 Siehe, ich gebe von der Synagoge des Satans, von denen, die sich Juden nennen und es nicht sind, sondern lügen – siehe, ich werde machen, dass sie kommen und dir zu Füßen huldigen werden und erkennen, dass ich es bin, der dich geliebt hat. 10 Weil du mein Wort des Ausharrens bewahrt hast, werde auch ich dich bewahren aus der Stunde der Prüfung, die über den ganzen Erdkreis kommen wird, um die Bewohner auf der Erde zu prüfen. 11 Ich komme bald. Behalte, was du hast, damit keiner deinen Kranz nehme. 12 Wer siegt, den werde ich zu einer Säule im Tempel meines Gottes machen, und er wird nie mehr hinausgehen. Und ich werde auf ihn den Namen meines Gottes schreiben und den Namen der Stadt meines Gottes, des neuen Jerusalem, das herabsteigt aus dem Himmel von meinem Gott her, und meinen neuen Namen. 13 Wer ein Ohr hat, höre, was der Geist den Gemeinden sagt.

Dieses Urteil sieht ganz anders aus.
Lob von A bis Z.
Doch »diese Juden« –
die kommen schlecht weg.
Ich kann mir vorstellen,
wie schwierig das war
– für beide Seiten.

(3,7-13)

An Laodizea: Wärest du doch kalt oder heiß

14 Und dem Engel der Gemeinde Laodizea schreibe: Dies sagt der Amen, der treue und wahrhafte Zeuge, der Anfang der Schöpfung Gottes: 15 Ich weiß um deine Werke, dass du nicht kalt noch heiß bist. 16 Wärest du doch kalt oder heiß! Doch, weil du lau bist und nicht heiß noch kalt, will ich dich ausspeien

---

ewige Seligkeit; Nicht-getilgt-Werden aus dem Buch des Lebens; der Sieger wird im Himmel öffentlich genannt; vgl. Mt 10,32. **7** Die unbedeutende soziale Stellung der Christen in Philadelphia brachte der Gemeinde wenig öffentliches Ansehen. Ihre Stärke lag im Festhalten am Wort Jesu; darum erhält sie uneingeschränktes Lob. – »Schlüssel« Davids (vgl. Jes 22,22) sagt, dass Christus als der verheißene Davidsohn die Schlüsselgewalt, die Vollmacht besitzt, zu entscheiden, wer in das messianische Reich eingehen darf. **8** Die Gemeinde verdient nur Lob; die Tür zum Gottesreich steht ihr offen. **9** Synagoge des Satans: vgl. 2,9. **10** Die Gemeinde ist in der Verfolgung treu geblieben; darum wird Christus sie in der letzten Erprobung bewahren. – Bewohner der Erde: Gemeint sind die Verfolger Christi und seiner Kirche. **12** Der Himmel ist dargestellt im Bild des Tempels; die Säule versinnbildet eine bedeutende Stellung im Reich Gottes. – Name Gottes: Zugehörigkeit zu Gott Vater; Name Jerusalem: Bürgerrecht der Himmelsstadt; der neue Name Jesu: neue Lebensgemeinschaft mit dem verklärten Herrn. **14** Laodizea, östlich von Ephesus, bei der Lykos-Mündung. Handelsstadt mit weitverzweigtem Export. Die Gemeinde war weltförmig und lau geworden. »Amen« ist hier Ausdruck der Autorität: Es ist so! **16-20** Auch der Tadel des Herrn ist Zeichen seiner Liebe. Es gibt wenig Bilder, die so anschaulich das Zusammenwirken von göttlicher Gna-

aus meinem Mund. 17 Denn du sagst: Ich bin
reich und reich geworden und brauche nichts;
doch du weißt nicht, dass du elend bist und
erbärmlich und arm und blind und nackt.
18 Ich rate dir, von mir zu kaufen: Gold, im
Feuer durchglüht, damit du reich werdest,
und weiße Gewänder, damit du dich umhül-
lest und nicht offenbar werde die Schande
deiner Nacktheit, und Augensalbe, deine Au-
gen einzusalben, damit du sehest. 19 Alle, die
ich lieb habe, strafe und züchtige ich. Ereifere
dich also und kehre um. 20 Siehe, ich stehe vor
der Tür und klopfe. Wenn einer meine Stim-
me hört und die Tür öffnet, werde ich hinein-
gehen zu ihm und Mahl mit ihm halten und er
mit mir. 21 Wer siegt, dem werde ich es geben,
sich mit mir auf meinen Thron zu setzen, wie
auch ich gesiegt habe und mich mit meinem
Vater auf seinen Thron gesetzt habe. 22 Wer
ein Ohr hat, höre, was der Geist den Gemein-
den sagt.

Mir scheint,
das ist das härteste Urteil:
Ausgespien werden aus seinem Mund!
Doch seien wir ehrlich:
Sind nicht auch wir – nein ich –
nur lauwarm?

(3,14-22)

Gottes Herrlichkeit:
Um den Thron vierundzwanzig Throne

4 Danach sah ich: Und siehe, eine Tür war
geöffnet im Himmel, und die erste Stimme,
die ich wie eine Posaune hörte, redete mit mir
und sprach: Steig auf, hierher, und ich werde
dir zeigen, was danach geschehen muss. 2 So-
gleich wurde ich vom Geist ergriffen, und sie-
he, ein Thron stand im Himmel und auf dem
Thron – da saß einer. 3 Und der da saß, war
anzusehen gleich einem Jaspisstein und Kar-
neol, und ein Regenbogen rings um den
Thron, anzusehen gleichwie Smaragd. 4 Und
rings um den Thron vierundzwanzig Throne,
und auf den Thronen sitzend vierundzwanzig
Älteste, gehüllt in weiße Gewänder, und auf
ihren Häuptern goldene Kränze. 5 Und vom
Thron gehen Blitze aus und Stimmen und
Donner. Und sieben Feuerfackeln brennen
vor dem Thron – das sind die sieben Geister
Gottes; 6 und vor dem Thron wie ein gläsernes
Meer, gleichwie Kristall, und in der Mitte des
Throns und rings um den Thron vier Wesen
voller Augen vorn und hinten. 7 Und das erste
Wesen war gleich einem Löwen und das zwei-
te Wesen gleich einem Stier, und das dritte
Wesen hatte das Angesicht wie ein Mensch,
und das vierte Wesen war gleich einem flie-
genden Adler.

Die ganze Herrlichkeit des Himmels
wird ausgebreitet.
Bilder über Bilder!
Zwölf Vertreter des Alten Bundes,
zwölf Vertreter des Neuen Bundes.
Und alles andere: siebenmal –
in der heiligen Zahl:
Vollkommenheit.

(4,1-7)

---

de und menschlicher Freiheit bezeichnen. **19** Vgl. Spr 3,12. **20** Vgl. Lk 12,36.

4,1 Mit dem Engelswort beginnt der eigentlich prophetische Teil der Apokalypse. Er enthält eine Offenbarung über die ganze Zukunft von Welt und Kirche, von Verherrlichung Christi bis zu seiner Wiederkunft und schließt mit der Schilderung der Vollendung. **4,2 - 5,14** Johannes sieht den Thronenden im Himmel, der dem Lamm das versiegelte Buch und damit die Herrschaft und das Gericht übergibt. Hier wird offenbar, wer über der ganzen Weltgeschichte steht. **2** Der Himmel ist nach damaliger Vorstellung ein in sich geschlossener Raum über der Erde (dreistufiges Weltbild). Eine Tür öffnet sich, um die Kommunikation zu ermöglichen. Der Seher soll Zeuge werden. – Vgl. Ez 1,26 und Jes 6,1. **3** Kein Mensch vermag in angemessener Weise auszudrücken, wie Gott ist. Deshalb sind diese leuchtenden und blitzenden Bilder nur Wegweiser zur überirdischen Welt (vgl. Ez 1,26-28). **4** Die 24 Ältesten (12 und 12) sind die Vertreter des Alten und Neuen Bundes vor Gott. **5** Die 7 Geister Gottes im Bild von Feuerfackeln weisen hin auf den Heiligen Geist, der in seiner Fülle (Zahl Sieben!) auf die Erde kommt. **7** Die vier lebenden Wesen oder

Anbetung: Würdig bist du, unser Herr und Gott

8 Und die vier Wesen, eines nach dem andern
von ihnen, hatten je sechs Flügel, ringsum
und innen sind sie voller Augen. Und Tag und
Nacht haben sie nicht Ruhe und sagen: Hei-
lig, heilig, heilig ist der Herr, Gott, der All-
herrscher, der war und der ist und der kommt.
9 Und wenn die Wesen dem, der auf dem
Throne sitzt und lebt in die Ewigkeit der
Ewigkeiten, Herrlichkeit und Ehre und Dank
geben, 10 werden die vierundzwanzig Ältesten
vor dem, der auf dem Throne sitzt, niederfal-
len und dem huldigen, der lebt in die Ewigkeit
der Ewigkeiten. Und sie werfen ihre Kränze
vor den Thron und sprechen: 11 Würdig bist
du, unser Herr und Gott, zu nehmen die
Herrlichkeit und die Ehre und Macht, denn
du schufst das All, und durch deinen Willen
war es und wurde geschaffen.

Die merkwürdigen vier Wesen,
sie sind zu Vertretern
der vier Evangelisten geworden.
Sie und die vierundzwanzig Ältesten,
sie rühmen Gottes Heiligkeit.

(4,8-11)

Das versiegelte Buch: Ein Lamm, wie geschlachtet

5 Und ich sah zur Rechten dessen, der auf
dem Throne saß, ein Buch, beschrieben innen
und außen, versiegelt mit sieben Siegeln.
2 Und ich sah einen Engel, stark, kündend mit
mächtiger Stimme: Wer ist würdig, zu öffnen
das Buch und zu lösen seine Siegel? 3 Und kei-
ner im Himmel noch auf der Erde noch unter
der Erde vermochte das Buch zu öffnen noch
hineinzublicken. 4 Und ich weinte sehr, dass
keiner würdig erfunden wurde, das Buch zu
öffnen und hineinzublicken. 5 Da sagt einer
von den Ältesten zu mir: Weine nicht! Siehe,
gesiegt hat der Löwe aus dem Stamm Juda,
der Wurzelspross Davids, das Buch und seine
sieben Siegel zu öffnen. 6 Und ich sah inmitten
des Throns und der vier Wesen und inmitten
der Ältesten ein Lamm stehen, wie geschlach-
tet. Es hatte sieben Hörner und sieben Augen,
das sind die sieben Geister Gottes, die ausge-
sandt sind auf die ganze Erde. 7 Und es kam
und empfing es aus der Rechten dessen, der
auf dem Throne saß.

Lobpreis: Würdig ist das Lamm, das geschlachtet ist

8 Und als es das Buch nahm, fielen die vier We-
sen und die vierundzwanzig Ältesten vor dem
Lamm nieder. Sie hatten jeder ein Saitenspiel
und goldene Schalen, gefüllt mit Räucher-
werk – das sind die Gebete der Heiligen. 9 Und
sie singen ein neues Lied und sprechen: Wür-
dig bist du, das Buch zu nehmen und zu öff-
nen seine Siegel, denn du bist geschlachtet
worden und hast uns für Gott erkauft mit dei-
nem Blut aus jedem Stamm und jeder Sprache
und jeder Völkerschaft und jedem Volk,
10 und hast sie unserm Gott zu einer Königs-

Throngestalten sind weder Tier noch Mensch, sondern Engel, die die Vollkommenheit aller Geschöpfe in sich vereinen (vgl. Ez 1,10). Seit dem Kirchenvater Irenäus gelten die vier Lebewesen in übertragener Weise als Symbole der vier Evangelisten. **8** Die ganze Vision (V. 1-11) ähnelt der Berufungsvision des Propheten Jesaja (6,1-13), in der auch das Dreimal-Heilig erklingt. **9-11** Der himmlische Gottesdienst: Die Erlösten preisen Gott, der die Schöpfung ans Ziel bringen wird.

5,1-11 In der Himmelsvision vollzieht sich eine heilige Handlung, eine Art »himmlischer Liturgie« in drei Akten: Feierlich verkündet ein Wechselspruch, wer das Siegelbuch öffnen darf; Christus übernimmt mit dem Buch die Herrschaft; darauf huldigen ihm Himmel und Erde. – Wenn die Siegel aufgebrochen werden, ist die Möglichkeit der Umkehr abgelaufen. **2-3** Ein Herold stellt die Frage, wer befugt ist, das Buch der Urteile Gottes zu öffnen; doch kein Engel (im Himmel) und kein Mensch (auf der Erde); auch kein Geist oder Dämon (unter der Erde) ist fähig. **5** Ein »Ältester« übernimmt die Funktion des Deute-Engels (vgl. 1,31). – Löwe aus Juda und Spross Davids sind urchristliche Christusprädikate. **6** Das Lamm trägt am Hals den Schächtungsschnitt; es ist also ein Opferlamm. – Vgl. Jes 53,7. – Sieben Hörner = Fülle der Macht; sieben Augen = Allwissenheit und zugleich siebenfältiger Gottesgeist. **7** Das Lamm nimmt die Buchrolle aus der Hand des Thronenden: ein Bild für die Thronbesteigung Christi. **8-14** Beim

herrschaft gemacht und zu Priestern, und sie werden als Könige auf der Erde herrschen.

Hier reiht sich ein Bild an das nächste.
Wer kann sie schon alle deuten:
Sicher ist: Das Lamm ist das Opferlamm,
das »Lamm Gottes«,
das hinwegnimmt die Sünde der Welt.
Und die Himmlischen
und die Irdischen:
Sie huldigen ihm.

(5,8-11)

11 Und ich sah und hörte eine Stimme von vie-
len Engeln rings um den Thron und um die
Wesen und die Ältesten, und ihre Zahl war
zehntausend mal zehntausend und tausend
mal tausend. 12 Und sie sprachen mit mächti-
ger Stimme: Würdig ist das Lamm, das ge-
schlachtet ist, die Macht zu empfangen und
Reichtum und Weisheit und Stärke und Ehre
und Herrlichkeit und Lob. 13 Und jedes Ge-
schöpf im Himmel und auf der Erde und un-
ter der Erde und auf dem Meer und alles, was
darin ist, hörte ich sagen: Ihm, der auf dem
Throne sitzt, und dem Lamm ist das Lob und
die Ehre und die Herrlichkeit und die Herr-
schaft in die Ewigkeit der Ewigkeiten. 14 Und
die vier Wesen sprachen: Amen. Und die Äl-
testen fielen nieder und huldigten.

Erstes Siegel – Unterjochung:
Siegend und um zu siegen

6 Und ich sah: Als das Lamm eines der sieben
Siegel öffnete, da hörte ich eines von den vier
Wesen sagen wie mit Donnerstimme: Komm!
2 Und ich sah: Und siehe, ein weißes Ross, und
der auf ihm saß, hatte einen Bogen, und ein
Kranz wurde ihm gegeben, und er ging hin-
aus, siegend und um zu siegen.

Zweites Siegel – Friedlosigkeit:
Einander hinzuschlachten

3 Und als es das zweite Siegel öffnete, hörte ich
das zweite Wesen sagen: Komm! 4 Und es kam
ein anderes Ross heraus, feuerrot, und dem,
der auf ihm saß, ward es gegeben, den Frieden
von der Erde zu nehmen, dass sie einander
hinschlachten sollten. Und es wurde ihm ein
großes Schwert gegeben.

Drittes Siegel – Hunger:
Ein Maß Weizen für einen Denar

5 Und als es das dritte Siegel öffnete, hörte ich
das dritte Wesen sagen: Komm! Und ich sah:
Und siehe, ein schwarzes Ross, und der auf
ihm saß, hatte eine Waage in seiner Hand.
6 Und ich hörte es wie eine Stimme inmitten
der vier Wesen sprechen: Ein Maß Weizen für
einen Denar und drei Maß Gerste für einen
Denar – dem Öl aber und dem Wein schade
nicht!

Viertes Siegel – Tod:
Und das Totenreich folgte ihm nach

7 Und als es das vierte Siegel öffnete, hörte ich
des vierten Wesens Stimme sagen: Komm!
8 Und ich sah: Und siehe, ein fahles Ross, und
der auf ihm saß – des Name ist der Tod, und
das Totenreich folgte ihm nach. Und es wur-
de ihnen Gewalt gegeben über das Viertel der
Erde, zu töten mit Schwert und Hunger und
Tod und durch die Tiere der Erde.

Anblick des Herrn und Richters ertönt ein dreifaches Loblied der »Himmlischen«, der Engel, der ganzen Schöpfung. **9** Die Throngestalten und die Ältesten sind Vertreter der Menschheit; sie vermitteln die Gebete der Gläubigen. **11** Vgl. den Lobpreis Davids in 1 Chron 29,11.

6,1 - 8,5 Das Lösen der Siegel bedeutet nicht nur die Bekanntgabe der Beschlüsse Gottes, sondern auch deren Vollstreckung. Bei jedem Lösen eines Siegels schaut Johannes bildhaft, was auf Erden geschehen wird. Es sind Ereignisse, die sich allmählich während der ganzen Heilszeit bis zur Vollendung erfüllen werden. **1-8** Die vier Reiter sind Signalgestalten für endzeitliche Nöte und Schrecken. **1** Sobald das Lamm ein Siegel öffnet, kommt das – dem in dem Buch geschriebenen Text – entsprechende Geschehen in Gang. **2** Der erste Reiter ist durch das weiße Pferd, durch Bogen und Kranz als Sieger gekennzeichnet. Sein Auftreten signalisiert die Niederlage: Völkerkriege, in denen es keine Sieger gibt. **4** Krieg und Bür-

Fünftes Siegel – Martyrer: Geschlachtet wegen des Wortes Gottes

9 Und als es das fünfte Siegel öffnete, sah ich
unter dem Altar die Seelen derer, die ge-
schlachtet sind wegen des Wortes Gottes und
des Zeugnisses, das sie hatten.
10 Und sie riefen mit mächtiger Stimme und
sprachen: Wie lange noch, Herr, Heiliger und
Wahrhafter, richtest und rächst du nicht un-
ser Blut an denen, die auf Erden wohnen?
11 Und einem jeden von ihnen wurde ein
weißes Kleid gegeben, und es wurde ihnen ge-
sagt, dass sie noch eine kleine Zeit ruhen soll-
ten, bis auch vollzählig seien ihre Mitknechte
und ihre Brüder, die auch wie sie getötet wer-
den sollten.

Sechstes Siegel – Katastrophen: Der große Tag des Zorns

12 Und ich sah: Als es das sechste Siegel öffne-
te, da ward ein großes Beben, und die Sonne
ward schwarz wie ein härener Sack, und der
Mond ward ganz wie Blut, 13 und die Sterne
des Himmels fielen auf die Erde, wie ein Fei-
genbaum seine Grünfeigen abwirft, wenn ein
mächtiger Wind ihn schüttelt. 14 Und der
Himmel wurde zurückgezogen wie ein zu-
sammengerolltes Buch, und jeder Berg und
Insel wurden von ihren Orten bewegt. 15 Und
die Könige der Erde und die Großen und die
Befehlshaber und die Reichen und die Star-
ken und alle, Knechte und Freie, verbargen
sich in den Höhlen und in den Felsen der Ber-
ge. 16 Und sie sagten zu den Bergen und den
Felsen: Fallet über uns und verberget uns vor
dem Angesicht dessen, der auf dem Throne
sitzt, und vor dem Zorn des Lammes. 17 Denn
gekommen ist der große Tag ihres Zorns, und
wer vermag zu bestehen?

Geheimnisse aus der Geschichte der Welt
werden offenbar – eines nach dem andern.
Das Endzeitgericht wird umschrieben.
Offenbar sind die Christen
von Ängsten getrieben.
Zu viel?
Und wie ist das mit uns?
Ein notwendiger Vergleich!

(6,12-17)

Zwischenszene: Und ich hörte die Zahl der Besiegelten

7 Danach sah ich vier Engel an den vier Ecken
der Erde stehen. Sie hielten die vier Winde der
Erde, damit kein Wind wehe über die Erde
noch über das Meer noch über jedweden
Baum. 2 Und ich sah einen andern Engel auf-
steigen vom Sonnenaufgang her, der des le-
bendigen Gottes Siegel hatte. Und er rief den
vier Engeln mit mächtiger Stimme zu, denen
es gegeben war, Schaden zuzufügen der Erde
und dem Meer, 3 und sprach: Fügt keinen
Schaden zu der Erde noch dem Meer noch
den Bäumen, bis wir besiegelt haben die
Knechte unseres Gottes auf ihren Stirnen.
4 Und ich hörte die Zahl der Besiegelten - hun-
dertvierundvierzigtausend Besiegelte aus je-
dem Stamm der Söhne Israels: 5 aus Judas
Stamm – Zwölftausend Besiegelte, aus Ru-
bens Stamm – Zwölftausend, aus Gads

---

gerkrieg. **5** Hungersnot und Teuerung. **7-8** Der vierte Reiter auf fahlem Ross wird mit Namen genannt. Die Plagen sind nur ein Vorspiel, nicht das Ende. **9-11** Der Ruf der Martyrer nach Gerechtigkeit beschleunigt die Vollstreckung der göttlichen Pläne. Sie erhalten im Voraus das weiße Taufkleid der christlichen Seligen, in deren Vollzahl sie eingereiht werden. **12-17** Die Katastrophen sind Signale der Endzeitgerichte. Sie sind Folgen der Ablehnung Christi. Sie treten im Lauf der Geschichte immer wieder auf und weisen auf das Ende hin. Der Mensch soll durch sie aufgerüttelt werden, um sich bereit zu halten. Die Bilder, mit denen die Katastrophen umschrieben werden, entstammen der alttestamentlichen Prophetie; vgl. Jes 13,10; Joel 3,3-4. **13** Zum Bild vom Feigenbaum vgl. Jes 34,4.
7,1-17 Zwischen dem 6. und 7. Siegel ist eine Zwischenszene eingeschoben. Auf das Bild des Schreckens folgt ein Bild des Friedens. **1** Vgl. Dan 7,2; Sach 6,5. – Die vier Winde bringen den göttlichen Lebenshauch, aber auch seinen Zornatem. **2-3** Ein fünfter Engel kommt vom Osten (= Ort des Lichts). **4** Zwölf gilt als Zahl der Fülle. 12 mal 12 mal 1000, das bedeutet eine große von Gott bestimmte unzählbare Menge und versinnbildet die Vollständigkeit des

Stamm – Zwölftausend, 6 aus Aschers Stamm
– Zwölftausend, aus Naftalis Stamm –
Zwölftausend, aus Manasses Stamm –
Zwölftausend, 7 aus Simeons Stamm –
Zwölftausend, aus Levis Stamm – Zwölftau-
send, aus Issachars Stamm – Zwölftausend,
8 aus Sebulons Stamm – Zwölftausend, aus
Josefs Stamm – Zwölftausend, aus Benjamins
Stamm – Zwölf tausend Besiegelte.

Zahlen spielten eine große Rolle –
alle sind nur symbolisch gemeint.
»Nur«? So sagen wir!

(7,1-8)

Das Loblied: Eine große Menge, die keiner zu zählen vermochte

9 Danach sah ich: Und siehe, eine große Men-
ge, die keiner zu zählen vermochte, aus allen
Völkern und Stämmen und Völkerschaften
und Sprachen. Sie standen vor dem Thron
und vor dem Lamm, umhüllt mit weißen
Kleidern, und Palmen in ihren Händen.
10 Und sie riefen mit mächtiger Stimme und
sprachen: Die Rettung ist bei unserm Gott,
der auf dem Throne sitzt, und dem Lamm.
11 Und alle Engel standen rings um den Thron
und um die Ältesten und um die vier Wesen,
und sie fielen vor dem Thron auf ihre Ange-
sichter und huldigten Gott 12 und sprachen:
Amen. Das Lob und die Herrlichkeit und die
Weisheit und der Dank und die Ehre und die
Macht und die Stärke ist unserm Gott in die
Ewigkeit der Ewigkeiten. Amen.

Zwischenszene: Die Kleider im Blut des Lammes gewaschen

13 Und einer von den Ältesten nahm das Wort
und sprach zu mir: Die in die weißen Kleider
Gehüllten, wer sind sie, und woher sind sie
gekommen? 14 Und ich sagte zu ihm: Mein
Herr, du weißt es. Und er sagte zu mir: Diese
sind es, die aus der großen Bedrängnis kom-
men. Und sie haben ihre Kleider gewaschen
und sie weiß gemacht im Blut des Lammes.
15 Deshalb sind sie vor dem Throne Gottes
und dienen ihm bei Tag und Nacht in seinem
Tempel. Und der auf dem Throne sitzt, wird
sein Zelt aufschlagen über ihnen. 16 Sie wer-
den nicht mehr hungern und nicht mehr dür-
sten. Nicht wird auf sie die Sonne fallen noch
irgendeine Glut. 17 Denn das Lamm in der
Mitte des Thrones wird sie weiden und sie lei-
ten zu den Wasserquellen des Lebens. Und
Gott wird jede Träne aus ihren Augen wi-
schen.

Immer wieder ein Loblied.
Vielleicht aus der Liturgie?
Wie groß auch immer die Zahl
der Geretteten –
jeder Einzelne ist wichtig:
Gott selber wischt seine Tränen ab!

(7,9-17)

Siebtes Siegel – sieben Posaunen: Es ward Schweigen im Himmel

8 Und als es das siebte Siegel öffnete, ward
Schweigen im Himmel bei einer halben Stun-
de. 2 Und ich sah die sieben Engel, die vor Gott
stehen, und es wurden ihnen sieben Posaunen

Gottesvolkes. – **9-10** Die aus der ganzen Menschheit stammende triumphierende Kirche kann weder gezählt noch im Zahlensymbol gefasst werden. **14** Alle Bedrängnisse der Gläubigen enden in der großen Bedrängnis des Endes, aus der heraus die in weiße Gewänder Gehüllten vor Gottes Thron geführt werden. **15** Gott hat bei ihnen sein Zelt aufgeschlagen, das sie alle unter seinen Schutz nimmt; keine irdische Not wird sie mehr bedrängen. **16** Christus, der Hirte, wird die Seinen zu den Wasserquellen führen; vgl. Jes 49,10. **17** Im Bild vom Tränentrocknen spiegelt sich das ganz Persönliche der tröstenden Liebe Gottes zu den Menschen (vgl. Ps 23,2; Jes 25,8).

8,1 Das siebte Siegel wird geöffnet; die Stelle kündet das kommende Gericht an.

8,2 - 9,21 In sieben »Posaunenvisionen« wird der Anbruch des göttlichen Gerichts beschrieben. Eine letzte Chance zur Umkehr. **1** Der Himmel hält den Atem an in Erwartung des Kommenden. **2-5** Während der Stille erhalten sieben Engel sieben Posaunen. Damit

gegeben. 3 Und ein anderer Engel kam und stellte sich vor den Altar. Er hatte ein goldenes Rauchfass. Und es wurde ihm viel Rauchwerk gegeben, damit er es zu den Gebeten aller Heiligen gebe auf den goldenen Altar vor dem Thron. 4 Und der Rauch des Rauchwerks stieg mit den Gebeten der Heiligen aus der Hand des Engels vor Gott. 5 Und der Engel nahm das Rauchfass und füllte es vom Feuer des Altars und warf es auf die Erde. Und es entstanden Donner und Stimmen und Blitze und Beben.

Die ersten vier Posaunen:
Und viele Menschen starben

6 Und die sieben Engel, die die sieben Posaunen hatten, machten sich bereit zu posaunen. 7 Und der erste posaunte, und es kam Hagelschlag und Feuer, vermischt mit Blut, und wurde auf die Erde geworfen. Und das Drittel der Erde verbrannte, und das Drittel der Bäume verbrannte, und alles grüne Gras verbrannte. 8 Und der zweite Engel posaunte. Und etwas wie ein großer Berg, brennend von Feuer, wurde ins Meer geworfen. Und das Drittel des Meeres wurde zu Blut. 9 Und das Drittel der Geschöpfe im Meer, die Leben haben, starb, und das Drittel der Schiffe wurde vernichtet. 10 Und der dritte Engel posaunte. Und es fiel ein großer Stern vom Himmel, brennend wie eine Fackel, und fiel auf das Drittel der Flüsse und auf die Quellen der Wasser. 11 Und der Name des Sterns heißt: Wermut. Und es wurde das Drittel des Wassers zu Wermut. Und viele Menschen starben an den Wassern; denn sie waren bitter geworden. 12 Und der vierte Engel posaunte. Und es ward zerschlagen das Drittel der Sonne und das Drittel des Mondes und das Drittel der Sterne, so dass sich ihr Drittel verfinsterte und der Tag zu seinem Drittel nicht mehr schien und ebenso die Nacht. 13 Und ich sah und hörte einen Adler, der flog in der Mitte des Himmels und sprach mit mächtiger Stimme: Wehe, wehe, wehe den Bewohnern auf der Erde wegen der übrigen Stimmen der Posaune der drei Engel, die posaunen werden.

Schon wieder die Siebenerzahl!
Sieben Posaunen,
verflochten mit dem siebten Siegel.
Die ersten vier Posaunen
künden Gericht über die Natur.
Es fällt nicht leicht,
diese Bildersprache aufzunehmen.

(8,1-12)

Fünfte Posaune:
Die Menschen werden den Tod suchen

9 Und der fünfte Engel posaunte. Und ich sah einen Stern, aus dem Himmel auf die Erde gefallen, und es wurde ihm der Schlüssel gegeben zum Schacht des Abgrunds. 2 Und er öffnete den Schacht des Abgrunds, und Rauch stieg auf aus dem Schacht wie Rauch eines großen Ofens, und verfinstert wurde die Sonne und die Luft vom Rauch des Schachtes. 3 Und aus dem Schacht heraus kamen Heu-

---

wird eine neue Siebenerreihe eingeleitet. Mit der Lösung des siebten Siegels liegt der Plan Gottes offen da. Im Gedankengang der Apokalypse läuft alles wie eine Spirale dem Ende zu. **2** Die sieben Engel kann man mit den »Erzengeln« identifizieren. **5** Die auf die Erde geworfene Feuersglut ist ein Bild für das Gericht.

6 Hier beginnt die Posaunenvision (bis 11,18). Auch sie zeigt, wie sich die Ratschlüsse Gottes im Lauf der Weltgeschichte verwirklichen. Die ersten vier Plagen kommen über die Natur, die folgenden drei unmittelbar über die Menschen. Vor der siebten Posaune ist, wie vor dem siebten Siegel, wieder ein umfangreiches Zwischenstück eingeschoben. **7** Naturkatastrophen, die die Grenze des Natürlichen überschreiten (vgl. die ägyptischen Plagen Ex 9,23-26). **8** Das Geschehen erinnert an einen Vulkanausbruch. **10** Verderbnis über das für den Menschen lebensnotwendige Wasser (vgl. Jes 14,12 und Dan 8,10). **12** Verfinsterung der Atmosphäre durch irdische Ereignisse. **13** Das dreifache Wehe zeigt an, dass jetzt Satan eingreift.

9,1-12 Das Vorbild der fünften Posaunenplage sind die ägyptischen Plagen. Johannes sieht jedoch in den Heuschrecken dämonische Wesen. **1-3** Diese Verse zeigen die Herkunft der Plage: Ein gestürzter Engel öffnet den Abgrund, wo sie alle eingesperrt sind. **4-6**

schrecken auf die Erde. Und es wurde ihnen Gewalt gegeben, wie die Skorpione der Erde Gewalt haben. [4] Und es wurde ihnen gesagt, nicht Schaden anzutun dem Gras der Erde noch irgendeinem Grün noch irgendeinem Baum, sondern nur den Menschen, die das Siegel Gottes nicht auf den Stirnen haben. [5] Doch es ward ihnen gegeben, sie nicht zu töten, sondern sie zu quälen fünf Monate lang. Und ihr Quälen ist wie das Quälen eines Skorpions, wenn er einen Menschen sticht. [6] Und in jenen Tagen werden die Menschen den Tod suchen und werden ihn nicht finden. Und sie werden begehren zu sterben, doch der Tod flieht von ihnen. [7] Und die Gestalten der Heuschrecken sind wie Rosse, die zum Kampf gerüstet sind, und auf ihren Köpfen haben sie goldähnliche Kränze, und ihre Gesichter sind wie Gesichter von Menschen. [8] Und sie hatten Haare wie Frauenhaare, und ihre Zähne waren wie die von Löwen. [9] Und sie hatten Brustpanzer wie Eisenpanzer, und die Stimme ihrer Flügel war wie der Schall von Wagen mit vielen Rossen, die zum Kampf eilen. [10] Und Schwänze haben sie und Stachel gleich Skorpionen, und in ihren Schwänzen ist ihre Gewalt, Schaden anzutun den Menschen fünf Monate lang. [11] Sie haben über sich als König den Engel des Abgrunds, dessen Name auf hebräisch ist: Abaddon, und im Griechischen hat er den Namen: Apollyon. [12] Das eine Wehe ist vergangen. Siehe: Es kommen noch zwei Wehe danach.

Die Phantasie des Autors ist faszinierend!
Und wenn man sein Buch mehrmals liest,
geht einem auf, dass der Aufbau
nicht so chaotisch ist, wie es zunächst
scheint, sondern sehr durchdacht.

(9,1-12)

Sechste Posaune:
Das Drittel der Menschen wurde getötet

[13] Und der sechste Engel posaunte. Und ich hörte eine Stimme von den vier Hörnern des goldenen Altars her, der vor Gott ist. [14] Und sie sprach zum sechsten Engel, der die Posaune hatte: Löse die vier Engel, die gebunden sind am großen Eufratfluss. [15] Und die vier Engel wurden gelöst, die bereit waren auf die Stunde und Tag und Monat und Jahr, um das Drittel der Menschen zu töten. [16] Und die Zahl der Reiterheere war zwanzigtausend mal zehntausend. Ich hörte ihre Zahl. [17] Und so sah ich in dem Gesicht die Rosse und die auf ihnen saßen: Sie hatten Brustpanzer, feuerrot, rauchblau und schwefelgelb. Und die Köpfe der Rosse waren wie Löwenköpfe, und aus ihren Mäulern kommt Feuer und Rauch und Schwefel heraus. [18] Durch diese drei Plagen wurde das Drittel der Menschen getötet, von dem Feuer und dem Rauch und dem Schwefel, die aus ihren Mäulern hervorkommen. [19] Denn die Gewalt der Rosse ist in ihrem Maul und in ihren Schwänzen; ihre Schwänze nämlich sind gleich Schlangen. Sie haben Köpfe, und mit ihnen fügen sie Schaden zu.

Vergeblichkeit der Plagen:
Sie kehrten nicht um

[20] Doch die übrigen Menschen, die nicht von diesen Plagen getötet wurden, kehrten nicht um von den Werken ihrer Hände, den Dämonen zu huldigen und den Götzenbildern von Gold und Silber und von Erz und Stein und Holz, die nicht zu sehen vermögen und nicht zu hören und nicht umherzugehen, [21] und sie kehrten nicht um von ihren Mordtaten noch von ihren Zaubereien noch von ihren Hurereien noch von ihren Diebereien.

Die Besiegelten werden von den Unbesiegelten getrennt; daran sieht man, dass Satan am Werk ist. **7-10** Die Erscheinungsform der Verderber, die dem Menschen Unrecht antun, wird geschildert. **11-12** Der Anführer ist der Engel des Abgrunds, dessen Name etwas aussagt über sein Wesen. Hier wird der von Dämonen gehetzte Mensch gezeigt. **13-21** Das zweite Wehe, die sechste Posaune, offenbart den zum Dämon gewordenen Menschen. **13-19** Mit der sechsten Posaune kommen Feuer, Rauch und Schwefel auf die Erde. Das Feuer verwandelt sich in Menschen mordende Mächte. **14** Vier Strafengel weisen auf die vier Himmelsrichtungen und damit auf die Weltweite des Geschehens hin. Der Eufrat ist ein Sinnbild für den Ort, von dem Krieg ausgeht, da einst von hier die Kriegsheere des Ostens gegen Israel heranrückten. **17** Dem Aussehen nach sind es »Fabeltiere«, dem Wesen nach Dämonen. **20-21** Fazit: Der übriggebliebene

Ein ganzes Bilderbuch,
so scheint es mir.
Doch mehr und mehr
verstärkt sich der Eindruck:
Hinter allem steht große Angst.

(9,13-21)

Zwischenszene:
Ich sah einen Engel,er hatte ein Büchlein

10 Und ich sah einen anderen, einen starken Engel. Er stieg aus dem Himmel herab, in eine Wolke gehüllt, und der Regenbogen war über seinem Haupt, und sein Angesicht war wie die Sonne und seine Füße wie Feuersäulen. 2 Und er hatte in seiner Hand ein geöffnetes Büchlein. Und er setzte seinen rechten Fuß auf das Meer, den linken aber auf das Land. 3 Und er rief mit mächtiger Stimme, wie wenn ein Löwe brüllt. Und als er rief, redeten die sieben Donner mit ihren eigenen Stimmen. 4 Und als die sieben Donner redeten, wollte ich schreiben. Und ich hörte eine Stimme aus dem Himmel, die sagte: Versiegle, was die sieben Donner redeten, und schreibe es nicht auf. 5 Und der Engel, den ich stehen sah auf dem Meer und auf dem Land, hob seine rechte Hand zum Himmel 6 und schwur bei dem, der lebt in die Ewigkeit der Ewigkeiten – der den Himmel, und was in ihm ist, und die Erde, und was in ihr ist, und das Meer, und was in ihm ist, geschaffen hat –, dass keine Zeit mehr sei, 7 sondern dass in den Tagen der Stimme des siebten Engels, wann er posaunen wird, auch das Geheimnis Gottes vollendet wird, wie er als Frohbotschaft verkündet hat seinen Knechten, den Propheten. 8 Und die Stimme, die ich aus dem Himmel hörte, redete wieder mit mir und sagte: Geh, nimm das geöffnete Buch in der Hand des Engels, der auf dem Meer und dem Land steht. 9 Und ich ging zu dem Engel und sagte zu ihm, dass er mir das Büchlein gebe. Und er sagt zu mir: Nimm und verschlinge es! Es wird zwar deinen Leib bitter machen, doch in deinem Mund wird es süß sein wie Honig. 10 Und ich nahm das Büchlein aus der Hand des Engels und verschlang es. Und es war in meinem Munde wie Honig süß. Doch als ich es gegessen hatte, wurde mein Leib ganz bitter. 11 Da sagen sie zu mir: Du musst wieder prophetisch reden über Völkerschaften und Völker und Sprachen und viele Könige.

Schon wieder eine Zwischenszene.
Die Spannung beim Leser
soll zunehmen.
Immer vor der Zahl sieben
wird unterbrochen.
Und jetzt wird dieser Johannes
zum zweiten Mal berufen,
in einer verrückten Szene.

(10,1-11)

Zwischenszene:
Die zwei Zeugen werden weissagen

11 Und es wurde mir ein Rohr gegeben gleich einem Stab und gesagt: Steh auf und miss den Tempel Gottes und den Altar und jene, die in ihm huldigen. 2 Doch den äußeren Hof des

---

Rest bekehrt sich nicht von den Göttern zu Gott. **10,1 - 11,14** Vor der siebten Posaune wird wieder ein Zwischenstück eingeschoben. Der Abschnitt zeigt die Folgen der Unbußfertigkeit, aber auch die rettende Gnade Gottes. Damit enthält er eine Vorausschau und Ankündigung des ganzen kommenden Teils der Apokalypse. **1** Der Engel kommt mit den Zeichen der göttlichen Macht. **5-7** Der Tag Gottes ist nah; das Geheimnis Gottes wird mit dem Ertönen der siebten Posaune Wirklichkeit (vgl. 1 Kor 15,51-52). **8-10** Johannes erbittet das kleine Buch und bekommt es zu essen. Das Wort des Herrn ist als solches süß; seine Botschaft aber ist für Johannes und alle Angesprochenen bitter, weil sie das Gericht ankündigt. **11** Johannes wird ein zweites Mal berufen.

11,1-14 Dieser Abschnitt enthält als 2. Teil des Zwischenstücks das Messen des Tempels. Außerdem verkünden zwei Zeugen in der Zeit der Herrschaft des Antichristen die göttliche Wahrheit. **1** »Messen« heißt hier zum Schutz abgrenzen. Tempel, Altar und Beter, also das innere Leben der Kirche wird bewahrt. **2** Zweiundvierzig Monate: das sind 1260 Tage. So

Tempels schließe aus und miss ihn nicht, denn er wird den Völkern gegeben, und sie werden die Heilige Stadt zweiundvierzig Monate lang niedertreten. 3 Und ich werde es meinen zwei Zeugen geben, dass sie zwölfhundertsechzig Tage lang prophetisch reden werden, in Säcke gehüllt. 4 Diese sind die zwei Ölbäume und die zwei Leuchter, die vor dem Herrn der Erde stehen. 5 Und wenn einer ihnen Schaden antun will, geht Feuer aus ihrem Mund hervor und verschlingt ihre Feinde. Und wenn einer ihnen Schaden antun wollte, muss er also getötet werden. 6 Sie haben die Gewalt, den Himmel zu schließen, damit kein Regen die Tage ihrer Prophetie benetze. Und sie haben Gewalt über die Wasser, sie in Blut zu wandeln und mit jeder Plage die Erde zu schlagen, wann immer sie wollen. 7 Und wenn sie ihr Zeugnis vollendet haben, wird das Tier, das aus dem Abgrund aufsteigt, mit ihnen einen Kampf führen und sie besiegen und sie töten.

Jetzt versteh ich gar nichts mehr!
Lauter mir nicht verständliche Bilder.
Und das Ganze als
»Zweite Zwischenszene«!

(11,1-7)

8 Und ihr Leichnam ist auf der Straße der großen Stadt, die geistigerweise Sodom und Ägypten heißt. Dort wurde auch ihr Herr gekreuzigt. 9 Und die aus den Völkerschaften und Stämmen und Sprachen und Völkern schauen auf ihren Leichnam drei und einen halben Tag und lassen nicht zu, dass ihre Leichname in ein Grab gelegt werden. 10 Und die Bewohner auf der Erde freuen sich über sie und jubeln. Und sie werden einander Gaben schicken, weil diese zwei Propheten die Bewohner auf der Erde gequält haben. 11 Und nach drei und einem halben Tag kam Lebensgeist von Gott in sie, und sie stellten sich auf ihre Füße, und große Furcht fiel auf jene, die sie anschauten. 12 Und sie hörten eine mächtige Stimme aus dem Himmel, die sprach zu ihnen: Steigt hierher! Und sie stiegen in der Wolke hinauf in den Himmel, und ihre Feinde schauten auf sie. 13 Und in jener Stunde entstand ein großes Beben, und das Zehntel der Stadt fiel ein, und durch das Beben wurden siebentausend Personen von Menschen getötet. Und die übrigen wurden voll Furcht, und sie gaben Verherrlichung dem Gott des Himmels. 14 Und das zweite Wehe ist vergangen. Siehe, das dritte Wehe kommt bald.

Und jetzt die Lösung:
Von den Gottfeinden getötet,
von Gott zum Leben erweckt,
wie Jesus.

(11,8-14)

Siebte Posaune:
Die Weltherrschaft unseres Herrn

15 Und der siebte Engel posaunte. Und mächtige Stimmen kamen im Himmel auf und sagten: Gekommen ist die Weltkönigsherrschaft unseres Herrn und seines Gesalbten, und er wird als König herrschen in die Ewigkeit der Ewigkeiten. 16 Und die vierundzwanzig Ältes-

lange währt auch der Aufenthalt der Frau (= der Kirche) in der Wüste (12,6), und ebenso lange darf das Tier lästern (13,5). Die Zeit der Drangsal für die Kirche ist also gleich lang wie die Zeit des Antichrist. **3** Zur Anerkennung einer Aussage waren zwei Zeugen notwendig. **4** Das Bild vom Ölbaum (vgl. Sach 4,3) sagt: Die Zeugen sind gesalbte, das heißt von Gott berufene Männer. **5-7** Gott schützt seine Zeugen (= Martyrer) in besonderer Weise, bis zu der von Gott festgesetzten Zeit. **8** Sodom und Ägypten sind typische Bezeichnungen der Gottfeindlichkeit, die nun auf Jerusalem angewandt werden. **9** Dreieinhalb ist die Hälfte von sieben, also Zeichen der Gottfeindlichkeit, des Unvollendeten. **11** Der Jubel der Welt ist verfrüht. Wie der Herr auferstand, so werden auch seine Zeugen zum Leben erweckt. **12-13** Mit der Aufnahme der Zeugen in den Himmel ist ein Erdbeben verbunden. Ein Zehntel der Bevölkerung von Jerusalem kommt um. **15** Beim Erklingen der siebten Posaune beginnt der neue Lobpreis der Engel. Die Welt-

ten, die vor Gott auf ihren Thronen sitzen,
fielen auf ihre Angesichter und huldigten
Gott 17 und sprachen: Wir sagen dir Dank,
Herr, Gott, Allherrscher, der ist und der war,
dass du deine große Macht genommen und
als König zu herrschen begonnen hast. 18 Und
die Völker wurden zornig, da kam dein Zorn
und die Zeit der Toten, gerichtet zu werden,
und den Lohn zu geben deinen Knechten, den
Propheten und den Heiligen und denen, die
deinen Namen fürchten, den Kleinen und den
Großen, und zu verderben, die die Erde ver-
derben. 19 Und der Tempel Gottes, der im
Himmel ist, wurde geöffnet, und es erschien
die Lade seines Bundes in seinem Tempel, und
es kamen Blitze und Stimmen und Donner
und Beben und großer Hagel.

Endlich die siebte Posaune.
Der Herr der Welt
ist unser Herr:
»Gott sei Dank!«

(11,15-19)

Die Frau und der Drache:
Eine Frau, mit der Sonne umhüllt

12 Und ein großes Zeichen erschien am Him-
mel: eine Frau, mit der Sonne umhüllt, und
den Mond unter ihren Füßen, und auf ihrem
Haupt ein Kranz von zwölf Sternen,
2 und sie war schwanger und ruft in Wehen
und Qualen des Gebarens. 3 Und es erschien
ein anderes Zeichen am Himmel, und siehe,
ein Drache, groß und feuerrot; er hatte sieben
Köpfe und zehn Hörner und auf seinen Köp-
fen sieben Kronen. 4 Und sein Schwanz zieht
das Drittel der Sterne vom Himmel, und er
warf sie auf die Erde. Und der Drache stand
vor der Frau, die gebären sollte, damit er,
wenn sie gebar, ihr Kind verschlinge. 5 Und sie
gebar einen Sohn, einen Knaben, der alle Völ-
ker weiden wird mit eisernem Stab. Und ihr
Kind ward entrückt zu Gott und zu seinem
Thron. 6 Und die Frau floh in die Wüste, wo
sie einen Ort hatte, der von Gott dort bereitet
war, auf dass sie dort ernährt werde zwölf-
hundertsechzig Tage lang.

Michaels Kampf: Darum jubelt, ihr Himmel

7 Und es entstand ein Kampf im Himmel.
Michael und seine Engel kämpften mit dem
Drachen. Und der Drache kämpfte und seine
Engel. 8 Doch er war nicht stark. Und ihr Platz
ward im Himmel nicht mehr gefunden. 9 Und
hinabgeworfen ward der große Drache, die
alte Schlange, die der Teufel und Satan heißt,
der den ganzen Erdkreis verführt. Er wurde
auf die Erde geworfen, und seine Engel wur-
den mit ihm geworfen. 10 Und ich hörte eine
mächtige Stimme im Himmel sagen: Jetzt ist
gekommen die Rettung und die Macht und
die Königsherrschaft unseres Gottes und die
Gewalt seines Gesalbten. Denn hinabgewor-
fen ist der Ankläger unserer Brüder, der sie
vor unserm Gott verklagte Tag und Nacht.
11 Und sie besiegten ihn durch das Blut des
Lammes und durch das Wort ihres Zeugnis-
ses, und sie liebten ihr Leben nicht bis zum
Tod. 12 Darum jubelt, ihr Himmel, und ihr, die
ihr darin euer Zelt habt. Wehe der Erde und

---

herrschaft Gottes und Christi ist angebrochen. **18** Die Feinde Gottes geraten in Zorn, weil sie sich seiner Herrschaft nicht beugen wollen. Hinter diesem Toben steht die Wut des Satans. **19** Nach jüdischer Überlieferung wurde die Heilige Lade (die vor der Zerstörung des Tempels verborgen wurde, im Himmel wieder sichtbar. Ihr Erscheinen bedeutet das Erscheinen Gottes.

12,1 - 15,5 Diese Kapitel stehen nicht im direkten Zusammenhang mit den vorausgehenden. Johannes hat ganz verschiedene Überlieferungselemente zusammengefügt, um auf diesem Hintergrund die Endereignisse zu zeichnen. Er zeigt auf, dass die Erde in ursprünglich himmlisches Geschehen einbezogen ist. Urzeitbilder sind mit Anspielungen auf die politische Geschichte zu Ende des 1. Jahrhunderts vermischt.

1-2 Die schwangere Frau am Himmel ist Bild für das Gottesvolk Alten und Neuen Bundes. **3-4** Der Drache, das Bild für Satan, fegt ein Drittel der Sterne vom Himmel. Er bedroht die Frau. **5** Johannes sieht Geburt und Himmelfahrt als einen einzigen Vorgang: den Drehpunkt der Geschichte. **6** Da Satan Christus gegenüber machtlos ist, bekämpft er die Frau. **7-12** Die Erlösungstat Christi bewirkte Satans Sturz. Was

dem Meer, weil der Teufel zu euch hinabge-
stiegen ist voll großen Grimms, da er weiß,
dass er wenig Zeit hat.

**Rettung der Frau:
Der Drache verfolgt die Frau**

[13] Und als der Drache sah, dass er auf die Er-
de geworfen war, verfolgte er die Frau, die
den Knaben gebar. [14] Und der Frau wurden
die zwei Flügel des großen Adlers gegeben,
damit sie in die Wüste fliege, an ihren Ort, wo
sie ernährt wird eine Zeit und Zeiten und ei-
ne halbe Zeit, fern vom Angesicht der Schlan-
ge. [15] Und die Schlange warf aus ihrem Maul
hinter der Frau her Wasser wie einen Fluss,
um sie vom Fluss forttreiben zu lassen.
[16] Doch die Erde half der Frau, und die Erde
öffnete ihren Mund und verschlang den
Fluss, den der Drache aus seinem Maul warf.
[17] Da wurde der Drache zornig über die Frau,
und er ging weg, um mit den übrigen ihrer
Nachkommen seinen Kampf zu führen, mit
denen, die die Gebote Gottes bewahren und
das Zeugnis Jesu haben. [18] Und er stellte sich
auf am Strand des Meeres.

*Die sieben Siegel –
abgeschlossen.*

*Die schwangere Frau
und der Drache –
ein ganz anderes Bild.
Die Schwangere ist Mutter der im
alten und im neuen Bund Geborenen.
Daher wird sie gerettet.*

(12,13-18)

**Das erste Tier – der Antichrist:
Lästerungen gegen Gott**

13 Und ich sah aus dem Meer ein Tier auf-
steigen, das hatte zehn Hörner und sieben
Köpfe und auf seinen Hörnern zehn Kronen
und auf seinen Köpfen lästerliche Namen.
[2] Und das Tier, das ich sah, war einem Panther
gleich, und seine Füße wie die eines Bären,
und sein Maul wie eines Löwen Maul. Und
der Drache gab ihm seine Macht und seinen
Thron und große Gewalt. [3] Und einer von sei-
nen Köpfen war wie zum Tode geschlachtet,
doch seine Todeswunde wurde geheilt. Und
die ganze Erde staunte hinter dem Tiere her,
[4] und sie huldigten dem Drachen, weil er dem
Tier die Gewalt gegeben. Und sie huldigten
dem Tier und sprachen: Wer ist dem Tiere
gleich, und wer vermag mit ihm zu kämpfen?
[5] Und es ward ihm ein Maul gegeben, um
Großes und Lästerliches zu reden. Und es
wurde ihm Gewalt gegeben, zweiundvierzig
Monate so zu tun. [6] Und er öffnete sein Maul
zu Lästerungen gegen Gott, um zu lästern sei-
nen Namen und sein Zelt: jene, die im Him-
mel ihr Zelt haben. [7] Und es wurde ihm gege-
ben, einen Kampf zu führen mit den Heiligen
und sie zu besiegen, und es wurde ihm Gewalt
gegeben über jeden Stamm und Völkerschaft
und Sprache und Volk. [8] Und es werden ihm
huldigen alle Bewohner auf der Erde, deren
Name nicht geschrieben ist im Lebensbuch
des Lammes, das geschlachtet ist, seit Grund-
legung der Welt. [9] Wenn einer ein Ohr hat, hö-
re er! [10] Wenn einer in Gefangenschaft soll,
geht er in Gefangenschaft. Wenn einer mit
dem Schwert getötet werden soll, muss er mit
dem Schwert getötet werden. Hier gilt das
Ausharren und der Glaube der Heiligen.

---

auf Erden geschah, hat einen Parallelvorgang im Himmel. Der vorgeschichtliche Engelsturz ist diesem Bild vorangesetzt, um Satans Sturz als Wirkung der Erlösung darzustellen. **13-17** Der Abschnitt schließt an Vers 6 an. Der mythische Endkampf wird auf der Erde fortgesetzt. Der Drache bedroht die Frau mit Wasser; die Erde bewahrt sie. Nun wendet sich der Drache gegen die Kinder der Frau, die Glaubenden.
13,1-10 Das Tier des Abgrundes wird von Johannes »Mensch der Sünde, Sohn des Verderbens« genannt (2 Thess 2,2); der Name Antichrist stammt aus den Johannesbriefen. **3** Satan äfft die Thronbesteigung Christi nach, ja sogar Tod und Auferstehung des Herrn, indem er die Todeswunde des Tieres heilen lässt. **5** Zweiundvierzig Monate weisen auf die große Drangsal hin (vgl. 11,2-3; 12,6). **9** Der Antichrist lässt sich nicht mit einer bestimmten geschichtlichen Gestalt identifizieren. Seine typische Gestalt verwirklicht sich während der ganzen Geschichte immer wieder. Christen sind aufgerufen, nicht seine Lästerreden, sondern die davor warnenden Worte zu hören.

Dieser »Sohn des Verderbens«
– auch Antichrist genannt –
muss ernst genommen werden.
Und doch: nicht jeder Häretiker
ist gleich der Antichrist,
wie manche Leute glauben.

(13,1-10)

Das zweite Tier – der falsche Prophet: Er verführt die Bewohner

11 Und ich sah ein anderes Tier aus der Erde
aufsteigen, und es hatte zwei Hörner wie ein
Lamm, und es redete wie ein Drache. 12 Und
es übt die ganze Gewalt des ersten Tieres vor
ihm aus und macht, dass die Erde und die auf
ihr wohnen dem ersten Tier huldigen, dem
seine Todeswunde geheilt worden war. 13 Und
es wirkt große Zeichen, so dass es vor den
Menschen sogar Feuer aus dem Himmel her-
abfallen lässt auf die Erde. 14 Und es verführt
die Bewohner auf der Erde durch die Zeichen,
die ihm vor dem Tier zu tun gegeben sind, und
sagt den Bewohnern auf der Erde, dem Tier,
das die Schwertwunde trägt und auflebte, ein
Bild zu machen. 15 Und es wurde ihm gegeben,
dem Bild des Tieres Geist zu verleihen, damit
das Bild des Tieres sogar redete, und wirkte,
dass alle getötet wurden, wenn sie dem Bild
des Tieres nicht huldigten. 16 Und es wirkt,
dass alle, die Kleinen und die Großen, die Rei-
chen und die Armen, die Freien und die
Knechte, sich ein Malzeichen auf ihrer rech-
ten Hand oder auf ihrer Stirn geben, 17 damit
keiner zu kaufen oder zu verkaufen vermöge,
wenn er das Malzeichen nicht habe: den Na-
men des Tieres oder die Zahl seines Namens.
18 Hier gilt die Weisheit. Wer Verstand hat, be-
rechne die Zahl des Tieres, denn sie ist eines
Menschen Zahl, und seine Zahl ist sechshun-
dertsechsundsechzig.

Die Angst der Damaligen
scheint groß gewesen zu sein.
Man spürt es zwischen allen Zeilen
und in allen Umschreibungen.
War das auch übertrieben,
so scheinen wir heute
ins Gegenteil zu verfallen.

(13,11-18)

Das Lamm und die Seinen: Und sie singen ein neues Lied

14 Und ich sah: Und siehe, das Lamm stand
auf dem Berg Zion und mit ihm hundertvie-
rundvierzigtausend, die seinen Namen und
den Namen seines Vaters auf ihren Stirnen ge-
schrieben haben. 2 Und ich hörte eine Stimme
aus dem Himmel wie die Stimme von vielen
Wassern und wie die Stimme eines großen
Donners. Und die Stimme, die ich hörte, war
wie von Saitenspielern, die auf ihren Saiten
spielen. 3 Und sie singen ein neues Lied vor
dem Thron und vor den vier Wesen und den
Ältesten. Und keiner vermochte das Lied zu
lernen außer den Hundertvierundvierzigtau-
send, die von der Erde erkauft sind. 4 Diese
sinds, die sich mit Frauen nicht befleckt ha-
ben; denn sie sind jungfräulich. Diese folgen
dem Lamm, wohin immer es geht. Diese wur-
den erkauft aus den Menschen heraus, als
Erstlingsgabe für Gott und das Lamm. 5 Und
in ihrem Mund ward Lüge nicht gefunden.
Sie sind ohne Makel.

11-18 Der zweite Helfer des Antichrist täuscht die Christusgestalt vor (»wie ein Lamm«). Johannes bezeichnet dieses Tier als Lügenprophet (16,13; 19,20). **13** Die Mittel des Falschpropheten sind Lüge, Gewalt, Scheinwunder (vgl. Mt 24,24; 2 Thess 2,9-10; 1 Kön 18,24-39). **16** Ein Gegenstück zur Besiegelung des Gottesvolkes (7,2-12). Alle Versuche, einen Namen herauszulesen, überzeugen nicht.

14,1-5 Das Bild vom Lamm mit den Besiegelten auf dem Berg Sion ist das Gegenstück zum Antichrist und seinem Reich. **1** Der Berg Sion, von dem aus einst das jüdische Volk den Messias erwartete, ist hier Symbol für die Kirche. **4** Die Bibel stellt das Verhältnis Gottes zu seinem Volk oft als bräutliche Liebe und als Ehebund dar. Die dem Lamme folgen, haben also Gott die Treue bewahrt und sind nicht »ehebrecherisch« an-

Das neue Lied –
ich will zu denen gehören,
die es zu singen vermögen.
Herr, steh mir bei!

(14,1-5)

Ankündigung des Gerichts: Selig die Toten

6 Und ich sah einen anderen Engel; der flog in der Mitte des Himmels und hatte ewige Frohbotschaft, sie zu künden über denen, die auf der Erde sitzen, und über jedes Volk und Stamm und Sprache und Völkerschaft,
7 und er sprach mit mächtiger Stimme: Fürchtet Gott und gebt ihm Verherrlichung, denn gekommen ist die Stunde seines Gerichts, und huldigt dem, der den Himmel und die Erde gemacht hat und Meer und Wasserquellen.
8 Und ein anderer, ein zweiter Engel folgte ihm und sprach: Gefallen, gefallen ist Babylon, die Große, die mit dem Wein des Grimms ihrer Hurerei alle Völker getränkt hat.
9 Und ein anderer, ein dritter Engel folgte ihnen und sagte mit mächtiger Stimme: Wenn einer dem Tier huldigt und seinem Bild und das Malzeichen auf seine Stirn nimmt oder auf seine Hand,
10 der wird auch trinken vom Weine des Grimmes Gottes, der rein gemischt ist im Becher seines Zorns, und er wird gequält in Feuer und Schwefel vor den heiligen Engeln und vor dem Lamm.
11 Und der Rauch ihrer Qual steigt auf in die Ewigkeit der Ewigkeiten. Und es haben keine Ruhe bei Tag und Nacht, die dem Tier huldigen und seinem Bild, und wer das Malzeichen seines Namens annimmt.
12 Hier gilt das Ausharren der Heiligen, die die Gebote Gottes bewahren und den Glauben an Jesus.
13 Und ich hörte eine Stimme aus dem Himmel sagen: Schreibe! Selig die Toten, die im Herrn sterben, von jetzt an. Ja – spricht der Geist –, sie sollen ruhen von ihren Mühen, denn ihre Werke folgen ihnen nach.

Und jetzt beginnt der Abschnitt
vom Gericht.
Wie ein Fächer mit schrecklichen Bildern
werden die verschiedenen Durchblicke
auseinander gefaltet.
Furchterregend!

(14,6-13)

Ernte und Weinlese: Ein Sitzender, gleich einem Menschensohn

14 Und ich sah: Und siehe, eine weiße Wolke, und auf der Wolke saß einer gleich einem Menschensohn. Er hatte auf seinem Haupt einen goldenen Kranz und in seiner Hand eine scharfe Sichel.
15 Und ein anderer Engel kam aus dem Tempel und rief mit mächtiger Stimme dem, der auf der Wolke saß, zu: Schicke deine Sichel aus und ernte, denn gekommen ist die Stunde zu ernten, denn die Ernte der Erde ist dürr geworden.
16 Und der auf der Wolke saß, warf seine Sichel auf die Erde, und die Erde wurde abgeerntet.
17 Und ein anderer Engel kam aus dem Tempel im Himmel, und auch er hatte eine scharfe Sichel.
18 Und ein anderer Engel kam vom Opferaltar; der hatte Gewalt über das Feuer und rief mit mächtiger Stimme dem zu, der die scharfe Sichel hatte, und sprach: Schicke deine scharfe Sichel aus

---

deren nachgelaufen (vgl. auch 2 Kor 11,2; Eph 5,27). **6** Mit diesem Vers beginnt ein neuer Abschnitt: das Gericht (bis 20,15). Johannes schildert das Gericht in 6 Stufen: die Ankündigung, das Gericht über die antichristliche Menschheit, über Babylon, über den Antichristen, über Satan und über die Taten. Dies ist jedoch keine zeitliche Abfolge; es sind vielmehr »Längsschnitte«, in denen Johannes das Gericht je unter anderen Gesichtspunkten beschreibt. **6-11** Drei Engel verkünden in drei verschiedenen Botschaften der Welt das Gericht. **9** Das Tier und sein Standbild – Statue des Kaisers – haben das Kennzeichen auf Stirn und Hand. **12-13** Das erschreckende Gerichtsbild veranlasst Johannes zu einer Mahnung und einem Trostwort. **13** Vgl. Jes 57,2; Hebr 4,10. – **14-20** Unter dem doppelten Bild der Weizen- und Traubenernte (Grundnahrungsmittel und Elemente der Eucharistie) sieht Johannes den Vollzug des Gerichts voraus (vgl. Dan 7,13). Der thronende Christus (vgl. Mt 26,64) ist auf den Wolken des Himmels zum Gericht

und schneide die Trauben des Weinstocks der
Erde, denn seine Beeren sind reif geworden.
19 Und der Engel warf seine Sichel auf die Er-
de und schnitt den Weinstock der Erde und
warf in die große Kelter des Grimmes Gottes.
20 Und die Kelter wurde getreten draußen vor
der Stadt, und Blut floss aus der Kelter bis an
die Zügel der Rosse, tausendsechshundert
Stadien weit.

Große Maler haben das Schreckensbild
in imposante Bilder gesetzt:
Der auf den Wolken thronende Christus
ist zum Gericht bereit.
Wem macht das Angst?
Nehmen wir es nicht ernst?

(14,14-20)

Die sieben Engel:
Sie halten die sieben letzten Plagen

15 Und ich sah ein anderes Zeichen am Him-
mel, groß und staunenswert: Sieben Engel
hatten die sieben letzten Plagen, denn durch
sie wurde der Grimm Gottes vollendet. 2 Und
ich sah etwas wie ein gläsernes Meer, ge-
mischt mit Feuer. Und die gesiegt hatten über
das Tier und über sein Bild und über die Zahl
seines Namens, standen am gläsernen Meer
und hatten Saitenspiele Gottes. 3 Und sie sin-
gen den Gesang des Mose, des Knechtes Got-
tes, und den Gesang des Lammes und sangen:
Groß und staunenswert sind deine Werke,
Herr, Gott, Allherrscher, gerecht und wahr-
haft sind deine Wege, König der Völker! 4 Wer
wird dich nicht fürchten, Herr, und verherrli-
chen deinen Namen! Denn du allein bist hei-
lig; denn alle Völker werden kommen und
werden vor dir huldigen; denn deine Rechtta-
ten sind offenbar geworden. 5 Und danach
sah ich: Und der Tempel des Zeugniszeltes im
Himmel öffnete sich, 6 und die sieben Engel,
die die sieben Plagen hatten, kamen aus dem
Tempel heraus, angetan mit reinem, leuch-
tendem Linnen und um die Brust umgürtet
mit goldenen Gürteln. 7 Und eines von den
vier Wesen gab den sieben Engeln sieben
Goldschalen, gefüllt mit dem Grimm Gottes,
der lebt in die Ewigkeit der Ewigkeiten. 8 Und
der Tempel ward erfüllt mit Rauch von Got-
tes Herrlichkeit und von seiner Macht. Und
keiner vermochte in den Tempel hineinzuge-
hen, bis vollendet waren die sieben Plagen der
sieben Engel.

Uns fehlt die Bildersprache,
um das alles ernst zu nehmen.
Statt dessen liegt uns näher,
den Kopf zu schütteln.
Auch nicht die richtige Haltung.

(15,1-8)

Ausgießen der Schalen: Der Grimm Gottes

16 Und ich hörte eine mächtige Stimme aus
dem Tempel zu den sieben Engeln sagen: Geht
und gießt die sieben Schalen des Grimmes
Gottes auf die Erde. 2 Und der erste ging und
goss seine Schale aus auf die Erde. Und es kam
ein schlimmes und böses Geschwür über die
Menschen, die das Malzeichen des Tieres hat-
ten und die seinem Bild huldigten. 3 Und der
zweite goss seine Schale aus auf das Meer.
Und es ward wie das Blut eines Toten, und al-

---

bereit. **20** Das Blutbad ist weltumfassend (4x4x100; vier = Zahl für den Kosmos; hundert = Zahl der Fülle). – »Stadion« = griechisches Längenmaß, etwa 186-200 Meter.

15,1 - 16,21 Der zweite Längsschnitt zeigt das Gericht über die verhärtete antichristliche Menschheit bis zum Ende. **1-4** Lobgesang der Sieger im Himmel; sie loben Gott wie einst Mose nach dem Durchzug durchs Rote Meer. **3** Vgl. Ex 15,1; Ps 145,17. **5-8** Den sieben Engeln werden die sieben Zornschalen übergeben. **6** Die Engel tragen Priestergewänder und den Gürtel des Königs. **8** Rauch (Wolke) ist Zeichen der Gegenwart Gottes (vgl. Ex 40,34-35; 1 Kön 8,10).

16,1-21 Die Schalenvision ist der Posaunenvision sehr ähnlich; doch dazwischen liegt das Auftreten des Antichrist. Daher wirken die Plagen hier total. Die ersten vier Zornschalen kommen über die Natur und durch sie über die Menschen; die drei folgenden tref-

les lebendige Wesen im Meer starb. 4 Und der dritte goss seine Schale auf die Flüsse und die Wasserquellen, und sie wurden zu Blut. 5 Da hörte ich den Engel der Wasser sagen: Gerecht bist du, der ist und der war, der Heilige, dass du so gerichtet hast. 6 Denn Blut von Heiligen und Propheten haben sie ausgegossen, und Blut hast du ihnen zu trinken gegeben, des sind sie würdig. 7 Und ich hörte vom Altar her sagen: Ja, Herr, Gott, Allherrscher, wahrhaft und gerecht sind deine Gerichte. 8 Und der vierte goss seine Schale aus auf die Sonne, und es ward ihm gegeben, die Menschen im Feuer zu verbrennen. 9 Und die Menschen wurden mit großem Brand verbrannt, und sie lästerten den Namen Gottes, der die Gewalt über diese Plagen hat, und sie kehrten nicht um, ihm Verherrlichung zu geben. 10 Und der fünfte goss seine Schale aus auf den Thron des Tieres. Da wurde dessen Königsherrschaft verfinstert, und sie zerbissen ihre Zungen vor Qualen. 11 Und sie lästerten den Gott des Himmels wegen ihrer Qualen und ihrer Geschwüre. Doch sie kehrten nicht um von ihren Werken. 12 Und der sechste goss seine Schale aus über den großen Eufratfluss. Da trocknete sein Wasser aus, damit der Weg für die Könige vom Aufgang der Sonne bereitet würde. 13 Und ich sah aus dem Maul des Drachen und aus dem Maul des Tieres und aus dem Maul des Falschpropheten drei unreine Geister wie Frösche. 14 Sie sind nämlich Dämonengeister, die Zeichen tun. Sie gehen aus zu den Königen des ganzen Erdkreises, um sie zu versammeln zum Kampf am großen Tage Gottes, des Allherrschers. 15 Siehe, ich komme wie ein Dieb. Selig, wer wacht und seine Gewänder bewahrt, damit er nicht nackt einhergehe und sie seine Schande sehen. 16 Und er versammelte sie an dem Ort, der hebräisch Harmagedon genannt wird.

Die Schalen von Gottes Grimm,
der Posaunenvision sehr ähnlich.

Und ehe wir uns versehen,
heißt es: Es ist alles geschehen.
Immer wieder diese Angstbilder!

(16,1-17)

17 Und der siebte goss seine Schale aus auf die Luft. Und eine laute Stimme kam aus dem Tempel vom Thron her und sprach: Es ist geschehen. 18 Und es geschah: Blitze und Stimmen und Donner. Und es war ein großes Beben, wie keines war, seit Menschen auf der Erde sind, so groß war dieses große Beben. 19 Und aus der großen Stadt wurden drei Teile, und die Städte der Völker fielen. Und Babylons, der Großen, wurde gedacht vor Gott, um ihr den Becher zu geben mit dem Wein seines grimmigen Zornes. 20 Und jede Insel floh, und Berge waren nicht zu finden. 21 Und großer Hagel, wie zentnerschwer, fiel aus dem Himmel auf die Menschen. Und die Menschen lästerten Gott wegen der Plage des Hagels; denn seine Plage ist groß, sehr groß.

Was die damals sich ausmalten,
verglichen mit dem
was wir kaum bedenken –
dazwischen klafft ein großer Abgrund.

Herr, unser Gott,
gib uns die rechte Sicht.

(16,18-21)

---

fen die Menschen direkt. **10** Der Thron des Tieres ist Symbol für die Macht des römischen Kaisers. **13-14** Der anstürmende Feind bedroht nicht nur das Römerreich, sondern rückt zum Endkampf am Tag Gottes an. **16** Harmagedon meint wohl Megiddo, wo einst die Könige Kanaans vernichtend geschlagen wurden. Es geht nicht um den historisch-geographischen Ort, sondern um den Typ der Stätte, wo feindliche Könige besiegt werden. **17** »Es ist geschehen«: Das sagt, dass jetzt die Züchtigung der gottlosen Menschheit abgeschlossen ist. **19** Der Sturz Babylons ist eine Vorausschau, die in den folgenden Kapiteln 17 und 18 beschrieben wird.

Die große Hure: Babylon, die Mutter der Huren und der Gräuel

17 Und es kam einer von den sieben Engeln, die die sieben Schalen haben, und redete mit mir und sprach: Auf, ich werde dir das Gericht über die große Hure zeigen, die auf vielen Wassern sitzt. 2 Mit ihr haben die Könige der Erde gehurt, und die Bewohner der Erde wurden trunken vom Wein ihrer Hurerei. 3 Und er trug mich im Geist in die Wüste. Und ich sah eine Frau, sitzend auf einem scharlachroten Tier, voll von Lästernamen, es hatte sieben Köpfe und zehn Hörner. 4 Und die Frau war gehüllt in Purpur und Scharlach und übergoldet mit Gold und geschätztem Stein und Perlen. Sie hatte einen goldenen Becher in ihrer Hand, voll von Gräueln und den Unreinheiten ihrer Hurerei. 5 Und auf ihrer Stirn ist ein Name geschrieben, ein Geheimnis: Babylon, die Große, die Mutter der Huren und der Gräuel der Erde. 6 Und ich sah die Frau, trunken vom Blut der Heiligen und vom Blut der Zeugen Jesu. Und als ich sie sah, staunte ich mit großem Staunen.

Die immer neuen Bilder!
Babel als Deckname für Rom,
die Weltstadt mit Christenverfolgung.
Dafür scheint kein Bild zu gering!

(17,1-6)

Die Deutung: Das Lamm wird sie besiegen

7 Und der Engel sagte zu mir: Warum staunst du? Ich werde dir das Geheimnis der Frau sagen und des Tieres, das sie trägt, das die sieben Köpfe und die zehn Hörner hat: 8 Das Tier, das du sahst, war und ist nicht, und es wird aufsteigen aus dem Abgrund und geht ins Verderben. Und staunen werden die Bewohner auf der Erde, deren Name nicht geschrieben ist im Buch des Lebens seit Grundlegung der Welt, wenn sie das Tier erblicken, das war und nicht ist und da sein wird. 9 Hier gilt das Denken, das Weisheit hat: Die sieben Köpfe sind sieben Berge, auf denen die Frau sitzt; sie sind auch sieben Könige. 10 Die fünf sind gefallen, einer ist da, ein anderer ist noch nicht gekommen. Und wenn er gekommen ist, darf er nur kurz bleiben. 11 Und das Tier, das war und nicht ist, ist selbst der achte und ist aus den sieben und geht ins Verderben. 12 Und die zehn Hörner, die du gesehen hast, sind zehn Könige, die Königsherrschaft noch nicht empfangen haben, sondern Gewalt wie Könige für eine Stunde empfangen sie mit dem Tier. 13 Diese haben eine einzige Absicht, und sie geben ihre Macht und Gewalt dem Tier. 14 Sie werden mit dem Lamm kämpfen, und das Lamm wird sie besiegen. Denn es ist Herr der Herren und König der Könige, und die mit ihm sind, sind Berufene und Erwählte und Getreue. 15 Und er sagte zu mir: Die Wasser, die du sahst, wo die Hure sitzt, sind Völkerschaften und Mengen und Völker und Sprachen. 16 Und die zehn Hörner, die du sahst, und das Tier: Diese werden die Hure

---

17,1-2 Der Deute-Engel erklärt die folgenden Geschehnisse. **1:** Hurerei ist als Gegenstück zu ehelicher Treue in der Bibel oft ein Bild für den Abfall vom Bundesgott. Israel, das den Göttern nachläuft, ist wie eine Ehebrecherin (vgl. die folgenden Aussagen). **3** Johannes sieht die Stadt Babylon (Turmbau zu Babel, Gen 11) als Symbolstadt für die gottfeindlichen Mächte. Das Wort nimmt im Verlauf immer mehr die Züge der Weltstadt Rom an. Das christenverfolgende Rom wird zum Symbol der Gottesfeindschaft. »Babylon« wird so zum geheimnisvollen Bild für jede antichristliche Macht. – Das Tier auf dem die Frau sitzt, ist mit Gottesprädikaten beschrieben. **4-6** Tier und Frau sind rot, Farbe von Prunk und Sünde. **7-18** Der Engel deutet nicht so sehr das Wesen der Frau und des Tieres, sondern ihr Wirken und Schicksal; dabei bleibt sein Wort sehr verhüllt. **8** Hier ist ein Anklang an den Gottestitel: »der war, der ist und der kommt«. Gott ist ewig, das Tier aber vergänglich. – Das Tier, das »war«, aber »nicht ist« und doch »kommen wird«, gibt Anlass zu historischem Rätselraten über die Abfassung des Textes. Wird auf eine Zeit verwiesen, in der Christen nicht verfolgt werden (Kaiser Trajan 98-117)? Doch es kann auch an eine Wiederkunft Kaiser Neros (54-68) gedacht worden sein. **9-11** Sind die sieben Berge = sieben Hügel Roms = sieben Kaiser? Eine Datierung, wer gemeint sein könnte, ist nicht festzulegen. Der sechste könnte Nerva sein, der siebte Trajan. Wenn dem so ist, wäre der achte das Tier selbst, der Antichrist. **16** Die Einheit der

hassen und sie einsam machen und nackt und ihr Fleisch essen und sie mit Feuer verbrennen. [17] Gott nämlich gab es in ihre Herzen, dessen Absicht zu tun, und eine einzige Absicht zu tun und ihre Königsherrschaft dem Tier zu geben, bis die Worte Gottes vollendet sind. [18] Und die Frau, die du sahst, ist die große Stadt, die Königsherrschaft hat über die Könige der Erde.

Fast unerträglich,
diese Detailbeschreibung!
Nicht einmal Experten können alles deuten.
Wichtig: Das Lamm wird sie alle besiegen,
diese gottfeindlichen Mächte.
Herr, schenk mir starken Glauben!

(17,7-18)

Gerichtsankündigung:
Stark ist der Herr, der sie gerichtet hat

18 Danach sah ich einen anderen Engel aus dem Himmel herabsteigen, der große Gewalt hatte, und die Erde wurde erleuchtet von seiner Herrlichkeit. [2] Und er rief mit starker Stimme und sprach: Gefallen, gefallen ist Babylon, die Große, und geworden zur Behausung von Dämonen und zum Gefängnis jedes unreinen Geistes und zum Gefängnis jedes unreinen und verhassten Vogels. [3] Denn vom Wein des Grimms ihrer Hurerei haben alle Völker getrunken, und die Könige der Erde haben mit ihr gehurt, und die Händler der Erde sind von der Macht ihrer Schwelgerei reich geworden. [4] Und ich hörte eine andere Stimme aus dem Himmel, die sagte: Geht weg von ihr, mein Volk, damit ihr nicht Gemeinschaft habt mit ihren Sünden und damit ihr nicht von ihren Plagen empfanget. [5] Denn ihre Sünden reichen bis zum Himmel, und Gott gedachte ihrer Ungerechtigkeiten. [6] Vergeltet ihr, wie auch sie vergolten hat, und verdoppelt es zweimal nach ihren Werken. Im Becher, in dem sie mischte, mischt ihr zweimal. [7] Soviel ihre Herrlichkeit und Schwelgerei ist, soviel gebt ihr Qual und Leid. Denn in ihrem Herzen spricht sie: Ich sitze als Königin, und Witwe bin ich nicht, und Trauer will ich nicht sehen. [8] Daher werden an einem einzigen Tag ihre Plagen kommen: Tod und Trauer und Hunger, und im Feuer wird sie verbrannt werden. Denn stark ist der Herr, der Gott, der sie gerichtet hat.

Die große Stadt ist untergegangen.
Gott sei Dank, denken die Leute;
aber es ist dennoch ein Jammer:
Die große Stadt!

(18,1-13)

Dreifaches Wehe: Denn in einer Stunde ist dein Gericht gekommen

[9] Und weinen und wehklagen werden über sie die Könige der Erde, die mit ihr gehurt und geschwelgt haben, wenn sie den Rauch ihrer Verbrennung sehen werden, [10] von ferne stehend aus Furcht vor ihrer Qual, und sie werden sagen: Wehe, wehe der großen Stadt, Babylon, der starken Stadt, denn in einer Stunde ist dein Gericht gekommen. [11] Und die Händler der Erde werden weinen und trauern um sie, denn ihre Ware kauft keiner je mehr: [12] Ware an Gold und Silber; und geschätztem

---

gottfeindlichen Mächte zerbricht vor dem Ende. Sie zerstören sich selbst.
18,1-13 Ein Botenengel bringt auf die Erde die Nachricht vom Untergang der großen Stadt (= Babylon). Es ist keine Schilderung, sondern eine Art Hörbericht. **2-3** Ankündigung des Trümmerfeldes (vgl. Jer 51,8; Nah 3,4). **4-5** Warnung für das Gottesvolk, die Stadt zu verlassen (vgl. Jes 48,20; Jer 50,8; 51,6). **6-8** Anweisungen für die Vollstreckung des Gerichts. **7** Vgl. Jer 50,29; Jes 47,7-8. – **9-19** Könige, Kaufleute und Seefahrer, die von und mit dieser Stadt gelebt haben, singen ihr nun das Totenlied. Hier spürt man die Trauer, denn die Stadt war ja auch Symbol für alles Große, was Menschen planen und schaffen. **9-20** Johannes sieht den Untergang nicht, er hört nur, wie in der klassischen Tragödie, drei Chöre von Wehklagenden. **10-12** Vgl. Jes 21,9; Jer 51,8; vgl. Ez 27.

Stein und Perlen und Linnen und Purpur und
Seide und Scharlach; und jedes wohlriechende Holz und jedes elfenbeinerne Gerät und jedes Gerät aus sehr geschätztem Holz und Erz
und Eisen und Marmor; [13] und Zimt und Balsam und Rauchwerk und Myrrhe und Weihrauch und Wein und Öl und Feinmehl und Weizen und Vieh und Schafe und Rosse und Wagen und Sklaven und Menschenseelen.
[14] Und die Früchte, die Lust deines Lebens, sind von dir gegangen, und alles Üppige und Glänzende ist dir verloren, und nie, nie
mehr wird man es finden. [15] Die Händler von diesem allem, die an ihr reich geworden sind, von ferne werden sie stehen aus Furcht vor ihrer Qual und werden weinen und trauern und
sagen: [16] Wehe, wehe der großen Stadt, die gehüllt war in Linnen und Purpur und Scharlach und übergoldet mit Gold und geschätztem Stein und Perlen –
[17] in einer Stunde ward solcher Reichtum verwüstet. Und jeder Steuermann und jeder, der an der Küste segelt, und jeder Schiffer und alle, die auf dem Meer
fahren, von ferne standen sie [18] und riefen, da sie den Rauch ihrer Verbrennung sahen, und sagten: Was war der Stadt, der Großen,
gleich! [19] Und sie warfen Staub auf ihre Häupter und riefen, weinend und trauernd, und sagten: Wehe, wehe, der Stadt, der Großen, an ihr, an ihrer Kostbarkeit, wurden alle reich, die Schiffe haben auf dem Meer – denn
in einer Stunde wurde sie verwüstet. [20] Juble über sie, du Himmel, und die Heiligen und die Apostel und die Propheten; denn Gott hat sie mit eurem Gericht gerichtet.

Sinnbild der Vernichtung:
So wird Babylon geworfen

[21] Und ein starker Engel hob einen Stein gleich einem großen Mühlstein und warf ihn ins Meer und sprach: Mit solcher Wucht wird Babylon, die große Stadt, geworfen und wird
nicht mehr gefunden werden. [22] Und eine Stimme von Saitenspielern und Sängern und Flötenspielern und Posaunern wird in dir nicht mehr gehört werden, und kein Künstler irgendeiner Kunst wird in dir mehr gefunden werden. Und der Klang der Mühle wird in dir
nicht mehr gehört werden. [23] Und das Licht der Leuchte wird in dir nicht mehr scheinen. Und die Stimme des Bräutigams und der Braut wird in dir nicht mehr gehört werden; denn deine Händler waren die Großen der Erde, und durch deine Zauberei wurden alle
Völker verführt. [24] Und in dir wurde Blut von Propheten und Heiligen und allen Hingeschlachteten auf der Erde gefunden.

Ich bin zerrissen.
Soll ich jetzt mit allen Heiligen
das Freudenlied singen?
Die wechselnden Bilder im Text
sind wie eine Wechseldusche.
Herr, ich weiß nicht,
ob ich dem standhalte?

(18,14-24)

Himmlisches Danklied:
Lobt unseren Gott, ihr seine Knechte

19 Danach hörte ich es wie eine mächtige Stimme von einer großen Menge im Himmel, die sprachen: Halleluja! Die Rettung und die Herrlichkeit und die Macht ist unseres Gottes.
[2] Denn wahrhaft und gerecht sind seine Gerichte. Denn er hat gerichtet die Hure, die Große, die verderbt hat die Erde mit ihrer Hurerei, und hat gerächt das Blut seiner
Knechte aus ihrer Hand. [3] Und wieder sprachen sie: Halleluja! Und ihr Rauch steigt auf
in die Ewigkeit der Ewigkeiten. [4] Und die vier-

---

20 Die Heiligen, die Apostel und Propheten, die Erlösten im Himmel werden wegen der Vollstreckung des gerechten Urteils zur Freude aufgerufen (vgl. Jes 44,23; Jer 51,48). **21-24** Dem Hörbericht schließt sich eine symbolische Handlung an: Der Fall Babylons ist endgültig.

19,1-10 Das Gericht über die große Stadt schließt mit einem Halleluja im Himmel und der Ankündigung der Hochzeit des Lammes. **1** Halleluja (Hebräisch) bedeutet: »Preiset den Herrn«; es kommt im Neuen Testament nur hier vor.

undzwanzig Ältesten und die vier Wesen fielen nieder und huldigten dem Gott, der auf dem Throne saß, und sprachen: Amen. Halleluja! [5] Und eine Stimme ging aus vom Thron und sprach: Lobet unsern Gott, alle seine Knechte, die ihn fürchten, die Kleinen und die Großen!

Amen – Halleluja!
Jetzt kann es nur besser werden!

(19,1-5)

Ruf zur Hochzeit: König geworden ist der Herr

[6] Und ich hörte es wie eine Stimme von einer großen Menge und wie eine Stimme von vielen Wassern und wie eine Stimme von starkem Donnern, sie sprachen: Halleluja! Denn als König herrscht der Herr, unser Gott, der Allherrscher. [7] Wir wollen uns freuen und frohlocken, und wir werden ihm die Verherrlichung geben, denn gekommen ist die Hochzeit des Lammes, und seine Frau hat sich bereitet, [8] und es ward ihr gegeben, sich zu umhüllen mit glänzend reinem Linnen. Denn Linnen: das sind die Rechttaten der Heiligen. [9] Und er sagt zu mir: Schreibe! Selig sind, die zum Hochzeitsmahl des Lammes gerufen sind. Und er sagt zu mir: Dies sind die wahrhaften Worte Gottes. [10] Und ich fiel vor seinen Füßen nieder, um ihm zu huldigen. Und er sagt zu mir: Sieh zu, nimmermehr! Ich bin dein Mitknecht und der deiner Brüder, die das Zeugnis Jesu haben. Gott sollst du huldigen. Das Zeugnis Jesu nämlich ist der Geist der Prophetie.

Es wird offenbar,
was immer schon klar ist:
Der Herr ist König!
Es gibt kein Zurück.

(19,6-10)

Hochzeit des Lammes: Die Heere im Himmel folgen ihm

[11] Und ich sah den Himmel geöffnet. Und siehe: Ein weißes Ross, und der auf ihm saß, wird Treu und Wahrhaft genannt, und in Gerechtigkeit richtet und kämpft er. [12] Und seine Augen sind wie eine Feuerflamme, und auf seinem Haupt sind viele Kronen. Und er hatte einen Namen eingeschrieben, den keiner weiß als nur er. [13] Und er war gehüllt in ein mit Blut getränktes Gewand, und sein Name wird genannt: das Wort Gottes. [14] Und die Heere im Himmel folgen ihm auf weißen Rossen, angetan mit leuchtend reinem Linnen. [15] Und aus seinem Mund geht ein scharfes Schwert hervor, dass er damit die Völker schlage. Und er selbst wird sie weiden mit eisernem Stab und selbst treten die Weinkelter des grimmigen Zornes Gottes, des Allherrschers. [16] Und er hat auf seinem Gewand und auf seinem Schenkel als Namen geschrieben: König der Könige und Herr der Herren.

---

7 Das Bild von der Hochzeit ist im hebräischen Sprachgebrauch besonders beliebt (vgl. Mt 22,1; 25,1): Christus ist der Bräutigam, seine Getreuen sind die Braut, ein Bild unauflöslicher Gemeinschaft. **8** Die Heiligen »weben« mit am Gewand der Kirche. **10** Überwältigt fällt Johannes auf die Knie, doch der Engel wehrt ab. Er stellt sich mit ihm auf die gleiche Stufe. Alle, die die Auferstehungsbotschaft verkünden, stehen Gott gleich nahe, denn sie sind aus dem Geist Christi. **11-21** Das Gerichtsbild über den Antichristen hat drei Stufen: Christus, der wahre Herrscher erscheint; die Aas-Vögel werden zum Mahl geladen; der Antichrist und sein Prophet werden in den Feuerpfuhl geworfen; dort werden sie nicht getötet, sondern auf ewig verbrannt. **11** Christus erscheint als Triumphator. Sein Name sagt sein Wesen. **15** Drei Bilder zeigen Christi Gericht: Durch sein richtendes Wort überwindet er die Feinde; als Hirte holt er die Abtrünnigen mit der Rute: Er zermalmt sie wie Trauben in der Kelter Gottes (vgl. Jes 63,3).

Es wird noch immer in Bildern gesprochen.
Doch diese Bilder sind –
wenn auch im Einzelnen unverständlich
– so doch nicht unheilvoll.

(19,11-16)

Vernichtung des Tieres:
Sie wurden in den Feuerpfuhl geworfen

17 Und ich sah einen Engel, in der Sonne ste-
hend, und er rief mit mächtiger Stimme und
sagte zu allen Vögeln, die in der Mitte des
Himmels fliegen: Auf, sammelt euch zum
großen Mahle Gottes, 18 um zu fressen Fleisch
von Königen und Fleisch von Befehlshabern
und Fleisch von Starken und Fleisch von Ros-
sen und derer, die darauf sitzen, und Fleisch
aller Freien und Knechte, der Kleinen und
Großen. 19 Und ich sah das Tier und die Köni-
ge der Erde und ihre Heere versammelt, um
den Kampf zu führen mit dem, der auf dem
Ross saß, und mit seinem Heer. 20 Und das
Tier ward gefangen und mit ihm der Falsch-
prophet, der die Zeichen vor ihm machte, mit
denen es jene verführte, die das Malzeichen
des Tieres annahmen und seinem Bild huldig-
ten. Lebend wurden die zwei in den Feuer-
pfuhl geworfen, der von Schwefel brennt.
21 Und die übrigen wurden getötet mit dem
Schwert, das aus dem Mund dessen heraus-
kommt, der auf dem Ross saß. Und alle Vögel
wurden von ihrem Fleisch gesättigt.

Die letzte Abrechnung –
es scheint schwierig zu sein,
das Böse zu besiegen.
Ich glaube, das nehmen wir
zu leicht!

(19,17-21)

Das tausendjährige Reich:
Und sie waren König mit dem Christus

20 Und ich sah einen Engel vom Himmel her-
absteigen; er hatte den Schlüssel zum Ab-
grund und eine große Kette auf seiner Hand.
2 Und er hielt fest den Drachen, die alte
Schlange, die der Teufel und der Satan ist, und
band ihn für tausend Jahre 3 und warf ihn in
den Abgrund und verschloss und versiegelte
über ihm, dass er die Völker nicht mehr ver-
führe, bis vollendet sind die tausend Jahre.
Danach muss er gelöst werden für eine kleine
Zeit. 4 Und ich sah Throne, und sie setzten
sich darauf, und das Gericht wurde ihnen
übergeben und die Seelen derer, die um des
Zeugnisses Jesu willen und um des Wortes
Gottes willen enthauptet worden sind, und
die dem Tier nicht gehuldigt haben, noch sei-
nem Bild, und die das Malzeichen auf ihre
Stirn und auf ihre Hand nicht angenommen
haben. Und sie lebten auf und herrschten als
Könige mit dem Christus für tausend Jahre.
5 Und die übrigen der Toten lebten nicht auf,
bis die tausend Jahre vollendet waren. Das ist
die erste Auferstehung. 6 Selig und heilig, wer
Teil hat an der ersten Auferstehung. Über sie
hat der zweite Tod keine Gewalt, sondern sie
werden Priester Gottes und des Christus sein,
und sie werden mit ihm als Könige herrschen
für tausend Jahre.

Da meinten sie vor 1000 Jahren:
Jetzt geht die Welt unter!
So wenig hatten sie verstanden,
die Zahlensymbolik zu deuten.

(20,1-6)

Das Ende Satans:
Er wurde in den Pfuhl geworfen

7 Und wenn vollendet sind die tausend Jahre,
wird der Satan aus seinem Gefängnis losge-

20,1-3 Das Gericht über Satan beginnt mit der Fesselung Satans auf tausend Jahre. Auch dies ist eine symbolische Zahl und bedeutet: die von Gott festgesetzte Zeit der Fülle. Eine tausendjährige Herrschaft Christi vor dem Jüngsten Tag ist auf alle Fälle nicht gemeint; in der endgültigen Schöpfung kann »gut« und »böse« nicht nebeneinander existieren. **4-6** Dem dunklen Bild der Fesselung Satans entspricht eine helle Lichtseite: die Herrschaft Christi mit den Heiligen. Als Glieder der Gemeinschaft der Heiligen stehen sie der

lassen, [8] und er wird weggehen, um die Völker zu verführen an den vier Ecken der Erde, den Gog und Magog, um sie zum Kampf zu versammeln. Ihre Zahl ist wie der Sand des Meeres. [9] Und sie stiegen herauf über die Breite der Erde und umringten das Lager der Heiligen und die geliebte Stadt. Und Feuer fiel aus dem Himmel und verschlang sie. [10] Und der Teufel, der sie verführte, wurde in den Pfuhl von Feuer und Schwefel geworfen, wo auch das Tier und der Falschprophet sind. Und sie werden gequält werden bei Tag und Nacht bis in die Ewigkeit der Ewigkeiten.

Das Weltgericht: Die Toten werden gerichtet nach ihren Werken

[11] Und ich sah einen großen weißen Thron und den, der auf ihm saß, vor dessen Angesicht die Erde und der Himmel floh, und es wurde für sie kein Ort gefunden. [12] Und ich sah die Toten, die Großen und die Kleinen, vor dem Thron stehend, und Bücher wurden geöffnet. Und ein anderes Buch wurde geöffnet, welches das des Lebens ist. Und die Toten wurden gerichtet aus dem, was geschrieben ist in den Büchern, nach ihren Werken. [13] Und das Meer gab die Toten, die in ihm waren, und der Tod und das Totenreich gaben die Toten, die darin waren, und sie wurden gerichtet, jeder nach seinen Werken. [14] Und der Tod und das Totenreich wurden in den Feuerpfuhl geworfen. Dies ist der zweite Tod: der Feuerpfuhl. [15] Und wer nicht gefunden ward eingeschrieben im Buch des Lebens, wurde in den Feuerpfuhl geworfen.

So, jetzt kommt also das Weltgericht.
Wie immer solche Aussagen
zu verstehen und zu deuten sind –
man bedenkt wohl zu wenig,
dass wir nur in »Anfang und Ende«
denken können, so wie wir leben.
Gott aber ist ewig – der Zeit enthoben.
Was sagt das alles über solche Aussagen?

(20,11-15)

Die neue Schöpfung: Siehe, ich mache alles neu

21 Und ich sah einen neuen Himmel und eine neue Erde; denn der erste Himmel und die erste Erde sind vergangen, und das Meer ist nicht mehr. [2] Und ich sah die Heilige Stadt, das neue Jerusalem, herabsteigen aus dem Himmel von Gott, bereit wie eine Braut, geschmückt für ihren Mann. [3] Und ich hörte eine mächtige Stimme vom Throne her sagen: Siehe, das Zelt Gottes bei den Menschen, und er wird bei ihnen sein Zelt aufschlagen, und sie werden sein Volk sein, und er selbst, Gott, wird bei ihnen sein. [4] Und er wird jede Träne aus ihren Augen wischen, und der Tod wird nicht mehr sein, noch Trauer noch Klage noch Mühe wird mehr sein. Denn das Erste ist vergangen. [5] Und es sprach, der auf dem Throne saß: Siehe, ich mache alles neu. Und er sagt: Schreibe! Denn dies sind getreue und wahrhafte Worte. [6] Und er sprach zu mir: Es ist geschehen. Ich bin das Alpha und das

---

Kirche auf Erden helfend bei. – Die Enthaupteten (= Martyrer) erlangen das Leben bei Gott unmittelbar; sie sind ausgenommen vom »allgemeinen Gericht« (vgl. V. 11-15). Sie dienen Gott und Christus als Priester (vgl. Jes 61,6). **5-6** Die erste Auferstehung meint den Eintritt ins ewige Leben, die zweite ist die allgemeine am Jüngsten Tag. Der erste Tod ist das Sterben des Leibes; der zweite Tod: die ewige Verdammnis. **7-8** Loslassung Satans und seine Sammlung zum Kampf. Diese Zeit ist keine Gnadenzeit für Satan, sondern eine Zulassung Gottes. **8** Die Vorstellung vom Fürsten Gog im Lande Magog stammt aus Ez 38; dieser Fürst werde am Ende der Zeit gegen das Messiasreich anrücken, aber durch Eingreifen Gottes werden die Gottesfeinde vernichtet (vgl. Ez 38,22; Sach 12,9). So sind Gog und Magog zu symbolischen Namen für gottesfeindliche Völkerheere der Endzeit. **9-10** Die endgültige Verdammung Satans; durch Gottes Eingreifen werden die Gottesfeinde vernichtet. **11-15** Mit der endgültigen Verdammnis Satans ist das Ende der gegenwärtigen Weltzeit da. Das Neue wird offenbar; das Alte schließt ab mit dem Weltgericht über die von den Toten erstandene Menschheit.

21,1-8 Himmel und Erde sind vergangen; jetzt wird das Neue offenbar. In die neue Schöpfung kommt ein neues Jerusalem, das heißt ein neues Verhältnis zwischen Gott und Mensch. **3** Was Gott seinem Volk zugesagt hat von Abraham an, das ist jetzt erfüllt. Sie sind sein Volk; er ist ihr Gott. **5** Zum ersten Mal spricht der Thronende selber. Gott vollendet, was er

Omega, der Anfang und das Ende. Dem Dürstenden werde ich aus der Quelle des Wassers des Lebens geben: Umsonst. 7 Wer siegt, wird dieses erben. Und ich werde ihm Gott sein, und er wird mir Sohn sein. 8 Den Feigen aber und Ungläubigen und Abscheulichen und Mördern und Hurern und Zauberern und Götzendienern und allen Lügnern wird ihr Teil sein im Pfuhl, der von Feuer und Schwefel brennt. Das ist der zweite Tod.

Und alles wird neu:
Gottes Zelt bei den Menschen.
Nicht Trauer und Klage,
nicht Mühsal und Tod.
Und alle, die nicht verstanden haben,
was Gut-Sein heißt –
sie sind dahin!

(21,1-8)

Die Braut des Lammes: Der Herr ist ihr Tempel

9 Und es kam einer von den sieben Engeln, welche die sieben Schalen hatten, gefüllt mit den letzten sieben Plagen, und er redete mit mir und sprach: Auf, ich werde dir die Braut zeigen, die Frau des Lammes. 10 Und er führte mich im Geist auf einen großen und hohen Berg und zeigte mir die Heilige Stadt, Jerusalem, die aus dem Himmel von Gott herabstieg. 11 Sie hatte die Herrlichkeit Gottes, ihr Glanz war gleich einem sehr geschätzten Stein, wie Jaspisstein, kristallglänzend. 12 Sie hatte eine große und hohe Mauer; sie hatte zwölf Tore und auf den Toren zwölf Engel und Namen darauf geschrieben; das sind die Namen der zwölf Stämme der Söhne Israels. 13 Vom Aufgang her drei Tore und von Mitternacht drei Tore und von Mittag drei Tore und vom Untergang drei Tore. 14 Und die Mauer der Stadt hatte zwölf Grundsteine und auf ihnen zwölf Namen der zwölf Apostel des Lammes. 15 Und der mit mir sprach, hatte ein goldenes Messrohr, damit er die Stadt und ihre Tore und ihre Mauer messe. 16 Und die Stadt liegt im Viereck, und ihre Länge ist wie die Breite. Und er maß die Stadt mit dem Rohr auf zwölftausend Stadien. Die Länge und die Breite und ihre Höhe sind gleich. 17 Und er maß ihre Mauer auf hundertvierundvierzig Ellen nach Menschenmaß, das Engelsmaß ist. 18 Und der Bau ihrer Mauer war Jaspis, und die Stadt aus reinem Gold gleich reinem Glas. 19 Die Grundsteine der Mauer der Stadt waren mit jedem geschätzten Stein geschmückt. Der erste Grundstein war Jaspis, der zweite Saphir, der dritte Chalzedon, der vierte Smaragd, 20 der fünfte Sardonyx, der sechste Karneol, der siebte Chrysolith, der achte Beryll, der neunte Topas, der zehnte Chrysopras, der elfte Hyazinth, der zwölfte Amethyst. 21 Und die zwölf Tore waren zwölf Perlen. Ein jedes dieser Tore war aus einer Perle. Und die Straße der Stadt war reines Gold wie durchscheinendes Glas. 22 Und einen Tempel sah ich nicht in ihr; denn der Herr, Gott, der Allherrscher, ist ihr Tempel, und das Lamm. 23 Und die Stadt braucht nicht Sonne noch Mond,

---

im Lauf der Geschichte mit den Menschen begonnen hat. **9** Mit diesem Vers beginnt die letzte Vision (bis 22,5). Sie entfaltet den letzten Satz des Glaubensbekenntnisses: Ich erwarte das Leben der zukünftigen Welt. **9-14** Einer der Schalenengel (vgl. Kap. 16) zeigt Johannes die Braut des Lammes (Gegenbild der großen Hure; vgl. Kap. 17). Sie ist identisch mit der »heiligen Stadt Jerusalem« (Kirche = Gegenbild zu Babylon; vgl. 18,1-8); sie ist jetzt schon da in der Kirche auf Erden. Beide Vorbilder finden ihre Erfüllung im himmlischen Jerusalem (vgl. Ez 40,2). **12-14** Auf den Toren der Stadt stehen die Namen der Israelstämme; auf ihren Grundsteinen die der zwölf Apostel. **13** Alle Völker sind zur Frohbotschaft berufen; daher führen die Tore in alle vier Himmelsrichtungen (vgl. Lk 13,29). **16** Die so oft vorkommende Zahl Zwölf (Tore, Stämme, Apostel, Grundstein, zwölftausend Stadien, 144 = 12 x 12) bedeutet das volle Maß der in das Heil berufenen Welt (drei ist Symbolzahl für Gott; vier für die Welt; 12 = 3 x 4). **18-21** Kostbarkeiten und Reichtum sollen die Schönheit der Heiligen Stadt zum Ausdruck bringen. **22** Dieser und die folgenden Verse reden vom Leben in der Heiligen Stadt: Die Herrlichkeit Gottes erfüllt und erleuchtet sie. **23** Die Gegenwart Christi bestimmt die Himmelsstadt (vgl. Jes 24,23; 60,19).

dass sie ihr leuchten. Denn die Herrlichkeit
Gottes erleuchtet sie, und ihre Leuchte ist das
Lamm. 24 Und die Völker werden in ihrem
Licht einhergehen, und die Könige der Erde
werden ihre Herrlichkeit zu ihr tragen. 25 Und
ihre Tore werden nicht geschlossen bei Tag;
denn Nacht wird dort nicht sein. 26 Und sie
bringen zu ihr die Herrlichkeit und die Ehre
der Völker. 27 Und nichts Gemeines wird ein-
gehen zu ihr und wer Gräuel und Lüge tut,
nur die, welche geschrieben sind im Lebens-
buch des Lammes.

Auch jetzt reiht sich
ein Bild an das nächste.
Es wäre gut, auch sie zu entschlüsseln,
nicht nur:
die Bilder des Schreckens!
Herr, öffne mir
Augen und Herz.

(21,9-27)

Braut des Lammes: Kein Fluch wird mehr sein

22 Und er zeigte mir einen Fluss mit Wasser
des Lebens, glänzend wie Kristall, der ging
vom Throne Gottes und vom Lamm aus. 2 In
der Mitte ihrer Straße und am Fluss, hier und
dort, war ein Baum des Lebens, der zwölf
Früchte trägt, jeden Monat gibt er seine
Frucht, und die Blätter des Baumes sind zur
Heilung der Völker. 3 Und kein Fluch wird
mehr sein. Und der Thron Gottes und des
Lammes wird in ihr sein, und seine Knechte
werden ihm dienen, 4 und sie werden sein An-
gesicht schauen, und sein Name ist auf ihren
Stirnen. 5 Und Nacht wird nicht mehr sein,
und sie werden das Licht einer Lampe nicht
brauchen noch das Licht der Sonne, denn der
Herr, Gott, wird über ihnen leuchten, und sie
werden als Könige herrschen in die Ewigkeit
der Ewigkeiten.

Verlässlichkeit der Schau: Ich bin es, der dieses hörte

6 Und er sprach zu mir: Dies sind getreue und
wahrhafte Worte, und der Herr, der Gott der
Geister der Propheten, hat seinen Engel ge-
sandt, um seinen Knechten zu zeigen, was ge-
schehen muss in Bälde.

Und wieder und wieder:
So viele Bilder!
Glück und Freude ohne Ende.
Alle Not, alle Mängel –
sie sind nicht mehr!
Du, unser Gott, du bist mit uns.

(22,1-6)

7 Und siehe, ich komme bald. Selig, wer die
Worte der Prophetie dieses Buches bewahrt.
8 Und ich, Johannes, bin es, der dies hörte und
schaute. Und als ich gehört und geschaut hat-
te, fiel ich, um zu huldigen, nieder vor den
Füßen des Engels, der mir dies gezeigt hatte.
9 Doch er sagt zu mir: Sieh zu, nimmermehr!
Ich bin dein Mitknecht und der deiner Brüder,
der Propheten, und derer, die die Worte dieses
Buches bewahren. Huldige Gott. 10 Und er
sagt zu mir: Versiegle nicht die Worte der Pro-
phetie dieses Buches; denn die Zeit ist nahe.
11 Wer Unrecht tut, tue weiterhin Unrecht,
und wer unrein ist, sei weiterhin unrein. Und
wer gerecht ist, tue weiterhin Gerechtigkeit,
und wer heilig ist, heilige sich weiterhin.

24-27 Alle Völker sind in Gott geeint: Er hat sie heimgeholt; nichts stört mehr den Frieden (vgl. Jes 60,3-5). **25** Vgl. Jes 60,11; Sach 14,7. **22,1-2** Die Fülle ewigen Lebens wird unter dem Bild des Paradieses gezeichnet (Lebensstrom – Lebensbaum). – Vgl. dazu auch Ez 47,1 und Sach 14,8. **3-5** Die unmittelbare Gottesgegenwart ist der Grund für die in vielen Bildern gezeigte ewige Seligkeit. **6-21** Das Schlusswort ist eine Rückbesinnung auf das Geschaute. Unvermittelt wechseln nach prophetischer Art die sprechenden Personen. **10** Im Gegensatz zu Daniel (12,4.9) soll Johannes sein Buch nicht versiegeln.

Nähe der Ankunft: Siehe, ich komme bald

[12] Siehe, ich komme bald, und mein Lohn ist
mit mir, um jedem zu vergelten, wie sein Werk
ist. [13] Ich bin das Alpha und das Omega, der
Erste und der Letzte, der Anfang und das En-
de. [14] Selig, die ihre Kleider waschen, damit
ihnen Gewalt sei über den Baum des Lebens
und sie durch die Tore eingehen in die Stadt.
[15] Draußen sind die Hunde und die Zauberer
und die Hurer und die Mörder und die Göt-
zendiener und jeder, der Lüge lieb hat und tut.
[16] Ich, Jesus, habe meinen Engel ausgeschickt,
euch dies zu bezeugen für die Gemeinden. Ich
bin der Wurzelspross und das Geschlecht Da-
vids, der leuchtende Morgenstern. [17] Und der
Geist und die Braut sagen: Komm! Und wer
es hört, sage: Komm! Und wer dürstet, der
komme, und wer will, empfange Wasser des
Lebens: Umsonst.

Schluss: Komm, Herr Jesus

[18] Ich bezeuge jedem, der die Worte der Pro-
phetie dieses Buches hört: Wenn einer etwas
dazutut, dem wird Gott dazutun die Plagen,
die in diesem Buch beschrieben sind, [19] und
wenn einer etwas wegnimmt von den Worten
dieses Prophetenbuches, dem wird Gott weg-
nehmen seinen Teil am Baum des Lebens und
an der Heiligen Stadt, wovon in diesem Buch
geschrieben ist. [20] Der dies bezeugt, sagt: Ja,
ich komme bald. Amen, komm, Herr Jesus.
[21] Die Gnade des Herrn Jesus ist mit allen.

Und wieder und wieder:
So viele Bilder!
Glück und Freude ohne Ende.
Alle Not, alle Mängel –
sie sind nicht mehr!
Du, unser Gott, du bist mit uns.

(22,7-21)

---

16 In feierlichem Selbstzeugnis besiegelt der Herr die Offenbarung. **17** Die Kirche und der in ihr wirkende Heilige Geist antworten mit dem Sehnsuchtsruf: »Komm!« **18-19** Johannes droht jedem, der dieses prophetische Buch verändern möchte, Gottes Strafe an (vgl. Dtn 4,2). **20** Der verklärte Herr versichert noch einmal sein Kommen, und die Christenheit stimmt in den Ruf der Urgemeinde ein: »Komm, Herr Jesus«. **21** Mit einem liturgischen Segenswunsch (vgl. Hebr 13,25) schließt die Apokalypse und mit ihr die Heilige Schrift.

Anhang

Zeittafel

Römischer Kaiser Augustus	31 v. Chr. bis 14 n. Chr.
Herodes der Große	37 v. Chr. bis 4 v. Chr.
Geburt Jesu	etwa 7/6 v. Chr.
Söhne Herodes des Großen:	
Herodes Antipas (Vierfürst von Galiläa)	4 v. Chr. bis 39 n. Chr.
Herodes Philippus (Vierfürst von Ituräa und Trachonitis)	4 v. Chr. bis 34 n. Chr.
Archelaus (Fürst des Volkes)Tetrarch von Idumäa und Samarien)	4 v. Chr. bis 6 n. Chr. (abgesetzt)
Nach der Absetzung des Archelaus in Judäa römische Statthalter	seit 6 n. Chr.
Pontius Pilatus	26 bis 36 n. Chr.
Hannas, Hoherpriester	6 bis 15 n. Chr. (abgesetzt)
Kajaphas, Hoherpriester (Schwiegersohn des Hannas)	18 bis 37 n. Chr.
Römischer Kaiser Tiberius	14 bis 37 n. Chr.
Auftreten Johannes des Täufers	um 27/28 n. Chr.
Kreuzigung Jesu	nach 30 n. Chr.
Berufung des Paulus	um 35 n. Chr.
Paulus in Jerusalem	um 37 n. Chr.
Herodes Agrippa I. (Enkel Herodes des Großen, König über das ganze Land)	41 bis 44 n. Chr.
Verfolgung durch Herodes Agrippa	um 41 n. Chr.
Palästina wieder unter römischer Verwaltung	nach 44 n. Chr.
Erste Missionsreise des Paulus	um 45 bis 48 n. Chr.
Apostelkonzil	um 49 n. Chr.

Ausweisung der Juden aus Rom	49 n. Chr
Zweite Missionsreise des Paulus	um 49 bis 53 n. Chr.
Paulus in Korinth	50/51 und 56-58 n. Chr.
Abfassung des ersten Thessalonicherbriefes	um 51 n. Chr.
Abfassung des zweiten Thessalonicherbriefes	um 52 n. Chr. (?)
Antonius Felix, Statthalter	52 bis 60 n. Chr.
Dritte Missionsreise des Paulus	um 54 bis 58 n. Chr.
Römischer Kaiser Nero	54 bis 68 n. Chr.
Abfassung des Galaterbriefes	um 55 n. Chr.
Abfassung des ersten Korintherbriefes	um 54 n. Chr.
Abfassung des Philipperbriefes	wohl um 54 bis 55 n. Chr.
Erstfassung des zweiten Korintherbriefes	um 54-56 n. Chr.
Abfassung des Römerbriefes	um 57 n. Chr.
Verhaftung des Paulus in Jerusalem	um 58 n. Chr.
Porzius Festus, Statthalter	59-60 n. Chr.
Seefahrt des Paulus nach Rom	60/61 n. Chr.
Haft des Paulus in Rom	61 bis 63 n. Chr.
Abfassung des Kolosserbriefes	wohl um 62 bis 63 n. Chr.
Abfassung des Philemonbriefes	wohl um 55 n. Chr.
Abfassung des Epheserbriefes	wohl um 62 bis 63 n. Chr.
Abfassung des Markusevangeliums	um 70 n. Chr.
Jüdischer Krieg	66 bis 73 n. Chr.
Martyrium von Petrus und Paulus	um 64 n. Chr.
Zerstörung Jerusalems und des Tempels	70 n. Chr.
Römischer Kaiser Vespasian	69 bis 79 n. Chr.

Abfassung des Matthäusevangeliums	um 90 n. Chr.
Abfassung des Lukasevangeliums	zwischen 80 und 90 n. Chr.
Abfassung der Apostelgeschichte	um 80-90 n. Chr.
Abfassung des Johannesevangeliums	um 100 n. Chr.
Endfassung der Pastoralbriefe	nach 90 n. Chr.
Endfassung der Katholischen Briefe	nach 90 n. Chr.
Johannes auf Patmos (Geheime Offenbarung)	um 94 bis 95 n. Chr.
Endfassung des Hebräerbriefes	vor 95 bis 96 n. Chr.
Tod des Johannes, des letzten Apostels	um 100 n. Chr.

Die Bücher des Alten Testaments

Die geschichtlichen Bücher

Fünf Bücher des Mose:
Genesis (Gen, 1 Mose)
Exodus (Ex, 2 Mose)
Levitikus (Lev, 3 Mose)
Numeri (Num, 4 Mose)
Deuteronomium (Dtn, 5 Mose)

Josua (Jos)
Richter (Ri)
Rut (Rut)
Zwei Bücher Samuel (Sam)
Zwei Bücher der Könige (Kön)
Zwei Bücher der Chronik (Chr)
Esra (Esra)
Nehemia (Neh)
Tobit (Tob)
Judit (Jdt)
Ester (Est)
Zwei Bücher der Makkabäer (Makk)

Die Lehrbücher

Ijob (Ijob)
Psalmen (Ps)
Sprichwörter (Spr)
Kohelet (Koh)
Hoheslied (Hld)
Weisheit (Weish)
Jesus Sirach (Sir)

Die prophetischen Bücher

Jesaja (Jes)
Jeremia (Jer)
Klagelieder (Klgl)
Baruch (Bar)
Ezechiel (Ez)
Daniel (Dan)
Hosea (Hos)
Joel (Joel)
Amos (Am)
Obadja (Obd)
Jona (Jona)
Micha (Mi)
Nahum (Nah)
Habakuk (Hab)
Zefanja (Zef)
Haggai (Hag)
Sacharja (Sach)
Maleachi (Mal)